Goethe
Leben und Welt
in Briefen

Zusammengestellt von
Friedhelm Kemp

Carl Hanser Verlag

ISBN 3-446-18546-1
Alle Rechte vorbehalten
© 1978, 1996 Carl Hanser Verlag München Wien
Prägung auf dem Einband nach Tafel IIa
aus dem Erstdruck von Goethes *Farbenlehre* (1810)
Druck und Bindung: Clausen & Bosse, Leck
Printed in Germany

Erster Teil

I

Von Goethe haben sich etwa vierzehntausend Briefe, Billette und amtliche Schreiben erhalten, die in der großen Sophien-Ausgabe fünfzig Bände füllen. Die Zahl der an ihn gerichteten Briefe beläuft sich auf über zwanzigtausend, von denen bis heute knapp die Hälfte in Sammelausgaben oder verstreuten Einzeldrucken vorliegt. Das ist ein gewaltiges Korpus, das ganz zu lesen allerdings nur den Spezialisten reizen könnte. Deshalb hat man immer wieder einzelne Briefwechsel gesondert herausgegeben oder aus dem Gesamtbriefwerk eine Auswahl in einem oder mehreren Bänden veranstaltet. Solche Auswahlsammlungen in chronologischer Folge erzählen, jede auf ihre Weise, Goethes Leben und Wirken, die Entstehung seines Werkes und erweitern sich rasch zu einer Überschau über seine Welt und Zeit. Das Bedürfnis nach solchen biographischen Anthologien ist immer rege gewesen, und es ist ihm wiederholt, in jeweils abgewandelter Form, mit wechselnden Akzentsetzungen, entsprochen worden. Jedem der Herausgeber solcher Briefanthologien, sofern er nicht rein dokumentarische Zwecke verfolgte, mußte es dabei um eine größtmögliche Anschaulichkeit und Lebendigkeit und dadurch Genießbarkeit zu tun sein. Jeder richtete gleichsam gemischte Platten, ganze Menüs, reichbesetzte Büffets zu; jenen zuliebe, denen der Anblick der übervollen Vorratskammern nur den Appetit verschlagen hätte.
Diese Anthologie nun ist in drei Hauptteile gegliedert, die, grob gerechnet, die Jugend, die reifen Mannesjahre und das Alter Goethes umfassen. Die Dokumente des ersten Teiles stammen aus dem Zeitraum von 1765 bis etwa 1782: Goethes Jugend also, von seinem sechzehnten bis zu seinem dreiunddreißigsten Lebensjahr. Die Hauptstationen sind Leipzig, Straßburg, Wetzlar, Weimar. Mit sechsundzwanzig ist der Doktor Goethe aus Frankfurt der Verfasser des »Götz«, des »Werther«, eines ungedruckten (und unvollendeten) »Faust« und einer Fülle lyrischer Gedichte. Doch er schreibt nicht nur, er wandert, er reist, verliebt sich, schließt Freundschaften, wird der Günstling eines jungen Herzogs, der ihn zu seinem Minister macht: »ein großes Genie« und zugleich »der furchtbarste und der liebenswürdig-

ste Mensch«, wie Johann Georg Zimmermann, königlicher Leibarzt in Hannover, im Januar 1775 an Charlotte von Stein in Weimar schreibt, die diesen Goethe damals noch nicht zu Gesicht bekommen hat. Ähnliche Äußerungen wie die Zimmermanns über den jungen Goethe gibt es in großer Zahl; wobei man nicht außer acht lassen sollte, daß sie größtenteils auf der unmittelbaren Wirkung seiner Person beruhen und keineswegs auf einer publizistisch etablierten allgemeinen Hochschätzung.
In einem Brief von Goethes Schwager Schlosser an Lavater aus dem Oktober 1773 findet sich über den damals Vierundzwanzigjährigen die Prophezeiung: »Wenn er einmal in der Welt glücklich wird, so wird er Tausende glücklich machen; und wird er's nie, so wird er immer ein Meteor bleiben, an dem sich unsre Zeitgenossen müde gaffen und unsre Kinder wärmen werden.« Und von Lavater selber berichtet wiederum Zimmermann den Ausspruch: »Insgemein hat man nur eine Seele, aber Goethe hat hundert.«
Das ist, wie der Zusammenhang unmißverständlich erkennen läßt, als ein Lob gemeint; doch hatte diese Viel- und Allfähigkeit, als eine immer andere Seele sich auszudrücken, in andere Menschen sich hinein- und wieder aus ihnen hinauszufühlen, im Umgang mit diesem rastlos vorwärts drängenden Menschen auch ihre Schattenseiten, von denen der Briefwechsel manche Spuren aufbewahrt hat. Es überwiegt aber der Eindruck des staunenswerten »Wundertiers«.
Im nachhinein verdrießt das Unisono des Chores der Bewunderer; doch die keineswegs fehlenden Abwertungen dieses menschlichen und literarischen Meteors stammen durchweg von so subalternen Geistern, daß sie als Gegenstimmen nicht zählen. Bekanntlich hat das »Wundertier« sich ja auch weiterhin bewährt; es hat, was es versprach, im Laufe eines langen Lebens auf sehr verschiedenen Gebieten sogar noch übertroffen; – und dann hat dies alles zusammengenommen dazu geführt, daß Goethe, als der Statthalter deutsch-bürgerlicher Bildung, vielen ein Verdruß und so etwas wie ein Schreckgespenst, ein gewaltig aufgeblähter Popanz geworden ist.
Trotz oder fast wegen einer unermüdlichen, höchst verdienstvollen Goethe-Forschung bleibt auch das unbehagliche Gefühl, mit ihm nicht fertig geworden zu sein. Und das ist doch, uneinge-

standenermaßen freilich, eines der Ziele der philologischen Wissenschaft: mit ihrem Gegenstand fertig zu werden. Da dies also offensichtlich auf keine Weise zu leisten ist – und in dieser Widerstandskraft Goethes möchte ich den stärksten Beweis seiner Außerordentlichkeit sehen –, da er sich weder »bewältigen« noch, letzten Endes, »verdrängen« läßt, dauert die Verlegenheit fort.
Man muß sich also behelfen. Wie geschieht das? Man befleißigt sich, Goethe durch kenntnislose Überschätzung und eine Art kultureller Idolatrie so gänzlich zu entrücken, daß man sich von ihm nicht weiter behelligt zu fühlen braucht. Oder man sucht und findet Gründe, ihn herabzusetzen, ihm am Zeug zu flicken und ihn derart durch die Reduktion auf das eigene Durchschnittsmaß unwirksam zu machen. Beide Verfahren können sich auch verbinden, dort wo man die grundsätzliche Verlogenheit alles »Höheren« als Ideologie entlarvt zu haben glaubt.
Alle diese Haltungen und Verfahren entspringen mehr oder minder eigener Unkenntnis, Unerfahrenheit, Unzulänglichkeit, die ihre Ressentiments für kritische Einwände ausgibt. Niemand will das Auge Licht sein lassen und das Phänomen rein wahrnehmen. Den Schaden haben die zu tragen, denen man derart den Weg verlegt und den Zugang verwehrt.
Nun sind Neid, Mißgunst, grobe Apperzeptionsverweigerung, mit Heimito von Doderer zu reden, gewiß schwere Sünden. Und man sollte nicht aufhören, gegen sie zu predigen. Doch vielleicht genügte schon eine leichte Klarstellung, um sie im Keim zu ersticken. Nicht mehr nämlich als die ein für allemal vollzogene Anerkennung des Ungemeinen, des im weitesten Bereich unserer Erfahrung ganz und gar Unvergleichlichen der Erscheinung einerseits und andrerseits der Versuch, wenigstens von ferne zu begreifen, was Goethe für sich mit seiner Forderung nach Einschränkung, Entsagung gemeint haben könnte.
Goethes eigener Aussage nach war ein »immer tätiger, nach innen und außen fortwirkender poetischer Bildungstrieb« der Mittelpunkt und die Basis seiner Existenz. Dieser rastlose Trieb war überdies mit einer solchen Reizbarkeit und Beweglichkeit ausgestattet, daß der von ihm Getriebene häufig Mühe hatte, sich der Zerstückelung zu erwehren und mit der Mannigfaltigkeit seiner Einfälle wie mit der Fülle seiner Produktion einigerma-

ßen zurechtzukommen. »Hätte ich«, schreibt er im Herbst 1780, nach einer Reise, die ihn mehrere Wochen durch Thüringen geführt hatte, an eine Freundin, – »hätte ich diese Zeit her ein halb Dutzend Geister zu Sekretairs gehabt, denen man zu Pferde, bei Tafel, in dem Vorzimmer und allenfalls auch träumend diktieren könnte; so würden Sie jetzo ein paar Ries Papier erhalten, vollgeschrieben voll tausend Einfällen, Empfindungen, Bemerkungen, Geschichten und Vorfällen, daß Sie bei dem bloßen Anblicke das Entsetzen befallen müßte.«
Goethes Hauptsorge war offensichtlich nicht, mit einem zugemessenen Vorrat hauszuhalten, sondern der auseinanderstrebenden Kräfte und Vermögen Herr zu werden, sie und sich zu bändigen und so etwas wie eine »Harmonie im Getümmel« zu erreichen. Eine Dichtung wie der »Faust« läßt deutlich erkennen, wie sehr solcher unbedingte Drang ins Extreme und Maßlose gehen, wie er das Nächste und Liebste dem eigenen Wahn aufopfern konnte und darum notwendig an Welt, Menschen und Gott schuldig wurde. Genialität, wie sie Goethe zugefallen war, war nicht geheuer, war ungeheuerlich und konnte, wenn sie nicht ihren Eigentümer selbst zerstörte, wie ein fressendes Feuer um sich greifen. Der Rang Goethes als Mensch wie als Künstler beruht darauf, daß er, sehr früh schon, je gesteigerter diese Genialität ihn bedrängte, desto bewußter die Gegenkräfte des Maßhaltens, der Besonnenheit, der Rücksicht, die formenden und schonenden Kräfte in sich ausgebildet hat. Wie leicht ist es, einseitig hemmungslos zu sein, wie viel leichter noch, solche Hemmungslosen zu bewundern, nur weil einem die Kargen und Kleinlichen auf die Nerven gehen. Daß aber Empörung nicht das letzte Wort sein darf, will keiner sehen.
Gewiß, man kann sich durch eine energisch oder träge verteidigte Unkenntnis schützen; jeder hat auch ein Recht, das ihm Ungemäße, ihn Störende oder Überwältigende abzuwehren – etwas Außerordentliches aber nach flüchtigem Anschmecken abzutun oder verächtlich beiseite zu schieben, wohlweise, aufgeklärt und emanzipiert, das sollte man sich, schon um seines Mit- und Nebenmenschen willen, verbieten.
Warum nur immer auf eigene Faust ein Narr sein wollen und sich auf das dürftige Angebot des Tages beschränken? Warum die Winke der Weisen verschmähen, auch wenn es einer kleinen

Anstrengung bedarf, uns ihre Worte in unsere Sprache zu übersetzen?
»Alles Vortreffliche beschränkt uns für einen Augenblick, indem wir uns demselben nicht gewachsen fühlen; nur insofern wir es nachher in unsere Kultur aufnehmen, es unsern Geist- und Gemütskräften aneignen, wird es uns lieb und wert.« So Goethe selber in seinen »Maximen und Reflexionen«; und noch allgemeiner, zu unserer Förderung allenthalben anwendbar: »Gegen große Vorzüge eines andern gibt es kein Rettungsmittel als die Liebe.« Welches Mittel freilich, um zu wirken, Bereitwilligkeit und Aufmerksamkeit voraussetzt.
Auf einige Schwierigkeiten muß allerdings noch hingewiesen werden. Ich meine nicht die bisweilen etwas ungewohnten Sprachformen; da liest, da hört man sich rasch ein, und gesprochen bieten sie dem Verständnis weit geringeren Widerstand als nur tonlos und obenhin gelesen. Eine weit größere Schwierigkeit sehe ich darin, daß Goethe selber mit seinem Gesamtwerk uns hindert, den einzelnen Lebensmoment in seiner frischen Gegenwart aufzunehmen, ohne ihn gleich zu dem kaum überschaubaren Ganzen seines Lebens und Werkes in Beziehung zu setzen. Immer sehen wir schon das Resultat, den Erfolg, den großen Zusammenhang, wo um den Schreiber selber die Witterung des Aufbruchs ins Unbekannte war. Wir schauen zurück und verknüpfen das Erreichte mit dem, was uns als beinahe absichtsvolle Vorbereitung darauf erscheint; er selber hingegen lebte in Dumpfheit und Frische, hoffend, vertrauend, nur geahnten Erfüllungen entgegen.
Und noch eines kommt hinzu, das eine unbefangene Wahrnehmung der einzelnen Lebensmomente verwehrt: die staunenswerte Konsequenz und Kontinuität, die wir dieser Existenz zuerkennen müssen. Sie verschlingt entweder das Detail oder verleiht ihm aus einer allseitig verknüpfenden Überschau ein Gewicht, das es im Durchgang des Erlebens nicht gehabt haben kann. So sehen wir uns überall von Errungenschaften, Bedeutungen, zeitenthobenen Gültigkeiten umdrängt, und dahinter verschwindet uns der Mitmensch, der wie wir zu jeder Stunde eine zeitgebundene Kreatur war.
Goethes Briefe nun, diese Zeugnisse eines bewegten, vielseitigen und reichen Lebens – sie sollen weder dem leeren Staunen dar-

geboten noch der Bildungsbeflissenheit als Leckerbissen gereicht werden. Sie sollen vielmehr einfach sprechen, – für sich und für den Menschen, der sie geschrieben hat. Sie sollen einen Lebensmoment, eine Entwicklungsstufe festhalten, Verstörungen, Verstrickungen zeigen, – wie er in sie hineingerät, wie er sich ihnen entwindet: die Erhellungen und Verdunklungen, die ein Schicksal ausmachen. Es kann aber auch geschehen, daß die Dokumente in ihrer Zueinanderordnung einen Konflikt verdeutlichen, ein Problem umkreisen oder im Ausblick und Rückblick eine ganze innere Landschaft wie unter wechselndem Himmel überschaubar machen. Bisweilen wohl handelt es sich auch, einen Lieblingsausdruck Goethes zu gebrauchen, um »wiederholte Spiegelungen«, die durch sich kreuzende Bilder und Lichter mehr erraten lassen, als sich unmittelbar aussprechen läßt.

Um dem Leser, zum Abschluß dieser Einführung, auch so etwas wie einen Spiegel zu reichen, sei hier auszugsweise angeführt, was Hugo von Hofmannsthal als Dreißigjähriger über die Briefe aus Goethes Jugendzeit geschrieben hat. Er bedient sich dabei der Form eines fingierten Briefes an einen jungen Schiffsleutnant, der, wie es dort heißt, hie und da zum Lesen kommt, eine halbe Stunde zwischen dem Dienst. Ihm also schickt Hofmannsthal den ersten Band einer Auswahlsammlung aus Goethes Briefen, die er zwischen seinem fünfzehnten und dreißigsten Jahr geschrieben hat.

Du verlangst aber auch von mir zu wissen, wie Du's lesen sollst. Lies sie ohne Vorurteil. Denk, hier redet ein junger Mensch. Laß ihn nicht seinen Namen Goethe wie den Medusenschild mit sich tragen und Dich damit versteinern. Sondern laß den verspielten, den leidenschaftlichen und den weltklugen Ton seiner Rede in Dein Ohr fallen wie die Sätze eines neuen Freundes. Hast Du nicht bei Freunden und Freundinnen schon oft starke Freude daran gehabt, wie einer redet? Und nicht schon Freundschaften geschlossen um eines Gespräches willen, in der Nacht auf einer japanischen Hotelterrasse, zwischen bunten Papierlaternen, oder reitend auf Maultieren einen feuerspeienden Berg hinan, oder während einer ernsten finsteren Nachtwache, oder im Fechtsaal, oder da, oder dort? Hast Du nicht selber so viele Briefe weggeschickt, von den Bubenjahren an, hingekritzelt, spät in der Nacht mit halbgeschlossenen Augen? und empfangen: die langen, langen, auf dünnem überseeischen Briefpapier, die von weither kamen, die fremde Ortsnamen vertraulich aussprachen... Und jene anderen Briefe, so kurz, und deren Weg so kurz, die zwei-, dreimal im Tag zwischen Liebenden hin und wider taumeln, atemlos, und an der Hast ihres Fluges zu sterben scheinen, wie eine von ihrem eigenen Blut erdrückte Taube.

Und Briefe der Freundschaft, solche, wie wir sie einander geschrieben haben, Tagebücher in Briefen, von einem zum andern gesandt, als säße man in einem Lusthaus und hätte einen Spiegel drin, der klein aber scharf und fein das Leben eines entfernten Freundes vorzaubert, sein Aufstehen und Schlafengehen, wie er rudert auf dem See, wie er ans Land springt zwischen den Büschen, einem hellen Kleide nach, als wär's ein Schmetterling ... Alles das, wie Du's in der Schreibtischlade selber liegen hast oder daheim in der großen Briefschatulle, so ist's hier in dem Buch, nur daß es hundertunddreißig Jahre alt ist und eine Luft durch und durch weht, eine feuchtende ahnende Morgenluft – die kann ich Dir nicht vorweg beschreiben, die mußt Du fühlen.

Aber auch um uns war Morgenluft und ist es noch, an schönen Tagen, wo es uns wohl wird. So schlag das Buch auf. Wirklich, denk nicht: Goethe, Goethe, sondern lies, denk, Du kommst in mein Zimmer und findest einen jungen Menschen bei mir sitzen, der Dir auf den ersten Blick gefällt, aber nicht eben übermäßig. Wenn er einen hübschen Satz sagt, rückst Du näher. Und auf einem herrlichen Wort, einer Wendung, die einem durch und durch geht, da ruhe dann aus. So wirst Du es schon am Ende fühlen: Goethe!

Sein äußeres Leben, damit ich das erwähne, bevor Du aufschlägst, war von den gewöhnlichsten. Er war wohlhabender Leute Kind, konnte sich hie und da einen gestickten Rock und schöne Manschetten anschaffen, nicht zu oft. Seine Reisen waren häufig, aber was für welche: von Frankfurt nach Kassel, nach Ems, nach Pempelfort und wieder zurück. Allenfalls über Basel nach der Schweiz, oder östlich bis Leipzig. Einmal sollte er nach Paris, kam aber nicht hin. Bekanntschaften machte er überall, mit Lust, und viele. Und eine davon, ein junger regierender Herzog, zog ihn dann dorthin, wo die weiteren Jahrzehnte seines

Lebens verliefen: nach Weimar. Wie er dann schreibt, wenn er einmal über Land reitet, zu einer großen Feuersbrunst mit einem Kommando Husaren, oder einer Räuberbande nach, oder um einen Straßenbau im Herzogtum zu prüfen, und dann von seinem gnädigen Herrn, der ihn als seinen Bruder hält, ein paar Tage getrennt ist, das waren zufällig die ersten Briefe, die ich aufschlug, als ich das Buch bekam. Da ist einer: – Nein. Ich will nichts herausreißen. Und es läßt sich auch nichts herausreißen. Hier ist das Buch.

II

Als Student in Leipzig
(1765–1767)

Goethe als Student in Leipzig – das ist das Vorspiel, der Auftakt, der erste Schritt: aus dem Frankfurter Elternhaus auf die Universität, aus der altväterischen Freien Reichsstadt in das »galante Leipzig«, das damals als ein »Paris im Kleinen« galt, die Stadt der Aufklärung, des guten Geschmacks, in der vor allem der hochangesehene Professor Gottsched lehrte.

Wenige Wochen über sechzehn Jahre war Goethe alt, als er am 3. Oktober 1765 zur Messezeit in Leipzig eintraf und in der »Großen Feuerkugel« bei der Kaufmannswitwe Johanna Elisabeth Straube Wohnung nahm; seinen Mittagstisch hatte er bei dem Professor der Medizin, Hofrat Ludwig, der seinerzeit an einer von dem Kurfürsten August II. ausgerüsteten wissenschaftlichen Expedition nach Afrika teilgenommen hatte.

Nach dem Wunsch des Vaters sollte Goethe Jurisprudenz studieren, was ihn nicht hinderte, sich in allerlei anderen Fächern umzutun, zu denen ihn seine Neigung und eine vielseitige gründliche Bildung zog. Er hatte nicht nur die alten und mehrere neue Sprachen erlernt, er verstand sich auch auf Musik und Zeichnen, hatte außerdem, wie es sich gehörte, Reit- und Fechtunterricht genommen. Auch sein Beutel war nicht schlecht versehen: 1200 Gulden, beinahe die Hälfte seines Jahreseinkommens, schickte der Vater ihm als Studentenwechsel nach Leipzig.

Welche Bedeutung überhaupt der Vater und das Vaterhaus, als Lebens- und Bildungsvorschule, für Goethe hatten, das kann gar nicht hoch genug veranschlagt werden. Gewiß, der Vater war schwierig, eigensinnig, zuletzt hypochondrisch, aber er hat den Grund gelegt, ohne den eine so allseitig freie Entwicklung nicht möglich gewesen wäre.

Wie Goethe, als er nun in die Welt hinaustrat, sich fühlte, wie er seine Umgebung sah und wie er selber gesehen zu werden wünschte, zeigen zwei Briefe aus dem Herbst 1765. Der erste ist an den etwas älteren Freund Johann Jakob Riese in Frankfurt, der zweite an die Schwester Cornelia gerichtet.

*Leipzig, den 20. Oktober 1765,
morgens um 6*

Riese, guten Tag!

den 21., abends um 5

Riese, guten Abend! Gestern hatte ich mich kaum hingesetzt, um euch eine Stunde zu widmen, als schnell ein Brief vom Horn kam und mich von meinem angefangenen Blatte hinwegriß. Heute werde ich auch nicht länger bei euch bleiben. Ich geh in die Komödie. Wir haben sie recht schön hier. Aber dennoch! Ich bin unschlüssig! Soll ich bei euch bleiben? Soll ich in die Komödie gehn? – Ich weiß nicht! Geschwind! Ich will würfeln. Ja ich habe keine Würfel! – Ich gehe! Lebt wohl! – Doch halte! nein! ich will dableiben. Morgen kann ich wieder nicht, da muß ich ins Kolleg, und besuchen, und abends zu Gaste. Da will ich also jetzt schreiben. Meldet mir, was ihr für ein Leben lebt. Ob ihr manchmal an mich denkt. Was ihr für Professoren habt, et cetera, und zwar ein langes Etcetera. Ich lebe hier wie – wie – ich weiß selbst nicht recht wie. Doch so ohngefähr

> So wie ein Vogel, der auf einem Ast
> Im schönsten Wald sich, Freiheit atmend, wiegt,
> Der ungestört die sanfte Lust genießt,
> Mit seinen Fittichen von Baum zu Baum,
> Von Busch auf Busch sich singend hinzuschwingen.

Genug, stellt euch ein Vögelein auf einem grünen Ästelein in allen seinen Freuden für, so leb ich.
Heut hab ich angefangen, Collegia zu hören. Was für? – Ist es der Mühe wert, zu fragen? Institutiones imperiales. Historiam juris. Pandectas und ein Privatissimum über die sieben ersten und sieben letzten Titel des Codicis. Denn mehr braucht man nicht, das übrige vergißt sich doch. Nein, gehorsamer Diener! das ließen wir schön unterwege. – Im Ernste, ich habe heute zwei Collegien gehört, die Staatengeschichte bei Prof. Böhmen, und bei Ernesti über Cicerons Gespräche vom Redner. Nicht wahr, das ging eh an? Die andere Woche geht Collegium philosophicum et mathematicum an. –

Gottscheden hab ich noch nicht gesehen. Er hat wieder geheuratet. Eine Jungfer Obristleutnantin. Ihr wißt es doch. Sie ist neunzehn und er fünfundsechzig Jahr. Sie ist vier Schuh groß und er sieben. Sie ist mager wie ein Hering, und er dick wie ein Federsack. – Ich mache hier große Figur! – Aber noch zur Zeit bin ich kein Stutzer. Ich werd es auch nicht. – Ich brauche Kunst, um fleißig zu sein. In Gesellschaften, Konzert, Komödie, bei Gastereien, Abendessen, Spazierfahrten, soviel es um diese Zeit angeht. Ha! das geht köstlich. Aber auch köstlich, kostspielig. Zum Henker, das fühlt mein Beutel. Halt! rettet! haltet auf! Siehst du sie nicht mehr fliegen? Da marschierten zwei Louisdor. Himmel! schon wieder ein paar. Groschen, die sind hier wie Kreuzer bei euch draußen im Reiche. – Aber dennoch kann hier einer sehr wohlfeil leben.

Die Messe ist herum. Ich werde recht menageus leben. Da hoffe ich, des Jahrs mit 300 Talern, was sag ich 300, mit 200 Talern auszukommen. Nota bene, das nicht mitgerechnet, was schon zum Henker ist. Ich habe kostbaren Tisch. Merkt einmal, unser Küchenzettel: Hühner, Gänse, Truthahnen, Enten, Rebhühner, Schnepfen, Feldhühner, Forellen, Hasen, Wildpret, Hechte, Fasanen, Austern pp. Das erscheinet täglich; nichts von anderm groben Fleisch, ut sunt Rind, Kälber, Hammel pp. Das weiß ich nicht mehr, wie es schmeckt. Und die Herrlichkeiten nicht teuer, gar nicht teuer. –

Ich sehe, daß mein Blatt bald voll ist, und es stehen noch keine Verse darauf; ich habe deren machen wollen. Auf ein andermal.

Goethe

Leipzig, den 6. Dezember 1765
La veille du jour de ta naissance

Mädchen,
Ich habe eben jetzo Lust, mich mit dir zu unterreden; und eben diese Lust bewegt mich, an dich zu schreiben. Sei stolz darauf, Schwester, daß ich dir ein Stück der Zeit schenke, die ich so notwendig brauche. Neige dich für diese Ehre, die ich dir antue; tief, noch tiefer; ich sehe gern, wenn du artig bist. Noch ein wenig! Genug! Gehorsamer Diener! Lachst du etwan, Närrchen, daß ich in einem so hohen Tone spreche? Lache nur. Wahrlich, seitdem ich gelernt habe, daß man ein Sonnenstäubchen in eini-

ge tausend Teilchen teilen könne, seitdem, sage ich, schäm ich mich, daß ich jemals einem Mädchen zu Gefallen gegangen bin, die vielleicht nicht gewußt hat, daß es Tierchen gibt, die auf einer Nadelspitze einen Menuett tanzen können.
Doch daß du siehst, wie brüderlich ich handle, so will ich dir auf deine närrischen Briefe antworten.
Was! mit deinem Schönschreiben! Dank dem Himmel, daß du einen Buchstaben von mir zu sehen bekommst. Du hast nichts zu tun, da kannst du dich hinsetzen und zirklen, ich aber muß alles in Eile tun. Du willst, daß ich meine Tischgesellschaft beschreiben soll. Ich will anfangen, aber ganz nun wohl nicht.
Dr. Ludwig, unser Wirt. Ein Mann, dem fünfzig Jahre, vieles ausgestandene Elend und die große Menge seiner Geschäfte nichts von der Munterkeit, die er im zwanzigsten Jahre gehabt, wegnehmen können. Er ist ohne Façon, schwätzt schröcklich viel von Mädchen, und ist ein außerordentlich leutseliger und wohltätiger Mann. Seine Liebe zur Gesellschaft hat ihn bewogen, ein ziemlich großes Haus zu mieten, wo er eine Menge Magisters und andere Leutchen beherbergt. Eben dies ist auch die Ursache seines Tisches, den er hält.
Magister Morus, ein Theolog. Ein sehr artiger und geschickter junger Mann; er redet wenig, allein sieht immer freundlich aus.
Magister Hermann, ein Mediziner, sein Nachbar; ist gleichfalls keiner der beredtesten, aber macht immer ein verdrießliches Gesicht. Aber sonst ist es ein sehr schöner Mann. Hier hast du sein Portrait, es schmeichelt gewiß nicht. Ungefähr viereinhalb Fuß hoch. Vom Gesichte zu reden: es besteht wie das Gesicht anderer Menschen aus Augen, Nase pp., aber die Zusammensetzung davon, ach die entzückt. Finstere schwarze Augen, die von den herabhangenden Augenbrauen beschattet werden; keine sonderlich schöne Nase, die durch das Eingedrückte der Wangen sehr erhöht wird; ein aufgeworfener Mund, der so wie das Kinn mit einem schwarzen stachelichen Barte besetzt ist – sonst ist eine ziemlich starke Röte über sein ganzes Antlitz verbreitet. Seine Reisen haben ihn nicht klüger gemacht. Er flieht die Welt, weil sie sich nicht nach ihm richten will. Die andern auf ein andermal.
Schreibe mir oft, denn du hast Zeit; alles, was Merkwürdiges in der Stadt vorgehet.

Es ist heute dein Geburtstag, ich sollte dir poetisch Glück wünschen. Aber ich habe keine Zeit mehr, auch keinen Platz mehr. Werde klüger, so wie du älter wirst. Leb wohl.

Zur Ostermesse 1766 trafen zwei Frankfurter Freunde Goethes in Leipzig ein: sein späterer Schwager Johann Georg Schlosser und Johann Adam Horn, seiner kleinen Gestalt wegen »das Hörnchen« genannt. Beide logierten in dem Schönkopfschen Hause bei dem ehemaligen Zinngießer und jetzigen Schankwirt Christian Gottlob Schönkopf, zu dessen Tochter Anna Catharina Goethe bald eine heftige Neigung faßte. Durch welches Betragen er diese Neigung anfangs geheimzuhalten versuchte, erfahren wir aus zwei Briefen des »Hörnchens« an einen gemeinsamen Freund in Frankfurt.
Johann Adam Horn in Leipzig an Wilhelm Carl Ludwig Moors in Frankfurt:

den 12. August
Von unserem Goethe zu reden! – Der ist immer noch der stolze Phantast, der er war, als ich herkam. Wenn Du ihn nur sähst, Du würdest entweder vor Zorn rasend werden, oder vor Lachen bersten müssen. Ich kann gar nicht einsehen, wie sich ein Mensch so geschwind verändern kann. All seine Sitten und sein ganzes jetziges Betragen sind himmelweit von seiner vorigen Aufführung unterschieden. Er ist bei seinem Stolze auch ein Stutzer, und alle seine Kleider, so schön sie auch sind, sind von so einem närrischen *goût*, der ihn auf der ganzen Akademie auszeichnet. Doch dieses ist ihm alles einerlei, man mag ihm seine Torheit vorhalten, soviel man will.

Sein ganzes Dichten und Trachten ist nur, seiner gnädigen Fräulein und sich selbst zu gefallen. Er macht sich in allen Gesellschaften mehr lächerlich als angenehm. Er hat sich (bloß weil es die Fräulein gern sieht) solche Gebärden angewöhnt, bei welchen man sich unmöglich das Lachen enthalten kann. Einen Gang hat er angenommen, der ganz unerträglich ist. Wenn Du es nur sähest!

Goethe ist nicht der erste, der seiner Dulcinea zu Gefallen ein Narr ist. Ich wünschte nur, daß du Sie ein einzig Mal sähest, sie ist die abgeschmackteste Kreatur von der Welt.

Lieber Freund! Ich wäre hier noch einmal so vergnügt, wenn nur Goethe noch so wäre wie in Frankfurt. So gute Freunde wir auch sonst waren, so vertragen wir uns jetzo kaum eine Viertelstunde. Doch mit der Zeit hoffe ich ihn noch zu belehren, ob es schon schwer ist, einen Narren klug zu machen.

den 3. Oktober

Aber lieber Moors! Welche Freude wird dir es sein, wenn ich dir berichte, daß wir an unserm Goethe keinen Freund verloren haben, wie wir es fälschlich geglaubt. Er hatte sich verstellt. – Er liebt, es ist wahr, er hat es mir bekannt und wird es auch dir bekennen; allein seine Liebe, ob sie gleich immer traurig ist, ist dennoch nicht strafbar, wie ich es sonst geglaubt. Er liebt. Allein nicht jene Fräulein, mit der ich ihn im Verdacht hatte. Er liebt ein Mädchen, das unter seinem Stand ist, aber ein Mädchen, das – ich glaube nicht zuviel zu sagen – das du selbst lieben würdest, wenn du es sähest. Ich bin kein Liebhaber und also werde ich ganz ohne Leidenschaft schreiben. Denke dir ein Frauenzimmer, wohlgewachsen, obgleich nicht sehr groß, ein rundes freundliches, obgleich nicht außerordentlich schönes Gesicht, eine offne sanfte, einnehmende Miene, viele Freimütigkeit ohne Koketterie, einen sehr artigen Verstand, ohne die größte Erziehung gehabt zu haben. Er liebt sie sehr zärtlich, mit den vollkommen redlichen Absichten eines tugendhaften Menschen, ob er gleich weiß, daß sie nie seine Frau werden kann. Ob sie ihn wieder liebt, weiß ich nicht. Du weißt, lieber Moors! das ist seine Sache, nach der sich nicht gut fragen läßt; so viel aber kann ich dir sagen, daß sie füreinander geboren zu sein scheinen. Merke nun seine List! Damit niemand ihn wegen einer solchen Liebe im Verdacht haben möchte, nimmt er vor, die Welt grad das Gegenteil zu bereden, welches ihm bisher außerordentlich geglückt ist. Er macht Staat und scheint einer gewissen Fräulein, von der ich dir erzählt habe, die Kur zu machen. Er kann zu gewissen Zeiten seine Geliebte sehen und sprechen, ohne daß jemand deswegen den geringsten Argwohn schöpft, und ich begleite ihn manchmal zu ihr. Er hat mich seit der Zeit einer näheren Vertraulichkeit gewürdigt, mir seine Ökonomie entdeckt und gezeigt, daß der Aufwand, den er macht, nicht so groß ist, wie man glauben sollte. Er ist mehr Philosoph und mehr Moralist als jemals, und so unschuldig seine Liebe ist, so mißbilligt er sie dennoch. Wir streiten sehr oft darüber, aber er mag eine Partei nehmen, welche er will, so gewinnt er; denn du weißt, was er auch nur scheinbaren Gründen für ein Gewicht geben kann. Ich bedaure ihn und sein gutes Herz, das wirklich in einem sehr mißlichen Zustande sich befinden muß, da er das tugendhafteste und vollkommenste Mädchen ohn Hoffnung liebt.

Nun mußte auch Goethe dem Freund in Frankfurt gegenüber Farbe bekennen. Er schreibt am 1. Oktober 1766:

Mein lieber Moors,
endlich schreibe ich dir. Die verworrenen Umstände, in denen ich mich befinde, werden mich entschuldigen, daß ich so lange unschlüssig gewesen bin, was ich tun sollte. Ich habe mich endlich entschlossen, dir alles zu entdecken, und Horn hat die Mühe über sich genommen, es dir zu schreiben. Du weißt also alles. Du wirst daraus gesehen haben, daß dein Goethe noch nicht so bestrafenswert ist, als du glaubst. Denke als Philosoph, und so mußt du denken, wenn du in der Welt glücklich sein willst; und was hat alsdenn meine Liebe für eine scheltungswürdige Seite? Was ist der Stand? Eine eitle Farbe, die die Menschen erfunden haben, um Leute, die es nicht verdienen, mit anzustreichen. Und Geld ist ein ebenso elender Vorzug in den Augen eines Menschen, der denkt. Ich liebe ein Mädchen, ohne Stand und ohne Vermögen, und jetzo fühle ich zum allerersten Male das Glück, das eine wahre Liebe macht. Ich habe die Gewogenheit meines Mädchens nicht denen kleinen elenden Trakasserien der Liebhaber zu danken, nur durch meinen Charakter, nur durch mein Herz habe ich sie erlangt. Ich brauche keine Geschenke, um sie zu erhalten, und ich sehe mit einem verachtenden Aug auf die Bemühungen herunter, durch die ich ehemals die Gunstbezeugungen einer W. erkaufte. Das fürtreffliche Herz meiner Schönkopf ist mir Bürge, daß sie mich nie verlassen wird als dann, wenn es uns Pflicht und Notwendigkeit gebieten werden, uns zu trennen. Solltest du nur dieses fürtreffliche Mädchen kennen, bester Moors, du würdest mir diese Torheit verzeihen, die ich begehe, indem ich sie liebe. Ja, sie ist des großen Glückes wert, das ich ihr wünsche, ohne jemals hoffen zu können, etwas dazu beizutragen. Lebe wohl.

Die nächsten beiden Briefe sind wieder an die Schwester Cornelia gerichtet. Es heißt dort unter dem 13. Oktober 1766:

Ich fange an, mit den Leipzigern und mit Leipzig ziemlich unzufrieden zu werden. Ich bin aus der Gnade derjenigen, denen ich sonst meine Aufwartung machen durfte, gefallen, und das deswegen, weil ich meines Vaters Rat gefolgt habe und nicht spielen will. Man hält mich daher für einen in der Gesellschaft überflüssigen Menschen, mit dem nichts anzufangen ist.
Noch eine andere Ursache, warum man mich in der großen Welt nicht leiden kann. Ich habe etwas mehr Geschmack und Kenntnis vom Schönen als unsere galanten Leute, und ich konnte nicht umhin, ihnen oft in großer Gesellschaft das Armselige von ihren Urteilen zu zeigen.
Nichtsdestoweniger lebe ich so vergnügt und ruhig als möglich, ich habe einen Freund an dem Hofmeister des Grafen von Lindenau, der aus eben den Ursachen wie ich aus der großen Welt entfernt worden ist. Wir trösten uns miteinander, indem wir in unserm Auerbachs Hofe, dem Besitztume des Grafen, wie in einer Burg, von allen Menschen abgesondert, sitzen und, ohne misanthropische Philosophen zu sein, über die Leipziger lachen; und wehe ihnen, wenn wir einmal unversehns aus unserem Schloß auf sie, mit mächtiger Hand, einen Ausfall tun! Lebe wohl.

Leipzig, den 11. Mai 1767
Liebste Schwester,
beschämt, von allen Seiten beschämt, schreibe ich dir, und bin willens, nicht eher aufzuhören, bis ich dir alles, alles, was ich schon längst hätte schreiben sollen, geschrieben habe. Du glaubst, ich habe keine Entschuldigungen. Immer genug, Schwester, um, wenn du deine Güte noch dazu in die Waagschale legst, alle Vorwürfe zu überwiegen, die du mir machen könntest. Aber keine Vorwürfe, Schwester! Ein zärtliches Mädchen muß nicht zanken, und daß du ein zärtliches Herz hast, das beweist jede Zeile, die du schreibst. Nun, so höre denn, was ich zu meiner Entschuldigung sagen kann.
Denke dir einen Menschen, der von einer verdrüßlichen Krankheit, und von seinen Arbeiten, zu eben der Zeit befreit wird, da

die Sonne den späten Frühling zu uns brachte. Du kannst die Freude nur halb fühlen, die ich empfand, da ich die Natur mit mir vom Krankenbette aufstehen sah; ich vergaß alles um mich herum, bis mich eine rauhe Luft und ein dicker Backen zu Hause zu bleiben nötigten.

Nun zu was Muntererm, zu meinen Gedichten. Ich bin vergnügt, daß sie euch gefallen haben. Da ich ganz ohne Stolz bin, kann ich meiner innerlichen Überzeugung glauben, die mir sagt, daß ich einige Eigenschaften besitze, die zu einem Poeten erfordert werden, und daß ich durch Fleiß einmal einer werden könnte. Ich habe von meinem zehenten Jahre angefangen, Verse zu schreiben, und habe geglaubt, sie seien gut; jetzo in meinem siebzehnten sehe ich, daß sie schlecht sind, aber ich bin doch sieben Jahre älter, und mache sie um sieben Jahre besser. Hätte mir einer Anno 62 von meinem Joseph gesagt, was ich jetzt selbst davon sage, ich würde so niedergeschlagen worden sein, daß ich nie eine Feder angerührt hätte.

Vorm Jahre, als ich die scharfe Kritik von Clodiusen über mein Hochzeitgedichte las, entfiel mir aller Mut, und ich brauchte ein halbes Jahr Zeit, bis ich mich wieder erholen und auf Befehl meiner Mädchen einige Lieder verfertigen konnte. Seit dem November habe ich höchstens fünfzehn Gedichte gemacht, die alle nicht sonderlich groß und wichtig sind, und von denen ich nicht eins Gellerten zeigen darf, denn ich kenne seine jetzigen Sentiments über die Poesie. Man lasse doch mich gehen; habe ich Genie, so werde ich Poete werden, und wenn mich kein Mensch verbessert; habe ich keins, so helfen alle Kritiken nichts.

Bei dem eben erwähnten »Hofmeister des Grafen von Lindenau«, mit dem Goethe sich näher angefreundet hat, handelt es sich um den zehn Jahre älteren Ernst Wolfgang Behrisch, der in Auerbachs Hof sein Absteigequartier hatte. Er studierte seit 1760 in Leipzig und Goethe hatte ihn sich zum beratenden Mentor erkoren.

Behrisch verlor im Oktober 1767 seine Stelle als Hofmeister des zwölfjährigen Grafen von Lindenau, fand jedoch sogleich eine andere im Dienst des Fürsten von Anhalt-Dessau, als Erzieher des Erbprinzen. Goethes folgender Brief an Behrisch, vom 2. November, ist nach Dessau gerichtet.

Daß du vom Sonnabend keinen Brief empfingst, wird dich gewundert haben; ohne wichtige Ursachen unterlasse ich es gewiß nie: aber es war auch eine wichtige Ursache, eine mit der wichtigsten, dem Halsbrechen so verwandte – kurz, ich bin vom Pferde gestürzt, oder eigentlicher, ich habe mich vom Pferde gestürzt, da es mit mir, einem sehr ungeschickten Reuter, durchging. Es ist eine betäubende Sache um ein großes unverhofftes Glück. Dieses, daß ich nicht den Hals gebrochen habe, hat mich, glaub ich, so im Kopf schwindlend gemacht. Aber, Gott sei Dank, ich habe mir keinen Schaden getan, denn du kannst wohl raten, daß ich ein aufgestoßnes Kinn, eine zerschlagne Lippe und ein geschellertes Auge nicht unter die großen Schäden rechne. Solange sich mein Mädchen nicht über die Verunzierung dieses Gesichts beschwert, so lang hats gute Wege.

Meine Liebe läßt dich grüßen; ich liebe sie immer wie stets; sie mich? Ich glaub's einsweilen. Ich lebe nach deiner Vorschrift so diät, als ein ängstlicher junger Mensch auf Befehl seines Doktors bei gewissen Vorfallenheiten.

So leb ich fast ohne Mädchen, fast ohne Freund, halb elend; noch einen Schritt, und ich bins ganz.

Liebe ist Jammer, aber jeder Jammer wird Wollust, wenn wir seine klemmende, stechende Empfindung, die unser Herz ängstigt, durch Klagen lindern und zu einem sanften Kützel verwandlen; ach, da geht keine Wollust über den Jammer der Liebe, wenn ein Freund unser Elend hört, unsre Tränen sieht, und das, was wir davon zuviel haben, gottgleich wegnimmt, und durch Mitleid unsre Wunde heilt. – Du verstehst mich. Noch einige Sentenzen, und du wirst mich ganz verstehen. Treue ist nicht das einzige Erfordernis zu einem Freunde. Warum wären Freunde so selten? Einen treuen Freund gefunden zu haben, heißt einen ehrlichen Mann gefunden haben, und die gibts, sage der Misanthrope, was er will. Aber Empfindung ist kein Werk großer, guter Grundsätze, herbei hat sie keiner philosophiert, hinweg die meisten. Sie ist keine Würkung eines guten Herzens; ein Herz kann rechtschaffen fühlen, und doch kalt sein. Wer einem kalten Herzen warmes Elend vertraut, ist ein Tor, wie ein Liebhaber, der am Bache ins Schilf klagt, das ihn, statt ihn zu bedauern, auszischt.

Du wirst über meinen Brief lachen, er ist sehr sentenziös. Ich kann mir nicht helfen, ich habe viele gute Gedanken, und kann sie nirgends brauchen als gegen dich. Wäre ich Autor, da würde ich sparsamer sein, um sie ans Publikum dermaleinst verschwenden zu können.

III

Goethe und Annette
in Briefen an Ernst Wolfgang Behrisch
(1767/68)

Anna Catharina Schönkopf – Annette, Nette oder auch Ännchen, wie sie in Goethes Briefen, Gedichten und Liedern heißt – war drei Jahre älter als ihr leidenschaftlich stürmischer und eifersüchtig ungebärdiger Liebhaber. In einem Brief an die Schwester Cornelia nennt Goethe sie »ein recht gutes Mädchen, das ich sehr liebe; sie hat die Hauptqualität, daß sie ein gutes Herz hat, das durch keine allzu große Lektüre verwirrt ist, und läßt sich ziehen. Ich werde Ehre mit ihr einlegen; sie hat schon ganz erträgliche, auch manchmal artige Briefe schreiben lernen, aber mit der Orthographie will's nicht fort. Überhaupt muß man die beim sächsischen Frauenzimmer nicht suchen.«
In dem Schönkopfschen Hause herrschte eine rege, gebildete Geselligkeit. Man las, man spielte Theater, man musizierte, und Goethe selber radierte einmal für Annette ein Lesezeichen mit Büchern und Rosenranken, sowie für den Vater eine Geschäftsetikette mit drei Flaschen, Weinlaub und einer Traube.
Die Geschichte seiner Liebe zu Annette hat Goethe später in »Dichtung und Wahrheit« erzählt. Sie dauerte zwei Jahre und war, bei dem für die damalige Zeit fast ungebührlichen Altersunterschied, in Käthchens Augen wohl von Anfang an eher eine zärtliche Herzensfreundschaft als ein Bündnis fürs Leben.
Als Mentor in dieser Liebessache hatte sich Goethe einen über zehn Jahre älteren Freund erkoren: Ernst Wolfgang Behrisch, der zuerst als Hofmeister eines jungen Grafen in Auerbachs Hof in Leipzig logierte, ehe er im Oktober 1767 als Prinzenerzieher an den Hof nach Dessau ging. Auch dieses Freundes gedenkt Goethe in »Dichtung und Wahrheit« und gibt dort folgendes Porträt von ihm:

»Behrisch war einer der wunderlichsten Käuze, die es auf der Welt geben kann. Hager und wohlgebaut, weit in den Dreißigern, eine sehr große Nase und überhaupt markierte Züge; eine

Haartour, die man wohl eine Perücke hätte nennen können, trug er vom Morgen bis in die Nacht, kleidete sich sehr nett und ging niemals aus als den Degen an der Seite und den Hut unter dem Arm. Er war einer von den Menschen, die eine ganz besondere Gabe haben, die Zeit zu verderben, oder vielmehr, die aus Nichts etwas zu machen wissen, um sie zu vertreiben. Alles, was er tat, mußte mit Langsamkeit und einem gewissen Anstand geschehen, den man affektiert hätte nennen können, wenn Behrisch nicht schon von Natur etwas Affektiertes in seiner Art gehabt hätte. Er ähnelte einem alten Franzosen, auch sprach und schrieb er sehr gut und leicht französisch. Seine größte Lust war, sich ernsthaft mit possenhaften Dingen zu beschäftigen und irgendeinen albernen Einfall bis ins Unendliche zu verfolgen. So trug er sich beständig grau, und weil die verschiedenen Teile seines Anzuges von verschiedenen Zeugen und also auch Schattierungen waren, so konnte er tagelang darauf sinnen, wie er sich noch ein Grau mehr auf den Leib schaffen wollte, und war glücklich, wenn ihm das gelang.
Übrigens hatte er gute Studien, war besonders in den neueren Sprachen und ihren Literaturen bewandert und schrieb eine vortreffliche Hand. Mir war er sehr gewogen, und ich, der ich immer gewohnt und geneigt war, mit ältern Personen umzugehen, attachierte mich bald an ihn. Mein Umgang diente auch ihm zur besondern Unterhaltung, indem er Vergnügen daran fand, meine Unruhe und Ungeduld zu zähmen, womit ich ihm dagegen auch genug zu schaffen machte.

Wie sehr dies der Fall war, zeigt unter anderen der folgende Brief, der, in mehreren Etappen geschrieben, Mitte November 1767 an Behrisch in Dessau abgesandt wurde.

Dienstags, den 10. November 1767
Abends um 7 Uhr
Ha, Behrisch, das ist einer von den Augenblicken! Du bist weg, und das Papier ist nur eine kalte Zuflucht gegen deine Arme. O Gott, Gott. – Laß mich nur erst wieder zu mir kommen. Behrisch, verflucht sei die Liebe. O sähst du mich, sähst du den Elenden, wie er rast, der nicht weiß, gegen wen er rasen soll, du würdest jammern. Freund, Freund! Warum hab ich nur Einen?

Um 8 Uhr
Mein Blut läuft stiller, ich werde ruhiger mit dir reden können. Ob vernünftig? Das weiß Gott. Nein, nicht vernünftig. Wie könnte ein Toller vernünftig reden? Das bin ich. Ketten an diese Hände! Da wüßte ich doch, worein ich beißen sollte. Du hast viel mit mir ausgestanden, stehe noch das aus. Das Geschwätze, und wenn dir's angst wird, dann bete, ich will Amen sagen; selbst kann ich nicht beten. Meine – Ha! siehst du! Die ist's schon wieder. Könnte ich nur zu einer Ordnung kommen, oder käme Ordnung nur zu mir. Lieber, Lieber!
Horn war da, ich hatte ihn herbestellt, mir etwas vorzulesen; ich habe ihn abweisen lassen; er glaubt, ich liege im Bette. *Der* muß mich nicht stören, wenn ich mit *dir* rede. Er ist ein guter Junge, aber wenn's auf's Stören ankömmt, da ist er ein Meister drinne. – Tausend Sachen, und nicht die rechte. – O Behrisch, Behrisch! Mein Kopf.
Ich habe mir eine Feder geschnitten, um mich zu erholen. Laß sehen, ob wir fortkommen. Meine Geliebte! Ah, sie wird's ewig sein. Sieh, Behrisch, in dem Augenblicke, da sie mich rasen macht, fühl ich's. Gott, Gott, warum muß ich sie so lieben. Noch einmal angefangen. Annette macht – nein, nicht macht. Stille, stille, ich will dir alles in der Ordnung erzählen.
Ihr Kaltsinn, den sie den ganzen Montag gegen mich fortsetzte, verursachte mir solches Ärgernis, daß ich montags abends in ein Fieber verfiel, das mich diese Nacht mit Frost und Hitze entsetzlich peinigte und diesen ganzen Tag zu Hause bleiben hieß. – Nun! O Behrisch, verlange nicht, daß ich es mit kaltem Blute erzähle. Gott! – Diesen Abend schicke ich hinunter, um mir etwas holen zu lassen. Meine Magd kommt und bringt mir die Nachricht, daß Sie mit ihrer Mutter in der Komödie sei. Eben hatte das Fieber mich mit seinem Froste geschüttelt, und bei dieser Nachricht wird mein ganzes Blut zu Feuer! Ha! In der Komödie! Zu der Zeit, da sie weiß, daß ihr Geliebter krank ist. Gott! Das war arg; aber ich verzieh's ihr. Ich wußte nicht, welches Stück es war. Wie? sollte sie mit *denen* in der Komödie sein? Mit *denen!* Das schüttelte mich! Ich muß es wissen. – Ich kleide mich an, und renne wie ein Toller nach der Komödie. Ich nehme ein Billett auf die Galerie. Ich bin oben. Ha! ein neuer Streich. Meine Augen sind schwach, und reichen nicht bis in die Logen. Ich

dachte, rasend zu werden, wollte nach Hause laufen, mein Glas zu holen. Ein schlechter Kerl, der neben mir stand, riß mich aus der Verwirrung: ich sah, daß er zwei hatte; ich bat ihn auf das höflichste, mir eins zu borgen – er tat's. Ich sah hinunter, und fand ihre Loge – Oh, Behrisch –.
Ich fand ihre Loge. Sie saß an der Ecke, neben ihr ein kleines Mädchen, Gott weiß wer, dann Peter, dann die Mutter. – Nun aber! Hinter ihrem Stuhl Herr Ryden, in einer sehr zärtlichen Stellung. Ha! Denke mich! Denke mich! auf der Galerie! mit einem Fernglas – das sehend! Verflucht! Oh Behrisch, ich dachte, mein Kopf spränge mir für Wut. Man spielte Miß Sara [Sampson]. Die Schulzen machte die Miss, aber ich konnte nichts sehen, nichts hören. Meine Augen waren in der Loge, und mein Herz tanzte. Er lehnte sich bald hervor, daß das kleine Mädchen, das neben ihr saß, nichts sehen konnte. Bald trat er zurück, bald lehnte er sich über den Stuhl und sagte ihr was; ich knirschte die Zähne und sah zu. Es kamen mir Tränen in die Augen, aber sie waren vom scharfen Sehen; ich habe diesen ganzen Abend noch nicht weinen können. – Hernach dacht ich an dich, ich schwöre es dir, an dich, und wollte nach Hause gehen, und dir schreiben, und da hielt mich der Anblick wieder, und ich blieb. Gott, Gott! Warum mußte ich sie in diesem Augenblicke entschuldigen? Ja, das tat ich! Ich sah, wie sie ihm ganz kalt begegnete, wie sie sich von ihm wegwendete, wie sie ihm kaum antwortete, wie sie von ihm importuniert schien. Das alles glaubte ich zu sehen. Ah, mein Glas schmeichelte mir nicht so wie meine Seele; ich wünschte, es zu sehen! O Gott, und wenn ich's würklich gesehen hätte, wäre Liebe zu mir nicht die letzte Ursache, der ich dieses zuschreiben sollte?
Es schlägt neune, nun wird sie aus sein, die verdammte Komödie. Fluch auf sie! Weiter in meiner Erzählung. So saß ich eine Viertelstunde und sah nichts, als was ich in den ersten fünf Minuten gesehen hatte. Auf einmal faßte mich das Fieber mit seiner ganzen Stärke, und ich dachte in dem Augenblicke zu sterben; ich gab mein Glas an meinen Nachbarn, und lief, ging nicht aus dem Hause – und bin seit zwei Stunden bei dir. Kennst du einen unglücklicheren Menschen, bei solchem Vermögen, bei solchen Aussichten, bei solchen Vorzügen, als mich, so nenne mir ihn, und ich will schweigen. Ich habe den ganzen Abend vergebens

zu weinen gesucht, meine Zähne schlagen aneinander, und wenn man knirscht, kann man nicht weinen.
Wieder eine neue Feder. Wieder einige Augenblicke Ruhe. O mein Freund! Schon das dritte Blatt. Ich könnte dir tausend schreiben, ohne müde zu werden. Ohne fertig zu werden. Welcher Elender hat sich je satt geklagt!
Aber ich liebe sie. Ich glaube, ich tränke Gift von ihrer Hand. Verzeih mir, Freund. Ich schreibe wahrlich im Fieber, wahrlich im Paroxismus. Doch laß mich schreiben. Besser, ich lasse hier meine Wut aus, als daß ich mich mit dem Kopf wider die Wand renne.
Ich habe eine Viertelstunde auf meinem Stuhle geschlafen. Ich bin wirklich sehr matt. Aber das Blatt muß diesen Abend noch voll werden. Ich habe noch viel zu sagen.
Wie werde ich diese Nacht zubringen? Dafür graut's mir. Was werde ich morgen tun? Das weiß ich. Ich werde ruhig sein, bis ich ins Haus trete. Und da wird mein Herz zu pochen anfangen, und wenn ich sie gehen oder reden höre, wird es stärker pochen, und nach Tische werd ich gehen. Seh ich sie etwa, da werden mir die Tränen in die Augen kommen, und werde denken: Gott verzeih dir, wie ich dir verzeihe, und schenke dir all die Jahre, die du meinem Leben raubst; das werde ich denken, sie ansehen, mich freuen, daß ich halb und halb glauben kann, daß sie mich liebt, und wieder gehen. So wird's sein morgen, übermorgen, und immerfort.
Sieh, Behrisch, die Sara sah ich einmal mit ihr. Wie unterschieden von heute! Es waren ebendieselben Szenen, eben die Acteurs, und ich konnte sie heute nicht ausstehn. Ha! alles Vergnügen liegt in uns. Wir sind unsre eigne Teufel, wir vertreiben uns aus unserm Paradiese.
Ich habe wieder geschlafen, ich bin sehr matt. Wie wird's morgen sein? Mein armer Kopf dreht sich. Morgen, will ich ausgehen, und sie sehn. Vielleicht hat ihre ungerechte Kälte gegen mich nachgelassen. Hat sie's nicht, so bin ich gewiß, einen gedoppelten Anfall von Fieber morgen abend zu kriegen. Es sei! Ich bin nicht mehr Herr über mich. Was tat ich neulich, als ich von meinem unbändigen Pferde weggerissen ward? Ich konnte es nicht einhalten, ich sah meinen Tod, wenigstens einen schröcklichen Fall, vor Augen. Ich wagt' es, und stürzte mich herunter.

Da hatte ich Herz. Ich bin vielleicht nicht der Herzhafteste, bin nur geboren, in Gefahr herzhaft zu werden. Aber ich bin jetzt in Gefahr, und doch nicht herzhaft. Gott! Freund! weißt du, was ich meine? Gute Nacht! Mein Gehirn ist in Unordnung. O wäre die Sonne wieder da! Unzufriedenheit! Ich weiß wahrlich nicht mehr, was ich schreibe.

Mittwochs, 11. November, abends um 8
Gestern um diese Zeit, wie war das anders als jetzt. Ich habe meinen Brief wieder durchgelesen und würde ihn gewiß zerreißen, wenn ich mich schämen dürfte, vor dir in meiner eigentlichen Gestalt zu erscheinen. Dieses heftige Begehren, und dieses ebenso heftige Verabscheun, dieses Rasen und diese Wollust werden dir den Jüngling kenntlich machen, und du wirst ihn bedauern.
Gestern machte das mir die Welt zur Hölle, was sie mir heute zum Himmel macht – und wird so lange machen, bis es mir sie zu keinem von beiden mehr machen kann.
Sie war bei Obermanns, und wir waren eine Viertelstunde allein. Mehr braucht es nicht, um uns auszusöhnen. Umsonst sagt Shakespeare: Schwachheit, dein Name ist *Weib*; eh würde man sie unter dem Bilde des Jünglings kennen. Sie sah ihr Unrecht ein, meine Krankheit rührte sie, und sie fiel mir um den Hals, und bat mich um Vergebung; ich vergab ihr alles.
Ich hatte Stärke genug, ihr meine Narrheit mit der Komödie zu verbergen. Siehst du, sagte sie, wir waren gestern in der Komödie; du mußt darüber nicht böse sein. Ich hatte mich ganz in die Ecke der Loge gerückt, und Lottchen neben mich gesetzt, daß er ja nicht neben mich kommen sollte. Er stand immer hinter meinem Stuhle, aber ich vermied, soviel ich konnte, mit ihm zu reden; ich plauderte mit meiner Nachbarin in der nächsten Loge, und wäre gern bei ihr drüben gewesen. – O Behrisch, das alles hatte ich mir gestern überredet, daß ich es gesehn hätte, und nun sagte *sie* es mir. *Sie!* Um meinen Hals gehangen. *Ein* Augenblick Vergnügen ersetzt tausende voll Qual, wer möchte sonst leben; mein Verdruß war vorbei, ein vergangnes Übel ist ein *Gut*. Die Erinnerung überstandner Schmerzen ist Vergnügen. Und *so* ersetzt! mein ganzes Glück in meinen Armen. Die schöne Scham, die sie ohngeachtet unsrer Vertraulichkeit so oft

ergreift, daß die mächtige Liebe sie wider das Geheiß der Vernunft in meine Arme wirft; die Augen, die sich zudrücken, so oft sich ihr Mund auf den meinigen drückt; das süße Lächeln in den kleinen Pausen unsrer Liebkosungen; die Röte, die Scham, Liebe, Wollust, Furcht auf die Wangen treiben; dies zitternde Bemühen, sich aus meinen Armen zu winden, das mir durch seine Schwäche zeigt, daß nichts als *Furcht* sie je herausreißen würde – Behrisch, das ist eine Seligkeit, um die man gern ein Fegfeuer aussteht. Gute Nacht, mein Kopf schwindelt mir wie gestern, nur von was anders. Mein Fieber ist heute ausgeblieben; solang es so gutes Wetter bleibt, wird es wohl nicht wiederkommen. Gute Nacht.

Freitags, 13. November, um 11 Uhr nachts
Mein Brief hat eine hübsche Anlage zu einem Werkchen, ich habe ihn wieder durchgelesen, und erschrecke vor mir selbst. Ich weiß nicht, warum ich jetzt schreibe. Gute Nacht. Es war nur, um dir Gute Nacht zu sagen.

Anfang März unternahm Goethe einen Ausflug nach Dresden, um die Kunstschätze der dortigen berühmten Gemäldegalerie zu besichtigen. Nach seiner Rückkehr schreibt er an Behrisch:

Leipzig, März 1768
Wenn dir an einem Briefe von mir etwas gelegen war, so tatest du wohl, zu schreiben; denn du hättest gewiß lange warten sollen. Doch du hast lange gewartet: aber, Kind, weißt du denn warum? Ein schönes Kompliment vom Doktor, deinem Bruder. Nicht wahr, das hättest du nie vermutet? Ich bin in Dresden gewesen, auf zwölf Tage, die Galerie zu sehen; die hab ich gesehen, was man gesehen heißt.
Was macht Annette? Ei, ei! Gibts eine Annette in der Welt? Weißt du's auch noch? Ich dächte, du hättest es längst vergessen; wenigstens hast du in drei guten Monaten nichts nach ihr gefragt, und ich bin auch so höflich gewesen, dir nichts von ihr zu schreiben.
Gut, wenn du es wissen willst, wie es mit uns steht, so wisse: Wir lieben einander mehr als jemals, ob wir einander gleich seltner sehen. Ich habe den Sieg über mich erhalten, sie nicht zu sehen,

und nun dacht' ich, gewonnen zu haben, aber ich bin elender als vorher; ich fühle, daß die Liebe sich selbst in der Abwesenheit erhalten wird. Ich kann leben, ohne sie zu sehen, nie, ohne sie zu lieben. Allen Verdruß, den wir zusammen haben, mache ich. Sie ist ein Engel, und ich bin ein Narr.
Höre, Behrisch, ich kann, ich will das Mädchen nie verlassen, und doch muß ich fort, doch will ich fort. Aber sie soll nicht unglücklich sein. Wenn sie meiner *wert* bleibt, wie sie's jetzt ist! Behrisch! Sie soll glücklich sein. Und doch werd' ich so grausam sein, und ihr alle Hoffnung benehmen. Das muß ich. Denn wer einem Mädchen Hoffnung macht, der verspricht. Kann sie einen rechtschaffnen Mann kriegen, kann sie ohne mich glücklich leben, wie fröhlich will ich sein. Ich weiß, was ich ihr schuldig bin; meine Hand und *mein* Vermögen gehört ihr, sie soll alles haben, was ich ihr geben *kann*. Fluch sei auf dem, der sich versorgt, eh das Mädchen versorgt ist, das er *elend* gemacht hat. Sie soll nie die Schmerzen fühlen, mich in den Armen einer andern zu sehen, bis ich die Schmerzen gefühlt habe, sie in den Armen eines andern zu sehen, und vielleicht will ich sie auch da mit dieser schröcklichen Empfindung verschonen. Es ist sehr verworren, was ich geschrieben habe, aber du magst dich herausdenken. Du kennst mich.
Schicke mir doch mein Büchlein Annette mit der nächsten Post. Du brauchst es doch nicht, und ich habe wieder an den Gedichten geändert und neue gemacht.
Mein Schäferspiel hat schröckliche Korrekturen gelitten und ist seiner Endigung nah. Du sollst's auch haben. Wenn du geschickt bist, sollst du bald wieder einen Brief kriegen. Adieu.

Bei dem hier erwähnten »Büchlein Annette« handelt es sich um eine kleine Liedersammlung, die in den letzten zwei Jahren entstanden war; ein Teil dieser Lieder erschien später, in der Vertonung eines Freundes, als Goethes erste Veröffentlichung anonym in Leipzig. Das Schäferspiel »Die Laune des Verliebten« ist Goethes früheste erhaltene dramatische Arbeit, die ebenfalls der Neigung zu Annette ihre Entstehung verdankt.
Bald nach diesem Brief an Behrisch muß es noch im März des Jahres 1768, einige Monate vor der bereits für den Sommer festgesetzten Abreise Goethes, zwischen ihm und Annette zu einer

Erklärung und einer freundschaftlichen Lösung des Verhältnisses gekommen sein. Davon berichtet er Behrisch in einem Brief vom 26. April:

Lange nicht geschrieben, Behrisch, lange nicht, und doch immer ebenderselbe, der ich war. Siehe, ich habe dich noch so lieb, als ich dich hatte, und Netten noch so lieb, als ich sie hatte, mehr noch beide, wenn ich die Wahrheit sagen soll; denn stärker ist eine Leidenschaft, wenn sie ruhiger ist, und so ist meine. O Behrisch, ich habe angefangen zu leben! Daß ich dir alles erzählen könnte! Ich kann nicht, es würde mich zu viel kosten. Genug sei dir's: Nette, ich, wir haben uns getrennt; wir sind glücklich. Es war Arbeit, aber nun sitz ich wie Herkules, der alles getan hat, und betrachte die glorreiche Beute umher. Es war ein schröcklicher Zeitpunkt bis zur Erklärung, aber sie kam, die Erklärung, und nun – nun kenn ich erst das Leben. Sie ist das beste, liebenswürdigste Mädchen, nun kann ich dir schwören, daß ich nie nie aufhören werde, das für sie zu fühlen, was das Glück meines Lebens macht, das zu denken, was ich dir neulich geschrieben habe, und das zu wollen. Behrisch, wir leben in dem angenehmsten, freundschaftlichsten Umgange; keine Vertraulichkeit mehr, nicht ein Wort von Liebe mehr, und so vergnügt, so glücklich! Behrisch, sie ist ein Engel. Es sind heute zwei Jahre, daß ich ihr zum erstenmal sagte, daß ich sie liebte. Zwei Jahre, Behrisch, und noch! Wir haben mit der Liebe angefangen und hören mit der Freundschaft auf. Doch nicht ich. Ich liebe sie noch, so sehr, Gott, so sehr. O daß du hier wärest, daß du mich trösten, daß du mich lieben könntest.

Leipzig, Mai 1768

Da hast du die Lieder; ich konnte dir sie unmöglich eher schikken.

Hiermit benachrichtige ich dich zugleich, daß du das Clavier behalten kannst; möge es sich wohl halten, und dir manchesmal eine Erinnerung meiner sein.

Ein Kompliment von Netten. Horn wird täglich unsinniger. Und ich gehe nun täglich mehr bergunter. Drei Monate, Behrisch, und darnach ist's aus. Gute Nacht. Ich mag davon nichts wissen.

IV

*Briefe aus Frankfurt
an die Freunde in Leipzig
(1768/69)*

Ende Juli 1768 erlitt Goethe in Leipzig einen Blutsturz, der auf ein Lungenleiden hinzudeuten schien. Einigermaßen wiederhergestellt, verließ er die Stadt am 28. August, seinem Geburtstag, und fast war es, wie auch später so oft, eine Art Flucht. Jedenfalls brachte er es nicht über sich, von der Geliebten, Anna Catharina Schönkopf, der seine Leipziger Lieder und Gedichte gewidmet sind, und von ihrem elterlichen Hause, in dem er so viel verkehrt, ausdrücklich Abschied zu nehmen. Erst einen Monat später, am 1. Oktober, schreibt er von Frankfurt aus an Christian Gottlob Schönkopf, Käthchens Vater, und zugleich an die übrige Familie.

Ihr Diener, Herr Schönkopf! Wie befinden Sie sich, Madame? Guten Abend, Mamsell. Peterchen, guten Abend.
Nota bene. Sie müssen sich vorstellen, daß ich zur kleinen Stubentüre hereinkomme. Sie, Herr Schönkopf, sitzen auf dem Kanapee am warmen Ofen, Madame in ihrem Eckchen hinterm Schreibtisch. Peter liegt unterm Ofen, und wenn Käthchen auf meinem Platze am Fenster sitzt, so mag sie nur aufstehen und dem Fremden Platz machen. Nun fange ich an zu diskurieren.
Ich bin lange außengeblieben, nicht wahr? Fünf ganze Wochen und darüber, daß ich Sie nicht gesehen, daß ich Sie nicht gesprochen habe; ein Fall, der in drittehalb Jahren nicht ein einzig Mal passiert ist, und hinführo leider oft passieren wird. Wie ich gelebt habe? das möchten Sie gerne wissen. Eh, das kann ich Ihnen wohl erzählen: mittelmäßig, sehr mittelmäßig.
A propos, daß ich nicht Abschied genommen habe, werden Sie mir doch vergeben haben. In der Nachbarschaft war ich, ich war schon unten an der Türe, ich sah die Laterne brennen, und ging bis an die Treppe, aber ich hatte das Herz nicht, hinaufzusteigen. Zum letzten Mal! wie wäre ich wieder heruntergekommen.

Ich tue also jetzt, was ich damals hätte tun sollen: ich danke Ihnen für alle Liebe und Freundschaft, die Sie mir so beständig erwiesen haben und der ich nie vergessen werde. Ich brauche Sie nicht zu bitten, sich meiner zu erinnern; tausend Gelegenheiten werden kommen, bei denen Sie an einen Menschen gedenken müssen, der drittehalb Jahre ein Stück Ihrer Familie ausmachte, der Ihnen wohl oft Gelegenheit zum Unwillen gab, aber doch immer ein guter Junge war; und den Sie hoffentlich manchmal vermissen werden. Wenigstens ich vermisse Sie oft. – Darüber will ich weggehen, denn das ist immer für mich ein trauriges Kapitel. Meine Reise ging glücklich, und mittelmäßig, alles habe ich hier gesund angetroffen, außer meinen Großvater, der zwar wieder an der durch den Schlag gelähmten Seite ziemlich hergestellt ist, aber doch mit der Sprache noch nicht fortkann. Ich befinde mich so gut, als ein Mensch, der in Zweifel steht, ob er die Lungensucht hat oder nicht, sich befinden kann; doch geht es etwas besser, ich nehme an Backen wieder zu, und da ich hier weder Mädchen noch Nahrungssorgen habe, die mich plagen könnten, so hoffe ich, von Tag zu Tage weiterzukommen.

Ihre Kommissionen, Mamsell, sind alle nicht vergessen, wenn sie gleich nicht alle ausgerichtet sind. Das Halstuch ist mit dem größten Gusto fertig und wird mit ehster Gelegenheit folgen. Der Fächer ist in der Arbeit, er wird fleischfarb der Grund, mit lebendigen Blumen. Halten die Schuhe noch? Machen Sie mit Ihrem Schuster aus, ob er sie, wenn sie recht fest gemalt sind, so in acht nehmen will, daß er sie nicht verdirbt, und dann schicken Sie mir Ihr Schuhemuster, und da will ich Ihnen malen, soviel Sie wollen, und von was Farben Sie wollen, denn es geht geschwind. Was andre Dinge mehr sind, wird die Zeit fügen. Schreiben Sie mir, wann Sie wollen; nur noch vorm ersten November, denn da schreibe ich wieder an Sie, und mehr. Ich weiß doch, lieber Herr Schönkopf, daß Sie nicht selbst schreiben, aber treiben Sie Käthchen ein bißchen, daß ich bald Nachricht von Euch kriege.

Adieu, alle zusammen. Käthchen, wenn Sie mir nicht schreiben, so sollen Sie sehen!

Zu den Familien, bei denen Goethe als Student in Leipzig gerne verkehrte, gehörte die des Malers Adam Friedrich Oeser, bei dem

er Zeichenunterricht nahm und sogar das Radieren erlernte. Auch in Oesers Sommerhaus auf dem Lande weilte er später häufiger zu Besuch, und zu Oesers ältester Tochter Friederike entwickelte sich ein freundschaftliches Verhältnis.
Goethes Leiden, das sich in Leipzig durch einen Blutsturz geäußert hatte, schien sich in Frankfurt anfangs zu bessern, doch stellten sich während des Winters mehrfach Rückfälle ein, von denen in den beiden folgenden Briefen an Oeser und seine Tochter wiederholt die Rede ist.
Goethe an Adam Friedrich Oeser in Leipzig:

Frankfurt, am 9. November 1768
Hochgeehrtester Herr Professor,
... Meine Gesundheit fängt an, wieder etwas zu steigen, und doch ist sie noch nicht viel übers Schlimme. Inliegender Brief, den ich mich unterstanden habe, an Ihre Mademoiselle Tochter zu schreiben, sagt mehr von diesem Punkte, und mehr von meinem übrigen Leben.
Die Kunst ist, wie sonst, fast jetzt meine Hauptbeschäftigung, ob ich gleich mehr darüber lese und denke als selbst zeichne; denn jetzt, da ich so allein laufen soll, fühle ich erst meine Schwäche. Es will gar nicht mit mir fort, Herr Professor, und ich weiß vor der Hand nichts anders, als das Lineal zu ergreifen, und zu sehen, wie weit ich mit dieser Stütze in der Baukunst und in der Perspektiv kommen kann.
Was bin ich Ihnen nicht schuldig, teuerster Herr Professor, daß Sie mir den Weg zum Wahren und Schönen gezeigt haben, daß Sie mein Herz gegen den Reiz fühlbar gemacht haben. Ich bin Ihnen mehr schuldig, als daß ich Ihnen danken könnte. Den Geschmack, den ich am Schönen habe, meine Kenntnisse, meine Einsichten, habe ich die nicht alle durch Sie? Wie gewiß, wie leuchtend wahr ist mir der seltsame, fast unbegreifliche Satz geworden, daß die Werkstatt des großen Künstlers mehr den keimenden Philosophen, den keimenden Dichter entwickelt als der Hörsaal des Weltweisen und des Kritikers. Lehre tut viel, aber Aufmunterung tut alles. Wer unter allen meinen Lehrern hat mich jemals würdig geachtet, mich aufzumuntern, als Sie? Entweder ganz getadelt, oder ganz gelobt, und nichts kann Fähigkeiten so sehr niederreißen. Aufmunterung nach dem Tadel

ist Sonne nach dem Regen, fruchtbares Gedeihen. Ja, Herr Professor, wenn Sie meiner Liebe zu den Musen nicht aufgeholfen hätten, ich wäre verzweifelt. Sie wissen, was ich war, da ich zu Ihnen kam, und was ich war, da ich von Ihnen ging; der Unterschied ist Ihr Werk. Ich sah ganz anders, ich sah mehr als sonst; und was über alles geht: ich sah, was ich noch zu tun habe, wenn ich was sein will.

Sie haben mich gelehrt, demütig ohne Niedergeschlagenheit und stolz ohne Präsumtion zu sein.

Ich würde kein Ende finden, zu sagen, was Sie mich gelehrt haben. Verzeihen Sie meinem dankbaren Herzen diese Sentenzen; das habe ich mit allen tragischen Helden gemein, daß meine Leidenschaft sich sehr gerne in Tiraden ergießt, und wehe dem, der meiner Lava in den Weg kömmt!

Goethe an Friederike Oeser:

Frankfurt, am 13. Februar 1769

Mademoiselle,

Sie ist lang ausgeblieben, die Antwort! Soll ich Sie wohl um Vergebung bitten? Nein, gewiß, wenn ich das dürfte; wenn ich sagen dürfte: Mamsell, verzeihen Sie, ich hatte viel, viel Geschäfte, daran sich Herkules den Arm aus der Pfanne hätte heben mögen; ich konnte ohnmöglich, die Tage waren kurz, mein Gehirn, wegen der Einstrahlung des Steinbocks und Wassermanns, etwas kalt und feucht, und noch die ganze Reihe von Alletags-Entschuldigungen, um nicht auf sich kommen zu lassen, man sei faul, dazugerechnet – Sehen Sie, wenn ich in Umständen wäre, so was zu sagen, ich schrieb lieber in meinem Leben nicht. O, Mamsell, es war eine impertinente Komposition von Laune meiner Natur, die mich vier Wochen an den Bettfuß und vier Wochen an den Sessel anschraubte, daß ich eben so gerne die Zeit über hätte in einen gespaltnen Baum wollen eingezaubert sein. Und doch sind sie herum, und ich habe das Kapitel von Genügsamkeit, Geduld, und was übrigens für Materien ins Buch des Schicksals gehören, wohl und gründlich studiert, bin auch dabei etwas klüger geworden. Sie werden mir also verzeihen, wenn dieser Brief mehr ein Kommentar zu dem Ihrigen als eine Antwort darauf wird; denn so viel Freude ich über das Blättchen gehabt habe, so viel habe ich auch dawider einzuwenden, und – Honneur aux Dames – aber wahrhaftig, Sie haben unrecht.

Sie wissen's von alters her – wenigstens ist es meine Schuld nicht, wenn Sie es nicht wissen – Sie wissen, daß ich Sie für ein sehr gutes Mädchen halte, die schon, wenn ihr dran gelegen wäre, einen ehrlichen Menschen mit dem weiblichen Geschlecht wieder versöhnen könnte. Wenn ich mich irre, so ist das wieder meine Schuld nicht. Zwei Jahre beinahe bin ich in Ihrem Hause herumgegangen, und ich habe Sie fast so selten gesehen, als ein nachtforschender Magus einen Alraun pfeifen hört.

Von dem also zu reden, was ich gesehen habe, so versichre ich Sie, daß ich davon bezaubert bin.

Sie sind glücklich, sehr glücklich; wenn mein Herz nicht jetzt für alle Empfindung tot wäre, ich wollte es Ihnen vorerzählen, vorsingen wollt' ich's Ihnen. Und Ihre Seele hat sich sehr nach dem Glück gebildet: Sie sind zärtlich, fühlbar, Kennerin des Reizes, gut für Sie, gut für Ihre Gespielen; aber nicht gut für mich; und Sie müssen doch auch gut für mich sein, wenn Sie ein ganzrechtgutes Mädchen sein wollen. Ich war einmal krank, und ward wieder gesund, eben genug, um mit Bequemlichkeit meinem letzten Willen nachdenken zu können. Ich schlich in der Welt herum wie ein Geist, der nach seinem Ableben manchmal wieder an die Orte gezogen wird, die ihn sonst anzogen, da er sie noch körperlich genießen konnte; jämmerlich schleicht er zu seinen Schätzen, und ich demütig zu meinem Mädchen, und zu meinen Freundinnen. Ich hoffte, bedauert zu sein; unsre Eigenliebe muß doch was hoffen, entweder Liebe oder Mitleiden. Betrogner Geist, bleib in deiner Grube! Du magst noch so demütig, noch so flehend im weißen Rocke flehen und jammern, wer tot ist, ist tot, wer krank ist, ist so gut wie tot; geh, Geist, geh, wenn sie nicht sagen sollen, du bist ein beschwerlicher Geist. Dem sei, wie ihm wolle, Mamsell, es ist nichts so schlimm, das das Schicksal nicht zum Guten machen könnte. Ihre Unbarmherzigkeit in den letzten Tagen, gegen den armen Verurteilten, machte ihn stark: Glauben Sie mir, Sie sind alleine schuld, daß ich Leipzig ohne sonderliche Schmerzen verlassen habe. Die Größe der Seele ist meist Unempfindlichkeit, unter uns gesagt. Wenn ich's wohl betrachte, so handelten Sie ganz natürlich, mein Abschied mußte Ihnen gleichgültig sein, mir war er's

wahrlich nicht. Ich hätte gewiß geweint, wenn ich nicht gefürchtet hätte, Ihre weißen Handschuhe zu verderben. Eine überflüssige Vorsicht: ich sah erst am Ende, daß sie gestrickt und von Seide waren; da hätte ich immer weinen können, doch da war's zu spät.
Daß ich ein Ende mache: ich ging aus Leipzig, und Ihr Geist begleitete mich, mit der ganzen Munterkeit seines Wesens. Ich kam hier an, und fing an, Betrachtungen zu machen, dazu ich bisher nicht Zeit gehabt hatte. Und sah mich hier nach Freunden um, und fand keine; nach Mädchen, die waren nicht so spezifiziert, wie ich's liebe, und war im Jammer, und klage Ihnen das in wunderschönen Reimen, und denke: ob Sie denn wohl dich bedauern wird, und den unglücklichen Schwanen durch ein Briefchen trösten wird! Da kam ein Brieflein! Nun, das ist wohl wahr, erquickt war ich; denn Sie stellen sich die Trockenheit nicht vor, in der man hier von Seiten einer angenehmen Unterhaltung lechzt; aber getröst war ich nicht. Ich sah, daß Sie meinten, Poesie und Lügen wären nun Geschwister, und der Herr Briefsteller könnte wohl ein sehr ehrlicher Mensch, aber auch ein starker Poete sein, der aus Vorurteil für das Clairobscur oft die Farben etwas stärker und die Schatten etwas schwärzer aufstriche, als es die Natur tut. *Bon*, Sie sollen recht haben, wo Sie's haben. Nur, das ist doch zu arg, Sachen bei mir zu supponieren, die ich doch so wenig besitze als den Stein der Weisen. – »*Einen gesunden Kopf, ein gutes Herz*«, – nun dazu ließ ich mich noch wohl bereden, zu glauben, daß ich das hätte; aber gelehrige Schülerinnen, Freunde, wie sich's gehört, darauf wart ich noch; wenn ich sie erwischt habe, die Paradiesvögel, da will ich's Ihnen schreiben.
Es mag nun sein, wie's will, so war dies alles nur eine unparteiische, uneigennützige Erinnerung an ein gewisses Frauenzimmer: daß zum rechten guten Herzen auch Mitleiden gehört; daß das noch lange nicht der höchste Grad von Empfindlichkeit ist, wenn man arme Leute und Lerchen füttert. Daß das Lachen gegen das reelle Unglück so wenig eine gute Kur ist als das Aus-dem-Sinn-Schlagen. Und endlich: daß der liebenswürdigste Brief nicht das hundertste Teil von dem Reiz der Unterredung enthält. Denn Sie hätten mir alles das, und noch mehr, und nicht einmal so schön, vorreden dürfen, so wäre ich konfundiert gewesen und

hätte mich nie unterstanden, die geringste von diesen impertinenten Anmerkungen zu machen. Wenn die Frauenzimmer immer wüßten, was sie könnten, wenn sie wollten! – Nun genug von dieser Materie, von der ich so viel geschrieben habe, weil ich nie wieder davon zu schreiben hoffe. Möchte ich doch einem Unglücklichen gedient haben, den etwa das Schicksal künftig in Ihre Hände übergibt, die, je niedlicher sie sind, desto grausamer peinigen können. Ich hoffe, künftig Ihnen mit keinen Klagen, mit keinem Jammer beschwerlich zu fallen; ich hoffe, das Mitleid nicht nötig zu haben, wozu ich Sie ermahne. Trotz der Krankheit, die war, trotz der Krankheit, die noch da ist, bin ich so vergnügt, so munter, oft so lustig, daß ich Ihnen nicht nachgäbe, und wenn Sie mich in dem Augenblicke jetzt besuchten, da ich mich in einem Sessel, die Füße wie eine Mumie verbunden, vor einen Tisch gelagert habe, um an Sie zu schreiben.
Meine Lieder, davon ein Teil das Unglück gehabt hat, Ihnen zu mißfallen, werden mit Melodien auf Ostern gedruckt. Ich würde mich vielleicht unterstanden haben, Ihnen ein unterschriebenes Exemplar zu widmen, wenn ich nicht wüßte, daß man Sie durch einige Kleinigkeiten leicht zum Schimpfen bewegen könnte, wie Sie selbst zu Anfange Ihres Briefes sagen; den ich wohl glaube verstanden zu haben. Es ist mein Unglück, daß ich so leichtsinnig bin, und alles von der guten Seite ansehe. Daß Sie meine Lieder von der bösen angesehen haben, ist das meine Schuld? Werfen Sie sie ins Feuer, und sehen Sie die gedruckten gar nicht an; nur bleiben Sie mir gewogen. Unter uns, ich bin einer von den geduldigen Poeten: gefällt euch das Gedicht nicht, so machen wir ein anders.

Die beiden folgenden Briefe sind an Käthchen Schönkopf gerichtet. Ihr Ton ist ein anderer; während Goethe Friederike Oeser gegenüber sich eher geistreich spielend und witzig galant beträgt, herrschen hier Zärtlichkeit und eine gedämpfte Wehmut über unwiederbringlich Vergangenes. Zugleich sind es Briefe eines Genesenden, der sich zu neuem Aufbruch rüstet.
In dem ersten Brief ist von einem »Traum« die Rede. Aber es dürfte Goethe nicht nur geträumt haben, sondern wohl auch zu Ohren gekommen sein, daß Käthchen sich inzwischen verlobt hatte und im Begriff stand, den damals etwa 35jährigen Doktor

juris Christian Karl Kanne, späteren Ratsherrn in Leipzig, zu heiraten. Diese Nachricht ruft noch einmal die Erinnerung an die Zeit seiner Liebe herauf, und Goethes Worte sind durchfärbt von der Erfahrung, die er ein andermal, nach Käthchens Vermählung, unumwunden ausspricht: »Es ist eine gräßliche Empfindung, seine Liebe sterben zu sehen.«

Frankfurt, am 12. Dezember 1769
Meine liebe, meine teure Freundin,
Ein Traum hat mich diese Nacht erinnert, daß ich Ihnen eine Antwort schuldig bin. Nicht als wenn ich es so ganz vergessen hätte, nicht als wenn ich nie an Sie dächte – nein, meine Freundin, jeder Tag sagt mir was von Ihnen und von meinen Schulden. Aber es ist seltsam, und es ist eine Empfindung, die Sie vielleicht auch kennen werden: die Erinnerung an Abwesende wird durch die Zeit, nicht ausgelöscht, aber doch verdeckt. Die Zerstreuungen unsers Lebens, die Bekanntschaft mit neuen Gegenständen, kurz, jede Veränderung unsers Zustandes, tun unserm Herzen das, was Staub und Rauch einem Gemälde tun: sie machen die feinen Züge ganz unkenntlich, daß man nicht weiß, wie es zugeht. Tausend Dinge erinnern mich an Sie, ich sehe tausendmal Ihr Bild, aber so schwach, und oft mit so wenig Empfindung, als wenn ich an jemand Fremden gedächte; es fällt mir oft ein, daß ich Ihnen eine Antwort schuldig bin, ohne daß ich den geringsten Zug empfinde, Ihnen zu schreiben. Wenn ich nun Ihren gütigen Brief lese, der schon etliche Monate alt ist, und Ihre Freundschaft sehe, und Ihre Sorge für einen Unwürdigen, da erschrecke ich vor mir selbst, und empfinde erst, was für eine traurige Veränderung in meinem Herzen vorgegangen sein muß, daß ich ohne Freude dabei sein kann, was mich sonst in den Himmel gehoben haben würde. Verzeihen Sie mir das! Kann man einem Unglücklichen verdenken, daß er sich nicht freuen kann? Mein Elend hat mich auch gegen das Gute stumpf gemacht, was mir noch übrig bleibt. Mein Körper ist wiederhergestellt, aber meine Seele ist noch nicht geheilt; ich bin in einer stillen untätigen Ruhe, aber das heißt nicht glücklich sein. Und in dieser Gelassenheit ist meine Einbildungskraft so stille, daß ich mir auch keine Vorstellung von dem machen kann, was mir sonst das Liebste war. Nur im Traum er-

scheint mir manchmal mein Herz wie es ist, nur ein Traum vermag mir die süßen Bilder zurückzurufen, so zurückzurufen, daß meine Empfindung lebendig wird. Ich habe es Ihnen schon gesagt, diesen Brief sind Sie einem Traume schuldig. Ich habe Sie gesehen, ich war bei Ihnen; wie es war, das ist zu sonderbar, als daß ich es Ihnen erzählen möchte. Alles mit einem Wort: Sie waren verheiratet. Sollte das wahr sein? Ich nahm Ihren lieben Brief, und es stimmt mit der Zeit überein; wenn es wahr ist, o so möge das der Anfang Ihres Glückes sein!

Ehmals schrieb ich Ihnen etwas rätselhaft von dem, was mit mir werden würde; jetzt läßt sich's deutlicher sagen: ich werde den Ort meines Aufenthalts verändern und weiter von Ihnen wegrücken. Nichts soll mich mehr an Leipzig erinnern als ein ungestümer Traum, kein Freund, der daher kommt, kein Brief. Und doch merke ich, daß mich es nichts helfen wird: Geduld, Zeit und Entfernung werden das tun, was sonst nichts zu tun vermag; sie werden jeden unangenehmen Eindruck auslöschen und unserer Freundschaft, mit dem Vergnügen, das Leben wiedergeben, daß wir uns nach einer Reihe von Jahren, mit ganz andern Augen, aber mit eben dem Herzen wiedersehen werden. Bis dahin leben Sie wohl. Doch nicht ganz bis dahin. Binnen einem Vierteljahr sollen Sie noch einen Brief von mir haben, der Ihnen den Ort meiner Bestimmung, die Zeit meiner Abreise melden wird, und Ihnen das zum Überfluß noch einmal sagen kann, was ich Ihnen schon tausendmal gesagt habe.

Leben Sie wohl, geliebteste Freundin, nehmen Sie diesen Brief mit Liebe und Gütigkeit auf, mein Herz mußte doch noch einmal reden, zu einer Zeit, wo ich nur durch einen Traum von der Begebenheit benachrichtigt war, die mir es hätte verbieten können. Leben Sie tausendmal wohl, und denken Sie manchmal an die zärtlichste Ergebenheit

Ihres Goethe.

Frankfurt, den 23. Januar 1770

Meine liebe Freundin,
Wahrhaftig, es war mein ganzer Ernst, da ich meinen letzten Brief schrieb, keine Feder wieder anzusetzen, Ihnen zu schreiben. Aber, es war sonst auch oft mein ganzer Ernst, etwas nicht zu tun, und Käthchen konnte mich es tun machen, wie es ihr

beliebte, und wenn die Frau Doktorin eben die Gabe behält, nach ihrem Köpfchen die Leute zu gouvernieren, so werd ich auch wohl an Madame Kanne schreiben müssen, und wenn ich es auch tausendmal mehr verschworen hatte, als ich es getan habe. Wenn ich mich recht erinnere, so war mein letzter Brief einigermaßen in einer traurigen Gestalt; dieser geht schon wieder aus einem noch munterern Tone, weil Sie mir bis auf Ostern Aufschub gegeben haben. Ich wollte, Sie wären kopuliert, und Gott weiß was noch mehr. Aber im Grunde schiert mich's doch, das können Sie sich vorstellen.

Daß ich ruhig lebe, das ist alles, was ich Ihnen von mir sagen kann, und frisch und gesund, und fleißig, denn ich habe kein Mädchen im Kopfe. Aber alles wohl betrachtet: Frankfurt bin ich nun endlich satt, und zu Ende des Märzens geh ich von hier weg. Zu Ihnen darf ich nun noch nicht kommen, das merk ich; denn wenn ich Ostern käme, so wären Sie vielleicht noch nicht verheiratet. Und Käthchen Schönkopf mag ich nicht mehr sehen. Zu Ende Märzens geh ich also nach Straßburg, wenn Ihnen daran was gelegen ist, wie ich glaube. Wollen Sie mir auch nach Straßburg schreiben? Sie werden mir eben keinen Possen tun. Denn Käthchen Schönkopf – nun, ich weiß ja am besten, daß ein Brief von Ihnen mir so lieb ist als sonst eine Hand.

Sie sind ewig das liebenswürdige Mädchen, und werden auch die liebenswürdige Frau sein. Und ich, ich werde Goethe bleiben. Sie wissen, was das heißt. Wenn ich meinen Namen nenne, nenne ich mich ganz, und Sie wissen, daß ich, solang als ich Sie kenne, nur als ein Teil von Ihnen gelebt habe.

V

*Goethe in Straßburg (1770/71)
Briefe an
Friederike Brion, Herder und Salzmann*

Goethe als galanter Studiosus in Leipzig lebte und dichtete im Geschmack der Zeit. Rasch eignete er sich eine gewisse anmutige Leichtigkeit an, und mit einigen der Annette-Lieder hatte er seine Vorbilder fast schon übertroffen. Der Aufenthalt in Straßburg bedeutet dann die Wende, den Aufbruch in das völlig Neue des eigenen Werks. Vieles kommt zusammen: Bildungs- und Herzenserlebnisse: die Liebe zu Friederike Brion, die Begegnung mit Herder, das Straßburger Münster, die elsässischen Volkslieder. Goethes Auffassung von Sprache wandelt sich von Grund auf, ein neues Naturgefühl bricht durch, die Pläne zu »Götz« und »Faust« beschäftigen ihn.

Zwanzig Jahre war Goethe alt, als er in den ersten Tagen des April 1770 in Straßburg eintraf, um dort das Studium der Jurisprudenz fortzusetzen. »Ich bin wieder Studiosus«, schreibt er an seinen ehemaligen Zimmernachbarn in Leipzig, den Theologen Limprecht, »und habe nun, Gott sei Dank, so viel Gesundheit als ich brauche, und Munterkeit im Überfluß.« Goethe verkehrte in Straßburg in einem Kosthaus in der Knoblochgasse, wo sich unter dem Vorsitz des Aktuarius Johann Daniel Salzmann etwa zehn bis zwanzig ältere und jüngere Personen zu einer »Tischgesellschaft« versammelten, unter deren Mitgliedern Goethe sich vor allem an Salzmann selber, an Franz Lerse, den Dichter Reinhold Lenz und an Jung-Stilling, den späteren Augenarzt und Schriftsteller, anschloß.

Im Mai kommt die künftige Dauphine Marie-Antoinette auf dem Wege von Wien nach Paris durch Straßburg und wird von den Notabeln der Stadt feierlich empfangen. Ende Juni unternimmt Goethe zu Pferd mit zweien seiner Tischgenossen eine Reise nach Zabern, Saarbrücken und dem unteren Elsaß. Von den Briefen, die er auf dieser Reise schrieb, hat sich im Konzept ein Schreiben an eine Freundin seiner Schwester Cornelia erhalten, in dem für einen kurzen Moment zum erstenmal, bei

einer Landschaftsschilderung, jener Ton aufklingt, auf dem der Zauber von Goethes Jugendprosa, vor allem in den »Leiden des jungen Werther«, beruht.
Goethe an Anna Catharina Fabricius aus Worms:

Saarbrück, am 27. Juni 1770

Wenn das alles aufgeschrieben wäre, liebe Freundin, was ich an Sie gedacht habe, da ich diesen schönen Weg hierher machte und alle Abwechselungen eines herrlichen Sommertags in der süßesten Ruhe genoß – Sie würden mancherlei zu lesen haben, und manchmal empfinden, und oft lachen. Heute regnet's und in meiner Einsamkeit finde ich nichts Reizenders als an Sie zu denken; an *Sie*, das heißt zugleich an alle, die Sie lieben, die mich lieben ...

Gestern waren wir den ganzen Tag geritten, die Nacht kam herbei, und wir kamen eben aufs Lothringische Gebirg, da die Saar im lieblichen Tale unten vorbeifließt. Wie ich so rechterhand über die grüne Tiefe hinaussah und der Fluß in der Dämmerung so graulich und still floß, und linkerhand die schwere Finsternis des Buchenwaldes vom Berg über mich herabhing, wie um die dunkeln Felsen durchs Gebüsch die leuchtenden Vögelchen still und geheimnisvoll zogen – da wurd's in meinem Herzen so still wie in der Gegend, und die ganze Beschwerlichkeit des Tags war vergessen wie ein Traum.

Welch Glück ist's, ein leichtes, ein freies Herz zu haben! Mut treibt uns an Beschwerlichkeit, an Gefahren; aber große Freuden werden nur mit großer Mühe erworben. Und das ist vielleicht das meiste, was ich gegen die Liebe habe. Man sagt, sie mache mutig. Nimmermehr. Sobald unser Herz weich ist, ist es schwach. Wenn es so ganz warm an seine Brust schlägt und die Kehle wie zugeschnürt ist, und man Tränen aus den Augen zu drücken sucht, und in einer unbegreiflichen Wonne dasitzt, wenn sie fließen – o da sind wir so schwach, daß uns Blumenketten fesseln, nicht weil sie durch irgendeine Zauberkraft stark sind, sondern weil wir zittern, sie zu zerreißen.

Mutig wird wohl der Liebhaber, der in Gefahr kommt, sein Mädchen zu verlieren; aber das ist nicht mehr Liebe, das ist Neid. Wenn ich Liebe sage, so versteh ich die wiegende Empfindung, in der unser Herz schwimmt, immer auf *einem* Fleck sich

hin und her bewegt, wenn irgendein Reiz es aus der gewöhnlichen Bahn der Gleichgültigkeit gerückt hat. Wir sind wie Kinder auf dem Schaukelpferde immer in Bewegung, immer in Arbeit, und nimmer vom Fleck. Das ist das wahrste Bild eines Liebhabers.
Ich kenne einen guten Freund, dessen Mädchen oft die Gefälligkeit hatte, bei Tisch des Liebsten Füße zum Schemel der ihrigen zu machen. Es geschah einen Abend, daß er aufstehen wollte, eh es ihr gelegen war; sie drückte ihren Fuß auf den seinigen, um ihn durch diese Schmeichelei festzuhalten; unglücklicherweise kam sie mit dem Absatz auf seine Zehen, er stand viel Schmerzen aus, und doch kannte er den Wert einer Gunstbezeugung zu sehr, um seinen Fuß zurückzuziehen.

Anfang September trifft Herder in Straßburg ein, als Reisebegleiter des Erbprinzen von Holstein-Gottorp, und Goethe sucht alsbald seine Bekanntschaft zu machen. Herder mußte sich damals einer höchst schmerzhaften Gesichtsoperation unterziehen, deren lästige Folgen ihn wochenlang ans Zimmer fesselten, und Goethe war, wie Herder an seine Braut Caroline Flachsland schreibt, »mitunter der Einzige, der mich in meiner Gefangenschaft besuchte und den ich gern sah«.
Unterdessen war Goethe von einem seiner Tischgenossen in dem Pfarrhaus zu Sesenheim eingeführt worden, wo ihn eine neue Liebe zu der Pfarrerstochter Friederike Brion ergriff. Von den 30 Briefen an die damals Achtzehnjährige hat sich nur ein einziger im Konzept erhalten. Er stammt aus dem Anfang ihrer Bekanntschaft.

Goethe an Friederike Brion:
Straßburg, am 15. Oktober 1770
Liebe neue Freundin,
ich zweifle nicht, Sie so zu nennen; denn wenn ich mich anders nur ein klein wenig auf die Augen verstehe, so fand mein Aug, im ersten Blick, die Hoffnung zu dieser Freundschaft in Ihrem, und für unsre Herzen wollt ich schwören; Sie, zärtlich und gut, wie ich Sie kenne, sollten Sie mir, da ich Sie so lieb habe, nicht wieder ein bißchen günstig sein?

Dieser Anfang wurde offensichtlich verworfen; Goethe setzt ihn in Klammern und beginnt folgendermaßen von neuem:

Liebe liebe Freundin,
ob ich Ihnen was zu sagen habe, ist wohl keine Frage; ob ich aber just weiß, warum ich eben jetzo schreiben will, und was ich schreiben möchte, das ist ein anders. Soviel merk ich an einer gewissen innerlichen Unruhe, daß ich gerne bei Ihnen sein möchte; und in dem Falle ist ein Stückchen Papier so ein wahrer Trost, so ein geflügeltes Pferd für mich, hier, mitten in dem lärmenden Straßburg, als es Ihnen in Ihrer Ruhe nur sein kann, wenn Sie die Entfernung von Ihren Freunden recht lebhaft fühlen.

Die Umstände unserer Rückreise können Sie sich ohngefähr vorstellen, wenn Sie mir beim Abschiede ansehen konnten, wie leid er mir tat. Zu Ende der Wanzenau machten wir Spekulation, den Weg abzukürzen, und verirrten uns glücklich zwischen den Morästen; die Nacht brach herein, und es fehlte nichts, als daß der Regen, der einige Zeit nachher ziemlich freigiebig erschien, sich um etwas übereilt hätte.

Endlich langten wir an, und der erste Gedanke, den wir hatten, der auch schon auf dem Weg unsre Freude gewesen war, endigte sich in ein Projekt, Sie balde wiederzusehen.

Es ist ein gar zu herziges Ding um die Hoffnung, *wiederzusehen*. Und wir andern mit den verwöhnten Herzchen, wenn uns ein bißchen was leid tut, gleich sind wir mit der Arzenei da, und sagen: Liebes Herzchen, sei ruhig, du wirst nicht lange von ihnen entfernt bleiben, von denen Leuten, die du liebst; sei ruhig, liebes Herzchen! Und dann geben wir ihm inzwischen ein Schattenbild, daß es doch was hat, und dann ist es geschickt und still wie ein kleines Kind, dem die Mama eine Puppe statt des Apfels gibt, wovon es nicht essen sollte.

Genug, wir sind hier, und sehen Sie, daß Sie unrecht hatten! Sie wollten nicht glauben, daß mir der Stadtlärm auf Ihre süße Landfreuden mißfallen würde.

Gewiß, Mamsell, Straßburg ist mir noch nie so leer vorgekommen als jetzo. Zwar hoff ich, es soll besser werden, wenn die Zeit das Andenken unsrer niedlichen und mutwilligen Lustbarkeiten ein wenig ausgelöscht haben wird; wenn ich nicht mehr so lebhaft fühlen werde, wie gut, wie angenehm meine Freundin ist. Doch sollte ich das vergessen können oder wollen? Nein, ich will lieber das wenig Herzwehe behalten, und oft an Sie schreiben.

Fast ein Jahr lang währte die »Sesenheimer Idylle«, die Goethe im Elften Buch von »Dichtung und Wahrheit« geschildert hat. Oft führte ihn der Weg von Straßburg in das liebenswürdige Pfarrhaus, und einige seiner schönsten frühen Gedichte, in denen sich ein unverwechselbar neuer und eigener Ton meldet, stammen aus dieser Zeit. Als Beispiel dieses neuen Tones und als ein Zeugnis dieser neuen Liebe sei ein Gedicht aus dem Frühjahr 1771 zitiert, dem Goethe später den Titel »Willkommen und Abschied« gegeben hat.

    Es schlug mein Herz. Geschwind, zu Pferde!
    Und fort, wild wie ein Held zur Schlacht.
    Der Abend wiegte schon die Erde,
    Und an den Bergen hing die Nacht.
    Schon stund im Nebelkleid die Eiche
    Wie ein getürmter Riese da,
    Wo Finsternis aus dem Gesträuche
    Mit hundert schwarzen Augen sah.

    Der Mond von einem Wolkenhügel
    Sah schläfrig aus dem Duft hervor,
    Die Winde schwangen leise Flügel,
    Umsausten schauerlich mein Ohr.
    Die Nacht schuf tausend Ungeheuer,
    Doch tausendfacher war mein Mut;
    Mein Geist war ein verzehrend Feuer,
    Mein ganzes Herz zerfloß in Glut.

    Ich sah dich, und die milde Freude
    Floß aus dem süßen Blick auf mich.
    Ganz war mein Herz an deiner Seite,
    Und jeder Atemzug für dich.
    Ein rosenfarbes Frühlingswetter
    Lag auf dem lieblichen Gesicht
    Und Zärtlichkeit für mich, ihr Götter,
    Ich hofft' es, ich verdient' es nicht.

Der Abschied, wie bedrängt, wie trübe!
Aus deinen Blicken sprach dein Herz.
In deinen Küssen welche Liebe,
O welche Wonne, welcher Schmerz!
Du gingst, ich stund, und sah zur Erden,
Und sah dir nach mit nassem Blick.
Und doch, welch Glück, geliebt zu werden,
Und lieben, Götter, welch ein Glück!

In Sesenheim wurde auch der folgende Brief an Johann Daniel Salzmann geschrieben, in dem Goethe seinen wundersam verwunschenen Zustand schildert.

Sesenheim, den 19. Juni 1771

Nun wär es wohl bald Zeit, daß ich käme, ich will auch und will auch, aber was will das Wollen gegen die Gesichter um mich herum. Der Zustand meines Herzens ist sonderbar, und meine Gesundheit schwankt wie gewöhnlich durch die Welt, die so schön ist, als ich sie lang nicht gesehen habe. Die angenehmste Gegend, Leute, die mich lieben, ein Zirkel von Freuden! Sind nicht die Träume deiner Kindheit alle erfüllt? frag ich mich manchmal, wenn sich mein Aug in diesem Horizont von Glückseligkeiten herumweidet; sind das nicht die Feengärten, nach denen du dich sehntest? – Sie sinds, sie sinds! Ich fühl es, lieber Freund, und fühle, daß man um kein Haar glücklicher ist, wenn man erlangt, was man wünschte. Die Zugabe! die Zugabe! die uns das Schicksal zu jeder Glückseligkeit drein wiegt! Lieber Freund, es gehört viel Mut dazu, in der Welt nicht mißmutig zu werden. Als Knab pflanzt ich ein Kirschbäumchen im Spielen, es wuchs und ich hatte die Freude, es blühen zu sehen, ein Maifrost verderbte die Freude mit der Blüte und ich mußte ein Jahr warten, da wurden sie schön und reif; aber die Vögel hatten den größten Teil gefressen, eh ich eine Kirsche versucht hatte; ein ander Jahr warens die Raupen, dann ein genäschiger Nachbar, dann der Mehltau; und doch, wenn ich Meister über einen Garten werde, pflanz ich doch wieder Kirschbaumle; trotz allen Unglücksfällen gibts noch so viel Obst, daß man satt wird. Ich weiß noch eine schöne Geschichte von einem Rosenheckchen, die meinem seligen Großvater passiert ist, und die wohl etwas er-

baulicher als die Kirschbaumhistorie, die ich nicht anfangen mag, weil es schon spät ist.
Machen Sie sich auf ein abenteuerlich Ragout, Reflexionen, Empfindungen, die man unter dem allgemeinen Titel Grillen eigentlicher begreifen könnte, gefaßt.
Leben Sie wohl, und wenn Sie mich bald wiedersehen wollen, so schicken Sie mir einen Wechsel, mich auszulösen, denn ich habe mich hier festgefressen.
Adieu, lieber Mann, verzeihen Sie mir alles.

Ihr Goethe

Unterdessen hatte Herder im April 1771 Straßburg wieder verlassen und war einem Ruf als Oberprediger nach Bückeburg gefolgt. Goethe promovierte im August zum Lizentiaten der Rechte und kehrte Mitte des Monats nach Frankfurt zurück. Friederike Brion hat er, acht Jahre später, im September 1779 auf seiner zweiten Schweizer Reise wiedergesehen; er berichtet darüber an Frau von Stein in Weimar:

Den 25. abends ritt ich etwas seitwärts nach Sesenheim und fand daselbst eine Familie, wie ich sie vor acht Jahren verlassen hatte, beisammen, und wurde gar freundlich und gut aufgenommen. Da ich jetzt so rein und still bin wie die Luft, so ist mir der Atem guter und stiller Menschen sehr willkommen. Die zweite Tochter vom Hause hatte mich ehmals geliebt: schöner als ichs verdiente, und mehr als andre, an die ich viel Leidenschaft und Treue verwendet habe. Ich mußte sie in einem Augenblick verlassen, wo es ihr fast das Leben kostete; sie ging leise drüber weg, mir zu sagen, was ihr von einer Krankheit jener Zeit noch überbliebe, betrug sich allerliebst mit soviel herzlicher Freundschaft vom ersten Augenblick, da ich ihr unerwartet auf der Schwelle ins Gesicht trat und wir mit den Nasen aneinanderstießen, daß mir's ganz wohl wurde. Nachsagen muß ich ihr, daß sie auch nicht durch die leiseste Berührung irgendein altes Gefühl in meiner Seele zu wecken unternahm. Sie führte mich in jede Laube, und da mußt ich sitzen, und so wars gut. Wir hatten den schönsten Vollmond, ich erkundigte mich nach allem. Ich blieb die Nacht und schied den andern Morgen bei Sonnenaufgang, von freundlichen Gesichtern verabschiedet, daß ich nun auch wieder mit Zufriedenheit an das Eckchen der Welt hindenken und in Friede mit den Geistern dieser Ausgesöhnten in mir leben kann.

Nach Frankfurt zurückgekehrt, stellte Goethe noch im August ein Gesuch an das Schöffengericht um Zulassung zur Advokatur, das alsbald genehmigt wurde. Schon im Oktober fungierte er als Anwalt in einem Prozeß.
Aus dem gleichen Monat stammt die Antwort auf einen nicht erhaltenen Brief Herders aus Bückeburg, in welchem Goethe der Erschütterung Ausdruck gibt, die seit der Begegnung in Straßburg in ihm nachzittert.

Ich zwinge mich, Ihnen in der ersten Empfindung zu schreiben. Weg Mantel und Kragen! Ihr Niesewurzbrief ist drei Jahre alle Tags Erfahrungen wert. Das ist keine Antwort drauf, und wer könnte drauf antworten?
Mein ganzes Ich ist erschüttert, das können Sie denken, Mann! und es vibriert noch viel zu sehr, als daß meine Feder stet zeichnen könnte.
Apollo von Belvedere, warum zeigst du dich uns in deiner Nacktheit, daß wir uns der unsrigen schämen müssen?
Spanische Tracht und Schminke!
Herder, Herder. Bleiben Sie m i r , was Sie *mir* sind!
Bin ich bestimmt, Ihr Planet zu sein, so will ich's sein, es gern, es treu sein. Ein freundlicher Mond der Erde.
Aber das – fühlen Sie's ganz – daß ich lieber Merkur sein wollte, der letzte, der kleinste vielmehr unter siebnen, der sich mit Ihnen um *eine* Sonne drehte, als der erste unter fünfen, die um den Saturn ziehn.
Adieu, lieber Mann. Ich lasse Sie nicht los. Ich lasse Sie nicht! Jakob rang mit dem Engel des Herrn. Und sollt ich lahm drüber werden!
Ich lese meinen Brief wieder, ich muß ihn gleich siegeln. Morgen kriegten Sie ihn nicht.

Das heißt: Wenn ich diesen Brief ungesiegelt liegen ließe und ihn morgen früh bei kühlerem Kopf noch einmal durchläse, ich würde ihn nicht mehr auf die Post geben.

Kurze Zeit darauf schreibt Goethe, auf Drängen seiner Schwester Cornelia, die erste Fassung des Götz nieder. Über diese Dramatisierung der »Geschichte Gottfriedens von Berlichingen« berichtet er in einem Brief an den Freund Salzmann in Straßburg:

Frankfurt, am 28. November 1771
Sie kennen mich so gut, und doch wett ich, Sie raten nicht, warum ich nicht schreibe. Es ist eine Leidenschaft, eine ganz unerwartete Leidenschaft; Sie wissen, wie mich dergleichen in ein Zirkelchen werfen kann, daß ich Sonne, Mond und die lieben Sterne darüber vergesse. Ich kann nicht ohne das sein, Sie wissens lang, und koste es, was es wolle, ich stürze mich drein. Diesmal sind keine Folgen zu befürchten. Mein ganzer Genius liegt auf einem Unternehmen, worüber Homer und Shakespeare und alles vergessen worden. Ich dramatisiere die Geschichte eines der edelsten Deutschen, rette das Andenken eines braven Mannes, und die viele Arbeit, die mich's kostet, macht mir einen wahren Zeitvertreib, den ich hier so nötig habe, denn es ist traurig, an einem Ort zu leben, wo unsre ganze Wirksamkeit in sich selbst summen muß. Ich habe Sie nicht ersetzt, und ziehe mit mir selbst im Feld und auf dem Papier herum. In sich selbst gekehrt, ist's wahr, fühlt sich meine Seele Essors, die in dem zerstreuten Straßburger Leben verlappten. Aber eben das wäre eine traurige Gesellschaft, wenn ich nicht alle Stärke, die ich in mir selbst fühle, auf ein Objekt würfe, und das zu packen und zu tragen suchte, soviel mir möglich, und was nicht geht, schlepp ich. Wenn's fertig ist, sollen Sie's haben, und ich hoff Sie nicht wenig zu vergnügen, da ich Ihnen einen edeln Vorfahr (die wir leider nur von ihren Grabsteinen kennen) im Leben darstelle. Dann weiß ich auch, Sie lieben ihn auch ein bißchen, weil ich ihn bringe.
Frankfurt bleibt das Nest. *Nidus,* wenn Sie wollen, Wohl um Vögel auszubrüteln; sonst auch figürlich: *spelunca,* ein leidig Loch. Gott helf aus diesem Elend. Amen.

Das Verhältnis Goethes zu Herder bleibt aufgewühlt und angespannt. Fast überwältigt ihn der Geistesflug des um wenige Jahre Älteren, aber mitgerissen wird er doch seiner selbst mächtig. Mit Herders schwierigem Charakter, seinen Launen sucht er sich abzufinden. Das »Ich lasse dich nicht, du segnest mich denn« bleibt sein Wahlspruch, und daß dieser Segen nicht ausblieb, bezeugt der Brief, den Goethe im Juli 1772 aus Wetzlar an Herder schreibt.

Noch immer auf der Woge mit meinem kleinen Kahn, und wenn die Sterne sich verstecken, schweb ich so in der Hand des Schicksals hin, und Mut und Hoffnung und Furcht und Ruh wechseln in meiner *Brust*.
Ich wohne jetzt in Pindar, und wenn die Herrlichkeit des Palasts glücklich machte, müßt ich's sein. Wenn er die Pfeile ein übern andern nach dem Wolkenziel schießt, steh ich freilich noch da und gaffe; doch fühl ich indes, was Horaz aussprechen konnte, was Quintilian rühmt, und was Tätiges an mir ist, lebt auf, da ich Adel fühle und Zweck kenne. Pindars Worte sind mir wie Schwerter durch die Seele gangen. Ihr wißt nun, wie's mit mir aussieht, und was mir euer Brief in diesem Zustande worden ist.
Seit ich nichts von euch gehört habe, sind die Griechen mein einzig Studium. Zuerst schränkt ich mich auf den Homer ein, dann um den Sokrates forscht ich in Xenophon und Plato. Da gingen mir die Augen über meine Unwürdigkeit erst auf, geriet an Theokrit und Anakreon, zuletzt zog mich was an Pindarn, wo ich noch hänge. Sonst hab ich gar nichts getan, und es geht bei mir noch alles entsetzlich durcheinander. Auch hat mir endlich der gute Geist den Grund meines spechtischen Wesens entdeckt. Über den Worten Pindars *epikratein dynastai* ist mir's aufgegangen. Wenn du kühn im Wagen stehst, und vier neue Pferde wild unordentlich sich an deinen Zügeln bäumen, du ihre Kraft lenkst, den Austretenden herbei-, den Aufbäumenden hinabpeitschest, und jagst und lenkst, und wendest, peitschest, hältst, und wieder ausjagst, bis alle sechzehn Füße in einem Takt ans Ziel tragen – das ist Meisterschaft, *epikratein*, Virtuosität. Wenn ich nun aber überall herumspaziert bin, überall nur dreingeguckt habe, nirgends zugegriffen? Dreingreifen, Packen ist das Wesen jeder Meisterschaft. Ihr habt das der Bildhauerei vindiziert, und ich finde, daß jeder Künstler, solange seine Hände nicht plastisch arbeiten, nichts ist. Es ist alles so Blick bei euch, sagtet Ihr mir oft. Jetzt versteh ich's, tue die

Augen zu und tappe. Es muß gehn oder brechen. Seht, was ist das für ein Musikus, der auf sein Instrument sieht!
Ich möchte beten, wie Moses im Koran: »Herr, mache mir Raum in meiner engen Brust!«
Es vergeht kein Tag, daß ich mich nicht mit euch unterhalte und oft denke: wenn sich's nur mit ihm leben ließe! Es wird, es wird. Der Junge im Küraß wollte zu früh mit, und ihr reitet zu schnell. Genug, ich will nicht müßig sein, meinen Weg ziehn und das Meinige tun; treffen wir einander wieder, so gibt sich's Weitere.
Seit vierzehn Tagen les' ich eure »Fragmente« zum erstenmal; ich brauch' euch nicht zu sagen, was sie mir sind. Daß ich euch von den Griechen Sprechenden meist erreichte, hat mich ergötzt; aber doch ist nichts wie eine Göttererscheinung über mich herabgestiegen, hat mein Herz und Sinn mit warmer heiliger Gegenwart durch und durch belebt, als das, wie *Gedank'* und *Empfindung* den *Ausdruck* bildet. So innig hab ich das genossen.
Laßt uns, ich bitte euch, versuchen, ob wir nicht öfter zueinandertreten können. Laßt uns nur nicht dadurch, daß wir notwendig manchmal aneinander geraten müssen, nicht dadurch wie Weichlinge abgeschreckt werden; stoßen sich unsre Leidenschaften, können wir keinen Stoß aushalten? Das gilt mir mehr als euch. Genug, habt ihr was wider mich, so sagts. Grad und ernst, oder bös, grinsend, wie's kommt. Nur macht im Fall der Notwehre nicht so lange Pausen.
Vom Berlichingen ein Wort. Euer Brief war Trostschreiben; ich setzte ihn weiter schon herunter als ihr. Genug, es muß eingeschmolzen, von Schlacken gereinigt, mit neuem edlerem Stoff versetzt und umgegossen werden. Dann soll's wieder vor euch erscheinen.
»Es ist alles nur gedacht«, das ärgert mich genug. »Emilia Galotti« ist auch nur gedacht. Mit halbweg Menschenverstand kann man das Warum von jeder Szene, von jedem Wort, möcht' ich sagen, auffinden. Drum bin ich dem Stück nicht gut, so ein Meisterstück es sonst ist, und meinem ebenso wenig. Wenn mir im Grunde der Seele nicht noch so vieles ahndete, manchmal nur aufschwebte, daß ich hoffen könnte, wenn Schönheit und Größe sich mehr in dein Gefühl webt, wirst du Gutes und Schönes tun, reden und schreiben, ohne daß du's weißt warum –
Lebt wohl!

VI

Goethe und Lotte
Die Entstehung des »Werther«
(1772–1774)

Im Frühjahr 1772 kam ein gewisser Goethe aus Frankfurt, seiner Hantierung nach Dr. juris, 23 Jahr alt, einziger Sohn eines sehr reichen Vaters, um sich hier in Wetzlar – dies war seines Vaters Absicht – in *Praxi* umzusehen, der seinigen nach aber, den Homer, Pindar pp. zu studieren, und was sein Genie, seine Denkungsart und sein Herz ihm weiter für Beschäftigungen eingeben würde.
Gleich anfangs kündigten ihn die hiesigen schönen Geister als einen ihrer Mitbrüder und als Mitarbeiter an der neuen Frankfurter Gelehrten Zeitung, beiläufig auch als Philosophen, im *Publico* an, und gaben sich Mühe, mit ihm in Verbindung zu stehen. Da ich unter diese Klasse von Leuten nicht gehöre, so lernte ich Goethen erst spät und ganz von ohngefähr kennen. Einer der vornehmsten unsrer schönen Geister, Legationssekretär Gotter, beredete mich einst, nach Garbenheim, einem Dorf, gewöhnlichem Spaziergang, zu gehen. Daselbst fand ich ihn im Grase unter einem Baum auf dem Rücken liegen, indem er sich mit einigen Umstehenden unterhielt und ihm recht wohl war.
Er hat sich nachher darüber gefreuet, daß ich ihn in einer solchen Stellung kennen gelernet. Es ward von mancherlei, zum Teil interessanten Dingen gesprochen. Für dieses Mal urteilte ich aber nichts weiter von ihm als: es ist kein unbeträchtlicher Mensch.
Ehe ich weitergehe, muß ich eine Schilderung von ihm versuchen, da ich ihn nachher genau kennen gelernet habe. Er hat sehr viel Talente, ist ein wahres Genie, und ein Mensch von Charakter. Besitzt eine außerordentlich lebhafte Einbildungskraft, daher er sich meistens unter Bildern und Gleichnissen ausdrückt.
Er ist in allen seinen Affekten heftig; hat jedoch oft viel Gewalt über sich. Seine Denkungsart ist edel; von Vorurteilen frei, han-

delt er, wie es ihm einfällt, ohne sich darum zu bekümmern, ob es anderen gefällt, ob es Mode ist, ob es die Lebensart erlaubt. Aller Zwang ist ihm verhaßt.
Er liebt die Kinder und kann sich mit ihnen sehr beschäftigen. Er ist *bizarre* und hat in seinem Betragen, seinem Äußerlichen Verschiedenes, das ihn unangenehm machen könnte. Aber bei Kindern, bei Frauenzimmern und vielen andern ist er doch wohl angeschrieben.
Vor dem weiblichen Geschlecht hat er sehr viele Hochachtung.
In Principiis ist er noch nicht fest und strebt noch erst nach einem gewissen System. Um etwas davon zu sagen, so hält er viel von Rousseau, ist jedoch kein blinder Anbeter von demselben.
Er ist nicht, was man orthodox nennt. Jedoch nicht aus Stolz oder *Caprice* oder um was vorstellen zu wollen. Er äußert sich auch über gewisse Hauptmaterien gegen wenige; stört andere nicht gern in ihren ruhigen Vorstellungen. Er geht nicht in die Kirche, auch nicht zum Abendmahl, betet auch selten. Denn, sagt er, ich bin dazu nicht genug Lügner.
Er strebt nach Wahrheit; hält jedoch mehr vom Gefühl derselben als von ihrer Demonstration.
Er hat schon viel getan und viele Kenntnisse; viel Lektüre, aber doch noch mehr gedacht und raisonniert. Aus den schönen Wissenschaften und Künsten hat er sein Hauptwerk gemacht, oder vielmehr aus allen Wissenschaften, nur nicht denen sogenannten Brotwissenschaften.
Ich wollte ihn schildern, aber es würde zu weitläuftig werden, denn es läßt sich gar viel von ihm sagen. Er ist, mit einem Worte, ein sehr merkwürdiger Mensch.

Dieser Bericht und dieser Versuch eines Porträts stammt aus dem Herbst des Jahres 1772. Der Schreiber ist Johann Christian Kestner aus Hannover, damals Gesandtschaftssekretär bei der zum Reichskammergericht in Wetzlar abgeordneten Subdelegation für das Herzogtum Bremen. Kestner war mit der Familie des Wetzlarer Amtmanns Heinrich Adam Buff befreundet, der mit seinen sieben Söhnen und fünf Töchtern in dem ehemaligen Deutschordenshof wohnte. Mit Charlotte, der zweitältesten Tochter des Amtmanns, war Kestner seit längerem so gut wie verlobt.

Am 9. Juni fand in Volpertshausen, einem Dorf zwei Stunden von Wetzlar entfernt, ein Ball statt, an dem Goethe und Kestner teilnahmen und der bis in die frühen Morgenstunden dauerte. Dort lernte Goethe Charlotte Buff kennen, bei deren Eltern er anderntags seinen Besuch machte. Bald war er, wie es in »Dichtung und Wahrheit« heißt, »dergestalt eingesponnen und gefesselt und zugleich von dem jungen Paare so zutraulich und freundlich behandelt, daß er sich selbst nicht mehr kannte«.
Das freundschaftlich-leidenschaftliche Verhältnis, das Goethe später zu seinem »Werther« anregte, währte drei Monate. Im August kam es zwischen Goethe und Lotte zu einem Ausbruch heftigerer Zärtlichkeit seinerseits. Mit Nachdruck in die Schranken der Freundschaft verwiesen, versuchte Goethe seine Neigung zu zügeln und faßte den Entschluß, wenn ihm dies nicht gelingen sollte, die Flucht zu ergreifen.
Über die Vorkommnisse der Monate Juli und August hat sich ein Tagebuch von Kestner erhalten, aus dem folgende Aufzeichnungen zitiert seien:

Den 13. August war ich in Gießen. Über Schiffenberg kehrte ich zurück. Lottchen, Goethe und Mlle Dortchen Brand kamen mir entgegen. Abends das Geständnis von einem Kuß. Kleine *brouillerie* mit Lottchen; welche andern Tags wieder vorbei war.
Den 14. Abends kam Goethe von einem Spaziergang vor den Hof. Er ward gleichgültig traktieret, ging bald weg.
Den 15. Abends gegen 10 Uhr kam er und fand uns vor der Tür sitzen. Seine Blumen wurden gleichgültig liegen gelassen; er empfand es, warf sie weg; redete in Gleichnissen; ich ging mit Goethe noch nachts bis 12 Uhr auf der Gasse spazieren; merkwürdiges Gespräch, wo er voll Unmut war, und allerhand Phantasien hatte, worüber wir am Ende, im Mondenschein an eine Mauer gelehnet, lachten.
Den 16. bekam Goethe von Lottchen gepredigt; sie deklarierte ihm, daß er nichts als Freundschaft hoffen dürfe; er ward blaß und sehr niedergeschlagen. Wir gingen aus dem Neustädter Tor spazieren; hernach in Bostels Gesellschaft ich und Goethe; abends Bohnen geschnitten.
Den 10. September. Abends kam Dr. Goethe nach dem Teutschen Hause. Er, Lottchen und ich hatten ein merkwürdiges

Gespräch, von dem Zustande nach diesem Leben; vom Weggehen und Wiederkommen; welches nicht er, sondern Lottchen anfing. Wir machten miteinander aus, wer zuerst von uns stürbe, sollte, wenn er könnte, den Lebenden Nachricht von dem Zustande jenes Lebens geben; Goethe wurde ganz niedergeschlagen; denn er wußte, daß er anderen Morgens wegreisen wollte.

Von dem letzten Beisammensein am Abend des 10. September gibt Goethe selber folgende Schilderung in seinem »Werther«, in dem letzten Brief, der den Abschluß des Ersten Teils bildet.

Das war eine Nacht! Wilhelm, nun übersteh ich alles. Ich werde sie nicht wiedersehn. O, daß ich nicht an deinen Hals fliegen, dir mit tausend Tränen und Entzückungen ausdrücken kann, mein Bester, all die Empfindungen, die mein Herz bestürmen. Hier sitz ich und schnappe nach Luft, suche mich zu beruhigen und erwarte den Morgen, und mit Sonnenaufgang sind die Pferde bestellt.
Ach, sie schläft ruhig und denkt nicht, daß sie mich nie wiedersehen wird. Ich habe mich losgerissen, bin stark genug gewesen, in einem Gespräche von zwei Stunden mein Vorhaben nicht zu verraten. Und Gott, welch ein Gespräch!
Albert hatte mir versprochen, gleich nach dem Nachtessen mit Lotten im Garten zu sein. Ich stand auf der Terrasse unter den hohen Kastanienbäumen und sah der Sonne nach, die mir nun zum letztenmal über dem lieblichen Tale, über dem sanften Flusse unterging. So oft hatte ich hier gestanden mit ihr und eben dem herrlichen Schauspiele zugesehen, und nun – Ich ging in der Allee auf und ab, die mir so lieb war; ein geheimer sympathetischer Zug hatte mich hier so oft gehalten, ehe ich noch Lotten kannte, und wie freuten wir uns, als im Anfange unserer Bekanntschaft wir die wechselseitige Neigung zu dem Plätzchen entdeckten, das wahrhaftig eins der romantischsten ist, die ich von der Kunst habe hervorgebracht gesehen.
Erst hast du zwischen den Kastanienbäumen die weite Aussicht – Ach, ich erinnere mich, ich habe dir, denk ich, schon viel geschrieben davon: wie hohe Buchenwände einen endlich einschließen und durch ein daran stoßendes Boskett die Allee immer

düstrer wird, bis zuletzt alles sich in ein geschlossenes Plätzchen endigt, das alle Schauer der Einsamkeit umschweben. Ich fühl es noch, wie heimlich mirs ward, als ich zum erstenmal an einem hohen Mittage hineintrat, ich ahndete ganz leise, was das noch für ein Schauplatz werden sollte von Seligkeit und Schmerz.
Ich hatte mich etwa eine halbe Stunde in denen schmachtend süßen Gedanken des Abscheidens, des Wiedersehns geweidet, als ich sie die Terrasse heraufsteigen hörte; ich lief ihnen entgegen, mit einem Schauer faßt ich ihre Hand und küßte sie. Wir waren eben heraufgetreten, als der Mond hinter dem büschigen Hügel aufging; wir redeten mancherlei und kamen unvermerkt dem düstern Kabinette näher. Lotte trat hinein und setzte sich, Albert neben sie, ich auch; doch meine Unruhe ließ mich nicht lange sitzen, ich stand auf, trat vor sie, ging auf und ab, setzte mich wieder, es war ein ängstlicher Zustand. Sie machte uns aufmerksam auf die schöne Würkung des Mondenlichts, das am Ende der Buchenwände die ganze Terrasse vor uns erleuchtete, ein herrlicher Anblick, der um so viel frappanter war, weil uns rings eine tiefe Dämmerung einschloß. Wir waren still, und sie fing nach einer Weile an: »Niemals geh ich im Mondenlichte spazieren, niemals daß mir nicht der Gedanke an meine Verstorbenen begegnete, daß nicht das Gefühl von Tod, von Zukunft über mich käme. Wir werden sein«, fuhr sie mit der Stimme des herrlichsten Gefühls fort, »aber, Werther, sollen wir uns wiederfinden? und wiedererkennen? Was ahnden Sie, was sagen Sie?«
»Lotte«, sagt ich, indem ich ihr die Hand reichte und mir die Augen voll Tränen wurden, »wir werden uns wiedersehn! Hier und dort wiedersehn!« – Ich konnte nicht weiterreden – Wilhelm, mußte sie mich das fragen, da ich diesen ängstlichen Abschied im Herzen hatte?
Sie stund auf, und ich blieb sitzen und hielt ihre Hand. »Wir wollen fort«, sagte sie, »es wird Zeit.« Sie wollte ihre Hand zurückziehen, und ich hielt sie fester! »Wir werden uns wiedersehen«, rief ich, »wir werden uns finden, unter allen Gestalten werden wir uns erkennen. Ich gehe«, fuhr ich fort, »ich gehe willig, und doch, wenn ich sagen sollte auf ewig, ich würde es nicht aushalten. Leb wohl, Lotte! Leb wohl, Albert! Wir sehen uns wieder.« – »Morgen, denk' ich«, versetzte sie scherzend: ich

fühlte das ›Morgen‹! Ach, sie wußte nicht, als sie ihre Hand aus der meinigen zog – sie gingen die Allee hinaus, ich stand, sah ihnen nach im Mondscheine und warf mich an die Erde und weinte mich aus und sprang auf, lief auf die Terrasse hervor und sah noch dort drunten im Schatten der hohen Lindenbäume ihr weißes Kleid nach der Gartentüre schimmern; ich streckte meine Arme hinaus, und es verschwand.

Nach dem Abschied am Abend des 10. September schrieb Goethe in der gleichen Nacht noch zwei kurze Billetts, eines für Lotte, und eines für Kestner, der es übergeben sollte. In der Morgenfrühe, vor dem Aufbruch, fügte er für Lotte noch ein zweites Billett hinzu.
Goethe an Kestner:

Er ist fort, Kestner, wenn Sie diesen Zettel kriegen; er ist fort. Geben Sie Lottchen inliegenden Zettel. Ich war sehr gefaßt, aber euer Gespräch hat mich auseinandergerissen. Ich kann Ihnen in dem Augenblick nichts sagen als: Leben Sie wohl! Wäre ich einen Augenblick länger bei euch geblieben, ich hätte nicht gehalten. Nun bin ich allein, und morgen geh ich. O mein armer Kopf.

An Lotte:

Wohl hoff ich wiederzukommen, aber Gott weiß wann. Lotte, wie war mirs bei deinem Reden ums Herz, da ich wußte, es ist das letztemal, daß ich Sie sehe. Nicht das letztemal, und doch geh ich morgen fort. »Fort ist er.« Welcher Geist brachte euch auf den Diskurs? Da ich alles sagen durfte, was ich fühlte, ach, mir wars um Hienieden zu tun, um Ihre Hand, die ich zum letztenmal küßte. Ich bin nun allein, und darf weinen; ich lasse euch glücklich, und gehe nicht aus euern Herzen. Und sehe euch wieder, aber »nicht morgen« ist nimmer. Sagen Sie meinen Buben: er ist fort. Ich mag nicht weiter.

Gepackt ists, Lotte, und der Tag bricht an; noch eine Viertelstunde, so bin ich weg. Die Bilder, die ich vergessen habe und die Sie den Kindern austeilen werden, mögen Entschuldigung sein, daß ich schreibe, Lotte, da ich nichts zu schreiben habe. Denn Sie wissen alles, wissen, wie glücklich ich diese Tage war. Und ich gehe, zu den liebsten, besten Menschen, aber warum von Ihnen? Das ist nun so, und mein Schicksal ... Immer fröhlichen Muts, liebe Lotte! Sie sind glücklicher als hundert; nur nicht gleichgültig! Und ich, liebe Lotte, bin glücklich, daß ich in Ihren Augen lese, Sie glauben, ich werde mich nie verändern. Adieu, tausendmal adieu!

                 Goethe

Kestner in seinem Tagebuch:

Den 11. September. Morgens um 7 Uhr ist Goethe weggereiset, ohne Abschied zu nehmen. Unter den Kindern im Teutschen Hause bis zum Kleinsten sagte jedes: »Doktor Goethe ist fort!« – Nachmittags brachte ich das Billett von Goethe an Lottchen. Sie war betrübt über seine Abreise; es kamen ihr die Tränen beim Lesen in die Augen. Doch war es ihr lieb, daß er fort war; da sie ihm das nicht geben konnte, was er wünschte; denn er war sehr verliebt in sie und bis zum Enthusiasmus. Sie hatte solches aber immer von sich entfernt, und ihm nichts als Freundschaft eingeräumt, auch förmlich deklariert. Wir sprachen nur von ihm. Ich konnte auch nichts anders als an ihn denken, verteidigte die Art seiner Abreise, welche von einem Unverständigen getadelt wurde; ich tat es mit vieler Lebhaftigkeit.

Goethe verließ Wetzlar zu Fuß; er durchwanderte das Lahntal bis Ems, fuhr dann mit dem Kahn nach Ehrenbreitstein, wo er Wielands Freundin Sophie von La Roche und ihre Tochter Maximiliane besuchte. Am 19. September trifft er im Elternhaus ein, und alsbald gehen häufige Nachrichten zwischen Frankfurt und Wetzlar hin und her. Anfang Oktober schickt Lotte in einem Brief die Schleife, die sie bei ihrer ersten Begegnung mit ihm getragen hat. Goethe bestätigt das Eintreffen dieses Geschenks am 8. Oktober.

Dank Ihrem guten Geist, goldne Lotte, der Sie trieb, mir eine unerwartete Freude zu machen; und wenn er so schwarz wäre wie das Schicksal, Dank ihm. Heut, bei Tisch – ich wunderte mich über den seltsamen Brief, brach ich ihn auf und steckt' ihn weg. O liebe Lotte, seit ich Sie das erstemal sah, wie ist das alles so anders; es ist noch eben diese Blütenfarbe am Band, doch verschoßner kommt mirs vor als im Wagen; ist auch natürlich. Dank Ihrem Herzen, daß Sie mir noch so ein Geschenk machen können; ich wollt aber auch in die finstersten Höhlen meines Verdrußes – Nein, Lotte, Sie bleiben mir, dafür geb Ihnen der Reiche im Himmel seine schönsten Früchte, und wem er sie auf Erden versagt, dem laß er droben im Paradiese, wo kühle Bäche fließen zwischen Palmbäumen und Früchte drüber hängen wie Gold – indessen wollt ich, ich wäre auf eine Stunde bei Ihnen.

Als Goethe 1765/66 in Leipzig studierte, hatte er dort auch die Bekanntschaft eines Mitstudenten, Carl Wilhelm Jerusalem, gemacht. Jerusalem war der Sohn des Braunschweiger Hofpredigers und seit 1771 Sekretär des braunschweigischen Gesandten in Wetzlar, wo er wieder flüchtig mit Goethe zusammentraf.
Nach dessen Weggang aus Wetzlar hat sich Jerusalem am 30. Oktober 1772 aus Lebensüberdruß und hoffnungsloser Liebe erschossen. Die Pistole, mit der er sich umbrachte, hatte er von dem nichtsahnenden Kestner entliehen. Dieser verfaßte einen eingehenden Bericht über den Vorfall, den er nach Frankfurt sandte und dem Goethe später manches Detail für seinen »Werther« entnommen hat.
In den Briefen aus dieser Zeit kommt Goethe auf Jerusalem und seinen Tod wiederholt zu sprechen.

Goethe an Kestner:
Frankfurt, Anfang November 1772
Der unglückliche Jerusalem! Die Nachricht war mir schrecklich und unerwartet; es war gräßlich, zum angenehmsten Geschenk der Liebe diese Nachricht zur Beilage. Der Unglückliche! Aber die Teufel, welches sind die schändlichen Menschen, die nichts genießen denn Spreu der Eitelkeit und Götzenlust in ihrem Herzen haben, und Götzendienst predigen, und hemmen gute Natur, und übertreiben und verderben die Kräfte, sind schuld an diesem Unglück, an unserm Unglück. Hole sie der Teufel, ihr Bruder! Wenn der verfluchte Pfaff, sein Vater, nicht schuld ist, so verzeih mirs Gott, daß ich ihm wünsche, er möge den Hals

brechen. Der arme Junge! Wenn ich zurückkam vom Spaziergang und er mir begegnete hinaus im Mondschein, sagt ich, er ist verliebt. Lotte muß sich noch erinnern, daß ich drüber lächelte. Gott weiß, die Einsamkeit hat sein Herz untergraben, und – Seit sieben Jahren kenn ich die Gestalt, ich habe wenig mit ihm geredt, bei meiner Abreise nahm ich ihm ein Buch mit; das will ich behalten und sein gedenken, solang ich lebe.

Goethe an Sophie von La Roche:

Darmstadt, etwa 20. November 1772
... Merck sagt mir, daß Sie von Jerusalems Tode einige Umstände zu wissen verlangen. Die vier Monate in Wetzlar sind wir nebeneinander herumgestrichen, und jetzo, acht Tage nach seinem Tode, war ich dort. Baron Kielmannsegg, einer der wenigen, denen er sich genähert, sagte mir: »Das, was mir wenige glauben werden, was ich Ihnen wohl sagen kann: das ängstliche Bestreben nach Wahrheit und moralischer Güte hat sein Herz so untergraben, daß mißlungne Versuche des Lebens und Leidenschaft ihn zu dem traurigen Entschlusse hindrängten.«
Ein edles Herz und ein durchdringender Kopf, wie leicht von außerordentlichen Empfindungen gehen sie zu solchen Entschließungen über, und das Leben – aber was brauch, was kann ich *Ihnen* davon sagen. Mir ist's Freude genug, dem abgeschiednen Unglücklichen, dessen Tat von der Welt so unfühlbar zerrissen wird, ein Ehrenmal in Ihrem Herzen errichtet zu haben.

Die Wintermonate verbringt Goethe in Frankfurt und bei seinem Freunde Merck in Darmstadt. Er zeichnet viel, vervollkommnet sich im Kupferstechen, arbeitet seinen »Götz« um, und wenn der Main zugefroren ist, sieht man ihn als Schlittschuhläufer auf dem Eis. Die Briefe aus dieser Zeit lassen einen durch Tätigkeit gesteigerten und ausgewogenen Gemütszustand erkennen.
Goethe an Kestner:

Frankfurt, 25. Dezember 1772
Christtag früh. Es ist noch Nacht, lieber Kestner, ich bin aufgestanden, um bei Lichte morgens wieder zu schreiben, das mir angenehme Erinnerungen voriger Zeiten zurückruft. Ich habe

mir Coffee machen lassen, den Festtag zu ehren, und will euch schreiben, bis es Tag ist. Der Türmer hat sein Lied schon geblasen, ich wachte drüber auf: »Gelobet seist du, Jesu Christ.« Ich hab diese Zeit des Jahrs gar lieb, die Lieder, die man singt; und die Kälte, die eingefallen ist, macht mich vollends vergnügt.

Ich habe gestern einen herrlichen Tag gehabt; ich fürchtete für den heutigen, aber der ist auch gut begonnen, und da ist mir fürs Enden nicht Angst. Gestern nacht versprach ich schon meinen lieben zwei Schattengesichtern, euch zu schreiben; sie schweben um mein Bett wie Engel Gottes. Ich hatte gleich bei meiner Ankunft Lottchens Silhouette angesteckt; wie ich in Darmstadt war, stellten sie mein Bett herein, und siehe, Lottens Bild steht zu Häupten; das freute mich sehr.

Der Türmer hat sich wieder zu mir gekehrt, der Nordwind bringt mir seine Melodie, als blies er vor meinem Fenster. Gestern, lieber Kestner, war ich mit einigen guten Jungens auf dem Lande, unsre Lustbarkeit war sehr laut, und Geschrei und Gelächter von Anfang zu Ende. Das taugt sonst nichts für die kommende Stunde; doch was können die heiligen Götter nicht wenden, wenns ihnen beliebt? Sie gaben mir einen frohen Abend, ich hatte keinen Wein getrunken, mein Aug war ganz unbefangen über die Natur. Ein schöner Abend, als wir zurückgingen, es ward Nacht. Nun muß ich dir sagen, das ist immer eine Sympathie für meine Seele, wenn die Sonne lang hinunter ist und die Nacht von Morgen herauf nach Nord und Süd um sich gegriffen hat, und nur noch ein dämmernder Kreis von Abend heraufleuchtet. Seht, Kestner, wo das Land flach ist, ists das herrlichste Schauspiel; ich habe jünger und wärmer stundenlang so ihr zugesehn hinabdämmern auf meinen Wandrungen. Auf der Brücke hielt ich still. Die düstre Stadt zu beiden Seiten, der still leuchtende Horizont, der Widerschein im Fluß machte einen köstlichen Eindruck in meine Seele, den ich mit beiden Armen umfaßte. Ich lief zu den Gerocks, ließ mir Bleistift geben und Papier, und zeichnete zu meiner großen Freude das ganze Bild so dämmernd warm, als es in meiner Seele stand. Sie hatten alle Freude mit mir darüber, empfanden alles, was ich gemacht hatte, und da war ich's erst gewiß; ich bot ihnen an, drum zu würfeln; sie schlugen's aus und wollen, ich soll's Mercken schicken. Nun hängts hier an meiner Wand, und freut mich heute wie gestern. Wir hatten einen schönen Abend zusammen, wie Leute, denen das Glück ein großes Geschenk gemacht hat, und ich schlief ein, den Heiligen im Himmel dankend, daß sie uns Kinderfreude zum Christ bescheren wollen. Als ich über den Markt ging und die vielen Lichter und Spielsachen sah, dacht ich an euch und meine Bubens, wie ihr ihnen kommen würdet diesen Augenblick, ein himmlischer Bote mit dem blauen Evangelio, und wie aufgerollt sie das Buch erbauen werde. Hätt ich bei euch sein können, ich hätte wollen so ein Fest Wachsstöcke illumieren, daß es in den kleinen Köpfen ein Widerschein der Herrlichkeit des Himmels geglänzt hätte.

Die Torschließer kommen vom Bürgermeister, und rasseln mit Schlüsseln. Das erste Grau des Tags kommt mir über des Nachbars Haus, und die Glocken läuten eine christliche Gemeinde zusammen. Wohl, ich bin erbaut hier oben auf meiner Stube, die ich lang nicht so lieb hatte als jetzt. Sie ist mit den glücklichensten Bildern ausgeziert, die mir freundlichen Guten Morgen sagen. Sieben Köpfe nach Raphael, eingegeben vom lebendigen Geiste; einen davon hab ich nachgezeichnet und bin zufrieden mit, obgleich nicht so froh.

Nun adieu, es ist hell Licht. Gott sei bei euch, wie ich bei euch bin. Der Tag ist festlich angefangen.

Lebt wohl und denkt an mich, das seltsame Mittelding zwischen dem reichen Mann und dem armen Lazarus.

Grüßt mir die Lieben alle. Und laßt von euch hören.

Frankfurt, den 28. Januar 1773

Das waren wunderliche 24 Stunden. Gestern abend putzt' ich meine Freundinnen auf den Ball, ob ich gleich nicht selbst mitging. Der einen hatt' ich aus der Fülle ihres Reichtums eine Aigrette von Juwelen und Federn zusammengesetzt, und sie herrlich geziert. Und einmal fiel mir's ein: Wärst du doch bei Lotten und putztest sie so aus! Dann ging ich mit Antoinetten und Nannen auf die Brücke einen Nachtspaziergang. Das Wasser ist sehr groß, rauschte stark, und die Schiffe alle versammelt ineinander, und der liebe trübe Mond ward freundlich gegrüßt, und Antoinette fand das alles paradiesisch schön und alle Leute so glücklich, die auf dem Land leben, und auf Schiffen, und unter Gottes Himmel. Ich laß ihr die lieben Träume gern,

macht' ihr noch mehr dazu, wenn ich könnte. Wir gingen nach Hause und übersetzt' ihnen Homer, das jetzt gewöhnliche Lieblingslektüre ist. Die andern waren gefahren, zu tanzen.
Heut nacht weckt' mich ein gräßlicher Sturm um Mitternacht. Er riß und heulte, da dacht ich an die Schiffe und Antoinetten und ließ mir wohl sein in meinem zivilisierten Bette. Kaum eingeschlafen, weckt mich der Trommelschlag und Lärm und Feuer-Rufen; ich spring ans Fenster, und sehe den Schein stark, aber weit. Und bin angezogen, und dort. Ein großes weites Haus, das Dach voller Flammen. Und das glühende Balkenwerk, und die fliegenden Funken, und den Sturm in Glut und Wolken. Es war schwer. Immer herunter brannt's, und herum. Ich lief zur Großmutter, die dorthin wohnt. Sie war im Ausräumen des Silberzeugs. Wir brachten alle Kostbarkeiten in Sicherheit, und nun warteten wir des Schicksals Weg ab. Es dauerte von ein Uhr bis vollen Tag. Das Haus mit Seiten- und Hintergebäuden, auch Nachbars Werke, liegt. Das Feuer ist erstickt, nicht gelöscht. Sie sind ihm nun gewachsen, es wird nicht wieder aufkommen. Und so sag ich euch nun gesegnete Mahlzeit. Mit überwachten Sinnen, ein wenig als hätt ich getanzt und andere Bilder in der Imagination. Wie werden meine Tänzer nach Hause gekommen sein? Adieu, liebe Lotte, lieber Kestner.

Im Frühjahr 1773 erscheint, anonym und im Selbstverlag von Merck in Darmstadt gedruckt, das Schauspiel »Götz von Berlichingen mit der eisernen Hand«, das bei dem jüngeren Publikum Goethes Ruhm begründen sollte. Anfang Juni geht ein Exemplar nach Wetzlar, wo Lotte und Kestner im April, am Palmsonntag, geheiratet hatten.
Goethes Reaktion auf diese Nachricht in den Briefen an Kestner läßt seine Zerrissenheit erkennen, die durch mutwillige Scherzreden zu verdecken er sich vergeblich bemüht.
Goethe in Frankfurt an Kestner in Wetzlar, Anfang April 1773:

Gott segn euch, denn ihr habt mich überrascht. Auf den Karfreitag wollt ich heilig Grab machen und Lottens Silhouette begraben. So hängt sie noch und soll denn auch hängen, bis ich sterbe. Lebt wohl. Grüßt mir euern Engel. Ich wandre in Wüsten, da kein Wasser ist, meine Haare sind mir Schatten und mein Blut mein Brunnen. Und euer Schiff doch mit bunten Flaggen und Jauchzen zuerst im Hafen freut mich. Ich gehe nicht in die Schweiz. Und unter und über Gottes Himmel bin ich euer Freund, und Lottens.

Frankfurt, 10. April

Da tut ihr wohl, Kestner, daß ihr mich beim Wort nehmt! O den trefflichen Menschen! »Ihr wollt ja nichts mehr von uns wissen.« Gar schön! Ich wollte freilich nichts von euch wissen, weil ich wußte, ihr würdet mir nicht schreiben mögen. Sonst, feiner Herre, war der Tag eurem Fürsten, der Abend eurer Lotte, und die Nacht für mich und meinen Bruder Schlaf. Die Nacht fließt nun in den Abend und der arme Goethe behilft sich wie immer. Es stünde euch wohl zu Gesichte – Doch das will ich nicht sagen, ich würde mich zum Teufel geben, wenn ich euch erst drauf bringen sollte. Also, Herr Kestner und Madame Kestner, Gute Nacht!

Ich würde auch hier geschlossen haben, wenn ich was Bessers im Bett erwartete als meinen lieben Bruder. Sieh doch mein Bett da, so steril stehts wie ein Sandfeld. Und ich habe heut einen schönen Tag gehabt. So schön, daß mir Arbeit und Freude und Streben und Genießen zusammenflossen. Daß auch am schönen hohen Sternenabend ganz mein Herz voll war vom wunderbaren Augenblick, da ich zun Füßen eurer an Lottens Garnierung spielte, und ach mit einem Herzen, das auch das nicht mehr genießen sollte, von Drüben sprach, und nicht die Wolken, nur die Berge meinte. Von der Lotte wegzugehn. Ich begreifs noch nicht, wie's möglich war. Denn seht nur, seid kein Stock. Wer nun, oder vorher, oder nachher, zu euch sagte: Geht weg von Lotten – Nun was würdet ihr –? Das ist keine Frage – Nun ich bin auch kein Stock, und bin gangen, und sagt: Ists Heldentat, oder was? Ich bin mit mir zufrieden und nicht. Es kostete mich wenig, und doch begreif ich nicht, wie's möglich war. – Da liegt der Has im Pfeffer. –

Wir redeten, wie's drüben aussäh über den Wolken; das weiß ich zwar nicht, das weiß ich aber, daß unser Herr Gott ein sehr kaltblütiger Mann sein muß, der euch die Lotte läßt. Wenn ich sterbe und habe droben was zu sagen, ich hol sie euch wahrlich. Drum betet fein für mein Leben und Gesundheit, Waden und

Bauch pp., und sterb ich, so versöhnt meine Seele mit Tränen, Opfer, und dergleichen; sonst, Kestner, siehts schief aus.
Ich weiß nicht, warum ich Narr soviel schreibe, eben um die Zeit, da ihr bei eurer Lotte gewiß nicht an mich denkt. Doch bescheid ich mich gern nach dem Gesetz der Antipathie, da wir die Liebenden fliehen und die Fliehenden lieben.

Frankfurt, etwa 12. Juni 1773

Euer Brief hat mich ergötzt, ich wußte durch Hansen schon manches von euch. Heute nacht hat mirs von Lotten wunderlich geträumt. Ich führte sie am Arm durch die Allee, und alle Leute blieben stehn und sahn sie an. Ich kann noch einige nennen, die stehen blieben und uns nachsahen. Auf einmal zog sie eine Kapuze über und die Leute waren sehr betreten. Ich bat sie, sie möchte sie doch wieder zurückschlagen; das tat sie. Und sah mich an mit den Augen – ihr wißt ja, wie's einem ist, wenn sie einen ansieht. Wir gingen geschwind. Die Leute sahen wie vorher. O Lotte, sagt ich zu ihr, Lotte, daß sie nur nicht erfahren, daß du eines andern Frau bist. Wir kamen zu einem Tanzplatz pp.
Und so träum ich denn und gängle durchs Leben, führe garstige Prozesse, schreibe Dramata, und Romanen und dergleichen. Zeichne und poussiere und treibe es so geschwind es gehn will. Und ihr seid gesegnet wie der Mann, der den Herren fürchtet. Vor mir sagen die Leute, der Fluch Kains läge auf mir. Keinen Bruder hab ich erschlagen! Und ich denke, die Leute sind Narren.
Da hast du, lieber Kestner, ein Stück Arbeit, das lies deinem Weiblein vor, wenn ihr euch sammlet in Gott und euch und die Türen zuschließt.

Im Januar 1774 vermählte sich der Frankfurter Kaufmann Peter Anton Brentano auf Ehrenbreitstein mit Maximiliane von La Roche, der späteren Mutter von Clemens und Bettina Brentano. Von Maximiliane heißt es in einem Brief Goethes von Anfang Februar: »Die Max ist noch immer der Engel, der mit den simpelsten und wertesten Eigenschaften alle Herzen an sich zieht, und das Gefühl, das ich für sie habe, macht nun das Glück meines Lebens.« Auch hier war ihm ein anderer dazwischengetreten.

Die immer noch nicht erloschene Leidenschaft für Lotte, Jerusalems Selbstmord, die Hochzeit der Maximiliane – dies alles verband sich, verstärkte sich gegenseitig und veranlaßt Goethe Anfang Februar zur Niederschrift eines kleinen Romans in Briefen, dessen Manuskript bereits im April abgeschlossen vorliegt und bald in Druck geht.
In den folgenden Briefen an Kestner und Lotte, die im Mai einen Sohn zur Welt brachte, dessen Patenschaft Goethe übernahm, ist von diesem Unternehmen anspielungsweise häufig die Rede.
Goethe an Kestner:

Frankfurt, März 1774
Auf einen Brief vom ersten Weihnachtstage erst den 13. Februar Antwort zu haben, ist nicht schön. Künftig, Kestner, schick mir deine Briefe mit der Post. Und schreib öfter, sonst wend ich mich an Lotten, daß die mir schreibt.
Die Max la Roche ist hierher verheiratet, und das macht einem das Leben noch erträglich, wenn anders dran was erträglich zu machen ist. Wie oft ich bei euch bin, das heißt in Zeiten der Vergangenheit, werdet ihr vielleicht ehestens ein Dokument zu Gesichte kriegen.
Was die Kerls von mir denken, ist mir einerlei. Ehdessen haben sie auf mich geschimpft wie auf einen Hundejungen, und nun müssen sie fühlen, daß man ein braver Kerl sein kann, ohne sie just leiden zu können.
Von meinen Wünschen und Hoffnungen, zu euch zu kommen, mag ich nichts reden. Mir gehts wie euch – und also wollen wir's unterdessen auf sich beruhen lassen.

Frankfurt, März 1774
Liebe Lotte, es fällt mir den Augenblick so ein, daß ich lang einen Brief von dir habe, auf den ich nicht antwortete. Das macht, du bist diese ganze Zeit, vielleicht mehr als jemals, *in cum et sub* (laß dir das von deinem gnädigen Herrn erklären) und mit mir gewesen. Ich lasse es dir ehstens drucken – Es wird gut, meine Beste. Denn ist mirs nicht wohl, wenn ich an euch denke?
Ich bin immer der Alte, und deine Silhouette ist noch in meiner Stube angesteckt, und ich borge die Nadeln davon wie vor alters.

Daß ich ein Tor bin, daran zweifelst du nicht, und ich schäme mich, mehr zu sagen. Denn wenn du nicht fühlst, daß ich dich liebe, warum lieb ich dich? –!

Goethe

Und wieder an Kestner:

Frankfurt, 11. Mai 1774
Es hat mich überrascht, ich erwartete das nicht. Gehofft hatt ichs, doch da dein Brief nichts davon sagte, beschied ich mich, daß die Erstgebornen der Familie gehören. Nun aber – ich wünsche, daß Lotte – denn getauft ist der Knabe am 11. Mai, da ich das schreibe – daß Lotte alle Überlegung möge auffahrend durchgebrochen haben, und gesagt: *Wolfgang* heißt *er*! und der Bub soll auch so heißen! – Du scheinst dahin zu neigen, und *ich* wünsche, daß er diesen Namen führe, weil er mein ist. – Habt ihr ihm den *andern* gegeben, so halt ich mir aus, dem nächsten den Namen *Wolfgang* zu geben, da ihr doch mehr Gevattern nehmt – und ich – wohl all eure Kinder aus der Taufe heben möchte, weil sie mir all so nah sind wie ihr. – Schreibt mir gleich, was geschehn ist. – Ich habe närrische Ahndungen dadrüber, die ich nicht sage, sondern die Zeit will walten lassen.
Adieu, ihr Menschen, die ich so liebe (daß ich auch der träumenden Darstellung des Unglücks unsers Freundes die Fülle meiner Liebe borgen und anpassen mußte). Die Parenthese bleibt versiegelt bis auf weiteres.

G.

Die Entsiegelung der »Parenthese«, in der Goethe darauf anspielt, daß er Jerusalems Schicksal und seine Liebe zu Lotte dichterisch verknüpft hatte, erfolgt im September des gleichen Jahres: in Leipzig, bei Weygandt, verläßt, ohne Nennung des Verfassers, ein Buch die Presse, dessen Auslieferung freilich erst zur Herbstmesse vorgesehen ist. Es trägt den Titel »Die Leiden des jungen Werthers«, und Goethe schickt unverzüglich ein Vorausexemplar an Lotte in Wetzlar:

Frankfurt, 23. September 1774
Lotte, wie lieb mir das Büchelchen ist, magst du im Lesen fühlen, und auch dieses Exemplar ist mir so wert, als wär's das einzige in der Welt. Du sollst haben, Lotte; ich hab es hundertmal

geküßt, habs weggeschlossen, daß es niemand berühre. O Lotte!
– Und ich bitte dich, laß es niemand jetzo sehn, es kommt erst
die Leipziger Messe in's Publikum. Ich wünschte, jedes läs' es
alleine für sich, du allein, Kestner allein, und jedes schriebe mir
ein Wörtchen.
Lotte adieu Lotte.

*Bedenkt man die Lage sämtlicher beteiligter Personen, so wird
man es begreiflich finden, daß die Betroffenen in Wetzlar über
das Buch nicht sonderlich erbaut waren. Der gradsinnige Kestner
gibt Goethe dies auch in mehreren Briefen mit ausführlicher
Begründung zu verstehen, und der Schuldige muß all seine
Überredung aufbieten, um die Besorgnisse der Freunde zu zerstreuen.*
Kestner an Goethe:

Anfang Oktober 1774

Euer Werther würde mir großes Vergnügen machen können, da
er mich an manche interessante Szene und Begebenheit erinnern
könnte. So aber, wie er da ist, hat er mich, in gewissem Betracht,
schlecht erbauet. Ihr wißt, ich rede gern wie es mir ist.
Ihr habt zwar in jede Person etwas Fremdes gewebt, oder mehrere in eine geschmolzen. Das ließ ich schon gelten. Aber wenn
Ihr bei dem Verweben und Zusammenschmelzen Euer Herz ein
wenig mit raten lassen, so würden die wirklichen Personen, von
denen Ihr Züge entlehnet, nicht dabei so prostituiert sein. Ihr
wolltet nach der Natur zeichnen, um Wahrheit in das Gemälde
zu bringen; und doch habt Ihr so viel Widersprechendes zusammengesetzt, daß Ihr gerade Euren Zweck verfehlt habt. Der
Herr Autor wird sich hiergegen empören, aber ich halte mich an
die Würklichkeit und an die Wahrheit selbst, wenn ich urteile,
daß der Maler gefehlt hat. Der würklichen Lotte würde es in
vielen Stücken leid sein, wenn sie Eurer da gemalten Lotte gleich
wäre. Ich weiß es wohl, daß es eine Komposition sein soll . . .

Goethe an Kestner und Lotte:

Frankfurt, Oktober 1774

Ich muß euch gleich schreiben, meine Lieben, meine Erzürnten,
daß mirs vom Herzen komme. Es ist getan, es ist ausgegeben;
verzeiht mir, wenn ihr könnt. – Ich will nichts, ich bitte euch,

ich will nichts von euch hören, bis der Ausgang bestätigt haben wird, daß eure Besorgnisse zu hoch gespannt waren, bis ihr dann auch im Buche selbst das unschuldige Gemisch von Wahrheit und Lüge reiner an euerm Herzen gefühlt haben werdet. Du hast, Kestner, ein liebevoller Advokat, alles erschöpft, alles mir weggeschnitten, was ich zu meiner Entschuldigung sagen könnte; aber ich weiß nicht, mein Herz hat noch mehr zu sagen, ob sichs gleich nicht ausdrücken kann.

Ich schweige, nur die frohe Ahndung muß ich euch hinhalten; ich mag gern wähnen, und ich hoffe, daß das ewige Schicksal mir das zugelassen hat, um uns fester aneinander zu knüpfen. Ja, meine Besten, ich, der ich so durch Lieb an euch gebunden bin, muß noch euch und euern Kindern ein Schuldner werden für die bösen Stunden, die euch meine – nennts, wie ihr wollt – gemacht hat. Haltet, ich bitt euch, haltet stand. Und wie ich in deinem letzten Briefe dich ganz erkenne, Kestner, dich ganz erkenne, Lotte, so, bitt ich, bleibt! bleibt in der ganzen Sache, es entstehe was wolle. – Gott im Himmel, man sagt von dir: du kehrest alles zum Besten. Und meine Lieben, wenn euch der Unmut übermannt, denkt nur, denkt, daß der alte, euer Goethe immer neuer und neuer, und jetzt mehr als jemals der curige ist.

Und wieder an Kestner:

den 21. November 1774

Da hab ich deinen Brief, Kestner! An einem fremden Pult, in eines Malers Stube, denn gestern fing ich an, in Öl zu malen, habe deinen Brief und muß dir zurufen Dank! Dank, Lieber! Du bist immer der Gute! – O könnt ich dir an Hals springen, mich zu Lottens Füßen werfen, eine, eine Minute, und all all das sollte getilgt, erklärt sein, was ich mit Büchern Papier nicht aufschließen könnte! – O ihr Ungläubigen! würd ich ausrufen! Ihr Kleingläubigen! – Könntet ihr den tausendsten Teil fühlen, was Werther tausend Herzen ist, ihr würdet die Unkosten nicht berechnen, die ihr dazu hergebt! – Du schickst mir Hennigs Brief, er klagt mich nicht an, er entschuldigt mich. Bruder, lieber Kestner! Wollt ihr warten, so wird euch geholfen. Ich wollt um meines eignen Lebens Gefahr willen Werthern nicht zurückrufen, und glaub mir, glaub an mich; deine Besorgnisse, deine

Gravamina schwinden wie Gespenster der Nacht, wo du Geduld hast, und dann – binnen hier und einem Jahr versprech ich euch auf die *lieblichste, einzigste, innigste* Weise alles, was noch übrig sein möchte von Verdacht, Mißdeutung pp. im schwätzenden Publikum! obgleich das eine Herd Schwein ist, auszulöschen, wie ein reiner Nordwind Nebel und Duft. – Werther muß – muß sein! – Ihr fühlt *ihn* nicht, ihr fühlt nur *mich* und *euch*, und was ihr *angeklebt* heißt – und trutz euch – und andern – *eingewoben* ist.

Gib Lotten eine Hand ganz warm von mir, und sag ihr: Ihren Namen von tausend heiligen Lippen mit Ehrfurcht ausgesprochen zu wissen, sei doch ein Äquivalent gegen Besorgnisse, die einen kaum ohne alles andre im gemeinen Leben, da man jeder Base ausgesetzt ist, lange verdrießen würden.

Wenn ihr brav seid und nicht an mir nagt, so schick ich euch Briefe, Laute, Seufzer nach Werthern, und wenn ihr Glauben habt, so glaubt, daß alles wohl sein wird, und Geschwätz nichts ist.

Lotte, leb wohl – Kestner du – habt mich lieb – und nagt mich nicht – G.

Das Billett keinem Menschen gezeigt! unter euch beiden! Sonst niemand sähe das! – Adieu, ihr Lieben! Küsse mir, Kestner, deine Frau und meinen Paten.

Und mein Versprechen bedenkt. *Ich* allein kann *erfinden*, was euch völlig außer aller Rede setzt, außer dem Windchen Argwohn. Ich habs in meiner Gewalt, noch ists zu früh!

Ein Mädchen sagt mir gestern: Ich glaubte nicht, daß *Lotte* so ein schöner Name wäre! er klingt so ganz eigen in dem Werther.

Eine andre schrieb neulich: Ich bitt euch um Gotteswillen, heißt mich nicht mehr Lotte! – Lottchen oder Lolo – wie ihr wollt – Nur nicht Lotte, bis ich des Namens werter werde, denn ichs bin.

O Zauberkraft der Lieb und Freundschaft.

– Heut gehts aufs Eis; ihr Lieben, ade.

Der Erfolg des »Werther« war überwältigend. Rasch hintereinander erschienen an verschiedenen Orten wiederholte Neuausgaben, alle ohne Nennung des Verfassers, der den Eingeweihten jedoch kein Geheimnis geblieben war. Zehn Jahre später hat Goethe das Buch etwas überarbeitet, um es in dieser neuen Gestalt in die erste autorisierte Gesamtausgabe seiner Werke aufzunehmen. Für das breitere Publikum, vor allem des Auslands, blieb er noch lange der »Verfasser des Werther«, und als Goethe im Oktober 1808 auf dem Erfurter Fürstentag mit Napoleon zusammentrifft, unterhält sich der Kaiser mit ihm über den »Werther«.

Auch im Alter, in Epochen oder Augenblicken der Skepsis und Resignation kommt Goethe wiederholt auf das erfolgreiche Schmerzenskind seiner Aufbruchsjahre zu sprechen. So am 3. Dezember 1812 in einem Brief an seinen Freund Zelter in Berlin:

Wenn das *taedium vitae* den Menschen ergreift, so ist er nur zu bedauern, nicht zu schelten. Daß alle Symptome dieser wunderlichen, so natürlichen als unnatürlichen Krankheit auch einmal mein Innerstes durchrast haben, daran läßt »Werther« wohl niemand zweifeln. Ich weiß recht gut, was es mich für Entschlüsse und Anstrengungen kostete, damals den Wellen des Todes zu entkommen, so wie ich mich aus manchem spätern Schiffbruch auch mühsam rettete und mühselig erholte.

Ich getraute mir, einen neuen »Werther« zu schreiben, über den dem Volke die Haare noch mehr zu Berge stehn sollten als über den ersten.

Und wieder an Zelter, vier Jahre später, am 26. März 1816:

Leider bleibt das immer die alte Leier, daß lange leben soviel heißt als viele überleben, und zuletzt weiß man denn doch nicht, was es hat heißen sollen. Vor einigen Tagen kam mir zufälligerweise die erste Ausgabe meines »Werthers« in die Hände, und dieses bei mir längst verschollne Lied fing wieder an zu klingen. Da begreift man denn nun nicht, wie es ein Mensch noch vierzig Jahre in einer Welt hat aushalten können, die ihm in früher Jugend schon so absurd vorkam. Beseh ich es recht genau, so ist es ganz allein das Talent, das in mir steckt, was mir durch alle die Zustände durchhilft, die mir nicht gemäß sind und in die ich mich durch falsche Richtung, Zufall und Verschränkung verwickelt sehe.

Ein letztes Mal noch, diesmal wieder in einem großen leidenschaftlichen Zusammenhang, wendet Goethe sich, nun schon über siebzigjährig, dem »Werther« zu.
Im Sommer 1823 hatte der Großherzog Carl August in Marienbad für Goethe um die Hand der neunzehnjährigen Ulrike von Levetzow angehalten und war abschlägig beschieden worden. Auf der Rückkehr nach Weimar entsteht Goethes bedeutendstes Altersgedicht, die »Marienbader Elegie«.
Im Winter erkrankt er an einer Herzbeutelentzündung, die ihn dem Tode nahebringt. Kaum ist er genesen, gelangt aus Leipzig ein Schreiben an ihn, in dem der Verleger Weygand bittet, zur Erinnerung an die vor fünfzig Jahren bei ihm erschienene Erstausgabe des »Werther« eine Sonderausgabe veranstalten zu dürfen. Goethe stimmt zu und übersendet als Vorwort ein Gedicht, das er später, zusammen mit der »Marienbader Elegie«, in den Zyklus einfügte, dem er den Titel »Trilogie der Leidenschaft« gab.
In dem als Vorwort für die Jubiläumsausgabe verfaßten Gedicht redet Goethe sein Geschöpf, den durch Selbstmord aus dem Leben geschiedenen Werther, folgendermaßen an:

> Noch einmal wagst du, vielbeweinter Schatten,
> Hervor dich an das Tageslicht,
> Begegnest mir auf neubeblümten Matten,
> Und meinen Anblick scheust du nicht.
> Es ist, als ob du lebtest in der Frühe,
> Wo uns der Tau auf einem Feld erquickt
> Und nach des Tages unwillkommner Mühe
> Der Scheidesonne letzter Strahl entzückt;
> Zum Bleiben ich, zum Scheiden du erkoren,
> Gingst du voran – und hast nicht viel verloren.
>
> Des Menschen Leben scheint ein herrlich Los:
> Der Tag wie lieblich, so die Nacht wie groß!
> Und wir, gepflanzt in Paradieses Wonne,
> Genießen kaum der hocherlauchten Sonne,

Da kämpft sogleich verworrene Bestrebung
Bald mit uns selbst und bald mit der Umgebung;
Keins wird vom andern wünschenswert ergänzt,
Von außen düsterts, wenn es innen glänzt,
Ein glänzend Äußres deckt ein trüber Blick,
Da steht es nah – und man verkennt das Glück.

Nun glauben wirs zu kennen! Mit Gewalt
Ergreift uns Liebreiz weiblicher Gestalt:
Der Jüngling, froh wie in der Kindheit Flor,
Im Frühling tritt als Frühling selbst hervor,
Entzückt, erstaunt, wer dies ihm angetan?
Er schaut umher – die Welt gehört ihm an.
Ins Weite zieht ihn unbefangne Hast,
Nichts engt ihn ein, nicht Mauer, nicht Palast;
Wie Vögelschar an Wäldergipfeln streift,
So schwebt auch er, der um die Liebste schweift,
Er sucht vom Äther, den er gern verläßt,
Den treuen Blick, und dieser hält ihn fest.

Doch erst zu früh und dann zu spät gewarnt,
Fühlt er den Flug gehemmt, fühlt sich umgarnt;
Das Wiedersehn ist froh, das Scheiden schwer,
Das Wieder-Wiedersehn beglückt noch mehr,
Und Jahre sind im Augenblick ersetzt;
Doch tückisch harrt das Lebewohl zuletzt.

Du lächelst, Freund, gefühlvoll, wie sich ziemt:
Ein gräßlich Scheiden machte dich berühmt;
Wir feierten dein kläglich Mißgeschick,
Du ließest uns zu Wohl und Weh zurück;
Dann zog uns wieder ungewisse Bahn
Der Leidenschaften labyrinthisch an;
Und wir, verschlungen wiederholter Not,
Dem Scheiden endlich – Scheiden ist der Tod!
Wie klingt es rührend, wenn der Dichter singt,
Den Tod zu meiden, den das Scheiden bringt!
Verstrickt in solche Qualen, halbverschuldet,
Geb ihm ein Gott zu sagen, was er duldet.

VII

»Physiognomische Fragmente«
Briefe Johann Heinrich Mercks an Lavater
(1773–1776)

Im Februar 1773 erschien, zu Frankfurt oder Darmstadt gedruckt, eine kleine Schrift mit dem Titel: »Zwo wichtige, bisher unerörterte biblische Fragen zum ersten Mal gründlich erkläret, von einem Landgeistlichen in Schwaben«.
Der nicht näher bezeichnete Verfasser, hinter dem sich Goethe verbirgt, untersucht hier die beiden Fragen: »Was stand auf den Tafeln des Alten Bundes?« und »Was heißt mit Zungen reden?« Im Sommer desselben Jahres läßt Goethe durch den Verlagsbuchhändler Deinet in Frankfurt ein Exemplar dieser Schrift an Johann Caspar Lavater, Prediger an der Waisenhauskirche in Zürich, senden. Lavater hatte bereits eine ganze Reihe religiöser Schriften veröffentlicht und war damals schon mit seinem Werk über die Physiognomik beschäftigt, das ihn weit über den deutschen Sprachraum hinaus berühmt machen sollte. Unverzüglich bittet er Deinet, ihm ein Porträt oder einen getreuen Schattenriß von Goethe zu beschaffen. Goethe und Lavater treten nun brieflich miteinander in Verbindung, und Johann Georg Schlosser, Goethes Freund und soeben sein Schwager geworden, schreibt im Oktober an Lavater:

Ich freue mich, daß mein lieber Goethe Ihr Freund ist. Sein Herz ist so edel als eins. Wenn er einmal in der Welt glücklich wird, so wird er Tausende glücklich machen; und wird er's nie, so wird er immer ein Meteor bleiben, an dem sich unsre Zeitgenossen müde gaffen und unsre Kinder wärmen werden. Lieben Sie ihn ferner; ich sage Ihnen aber voraus, es gehört eine gewisse Stärke der Seele dazu, sein Freund zu bleiben. Er malt schon lange – oder er zeichnet vielmehr schon lang an meinem Profil. Er sagt aber, er könne mich nicht herausbringen, und noch kenn' ich mich auch an keinem seiner Versuche. Morgen werd ich ihm wieder sitzen, vielleicht gerät's ihm besser.

Schon am 6. November traf bei Lavater ein Miniaturbildnis Goethes ein: ein rundes Medaillon, das Goethe toupiert und mit Nackenschleife im Profil zeigt. Nach diesem Porträt oder einer Zeichnung aus der gleichen Zeit wurde später ein Stich angefertigt, den Lavater in seine »Physiognomischen Fragmente« aufnahm und mit folgendem Begleittext versah:

Hier endlich einmal Goethe – zwar nur so wahr, als wahr ein Gesicht wie das seinige auf Kupfer zu bringen möglich ist. Wieviel Kühnheit, Festigkeit, Leichtigkeit im Ganzen! Wie schmilzt da Jüngling und Mann in eins! Wie sanft, wie ohn alle Härte, Steifheit, Gespanntheit, Lockerheit; wie unangestrengt und harmonisch wälzt sich der Umriß des Profils vom obersten Stirnpunkte herab bis wo sich der Hals in die Kleidung verliert! Wie ist drin der Verstand immer warm von Empfindung – lichthell die Empfindung vom Verstande. –
Man bemerke vorzüglich die *Lage* und *Form* dieser – nun gewiß – gedächtnisreichen, gedankenreichen – warmen Stirne – bemerke das mit *einem* fortgehenden Schnellblicke durchdringende, verliebte – sanft geschweifte, nicht sehr tiefliegende, helle, leichtbewegliche Auge – die so sanft sich drüber hinschleichende Augenbraune – diese an sich allein so dichterische Nase – diesen so eigentlich poetischen Übergang zum lippichten – von schneller Empfindung gleichsam sanft zitternden und das schwebende Zittern zurückhaltenden Mund – dies männliche Kinn – dies offne, markige Ohr – Wer ist – der absprechen könne diesem Gesichte –

Genie

Und Genie, *ganzes*, wahres Genie, *ohne Herz* – ist *Unding* – Denn nicht *hoher Verstand allein*; nicht *Imagination allein*; nicht *beide zusammen* machen *Genie* – Liebe! Liebe! Liebe! – ist die *Seele des Genies*.
Und nun – verzeihe, edler Mann, gekannter und nicht gekannter – daß ich alles dies von dir, ohne dein Wissen – hinstammle. *Du* weißt allein, was ich unterdrücken muß und will. –

Lavaters »Physiognomische Fragmente zur Beförderung der Menschenkenntnis und Menschenliebe« erschienen in vier Bänden von 1775 bis 1778. Goethe hat an der Materialbeschaffung zu diesem Werk, an seiner Redaktion und Drucklegung regen persönlichen Anteil genommen. Er schätzte Lavater sehr, wenn auch die Freundschaft in späteren Jahren merklich abkühlte und schließlich ganz erkaltete.

Johann Caspar Lavater war ein schwärmerischer Christ, der durch seine erbaulichen Schriften und Briefe mit Frankfurter pietistischen Kreisen und auch sonst mit allerlei Frommen und Stillen im Lande in Verbindung stand. Im Sommer 1774 führte eine Badereise ihn in Goethes Gegend, man lernte sich kennen, unternahm gemeinsam von Ems aus eine Schiffahrt auf Lahn und Rhein und schloß Freundschaft miteinander. Bei dieser Gelegenheit kam Lavater auch nach Darmstadt, wo Goethes Freund Johann Heinrich Merck als Kriegsrat in landgräflichen Diensten stand.

Merck, in dessen Selbstverlag kurz zuvor Goethes »Götz« erschienen war, darf wohl seiner ganzen Geisteshaltung nach als ein ausgesprochener Gegenpol zu Lavater gelten. Hinzu kommt, daß er eben um diese Zeit mit Christoph Friedrich Nicolai in Berlin, dem Freunde Lessings und Moses Mendelssohns, in Verbindung getreten war. Nicolai gab seit 1765 unter dem Titel »Allgemeine deutsche Bibliothek« eine Zeitschrift heraus, für die Merck literarische Rezensionen schrieb. In seinen Briefen an Nicolai, einen erklärten Gegner des sogenannten Geniewesens und Geniekults, finden sich höchst scharfsichtige und unparteiische Äußerungen sowohl über Lavater und seine Physiognomik als auch über Goethe, dessen Charakter, Temperament und Geistesart.

Darmstadt, den 28. August 1774

Kein Mensch mag wohl weniger für Lavater eingenommen gewesen sein als ich; denn ich habe seine meisten Schriften nicht lesen und seine Art, in der Welt auf andre einzuwirken, noch weniger goutieren können. Allein wenige Menschen habe ich gesehen, die auf mich einen so *erbaulichen* Eindruck gemacht hätten wie dieser *außerordentlich gute Mensch*. Er ist hier herumgezogen in der Wüste, wie ein wandernder Methodistenprediger von der ganzen Menge begafft und befolgt, und es fehlte nichts als die umgekehrte Tonne, wo er drauf gestanden hätte, zur Vollendung des Gemäldes. Er hatte sich vorher gefaßt

macht, viel von dieser Seite auszustehen, allein seine Demut hatte ihm nicht erlaubt, den großen und wirklich ausgebreiteten Einfluß, den seine Erbauungsschriften auf so vielerlei Menschengeschöpfe hatten, zu berechnen. Er ließ sich aber willig kreuzigen von Großen und Kleinen, und bot seinen Nacken dar dem Verfolger, es mochte nun das Religionsgewäsche aus dem Munde einer Princesse-Commère, einer alten Hoffräulein, eines feisten Superintendenten oder eines witzigen jungen behenden Dorfpfarrers sein. So neu als der Mensch in allen Dingen dieser Welt und so eingesponnen in seinen kleinen Zürcher Zirkel er sein mag – so hat er doch den schönsten Menschenverstand, die wunderlichsten Fakta eines und eben desselben Charakters zu begreifen und zu finden, daß das alles menschlich ist. Er ist nichts weniger als Kopfhänger unter Freunden, munter, witzig, und genießt des Lebens gerne; nur oft, als ein Mensch, der sich soviel eigne Geschäfte in der Welt macht, Träumer und abwesend in der Gesellschaft. Es ist unbegreiflich, wieviel Gutes er durch wirkliche Unterstützung der Bedrängten schon seit vielen Jahren getan hat. Ich habe es weder von ihm noch seinen Jüngern, sondern zufälligerweise erfahren – denn seine Wohltätigkeit ist die Scham, die er nie unbedeckt läßt.
Von Goethe sehen Sie nächstens einen Roman: »Leiden des jungen Werthers«. Das Schicksal des jungen Jerusalems wie sein ganzer Charakter liegt zum Grunde, und Goethe hat hier individuelle Wahrheiten wie bei seinem Götz verarbeitet und verkleistert. Es sind hier Szenen, über die nichts geht und gehen kann, weil sie wahr sind. Dem guten Goethe geht's indessen wie allen braven Leuten. Es hängen sich den Augenblick, da jemand ein Zoll höher wird als andre, so viele Buben an, die in die Welt Wahres und Falsches schreiben, daß es zum Erbarmen ist.

Auch mit Lavater wechselte Merck mehrere Briefe über dessen Gesichtslesekunst, in denen er seine Ansicht über die Möglichkeit und Tunlichkeit des physiognomischen Unternehmens auseinandersetzt. Es heißt dort in einem Schreiben vom 20. Januar 1775:

... Und nun ein paar Worte über Ihre Physiognomik, wie sie mir vorkommen.

Ich bin das erstemal betreten gewesen, da ich von Ihrer Physiognomik hörte, und wunderte mich, daß ein kluger Mann unsrer Zeit *Gefühl* in Paragraphen teile und uns durch Wörter riechen und schmecken lehren wollte. Wenn Sie uns eine Geschichte der Physiognomik versprochen hätten, so wäre diese Nachricht von den vergeblichen Bemühungen der Menschen, die Pudenda der Natur aufzudecken, lehrreicher gewesen als ein neuer Versuch, wie man sich wieder von neuem vergeblich bemühen könnte. Einmal setze ich Physiognomik mit Religion, Kunst und allem, was in menschlichen Dingen *Seele* ist, in eine Nähe des Heiligtums, wovon man freilich Dogmatiken, Theorien, Geschichten, aber auch weiter nichts schreiben kann. Und diese wollten Sie aber doch nicht schreiben – sondern ein Schatzkästlein und Vademecum für den Beobachter.
Es kann kein Mensch so sehr von der Wahrheit und Existenz der Physiognomik überzeugt sein als ich: sie ist den Menschen so nötig und natürlich wie Sprachfähigkeit, und eben weil sie kein andres Organ nötig hat zu empfangen und wiederzugeben, so sind und bleiben ihre Abspiegelungen und Eindrücke tief, rein und wahr in der Seele. Ich traue überhaupt den Worten, besonders denen auf dem Papier, so wenig, daß ich es eher wagen wollte, den Eindruck, den Ihre Physiognomie auf meine Augen gemacht, durch meine Gebärden als auf eine andre Art zurückzugeben. Dies Gefühl ist so implizit und voll, daß es nach meiner Erfahrung einmal wie Blitz und Sonnenschein ist; bloß in dem ersten Anblick seiner Erscheinung muß aufgefangen und nachher durch nichts geschnitzelt und rektifiziert werden. Ich habe mich noch an allen Menschen betrogen, wenn ich nicht dem ersten Eindruck gefolgt bin und nachher durch näheren Umgang mein Urteil gemildert hatte. Das, was mir das erste Mal nicht gefiel, oder was ich nicht dechiffrieren konnte, war immer das, was uns nach Jahren Umgangs, Freundschaft, Dienstleistungen doch auseinanderbrachte oder entfernt hielt. Rousseau hat recht, wenn er von Diderot sagt: »Der Mann gefällt mir nicht; er hat mir noch nichts zuleide getan, aber ich muß mit ihm brechen, ehe es dazu kommt.« Ich glaube so sehr an Physiognomik, daß mir keine Stellung auch des stummsten Glieds am ganzen Körper unbedeutend vorkommt; ich dehne es sogar auf die Hülle des Körpers aus und glaube, daß die erste Erfindung einer Mo-

de allzeit mit Gefühl und poetischem Geiste ausgeführt war. Das Ansteckende in der geschwinden Verbreitung war nicht bloß Neuheit, sondern es war zusammengewachsene Grazie mit der Figur selbst, wie bei den Gewändern der Alten. Fragen Sie doch Chodowiecki, warum er seinem Phlegmatikus so runde Würste um seine Perücke legte und ihm kein hohes spitziges Stirnhaar gab!

Ich glaube also an das Dasein dieses Gefühls, wie ich an Gott und Menschen glaube, aber ich nenne es keine Wissenschaft. Poetische Köpfe sollen nie über ihre Dulzineen oder Hausgötter an das Publikum perorieren; denn sie verführen nur das Volk, das nun auch glaubt, wie sie Feuer fressen und Steine verdauen zu können. Muß es aber doch gedruckt werden, so bleib' es Manuskript für Freunde.

In der Ausführung seh' ich nun wieder tausend Schwierigkeiten, die Sie alle im Detail müssen gefühlt haben. Von dem Auge des Menschen bleibt Ihnen nichts übrig als der sogenannte Schnitt, den der Knochen und nachher die Bewegung der Muskeln formieren. Das Geistige der Feuchtigkeiten und die Brechungen des Lichts in den Farben, was doch das eigentliche Medium ist, dadurch wir alles in andern erblicken, geht verloren. Bei den übrigen Teilen sind Knochen, Muskeln und das sogenannte Profil noch da, das aber bei jedem Individuo hundertfach zu fassen ist. Es ist indessen hier noch genug Ressource, und ich glaube auch, daß Sie für Zeichner viele feste Punkte angegeben haben, die diesen Leuten jetzo ebenso erbaulich sein mögen als einem Reisenden gute Geographie, wenn er aus den Ländern wieder zurück ist. Allein Sie hatten mit tauben und gefühllosen Künstlern zu streiten; wären Sie Rosa oder Rembrandt gewesen und hätten Ihre Platten selber radiert, oder hätten nur Chodowiecki in Zürich bei sich gehabt, so wären freilich noch immer Wunderdinge zum Vorschein gekommen. Ist es denn möglich, daß eine Zeichnung durch eines andern Hand gehen kann, ohne daß sie nicht alles verliert, wodurch sie entstand? Ich wünschte, daß sehr viele ganze Figuren in einstimmenden Stellungen und Bekleidungen vorkämen; damit das, was man nicht mit wenig sagen kann, mit viel gesagt werde. Was mir besonders an dem Buche gefällt, ist, daß es drei Carolin kostet und also nicht allgemein werden kann.

Diese meine Denkart über diese Materie stelle ich Ihnen ganz so schroff und hart fürs Gesichte, und sie ist so zuversichtlich ausgedrückt, daß sie sogar in einer gelehrten Zeitung figurieren könnte. Allein ich habe sie mit Fleiß so gelassen, damit Ihnen anschaulich werde, daß ich nie über diese Materie so wenig wie über alle Geheimnisse nachgedacht habe. Wollten Sie mir aber einige Fragen vorlegen, so könnt' ich vielleicht ebenso bestimmt darauf antworten wie ein biblisches Wörterbuch oder ein psychologisches System.

Darmstadt, den 15. Februar 1775
Ihre vorgelegten Fragen sind wahre Preisaufgaben, deren Natur schon zum voraus keine wahre Auflösung zuläßt, die also zu weiter nichts als zur Bestimmung des Sprachgebrauchs dienen können, wenn sie auch noch so gründlich beantwortet würden. Das letztere ist nun von mir am allerwenigsten zu hoffen, weil ich, mit aller meiner Gierigkeit, neue Erfahrungen einzuschlukken, nie über ihren Durchgang, Möglichkeit und Qualität des Durchgangs und der endlichen Exkretion oder Abstraktion reflektiert habe. *Wahr* sind auch *nur* meine Erfahrungen *für mich* gewesen, wie aller Glaube. Ich habe mit meinen eigenen Augen gesehen, und die sind *menschliche* Augen, die morgen wieder anders sehen werden wie *heute*, und sich bilden oder erzogen werden, bis sie sich schließen. Also kann mein Bruder nicht durch *meine* und zwar so *bildsamen* Augen sehen. Bei dem allen bleibts doch wahr, daß ihnen, ohngeachtet ihrer Kultur, nie rund als eckig und rot als blau erscheinen werde, sondern daß es gewisse Gesetze gibt, nach denen diese Bildung sich ewig richtet.
Eins von diesen ewigen Gesetzen scheint mir nun dieses zu sein: daß der erste Eindruck nur der einzige wahre sei. Hierzu brauch' ich nichts weiter zu setzen als: ich glaube es und berufe mich auf den Glauben anderer. Soll aber darüber sehr schön raisonniert werden, so glaub' ich, gibt es dazu so viele Aus- und Einfahrten, als man nur immer will. – Mir ist die Sache deswegen begreiflich, weil der erste Eindruck der *einzige* ist, und alle anderen Reproduktionen und Modifikationen des ersten. Der neue Mensch, der mir erscheint, ist mir empfindlichem Wesen eben das, was einem Blindgebornen das Bild der Sonne sein mag. Das erste

Mal nur hat er sie gesehen, und beim zweiten Anblick ist es wenig mehr als ein Spiel der Imagination. Das Ganze hat er schon, und weil die Seele nicht mehr erschüttert, nicht mehr entzückt noch gequält wird, so hält er sich ruhig an die Teile und läßt sie die Musterung passieren. Der erste Eindruck gibt mir eigentlich das, was die Natur dem Menschen aufgeprägt hat und das doch eigentlich allen seinen Handlungen, Sentiments etc. Farbe, Gestalt und Umriß gibt. Denn Tugend – was ist sie als Ausbildung dieser individuellen Bestimmung! Ich sehe nicht beim ersten Anblick, wie gut etc. oder böse der Mensch sei, sondern was für Organe und Instrumente ihm die Natur gegeben habe, es zu sein; nicht wie er in einzelnen Fällen, sondern wie er in den meisten handeln werde. Sollte ich mich auch an dem Faunsgesicht eines Sokrates einmal irren, so wird mich sein aufrichtiges Geständnis von Bekämpfung des *natürlichen* Menschen in meiner physiognomischen Wahrnehmungsgabe stärken. *Also:* wir *sehen nur einmal*; und wer dies nicht glauben will, kann es nur bei allen Gegenständen versuchen, ob er zum *zweiten Mal* sehen kann; ob ihm das Bild in seiner ganzen Fülle, Neuheit und dunklem impliziten Genuß noch einmal vor die Seele komme, oder ob nur die zweiten und dritten Eindrücke nicht wahre Gespenstererscheinungen sind, mit denen die Einbildungskraft macht und machen kann, was sie will.

»Worin unterscheidet sich die Einfalt der Natur von der idealischen Einfalt der alten Kunst?« – Unsere Natur, von der wir in unsern lauen, polizierten lieben Verfassungen und Himmelstrichen noch hier und da eine Nasen- oder Ohrenspitze sehen, ist von derjenigen, welche den Alten zu ihren Zusammensetzungen die Kette lieferte, leider so entfernt, daß, um einigermaßen leidlich auf diesen Knoten zu antworten, Goethes Auge und Hand nach Großgriechenland, Sizilien und den Archipelagus alsbald versetzt werde und nach demjenigen lausche und taste, was noch in der unbekleideten Brust und bloßem Kopf und Füßen des Hirten und Jägers übrig sein dürfte. Denn was noch von physischer Kraft aus den Lenden unsrer Väter zu uns übergedunstet sein mag, ist vollends durch schöne Wissenschaften und warme Stuben und die elende Speise und den tödlichen Genuß unsrer neuweltischen Getränke so verdünnt oder versauert, daß ich gar nichts davon reden oder hören mag. So schön auch wir Schüler von der idealischen Einfalt der alten Kunst schwärmen und wir ihnen gutherzig nachlallen dürften, so weiß ich nicht, was idealische Einfalt oder sichtbare Fügung einzelner merkwürdiger Teile in *ein* Ganzes heißen mag, wenn ich die Teile, von denen dies große Ganze mit Sparsamkeit der Natur zusammengemodelt worden, nicht einmal von weitem kenne, so wie wir Menschen in Deutschland und der Schweiz – die Natur Italiens und Griechenlands. So wie mir wohl wird, wenn ich einen italienischen Kopf sehe, so wehe muß jenen werden, wenn sie das Ebenbild Gottes bei uns erblicken, und sie haben wohl recht: Über den Bergen ist kein Heil. *Simplizität* der Alten scheint mir, wenn von Schriften und Werken der Kunst die Rede ist, nichts anders als ein negativer Begriff zu sein, der dem marktschreierischen und bettelhaft armen Ausdruck unsrer dramatischen Charaktere und personifizierten Abstrakta in Statuen entgegengesetzt wird. Bei den Alten warens *wirkliche* Menschen, die in einer ganzen individuellen Gestalt mit einer göttlichen Seele begabt wurden; bei uns ist es das Skelett einer Tugend oder Affekts, den man, wie mans gelernt hat, befleischt und bekleidet. Wir machen nach Sankt Diderots Vorschrift einen guten Plan und denken, der Leser oder Zuschauer, der gar keinen hat, werde nach dem unsrigen immer leidlich amüsiert werden; und überheben uns des Details.

Unterdessen hatten die »Leiden des jungen Werthers«, die zur Herbstmesse 1774 in Leipzig erschienen waren, eine Flut begeistert zustimmender, empört abwehrender und die darin zum Ausdruck kommende neumodische Empfindsamkeit scharf verurteilender Rezensionen hervorgerufen. Nicolai vor allem war das Büchlein höchst zuwider, und im Januar 1776, als Goethe bereits in Weimar war, veröffentlichte er unter dem Titel »Freuden des jungen Werthers« eine pedantische Parodie; welche nun wieder Goethes Spottsucht über das Berliner »Geschmäcklerpfaffenwesen« erregte, der er in folgenden derben Versen Luft machte:

> Ein junger Mann, ich weiß nicht wie,
> Starb einst an der Hypochondrie
> Und ward auch so begraben.

Da kam ein starker Geist herbei,
Der hatte seinen Stänkrig frei,
Wie ihn so Leute haben.
Er setzt gemächlich sich aufs Grab
Und legt sein reinlich Häuflein ab,
Beschauet freundlich seinen Dreck,
Geht wohl eratmend wieder weg
Und spricht zu sich bedächtiglich:
»Der gute Mann, wie hat sich der verdorben!
Hätt' er geschissen so wie ich,
Er wäre nicht gestorben!«

Nicolai war selber der Verfasser eines sehr erfolgreichen Romans: »Leben und Meinungen des Herrn Magisters Sebaldus Nothanker«, der in drei Teilen von 1773 bis 1776 erschien und gegen den aus Goethes Freundeskreis Jung-Stilling ein Pamphlet verfertigte: »Die Schleuder eines Hirtenknaben gegen den Hohnsprechenden Philister, den Verfasser des Sebaldus Nothanker«. Nicolai war zugetragen worden, Goethe habe dieses Pamphlet, das in Frankfurt herauskam, ermuntert und versprochen, Jung-Stilling zu verteidigen. Darüber beschwerte er sich bei Merck, der, für Goethe eintretend, Frieden zu stiften versuchte. Mercks Offenherzigkeit scheint ihm weder bei Lavater noch bei Nicolai geschadet zu haben; er blieb mit beiden weiterhin als Briefschreiber in freundschaftlichem Verkehr.

Johann Heinrich Merck an Friedrich Nicolai:

Darmstadt, den 19. Januar 1776

Mir tuts leid, daß Sie von einem meiner Freunde gekränkt werden, und daß dies durch die niederträchtigen Hände von Zuträgern und Anekdotensammlern geschieht. Haben Sie denn nicht schon längstens den Menschen verachtet, der so was fähig ist? Entweder ist es Schadenfreude oder der Willen, Goethe zu schaden – Freundschaft kann's nicht sein, die Märchen und Tischreden zuträgt. Was wird von dem sonderbaren Menschen nicht alles erzählt! Wär er ich, so hätt ich es ihm längst zugerechnet; so aber kann ich von ihm auch gegen mich nichts anders sagen als: dies tut wohl, und jenes weh. Er folgt ganz seiner Laune, unbekümmert über die Folgen ihrer Moralität; allein, was er auch über Sie gesprochen und geschrieben haben mag, so ist's nichts als faunischer Mutwillen – Zu rachsüchtigen Absichten, deren Ausgang Pasquille und Trätschereien wären, dazu hat er erstlich nicht die Seele, und zweitens die Zeit nicht, weil sein Kopf voll immer neuer Träumereien schwirbelt. Ein Buch ließ sich von allem dem Törichten und Bösen schreiben, was seine Landsleute selbst in Frankfurt und drei Meilen von da mir selbst als Geheimnisse anvertraut haben, die, wenn sie wahr wären, ihn seines Bürgerrechts verlustig und vogelfrei erklärten; wovon aber gottlob kein Jota wahr ist.

Ich habe mich (ich will es denn einmal gestehen) für Sie, weil ich Sie kenne, gegen andre, die im Irrtum waren, oft heiser gepredigt und am Ende nichts als Undank verdient. Ich mag nun für Goethe die Litanei nicht wieder anfangen; allein das muß ich Ihnen doch aufrichtig versichern, daß er mit Wielanden nicht spielt, daß er vielen Mutwillens, aber keiner Doppelzüngigkeit fähig ist, und daß, wenn Sie mit ihm auf einige Abende nur so nahe wie Wieland zusammengesperrt würden, Sie einander ebenso lieb gewinnen würden wie zwei Eheleute, die sich scheiden wollten, die aber der kluge Amtmann zum Schlafengehen miteinander beredet hat. Darf ich Sie im Namen aller, die Sie lieb haben, bitten, so erneuern Sie niemals öffentlich die Fehde in der Bibliothek. Derjenige, der schweigt, hat nach aller Erfahrung in den Augen des Publikums nie Unrecht, aber sehr oft derjenige, der zwar mit Nachdruck, allein als *beleidigter* Teil redet. Alles, was diesen Menschen angeht, lassen Sie lieber durch andre rezensieren, und man wirds Ihnen als eine herrliche Großmut zugutschreiben. Ich will nun einmal zwischen Euch allen den Vermittler nicht spielen, aber das ist gewiß, daß Ihr alle, soviel ich Euch kenne, jeder in seiner Art rechtschaffne und würdige Leute seid, Ihr mögt auch Schwefel und Feuer einer auf den andern regnen lassen. Das Beste ist, daß ich an dem Herzen niemals bei einem wahren Kopf habe zweifeln dürfen. Eure Irrungen liegen alle im Kopf, und die mag eben der, der alle Farbenbrechungen in *einen* Lichtstrahl zu ordnen weiß, zum Besten der Welt leiten. Es wird aber die Natur ewig bunt spielen. Amen. Und zwar von Rechtswegen.

Wenn Sie wüßten, wie ich oft mit ihm über die Kunstgründe

disputiere, und Sie sähen den Burschen im Schlafrock und Nachtwams der Bonhommie, er würd' Ihnen gefallen. Sein Faust ist aber ein Werk, das mit der *größten Treue* der Natur abgestohlen ist. Ich erstaune, so oft ich ein neu Stück zu Fausten zu sehen bekomme, wie der Kerl zusehends wächst und Dinge macht, die ohne den großen Glauben an sich selbst und den damit verbundenen Mutwillen unmöglich wären.

VIII

Goethe und Lili
in den Briefen an Auguste zu Stolberg
(1775–1777)

Goethes Briefe an Auguste Luise Gräfin zu Stolberg-Stolberg nehmen unter seinen übrigen Schreiben an Mädchen und junge Frauen insofern eine besondere Stelle ein, als sie die einzigen sind, deren Empfängerin er niemals von Angesicht zu Angesicht kennengelernt hat. Und dennoch – oder eben darum – gehören diese Briefe zu den freiesten, leidenschaftlich bewegtesten, den »hingewühltesten«, die aus seinen jüngeren Jahren auf uns gekommen sind: voller Überschwang und Gärung der Gefühle, halb Beichte, halb Tagebuch, bald aus ausweisloser Verworrenheit hingestammelt, bald zu dem heitersten Vertrauen auf die reine Kraft des eigenen Wachstums sich erhebend ...
Auguste Stolberg, die einem alten niederdeutschen Geschlecht entstammte, hatte Goethe durch Vermittlung ihrer Brüder, der jungen Dichter Christian und Friedrich Leopold zu Stolberg, Anfang 1775 ein anonymes Schreiben zustellen lassen.
Die Lektüre der im Vorjahr erschienenen »Leiden des jungen Werthers« und Goethes freundschaftliches Verhältnis zu ihren Brüdern mochten die damals eben Zweiundzwanzigjährige zu diesem Schritt ermutigt haben. Leider sind uns von ihren Briefen weder dieser erste, noch, mit einer einzigen Ausnahme, die aus den folgenden Jahren erhalten, da Goethe sie 1797 selber verbrannt hat.
Die Adresse seines ersten Antwortschreibens lautet: »Der teuren Ungenannten«.

Meine Teure – ich will Ihnen keinen Namen geben, denn was sind die Namen Freundin, Schwester, Geliebte, Braut, Gattin, oder ein Wort, das einen Komplex von all denen Namen begriffe, gegen das unmittelbare Gefühl, zu dem – ich kann nicht weiterschreiben, Ihr Brief hat mich in einer wunderlichen Stunde gepackt. Adieu, gleich den ersten Augenblick! –
Ich komme doch wieder – ich fühle, Sie können ihn tragen, die-

sen zerstückten, stammelnden Ausdruck, wenn das Bild des Unendlichen in uns wühlt. Und was ist das als Liebe! – Mußte *er* Menschen machen nach seinem Bilde, ein Geschlecht, das ihm ähnlich sei, was müssen wir fühlen, wenn wir Brüder finden, unser Gleichnis, uns selbst verdoppelt!?
Und so solls weg, so sollen Sie's haben, dieses Blatt; Obiges schrieb ich wohl vor acht Tagen, unmittelbar auf den Empfang Ihres Briefs.
Haben Sie Geduld mit mir, bald sollen Sie Antwort haben. Hier indes meine Silhouette, ich bitte um die Ihrige, aber nicht ins Kleine, den großen, von der Natur genommenen Riß bitt ich. Adieu, ein herzlichstes Adieu.
Frankfurt, den 26. Januar 1775. *Goethe*

Der Brief ist wieder liegen blieben, o haben Sie Geduld mit mir. Schreiben Sie mir, und in meinen besten Stunden will ich an Sie denken. Sie fragen, ob ich glücklich bin? Ja, meine Beste, ich bins, und wenn ich's nicht bin, so wohnt wenigstens all das tiefe Gefühl von Freud und Leid in mir. Nichts außer mir stört, schiert, hindert mich. Aber ich bin wie ein klein Kind, weiß Gott. Noch einmal Adieu.

In dem zweiten Brief, Mitte Februar desselben Jahres, gibt Goethe der fernen Vertrauten eine ausführlichere Schilderung von dem leidenschaftlichen Zwiespalt seines damaligen Zustandes. Die erwähnte »niedliche Blondine« ist Lili Schönemann, die Tochter einer reichen Bankierswitwe, zu der Goethe seit einigen Wochen eine heftige Neigung gefaßt hatte.

Wenn Sie sich, meine Liebe, einen Goethe vorstellen können, der im galonierten Rock, sonst von Kopf zu Fuße auch in leidlich konsistenter Galanterie, umleuchtet vom unbedeutenden Prachtglanze der Wandleuchter und Kronenleuchter, mitten unter allerlei Leuten, von ein Paar schönen Augen am Spieltisch gehalten wird; der in abwechselnder Zerstreuung aus der Gesellschaft, ins Konzert, und von da auf den Ball getrieben wird, und mit allem Interesse des Leichtsinns einer niedlichen Blondine den Hof macht; so haben Sie den gegenwärtigen Faßnachts-Goethe, der Ihnen neulich einige dumpfe tiefe Gefühle vorstolperte, der

nicht an Sie schreiben mag, der Sie auch manchmal vergißt, weil er sich in Ihrer Gegenwart ganz unausstehlich fühlt.
Aber nun gibts noch einen, den im grauen Biberfrack, mit dem braunseidnen Halstuch und Stiefeln, der in der streichenden Februarluft schon den Frühling ahndet, dem nun bald seine liebe weite Welt wieder geöffnet wird, der immer in sich lebend, strebend und arbeitend, bald die unschuldigen Gefühle der Jugend in kleinen Gedichten, das kräftige Gewürze des Lebens in mancherlei Dramas, die Gestalten seiner Freunde und seiner Gegenden und seines geliebten Hausrats mit Kreide auf grauem Papier nach seinem Maße auszudrücken sucht, weder rechts noch links fragt: was von dem gehalten werde, was er machte? weil er arbeitend immer gleich eine Stufe höher steigt, weil er nach keinem Ideale springen, sondern seine Gefühle sich zu Fähigkeiten, kämpfend und spielend, entwickeln lassen will. Das ist der, dem Sie nicht aus dem Sinne kommen, der auf einmal am frühen Morgen einen Beruf fühlt, Ihnen zu schreiben, dessen größte Glückseligkeit ist, mit den besten Menschen seiner Zeit zu leben.
Hier also, meine Beste, sehr mancherlei von meinem Zustande. Nun tun Sie desgleichen und unterhalten Sie mich von dem Ihrigen, so werden wir näherrücken, einander zu schauen glauben – Denn das sag ich Ihnen voraus, daß ich Sie oft mit viel Kleinigkeit unterhalten werde, wie mir's in Sinn schießt.
Ob mir übrigens verraten worden: wer und wo Sie sind, tut nichts zur Sache; wenn ich an Sie denke, fühl ich nichts als Gleichheit, Liebe, Nähe! Und so bleiben Sie mir, wie ich gewiß auch durch alles Schweben und Schwirren durch unveränderlich bleibe. Recht wohl –! diese Kußhand – Leben Sie recht wohl.
Frankfurt, den 13. Februar 1775   Goethe

Wie dieses zweite Schreiben schon vermuten läßt, hat Goethe inzwischen erfahren, wer sich hinter der »Ungenannten« verbirgt.
Der dritte Brief ist in Offenbach am Main geschrieben, wo Goethe sich bei einem befreundeten Komponisten und Musikverleger aufhielt; die Schlußzeilen wurden in Frankfurt hinzugefügt, auf des Dichters Wohnzimmer im Dachgeschoß des väterlichen Hauses, von dem eine Zeichnung beigelegt war.

Warum soll ich Ihnen nicht schreiben, warum wieder die Feder
liegen lassen, nach der ich bisher so oft reichte? Wie immer hab
ich an Sie gedacht. Und jetzo! – Auf dem Land bei sehr lieben
Menschen – in Erwartung – liebe Auguste – Gott weiß, ich bin
ein armer Junge – den 28. Februar haben wir getanzt, die Faß-
nacht beschlossen – ich war mit von den ersten im Saale, ging
auf und ab, dachte an Sie – und dann – viel Freud und Lieb
umgab mich – Morgens, da ich nach Hause kam, wollt ich Ihnen schreiben, ließ es aber und redete viel mit Ihnen – Was soll
ich Ihnen sagen? Da ich Ihnen meinen gegenwärtigen Zustand
nicht ganz sagen kann, da Sie mich nicht kennen. Liebe! Liebe!
Bleiben Sie mir hold. – Ich wollt, ich könnt auf Ihrer Hand ruhen, in Ihrem Aug rasten. Großer Gott, was ist das Herz des
Menschen! – Gut Nacht. Ich dachte, mir sollts unterm Schreiben
besser werden. Umsonst; mein Kopf ist überspannt. Ade. Heut
ist der 6. März, denk ich. Schreiben Sie doch auch immer die Daten; in solcher Entfernung ist das viel Freud.
Guten Morgen, Liebe. Die Zimmerleute, die da drüben einen
Bau aufschlagen, haben mich aufgeweckt, und ich habe keine
Rast im Bette. Ich will an meine Schwester schreiben, und dann
mit Ihnen noch ein Wort.
Es ist Nacht, ich wollte noch in Garten, mußte aber unter der
Türe stehen bleiben, es regnet sehr. Viel hab ich an Sie gedacht!
– Heut war der Tag wunderbar. Habe gezeichnet – eine Szene
geschrieben. O wenn ich jetzt nicht Dramas schriebe, ich ging zu
Grund. Bald schick ich Ihnen eins geschrieben – könnt ich gegen
Ihnen über sitzen, und es selbst in Ihr Herz würken, – Liebe, nur
daß es Ihnen nicht aus Händen kommt!
Den 10ten. Wieder in der Stadt auf meiner Bergère, aufm Knie
schreib ich Ihnen. Liebe, der Brief soll heute fort, und nur sag ich
Ihnen noch, daß mein Kopf ziemlich heiter, mein Herz leidlich
frei ist – Was sag ich –! O Beste, wie wollen wir Ausdrücke finden für das, was wir fühlen! Beste, wie können wir einander was
von unserm Zustande melden, da der von Stund zu Stund wechselt.
Ich hoffe auf einen Brief von Ihnen, und die Hoffnung läßt nicht
zuschanden werden.
Gesegnet der gute Trieb, der mir eingab, statt allen weitern
Schreibens, Ihnen meine Stube, wie sie da vor mir steht, zu zeich-

nen. Adieu. Halten Sie einen armen Jungen am Herzen. Geb Ihnen der gute Vater im Himmel viel mutige frohe Stunden, wie ich deren oft hab, und dann laß die Dämmrung kommen, tränenvoll und selig – Amen.
Ade, Liebe, ade! Goethe

Am 19. April 1775 wurde Goethe Lili Schönemanns Verlobter. Doch schon Mitte Mai ließ er sich von Augustes Brüdern, den Grafen Christian und Friedrich Stolberg, bereden, sie auf einer Reise nach der Schweiz zu begleiten, von der er erst Ende Juli zurückkehrte.
Auf dieser Reise machte man am 15. Juni eine Fahrt über den Zürcher See. Dann stieg man ins Gebirge, und im Rückblick auf den Zürcher See schrieb Goethe folgenden Vierzeiler in sein Reisetagebuch:

> Wenn ich, liebe Lili, dich nicht liebte,
> Welche Wonne gäb' mir dieser Blick!
> Und doch, wenn ich, Lili, dich nicht liebte,
> Wär', was wär' mein Glück?

Bald nach Goethes Rückkehr geht am 3. August ein langer, hier nur auszugsweise mitgeteilter Brief an Gustchen, der wieder in Offenbach geschrieben wurde, diesmal jedoch auf Lilis Zimmer im Hause ihrer mütterlichen Verwandten.

Gustchen! Gustchen! Ein Wort, daß mir das Herz frei werde, nur einen Händedruck. Ich kann Ihnen nichts sagen. Hier! – Wie soll ich Ihnen nennen das *hier*! Vor dem stroheingelegten bunten Schreibzeug – da sollten feine Briefchen aus geschrieben werden, und diese Tränen und dieser Drang! Welche Verstimmung! Oh, daß ich alles sagen könnte. Hier, in dem Zimmer des Mädchens, das mich unglücklich macht, ohne ihre Schuld, mit der Seele eines Engels, dessen heitre Tage *ich* trübe; *ich*! Gustchen! Ich nehme vor einer Viertelstunde Ihren Brief aus der Tasche, ich les ihn – Vom 2. Juni! und Sie *bitten, bitten*, um Antwort, um ein Wort aus meinem Herzen. Und heut der 3. August. Gustchen, und ich habe noch nicht geschrieben! – Ich habe geschrieben, der Brief liegt in der Stadt angefangen. O mein Herz

– Soll ich's denn anzapfen? auch Dir, Gustchen, von dem hefetrüben Wein schenken!
Vergebens, daß ich drei Monate in freier Luft herumfuhr, tausend neue Gegenstände in alle Sinnen sog. Engel, und ich sitze wieder in Offenbach, so vereinfacht wie ein Kind, so beschränkt als ein Papagei auf der Stange, Gustchen, und Sie so weit! – Ich habe mich so oft nach Norden gewandt. Nachts auf der Terrasse am Main, ich seh hinüber, und denk an Dich! So weit! So weit! – –
Eine Viertelstunde saß ich in Gedanken und mein Geist flog auf dem ganzen bewohnten Erdboden herum. Unseliges Schicksal, das mir keinen Mittelzustand erlauben will. Entweder auf einem Punkt, fassend, festklammernd, oder schweifen gegen alle vier Winde! – Selig seid ihr verklärte Spaziergänger, die mit zufriedner anständiger Vollendung jeden Abend den Staub von ihren Schuhen schlagen und ihres Tagwerks göttergleich sich freuen. – –
Hier fließt der Main, grad drüben liegt Bergen auf einem Hügel hinter Kornfeld. Von der Schlacht bei Bergen haben Sie wohl gehört. Da links unten liegt das graue Frankfurt mit dem ungeschickten Turm, das jetzt für mich so leer ist als mit Besemen gekehrt; da rechts auf artige Dörfchen der Garten da unten, die Terrasse auf den Main hinunter. – Und auf dem Tisch hier ein Schnupftuch, ein Körbchen, ein Halstuch drüber, dort hängen des lieben Mädchens Stiefel. Notabene: heut ritten wir aus. Hier liegt ein Kleid, eine Uhr hangt da, viel Schachteln, und Pappedeckel, zu Hauben und Hüten – Ich hör ihre Stimme – – Ich darf bleiben, sie will sich drinne anziehen. – Gut, Gustchen, ich hab Ihnen beschrieben, wie's um mich herum aussieht, um die Geister durch den sinnlichen Blick zu vertreiben – – Lili war verwundert, mich da zu finden, man hatte mich vermißt. Sie fragte, an wen ich schriebe. Ich sagts ihr. Adieu, Gustchen. Schreiben Sie mir.

Der Unruhige

Lassen Sie um Gottes willen meine Briefe niemand sehn.

Die folgenden Auszüge sind dem achten Brief aus dem September 1775 entnommen, der zuerst in Frankfurt, dann in Offenbach und zuletzt wieder in Frankfurt geschrieben wurde.

Den 15. Guten Morgen. Ich hab eine gute Nacht gehabt. Und bin jetzt recht wie ein Mädchen. Sie raten nicht, was mich beschäftigt – eine Maske, auf kommenden Dienstag, wo wir Ball haben.
Nach Tisch! – Ich komme geschwind gelaufen, dir zu sagen, was mir drüben in der andern Stube durch den Kopf fuhr: Es hat mich doch kein weiblich Geschöpf so lieb wie Gustchen.
Und meine Maske wird eine altdeutsche Tracht, schwarz und gelb, Pumphose, Wämslein, Mantel und Federstutzhut. Ach wie dank ich Gott, daß er mir diese Puppe auf die paar Tage gegeben hat, wenns so lang währt.
Halb viere. In Brunnen gefallen, wie ichs ahndete. Meine Maske wird nicht gemacht. Lili kommt nicht auf den Ball. Aber dürft ich, könnt ich alles sagen! – Ich tats, sie zu *ehren*, weil ich deklariert für sie bin, und eines Mädchens Herz pp. – Also, Gustchen! – Ich tats auch halb aus Trutz, weil wir nicht sonderlich stehn die acht Tag her. Und nun! – Sieh, Gustchen, so kanns allein werden, wenn ich dir so von Moment zu Moment schreibe. – Halb fünf. Ich wollt, ich könnt mich dir darstellen, wie ich bin; du solltest doch dein Wunder sehn. Gott! so in dem ewigen Wechsel immer eben derselbe.
Den 16. Heut nacht neckten mich halb fatale Träume. Heut früh beim Erwachen klangen sie nach. Doch wie ich die Sonne sah, sprang ich mit beiden Füßen aus dem Bette, lief in der Stube auf und ab, bat mein Herz so freundlich freundlich, und mir wards leicht, und eine Zusicherung ward mir, daß ich gerettet werden, daß noch was aus mir werden sollte. Gutes Muts denn, Gustchen! Wir wollen einander nicht aufs ewige Leben vertrösten! Hier noch müssen wir glücklich sein, hier noch muß ich Gustchen sehn, das einzige Mädchen, deren Herz ganz in meinem Busen schlägt. –
Nach Mittage halb vier. Offen und gut der Morgen, ich tat was, Lili eine kleine Freude zu machen. Trieb mich nach Tische spaßend närrisch unter Bekannten und Unbekannten herum. Gehe jetzt nach Offenbach, um Lili heute abend nicht in der Komödie, morgen nicht im Konzert zu sehen. Ich stecke das Blatt ein und schreibe draus fort.
Offenbach! abends sieben. In einem Kreise von Menschen, die mich recht lieb haben, oft mit mir leiden! Es ist nun so! ich sitze

wieder an dem Schreibtischchen, von dem ich Ihnen schrieb, eh ich in die Schweiz ging. Lieb Gustchen – da ist ein junges Paar in der Stube, das seit acht Tagen verheiratet ist! Eine junge Frau liegt auf dem Bette, die der angenehmsten Hoffnung eines lieben Kindes entgegenschmerzet. Ade für heute. Es ist Nacht, und der Main blinkt noch aus den dunklen Ufern.

Offenbach, Sonntag den 17ten, nachts zehen. – Ist der Tag leidlich und stumpf herumgegangen. Da ich aufstund, war mirs gut, ich machte eine Szene an meinem Faust. Vergängelte ein paar Stunden. Verliebelte ein paar mit einem Mädchen, davon dir die Brüder erzählen mögen, das ein seltsames Geschöpf ist. Aß in einer Gesellschaft ein Dutzend guter Jungens, so grad wie sie Gott erschaffen hat. Fuhr auf dem Wasser selbst auf und nieder, ich hab die Grille, selbst fahren zu lernen. Spielte ein paar Stunden Pharao und verträumte ein paar mit guten Menschen. Und nun sitz ich, dir Gute Nacht zu sagen. Mir wars in all dem wie einer Ratte, die Gift gefressen hat, sie läuft in alle Löcher, schlurpft alle Feuchtigkeit, verschlingt alles Eßbare, das ihr in Weg kommt, und ihr Innerstes glüht von unauslöschlich verderblichem Feuer. Heute vor acht Tagen war Lili hier. Und in dieser Stunde war ich in der grausamst feierlichst süßesten Lage meines ganzen Lebens. Wie ich durch die glühendsten Tränen der Liebe Mond und Welt schaute und mich alles seelenvoll umgab. Und in der Ferne die Waldhörner, und der Hochzeitsgäste laute Freuden. Gustchen, auch seit dem Wetter bin ich – nicht ruhig, aber still – was bei mir still heißt, und fürchte nur wieder ein Gewitter, das sich immer in den harmlosesten Tagen zusammenzieht, und – Gute Nacht, Engel. Einzigstes einzigstes Mädchen – und ich kenne ihrer viele – – –

Montag den 18ten. Mein Schiffchen steht bereit, ich werds gleich hinunterlenken. Ein herrlicher Morgen, der Nebel ist gefallen, alles frisch und herrlich umher! – Und ich wieder in die Stadt, wieder ans Sieb der Danaiden! Ade! – Ich hab einen offnen frischen Morgen! O Gustchen! Wird mein Herz endlich einmal in ergreifendem wahren Genuß und Leiden die Seligkeit, die Menschen gegönnt ward, empfinden und nicht immer auf den Wogen der Einbildungskraft und überspannten Sinnlichkeit Himmel auf und Höllen ab getrieben werden.

Dienstag, sieben morgens. – Im Schwarm! Gustchen! ich lasse

mich treiben, und halte nur das Steuer, daß ich nicht strande. Doch bin ich gestrandet, ich kann von dem Mädchen nicht ab – Heut früh regt sichs wieder zu ihrem Vorteil in meinem Herzen. – Eine große, schwere Lektion! – Ich geh doch auf den Ball, einem süßen Geschöpfe zulieb, aber nur im leichten Domino, wenn ich noch einen kriege. Lili geht nicht.
Nachts achte: aus der Komödie, und nun die Toilette zum Ball! O Gustchen, wenn ich das Blatt zurücksehe! Welch ein Leben! Soll ich fortfahren? oder mit diesem auf ewig endigen? Und doch, Liebste, wenn ich wieder so fühle, daß mitten in all dem Nichts sich doch wieder so viel Häute von meinem Herzen lösen, so die konvulsiven Spannungen meiner kleinen närrischen Komposition nachlassen, mein Blick heitrer über Welt, mein Umgang mit den Menschen sichrer, fester, weiter wird, und doch mein Innerstes immer ewig allein der heiligen Liebe gewidmet bleibt, die nach und nach das Fremde durch den Geist der Reinheit, der sie selbst ist, ausstößt und so endlich lauter werden wird wie gesponnen Gold – da laß ich's denn so gehn. – Betrüge mich vielleicht selbst. – Und danke Gott. Gute Nacht. Addio. – Amen.

In den letzten Septembertagen wurde das Verlöbnis mit Lili von Goethe gelöst. Schon im Vorjahr hatte er den damals siebzehnjährigen Erbprinzen Carl August von Sachsen-Weimar und Eisenach kennengelernt. Dieser war inzwischen großjährig geworden und zur Regierung gelangt. Auf seine wiederholte Einladung hin entschloß Goethe sich Anfang November, nach Weimar zu gehen. Hier gerät er alsbald in völlig andersartige Verhältnisse, und auch die Briefe an Gustchen werden seltener. Es folgen Auszüge aus dem vierzehnten Brief vom Mai 1776 und dem sechzehnten Brief vom 17. Juli 1777. Der Prinz, dessen Pachtgut bei Ilmenau erwähnt wird, ist Constantin, der jüngere Bruder des Herzogs.

Den 17. Mai, morgens acht. Guten Morgen, Gustchen. Nichts als dies zur Grundlage eines Tagbuchs für dich. Ach du nimmst an dem unsteten Menschen noch teil, der, seit er dir nichts von sich schrieb, seltsame Schicksale gehabt hat. Ich fühle, daß ich dir nicht alles sagen kann, drum mag ich nichts sagen. Adieu! –
In meinem Garten, Gustchen, gegen zehn. Hab ein liebes Gärt-

chen vorm Tore an der Ilm schönen Wiesen in einem Tale; ist ein altes Häuschen drinne, das ich mir reparieren lasse. Alles blüht, alle Vögel singen. Gustchen, und du bist krank! –
Den 18. Mai, 12 Uhr, in meinem Garten. Da laß ich mir von den Vögeln was vorsingen, und zeichne Rasenbänke, die ich will anlegen lassen, damit Ruhe über meine Seele komme und ich wieder von vorne mög anfangen zu tragen und zu leiden. Gustchen, könnt ich dir von meiner Lage sagen! die erwünschteste für mich, die glücklichste, und dann wieder – Ich sagte immer in meiner Jugend zu mir, da so viel tausend Empfindungen das schwankende Ding bestürmten: Was das Schicksal mit mir will, daß es mich durch all die Schulen gehn läßt, es hat gewiß vor, mich dahin zu stellen, wo mich die gewöhnlichen Qualen der Menschheit gar nicht mehr anfechten müssen. Und jetzt noch, ich seh alles als Vorbereitung an.
Montag, den 20. Bei der Herzogin-Mutter gessen. Nach Tische ging alles nach Tiefurt, wo der Prinz sich hat ein Pachtgut artig zurechtmachen lassen. Die Bauern empfingen ihn mit Musik, Böllern, ländlichen Ehrenpforten, Kränzlein, Kuchen, Tanz, Feuerwerkspuffen, Serenade usw. Wir waren vergnügt, ich hatte das Glück, alles sehr schön zu sehen. Und nun bin ich im Garten, hab eine Viertelstunde nach dem Feuerzeug getappt und mich geärgert und bin so froh, daß ich jetzt Licht habe, dir das zu schreiben. Da drüben auf dem Schlosse sah ich viel Licht, indes ich nach einem Funken schnappte, und wußte doch, daß der Herzog gern mit mir getauscht hätte, wenn er's in dem Augenblick hätte wissen können. Es ist ein trefflicher Junge und wird, wills Gott, auch ausgären.
Freitag, den 24. Morgens elf in der Stadt. Habe viel ausgestanden die Zeit. Mittwoch-Nachmittag brach ein Feuer aus im Hetzfeldischen, fünf Stunden von hier; der Herzog ritt hinaus; bis wir hinkamen, lag das ganze Dorf nieder, es war nur noch, um Trümmer zu retten und die Schul und die Kirche. **Es war ein großer Anblick.** Ich stand auf einem Hause, wo das Dach herunter war und wo unsre Schlauchspritze nur das Untre noch erhalten sollte, und sieh, Gustchen, und hinter und vor und neben mir feine Glut, nicht Flamme, tiefe hohlaugige *Glut* des niedergesunknen Orts, und der Wind drein, und dann wieder da eine auffahrende Flamme, und die herrlichen alten Bäume ums Ort

inwendig in ihren hohlen Stämmen glühend und der rote Dampf in der Nacht und die Sterne rot und der neue Mond sich verbergend in Wolken. Wir kamen erst nachts zwei wieder nach Hause.

Gestern, Donnerstag, den 23., ist mir auch wieder wunderbars Wesen um den Kopf gezogen – Was wirds werden, ich hab eben noch viel auszustehen; das ists, was ich in allen Drangsalen meiner Jugend fühlte, aber gestählt bin ich auch, und will ausdauern bis ans Ende. Adieu. Ich bin ewig derselbe. G.

Dank, Gustchen, daß Du aus Deiner Ruhe mir in die Unruhe des Lebens einen Laut herüber gegeben hast.

> Alles gaben die Götter, die unendlichen,
> Ihren Lieblingen ganz:
> Alle Freuden die unendlichen,
> Alle Schmerzen die unendlichen ganz.

So sang ich neulich, als ich tief in einer herrlichen Mondnacht aus dem Flusse stieg, der vor meinem Garten durch die Wiesen fließt; und das bewahrheitet sich täglich an mir. Ich muß das Glück für meine Liebste erkennen, dafür schiert sie mich auch wieder wie ein geliebtes Weib. Den Tod meiner Schwester wirst Du wissen. Mir geht in allem alles erwünscht, und leide allein um andre. Leb wohl. Grüße die Brüder, und behaltet mich lieb.
Weimar, den 17. Juli 77 Goethe

Aus den folgenden Jahren sind noch drei kurze Botschaften Goethes erhalten; dann, im März 1782, bricht der Briefwechsel ab. Auguste Stolberg vermählte sich 1783 mit ihrem verwitweten Schwager, dem dänischen Minister Graf Bernstorff.
Als alte Frau, vierzig Jahre später, nachdem sie inzwischen ihren Gatten und ihre Brüder verloren hatte, ergreift sie noch einmal die Feder, um an den nie gesehenen, doch unvergessenen Freund ihrer Jugend ein letztes Schreiben und eine letzte Mahnung zu richten. Dieses Schreiben ist uns erhalten geblieben.

Bordesholm, den 15. Oktober 1822
Würden Sie, wenn ich mich nicht nennte, die Züge der Vorzeit, die Stimme, die Ihnen sonst willkommen war, wiedererkennen?

Nun ja, ich bins – Auguste – die Schwester der so geliebten, so heiß beweinten, so vermißten Brüder Stolberg. Könnten doch diese aus der Wohnung ihrer Seligkeit, von *dort*, wo sie den *schauen*, an den sie *hier glaubten* – könnten doch diese, mit mir vereint, Sie bitten: »Lieber, lieber Goethe, suchen Sie den, der sich so gerne finden läßt, glauben Sie auch an den, an den wir unser Leben lang glaubten.« Die selig Schauenden würden hinzufügen: »den wir nun schauen«! Und ich sage: »der das Leben meines Lebens ist, das Licht im meinen trüben Tagen, und uns allen dreien Weg, Wahrheit und Leben, unser Herr und unser Gott war.« Ich las in diesen Tagen wieder einmal alle Ihre Briefe nach – Sie waren der kleinen Stolberg sehr gut – und ich Ihnen auch so herzlich gut – das kann nicht untergehen – muß aber für die Ewigkeit bestehen – diese unsre Freundschaft – die Blüte in unsrer Jugend muß Früchte für die Ewigkeit tragen, dachte ich oft – Und so ergriff es mich beim Lesen Ihrer Briefe, und so nahm ich die Feder – Sie bitten mich einmal in Ihrem Briefe, »Sie zu retten« – Nun maße ich mir wahrlich nichts an, aber so ganz einfältigen Sinns bitte ich Sie: Retten Sie sich selbst! Nicht wahr, Ihre Bitte gibt mir dazu einiges Recht? – Und ich bitte Sie immer, hören Sie in meinen Worten die Stimme meiner Brüder, die Sie so herzlich liebten – Ich habe denn meinen Wunsch, meinen dringenden Wunsch, ausgesprochen, den ich so oft wollte laut werden lassen: O ich bitte, ich flehe Sie, lieber Goethe! abzulassen von allem, was die Welt Kleines, Eitles, Irdisches und nicht Gutes hat – Ihren Blick und Ihr Herz zum Ewigen zu wenden – Ihnen ward viel gegeben, viel anvertraut. Wie hat es mich oft geschmerzt, wenn ich in Ihren Schriften fand, wodurch Sie so leicht andern Schaden zufügen. – O machen Sie das gut, weil es noch Zeit ist. – Bitten Sie um höhern Beistand, und er wird Ihnen, so wahr Gott ist, werden. Ich dachte oft, ich könnte nicht ruhig sterben, wenn ich nicht mein Herz so gegen den Freund meiner Jugend ausgeschüttet hätte – und ich denke, ich schlafe ruhiger darum ein, wenn mein Stündlein schlägt. Die Jahre nicht nur, sondern viel früher haben unsägliche Leiden meine Haare schneeweiß gebleicht – aber nie wankte in mir das feste Vertrauen zu Gott, und die Liebe zu meinem Erlöser – bei allem was mich traf, tönte es tief und stark in meinem Innern: »Der Herr hat alles wohl gemacht!« Der Gott meiner

Jugend ist auch der Gott meines Alters. – Als wir uns schrieben, war ich eins der glücklichsten Geschöpfe auf Erden. Wie reich war ich! Früh durch die besten Eltern – geliebt von den besten Geschwistern – später das geliebte Weib des Mannes meines Herzens – Mutter der besten Kinder – aber welche Trübsale wurden mir zuteil – Dennoch preise ich Gott. – Ich finde sie ja alle wieder: Eltern, Geschwister, Freunde, Kinder und den geliebten Gatten. – So gerne nähme ich auch die Hoffnung mit mir hinüber, Sie, lieber Goethe, auch einst da kennenzulernen. – Noch einmal bitte ich Sie – schlagen Sie es der nicht ab, die Sie einst Freundin, Schwester nannten. – Ihr Andenken ist nie in mir erloschen, und meine Teilnahme für Sie immer lebendig geblieben – meine Wünsche für Ihr wahres Wohl auch. Manches betrübte mich oft – Ich will, solange ich lebe, noch recht für Sie beten – Möchten Sie sich doch darin noch recht mit mir vereinigen! – Mein Erlöser ist ja auch der Ihrige, es ist auch in keinem andern Heil und Seligkeit zu finden. Ob Sie wohl noch an mich dachten? Bitte, schreiben Sie ein paar Worte

       an Auguste Bernstorff-Stolberg.

Den 23.
Sie bitten mich in einem Ihrer Briefe, nachdem Sie lange geschwiegen hatten: »den alten Faden wieder anzuspinnen; es sei dies ja ohnehin ein weibliches Geschäft«. Da ist er denn wieder angesponnen, und oh! möge er sich denn nun bis in die Ewigkeit hineinspinnen! – So leben Sie denn wohl, und verkennen Sie meine Absicht nicht! – Lassen Sie, ich bitte Sie, dies ganz unter uns bleiben –

Auf diesen Brief, der Ende Oktober des Jahres 1822 in Weimar eintraf, blieb die Schreiberin längere Zeit ohne Antwort. Eine solche war zwar bald nach dem Empfang des Briefes geschrieben, dann aber doch nicht abgesandt worden. Im Winter erkrankte Goethe an einer Herzbeutelentzündung, und erst im April entschloß er sich, seine Zeilen mit einer Nachschrift zu versehen und sie nun endlich der Post zu übergeben.

Dieser letzte Brief an »Gustchen« ist nicht nur in Abwehr und Zustimmung ein Muster menschlich gereiften Zartgefühls, sondern zugleich auch eines der ergreifendsten Bekenntnisse von Goethes Altersfrömmigkeit.

Von der frühsten, im Herzen wohlgekannten, mit Augen nie
gesehenen teuren Freundin endlich wieder einmal Schriftzüge
des traulichsten Andenkens zu erhalten, war mir höchst erfreulich-rührend; und doch zaudere ich unentschlossen, was zu erwidern sein möchte. Lassen Sie mich im allgemeinen bleiben, da
von besondern Zuständen uns wechselseitig nichts bekannt ist.
Lange leben heißt gar vieles überleben, geliebte, gehaßte, gleichgültige Menschen, Königreiche, Hauptstädte, ja Wälder und
Bäume, die wir jugendlich gesäet und gepflanzt. Wir überleben
uns selbst und erkennen durchaus noch dankbar, wenn uns auch
nur einige Gaben des Leibes und Geistes übrigbleiben. Alles
dieses Vorübergehende lassen wir uns gefallen; bleibt uns nur
das Ewige jeden Augenblick gegenwärtig, so leiden wir nicht an
der vergänglichen Zeit.
Redlich habe ich es mein Lebelang mit mir und andern gemeint
und bei allem irdischen Treiben immer aufs Höchste hingeblickt;
Sie und die Ihrigen haben es auch getan. Wirken wir also immerfort, solang es Tag für uns ist; für andere wird auch eine
Sonne scheinen, sie werden sich an ihr hervortun und uns indessen ein helleres Licht erleuchten.
Und so bleiben wir wegen der Zukunft unbekümmert! In unseres Vaters Reiche sind viel Provinzen und, da er uns hier zu Lande ein so fröhliches Ansiedeln bereitete, so wird drüben gewiß
auch für beide gesorgt sein; vielleicht gelingt alsdann, was uns
bis jetzo abging, uns angesichtlich kennenzulernen und uns desto gründlicher zu lieben. Gedenken Sie mein in beruhigter
Treue.

Vorstehendes war bald nach der Ankunft Ihres lieben Briefes
geschrieben, allein ich wagte nicht, es wegzuschicken, denn mit
einer ähnlichen Äußerung hatte ich schon früher Ihren edlen,
wackern Bruder wider Wissen und Willen verletzt. Nun aber,
da ich von einer tödlichen Krankheit ins Leben wieder zurückkehre, soll das Blatt dennoch zu Ihnen, unmittelbar zu melden:
daß der Allwaltende mir noch gönnt, das schöne Licht seiner Sonne zu schauen; möge der Tag Ihnen gleichfalls freundlich erscheinen und Sie meiner im Guten und Lieben gedenken, wie
ich nicht aufhöre, mich jener Zeiten zu erinnern, wo das noch
vereint wirkte, was nachher sich trennte.

Möge sich in den Armen des alliebenden Vaters alles wieder zusammenfinden.
Weimar, den 17. April 1823 wahrhaft anhänglich
Goethe

Goethes niegesehene Freundin und Vertraute aus seiner Verlobungszeit hat ihn überlebt: Auguste Stolberg starb in Kiel am 30. Juni 1835.
Wie schon die Briefe an Gustchen erkennen ließen, war die Trennung von Lili ein langwieriger und schmerzhafter, eigentlich nie endgültig beendeter Prozeß. Im Winter 1776, als Goethe bereits in Weimar war, erschien »Stella, Ein Schauspiel für Liebende«. Goethe sandte ein Exemplar nach Frankfurt an Lili und schrieb – in Erinnerung an die Schweizer Reise – folgende Verse auf das Vorsatzblatt des Buches:

> Im holden Tal, auf schneebedeckten Höhen
> War stets dein Bild mir nah;
> Ich sah's um mich in lichten Wolken wehen,
> Im Herzen war mir's da.
> Empfinde hier, wie mit allmächt'gem Triebe
> Ein Herz das andre zieht,
> Und daß vergebens Liebe
> Vor Liebe flieht.

Lili Schönemann vermählte sich im August 1778 mit einem Baron von Türckheim in Straßburg. Dort besuchte Goethe sie schon im nächsten Jahre auf seiner zweiten Schweizer Reise, und auch weiterhin, bis zu Lilis Tod im Mai 1817, riß die Verbindung niemals ganz ab. Als Goethe in seinen autobiographischen Aufzeichnungen, die er unter dem Titel »Dichtung und Wahrheit« veröffentlicht hat, jene Frankfurter Zeit zu schildern unternahm – wozu er sich erst nach Lilis Tod berechtigt glaubte –, gedenkt er ausführlich der wiederholten Aufenthalte in dem ländlichen Offenbach. Dort findet sich auch – im siebzehnten Buch – die »Geschichte einer zwischen Offenbach und Frankfurt im Freien verbrachten Sommernacht«, deren Zustand und Stimmung Goethe nach einem halben Jahrhundert aus der Rückschau folgendermaßen schildert:

Es war ein Zustand, von welchem geschrieben steht: »Ich schlafe, aber mein Herz wacht.« Die hellen wie die dunkeln Stunden waren einander gleich; das Licht des Tages konnte das Licht der Liebe nicht überscheinen, und die Nacht wurde durch den Glanz der Neigung zum hellsten Tage.

Wir waren beim klarsten Sternhimmel bis spät in der freien Gegend umherspaziert; und nachdem ich sie und die Gesellschaft von Türe zu Türe nach Hause begleitet und von ihr zuletzt Abschied genommen hatte, fühlte ich mir so wenig Schlaf, daß ich eine frische Spazierwanderung anzutreten nicht säumte. Ich ging die Landstraße nach Frankfurt zu, mich meinen Gedanken und Hoffnungen zu überlassen; ich setzte mich auf eine Bank, in der reinsten Nachtstille, unter dem blendenden Sternhimmel mir selbst und ihr anzugehören.

Bemerkenswert schien mir ein schwer zu erklärender Ton, ganz nahe bei mir; es war kein Rascheln, kein Rauschen, und bei näherer Aufmerksamkeit entdeckte ich, daß es unter der Erde und das Arbeiten von kleinem Getier sei. Es mochten Igel oder Wieseln sein oder was in solcher Stunde dergleichen Geschäft vornimmt.

Ich war darauf weiter nach der Stadt zu gegangen und an den Röderberg gelangt, wo ich die Stufen, welche nach den Weingärten hinaufführen, an ihrem kalkweißen Scheine erkannte. Ich stieg hinauf, setzte mich nieder und schlief ein.

Als ich wieder aufwachte, hatte die Dämmerung sich schon verbreitet; ich sah mich gegen dem hohen Wall über, welcher in frühern Zeiten als Schutzwehr wider die hüben stehenden Berge aufgerichtet war. Sachsenhausen lag vor mir, leichte Nebel deuteten den Weg des Flusses an; es war frisch, mir willkommen.

Da verharrt ich, bis die Sonne nach und nach hinter mir aufgehend das Gegenüber erleuchtete. Es war die Gegend, wo ich die Geliebte wiedersehen sollte, und ich kehrte langsam in das Paradies zurück, das sie, die noch Schlafende, umgab.

»Ich schlafe, aber mein Herz wacht« – das ist ein Vers aus dem hohen Lied Salomonis, das Goethe im Oktober 1775 in Anlehnung an Luthers Text für sich übersetzt hat.
Was er damals empfand, ist Goethe zeitlebens unvergeßlich geblieben, und als er 1828, nach dem Tode des Herzogs Carl

August, die Sommermonate sehr zurückgezogen auf Schloß Dornburg verbrachte, entstand dort ein trotz seiner einfachen Sprache höchst merkwürdiges Gedicht des Angedenkens und der Vergegenwärtigung, in dessen erster Strophe nicht nur der Vers des Hohen Liedes wiederaufgenommen wird, sondern auch das Thema des Gegenspiels von Tag und Nacht wiederkehrt: »Die hellen wie die dunkeln Stunden waren einander gleich; das Licht des Tages konnte das Licht der Liebe nicht überscheinen, und die Nacht wurde durch den Glanz der Neigung zum hellsten Tage.«

Der Bräutigam

Um Mitternacht, ich schlief, im Busen wachte
Das liebevolle Herz, als wär' es Tag;
Der Tag erschien, mir war, als ob es nachte,
Was ist es mir, so viel er bringen mag.

Sie fehlte ja, mein emsig Tun und Streben,
Für sie allein ertrug ich's durch die Glut
Der heißen Stunde, welch erquicktes Leben
Am kühlen Abend! lohnend war's und gut.

Die Sonne sank, und Hand in Hand verpflichtet
Begrüßten wir den letzten Segensblick,
Und Auge sprach, ins Auge klar gerichtet:
Von Osten, hoffe nur, sie kommt zurück.

Um Mitternacht! der Sterne Glanz geleitet
In holdem Traum zur Schwelle, wo sie ruht.
O sei auch mir dort auszuruhn bereitet,
Wie es auch sei das Leben es ist gut.

Der hier spricht, ist der Bräutigam – oder besser: der sich Erinnernde, der Gedenkende, wie ihm als Bräutigam zumute war und zumute geblieben ist. Denn – und das muß hier als letztes beigebracht werden, damit man aus diesen Versen keine Spur elegischer Empfindsamkeit heraushört – es geht ja nicht um Rückschau, um ein bloßes äußerliches Sich-Erinnern, sondern um das, was im Innern des Herzens unauslöschlich fortlebt.

Als Goethe im Sommer 1823 gerne wieder einmal Bräutigam geworden wäre – er hatte in Marienbad vergeblich um die Hand der neunzehnjährigen Ulrike von Levetzow angehalten –, besuchte ihn im Oktober die Pianistin Maria Szymanowska in Weimar, und als man am 4. November, dem Vorabend ihres Scheidens, nach einem Konzert noch bei Goethe soupierte und einer der Anwesenden bei Tisch einen Toast auf die Erinnerung ausbrachte, brach Goethe mit Heftigkeit in die Worte aus:

»Ich statuiere keine *Erinnerung* in eurem Sinne, das ist nur eine unbeholfene Art sich auszudrücken. Was uns irgend Großes, Schönes, Bedeutendes begegnet, muß nicht erst von außen her wieder *er-innert*, gleichsam er-jagt werden, es muß sich vielmehr gleich vom Anfang her in unser Inneres verweben, mit ihm eins werden, ein neueres beßres Ich in uns erzeugen und so ewig bildend *in uns* fortleben und schaffen.
Es gibt kein Vergangnes, das man zurücksehnen dürfte; es gibt nur ein ewig Neues, das sich aus den erweiterten Elementen des Vergangenen gestaltet, und die echte Sehnsucht muß stets produktiv sein, ein neues Beßres erschaffen. – Und«, setzte er mit großer Rührung hinzu, – »haben wir dies nicht alle in diesen Tagen an uns selbst erfahren? Fühlen wir uns nicht alle insgesamt, durch diese liebenswürdige edle Erscheinung, die uns jetzt wieder verlassen will, im Innersten erfrischt, verbessert, erweitert? Nein, *sie kann* uns nicht entschwinden, sie ist in unser innerstes Selbst übergegangen, sie lebt in uns mit uns fort und, fange sie es auch an wie sie wolle, mir zu entfliehen – ich halte sie immerdar fest in mir.«

So auch Lilis Erscheinung, Lilis Bild und der liebende Zustand des Bräutigams.

IX

Woldemars »Kreuzerhöhung« in Ettersburg
Goethe und Friedrich Heinrich Jacobi
(1774–1813)

Die leidenschaftliche Neigung und hohe Begabung, sich in andere Menschen einzufühlen, in ihrer Gegenwart ganz in ihnen aufzugehen, hat Goethe in seiner Jugend bisweilen zu Freundschaften verlockt, die trotz des besten gegenseitigen Willens früher oder später zu Zerwürfnissen führen mußten und, wenn nicht in Feindschaft, so doch in Entfremdung endigten. Dies war vor allem bei Geistern der Fall, die Goethe gerne die »nebelnden« nannte, bei Lavater in Zürich etwa, doch auch bei Friedrich Heinrich Jacobi in Pempelfort bei Düsseldorf.
Zwischen Jacobi und Goethe kam es im Juli 1774 zu einer enthusiastischen ersten Begegnung, der auch der junge Dichter Wilhelm Heinse beiwohnte. Jacobi berichtet darüber an Wieland in Weimar:

Je mehr ich's überdenke, je lebhafter empfinde ich die Unmöglichkeit, dem, der Goethe nicht gesehen, noch gehört hat, etwas Begreifliches über dieses außerordentliche Geschöpf Gottes zu schreiben. Goethe ist, nach Heinses Ausdruck, Genie vom Scheitel bis zur Fußsohle; ein *Besessener*, füge ich hinzu, dem fast in keinem Falle gestattet ist, willkürlich zu handeln. Man braucht nur eine Stunde bei ihm zu sein, um es im höchsten Grade lächerlich zu finden, von ihm zu begehren, daß er anders denken und handeln soll, als er wirklich denkt und handelt. Hiemit will ich nicht andeuten, daß keine Veränderung zum Schöneren und Besseren in ihm möglich sei; aber nicht anders ist sie in ihm möglich, als so wie die Blume sich entfaltet, wie die Saat reift, wie der Baum in die Höhe wächst und sich krönt.

Was Goethe und ich einander sein sollten, sein *mußten*, war, sobald wir vom Himmel runter nebeneinander hingefallen waren, im Nu entschieden. Jeder glaubte von dem anderen mehr zu empfangen, als er ihm geben könne; Mangel und Reichtum auf beiden Seiten umarmten sich einander; so ward Liebe unter uns.

Sie kann's ausdauern, seine Seele, – zeugte in sich der eine vom andern, – die ganze Glut der meinigen; nie werden sie einander verzehren.

In raschem Wechsel gingen nun überschwengliche Briefe, improvisierte Herzensergießungen der rückhaltlosen Vertraulichkeit zwischen den beiden hin und her. Daß sie auch auf einen anderen Ton gestimmt sein konnten, zeigt unter anderen Goethes Antwort vom 31. August 1774 auf die Schilderung einer ausgedehnten Landpartie, die Jacobi mit den Seinigen unternommen hatte.

Mir ist ganz wohl, euch zu sehen in freier Gotteswelt, teils des gegenwärtigen Genusses willen, der verjüngt Leib und Seele, teils auch in Hoffnung gutes Vorbedeutens, daß du dich mutig entreißen wirst der papiernen Festung Spekulations- und literarischer Herrschaft. Denn das raubt dem Menschen alle Freude an sich selbst. Denn er wird herumgeführt von dem und jenem, hie in ein Gärtchen, da in eine Baumschule, in einen Irrgarten und Irrgärtchen, und preiset ihm jeder an seiner Hände Werk, und endlich siehet er in seine Hände, die ihm auch Gott gefüllt hat mit Kraft und allerlei Kunst, und es verdrießt ihn des Gaffens und Schmarotzens an andrer Schöpfungsfreude, und kehrt zurück zu seinem Erbteil, säet, pflanzt und begießt, und genießt sein und der Seinigen in herzlich wirkender Beschränkung. Somit seist du eingesegnet, wo du auch stehest und liegest auf Gottes Boden; wandere so fort, daß sich in dir kräftige Liebe, aus ihr Einfalt keime, aus der mächtiges Wirken aufblüht. – Lebt wohl.

Im Herbst dieses Jahres erschien in Leipzig Goethes im vergangenen Winter niedergeschriebener Briefroman »Die Leiden des jungen Werthers«, auf den er die Freunde in Pempelfort schon neugierig gemacht hatte. Mitte Oktober traf das Büchlein bei Jacobi ein, und dieser berichtet am 21. an Goethe:

Vorgestern abend ließ ich Heinse sagen, er möchte herüberkommen; Werthers Leiden seien endlich da. Bisher hatte ich vor ihm die Ankunft des lieben Buchs heimlich gehalten, weil ichs

ganz in Ruhe genießen wollte mit den Meinigen, und weil die bloße Vorstellung der grellgierigen Augen, mit welchen Heinse das Büchlein ermessen, der ängstlichen Hastigkeit, womit er, sobald ich es nur einen Augenblick aus der Hand ließ, darnach greifen, ungeduldig darin hin und her rasseln und alles überpoltern würde, mir das Herz umkehrte. Als er jetzt in mein Zimmer trat, sagt' ich ihm gleich: Sie dürfen mir das Buch nicht anrühren! Ich will Ihnen daraus vorlesen. Er fragte, kuckte nach ein und anderm, setzte sich dann nieder und ich hub an.
Gleich bei den ersten Seiten ward ihm wunderlich. Sinn, Geist, Phantasie, Schreibart, alles war anders, als er geträumt hatte. Er äußerte Bewunderung, Freude; sehnte sich, daß wir in die eigentliche Geschichte kämen, welches dann flugs geschah.
Der arme Heinse ward übermannt, geriet außer sich, sein Angesicht glühte, seine Augen taueten, seine Brust hob sich empor; Bewunderung, Entzücken erfüllte seine Seele. »Über alles, was Goethe bisher gemacht hat«, sagt' er, »ist dies göttliche Werk, ganz voll Kraft, ganz voll Leben, aber damit auch alle seine Kraft, all sein Leben: da steht er nun in seiner höchsten Größe, an der äußersten Grenze seiner Jünglingschaft.« Zuweilen hielt ich inne, sprach einige Worte, las dann weiter, und wand meinen Mann immer höher und höher, bis es endlich dahin kam, daß er in der lautersten Wahrheit seines Herzens zeugte, du seist der größte Mann, den die Welt hervorgebracht hat; kein altes, kein neues Volk habe ein solches Wunder aufzuweisen, als Werthers Leiden.
Es ward neun Uhr, bis wir mit dem Buche fertig wurden. Der arme Heinse schwankte umher wie ein Rohr, in einer so wahrhaften Entäußerung seiner selbst, daß es einen jammerte. Er beschloß, Werthers Leiden in der Iris anzuzeigen, »wir sollten sehen!« Man rief zu Tische. Da konnte nun wieder natürlicherweise von nichts anderm gesprochen werden als von dir und deinem Roman. Ich fuhr fort, an Heinse zu spannen. Darüber kamen wir von neuem auf die Frage, ob's möglich sei, daß dein Genie noch etwas so Vortreffliches als Werthers Leiden hervorbringe. Heinse behauptete schlechterdings »nein«, und ich half ihm anfangs; hernach wendete ich mich und machte das Gegenteil so wahrscheinlich, daß Heinse sich auf einige »zwar« ergeben mußte. Aber zum Henker, fiel ich unversehens ein, an die Schur-

ken von Rezensenten haben wir noch nicht gedacht! Wie werden diese sich bei dieser Erscheinung gebärden? Rasend möcht' ich werden bei der bloßen Vorstellung so eines Kerls, der mir meinen Werther ausgrübe, um ihn auf das Theatrum anatomicum zu schleppen, ihm das Haupt öffnete, und das Herz und alle Muskeln und Nerven besichtigte, die Gebeine ablösete, siedete, mit Draht wieder aneinander heftete und ein schneeweißes, künstliches, abscheuliches Skelett davon darstellte; das Messer hier könnt' ich dem Hund in die Brust jagen! – »Das läßt sich auch gewiß keiner ankommen«, erwiderte Heinse; »es gibt doch noch menschlich Gefühl und Scham in der Welt!« Menschlich Gefühl? Scham? Hat sich was! Erinnern Sie sich nur der Berliner Literatur-Briefe über Rousseaus Neue Heloise, *und das war doch auch ein Buch!* ein Buch, wahrhaftig, wovon ich nicht weiß, wenn ich mir das Hirn ein wenig zurechtschüttle, ob ich es für Goethens Roman hingäbe. – Heinse stutzte. – Ich fuhr fort, pries die neue Heloise, ging über zum Homer, zum Ossian, Shakespeare – was doch das all für Männer sind – den Ariost nicht zu vergessen! Aber das ist eben die Zaubermacht des Genies, daß es uns unwiderstehlich in seinen Wirbel schleudert, wo dann alle Sonnen draußen wie Lämpchen aussehen. – »Freilich, freilich«, lächelte Heinse, und stieg allgemach eine Stufe nach der andern zu *sich selbst* herab, erinnerte sich seiner übersetzten Armida aus dem Tasso, nahm sich vor, den Rest des Gedichts auch noch ins Deutsche zu bringen und *ehestens* mit dem Ganzen das deutsche Publikum in Erstaunen zu setzen.

Beim Weggehn drückte er mir in zärtlicher Ergebenheit die Hand, und hatte gewiß mich von Herzen lieb. – Den folgenden Morgen um halb neun Uhr schickte er mir schon eine Ankündigung des Werthers für die Iris, wovon beikommend die Abschrift. Was sagst du dazu? Gedruckt soll das alberne Ding nicht werden; aber *du* mußtest es doch sehen!

Die von Jacobi herausgegebene »Iris«, an der Heinse als Redakteur mitarbeitete, war eine Zeitschrift für die lesende Damenwelt. Heinses Rezension der »Leiden des jungen Werthers«, die Jacobi zuerst so mißfiel, wurde dort dennoch veröffentlicht, allerdings in einer gemilderten Fassung, in welcher durch Heinses Begeisterung immer noch eine leise unfreiwillige Komik hin-

durchgeistert, wenn er seine Besprechung mit folgenden Worten einleitet:

Wer gefühlt hat, und fühlt, was Werther fühlte, dem verschwinden die Gedanken wie leichte Nebel vor Sonnenfeuer, wenn er's bloß anzeigen soll. Das Herz ist einem so voll davon, und der ganze Kopf ein Gefühl von Träne. O Menschenleben, welche Glut von Qual und Wonne vermagst du in dich zu fassen! Da liegt er im Kirchhof unter den zwo Linden im hohen Grase. Tief ist sein Schlaf, niedrig sein Kissen von Staub; und o wann wird es Morgen im Grabe, zu gebieten dem Schlummerer: Erwache! – Armer Werther! Unglücklichere Lotte!

Goethes Werther blieb, wie auf so viele andere, auch auf Jacobi nicht ohne Einfluß. Auch er schrieb zwei Briefromane, in deren Mittelpunkt ein problematischer, genialisch aufgewühlter Mensch steht und in denen die unbedingte Vorherrschaft des Gefühls als Glaubensbekenntnis vorgetragen wird. Der zweite dieser Romane, »Woldemar«, dessen gründlich umgearbeiteter Fassung Friedrich Schlegel später eine seiner meisterhaften Rezensionen widmete, erschien 1779.
Das Buch erregte Goethes Unwillen und Widerspruch in einem solchen Grade, daß er sich an einem Juliabend dazu hinreißen ließ, im Hofkreise der Herzoginmutter in Ettersburg ein exemplarisches Strafgericht daran zu vollziehen. Bald schon gelangte das Gerücht von dieser mutwilligen »Kreuzerhöhung« auch in das westliche Deutschland, und Wielands Freundin Sophie La Roche fragte in Weimar an: wieviel denn an der Begebenheit mit Woldemars Briefen wahr sei oder nicht, daß nämlich »unter einem Eichbaume zu Ettersburg etliche davon vorgelesen worden und dann Goethe auf den Baum stieg, eine geistvolle Standrede über das schlechte Buch hielt und es endlich zur wohlverdienten Strafe und andern zum abschreckenden Beispiele an beiden Enden der Decke an die Eiche nagelte, wo dann eine große Freude über die im Wind flatternden Blätter war«.
Der so schwer Beleidigte selber setzte erst Mitte September die Feder an, um seinem Unmut Luft zu machen und Rechenschaft zu fordern.

Pempelfort, den 15. September 1779
Du sollst in Ettersburg, in einer Gesellschaft von Rittern, Woldemar und seinen Verfasser auf die entsetzlichste Weise durchgezogen, lächerlich gemacht, und zum Beschluß – mit einem schön eingebundenen Exemplar dieses Buchs eine schimpfliche und schändliche Exekution vorgenommen haben. – Dies Gerücht ist so allgemein geworden, daß es auch mir endlich zu Ohren kommen mußte. Verschiedene meiner hiesigen Freunde hatten es schon vor vier Wochen gewußt, und allerhand Mittel angewandt, daß es mir verborgen bleiben möchte.

Nun schreibe ich dir, um zu erfahren, was an der Sache ist.

Hätte mir vor vier Jahren ein solches Gerücht wie das jetzige zu Ohren kommen können, angespieen hätte ich den, der es geglaubt hätte. Aber seit jenen sind viel andere Tage gekommen.

Je mehr ich hin und her sinne und mein Gedächtnis erwacht, je tiefer ich, alles zusammennehmend, erwäge, desto unwiderstehlicher wird der Gedanke bei mir, daß die Sache, wovon die Rede ist, wenigstens eine *mögliche* Sache sei. Und das wäre vielleicht genug, um mein Herz von dir zu scheiden. Aber nach jenen Stunden, nach jenen Tagen, die gewesen sind – – laß, ich will kalt bleiben.

Da ich also wenigstens *fragen* muß, so muß ich auch noch folgendes hinzufügen.

Es ist hier nicht von dem Buche Woldemar die Rede und von dem Interesse, das ich als Schriftsteller daran nehme. –

Wenn meine Kinder leben, schriebst du mir einmal, so werden sie schon fortkrabbeln unter diesem weiten Himmel; und von Woldemar weiß ich, daß er Lebens die Fülle hat. Auch wegen deines privaten Urteils bin ich unbekümmert: denn ich weiß, was du fühlen kannst, und was Woldemar enthält, weiß, so gewiß ich mit diesen meinen Augen sehe und mit dieser meiner Hand schreibe, daß du dem Verfasser deine Hochachtung, ja (es mag so stolz klingen als es will) in manchem Betracht auch deine *Bewunderung* sogar nicht versagen kannst. Was wegen einiger Ungeschicklichkeiten in der Komposition und dem sich Zuwiderlaufenden in unserer Sinnesart hiervon abzurechnen ist, habe ich zum voraus wenigstens auf seinen wahren Ertrag angeschlagen. Also von diesem allen ist nicht die Rede, sondern davon – was

du von selber genug begreifst, und ich mir also die Qual ersparen kann, erst lange auseinanderzusetzen.
Was die gehässige Beschuldigung angeht, ich hätte im Woldemar mich selbst vergöttern und zur öffentlichen Anbetung aufstellen wollen, so müßte es mich freilich unendlich schmerzen, wenn du sie ausgerufen hättest. Ich dächte aber, du müßtest dich erinnern, wie viel geneigter ich bin, den ersten besten Klotz als mich selber anzubeten; genug auch *dir* nicht unbekannte Facta sind vorhanden, welche unwidersprechlich dartun, daß mir hundert Dinge lieber und heiliger sind als mein wertes Selbst.
Ich wollte noch einer Ader eẅähnen, die durch den ganzen Woldemar geht, und wenigstens in dem zweiten Teil sehr sichtbar ist, die nur aus einem Herzen voll Verleugnung, voll *unparteiischer* Liebe zu allen Guten, voll *unparteiischen* siegenden Hasses gegen alles Böse, aus einem Herzen voll Buße, voll Glauben, voll *inniger Demut* fließen konnte. – Aber mein Brief ist ohnedas schon viel zu lang, und du hast ihn, ehe du an diese Stelle kommst, wohl schon vor Ekel unter den Tisch geworfen. Schwerlich wirst du Lust haben, darauf zu antworten, und so wird dein Stillschweigen nach verflossenen drei Wochen mir Antwort genug sein.

Jacobi

Da Goethe mit dem Herzog Carl August am 12. September zu einer Reise in die Schweiz aufgebrochen war, wurde Jacobis Brief ihm durch Kurier nachgesandt und erreichte ihn um den 20. bei seinen Eltern in Frankfurt. Eine Woche später waren die Reisenden in Emmendingen, und Goethe besprach die Angelegenheit mit seiner alten Vertrauten Johanna Fahlmer, die mit den Jacobis seit langem befreundet war und die im Vorjahr die zweite Frau seines Schwagers Johann Georg Schlosser geworden war.
Zum Verständnis des Briefes, den Johanna Schlosser sogleich nach Pempelfort schrieb, sei vorausgeschickt, daß Jacobis »Woldemar«, mit Schlegels Worten, »wie alle moralischen Ausschweifungen mit einem Salto mortale in den Abgrund der göttlichen Barmherzigkeit endigt«.
Johanna Schlosser an Friedrich Jacobi:

Emmendingen, den 27. September

Goethe sagte mir gleich eine halbe Stunde nach seiner Ankunft von deinem Briefe an ihn, den er in Frankfurt erhalten hätte, und was du ihm darinnen vorwirfst: nämlich Dinge, die durch den Weg der schändlichen Klatscherei dir endlich zu Ohren gekommen sind. Er erzählte offenherzig den ganzen Verlauf: daß er manche mutwillige Parodie nicht geschrieben, aber mündlich über deinen Woldemar geschwatzt habe. Sagte: So schöne Dinge, so viel großer, herrlicher Sinn auch darin sei, so könne er nun einmal für sich das, was man den *Geruch dieses Buchs* nennen möchte (anders wisse er sich nicht auszudrücken), nicht leiden. Auch habe er, wie lieb du ihm seist und wie ungerne er dir etwas zuleide sagen oder tun möchte, dem Kitzel nicht entgehen können, das Buch, zumal den *Schluß* desselben, so wie es ihm einmal aufgefallen sei, zu parodieren, nämlich: daß Woldemarn der Teufel hole. Man dürfe nur ein paar Zeilen ändern; so sei es unausbleiblich und nicht anders, als der Teufel müsse ihn da holen. Er sprach mit ganz arglosem Wesen davon und suchte mir zu bedeuten, was dergleichen launichtes Getreibe, in ihm, für eine abgesonderte Sache sei etc. Er schwur darauf, daß er wünschte, du wärest mit zugegen gewesen. Du selber hättest mit eingeschlagen, mutwillig im Abstrakten die Sache einmal zu nehmen. Nur möchte er sich nicht gerne schriftlich in dergleichen Explikationen einlassen, besonders nach dem, worauf *dein Brief* gestellt wäre. Doch schrieb er dir vielleicht, vielleicht noch bei mir. Ich bestand darauf, es sei Pflicht, er müsse; – das geschah nun freilich nicht. Indessen schien ihm dein Verdruß über die Sache aufrichtig leid zu sein. Wie peinlich diese Neuigkeiten für mich waren, kannst du denken. Goethe kann gut und brav, auch groß sein, nur in Liebe ist er nicht *rein* und dazu wirklich nicht *groß genug*. Er hat zu viele Mischungen in sich, die wirren, und da kann er die Seite, wo eigentlich Liebe *ruht*, nicht blank und eben lassen. Goethe ist nicht glücklich und kann schwerlich glücklich werden.

Und dabei blieb es: Goethe schwieg. Jacobis Groll aber wuchs und machte sich endlich in folgendem Antwortschreiben an Johanna Schlosser Luft:

Düsseldorf, den 10. November 1779
Was Du mir von Goethe schreibst, meine Teure, hat mir den Charakter dieses aufgeblasenen Gecken noch um ein gut Teil ekelhafter und verächtlicher gemacht. Ich kehre ihm auf ewig den Rücken zu, wie fast alle rechtschaffene Männer unserer Nation lange vor mir schon getan haben. Sein eigener Geist sei mit ihm und lasse ihn glücklich sein: ohne Gott, ohne Freund und ohne Tugend!
So weißt Du also, was Goethe »Woldemar« und seinem Verfasser nach gehaltenem Gastmahl für eine schöne Standrede gehalten. Mit welchen Ausdrücken – beide hätten das Henken verdient – er das Buch verurteilt: »zur wohlverdienten Strafe und andern zum schreckenden Exempel an beiden Ecken der Decke an eine Eiche genagelt zu werden, wo es so lange flattern sollte, als ein Blatt daran wäre.« Wie er selber das Urteil an einem Exemplar (vermutlich dasselbige, welches ich ihm geschenkt und das er in dieser Absicht zu sich gesteckt hatte) vollzogen und einen großen Jubel über den herrlichen Effekt angestimmt hat. Daß das Buch an der Eiche befestigt gelassen und die Spaziergänger sich mit desselben Anblick zu belustigen ermuntert worden sind. Eine solche Kurzweil und noch manche andere mutwillige Parodien erlaubte sich Goethe gegen einen Mann, dem er die feurigsten Liebesbriefe schrieb, mit dem er sechs Wochen hintereinander alle Tage Herz und Seele teilte, mit dem er die heiligste Freundschaft errichtete und beständig unterhalten zu wollen schien, dem er sich am innigsten und vertrautesten gerad um die Zeit überließ, da er nach Weimar verschlagen wurde, den er zwar nachher vernachlässigte, doch aber nie von ihm sich trennte.
Und warum? – Weil »Woldemar«, soviel Schönes er auch enthält und so voll großen, herrlichen Sinnes er auch ist, dennoch zugleich etwas an sich hat, das Goethe nicht leiden mag; etwas, das er nicht zu nennen weiß – einen »Geruch«: darum!
Gut! Ich weiß es sehr wohl zu nennen, was Goethen im »Woldemar« so zuwider ist. Aber das war es nicht allein. Auch war es nicht bloßer Mutwille. So ein Teufel ist kein Mensch, aus bloßem Mutwillen das alles vergessen zu können, was Goethe zu vergessen außer acht gelassen hatte, um mich mit Lust in Gegenwart von Freund und Feind zu verhöhnen und zu verspotten, andern

und sich selbst zum Gelächter zu machen! Und meine standhafte, mutige, nie verleugnete Liebe zu ihm zur Torheit und Schande!
Ich mag mich über sein tolles Tun und Reden weiter nicht auslassen. Kein Mensch, der hinlänglich unterrichtet ist, wird zweifeln können, daß Goethe Grimm, Bosheit und Tücke gegen mich im Herzen hatte. Die Ursachen sind leicht zu entwickeln. Unter andern mochte er glauben, ich sei wohl frevelhaft genug, mich vielleicht nicht für ganz unwürdig anzusehn – ihm die Schuhriemen aufzulösen; bildete mir albernerweise ein, was von seinem Geist in mir zu haben; *vergötterte* mich also; fiel in Luzifers Sünde. Was war also billiger, als daß der Ewige sich rüstete, um mich zu verstoßen, in die ewige Finsternis, zu dem Teufel und seinen Engeln.
Eine Antwort von ihm auf meinen letzten Brief hab' ich keinen Augenblick erwartet; es wäre auch höchst albern und höchst unverschämt von ihm gewesen, wenn er mir eine geschrieben hätte; und worauf man sich bei Goethe noch verlassen kann, ist, daß er keinen *dummen* Streich machen wird.
Recht herzlich habe ich über die Stelle in Deinem Briefe lachen müssen, wo Du sagst: »Dein Verdruß über diese Sache schien ihm aufrichtig leid zu sein.« – *Le pauvre homme!* O die gute, edle, freundschaftliche Seele! Aber Gott bewahr' uns vor seinen Abstraktionen! In einem von Lessings Lustspielen schimpft jemand seinen Vater und beweist, daß er ihn sogar wohl prügeln dürfe; zwar beileibe nicht, *insofern er sein Vater sei*, sondern nur in dieser oder jener naturrechtlichen Rücksicht. Goethe, mit weit mehr Genie als der alberne Damis von Lessing, möchte seine hohe Abstraktionsgabe leicht so weit treiben und so launicht distingieren, daß er seinem besten Freunde, *so lieb ihm dieser wäre und er ihm nichts zu Leide sagen oder tun möchte*, unversehens einmal die Gurgel abschnitt und bei den Beinen an den Galgen aufhing – ganz unschuldiger Weise und so, daß der liebe Freund selber nichts dagegen haben würde, wenn er sich nur in ihn hineindenken und sich an seine Stelle versetzen wollte.
Und so möge der gute, brave, große Goethe hinziehen in Frieden, und ziehe ihm nach, wer Lust hat! Ich danke Gott dafür, daß wir geschiedene Leute sind.

Das Schweigen zwischen den beiden Freunden währte über drei Jahre. Als Friedrich Georg Schlosser und seine Frau im Sommer 1782 bei Jacobi zu Besuch weilten, machten sie auf der Rückreise in Frankfurt bei Goethes Mutter Station und berichteten dort, Jacobi habe ihnen gegenüber eine alte Schuld Goethes erwähnt, die noch immer unbeglichen sei. Dies veranlaßte Goethe zu einem kurzen Schreiben, das eine Wiederanknüpfung der alten Freundschaft einleitete.
Goethe an Friedrich Jacobi:

Lieber Fritz,
laß mich dich noch einmal, und wenn du dann willst, zum letztenmal so nennen, damit wir wenigstens in Friede scheiden.
Schlossers waren bei dir, möget ihr gute Tage gehabt haben. Bei ihrer Rückreise haben sie gegen meine Mutter einer Schuld gedacht, in der ich noch bei dir stehe.
Du halfst mir damals aus einer großen Verlegenheit, und ich will es nicht entschuldigen, daß ich der Sache so lang nicht erwähnte. Bald hatte ich die Summe nicht beisammen, bald vernachlässigte ich es, und besonders seit der Zeit, da du unzufrieden mit mir warst, konnte ich mich gar nicht entschließen, davon zu schreiben. Nun ist mir herzlich lieb, daß auch dieses abgetan wird. Meine Mutter wird es besorgen, ich weiß wahrlich nicht mehr, wieviel es war, und was es nun betragen mag; sie wird deswegen an dich schreiben. Mache es mit ihr aus, und nimm meinen herzlichen Dank dafür und für alles, was du mir sonst Liebes und Gutes erzeigt hast.
Wenn man älter und die Welt enger wird, denkt man denn freilich manchmal mit Wunder an die Zeiten, wo man sich zum Zeitvertreibe Freunde verscherzt und in leichtsinnigem Übermut die Wunden, die man schlägt, nicht fühlen kann, noch zu heilen bemüht ist.
Meine Lage ist glücklich; möge es die deine auch sein.
Wenn du mir nichts Freundliches zu sagen hast, so antworte mir gar nicht; beendige mit meiner Mutter die Geschäfte, und ich will mir's gesagt halten. Adieu! Grüß die Deinigen.
Weimar, den 2. Oktober 82 Goethe

Münster, den 17. Oktober 1782

Lieber Goethe – Es fällt mir auf, indem ich diese Worte hinschreibe, wie lange ich sie nicht geschrieben habe, und wie wenig ich vermutete, sie jemals wieder zu schreiben. Hätte mich dein Brief zu Haus getroffen, so wäre meine Antwort nun schon in deinen Händen. Daß du mich nicht bezahltest, hab' ich dir immer zum Besten ausgelegt. Was ich an dir erkannt hatte, das hatte ich tief und unauslöschlich erkannt. Und so denke ich auch, daß du weißt, an wen du geschrieben hast, und daß ich dir weiter nichts zu sagen brauche. – Fühlst du das nicht auch je mehr und mehr: daß denen, die Gott lieben, alle Dinge zum Besten dienen müssen!

Von deiner Lage habe ich eine so unvollkommene Vorstellung, daß es so gut als gar keine Vorstellung ist. Du mußt viel erfahren haben, und wie man dich auch nehmen mag, so hast du viel Größe und Festigkeit bewiesen. Ich glaube also, daß dir wohl ist, und wünsche dir von ganzer Seele Glück.

Meine Lage kennst du. Sie ist nur noch einfacher geworden. Ich wäre, in meinem Maße, der glücklichste Mensch auf dem Erdboden, wenn ich nur gesünder wäre. Diesen Sommer haben alle Leute geglaubt, ich würde sterben.

Ich bin hier, mit meinen Schwestern, die dich vielmals grüßen lassen, bei der Prinzessin von Gallitzin, einem der außerordentlichsten, reinsten und edelsten Wesen, so ich je gesehen habe. Du weißt vermutlich, daß sie meinen zweiten Sohn erzieht.

Morgen reise ich zurück nach Düsseldorf.

Ich umarme dich mit vollem Herzen.   Jacobi

Weimar, den 17. November 1782

Tausend Dank für deinen Brief, er hat mir Freude gebracht und wird mir auch Segen bringen. Ich kann dir wenig sagen, darum schick ich dir Iphigenien, daß sich mein Geist mit dem deinigen unterhalte, wie mir das Stück, mitten unter kümmerlichen Zerstreuungen, vier Wochen eine stille Unterhaltung mit höheren Wesen war. Möge das fremde Gewand und die ungewohnte Sprache dir nicht zuwider sein und die Gestalt dir anmutig werden.

Grüße die Deinigen und erhalte dich ihnen. Von meiner Lage darf ich nichts melden. Auch hier bleibe ich meinem alten Schicksale geweiht und leide, wo andere genießen, genieße, wo sie leiden. Ich habe unsäglich ausgestanden, und freue mich herzlich, daß du mit Vertrauen nach mir hinsiehst. Laß mich ein Gleichnis brauchen. Wenn du eine glühende Masse Eisen auf dem Herde siehst, so denkst du nicht, daß soviel Schlacken drin stecken, als sich erst offenbaren, wenn es unter den großen Hammer kommt. Dann scheidet sich der Unrat, den das Feuer selbst nicht absonderte, und fließt und stiebt in glühenden Tropfen und Funken davon und das gediegne Erz bleibt dem Arbeiter in der Zange.

Es scheint, als wenn es eines so gewaltigen Hammers bedurft habe, um meine Natur von den vielen Schlacken zu befreien, und mein Herz gediegen zu machen.

Und wieviel, wieviel Unrat weiß sich auch noch da zu verstekken. – Lebe wohl.   G.

Zwei Jahre später weilte Friedrich Jacobi bei Goethe in Weimar zu Gast, und 1792, nach dem mißglückten Feldzug gegen die französische Revolutionsarmee, hielt Goethe sich fünf Wochen in Pempelfort auf. 1794 erschien die umgearbeitete Fassung des »Woldemar«, dem Jacobi nun zum Zeugnis, daß aller alte Groll begraben sei, die folgende Widmung an Goethe vorausschickte:

Zwanzig Jahre sind verflossen, seitdem unsere Freundschaft begann. Damals fragte jemand Dich in meiner Gegenwart: ob wir nicht Freunde wären schon von Kindesbeinen an? Und Du gabst zur Antwort: diese Liebe wäre so neu, daß sie, wenn es Wein wäre, nicht zu genießen sein würde. – Ein edler Wein ist sie geworden! – Liebend, zürnend, drohend, riefst Du mir zu in jenen Zeiten: der Genügsamkeit, die sich mit Teilnahme an Anderer Schöpfungsfreude sättigte, zu entsagen; nicht länger zu gaffen, sondern in die eigenen Hände zu schauen, die Gott auch gefüllt hätte mit Kunst und allerlei Kraft.

Im November 1811 erhält und liest Goethe Jacobis neueste Schrift »Von den göttlichen Dingen und ihrer Offenbarung«, die in dem für ihn so ärgerlichen Satz gipfelt: »Der Mensch offenbaret Gott, indem er mit dem Geiste sich über die Natur erhebt.« In einem Brief vom 31. Januar 1812 an einen gemeinsamen Bekannten, den Bibliothekar Schlichtegroll, heißt es darüber:

Grüßen Sie meinen Freund Jacobi auf das allerbeste. Ich habe sein Werk mit vielem Anteil, ja wiederholt gelesen. Er setzt die Überzeugung und das Interesse *der* Seite, auf der er steht, mit so großer Einsicht als Liebe und Wärme auseinander, und dies muß ja auch demjenigen höchst erwünscht sein, der sich von der andern Seite her in einem so treuen, tief- und wohldenkenden Freunde bespiegelt.

Freilich tritt er mir der lieben Natur, wie man zu sagen pflegt, etwas zu nahe; allein das verarge ich ihm nicht. Nach seiner Natur, und dem Wege, den er von jeher genommen, muß sein Gott sich immer mehr von der Welt absondern, da der meinige sich immer mehr in sie verschlingt. Beides ist auch ganz recht: denn gerade dadurch wird es eine Menschheit, daß, wie so manches andere sich entgegensteht, es auch Antinomieen der Überzeugung gibt. Diese zu studieren macht mir das größte Vergnügen, seitdem ich mich zur Wissenschaft und ihrer Geschichte gewandt habe.

Sehr viel dezidierter, schroffer und nun doch verargend lauten Goethes Äußerungen, nachdem Schelling zu Anfang des Jahres gegen Jacobi öffentlich Stellung genommen hatte, in einem Brief vom 8. April 1812 an seinen Intimus Knebel:

Daß es mit Jacobi so enden werde und müsse, habe ich lange vorausgesehen, und habe unter seinem borniertem und doch immerfort regen Wesen selbst genugsam gelitten. Wem es nicht zu Kopfe will, daß Geist und Materie, Seele und Körper, Gedanke und Ausdehnung, oder (wie ein neuerer Franzos sich genialisch ausdrückt) Wille und Bewegung die notwendigen Doppelingredienzien des Universums waren, sind und sein werden, die beide gleiche Rechte für sich fordern und deswegen beide zusammen wohl als Stellvertreter Gottes angesehen werden können – wer zu dieser Vorstellung sich nicht erheben kann, der hätte das Denken längst aufgeben und auf gemeinen Weltklatsch seine Tage verwenden sollen.

Wer ferner nicht dahin gekommen ist, einzusehen, daß wir Menschen einseitig verfahren, und verfahren müssen, daß aber unser einseitiges Verfahren bloß dahin gerichtet sein soll, von unserer Seite her in die andere Seite einzudringen, ja, wo mög-

lich, sie zu durchdringen und selbst bei unseren Antipoden wieder aufrecht auf unsere Füße gestellt zu Tage zu kommen, der sollte einen so hohen Ton nicht anstimmen. Aber dieser ist leider gerade die Folge von jener Beschränktheit.
Und was das gute Herz, den trefflichen Charakter betrifft, so sage ich nur so viel: wir handeln eigentlich nur gut, insofern wir mit uns selbst bekannt sind; Dunkelheit über uns selbst läßt uns nicht leicht zu, das Gute recht zu tun, und so ist es denn ebenso viel, als wenn das Gute nicht gut wäre. Der Dünkel aber führt uns gewiß zum Bösen, ja, wenn er unbedingt ist, zum Schlechten, ohne daß man gerade sagen könnte, daß der Mensch, der schlecht handelt, schlecht sei.
Ich mag die *mysteria iniquitatis* nicht aufdecken; wie eben dieser Freund, unter fortdauernden Protestationen von Liebe und Neigung, meine redlichsten Bemühungen ignoriert, retardiert, ihre Wirkung abgestumpft, ja vereitelt hat. Ich habe das so viele Jahre ertragen, denn – Gott ist gerecht! – sagte der persische Gesandte, und jetzo werde ich mich's freilich nicht anfechten lassen, wenn sein graues Haupt mit Jammer in die Grube fährt. Sind doch auch in dem ungöttlichen Buch von göttlichen Dingen recht harte Stellen gegen meine besten Überzeugungen, die ich öffentlich in meinen auf Natur und Kunst sich beziehenden Aufsätzen und Schriften seit vielen Jahren bekenne und zum Leitfaden meines Lebens und Strebens genommen habe – und alsdann kommt noch ein Exemplar *im Namen des Verfassers* an mich, und was dergleichen Dinge mehr sind.

Jacobi selbst gegenüber läßt Goethe sich wenig später konzilianter vernehmen, wenn er auch nicht verschweigt, daß ihn das Büchlein »ziemlich indisponiert« habe. Jacobi antwortete freundlich, Goethe nahm es als ein gutes Omen und beschloß die Kontroverse für diesmal in einem Brief vom 6. Januar 1813 mit einigen »allgemeinen Betrachtungen«:

Die Menschen werden durch Gesinnungen vereinigt, durch Meinungen getrennt. Jene sind ein Einfaches, in dem wir uns zusammenfinden, diese ein Mannigfaltiges, in das wir uns zerstreun. Die Freundschaften der Jugend gründen sich aufs erste, an den Spaltungen des Alters haben die letztern schuld. Würde

man dieses früher gewahr, verschaffte man sich bald, indem man seine eigne Denkweise ausbildet, eine liberale Ansicht der übrigen, ja der entgegengesetzten, so würde man viel verträglicher sein, und würde durch Gesinnung das wieder zu sammeln suchen, was die Meinung zersplittert hat.
Ich für mich kann, bei den mannigfaltigen Richtungen meines Wesens, nicht an einer Denkweise genug haben; als Dichter und Künstler bin ich Polytheist, Pantheist hingegen als Naturforscher, und eins so entschieden als das andre. Bedarf ich eines Gottes für meine Persönlichkeit, als sittlicher Mensch, so ist dafür auch schon gesorgt. Die himmlischen und irdischen Dinge sind ein so weites Reich, daß die Organe aller Wesen zusammen es nur erfassen mögen.
Siehst Du, so steht es mit mir, und so wirke ich nach innen und außen immer im stillen fort, mag auch gern, daß ein jeder das gleiche tue. Nur wenn dasjenige, was mir zu meinem Dasein und Wirken unentbehrlich ist, von andern als untergeordnet, unnütz oder schädlich behandelt wird, dann erlaube ich mir, einige Augenblicke verdrießlich zu sein und auch dies vor meinen Freunden und Nächsten nicht zu verbergen. Das geht aber bald vorüber, und wenn ich auch eigensinnig auf meine Weise fortwirke, so hüte ich mich doch vor aller Gegenwirkung, wie sonst so auch jetzt.

Jacobi lebte und wirkte später lange Jahre als Präsident der neugegründeten Akademie der Wissenschaften in München, wo er 1819 starb. Nach seinem Tode zog Goethe das Fazit dieser Freundschaft, als er im Rückblick auf das Jahr 1805 des Besuches gedachte, den Jacobi ihm, wenige Wochen nach Schillers Tod, abstattete.
Jacobi hatte eine Reise nach Norddeutschland unternommen und sich von Berlin aus angesagt.

Schon die Anmeldung hatte mich höchlich erfreut, seine Ankunft machte mich glücklich: Neigung, Liebe, Freundschaft, Teilnahme, alles war lebendig wie sonst. Nur in der Folge der Unterhaltung tat sich ein wunderlicher Zwiespalt hervor.
Mit Schiller, dessen Charakter und Wesen dem meinigen völlig entgegenstand, hatte ich mehrere Jahre ununterbrochen gelebt,

und unser wechselseitiger Einfluß hatte dergestalt gewirkt, daß wir uns auch da verstanden, wo wir nicht einig waren. Jeder hielt alsdann fest an seiner Persönlichkeit, so lange bis wir uns wieder gemeinschaftlich zu irgendeinem Denken und Tun vereinigen konnten. Bei Jacobi fand ich gerade das Gegenteil. Wir hatten uns in vielen Jahren nicht gesehen; alles, was wir erfahren, getan und gelitten, hatte jeder in sich selbst verarbeitet. Als wir uns wiederfanden, zeigte sich das unbedingte liebevolle Vertrauen in seiner ganzen Klarheit und Reinheit, belebte den Glauben an vollkommne Teilnahme so wie durch Gesinnung also auch durch Denken und Dichten. Allein es erschien bald anders: wir liebten uns, ohne uns zu verstehen. Nicht mehr begriff ich die Sprache seiner Philosophie. Er konnte sich in der Welt meiner Dichtung nicht behagen. Wie sehr hätt ich gewünscht, hier Schillern als dritten Mann zu sehen, der als Denker mit ihm, als Dichter mit mir in Verbindung gestanden und gewiß auch da eine schöne Vereinigung vermittelt hätte, die sich zwischen den beiden Überlebenden nicht mehr bilden konnte.

Jacobi hatte den Geist im Sinne, ich die Natur; uns trennte, was uns hätte vereinigen sollen. Der erste Grund unserer Verhältnisse blieb unerschüttert; Neigung, Liebe, Vertrauen waren beständig dieselben, aber der lebendige Anteil verlor sich nach und nach, zuletzt völlig. Über unsere späteren Arbeiten haben wir nie ein freundliches Wort gewechselt. Sonderbar, daß Personen, die ihre Denkkraft dergestalt ausbildeten, sich über ihren wechselseitigen Zustand nicht aufzuklären vermochten, sich durch einen leicht zu hebenden Irrtum, durch eine Spracheinseitigkeit stören, ja verwirren ließen! Warum sagten sie nicht in Zeiten: Wer das Höchste will, muß das Ganze wollen; wer vom Geiste handelt, muß die Natur, wer von der Natur spricht, muß den Geist voraussetzen oder im stillen mitverstehen. Der Gedanke läßt sich nicht vom Gedachten, der Wille nicht vom Bewegten trennen! Hätten sie sich auf diese oder auf jede andere Weise verständigt, so konnten sie Hand in Hand durchs Leben gehn, anstatt daß sie nun, am Ende der Laufbahn, die getrennt zurückgelegten Wege mit Bewußtsein betrachtend, sich zwar freundlich und herzlich, aber doch mit Bedauern begrüßten.

X
Ankunft in Weimar
(1775/76)

Am 3. September 1775 übernahm im damaligen Herzogtum Sachsen-Weimar-Eisenach der achtzehnjährige Erbprinz Carl August, für den bis dahin seine Mutter Anna Amalia die Regentschaft geführt hatte, die Regierung des Landes. Einen Monat später vermählte der junge Fürst sich in Karlsruhe mit Prinzessin Luise von Hessen-Darmstadt.
Der Herzog, der Goethe schon im Frühjahr auf seiner Brautfahrt kennengelernt hat, macht auf der Hin- und Rückreise jedesmal in Frankfurt Station und lädt Goethe ein, ihn in Weimar zu besuchen. Wieder einen Monat später, am 3. November, als Goethe sich schon zu einer Reise nach Italien entschlossen hat, erreicht ihn in Darmstadt eine Staffette des bisher vergeblich erwarteten Abgesandten Carl Augusts, mit der Aufforderung, ihm sogleich nach Weimar zu folgen.
Goethe schwankt; seine Gastgeberin, Fräulein Delf, macht allerlei Gegengründe geltend; im Geiste sieht er sich schon italienischen Boden betreten ... Doch lassen wir Goethe selber sprechen, wie er den Ausgang auf den letzten Seiten seines Lebensberichtes »Dichtung und Wahrheit« geschildert hat:

Ich hatte mich indes angezogen und ging in der Stube auf und ab. Meine ernste Wirtin trat herein. »Was soll ich hoffen?« rief sie aus. »Meine Beste«, sagte ich, »reden Sie mir nichts ein, ich bin entschlossen zurückzukehren; die Gründe habe ich selbst bei mir abgewogen, sie zu wiederholen würde nichts fruchten. Der Entschluß am Ende muß gefaßt werden, und wer soll ihn fassen als der, den er zuletzt angeht?«
Ich war bewegt, sie auch, und es gab eine heftige Szene, die ich dadurch endigte, daß ich meinem Burschen befahl, Post zu bestellen. Vergebens bat ich meine Wirtin, sich zu beruhigen und den scherzhaften Abschied, den ich gestern abend bei der Gesellschaft genommen hatte, in einen wahren zu verwandeln; zu bedenken, daß es nur auf einen Besuch, auf eine Aufwartung für

kurze Zeit angesehn sei; daß meine italienische Reise nicht aufgehoben, meine Rückkehr hierher nicht abgeschnitten sei. Sie wollte von nichts wissen und beunruhigte den schon Bewegten noch immer mehr. Der Wagen stand vor der Tür; aufgepackt war; der Postillon ließ das gewöhnliche Zeichen der Ungeduld erschallen; ich riß mich los; sie wollte mich noch nicht fahren lassen und brachte künstlich genug die Argumente der Gegenwart alle vor, so daß ich endlich leidenschaftlich und begeistert die Worte Egmonts ausrief:
»Kind, Kind! nicht weiter! Wie von unsichtbaren Geistern gepeitscht, gehen die Sonnenpferde der Zeit mit unsers Schicksals leichtem Wagen durch, und uns bleibt nichts, als mutig gefaßt die Zügel fest zu halten und bald rechts, bald links, vom Steine hier, vom Sturze da die Räder abzulenken. Wohin es geht, wer weiß es? Erinnert er sich doch kaum woher er kam!«

Goethe mochte gutgläubig meinen, daß es nur auf einen Besuch, auf eine Aufwartung für kurze Zeit angesehen sei – es wurde ein lebenslänglicher Aufenthalt daraus.
Allen erhaltenen Zeugnissen nach befand Goethe sich damals in einer Krise, aus der er sich gewaltsam zu befreien suchte. In einem Brief vom 14. Oktober an den Dichter Bürger nennt er die letztverflossene Zeit in Frankfurt »die zerstreutesten, verworrensten, ganzesten, vollsten, leersten, kräftigsten und läppischsten Dreivierteljahre«, die er in seinem Leben gehabt habe. Und in einem Brief vom 18. September an Auguste zu Stolberg hieß es: »Wird mein Herz endlich einmal in ergreifendem wahren Genuß und Leiden die Seligkeit, die Menschen gegönnt ward, empfinden und nicht immer auf den Wogen der Einbildungskraft und überspannten Sinnlichkeit Himmel auf und Höllen ab getrieben werden?«
In dieser Stimmung also müssen wir uns den Goethe vorstellen, der nun am Weimarer Hof in die vielfältigsten neuen Verhältnisse geraten sollte und dort fast täglich mit einem jungen Fürsten zusammen war, an dem eine von Wildheit, ja Dämonie begleitete Vitalität das hervorstechendste Merkmal gewesen sein muß.
Am 7. November 1775 in der Frühe traf Goethe in Weimar ein, und schon drei Tage später schreibt der ehemalige Prinzenerzie-

her und Dichter Christoph Martin Wieland an den gemeinsamen Freund Lavater in Zürich: »Seit dem heutigen Morgen ist meine Seele so voll von Goethe wie ein Tautropfen von der Morgensonne«; *und der Kammerherr von Kalb, der Goethe nach Weimar begleitet hatte, berichtet den Eltern in Frankfurt:* »Denken Sie sich ihn als den vertrautesten Freund unseres lieben Herzogs, ohn welchen er keinen Tag existieren kann, von allen braven Jungen bis zur Schwärmerei geliebt, und Sie werden sich immer noch zu wenig denken.«
Goethe selber schreibt am 22. November an Johanna Fahlmer, eine gute Freundin der Familie, die er scherzhafterweise meist als »Tante« *oder* »Täntchen« *tituliert:*

Lieb Täntchen! Wie eine Schlittenfahrt geht mein Leben, rasch weg und klingelnd und promenierend auf und ab. Gott weiß, wozu ich noch bestimmt bin, daß ich solche Schulen durchgeführt werde. Diese gibt meinem Leben neuen Schwung, und es wird alles gut werden. Ich kann nichts von meiner Wirtschaft sagen, sie ist zu verwickelt, aber alles geht erwünscht; wunderlich Aufsehn machts hier, wie natürlich. Schreiben Sie mir ein Wort. Wieland ist gar lieb, wir stecken immer zusammen, und gar zu gerne bin ich unter seinen Kindern. Adieu ... Geben Sie den Brief an Mama zu lesen.

In dem nächsten Brief an das »Täntchen« *ist dann auch von anderem die Rede. Goethe war zwar von dem Herzog eingeladen worden und dabei rasch in die Rolle des Favoriten oder Günstlings geraten, aber nur von Zuwendungen aus der herzoglichen Schatulle konnte und wollte er nicht leben. Er mußte also zu Hause beim Vater, der mit diesen Herumtreibereien seines Sohnes in Adelskreisen und bei Hofe gar nicht einverstanden war, um einen Zuschuß bitten oder bei dem Freunde Merck in Darmstadt Schulden auf seine Zukunft machen.*

den 5. Januar 1776
Liebe Tante, ich sollt an meine Mutter schreiben, drum schreib ich an Sie, daß ihr zusammen meinen Brief genießt und verdaut. Ich bin immerfort in der wünschenswertesten Lage der Welt. Schwebe über all den innersten größten Verhältnissen, habe

glücklichen Einfluß, und genieße und lerne, und so weiter. Jetzt nun aber brauch ich Geld – denn niemand lebt vom Winde – so wollt ich nur sagen: Täntchen, überleg Sie's mit der Mutter, ob der Vater Sinn und Gefühl ob all der abglänzenden Herrlichkeit seines Sohnes hat, mir 200 Gulden zu geben oder einen Teil davon. Mag das nicht gehn, so soll die Mutter an Mercken schreiben, daß der mir's schickt. Das Schicklichste wär, in Golde mit dem Postwagen, unter andern Sachen – Nimm Sie, liebe Tante, das auf die Schultern. Und macht mir's *richtig*. Schreiben Sie mir manchmal was, ich bitte, denn so wohl mir's geht, ists doch manchmal not. Addio.

Nicht nur von allen braven Jungen wurde Goethe bis zur Schwärmerei geliebt; auch Anna Amalia, die noch jugendliche Herzogin-Mutter, eine Nichte Friedrichs des Großen, war alsbald von ihm eingenommen. Geistvoll und gewandt, auch musikalisch begabt, versprach sie sich mancherlei Förderung von dem Freund ihres Sohnes, der als der Verfasser des »Götz«, des »Werther« und eines noch unvollendeten Faust-Dramas, aus dem er gelegentlich vorlas, ein gefeierter, vielversprechender Autor war. Bald lernte sie ihn auch als Menschen schätzen, und als es darum ging, seine Anstellung in weimarischen Diensten durchzusetzen, trat sie nachdrücklich für ihn ein.
Doch soweit war es noch nicht. Vorläufig amüsierte man sich, und der Herzog unternahm zwar verschiedentlich Erkundungsreisen durch die vielfach zerstückelten Teile seines Landes, aber Bälle, Redouten, theatralische Veranstaltungen, Jagden, vor allem die Sauhatz, nahmen doch die meiste Zeit in Anspruch.
Dabei war es kein reiches Land, das er regierte. Das Herzogtum hatte insgesamt etwa 90 000 Einwohner. Davon lebte ein Zehntel in Weimar, das als eine reizlose Kleinstadt, »mit schlechtgebauten Häusern, engen, ängstlichen Gassen« geschildert wird. Im Mai 1774 war dort auch noch das Schloß abgebrannt, und da für den Wiederaufbau kein Geld vorhanden war, mußte man sich mit einem zwar geräumigen, doch nicht sehr ansehnlichen Stadthaus als Residenz behelfen. Hier war viel zu tun, und Goethe hat sich später mancher baulichen Angelegenheit mit großem Eifer angenommen; auch die Weimarer Parkanlagen in ihrem heutigen Zustand sind größtenteils sein Werk.

Am 22. Januar 1776 bestätigte Goethe seinem Freunde Merck in Darmstadt den Empfang des durch die Mutter erbetenen Darlehens – der Vater in Frankfurt hatte offensichtlich nichts herausrücken wollen – und schickte zugleich einen Schuldschein.

Ich hab das Geld, lieber Bruder, erst den 19. Januar kriegt! Was Du mir länger als März lassen kannst, das tu; was Du aber wiederbrauchst, sollst Du haben. Hier hast Du einen Schein.
Ich bin nun ganz in alle Hof- und politische Händel verwickelt und werde fast nicht wieder weg können. Meine Lage ist vorteilhaft genug, und die Herzogtümer Weimar und Eisenach immer ein Schauplatz, um zu versuchen, wie einem die Weltrolle zu Gesichte stünde. Ich übereile mich drum nicht, und Freiheit und Gnüge werden die Hauptkonditionen der neuen Einrichtung sein, ob ich gleich mehr als jemals am Platz bin, das durchaus Scheißige dieser zeitlichen Herrlichkeit zu erkennen. Eben drum. Adieu! – Ich hab einen Streich gemacht, der hoffentlich durchgeht und dir hoher Spaß sein wird.

Der »Streich«, auf den Goethe hier so geheimnisvoll anspielt, war der, auf Wielands Anregung hin, ins Werk gesetzte Plan, seinen Freund Herder als Generalsuperintendenten in das Herzogtum zu holen. Herder, der seinerzeit von Straßburg als Konsistorialrat nach Bückeburg gegangen war, bemühte sich damals um eine Professur in Göttingen. Er hatte im Mai 1773 geheiratet und seine Frau Caroline erwartete ihr zweites Kind.
Ganz einfach war die Sache freilich nicht. Das höchste geistliche Amt im Fürstentum Weimar war seit vier Jahren unbesetzt, und die vier anderen Prediger der Stadt teilten sich unterdes in die Arbeit und Einnahmen. Auch galt Herder, wie Goethe, als ein Originalgenie, um dessen Orthodoxie es sehr fragwürdig bestellt war. Ein Grund mehr für den Herzog, Goethes Vorschlag zuzustimmen, da ihm die orthodoxen wie die aufklärerischen Geistlichen gleicherweise zuwider waren. Kein Wunder, daß zuerst das Konsistorium, dann der Stadtrat und schließlich die übergangenen Pastoren Einspruch erhoben. So dauerte es denn bis Ende Januar, ehe das offizielle Berufungsschreiben abging, und dann wurde es Herbst, ehe Herder mit seiner inzwischen um einen weiteren Sohn vermehrten Familie in Weimar eintraf und

dort seine Ämter als Oberhofprediger, Oberkonsistorial- und Kirchenrat, Generalsuperintendent und Pastor primarius antrat. Die einzelnen Etappen bis zu Herders Ankunft in Weimar lassen sich in Goethes Briefen anschaulich verfolgen.
Goethe an Herder in Bückeburg:

Lieber Bruder, der Herzog bedarf eines Generalsuperintendenten. Hättest du die Zeit deinen Plan auf Göttingen geändert, wäre hier wohl was zu tun. Schreib mir ein Wort. Leb wohl. Grüß das Wiebele. Mir ist's wohl hier, in aller Art. Wieland ist eine brave Seele und die Fürstenkinder edel, lieb und hold.
Weimar, etwa den 12. Dezember 1775 G.

Glaub und harre noch wenige Tage der Prüfung.
Den letzten Tag des Jahrs 75. Erfurt. G.

Stetten bei Erfurt, den 2. Januar 76
Heut kann ich dir schon Hoffnung geben, was ich vorgestern nicht konnte. Und das tu ich gleich, nicht um dein, sondern der Frau willen. Ich bin mit Wielanden hier bei liebenden Menschen. Er wünscht dich her, hatte eh die Idee als ich. Weiß aber nicht, was jetzt vorgeht. Ich hoffe, du sollts allein durch mich und aus freier Wahl des Herzogs haben; – der Statthalter von Erfurt hat das Beste von dir gesagt, und bestätigt dem jungen Fürsten deinen Geist und Kraft; ich habe für deine politische Klugheit in geistlichen Dingen gutgesagt, denn der Herzog will absolut keine Pfaffen-Trakasserien über Orthodoxie und den Teufel. – Ich wünsche dich meinem Herzog und ihn dir. Es wird euch beiden wohltun, und – ja lieber Bruder, ich muß das stiften, eh ich scheide. Leb wohl! Wie die Sache rückt, sollst du Nachricht haben. Zerreiß meine Zettel wie ich gewissenhaft die deinigen. G.

Weimar, den 15. Januar 76
Antworte mir schnell, wie stehst du mit dem Konsistorialpräsidenten Jerusalem in Wolfenbüttel? Ein guter Brief von ihm würde viel tun. Lieber Bruder, wir ha'bens von jeher mit den Scheißkerlen verdorben, und die Scheißkerle sitzen überall auf

dem Fasse. Der Herzog will und wünscht dich, aber alles ist hier gegen dich. Indes ist hier die Rede von Einrichtung auf ein gut Leben und 2000 Reichstaler Einkünfte. Ich laß nit los, wenns nit gar dumm geht. Leb wohl und schreib und siegle die Briefe wohl und gib auf die Siegel der meinigen acht.

Weimar, 24. Januar
Bruder, sei ruhig, ich brauch der *Zeugnisse* nicht, habe mit trefflichen Hetzpeitschen die Kerls zusammengetrieben, und es kann nicht lang mehr stocken, so hast du den Ruf. Ich will dir ein Plätzchen kehren, daß du gleich hier sollst die Zügel zur Hand nehmen. Vielleicht bleib ich auch eine Zeitlang da. – Wenn ich das ins rein hab, dann ist mirs auf eine Weile wohl; denn mit mir ists aufgestanden und schlafen gangen, das Projekt, und durch die *besten* Wege. Unser Herzog ist ein goldner Junge. Die Herzoginnen wünschen dich auch. – Vielleicht kriegst du den Ruf mit dieser Post schon.

Ende Januar, wie gesagt, war es dann soweit. Aber nun galt es, dem künftigen Superintendenten noch die Wohnung zu richten, und Goethe nahm sich auch dessen an.
Die folgenden Briefe an Herder stammen aus dem Sommer 1776.

den 5. Juli 76
Lieber Bruder, heut war ich in der Superintendur, wo Herr Konsistorialrat Seidler mit einem Schwanz von zehn Kindern nach und nach ausnistet. Ich hab gleich veranstaltet, daß wenigstens das obre Stock repariert werde, und so eingerichtet, daß ihr einziehen und deine Frau Wochen halten könne. Es müssen noch Öfen gesetzt werden, Fenster gemacht, angestrichen, geweißt und so weiter.
Kommt also, *sobald ihr könnt und wollt.* Behelfen müßt ihr euch freilich im Anfange; sollts aber gar nicht fertig werden können, so habt ihr immer meine Wohnung und Platz genug drin. Und ich möcht wohl ein Faunchen in meinem Schlafzimmer geboren haben.
Lieber Bruder, der Augenblick des Zeugens ist herrlich, das Tragen und Gebären beschwerlich, so aber geboren ist, Freude. So

wird's auch sein, wenn du als Generalsuperintendent geboren bist. Leb wohl. Du findst viel liebes Volk hier, das dein offen erwartet. Du brauchst nur zu sein, wie du bist; das ist jetzt hier Politik.

Notabene: Das gemeine *Volk* fürchtet sich vor dir, es werde dich nicht verstehen; drum sei einfach in deiner ersten Predigt. Sag ihnen das Gemeinste mit deiner Art, so hast du auch die. Die Geistlichen sind alle verschrobene Kerls. Sind aber die jungen dir nicht ganz gram.

Das ist wohl alles für diesmal. Bester Bruder, der Kopf ist mir manchmal toll genug, doch hab ihn, Gott sei Dank, noch immer oben behalten.

Gute Nacht. Dir wird hoffentlich wohl mit uns werden. Wieland grüßt dich. G.

den 10. Juli 76

Hier ein Brief. Schreib mir doch, lieber Bruder, wie du kommst, schreib mir, wie dirs mit Meubels gehn wird; du kommst in ein leer Haus. Es ist noch ganz gut gebaut, hat einen großen Garten, in dem aber die Igel brüten. Mit dem Detail der Reparatur schinden sie mich noch was ehrlichs. Da hat der Gottskasten kein Geld, da sollen die alten Fenster bleiben, da ist der ein Schlingel und jener ein Matz. Und so gehts durch – der Präsident hat den besten Willen – Gestern hatt ich alles dort und wird schon gehn – Und, Bruder, war auch zum erstenmal in der Kirche. Ich dacht schon, dir wirds doch wohl werden, Alter, wenn du da oben stehst, und rechts in dem Chor des unglücklichen Johann Friedrich Grab, und seinen Nachkommen, den besten Jungen, dir gegenüber. Und Herzog Bernhards Grab in der Ecke und all der braven Sachsen Gräber herum und auf des Altarblatts Flügel den Johann Friedrich wieder in Andacht und die Seinen von seinem Cranach, und in der Sakristei Luther in drei Perioden von Cranach, immer ganz Luther und ein ganzer Kerl. Ganz Mönch, ganz Ritter und ganz Lehrer – – Das wusch mich wieder von allem Staub, und so reinige uns der heilige Geist von allem Skwal, eh er fingersdick auf uns sitzt wie auf den Gräbern der Helden. Addio.

den 9. August
Lieber Bruder, wir sind in Ilmenau, seit drei Wochen wohnen wir auf dem Thüringer Wald, und ich führe mein Leben in Klüften, Höhlen, Wäldern, in Teichen, unter Wasserfällen, bei den Unterirdischen, und weide mich aus in Gottes Welt. – Das Gefrage um dein Kommens gleich ich aus, sei ohne Sorgen, Bruder, alles nach deiner Bequemlichkeit; indes hat auch die Ölfarbe in deinem Hause verrochen. Und wir sind auch mit allerlei Wirtschaft in Ordnung, und wir treffen uns neu und ganz. Den Engel, die Stein, hab ich wieder. Einen ganzen Tag ist mein Aug nicht aus dem ihrigen kommen, und mein gnomisch verschlossen Herz ist aufgetaut. Adieu.
Grüß dein Weib und seid lieb. G.

Inzwischen hatte Goethe sich entschlossen, zu bleiben. »Ich richte mich hier ins Leben, und das Leben in mich«, schrieb er am 14. Februar an Johanna Fahlmer in Frankfurt:

Ich wollt, ich könnt Ihnen so vom Innersten schreiben, das geht aber nicht, es laufen soviel Fäden durcheinander, soviel Zweige aus dem Stamme, die sich kreuzen, daß ohne Diarium, das ich doch nicht geschrieben habe, nichts Anschaulichs zu sagen ist.
Ich werd auch wohl dableiben und meine Rolle so gut spielen, als ich kann, und so lang, als mir's und dem Schicksal beliebt. Wär's auch nur auf ein paar Jahre, ist doch immer besser als das untätige Leben zu Hause, wo ich mit der größten Lust nichts tun kann. Hier hab ich doch ein paar Herzogtümer vor mir. Jetzt bin ich dran, das Land nur kennen zu lernen, das macht mir schon viel Spaß. Und der Herzog kriegt auch dadurch Liebe zur Arbeit, und weil ich ihn ganz kenne, bin ich über viel Sachen ganz und gar ruhig. Mit Wieland führ ich ein liebes häusliches Leben, esse mittags und abends mit ihm, wenn ich nicht bei Hofe bin. Die Mägdlein sind hier gar hübsch und artig, ich bin gut mit allen. Eine herrliche Seele ist die Frau von Stein, an die ich so, was man sagen möchte, geheftet und genistelt bin. Die Herzogin und ich leben nur in Blicken und Silben zusammen. Sie ist und bleibt ein Engel. Mit der Herzogin-Mutter hab ich sehr gute Zeiten, treiben auch wohl allerlei Schwänk und Schabernack. Sie sollten nicht glauben, wieviel gute Jungens und gute

Köpfe beisammen sind; wir halten zusammen, sind herrlich untereins und dramatisieren einander, und halten den Hof uns vom Leibe.
Schicken Sie mir doch baldmöglichst von den großen Dames-Federn; Sie wissen ja: solche Hahnenkämme, 2 rosenrote, 3 weiße, so schön Sie sie haben können, und den Preis. Sie sollen das Geld gleich haben.

den 6. März 1776

Liebe Tante. Schreibt mir und liebt mich. Sorgt nicht für mich. Ich fresse mich überall durch, wie der Schwärmer sagt. Jetzt bitt ich euch, beruhigt euch *ein vor allemal*; der Vater mag kochen was er will, ich kann nicht immer *darauf* antworten, nicht immer *die* Grillen zurechtlegen. Soviel ists: Ich bleibe hier, ich hab ein schön Logis gemiet, aber der Vater ist mir *Ausstattung* und *Mitgift schuldig*; das mag die Mutter nach ihrer Art einleiten, sie soll nur kein Kind sein, da ich *Bruder* und *alles* eines Fürsten bin. Der Herzog hat mir wieder 100 Dukaten geschenkt. *Gegeben*. Wie ihr wollt – ich bin ihm, was ich ihm sein kann, er mir, was er sein kann – das mag nun fortgehn, wie und so lang das kann. Ich bin noch allerlei Leuten schuldig, das tut mir nichts. – Aber wenn die Mutter allenfalls Geld braucht und kanns vom Vater nicht haben: so will ichs ihr schicken.
Das Geld für die Federn schick ich nächstens.

Und am gleichen Tag heißt es in einem Brief an Lavater: »Ich bin nun ganz eingeschifft auf der Woge der Welt – voll entschlossen: zu entdecken, gewinnen, streiten, scheitern, oder mich mit aller Ladung in die Luft zu sprengen.«
Im April macht der Herzog Goethe ein Gartenhaus an der Ilm zum Geschenk, wo er bis 1782 am liebsten wohnte. Gleichzeitig erwirbt Goethe das Weimarer Bürgerrecht, und schon im Juni wird er zum Geheimen Legationsrat mit Sitz und Stimme im Geheimen Conseil ernannt; wofür er 1200 Taler Gehalt empfängt. Doch auch da galt es mancherlei Klippen zu umschiffen, ehe ein hergelaufener Bürgersohn einen Platz einnehmen durfte, der bald dem eines Ministers gleichkam.
Natürlich waren auch landauf landab die Klatschmäuler nicht müßig gewesen, und was an Gerüchten über die Lebensführung

des jungen Fürsten und seines Favoriten umlief, soll nun auch zu Wort kommen:

Als der Doktor und Exadvokat Goethe als Favorit des Herzogs hier eintrat, fand ihn auch die verwitwete Herzogin äußerst liebenswürdig und witzig. Seine Geniestreiche und Feuerwerke spielten nirgends ungescheuter als bei ihr; er hat ihr selbst mit Undank gelohnt. Alle Welt mußte damals im Wertherfrack gehen, in welchen sich auch der Herzog kleidete, und wer sich keinen schaffen konnte, dem ließ der Herzog einen machen. Oft stellte sich der Herzog mit Goethen stundenlang auf den Markt und knallte mit ihm um die Wette mit einer abscheulich-großen Parforce-Karbatsche. Niemand kann diese Periode besser beschreiben als Bertuch, der einmal so geärgert wurde, daß er bald an einem Gallenfieber gestorben wäre. (*Böttiger, nach einem Gespräch mit Wieland, Februar 1797*)

In Weimar geht es erschrecklich zu. Der Herzog läuft mit Goethen wie ein wilder Bursche auf den Dörfern herum; er besäuft sich und genießet brüderlich einerlei Mädchen mit ihm. Ein Minister, der's gewagt hat, ihm seiner Gesundheit halber die Ausschweifungen abzuraten, hat zur Antwort gekriegt: er müßte es tun, um sich zu stärken. Er ist sehr schwach von Körper, und sein Vater ist vom Trinken gestorben.
Klopstock hat desfalls an Goethe geschrieben und ihm seinen Wandel vorgerückt. Goethe verbat sich solche Anmahnungen, und Klopstock schrieb ihm darauf, daß er seiner Freundschaft unwürdig sei.
Klopstock glaubt, es werde ein blutiges Ende mit Goethe nehmen, denn der Adel ist auf's äußerste gegen ihn erbittert. (*Heinrich Voß an seine Braut Ernestine Boie, Juli 1776*)

In Berlin hatte ich einen Diskurs mit Himburg, der mir versicherte, Goethe und sein Busenfreund, der Herzog, führten das ausschweifendste Leben von der Welt; wir würden auch wohl nichts mehr von ihm zu hoffen haben, weil er sich den ganzen Tag in Branntwein besöffe. (*Von Byern an Knebel, Dezember 1776*)

Wir haben erfahren, daß Goethe des Herzogs von Weimar Premierminister ist und zuweilen mit ihm durch die Gassen des Nachts läuft. Sie sollen einer ehrbaren Frau die Kleider über den Kopf gebunden haben. (Bodmer an Schinz, August 1777)

Von Goethe weiß ich also mehr als Du, weil Du nichts weißt. Zuverlässig weiß ich, daß er in Weimar als Minister schlechterdings *nichts* wirkt, übrigens ganz nach seinen Lüsten leben soll und den Herzog, so gut er neben seinem Rival, einem Husarenmajor, kann, amüsiert. In den Herzog aber ist anitzt der Soldaten-Teufel gefahren, wie letztes Jahr der Studenten-Teufel. Er mustert und prügelt seine Armee den ganzen Tag.
Mag sein, wie Du sagst, daß Goethe *bleibt, was er ist*, nämlich daß er *dramatisiert*. Die Liebkosungen von Goethe schienen mir die Liebkosungen eines Tigers. Man faßt unter seinen Umarmungen immer an den Dolch in der Tasche. (*Zimmermann an Lavater, November 1777*)

Die Angelegenheit mit Klopstock verdient, etwas ausführlicher dargestellt zu werden. Klopstock, der Verfasser des »Messias«, das bewunderte Vorbild einer ganzen jungen Generation, erfreute sich einer solchen moralischen Autorität, daß eine freundschaftliche Mahnung an den um 25 Jahre jüngeren Goethe ihm nicht nur erlaubt, sondern geboten erscheinen durfte. Das Resultat dieses immerhin ungewöhnlichen Entschlusses nimmt sich folgender Maßen aus.

Hamburg, den 8. Mai 1776
Hier ein Beweis meiner Freundschaft, liebster Goethe! Er wird mir zwar ein wenig schwer, aber er muß gegeben werden. Lassen Sie mich nicht damit anfangen, daß ich es glaubwürdig weiß, denn ohne Glaubwürdigkeit würde ich ja schweigen. Denken Sie auch nicht, daß ich Ihnen, wenn es auf Ihr Tun und Lassen ankommt, einreden werde; auch das denken Sie nicht, daß ich Sie deswegen, weil Sie vielleicht in diesem oder jenem andere Grundsätze haben als ich, strenge beurteile. Aber Grundsätze, Ihre und meine, beiseite, was wird denn der unfehlbare Erfolg sein, wenn es fortwährt? Der Herzog wird, wenn er sich ferner bis zum Krankwerden betrinkt, anstatt, wie er sagt, seinen Körper dadurch zu stärken, erliegen und nicht lange leben. Die

Deutschen haben sich bisher mit Recht über ihre Fürsten beschwert, daß diese mit ihren Gelehrten nichts zu schaffen haben wollen. Sie nehmen jetzo den Herzog von Weimar mit Vergnügen aus. Aber was werden andere Fürsten, wenn Sie in dem alten Ton fortfahren, nicht zu ihrer Rechtfertigung anzuführen haben? Wenn es nun wird geschehen sein, was ich fühle, daß geschehen wird! Die Herzogin wird vielleicht ihren Schmerz jetzo noch niederhalten können, denn sie denkt sehr männlich. Aber dieser Schmerz wird Gram werden. Und läßt sich der denn auch etwa niederhalten? Luisens Gram, Goethe! Nein! rühmen Sie sich nur nicht, daß Sie lieben wie ich! – – Es kommt auf Sie an, ob Sie dem Herzog diesen Brief zeigen wollen, oder nicht. Ich für mich habe nichts darwider. Im Gegenteil; denn da ist er gewiß noch nicht, wo man die Wahrheit, die ein treuer Freund sagt, nicht hören mag.

Klopstock

Weimar, den 21. Mai 1776
Verschonen Sie uns ins Künftige mit solchen Briefen, lieber Klopstock! Sie helfen nichts, und machen uns immer ein paar böse Stunden!
Sie fühlen selbst, daß ich nichts darauf zu antworten habe. Entweder müßte ich als Schulknabe ein *pater peccavi* anstimmen, oder mich sophistisch entschuldigen, oder als ein ehrlicher Kerl verteidigen, und dann käm vielleicht in der Wahrheit ein Gemisch von allen dreien heraus, und wozu?
Also kein Wort mehr zwischen uns über diese Sache! Glauben Sie, daß mir kein Augenblick meiner Existenz überbliebe, wenn ich auf all solche Briefe, auf all solche Anmahnungen antworten sollte. – Dem Herzog tats einen Augenblick weh, daß es von Klopstock wäre. Er liebt und ehrt Sie. Von mir wissen und fühlen Sie eben das. G.

Hamburg, den 29. Mai 1776
Sie haben den Beweis meiner Freundschaft so sehr verkannt, als er groß war, besonders deswegen, weil ich unaufgefordert mich höchst ungerne in das mische, was andere tun. Und da Sie sogar unter *all* solche Briefe, und *all* solche Anmahnungen (denn so stark drücken Sie sich aus) den Brief werfen, welcher diesen Be-

weis enthielt, so erklär' ich Ihnen hiermit, daß Sie nicht wert sind, daß ich ihn gegeben habe.

Auch die Kammerherrin Charlotte von Stein, an die sich Goethe schon bald nach ihrer ersten Bekanntschaft leidenschaftlich angeschlossen hatte, war mit seinem Betragen wenig einverstanden und führte darüber bewegte Klage in ihren Briefen. Einer dieser Briefe, an die Regierungsrätin Luise von Döring, vom 10. Mai, gelangt auch in die Hände ihres Freundes Zimmermann, des königlichen Leibarztes in Hannover, und dieser wiederum gibt den entscheidenden Passus daraus am 19. Juni im vollen Wortlaut an Herder in Bückeburg weiter:

Über die *Wirtschaft in Weimar*, die ganz Deutschland weiß, habe ich in meinem letzten Brief noch geschwiegen. Da Sie aber, mein Geliebter, so sehr auf Nachricht dringen und da ich Goethen nicht mehr zu fürchten Ursache habe als meinen Schatten, so will ich Ihnen eine *ganz äußerst zuverlässige Nachricht* von allem aus einem Briefe *von der größten Freundin, die Goethe in Weimar hat*, mitteilen:
»Goethe verursacht hier einen großen Umsturz; wenn er auch wieder Ordnung machen kann, um so besser für sein Genie! Sicherlich ist seine Meinung gut, aber zu große Jugend und zu geringe Erfahrung – doch warten wir das Ende ab! *All unser Glück ist von uns gewichen*; unser Hof ist nicht mehr, was er war. Ein Herr, der mit sich selber und mit aller Welt unzufrieden ist, der täglich sein Leben und sein bißchen Gesundheit auf's Spiel setzt, um diese letztere zu stärken – sein Bruder noch haltloser – eine bekümmerte Mutter – eine unzufriedene Gattin: alle zusammen gute Leute, *aber nichts, was in dieser unglücklichen Familie zusammenstimmt!*«
Diese Nachricht, lieber Herder, ist von einer Person, die Goethe sehr liebt und von der er auch geliebt ist. Urteilen Sie nun, wie andere Nachrichten lauten! Ich weiß viele aus den Briefen der jungen Herzogin, die äußerst unglücklich sein muß, an ihre Schwester in Karlsruhe. Und dieses alles klingt so sanft nicht.
Daß man über solche Facta auch sehr deräsonniert, Ursachen sucht, wo sie nicht sind, Goethe verflucht, wo man ihn loben sollte, ist Ihnen gewiß nach dem *Laufe der Welt* sehr begreiflich.

Daß aber auch die Genies nach der neuesten Mode sich zuweilen in ihren Handlungen verirren, werden Sie, lieber Herder, billig genug sein, ebenfalls zuzugeben.

Offensichtlich war man in den Kreisen des Hofadels weder mit dem neuen Herrn noch mit dessen Günstlingswirtschaft zufrieden. Ein Freiherr von Seckendorf, den Carl August ebenfalls nach Weimar geholt und ihm allerlei Aussichten eröffnet hatte, schreibt darüber an seinen Bruder:

Das Ganze teilt sich jetzt in zwei Horden, von denen jene des Herzogs die geräuschvolle, die andere die ruhige ist. In der ersten rennt, jagt, schreit, hetzpeitscht und galoppiert man; seltsamerweise hält man sich dabei für geistreich, weil nämlich schöne Geister dazu gehören. Die zweite langweilt sich meistens; sie sieht ihre Pläne durchkreuzt von der anderen Gruppe, und die Vergnügen, die man sucht, entfliehen gewöhnlich in dem Augenblicke, wo sie beginnen sollen. Man tanzt viel; man ermüdet nicht, Komödie zu spielen; aber ich weiß nicht, welches Hindernis sich der Fröhlichkeit entgegenstellt. Die Intrigen, die Ungewißheit wegen der Zukunft, die geheimen Eifersüchteleien und Kabalen geben allen etwas Gezwungenes inmitten der Vergnügungen und nehmen den Festen Saft und Leben. So redet wohl eins dem andern vor, man amüsiere sich; indessen ist unter zehn vielleicht noch nicht einer, der sich nicht zum Sterben langweilt. Serenissimus überläßt sich fortwährend den geräuschvollsten Zerstreuungen und kommt nicht heraus aus dem Kreise der Personen, die seine Augen bezaubert haben. Alle Tage werden durch neue, ungewöhnliche Vergnügungen ausgezeichnet, ohne daß man fragt, was darüber geredet wird. Denn nach dem leider zu getreulich befolgten Systeme seiner Ratgeber gibt es keine Konvenienz in der Welt und soll es keine geben. Die geltenden Regeln stammen nach ihrer Lehre nur aus menschlichen Grillen, und der erste Mann im Staate ist in der Lage, sie abzuschaffen. Es werden ja die wunderlichsten Dinge durch die Gewohnheit geheiligt; um neue Sitten einzuführen, muß man nur die ersten Angriffe der Kritik unbeachtet lassen, und den öffentlichen Vorurteilen muß man festen Willen und Befehl entgegensetzen. Nach diesem schönen System wird gehandelt; Du wirst zugeben, daß es weit führen kann. Hoffen wir, daß die Zeit und vielleicht die Not uns eines Tages bessere Ansichten geben!

Die »schönen Geister«, die ja schon Anna Amalia nach Weimar gezogen hatte und in deren Gesellschaft nun auch ihr Sohn seine Tage verbrachte, waren dem Adel begreiflicherweise ein Dorn im Auge. Sollten sie mit ihren studentisch-genialischen Manieren künftig den Ton angeben? Selbst Graf Putbus, der Hofmarschall der verwitweten Herzogin-Mutter, spottete, als im Juli Goethes Freunde Lenz und Klinger nach Weimar kamen, in vertraulichen Briefen über »unsere sogenannten schönen Geister, die in einigen Fällen ziemlich häßlich aussehen«:

Immer herablassend, an allem teilnehmend, alles mitmachend, sind sie kindisch, schwärmend, und wenn ihre Laune auf's höchste gestiegen, studentisch. Unfehlbarer als ein Papst schleudern sie Fluch und Bann gegen alle, die ihnen die Bewunderung versagen. Der Adel an sich, die Standesunterschiede und erst recht ein armes Ordensband sind in ihren Augen unverzeihliche Lächerlichkeiten und die beständige Zielscheibe ihres scharfen Spottes.
Goethe ist der erklärte Günstling des Herzogs und der Schützling beider Herzoginnen. Trotz seiner früher bewiesenen Neigung zu Satiren, die an Schmähschriften grenzten, scheint er ein rechtschaffener Mann zu sein und zeigt ehrenhafte Gesinnungen. Übrigens hat er alle Arten von Ehrgeiz: schöner Mann – liebenswürdiger Mann (obwohl nach akademischem Stil) – rechtschaffener Mann – talentierter Mann. Er hält sich für einen Alkibiades, und man hat ihn genug verwöhnt, um ihn in allen seinen Prätentionen zu bestärken. Ein maßloser Ehrgeiz wird ihn stets hindern, völlig glücklich zu sein.

In Anbetracht dieser Umstände hatte man höheren Orts wohl Gründe, Goethe fernhalten zu wollen. Gegen eine Berufung in den Staatsrat hatte sich vor allem der erste Minister von Fritsch, der vieljährige Berater der Herzogin-Mutter, nachdrücklich ausgesprochen. Als der Herzog jedoch auf der Anstellung Goethes beharrte, legte Fritsch in einem langen Schreiben vom 24. April nochmals seine Argumente dar und erklärte zuletzt, »mit aller

schuldigen Ehrerbietung, zugleich aber auch mit aller Entschlossenheit eines von dem, was er Eurer Hochfürstlichen Durchlaucht, Anderen und sich selbst schuldig ist, tief durchdrungenen Mannes, daß er in einem Collegio, dessen Mitglied gedachter Dr. Goethe anjetzo werden soll, länger nicht sitzen könne, daß er in selbigem mit Nutzen und mit Ehre länger zu dienen nicht hoffen dürfe und daß er demnach seine zeithero bekleideten Stellen niederzulegen und um die gnädigste Entlassung aus des Herzogs Diensten zu bitten sich bemüßigt sehe«.
Carl August antwortete darauf am 10. Mai:

Ich habe Ihren Brief, Herr Geheimer Rat, vom 24. April, richtig erhalten. Sie sagen mir in demselben Ihre Meinung mit aller Aufrichtigkeit, welche ich von einem so rechtschaffenen Manne, wie Sie sind, erwartete. Sie fordern in ebendemselben Ihre Dienstentlassung, weil, sagen Sie: *Sie nicht länger in einem Collegio, wovon Dr. Goethe ein Mitglied ist, sitzen können.* Dieser Grund sollte eigentlich nicht hinlänglich sein, Ihnen diesen Entschluß fassen zu machen. Wäre der Dr. Goethe ein Mann eines zweideutigen Charakters, würde ein jeder Ihren Entschluß billigen. Goethe aber ist rechtschaffen, von einem außerordentlich guten und fühlbaren Herzen; nicht alleine ich, sondern einsichtsvolle Männer wünschen mir Glück, diesen Mann zu besitzen. Sein Kopf und Genie ist bekannt. Sie werden selbst einsehn, daß ein Mann wie dieser nicht würde die langweilige und mechanische Arbeit, in einem Landescollegio von untenauf zu dienen, aushalten. Einen Mann von Genie nicht an dem Ort gebrauchen, wo er seine außerordentlichen Talente gebrauchen kann, heißt: denselben mißbrauchen. Ich hoffe, Sie sind von dieser Wahrheit so wie ich überzeugt.

Was das Urteil der Welt betrifft, welche mißbilligen würde, daß ich den Dr. Goethe in mein wichtigstes Collegium setzte, ohne daß er zuvor weder Amtmann, Professor, Kammer- oder Regierungsrat war: dieses verändert gar nichts. Die Welt urteilt nach Vorurteilen, ich aber und jeder, der seine Pflicht tun will, arbeitet nicht, um Ruhm zu erlangen, sondern um sich vor Gott und seinem eignen Gewissen rechtfertigen zu können, und suchet auch ohne den Beifall der Welt zu handeln.

Nach diesem allen muß ich mich sehr wundern, daß Sie, Herr

Geheimer Rat, die Entschließung fassen, mich jetzt in einem Augenblick zu verlassen, wo Sie selber fühlen müssen, und gewiß fühlen, wie sehr ich Ihrer bedarf. Wie sehr muß es mich befremden, daß Sie statt sich ein Vergnügen daraus zu machen, einen jungen, fähigen Mann, wie mehrbenannter Dr. Goethe ist, durch Ihre in einem zweiundzwanzigjährigen treuen Dienst erlangte Erfahrung zu bilden, lieber meinen Dienst zu verlassen vorhaben, und zwar auf eine sowohl für den Dr. Goethe, als – ich kann es nicht leugnen – für mich beleidigende Art. Denn es ist, als wäre es Ihnen schimpflich, mit demselben in einem Collegio zu sitzen, welchen ich doch, wie es Ihnen bekannt, für meinen Freund ansehe und welcher nie Gelegenheit gegeben hat, daß man denselben verachte, sondern vielmehr aller rechtschaffenen Leute Liebe verdient.

Um seinen Wunsch erfüllt zu sehen und dennoch den altverdienten besten Mann für das erste Amt im Staate nicht zu verlieren, bat Carl August nun seine Mutter, sich der Sache anzunehmen, und ihr gelang es schließlich, alles einzurenken, so daß auch Fritsch sich mit der »neuen Einrichtung« abfand.
Goethes Aufnahme in den Geheimen Conseil wird von dem Herzog selber den Eltern in Frankfurt gemeldet, mit der Bitte, auch sie möchten ihre Zustimmung dazu geben, was ihnen um so leichter fallen würde, wenn sie bedächten, die Glückseligkeit von wieviel Tausenden durch dieses Opfer erhalten würde. Im übrigen wäre er nie darauf verfallen, ihrem Sohne einen anderen Charakter als den eines Freundes anzutragen, weil er nur zu gut wisse, daß alle andern unter seinem Werte seien. Die hergebrachten Formen aber machten nun einmal einen solchen Schritt nötig; außerdem erhalte Goethe die Stelle unter Beibehaltung seiner gänzlichen Freiheit und Unabhängigkeit.
Goethes amtliches Verhältnis zu dem jungen Herzog und beider gemeinsames Wirken verdienten wohl eine nähere Betrachtung, die hier aber zu weit führen würde. Soviel jedoch muß gesagt sein: daß man kaum je ein so töricht verfehltes Klischee in Umlauf gesetzt hat wie das gelegentlich vernommene Wort von Goethe als dem »Fürstenknecht«. Abgesehen davon, daß es hier offensichtlich an genügend historischer Schulung fehlt, um ältere Konventionen zu durchschauen, verrät eine solche Einschätzung

nur, daß man wie gewisse Anekdotenjäger der Zeit sich von dem gröbsten Augenschein irreführen läßt. Gewiß, Carl August war ein Fürst und Herrscher des aufgeklärten Absolutismus, aber alle Zeugnisse sprechen dafür, daß Goethe, den Ämter und Ehren als solche nicht lockten, der Lenker, Mahner und Ansporner war, der überall dahin wirkte, daß die Verwaltungsgeschäfte bald einen geordneteren Gang nahmen und die wirtschaftlichen Verhältnisse des Landes sich besserten. Dem widerspricht auch nicht der Umstand, daß er zugleich eine Art Maître de Plaisir war, der am Hofe bei festlichen Anlässen allerlei Maskenspiele, Huldigungen und Liebhaberaufführungen ins Werk setzte, die Texte dazu verfaßte und selber gerne mitwirkte. Das muß aus dem Geist des Jahrhunderts verstanden werden, das sich an festlichen Veranstaltungen nicht nur vergnügte, sondern ebenso sehr darin ausdrückte und darstellte. Die mit seiner Amtserhebung eingetretene Lebenswende und die damit gefallene Entscheidung für ein Bleiben in Weimar meldet Goethe am 9. Juli dem Ehepaar Kestner in Wetzlar:

Liebe Kinder. Ich hab so vielerlei von Stund zu Stund, das mich herumwirft; ehmals warens meine eignen Gefühle, jetzt sind neben denen noch die Verworrenheiten andrer Menschen, die ich tragen und zurechtlegen muß. So viel nur: ich bleibe hier, und kann da, wo ich und wie ich bin, meines Lebens genießen, und einem der edelsten Menschen in mancherlei Zuständen förderlich und dienstlich sein. Der Herzog, mit dem ich nun schon an die neun Monate in der wahrsten und innigsten Seelen-Verbindung stehe, hat mich endlich auch an seine Geschäfte gebunden; aus unsrer Liebschaft ist eine Ehe entstanden, die Gott segne.
Er hat mir Sitz und Stimme in seinem Geheimen Rat und den Titel als Geheimer Legationsrat geben, und wir hoffen das Beste.
Viel gute liebe Menschen gibts noch hier, mit deren allgemeiner Zufriedenheit ich dableibe, ob ich gleich manchem nicht so recht anstehe. Addio, behaltet mich lieb.

Die freundschaftlich-leidenschaftliche Neigung zu Charlotte von Stein hatte schon im Frühjahr 1776 dazu geführt, daß von Goethe zu ihr fast täglich ein Billett hinüberwanderte, in ihr nah-

gelegenes Stadthaus oder, wenn sie sich auf dem Lande aufhielt, nach Gut Kochberg.
Am 25. Juni fand Goethes Amtseinführung und Vereidigung als weimarischer Staatsbeamter statt; und zwei Tage später schreibt er an Frau von Stein, die am Morgen des 25. nach Bad Pyrmont zur Kur gefahren war:

Den 27. Juni, nachts. Ich schlafe beim Herzog, und eh ich mich aufs Kanapee streiche, nur ein Wort Danks für deine Zeichnung! Sie ist ganz herrlich, ganz wahr, und deine ganze Seele in der Wahrheit, das Gefühl des Friedens, der mit dir geht an den Bauerschwellen. Liebe, allen Dank, und Gute Nacht!

Den 28., morgens. Schon im schwarzen Rock, erwartend des Conseils erhabene Sitzung. Die Zeichnung freut mich! – Ich zeichne jetzt leider nichts, doch wird, hoff ich, bald etwas fertig für Sie.

Das gleiche Billett trägt von des Herzogs Hand folgende Nachschrift:

Guten Morgen, liebe Frau, alle Geister der Berge, der Schlösser, der Morgen- und Abenddämmerung seien Ihre Begleiter. Denken Sie an mich. Ich treibe mich jetzt mit Goethen ins Conseil. Wenn Sie in Pyrmont ist, liebe Frau, so trinke Sie ja, wenn der Morgen hübsch ist, das erste Glas auf Goethens und meine Gesundheit. C. A.

Und wenige Tage später gehen von den beiden Freunden auf einem gemeinsamen Blatt folgende improvisierte Verse an Charlotte von Stein:

>Ich schlafe, ich schlafe von heute bis morgen;
>Ich träume die Wahrheit ohne Sorgen.
>Habe heute gemacht den Kammer-Etat,
>Bin heute göttlich in meinem Selbst gebadt.
>Die Geister der Wesen durchschweben mich heut,
>Geben mir dumpfes, doch süßes Geleit.

Wohl dir Gute, wenn du lebest auf Erden,
Ohne anderer Existenz gewahr zu werden.
Tauche dich ganz in Gefühle hinein,
Um liebevollen Geistern Gefährtin zu sein.
Sauge den Erdsaft, saug Leben dir ein,
Um liebevoller Geister Gefährtin zu sein.

C. A.

Und ich geh meinen alten Gang
Meine liebe Wiese lang,
Tauche mich in die Sonne früh,
Bad ab im Monde des Tages Müh,
Leb in Liebes-Klarheit und -Kraft,
Tut mir wohl des Herren Nachbarschaft,
Der in Liebes-Dumpfheit und -Kraft hinlebt
Und sich durch seltnes Wesen webt.

Am 15. Juli begleitet Goethe den Herzog auf ein Vogelschießen nach Apolda. Andertags geht wieder ein Brief an Charlotte von Stein nach Pyrmont.

Nur ein Wort, beste Frau. Ich hab den Kopf die Quere sitzen und kann nichts sagen. Wir gehn übermorgen nach Ilmenau. Sie fehlen mir an allen Ecken und Enden, und wenn Sie nicht bald wiederkommen, mach ich dumme Streiche. Gestern, auf dem Vogelschießen zu Apolda, hab ich mich in die Christel von Achtern verliebt, ppp. Ich habe gar nichts, was mich in linde Stimmung setzt. Der Herzog und ich teilen unsre Dumpfheit wenigstens, alles andre hetzt mich, und ich kann mich nicht zu Ihnen flüchten. Sonst ist nicht leicht ein glücklicher Geschöpf als ich, wenn ich dich nur wieder hätte!

Den 16., abends. Noch ein Wort. Gestern, als wir nachts von Apolda zurückritten, war ich vorn allein bei den Husaren, die erzählten einander Stückchen; ich hörts, hörts auch nicht, ritt so in Gedanken fort. Da fiel mir's auf, wie mir die Gegend so lieb ist, das Land! der Ettersberg! die unbedeutenden Hügel! Und mir fuhrs durch die Seele: Wenn du nun auch das einmal verlassen mußt! das Land, wo du so viel gefunden hast, alle Glückseligkeit gefunden hast, die ein Sterblicher träumen darf; wo du zwischen Behagen und Mißbehagen in ewig klingender Existenz schwebst – wenn du auch das zu verlassen gedrungen würdest mit einem Stab in der Hand, wie du dein Vaterland verlassen hast! Es kamen mir die Tränen in die Augen, und ich fühlte mich stark genug, auch das zu tragen. – *Stark* –! das heißt *dumpf.*

Aus dieser engen Gemeinschaft mit dem Herzog, aus dem Eingetauchtsein in sinnliche Dumpfheit, die doch zugleich als Kraft, Frische, belebender Äther empfunden wird, ist am 3. August auf einer gemeinsamen Reise nach Ilmenau ein Gedicht entstanden, das Goethe in seinem Tagebuch den »Gesang des dumpfen Lebens« nennt und das er Ende des Monats, unter der Überschrift »Dem Schicksal«, an Lavater sandte.

Dem Schicksal

Was weiß ich, was mir hier gefällt,
In dieser engen, kleinen Welt
Mit leisem Zauberband mich hält!
Mein Carl und ich vergessen hier,
Wie seltsam uns ein tiefes Schicksal leitet,
Und, ach, ich fühls, im Stillen werden wir
Zu neuen Szenen vorbereitet.
Du hast uns lieb, du gabst uns das Gefühl:
Daß ohne dich wir nur vergebens sinnen,
Durch Ungeduld und glaubenleer Gewühl
Voreilig dir niemals was abgewinnen.
Du hast für uns das rechte Maß getroffen,
In reine Dumpfheit uns gehüllt,
Daß wir, von Lebenskraft erfüllt,
In holder Gegenwart der lieben Zukunft hoffen.

Daß Goethe mit der Empfindung der Dumpfheit die Vorstellung der Reinheit verbindet, deutet auf weitere Zusammenhänge seines damaligen Lebensgefühls, dem ein ihm wohl bewußter heidnischer Zug nicht abzusprechen ist. Doch handelt es sich hier um

eines der nicht völlig aussprechbaren Geheimnisse seiner Existenz, aus dem diese Ton, Farbe, Richtung und Unbeirrbarkeit empfängt, die man mit aufmerksamem Ohr noch heute bis in die geringste Zeile hinein zu verspüren glaubt.
Das Gartenhaus am Ufer der Ilm, in dem Goethe seit dem Frühjahr wohnte, war ihm mit der Zeit ein immer lieberer Aufenthalt geworden. Dort durfte er sich von seinen Amtsgeschäften entlastet fühlen, dort streifte er am frühen Morgen oder späten Abend noch lange herum, badete im Fluß und blieb noch, ehe der Einbruch des Winters ihn nötigte, ein Stadtquartier aufzusuchen, bis ins Spätjahr draußen, um bei sich selbst zu sein.
Ein Jahr nach seinem Eintreffen in Weimar schreibt er von dort an die Eltern und Freunde in Frankfurt.

Mittwoch, den 6. November, abends 6 Uhr.
Ich sitze noch in meinem Garten, es ist das schönste Wetter von der Welt, pflanze und mache allerlei Zeugs, das künftig Jahr soll schön aussehn und uns in guten Augenblicken Freude machen. Heut hab ich einen neuen Gang machen lassen, hab auf die Arbeiten getrieben, denn ich hatte einmal Ruh, es waren wenig Menschen da. Nun hab ich die Expedition der letzten Session signiert, und will euch nur mit wenig Worten sagen, daß ich so vergnügt und glücklich bin, als es ein Mensch sein kann. Von Geschäften bin ich eben nicht gedrückt, desto mehr geplagt von dem, was den Grund aller Geschäfte macht: von den tollen Grillen, Leidenschaften und Torheiten und Schwächen und Stärken der Menschen. Davon hab ich den Vorteil, daß ich nicht über alles das Zeit habe, an mich selbst zu denken, und wie sich die Mutter erinnert: daß ich unleidlich war, da mich nichts plagte, so bin ich geborgen, da ich geplagt werde. – Übrigens hab ich alles, was ein Mensch sich wünschen kann, und bin freilich doch nicht ruhig; des Menschen Treiben ist unendlich, bis er ausgetrieben hat. – Lebt wohl und schreibt mir mehr, denn ich kann nicht schreiben. Hier habt ihr ein klein Blümlein Vergißmeinnicht. Lest's! schickt's der Schwester.

Im November kann Goethe einen ersten Teil seiner Schulden an Merck in Darmstadt zurückzahlen lassen. Er meldet dies dem Freunde mit folgendem Billett:

Ich hab heute Bölling geschrieben, er soll dir 400 Gulden auszahlen. Mir wärs lieb, wenn du mit dem Rest bis Neujahr warten könntest; wo aber nicht, so schreib, und ich will sehen, wie ichs mache.
Dein Schicksal drückt mich, da ich so rein glücklich bin. Ich wohne noch im Garten und balge mich mit der Jahrszeit herum, und die Abwechslungen der Witterung und der Welthändel um mich frischen mich immer wieder neu an. Ich bin weder Geschäftsmann, noch Hofdame, und komm in beiden fort. Der Herzog und ich kriegen uns täglich lieber, werden täglich ganzer zusammen, ihm wird's immer wohler und ist eben eine Kreatur, wie's keine wieder gibt. Übrigens ist eine tolle Compagnie von Volk hier beisammen; auf so einem kleinen Fleck, wie in *einer* Familie, findet sich's nicht wieder so. Adieu, lieber Bruder.

Immer noch aus der gleichen Stimmung schreibt Goethe am 8. Januar 1777 an Lavater in Zürich:

In meinem jetzigen Leben weichen alle entfernte Freunde in Nebel; es mag so lang währen, als es will, so hab ich doch ein Musterstückchen des bunten Treibens der Welt recht herzlich mitgenossen. Verdruß, Hoffnung, Liebe, Arbeit, Not, Abenteuer, Langeweile, Haß, Albernheiten, Torheit, Freude, Erwartetes und Unversehnes, Flaches und Tiefes, wie die Würfel fallen, mit Festen, Tänzen, Schellen, Seide und Flitter ausstaffiert, es ist eine treffliche Wirtschaft. Und bei dem allen, lieber Bruder, Gott sei dank, in mir und in meinen wahren Endzwecken ganz glücklich. Ich habe keine Wünsche als die ich wirklich mit schönem Wanderschritt mir entgegenkommen sehe.

»Ich habe keine Wünsche als die ich wirklich mit schönem Wanderschritt mir entgegenkommen sehe.« Diese Grundstimmung bleibt, die Freundschaft mit dem Herzog hält und trägt, und als Goethe sich im Herbst des gleichen Jahres einige Wochen mit ihm zusammen auf der Wartburg aufhält, schreibt er am 8. Oktober in sein Tagebuch:

Stund inwärts gewendet auf. Zu Moltkes, wo Picknick war. Mein Zahn, der sich wieder meldet, hinderte mich am Tanzen; die

Kluft zwischen mir und den Menschen allen fiel mir so graß in die Augen. Ich mußte fort, denn ich war ihnen auch sichtlich zur Last. Ins Herzogs Zimmer! Konnts nicht dauern, sah den Mond über dem Schlosse, und herauf. Hier nun zum letztenmal, auf der reinen ruhigen Höhe, im Rauschen des Herbstwinds. Unten hatt ich heute ein Heimweh nach Weimar, nach meinem Garten, das sich hier schon wieder verliert – Gern kehr ich doch zurück in mein enges Nest, nun bald in Sturm gewickelt, in Schnee verweht. Und, wills Gott, in Ruhe vor den Menschen, mit denen ich doch nichts zu teilen habe. Carl August wird mir immer näher und näher, und Regen und rauher Wind rückt die Schafe zusammen.

Über Goethes Aufenthalt auf der Wartburg im September/Oktober 1777 haben sich mehrere Briefe seines Freundes Merck erhalten, der ihn dort besucht hat. Nach Darmstadt zurückgekehrt, schreibt Merck am 3. November an Friedrich Nicolai in Berlin:

Ich hab Goethe neuerlich auf Wartburg besucht, und wir haben zehn Tage zusammen wie die Kinder gelebt. Mich freuts, daß ich von Angesicht gesehen habe, was an seiner Situation ist. – Das Beste von allem ist der Herzog, den die Esel zu einem schwachen Menschen gebrandmarkt haben und der ein eisenfester Charakter ist. Ich würde aus Liebe zu ihm eben das tun, was Goethe tut. Die Märchen kommen alle von Leuten, die ohngefähr soviel Augen haben zu sehen, wie die Bedienten, die hinterm Stuhle stehen, von ihren Herren und deren Gesprächen urteilen können. Dazu mischt sich die scheußliche Anekdotensucht unbedeutender, negligierter, intriganter Menschen oder die Bosheit andrer, die noch mehr Vorteil haben, falsch zu sehen. – Ich sage Ihnen aufrichtig, der Herzog ist einer der respektabelsten und gescheitesten Menschen, die ich je gesehen habe – und, überlegen Sie, dabei ein Fürst, und ein Mensch von zwanzig Jahren. Ich dächte, Goethes Gesellschaft, wenn man nicht mutwillig voraussetzen will, er sei ein Schurke, sollte doch mit der Zeit auch ein wenig guten Einfluß haben.
Es ist wahr, die Vertraulichkeit geht zwischen dem Herrn und Diener weit; allein, was schadet das? Wärs ein Edelmann, so

wärs in der Regel. Goethe gilt und dirigiert alles, und jedermann ist mit ihm zufrieden, weil er vielen dient und niemandem schadet. Wer kann der Uneigennützigkeit des Menschen widerstehen?

»Und so fortan« – möchte man mit einer Grußformel aus Goethes Altersbriefen diese Chronik seiner Ankunft in Weimar und seiner ersten Jahre dort beschließen. Doch soll er selber den Schlußpunkt setzen, mit einem Billett vom 7. November 1780, an Frau von Stein in Kochberg.

Heut sinds fünf Jahre, daß ich nach Weimar kommen bin. Es tut mir recht leid, daß ich mein *Lustrum* nicht mit Ihnen feiern kann.
Ich rekapituliere in der Stille mein Leben seit diesen fünf Jahren und finde wunderbare Geschichten. Der Mensch ist doch wie ein Nachtgänger; er steigt die gefährlichsten Kanten im Schlafe. Behalten Sie mich lieb. Das muß einen befestigen, daß man mit allem Guten bleibender und näher wird, das andre wie Schalen und Schuppen täglich von einem herunterfällt.

XI

Goethe und Charlotte von Stein
(1775/76)

Goethes Bekanntschaft und Freundschaft mit Charlotte von Stein, seine Liebe zu ihr haben ein Vorspiel in Briefen gehabt, die Johann Georg Zimmermann, damals königlicher Leibarzt in Hannover, an Frau von Stein schrieb.
Schon im Dezember 1774 hatte Zimmermann Johann Caspar Lavater in Zürich für seine »Physiognomischen Fragmente« einen Schattenriß der damals 33jährigen Weimarer Hofdame geschickt und folgende Schilderung ihres Charakters hinzugefügt:

Frau Kammerherrin, Stallmeisterin und Baronesse von Stein aus Weimar. Sie hat überaus große schwarze Augen von der höchsten Schönheit. Ihre Stimme ist sanft und bedrückt. Ernst, Sanftmut, Gefälligkeit, leidende Tugend und feine tiefgegründete Empfindsamkeit sieht jeder Mensch beim ersten Anblick auf ihrem Gesichte. Die Hofmanieren, die sie vollkommen an sich hat, sind bei ihr zu einer sehr seltenen hohen Simplizität veredelt. Sie ist sehr fromm, und zwar mit einem rührend schwärmerischen Schwung der Seele. Aus ihrem leichten Zephirgang und aus ihrer theatralischen Fertigkeit in künstlichen Tänzen würdest Du nicht schließen, was doch sehr wahr ist, daß stilles Mondenlicht und Mitternacht ihr Herz mit Gottesruhe füllt. Sie ist einige und dreißig Jahre alt, hat sehr viele Kinder und schwache Nerven. Ihre Wangen sind sehr rot, ihr Haar ganz schwarz, ihre Haut italienisch wie ihre Augen. Der Körper mager; ihr ganzes Wesen elegant mit Simplizität.

In Zimmermanns Briefen an Frau von Stein, die teils französisch, teils deutsch geschrieben sind, ist gleich darauf am 19. Januar von Goethe die Rede.

Sie wollen, daß ich Ihnen von Goethe erzähle; Sie wünschen, ihn kennenzulernen. – Sie sollen gleich von ihm hören. – Aber, arme Freundin, Sie ahnen es nicht, Sie *wünschen*, ihn zu *sehen*,

und Sie wissen nicht, wie *gefährlich* dieser *liebenswürdige* und *anziehende* Mensch Ihnen werden könnte! – Ich schneide eine Tafel aus Lavaters Physiognomik, um Ihnen dieses adlerhafte Antlitz vor Augen zu stellen.
Goethe ist der einzige Sohn eines sehr reichen Mannes, der den Titel eines Kaiserlichen Rats hat, und der in Frankfurt von seinen Renten lebt.
Ein Fremder, der kürzlich bei mir einsprach, hat mir folgendes Porträt von ihm entworfen: »Er ist 24 Jahre alt; ist Rechtsgelehrter, guter Advokat, Kenner und Leser der Alten, besonders der Griechen; Dichter und Schriftsteller; orthodox; heterodox; Possentreiber; Musikus; zeichnet frappant, ätzt in Kupfer, gießt in Gyps, schneidt in Holz, kurz, es ist ein *großes Genie*, aber ein *furchtbarer Mensch*.«
Eine Frau von Welt, die ihn oft gesehen hat, sagte mir, Goethe sei der schönste Mann, der lebhafteste, der originellste, der glühendste, der stürmischste, der sanfteste, der verführerischste, und der *gefährlichste* für das *Herz* eines Weibes, den sie zeitlebens gesehen habe.
Mein Freund Lavater schrieb mir am 27. August 1774 aus Zürich: »Werthers Leiden werden dich entzücken und in Tränen schmelzen. Du würdest den Doktor Goethe vergöttern. Er ist der *furchtbarste* und der *liebenswürdigste* Mensch.«

Im Juli 1775 lernt Zimmermann den von ihm hochbewunderten Verfasser des »Werther« persönlich kennen; er kommt in Straßburg mit ihm zusammen, wo Goethe, aus der Schweiz zurückkehrend, sich einige Tage aufhält.
Ende September weilte Zimmermann, der den ganzen Sommer unterwegs war, dann mit seiner Tochter in Goethes Elternhaus. Nach seiner Heimkunft schreibt er an Charlotte von Stein:

Hannover, 22. Oktober 1775
Überall, wo ich gewesen bin, Madame, in Deutschland, in Frankreich, in Genf, an den Grenzen Italiens, hatte ich Gelegenheit, von Ihnen zu sprechen.
In Straßburg zeigte ich Herrn Goethe unter hundert anderen auch Ihre Silhouette. Hier haben Sie, was er mit eigener Hand unter dies Bildnis schrieb: »Es wäre ein herrliches Schauspiel zu

sehen, wie die Welt sich in dieser Seele spiegelt. *Sie sieht die Welt, wie sie ist,* und doch durch's *Medium der Liebe.* So ist auch Sanftheit der allgemeinere Eindruck.« Nie hat man, meiner Meinung nach, über eine Silhouette mit mehr Genie geurteilt; niemals hat man von Ihnen, Madame, mit mehr Wahrheit gesprochen.
In Frankfurt wohnte ich bei Herrn Goethe, einem der außerordentlichsten und machtvollsten Geister, die je durch diese Welt ihren Weg nahmen. Er wird Sie gewiß in Weimar besuchen. Erinnern Sie sich dann, daß alles, was ich ihm von Ihnen in Straßburg erzählte, ihm drei Nächte lang den Schlaf geraubt hat.

»Er wird Sie gewiß in Weimar besuchen...« Diese Ankündigung bezieht sich auf die Einladung, die der Herzog Carl August, der sich Anfang Oktober in Karlsruhe mit Prinzessin Luise von Hessen-Darmstadt vermählt hatte, auf dem Rückweg nach Weimar in Frankfurt wiederholt hatte und der Goethe im November Folge leistete.
Etwa Mitte November kommt es zu der ersten Begegnung mit Frau von Stein. Auf deren Bericht über den Eindruck, den Goethe in Weimar hervorgerufen hatte, antwortet Zimmermann am 29. Dezember 1775:

Ich bin keineswegs überrascht, daß Herr Goethe in Weimar allgemein gefallen hat. Da ihm ein so glänzender und unbestrittener Ruf wie der seinige vorausging, da er zudem auf den ersten Blick *den Blitz in seinen Augen* trägt, so mußte er alle Herzen durch das unendlich Liebenswürdige seines Umgangs rühren, und durch die Rechtschaffenheit, die mit seinem erhabenen und alles übersteigenden Genius gepaart ist.
Ach, hätten Sie, meine Freundin, ihn in seinem Vaterhaus gesehen, wie dieser große Mann gegen Vater und Mutter der aufrichtigste und liebenswürdigste Sohn ist, ach, es hätte Sie große Mühe gekostet, ihn nicht »durchs Medium der *Liebe*« zu sehen!
Lavater – ach Gott, wenn Sie diesen Mann gesehen hätten! – und wenn Sie wüßten, wie sehr er Goethe liebt und ehrt. »Insgemein hat man nur eine Seele«, sagte Lavater, »aber Goethe hat hundert.«

Der etwa im Januar 1776 einsetzende Briefwechsel mit Frau von Stein, der sich durch viele Jahre erstreckt, besteht, da Frau von Stein häufig in Weimar war und ihr Landsitz Schloß Kochberg nicht weit entfernt lag, größtenteils aus kleinen Zetteln, kurzen Billetts, die durch Boten überbracht wurden. Manche waren von Geschenken begleitet: ein Blumenstrauß, ein Stück Wildbret oder selbstgezogenes Gemüse aus Goethes Garten. Wenn Goethe längere oder kürzere Zeit auf Reisen abwesend ist, nehmen seine Mitteilungen bisweilen, wie schon in den Briefen an Auguste von Stolberg, die Form eines Tagebuchs an.
Von den folgenden Billetts ist das zweite in der Morgenfrühe eines Jagdtages geschrieben; das vierte erzählt von einem kleinen Kostümball bei der Herzogin Luise.

Hier durch Schnee und Frost eine Blume. Wie durch das Eis und Sturmwetter des Lebens meine Liebe. Vielleicht komm ich heute. Ich bin wohl und ruhig, und meine, ich hätte Sie um viel lieber als sonst; das doch immer mir jeden Tag meist so vorkommt.

G.

So gehts denn, liebe Frau, durch Frost und Schnee und Nacht. Es scheint sich unser Beruf zu Abenteuern mehr zu bekräftigen. Ein bißchen ungern bin ich aufgestanden, denn um zwölf erst kam ich zu Bett. Es ist mir, als wenn mich's muntrer machte, Ihnen zu schreiben, denn gewiß, wenn's nach Kochberg ginge, wär ich muntrer. – – Ich hab meine Weinsuppe gessen – Liebe Frau, ich weiß auch Zeiten, wo ich früh aufgestanden bin und Aufwachen und Aufspringen eins war – aber wenn man in der weiten Welt nichts aufzutreiben weiß als Hasen! – Ich versäume mein Anziehen – Und wenn ich's nicht als Vorbild künftiger Abenteuer ansähe, und der Mensch nun doch einmal nichts taugt, der nicht geschoren wird – – Es ist fünfe; denken Sie an mich, und Ade. G.

Liebe Frau, ich werde wieder weggerissen, und hab dir so viel zu sagen. Heut hab ich wieder Wieland viel von meiner letzten Jahrs Geschicht erzählt, und wenn ihr mich warm haltet, so schreib ichs wohl für euch ganz allein. Denn es ist mehr als *Beichte*, wenn man auch das bekennt, worüber man nicht *Abso-*

lution bedarf. Adieu, Engel, ich werde eben nie klüger, und muß Gott danken dafür. Adieu. Und mich verdrießts doch auch, daß ich dich so lieb habe, und just *dich*!

Liebe Frau, ich war heut nacht von einem Teufelshumor zu Anfange. Es drückte mich und Luisen, daß Sie fehlten. Die Keller und die niedliche Bechtolsheim konnten mich nicht in Schwung bringen. Carl gab mir das Zettelchen, das machte die Sache ärger, mich brannt es unter den Sohlen, zu Ihnen zu laufen. Endlich fing ich an zu miseln, und da gings besser. Die Liebelei ist doch das probatste Palliativ in solchen Umständen. Ich log und trog mich bei allen hübschen Gesichtern herum, und hatte den Vorteil, immer im Augenblick zu glauben, was ich sagte. Das Milchmädchen gefiel mir wohl, mit etwas mehr Jugend und Gesundheit wäre sie mir gefährlich. Die Herzogin Mutter war lieb und gut, Luise ein Engel, ich hätte mich ihr etlichemal zu Füßen werfen müssen! Aber ich blieb in Fassung und kramte läppisches Zeug aus. Sie widersprach über eine Kleinigkeit dem Herzog heftig – doch macht ich sie nachher lachen. Wir dachten an dich, liebe Frau. Kommst doch heut abend?
27. Januar 76 G.

Lieber Engel, ich komme nicht ins Konzert. Denn ich bin so wohl, daß ich nicht sehen kann das Volk! Lieber Engel, ich ließ meine Briefe holen und es verdroß mich, daß kein Wort drin war von dir, kein Wort mit Bleistift, kein Guter Abend. Liebe Frau, leide, daß ich dich so lieb habe. Wenn ich jemand lieber haben kann, will ich dir's sagen. Will dich ungeplagt lassen. Adieu, Gold! du begreifst nicht, *wie* ich dich lieb hab.
den 28. Januar 76 G.

Liebe Frau, um fünfe seh ich Sie, kann Ihnen jetzt nichts von mir sagen. Auf der Galerie war mirs wunderlich, habe nachher allerlei Schicksale ausgestanden. – Meine Stella ist ankommen, gedruckt; sollst auch ein Exemplar haben. Sollst mich auch ein bißchen liebhaben. Es geht mir verflucht durch Kopf und Herz, ob ich bleibe oder gehe.
29. Januar 76 G.

Wandrers Nachtlied

Der du von dem Himmel bist,
Alle Freud und Schmerzen stillest,
Den der doppelt elend ist
Doppelt mit Erquickung füllest –
Ach ich bin des Treibens müde!
Was soll all die Qual und Lust?
Süßer Friede,
Komm ach komm in meine Brust!

Am Hang des Ettersberg
den 12. Februar 76

Wie ruhig und leicht ich geschlafen habe, wie glücklich ich aufgestanden bin und die schöne Sonne gegrüßt habe das erstemal seit vierzehn Tagen mit freiem Herzen, und wie voll Danks gegen dich Engel des Himmels, dem ich das schuldig bin. Ich muß dir's sagen, du Einzige unter den Weibern, die mir eine Liebe ins Herz gab, die mich glücklich macht. Nicht eher als auf der Redoute seh ich dich wieder! Wenn ich meinem Herzen gefolgt hätte – Nein, will brav sein – Ich liege zu deinen Füßen, ich küsse deine Hände.
den 23. Februar 1776   G.

Ich mußte fort, aber du sollst doch noch eine Gute Nacht haben. Du Einzige, die ich so lieben kann, ohne daß mich's plagt – Und doch leb ich immer halb in Furcht – Nun mag's. All mein Vertrauen hast du, und sollst, so Gott will, auch nach und nach all meine Vertraulichkeit haben. Denk an mich und drück deine Hand an die Lippen, denn du wirst Gusteln seine Ungezogenheiten nicht abgewöhnen; die werden nur mit seiner Unruhe und Liebe im Grab enden. Gute Nacht. Ich habe nun wieder auf der ganzen Redoute nur deine Augen gesehn – Und da ist mir die Mücke ums Licht eingefallen. Ade! Morgen zu Pferd.
Februar, den 23., nachts halb ein Uhr

Wenn heute abend jemand zu Haus ist, so komm ich, les den Kindern ein Märchen, esse mit euch und ruhe an deinen Augen von mancherlei aus. Indes adieu, Liebe.

Wie Frau von Stein diese leidenschaftlich zärtlichen und ungestümen Beteuerungen aufnahm, wissen wir so genau nicht, da ihre Antwortschreiben nicht erhalten sind. Sie hat sie nach dem Bruch mit Goethe zurückgefordert und verbrannt.
Immerhin kostete es sie einige Mühe, den Ungebärdigen in Schranken zu halten, und was sie gegen sein Betragen auf dem Herzen hatte, vertraut sie Anfang März einem Schreiben an Zimmermann an:

Weimar, den 6. März 1776

Ich komme jetzt, Ihnen eine Gute Nacht zu sagen. Ich war den Abend im Konzert, Goethe nicht. Vor einigen Stunden war er bei mir, gab mir für Sie das beigeschloßne Billett und war toll über Ihren Brief, den er mir auch vorlas. Ich verteidigte Sie, gestund ihm, ich wünschte selbst, er möchte etwas von seinem wilden Wesen, darum ihn die Leute hier so schief beurteilen, ablegen; das im Grund zwar nichts ist als daß er jagt, scharf reit, mit der großen Peitsche klatscht, alles in Gesellschaft des Herzogs. Gewiß sind dies seine Neigungen nicht, aber eine Weile muß ers so treiben, um den Herzog zu gewinnen und dann Gutes zu stiften – so denk ich davon. Er gab mir den Grund nicht an, verteidigte sich mit wunderbaren Gründen; mir bliebs, als hätt er unrecht. Er war sehr gut gegen mich, nennte mich im Vertrauen seines Herzens Du; das verwies ich ihm mit dem sanftesten Ton von der Welt, sichs nicht anzugewöhnen, weil es nun eben niemand wie ich zu verstehn weiß und er ohnedies oft gewisse Verhältnisse aus den Augen setzt. Da springt er wild auf vom Kanapee, sagt: Ich muß fort, läuft ein paarmal auf und ab, um seinen Stock zu suchen, findet ihn nicht, rennt so zur Türe hinaus, ohne Abschied, ohne Gute Nacht. Sehen Sie, lieber Zimmermann, so wars heute mit unserm Freund. Schon einige Mal habe ich bittern Verdruß um ihn gehabt; das weiß er nicht, und solls nie wissen. Nochmals, Gute Nacht!

den 8. Da haben Sie nun auch den Guten Morgen. Ich könnte Ihnen vor Abgang der Post auch noch eine Gute Nacht sagen, aber ich bin nicht zu Haus den Abend, und noch den Vormittag muß ich mich von Ihnen trennen. Ich sollte gestern mit der Herzogin-Mutter zum Wieland gehn; weil ich aber fürchtete, Goethen da zu finden, tat ichs nicht. Ich habe erstaunlich viel auf meinem Herzen, das ich dem Unmenschen sagen muß. Es ist nicht möglich, mit seinem Betragen kommt er nicht durch die Welt. Wenn unser sanfter Sittenlehrer gekreuzget wurde, so wird dieser bittere zerhackt. Warum sein beständiges Pasquillieren? Es sind ja alles Geschöpfe des großen Wesens; das duldet sie ja. Und nun sein unanständges Betragen mit Fluchen, mit pöbelhaften, niedern Ausdrücken! Auf sein Moralisches, sobald es aufs Handeln ankommt, wirds vielleicht keinen Einfluß haben, aber er verdirbt andre. Der Herzog hat sich wunderbar geändert. Gestern war er bei mir, behauptete, daß alle Leute mit Anstand, mit Manieren nicht den Namen eines ehrlichen Mannes tragen könnten. Wohl gab ich ihm zu, daß man in dem rauhen Wesen oft den ehrlichen Mann fände, aber doch wohl ebenso oft in dem gesitteten. Daher er auch niemanden mehr leiden mag, der nicht etwas Ungeschliffnes an sich hat. Das ist nun alles von Goethen, von dem Menschen, der vor Tausenden Kopf und Herz hat, der alle Sachen so klar, ohne Vorurteile sieht, sobald er nur will; der über alles kann Herr werden, was er will. Ich fühls, Goethe und ich werden niemals Freunde; auch seine Art, mit unserm Geschlecht umzugehn, gefällt mir nicht; er ist eigentlich, was man kokett nennt, es ist nicht Achtung genug in seinem Umgang.

Zerreißen Sie meinen Brief. Es ist mir, als wenn ich eine Undankbarkeit gegen Goethen damit begangen hätte; aber um keine Falschheit zu begehn, will ichs ihm alles sagen, sobald ich nur Gelegenheit finde. Leben Sie wohl, lieber Zimmermann, und empfehlen mich unsern Freunden.   von Stein

Goethes »beigeschlossenes Billett« lautet folgendermaßen:

Mir ist wohl, darauf verlaß dich. Von meinen *wahren Verhältnissen* wird dir kein *Reisender* was erzählen können, kaum ein Mitwohnender. Ich bin fest entschlossen, nichts zu hören, was man von mir sagt, noch was man mir raten kann. – Wie's *ausgeht,* daran ist auch nichts gelegen. Der Pöbel sieht auf den Ausgang, sagt ein Grieche. Und die Glücklichen scheinen weise den Menschen.

den 6. März 76, Weimar G.

Ende März unternimmt Goethe eine Reise nach Naumburg und Leipzig, wo er seinerzeit studiert hat und wo er Käthchen Schönkopf als verehelichte Amtmännin Kanne wiedersieht. Aus der Zeit nach seiner Rückkehr von dieser Reise stammt vermutlich das Fragment eines Briefes an Wieland, in dem Goethe sein Verhältnis zu Charlotte von Stein mit folgenden Worten zu umschreiben versucht:

Ich kann mir die Bedeutsamkeit – die Macht, die diese Frau über mich hat, anders nicht erklären als durch die Seelenwanderung. – Ja, wir waren einst Mann und Weib! – Nun wissen wir von uns – verhüllt, in Geisterduft. – Ich habe keine Namen für uns – die Vergangenheit – die Zukunft – das All.

Der gleiche Gedanke kehrt in dem großen Gedicht wieder, das Goethe am 14. April an Frau von Stein schickte, und das erst 1848 nach dieser einzigen erhaltenen Handschrift gedruckt wurde.

> Warum gabst du uns die tiefen Blicke,
> Unsre Zukunft ahndungsvoll zu schaun,
> Unsrer Liebe, unserm Erdenglücke
> Wähnend selig nimmer hinzutraun?
> Warum gabst uns, Schicksal, die Gefühle,
> Uns einander in das Herz zu sehn,
> Um durch all die seltenen Gewühle
> Unser wahr Verhältnis auszuspähn?
>
> Ach so viele tausend Menschen kennen
> Dumpf sich treibend kaum ihr eigen Herz,
> Schweben zwecklos hin und her und rennen
> Hoffnungslos in unversehnem Schmerz,
> Jauchzen wieder, wenn der schnellen Freuden
> Unerwarte Morgenröte tagt.
> Nur uns armen liebevollen Beiden
> Ist das wechselseitge Glück versagt,
> Uns zu lieben, ohn uns zu verstehen,
> In dem Andern sehn, was er nie war,
> Immer frisch auf Traumglück auszugehen
> Und zu schwanken auch in Traumgefahr.

Glücklich, den ein leerer Traum beschäftigt!
Glücklich, dem die Ahndung eitel wär!
Jede Gegenwart und jeder Blick bekräftigt
Traum und Ahndung leider uns noch mehr.
Sag, was will das Schicksal uns bereiten?
Sag, wie band es uns so rein genau?
Ach du warst in abgelebten Zeiten
Meine Schwester oder meine Frau.

Kanntest jeden Zug in meinem Wesen,
Spähtest, wie die reinste Nerve klingt,
Konntest mich mit *einem* Blicke lesen,
Den so schwer ein sterblich Aug durchdringt;
Tropftest Mäßigung dem heißen Blute,
Richtetest den wilden, irren Lauf,
Und in deinen Engelsarmen ruhte
Die zerstörte Brust sich wieder auf;
Hieltest zauberleicht ihn angebunden
Und vergaukeltest ihm manchen Tag –
Welche Seligkeit glich jenen Wonnestunden,
Da er dankbar dir zu Füßen lag,
Fühlt' sein Herz an deinem Herzen schwellen,
Fühlte sich in deinem Auge gut,
Alle seine Sinnen sich erhellen
Und beruhigen sein brausend Blut.

Und von allem dem schwebt ein Erinnern
Nur noch um das ungewisse Herz,
Fühlt die alte Wahrheit ewig gleich im Innern,
Und der neue Zustand wird ihm Schmerz.
Und wir scheinen uns nur halb beseelet,
Dämmernd ist um uns der hellste Tag.
Glücklich, daß das Schicksal, das uns quälet,
Uns doch nicht verändern mag.

den 14. April 76   G.

Am 22. April erhält Goethe von Carl August das Gartenhaus im Park an der Ilm zum Geschenk. Vier Tage später erwirbt er das

Weimarer Bürgerrecht. Anfang Mai reitet er einer Feuersbrunst wegen nach Ilmenau und besichtigt das dortige Bergwerk. In seiner Abwesenheit schreibt Charlotte von Stein wieder an Zimmermann:

Mir gehts mit Goethen wunderbar; nach acht Tagen, wie er mich so heftig verlassen hat, kommt er mit einem Übermaß von Liebe wieder. Ich hab zu mancherlei Betrachtungen durch Goethen Anlaß bekommen. Je mehr ein Mensch fassen kann, deucht mich, je dunkler, anstößger wird ihm das Ganze, je eher verfehlt man den ruhigen Weg; gewiß hatten die gefallenen Engel mehr Verstand wie die übrigen.

Ich bin durch unsern lieben Goethe ins Deutschschreiben gekommen, wie Sie sehen, und ich danks ihm; was wird er wohl noch mehr aus mir machen? Denn, wenn er hier, lebt er immer um mich herum. Jetzt nenn ich ihn meinen Heiligen, und darüber ist er mir unsichtbar worden, seit einigen Tagen verschwunden, und lebt in der Erde, fünf Meilen von hier in Bergwerken.

Goethe und Wieland haben sich alle beide hier Gärten gekauft; in Goethens Garten hab ich schon einmal Café getrunken und von seinem Spargel gegessen, den er selbst gestochen und in seinem Ziehbrunnen gewaschen hatte. In Goethens Garten ist die schönste Aussicht, die hier zu haben ist; er liegt an einem Berg, und unten ist Wiese, die von einem kleinen Fluß durchschlungen wird.

XII

An Charlotte von Stein
Harzreise im Winter; Reise nach Berlin
(1777/78)

Am 7. November 1775 war Goethe in Weimar eingetroffen. Schon im April des folgenden Jahres machte der Herzog ihm das Gartenhaus am Stern als Wohnung zum Geschenk. Wenige Tage später erwarb Goethe das Weimarer Bürgerrecht, und im Juni trat er als Geheimer Legationsrat mit Sitz und Stimme im Geheimen Conseil in den weimarischen Staatsdienst. Immer mehr wächst er privat und öffentlich in strengere Verpflichtungen und Verantwortungen hinein. Waren Dumpfheit, Verworrenheit, Unrast bis dahin häufig die Grundzüge seines Daseins, so gewinnen nun Klarheit, freier Überblick, genaue Haushaltung die Oberhand, und mit ihnen etwas, das in Goethes Tagebuchaufzeichnungen aus dieser Zeit bald »Stille und Bestimmtheit«, bald »Reinheit«, einmal auch »fortdauernde reine Entfremdung von den Menschen« heißt.
Da lautet eine Eintragung vom 14. November 1777, im Rückblick auf den Lebenswechsel vor zwei Jahren und auf die gründlichen Veränderungen, die er in Goethes Leben bewirkte:

Heiliges Schicksal, du hast mir mein Haus gebaut und ausstaffiert über mein Bitten, ich war vergnügt in meiner Armut, unter meinem halbfaulen Dache, ich bat dich, mirs zu lassen, aber du hast mir Dach und Beschränktheit vom Haupte gezogen wie eine Nachtmütze. Laß mich nun auch frisch und zusammengenommen der Reinheit genießen. Amen. Ja und Amen winkt der erste Sonnenblick.

Ein andermal ist in denselben Aufzeichnungen von einer »immer gleichen, fast zu reinen Stimmung« die Rede: »Immer fortwährende Freude an Wirtschaft, Ersparnis, Auskommen. Bestimmteres Gefühl von Einschränkung, und dadurch der wahren Ausbreitung.«
Goethes Schwierigkeiten erwuchsen ihm ganz offensichtlich aus

einem Zuviel an Welt- und Selbsterfahrung, aus dem, was er als die überschwenglichen Gaben der Götter, des Schicksals empfand, gegen die in einem menschlichen Zustand sich einzurichten und zu behaupten er sich zur Aufgabe setzte. Um seiner selbst willen, doch auch um des Herzogs, um des Landes, um seiner neuen Mitbürger willen.
Ende November 1777 unternahm Goethe eine Reise in den Harz; in doppelter Absicht, wie er schreibt: einmal um ein näheres, unmittelbares Anschauen des Bergbaus zu gewinnen, zum andern, um einen jungen Theologen, Friedrich Plessing in Wernigerode, zu besuchen und aufzurichten.
Auf dieser Reise, für welche Goethe, wie er es gerne tat, sich einen fremden Namen zugelegt hatte, entstand eines seiner wunderbarsten, anspielungsreichsten Gedichte »Harzreise im Winter«, zu dem er im hohen Alter einen Kommentar verfaßt hat. Dort heißt es:

Die Reise ward Ende November 1777 gewagt. Ganz allein zu Pferde, im drohenden Schnee, unternahm der Dichter ein Abenteuer, das man bizarr nennen könnte.
Am frühsten Wintermorgen verläßt er seinen im Augenblick behaglich-gastfreundlichen thüringischen Wohnsitz, wo ihn später eine zweite Vaterstadt beglückte, er reitet nordwärts bergauf; ein schwerer schneedrohender Himmel wälzt sich ihm entgegen.
Begonnene Ausführung eines bedenklichen und beschwerlichen Unternehmens stählt den Mut und erheitert den Geist. Der Dichter gedenkt seines bisherigen Lebensganges, den er glücklich nennen, dem er den schönsten Erfolg versprechen darf.
Aber sogleich gedenkt er eines Unglücklichen, Mißmutigen, um dessentwillen er eigentlich die Fahrt unternommen.
Als der Dichter den »Werther« geschrieben, um sich wenigstens persönlich von der damals herrschenden Empfindsamkeitskrankheit zu befreien, mußte er die große Unbequemlichkeit erleben, daß man ihn gerade diesen Gesinnungen günstig hielt. Er mußte manchen schriftlichen Andrang erdulden, worunter ihm besonders ein junger Mann auffiel, welcher schreibselig-beredt und dabei so ernstlich durchdrungen von Mißbehagen und selbstischer Qual sich zeigte, daß es unmöglich war, nur irgendeine

Persönlichkeit zu denken, wozu diese Seel-Enthüllungen passen möchten. Alle seine wiederholten zudringlichen Äußerungen waren anziehend und abstoßend zugleich, daß endlich, bei einer immer aufgeforderten und wieder gedämpften Teilnahme, die Neugier rege ward, welchen Körper sich ein so wunderlicher Geist gebildet habe. Ich wollte den Jüngling sehen, aber unerkannt, und deshalb hatte ich mich eigentlich auf den Weg begeben.

Auch auf dieser Reise, wie durch alle Jahre seiner Neigung zu Charlotte von Stein hindurch, schrieb Goethe für sie eine Art Brieftagebuch, das er in Etappen nach Weimar beförderte. Schwebend genau halten diese Aufzeichnungen die wechselnden Stimmungen dieser Tage bis in die flüchtigsten Schattierungen fest.

Elbingerode, den 2. Dezember 1777
Nur die Freude, die ich habe wie ein Kind, sollten Sie im Spiegel sehn können! Wie doch nichts abenteuerlich ist als das Natürliche, und nichts groß als das Natürliche!!! Heut, wie ich auf einer Klippe saß – Sie sollen sie sehn – Wo mich Götter und Menschen nicht gesucht hätten. Ich zeichne wieder den ganzen Tag und werde doch nichts mitbringen, wie gewöhnlich. Ich hab Sie wohl sehr lieb. In der ungeheuern Natur, da ich kritzelte und mirs sehr wohl war, fiel mirs ein: wenn du's nur auch heut abend in der Grünen Stube aufhängen könntest! Da ists freilich besser im Stern zeichnen. Aber dafür auch!!! lieb Gold, Wege mitunter!! Und wenn nun gleich die allzugefällige Nacht einem sich an Rücken hängt!! – Die Trauer an den langen seichten Wassern hin in der Dämmrung! –
Mich ärgert, daß ich das Messer und ein Paar dicke Strümpfe nicht von Ihnen habe, denn das sind Freunde in der Not! – Zwar hab ich Ihren Handschuh, aber ich bin so ein ehmännischer Liebhaber, daß das nicht recht fruchten will. Ohne den mindsten Unfall bin ich bis hier. – Gar hübsch ists, auf seinem Pferde mit dem Mantelsäckchen wie auf einem Schiffe herumzukreuzen. Gute Nacht.

Goslar, Donnerstag, den 4. Dezember
Ein ganz entsetzlich Wetter hab ich heut ausgestanden, was die Stürme für Zeugs in diesen Gebürgen ausbrauen ist unsäglich. Sturm, Schnee, Schloßen, Regen, und zwei Meilen an einer Nordwand eines Waldgebirgs her, alles fast ist naß, und erholt haben sich meine Sinne kaum nach Essen, Trinken, drei Stunden Ruhe usw. – – Mein Abenteuer hab ich bestanden, schön, ganz, wie ich mirs vorauserzählt, wie Sie's sehr vergnügen wird zu hören, denn Sie allein dürfens hören, auch der Herzog, und so muß es Geheimnis sein. Es ist niedrig aber schön, es ist nichts und viel, – die Götter wissen allein, was sie wollen, und was sie mit uns wollen, ihr Wille geschehe.
Hier bin ich nun wieder in Mauern und Dächern des Altertums versenkt. Bei einem Wirte, der gar viel Väterlichs hat, es ist eine schöne Philisterei im Hause, es wird einem ganz wohl. – – Wie sehr ich wieder, auf diesem dunklen Zug, Liebe zu der Klasse von Menschen gekriegt habe! die man die niedre nennt! die aber gewiß für Gott die höchste ist. Da sind doch alle Tugenden beisammen, Beschränktheit, Genügsamkeit, grader Sinn, Treue, Freude über das leidlichste Gute, Harmlosigkeit, Dulden – Dulden – Ausharren in un – – ich will mich nicht in Ausrufen verlieren.
Ich trockne nun jetzt an meinen Sachen! – sie hängen um den Ofen. Wie *wenig* der Mensch bedarf, und wie lieb es ihm wird, wenn er fühlt, wie *sehr* er das *wenige* bedarf. – Wenn Sie mir künftig was schenken, lassen Sie's etwas sein, was man auf so einer Reise braucht. – Nur das Stück Papier, wo die Zwiebacke in gewickelt waren, zu wie vielerlei mir's gedient hat! – Es kann nicht fehlen, daß Sie hier nicht lachen und sagen: Schließlich wirds also den Weg alles Papiers gehn! – Genug, es ist so – – – Ihre Uhr ist denn doch ein hübsch Vermächtnis. – – –
Ich weiß nun noch nicht, wie sich diese Irrfahrt endigen wird, so gewohnt bin ich, mich vom Schicksale leiten zu lassen, daß ich gar keine Hast mehr in mir spüre; nur manchmal dämmern leise Träume von Sorglichkeit wieder auf, die werden aber auch schwinden.
Den 5. Dezember. Guten Morgen noch bei Lichte. Es regnet gar arg, und niemand reist, außer wen Not treibt und dringend Geschäft, und mich treiben seltsame Gedanken in der Welt herum. Adieu.

Goslar, den 6. Dezember 77
Mir ists eine sonderbare Empfindung, unbekannt in der Welt herumzuziehen, es ist mir, als wenn ich mein Verhältnis zu den Menschen und den Sachen weit wahrer fühlte. Ich heiße Weber, bin ein Maler, habe Jura studiert, oder ein Reisender überhaupt, betrage mich sehr höflich gegen jedermann, und bin überall wohl aufgenommen. Mit Frauens hab ich noch gar nichts zu schaffen gehabt. Eine reine Ruh und Sicherheit umgibt mich, bisher ist mir noch alles zu Glück geschlagen, die Luft hellt sich aus, es wird diese Nacht sehr frieren. Es ist erstes Viertel. Ich hab einen Wunsch auf den Vollmond: wenn ihn die Götter erhören, wärs großen Danks wert. Ich nehm auch nur mit der Hälfte vorlieb. Heut wollt ich zeichnen, ein lieblich Fleck, es ging gar nicht. Mir ists ein vor allemal unbegreiflich, daß ich Stunden habe, wo ich so ganz und gar nichts hervorbringe. – –
Ich drehe mich auf einem sehr kleinen, aber sehr merkwürdigen Fleckchen Welt herum. Die kurzen Tage machen alles weiter. Und es ist gar ein schön Gefühl, wenn von Platz zu Platz aus Abend und Morgen *ein* Tag wird. – Schlafen tu ich ganz ohne Maß.
Den 7. Heute früh hab ich wahrhaftig schon Heimweh, es ist mir, als wenn mir mein Tal wie ein Klotz angebunden wäre. Ich bin immer um unsre Gegenden und treffe Sie vermutlich da an. Es ist kalt und heitrer Himmel, heut will ich hier weg, und rükke Ihnen schon wieder einigermaßen näher. Adieu.

Claustal, den 7. Dezember, abends. Schöne Mondnacht und alles weiß im Schnee. Sie sehen wohl, daß ich auf den Bergen bin, weil sich in so wenig Stunden das Klima so sehr verändern kann. Aber nicht allein Klima. Ich hab Ihnen viel zu erzählen, wenn ich wiederkomme. Wenn ich nur hernach erzählen kann. Den sonderbaren dramatisch-ministerialischen Effekt, den die Welt auf mich macht, durch die ich ziehe!! Das Schönste von dieser Wallfahrt ist, daß ich meine Ideen bestätigt finde auf jedem Schritt, über Wirtschaft, es sei ein Bauergut oder ein Fürstentum, und daß sie so simpel sind, daß man gar nicht zu reisen brauchte, wenn man *bei sich* was lernte. Nur die Einsamkeit will mir doch nicht recht, ich habs sonst besser gekonnt, bei euch verwöhn ich mich, ich möchte doch in manchen Stunden wieder zu Hause sein.

Den 8. Dezember, nachts. Diesmal bring ich Sie um eine Menge toller Ideen. Heute den ganzen Tag schwätzt ich mit Ihnen, was ich des Abends schreiben wollte. Und nun unterhält mich die Menschenwirtschaft durcheinander so sehr, daß ich nur gute Nacht sagen kann. Gute Nacht, Liebste.

Den 9. Es ist gar schön. Der Nebel legt sich in leichte Schneewolken zusammen, die Sonne sieht durch, und der Schnee über alles macht wieder das Gefühl von Fröhlichkeit. In meiner Verkappung seh ich täglich, wie leicht es ist, ein Schelm zu sein, und wieviel Vorteile einer, der sich im Augenblick verleugnet, über die harmlose Selbstigkeit der Menschen gewinnen kann. Niemand macht mir mehr Freude als die Hundsfütter, die ich nun so ganz vor mir gewähren und ihre Rolle gemächlich ausspielen lasse. Der Nutzen aber, den das auf meinen phantastischen Sinn hat, mit lauter Menschen umzugehn, die ein bestimmtes, einfaches, daurendes, wichtiges Geschäft haben, ist unsäglich. Es ist wie ein kaltes Bad, das einen aus einer bürgerlich wollüstigen Abspannung wieder zu einem neuen kräftigen Leben zusammenzieht.

Den 9. Dezember, abends. Altenau. Was die Unruhe ist, die in mir steckt, mag ich nicht untersuchen, auch nicht untersucht haben. Wenn ich so allein bin, erkenn ich mich recht wieder, wie ich in meiner ersten Jugend war, da ich so ganz allein unter der Welt umhertrieb. Die Menschen kommen mir noch ebenso vor, nur macht ich heut eine Betrachtung. Solang ich im Druck lebte, solang niemand für das, was in mir auf- und abstieg, einig Gefühl hatte, vielmehr, wie's geschieht, die Menschen erst mich nicht achteten, dann wegen einiger widerrennender Sonderbarkeiten scheel ansahen, hatte ich mit aller Lauterkeit meines Herzens eine Menge falscher, schiefer Prätentionen – es läßt sich nicht so sagen, ich müßte ins Detail gehen – da war ich elend, genagt, gedrückt, verstümmelt, wie Sie wollen. Jetzt ists kurios, besonders die Tage her in der freiwilligen Entäußerung, was da für Lieblichkeit, für Glück drinne steckt.

Die Menschen streichen sich recht auf mir auf, wie auf einem Probierstein; ihre Gefälligkeit, Gleichgültigkeit, Hartleibigkeit und Grobheit, eins mit dem andern macht mir Spaß – Summa Summarum: es ist die Prätention aller Prätentionen, keine zu haben.

Liebes Gold! Ich hab an keinem Orte Ruh, ich habe mich tiefer ins Gebirg gesenkt, und will morgen von da in seltsame Gegenden streifen, wenn ich einen Führer durch den Schnee finde. Um halb viere fangts schon hier an Nacht zu sein, und das ist nach der Uhr des platten Lands gewiß erst drei.
Ich denke des Tags hundertmal an den Herzog und wünsche ihm den Mitgenuß so eines Lebens, aber den rechten leckern Geschmack davon kann er noch nicht haben; er gefällt sich noch zu sehr, das Natürliche zu was Abenteuerlichem zu machen, statt daß es einem erst wohl tut, wenn das Abenteuerliche natürlich wird.
Es ist eben um die Zeit, wenig Tage auf ab, daß ich vor neun Jahren krank zum Tode war. Meine Mutter schlug damals in der äußersten Not ihres Herzens ihre Bibel auf und fand, wie sie mir nachher erzählt hat: »Man wird wiederum Weinberge pflanzen an den Bergen Samariä, pflanzen wird man und dazu pfeifen.« Sie fand für den Augenblick Trost, und in der Folge manche Freude an dem Spruche.
Sie sehn, was für Zeug mir durcheinander einfällt.
Daß ich jetzt um und in Bergwerken lebe, werden Sie vielleicht schon erraten haben. Gestern, Liebste, hat mir das Schicksal wieder ein groß Kompliment gemacht. Der Aufseher ward einen Schritt vor mir von einem Stück Gebirg, das sich ablöste, zu Boden geschlagen; da er ein sehr robuster Mann war, so stemmte er sich, da es auf ihn fiel, daß es sich in mehr Stücke auseinanderbrach und an ihm hinabrutschte; es überwältigte ihn aber doch, und ich glaubte, es würde ihm wenigstens die Füße sehr beschädigt haben, es ging aber so hin; einen Augenblick später, so stund ich an dem Fleck, denn es war eben vor einem Ort, den er mir zeigen wollte, und meine schwanke Person hätt es gleich niedergedrückt und mit der völligen Last gequetscht. Es war immer ein Stück von fünf, sechs Zentnern. Also daß Ihre Liebe bei mir bleibe, und die Liebe der Götter.

Den 10. Dezember, vor Tag. Eh ich wieder hier aufbreche, noch einen Guten Morgen.
Nachts gegen 7. Was soll ich vom Herren sagen mit Federspulen, was für ein Lied soll ich von ihm singen? im Augenblick, wo mir alle Prose zur Poesie und alle Poesie zur Prose wird. Es ist

schon nicht möglich, mit der Lippe zu sagen, was mir widerfahren ist – wie soll ichs mit dem spitzen Ding hervorbringen? Liebe Frau, mit mir verfährt Gott wie mit seinen alten Heiligen, und ich weiß nicht, woher mir's kommt. Das Ziel meines Verlangens ist erreicht, es hängt an vielen Fäden, und viele Fäden hingen davon; Sie wissen, wie symbolisch mein Dasein ist – – Und die Demut, die sich die Götter zu verherrlichen einen Spaß machen, und die Hingebenheit von Augenblick zu Augenblick, die ich habe, und die vollste Erfüllung meiner Hoffnungen.
Ich will Ihnen entdecken (sagen Sie's niemand), daß meine Reise auf den Harz war, daß ich wünschte, den Brocken zu besteigen, und nun, Liebste, bin ich heut oben gewesen, ganz natürlich, ob mirs schon seit acht Tagen alle Menschen als unmöglich versichern. Aber das *Wie*, von allem, das Warum soll aufgehoben sein, wenn ich Sie wiedersehe. Wie gerne schrieb ich jetzt nicht.
Ich sagte: ich habe einen Wunsch auf den Vollmond! – Nun, Liebste, tret ich vor die Türe hinaus, da liegt der Brocken im hohen herrlichen Mondschein über den Fichten vor mir, und ich war oben heut und habe auf dem Teufelsaltar meinem Gott den liebsten Dank geopfert.

Trotz der Versicherung, das Abenteuer dieser Reise erst nach seiner Heimkunft mündlich berichten zu wollen, kann Goethe sich doch nicht enthalten, der Freundin in Weimar – als ein Beispiel der »übermütterlichen Leitung zu seinen Wünschen« – auf dem nächsten Blatt seines Brieftagebuchs zu erzählen, wie es ihm wider Erwarten zuletzt gelang, die so sehnlich erhoffte Besteigung des Brocken zu bewerkstelligen.

Claustal, den 11., abends. Heut früh bin ich vom Torfhause über die Altenau wieder zurück und habe Ihnen viel erzählt unterwegs; o ich bin ein gesprächiger Mensch, wenn ich allein bin.
Nur ein Wort zur Erinnrung. Wie ich gestern zum Torfhause kam, saß der Förster bei seinem Morgenschluck in Hemdsärmeln, und diskursive redete ich vom Brocken und er versicherte die Unmöglichkeit hinaufzugehn, und wie oft er sommers droben gewesen wäre und wie leichtfertig es wäre, jetzt es zu versuchen – Die Berge waren im Nebel, man sah nichts, und so, sagt er, ists auch jetzt oben, nicht drei Schritte vorwärts können Sie

sehn. Und wer nicht alle Tritte weiß pp. Da saß ich mit schwerem Herzen, mit halben Gedanken, wie ich zurückkehren wollte. Ich war still und bat die Götter, das Herz dieses Menschen zu wenden und das Wetter, und war still. So sagt er zu mir: Nun können Sie den Brocken sehn; ich trat ans Fenster und er lag vor mir klar wie mein Gesicht im Spiegel, da ging mir das Herz auf und ich rief: Und ich sollte nicht hinaufkommen! haben Sie keinen Knecht, niemanden – Und er sagte: Ich will mit Ihnen gehn. – – Ich habe ein Zeichen ins Fenster geschnitten zum Zeugnis meiner Freudentränen, und wärs nicht an Sie, hielt ich's für Sünde, es zu schreiben. Ich habs nicht geglaubt bis auf der obersten Klippe. Alle Nebel lagen unten, und oben war herrliche Klarheit und heute nacht bis früh war er im Mondschein sichtbar, und finster auch in der Morgendämmerung, da ich aufbrach. Adieu. Morgen geh ich von hier weg. Sie hören nun aus andren Gegenden von mir. Fühlen Sie etwa Beruf, mir zu schreiben, geben Sie's nur Philippen, dem hab ich eine Adresse gemeldet. Adieu, Liebste. Grüßen Sie Steinen und die Waldnern; aber niemandem, wo ich bin. Adieu.

G.

Unter ganz anderem Vorzeichen stand die nächste größere Reise, die Goethe im Mai 1778 mit dem Herzog und dem Fürsten Leopold von Dessau über Leipzig und Wörlitz, wo der berühmte Park besucht wurde, nach Berlin führte; an den Hof Friedrichs des Großen, in politischer Mission, da der bayerischen Erbfolge wegen zwischen Preußen und Österreich ein neuer Krieg auszubrechen drohte. Goethe nahm an Manövern teil, besichtigte die Porzellan-Manufaktur, speiste bei dem Prinzen Heinrich zu Mittag und lernte unter anderen Moses Mendelssohn, den Kupferstecher Chodowiecki und die Volksdichterin Anna Luise Karsch kennen, die ein scherzhaftes Huldigungsgedicht auf ihn verfaßte.
Über seine Eindrücke von diesem Aufenthalt berichtet Goethe an Charlotte von Stein:

Berlin. Sonntag den 17. Mai, abends. In einer ganz andern Lage, als ich Ihnen den Winter vom Brocken schrieb, und mit eben dem Herzen, wenige Worte. Ich dacht heut an des Prinzen Heinrichs Tafel dran, daß ich Ihnen schreiben müßte. Es ist ein wunderbarer Zustand, eine seltsame Fügung, daß wir hier sind. Durch die Stadt und mancherlei Menschen Gewerb und Wesen hab ich mich durchgetrieben. Von den Gegenständen selbst mündlich mehr. Gleichmut und Reinheit erhalten mir die Götter aufs schönste, aber dagegen welkt die Blüte des Vertrauens, der Offenheit, der hingebenden Liebe täglich mehr. Sonst war meine Seele wie eine Stadt mit geringen Mauern, die hinter sich eine Zitadelle auf dem Berge hat. Das Schloß bewacht ich, und die Stadt ließ ich in Frieden und Krieg wehrlos; nun fang ich auch an, die zu befestigen, wärs nur indes gegen die leichten Truppen.

Es ist ein schön Gefühl, an der Quelle des Kriegs zu sitzen in dem Augenblick, da sie überzusprudeln droht. Und die Pracht der Königstadt, und Leben und Ordnung und Überfluß, das nichts wäre ohne die tausend und tausend Menschen, bereit, für sie geopfert zu werden. Menschen, Pferde, Wagen, Geschütz, Zurüstungen, es wimmelt von allem. Wenn ich nur gut erzählen kann von dem großen Uhrwerk, das sich vor einem treibt; von der Bewegung der Puppen kann man auf die verborgnen Räder, besonders auf die große alte Walze, *Fridericus Rex* gezeichnet, mit tausend Stiften, schließen, die diese Melodieen eine nach der andern hervorbringt.

Berlin, den 19. Wenn ich nur könnte bei meiner Rückkunft Ihnen alles erzählen, wenn ich nur dürfte. Aber ach die eisernen Reifen, mit denen mein Herz eingefaßt wird, treiben sich täglich fester an, daß endlich gar nichts mehr durchrinnen wird. – Wenn Sie das Gleichnis fortsetzen wollen, so liegt noch eine schöne Menge Allegorie drin.

Soviel kann ich sagen, je größer die Welt, desto garstiger wird die Farce, und ich schwöre, keine Zote und Eselei der Hanswurstiaden ist so ekelhaft als das Wesen der Großen, Mittlern und Kleinen durcheinander. Ich habe die Götter gebeten, daß sie mir meinen Mut und Gradsein erhalten wollen bis ans Ende, und lieber mögen das Ende vorrücken, als mich den letzten Teil des Ziels lausig hinkriechen lassen. Aber den Wert, den wieder dieses Abenteuer für mich, für uns alle hat, nenn ich nicht mit Namen. – Ich bete die Götter an und fühle mir doch Mut genug, ihnen ewigen Haß zu schwören, wenn sie sich gegen uns betragen wollen wie ihr Bild, die Menschen.

Potsdam, den 21. Durch einen schönen Schlaf hab ich meine Seele gereinigt. Gestern abend sind wir wieder hier angekommen. Wir wollen uns noch umsehen und dann wohl morgen weiter, mein Verlangen steht sehr vorwärts nach Hause.

Dessau, Sonntag den 24. Endlich kann ich Ihnen die Zettelchen schicken und Ihnen sagen, daß ich Sie immer lieb habe, mich wieder nach Hause sehne, obgleich auch in der weiten Welt alles nach Wunsch geht. Hier haben Sie auch, wie mich die Karschin beverset hat. In Leipzig werd ich Ihre Briefe wohl nicht abholen, wir gehn über Allstädt nach Hause. Sagen Sie's aber nicht weiter. Wenn der Herzog sich Pferde entgegenschicken läßt, schikken Sie mir doch auch ein Zettelchen mit. Adieu, Liebe.

G.

Am 1. Juni trafen Carl August und Goethe wieder in Weimar ein, und gleich anderntags in der Frühe geht wieder ein Billett an Charlotte von Stein:

Sie sollten schon einen Guten Morgen von mir haben. In meinem Tal ist mirs lieber und wohler als in der weiten Welt. Gestern abend dacht ich, daß mich die Götter wohl für ein schön Gemäld halten mögen, weil sie so eine überkostbare Rahm drum machen wollten. Daß Sie mich lieb haben, glaub ich und fühl's. Sie und der Herzog wohnen über mir wie Nagel und Schleife, daran Rahm und Gemälde hängt.

XIII

*An Charlotte von Stein
Briefe aus der Schweiz (1779)*

Im August 1779 schreibt Goethe der Mutter nach Frankfurt, er trage sich mit der Absicht, den Herzog auf einer Rheinreise zu begleiten und bei dieser Gelegenheit sie und den Vater endlich wiederzusehen.
In Erinnerung an den Bibelvers, den die Mutter bei seiner schweren Krankheit im Jahre 1769 aufgeschlagen hatte: »Man wird wiederum Weinberge pflanzen auf den Bergen Samariä, pflanzen wird man und dazu pfeifen« – in Erinnerung an die Verheißung dieses Trostorakels und zugleich auf des Vaters Altershypochondrie anspielend, schreibt Goethe am 9. August an die Mutter:

Der Herzog hat Lust, den schönen Herbst am Rhein zu genießen, ich würde mit ihm gehen und wir würden bei euch unsre Stätte aufschlagen, um von da die Nachbarschaft zu besuchen. Wenn Sie dieses prosaisch oder poetisch nimmt, so ist dieses eigentlich das Tüpfchen aufs i eures vergangnen Lebens, und ich käme das erstemal ganz wohl und vergnügt und so ehrenvoll als möglich in mein Vaterland zurück. Weil ich aber auch möchte, daß, da an den Bergen Samariä der Wein so schön gediehen ist, auch dazu gepfiffen würde, so wollt ich nichts, als daß Sie und der Vater offne und feine Herzen hätten, uns zu empfangen und Gott zu danken, der euch euren Sohn im dreißigsten Jahr auf solche Weise wiedersehen läßt. Da ich aller Versuchung widerstanden habe, von hier wegzuwitschen und euch zu überraschen, so wollt ich auch diese Reise recht nach Herzenslust genießen. Das Unmögliche erwart ich nicht. Gott hat nicht gewollt, daß der Vater die so sehnlich gewünschten Früchte, die nun reif sind, genießen solle, er hat ihm den Appetit verdorben, und so sei's. Ich will gerne von der Seite nichts fordern, als was ihm der Humor des Augenblicks für ein Betragen eingibt. Aber Sie möcht ich recht fröhlich sehen, und Ihr einen Guten Tag bieten wie noch keinen. Ich habe alles, was ein Mensch verlangen kann, ein Leben, in dem ich mich täglich übe und täglich wachse, und komme diesmal gesund, ohne Leidenschaft, ohne Verworrenheit, ohne dumpfes Treiben, sondern wie ein von Gott Geliebter, der die Hälfte seines Lebens hingebracht hat und aus vergangnem Leide manches Gute für die Zukunft hofft, und auch für künftiges Leiden die Brust bewährt hat. Wenn ich euch vergnügt finde, werd ich mit Lust zurückkehren an die Arbeit und die Mühe des Tags, die mich erwartet.

Aus der Rheinreise wurde eine Reise in die Schweiz, die Goethe und der Herzog in Begleitung des Kammerherrn von Wedel am 12. September antraten. Man reiste über Kassel, Frankfurt, Heidelberg; Goethe nahm die Gelegenheit wahr, in Sesenheim Friederike Brion wiederzusehen und in Straßburg seine einstige Braut Lili Schönemann, nun verehelichte Frau von Türckheim, aufzusuchen. In Emmendingen kehrt man bei Goethes früherem Schwager Johann Georg Schlosser ein, und Goethe besucht das Grab seiner im Juni 1777 gestorbenen Schwester Cornelia. Vom Ende September stammen die folgenden Briefe und Aufzeichnungen für Frau von Stein.

Gegen Speyer über am Rhein, den 24. September 79
Wir warten auf die Fähre, indes will ich im Schatten Ihnen einige Worte schreiben.
Wir streichen wie ein stiller Bach immer weiter gelassen in die Welt hin, haben heute den schönsten Tag, und bisher das erwünschte Glück. Auf diesem Wege rekapitulier ich mein ganz vorig Leben, sehe alle alte Bekannte wieder, Gott weiß, was sich am Ende zusammen summieren wird. Dem Herzog tuts sehr wohl, Wedel ist vergnügt. Die Schweiz liegt vor uns, und wir hoffen mit Beistand des Himmels in den großen Gestalten der Welt uns umzutreiben, und unsre Geister im Erhabnen der Natur zu baden. Lassen Sie immer etwas nach Frankfurt gehen, es wird mir nachgeschickt oder erwartet mich. Leben Sie wohl!

Rheinzabern, den 25. September, früh
Ich hatte mir vorgenommen, ein klein Diarium zu schreiben; es ging aber nicht, weil es mir keinen nahen Zweck hatte. Künftig will ich Ihnen täglich einfach aufschreiben, was uns geschieht.

Gestern mittag kamen wir zu Speyer an und suchten Domherr Beroldingen auf. Er ist ein lebhafter, grader und rein teilnehmender Mann. Wir fasteten mit ihm sehr gut. Sahen den Dom, ein halb neues, halb aus dem Brand überbliebnes Gebäude, dessen erste Anlage wie die alten Kirchen zusammen in dem wahren Gefühl der Andacht gemacht ist. Sie schließen den Menschen in den einfachen großen Formen zusammen, und in ihren hohen Gewölben kann sich doch der Geist wieder ausbreiten, und aufsteigen, ohne, wie's in der großen Natur geschieht, ganz ins Unendliche überzuschweifen.

Selz, mittags. Ein ungemein schöner Tag, eine glückliche Gegend, noch alles grün, kaum hie und da ein Buchen- und Eichenblatt gelb. Die Weiden noch in ihrer silbernen Schönheit. Ein milder, willkommner Atem durchs ganze Land. Trauben mit jedem Schritt und Tage besser. Jedes Bauernhaus mit Reben bis unters Dach, jeder Hof mit einer großen vollhangenden Laube. Himmelsluft weich, warm, feuchtlich, man wird auch wie die Trauben reif und süß in der Seele. Wollte Gott, wir wohnten hier zusammen; mancher würde nicht so schnell im Winter einfrieren und im Sommer austrocknen. Der Rhein und die klaren Gebirge in der Nähe, die abwechselnden Wälder, Wiesen und gartenmäßigen Felder machen dem Menschen wohl und geben mir eine Art Behagens, das ich lange entbehre.

Emmendingen, den 28. September. Ich kann nur zuerst die himmlischen Wolken preisen und verherrlichen, die bisher noch, wie ein Baldachin am Feiertage, über uns schwebten, und sich als Freunde und Führer unsres Unternehmens bekannten. In Demut hoff ich, daß es so weitergehn wird. Luft und Wetterglas geben Hoffnung. Nachts die klarsten Himmel, früh mit Sonnenaufgang leicht auf und absteigende Nebel.

Goethe ist insgesamt dreimal in die Schweiz gereist. Das erste Mal mit den beiden jungen Grafen Stolberg, im Frühsommer 1775, als er sich gewaltsam von seiner Verlobten Lili Schönemann losreißen wollte. Man kam bis auf den Sankt Gotthard, von dem herab Goethe einen »Scheideblick« nach Italien warf, das einmal wie sein Vater zu besuchen ihm immer schon im Sinn gelegen hatte.
Die zweite Reise im Herbst 1779 wurde vor allem unternom-

*men, um den Herzog für eine Weile dem kleinlichen Treiben des Weimarer Hofes zu entrücken. Die dritte Reise fällt in den Sommer 1797; auch sie führte Goethe zuerst nach Frankfurt, wo er seine Mutter zum letztenmal sah, und dann nach Schwaben, an den Bodensee und zuletzt wieder auf den Gotthard hinauf.
Auf der diesmaligen Reise geht der Weg von Emmendingen über Freiburg nach Basel. Von dort aus machte man sich zu Pferd nach Biel auf und gelangte am 3. Oktober nach Münster im Birstal. Hier schreibt Goethe an Charlotte von Stein:*

Ich eile nur, von der letzten Station einige Worte aufzuzeichnen.
Nachdem wir zu Mittag gegessen hatten, kamen wir bald in den engen Paß, der hierher führt.
Durch den Rücken einer hohen und breiten Gebirgkette hat die Birs, ein mäßiger Fluß, sich einen Weg von uralters gesucht. Das Bedürfnis mag nachher durch diese Schluchten ängstlich nachgeklettert sein. Die Römer erweiterten schon den Weg, und nun ist er sehr bequem durchgeführt. Das über Felsstücke rauschende Wasser und der Weg gehen nebeneinander weg und machen an den meisten Orten die ganze Breite des Passes, der auf beiden Seiten von Felsen beschlossen ist, die ein gemächlich aufgehobenes Auge fassen kann. Hinterwärts heben Gebirge sanft ihre Rücken, deren Gipfel uns von Nebel bedeckt waren.
Bald steigen aneinander hängende Wände senkrecht auf, bald streichen gewaltige Lagen schief nach dem Fluß und dem Weg ein, breite Massen sind aufeinander gesetzt und gleich darneben stehen scharfe Klippen abgesetzt. Große Klüfte spalten sich aufwärts, und Platten von Mauerstärke haben sich von dem übrigen Gesteine losgetrennt. Einzelne Felsstücke sind heruntergestürzt, andere hängen noch über und lassen nach ihrer Lage fürchten, daß sie dereinst gleichfalls hereinkommen werden. Bald rund, bald spitz, bald bewachsen, bald nackt sind die Firsten der Felsen, wo oft noch oben drüber ein einzelner Kopf kahl und kühn herübersieht, und an Wänden und in der Tiefe schmiegen sich ausgewitterte Klüfte hinein.
Mir machte der Zug durch diese Enge eine große ruhige Empfindung. Das Erhabene gibt der Seele die schöne Ruhe, sie wird ganz dadurch ausgefüllt, fühlt sich so groß, als sie sein kann und

gibt ein reines Gefühl, wenn es bis gegen den Rand steigt, ohne überzulaufen. Mein Aug und meine Seele konnten die Gegenstände fassen, und da ich rein war, diese Empfindung nirgends falsch widerstieß, so wirkten sie, was sie sollten. Wenn man solch ein Gefühl mit dem vergleicht, wenn wir uns mühseelig im Kleinen umtreiben, alle Mühe uns geben, ihm so viel als möglich zu borgen und aufzuflicken und unserm Geist durch seine eigne Kreatur Freude und Futter zu geben, so sieht man erst, wie ein armseelig Behelf es ist.

Ein junger Mann, den wir von Basel mitnahmen, sagte, es sei ihm lange nicht wie das erste Mal, und gab der Neuheit die Ehre. Ich möchte aber sagen: wenn wir einen solchen Gegenstand zum erstenmal erblicken, so weitet sich die ungewohnte Seele erst aus, und es macht dies ein schmerzlich Vergnügen, eine Überfülle, die die Seele bewegt und uns wollüstige Tränen ablockt. Durch diese Operation wird die Seele in sich größer, ohne es zu wissen, und ist daher bei einem zweiten Anblick jener ersten Empfindung nicht mehr fähig. Der Mensch glaubt verloren zu haben, er hat aber gewonnen. Was er an Wollust verliert, gewinnt er an innrem Wachstum. Hätte mich nur das Schicksal in irgendeiner großen Gegend heißen wohnen, ich wollte mit jedem Morgen Nahrung der Großheit aus ihr saugen, wie aus meinem lieblichen Tal Geduld und Stille.

Am Ende der Schlucht stieg ich ab und kehrte einen Teil alleine zurück. Ich entwickelte noch ein tiefes Gefühl, was das Vergnügen auf einen hohen Grad für aufmerksame Augen vermehrt. Man ahndet im Dunkeln die Entstehung und das Leben dieser seltsamen Gestalten. Es mag geschehen sein, wie und wann es wolle, so haben sich diese Massen, nach der Schwere und Ähnlichkeit ihrer Teile, groß und einfach zusammengesetzt. Was für Revolutionen sie nachher bewegt, getrennt, gespalten haben, so sind auch diese doch nur einzelne Erschütterungen gewesen und selbst der Gedanke einer so ungeheuren Bewegung gibt ein hohes Gefühl von ewiger Festigkeit. Die Zeit hat auch, gebunden an die ewigen Gesetze, bald mehr bald weniger auf sie gewirkt.

Sie scheinen innerlich von gelblicher Farbe zu sein; allein das Wetter und die Luft verändern die Oberfläche in Graublau, daß nur hier und da in Streifen und in frischen Spalten die erste Farbe sichtbar ist. Langsam verwittert der Stein selbst und run-

det sich an den Ecken ab, weichere Flecken werden weggezehrt, und so gibts gar zierlich ausgeschweifte Höhlen und Löcher, die, wenn sie mit scharfen Kanten und Spitzen zusammentreffen, sich seltsam zeichnen.
Die Vegetation behauptet ihr Recht; auf jedem Vorsprung, Fläche und Spalt fassen Fichten Wurzel, Moos und Kräuter säumen die Felsen. Man fühlt tief, hier ist nichts Willkürliches, hier wirkt ein alles langsam bewegendes ewiges Gesetz, und nur von Menschenhand ist der bequeme Weg, über den man durch diese seltsame Gegenden durchschleicht.

Dieser erste Brief angesichts der schweizerischen Berge ist ein bedeutsames Dokument. Aus der Art der Schilderung erkennt man, wie sehr Goethes geologische, geognostische und mineralogische Studien, auch schon metereologische Beobachtungen sein Sehen verändert und seiner Darstellung einen vorwaltenden Zug zum Objektiven, in der ersten Niederschrift bereits kompositorisch Ausgewogenen und Geformten verliehen haben. Die Empfindung, mit der alles gesehen wird, ist nicht minder stark als früher, aber sie macht sich eher als Grundierung des Ganzen bemerkbar, ohne sich selber in schwelgerischem Genuß auszukosten. Dementsprechend tritt auch das realistische Detail der Außenwelt immer schärfer in den Blick.
Von Münster führte die Reise nach Thun, und da man auf der Rückreise in Zürich Johann Caspar Lavater besuchen wollte, meldete Goethe ihm von Thun aus, wo sie sich befänden und welches ihre nächsten Stationen sein würden.

Thun, den 8. Oktober 79
So nah bin ich bei dir, lieber Bruder, wie dir der Ruf schon wird gemeldet haben.
Wir sind im Begriff, auf die Gletscher, so weit es die Jahrszeit erlaubt, zu gehen. Dann solls noch durch einen Umweg zu dir.
Dich wiederzusehen, lieber Bruder, ist einer meiner beständigsten Wünsche diese vier Jahre her und wird nun auch bald erfüllt.
Ich habe dir viel zu sagen, und viel von dir zu hören; wir wollen wechselweis Rechnung von unserm Haushalten ablegen, einander segnen und für die Zukunft stärken, wieder ganz nah zu-

sammenrücken, und uns freuen, daß wir noch in einer Luft Atem holen.
Mein Gott, dem ich immer treu geblieben bin, hat mich reichlich gesegnet im Geheimen, denn mein Schicksal ist den Menschen ganz verborgen; sie können nichts davon sehen noch hören. Was sich davon offenbaren läßt, freu ich mich, in dein Herz zu legen. Adieu, Bruder. Bisher sind wir glücklich gereist; bete auch, daß uns die himmlischen Wolken günstig bleiben, und wir an allen Gefahren vorübergehn. G.

Anderntags war man am späten Nachmittag in Lauterbrunn, wo man den berühmten Wasserfall des Staubbachs vor Augen hatte. Dort entstand damals das Gedicht »Gesang der Geister über dem Wasser«.
Von Lauterbrunn aus wurden verschiedene Exkursionen in das Berner Oberland unternommen. Ein Reisediarium darüber ging, zusammen mit dem Gedicht, Mitte Oktober an Frau von Stein.

Lauterbrunnen, den 9. Oktober 1779, abends ½ 7 Uhr.
Wir sind um halb fünf wirklich hier in der Gegend angelangt und haben den Staubbach bei gutem Wetter zum erstenmal gesehen; die Wolken der obern Luft waren gebrochen, und der blaue Himmel schien durch. An den Felswänden hielten Wolken, selbst das Haupt, wo der Staubbach herunterkommt, war leicht bedeckt. Es ist ein sehr erhabener Gegenstand. Und es ist vor ihm wie bei allem Großen: solang es Bild ist, so weiß man doch nicht recht, was man will. Es läßt sich von ihm kein Bild machen; die Sie von ihm gesehen haben, sehen sich mehr oder weniger ähnlich; aber wenn man drunter ist, wo man weder mehr bilden noch beschreiben kann, dann ist man erst auf dem rechten Fleck. Jetzo sind die Wolken herein ins Tal gezogen und decken alle die heiteren Gründe. Auf der rechten Seite steht die hohe Wand noch hervor, über die der Staubbach herabkommt. Es wird Nacht. Wir sind beim Pfarrer in Lauterbrunn eingekehrt; es ist ein auseinander liegendes Dorf, genannt, wie die Leute sagen, weil lauter Brunnen, nichts als Brunnen in dieser Gegend von den Felsen herunterkommen.
Über das Münstertal, wodurch wir gekommen sind, hab ich ein eigen Papier geschrieben; die Gegenstände darin sind sehr er-

haben, aber proportionierter zu dem Begriff der menschlichen Seele als wie die, gegen die wir näherrücken; gegen das Übergroße ist und bleibt man zu klein.

Gestern konnte ich in Bern früh mit dem Perückenmacher nicht fertig werden, suchte Leute auf, die ich nicht fand, und durchstrich bei der Gelegenheit die Stadt. Sie ist die schönste, die wir gesehen haben: in bürgerlicher Gleichheit eins wie das andre gebaut, all aus einem graulichen weißen Sandstein, die Egalität und Reinlichkeit drinne tut einem sehr wohl; besonders da man fühlt, daß nichts leere Dekoration oder Durchschnitt des Despotismus ist. Die Gebäude, die der Stand Bern selbst aufführt, sind groß und kostbar, doch haben sie keinen Anschein von Pracht, der eins vor dem andern in die Augen würfe. Wir nahmen ein Frühstück statt des Mittagsessens und ritten drauf nach Thun, wo wir beizeiten anlangten, um noch die schöne Aussicht vom Kirchhof auf den See zu sehen und an der Aar bis gegen den See zu spazieren. Wir machten mit einem Bürger Bekanntschaft, der drauf unser Schiffer war und künftig unser Geleitsmann sein wird.

Thun, den 14. Oktober, abends 7 Uhr. Wir sind glücklich wieder hier angekommen. Diese vier Tage das schönste Wetter, heut und gestern keine Wolke am Himmel, und die merkwürdigsten Gegenden ganz rein in dem himmlischen Lichte genossen.
Die merkwürdige Tour durch die Bernischen Gletscher ist geendigt, wir haben leicht vorübergehend die Blüte abgeschöpft. Wär ich allein gewesen, ich wäre höher und tiefer gegangen, aber mit dem Herzog muß ich tun, was mäßig ist. Doch könnt ich uns mehr erlauben, wenn er die böse Art nicht hätte, den Speck zu spicken, und wenn man auf dem Gipfel des Bergs mit Müh und Gefahr ist, noch ein Stiegelchen ohne Zweck und Not mit Müh und Gefahr suchte. Ich bin auch einigemal unmutig in mir drüber geworden, daß ich heut nacht geträumt habe, ich hätte mich drüber mit ihm überworfen, wäre von ihm gegangen, und hätte die Leute, die er mir nachschickte, mit allerlei Listen hintergangen. Wenn ich aber wieder sehe, wie jedem der Pfahl ins Fleisch geben ist, den er zu schleppen hat, und wie er sonst von dieser Reise wahren Nutzen hat, ist alles wieder weg. Er hat gar eine gute Art von Aufpassen, Teilnehmen und Neugier, beschämt

mich oft, wenn er da anhaltend oder dringend ist, etwas zu sehen oder zu erfahren, wenn ich oft am Flecke vergessen oder gleichgültig bin.

Es soll recht gut werden, denk ich, und bisher hat uns das Glück gar unerhört begleitet. Kein Gedanke, keine Beschreibung noch Erinnerung reicht an die Schönheit und Größe der Gegenstände, und ihre Lieblichkeit in solchen Lichtern, Tageszeiten und Standpunkten.

Wedel hat des Tags hundert tolle Einfälle, und wenn ihn nicht manchmal der Schwindel ankäme und ihn auf Augenblicke böser Laune machte, wäre kein Gesellschafter über ihn.

Vom dem Gesange der Geister hab ich noch wundersame Strophen gehört, kann mich aber kaum beiliegender erinnern.

Gesang der lieblichen Geister in der Wüste

Erster Geist
Des Menschen Seele
Gleicht dem Wasser:
Vom Himmel kommt es,
Zum Himmel steigt es,

Zweiter
Und wieder nieder
Zur Erde muß es,
Ewig wechselnd.

Erster
Strömt von der hohen
Steilen Felswand
Der reine Strahl,
Stäubt er lieblich
In Wolkenwellen
Zum glatten Fels,
Und leicht empfangen,
Wallt er schleiernd,
Leis rauschend
Zur Tiefe nieder.

Zweiter
Ragen Klippen
Dem Sturz entgegen,
Schäumt er unmutig
Stufenweise
Zum Abgrund.

Erster
Im flachen Bette
Schleicht er das Wiesental hin,

Zweiter
Und in dem glatten See
Weiden ihr Antlitz
Alle Gestirne.

Erster
Wind ist der Welle
Lieblicher Buhler;

Zweiter
Wind mischt vom Grund aus
Alle die Wogen.

Erster
Seele des Menschen,
Wie gleichst du dem Wasser;

Zweiter
Schicksal des Menschen,
Wie gleichst du dem Wind.

Seine Reisebriefe aus der Schweiz hat Goethe später mit geringfügigen Änderungen in eine übersichtlichere Ordnung gebracht und zu einem Buch gestaltet, aus welchem Auszüge zuerst 1796 in Schillers »Horen« erschienen.
Die folgenden Schilderungen der Ritte und Wanderungen durch Jura und Alpen, von denen auch die unwirtliche Jahreszeit die Reisenden nicht abgeschreckt hatte, sind der späteren, redigierten Fassung entnommen.

Genf, den 27. Oktober
Die große Bergkette, die von Basel bis Genf Schweiz und Frankreich scheidet, wird, wie Ihnen bekannt ist, der Jura genannt. Die größten Höhen davon ziehen sich über Lausanne bis ungefähr über Rolle und Nyon. Auf diesem höchsten Rücken ist ein merkwürdiges Tal von der Natur eingegraben – ich möchte sagen eingeschwemmt, da auf allen diesen Kalkhöhen die Wirkungen der uralten Gewässer sichtbar sind – das la Vallée de Joux genannt wird.
Den 24. Oktober ritten wir, in Begleitung eines Hauptmanns und Oberforstmeisters dieser Gegenden, erstlich Mont hinan, einen kleinen zerstreuten Ort, der eigentlicher eine Kette von Reb- und Landhäusern genennt werden könnte. Das Wetter war sehr hell; wir hatten, wenn wir uns umkehrten, die Aussicht auf den Genfersee, die Savoyer und Walliser Gebirge, konnten Lausanne erkennen und durch einen leichten Nebel auch die Gegend von Genf. Der Montblanc, der über alle Gebirge des Faucigny ragt, kam immer mehr hervor. Die Sonne ging klar unter, es war so ein großer Anblick, daß ein menschlich Auge nicht dazu hinreicht. Der fast volle Mond kam herauf und wir immer höher. Durch Fichtenwälder stiegen wir weiter den Jura hinan, und sahen den See in Duft und den Widerschein des Mondes darin. Es wurde immer heller. Der Weg ist eine wohlgemachte Chaussee, nur angelegt um das Holz aus dem Gebirg bequemer in das Land herunterzubringen. Wir waren wohl drei Stunden gestiegen, als es hinterwärts sachte wieder hinabzugehen anfing. Wir glaubten, unter uns einen großen See zu erblicken, indem ein tiefer Nebel das ganze Tal, was wir übersehen konnten, ausfüllte. Wir kamen ihm endlich näher, sahen einen weißen Bogen, den der Mond darin bildete, und wurden bald ganz vom Nebel eingewickelt. Die Begleitung des Hauptmanns verschaffte uns Quartier in einem Hause, wo man sonst nicht Fremde aufzunehmen pflegt. Es unterschied sich in der innern Bauart von gewöhnlichen Gebäuden in nichts, als daß der große Raum mitten inne zugleich Küche, Versammlungsplatz, Vorsaal ist, und man von da in die Zimmer gleicher Erde und auch die Treppe hinaufgeht. Auf der einen Seite war an dem Boden auf steinernen Platten das Feuer angezündet, davon ein weiter Schornstein, mit Brettern dauerhaft und sauber ausgeschlagen, den Rauch

aufnahm. In der Ecke waren die Türen zu den Backöfen, der ganze Fußboden übrigens gedielet, bis auf ein kleines Eckchen am Fenster um den Spülstein, das gepflastert war; übrigens rings herum, auch in der Höhe über den Balken, eine Menge Hausrat und Gerätschaften in schöner Ordnung angebracht, alles nicht unreinlich gehalten.

Den 25. Morgens war helles kaltes Wetter, die Wiesen bereift, hier und da zogen leichte Nebel: wir konnten den untern Teil des Tals ziemlich übersehen, unser Haus lag am Fuß des östlichen Noirmont. Gegen achte ritten wir ab, und um der Sonne gleich zu genießen, an der Abendseite hin. Der Teil des Tals, an dem wir hinritten, besteht in abgeteilten Wiesen, die gegen den See zu etwas sumpfichter werden. Die Orbe fließt in der Mitte durch.

Im Aufsteigen sahen wir den See völlig hinter uns. Ostwärts ist der Noirmont seine Grenze, hinter dem der kahle Gipfel der Dôle hervorkommt, westwärts hält ihn der Felsrücken, der gegen den See ganz nackt ist, zusammen. Die Sonne schien heiß, es war zwischen elf und Mittag. Nach und nach übersahen wir das ganze Tal, konnten in der Ferne den Lac des Rousses erkennen, und weiter her bis zu unsern Füßen die Gegend, durch die wir gekommen waren. Im Aufsteigen wurde von der großen Strecke Landes und den Herrschaften, die man oben unterscheiden könnte, gesprochen, und in solchen Gedanken betraten wir den Gipfel; allein uns war ein ander Schauspiel zubereitet. Nur die hohen Gebirgsketten waren unter einem klaren und heitern Himmel sichtbar, alle niederen Gegenden mit einem weißen wolkigen Nebelmeer überdeckt, das sich von Genf bis nordwärts an den Horizont erstreckte und in der Sonne glänzte. Daraus stieg ostwärts die ganze reine Reihe aller Schnee- und Eisgebirge, ohne Unterschied von Namen der Völker und Fürsten, die sie zu besitzen glauben, nur Einem großen Herrn und dem Blick der Sonne unterworfen, der sie schön rötete. Der Montblanc gegen uns über schien der höchste, die Eisgebirge des Wallis und des Oberlandes folgten, zuletzt schlossen niedere Berge des Kantons Bern. Gegen Abend war an einem Platze das Nebelmeer unbegrenzt, zur Linken in der weitsten Ferne zeigten sich sodann die Gebirge von Solothurn, näher die von Neuchâtel. Gegen Abend schließt die Franche-Comté mit flachstreichenden waldigen Bergen den ganzen Horizont, wovon ein einziger ganz in der Ferne gegen Nordwest sich unterschied. Grad ab war ein schöner Anblick. Hier ist die Spitze, die diesem Gipfel den Namen eines Zahns gibt. Er geht steil und eher etwas einwärts hinunter, in der Tiefe schließt ein kleines Fichtental an mit schönen Grasplätzen, gleich drüber liegt das Tal, Vallorbe genannt, wo man die Orbe aus dem Felsen kommen sieht und rückwärts ihren unterirdischen Lauf in Gedanken verfolgen kann. Das Städtchen Vallorbe liegt auch in diesem Tal. Ungern schieden wir. Einige Stunden längeren Aufenthalts, indem der Nebel um diese Zeit sich zu zerstreuen pflegt, hätten uns das tiefere Land mit dem See entdecken lassen; so aber mußte, damit der Genuß vollkommen werde, noch etwas zu wünschen übrig bleiben. Abwärts hatten wir unser ganzes Tal in aller Klarheit vor uns, stiegen bei Pont zu Pferde, ritten an der Ostseite den See hinauf, kamen durch L'Abbaye de Joux, welches jetzt ein Dorf ist, ehemals aber ein Sitz der Geistlichen war, denen das ganze Tal zugehörte. Gegen viere langten wir in unserm Wirtshaus an, und fanden ein Essen, wovon uns die Wirtin versicherte, daß es um Mittag gut gewesen sei, aber auch übergar trefflich schmeckte.

Den 26. ward beim Frühstück überlegt, welchen Weg man zurück nehmen wolle. Da wir hörten, daß die Dôle, der höchste Gipfel des Jura, nicht weit von dem obern Ende des Tals liege, da das Wetter sich auf das herrlichste anließ und wir hoffen konnten, was uns gestern noch gefehlt, heute vom Glück alles zu erlangen; so wurde dahin zu gehen beschlossen. Wir packten einem Boten Käse, Butter, Brot und Wein auf, und ritten gegen achte ab. Unser Weg ging nun durch den obern Teil des Tals in dem Schatten des Noirmont hin. Es war sehr kalt, hatte gereift und gefroren; wir hatten noch eine Stunde im Bernischen zu reiten, wo man eben die Chaussee zu Ende zu bringen beschäftiget ist. Durch einen kleinen Fichtenwald rückten wir ins französische Gebiet ein. Hier verändert sich der Schauplatz sehr. Was wir zuerst bemerkten, waren die schlechten Wege. Der Boden ist sehr steinicht, überall liegen sehr große Haufen zusammengelesen; wieder ist er einesteils sehr morastig und quellig; die Waldungen umher sind sehr ruinieret; den Häusern und Einwohnern sieht man ich will nicht sagen Mangel, aber doch bald ein sehr enges Bedürfnis an. Sie gehören fast als Leibeigne an die Canonici von St. Claude, sie sind an die Erde gebunden, viele Abgaben liegen auf ihnen. Doch ist auch dieser Teil des Tals sehr angebaut. Sie nähren sich mühsam und lieben doch ihr Vaterland sehr, stehlen gelegentlich den Bernern Holz und verkaufen's wieder ins Land. Wir kamen bald auf die neue Straße, die aus dem Pays de Vaud nach Paris führt; wir folgten ihr eine Weile abwärts, und waren nunmehr von unserm Tale geschieden; der kahle Gipfel der Dôle lag vor uns, wir stiegen ab, unsre Pferde zogen auf der Straße voraus nach St. Cergue, und wir stiegen die Dôle hinan. Es war gegen Mittag, die Sonne schien heiß, aber es wechselte ein kühler Mittagswind. Sorgfältig hüteten wir uns, nicht durch einen Bug der Hügel uns nach der Gegend umzusehen, um derentwillen wir eigentlich heraufstiegen. Ich war in einiger Sorge wegen des Nebels, doch zog ich aus der Gestalt des obern Himmels einige gute Vorbedeutungen. Wir betraten endlich den obern Gipfel und sahen mit größtem Vergnügen uns heute gegönnt, was uns gestern versagt war. Das ganze Pays de Vaud und de Gex lag wie eine Flurkarte unter uns, alle Besitzungen mit grünen Zäunen abgeschnitten, wie die Beete eines Parterres. Dörfer, Städtchen, Landhäuser, Weinberge, und höher herauf, wo Wald und Alpen angehen, Sennhütten, meistens weiß und hell angestrichen, leuchteten gegen die Sonne. Vom Lemaner-See hatte sich der Nebel schon zurückgezogen, wir sahen den nächsten Teil an der diesseitigen Küste deutlich; den sogenannten kleinen See, wo sich der große verenget und gegen Genf zugeht, dem wir gegenüber waren, überblickten wir ganz, und gegenüber klärte sich das Land auf, das ihn einschließt. Vor allem aber behauptete der Anblick über die Eis- und Schneeberge seine Rechte. Wir setzten uns vor der kühlen Luft in Schutz hinter Felsen, ließen uns von der Sonne bescheinen, das Essen und Trinken schmeckte trefflich. Wir sahen dem Nebel zu, der sich nach und nach verzog, jeder entdeckte etwas, oder glaubte etwas zu entdecken. Wir sahen nach und nach Lausanne mit allen Gartenhäusern umher, Vevey und das Schloß von Chillon ganz deutlich, das Gebirg, das uns den Eingang vom Wallis verdeckte, bis in den See, von da, an der Savoyer Küste, Evian, Ripaille, Thonon, Dörfchen und Häuschen zwischen inne; Genf kam endlich rechts auch aus dem Nebel. Wendeten wir uns wieder links, so lag das ganze Land von Lausanne bis Solothurn in leichtem Duft. Die nähern Berge und Höhen, auch alles, was weiße Häuser hatte, konnten wir erkennen. Es sind keine Worte für die Größe und Schöne dieses Anblicks, man ist sich im Augenblick selbst kaum bewußt, daß man sieht, man ruft sich nur gern die Namen und alten Gestalten der bekannten Städte und Orte zurück, und freut sich in einer taumelnden Erkenntnis, daß das eben die weißen Punkte sind, die man vor sich hat.

Und immer wieder zog die Reihe der glänzenden Eisgebirge das Aug' und die Seele an sich. Die Sonne wendete sich mehr gegen Abend und erleuchtete ihre größern Flächen gegen uns zu. Schon was vom See auf für schwarze Felsrücken, Zähne, Türme und Mauern in vielfachen Reihen vor ihnen aufsteigen! wilde, ungeheure, undurchdringliche Vorhöfe bilden! wenn sie dann erst selbst in der Reinheit und Klarheit in der freien Luft mannigfaltig daliegen; man gibt da gerne jede Prätention ans Unendliche auf, da man nicht einmal mit dem Endlichen im Anschauen und Gedanken fertig werden kann.

Vor uns sahen wir ein fruchtbares bewohntes Land; der Boden, worauf wir standen, ein hohes, kahles Gebirge, trägt noch Gras, Futter für Tiere, von denen der Mensch Nutzen zieht. Das kann sich der einbildische Herr der Welt noch zueignen; aber jene sind wie eine heilige Reihe von Jungfrauen, die der Geist des Himmels in unzugänglichen Gegenden, vor unsern Augen, für sich allein in ewiger Reinheit aufbewahrt.

Wir blieben und reizten einander wechselweise, Städte, Berge und Gegenden bald mit bloßem Auge, bald mit dem Teleskop zu entdecken, und gingen nicht eher abwärts, als bis die Sonne, im Weichen, den Nebel seinen Abendhauch über den See breiten ließ. Auch näher am Tal waren unsre Augen nur auf die Eisgebirge gegenüber gerichtet. Die letzten, links im Oberland, schienen in einen leichten Feuerdampf aufzuschmelzen; die nächsten standen noch mit wohlbestimmten roten Seiten gegen uns, nach und nach wurden jene weiß, grün, graulich. Es sah fast ängstlich aus. Wie ein gewaltiger Körper von außen gegen das Herz zu abstirbt, so erblaßten alle langsam gegen den Montblanc zu, dessen weiter Busen noch immer rot herüberglänzte und auch zuletzt uns noch einen rötlichen Schein zu behalten schien, wie man den Tod des Geliebten nicht gleich bekennen und den Augenblick, wo der Puls zu schlagen aufhört, nicht abschneiden will. Auch nun gingen wir ungern weg. Die Pferde fanden wir in St. Cergue, und daß nichts fehle, stieg der Mond auf und leuchtete uns nach Nyon, indes unterweges unsere gespannten Sinnen sich wieder lieblich falten konnten, wieder freundlich wurden, um mit frischer Lust aus den Fenstern des Wirtshauses den breitschwimmenden Widerglanz des Mondes im ganz reinen See genießen zu können.

Chamonix, den 4. November, abends gegen neun
Wir ließen Salenche in einem schönen, offnen Tale hinter uns, der Himmel hatte sich während unsrer Mittagsrast mit weißen Schäfchen überzogen, von denen ich hier eine besondere Anmerkung machen muß. Wir haben sie so schön und noch schöner, an einem heitern Tag, von den Berner Eisbergen aufsteigen sehen. Auch hier schien es uns wieder so, als wenn die Sonne die leisesten Ausdünstungen von den höchsten Schneegebirgen gegen sich aufzöge und diese ganz feinen Dünste von einer leichten Luft, wie eine Schaumwolle, durch die Atmosphäre gekämmt würden. Ich erinnere mich nie in den höchsten Sommertagen, bei uns, wo dergleichen Lufterscheinungen auch vorkommen, etwas so Durchsichtiges, Leichtgewobenes gesehen zu haben. Schon sahen wir die Schneegebirge, von denen sie aufsteigen, vor uns, das Tal fing an zu stocken, die Arve schoß aus einer Felskluft hervor, wir mußten einen Berg hinan und wanden uns, die Schneegebirge rechts vor uns, immer höher. Abwechselnde Berge, alte Fichtenwälder zeigten sich uns rechts, teils in der Tiefe, teils in gleicher Höhe mit uns. Links über uns waren die Gipfel des Bergs kahl und spitzig. Wir fühlten, daß wir einem stärkern und mächtigern Satz von Bergen immer näher rückten. Wir kamen über ein breites trocknes Bett von Kieseln und Steinen, das die Wasserfluten die Länge des Berges hinab zerreißen und wieder füllen; von da in ein sehr angenehmes, rundgeschlossenes, flaches Tal, worin das Dörfchen Serves liegt. Von da geht der Weg um einige sehr bunte Felsen, wieder gegen die Arve. Wenn man über sie weg ist, steigt man einen Berg hinan: die Massen werden hier immer größer, die Natur hat hier mit sachter Hand das Ungeheure zu bereiten angefangen. Es wurde dunkler, wir kamen dem Tale Chamouni näher und

endlich darein. Nur die großen Massen waren uns sichtbar. Die Sterne gingen nacheinander auf, und wir bemerkten über den Gipfeln der Berge, rechts vor uns, ein Licht, das wir nicht erklären konnten. Hell, ohne Glanz wie die Milchstraße, doch dichter, fast wie die Plejaden, nur größer, unterhielt es lange unsere Aufmerksamkeit, bis es endlich, da wir unsern Standpunkt änderten, wie eine Pyramide, von einem innern geheimnisvollen Lichte durchzogen, das dem Schein eines Johanniswurms am besten verglichen werden kann, über den Gipfeln aller Berge hervorragte und uns gewiß machte, daß es der Gipfel des Montblanc war. Es war die Schönheit dieses Anblicks ganz außerordentlich; denn, da er mit den Sternen, die um ihn herum stunden, zwar nicht in gleich raschem Licht, doch in einer breitern zusammenhängendern Masse leuchtete, so schien er den Augen zu einer höhern Sphäre zu gehören und man hatte Müh', in Gedanken seine Wurzeln wieder an die Erde zu befestigen. Vor ihm sahen wir eine Reihe von Schneegebirgen dämmernder auf den Rücken von schwarzen Fichtenbergen liegen und ungeheure Gletscher zwischen den schwarzen Wäldern herunter ins Tal steigen.

Martinach im Wallis, den 6. November, abends
Unser Gepäck auf ein Maultier geladen, zogen wir heute früh gegen neune von Prieuré aus. Die Wolken wechselten, daß die Gipfel der Berge bald erschienen, bald verschwanden, bald die Sonne streifweis ins Tal dringen konnte, bald die Gegend wieder verdeckt wurde. Wir gingen das Tal hinauf, den Ausguß des Eistals vorbei, ferner den Glacier d'Argentière hin, den höchsten von allen, dessen oberster Gipfel uns aber von Wolken bedeckt war. In der Gegend wurde Rat gehalten, ob wir den Stieg über den Col de Balme unternehmen und den Weg über Valorcine verlassen wollten. Der Anschein war nicht der vorteilhafteste; doch da hier nichts zu verlieren und viel zu gewinnen war, traten wir unsern Weg keck gegen die dunkle Nebel- und Wolkenregion an. Als wir gegen den Glacier du Tour kamen, rissen sich die Wolken auseinander, und wir sahen auch diesen schönen Gletscher in völligem Lichte. Wir setzten uns nieder, tranken eine Flasche Wein aus und aßen etwas weniges. Wir stiegen nunmehr immer den Quellen der Arve auf rauhen Mat-

ten und schlecht berasten Flecken entgegen und kamen dem Nebelkreis immer näher, bis er uns endlich völlig aufnahm. Wir stiegen eine Weile geduldig fort, als es auf einmal, indem wir aufschritten, wieder über unsern Häuptern helle zu werden anfing. Kurze Zeit dauerte es, so traten wir aus den Wolken heraus, sahen sie in ihrer ganzen Last unter uns auf dem Tale liegen und konnten die Berge, die es rechts und links einschließen, außer dem Gipfel des Montblanc, der mit Wolken bedeckt war, sehen, deuten und mit Namen nennen. Kaum hatten wir eine Weile gestanden und uns an der großen Aussicht ergötzt, so schien eine feindselige Gärung in dem Nebel zu entstehen, der auf einmal aufwärtsstrich und uns aufs neue einzuwickeln drohte. Wir stiegen stärker den Berg hinan, ihm nochmals zu entgehn, allein er überflügelte uns und hüllte uns ein. Wir stiegen immer frisch aufwärts, und bald kam uns ein Gegenwind vom Berge selbst zu Hilfe, der durch den Sattel, der zwei Gipfel verbindet, hereinstrich und den Nebel wieder ins Tal zurücktrieb. Dieser wundersame Streit wiederholte sich öfter, und wir langten endlich glücklich auf dem Col de Balme an.

Der Wind ging scharf, und es fing ein wenig an zu schneien. Nunmehr ging es einen sehr rauhen und wilden Stieg abwärts, durch einen alten Fichtenwald, der sich auf Felsplatten von Gneis eingewurzelt hatte. Vom Wind übereinander gerissen, verfaulten hier die Stämme mit ihren Wurzeln, und die zugleich losgebrochenen Felsen lagen schroff durcheinander. Endlich kamen wir ins Tal, wo der Trientfluß aus einem Gletscher entspringt, ließen das Dörfchen Trient ganz nahe rechts liegen und folgten dem Tale durch einen ziemlich unbequemen Weg, bis wir endlich gegen sechse hier in Martinach auf flachem Wallisboden angekommen sind.

Noch haben wir nichts als die Gipfel der Berge, die das Tal von beiden Seiten einschließen, in der Abenddämmerung gesehen. Wir sind im Wirtshaus untergekrochen, sehen zum Fenster hinaus die Wolken wechseln, es ist uns so heimlich und so wohl, daß wir ein Dach haben, als Kindern, die sich aus Stühlen, Tischblättern und Teppichen eine Hütte am Ofen machen und sich darin bereden, es regne und schneie draußen, um angenehme eingebildete Schauer in ihren kleinen Seelen in Bewegung zu bringen.

Leukerbad, den 9., am Fuß des Gemmiberges
In einem kleinen bretternen Haus, wo wir von sehr braven Leuten gar freundlich aufgenommen worden, sitzen wir in einer schmalen und niedrigen Stube, und ich will sehen, wie viel von unserer heutigen sehr interessanten Tour durch Worte mitzuteilen ist. Von Sierre stiegen wir heute früh drei Stunden lang einen Berg herauf, nachdem wir vorher große Verwüstungen der Bergwasser unterwegs angetroffen hatten. Es reißt ein solcher schnell entstehender Strom auf Stunden weit alles zusammen, überführt mit Steinen und Kies Felder, Wiesen und Gärten, die denn nach und nach kümmerlich, wenn es allenfalls noch möglich ist, von den Leuten wiederhergestellt und nach ein paar Generationen vielleicht wieder verschüttet werden.

Wir hatten einen grauen Tag mit abwechselnden Sonnenblikken. Es ist nicht zu beschreiben, wie mannigfaltig auch hier das Wallis wieder wird; mit jedem Augenblick biegt und verändert sich die Landschaft. Es scheint alles sehr nah beisammen zu liegen, und man ist doch durch große Schluchten und Berge getrennt. Wir hatten bisher noch meist das offene Wallistal rechts neben uns gehabt, als sich auf einmal ein schöner Anblick ins Gebirg vor uns auftat.

Ich muß, um anschaulicher zu machen, was ich beschreiben will, etwas von der geographischen Lage der Gegend, wo wir uns befinden, sagen. Wir waren nun schon drei Stunden aufwärts in das ungeheure Gebirg gestiegen, das Wallis von Bern trennt. Es ist eben der Stock von Bergen, der in einem fort vom Genfersee bis auf den Gotthard läuft und auf dem sich in dem Berner Gebiet die großen Eis- und Schneemassen eingenistet haben.

Wir sahen, als wir um eine Ecke herumkamen und bei einem Heiligenstock ausruhten, unter uns am Ende einer schönen grünen Matte, die an einem ungeheuren Felsschlund herging, das Dorf Inden mit einer weißen Kirche ganz am Hange des Felsens in der Mitte von der Landschaft liegen. Über der Schlucht drüben gingen wieder Matten und Tannenwälder aufwärts, gleich hinter dem Dorfe stieg eine große Kluft von Felsen in die Höhe; die Berge von der linken Seite schlossen sich bis zu uns an, die von der rechten setzten auch ihre Rücken weiter fort, so daß das Dörfchen mit seiner weißen Kirche gleichsam wie im Brennpunkt von soviel zusammenlaufenden Felsen und Klüften dastand. Der Weg nach Inden ist in die steile Felswand gehauen, die dieses Amphitheater einschließt. Es ist dieses kein gefährlicher, aber doch sehr fürchterlich aussehender Weg. Er geht auf den Lagen einer schroffen Felswand hinunter, an der rechten Seite mit einer geringen Planke von dem Abgrunde gesondert. Ein Kerl, der mit einem Maulesel neben uns hinabstieg, faßte sein Tier, wenn es an gefährliche Stellen kam, beim Schweife, um ihm einige Hilfen zu geben, wenn es gar zu steil vor sich hinunter in den Felsen hinein mußte. Endlich kamen wir in Inden an, und da unser Bote wohlbekannt war, so fiel es uns leicht, von einer willigen Frau ein gut Glas roten Wein und Brot zu erhalten, da sie eigentlich in dieser Gegend keine Wirtshäuser haben. Nun ging es die hohe Schlucht hinter Inden hinauf, wo wir denn bald den so schrecklich beschriebenen Gemmiberg vor uns sahen und das Leukerbad an seinem Fuß, zwischen andern hohen, unwegsamen und mit Schnee bedeckten Gebirgen, gleichsam wie in einer hohlen Hand liegen fanden. Es war gegen drei, als wir ankamen; unser Führer schaffte uns bald Quartier. Es ist zwar kein Gasthof hier, aber alle Leute sind so ziemlich, wegen der vielen Badegäste, die hierherkommen, eingerichtet. Unsere Wirtin liegt seit gestern in den Wochen, und ihr Mann macht mit einer alten Mutter und der Magd ganz artig die Ehre des Hauses. Wir bestellten etwas zu essen und ließen uns die warmen Quellen zeigen, die an verschiedenen Orten sehr stark aus der Erde hervorkommen und reinlich eingefaßt sind. Außer dem Dorfe, gegen das Gebirg zu, sollen noch einige stärkere sein. Es hat dieses Wasser nicht den mindesten schwefelichten Geruch, setzt, wo es quillt und wo es durchfließt, nicht den mindesten Ocker noch sonst irgend etwas Mineralisches oder Irdisches an, sondern läßt wie ein anderes reines Wasser keine Spur zurück. Es ist, wenn es aus der Erde kommt, sehr heiß und wegen seiner guten Kräfte berühmt. Wir hatten noch Zeit zu einem Spaziergang gegen den Fuß des Gemmi, der uns ganz nah zu liegen schien. Ich muß hier wieder bemerken, was schon so oft vorgekommen, daß, wenn man mit Gebirgen umschlossen ist, einem alle Gegenstände so außerordentlich nahe scheinen. Wir hatten eine starke Stunde über heruntergestürzte Felsstücke und dazwischen geschwemmten Kies hinaufzusteigen, bis wir uns an dem Fuß des ungeheuren Gemmibergs, wo der Weg an steilen Klippen aufwärts gehet, befanden. Es ist dies der Übergang ins Berner Gebiet, wo alle Kranken sich müssen in Sänften heruntertragen lassen. Wie wir zurückgingen, sahen wir dem Gebräude der Wolken zu, das in der jetzigen Jahrszeit in diesen Gegenden äußerst interessant ist. Über das schöne Wetter haben wir bisher ganz vergessen, daß wir im November leben; es ist auch, wie man uns im Bernischen voraussagte, hier der Herbst sehr gefällig. Die frühen Abende und schneeverkündende Wolken erinnern uns aber doch manchmal, daß wir tief in der Jahrszeit sind. Das wunderbare Wehen, das sie heute abend verführten, war außerordentlich schön. Als wir vom Fuß des Gemmiberges zurückkamen, sahen wir, aus der Schlucht von Inden herauf, leichte Nebelwolken sich mit großer Schnelligkeit bewegen. Sie wechselten bald rückwärts, bald vorwärts, und kamen endlich aufsteigend dem Leukerbad so nah, daß wir wohl sahen, wir mußten unsere Schritte verdoppeln, um bei hereinbrechender Nacht nicht in Wolken eingewickelt zu werden. Wir kamen auch glücklich zu Hause an, und während ich dieses hinschreibe, legen sich wirklich die Wolken ganz ernstlich in einen kleinen artigen Schnee auseinander. Es ist dieser der erste, den wir haben. Ich bin in die Türe getreten, ich habe dem Wesen der Wolken eine Weile zugesehen, das über alle Beschreibung schön ist. Eigentlich ist es noch nicht Nacht, aber sie verhüllen abwechselnd den Himmel und machen dunkel. Aus den tiefen Felsschluchten steigen sie herauf, bis sie an die höchsten Gipfel der Berge reichen; von diesen angezogen, scheinen sie sich zu verdicken und, von der Kälte gepackt, in Gestalt des Schnees niederzufallen. Es ist eine unaussprechliche Einsamkeit hier oben, in so großer Höhe doch noch wie in einem Brunnen zu sein, wo man nur vorwärts durch die Abgründe einen Fußpfad hinaus vermutet. Die Wolken, die sich hier in diesem Sacke stoßen, die ungeheuren Felsen bald zudecken und in eine undurchdringliche öde Dämmerung verschlingen, bald Teile davon wieder als Gespenster sehen lassen, geben dem Zustand ein trauriges Leben. Man ist voller Ahnung bei diesen Wirkungen der Natur. Die Wolken, eine dem Menschen von Jugend auf so merkwürdige Lufterscheinung, ist man in dem platten Lande doch nur als etwas Fremdes, Überirdisches anzusehen gewohnt. Man betrachtet sie nur als Gäste, als Streichvögel, die, unter einem andern Himmel geboren, von dieser oder jener Gegend bei uns augenblicklich vorbeigezogen kommen; als prächtige Teppiche, womit die Götter ihre Herrlichkeit vor unsern Augen verschließen. Hier aber ist man von ihnen selbst, wie sie sich erzeugen, eingehüllt, und die ewige innerliche Kraft der Natur fühlt man sich ahnungsvoll durch jede Nerve bewegen.

Bei allen diesen Gegenständen wünscht man nur länger sich verweilen und an solchen Orten mehrere Tage zubringen zu können; ja ist man ein Liebhaber von dergleichen Betrachtungen, so wird der Wunsch immer lebhafter, wenn man bedenkt, daß jede Jahrszeit, Tagszeit und Witterung neue Erscheinungen, die man gar nicht erwartet, hervorbringen muß. Und wie in jedem Menschen, auch selbst dem gemeinen, sonderbare Spuren übrig bleiben, wenn er bei großen, ungewöhnlichen Handlungen etwa einmal gegenwärtig gewesen ist; wie er sich von diesem einen Flecke gleichsam größer fühlt, unermüdlich eben dasselbe erzählend wiederholt und so, auf jene Weise, einen Schatz für sein ganzes Leben gewonnen hat: so ist es auch dem Menschen, der solche große Gegenstände der Natur gesehen und mit ihnen vertraut geworden ist. Er hat, wenn er diese Eindrücke zu bewahren, sie mit andern Empfindungen und Gedanken, die in ihm entstehen, zu verbinden weiß, gewiß einen Vorrat von Gewürz, womit er den unschmackhaften Teil des Lebens verbessern und seinem ganzen Wesen einen durchziehenden guten Geschmack geben kann.

Von Leukerbad aus gelangten die Reisenden mit Pferden, Maultier und Wagen über Brig, dann das Rhonetal aufwärts und zuletzt mit zwei Führern durch tiefen Schnee über die Furka auf den Sankt Gotthard, wo man am 12. November abends eintraf.
Von dort schreibt Goethe an Charlotte von Stein:

Den 13. November 79; auf dem Gotthard bei den Kapuzinern.
Glücklich durch eine Kette merkwürdiger Gegenden sind wir hier angekommen. Hier ist der Herzog mit mir allein und dem Jäger. Auf dem Gipfel unsrer Reise. Bis Genf gings von Ihnen weg, bisher sind wir in der Quer ziemlich gleich weit weggeblieben, und von Morgen an geht jeder Schritt wieder zurück. Zum

zweitenmal bin ich nun in dieser Stube, auf dieser Höhe, ich sage nicht mit was für Gedanken. Auch jetzt reizt mich Italien nicht. Daß dem Herzog diese Reise nichts nützen würde jetzo; daß es nicht gut wäre, länger von zu Hause zu bleiben; daß ich Euch wiedersehen werde – alles wendet mein Auge zum zweitenmal vom Gelobten Lande ab, ohne das zu sehen ich hoffentlich nicht sterben werde, und führt meinen Geist wieder nach meinem armen Dache, wo ich vergnügter als jemals Euch an meinem Kamin haben und einen guten Braten auftischen werde. Dabei sollen die Erzählungen die Abende kurz machen von braven Unternehmungen, Entschlüssen, Freuden und Beschwerden.

Im kurzen nur! Von Genf haben wir die Savoyer Eisgebirge durchstrichen, sind von da ins Wallis gefallen, haben dieses die ganze Länge hinauf durchzogen, und sind endlich über die Furcke auf den Gotthard gekommen. Es ist diese Linie auf dem Papier geschwind mit dem Finger gefahren, der Reichtum von Gegenständen aber unbeschreiblich, und das Glück, in dieser Jahrszeit seinen Plan rein durchzuführen, über allen Preis. Hier oben ist alles Schnee. Seit gestern früh elf Uhr haben wir keinen Baum gesehen. Es ist grimmig kalt, Himmel und Wolken rein wie Saphir und Kristall. Der neue Mond ist untergegangen mit seltsamem Lichte auf dem Schnee. Wir stecken im Hause beim Ofen. Morgen steht uns nun der herrliche Weg den Gotthard hinab noch vor. Doch sind wir schon durch so vieles Große durchgegangen, daß wir wie Leviathane sind, die den Strom trinken und sein nicht achten. Mehr oder weniger versteht sich. Gute Nacht. Diesen Brief geb ich auf die nächste Post, die ich treffe. Wenn Sie ihn erhalten, bin ich schon viel näher.

Adieu, Bestes. G.

Auf der Rückreise kamen Goethe und der Herzog dann nach Zürich, wo man bei Lavater einkehrte und logierte.
Von dort schreibt Goethe Ende November an seinen Freund Knebel in Weimar:

Zürich, den 30. November

Lieber Bruder, ich hatte gehofft, du würdest aus deiner Einsamkeit einmal ein Wörtchen zu mir herüber reden; so aber seh ich wohl, ich muß anklopfen und aus meiner Zerstreuung dir zurufen: So schön und glücklich, daß man sich nicht unterstehn darf zu preisen, ist unsre Reise bisher gewesen. Helfe die willige Glücksluft weiter und führe uns gesund wieder zu euch! So wohl mir's geht, so mannigfaltig das Leben ist, sehn' ich mich wieder nach Hause, und ausdrücken kann ich dir nicht, wie lieb ihr mir täglich werdet, und wie ich Gott bitte, daß er uns, auch wenn wir wieder näherrücken, immerfort möge fühlen und genießen lassen, was wir aneinander haben. Daß die ehernen, hölzernen und pappenen Schalen, die uns oft trennen, mögen zertrümmert und auf ewig ins höllische Feuer geworfen werden. Wann werden wir lernen, uns der eingebildeten Übel entschlagen und die wahren alsdann einander zutraulich im Momente ans Herz legen. Hebe diesen Brief auf, ich bitte dich, und wenn ich unhold werde, zeig mir ihn vor, daß ich in mich kehre.

Hier bin ich bei Lavatern, im reinsten Zusammengenuß des Lebens; in dem Kreise seiner Freunde ist eine Engelsstille und Ruh, bei allem Drange der Welt, und ein anhaltendes Mitgenießen von Freud und Schmerz; da hab ich deutlich gesehen, daß es vorzüglich darin liegt, daß jeder sein Haus, Frau, Kinder und eine reine menschliche Existenz in der nächsten Notdurft hat: das schließt aneinander und speit, was feindlich ist, sogleich aus.

Lavater ist und bleibt ein einziger Mensch, den man, nur drei Schritte vor ihm, gar nicht erkennen kann. Solche Wahrheit, Glauben, Liebe, Geduld, Stärke, Weisheit, Güte, Betriebsamkeit, Ganzheit, Mannigfaltigkeit, Ruhe ist weder in Israel noch unter den Heiden.

Der Rückweg von Zürich führte die Reisenden über Stuttgart, Karlsruhe und Darmstadt nach Frankfurt, und von dort nach Weimar, wo sie am 13. Januar 1780 wohlbehalten wieder eintrafen. Offensichtlich war der erwünschte Erfolg nicht ausgeblieben: Der Herzog kehrte merklich verwandelt zurück, und der alte Wieland meldet das erfreuliche Ergebnis dieser unter Goethes Regie so glücklich abgelaufenen Unternehmung am 17. Januar an Merck in Darmstadt:

Daß wir seit Freitag unsern Herzog wieder haben, wird Euch vermutlich schon bekanntgemacht worden sein. Wie wir *homun-*

ciones nun von jeher gewesen sind und immer bleiben werden, so könnt Ihr Euch leicht vorstellen, daß der glückliche Ausgang dieser Reise, des Herzogs herrliches Wohlbefinden bei männiglich einen großen Effekt gemacht und Goethen in ein sehr günstiges Licht gestellt hat. Und dies um so mehr, da auch er *multum mutatus ab illo* zurückgekommen und in einem Ton zu musizieren angefangen hat, in den wir Übrigen mit Freuden harmonisch einzustimmen nicht ermangeln werden.

Die Schweizer Reise (nach dem Wenigen, aber Hinlänglichen, was ich aus der Quelle selbst davon vernommen habe, zu urteilen) gehört unter Goethens meisterhafteste *Dramata*. Man muß aber auch gestehen, daß er das wahre *enfant gâté* der Natur und aller Schicksals-, Glücks- und Zufallsgötter ist. Denn am Ende hätte er doch keine einzige fatale Wolke vom Himmel wegblasen können, und ein einziger unglücklicher Zufall, für den ihn nur ein Narr responsabel machen könnte und für den ihn doch die ganze Welt responsabel gemacht hätte, war hinlänglich, das ganze Drama zu ruinieren. Daß nun das nicht geschehen, sondern alle Elemente- und Wetter-machenden Götter und alle übrigen, die das große Kartenspiel des Zufalls mischen, so freundlich und gutlaunig gewesen und von Anfang bis zu Ende lauter gute Karten gegeben haben, des sind wir nun alle herzlich froh. Sollen und wollen aber anbei das Spiel dessen, der das Spiel spielte, nicht mißkennen: denn ein schlechter Spieler verliert auch mit guten Karten.

XIV

Zwei Schützlinge Goethes
Johann Friedrich Krafft und Peter im Baumgarten
(1777–1781)

Zu Beginn des Zwölften Buches seiner autobiographischen Aufzeichnungen »Dichtung und Wahrheit« berichtet Goethe, wie er im August 1774 nach bestandener Promotion von Straßburg nach Hause zurückkehrte, »gesünder und froher« als damals, da er von Leipzig kam.
Aber in seinem ganzen Wesen zeigte sich doch etwas Überspanntes, welches nicht völlig auf geistige Gesundheit deutete.

Gleich zu Anfang brachte ich meine Mutter in den Fall, daß sie zwischen meines Vaters rechtlichem Ordnungsgeist und meiner vielfachen Exzentrizität die Vorfälle in ein gewisses Mittel zu richten und zu schlichten beschäftigt sein mußte. In Mainz hatte mir ein harfespielender Knabe so wohl gefallen, daß ich ihn, weil die Messe gerade vor der Tür war, nach Frankfurt einlud, ihm Wohnung zu geben und ihn zu befördern versprach. In diesem Ereignis trat wieder einmal diejenige Eigenheit hervor, die mich in meinem Leben so viel gekostet hat, daß ich nämlich gern sehe, wenn jüngere Wesen sich um mich versammeln und an mich anknüpfen, wodurch ich denn freilich zuletzt mit ihrem Schicksal belastet werde. Eine unangenehme Erfahrung nach der andern konnte mich von dem angebornen Trieb nicht zurückbringen, der noch gegenwärtig bei der deutlichsten Überzeugung von Zeit zu Zeit mich irrezuführen droht. Meine Mutter, klärer als ich, sah wohl voraus, wie sonderbar es meinem Vater vorkommen müßte, wenn ein musikalischer Meßläufer von einem so ansehnlichen Hause her zu Gasthöfen und Schenken ginge, sein Brot zu verdienen; daher sorgte sie in der Nachbarschaft für Herberge und Kost desselben; ich empfahl ihn meinen Freunden, und so befand sich das Kind nicht übel. Nach mehreren Jahren sah ich ihn wieder, wo er größer und tölpischer geworden war, ohne in seiner Kunst viel zugenommen zu haben.

Diese erste Erfahrung mit einem jungen Schützling hat Goethe nicht abgeschreckt, sich einige Jahre später abermals eines jungen Menschen anzunehmen. Diesmal handelte es sich um einen Schweizer Hirtenjungen aus dem Haslital im Berner Oberland, Peter im Baumgarten genannt, den ein deutscher Baron von Lindau, um ihm eine bessere Ausbildung zukommen zu lassen, auf die modernste Knabenanstalt der Schweiz gegeben hatte. Zur Bestreitung der Kosten verschickte Lindau an seine Freunde eine Subskriptionsliste, auf der auch Goethes Name stand. Lindau ging dann im März 1776 als Sekondeleutnant mit einem hessischen Regiment nach Amerika und fand dort im November auf Manhattan Island vor New York den Tod.
Die Freunde kamen auch weiterhin für Peters Unterhalt und Erziehung auf. Doch eines Tages verließ dieser eigenmächtig das Institut in Marschlins und wanderte durch Oberdeutschland und über den Thüringer Wald nach Weimar, wo er Goethe am 12. August 1777 in seinem Gartenhaus am Stern überraschte. Zwei Tage später schreibt Goethe an seinen Freund Lavater in Zürich:

Da schick ich dir Briefe von Petern, die du weiter spedieren sollst.
Mich machts lachen, daß er zum Antritt einen Spießruten laufen und einen ausprügeln sieht. Das er, wie er sagt, nicht wieder sehn mag. Der Junge ist nun mein, und wenn ich's recht kann, so soll er, wenn ich die Augen zutue, oder ihn verlasse, oder er mich, von niemandem abhängen, weil er von allem abzuhängen fühlen muß. Addio. Man sagt immer was Dummes, wenn man was Allgemeines oder was künftig zu Tuendes sagt.
Schreib mir ein Wort von Lindaus Vermächtnis-Geld für den Buben; ich denke, wir werden kein Kraut damit fett machen; schreib mir auch ein Wort von dir.

Peter im Baumgarten war damals etwa zwölf Jahre alt. Goethe behielt ihn zuerst im Hause, schickte ihn fast täglich zu Frau von Stein, und in seinem seit dem März des Vorjahrs geführten Tagebuch findet Peter sich wiederholt erwähnt. Dennoch sieht Goethe sich im April 1778 schließlich veranlaßt, den schwer erziehbaren, eigenwilligen Knaben fortzugeben und ihn in Ilmenau

die Jägerei erlernen zu lassen. Um auch dort einige Aufsicht über ihn zu haben, wandte Goethe sich an einen anderen Schützling, der sich seit dem Frühjahr in Ilmenau aufhielt.
Dieser unter dem angenommenen Namen Johann Friedrich Krafft bekannte, »durch verwickelte Schicksale nicht ohne seine Schuld verarmte Mann« hatte sich im Herbst 1778 hilfesuchend an Goethe gewandt, der ihn bis zu dessen Tode im Jahre 1785 mit Rat und Tat und durch beträchtliche Zuwendungen unterstützt hat. In Aufzeichnungen Goethes über Krafft heißt es: »Er war mir sehr nützlich, da er mir in Bergwerks- und Steuersachen durch unmittelbare Anschauung, als gewandter, obgleich hypochondrischer Geschäftsmann, mehreres überlieferte, was ich selbst nicht hätte bis auf den Grund einsehen und mir zu eigen machen können.«
Goethes Briefe an Krafft zeigen ihn von einer sonst wenig beachteten Seite: als praktisch Helfenden, als tätigen Erzieher anderer und seiner selbst.
Goethe an Johann Friedrich Krafft in Gera:

Dem, der sich mit den Wellen herumarbeitet, ist's wohl der schlimmste Herzensstoß, wenn der Willige am Ufer nicht Kräfte genug hat, alle zu retten, die der Sturm gegen seine Küste treibt; wenn der, dem ein Menschengeschöpf die reichste Beute des Strandrechts wäre, mit wenigen sich begnügen und die andern untergehn sehn muß.

In der Vorstellung, die ich mir von Ihnen aus den Briefen mache, glaub ich, mich nicht zu betrügen, und was mir am wehsten tut, ist, daß ich einem Mann, der so genügsam verlangt, weder Hülfe noch Hoffnung geben kann.

Um diesen Teich, den ein Engel nur selten bewegt, harren Hunderte viele Jahre her, nur wenige können genesen, und ich bin der Mann nicht, zwischen der Zeit zu sagen: Steh auf und wandle.

Nehmen Sie das Wenige, was ich Ihnen geben kann, als ein Brett, das ich Ihnen in dem Augenblick zuwerfe, um Zeit zu gewinnen.

Bleiben Sie in der Jahrszeit, wo Sie sind, ich will in der Folge gern für eine kleine Beihülfe sorgen. Melden Sie mir die Ankunft des Gelds und wie weit Sie damit zu reichen denken.

Ist Ihnen mit einem Kleid, Überrock, Stiefeln, warmen Strümpfen gedient, so schreiben Sie, ich habe zu entbehren.
Nehmen Sie diese Tropfen Balsams aus der kompendiosen Reiseapotheke des dienstfertigen Samariters, wie ich sie gebe.
Weimar, den 2. November 1778 G.

Einen Überrock, Stiefel und Strümpfe erhalten Sie in diesem Pack und etwas Geld. Mein Plan für Sie diesen Winter ist folgender:
In Jena ist wohlfeil leben. Ich will mich umtun lassen nach einem Quartier, auf's genauste eingerichtet für jemanden (will ich sagen), der mit einer geringen Pension, die er zu genießen hat, in der Stille leben will.
Wenn das geschehn ist, schreib ich's Ihnen und Sie gehen hin, ziehen ein und ich schicke Tuch und Futter und Geld zu einem Rocke; den lassen Sie sich machen, und ich will dem Rektor sagen lassen, Sie wären mir empfohlen, wünschten auf der Akademie in der Stille zu leben einige Zeit, und möchten eingeschrieben sein.
Dann müssen Sie einen leidlichen Roman erfinden, allenfalls den Titel Sekretär behalten, sich einschreiben lassen, und dann fragt niemand mehr nach Ihnen, kein Burgemeister und Amtmann. Einen Rock von mir hab ich Ihnen darum nicht geschickt, weil man den in Jena erkennen möchte. Schreiben Sie mir erst über die Idee und wofür Sie sich allenfalls ausgeben wollen.
den 11. November 78 G.

Nachschrift. Durch eine Nachlässigkeit ist das Pack liegen blieben, der Brief kann aber noch fort.
Also antworten Sie mir auf das, was vorsteht; eh will ich das Paket nicht fortschicken. Vielleicht ist's gut, wenn Sie grad nach Jena in einen Gasthof gehen. Scheuen Sie sich dort vor nichts.
Und fassen Sie wieder Fuß auf der Erde! Man lebt nur einmal.
Ich weiß im ganzen Umfang, was das heißt: sich das Schicksal eines Menschen mehr zu den übrigen Lasten auf den Hals binden, aber Sie sollen nicht zu Grunde gehen.

den 23. November 78

Ihre Briefe vom 17. und 18. November habe ich heute den 23sten zusammen erhalten, und bin ihrem Inhalt insoweit zuvorgekommen, daß ich mich für jemanden, der mir empfohlen sei, der in Jena eng und still unter dem Schutz der Akademie leben wolle, um das Genauste erkundigt habe.

Bis die Antwort kommt, bleiben Sie ja in Gera ruhig; übermorgen will ich ein Päckchen an Sie abschicken und Ihnen mehr sagen.

Sie sind mir nicht zur Last, vielmehr lehrt mich's wirtschaften; ich vertändle viel von meinem Einkommen, das ich für den Notleidenden sparen könnte. Und glauben Sie denn, daß Ihre Tränen und Ihr Segen nichts sind? Der, der hat, darf nicht segnen, er muß geben; aber wenn die Großen und Reichen dieser Welt Güter und Rangzeichen austeilen, so hat das Schicksal dem Elenden zum Gleichgewichte den Segen gegeben, nach dem der Glückliche zu geizen nicht versteht.

Vielleicht findet sich bald, wo Sie mir nützlich sein können, denn nicht der Projektmacher und Versprecher, sondern der im Geringen treue Dienste anbietet, ist dem willkommen, der so gern was Guts und Dauerhaftes tun möchte.

Hassen Sie die armen Menschenfreunde mit Klauseln und Kautelen nicht, man muß recht fleißig beten, um bei so viel widrigen Erfahrungen den jugendlichen guten Willen, Mut und Leichtsinn (die Ingredienzien des Wohltuns) zu erhalten. Und es ist mehr eine Wohltat von Gott, wenn er uns, da man so selten was tun kann, einmal einen wirklich Elenden erleichtern heißt.

Bleiben Sie ruhig, bis Sie mehr von mir hören; sollte sonst was vorkommen, so schreiben Sie mir. **G.**

den 11. Dezember 1778

Ihren Brief vom 7. Dezember erhalte heut freitags, den 11ten, früh.

Und zuerst zu Ihrer Beruhigung: Sie sollen in nichts gezwungen sein, Sie sollen die hundert Taler haben, wo Sie sich aufhalten; nun aber hören Sie mich.

Ich weiß, daß dem Menschen seine Vorstellungen Wirklichkeiten sind, und obgleich das Bild, das Sie sich von Jena machen, falsch ist, so weiß ich doch, daß sich nichts weniger als solch eine hypo-

chondrische Ängstlichkeit wegraisonnieren läßt. Jena hielt ich aus viel Ursachen für den besten Aufenthalt für Sie. Die Akademie und Stadt hat lang ihre alte Herrlichkeit und Wildheit verloren, die Studenten sind nicht schlimmer wie überall und viele darunter recht hübsche Leute. Man ist das Auf- und Abgehen so mancher Menschen gewohnt, daß ein einzelner nicht merkwürdig ist. Es leben viele Leute kümmerlich daselbst, daß Armut kein Merkzeichen und Verachtung ist. Es ist doch immer eine Stadt, wo das Notwendige eh zu haben ist. Der auf dem Lande im Winter krank würde ohne Wartung, wie elend wäre das. Ferner die Leute, zu denen ich Sie wies, sind gute Hausleute, die auch um meinetwillen Ihnen gut würden begegnet sein. Bei allem, was Ihnen vorkommen konnte, war ich imstand, Ihnen durch diesen oder jenen zu helfen. Ich konnte Ihnen bei Ihrer Einrichtung behülflich sein, brauchte jetzt nur für Wohnung und Tisch gutzusagen und erst nachher zu bezahlen. Ich hätte Ihnen auf Neujahr ein Weniges gegeben, das Übrige mit Kredit gemacht. Sie wären mir näher gewesen. Jeden Markttag konnt ich Ihnen was schicken, manchmal an Wein, Viktualien, Geräte, das mich nicht mehr kostete und Ihnen leidlicheres Leben machte; ich hätte Sie an meine Haushaltung näher anknüpfen können. Wie fatal ist die Kommunikation mit Gera; nie kommt was zur rechten Zeit an und kostet Geld, das niemand genießt. Sie wären vielleicht ein halb Jahr in Jena gewesen, ohne daß Sie jemand bemerkt hätte. Dies ist die Lage, die mich Jena vor allem vorziehen ließ; Sie würden eben das tun, wenn Sie das Verhältnis mit ungetrübten Augen sähen. Wie wär's, wenn Sie eine Probe machten? Doch ich weiß, daß den Menschen von zitternder Nerve eine Mücke irren kann und daß dagegen kein Reden hilft.
Überlegen Sie's, Sie würden sich's und mir erleichtern; ich verspreche, daß Sie in Jena gut aufgehoben sein sollen. Können Sie's aber nicht über sich gewinnen, so bleiben Sie in Gera. Auf Neujahr sollen Sie 25 Taler haben, und so die Vierteljahre jederzeit pränumeriert, Ostern, Johanni und Michael. Anders kann ich meine Einrichtung nicht machen. Da es mir an meinem Platz so leicht ist, Geld zu haben, muß ich desto strenger in meiner Wirtschaft sein. Auch das, was ich Ihnen bisher gegeben habe, da es am Ende des Jahrs und ganz unerwartet kam, hat

mir eine Lücke gemacht, die ich wieder flicken muß. Schreiben Sie mir doch, wie viel's war. Ich habe einen Posten nicht aufgeschrieben und finde einen Verstoß in meiner Rechnung.
Wenn Sie in Jena wären, könnt ich auch eher einigen Auftrag und vielleicht einiges Geschäfte Ihnen geben, Sie persönlich kennenlernen und so weiter.
Handeln Sie aber ganz nach Ihrem Herzen, und wenn meine Gründe nicht in Ihr Herz übergehen, Ihnen mit der Überzeugung nicht auch Ruhe und getrosten Mut in Jena versprechen, so bleiben Sie in Ihrer jetzigen Stille. Fangen Sie bald an, Ihr Leben zu beschreiben, und schicken mir's stückweise, und sein Sie überzeugt, daß mir alles recht ist, was Sie beruhigen und zufriedenstellen kann, und daß ich Jena bloß wählte, weil ich auf die bequemste und leichteste Art für mich Ihnen das leidlichste Leben zu verschaffen hoffte. G.

26. *März 1779*
Diesen Monat bin ich wenig nach Hause gekommen und finde numehr Ihren Aufsatz. Ihrer Not habe ich nicht vergessen. In Ilmenau hab ich mich nach einem Aufenthalt für Sie umgetan und das Notwendige würden Sie daselbst für 100 Taler haben, wofür ich mich von Viertel- zu Vierteljahren verbürgen würde; einiges Taschengeld würde sich denn auch finden. Nur muß ich Ihnen aufrichtig wiederholen, zu keinem *guten* Dienste kann ich Ihnen nicht Hoffnung machen; sollten Sie mir in herrschaftlichen Aufträgen, deren ich in jener Gegend habe, an Hand gehen können, so würde ich im Falle sein, Ihnen auch etwas dafür zu reichen; es wäre eine Erleichterung und ein Anfang. Vielleicht fügt sich etwas weiter. Ihre Wohnung wäre in einem Bürgerhaus, allein Ihr Tisch auswärts bei andern rechtdenkenden braven Leuten, jedermann würde Ihnen gut begegnen und es wäre wenigstens ein Schritt näher. Wir hoffen, daß das Bergwerk wieder in Umtrieb kommen soll, vielleicht gibt's dabei etwas zu tun. Um alsdann empfohlen werden zu können, ist's notwendig, daß Sie schon einige Zeit im Lande sind. Antworten Sie mir bald, erkundigen Sie sich nach dem Wege. Alsdann sollen Sie das Nähere von mir hören.
Ich darf Ihnen die Geduld empfehlen, da Sie überzeugt sind, daß ich gern das Mögliche für Sie tue. G.

den 22. Mai
Mit dem wenigen Geld, was ich schicken kann, bitt ich zu wirtschaften. Ende Juni will ich gleich Ihnen Wohnung- und Tisch-Geld schicken und noch etwas dazu. Ich wünsche, daß es Ihnen unter denen Bergen leidlich gehn möge. Bücher will ich schicken, nur bitt ich, da ich sie selbst zusammenborgen muß, sie bald und ordentlich transportweise zurück. Dem Boten hab ich gesagt, er soll bei Ihnen jederzeit anfragen, ob Sie etwas an mich haben. Dem neuen Amtmann, der hinaufkommt, will ich gleich von Ihnen sagen. Hauptmann Castrop weiß nichts mehr von Ihnen als die andern, und von Ihrem Verhältnis zu mir gar nichts; ich sagt ihm nur: Ihre Gelder gingen durch meine Hände, und so könnt ich für Logis und Tisch gut sagen. Es ist ein gefälliger, dienstfertiger Mann, er wird ehestens zu Ihnen kommen. Er ist Artillerie-Hauptmann und beim Wegebau, und ich habe an ihm, da mir die Direktion des Militär- und Straßen-Wesens übergeben ist, einen fleißigen und braven Mann. Schreiben Sie doch, wenn Sie ruhig sind, mehrere Anekdoten zu Ihrem Leben auf; was Sie in verschiedenen Ländern bemerkt haben, gehn Sie sie einzeln durch; es ist auch eine Zerstreuung und mich vergnügts.

Nachdem Krafft nun in Ilmenau »unter den Bergen« weilt, schickt Goethe sich an, um den schwermütig-ängstlichen Mann dort nicht unbeschäftigt zu lassen, ihm Peter im Baumgarten zur Aufsicht zu empfehlen. In einem Brief vom 13. Juli heißt es:

Für Ihre Nachrichten dank ich, fahren Sie fort. Der Wunsch, Gutes zu tun, ist ein kühner, stolzer Wunsch; man muß schon sehr dankbar sein, wenn einem ein kleiner Teil davon gewährt wird.
Nun hab ich einen Vorschlag. Wenn Sie in Ihrem neuen Quartier sind, wünscht ich, daß Sie einem Knaben, für dessen Erziehung ich zu sorgen habe, und der in Ilmenau die Jägerei lernt, einige Aufmerksamkeit widmeten. Er hat einen Anfang im Französischen; wenn Sie ihm darinne weiterhülfen! Er zeichnet hübsch; wenn Sie ihn dazu anhielten! Ich wollte die Zeiten bestimmen, wenn er zu Ihnen kommen sollte; Sie würden mir viel Sorge, die ich oft um ihn habe, benehmen, wenn Sie ihn in

freundlichen Unterredungen ausforschten, mir von seinen Gesinnungen Nachricht gäben und auf sein Wachstum ein Auge hätten. Alles kommt drauf an, ob Sie eine solche Beschäftigung mögen. Wenn ich von mir rechne, der Umgang mit Kindern macht mich froh und jung. Wenn Sie mir darauf antworten, will ich Ihnen schon nähere Weisung geben. Sie würden mir einen wesentlichen Dienst erzeigen, und ich würde Ihnen von dem, was zu des Knaben Erziehung bestimmt ist, monatlich etwas zulegen können.
Möchte ich doch imstande sein, Ihren trüben Zustand nach und nach auszuhellen und Ihnen eine beständige Heiterkeit zu erhalten.

Weimar, den 9. September 1779
Was Sie an Petern tun, dank ich Ihnen vielmals, denn der Junge liegt mir am Herzen; es ist ein Vermächtnis des unglücklichen Lindaus. Tun Sie nur gelassen Gutes an ihm. Wie Sie ihm ankommen können! Ob er liest, ob er Französisch treibt, zeichnet pp., mir ist alles recht, nur daß er für die Zeit etwas tue und daß ich von ihm höre, wie Sie ihn finden und was Sie über ihn denken. Gegenwärtig lassen Sie ihn ja den Jägerstand als sein erstes und letztes betrachten und hören Sie von ihm, wie er sich dabei benimmt, was ihm behagt, was nicht und was weiter. – Denn glauben Sie mir, der Mensch muß ein *Handwerk* haben, das ihn nähre.
Auch der Künstler wird nie bezahlt, sondern der Handwerker. Chodowiecki der Künstler, den wir bewundern, äße schmale Bissen, aber Chodowiecki der Handwerker, der die elendsten Sudeleien mit seinen Kupfern illuminiert, wird bezahlt. Wähnen Sie ja nicht, Peter habe die Geduld und das Ausharren zum Künstler; jetzt da er in den Wald soll, will er zeichnen; er würde eine Begier nach dem Holz haben, wenn er an die Staffelei sollte.

Peter wollte indessen um jeden Preis und kam auch schließlich »an die Staffelei«. Die Jägerei schien ihm so recht nicht zu behagen; er trank, spielte, machte Schulden, und nachdem er in Berka die Pfarrerstochter verführt hatte und sie daraufhin ehelichen mußte, wurde er Künstler und erlernte das Handwerk eines Kupferstechers in Weimar. Wie weit er es darin brachte,

zeigen ein Stich, den er nach einem Goethe-Bildnis von Schmoll anfertigte, und eine gestochene Karte, auf der er sich den »Herren Buch- und Kunsthändlern« erbietet, »mathematische, geometrische und musikalische Sachen, Titel zu Büchern, mit und ohne Vignetten, Umschläge zu periodischen Zeitschriften mit beliebiger Einfassung, Visiten-Billetts und überhaupt jede Zeichnung, gut und in angemessenen billigen Preisen, in Kupfer zu stechen«.
Allein auch in diesem Beruf hielt es ihn nicht, noch vor der Geburt seines sechsten Kindes ist Peter im Baumgarten 1793 verschwunden; die letzten Spuren führen über Leipzig nach Hamburg. Vielleicht ist Peter im Baumgarten einem amerikanischen Werbeoffizier, der damals in Weimar auftrat, in die Hände gefallen und wie sein erster Schutzpatron in die Neue Welt gegangen.
Auch Krafft lang gehegte Hoffnungen auf eine offizielle Anstellung in weimarischen Diensten hat Goethe nicht erfüllen können. Ein Vergehen, dessen er sich Ende 1779 schuldig machte und für das er von Amts wegen mit einer Geldstrafe belegt wurde, vereitelte dies. Vermutlich hat dieses Vorkommnis auch Krafft krankhafte Reizbarkeit und Empfindlichkeit noch gesteigert. Ab Januar 1781 zahlt Goethe ihm eine Pension von jährlich 200 Talern – den siebenten Teil seines eigenen Gehalts –, und als Krafft auch damit nicht auskommt, heißt es in einem Schreiben vom 31. Januar dieses Jahres:

Mein Etat, über den ich halten muß, wenn ich am Ende des Jahrs nicht selbst Andern Verbindlichkeiten haben will, die sich für meinen Platz am wenigsten schicken, erlaubt mir nicht, das Mindste über die 200 Taler für Sie zu tun. Diese sollen Sie richtig erhalten, damit suchen Sie auszukommen und sich nach und nach das Nötige zu schaffen.
Wenn Sie von irgend jemand borgten, würde mir es sehr unangenehm sein; eben diese unselige Unruhe, die Sie jetzt martert, hat das Unglück Ihres ganzen Lebens gemacht, und Sie sind mit tausend Talern nie zufriedner gewesen als jetzt mit den 200, weil Ihnen immer noch was zu wünschen übrig blieb, und Sie sich nie gewöhnt haben, Ihre Seele in den Grenzen der Notwendigkeit zu halten. Ich mache Ihnen darüber keine Vorwürfe;

ich weiß leider zu gut, wie es in Ihnen zusammenhängt, und fühle, wie das Unverhältnis Ihres jetzigen und vorigen Zustandes Sie plagen muß. Genug aber, *ein* Wort für tausend: am Ende jedes Vierteljahrs erhalten Sie Ihre 50 Taler. Schränken Sie sich alsdann ein: das *Muß* ist hart, aber beim *Muß* kann der Mensch allein zeigen, wie's inwendig mit ihm steht. Willkürlich leben kann jeder.

Krafft scheint sich durch diesen Brief sehr gekränkt gefühlt und in seinem verdüsterten Gemütszustand allerlei Vorwürfe herausgelesen zu haben. Goethe hörte dennoch nicht auf, bis zu Kraffts Tod, im Juli 1785, im gleichen Umfang für ihn zu sorgen.
Über sein Verhältnis zu diesem Schützling und über seine eigene Gemütsverfassung in dieser Zeit findet sich am 13. Mai 1780 folgende Eintragung in Goethes Tagebuch:

Für Krafft ists schade, er sieht die Mängel gut, und weiß selbst nicht eine Warze wegzunehmen. Wenn er ein Amt hätte, würf er alles mit dem besten Vorsatz durcheinander; daher auch sein Schicksal; ich will ihn auch nicht verlassen, er nützt mir doch, und ist wirklich ein edler Mensch. In der Nähe ists unangenehm, so einen Nagewurm zu haben, der, untätig, einem immer vorjammert, was nicht ist, wie es sein sollte. Bei Gott, es ist kein Kanzlist, der nicht in einer Viertelstunde mehr Gescheits reden kann als ich in einem Vierteljahr, Gott weiß, in zehn Jahren tun kann. Dafür weiß ich auch, was sie alle nicht wissen, und tu, was sie alle nicht wissen, oder auch wissen. Ich fühle nach und nach ein allgemeines Zutrauen, und gebe Gott, daß ichs verdienen möge: nicht, wie's leicht ist, sondern wie *ich's wünsch*. Was ich trage an mir und andern, sieht kein Mensch. Das Beste ist die tiefe Stille, in der ich gegen die Welt lebe und wachse, und gewinne, was sie mir mit Feuer und Schwert nicht nehmen können.

XV

Goethe und Lavater (1781/82)
Zwei Glaubensbekenntnisse

Unter den mancherlei merkwürdigen und wunderlichen Menschen, mit denen Goethe in jungen Jahren Umgang hatte, war Johann Caspar Lavater, Prediger in Zürich und Verfasser der berühmten »Physiognomischen Fragmente«, gewiß einer der allermerkwürdigsten, zugleich auch bedeutendsten und einflußreichsten. Goethe und er traten im Herbst 1774 brieflich miteinander in Verbindung: Im Sommer des nächsten Jahres lernt man sich kennen, unternimmt von Ems aus eine Schiffahrt auf Lahn und Rhein und schließt Freundschaft miteinander.
Im weiteren Verlauf dieser Freundschaft kommt es, bei aller gegenseitigen Achtung und Zuneigung, immer häufiger zu Meinungsverschiedenheiten, die vor allem Lavaters religiöse Überzeugungen und seinen schwärmerischen Christuskult betreffen. Endlich erfolgt 1781/82 von seiten Goethes eine entschiedenere Stellungnahme. Die Entfremdung zwischen beiden wird offenkundig, und bald versiegt auch der Briefwechsel.
Im Frühling 1781 sandte Lavater an Goethe in Weimar den zweiten Band seiner »Vermischten Schriften«, der soeben in Winterthur erschienen war. Dieser Band enthielt »Briefe und Auszüge aus Briefen«. Goethe dankt dafür am 22. Juni:

Zuvörderst dank' ich dir, du Menschlichster, für deine gedruckten Briefe. Es ist natürlich, daß sie das Beste von allen deinen Schriften sein müssen. Wie du vorausgesehen hast, nehmen dir viele, und auch gute Menschen, diesen Schritt übel, doch du weißt am besten, was du tun kannst, und fühlst wohl, daß dir erlaubt ist, was keinem. Das Menschliche, und dein Betragen gegen Menschen darinne, ist höchst liebenswürdig, und mich macht es recht glücklich, daß ich keine Zeile anders lese, als du sie geschrieben hast, daß ich den innerlichen Zusammenhang der mannigfaltigen Äußerungen erkenne; denn für den eigentlichen Menschenverstand ist und bleibt auch hierin, wie in allen deinen Sachen, vieles unzusammenhängend und unverständlich.

Selbst deinen Christus hab' ich noch niemals so als in diesen Briefen angesehen und bewundert. Es erhebt die Seele und gibt zu den schönsten Betrachtungen Anlaß, wenn man dich das herrliche kristallhelle Gefäß (denn das war er, und als ein solches verdient er jede Verehrung) mit der höchsten Inbrunst fassen, mit deinem eigenen hochroten Trank schäumend füllen und den über den Rand hinübersteigenden Gischt mit Wollust wieder schlürfen sieht. Ich gönne dir gern dieses Glück, denn du müßtest ohne dasselbe elend werden. Bei dem Wunsch und der Begierde, in einem Individuo alles zu genießen, und bei der Unmöglichkeit, daß dir ein Individuum genugtun kann, ist es herrlich, daß aus alten Zeiten uns ein Bild übrig blieb, in das du dein Alles übertragen und, in ihm dich bespiegelnd, dich selbst anbeten kannst. Nur das kann ich nicht anders als ungerecht und einen Raub nennen, der sich für deine gute Sache nicht ziemt, daß du alle köstlichen Federn der tausendfachen Geflügel unter dem Himmel ihnen, als wären sie usurpiert, ausraufst, um deinen Paradiesvogel ausschließlich damit zu schmücken; dieses ist, was uns notwendig verdrießen und unleidlich scheinen muß, die wir uns einer jeden durch Menschen und dem Menschen offenbarten Weisheit zu Schülern hingeben, und als Söhne Gottes ihn in uns selbst und allen seinen Kindern anbeten. Ich weiß wohl, daß du dich dadrinne nicht verändern kannst, und daß du vor dir Recht behältst, doch find' ich es auch nötig, da du deinen Glauben und Lehre wiederholend predigst, dir auch den unsrigen, als einen ehernen bestehenden Fels der Menschheit, wiederholt zu zeigen, den du und eine ganze Christenheit mit den Wogen eures Meeres vielleicht einmal übersprudeln, aber weder überströmen noch in seinen Tiefen erschüttern könnt.

Im Frühjahr 1782 erschien nun von Lavater der erste Band eines Werkes, dessen vollständiger Titel lautet: »Pontius Pilatus, oder der Mensch in allen Gestalten, oder der Höhe und Tiefe der Menschheit, oder die Bibel im Kleinen oder der Mensch im Großen, oder ein Universal-Ecce-Homo, oder Alles in Einem«.
Am Morgen des 6. April sandte Goethe, der sich als Abgesandter des Herzogs bei den thüringischen Höfen auf einer Rundreise befand, einen Bogen dieses Buches, der ihm von Lavater zugegangen war, an Frau von Stein in Weimar:

»*Hier ist ein Bogen von Lavaters Pilatus. Ich kann nichts darüber sagen. Die Geschichte des guten Jesus hab ich nun so satt, daß ich sie von keinem als allenfalls von ihm selbst hören möchte.*«

Abends, in Tiefenort, kommt er auf den gleichen Gegenstand ausführlicher zu sprechen:

Tiefenort, den 6. April 1782
Sonnabends Abend

Hier, liebe Lotte, geht das alte Lied wieder an, daß nach einem verlebten Tage, nach verändertem Aufenthalt ich dir noch einige Worte zuschicke, dich zu versichern, daß dir Gedanken zu Tausenden zugeflogen sind.

Noch zwölf lange Tage, eh ich dich wiedersehe! Ich muß recht leise auftreten, daß mir der Gedanke an dich nicht zu lebhaft wird, sonst ist mir's unerträglich.

Noch ein Wort vom Pilatus! Wenn unsereiner seine Eigenheiten und Albernheiten einem Helden aufflickt, und nennt ihn Werther, Egmont, Tasso, wie du willst, gibt es aber am Ende für nichts als was es ist, so gehts hin, und das Publikum nimmt insofern Anteil dran, als die Existenz des Verfassers reich oder arm, merkwürdig oder schal ist, und das Märchen bleibt auf sich beruhen. Nun findet Hans Caspar diese Methode des Dramatisierens (wie sie's nennen) allerliebst und flickt seinem Christus auch so einen Kittel zusammen und knüpft aller Menschen Geburt und Grab, A und O, und Heil und Seligkeit dran; da wirds abgeschmackt, dünkt mich, und unerträglich. Überhaupt bin ich überzeugt, daß er es viel zu ernstlich meint, um jemals ein gutes Werk in der Art zu schreiben. In allen solchen Kompositionen muß der Verfasser wissen, was er will, aber nirgends dogmatisieren; er muß in tausend versteckten Gestalten – niemals gradezu – andeuten und merken lassen, wo es hinaus soll.

Noch ist ein Böses dabei: er bildet sich ein, ein besserer Kriste als Klopstock zu sein, und doch klopstöckelt er allen Augenblick.

Die leidigen Exklamationen, Trümpfe, Zerfleischungen gar nicht mitgerechnet.

Wenn ein großer Mensch ein dunkel Eck hat, dann ists recht dunkel! Ihm hat die Geschichte Christi so den Kopf verrückt, daß er eben nicht loskommen kann. Mich wunderts nicht; frei-

lich ists Tausenden so gegangen. Aber auch wie? Wann? Wo? Wem?
Er kommt mir vor wie ein Mensch, der mir weitläufig erklärte, die Erde sei keine akkurate Kugel, vielmehr an beiden Polen eingedrückt, bewiese das aufs bündigste, und überzeugte mich, daß er die neusten, ausführlichsten, richtigsten Begriffe von Astronomie und Weltbau habe. Was würden wir nun sagen, wenn solch ein Mann endigte: Schließlich muß ich noch der Hauptsache erwähnen, nämlich daß diese Welt, deren Gestalt wir aufs genauste dargetan, auf dem Rücken einer Schildkröte ruht, sonst sie in Abgrund versinken würde.
Verzeih mir das Gleichnis! In meinen Augen knüpft sich bei Lavatern der höchste Menschenverstand und der krasseste Aberglauben durch das feinste und unauflöslichste Band zusammen.
Verzeih meine Invektiven; so oft er seine Anfälle auf unser Reich erneuert, so oft müssen wir uns wenigstens *protestando* verwahren.
Gute Nacht, Lotte. Leb wohl, du liebe Gewißheit, du liebster Traum meines Lebens.

Sonntags, den 7., früh
Ein Husar nimmt dies mit auf Eisenach. Die Krokus, Leberblümchen und das Grün der Stachelbeeren machen sehr freundliche Gesichter. G.

Der ihm so unleidliche »Pilatus« des Zürcher »Propheten« hat Goethe in diesem Frühjahr noch weiter beschäftigt, und als bald darauf eine neue Veröffentlichung Lavaters, »Brüderliche Schreiben an verschiedene Jünglinge«, in seine Hände geriet, nahm er dies zum Anlaß, Lavater im Juli mit einem verlorengegangenen Begleitschreiben zwei Schriftstücke zuzusenden, die, von seinem Sekretär Seidel zu Papier gebracht, den – leicht durchschaubaren – Anschein erwecken sollten, als stammten sie nicht von Goethe selber, sondern wären ihm von anderer Seite zugegangen.

Ein Wort über den Verfasser des Pilatus
Ich sehe in dieser Schrift einen Abdruck des Innersten seines Verfassers, das, was ihn am meisten unter allen Menschen in-

teressieret, ein Zeugnis des, was er für sich und für andere für das Allerwichtigste hält. Ich habe öfters an Lebenden, mit denen ich umgegangen bin, an Abgeschiedenen, deren Schriften ich gelesen habe, bemerkt, daß der Mensch das, was an ihm das Größte und Trefflichste ist, selten kennt, noch auch diesen Vorzügen einen Wert beilegt. Was er hat, sieht er an wie ein Reichgeborner seinen Reichtum, als etwas, das zu ihm gehört, als etwas, das sich von selbst versteht, als eine Sache, von der er ausgehet. Aber das, wohin seine Wünsche sich sehnen, was ihm abgehet, was er, sein Dasein zu erweitern und zu ergänzen, nötig glaubt, das ist es, was ihn auf's stärkste interessieret, worüber er alles andere vergißt, worum er alles andere hingäbe; eine Empfindung, die der Zuschauer nicht begreifen kann. Wenn diese Empfindung hoch- und vielbegabte Seelen ergreift, dann verlassen sie den innern weiten Kreis ihres Daseins und schwärmen an den Grenzen herum, die ihnen so gut wie andern gesetzt sind. Sprechen sie alsdann davon, schreiben sie davon, so gibt es meistenteils etwas Albernes, etwas, das uns über die engen Grenzen der Menschheit nachdenken und trauern läßt, eben in dem Augenblicke, da sie glauben, das Innigste, Höchste, Trefflichste, Letzte ihres ganzen Daseins für sich gefühlet und andern offenbart zu haben.

Mir ist Pilatus wieder die wichtigste Beilage zu dieser Erfahrung. Alle Kräfte, Fähigkeiten, Empfindung, Abstraktion, alle Wissenschaft, Scharfsinn, alles Anschauen, alles tiefe Gefühl der Menschheit und ihrer Verhältnisse und mehr Vorzüge, die Lavater in einem so hohen Grade besitzt, läßt er zurück, wirft er weg, um dem Unerreichbaren atemlos nachzusetzen. Ich möchte ihn einem Manne vergleichen, der Güter, Geld, Besitztümer, Weib, Kinder, Freunde, alles nicht achtete und vernachlässigte, um einen unwiderstehlichen Trieb nach mechanischen Künsten zu befriedigen und eine Maschine zum Fliegen zu erfinden.

Ich weiß, daß dieser Trieb bei ihm unwiderstehlich ist, daß dieses Bedürfnis in jeder Faser seines Herzens schlägt, daß sein ganzes Wesen, wie ein trockner Schwamm, nach jenem Erhabensten durstig ist, daß der geringste Tropfen der Ahndung jener Seeligkeit ihm mehr Freude und Wollust gewähret – eine Wollust, die er zu entbehren kaum erträgt – als der Genuß alles übrigen den Menschen von Gott so reichlich gegönnten Guten. Ich weiß das alles; auch hat dagegen niemand nichts zu sagen. Ich kenne ihn; das Bild seines Daseins, das Bild seines Wesens und seiner Vortrefflichkeit weicht nicht von mir. Nun aber Pontius Pilatus – .. !

Auszug aus einem Briefe von K.

Was den guten Lavater selbst betrifft, so sind jetzt wieder »Brüderliche Schreiben an verschiedene Jünglinge« von ihm erschienen, die Sie ohne Zweifel schon gelesen haben. Ich habe sie mit wahrer herzlicher Teilnehmung gelesen, und mir dabei einige neue praktische Begriffe über das, *was Christentum sein soll*, gemacht.

Bei des Menschen täglicher Schwachheit nämlich ist es gut und ist nötig, daß er sich einen Helden – einen Helfer, ein höheres Ideal der Vollkommenheit – vergegenwärtige. Je erhabener und menschlicher zugleich dieses ist, je näher er es sich bis zur Gegenwart der Gottheit darstellen kann, desto nützlicher und hilfreicher ist es für ihn. Dies haben die alten – Heiden schon gesagt. Solch ein Beistand ist auch wirklich dem Menschen, der ihn braucht, *göttlich*. Es ist ihm die Gottheit, wie Lavater sagt, vermenschlicht. Was braucht es nun also weiter über Dogmata zu streiten, die immer fatal sind. *Jesus Christus* ist Lavaters *menschlicher Gott*, und er ist es auch wirklich, und aller, die ihn für das brauchen, wozu ihn Lavater braucht – nämlich, den flachen Damm unseres Gemütes gegen die losrauschenden Leidenschaften damit zu verstärken und zu erhöhen, die lockeren Wände und die gemachten Risse damit auszustopfen und zu versichern. Dies ist gut und ist menschlich und ist wahr. Wenn aber Lavater bekehren will, wenn er junge Leute ermahnt, keinem Menschen zu trauen, auch nicht einmal Gemeinschaft mit ihm zu haben, der nicht ein *Christ* sei, so finde ich es *eben darum* abgeschmackt, weil dadurch dies erste Principium, warum man glauben kann und soll, aufgehoben wird, das Christentum nicht mehr eine Herzenssache, sondern eine fanatische Wut um ein nie zu erweisendes Dogma wird. Ich habe eben diese Tage in des Matrosen Zimmermanns Reisebeschreibung gelesen, daß Cook nie von Religion gesprochen, auch keinen Prediger in seinem Schiff habe leiden können – Dem ohngeachtet – was meinen Sie? – wollten wir ihm nicht so gut zu einer Reise um die Welt uns *anvertrauen* als Lavatern zu einer Fahrt nach dem Himmel? –

Auf die Zusendung dieser beiden Schriftstücke und auf Goethes sie begleitenden Brief antwortet Lavater am 28. Juli:

Dein Brief, lieber Goethe, hat mich recht erfreut, und mein Inwendiges erweitert; hat mich auf's neue überzeugt, daß wir uns, so sehr, so himmelweit verschieden wir scheinen, über gewisse große Punkte treffen müßten, wenn wir uns ruhig und lange genug mündlich unterhalten könnten.
Ich glaube, es liegt unendlich viel in der menschlichen Natur, das durch sonderbare Veranlassung entwickelt werden kann, und das billig *übernatürlich* oder *wunderbar* heißen kann, obgleich es in sich so natürlich ist, als daß du den Werther geschrieben hast. *Streit* und *Harmonie* der willkürlichen Kräfte mit den mechanischen, dieser mit jenen, ist die Geschichte aller Menschen, und die Geschichte der Bibel. Christus ist mir das Medium, wodurch dieser Streit in Harmonie verwandelt werden kann. Wir sind alles in uns selbst, und werden alles durch Andere. Was wir sind, werden wir durch den weisesten, wirksamsten, kräftigsten Menschen. Nichts wirkt auf den Menschen wie Menschheit. Wer von uns wird das leugnen? Und dies zugeben heißt Christ sein, wofern man zugibt: Es war ein Mensch, der Christus hieß. Der am meisten auf die Menschheit wirkte, verdient den meisten Glauben der Menschheit. Über Menschheit hinaus kann die Menschheit nicht fliegen. Sie denkt und genießt nichts Unanaloges mit der Menschheit. Alles Unanaloge ist Schwärmerei. Ich kenne keinen Gott als in der Menschheit. Der Universal-Geist des Universums ist unerbittlich und ungenießbar. Es ist Lästerung, sich vermessen, Ihn unmittelbar anzubeten. Als Vater Christi, des Universums im Kleinen, darf der Mensch im Glauben an Christi Wort Ihn durch seine Vermittlung anrufen – oder mit andern Worten: Diese Vorstellungs-Art ist's, die am meisten auf die innersten Tiefen der Menschheit wirkt und den Berührungen Christus' das Innerste aufschließt. Ohne Berührtheit wirkt der Mensch nichts. Der meisten Menschen Religion ist Schwärmerei, das ist: Wahn, von einem andern Wesen berührt zu sein, wenn sie sich selbst berühren. Der *Unendliche*

als solcher kann nicht berühren, und nicht berührt werden – nicht bewegen, und nicht bewegt werden. Wenigstens ist in uns kein Sinn, der das begreifen kann. Denn für das Unendliche kann das Erdenwesen – figurierte, geballte Erde – keinen Sinn haben. Figur wird durch Figur berührt. Einer ist der höchste Mensch. Deine Urteile, lieber Goethe, waren mir immer, Du weißt es, wo nicht wie Orakel, doch tiefe Fundgruben der Wahrheit.
Ich weiß unter allen deinen Urteilen mehr nicht als zwei, die ich nicht begreifen konnte – eins vor neun Jahren, eins jetzt im Julius 1782. Du kennst mich genug, um sicher zu sein, daß ich so unbeleidiglich, so ruhig bin bei allem, was du über meine armseligen Produkte sagst, daß ich dich mit froher Einfalt bitten möchte: mir die Stellen der ausschließenden Intoleranz, nur einige wenigstens, anzuzeigen, die du in meinem Pilatus so gewiß gefunden zu haben glaubst, als ich alle solche Stellen von meinem Herzen wenigstens unendlich entfernt glaube.
Etwas muß gewiß da sein, das dich zu deinem Urteile berechtigte. Lieber, mach mich auf dies Etwas aufmerksam. Ich halte mich für redlich und stark genug, alles hören zu können, weil es mir Ernst ist, mich von allem, was sittlich fehlerhaft heißt, zu verbessern. Mein ganzes Leben wenigstens ist das notorischste möglichste Gegenteil dieses ausschließenden Sinnes.

Lavaters Selbstverteidigung konnte für Goethe nicht unerwartet sein. Doch so ungern er den Freund in Zürich verstimmt sah, so versöhnlich er ihm als Menschen gegenüberstand, so wenig war er anderseits gesonnen, auch nur einen Fußbreit zu weichen.
Lavaters Schreiben war kaum eingetroffen, als Goethe sich gedrungen fühlte, die Verschiedenheit des beiderseitigen Standpunkts noch einmal zu verdeutlichen und sein eigenes Glaubensbekenntnis auf die knappste Weise unmißverständlich zu umreißen.

Weimar, 9. August 1782
Mein Kopf ist von irdischen Sorgen für andere belastet, drum nur ein Wort, möge es das Mißverständnis nicht vermehren. Wenn ich vor dir stünde, so würden wir in einer Viertelstunde einander verständlich sein. Wir berühren uns beide so nah als Menschen können, dann kehren wir uns seitwärts und gehen

entgegengesetzte Wege, du so sichern Schrittes als ich. Wir gelangen einsam, ohne aneinander zu denken, an die äußersten Grenzen unsers Daseins; ich bin still und verschweige, was mir Gott und die Natur offenbart, ich kehre mich um, und sehe dich auf einmal das Deinige gewaltig lehrend. Der Raum zwischen uns ist in dem Augenblicke wirklich, ich verliere den Lavater, in dessen Nähe ich wohl auch von dem Zusammenhang seiner Empfindungen und Ideen hingerissen worden, den ich erkenne und liebe, ich sehe nur die scharfen Linien, die sein Flammenschwert schneidet, und es macht mir auf den Moment eine widerliche Empfindung. Es ist sehr menschlich, wenn auch nur menschlich dunkel.

Du hältst das Evangelium, wie es steht, für die göttlichste Wahrheit, *mich* würde eine vernehmliche Stimme vom Himmel nicht überzeugen, daß das Wasser brennt und das Feuer löscht, daß ein Weib ohne Mann gebiert, und daß ein Toter aufersteht; vielmehr halte ich dieses für Lästerungen gegen den großen Gott und seine Offenbarung in der Natur.

Du findest nichts schöner als das Evangelium, ich finde tausend geschriebene Blätter alter und neuer von Gott begnadigter Menschen ebenso schön, und der Menschheit nützlich und unentbehrlich. Und so weiter!

Nimm nun, lieber Bruder, daß es mir in meinem Glauben so heftig Ernst ist wie dir in dem deinen; müßte ich nicht alsdenn das Gegenteil von vielem behaupten, was dein Pilatus enthält, was dein Buch uns als unwidersprechlich auffordernd ins Gesicht sagt?

»Ausschließliche Intoleranz!«

Verzeih mir diese harten Worte! – Wenn es nicht uns neu verwirrte, so möcht' ich sagen, sie ist nicht in dir, sie ist in deinem Buche.

Lavater, der unter die Menschen tritt, der sich den Schriftstellern nähert, ist das toleranteste, schonendste Wesen.

Lavater, als Lehrer einer ausschließenden Religion, ihr mit Leib und Seele ergeben, nenn es wie du willst – du gestehst es ja selber.

Es ist hier nicht die Rede vom Ausschließen, als wenn das Andre nicht oder nichts wäre, es ist die Rede vom Hinausschließen, hinaus wo die Hündlein sind, die von des Herren Tische mit

Brosamen genährt werden, für die abgefallene Blätter des Lebensbaumes, getrübtere Wellen der ewigen Ströme Heilung und Labsal sind.
Verzeih mir, ich sage dieses ohne Bitterkeit. –
Und so ausschließlich ist dein Pilatus von Anfang bis zu Ende; es war ja deine Absicht, ihn dazu zu widmen. Wieviel Ausforderungen stehen darinne: Wer kann? Wer darf? usw. – Worauf mir im Lesen manchmal ein gelassenes, und auch wohl ein unwilliges Ich! entfahren ist. Glaub mir, ich habe über dein Buch dir viel und weitläufig und gut sprechen wollen, habe manches drüber geschrieben, und dir nichts schicken können, denn wie will ein Mensch den andern begreifen!
Laß mich also hiedurch die Härte des Wortes Intoleranz erklärend gemildert haben. Es ist unmöglich, in Meinungen so verschieden zu sein, ohne sich zu stoßen. Ja ich gestehe dir, wäre ich Lehrer meiner Religion, vielleicht hättest du eher Ursache, mich der Toleranz mangelnd zu schelten, als ich jetzo dich.
Hauche mich mit guten Worten an, und entferne den fremden Geist. Der fremde weht von allen Enden der Welt her, und der Geist der Liebe und Freundschaft nur von einer. G.

Die gegenseitige freimütige Aussprache zwischen Goethe und Lavater hat jedoch die seit längerem schon brüchige Freundschaft nicht wieder kitten können. Im Sommer 1786, kurz vor Goethes Abreise nach Italien, kam Lavater nach Weimar und war bei Goethe zu Gast. Ein Billett vom 21. Juli meldet das Faktum Frau von Stein, die nach Karlsbad zur Kur gereist war:

Lavater hat bei mir gewohnt. Kein herzlich, vertraulich Wort ist unter uns gewechselt worden, und ich bin Haß und Liebe auf ewig los. Er hat sich in den wenigen Stunden mit seinen Vollkommenheiten und Eigenheiten so vor mir gezeigt, und meine Seele war wie ein Glas rein Wasser. Ich habe auch unter *seine* Existenz einen großen Strich gemacht und weiß nun, was mir per saldo von ihm übrig bleibt.
Notabene. Der Prophet hatte sehr auf dich gerechnet; es hat ihn geschmerzt, daß du seinen Netzen entgangen bist; es ist mir lieb und leid, daß du ihn nicht gesehen hast. Liebe mich! Mein Herz ist dein! G.

XVI

»Tätiges Selbstvertrauen«
Goethes vielfältige Amtsgeschäfte
(1779–1782)

Am 7. November 1775 war Goethe auf Einladung des Herzogs Carl August nach Weimar gekommen. Seit dem März 1776 hat er dort ein Tagebuch geführt, das meist aus knappen Eintragungen besteht. Gelegentlich aber, je mehr er sich in die Geschäfte des Herzogtums verwickelt sieht, finden sich dort auch längere Betrachtungen, und einmal gar, im August 1779, folgender im Rückblick seinen Zustand resümierender Rechenschaftsbericht:

Den 7. August 1779
Zu Hause aufgeräumt, meine Papiere durchgesehen und alle alten Schalen verbrannt. Andre Zeiten, andre Sorgen. Stiller Rückblick aufs Leben, auf die Verworrenheit, Betriebsamkeit, Wißbegierde der Jugend, wie sie überall herumschweift, um etwas Befriedigendes zu finden. Wie ich besonders in Geheimnissen, dunklen imaginativen Verhältnissen eine Wollust gefunden habe. Wie ich alles Wissenschaftliche nur halb angegriffen und bald wieder habe fahren lassen, wie eine Art von demütiger Selbstgefälligkeit durch alles geht, was ich damals schrieb. Wie kurzsinnig in menschlichen und göttlichen Dingen ich mich umgedreht habe. Wie des Tuns, auch des zweckmäßigen Denkens und Dichtens so wenig, wie in zeitverderbender Empfindung und Schatten-Leidenschaft gar viel Tage vertan, wie wenig mir davon zu Nutz kommen, und da die Hälfte nun des Lebens vorüber ist, wie nun kein Weg zurückgelegt, sondern vielmehr ich nur dastehe wie einer, der sich aus dem Wasser rettet und den die Sonne anfängt wohltätig abzutrocknen. Die Zeit, daß ich im Treiben der Welt bin seit dem Oktober 75, getrau ich noch nicht zu übersehen. Gott helfe weiter. Und gebe Lichter, daß wir uns nicht selbst soviel im Wege stehn. Lasse uns von Morgen zum Abend das Gehörige tun und gebe uns klare Begriffe von den Folgen der Dinge. Daß man nicht sei wie Menschen, die den

ganzen Tag über Kopfweh klagen und gegen Kopfweh brauchen und alle Abend zuviel Wein zu sich nehmen. Möge die Idee des Reinen, die sich bis auf den Bissen erstreckt, den ich in Mund nehme, immer lichter in mir werden.

Die »Idee des Reinen«, das Bestreben, sich von allem selbstisch Verworrenen zu läutern, um immer wahrer seiner Bestimmung zu folgen – dieser Leitgedanke der Weimarer Jahre nach der Übernahme vielfacher Amtsgeschäfte durchzieht nun auch Goethes Briefe an Frau von Stein, zu der sich das Verhältnis einer unbedingten Zugehörigkeit immer herzlicher und vertraulicher gestaltet.
Goethe an Charlotte von Stein, in Mörlach:

Weimar, den 14. Juni 1780
Abends nach 7. An meinem Schreibtisch. Es regnet, und der Wind spielt gar schön in meinen Eschen.
Ich suche Sie und finde Sie nicht, ich folge Ihnen nach, und erhasche Sie nicht. Es ist nun die Zeit, da ich Sie täglich zu sehn gewohnt bin, ausruhe und mich mit Ihnen in ganz freien Gesprächen von dem Zwang des Tags erhole.
Ihren Ring erhielt ich gestern und danke Ihnen für das schöne Zeichen. Er ist ein Wunderding, er wird mir bald zu weit am Finger, bald wieder völlig recht.
Übrigens geht alles seinen dezidierten Gang, ich wende alle Sinne und Gedanken auf, das Nötige im Augenblick und das Schickliche zur Situation zu finden, es sei Hohes oder Tiefes; es ist ein sauer Stückchen Brot, doch wenn mans erreichen könnte, auch ein schönes. Die größte Schwierigkeit ist, daß ich das Gemeine kaum fassen kann. Unbegreiflich ists, was Dinge, die der geringste Mensch leicht begreift, sich drein schickt, sie ausführt, daß ich wie durch eine ungeheure Kluft davon gesondert bin. Auch geht mein größter Fleiß auf das Gemeine. Sie sehen, ich erzähle immer vom *Ich*. Von andern weiß ich nichts, denn mir inwendig ist zu tun genug; von Dingen, die einzeln vorkommen, kann ich nichts sagen, nehmen Sie also hier und da ein Resultat aus dem Spiegel, den Sie kennen. Ich freue mich auf einen Brief von Ihnen, der auch nur von Ihnen handeln muß. Adieu für heute. – Adieu, Gold.

den 26. Juni

Gestern war ich in Ettersburg, die Nachricht von Feuer in Groß-Brembach jagte mich fort, und ich war geschwind in den Flammen. Nach so lang trocknem Wetter, bei einem unglücklichen Wind war die Gewalt des Feuers unbändig. Man fühlt da recht, wie einzeln man ist, und wie die Menschen doch so viel guten und schicklichen Begriff haben, etwas anzugreifen. Die fatalsten sind dabei, wie immer, die nur sehn, was *nicht* geschieht, und darüber die aufs Notwendige gerichteten Menschen irre machen. Ich habe ermahnt, gebeten, getröstet, beruhigt, und meine ganze Sorgfalt auf die Kirche gewendet, die noch in Gefahr stund, als ich kam. Voreilige Flucht ist der größte Schaden bei diesen Gelegenheiten; wenn man sich, anstatt zu retten, widersetzte, man könnte das Unglaubliche tun. Aber der Mensch ist Mensch und die Flamme ein Ungeheuer. Ich bin noch zu keinem Feuer in seiner ganzen Aktivität gekommen als zu diesem. Nach der Bauart unsrer Dörfer müssen wirs täglich erwarten. Es ist, als wenn der Mensch genötigt wäre, einen zierlich und künstlich zusammengebauten Holzstoß zu bewohnen, der recht, das Feuer schnell aufzunehmen, zusammengetragen wäre.

Aus dem Teich wollte niemand schöpfen, denn vom Winde getrieben schlug die Flamme der nächsten Häuser wirbelnd hinein. Ich trat dazu und rief: Es geht, es geht, ihr Kinder; und gleich waren ihrer wieder da, die schöpften; aber bald mußt ich meinen Platz verlassen, weils allenfalls nur wenig Augenblicke auszuhalten war. Meine Augbrauen sind versengt, und das Wasser in meinen Schuhen siedend hat mir die Zehen gebrüht; ein wenig zu ruhen, legt ich mich nach Mitternacht, da alles noch brannte und knisterte, im Wirtshaus aufs Bett, und ward von Wanzen heimgesucht und versuchte also manch menschlich Elend und Unbequemlichkeit. Der Herzog und der Prinz kamen später und taten das Ihrige. Einige ganz gewöhnliche und immer unerkannte Fehler bei solchen Gelegenheiten hab ich bemerkt.

Verzeihen Sie, daß ich mit Bildern und Gestalten des Greuels Sie in Ihre Freuden verfolge. Es fiel mir in der Nacht und denen Flammen ein, wie das Schicksal wütet und nun Sizilien wieder bebt und die Berge speien, und die Engländer ihre eigne Stadt anzünden, und das alles im aufgeklärten 18. Jahrhundert.

Wie ich heut früh hereinritt, wie schön wärs gewesen, wenn ich

Sie hätte zum guten Morgen grüßen können. Adieu, Sie müssen nun bald wiederkommen. Adieu, Liebste.
Meine Rosen blühen bis unters Dach, und solang als das mein Haus deckt, kann nicht ein willkommnerer Gast hineintreten als Sie. Adieu, Liebste. Als ich gestern zum Feuer kam, war das erste, daß ich meinen Ring abtat und in die Tasche steckte.

Ein Jahr darauf wurden Goethe in Weimar, auf eigenes Betreiben, sämtliche Bergwerksangelegenheiten des Herzogtums übertragen. Die Folge war, daß er sich nun häufig in Ilmenau aufhielt, um das dortige wiedereröffnete Bergwerk zu besichtigen.
Im August 1776 hatte ihn Frau von Stein auf dem Rückweg von einer Badereise dort besucht, und man war gemeinsam in die Höhle des Hermannsteins gestiegen. Vier Jahre später, als Goethe wieder einmal mit dem Herzog in der dortigen Gegend weilte und nach seiner Gewohnheit in einer Holzhütte auf dem Gickelhahn bei Ilmenau übernachtete, entstand dort am Abend des 6. September 1780 sein vielleicht bekanntestes Gedicht – das »Nachtlied«: »Über allen Wipfeln ist Ruh«, das er damals an die Bretterwand schrieb.
Am selben Abend schreibt er an Charlotte von Stein:

Auf dem Gickelhahn, dem höchsten Berg des Reviers, hab ich mich gebettet, um dem Wuste des Städtchens, den Klagen, den Verlangen, der unverbesserlichen Verworrenheit der Menschen auszuweichen. Wenn nur meine Gedanken zusamt von heut aufgeschrieben wären! Es sind gute Sachen drunter.
Meine Beste, ich bin in die Hermannsteiner Höhle gestiegen, an den Platz, wo Sie mit mir waren, und habe das »S«, das so frisch noch wie von gestern angezeichnet steht, geküßt und wieder geküßt, daß der Porphyr seinen ganzen Erdgeruch ausatmete, um mir auf seine Art wenigstens zu antworten. Ich bat den hundertköpfigen Gott, der mich so viel vorgerückt und verändert und mir doch Ihre Liebe und diese Felsen erhalten hat, noch weiter fortzufahren und mich werter zu machen seiner Liebe und der Ihrigen.
Es ist ein ganz reiner Himmel, und ich gehe, des Sonnenuntergangs mich zu freuen. Die Aussicht ist groß, aber einfach. –

Die Sonne ist unter. Es ist eben die Gegend, von der ich Ihnen die aufsteigenden Nebels zeichnete; jetzt ist sie so rein und ruhig, und so uninteressant als eine große schöne Seele, wenn sie sich am wohlsten befindet.

Ilmenau, den 9. September

Heute hab ich mich leidend verhalten, das macht nichts Ganzes, also, meine Liebste, ist mir's auch nicht wohl. Des Herzogs Gedärme richten sich noch nicht ein, er schont sich, und betrügt sich und schont sich nicht, und so vertrödelt man das Leben und die schönen Tage.

Heut früh haben wir alle Mörder, Diebe und Hehler vorführen lassen und sie alle gefragt und konfrontiert. Ich wollte anfangs nicht mit, denn ich fliehe das Unreine – es ist ein groß Studium der Menschheit und der Physiognomik, wo man gern die Hand auf den Mund legt und Gott die Ehre gibt, dem allein ist die Kraft und der Verstand pp. in Ewigkeit Amen.

Ein Sohn, der sich selbst und seinen Vater des Mords mit allen Umständen beschuldigt. Ein Vater, der dem Sohn ins Gesicht alles wegleugnet. Ein Mann, der im Elende der Hungersnot seine Frau neben sich in der Scheune sterben sieht, und weil sie niemand begraben will, sie selbst einscharren muß, dem dieser Jammer jetzt noch aufgerechnet wird, als wenn er sie wohl könnte ermordet haben, weil andrer Anzeigen wegen er verdächtig ist. pp.

Hernach bin ich wieder auf die Berge gegangen, wir haben gegessen, mit Raubvögeln gespielt und hab immer schreiben wollen, bald an Sie, bald an meinem Roman, und bin immer nicht dazu gekommen. Doch wollt ich, daß ein lang Gespräch mit dem Herzog für Sie aufgeschrieben wäre, bei Veranlassung der Delinquenten, über den Wert und Unwert menschlicher Taten.

Ungefähr auf die gleiche Zeit ist ein Brief an Johann Caspar Lavater in Zürich zu datieren, der noch auf der Reise mit dem Herzog geschrieben wurde. Es heißt dort:

Das Tagewerk, das mir aufgetragen ist, das mir täglich leichter und schwerer wird, erfordert wachend und träumend meine Ge-

genwart; diese Pflicht wird mir täglich teurer, und darin wünscht ich's den größten Menschen gleichzutun und in nichts *Größerm*. Diese Begierde, die Pyramide meines Daseins, deren Basis mir angegeben und gegründet ist, so hoch als möglich in die Luft zu spitzen, überwiegt alles andre und läßt kaum augenblickliches Vergessen zu. Ich darf mich nicht säumen, ich bin schon weit in Jahren vor, und vielleicht bricht mich das Schicksal in der Mitte und der babylonische Turm bleibt stumpf unvollendet. Wenigstens soll man sagen: es war kühn entworfen, und wenn ich lebe, sollen, wills Gott, die Kräfte bis hinauf reichen.
Auch tut der Talisman jener schönen Liebe, womit die Stein mein Leben würzt, sehr viel. Sie hat meine Mutter, Schwester und Geliebten nach und nach geerbt, und es hat sich ein Band geflochten, wie die Bande der Natur sind.

Und wieder, im November, am Jahrestag seines Eintreffens in Weimar, an Charlotte von Stein:

Heut sinds fünf Jahre, daß ich nach Weimar kommen bin. Es tut mir recht leid, daß ich mein *Lustrum* nicht mit Ihnen feiern kann.
Gestern hatten wir recht schön und wunderbar Wetter, kamen sehr vergnügt hierher. Ihrer Liebe wieder ganz gewiß, ist mirs ganz anders; es muß mit uns wie mit dem Rheinweine alle Jahr besser werden. Ich rekapituliere in der Stille mein Leben seit diesen fünf Jahren, und finde wunderbare Geschichten. Der Mensch ist doch wie ein Nachtgänger: er steigt die gefährlichsten Kanten im Schlafe. Behalten Sie mich lieb. Das muß einen befestigen, daß man mit allem Guten bleibender und näher wird, das andre wie Schalen und Schuppen täglich von einem herunterfällt.
Weimar, den 7. November 80

Im Juni des nächsten Jahres hat Goethes Mutter in Frankfurt Besuch aus Darmstadt: Einer von Goethes ältesten Freunden, der Kriegsrat Merck, speiste bei ihr, und unter dem Essen ließ er sich dahingehend vernehmen, das Weimarer Klima sei Goethe keineswegs zuträglich: die Hauptsache dort habe er nun zustande gebracht; der Herzog sei nun, wie er sein soll; das

andere Dreckwesen könne ein anderer tun, Goethe sei zu schade dazu, usw.
Die Frau Rat hatte nichts Eiligeres zu tun, als diesen Diskurs dem Sohn in Weimar brühwarm mitzuteilen und sich darüber, wie sie schreibt, die Grillen mächtig zu Kopf steigen zu lassen. Auf ihr Angebot, seinen Posten am herzoglichen Hofe unter Umständen aufzugeben und in das Elternhaus zurückzukehren, antwortet Goethe am 11. August 1781:

Auf Ihren vorigen lieben Brief zu antworten, hat es mir bisher an Zeit und Ruhe gefehlt. In demselben Ihre alten und bekannten Gesinnungen wieder einmal ausgedrückt zu sehen und von Ihrer Hand zu lesen, hat mir eine große Freude gemacht. Ich bitte Sie, um meinetwillen unbesorgt zu sein, und sich durch nichts irremachen zu lassen. Meine Gesundheit ist weit besser, als ich sie in vorigen Zeiten vermuten und hoffen konnte, und da sie hinreicht, um dasjenige, was mir aufliegt, wenigstens großenteils zu tun, so habe ich allerdings Ursache, damit zufrieden zu sein. Was meine Lage selbst betrifft, so hat sie ohnerachtet großer Beschwernisse, auch sehr viel Erwünschtes für mich, wovon der beste Beweis ist, daß ich mir keine andere mögliche denken kann, in die ich gegenwärtig hinübergehen möchte. Denn mit einer hypochondrischen Unbehaglichkeit sich aus seiner Haut heraus in eine andere sehnen, will sich, dünkt mich, nicht wohl ziemen. Merck und mehrere beurteilen meinen Zustand ganz falsch, sie sehen das nur, was ich aufopfre, und nicht, was ich gewinne, und sie können nicht begreifen, daß ich täglich reicher werde, indem ich täglich so viel hingebe. Sie erinnern sich der letzten Zeiten, die ich bei Ihnen, eh ich hierherging, zubrachte; unter solchen fortwährenden Umständen würde ich gewiß zugrunde gegangen sein. Das Unverhältnis des engen und langsam bewegten bürgerlichen Kreises zu der Weite und Geschwindigkeit meines Wesens hätte mich rasend gemacht. Bei der lebhaften Einbildung und Ahndung menschlicher Dinge wäre ich doch immer unbekannt mit der Welt, und in einer ewigen Kindheit geblieben, welche meist durch Eigendünkel, und alle verwandte Fehler, sich und andern unerträglich wird. Wieviel glücklicher war es, mich in ein Verhältnis gesetzt zu sehen, dem ich von keiner Seite gewachsen war; wo ich durch manche Fehler des Unbegriffs und der Übereilung mich und andere kennenzulernen Gelegenheit genug hatte; wo ich, mir selbst und dem Schicksal überlassen, durch so viele Prüfungen ging, die vielen hundert Menschen nicht nötig sein mögen, deren ich aber zu meiner Ausbildung äußerst bedürftig war. Und noch jetzt, wie könnte ich mir, nach meiner Art zu sein, einen glücklichern Zustand wünschen, als einen, der für mich etwas Unendliches hat. Denn wenn sich auch in mir täglich neue Fähigkeiten entwickelten, meine Begriffe sich immer aufhellten, meine Kraft sich vermehrte, meine Kenntnisse sich erweiterten, meine Unterscheidung sich berichtigte und mein Mut lebhafter würde, so fände ich doch täglich Gelegenheit, alle diese Eigenschaften, bald im Großen, bald im Kleinen, anzuwenden. Sie sehen, wie entfernt ich von der hypochondrischen Unbehaglichkeit bin, die so viele Menschen mit ihrer Lage entzweit, und daß nur die wichtigsten Betrachtungen oder ganz sonderbare, mir unerwartete Fälle mich bewegen könnten, meinen Posten zu verlassen; und unverantwortlich wäre es auch gegen mich selbst, wenn ich zu einer Zeit, da die gepflanzten Bäume zu wachsen anfangen und da man hoffen kann, bei der Ernte das Unkraut vom Weizen zu sondern, aus irgend einer Unbehaglichkeit davonginge und mich selbst um Schatten, Früchte und Ernte bringen wollte. Indes glauben Sie mir, daß ein großer Teil des guten Muts, womit ich trage und wirke, aus dem Gedanken quillt, daß alle diese Aufopferungen freiwillig sind und daß ich nur dürfte Postpferde anspannen lassen, um das Notdürftige und Angenehme des Lebens, mit einer unbedingten Ruhe, bei Ihnen wiederzufinden. Denn ohne diese Aussicht und wenn ich mich, in Stunden des Verdrusses, als Leibeignen und Tagelöhner um der Bedürfnisse willen ansehen müßte, würde mir manches viel saurer werden.

Leben Sie wohl. Grüßen Sie meine alten guten Freunde.

Und Goethe blieb. Im November desselben Jahres mietete er das Haus am Frauenplan, das er bis zu seinem Tode bewohnen sollte. Er beginnt den »Tasso« zu schreiben, arbeitet am Abschluß des »Egmont« und beschäftigt sich mit der Konzeption eines Romans, der den Titel »Wilhelm Meisters theatralische Sendung« tragen sollte.

Ende März bis Mitte April 1782 unternimmt er als Abgesandter des Herzogs eine Rundreise zu den thüringischen Höfen. Wie immer führt er ein kleines Reisediarium für Frau von Stein.

Gotha, Sonntag, den 31. März. Nachts halb zwölfe
So verkehrt ist die Ordnung meiner Stunden, daß ich dir zu dieser Zeit schreibe. Liebste Lotte, mich wundert nicht, daß die Reichen so krank und elend sind; mich wundert, daß sie nur leben. Ich bin vergnügt, weil ich mitten durch die vielerlei fremde Menschen mich an dem Faden der Liebe zu dir sachte und sicher winde. Wie die Muscheln schwimmen, wenn sie ihren Körper aus der Schale entfalten, so lern ich leben, indem ich das in mir Verschloßne sacht auseinanderlege. Ich versuche alles, was wir zuletzt über Betragen, Lebensart, Anstand und Vornehmigkeit abgehandelt haben, lasse mich gehen, und bin mir immer bewußt. Und ich kann dir versichern, daß alle, die ich beobachte, weit mehr ihre eigne Rolle spielen als ich die meine. Wie angenehm wird mir dies Spiel, da ich keine Absichten habe, und keinen Wunsch als den, dir zu gefallen und dir immer willkommen zu sein. Wenn ich wiederkomme, sollst du meiner ganzen Ernte teilhaftig werden. Gute Nacht!

Dienstag, den 2. April
Nach Tafel geh ich auf Eisenach und rücke immer weiter von dem Ziel meines Lebens. Hier ist mir's wohlgegangen, und ich glaube, man wird mit mir zufrieden sein. Wenn unsre Begriffe sich zu berichtigen anfangen, dann gehts mit Macht. Wenn man in Liebe und Freundschaft glücklich ist, daß unser Herz in der weiten Welt nichts zu suchen braucht, so hat man mit den Menschen einen guten Stand, und man kann sich der Wahrheit gemäß mit ihnen betragen, eben als wenn man nichts politisch von ihnen haben will.

Eisenach, den 2. April
Von Gotha, wo es mir so weich wie einem Schoßkinde ergangen, komm ich hierher, wo mich die Sorgen wie hungrige Löwen anfallen. Hätte ich die Angelegenheiten unsres Fürstentums auf so einem guten Fuß als meine eigne, so könnten wir von Glück sagen, und wäre alsdann das Glück uns so treu und hold, als

du mir bist, würde man uns vor dem Tode selig preisen können.
Liebste Lotte, daß doch der Mensch so viel für sich tun kann und so wenig für andre. Daß es doch ein fast nie befriedigter Wunsch ist, Menschen zu nutzen. Das meiste, dessen ich persönlich fähig war, hab ich auf den Gipfel des Glücks gebracht, oder sehe vor mir, es wird werden. Für andre arbeit ich mich ab und erlange nichts; für mich mag ich kaum einen Finger rühren, und es wird mir alles auf einem Kissen überreicht.
Ich habe viel vom Sturm ausgestanden auf meinem Wege, doch es freut mich, daß ich gegen alle Unbequemlichkeit völlig gleichgültig bin, sobald es sein muß und das Unternehmen einen Zweck hat; das Zwecklose macht mich rasend, und ich hab ihm eine ewige Feindschaft angekündigt.
Gute Nacht, meine Liebe! Wie freu ich mich, daß ich zur rechten Zeit und ungegessen zur Ruhe gehn kann.

Eisenach, den 3., abends. Der Brief muß fort, nur noch von heute einen Gruß.
Bei Bechtolsheim hab ich viel gegessen, denn mich hungerte und es war gut; nun seh ich für den Abend einem peinlichen Nachtmahl entgegen. Adieu, Liebste! Hier schick ich dir die ersten Blumen, die ich sah und über die ich recht herfiel.
Es ist hier unter den Menschen ein mehr genießender Geist als bei uns; die Verdammnis, daß wir des Landes Mark verzehren, läßt keinen Segen der Behaglichkeit grünen.
Adieu. Sei die Gunst des Himmels bei dir wie meine Liebe.

Kreuzburg, den 5. April
Deinen Brief, liebe Lotte, hat mir der Herzog mitgebracht; ich hoffte drauf, denn nun hör ich schwerlich vor Meiningen etwas von dir.
Ich führe dich immer in dem feinsten Herzen mit herum und habe mir etwas ausgedacht, das dir einen vergnügten Augenblick machen soll. Die Welt ist eng, und nicht jeder Boden trägt jeden Baum; der Menschen Wesen ist kümmerlich, und man ist beschämt, wie man vor so vielen Tausenden begünstigt ist. Man hört immer sagen, wie arm ein Land ist, und ärmer wird; teils denkt man sich es nicht richtig, teils schlägt man es sich aus dem

Sinn; wenn man denn einmal die Sache mit offnen Augen sieht, und sieht das Unheilbare, und wie doch immer gepfuscht wird!! –
Ich habe dir vieles, und Menschliches zu erzählen, und hoffe, du sollst sehn, daß sich meine Augen auch in die Nähe gewöhnen.

Kaltennordheim, den 9. April

Ich habe dir lange nicht geschrieben. Über dein letztes Blatt sind mir viel traurige Gedanken aufgestiegen; ich habe in einer Nacht recht bitterlich geweint, da ich mir vorstellte, daß ich dich verlieren könnte. Gegen alles, was mir wahrscheinlich begegnen kann, hab ich ein Gleichgewicht in mir selbst, gegen *das Einzige* nicht. Die Hoffnung hilft uns leben, und denk ich wieder, du bist wohl und wirst wohl sein, wenn du dies Blatt erhältst.
Ich habe zwar nichts Außerordentliches, doch vielerlei Betrachtungen gesammelt, die ich gerne mit dir teilen will. Wenn ich vor mir allein bin, erzähl ich mir, was ich gesehn habe, als wenn ich dir's erzählen sollte, und es berichtigt sich alles. Liebste, was bin ich dir nicht schuldig! Wenn du mich auch nicht so vorzüglich liebtest, wenn du mich nur neben andern duldetest, so wär ich dir doch mein ganzes Dasein zu widmen verbunden. Denn hätt ich wohl ohne dich je meinen Lieblingsirrtümern entsagen mögen? Doch: könnt ich auch wohl die Welt so rein sehn, so glücklich mich drinne betragen, als seitdem ich nichts mehr drinne zu suchen habe?

Meiningen, den 12. April

O liebe Lotte, was sind die meisten Menschen so übel dran! Wie eng ist ihr Lebenskreis, und wo läuft es hinaus! Wir beide haben dagegen Schätze, daß wir Könige auskaufen könnten; laß uns im stillen des Bescherten genießen.
Es ist ein erhabnes, wundervolles Schauspiel, wenn ich nun über Berge und Felder reite, da mir die Entstehung und Bildung der Oberfläche unsrer Erde und die Nahrung, welche Menschen draus ziehen, zu gleicher Zeit deutlich und anschaulich wird; erlaube, wenn ich zurückkomme, daß ich dich nach meiner Art auf den Gipfel des Felsens führe und dir die Reiche der Welt und ihre Herrlichkeit zeige.

Am 10. April 1782 wurde Goethe in den Adelsstand erhoben. Das Diplom aus Wien erreichte ihn am 3. Juni. Am 7. Juni entläßt der Herzog den Kammerpräsidenten von Kalb aus dem Geheimen Conseil, und an seiner statt wird Goethe am 11. Juni mit der Leitung der obersten Finanzbehörde beauftragt. Das bedeutet neue Aufgaben und wiederum vermehrte Tätigkeit, erlaubt Goethe jedoch endlich, seine Pläne zu größerer Sparsamkeit am Hofe und in der Verwaltung sowie eine Steuerreform in die Tat umzusetzen.
Über seine Einstellung zu den Amtsgeschäften und darüber, wie er sich der Überlastung und vor allem der Gefahr der Zersplitterung zu erwehren versuchte, hat Goethe in Briefen an seinen Freund Carl Ludwig von Knebel, den ehemaligen Erzieher der weimarischen Prinzen, sich wiederholt ausgesprochen.

Weimar, den 3. Dezember 1781
Daß du über den neuen Beweis meiner Unermüdlichkeit lächeln würdest, konnte ich mir wohl vorstellen, doch ist sie bei mir wenig Verdienst. Das Bedürfnis meiner Natur zwingt mich zu einer vermannichfaltigten Tätigkeit, und ich würde in dem geringsten Dorfe und auf einer wüsten Insel ebenso betriebsam sein müssen, um nur zu leben. Sind denn auch Dinge, die mir nicht anstehen, so komme ich darüber gar leichte weg, weil es ein Artikel meines Glaubens ist, daß wir durch Standhaftigkeit und Treue in dem gegenwärtigen Zustande ganz allein der höheren Stufe eines folgenden wert und, sie zu betreten, fähig werden, es sei nun hier zeitlich oder dort ewig.

Weimar, den 27. Juli 1782
So lange habe ich dir nicht geschrieben, daß ich nicht weiß, wiederhol ich mich oder übergeh' ich etwas. Du wirst durch andre mehr wissen. Daß Kalb weg ist, und daß auch diese Last auf mich fällt, hast du gehört. Jeden Tag, je tiefer ich in die Sachen eindringe, seh ich, wie notwendig dieser Schritt war.
Als Geschäftsmann hat er sich mittelmäßig, als politischer Mensch schlecht, und als Mensch abscheulich aufgeführt. Und wenn du nun nimmst, daß ich diese dreie wohl mit der Feder sondern kann, im Leben es aber nur ein und derselbe ist, so denke dir. Doch du kannst dir's und brauchst dir's nicht zu denken. Es ist vorüber.

Nun hab' ich von Johanni an zwei volle Jahre aufzuopfern, bis die Fäden nur so gesammelt sind, daß ich mit Ehren bleiben oder abdanken kann. Ich sehe aber auch weder rechts noch links, und mein altes Motto wird immer wieder über eine neue Expeditionsstube geschrieben.

Hic est aut nusquam quod quaerimus.
(Hier oder nirgends ist, was wir suchen.)

Dabei bin ich vergnügter als jemals, denn nun hab ich nicht mehr, wenigstens in diesem Fache, das Gute zu wünschen und halb zu tun und das Böse zu verabscheuen und ganz zu leiden. Was nun geschieht, muß ich mir selbst zuschreiben, und es wirkt nichts dunkel durch den dritten und vierten, sondern hell gleich grade auf mich. Daß ich bisher so treu und fleißig im stillen fortgearbeitet habe, hilft mir unendlich; ich habe nun anschauliche Begriffe fast von allen notwendigen Dingen und kleinen Verhältnissen und komme so leicht durch.

Du kannst denken, daß ich über diese Dinge mit niemandem spreche, und also bitt ich dich, auch keinen Gebrauch hiervon, selbst zu meinem Vorteile, zu machen. Die Menschen müssen verschieden über solche Vorfälle urteilen und man muß tun, was man muß.

Das zweite Buch von Wilhelm Meister erhältst du bald; ich habe es mitten in dem Taumel geschrieben.

Weimar, den 21. November 1782

Ich bedaure sehr deinen Zustand, es ist gar übel, ganz allein zu sein, und selbst die Gegenwart deiner guten Schwester macht dich noch einsamer. Wie traurig ists, seine Freunde so zu sehen; da fühlt man erst, wie ohnmächtig man ist.

Seit einiger Zeit lebe ich sehr glücklich. Ich komme fast nicht aus dem Hause, versehe meine Arbeiten und schreibe in guten Stunden die Märchen auf, die ich mir selbst zu erzählen von jeher gewohnt bin. Du sollst bald die drei ersten Bücher der Theatralischen Sendung haben. Sie werden abgeschrieben.

Meinen Werther hab ich durchgegangen und lasse ihn wieder ins Manuskript schreiben, er kehrt in seiner Mutter Leib zurück, du sollst ihn nach seiner Wiedergeburt sehen. Da ich sehr gesammelt bin, so fühle ich mich zu so einer delikaten und gefährlichen Arbeit geschickt.

Alle Briefe an mich seit 72, und viele Papiere jener Zeiten, lagen bei mir in Päcken ziemlich ordentlich gebunden, ich sondre sie ab und lasse sie heften. Welch ein Anblick! mir wirds doch manchmal heiß dabei. Aber ich lasse nicht ab, ich will diese zehn Jahre vor mir liegen sehen, wie ein langes durchwandertes Tal vom Hügel gesehn wird.

Meine jetzige Stimmung macht diese Operation erträglich und möglich. Ich seh es als einen Wink des Schicksals an. Auf alle Weise machts Epoche in mir.

Ich sehe fast niemand, außer wer mich in Geschäften zu sprechen hat; ich habe mein politisches und gesellschaftliches Leben ganz von meinem moralischen und poetischen getrennt (äußerlich, versteht sich), und so befinde ich mich am besten. Alle Woche gebe ich einen großen Tee, wovon niemand ausgeschlossen ist, und entledige mich dadurch meiner Pflichten gegen die Sozietät aufs wohlfeilste. Meine vielen Arbeiten, von denen ich dem Publiko noch einen größeren Begriff erlaube, entschuldigen mich, daß ich zu niemand komme. Abends bin ich bei der Stein und habe nichts Verborgnes vor ihr.

Der Herzog hat seine Existenz im Hetzen und Jagen. Der Schlendrian der Geschäfte geht ordentlich, er nimmt einen willigen und leidlichen Teil dran, und läßt sich hie und da ein Gutes angelegen sein, pflanzt und reißt aus pp. Die Herzogin ist stille, lebt das Hofleben; beide seh ich selten.

Und so fange ich an, mir selber wieder zu leben, und mich wieder zu erkennen. Der Wahn, die schönen Körner, die in meinem und meiner Freunde Dasein reifen, müßten auf diesen Boden gesät und jene himmlischen Juwelen könnten in die irdischen Kronen dieser Fürsten gefaßt werden, hat mich ganz verlassen, und ich finde mein jugendliches Glück wiederhergestellt. Wie ich mir in meinem väterlichen Hause nicht einfallen ließ, die Erscheinungen der Geister und die juristische Praxis zu verbinden, ebenso getrennt laß ich jetzt den Geheimderat und mein andres Selbst, ohne das ein Geheimderat sehr gut bestehen kann. Nur im Innersten meiner Pläne und Vorsätze und Unternehmungen bleib ich mir geheimnisvoll selbst getreu und knüpfe so wieder mein gesellschaftliches, politisches, moralisches und poetisches Leben in einen verborgenen Knoten zusammen.

Zweiter Teil

I

Das zweite Jahrfünft in Weimar
(1781–1786)
Goethe im Urteil der Freunde und Zeitgenossen

In den Büchern, die unter dem Sammeltitel »Aus meinem Leben, Dichtung und Wahrheit« Goethes autobiographische Schriften vereinen, klafft zwischen dem Aufbruch nach Weimar im Jahre 1775 und dem Antritt der italienischen Reise im September 1786 eine Lücke, die auszufüllen Goethe wohl ernstlich niemals gesonnen war. Aus mancherlei Gründen. Einige davon hat er im hohen Alter dem Kanzler von Müller angedeutet:

Die wahre Geschichte der ersten zehn Jahre meines Weimarischen Lebens könnte ich nur im Gewande der Fabel oder eines Märchens darstellen; als wirkliche Tatsache würde die Welt es nimmermehr glauben. Kommt doch jener Kreis, wo auf hohem Standort ein reines Wohlwollen und gebührende Anerkennung – durchkreuzt von den wunderlichsten Anforderungen –, ernstliche Studien neben verwegensten Unternehmungen, und heiterste Mitteilungen trotz abweichenden Ansichten sich betätigen, *mir selbst*, der das alles miterlebt hat, schon als ein *mythologischer* vor. Ich würde vielen weh, vielleicht nur wenigen wohl, mir selbst niemals Genüge tun; wozu das? Bin ich doch froh, mein Leben hinter mir zu haben; was ich geworden und geleistet, mag die Welt wissen; wie es im einzelnen zugegangen, bleibe mein eigenstes Geheimnis.

Am 7. November 1775 war Goethe auf Einladung des damals achtzehnjährig zur Regierung gekommenen Herzogs Carl August in Weimar eingetroffen. Schon im April des nächsten Jahres erwirbt er das Weimarer Bürgerrecht, und im Juni wird er als Geheimer Legationsrat, mit Sitz und Stimme im Geheimen Conseil, einer der leitenden Beamten des Herzogtums. Die Bergwerksangelegenheiten in Ilmenau werden ihm anvertraut, er übernimmt die Kriegskommission und die Direktion des Wegebaus. In den achtziger Jahren kommen weitere Aufgaben und Ämter hinzu.

Die beiden Menschen, zu denen Goethe bis zu seiner italienischen Reise in allernächsten Verhältnissen steht, sind der junge Herzog und Charlotte von Stein; zu ihnen treten nach der Rückkehr aus Italien Christiane Vulpius und Schiller. Briefe an diese vier und Antwortschreiben von ihnen werden in den folgenden Kapiteln einen größeren Raum einnehmen.
Zuvor jedoch soll aus dem ersten Weimarer Jahrzehnt eine Anzahl von Stimmen zu Wort kommen, die uns Goethe in jener Epoche vergegenwärtigen. Keine Klatschmäuler, sondern Menschen von Ansehen und Gewicht, von Herz und Urteil. Ihre brieflichen Äußerungen werden hier gleichsam wie Spiegel um die eine Zentralfigur in ihrer Mitte aufgestellt, die sich in jedem anders bricht.
Die erste Stimme ist die eines Freundes aus der Straßburger Studentenzeit: Heinrich Jung-Stilling, dessen Jugendgeschichte Goethe 1777 zum Druck beförderte. Jung-Stilling hatte sich als Augenarzt, vor allem als Staroperateur, einen Namen gemacht und lebte damals als Professor der Kameral-Akademie in Kaiserslautern. In seinem Brief an den gemeinsamen Freund Franz Christian Lerse gedenkt Stilling eingangs der ehemaligen Straßburger Mittagsgesellschaft bei den Jungfern Lauth in der Knoblochgasse.

Kaiserslautern, den 6. März 1780

Ein Kleeblatt vom Lauth'schen, ehemals merkwürdigen Tische ist noch übrig: Goethe, Du und ich.
Goethe – nun das weiß alle Welt! Der hat mir oft bange gemacht, aber denk', Bruder, die Anmerkung ist mir oft über ihn eingefallen: Wenn ein Mensch auch nichts anderes als Genie ist, gar keine Stetigkeit, keine Schwerkraft hat, die ihn nach dem Mittelpunkt zieht, so treibt ihn der Wind durch alle Lüfte um; er flackert, lodert; niemand kann sich an seinem Feuer erwärmen, noch durch sein Licht geleitet werden.
Doch glaub' ich noch immer, er wird noch ein brauchbarer Mann werden. Er war's noch nicht. Weiter hat er noch nichts getan, als daß er wie ein wilder, ungeheurer Mastochse auf der Wiese herumgeeilt und vorne und hinten in die Höhe sprang. Da krochen dann hundert Frösche nebeneinander ans Ufer hin, mochten gerne alle so Ochsen sein, pausten und dehnten sich, daß es zum

Erbarmen war. Darüber haben wir andern Geschöpfe nun zwar herzlich gelacht; aber, Bruder Lerse, das ist gar ein kleines Verdienst, auf fetter Wiese umherzugaukeln und die Leute lachen machen.
Wird er aber einmal zahm, so daß sein Herzog mit ihm pflügen kann, nun, dann gib achte, was aus Goethe wird!

Ungefähr aus der gleichen Zeit wie Jung-Stillings Brief an Lerse stammt eine Äußerung des damals 34jährigen Pestalozzi, der vor einigen Jahren in Neuhof bei Brugg seine erste Erziehungsanstalt für arme Kinder gegründet hatte. Im Frühjahr 1780 verfaßte er für Iselins Zeitschrift »Ephemeriden« einen Aufsatz »Abendstunde eines Einsiedlers«, in dem er an den Vatersinn der Fürsten appelliert und dabei unter anderem auch auf Goethe zu sprechen kommt.

Äußere und innere Menschenhöhe, auf dieser reinen Bahn der Natur gebildet, ist Vaterstand und Vatersinn gegen niedere Kräfte und Anlagen. Mensch in deiner Höhe, wiege den Gebrauch deiner Kräfte nach diesem Zweck. Vatersinn hoher Kräfte gegen die unentwickelte, schwache Herde der Menschheit. O Fürst in deiner Höhe! O Goethe in deiner Kraft! Ist *das* nicht deine Pflicht, o Goethe, da deine Bahn nicht ganz Natur ist? Schonung der Schwachheit, Vatersinn, Vaterzweck, Vateropfer im Gebrauch seiner Kraft: da ist reine Höhe der Menschheit. O Goethe in deiner Hoheit, ich sehe hinauf von meiner Tiefe, erzittre, schweige und seufze. Deine Kraft ist gleich dem Drang großer Fürsten, die dem Reichsglanz Millionen Volkssegen opfern.

Iselin, der Herausgeber der Zeitschrift, hätte diese Stelle gerne gestrichen; sie blieb dann doch stehen, nachdem Pestalozzi folgende nähere Erklärung dazu abgegeben hatte:

Goethe lasse ich gerne durchstreichen. Der Sinn, worum er da stehet, ist folgender: Die Kraft seines dem Jahrhundert zugeschnittenen Genies wirkt mit Fürsten- und Herrschergewalt, wie Voltaire in seiner Zeit. Und seine unbescheidene, ungläubige, alles Heiligtum der Welt nicht schonende Kühnheit ist – wahre Schwäche. Wäre Vatersinn, Vateropfer Geistesrichtung des

Mannes im Gebrauch seiner Kräfte, er wäre Prophet und Mann Gottes. Fürs Volk. Jetzt Irrlicht zwischen Engel und Satan, und mir insoweit niederer Verführer der Unschuld.

Diese beiden Stimmen stammen aus dem Umkreis des deutschen und schweizerischen Pietismus. Diesem Kreis gehörte auch Johann Caspar Lavater in Zürich an, der mit Goethe seit 1774 bekannt war und mit ihm und seinem Weimarer Freundeskreis in lebhaftem Briefwechsel stand.
In einem Brief an Carl Ludwig von Knebel, den ehemaligen Erzieher des Herzogs Carl August, hatte Lavater geäußert, er höre und sehe von Goethe so Verschiedenartiges, daß er nach so vielen Jahren der Bekanntschaft erklären müsse, er kenne ihn immer noch nicht.
Knebel antwortet darauf am 1. September 1780:

Etwas weh tut es mir, daß Sie *Goethe nicht kennen.* Was soll ich sagen? Ich weiß es wohl, er ist nicht *allezeit* liebenswürdig. Er hat widrige Seiten. Ich habe sie wohl erfahren. Aber die Summe des Menschen zusammengenommen, ist unendlich gut. Er ist mir ein Erstaunen, auch selbst von Güte. Der Durchreisenden keiner *sieht* ihn, und doch urteilt *jeder.* In *Weimar* selbst wird er *kaum* gesehen. In der Entfernung *ist* er nicht zu sehen.
Noch zur Stunde schwör' ich, daß seine Richtung *grad,* seine Absichten *rein* und *gut* sind. – Verkannt muß er werden, und er selbst scheint drin zu existieren. Die Schönheit, die sich unter der Maske zeigt, reizt ihn noch mehr. Er ist selbst ein wunderbares Gemisch oder eine Doppelnatur von Held und *Komödiant;* doch prävaliert der erste. – Er ist so biegsam als einer von uns. Aber Eitelkeit hat er noch etwas, seine Schwächen nicht zu zeigen. Da läßt er denn gemeiniglich leere Lücken, oder stellt einen Stein davor, oder, wenn er sie sehen läßt, schlägt er mit Fäusten zu, daß man sie ihm nicht berühre. – *Wenn er's nicht sagt,* dann hat er seine Freunde am liebsten. Vor allen Sterblichen liebt und ehrt er Sie. Wenn Sie den Herzog lieb haben müssen, so bedenken Sie, daß ihm Goethe zwei Drittel von seiner Existenz gegeben.

Und nun, zwei Jahre später, Johann Gottfried Herder, der auf Goethes Betreiben im Herbst 1776 als Generalsuperintendent nach Weimar berufen worden war. Dort hatte Carl August im Juni 1782 den Kammerpräsidenten von Kalb entlassen und den inzwischen in den Adelsstand erhobenen Goethe an dessen Stelle mit der Leitung der Kammer, der obersten Finanzbehörde des Landes, beauftragt. Zwischen Herder und Goethe war es in diesem Sommer zu einer tiefreichenden Entfremdung gekommen, die erst ein Jahr später durch Goethe behoben werden konnte. Herder an Johann Georg Hamann in Königsberg:

Weimar, den 11. Juli 1782
Gestern ist der hiesige Kammerpräsident von hier abgegangen, mit 1000 Talern Gehalt verabschiedet. Er ist ein junger Mann unter meinem Alter, der Goethe hiehergebracht, bei dem dieser zuerst gewohnt hat, der sich nach der allgemeinen Stimme auf seine Geschäfte sehr wohl verstand und der Goethe an seine Stelle brachte. Er ist mit großen Komplimenten verabschiedet worden, »weil der Herzog kein Zutrauen auf ihn hat und er gemerkt habe, daß Kalb (so heißt er) auch keins zu ihm habe«; und nachdem seine ehrenvolle Dimission im Conseil diktiert worden, ist Goethe zum Kammerpräsidenten ernannt, doch ohne diesen Namen, der für ihn ohne Zweifel auch als *appendix* zu klein ist.
Er ist also jetzt Wirklicher Geheimer Rat, Kammerpräsident, Präsident des Kriegscollegii, Aufseher des Bauwesens bis zum Wegbau hinunter, Direktor des Bergwerks, dabei auch *directeur des plaisirs*, Hofpoet, Verfasser von schönen Festivitäten, Hofopern, Balletts, Redouten-Aufzügen, Inskriptionen, Kunstwerken et cetera, Direktor der Zeichen-Akademie, in der er den Winter über Vorlesungen über die Osteologie gehalten; selbst überall der erste Akteur, Tänzer, kurz das Factotum des Weimarschen und, so Gott will, bald der Majordomus sämtlicher Ernestinischer Häuser, bei denen er zur Anbetung umherzieht.
Er ist baronisiert, und an seinem Geburtstage wird die Standeserhebung erklärt werden. Er ist aus seinem Garten in die Stadt gezogen und macht ein adlich Haus, hält Lese-Gesellschaften, die sich bald in Assembleen verwandeln werden etc. etc.

Was Goethe als »directeur des plaisirs, Hofpoet und Verfasser von schönen Festivitäten« zu den Lustbarkeiten des Weimarer

Hofes beisteuerte, davon haben wir eine kleine Probe in einem Brief, den Fräulein von Göchhausen, eine Gesellschafterin der Herzogin-Mutter, an Goethes Freund Merck in Darmstadt schrieb.

Weimar, den 11. Februar 1782

Komödien, Bälle, Aufzüge, Redouten usw., das alles hat sich gejagt. Auch Freund Goethe hat sein Goldstück zu anderer Scherflein gelegt und auf der Herzogin Luise Geburtstag eine artige *Comédie ballet* geliefert, die folgenden Inhalts war: Eine Fee und ein Zauberer hatten einen mächtigen Geist beleidigt und ihnen wurde das Vorrecht, ewig jung zu bleiben, geraubt. Sie wurden alt mit allen Feen und Zauberern, die ihnen ergeben waren. Diese Strafe sollten sie dulden, bis in gewissen Bergklüften der große Karfunkel gefunden würde, in den das verzaubert war, was ihnen allen fehlte. Diesen Stein zu erhalten, vereinigten nun die Fee und der Zauberer ihre Macht. Die Berggeister wurden beschworen, Feen, Gnomen und Nymphen taten durch wunderbare Zaubereien ihr Bestes und das Abenteuer wurde bestanden, der große Karfunkel herbeigeschafft, geöffnet und – Amor sprang heraus. In diesem Augenblick gingen die großen Verwandlungen vor sich und aus einem ganzen Theater voll alter Mütterchen und Gnomen wurden lauter schöne Mädchen und Jünglinge. Diese Verwandlungen gingen sehr gut und Dekoration und Musik war recht artig. Das Ganze war mit Gesang und Tänzen gemischt und endigte mit einem großen Ballett.

Goethe ist sehr fleißig. Er hat neuerlich seinen »Egmont« geendigt und arbeitet jetzt an einem neuen dramatischen Werk, »Tasso« genannt, woran Sie große Freude haben werden. Noch etwas ist diesen Winter zustande gekommen, wovon ich aber nichts schreibe, weil ichs vielleicht bald selbst schicken kann, und wahre Essenz für Dero Magen sein wird. Überhaupt scheint dieser Freund bei der Austeilung eine gute Portion Öl mehr in seine Lampe bekommen zu haben, da sie oft bei trübem Wetter so helle brennt und es ihr zur Zeit der Not noch nie mangelte. Gesegne's ihm Gott!

In den Winter des folgenden Jahres fällt ein Vorkommnis, das Goethes damaliger Diener Christian Sutor im Alter Johann Pe-

ter Eckermann erzählt hat. Dem Bericht scheinen zwar historisch einige Unstimmigkeiten anzuhaften, aber er zeigt doch, wie Goethe auf seine Umgebung wirken konnte und wessen man ihn für fähig hielt.
Eckermann in seinen Aufzeichnungen über Goethe, am 13. November 1823:

Vor einigen Tagen, als ich nachmittags bei schönem Wetter die Straße nach Erfurt hinausging, gesellte sich ein bejahrter Mann zu mir, den ich seinem Äußeren nach für einen wohlhabenden Bürger hielt. Wir hatten nicht lange geredet, als das Gespräch auf Goethe kam. Ich fragte ihn, ob er Goethe persönlich kenne. »Ob ich ihn kenne!« antwortete er mit einigem Behagen: »Ich bin gegen zwanzig Jahre sein Kammerdiener gewesen!« Und nun ergoß er sich in Lobsprüche über seinen früheren Herrn. Ich ersuchte ihn, mir etwas aus Goethes Jugendzeit zu erzählen, worein er mit Freuden willigte.
»Als ich bei ihn kam«, sagte er, »mochte er etwa 27 Jahre alt sein; er war sehr mager, behende und zierlich, ich hätte ihn leicht tragen können.«
Ich fragte ihn, ob Goethe in jener ersten Zeit seines Hierseins auch sehr lustig gewesen. Allerdings, antwortete er, sei er mit den Fröhlichen fröhlich gewesen, jedoch nie über die Grenze; in solchen Fällen sei er gewöhnlich ernst geworden. Immer gearbeitet und geforscht und seinen Sinn auf Kunst und Wissenschaft gerichtet, das sei im allgemeinen seines Herrn fortwährende Richtung gewesen.
Abends habe ihn der Herzog häufig besucht, und da hätten sie oft bis tief in die Nacht hinein über gelehrte Gegenstände gesprochen, so daß ihm oft Zeit und Weile lang geworden, und er oft gedacht habe, ob denn der Herzog noch nicht gehen wolle.
»Und die Naturforschung«, fügte er hinzu, »war schon damals seine Sache.
Einst klingelte er mitten in der Nacht, und als ich zu ihm in die Kammer trete, hat er sein eisernes Rollbett vom untersten Ende der Kammer herauf bis ans Fenster gerollt und liegt und beobachtet den Himmel. ›Hast du nichts am Himmel gesehen?‹ fragte er mich, und als ich dies verneinte: ›So laufe einmal nach der Wache und frage den Posten, ob der nichts gesehen.‹ Ich lief hin,

der Posten hatte aber nichts gesehen; welches ich meinem Herrn meldete, der noch ebenso lag und den Himmel unverwandt beobachtete. ›Höre‹, sagte er dann zu mir, ›wir sind in einem bedeutenden Moment; entweder wir haben in diesem Augenblick ein Erdbeben, oder wir bekommen eins.‹ Und nun mußte ich mich zu ihm aufs Bette setzen, und er demonstrierte mir, aus welchen Merkmalen er das abnehme.«
Ich fragte den guten Alten, was es für Wetter gewesen.
»Es war sehr wolkig«, sagte er, »und dabei regte sich kein Lüftchen; es war sehr still und schwül.«
Ich fragte ihn, ob er denn Goethen jenen Ausspruch sogleich aufs Wort geglaubt habe.
»Ja«, sagte er, »ich glaubte ihm aufs Wort; denn was er vorhersagte, war immer richtig. Am nächsten Tage«, fuhr er fort, »erzählte mein Herr seine Beobachtungen bei Hofe, wobei eine Dame ihrer Nachbarin ins Ohr flüsterte: ›Höre! Goethe schwärmt.‹ Der Herzog aber und die übrigen Männer glaubten an Goethe, und es wies sich auch bald aus, daß er recht gesehen; denn nach einigen Wochen kam die Nachricht, daß in derselbigen Nacht ein Teil von Messina durch ein Erdbeben zerstört worden.«

Goethe im Frühjahr 1783, mit den Augen seines Kammerdieners gesehen – und, im Abstand von vierzig Jahren, durch das Fernrohr Johann Peter Eckermanns.
Kurze Zeit darauf kam der hochangesehene Professor Blumenbach, der Begründer der Anthropologie, nach Weimar und war dort häufig mit Goethe zusammen. Er berichtet darüber an seinen Kollegen, den Philologen Christian Gottlob Heyne in Göttingen:

Weimar, den 4. Mai 1783
Goethe, den ich oft und in verschiedenen Situationen bei Hof unter den Herrschaften, unter seinen Kollegen, unter den Damen, vis-à-vis von Wieland und mehrere Male recht lange mit mir tête-à-tête gesehen habe, da er mich in seinen Garten und spazieren führte usw., hat alle meine Vorstellungen, die ich mir nach anderer Erzählung von ihm gemacht hatte, gar sehr übertroffen. Nichts den Geheimen Rat Ankündigendes, Zurückhal-

tendes, sondern ein gesetzter, aber ganz unaffektierter, äußerst zugänglicher Mann. Unglaublich offen, hell und doch tief penetrierend in seinem Urteile, und doch überaus billig, gar nicht dezisiv, wie ich zumal in unserer Unterredung über Lavater und Physiognomik, über Verfassung der Jenaischen Universität usw. gesehen habe. Überall viel gesunde, richtige und deutliche Philosophie und den reifen Geschmack, der auch in seinem Zimmer und artigen Garten usw. durchgehends herrscht.
Wieland schien mir daher in seiner Gegenwart eine etwas abstechende, nicht sehr vorteilhafte Figur zu machen. Sie duzen sich zwar und sind herzlich gute Freunde, aber man spürt doch Goethes Superiorität.

Ob Wieland Goethes Superiorität anerkannte, würdigte oder vielleicht unter ihr litt – die gegenseitige Freundschaft jedenfalls blieb eine herzliche, und Wielands scharfem Auge entging auch nicht, daß Goethe seine Rolle bei Hofe und als Staatsbeamter nicht immer leicht fiel:

Goethe schickt sich überaus gut in das, was er vorzustellen hat, ist im eigentlichen Verstande *l'honnête homme à la cour*, leidet aber nur allzu sichtlich an Seel und Leib unter der drückenden Last, die er sich zu unserm Besten aufgeladen hat. Mir tut's zuweilen im Herzen weh, zu sehen, wie er bei dem allen *contenance* hält und den Gram gleich einem verborgnen Wurm an seinem Inwendigen nagen läßt. Seine Gesundheit schont er soviel wie möglich; auch hat sie es sehr vonnöten.

Goethes Stimmung im Jahre 1784, zwei Jahre, nachdem er die Bürde des höchsten Finanzamtes auf sich genommen hatte, ist nicht mehr die gleiche wie noch im Herbst 1780, als er an Lavater in Zürich schrieb:

Das Tagewerk, das mir aufgetragen ist, das mir täglich leichter und schwerer wird, erfordert wachend und träumend meine Gegenwart; diese Pflicht wird mir täglich teurer, und darin wünscht ich's den größten Menschen gleich zu tun, und in nichts *Größerm*. Diese Begierde, die Pyramide meines Daseins, deren Basis mir angegeben und gegründet ist, so hoch als möglich in die Luft

zu spitzen, überwiegt alles andre und läßt kaum augenblickliches Vergessen zu. Ich darf mich nicht säumen, ich bin schon weit in Jahren vor, und vielleicht bricht mich das Schicksal in der Mitte, und der babylonische Turm bleibt stumpf unvollendet. Wenigstens soll man sagen, es war kühn entworfen, und wenn ich lebe, sollen, wills Gott, die Kräfte bis hinauf reichen.
Auch tut der Talisman jener schönen Liebe, womit die Stein mein Leben würzt, sehr viel. Sie hat meine Mutter, Schwester und Geliebten nach und nach geerbt, und es hat sich ein Band geflochten wie die Bande der Natur sind.

Das Verhältnis zu Charlotte von Stein, der um sechs Jahre älteren Freundin, vor der Goethe nichts Verborgenes hatte, war mit den Jahren immer vertraulicher und inniger geworden. Der Herzog hingegen strebte nach Erfolgen in der großen Politik, und Goethe fand bei ihm nicht immer die Unterstützung nützlicher Maßnahmen, die er sich wünschte. Darüber besprach er sich im März 1785 mit dem gemeinsamen Freunde Knebel in Jena, und dieser berichtete darüber nach Weimar an Frau von Stein. In deren Antwortschreiben vom 20. April 1785 heißt es:

Es ist sonderbar, daß eben, da ich Ihren Brief erhalte, ich stilltraurig über denselben Gegenstand nachdachte, davon Sie mir schreiben. Aber leider ist da auf der einen Seite, wo unser Freund die Hoffnung aufgegeben, nichts zu ändern, weil nichts zu hoffen ist und moralisch-unrichtiger Takt und Töne in unserm System herrschen. Aber als ein weiser Mann wird er sich's wohl mit der Zeit zurechtlegen.
Überdies geht unser Freund seinen ihm gehörigen Weg. Sie andern Philosophen wissen ja, daß gewisse notwendige Gesetze in der moralischen Natur so gut als in der physischen mit denen Dingen verknüpft sind. So kann ein Verständiger, Edler, Großmütiger, Wohltätiger, Uneigennütziger keinen vergnüglichen Teil mit dieser Welt haben. Oder, wenn er ihn genießen will, so muß er seinen Himmel verlassen. Diese Menschen bleiben nun einmal die, welche man wie den einigen Gott im Geist und in der Wahrheit verehrt. Keine irdischen Altäre werden ihnen nicht gebaut.
Nur ist es notwendig, daß, wenn einmal diese himmlischen See-

len durch Ämter mit den Menschenkindern gebunden sind, sie sich dieses recht deutlich machen und immer in ihrem Herzen wiederholen: Vater, vergib ihnen, denn sie wissen nicht, was sie tun.
Auf diesem Weg müssen wir unserm Freund beistehen.

Zwei Jahre später, im Sommer 1787, kommt Schiller zum erstenmal nach Weimar, um die Weimar'schen Götter und Götzendiener kennenzulernen. Goethe ist damals schon in Italien, wo er sich noch längere Zeit aufhalten wird. Schiller schreibt an seinen Freund Körner in Dresden:

Weimar, den 12. August 1787

Dieser Tage habe ich in großer adliger Gesellschaft einen höchst langweiligen Spaziergang machen müssen; wieviel flache Kreaturen kommen einem da vor. Die beste unter allen war Frau von Stein, eine wahrhaftig eigene, interessante Person, und von der ich begreife, daß Goethe sich so ganz an sie attachiert hat. Schön kann sie nie gewesen sein, aber ihr Gesicht hat einen sanften Ernst und eine ganz eigene Offenheit. Ein gesunder Verstand, Gefühl und Wahrheit liegen in ihrem Wesen. Diese Frau besitzt vielleicht über tausend Briefe von Goethe, und aus Italien hat er ihr noch jede Woche geschrieben. Man sagt, daß ihr Umgang ganz rein und untadelhaft sein soll.
Goethe (weil ich Dir doch Herders Schilderung versprochen habe), Goethe wird von sehr vielen Menschen (auch außer Herder) mit einer Art von Anbetung genannt, und mehr noch als Mensch denn als Schriftsteller geliebt und bewundert. Herder gibt ihm einen *klaren* universalen Verstand, das wahrste und innigste Gefühl, die größte Reinheit des Herzens! Alles, was er ist, ist er ganz, und er kann, wie Julius Cäsar, vieles zugleich sein. Nach Herders Behauptung ist er rein von allem Intrigengeist, er hat wissentlich noch niemand verfolgt, noch keines anderen Glück untergraben. Er liebt in allen Dingen Helle und Klarheit, selbst im Kleinen seiner politischen Geschäfte, und mit eben diesem Eifer haßt er Mystik, Geschraubtheit, Verworrenheit.
Herder will ihn ebenso und noch mehr als Geschäftsmann denn als Dichter bewundert wissen. Ihm ist er ein allfassender Geist.

II

Das zweite Jahrfünft in Weimar
Amtsgeschäfte und Phantasie; der junge Herzog

Unter Goethes »zahmen Xenien«, allerlei Sprüchen in Versen, finden sich eine ganze Reihe, die von ihm selber, seinem Wesen, seiner Rolle in der Welt handeln. Eines dieser Sprüchlein, vielleicht das bekannteste, beginnt:

> Vom Vater hab ich die Statur,
> Des Lebens ernstes Führen,
> Vom Mütterchen die Frohnatur
> Und Lust zu fabulieren.

Daß diese beiden Grundzüge, ernste Lebensführung und Fabulierlust, daß also Amtsgeschäfte und Poesie, Arbeiten des Fleißes und Werke der Phantasie, sich nicht immer so ohne weiteres vertrugen, daß hier ein Konfliktstoff lag, wird niemand wundern. Namentlich während des ersten Weimarer Jahrzehnts, bis zum Aufbruch, ja fast Ausbruch nach Italien, macht dieser Widerspruch Goethe zu schaffen. Und davon soll in folgendem anhand von Briefen und Gedichten ein wenig ausführlicher die Rede sein.

Im Januar 1779 übernimmt Goethe zu anderen Ämtern auch die Kriegskommission. Sie macht ihm wenig Beschwer. Es heißt da in einer Tagebucheintragung: »Die Kriegskommission werd ich gut versehn, weil ich bei dem Geschäft gar keine Imagination habe, gar nichts hervorbringen will, nur das, was da ist, recht kennen und ordentlich haben will.«

Am 14. Februar beginnt Goethe, die Prosafassung der »Iphigenie« zu diktieren; am 26./27. desselben Monats hält er in Weimar die erste Musterung der jungen Mannschaft ab, und am 28. bricht er nach Jena auf, um weitere Rekruten auszumustern und um in Apolda die Lage der Strumpfwirker zu erkunden, die seit der Neujahrsmesse beschäftigungslos sind.

Über seine Stimmungen, seine Beobachtungen vor und während dieser Reise berichtet er wie immer in kurzen Billetts, die ein Bote überbringt, an Frau von Stein in Weimar.

Weimar, den 14. Februar 1779
Mit einer guten Nacht schick ich noch zwei aufkeimende Blumen. Den ganzen Tag brüt ich über Iphigenien, daß mir der Kopf ganz wüst ist, ob ich gleich zur schönen Vorbereitung letzte Nacht zehn Stunden geschlafen habe. So ganz ohne Sammlung, nur den einen Fuß im Steigriemen des Dichter-Hippogryphs, wills sehr schwer sein, etwas zu bringen, das nicht ganz mit Glanzleinwand-Lumpen gekleidet sei. Gute Nacht, Liebste. Musik hab ich mir kommen lassen, die Seele zu lindern und die Geister zu entbinden.

den 22. Februar, abends
Meine Seele löst sich nach und nach durch die lieblichen Töne aus den Banden der Protokolle und Akten. Ein Quattro neben in der grünen Stube, sitz ich und rufe die fernen Gestalten leise herüber. Eine Szene soll sich heut absondern, denk ich; drum komm ich schwerlich. Gute Nacht.

Jena, den 1. März
Mit meiner Menschenklauberei bin ich hier fertig und habe mit den alten Soldaten gegessen und von vorigen Zeiten reden hören. Mein Stück rückt. Lassen Sie mich hören, daß Sie wohl sind und mich lieb haben. Adieu.

Dornburg, den 2. März
Wenn ich an einen Ort komme, wo ich mit Ihnen gewesen bin, oder wo ich weiß, daß Sie waren, ist mir's immer viel lieber. Heut hab ich im Paradiese an Sie gedacht, daß Sie drin herumgingen, eh Sie mich kannten. Es ist mir fast unangenehm, daß eine Zeit war, wo Sie mich nicht kannten und nicht liebten.
Knebeln können Sie sagen, daß das Stück sich formt und Glieder kriegt. Morgen hab ich die Auslesung, dann will ich mich in das neue Schloß sperren und einige Tage an meinen Figuren bosseln. Am 5. treff ich in Apolda ein, da verlang ich aber einen Boten von Ihnen zu finden, und viel Geschriebnes, und sonst allerlei Sachen.
Jetzt leb ich mit den Menschen dieser Welt, und esse und trinke, spaße auch wohl mit ihnen, spüre sie aber kaum, denn mein inneres Leben geht unverrücklich seinen Gang.

Dornburg, den 4. März
Auf meinem Schlößchen ist's mir sehr wohl; ich habe recht dem alten Ernst August gedankt, daß durch seine Veranstaltung an dem schönsten Platz, auf dem bösesten Felsen eine warme gute Stätte zubereitet ist.
Wenn nur die Fürsten sein könnten wie Bürger, wo doch einer des Vaters Gartenhäuser, wenn er einigermaßen kann, in baulichem Wesen erhält. Doch ist's wohl in allen Ständen so, daß unsre Wünsche uns hin und her schleudern, wir, was wir besitzen, drüber verschleudern und nicht eh achten lernen, bis es fort ist.
Die Tage sind sehr schön, die Gegend immer allerliebst. Mit denen Leuten leb ich, red ich, und laß mir erzählen. Wie anders sieht auf dem Platze aus, was geschieht, als wenn es durch die Filtriertrichter der Aktenstücke eine Weile läuft. Es gehn mir immer wieder viele Lichter auf, aber nur die mir das Leben lieb machen. Es ist so schön, daß alles so anders ist, als sich's ein Mensch denken kann. Noch hab ich Hoffnung, daß wenn ich den 11. oder 12. nach Hause komme, mein Stück fertig sein soll. Es wird immer nur Skizze; wir wollen dann sehn, was wir ihm für Farben auflegen.
Um die Einsamkeit ists eine schöne Sache, wenn man mit sich selbst in Frieden lebt, und was Bestimmtes zu tun hat.

Apolda, den 5., abends
Besser hätt ich getan, noch heut in Dornburg zu bleiben; da wars schön, offen und ruhig. Hier ist ein bös Nest und lärmig, und ich bin aus aller Stimmung. Kinder und Hunde, alles lärmt durcheinander, und seit 12 Uhr mittag laß ich mir schon vorerzählen von allen Menschen, eins ins andre; das will auch wieder teils vergessen, teils in sein Fach gelegt sein.
Mir ists auf dieser Wandrung wie einem, der aus einer Stadt kommt, wo er aus einem Springbrunnen auf dem Markte lang getrunken, in den alle Quellen der Gegend geleitet werden, und er kommt endlich spazierend einmal an eine von diesen Quellen an ihrem Ursprung: er kann dem ewig rieselnden Wesen nicht genug zusehn und ergötzt sich an denen Kräutern und Kieseln. Meine Gedanken spielen ein schön Konzert, und Gott geb Ihnen einen guten Abend. Sagen Sie dem Herzog, daß ich mancherlei

mitbringe, daß sich der Schimmel gut hält, bis aufs Scheuen, und daß ich ihm soviel freie Luft und gutes Leben wünsche wie mir.

den 6. März
Den ganzen Tag war ich in Versuchung, nach Weimar zu kommen; es wäre recht schön gewesen, wenn Sie gekommen wären. Aber so ein lebhaft Unternehmen ist nicht im Blute der Menschen, die um den Hof wohnen. Grüßen Sie den Herzog und sagen ihm, daß ich ihn vorlaufig bitte, mit den Rekruten säuberlich zu verfahren, wenn sie zur Schule kommen. Kein sonderlich Vergnügen ist bei der Ausnehmung, da die Krüppels gerne dienten und die schönen Leute meist Ehehaften haben.
Doch ist ein Trost: mein Flügelmann von allen – 11 Zoll, 1 Strich – kommt mit Vergnügen, und sein Vater gibt den Segen dazu.
Hier will das Drama gar nicht fort; es ist verflucht: Der König von Tauris soll reden, als wenn kein Strumpfwirker in Apolda hungerte.
Gute Nacht, liebes Wesen. Es geht noch eben ein Husar.   G.

Im März des nächsten Jahres erwähnt Goethes Tagebuch zum erstenmal den »Tasso«, mit dessen Niederschrift dann im Oktober begonnen wird. Zuvor, im September, ist Goethe wieder einmal unterwegs, diesmal mit dem Herzog und anderen Herren. Von Kaltennordheim erhält Charlotte von Stein einen längeren Brief und ein Gedicht, dem Goethe später den Titel »Meine Göttin« gegeben hat.

Kaltennordheim, den 14. September 1780, nachts
Endlich nachdem ich 15 Stunden gelebt habe, finde ich einen ruhigen Augenblick, Ihnen zu schreiben. Wenn ich doch einem guten Geist das alles in die Feder diktieren könnte, was ich Ihnen den ganzen Tag sage und erzähle. Abends bin ich abgetragen, und es fällt mir nicht alles wieder ein. Unter andern Betrachtungen sind folgende.
Man soll tun, was man kann, einzelne Menschen vom Untergang zu retten.
Dann ist aber noch wenig getan; vom Elend zum Wohlstand sind unzählige Grade.

Das Gute, was man in der Welt tun kann, ist ein Minimum pp.
In meinem Kopf ists wie in einer Mühle mit viel Gängen, wo zugleich geschroten, gemahlen, gewalkt und Öl gestoßen wird.
O thou sweet Poetry, ruf ich manchmal und preise den Mark Antonin glücklich, wie er auch selbst den Göttern dafür dankt, daß er sich in die Dichtkunst und Beredsamkeit nicht eingelassen. Ich entziehe diesen Springwerken und Kaskaden soviel möglich die Wasser und schlage sie auf Mühlen und in die Wässerungen; aber eh ichs mich versehe, zieht ein böser Genius den Zapfen, und alles springt und sprudelt. Und wenn ich denke, ich sitze auf meinem Klepper und reite meine pflichtmäßige Station ab, auf einmal kriegt die Mähre unter mir eine herrliche Gestalt, unbezwingliche Lust und Flügel, und geht mit mir davon.

Meine Göttin

Welcher Unsterblichen
Soll der höchste Preis sein?
Mit niemand streit ich,
Aber ich geb ihn
Der ewig beweglichen,
Immer neuen,
Seltsamsten Tochter Jovis,
Seinem Schoßkinde,
Der Phantasie.

Denn ihr hat er
Alle Launen,
Die er sonst nur allein
Sich vorbehält,
Zugestanden
Und hat seine Freude
An der Törin.

Sie mag rosenbekränzt
Mit dem Lilienstengel
Blumentäler betreten,
Sommervögeln gebieten
Und leichtnährenden Tau

Mit Bienenlippen
Von Blüten saugen

Oder sie mag
Mit fliegendem Haar
Und düsterm Blicke
Im Winde sausen
Um Felsenwände
Und tausendfarbig
Wie Morgen und Abend,
Immer wechselnd
Wie Mondesblicke,
Den Sterblichen scheinen:

Laßt uns alle
Den Vater preisen,
Den alten, hohen,
Der solch eine schöne,
Unverwelkliche Gattin
Dem sterblichen Menschen
Gesellen mögen!

Denn uns allein
Hat er sie verbunden
Mit Himmelsband
Und ihr geboten,
In Freud und Elend
Als treue Gattin
Nicht zu entweichen.

Alle die andern
Armen Geschlechter
Der kinderreichen,
Lebendigen Erde
Wandeln und weiden
In dunklem Genuß
Und trüben Schmerzen
Des augenblicklichen,
Beschränkten Lebens,
Gebeugt vom Joche
Der Notdurft.

Uns aber hat er
Seine gewandteste,
Verzärtelte Tochter,
Freut euch! gegönnt.
Begegnet ihr lieblich
Wie einer Geliebten!
Laßt ihr die Würde
Der Frauen im Haus!

Und daß die alte
Schwiegermutter Weisheit
Das zarte Seelchen
Ja nicht beleidge!

Doch kenn ich ihre Schwester,
Die ältere, gesetztere,
Meine stille Freundin:
O daß die erst
Mit dem Lichte des Lebens
Sich von mir wende,
Die edle Treiberin,
Trösterin: Hoffnung!

den 15. September 1780
Dieses zum Dank für Ihren Brief, und statt alles andern, was ich von heut zu sagen hätte.
Kaltennordheim G.

Für seine Amtstätigkeit in diesen Jahren hatte Goethe selber sich eine Maxime aufgestellt. Sie lautet: »Dem Herzog alles zu Liebe, und dem Seinigen alles zum besten.«
Um dem Seinigen, dem Lande Sachsen-Weimar-Eisenach, alles zum besten zu bestellen, dazu eben bedurfte es der Liebe und Freundschaft zu dem Herzog. Nur diese Karte stach in diesem Spiel; das Spiel aber erschien Goethe lohnend: Er konnte wirken, was ihm ein Bedürfnis war; er konnte sich entwickeln und seiner selber Herr werden. Es heißt da einmal im Mai 1780 in seinem Tagebuch:

Es offenbaren sich mir neue Geheimnisse. Es wird mit mir noch bunt gehn. Ich übe mich und bereite das Möglichste. In meinem jetzigen Kreis hab ich wenig, fast gar keine Hinderung außer mir. In mir noch viele. Die menschlichen Gebrechen sind rechte Bandwürmer, man reißt wohl einmal ein Stück los, und der Stock bleibt immer sitzen. Ich will doch Herr werden. Niemand, als wer sich ganz verleugnet, ist wert zu herrschen, und kann herrschen.

Um Herrschaft aber ging es, und dazu bedurfte es vor allem dessen, daß der junge Herrscher selber, der Goethe zu seinem Günstling und Freund gemacht hatte, sich beherrschen lernte.
Über Carl August und Goethes Verhältnis zu ihm besitzen wir zwei große Zeugnisse: ein Gedicht und eine späte Aufzeichnung Eckermanns.
Das Gedicht trägt den Titel »Ilmenau«; es entstand im August 1783 zu des Herzogs 26. Geburtstag am 3. September und wurde an diesem Tage übergeben. Nach Carl Augusts Tod im Juni 1828 kommt Goethe in einer Unterhaltung mit Eckermann ausführlich auf den Herzog und dieses Gedicht zu sprechen. Es heißt dort:

Er war ein Mensch aus dem Ganzen, und es kam bei ihm alles aus einer einzigen großen Quelle. Und wie das Ganze gut war, so war das Einzelne gut, er mochte tun und treiben was er wollte. Übrigens kamen ihm zur Führung des Regiments besonders drei Dinge zu statten. Er hatte die Gabe, Geister und Charaktere zu unterscheiden und jeden an seinen Platz zu stellen. Das war sehr viel. Dann hatte er noch etwas, was ebenso viel war, wo nicht noch mehr: Er war beseelt von dem edelsten Wohlwollen, von der reinsten Menschenliebe, und wollte mit ganzer Seele nur das Beste. Es war in ihm viel Göttliches. Er hätte die ganze Menschheit beglücken mögen. Liebe aber erzeugt Liebe. Wer aber geliebt ist, hat leicht regieren.
Und drittens: Er war größer als seine Umgebung. Neben zehn Stimmen, die ihm über einen gewissen Fall zu Ohren kamen, vernahm er die elfte, bessere, in sich selber. Fremde Zuflüsterungen glitten an ihm ab, und er kam nicht leicht in den Fall, etwas Unfürstliches zu begehen, indem er das zweideutig gemachte

Verdienst zurücksetzte und empfohlene Lumpe in Schutz nahm. Er sah überall selber, urteilte selber, und hatte in allen Fällen in sich selber die sicherste Basis. Dabei war er schweigsamer Natur und seinen Worten folgte die Handlung.
Er war achtzehn Jahre alt, als ich nach Weimar kam; aber schon damals zeigten seine Keime und Knospen, was einst der Baum sein würde. Er schloß sich bald auf das innigste an mich an, und nahm an allem, was ich trieb, gründlichen Anteil. Daß ich fast zehn Jahre älter war als er, kam unserm Verhältnis zugute. Er saß ganze Abende bei mir in tiefen Gesprächen über Gegenstände der Kunst und Natur und was sonst allerlei Gutes vorkam. Wir saßen oft tief in die Nacht hinein und es war nicht selten, daß wir nebeneinander auf meinem Sofa einschliefen.
Er war damals sehr jung; doch ging es mit uns freilich etwas toll her. Er war wie ein edler Wein, aber noch in gewaltiger Gärung. Er wußte mit seinen Kräften nicht wohinaus, und wir waren oft sehr nahe am Halsbrechen. Auf Parforce-Pferden über Hecken, Gräben und durch Flüsse, und bergauf bergein sich tagelang abarbeiten, und dann nachts unter freiem Himmel kampieren, etwa bei einem Feuer im Walde: das war nach seinem Sinne. Ein Herzogtum geerbt zu haben, war ihm nichts; aber hätte er sich eins erringen, erjagen und erstürmen können, das wäre ihm etwas gewesen.
Das Ilmenauer Gedicht enthält als Episode eine Epoche, die im Jahre 1783, als ich es schrieb, bereits mehrere Jahre hinter uns lag, so daß ich mich selber darin als eine historische Figur zeichnen und mit meinem eigenen Ich früherer Jahre eine Unterhaltung führen konnte.
Es ist darin eine nächtliche Szene vorgeführt, etwa nach einer solchen halsbrechenden Jagd im Gebirge. Wir hatten uns am Fuße eines Felsens kleine Hütten gebaut und mit Tannenreisern gedeckt, um darin auf trockenem Boden zu übernachten. Vor den Hütten brannten mehrere Feuer und wir kochten und brieten, was die Jagd gegeben hatte. Knebel, dem schon damals die Tabakspfeife nicht kalt wurde, saß dem Feuer zunächst und ergötzte die Gesellschaft mit allerlei trockenen Späßen, während die Weinflasche von Hand zu Hand ging. Seckendorf, der schlanke, mit den langen feinen Gliedern, hatte sich behaglich am Stamm eines Baumes hingestreckt und summte allerlei Poetisches. –

Abseits, in einer ähnlichen kleinen Hütte, lag der Herzog im tiefen Schlaf. Ich selber saß davor, bei glimmenden Kohlen, in allerlei schweren Gedanken ...

»Sei mir gegrüßt, der hier in später Nacht
Gedankenvoll an dieser Schwelle wacht!
Was sitzest du entfernt von jenen Freuden?
Du scheinst mir auf was Wichtiges bedacht.
Was ists, daß du in Sinnen dich verlierest,
Und nicht einmal dein kleines Feuer schürest?«

»O frage nicht! denn ich bin nicht bereit,
Des Fremden Neugier leicht zu stillen;
Sogar verbitt ich deinen guten Willen:
Hier ist zu schweigen und zu leiden Zeit.
Ich bin dir nicht imstande, selbst zu sagen,
Woher ich sei, wer mich hierher gesandt;
Von fremden Zonen bin ich her verschlagen
Und durch die Freundschaft festgebannt.

Wer kennt sich selbst? wer weiß, was er vermag?
Hat nie der Mutige Verwegnes unternommen?
Und was du tust, sagt erst der andre Tag,
War es zum Schaden oder Frommen.
Ließ nicht Prometheus selbst die reine Himmelsglut
Auf frischen Ton vergötternd niederfließen?
Und konnt er mehr als irdisch Blut
Durch die belebten Adern gießen?
Ich brachte reines Feuer vom Altar;
Was ich entzündet, ist nicht reine Flamme.
Der Sturm vermehrt die Glut und die Gefahr;
Ich schwanke nicht, indem ich mich verdamme.

Und wenn ich unklug Mut und Freiheit sang
Und Redlichkeit und Freiheit sonder Zwang,
Stolz auf sich selbst und herzliches Behagen,
Erwarb ich mir der Menschen schöne Gunst;
Doch ach! ein Gott versagte mir die Kunst,
Die arme Kunst, mich künstlich zu betragen.
Nun sitz ich hier, zugleich erhoben und gedrückt,
Unschuldig und gestraft, und schuldig und beglückt.

Doch rede sacht! denn unter diesem Dach
Ruht all mein Wohl und all mein Ungemach:
Ein edles Herz, vom Wege der Natur
Durch enges Schicksal abgeleitet,
Das ahnungsvoll, nun auf der rechten Spur
Bald mit sich selbst und bald mit Zauberschatten streitet
Und, was ihm das Geschick durch die Geburt geschenkt,
Mit Müh und Schweiß erst zu erringen denkt.
Kein liebevolles Wort kann seinen Geist enthüllen
Und kein Gesang die hohen Wogen stillen.

Wer kann der Raupe, die am Zweige kriecht,
Von ihrem künftgen Futter sprechen?
Und wer der Puppe, die im Boden liegt,
Die zarte Schale helfen durchzubrechen?
Es kommt die Zeit, sie drängt sich selber los
Und eilt auf Fittichen der Rose in den Schoß.

Gewiß, ihm geben auch die Jahre
Die rechte Richtung seiner Kraft.
Noch ist bei tiefer Neigung für das Wahre
Ihm Irrtum eine Leidenschaft.
Der Vorwitz lockt ihn in die Weite,
Kein Fels ist ihm zu schroff, kein Steg zu schmal;
Der Unfall lauert an der Seite,
Und stürzt ihn in den Arm der Qual.
Dann treibt die schmerzlich überspannte Regung
Gewaltsam ihn bald da, bald dort hinaus,
Und von unmutiger Bewegung
Ruht er unmutig wieder aus.
Und düster wild an heitern Tagen,
Unbändig, ohne froh zu sein,
Schläft er, an Seel und Leib verwundet und zerschlagen,
Auf einem harten Lager ein:
Indessen ich hier still und atmend kaum
Die Augen zu den freien Sternen kehre
Und halb erwacht und halb im schweren Traum
Mich kaum des schweren Traums erwehre.«

So war er ganz und gar. Es ist darin nicht der kleinste Zug übertrieben. Doch aus dieser Sturm- und Drang-Periode hatte sich der Herzog bald zu wohltätiger Klarheit durchgearbeitet, so daß ich ihn zu seinem Geburtstage im Jahre 1783 an diese Gestalt seiner früheren Jahre sehr wohl erinnern mochte.

Ich leugne nicht, er hat mir anfänglich manche Not und Sorge gemacht. Doch seine tüchtige Natur reinigte sich bald und bildete sich bald zum Besten, so daß es eine Freude wurde, mit ihm zu leben und zu wirken.

III

Italienische Reise
Von Karlsbad nach Verona, Padua und Vicenza
(September 1786)

Als Goethe im Sommer 1786 von Karlsbad aus nach Italien aufbrach, ging ihm ein langgehegter Wunsch in Erfüllung, den schon der Vater dem Knaben eingeimpft hatte. Dieser Aufbruch auf unbestimmte Zeit war aber auch eine Flucht. Wovor?
Vor der seit Jahren immer wieder empfundenen Gefahr der Selbstentfremdung, vor der Amts- und Lebensroutine; eine Flucht gewiß auch aus dem Dunstkreis des Weimarer Hofes und nicht zuletzt – freilich uneingestandenermaßen – aus dem Bannkreis einer Liebe, die nun schon zehn Jahre währte und der, da es bei einem Herzensbündnis zu bleiben hatte, ein unentbehrliches Element fehlte.
Von dieser Liebe hieß es zwei Jahre früher in einem kleinen Briefgedicht, das Goethe am 24. August 1784 an Frau von Stein sandte:

> Gewiß, ich wäre schon so ferne ferne,
> So weit die Welt nur offen liegt, gegangen,
> Bezwängen mich nicht übermächtge Sterne,
> Die mein Geschick an deines angehangen,
> Daß ich in dir nun erst mich kennen lerne,
> Mein Dichten, Trachten, Hoffen und Verlangen
> Allein nach dir und deinem Wesen drängt,
> Mein Leben nur an deinem Leben hängt.

Der Flüchtling hinterließ indessen alles in schönster Ordnung: die Redaktion der ersten vier Bände der ersten Gesamtausgabe seiner Schriften bei Göschen in Berlin war abgeschlossen; der Herzog hatte seinem Minister, ohne zu wissen, wohin und wie lange er sich zu entfernen gedachte, unbeschränkten Urlaub zugesagt; das Hauswesen war geordnet, der treue Diener Seidel über alles instruiert.
Wie schon im Vorjahr weilten Goethe und Charlotte von Stein

*im Sommer 1786 in Böhmen zur Kur. Am 14. August kehrte
Frau von Stein nach Weimar zurück, Goethe begleitete sie ein
Stück Weges und begab sich dann wieder nach Karlsbad zurück,
wo in angeregt geselligem Kreise am 28. sein Geburtstag began-
gen wurde. Mit einem kurzen Brief meldete er Charlotte von
Stein seine bevorstehende Abfahrt.*

Karlsbad, 1. September 1786
Nun noch ein Lebewohl von Karlsbad aus, die Waldner soll dir
dieses mitbringen; von allem, was sie erzählen kann, sag ich
nichts; das wiederhol ich dir aber, daß ich dich herzlich liebe, daß
unsre letzte Fahrt nach Schneeberg mich recht glücklich gemacht
hat und daß deine Versichrung: daß dir wieder Freude zu meiner Liebe aufgeht, mir ganz allein Freude ins Leben bringen
kann. Ich habe bisher im stillen gar mancherlei getragen, und
nichts so sehnlich gewünscht, als daß unser Verhältnis sich so
herstellen möge, daß keine Gewalt ihm was anhaben könne.
Sonst mag ich nicht in deiner Nähe wohnen und ich will lieber in
der Einsamkeit der Welt bleiben, in die ich jetzt hinausgehe.
Wenn meine Rechnung nicht trügt, kannst du Ende September
ein Röllchen Zeichnungen von mir haben, die du aber niemandem auf der Welt zeigen mußt. Du sollst alsdann erfahren, wohin du mir schreiben kannst. Lebe wohl! Und laß niemand merken, daß ich länger außenbleibe. Liebe mich, und sage mirs, damit ich mich des Lebens freuen könne. Du hörst bald von mir,
adieu.

*Goethe, der sich von jeher gerne incognito durch die Welt be-
wegte, hatte auch diesmal sein Projekt mit dem Schleier des Ge-
heimnisses umgeben: Er reiste unter fremdem Namen; niemandem, außer dem Diener Seidel, war das Ziel der Reise bekannt.
Und da ihm Italien als das gelobte Land der körperlichen und
seelischen Genesung vor Augen schwebte, hielt Goethe sich auch
nirgends länger auf, bis er über die Alpen hinüber war und endlich die erste größere italienische Stadt – Verona – erreichte.
Von dort ging am 18. September, drei Tage nach seinem Eintreffen, ein Brief an Charlotte von Stein.*

Auf einem ganz kleinen Blättchen geb ich meiner Geliebten ein Lebenszeichen, ohne ihr doch noch zu sagen, wo ich sei. Ich bin wohl und wünschte nur, das Gute, was ich genieße, mit dir zu teilen, ein Wunsch, der mich oft mit Sehnsucht überfällt.
Ich habe ein treues Tagbuch geführt und das Vornehmste, was ich gesehn, was ich gedacht, aufgeschrieben, und nach meiner Rechnung kannst du es in der Mitte Oktober haben. Du wirst dich dessen gewiß freuen, und diese Entfernung wird dir mehr geben als oft meine Gegenwart. Auch wirst du einige Zeichnungen dabei finden. In der Folge mehr. Sag aber niemandem etwas von dem, was du erhältst. Es ist vorerst ganz allein für dich. Ich habe soviel zu erzählen und darf nichts sagen, damit ich mich nicht verrate, noch bekenne. Du bist in Kochberg und dort besuchen dich meine Gedanken. Ich bin auf gutem Wege und diese Reise bringt mir auf einmal große Vorteile. Lebe wohl, ich freue mich herzlich, dich wiederzusehen, und dir zu erzählen.

Dieser Brief ohne Ortsangabe gelangte erst einen Monat später in Charlottes Hände, und weil der Diener Seidel einige Instruktionen Goethes mißverstanden hatte, erhielt sie das in Aussicht gestellte Tagebuch erst Ende Dezember.
Goethe war damals längst in Rom und wartete ängstlich auf ein Wort von der Geliebten, für die er doch pflichtgetreu alles, was ihm begegnet war, verzeichnet hatte. Seit dem Morgen des Aufbruchs in Karlsbad ...

Den 3. September früh drei Uhr stahl ich mich aus dem Karlsbad weg, man hätte mich sonst nicht fortgelassen. Man merkte wohl, daß ich fort wollte; die Gräfin Lanthieri setzte auch einen entsetzlichen Trumpf drauf; ich ließ mich aber nicht hindern, denn es war Zeit.
Um halb acht in Zwota, schöner stiller Nebelmorgen.
Um zwölf in Eger, bei heißem Sonnenschein. Der Morgen war bedeckt gewesen, die oberen Wolken streifig und wollig, die unteren schwer; es hielt sich das Wetter bei Südwestwind.
Ich fand, daß Eger dieselbe Polhöhe wie Frankfurt hat, und freute mich, einmal wieder nahe am 50. Grade zu Mittag zu essen.
In Bayern stößt einem gleich das Stift Waldsassen entgegen, ein

köstlich Besitztum derer, die früher als andre klug waren. Es liegt in einer fruchtbaren Teller-Vertiefung, in einem schönen Wiesengrunde, rings von fruchtbaren sanften Anhöhen umgeben, und hat im Lande weit Besitzungen. Der Boden ist aufgelöster Tonschiefer, den der Quarz, der sich im Tonschiefer befand und nicht aufgelöst ist, locker macht. Es liegt zwar noch hoch, aber anmutig und die Felder sind fruchtbar.
Bis gegen Tirschenreuth steigt das Land noch, die Wasser fließen einem entgegen, nach der Eger und Elbe zu; von Tirschenreuth an fällt nun das Land südwärts ab, und die Wasser laufen nach der Donau.
Tirschenreuth um fünfe. Treffliche Chaussee von Granitsand, es läßt sich keine vollkommnere denken. Die Gegend, durch die sie geht, desto schlechter, auch Granitsand, flach liegend, moorig. Da nunmehr gute Chaussee ist und das Land abfällt, kommt man mit unglaublicher Schnelle fort, die gegen den böhmischen Schneckengang recht absticht. Ich war halb neun in Weyda, nachts ein Uhr in Wernberg, halb dreie Schwarzenfeld, halb fünfe Schwandorf, halb achte Bahnholtz, um zehen in Regensburg und hatte also diese 12¼ Posten oder 24½ Meilen in 31 Stunden zurückgelegt.
Von Schwandorf gegen Regenstauff zu, da es anfing Tag zu werden, bemerkte ich die Veränderung des Ackerbodens ins bessere. Den Regenfluß herauf hatte, in uralten Zeiten, Ebbe und Flut aus der Donau gewirkt und so diese natürlichen Polder gebildet, die wir nun benutzen. Regensburg liegt gar schön, die Gegend mußte eine Stadt hierher locken. Auch haben sich die geistlichen Herrn wohl possessioniert; alles Feld um die Stadt gehört ihnen, und in der Stadt steht Kirche gegen Kirche und Stift gegen Stift über.
Die Donau hat mich an den alten Main erinnert. Bei Frankfurt präsentiert sich Fluß und Brücke besser, hier sieht aber das gegenüberliegende Stadt am Hof recht artig aus.
Die Jesuiten-Schüler gaben heut ihr jährliches Schauspiel, ich besuchte es gleich, sah den Anfang des Trauerspiels und das Ende der Oper. Sie machten es nicht schlimmer als eine angehende Liebhabertruppe. Und waren recht schön, fast zu prächtig gekleidet. Auch dies und das Ganze, wovon einmal mündlich, hat mich von der Jesuiten großer Klugheit aufs neue überzeugt; und

es ist nicht Klugheit, wie man sie sich in abstracto denkt, sondern es ist eine Freude an der Sache dabei, ein Mit- und Selbstgenuß, wie er aus dem Gebrauch des Lebens entspringt. Wie freut michs, daß ich nun ganz in den Katholizismus hineinrücke, und ihn in seinem Umfange kennen lerne.
Wärest du nur mit mir, ich wäre den ganzen Tag gesprächig, denn die schnelle Abwechslung der Gegenstände gibt zu hundert Beobachtungen Anlaß.
Wie glücklich mich meine Art, die Welt anzusehn, macht, ist unsäglich, und was ich täglich lerne! und wie doch mir fast keine Existenz ein Rätsel ist. Es spricht eben alles zu mir und zeigt sich mir an. Und da ich ohne Diener bin, bin ich mit der ganzen Welt Freund. Jeder Bettler weist mich zurechte, und ich rede mit den Leuten, die mir begegnen, als wenn wir uns lange kennten. Es ist mir eine rechte Lust.
Heute schreib ich dir accurat unterm 49. Grade, und er läßt sich gut an, der Morgen war kühl und man klagt auch hier über Nässe und Kälte, aber es war ein herrlicher gelinder Tag, und die Luft, die ein großer Fluß mitbringt, ist ganz was anders.
Das Obst ist nicht sonderlich, doch leb ich der Hoffnung, es wird nun kommen und werden. Auch habe ich einem alten Weibe, das mir am Wasser begegnete, für einen Kreuzer Birn abgekauft und habe solche wie ein andrer Schüler publice verzehrt. Nun gebe Gott bald Trauben und Feigen.

Regensburg, den 5. September
Vom Karlsbad hatte ich nur einen Mantelsack und Dachsranzen mitgenommen, und für meine Garderobe wäre es überflüssig; da ich aber soviel Bücher und Papiere mit habe, so war es zu beschwerlich. Nun habe ich mir ein Köfferchen gekauft, das mich recht freut. Auch ists recht gut, daß ich allein bin, denn gewiß, man wird durch anhaltende Bedienung vor der Zeit alt und unfähig. Jetzt freut mich alles mehr, und ich fang in allem gleichsam wieder von vorne an.
Gewiß, ich hoffe, auf dieser Reise ein paar Hauptfehler, die mir ankleben, loszuwerden.
An der Donau gezeichnet.
Um halb zwölfe. – Ich muß nun machen, daß ich wegkomme!
Ein Ladenbedienter, aus der Montagischen Buchhandlung, hat

mich erkannt. So muß dem Autor nichts guts von den Buchhändlern kommen. Ich hab es ihm aber grade ins Gesicht, mit der größten Gelassenheit, geleugnet, daß ich's sei.
Den Pastor Schäfer hab ich gesehen und sein Kabinett, unter dem angenommenen Namen Möller, den ich auch behalten werde. Nun leb wohl, ich setze mich auf nach München.

Abends um sechse
Nun ist mein Münchner Pensum auch absolviert, diese Nacht will ich hier schlafen und morgen früh weiter. Du siehst, ich richte mich eilig ein, und will und muß nun einmal diese Manier versuchen, um von der alten hockenden und schleichenden ganz abzukommen.
Ich habe die Bildergalerie gesehn und mein Auge wieder an Gemälde gewöhnt. Es sind treffliche Sachen da.
Ich wohne hier in Knebels Wirtshaus, mag aber nicht nach ihm fragen, aus Furcht, Verdacht zu erwecken oder dem Verdacht fortzuhelfen. Niemand hat mich erkannt, und ich freue mich, so unter ihnen herumzugehen.
Herder hat wohl recht zu sagen: daß ich ein großes Kind bin und bleibe, und jetzt ist mir es so wohl, daß ich ohngestraft meinem kindischen Wesen folgen kann.
Morgen geht es grad nach Innsbruck! Ich lasse Salzburg, wovon ich dir so gerne erzählt hätte, das Zillertal mit seinen Turmalinen, die Bergwerke von Schwaz, die Salinen von Hall! Was laß ich nicht alles liegen? um den *einen* Gedanken auszuführen, der fast schon zu alt in meiner Seele geworden ist.
Heute früh fand ich eine Frau, die Feigen verkaufte auf einer Galerie des Schlosses; sogleich wurden ihrer gekauft, und obgleich teuer, drei Kreuzer das Stück, doch die ersten, denen wills Gott mehr folgen sollen. Das Obst ist doch auch für den 48. Grad nicht übermäßig gut. Man klagt wie überall über Kälte und Nässe. Ein Nebel, der für einen Regen gelten konnte, empfing mich heute früh vor München, den ganzen Tag blies der Wind sehr kalt vom Tiroler Gebirg, der Himmel war bedeckt. Ich stieg auf den Turm und sah mich nach den Tiroler Bergen um. Sie waren bedeckt und der ganze Himmel überzogen. Nun scheint die Sonne im Untergehn noch an den alten Turm, der mir vor dem Fenster steht. Lebe wohl.

Den 7. September abends. Es scheint, mein Schutzgeist sagt Amen zu meinem Credo, und ich dank ihm; nicht daß er mir diesen schönen Tag gemacht, sondern daß er mich an diesem Tage hierhergeführt hat. Der Postillon sagte noch zuletzt, es sei der erste diesen ganzen Sommer. Ich hab eine herzliche, stille dankbare Freude über mein Glück und hoffe, es soll nun so fortgehn.
Um 5 Uhr fuhr ich von München weg. Klarer Himmel. An den Tiroler Bergen standen die Wolken fest und die untern Streifen bewegten sich auch nicht. Der Weg geht an der Isar hin, in der Höhe auf zusammengeschlemmten Kieshügeln, die Arbeit der alten höheren Wasser. Die Nebel des Flusses und der Wiesen wehrten sich eine Weile, endlich wurden auch diese aufgezehrt.
In Wolfratshausen brannte die Sonne stark. Alle Welt jammert über das böse Wetter und daß der große Gott gar keine Anstalten machen will. Nun ging mir die neue Welt auf, ich näherte mich den Gebirgen, sie wurden freier von Wolken. Wie ich den ersten beschneiten Gipfel sah, griff ich nach dem Hute; doch war es mir unbegreiflich, schon so nahe an den Schneebergen zu sein. Dann hört ich, daß es gestern in dieser Gegend gedonnert, geblitzt, geregnet und auf den Bergen geschneit hatte. Es war also der erste Schnee, den ich begrüßte.
Walchensee, halb fünf. Ich war nicht weit von dem Orte, als mir das erste Abenteuerchen aufstieß. Ein Harfner ging mit seinem Töchterchen, einem Mädchen von elf Jahren, vor mir her, und bat mich, sie einzunehmen. Ich ließ sie zu mir sitzen und nahm sie aufs nächste Dorf mit. Ein artiges, ausgebildetes Geschöpf, das weit herumgekommen war, mit seiner Mutter nach Maria Einsiedlen gewallfahrtet und seine Reisen immer zu Fuß gemacht hatte. In München hatte sie bei dem Kurfürsten gespielt und überhaupt schon sich vor 21 fürstlichen Personen hören lassen. Sie unterhielt mich recht gut; hatte hübsche große braune Augen, eine eigensinnige Stirne, die sie ein wenig hinaufwärts zog. War hübsch und natürlich, wenn sie sprach, besonders wenn sie kindisch laut lachte. Wenn sie schwieg, wollte sie was bedeuten und machte mit der Oberlippe eine fatale Miene. Ich schwätzte alles mit ihr durch. Sie war überall zu Hause, und paßte gut auf. Einmal fragte sie mich, was das für ein Baum sei? Es war ein Ahorn und der erste, den ich auf der ganzen Reise sah. Den hatte sie gleich bemerkt. Es kamen nachher noch mehr. Sie

zeigte mir eine neue Haube, die sie sich hatte in München machen lassen und in einer Schachtel mit sich führte.
Es gäbe schön Wetter, wenigstens einige Tage, sagte sie. Sie trügen ihr Barometer mit, das sei die Harfe; wenn sich der Diskant hinaufstimme, so geb es gutes Wetter, das hab er heute getan. Ich nahm das Omen an, und hatte noch viel Spaß mit ihr, ehe wir schieden.

den 9. September, abends

Da ich meine flüchtigen Bemerkungen dieser Tage zusammenbringe, schreibe und hefte, so findet sichs, daß sie beinahe ein Buch werden; ich widme es dir. So wenig es ist, wird es dich erfreuen und wird mir in der Folge Gelegenheit geben, besser, ordentlicher und ausführlicher zu erzählen. Wir werden nun gerne etwas von diesen Gegenden lesen, weil ich sie gesehn, manches über sie gedacht habe und du sie durch mich genießen sollst.
Hier oben in einem wohlgebauten, reinlichen, bequemen Hause seh ich nun noch einmal nach dir zurück. Von hier fließen die Wasser nach Deutschland und nach Welschland; diesen hoff ich morgen zu folgen. Wie sonderbar, daß ich schon zweimal auf so einem Punkte stand, ausruhte und nicht hinüberkam! Auch glaub ich es nicht eher, als bis ich drunten bin. Was andern Menschen gemein und leicht ist, wird mir sauer gemacht. Lebe wohl! Gedenk an mich in dieser wichtigen Epoche meines Lebens. Ich bin wohl, freien Gemüts und aus diesen Blättern wirst du sehn, wie ich der Welt genieße. Lebwohl. Der ganze Tag ist mir über diesen Papieren hingegangen. G.

Am 9. abends, als ich mein erstes Stück an dich geschlossen hatte, wollte ich noch die Herberge zeichnen, aber es ging nicht, ich verfehlte die Formen und ging halb mißmutig nach Hause.
Mein Wirt fragte mich, ob ich nicht fortwollte? es sei Mondschein; und ob ich wohl wußte, daß er die Pferde morgen früh brauchte, und sie also bis dahin gerne wieder zu Hause gehabt hätte, sein Rat also eigennützig war, so nahm ich doch, weil es mit meinem innern Trieb übereinstimmte, ihn als gut an; die Sonne ließ sich wieder blicken, und es war eine sehr leidliche Luft.
Ich packte ein und um sieben fuhr ich vom Brenner weg. Wie ich

gehofft hatte, ward die Atmosphäre Herr der Wolken und der Abend gar schön.

Der Postillon schlief ein und die Pferde liefen den schnellsten Trab bergunter immer auf dem bekannten Wege fort; kamen sie an ein eben Fleck, ging's desto langsamer, er erwachte und trieb, und so kam ich sehr geschwind, zwischen hohen Felsen, an den reißenden Etsch-Fluß hinunter. Der Mond ging auf und beleuchtete ungeheure Gegenstände.

Um neun kam ich nach Sterzing und man gab mir zu verstehen, daß man mich gleich wieder wegwünschte; um zwölf in Mittenwald war alles im tiefen Schlafe, außer den Postillons; um halb drei in Brixen ebenso, daß ich mit dem Tage in Colman ankam. So leid es mir tat, diese interessanten Gegenden mit der entsetzlichen Schnelle (die Postillons fuhren, daß einem oft Hören und Sehen verging) und bei Nacht wie der Schuhu zu durchreisen, so freute mich's doch, daß wie ein Wind hinter mir her bließ und mich meinen Wünschen zujagte.

Mit Tagsanbruch erblick ich die ersten Rebhügel, eine Frau mit Birn und Pfirschen begegnete mir; so gings auf Deutschen, wo ich um sieben Uhr ankam, und endlich erblick ich bei hohem Sonnenschein, nachdem ich eine Weile nordwärts gefahren war, das Tal, worin Bozen liegt.

Von steilen, bis auf eine ziemliche Höhe bebauten Bergen umgeben, ist es gegen Mittag offen, gegen Norden von den Tiroler Bergen bedeckt; eine milde sanfte Luft füllte die Gegend, der Etsch-Fluß wendet sich hier gegen Mittag wieder. Die Hügel am Fuß der Berge sind mit Wein bebaut. Über lange, niedrige Lauben sind die Stöcke gezogen und die blauen Trauben hängen gar zierlich und reich von der Decke herunter. Auch in der Fläche des Tals, wo sonst nordwärts Wiesen sind, wird der Wein in solchen eng aneinander stehenden Reihen von Lauben gebaut.

Bei heißem Sonnenschein nach Bozen, wo alles von der Messe lebte. Die vielen Kaufmannsgesichter freuten mich beisammen, ihr absichtliches, wohlbehägliches Dasein drückt sich recht lebhaft aus.

Auf dem Platze saßen Obstweiber mit Körben, vier bis viereinhalb Fuß im Durchschnitt, flach, worin die Pfirschen nebeneinander lagen, ebenso die Birn.

Die Messe zu Bozen ist stark an Seidenvertrieb, auch Tücher

werden dahin gebracht und was sonst an Leder aus den Gebirgen und der Gegend zusammengebracht wird. Auch kommen die Kaufleute vorzüglich dahin, ihr Geld einzukassieren.

Ich eilte fort, damit mich nicht irgendeiner erkennte, und hatte ohnedies nichts da zu tun. – Zwar wenn ich es recht gestehe: so ist es der Trieb und die Unruhe, die hinter mir ist; denn ich hätte gern mich ein wenig umgesehen und alle die Produkte beleuchtet, die sie hierher zusammenschleppen. Doch ist das mein Trost, alles das ist gewiß schon gedruckt. Mir ists nur jetzt um die sinnlichen Eindrücke zu tun, die mir kein Buch und kein Bild geben kann, daß ich wieder Interesse an der Welt nehme und daß ich meinen Beobachtungsgeist versuche, und auch sehe, wie weit es mit meinen Wissenschaften und Kenntnissen geht, ob und wie mein Auge licht, rein und hell ist, was ich in der Geschwindigkeit fassen kann und ob die Falten, die sich in mein Gemüt geschlagen und gedruckt haben, wieder auszutilgen sind. Komm ich weiter; so sag ich dir mehr.

Schon jetzt, daß ich mich selbst bediene, immer aufmerksam, immer gegenwärtig sein muß, gibt mir diese wenige Tage her eine ganz andre Elastizität des Geistes. Ich muß mich um den Geldkurs bekümmern, wechseln, bezahlen, notieren, dir schreiben, anstatt daß ich sonst nur dachte, wollte, sann, befahl und diktierte.

Von Bozen auf Trient gehts in einem immer fruchtbaren und fruchtbarern Tal hin. Alles, was höher hinauf nur zu vegetieren anfängt, hat nun hier schon alles mehr Kraft und Leben; man glaubt wieder einmal an einen Gott.

Die Etsch fließt sanfter, macht an vielen Orten breite Kiese, auf dem Lande nah am Fluß und an den Hügeln ist alles so ineinander gepflanzt, daß man denkt, es müßte eins das andre ersticken. Weingeländer, Mais, Heidekorn, Maulbeerbäume, Fruchtbäume, Nuß- und Quittenbäume. Über die Mauern wirft sich der Attich lebhaft herüber, der Efeu wächst in starken Stämmen die Felsen hinauf und verbreitet sich weit über sie, und die Eidechse schlüpft über die Steine weg.

Auch was hin und her wandelt, erinnert einen an die liebsten Bilder. Die aufgewundnen Zöpfe der Weiber, die bloße Brust und leichten Jacken der Männer, die trefflichen Ochsen, die sie vom Markte nach Hause treiben, die beladnen Eselchen.

Und nun, wenn es Abend wird und bei der milden Luft wenige Wolken an den Bergen ruhn, am Himmel mehr stehn als ziehn, und gleich nach Sonnenuntergang das Geschrille der Heuschrekken laut zu werden anfängt! Es ist mir, als wenn ich hier geboren und erzogen wäre und nun von einer Grönlandsfahrt von einem Walfischfang zurückkäme. Alles ist mir willkommen, auch der vaterländische Staub, der manchmal stark auf den Straßen wird und von dem ich nun so lang nichts gesehen habe.
Das Glocken- oder vielmehr Schellengeläute der Heuschrecken ist allerliebst durchdringend und nicht unangenehm. Lustig klingts, wenn mutwillige Buben mit einem Feld voll Heuschrecken um die Wette pfeifen. Es ist, als wenn sie einander wirklich steigerten.
Heute ist wieder ein herrlicher Tag, besonders die Milde der Luft kann ich dir nicht ausdrücken. Wenn das alles jemand läse, der im Mittag wohnte, vom Mittag käme, er würde mich für sehr kindisch halten. Ach, was ich da schreibe, hab ich lang gewußt, seitdem ich mit dir unter einem bösen Himmel leide, und jetzt mag ich gern diese Freude als Ausnahme fühlen, die wir als eine ewige Naturwohltat immer genießen sollten.
Trient. Ich bin in der Stadt herumgegangen, die uralt ist und in einigen Straßen neue, wohlgebaute Häuser hat. In der Kirche hängt ein Bild, wo das versammelte Concilium einer Predigt des Jesuiten-Generals zuhört. Ich möchte wissen, was er ihnen vorgesagt hat.
Abends um fünf Uhr ab nach Rovereto.
Wieder das Schauspiel von gestern abend und die Heuschrecken, die gleich bei Sonnenuntergang zu schrillen anfingen. Man fährt wohl eine Meile von der Stadt zwischen Mauern, über welche die Traubengeländer sich sehen lassen; andre, die nicht hoch genug sind, hat man mit Steinen, Reisig und andern Künsten erhöht, um das Abrupfen der Trauben den Vorbeigehenden zu wehren; viele Besitzer besprengen die vordersten Reihen mit Kalk, der die Trauben dem Essen unangenehm macht und dem Magen feind ist, dem Wein aber nicht schadet, weil er durch die Gärung wieder heraus muß. Das schöne Wetter dauert fort.
Es war sehr heiß, als ich um drei Uhr vor die Stadt und auf die Brücke spazieren ging. Mir ists wie einem Kinde, das erst wieder leben lernen muß. Es macht schon hier niemand mehr die Türen

zu, die Fenster stehn immer offen. Es hat kein Mensch Stiefeln an, kein Tuchrock zu sehn. Ich komme recht wie ein nordischer Bär vom Gebirge. Ich will mir aber den Spaß machen, mich nach und nach in die Landstracht zu kleiden.

Verona, den 15. September, abends
Ja, meine Geliebte, hier bin ich endlich angekommen; hier, wo ich schon lang einmal hätte sein sollen, manche Schicksale meines Lebens wären linder geworden. Doch wer kann das sagen, und wenn ich's gestehen soll: so hätt ich mir's nicht eher, nicht ein halb Jahr eher wünschen dürfen.
Seit gestern Mittag bin ich hier, und habe schon viel gesehen und viel gelernt. Nach und nach will ich meine Gedanken niederschreiben.

den 16. September
Nach und nach find ich mich. Ich lasse alles ganz sachte werden, und bald werd ich mich von dem Sprung über die Gebirge erholt haben. Ich gehe nach meiner Gewohnheit nur so herum, sehe alles still an und empfange und behalte einen schönen Eindruck.

Der erste schöne und große Eindruck, den Goethe in Verona von einem antiken Bauwerk empfing, war der des Amphitheaters. Und ein Beiblatt des Reisetagebuchs für Frau von Stein schildert diesen Eindruck, an den sich einige Betrachtungen knüpfen.

Das Amphitheater
Das erste Monument der alten Zeit, das ich sehe und das sich so gut erhalten hat, so gut erhalten worden ist.
Wenn man hineintritt, oder oben auf dem Rande steht, ist es ein sonderbarer Eindruck, etwas Großes und doch eigentlich nichts zu sehn. Auch will es leer nicht geschn sein, sondern ganz voll Menschen, wie es der Kaiser und der Papst gesehen haben. Doch nur damals tat es seine Wirkung, da das Volk noch mehr Volk war als es jetzt ist. Denn eigentlich ist so ein Amphitheater recht gemacht, dem Volk mit sich selbst zu imponieren, das Volk mit sich selbst zum besten zu haben.
Wenn irgend etwas auf flacher Erde vorgeht und alles zuläuft, suchen die Hintersten auf alle mögliche Weise sich über die Vor-

dersten zu erheben, man rollt Fässer herbei, fährt mit Wagen heran, legt Bretter herüber und hinüber, stellt wieder Bänke hinauf, man besetzt einen benachbarten Hügel und es bildet sich in der Geschwindigkeit ein Krater. Kommt das Schauspiel, es sei ein Kampf oder dergleichen, oft an derselben Stelle vor, baut man leichte Gerüste an einer Seite für die, so bezahlen können, und das Volk behilft sich wie es mag.

Dieses allgemeine Bedürfnis hat der Architekt zum Gegenstand, er bereitet einen solchen Krater durch die Kunst, so einfach als nur möglich und dessen Zierat das Volk selbst ist. Wie ich oben sagte, wenn es sich so beisammengesehen hat, muß es über sich selbst erstaunt sein. Da es sonst nur gewohnt ist, sich durcheinander laufen zu sehn, sich in einem Gewühl ohne Ordnung und ohne sonderliche Zucht zu sehn, sieht das vielköpfige, vielsinnige, schwankende, schwebende Tier sich zu *einem* Ganzen vereinigt, zu *einer* Einheit gestimmt, in *eine* Masse verbunden und befestigt und zu *einer* Form gleichsam von *einem* Geiste belebt. Die Simplizität des Ovals ist jedem Auge auf die angenehmste Weise fühlbar und jeder Kopf dient zum Maße, wie groß das Ganze ist. Jetzt, wenn man es leer sieht, hat man keinen Maßstab, man weiß nicht, ob es groß oder klein ist.

Verona, den 17. September, abends

Heute bin ich ganz unbemerkt durch die Stadt gegangen. Ich sah mir ab, wie sich ein gewisser Mittelstand hier trägt, und ließ mich völlig so kleiden. Ich hab einen unsäglichen Spaß daran. Nun mach ich ihnen auch ihre Manieren nach. Sie schleudern zum Exempel alle im Gehn mit den Armen. Leute von gewissem Stande nur mit dem rechten, weil sie den Degen tragen und also die Linke stille zu halten gewohnt sind, andre mit beiden Armen.

Es ist unglaublich, was das Volk auf etwas Fremdes ein Auge hat. Daß sie die ersten Tage meine Stiefeln nicht verdauen konnten, da man sie als eine teure Tracht nicht einmal im Winter trägt; aber daß ihnen heut früh, da sie alle mit Blumen, Knoblauch pp. durcheinander liefen, ein Zypressenzweig nicht entging, den ich in dem Garten genommen hatte und den mein Begleiter in der Hand trug, (es hingen einige grüne Zapfen dran und er hatte noch ein Kapern-Zweigelchen dabei, die an der

Stadtmauer wachsen), das frappierte mich. Sie sahen alle, Große und Kleine, ihm auf die Finger und hatten ihre Gedanken.
Diese Zweige bracht ich aus dem Garten Giusti, der eine treffliche Lage und ungeheure Zypressen hat, die alle nadelförmig in die Luft stehn. Ein Baum, dessen Zweige von unten bis oben, dessen ältester Zweig wie der jüngste gen Himmel strebt, der seine 300 Jahre dauert, ist wohl einer Verehrung wert.
Diesen Abend ging ich wieder ins Amphitheater. Ich muß erst mein Auge bilden, mich zu sehen gewöhnen. Es bekräftigte sich mir, was ich das erste Mal sagte. Auch müssen die Veroneser wegen der Unterhaltung gelobt werden. Die Stufen oder Sitze scheinen fast alle neu.
Ich ging auf der Kante des Kraters auf der obersten Stufe bei Sonnenuntergang herum, die Nacht – *la notte*, die vierundzwanzigste Stunde – erwartend. Ich war ganz allein und unten auf den breiten Steinen des Bra gingen Mengen von Menschen, Männer von allen Ständen, Weiber vom Mittelstande, spazieren.

Die Nacht – la notte, die vierundzwanzigste Stunde – erwartend. – Gemeint ist der Anbruch der Nacht, den Goethe hier sonderbarerweise die vierundzwanzigste Stunde nennt.
Mit der Berechnung der Tages- und Nachtzeit hatte es in südlichen Ländern damals eine eigene Bewandtnis. Die Glocken schlugen bei Tagesanbruch 12- und bei Anbruch der Nacht 24- mal. Außerdem gab es nicht nur eine Sommer- und eine Winterzeit, sondern in den Monaten August bis September wuchs die Nacht mit jedem halben Monat um eine halbe Stunde und in den Monaten Februar bis Mai umgekehrt der Tag. Wenn am 17. September 1786 in Verona die vierundzwanzigste Stunde schlug, war es nach damaliger deutscher Zeit 7 Uhr abends. Goethe legte seinem Tagebuch für Frau von Stein eine diesbezügliche Tabelle bei und erläuterte ihr, wie die Bevölkerung mit Hilfe des Glockenschlags jeweils die Stunde errechnet.

Wenn du das gelesen hast und meine Tafel ansiehst, wird dir's im Anfang schwindlich im Kopfe werden, du wirst ausrufen: Welche Unbequemlichkeit! Und doch am Orte ist man's nicht allein bald gewohnt, sondern man findet auch Spaß daran, wie das Volk, dem das ewige Hin-und-wieder-Rechnen und -Vergleichen zur Beschäftigung dient. Sie haben ohnedies immer die Finger in der Luft, rechnen alles im Kopfe und machen sich gerne mit Zahlen zu schaffen.

Nun kommt aber die Hauptsache. In einem Lande, wo man des Tags genießt, besonders aber sich des Abends freut, ist es höchst bedeutend, wenn es *Nacht* wird. Wann die Arbeit des Tags aufhöre? Wann der Spaziergänger ausgehn und zurückkommen muß? Mit einbrechender Nacht will der Vater seine Tochter wieder zu Hause haben, usw.; die Nacht schließt den Abend und macht dem Tag ein Ende. Und was ein *Tag* sei, wissen wir im ewigen Nebel und Trübe kaum; uns ist's einerlei, ob's Tag oder Nacht ist; denn welcher Stunde können wir uns unter freiem Himmel freuen? Wie also die Nacht eintritt, ist der Tag aus, der aus Abend und Morgen bestand, 24 Stunden sind vorbei, der Rosenkranz wird gebetet und eine neue Rechnung geht an. Das verändert sich mit jeder Jahreszeit und die eintretende Nacht macht immer merkliche Epoche, daß ein Mensch, der hier *lebt*, nicht wohl irre werden kann.

Man würde dem Volk sehr viel nehmen, wenn man ihm den deutschen Zeiger aufzwänge, oder vielmehr, man kann und soll dem Volk nichts nehmen, was so mit seiner Natur verwebt ist.

Anderthalb Stunden, eine Stunde vor Nacht fängt der Adel an auszufahren. Es geht auf den Bra, die lange breite Straße nach der Porta Nuova zu, das Tor hinaus an der Stadt hin, und wie es Nacht schlägt, kehrt alles um; teils fahren sie an die Kirchen, das *Ave maria della sera* zu beten, teils halten sie auf dem Bra und lassen sich da die Damen die Cour machen von Kavaliers, die an die Kutsche treten, und das dauert denn so eine Weile; ich hab es nie abgewartet, bis ein Ende war. Die Fußgänger bleiben aber bis weit in die Nacht.

Es hatte eben geregnet und der Staub war gelöscht, da war es wirklich ein lebendiger und muntrer Anblick.

Goethe blieb nur kurze Zeit in Verona; schon am 19. September reiste er nach Vicenza weiter; wo ihn vor allem die Bauten des Palladio anzogen, der dort im 16. Jahrhundert verschiedene Paläste, ein Theater und vor den Toren der Stadt die Villa Rotonda erbaut hatte.

Vicenz, den 19. September
Vor einigen Stunden bin ich hier angekommen und habe schon die Stadt durchlaufen, das Olympische Theater und die Gebäude des Palladio gesehen. Von der Bibliothek kannst du sie in Kupfer haben, also sag ich nichts, nenn ich nichts, als nur im allgemeinen.
Wenn man diese Werke nicht gegenwärtig sieht, hat man doch keinen Begriff davon. Palladio ist ein recht innerlich und von innen heraus großer Mensch gewesen.
Die größte Schwierigkeit ist immer, die Säulenordnungen in der bürgerlichen Baukunst zu brauchen. Säulen und Mauern zu verbinden, ist ohne Unschicklichkeit beinahe unmöglich; davon mündlich mehr. Aber wie er das Durcheinander gearbeitet hat, wie er durch die Gegenwart seiner Werke imponiert und vergessen macht, daß es Ungeheuer sind. Es ist wirklich etwas Göttliches in seinen Anlagen, völlig die Force des großen Dichters, der aus Wahrheit und Lüge ein Drittes bildet, das uns bezaubert.
Das Olympische Theater ist, wie du vielleicht weißt, ein Theater der Alten realisiert. Es ist unaussprechlich schön. Aber als Theater, gegen unsre jetzigen, kommt es mir vor wie ein vornehmes, reiches, wohlgebildetes Kind gegen einen klugen Kaufmann, der weder so vornehm, so reich, noch so wohlgebildet ist; aber besser weiß, was er mit seinen Mitteln anfangen kann.
Wenn man nun darneben das enge schmutzige Bedürfnis der Menschen sieht, und wie meist die Anlagen über die Kräfte der Unternehmer waren und wie wenig diese köstlichen Monumente eines Menschengeistes zu dem Leben der übrigen passen: so fällt einem doch ein, daß es im Moralischen ebenso ist. Dann verdient man wenig Dank von den Menschen, wenn man ihr innres Bedürfnis erheben, ihnen von sich selbst eine große Idee geben, ihnen das Herrliche eines großen wahren Daseins fühlen machen will (und das tun sinnlicherweise die Werke des Palladio in hohem Grade); aber wenn man die Vögel belügt, ihnen Märchen erzählt, ihnen vom Tag zum andren forthilft, dann ist man ihr Mann, und drum sind so viele Kirchen zustande gekommen, weil von daher für das Bedürfnis der Sterblichen am besten gesorgt wird. Ich sage das nicht, um meine Freunde herunterzusetzen; ich sage nur, daß sie so sind und daß man sich nicht verwundern muß, wenn alles ist wie es ist.

den 20. September

Heute hab ich wieder an des Palladio Werken geschwelgt. Ich komme auch sobald nicht weg, das seh ich schon und laß es sachte angehn.

Die Vicentiner muß ich loben, daß man bei ihnen die Vorrechte einer großen Stadt genießt; sie sehen einen nicht an, man mag machen was man will, sind aber übrigens gesprächig, gefällig usw.

Besonders wollen mir die Frauens sehr wohlgefallen. Hier find ich gar viel hübsche Wesen, besonders die schwarzhaarigen haben ein eigen Interesse für mich; es gibt auch eine blonde Art, die mir aber nicht behagen will. Heut in der Kirche Madonna del Monte hatt' ich ein artig Begegnis, konnt es aber nicht fortsetzen.

Auch hab ich heute die famose Rotonda, das Landhaus des Marchese Capra, gesehn; hier konnte der Baumeister machen, was er wollte, und er hat's beinahe ein wenig zu toll gemacht. Doch hab ich auch hier sein herrliches Genie zu bewundern Gelegenheit gefunden. Er hat es so gemacht, um die Gegend zu zieren; von weitem nimmt sich's ganz köstlich aus, in der Nähe habe ich einige untertänige Skrupel.

Die Rotonda liegt, wo so ein Gebäude liegen darf, die Aussicht ist undenklich schön, ich mag auch da nicht beschreiben. Vicenz überhaupt liegt ganz herrlich, und ich möchte wohl eine Zeitlang hier bleiben, aber freilich nicht im Wirtshause, aber gut eingerichtet irgendwo und sich's dann wohlsein lassen; die Luft ist herrlich und gesund.

den 21., abends

Ich gehe nur immer herum und herum und sehe und übe mein Aug und meinen innern Sinn. Auch bin ich wohl und von glücklichem Humor. Meine Bemerkungen über Menschen, Volk, Staat, Regierung, Natur, Kunst, Gebrauch, Geschichte gehn immer fort, und ohne daß ich im mindsten auf gespannt bin, hab ich den schönsten Genuß und gute Betrachtung. Du weißt, was die Gegenwart der Dinge zu mir spricht, und ich bin den ganzen Tag in einem Gespräche mit den Dingen.

den 24.
Ich lebe sehr diät und halte mich ruhig, damit die Gegenstände keine erhöhte Seele finden, sondern die Seele erhöhen. Im letzten Falle ist man dem Irrtum weit weniger ausgesetzt als im ersten. Und dann freu ich mich, dir zu schreiben, wie ich mich freue, vor den Gegenständen mit dir zu sprechen und meiner Geliebten alles in die Ferne zuzuschicken, was ich ihr einmal in der Nähe zu erzählen hoffe. Dann macht es mir auch einen frohen Gedanken, daß du das Gegenwärtige und noch mehr in sechs Wochen längstens haben kannst.

Doch muß man auf alle Fälle wieder und wieder sehn, wenn man einen reinen Eindruck der Gegenstände gewinnen will. Es ist ein sonderbares Ding um den ersten Eindruck, er ist immer ein Gemisch von Wahrheit und Lüge im hohen Grade. Ich kann noch nicht recht herauskriegen, wie es damit ist.

den 25. September, abends
Noch einmal von Vicenz. Ich verlasse diesen Ort ungern, es ist gar viel für mich hier. Wäre es möglich, mit dir eine Zeit in dieser Gegend zuzubringen! Allein, wir sind auf ewig daraus verbannt; man müßte, wenn man hier leben wollte, gleich katholisch werden, um teil an der Existenz der Menschen nehmen zu können. Alles ladet dazu ein, und es ist viel Freiheit und Freimütigkeit unter ihnen.

Die Vicentiner gefallen mir immer sehr wohl; sie haben eine freie Art Humanität, die aus einem immer öffentlichen Leben herkommt. Auch geht's von einem zum andern: Kirchen, Markt, Spaziergang, Wallfahrt (so nenn ich die Promenade zur Mutter Gottes), Theater, öffentliche Spektakel, Karneval pp. Und das weibliche Geschlecht ist im Durchschnitte schön, und leben so ohne Koketterie vor sich hin, sind durchaus reinlich gekleidet. Ich habe sie alle recht scharf angesehn und in denen acht Tagen nicht mehr als Eine gesehen, von der ich gewiß sagen möchte, daß ihre Reize feil sind.

Auch die Männer find ich höflich und zuvorkommend. Ich trete in einen Buchladen und frage den Mann nach einem Buche, das er sich nicht gleich besinnt; es sitzen verschiedne Personen von gutem Stande herum: geistliche, weltliche. Einer fängt gleich mit dem Buchhändler zu reden an, hilft ihm und mir zurechte, und das alles ganz gradehin, als wenn man sich lange kennte, und ohne weiters.

Das hab ich an ihnen bemerkt: sie sehen einen von Kopf bis zu Fuße an, und scheinen einen trefflich physiognomischen Kleiderblick zu haben. Nun ist's mein Spaß, sie mit den Strümpfen irrezumachen, nach denen sie mich unmöglich für einen Gentleman halten können. Übrigens betrag ich mich gegen sie offen, höflich, gesetzt und freue mich, nun so frei, ohne Furcht, erkannt zu werden, herumzugehn. Wie lang es währen wird?

Ich kann dir nicht sagen, was ich schon die kurze Zeit an Menschlichkeit gewonnen habe. Wie ich aber auch fühle, was wir in den kleinen souveränen Staaten für elende, einsame Menschen sein müssen, weil man, und besonders in meiner Lage, fast mit niemand reden darf, der nicht was wollte und möchte. Den Wert der Geselligkeit hab ich nie so sehr gefühlt und die Freude, die Meinigen wiederzusehn, in der Entfernung nie so lebhaft.

Die Gebäude hab ich wieder und wieder besehn und begangen.

Der Kirchen und Altarblätter kriegt man so satt, daß man manches Gute übersieht, und ich bin nur im Anfange.

Hier will ich eine Bemerkung hersetzen, über den Punkt, in dem so manche Reisende fehlen, in dem ich auch sonst gefehlt habe.

Jeder denkt doch eigentlich für sein Geld auf der Reise zu *genießen*. Er erwartet alle die Gegenstände, von denen er so vieles hat reden hören, nicht zu finden, wie der Himmel und die Umstände wollen, sondern so rein, wie sie in seiner Imagination stehen, und fast nichts findet er so, fast nichts kann er so genießen. Hier ist was zerstört, hier was angekleckt, hier stinkt's, hier raucht's, hier ist Schmutz pp; so in den Wirtshäusern, mit den Menschen pp.

Der Genuß auf einer Reise ist, wenn man ihn rein haben will, ein abstrakter Genuß; ich muß die Unbequemlichkeiten, Widerwärtigkeiten, das, was mit mir nicht stimmt, was ich nicht erwarte, alles muß ich beiseite bringen, in dem Kunstwerk nur den Gedanken des Künstlers, die erste Ausführung, das Leben der ersten Zeit, da das Werk entstand, heraussuchen und es wieder rein in meine Seele bringen, abgeschieden von allem, was die Zeit, der alles unterworfen ist, und der Wechsel der Dinge darauf gewirkt haben. Dann hab ich einen reinen bleibenden Genuß, und um dessentwillen bin ich gereist, nicht um des augenblicklichen Wohlseins oder Spaßes willen. Mit der Betrachtung und dem Genuß der Natur ist's eben das. Trifft's dann aber auch einmal zusammen, daß alles paßt, dann ist's ein großes Geschenk; ich habe solche Augenblicke gehabt.

Von Vicenza bricht Goethe am 26. September nach Venedig auf, macht allerdings zwischendurch zwei Tage in Padua Station. Hier haben es ihm vor allem die im letzten Kriege großenteils zerstörten Fresken Andrea Mantegnas angetan. Neben der Arbeit an der Versfassung seiner »Iphigenie«, die er aus Deutschland mitgenommen hat, beschäftigen ihn weiterhin botanische Studien. In dem letzten Tagebuchblatt aus Padua, vom 27. September, finden sich folgende gedrängte Anmerkungen:

Schöne Bestätigungen meiner botanischen Ideen hab ich wieder gefunden. Es wird gewiß kommen, und ich dringe noch weiter. Nur ist's sonderbar und manchmal macht mich's fürchten, daß so gar viel auf mich gleichsam eindringt, dessen ich mich nicht erwehren kann, daß meine Existenz wie ein Schneeball wächst, und manchmal ist's, als wenn mein Kopf es nicht fassen noch ertragen könnte, und doch entwickelt sich alles von innen heraus, und ich kann nicht leben ohne das.

In der Kirche der Eremitaner habe ich Gemälde von Mantegna, eines der älteren Maler, gesehen, vor denen ich erstaunt bin! Was in den Bildern für eine scharfe, sichre Gegenwart ist, läßt sich nicht ausdrücken. Von dieser ganzen, wahren (nicht scheinbaren, effektlügenden, zur Imagination sprechenden), derben, reinen, lichten, ausführlichen, gewissenhaften, zarten, umschriebenen Gegenwart, die zugleich etwas Strenges, Emsiges, Mühsames hatte, gingen die folgenden aus, wie ich gestern Bilder von Tizian sah, und konnten, durch die Lebhaftigkeit ihres Geistes, die Energie ihrer Natur, erleuchtet von dem Geiste der Alten, immer höher und höher steigen, sich von der Erde heben und himmlische aber wahre Gestalten hervorbringen. Es ist das die Geschichte der Kunst und jedes der einzelnen großen ersten Künstler nach der barbarischen Zeit.

Nun wäre auch hier einmal wieder eingepackt, und morgen früh geht's auf der Brenta zu Wasser fort. Heute hat's geregnet, nun ist's wieder ausgehellt, und ich hoffe, die Lagunen und die ehmals triumphierende Braut des Meers bei schöner Tagszeit zu erblicken und dich aus ihrem Schoß zu begrüßen. Jetzt gute Nacht.

Dieses dritte Tagebuch seiner italienischen Reise für Frau von Stein, den Aufenthalt in Verona, Vicenza und Padua umfassend, wird am 10. Oktober in Venedig durchgesehen und zur Expedition eingerichtet. Goethe schreibt dazu:

Heut hab ich angefangen, mein Tagebuch durchzugehn und es zur Abreise zuzurichten. Die Akten sollen dir nun zum Urteilsspruche zugeschickt werden. Schon jetzt find ich manches in den geschriebnen Blättern, das ich näher bestimmen, das ich erweitern und verbessern könnte. Es mag stehen als Denkmal des ersten Eindrucks, der, wenn auch nicht immer wahr, uns doch köstlich und wert ist.
Iphigenie wird nicht fertig; aber sie soll in meiner Gesellschaft unter diesem Himmel nichts verlieren. O könnt ich dir nur einen Hauch dieser leichten Existenz hinübersenden.
Ach wohl ist den Italienern das *Ultramontano* ein dunkler Begriff! Mir ist er's auch. Nur du und wenig Freunde winkt mir aus dem Nebel zu. Doch sag ich aufrichtig, das Klima ganz allein ist's, sonst ist's nichts, was mich diese Gegenden jenen vorziehen machte.
Denn sonst ist doch die Geburt und Gewohnheit ein mächtiges Ding; ich möchte hier nicht leben, wie überhaupt an keinem Orte, wo ich nicht beschäftigt wäre.
Die Baukunst steigt vor mir wie ein alter Geist aus dem Grabe, sie heißt mich ihre Lehren wie die Regeln einer ausgestorbnen Sprache studieren, nicht um sie zu üben oder mich in ihr lebendig zu freuen, sondern nur um die ehrwürdige und ewig abgeschiedne Existenz der vergangnen Zeitalter in einem stillen Gemüt zu verehren.
Gott sei Dank, wie mir alles wieder lieb wird, was mir von Jugend auf wert war. Wie glücklich bin ich, daß ich mich der römischen Geschichte, den alten Schriftstellern wieder nahen darf! Und mit welcher Andacht les ich den Vitruv!
Jetzt darf ich's sagen, darf meine Krankheit und Torheit geste-

hen. Schon einige Jahre hab ich keinen lateinischen Schriftsteller ansehen, nichts, was nur ein Bild von Italien erneuerte, berühren dürfen, ohne die entsetzlichsten Schmerzen zu leiden.

Herder scherzte immer mit mir, daß ich alle mein Latein aus dem Spinoza lernte, denn er bemerkte, daß es das einzige lateinische Buch war, das ich las. Er wußte aber nicht, daß ich mich vor jedem Alten hüten mußte. Noch zuletzt hat mich die Wielandische Übersetzung der Satiren des Horaz höchst unglücklich gemacht; ich habe nur zweie lesen dürfen und war schon wie toll.

Hätt ich nicht den Entschluß gefaßt, den ich jetzt ausführe, so wär ich rein zu Grunde gegangen und zu allem unfähig geworden, solch einen Grad von Reife hatte die Begierde, diese Gegenstände mit Augen zu sehen, in meinem Gemüt erlangt. Denn ich konnte mit der historischen Erkenntnis nicht näher, die Gegenstände standen gleichsam nur eine Handbreit von mir ab, waren aber durch eine undurchdringliche Mauer von mir abgesondert.

Denn es ist mir wirklich auch jetzt so, nicht als ob ich die Sachen sähe, sondern als ob ich sie wiedersähe. Ich bin die kurze Zeit in Venedig, und die venetianische Existenz ist mir so eigen, als wenn ich zwanzig Jahre hier wäre. Auch weiß ich, daß ich, wenn auch einen unvollständigen, doch gewiß einen ganz klaren und wahren Begriff mit fortnehme.

IV

Italienische Reise
In Venedig (Herbst 1786)

Die zweite Etappe auf der italienischen Reise, die Goethe am 3. September 1786 antrat, war Venedig. Hier zum erstenmal ließ er sich ein wenig Zeit, ehe die Sehnsucht nach Rom, dem eigentlichen Reiseziel, wieder übermächtig wurde. Mehr und mehr fühlte er sich nun als Künstler, und sein Hauptinteresse gilt der bildenden Kunst, in Venedig vor allem der Architektur und der Malerei des 16. Jahrhunderts. Immer stärker wird zugleich der Anteil, den er an dem Tun und Treiben des Volkes nimmt; immer gelassener, immer behaglicher lebt er seine Tage hin.
Das vom ersten Tag der Reise an geführte Brieftagebuch für Charlotte von Stein, die immer noch ohne Nachricht über Goethes Verbleib ist, wird in Venedig fortgesetzt und Mitte Oktober zur Absendung fertiggemacht.

So stand es denn in dem Buche des Schicksals auf meinem Blatte geschrieben, daß ich den 28. September abends, nach unsrer Uhr um fünfe, Venedig zum erstenmal, aus der Brenta in die Lagunen einfahrend, erblicken und bald darauf diese wunderbare Inselstadt, diese Biber-Republik, betreten und besuchen sollte. So ist denn auch, Gott sei Dank, *Venedig* kein bloßes Wort mehr für mich, ein Name, der mich so oft, der ich von jeher ein Todfeind von Wortschällen gewesen bin, so oft geängstigt hat.
Wie die erste Gondel an das Schiff anfuhr, fiel mir mein erstes Kinderspielzeug ein, an das ich vielleicht in zwanzig Jahren nicht mehr gedacht hatte. Mein Vater hatte ein schönes Gondelmodell von Venedig mitgebracht, er hielt es sehr sehr wert und es ward mir hoch angerechnet, wenn ich damit spielen durfte. Die ersten Schnäbel von Eisenblech, die schwarzen Gondelkäfige, alles grüßte ich wie eine alte Bekanntschaft, wie einen langentbehrten ersten Jugendeindruck.
Und da ich mir bloß zu reisen scheine, um dir zu erzählen; so setz ich mich nun hin, da es Nacht ist, dir mancherlei vorzusagen.

Ich bin gut logiert in der »Königin von England«, nicht weit vom Markusplatz, der größte Vorzug des Quartiers.
Meine Fenster gehn auf einen schmalen Kanal, zwischen hohen Häusern, gleich unter mir ist eine Brücke und gegenüber ein schmales belebtes Gäßchen. So wohn ich und so werd ich eine Zeitlang bleiben, bis mein Paket für Deutschland fertig ist und bis ich mich am Bilde dieser Stadt satt gesogen habe.
Die Einsamkeit, nach der ich so oft sehnsuchtsvoll geseufzt habe, kann ich recht genießen, wenn ein Genuß darin ist, denn nirgend kann man sich einsamer fühlen als in so einem Gewimmel, wo man ganz unbekannt ist; in Venedig ist vielleicht kaum ein Mensch, der mich kennt, und der wird mir nicht begegnen.

den 29. September, abends

Von Venedig ist alles gesagt und gedruckt, was man sagen kann; darum nur weniges, wie es mir entgegen kommt. Die Hauptidee, die sich mir wieder hier aufdringt, ist wieder *Volk*. Große Masse! und ein notwendiges, unwillkürliches Dasein. Dieses Geschlecht hat sich nicht zum Spaß auf diese Inseln geflüchtet, es war keine Willkür, die andere trieb, sich mit ihnen zu vereinigen; es war Glück, das ihre Lage so vorteilhaft machte, es war Glück, daß sie zu einer Zeit klug waren, da noch die ganze nördliche Welt im Unsinn gefangen lag; ihre Vermehrung, ihr Reichtum war notwendige Folge. Nun drängte sich's enger und enger, Sand und Sumpf ward zu Felsen unter ihren Füßen, ihre Häuser suchten die Luft, wie Bäume, die geschlossen stehn, sie mußten an Höhe zu gewinnen suchen, was ihnen an Breite abging: geizig auf jede Handbreit Erde und gleich von Anfang in enge Räume gedrängt, ließen sie zu Gassen nicht mehr Breite, als Haus von Haus zu sondern und Menschen einigen Durchgang zu lassen, und übrigens war ihnen das Wasser statt Straße, Platz, Spaziergang; genug, der Venetianer mußte eine neue Art von Geschöpf werden und so auch Venedig nur mit sich selbst verglichen werden kann. Wie dem großen Kanal wohl keine Straße in der Welt sich vergleichen kann, so kann dem Raume vor dem Markusplatz wohl auch nichts an die Seite gesetzt werden. Den großen Spiegel Wasser mein ich, der an der einen Seite von dem eigentlichen Venedig im halben Mond umfaßt ist, gegenüber die Insel St. Giorgio hat, etwas weiter rechts die Giu-

decca und ihren Kanal, noch weiter rechts die Dogana und die Einfahrt in den Canal Grande.
Ich habe das alles mit einem stillen feinen Auge betrachtet und mich dieser großen Existenz gefreut. Nach Tische ging ich, um stufenweise zu schreiten, erst zu Fuße aus und warf mich ohne Begleiter, nur die Himmelsgegenden merkend, ins Labyrinth der Stadt. Man denkt sich's auch nicht, ohne es gesehen zu haben. Gewöhnlich kann man die Breite der Gasse mit ausgestreckten Armen entweder ganz oder beinahe messen, in kleinern Gäßchen könnte man die Arme nicht einmal ausstrecken. Es gibt breitere Straßen, aber proportionierlich alle eng. Ich fand leicht den Großen Kanal und den Ponte Rialto. Es ist ein schöner großer Anblick, besonders von der Brücke herunter, da sie mit einem Bogen gewölbt in die Höhe steigt. Der Kanal ist gesät voll Schiffe und wimmelt von Gondeln, besonders heute, da am Michaelsfest die wohlangezognen Frauen zur Kirche wallfahrteten und sich wenigstens übersetzen ließen. Ich habe sehr schöne Wesen begegnet.
Nachdem ich müde worden, setzt ich mich in eine Gondel, die engen Gassen verlassend, und fuhr nun den Canal Grande durch, um die Insel der Heiligen Clara herum, an der großen Lagune hin, in den Kanal der Giudecca herein, bis gegen den Markusplatz und war nun auf einmal ein Mitherr des Adriatischen Meers, wie jeder Venetianer sich fühlt, wenn er sich in seine Gondel legt. Ich gedachte meines armen Vaters in Ehren, der nichts Bessers wußte, als von diesen Dingen zu erzählen. Es ist ein großes, respektables Werk versammelter Menschenkraft, ein herrliches Monument, nicht *Eines Befehlenden*, sondern eines *Volks*. Und wenn ihre Lagunen sich nach und nach ausfüllen und stinken und ihr Handel geschwächt wird, und ihre Macht gesunken ist, macht dies mir die ganze Anlage der Republik und ihr Wesen nicht um einen Augenblick weniger ehrwürdig. Sie unterliegt der Zeit wie alles, was ein erscheinendes Dasein hat.
Viel, viel wollen wir darüber schwätzen; auch worüber man hier nicht reden soll, über den Staat und seine Geheimnisse, die ich alle, ohne einen Verräter, recht gut zu wissen denke.

den 30., abends
Gegen Abend verlief ich mich wieder ohne Führer in die entferntesten Quartiere der Stadt und suchte aus diesem Labyrinthe, ohne jemand zu fragen, nach der Himmelsgegend den Ausgang. Man findet sich wohl endlich, aber es ist ein unglaubliches Gehecke ineinander und meine Manier die beste, sich davon recht sinnlich zu überzeugen; auch hab ich mir bis an die letzte Spitze das Betragen, die Lebensart, Sitten und Wesen der Einwohner gemerkt. Du lieber Gott, was für ein armes gutes Tier der Mensch ist.
Am Ufer ist ein angenehmer Spaziergang.
Schon die drei Tage, die ich hier bin, hab ich einen geringen Kerl gesehen, der einem mehr oder wenig großen Auditorio Geschichten erzählt. Ich kann nichts davon verstehen. Es lacht aber kein Mensch, manchmal lächelt das Auditorium, das, wie du dir denken kannst, meist aus der ganz niedern Klasse besteht. Auch hat er nichts Auffallendes noch Lächerliches in seiner Art, vielmehr etwas sehr Gesetztes und eine Mannigfaltigkeit und Präzision in seinen Gebärden, die ich erst heut abend bemerkt habe. Ich muß ihm noch mehr aufpassen.
Auf künftigen Montag geht *Opera Buffa* und zwei Komödientheater auf. Da wollen wir uns auch was zugute tun. Sonst kann ich dir heute nicht viel sagen. Außer einigem Fleiß an der Iphigenie hab ich meine meiste Zeit auf den Palladio gewendet, und kann nicht davon kommen. Ein guter Geist trieb mich mit soviel Eifer, das Buch zu suchen, das ich schon vor vier Jahren von Jagemann wollte verschrieben haben, der aber dafür die neueren herausgegebnen Werke kommen ließ. Und doch auch! Was hätten sie mir geholfen, wenn ich seine Gebäude nicht gesehn hätte? Ich sah in Verona und Vicenz, was ich mit meinen Augen ersehen konnte, in Padua fand ich erst das Buch, jetzt studier ich's und es fallen mir wie Schuppen von den Augen, der Nebel geht auseinander und ich erkenne die Gegenstände. Auch als Buch ist es ein großes Werk. Und was das ein Mensch war! Meine Geliebte, wie freut es mich, daß ich mein Leben dem Wahren gewidmet habe, da es mir nun so leicht wird, zum Großen überzugehen, das nur der höchste, reinste Punkt des Wahren ist.
Die Revolution, die ich voraussah und die jetzt in mir vorgeht, ist die in jedem Künstler entstand, der lang emsig der Natur treu

gewesen und nun die Überbleibsel des alten großen Geists erblickte: die Seele quoll auf und er fühlte eine innere Art von Verklärung sein selbst, ein Gefühl von freierem Leben, höherer Existenz, Leichtigkeit und Grazie.

Wollte Gott, ich könnte meine Iphigenie noch ein halb Jahr in Händen behalten, man sollt ihr das mittägige Klima noch mehr anspüren.

den 4. Oktober, Mittag

Gestern war ich in der Komödie Theatro S. Luca, die mir viel Freude gemacht hat. Ein extemporiertes Stück in Masken, mit viel Naturell, Energie und Bravheit ausgeführt. Sie sind nicht gleich. Der Pantalon ist recht brav, und die eine Frau, die der Gräfin Lanthieri sehr ähnlich sieht, keine große Aktrice, aber spricht exzellent und weiß sich zu betragen. Ein tolles Sujet, das mit unglaublicher Abwechslung gern drei Stunden unterhielt. Doch ist immer wieder das *Volk* die Base, worauf das alles steht. Das Ganze machts, nicht das einzelne. Auf dem Platz und am Ufer, und auf den Gondeln und im Palast. Der Käufer und Verkäufer, der Bettler, der Schiffer, die Nachbarin, der Advokate und sein Gegner, alles lebt und treibt und läßt sich's angelegen sein und spricht und beteuert und schreit und bietet aus und singt und schilt und flucht und lärmt. Und abends gehn sie ins Theater und sehn und hören das Leben ihres Tags, nur künstlich zusammengestellt, artiger ausgestutzt, mit Märchen durchflochten, und freuen sich kindisch und schreien wieder und klatschen und lärmen. Es ist alles von Nacht zu Nacht, ja von Mitternacht zu Mitternacht immer dasselbe.

den 5., nach Tische

Heute früh war ich im Arsenal und mir interessant genug, da ich noch kein Seewesen kenne und also auch hier gleichsam die untre Schule besucht habe. Denn freilich sieht es hier sehr nach einer alten Familie aus, die sich noch rührt, aber wo die Blüte und die beste Zeit der Früchte vorüber ist.

Da ich auch den Handwerkern nachgehe, hab ich manches Merkwürdige gesehn. Ein Schiff von 84 Kanonen, dessen Gerippe fertig steht, hab ich bestiegen.

Schönes Eichenholz aus Istrien hab ich verarbeiten sehn. Ich kann nicht genug sagen, war mir meine sauer erworbnen

Kenntnisse der natürlichen Dinge, die doch der Mensch als Materialien braucht und zu seinem Nutzen verwendet, überall helfen und mir die Sachen aufklären. So ist mir die mineralogische und oryktologische Kenntnis der Steine ein großer Vorsprung in der Baukunst.

Auf dieser Reise, hoff ich, will ich mein Gemüt über die schönen Künste beruhigen, ihr heilig Bild mir recht in die Seele prägen und zum stillen Genuß bewahren. Dann aber mich zu den Handwerkern wenden, und wenn ich zurückkomme, Chemie und Mechanik studieren. Denn die Zeit des Schönen ist vorüber, nur die Not und das strenge Bedürfnis erfordern unsre Tage.

den 7. Oktober, abends

Wenn ich dir nicht zu erzählen hätte, ich wäre nicht nach Hause gegangen. Der Vollmond, an einem ganz reinen Himmel, über den Lagunen, den Inseln, der sonderbaren Stadt, macht ein herrliches Schauspiel, der Platz sieht wie eine seltsame Operndekoration aus und alles ist voll Menschen.

Nun in der Ordnung.

Heut früh war ich bei dem hohen Amte, das der Doge, an diesem Tage, wegen eines alten Türkensieges, abwarten muß. Es ward in der Kirche der Heiligen Justina gehalten.

Wenn die vergoldeten Barken ankommen, die ihn und einen Teil des Adels bringen, die seltsam bekleideten Schiffer sich mit ihren roten Rudern bemühen, am Ufer die Geistlichkeit, die Brüderschaften, mit denen hohen, auf Stangen und tragbaren langen silbernen Leuchtern gesteckten Wachskerzen stehen und drängen und warten, und die langen, violetten Kleider der Savii, dann die langen roten der Senatoren auftreten und endlich der Alte im langen goldnen Talar mit dem Hermelinmantel aussteigt, drei sich seiner Schleppe bemächtigen, und dann wieder soviel Nobili folgen, alles vor dem Portal einer Kirche, vor deren Türe die Türkenfahnen gehalten werden; so glaubt man auf einmal eine alte gestickte Tapete zu sehn, aber eine recht gut gezeichnete Tapete.

Mir nordischem Flüchtling hat diese Zeremonie viel Freude gemacht. Bei uns, wo alle Feierlichkeiten kurzröckig sind, und wo die größten, die man sich denken kann, mit dem Gewehr auf der

Schulter begangen werden, möchte so etwas nicht am Orte sein: aber hierher gehören diese Schleppröcke und diese friedlichen Begehungen. Der Doge ist ein gar schön gewachsner und schön gebildeter Mann. Man sieht ihm aber an, daß er krank ist und sich nur noch so um der Würde willen unter dem schweren Rocke grad hält, sonst sieht er eben aus wie der Großpapa vom ganzen Geschlechte und ist gar hold und leutselig.
Etwa fünfzig Nobili in langen dunkelroten Kleidern waren mit ihm, meist schöne, keine einzige vertrackte Gestalt. Mehrere groß, mit großen Köpfen, vorgebauten Gesichtern, weiß, weich, ohne schwammig oder fatal satt auszusehn. Vielmehr klug ohne Anstrengung, ruhig selbstgewiß. Leichtigkeit des Daseins und durchaus eine gewisse Fröhlichkeit.
Heut abend hatte ich mir den famosen Gesang der Schiffer bestellt, die den Tasso und den Ariost auf ihre Melodie singen. Bei Mondenschein bestieg ich eine Gondel, einen Sänger vorn, den andern hinten, die ihr Lied anfingen und abwechselnd Vers nach Vers sangen. Die Melodie ist eine Art zwischen Choral und Rezitativ. Sie behält immer denselbigen Gang, ohne einen Takt zu haben, die Modulation ist auch immer dieselbige, nur wenden sie, je nach dem Inhalt des Verses, mit einer Art Deklamation sowohl Ton als Maß.
Der Geist und das Leben davon ist aber eigentlich dieses:
Wie sich die Melodie gemacht hat, will ich nicht untersuchen; genug, sie paßt trefflich für einen müßigen Menschen, der sich was vormoduliert und Gedichte, die er auswendig kann, diesem Gesange unterschiebt. Mit einer durchdringenden Stimme (das Volk schätzt Stärke vor allem) sitzt er am Ufer einer Insel, eines Kanals, auf einer Barke, und läßt sein Lied schallen, so weit er kann. Über den stillen Spiegel verbreitet sich's weit. In der Ferne vernimmt's ein andrer, der die Melodie kennt, die Worte versteht, und antwortet mit dem folgenden Verse, der erste diesem wieder, und so ist einer immer das Echo des andern, und der Gesang währt Nächte durch, unterhält sie, ohne sie zu ermüden. Je ferner also sie von einander sind, desto reizender ist das Lied; wenn der Hörer zwischen ihnen beiden ist, steht er am rechten Flecke. Um mich dieses hören zu lassen, stiegen sie am Ufer der Giudecca aus, sie teilten sich am Kanal hin, ich ging zwischen ihnen auf und ab, so daß ich immer den verließ, der zu singen

anfangen sollte, und mich dem wieder näherte, der aufhörte. Da ward mir der Sinn des Gesangs erst aufgeschlossen. Und alsdann, als Stimme aus der Ferne klingt es sonderbar, wie eine Klage ohne Trauer – und hat etwas unglaublich, bis zu Tränen Rührendes. Ich schrieb es meiner Stimmung zu, aber mein Alter sagte auf dem Hauswege: *È singolare come quel canto intenerisce, e molto piu quando e piu ben cantato.* Er erzählte mir, daß man die Weiber vom Lido, besonders die äußersten von Malamocco und Palestrina, müsse singen hören; sie sängen den Tasso auch auf diese und ähnliche Melodien. Sie haben die Gewohnheit, wenn ihre Männer aufs Fischen im Meer sind, sich ans Ufer zu setzen und mit durchdringender Stimme abends diese Gesänge zu singen, bis sie auch von ferne die Stimme der Ihrigen wieder hören und sich so mit ihnen unterhalten. Findst du das nicht schön? sehr schön! Es läßt sich leicht denken, daß ein naher *Zuhörer* wenig Freude an diesen Stimmen haben möchte, die mit den Wellen des Meers kämpfen. Aber wie menschlich und wahr wird der Begriff dieses Gesangs. Wie lebendig wird mir nun diese Melodie, über deren toten Buchstaben wir uns so oft den Kopf zerbrochen haben. Gesang eines Einsamen in die Ferne und Weite, daß ihn ein Andrer, Gleichgestimmter höre, und ihm antworte.

Warum kann ich dir nicht auch einen Ton hinüberschicken, den du in der Stunde vernähmest und mir antwortetest.

Gute Nacht, meine Liebe; ich bin müde vom vielen Laufen und Brückensteigen. Gute Nacht.

den 8. Oktober, nach Tische

Heute fiel mir recht auf, wie doch eigentlich der Mensch das Unsinnige, wenn es ihm nur sinnlich vorgestellt werden kann, mit Freuden ergreift, deswegen man sich freuen sollte, Poet zu sein. Was die Mutter Gottes für eine schöne Erfindung ist, fühlt man nicht eher als mitten im Katholizismus. Eine *Vergine* mit dem *Sohn* auf dem Arm, die aber darum *santissima Vergine* ist, weil sie einen Sohn zur Welt gebracht hat. Es ist ein Gegenstand, vor dem einem die Sinne so schön stillstehen, der eine gewisse innerliche Grazie der Dichtung hat, über den man sich so freut und bei dem man so ganz und gar nichts denken kann; daß er recht zu einem religiösen Gegenstande gemacht ist.

Leider aber sind diese Gegenstände die Geißel der Maler gewesen und schuld, daß die Kunst gesunken ist, nachdem sie sich kaum erhoben hatte. Eine Danae ist immer eine andre Aufgabe für den Künstler als eine Empfängnis Mariä und doch im Grund derselbe Gegenstand. Nur daß der Künstler aus der ersten viel, aus der zweiten nichts machen kann.

Welche Pein und Verzweiflung die meisten Sujets der christlichen Malerei Goethe bereiteten, dessen Sinn so ganz auf die Antike und ihre Darstellungsart gerichtet war, kommt im Verlauf der italienischen Reise noch öfters zum Ausdruck; am heftigsten vielleicht in einer Aufzeichnung aus Bologna, vom 19. Oktober, schon auf dem Wege nach Rom, die aber des Themas wegen hier eingefügt sei.

Im Palast Ranuzzi hab ich eine Sankt Agatha von Raphael gefunden, die, wenngleich nicht ganz wohl erhalten, ein kostbares Bild ist. Er hat ihr eine gesunde, sichre Jungfräulichkeit gegeben, ohne Reiz, doch ohne Kälte und Roheit. Ich habe mir sie wohl gemerkt und werde diesem Ideal meine Iphigenie vorlesen und meine Heldin nichts sagen lassen, was diese Heilige nicht sagen könnte. Von allem andern muß ich schweigen. Was sagt man, als daß man über die unsinnigen Sujets endlich selbst toll wird. Es ist, als da sich die Kinder Gottes mit den Töchtern der Menschen vermählten, da wurden Ungeheuer daraus. Indem der himmlische Sinn des Guido, ein Pinsel, der nur das Vollkommenste, was in unsre Sinne fällt, hätte malen sollen, dich anzieht, möchtest du die Augen von den abscheulichen, dummen, mit keinen Scheltworten der Welt genug zu erniedrigenden Gegenständen abwenden.

Und so gehts durchaus. Man ist immer auf der Anatomie, dem Rabenstein, dem Schindanger, immer *Leiden* des Helden, nie *Handlung*. Nie ein gegenwärtig Interesse, immer etwas phantastisch Erwartetes. Entweder Missetäter oder Verzückte, Verbrecher oder Narren. Wo denn nun der Maler, um sich zu retten, einen nackten Kerl, eine schöne Zuschauerin herbeischleppt. Und seine geistlichen Helden als Gliedermänner traktiert und ihnen recht schöne Faltenmäntel überwirft. Da ist nichts, was nur einen Menschenbegriff gäbe.

Wir wollen die Geschichte dazu nehmen und du wirst sehn, der Aberglaube ist eigentlich wieder Herr über die Künste geworden und hat sie zu Grunde gerichtet. Aber nicht er allein, auch das enge Bedürfnis der neuern, der nördlichen Völker. Denn auch Italien ist noch nördlich, und die Römer waren auch nur Barbaren, die das Schöne raubten, wie man ein schönes Weib raubt. Sie plünderten die Welt und brauchten doch griechische Schneider, um sich die Lappen auf den Leib zu passen. Überhaupt seh ich schon gar viel voraus.

Nur ein Wort! Wer die Geschichte so einer Granitsäule erzählen könnte, die erst in Ägypten zu einem memphitischen Tempel zugehauen, dann nach Alexandrien geschleppt wurde, ferner die Reise nach Rom machte, dort umgestürzt ward und nach Jahrhunderten wieder aufgerichtet und einem andern Gott zu Ehren zurechte gestellt. O meine Liebe, was ist das Größte des Menschentums und -treibens! Mir, da ich ein Künstler bin, ist das Liebste daran, daß alles das dem Künstler Gelegenheit gibt, zu zeigen, was in ihm ist, und unbekannte Harmonien aus den Tiefen der Existenz an das Tageslicht zu bringen.

Wie der Blick des Künstlers sich bei Goethe immer inniger mit der Betrachtungsweise des Naturforschers verbindet, das macht ihn immer mehr zu dem »gewaltigen Apperzipierer«, als den Heimito von Doderer ihn einmal in seinen Tagebüchern aus dem letzten Kriege preist. »Welch ein verdauungsfreudiger Riesenmagen für das Empirische!« heißt es dort. »Hier, in dem Tagebuch der italienischen Reise, ist das in höchster Potenz vorhanden, was ich den ›Eros des Objektiven‹ nenne: und der rührte mich beim Lesen neuerlich an; das unerschütterliche Grundwissen, daß unser Geist nur sicher geht, bewahrt vor schweren Verfehlungen und die zarte Hülle des komplexen Lebens nie zerreißend, wenn er im Jetzt und Hier und so Seienden einen unwiderruflichen Text erblickt, der in durchaus dem Erfahrbaren entnommenen Schriftzeichen gültig und verbindlich über das jenseits davon Liegende aussagt. Aus diesem Tagebuch der italienischen Reise will ich mir eine Lunge voll frischem Wind der Apperzeption mitnehmen.«

Mit Apperzeption, Wahrnehmung, meint Heimito von Doderer eben jenes Sehen, jene Schau der Wahrheit, wie Goethe sie am

Schluß der folgenden Aufzeichnung in eine berühmt gewordene lapidare Formel gedrängt hat.

Venedig, den 9. Oktober 1786
Ein köstlicher Tag von morgens bis in die Nacht. Ich fuhr bis Palästrina, gegen Chiozza über, wo die großen Baue sind, die die Republik gegen das Meer führen läßt. Sie sind von gehauen Steinen und sollen eigentlich die lange Erdzunge sichern, welche die Lagunen von dem Meere trennt, ein höchst nötiges und wichtiges Unternehmen.

Die Lagunen sind eine Wirkung der Natur, daß in dem Busen des Adriatischen Meers sich eine ansehnliche Landstrecke befindet, welche von der Flut besucht und von der Ebbe zum Teil verlassen wird. Wie Venedig, die Inseln, die Kanäle, die durch die Sümpfe durchgehn und auch zur Zeit der Ebbe befahren werden, jetzt stehn und liegen, ist ein Werk der Kunst und des Fleißes; und Kunst und Fleiß müssen es erhalten.

Heut abend ging ich auf den Markusturm. Da ich neulich die Lagunen in ihrer Herrlichkeit, zu Zeit der Flut, von oben gesehn hatte, wollt ich sie auch zur Zeit der Ebbe in ihrer Demut sehn. Und es ist notwendig, diese beiden Bilder zu verbinden, wenn man einen richtigen Begriff haben will. Es sieht sonderbar aus, da überall Land erscheinen zu sehen, wo vorher Wasserspiegel war. Die Inseln sind nicht mehr Inseln, sondern nur höhere bebaute Plätze eines großen graugrünlichen Morastes, den schöne Kanäle durchschneiden. Der sumpfige Teil ist mit einem Wassergras bewachsen und muß sich auch dadurch nach und nach heben, obgleich Ebbe und Flut beständig dran rupfen und wühlen und der Vegetation keine Ruhe lassen.

Ich kehre noch einmal ans Meer zurück! Dort hab ich heut die Wirtschaft der Seeschnecken, Patellen (Muscheln mit *einer* Schale), der Taschenkrebse gesehen und mich herzlich darüber gefreut. Was ist doch ein *Lebendiges* für ein köstlich herrliches Ding. Wie abgemessen zu seinem Zustande, wie wahr! Wie seiend! Und wieviel hilft mir mein bißchen Studium und wie freu ich mich, es fortzusetzen!

Gute Nacht, meine Liebe! Ich habe nun einen Vitruv, den muß ich studieren, damit ich erleuchtet werde. Gute Nacht.

So weit Goethes Tagebuchaufzeichnungen aus Venedig für Charlotte von Stein in Weimar. Am 14. Oktober, anderthalb Monate nach seiner Abreise, wird ein zweiter Brief an Charlotte geschrieben – der erste war einen Monat zuvor aus Verona abgegangen. Auch jetzt noch verschweigt Goethe den Ort seines Aufenthalts.

Wieder ein kleines Lebenszeichen von deinem Liebenden und, ich hoffe und weiß, Geliebten. Mein erstes, auf einem ähnlichen Blättchen, wirst du erhalten haben. Ich bin wohl, habe das schönste Wetter und geht mir alles glücklich. Mein Tagebuch ist zum erstenmal geschlossen, du erhältst ehstens die genaue Geschichte jedes Tags, seitdem ich dich verließ, alles, was ich getan, gedacht und empfunden habe. Behalt es aber für dich, wie es nur für dich geschrieben ist; wir wollen bei meiner Rückkunft jedem daraus das Seinige mitteilen. Bald meld ich auch, wohin du mir schreiben kannst, und wie freu ich mich, von dir zu hören und deine Hand wieder zu sehen. Ich habe das schönste Wetter. Ich fürchte nur aus allerlei Symptomen und Nachrichten, daß es euch übel geht.
Anfangs gedacht ich, mein Tagebuch allgemein zu schreiben, dann es an dich zu richten und das *Sie* zu brauchen, damit es kommunikabel wäre; es ging aber nicht, es ist allein für dich. Nun will ich dir einen Vorschlag tun.
Wenn du es nach und nach abschriebst, in Quart, aber gebrochne Blätter, verwandeltest das Du in *Sie* und ließest, was dich allein angeht, oder du sonst denkst, weg; so fänd ich, wenn ich wiederkomme, gleich ein Exemplar, in das ich hinein korrigieren und das Ganze in Ordnung bringen könnte.
Du müßtest aber doch daraus nicht vorlesen, noch kommunizieren, denn sonst hab ich nichts zu erzählen, wenn ich zurückkomme. Auch sagst du nicht, daß du es hast, denn es soll noch niemand wissen, wo ich sei und wie es mit mir sei.
Lebe wohl. Behalte mich lieb. Meine Hoffnung ist, dich wiederzusehn. Ich verliere keine Stunde und bleibe nicht länger aus als nötig ist. Lebe wohl.   G.

V

Ankunft in Rom (November/Dezember 1786)
Briefe an Charlotte von Stein und
die Freunde in Weimar

Am 14. Oktober 1786 war Goethe von Venedig aufgebrochen und, mit kurzen Stationen in Ferrara, Bologna, Florenz und Perugia, nach Rom gereist, wo er am 29. Oktober abends eintraf und gleich anderntags zu dem Maler Tischbein ins Quartier zog. Nun erst war er eigentlich dort, wohin es ihn getrieben hatte: an jenem fast mythischen Ort der größten geschichtlichen Konzentration und der freiesten menschlichen Auseinanderfaltung. »Froh empfind ich mich«, beginnt die fünfte der römischen Elegien, –

Froh empfind ich mich nun auf klassischem Boden begeistert;
    Vor- und Mitwelt spricht lauter und reizender mir.

Nun durfte er sich Zeit lassen, und obwohl er ursprünglich im Sommer 1787 nach Hause zurückzukehren dachte, wurde es mit dem Abstecher nach Neapel und Sizilien ein Aufenthalt von fast zwei Jahren, während derer sich Goethe in Rom immer mehr als Einheimischer fühlte.
Einige seiner Dichtungen, darunter vor allem »Iphigenie«, die er mitgenommen hatte, wurden zwar gefördert oder abgeschlossen; vor allem jedoch nahm die bildende Kunst ihn derart in Anspruch, daß er schauend und zeichnend mehr und mehr zum Künstler wurde.

O wie fühl ich in Rom mich so froh, gedenk ich der Zeiten,
    Da mich ein graulicher Tag hinten im Norden umfing,
Trübe der Himmel und schwer auf meine Scheitel sich senkte,
    Farb- und gestaltlos die Welt um den Ermatteten lag,
Und ich über mein Ich, des unbefriedigten Geistes
    Düstre Wege zu spähn, still in Betrachtung versank!
Nun umleuchtet der Glanz des hellern Äthers die Stirne;
    Phöbus rufet, der Gott, Formen und Farben hervor.

Ehe er die heilige Stadt betritt, wendet Goethe sich noch einmal nach Norden, mit den letzten Aufzeichnungen im fünften Stück seines Brieftagebuchs für Charlotte von Stein in Weimar.

Terni, den 27. Oktober 1786, abends
In einer Höhle sitzend, die vor einem Jahre vom Erdbeben gelitten, wend ich mein Gebet zu dir, mein lieber Schutzgeist. Wie verwöhnt ich bin, fühl ich erst jetzt. Zehn Jahre mit dir zu leben, von dir geliebt zu sein, und nun in einer fremden Welt. Ich sagte mir's voraus, und nur die höchste Notwendigkeit konnte mich zwingen, den Entschluß zu fassen. Laß uns keinen andern Gedanken haben, als unser Leben miteinander zu endigen.
Terni liegt in einer köstlichen Gegend, die ich diesen Abend von einem Spaziergange um die Stadt mit Freude beschaute. Ein Priester ist seit Perugia mein Gefährte. Dadurch, daß ich immer wieder unter neue Menschen komme, erreiche ich sehr meine Absicht, und ich versichre dir, man muß sie nur untereinander reden hören, was das einem für ein lebendig Bild des ganzen Landes gibt. Sie haben untereinander einen so sonderbaren National- und *Stadt*eifer, können sich alle einander nicht leiden, die Stände sind im ewigen Streit, und das alles mit immer lebhafter, gegenwärtiger Leidenschaft, daß sie einem den ganzen Tag Komödie geben und sich bloßstellen.
Spoleto hab ich bestiegen und war auf dem Aquädukt, der zugleich Brücke von einem Berg zum andern ist. Die zehn Bogen, die das Tal füllen, stehn, von Backsteinen, ihre Jahrhunderte so ruhig da, und das Wasser quillt noch immer in Spoleto an allen Orten und Enden. Das ist nun das dritte Werk der Alten, das ich sehe, und wieder so schön natürlich, zweckmäßig und wahr. Diesen großen Sinn, den sie gehabt haben! – So verhaßt waren mir immer die Willkürlichkeiten. Was nicht eine wahre innre Existenz hat, hat kein Leben und kann nicht lebendig gemacht werden, und kann nicht groß sein und nicht groß werden.
Die nächsten vier Wochen werden mir voller Freuden und Mühe sein, ich will aufpacken, was ich kann. Das bin ich gewiß und kann es sagen, noch keine falsche Idee hab ich aufgepackt. Es scheint arrogant, aber ich weiß es, und weiß, was es mich kostet, nur das Wahre zu nehmen und zu fassen.
Die römische Geschichte wird mir, als wenn ich dabei gewesen

wäre. Wie will ich sie studieren, wenn ich zurückkomme, da ich nun die Städte und Berge und Täler kenne. Unendlich interessant aber werden mir die alten Etrurier. In Fuligno konnt ich das Gemälde Raphaels nicht sehn, es war Nacht; hier die Wasserfälle nicht, es war bald Nacht. Bei meiner ersten kursorischen Lesung Italiens muß und kann ich nicht alles mitnehmen. Rom! Rom! – Ich ziehe mich gar nicht mehr aus, um früh gleich bei der Hand zu sein. Noch zwei Nächte! Und wenn uns der Engel des Herrn nicht auf dem Wege schlägt, sind wir da.

Citta Castellana, den 28. Oktober

Von Terni fuhren wir sehr früh aus. Da ich angekleidet schlafe, weiß ich mir nun nichts Hübschers als des Morgens vor Tag aufgeweckt zu werden, mich in den Wagen zu setzen und, zwischen Schlaf und Wachen, dem Tag entgegenzufahren. Heute hat mich die Muse wieder mit einer guten Erfindung beglückt.
Narni stiegen wir hinauf, eh es Tag war; die Brücke hab ich nicht gesehn. Von da Täler und Tiefen, Nähen und Fernen, köstliche Gegenden, alles Kalkgebirg, auch nicht eine Spur von einem andern Gestein.
Otricoli liegt auf einem von der Tiber ehmals zusammengeschlemmten Kieshügel und ist von Laven gebaut, die jenseits des Flusses hergeholt sind.
Sobald man über die Brücke hinüber ist, spürt man schon das vulkanische Terrain. Die Stadt steht auf vulkanischem Tuff, der wie gewöhnlich aus Aschen, Bimssteinen, Lavastücken besteht; in der Nähe der Stadt hab ich jene Lava nicht wieder gesehen.
Nun gute Nacht. Morgen abend in Rom. Nachher hab ich nichts mehr zu wünschen, als dich und die wenigen Meinigen gesund wiederzusehn.

Rom, den 29. Oktober, abends

Mein zweites Wort soll an dich gerichtet sein, nachdem ich dem Himmel herzlich gedankt habe, daß er mich hierher gebracht hat.
Ich kann nun nichts sagen als: ich bin hier; ich habe nach Tischbein geschickt.

Nachts
Tischbein war bei mir. Ein köstlich guter Mensch. Ich fange nun erst an zu leben, und verehre meinen Genius.
Morgen mehr.

den 30., nachts
Nur ein Wort nach einem sehr reichen Tage! Ich habe die wichtigsten Ruinen des alten Roms heute früh, heut abend die Peterskirche gesehen und bin nun initiiert.
Ich bin zu Tischbein gezogen und habe nun auch Ruhe von allem Wirtshaus- und Reiseleben. Lebe Wohl.

Kaum ist Goethe in Rom installiert, so gehen endlich ausführliche Nachrichten an die Freunde in Weimar ab, an den Herzog, an Herder, Knebel, Wieland. Häufig handelt es sich um Beilagen zu seinen Briefen an Frau von Stein, sogenannte ostensible, das heißt vorzeigbare Blätter in einem kühleren, sachlicheren Ton. Alle lassen erkennen, wie fest er sich den Zurückgelassenen verknüpft fühlt und wie sehr ihm daran liegt, sie an seinem Glück teilnehmen zu lassen.
Goethe an den Freundeskreis in Weimar:

Rom, den 1. November 1786
Endlich bin ich in dieser Hauptstadt der alten Welt angelangt! Wenn ich sie in guter Begleitung, angeführt von einem recht verständigen Manne, vor fünfzehn Jahren gesehn hätte, wollte ich mich glücklich preisen. Sollte ich sie aber allein, mit eignen Augen sehen und besuchen, so ist es gut, daß mir diese Freude so spät zuteil ward.
Über das Tiroler Gebirg bin ich gleichsam weggeflogen, Verona, Vicenz, Padua, Venedig habe ich gut, Ferrara, Cento, Bologna flüchtig und Florenz kaum gesehn. Die Begierde, nach Rom zu kommen, war so groß, wuchs so sehr mit jedem Augenblicke, daß kein Bleibens mehr war, und ich mich nur drei Stunden in Florenz aufhielt.
Nun bin ich hier und ruhig und, wie es scheint, auf mein ganzes Leben beruhigt.
Denn es geht, man darf wohl sagen, ein neues Leben an, wenn man das Ganze mit Augen sieht, das man teilweise in- und auswendig kennt. Alle Träume meiner Jugend seh ich nun lebendig,

die ersten Kupferbilder, deren ich mich erinnre (mein Vater hatte die Prospekte von Rom auf einem Vorsaale aufgehängt), seh ich nun in Wahrheit, und alles, was ich in Gemälden und Zeichnungen, Kupfern und Holzschnitten, in Gips und Kork schon lange gekannt, steht nun beisammen vor mir; wohin ich gehe, find ich eine Bekanntschaft in einer neuen Welt; es ist alles, wie ich mir's dachte, und alles neu.

Ebenso kann ich von meinen Beobachtungen, von meinen Ideen sagen. Ich habe keinen ganz neuen Gedanken gehabt, nichts ganz fremd gefunden, aber die alten sind so bestimmt, so lebendig, so zusammenhängend geworden, daß sie für neu gelten können.

Wie moralisch heilsam ist mir es dann auch, unter einem ganz sinnlichen Volke zu leben, über das so viel Redens und Schreibens ist, das jeder Fremde nach dem Maßstabe beurteilt, den er mitbringt. Ich verzeihe jedem, der sie tadelt und schilt; sie stehen zu weit von uns ab, und als Fremder mit ihnen zu verkehren, ist beschwerlich und kostspielig.

Für mich ist es ein Glück, daß Tischbein ein schönes Quartier hat, wo er mit noch einigen Malern lebt. Ich wohne bei ihm und bin in ihre eingerichtete Haushaltung mit eingetreten, wodurch ich Ruh und häuslichen Frieden in einem fremden Lande genieße. Die Hausleute sind ein redliches altes Paar, die alles selbst machen und für uns wie für Kinder sorgen. Sie waren gestern untröstlich, als ich von der Zwiebelsuppe nicht aß, wollten gleich eine andre machen, usw. Wie wohl mir dies aufs italienische Wirtshausleben tut, fühlt nur der, der es versucht hat. Das Haus liegt im Corso, keine 300 Schritte von der Porta del Popolo.

Die merkwürdigsten Ruinen des alten Roms, St. Peter, die Plätze, den Papst und die Kardinäle in der Pauls-Kapelle am heutigen Feste, die Villa Borghese habe ich gesehen, und nun soll täglich etwas Neues vorgenommen werden. Ich bin wohl und empfehle mich durch diesen eilig und vorläufig geschriebnen Brief, mit Bitte, mir ein gnädiges und freundschaftliches Andenken zu erhalten und vorerst den Ort meines Aufenthaltes niemandem zu entdecken.

Goethe an den Herzog Carl August:

Rom, den 3. November 1786

Endlich kann ich den Mund auftun und Sie mit Freuden begrüßen; verzeihen Sie das Geheimnis und die gleichsam unterirdische Reise hierher. Kaum wagte ich mir selbst zu sagen, wohin ich ging; selbst unterwegs fürchtete ich noch, und nur unter der Porta del Popolo war ich mir gewiß, Rom zu haben.

Und lassen Sie mich nun auch sagen, daß ich tausendmal, ja beständig an Sie denke, in der Nähe der Gegenstände, die ich ohne Sie zu sehen niemals glaubte. Nur da ich Sie mit Leib und Seele im Norden gefesselt, alle Anmutung nach diesen Gegenden verschwunden sah, konnte ich mich entschließen, einen langen einsamen Weg zu machen und die Gegenstände zu suchen, nach denen mich ein unwiderstehliches Bedürfnis hinzog. Ja, die letzten Jahre wurd es eine Art von Krankheit, von der mich nur der Anblick und die Gegenwart heilen konnte. Jetzt darf ich es gestehen: Zuletzt durft ich kein lateinisch Buch mehr ansehn, keine Zeichnung einer italienischen Gegend. Die Begierde, dieses Land zu sehn, war überreif; da sie befriedigt ist, werden mir Freunde und Vaterland erst wieder recht aus dem Grunde lieb, und die Rückkehr wünschenswert. Wird es dann in der Folgezeit möglich, es auch mit Ihnen zu sehen und Ihnen durch die Kenntnisse, die ich jetzt erwerbe, hier, und indes zu Hause, nützlich zu werden, so bleibt mir fast kein Wunsch übrig.

Die Dauer meines gegenwärtigen Aufenthalts wird von Ihren Winken, von den Nachrichten von Hause abhängen; bin ich einige Zeit entbehrlich, so lassen Sie mich das gut vollenden, was gut angefangen ist und was jetzt mit Einstimmung des Himmels getan scheint.

Aber zugleich bitte ich: schreiben Sie mir sobald als möglich, von sich, den Ihrigen und was vorgeht und wie es in Norden aussieht. Hier hab ich noch an keine Zeitung denken können. Denn auch auf der Reise hab ich fast zuviel aufgepackt, zuviel angegriffen, daß es mir zuletzt lästig ward.

In Vicenz hab ich mich an den Gebäuden des Palladio höchlich geweidet und mein Auge geübt. Seine Vier Bücher der Baukunst, ein köstliches Werk, und den Vitruv des Galiani hab ich mir angeschafft und schon fleißig studiert; hier werd ich, in Gesell-

schaft eines guten Architekten, die Reste der alten, die Gebäude der neuen Zeit besehen und nicht allein meinen Geschmack bilden, sondern auch im Mechanischen mir Kenntnisse erwerben, denn eins kann ohne das andre nicht bestehen.
Gemälde und Statuen zu sehen, hilft mir des Hofrat Reifenstein lange Praktik und Tischbeins Künstlerauge und ich sehe denn nur so hin.
Überhaupt bleibt nun meinen Wünschen nichts übrig, als daß Sie mir Ihre Liebe erhalten, damit ich zurückkehrend eines neuen Lebens, das ich in der Fremde erst schätzen lerne, mit Ihnen genießen möge. Leben Sie recht wohl. G.

Auch der Mutter in Frankfurt wurde nun mitgeteilt, wohin die Reise Goethe geführt hatte, und daß er beabsichtige, sie auf der Rückreise zu besuchen. Gleich nach dem Eintreffen des Briefes, am 17. November, setzt die inzwischen verwitwete Rätin die Feder an, um dem Sohn für die freudigen Nachrichten zu danken.

Lieber Sohn! Eine Erscheinung aus der Unterwelt hätte mich nicht mehr in Verwunderung setzen können als dein Brief aus Rom. – Jubilieren hätte ich vor Freude mögen, daß der Wunsch, der von frühester Jugend an in deiner Seele lag, nun in Erfüllung gegangen ist. – Einen Menschen, wie du bist, mit deinen Kenntnissen, mit dem reinen, großen Blick für alles, was gut, groß und schön ist, der so ein Adlerauge hat, muß so eine Reise auf sein ganzes übriges Leben vergnügt und glücklich machen – und nicht allein dich, sondern alle, die das Glück haben, in deinem Wirkungskreis zu leben. Ewig werden mir die Worte der seligen Klettenbergern im Gedächtnis bleiben: »Wenn dein Wolfgang nach Mainz reiset, bringt er mehr Kenntnisse mit als andere, die von Paris und London zurückkommen.« – Aber sehen hätte ich dich mögen beim ersten Anblick der Peterskirche!!! –
Von meinem innern und äußern Befinden folgt hier ein genauer und getreuer Abdruck. Mein Leben fließt still dahin wie ein klarer Bach – Unruhe und Getümmel war von jeher meine Sache nicht, und ich danke der Vorsehung für meine Lage – Tausenden würde so ein Leben zu einförmig vorkommen, mir nicht; so

ruhig mein Körper ist, so tätig ist das, was in mir denkt – da kann ich so einen ganzen geschlagenen Tag ganz alleine zubringen, erstaune, daß es Abend ist, und bin vergnügt wie eine Göttin – und mehr als vergnügt und zufrieden sein, braucht man doch wohl in dieser Welt nicht. Deine alten Freunde sind alle noch, die sie waren; keiner hat so Riesenschritte wie du gemacht. Wenn du herkommst, so müssen diese Menschenkinder alle eingeladen und herrlich traktiert werden – Wildprets, Braten, Geflügel wie Sand am Meer – es soll eben pompös hergehen. Lieber Sohn! Da fällt mir nun ein untertäniger Zweifel ein, ob dieser Brief auch wohl in deine Hände kommen möchte; ich weiß nicht, wo du in Rom wohnst – du bist halb inkognito (wie du schreibst); wollen das Beste hoffen. Du wirst doch, ehe du kommst, noch vorher etwas von dir hören lassen; sonst glaube ich, jede Postschäße brächte mir meinen *einzig Geliebten* – und betrogne Hoffnung ist meine Sache gar nicht. Lebe wohl, Bester! und gedenke öfters an deine treue Mutter

Elisabeth Goethe.

Von Rom, seinen Denkmälern, seinen Menschen, von Goethes wiederholten Begegnungen mit diesem »zu sonderbaren und verwickelten Gegenstand« ist in den folgenden Briefen an Frau von Stein und die Freunde in Weimar auch weiterhin die Rede.

Rom, den 7. November 1786

Laß dich's nicht verdrießen, meine Beste, daß dein Geliebter in die Ferne gegangen ist; er wird dir besser und glücklicher wiedergegeben werden. Möge mein Tagebuch, das ich bis Venedig schrieb, bald und glücklich ankommen; von Venedig bis hierher ist noch ein Stück geworden, das mit der Iphigenie kommen soll. Hier wollt ich es fortsetzen; allein es ging nicht. Auf der Reise rafft man auf, was man kann, jeder Tag bringt etwas und man eilt, auch darüber zu denken und zu urteilen. Hier kommt man in eine gar große Schule, wo ein Tag soviel sagt, und man doch von dem Tage nichts zu sagen wagt.

Auf dem beiliegenden Blatte hab ich etwas geschrieben, das du auch den Freunden mitteilen kannst, für dich allein behalte die Versicherung, daß ich immer an dich denke und von Herzen dein bin.

Wenn du, mit deinem Auge, und mit der Freude an Künsten, die Gegenstände hier sehn solltest, du würdest die größte Freude haben, denn man denkt sich denn doch mit aller erhöhenden und verschönernden Imagination das Wahre nicht.
Rom ist nur ein zu sonderbarer und verwickelter Gegenstand, um in kurzer Zeit gesehen zu werden, man braucht Jahre, um sich recht und mit Ernst umzusehn. Hätte ich Tischbein nicht, der so lange hier gelebt hat und, als ein herzlicher Freund von mir, so lange mit dem Wunsche hier gelebt hat, mir Rom zu zeigen, so würde ich auch das weder genießen noch lernen, was mir in der kurzen Zeit beschert zu sein scheint; und doch seh ich zum voraus, daß ich wünschen werde anzukommen, wenn ich weggehe. Was aber das Größte ist und was ich erst hier fühle: wer mit Ernst sich hier umsieht und Augen hat zu sehen, muß *solid* werden, er muß einen Begriff von Solidität fassen, der ihm nie so lebendig ward. Mir wenigstens ist es so, als wenn ich alle Dinge dieser Welt nie so richtig geschätzt hätte als hier. Welche Freude wird mir's sein, dich davon zu unterhalten.

Goethe an das Ehepaar Herder:

Rom, den 10. November 1786
Vierzehn Tage bin ich hier, und habe mich schon recht umgesehn. Ein paar Blätter, die ich dem Herzog und Frau von Stein schickte, werden euch im allgemeinen mehr sagen; nun auch ein besondres Wort an euch, meine Besten, das zur guten Stunde zu euch kommen möge. Ich habe endlich das Ziel meiner Wünsche erreicht und lebe hier mit einer Klarheit und Ruhe, die ihr euch denkt, weil ihr mich kennt. Meine Übung, alle Dinge, wie sie sind, zu sehen und zu lesen, meine Treue, das Auge Licht sein zu lassen, meine völlige Entäußerung von aller Prätention machen mich hier höchst im Stillen glücklich. Alle Tage ein neuer, merkwürdiger Gegenstand, täglich neue, große, seltsame Bilder und ein Ganzes, das man sich lange denkt und träumt, nie mit der Einbildungskraft erreicht.
Heute war ich bei der Pyramide des Cestius und abends auf dem Palatin, oben auf den Ruinen der Kaiser-Paläste, die wie Felsenwände dastehn.
Von allem diesem mag und kann ich nichts sagen, das sei zur Wiederkunft aufgespart. Was ich aber sagen kann und was mich

am tiefsten freut, ist die Wirkung, die ich schon in meiner Seele fühle: es ist eine innre Solidität, mit der der Geist gleichsam gestempelt wird; Ernst ohne Trockenheit und ein gesetztes Wesen mit Freude. Ich denke, die gesegneten Folgen auf mein ganzes Leben zu fühlen.

Wenn man so eine Existenz ansieht, die zweitausend Jahr und drüber alt ist, durch die Wechsel der Zeiten so mannigfaltig und von Grund aus verändert, und doch noch derselbe Boden, derselbe Berg, ja oft dieselbe Säule und Mauer, und im Volke noch die Spuren des alten Charakters, so wird man ein Mitgenosse der großen Ratschlüsse des Schicksals.

Und dann ist nichts *Kleines* hier, wenn auch *Scheltenswertes* und *Abgeschmacktes*, alles hat teil an der Großheit des Ganzen genommen.

Was ich da sage, raff ich nur so auf; das Beßre soll in Gesprächen ausgelegt werden. Ich bin fleißig und bin nicht hier, um nur nach meiner Art zu genießen; ich will lernen und mich ausbilden, eh ich vierzig Jahr alt werde.

Das Seltsamste und Schwerste in der Betrachtung ist: wie Rom auf Rom folgt und nicht allein das neue aufs alte, sondern die verschiedenen Epochen des alten selbst aufeinander. Man müßte Jahre hier bleiben, um den Begriff recht lebendig zu haben; ich fühle nur die verborgnen und halbsichtbaren Punkte.

Goethe an Knebel, und anschließend wieder zwei »ostensible« Blätter für den gesamten Freundeskreis:

Rom, den 17. November 1786
Auch dich, mein Lieber, muß ich aus Abrahams Schoße besonders begrüßen. Wie vielmal denk ich an dich und wie manches möcht ich dir mitteilen.

Ich bin wie zu Hause. Tischbeins Liebe und Vorsorge erleichtert und befördert mir alles; es ist ein gar guter und kluger Mensch.

Von dem Privatleben der Alten sind wie bekannt wenig Spuren mehr übrig, desto größer sind die Reste, die uns ihre Sorge fürs Volk, fürs Allgemeine und ihre wahre weltherrliche Größe zeigen. Schon hab ich das Merkwürdigste gesehn und wiedergesehn.

Wasserleitungen, Bäder, Theater, Amphitheater, Rennbahn, Tempel! Und dann die Paläste der Kaiser, die Gräber der Großen – mit diesen Bildern hab ich meinen Geist genährt und gestärkt. Ich lese den Vitruv, daß der Geist der Zeit mich anwehe, wo das alles erst aus der Erde stieg; ich habe den Palladio, der zu seiner Zeit noch vieles ganzer sah, maß und mit seinem großen Verstand in Zeichnungen herstellte; und so steigt der alte Phönix Rom wie ein Geist aus seinem Grabe, doch ist's Anstrengung statt Genusses und Trauer statt Freude.

Gewiß, man muß sich einen eignen Sinn machen, Rom zu sehn; alles ist nur Trümmer, und doch, wer diese Trümmer nicht gesehn hat, kann sich von Größe keinen Begriff machen. So sind Museen und Galerien auch nur Schädelstätten, Gebeinhäuser und Rumpfkammern; aber was für Schädel pp.! Alle Kirchen geben uns nur die Begriffe von Martern und Verstümmlung. Alle neuen Paläste sind auch nur geraubte und geplünderte Teilchen der Welt. – Ich mag meinen Worten keine weitere Ausdehnung geben! Genug, man kann alles hier suchen, nur keine Einheit, keine Übereinstimmung. Und das ist's, was viele Fremde so irre macht. Ich bin nun drei Wochen da und ich sage selbst: Wenn es einem Ernst ist, kann man ein halb Jahr bleiben, um nur erst gewahr zu werden, wo man ist.

Und solch ein Stückwerk ist mein Brief auch, sind alle meine Briefe, die ich von hier aus schreibe. Wenn ich wiederkomme, soll mein Mund etwas Ganzeres bringen.

So spät die Jahrszeit ist, so freut mich doch mein bißchen Botanik erst recht, in diesen Landen, wo eine frohre, weniger unterbrochne Vegetation zu Hause ist. Ich habe schon recht artige, in's allgemeine gehende Bemerkungen gemacht, die auch dir in der Folge angenehm sein werden. Das Steinreich hat hier seinen Thron, wo von allen Enden der Welt das Kostbarste zusammengebracht worden. Wie ein Granit-Freund die Obelisken und Säulen ansieht, kannst du denken. Tischbein hat sich mit einem echten sinnlichen Künstlersinn auf diese Gegenstände geworfen, hat sich alles bekannt gemacht, und erleichtert mir auch wissenschaftlich das Studium.

Rom, den 22. November 1786, am Cäcilienfeste
Das Andenken dieses glücklichen Tages muß ich durch einige Zeilen lebhafter erhalten und was ich genossen, wenigstens historisch mitteilen. Es war das schönste, ruhigste Wetter, ein ganz heitrer Himmel und warme Sonne. Ich ging mit Tischbein nach dem Petersplatze, wo wir erst auf- und abgehend und, wenn es uns zu warm wurde, im Schatten des großen Obelisks, der eben für zwei breit genug geworfen wird, spazierten und Trauben verzehrten, die wir in der Nähe gekauft hatten.
Dann gingen wir in die Sixtinische Kapelle, die wir auch hell und heiter, die Gemälde wohl erleuchtet fanden. Das Jüngste Gericht und die mannigfaltigen Gemälde der Decke von Michel Angelo teilten unsre Bewunderung. Ich konnte nur sehen und anstaunen. Die innre große Sicherheit und Männlichkeit des Meisters, seine Großheit geht über allen Ausdruck. Nachdem wir alles wieder und wieder gesehn, verließen wir dieses Heiligtum und gingen nach der Peterskirche, die von dem heitern Himmel das schönste Licht empfing und in allen Teilen hell und klar war. Wir ergötzten uns, als genießende Menschen, an der Größe und Pracht, ohne durch allzu eklen und zu verständigen Geschmack uns diesmal irre machen zu lassen, und unterdrückten jedes schärfere Urteil. Wir erfreuten uns des Erfreulichen.
Endlich bestiegen wir das Dach der Kirche, wo man das Bild einer wohlgebauten Stadt im kleinen findet: Häuser und Magazine, Brunnen (dem Ansehn nach), Kirchen und einen großen Tempel, alles in der Luft, und schöne Spaziergänge dazwischen.
Wir bestiegen die Kuppel und besahen die heitere Gegend von den Apenninen, dem Berg Sorakte, nach Tivoli, die vulkanischen Hügel, Frascati, Castelgandolfo und die Plaine und weiter das Meer. Nahe vor uns die ganze Stadt Rom, in ihrer Breite und Weite, mit ihren Berg-Palästen, Kuppeln usw. Es rührte sich keine Luft, und in dem kupfernen Knopf war es heiß wie in einem Treibhause. Nachdem wir das alles beherzigt hatten, stiegen wir herab, und ließen uns die Türen zu den Gesimsen der Kuppel, des Tambours und des Schiffs aufschließen. Man kann um selbe herumgehen und diese Teile und die Kirche von oben betrachten. Als wir auf dem Gesimse des Tambours standen, ging der Papst unten vorbei, seine Nachmittags-Andacht zu halten. Es fehlte uns also nichts zur Peterskirche. Wir stiegen völlig

herab und nahmen in einem benachbarten Gasthofe ein fröhliches, frugales Mahl, und setzten unseren Weg nach der Cäcilien-Kirche fort.

Viele Worte würde ich brauchen, um die Auszierung der ganz mit Menschen angefüllten Kirche zu beschreiben. Man sah eben keinen Stein der Architektur mehr. Die Säulen waren mit rotem Samt überzogen und mit goldnen Tressen umwunden. Die Kapitäle mit gesticktem Samt in ohngefährer Kapitälform, so alle Gesimse und Pfeiler behängt und bedeckt. Alle Zwischenräume der Mauer mit lebhaft gemalten Stücken bekleidet, daß die ganze Kirche mit Mosaik ausgelegt schien; und über zweihundert Wachskerzen brannten um und neben dem Hochaltar, so daß die ganze eine Wand mit Lichtern besetzt war und das Schiff der Kirche vollkommen erleuchtete. Ebenso waren die Seitengänge und Seitenaltäre geziert und erhellet. Gegen dem Hochaltar über, unter der Orgel, waren zwei Gerüste erbaut, auch mit Samt überzogen, auf deren einem die Sänger, auf dem andern die Instrumenter standen, die anhaltend Musik machten. Die Kirche war voll gedrängt. Eine schöne Art musikalischer Aufführung hört ich hier. Wie man Violin- oder andre Konzerte hat, so führen sie Konzerte mit Stimmen auf, daß die eine Stimme, der Sopran, herrschend ist und Solo singt, das Chor von Zeit zu Zeit einfällt und ihn begleitet. Es versteht sich, immer mit dem ganzen Orchester. Es tut gute Wirkung. – Ich muß endigen, wie wir den Tag enden mußten. Denn abends gingen wir noch vor der Oper vorbei und hatten des Guten so viel genossen, daß wir vorübergingen. Wieviel wäre noch von allem zu sagen, aber ich schließe. G.

Rom, den 2. Dezember 86
Von dem Guten, das ich genieße, läßt sich durch Worte so wenig mitteilen.

Das schöne, warme, ruhige Wetter, das nur manchmal von einigen Regentagen unterbrochen wird, ist mir zu Ende November ganz was Neues. Wir gebrauchen die gute Zeit in freier Luft, die böse im Zimmer, überall ist etwas, sich zu freuen, zu lernen und zu tun.

Den 28. November kehrten wir zur Sixtinischen Kapelle zurück, ließen die Galerie aufschließen, wo man den Plafond näher sehen kann; man drängt sich zwar, da sie sehr eng ist, mit einiger Beschwerlichkeit und mit anscheinender Gefahr, an den eisernen Stäben weg, deswegen auch die Schwindlichen zurückblieben; alles wird aber durch den Anblick des größten Meisterstückes ersetzt. Und ich bin in dem Augenblicke so für Michel Angelo eingenommen, daß mir nicht einmal die Natur auf ihn schmeckt, da ich sie doch nicht mit so großen Augen wie er sehen kann. Wäre nur ein Mittel, sich solche Bilder in der Seele recht zu fixieren. Wenigstens was ich von Kupfern und Zeichnungen nach ihm erobern kann, bring ich mit.

Wir gingen von da auf die Logen Raphaels und kaum darf ich sagen: daß man diese nicht ansehn durfte. Das Auge war von jenen großen Formen so ausgeweitet, daß man die geistreichen Spielereien der Arabesken nicht ansehn mochte und die biblischen Geschichten, so schön sie sind, hielten auf jene nicht Stich.

Diese Werke nun öfter gegeneinander zu sehn, mit mehr Muße und ohne Vorurteil zu vergleichen, muß eine große Freude gewähren.

Von da gingen wir bei fast zu warmem Sonnenschein auf die Villa Pamfili, wo sehr schöne Gartenpartien sind, und blieben bis an den Abend.

Eine große mit immergrünen Eichen und hohen Pinien eingefaßte, viereckte, flache Wiese war ganz mit Maßlieben übersät, die ihre Köpfchen alle nach der Sonne wendeten; nun gingen meine botanischen Spekulationen an, die ich den andern Tag auf einem Spaziergang nach dem Monte Mario, der Villa Melini und Villa Madama fortsetzte. Es ist gar interessant zu bemerken, wie eine lebhafter fortgesetzte und durch starke Kälte nicht unterbrochne Vegetation wirkt. Ich habe noch nicht genau genug Verschiednes bemerken können und werde, sobald meine Begriffe etwas vollständiger sind, das Interessanteste mitteilen. Der Erdbeerbaum blüht jetzt wieder, indem seine letzten Früchte reif werden, und so zeigt sich der Orangenbaum mit Blüten, halb und ganz reifen Früchten. Über die Zypresse, den respektabelsten Baum, wenn er recht alt und wohlgewachsen ist, hab ich noch nicht genug gedacht; ehstens werd ich den Botanischen Garten besuchen und hoffe, da manches zu erfahren.

Überhaupt ist mit dem neuen Leben, das einem nachdenkenden Menschen die Betrachtung eines neuen Landes gewährt, nichts

zu vergleichen. Ob ich gleich noch immer derselbe bin, so mein ich, bis aufs innerste Knochenmark verändert zu sein.
Für diesmal schließ ich und werde das nächste Blatt einmal ganz von Unheil, Mord, Erdbeben und Unglück anfüllen, daß doch auch Schatten in meine Gemälde komme.
Mit diesem will ich mich allen, die mir besonders wohlwollen, empfohlen haben. G.

Und wieder, am 2. Dezember, ein Blatt an Frau von Stein:

Mit keinem Worte kann ich ausdrücken, wie ich dir alles unmittelbar mitzuteilen wünschte. Alles Reden und Beschreiben hilft bei sinnlichen, ja auch bei moralischen Gegenständen nichts. Was ich nur irgend mir eigen machen kann, faß ich und ergreif ich und bring ich dir mit. Auch wirst du den Deinigen, wenn er zurückkommt, noch mehr lieben, denn wills Gott, wird er einige Fehler ablegen, mit denen du unzufrieden warst. Nie hab ich so lebhaft gefühlt als hier, daß der Mensch, der das Gute will, ebenso tätig (fast auf dieselbe Art tätig) sein müsse als der Eigennützige, der Kleine, der Böse.
Nur schwer, schwer ist die Erkenntnis. (Wir haben über diesen Punkt so oft gesprochen.)
Wie verlangt mich wieder einmal, von Hause ein Wort zu hören, da ich nun morgen drei Monate in der Fremde bin, ohne eine Silbe von den Meinigsten zu haben.
Lebe wohl. Wie lieb ich dich. Ohngefähr den 14. Oktober ist der Kasten, dem meine Reisebeschreibung beigepackt war, von Venedig abgegangen. Schreibe mir doch gleich, wenn er ankommt.
Lebe wohl. Der Grund aller meiner Freude ist darin, daß ich dir es wieder sagen kann und werde. G.

Auch Goethes übrige Freunde hatten inzwischen erfahren, daß er sich in Rom aufhielt, und wollten nähere Nachrichten über ihn erhalten. Wie sein Hausgenosse und Gefährte Tischbein ihn sah, schildert ein Brief an Johann Caspar Lavater in Zürich.

den 9. Dezember 1786.
Sie haben in allem recht, was Sie von Goethe sagten. Das ist gewiß einer der vortrefflichsten Menschen, die man sehen kann.

Stellen Sie sich meine unbeschreibliche Freude vor, welche ich
vor einigen Wochen hatt'! Goethe kam, mir unverhofft, hierher
und jetzt wohnet er in meiner Stube neben mir! Ich genieße also
von des Morgens bis zur Nacht den Umgang dieses so seltenen,
klugen Mannes. Was das nun für Vergnügen für mich ist, können Sie sich leicht denken, indem Sie Goethens Wert und meine
Hochachtung gegen große Männer kennen.
Goethe ist ein wirklicher Mann, wie ich in meinen ausschweifenden Gedanken ihn zu sehen mir wünschte.
Ich habe sein Porträt angefangen und werde es in Lebensgröße
machen, wie er auf denen Ruinen sitzet und über das Schicksal
der menschlichen Werke nachdenket... Sein Gesicht will ich
recht genau und wahr nachzeichnen, denn man kann wohl keinen glücklicheren und ausdrucksvolleren Kopf sehen.
Goethe war mir durch Ihnen und seine anderen Freunde schon
ziemlich bekannt, durch die vielen Beschreibungen, welche ich
von ihm machen hörte, und habe ihn ebenso gefunden, wie ich
ihn mir dachte. Nur die große Gesetztheit und Ruhe hätte ich
mir in dem lebhaften Empfinder nicht denken können, und daß
er sich in allen Fällen so bekannt und zu Hause findet.
Was mich noch so sehr an ihm freut, ist sein einfaches Leben. Er
begehrte von mir ein klein Stübchen, wo er in schlafen und ungehindert in arbeiten könnte, und ein ganz einfaches Essen, das
ich ihm denn leicht verschaffen konnte, weil er mit so Wenigem
begnügt ist. Da sitzet er nun jetzo und arbeitet des Morgens, um
seine »Iphigenia« fertigzumachen, bis um neun Uhr. Dann gehet er aus und siehet die großen hiesigen Kunstwerke. Mit was
für einem Auge und Kenntnis er alles siehet, werden Sie sich
leicht denken können, indem Sie wissen, wie wahr er denkt.
Er läßt sich wenig von denen großen Welt-Menschen stören, gibt
und nimmt keinen Besuch, außer von Künstlern, an. Man wollte
ihm eine Ehre antun, was man denen großen Dichtern, die vor
ihm hier waren, getan hatte; er verbat sich es aber und schützte
den Zeitverlust vor und wandte auf eine höfliche Art den Schein
von Eitelkeit von sich ab; was ihm gewiß ebensoviel Ehre macht,
als wenn er wirklich auf dem Kapitol gekrönet worden wäre.
Ich freue mich, daß ich jetzo lebe, des Goethens und Lavaters
wegen.

Die nächsten beiden Briefe Goethes nach Weimar sind wieder an den Herzog Carl August und an die Familie Herder gerichtet. Goethe an den Herzog:

Rom, den 12. Dezember 86
Fast bis zur Ermüdung hab ich bisher fortgefahren, Rom zu durchwandern, auch habe ich das meiste *gesehen*. Was heißt aber das *Sehen* von Gegenständen, bei denen man lange verweilen, zu denen man oft zurückekehren müßte, um sie kennen und schätzen zu lernen.
Daneben hab ich meine Iphigenie ganz umgeschrieben. Ich wünsche, daß ich mit dieser Mühe überhaupt und auch für Sie etwas getan haben möge. Nun soll es über die andern Sachen, endlich auch über Faust hergehn. Da ich mir vornahm, meine Fragmente drucken zu lassen, hielt ich mich für tot; wie froh will ich sein, wenn ich mich durch Vollendung des Angefangenen wieder als lebendig legitimieren kann.
Gegen Weihnachten wird auch mein Pensum in Rom fürs erst absolviert sein, mit dem neuen Jahre will ich nach Neapel gehn und dort mich der herrlichen Natur erfreuen und meine Seele von der Idee so vieler trauriger Ruinen reinspülen und die allzustrengen Begriffe der Kunst lindern. Tischbein wird mit mir gehen, er ist mir unentbehrlich. So einen reinen, guten und doch so klugen, ausgebildeten Menschen hab ich kaum gesehen. Wie leid tut mirs, daß er nicht zu den Ihrigen gehört, nicht allein als Künstler, sondern auch als verständiger, tätiger Mensch. In seinem Umgange beleb ich mich aufs neue; es ist eine Lust, sich mit ihm über alle Gegenstände zu unterhalten, Natur und Kunst mit ihm zu betrachten und zu genießen.
Übrigens ist das strenge Incognito, das ich hier halte, mir vom größten Vorteile; man kennt mich, und ich rede mit jedem, den ich ohngefähr hier oder da treffe, leide aber nicht, daß man mich nach meinem Stande oder Namen begrüße, gehe zu niemandem und nehme keinen Besuch an. Hielte ich nicht so strenge darauf, so hätte ich meine Zeit mit Ehre-Empfangen und Ehre-Geben hinbringen müssen.

Goethe an das Ehepaar Herder und dessen Kinder:

Rom, den 13. Dezember 1786

Wie herzlich freut es mich, daß Ihr mein Verschwinden so ganz wie ich wünschte genommen. Versöhnt mir Frau von Stein und den Herzog; ich habe niemand kränken wollen und kann nun auch nichts sagen, um mich zu rechtfertigen.

Ich erhole mich nun hier nach und nach von meinem Salto mortale und studiere mehr, als daß ich genieße. Rom ist eine Welt und man brauchte Jahre, um sich nur erst drinne gewahrzuwerden.

Heute früh fielen mir Winckelmanns Briefe, die er aus Italien schrieb, in die Hand. Mit welcher Rührung hab ich sie zu lesen angefangen! Vor einunddreißig Jahren in derselben Jahrszeit kam er, ein noch ärmerer Narr als ich, hierher, ihm war es auch so deutsch Ernst um das Gründliche und Sichre der Altertümer und der Kunst. Wie brav und gut arbeitete er sich durch! Und was ist mir nun das Andenken dieses Mannes auf diesem Platze.

Außer den Gegenständen der Natur, die in allen ihren Teilen wahr und konsequent ist, spricht doch nichts so laut als die Spur eines guten, verständigen Mannes. Hier in Rom kann man das recht fühlen, wo so manche Willkürlichkeit gewütet hat, wo so mancher Unsinn durch Macht und Geld verewigt worden.

Eine Stelle in Winckelmanns Briefen freute mich: »Man muß alle Sachen in Rom mit einem gewissen Phlegma suchen, sonst wird man für einen Franzosen gehalten. In Rom, glaub ich, ist die hohe Schule für alle Welt, und auch ich bin geläutert und geprüft.«

Das Gesagte paßt recht auf meine Art, den Sachen hier nachzugehn und gewiß, man hat außer Rom keinen Begriff, wie man hier geschult wird. Man muß sozusagen wiedergeboren werden und man sieht auf seine vorigen Begriffe wie auf Kinderschuhe zurück. Der gemeinste Mensch wird hier zu etwas, wenigstens gewinnt er einen ungemeinen Begriff, wenn es auch nicht in sein Wesen übergehen kann.

Dieser Brief kommt euch zum neuen Jahre: das beste Glück zum Anfang! Das vergangne war das wichtigste meines Lebens; ich mag nun sterben, oder noch eine Weile dauern, in beiden Fällen war es gut. Adieu, ich muß den Kindern noch etwas sagen.

Sehr oft, ihr lieben Kinder, wünscht ich, daß ihr das Gute mit mir genießen könntet, das mir so reichlich beschert ist. Man merkt den Winter nicht, die Gärten sind mit immergrünen Bäumen bepflanzt, die Sonne scheint hell und warm, Schnee sieht man nur auf den entferntesten Bergen gegen Norden. Die Zitronenbäume, die in den Gärten an den Wänden gepflanzt sind, werden nun nach und nach mit Decken von Rohr zugedeckt, die Pomeranzenbäume aber bleiben frei stehn. Es hängen viele Hunderte der schönsten Früchte an so einem Baume, der nicht wie bei uns beschnitten und in einen Kübel gepflanzt ist, sondern in der Erde frei und froh in einer Reihe seiner Brüder steht. Man kann sich nichts Lustigers denken als einen solchen Anblick. Für ein paar Groschen ißt man soviel man will; sie sind schon jetzt recht gut, im März werden sie noch besser sein.

Neulich waren wir am Meere und ließen fischen. Da kamen die wunderlichsten Gestalten von Fischen und Krebsen zum Vorschein, auch der Elektrisier-Fisch, der, wenn man ihn anrührt, einen Schlag wie die Elektrizität gibt.

Hier in Rom ist alles voller Gemälde und Statuen und die schönsten Granite, Porphyre, Marmore kann man hier an allen Orten und Enden sehn. Lebt wohl und schreibt mir oft, ich habe euch sehr lieb und werde euch dereinst viel erzählen.   G.

»Versöhnt mir Frau von Stein!« –
Goethe hatte allen Grund zu dieser Bitte. Seit seiner Abfahrt aus Karlsbad Anfang September war er ohne Nachricht von ihr geblieben, und erst am 8. Dezember traf, als Beilage zu einem Brief des Dieners Seidel, ein »Zettelchen« von Charlotte ein.
»Das war also alles«, heißt es in einem am selben Tag noch geschriebenen Briefe an Frau von Stein . . .

Das war also alles, was du einem Freunde, einem Geliebten zu sagen hattest, der sich lange nach einem guten Worte von dir sehnt. Der keinen Tag, ja keine Stunde gelebt hat, seit er dich verließ, ohne an dich zu denken! . . . Ich sage dir nicht, wie dein Blättchen mein Herz zerrissen hat. Lebe wohl, du einziges Wesen, und verhärte dein Herz nicht gegen mich!

Erst nachträglich erfuhr Goethe, daß die aus Venedig abgesandten Brieftagebücher durch ein Versehen seines Dieners mit großer Verspätung in die Hände der Geliebten gelangt waren. Ihr »Zettelchen« aber kam ihm nicht aus dem Sinn, während er in Tischbeins Begleitung Roms Altertümer besuchte.
Als ein weiterer Gefährte hatte sich den beiden inzwischen noch Karl Philipp Moritz aus Berlin angeschlossen, der einige Tage vor Goethe in Rom eingetroffen war. Ende November brach er sich einen Arm, und Goethe war lange Wochen hindurch sein treuester Besucher und Helfer.

Rom, den 13. Dezember 86
Könnt ich doch, meine Geliebteste, jedes gute, wahre, süße Wort der Liebe und Freundschaft auf dieses Blatt fassen, dir sagen und versichern, daß ich dir nah, ganz nah bin und daß ich mich nur um deinetwillen des Daseins freue.
Dein Zettelchen hat mich geschmerzt, aber am meisten dadrum, daß ich dir Schmerzen verursacht habe. Doch vielleicht ist ein Brief von dir unterwegs, der mich aufrichtet und tröstet, vielleicht ist mein Tagebuch angekommen und hat dich zur guten Stunde erfreut. Ich fahre fort, dir zu schreiben, dir das Merkwürdigste zu melden und dich meiner Liebe zu versichern. Wenn du diesen Brief erhältst, bin ich wahrscheinlich in Neapel; wenn du mir schreiben magst, so laß deine Briefe ja immer abgehen, denn ich komme bald zurück und werde mich freuen, ein Wort von dir wieder zu finden.

den 14. Dezember 86
Was ich auf der vorigen Seite schrieb, sieht so ruhig aus, ich bin es nicht und muß dir, liebe Vertraute, alles vertrauen.
Seitdem ich in Rom bin, hab ich unermüdet alles Sehenswürdige gesehen und meinen Geist recht damit überfüllt; in der Zeit, da sich manches zu setzen und aufzuklären schien, kam dein Zettelchen und brach mir alles ab. Ich sah noch einige Villen, einige Ruinen, mit den Augen bloß. Da ich merkte, daß ich nichts mehr sah, ließ ich ab und ging nur so vor mich hin.
Moritz, der an seinem Armbruch noch im Bette liegt, erzählte mir, wenn ich bei ihm war, Stücke aus seinem Leben und ich erstaunte über die Ähnlichkeit mit dem meinigen. Er ist wie ein

jüngerer Bruder von mir, von derselben Art, nur da vom Schicksal verwahrlost und beschädigt, wo ich begünstigt und vorgezogen bin. Das machte mir einen sonderbaren Rückblick in mich selbst. Besonders da er mir zuletzt gestand, daß er durch seine Entfernung von Berlin eine Herzensfreundin betrübt. – Nicht genug! Ich las Tischbein meine Iphigenie vor, die nun bald fertig ist. Die sonderbare, originale Art, wie dieser das Stück ansah und mich über den Zustand, in welchem ich es geschrieben, aufklärte, erschreckte mich. Es sind keine Worte, wie fein und tief er den Menschen unter dieser Heldenmaske empfunden.

Setzest du nun dazu, daß ich gezwungen bin, an meine übrige Schriften zu denken und zu sinnen, wie ich sie enden und stellen will, und daß ich dadurch genötigt werde, in tausend vergangne Situationen meines Lebens zurückzukehren, und daß das alles in wenigen Tagen auf mich zudringt, in der merkwürdigsten Stadt der Welt, die allein hinreicht, einen Ankömmling verwirrt zu machen, so wirst du denken können, in welcher Lage ich mich befinde. Ich denke nun auch nicht auf die nächste Stunde; ich will so hingehn, das Notwendige tun und tragen, was ich muß, und abwarten, wie sich das alles entwickelt.

Rom den 20. Dezember 86

Noch ist kein Brief von dir angekommen, und es wird mir immer wahrscheinlicher, daß du vorsätzlich schweigst; ich will auch das tragen und will denken: Hab ich doch das Beispiel gegeben, hab ich sie doch schweigen gelehrt; es ist das erste nicht, was ich zu meinem Schaden lehre.

Ich fange nun an, die besten Sachen zum zweitenmal zu sehen, wo denn das erste Staunen sich in ein Mitleben und näheres Gefühl des Wertes der Sachen auflöst.

Ich lasse mir nur alles entgegenkommen und zwinge mich, nicht dies oder jens in dem Gegenstande zu finden. Wie ich die Natur betrachtet, betrachte ich nun die Kunst, ich gewinne, wornach ich so lang gestrebt, auch einen vollständigern Begriff von dem Höchsten, was Menschen gemacht haben, und meine Seele bildet sich auch von dieser Seite mehr aus und sieht in ein freieres Feld.

Von gewissen Gegenständen kann man sich gar keinen Begriff machen, ohne sie gesehen, in Marmor gesehen zu haben; der

Apoll von Belvedere übersteigt alles Denkbare, und der höchste Hauch des lebendigen, jünglingsfreien, ewig jungen Wesens verschwindet gleich im besten Gipsabguß.
So ist eine Medusenmaske, wo in einer hohen, schönen Gesichtsform das ängstliche Starren des Todes unsäglich trefflich ausgedrückt ist. Ich suche einen guten Abguß, um dir das Mögliche mitzubringen, aber es ist der Zauber des Marmors nicht übergeblieben und das Edle des halbdurchsichtigen, der gelblichen Fleischfarbe sich nähernden Steins ist verschwunden, der Gips sieht immer dagegen kreidenhaft und tot.
Aber was es für eine Freude ist, auch nur bei so einem Gipsgießer vorbeizugehen, wo man die schönsten Sachen beisammen findet. Wir haben einen kolossalen Jupiter-Kopf gekauft, er steht in meiner Stube; wenn ich ihn nur in deinen Saal stellen könnte.
Und doch ist das alles mir mehr Mühe und Sorge als Genuß. Die Wiedergeburt, die mich von innen heraus umarbeitet, wirkt immer fort; ich dachte wohl, hier was zu lernen: daß ich aber so weit in die Schule zurückgehn, daß ich so viel *ver*lernen müßte, dacht ich nicht. Desto lieber ist mir's, ich habe mich ganz hingegeben und es ist nicht allein der Kunstsinn, es ist auch der moralische, der große Erneuerung leidet. Viel erleichtern würde mir diese sonderbare Hauptepoche meines Lebens, wenn ich ein freundlich Wort von dir vernähme, da ich jetzt alles allein austragen muß. Doch ich will dirs nicht abzwingen, folge deinem Herzen, und ich will meinen Weg im Stillen endigen. Tischbein und Moritz sind mir von großer Hülfe, und wissen nicht, was sie mir sind, da auch hier der zum Schweigen Gewöhnte schweigt.
Lebe wohl. Grüße die Deinigen. Ich werde fortfahren, dir zu schreiben. Diesmal kommt mir dein Geburtstag, ohne daß ich mich dessen mit dir freuen kann. Wie erfreulich wird der nächste sein, wenn du mich nicht ganz von deinem Herzen ausschließen willst.

Kaum war Vorstehendes geschrieben, als endlich von Charlotte ein Brief eintraf, der uns wie alle ihre Briefe aus dieser Zeit nicht erhalten ist. Es war ein bittersüßes Schreiben, das wohl manchen schmerzlichen Vorwurf enthielt und ihm auch mitteilte, daß Charlotte ihren Sohn Fritz wieder zu sich genommen hatte. Fritz

von Stein wohnte schon seit einigen Jahren in Goethes Haus, der seine Erziehung übernommen und ihn unter der Aufsicht des Dieners Seidel dort zurückgelassen hatte.
Der nächste Brief an Frau von Stein, auf einem neuen Blatt, wurde unmittelbar nach der Ankunft ihres Schreibens hingewühlt und ging zusammen mit dem vom 20. Dezember nach Weimar. Der darauf folgende Brief vom Jahresende berichtet, schon gelassener, Goethes weitere Reisepläne, die allerdings nicht eingehalten wurden.

den 23. Dezember, abends

Laß mich dir nur noch für deinen Brief danken! Laß mich einen Augenblick vergessen, was er Schmerzliches enthält. Meine Liebe! Meine Liebe! ich bitte dich nur fußfällig, flehentlich, erleichtere mir meine Rückkehr zu dir, daß ich nicht in der weiten Welt verbannt bleibe. Verzeih mir großmütig, was ich gegen dich gefehlt, und richte mich auf. Sage mir oft und viel, wie du lebst, daß du wohl bist, daß du mich liebst. In meinem nächsten Briefe will ich dir meinen Reiseplan schreiben, was ich mir vorgenommen habe und wozu der Himmel sein Gedeihen gebe. Nur bitt ich dich: sieh mich nicht von dir geschieden an, nichts in der Welt kann mir ersetzen, was ich an dir, was ich an meinen Verhältnissen dort verlöre. Möge ich doch Kraft, alles Widrige männlicher zu tragen, mitbringen.

Daß du krank, durch meine Schuld krank warst, engt mir das Herz so zusammen, daß ich dirs nicht ausdrücke. Verzeih mir, ich kämpfte selbst mit Tod und Leben, und keine Zunge spricht aus, was in mir vorging; dieser Sturz hat mich zu mir selbst gebracht. Meine Liebe! meine Liebe!

Vom 4. November war ein Blatt an den Herzog, das du sehn solltest. Meine Tagbücher müssen endlich kommen und dir mein Herz bringen, dir sagen, daß du mir einzig bist und daß du mit niemand teilest.

Lebe wohl! Liebe mich! Daß ich mit Freuden sammle und dir neue Schätze bringe.

Im Leben und Tod der Deine.   G.

den 29. Dezember 86
Immer muß ich wiederholen: ich glaubte wohl, hier etwas Rechts zu lernen; daß ich aber so weit in die Schule zurückgehen müßte, glaubt ich nicht, und je mehr ich mich selbst verleugnen muß, je mehr freut es mich. Ich bin wie ein Baumeister, der einen Turm aufführen wollte und ein schlechtes Fundament gelegt hatte; er wird es noch bei Zeiten gewahr und bricht gerne wieder ab, was er schon aus der Erde gebracht hat, um sich seines Grundes mehr zu versichern, und freut sich schon im voraus der gewissern Festigkeit seines Baues. Daß ich in der letzten Zeit die Natur so eifrig und gründlich studierte, hilft mir auch jetzt in der Kunst. Gebe der Himmel, daß du bei meiner Rückkehr auch die moralischen Vorteile an mir fühlest, die mir das Leben in einer weitern Welt gebracht hat.
Tischbein malt mich jetzo. Ich lasse ihn gehn, denn einem solchen Künstler muß man nicht einreden. Er malt mich in Lebensgröße, in einen weißen Mantel gehüllt, in freier Luft auf Ruinen sitzend und im Hintergrunde die *Campagna di Roma*. Es gibt ein schönes Bild, nur zu groß für unsre nordische Wohnungen.
Damit du auch gleich etwas von der Verbesserung meines Zustandes fühlest, will ich dir vertrauen, wie ich meine Reise einzurichten denke.
Zwischen hier und Ostern seh ich, was ich noch in Rom zu sehn habe, und Neapel. Nach Sizilien geh ich nicht; ich bin nicht vorbereitet genug, habe weder Geld noch Zeit genug. Den April und Mai bring ich auf meiner Rückreise bis an die Alpen zu. Den Juni und Juli durch die Schweiz, den Rhein hin, bis Frankfurt, und im August seh ich dich wieder. Gib mir deinen Segen zu diesem Vorhaben und verschließe dich nicht vor mir.
Da ich keine vollständige Idee von Italien mitnehmen kann, will ich wenigstens das, was ich sehe, mit eignen Augen und nach eigner Art sehen. Es wird mit diesem Lande wie mit meinen Lieblingswissenschaften gehn. Auf den ersten sichern Blick kommt alles an, das übrige gibt sich, und durch Schrift und Tradition hat man keinen sichern Blick. Nun aber werd ich gern lesen und hören und, was sich hierauf bezieht, sammeln, denn ich kann nun etwas dabei denken, ich kann es beurteilen.
Daß Fritz nicht mehr in meinem Hause ist, betrübt mich. Ich

glaubte, es recht gut gemacht zu haben. Ich hatte ihn in meine Stube installiert und Seideln bei ihm zu schlafen bestellt. – Es sei das letzte Mal, wills Gott, daß ich stumm ein solch Unternehmen ausführe; möge mir doch ein guter Genius immer die Lippe offen halten.

VI

Italienische Reise; Winter in Rom
(1787)

Als Goethe am 3. September 1786 von Karlsbad nach Italien aufgebrochen war, hatte er in seinem Haus am Stern, an den Ufern der Ilm, außer dem Diener Seidel noch jemand zurückgelassen, der ihn lange vergeblich zurückerwartete: den damals vierzehnjährigen Fritz von Stein, Charlotte von Steins jüngsten Sohn, dessen Erziehung er seit 1783 übernommen hatte.
Goethe hat Fritz von Stein, den er wie seinen eigenen Sohn hielt, aus Italien öfters geschrieben. In dem folgenden ersten Brief aus dem Januar 1787 berichtet er zuletzt, wie er in den poetischen Schäferorden der »Arcadia« aufgenommen wurde.
Goethe an Fritz von Stein:

Rom, den 4. Januar 1787

In meinen weiten Mantel eingewickelt, und meinen Feuernapf bei mir, schreib' ich dir, mein lieber Fritz, denn in meiner Stube ist weder Ofen noch Kamin, und seit gestern weht ein Nordwind. Das Wetter ist schön, und man geht gern auf den trocknen Straßen spazieren.

Nun muß ich dir allerlei Geschichten erzählen. Neulich sind wir in der Peterskirche fast (wie man zu sagen pflegt) über den Papst gefallen. Wir gingen nach Tische in der Kirche herum und besahen die schönen Steinarten, womit alles ausgeziert ist. Tischbein zeigte mir eben einen vorzüglich schön gezeichneten Alabaster an einem Grabmale, als ich ihm auf einmal in die Ohren sagte: »Da ist der Papst«. Ihro Heiligkeit knieten wirklich in langem weißen Gewande mit der roten Schnur an einem Pfeiler und beteten. Die Monsignores vom Gefolge, davon einer den roten goldbesetzten Hut hielt, standen mit ihren Brevieren nicht weit davon und sprachen miteinander, und anstatt einer feierlichen Stille machten die Leute, welche in der Peterskirche zu reinigen haben, einen Lärm auf den andern, damit der Papst sie und ihren Fleiß bemerken sollte, denn wie er weg war, feierten sie auch wieder.

Nun zu einer andern Szene. Neulich sahen wir, und ich kann

wohl sagen hörten wir tausend Schweine in einem engen Bezirk abschlachten. Es geschieht dies den Winter über, alle Freitage, auf einem Platze, wo früher ein Minerventempel stand. Die Schweine werden zu Hunderten zwischen Stangen eingesperrt; auf ein gegebenes Zeichen springen Kerls hinein zu den Tieren, ergreifen sie, rammeln sich mit ihnen herum und stoßen ihnen unter der einen Vorderpfote ein rundes Eisen in den Leib, das sie, weil es oben eine Art Haken hat, mit der flachen Hand in der Wunde leiernd herumdrehen, bis das Tier tot ist. Das Lärmen der Menschen, das von dem Geschrei der Tiere überschrieen wird, die Händel, die dabei vorfallen, der Anteil der Zuschauer und noch allerlei Detail machen dieses *Amazzamento* zum sonderbarsten Spektakel. Es geschieht auf diese Weise, weil hier alles Monopol ist, und die Regierung die Schweine aufkauft, schlachten läßt und dann an die Fleischer austeilt.

Dann war ich auch in einer ersten Vorstellung einer Oper, wo das Parterre noch einen größern Lärm machte als die tausend Schweine, davon will ich dir künftig das Detail erzählen. »Alexander in Indien« hat mir Langeweile gemacht. Dagegen war das Ballett, die »Eroberung von Troja«, recht schön. Wieviel hätte ich darum gegeben, dich und die Herders an meine Seite zu bringen, wie würde euch das große Pferd und die heraussteigenden Griechen, Hektors Schatten, die Flucht des Äneas, die brennende Stadt und der Triumph der Griechen ergötzt haben! Die Kleider sind sehr schön, die Dekorationen mäßig. Gestern sah ich in einem andern Theater die *Locandiera* von Goldoni. Da hier alle Rollen, wie du weißt, von Männern gespielt werden, machte ein römischer Bürger, der sonst seines Handwerks ein Färber ist, die *Locandiera* so schön, daß nichts zu wünschen übrig blieb. Auch die Tänzerinnen der großen Oper sind Männer, die allerliebst ihre Künste ausführen.

Ferner muß ich dir erzählen, daß ich zum *Pastore dell Arcadia* bin ausgerufen worden, als ich heut in diese Gesellschaft kam. Vergebens habe ich diese Ehre abzulehnen gesucht, weil ich mich nicht öffentlich bekennen will. Ich mußte mir gar schöne Sachen vorlesen lassen, und ich erhielt den Namen *Megalio per causa della grandezza* oder *grandiosità delle mie opere*, wie sich die Herren auszudrücken beliebten. Wenn ich das Sonett, das zu meiner Ehre auch verlesen wurde, erhalte, so schicke ich dir's.

Um die gleiche Zeit wie Goethe war in Rom der junge Psychologe und Ästhetiker Karl Philipp Moritz eingetroffen und hatte im November seine Bekanntschaft gemacht. Goethe, der bei dem Maler Tischbein wohnte, schätzte Moritz sehr, und als dieser sich Anfang Dezember den Arm brach und wochenlang das Bett hüten mußte, hat Goethe ihn täglich mehrmals besucht, ganze Nächte bei ihm gewacht und ist, wie Moritz in einem Brief berichtet, »um alle Kleinigkeiten, die zu meiner Hilfe und Erleichterung dienen konnten, unaufhörlich besorgt gewesen«.

Von dem Herzog hatte Goethe unterdessen einen Brief erhalten, der ihn auf eine unbestimmte Zeit von seinen Pflichten zu Hause entband, so daß er schon Pläne schmiedete, auch Neapel und Sizilien in einiger Muße zu besuchen. Da erreichte ihn Anfang Januar die Nachricht, der Herzog sei Mitte Dezember in Berlin vom Pferd gestürzt und habe sich eine Kopfverletzung zugezogen. Am 6. Januar traf auch wieder ein Brief von Frau von Stein ein, den Goethe unverzüglich beantwortete:

Eben komme ich von Moritz, dessen zerbrochener Arm heute aufgebunden worden. Es geht und steht recht gut. Was ich diese vierzig Tage bei diesem Leidenden, als Beichtvater und Vertrauter, als Finanzminister und geheimer Sekretär, gelernt, soll auch dir, hoff ich, in der Folge zugute kommen.

Heute früh erhielt ich deinen bitter-süßen Brief vom 18. Dezember. Unsre Korrespondenz geht gut und regelmäßig; daß sie nun nicht wieder unterbrochen werde, solang wir leben.

Ich kann zu den Schmerzen, die ich dir verursacht, nichts sagen als: *Vergib!* Ich verstocke mein Herz nicht, und bin bereit, alles dahinzugeben, um gesund zu werden für mich und die Meinigen. Vor allen Dingen soll ein ganz reines Vertrauen, eine immer gleiche Offenheit mich aufs neue mit dir verbinden.

In einem vorigen Briefe schrieb ich meine Reisevorsätze. Überlege sie mit Herders, bringe sie vor den Herzog und die Herzogin und laß mich besonders auch die Gedanken der letzten wissen, denn der Herzog wird mich nur im Notfall zurückberufen; es gibt aber soviel mittlere Fälle.

Schon habe ich viel in meinem Innren gewonnen, schon habe ich viele Ideen, auf denen ich festhielt, die mich und andre unglücklich machten, hingegeben und bin um vieles freier. Täglich werf ich eine neue Schale ab und hoffe, als ein Mensch wiederzukehren. Hilf mir aber nun auch, und komme mir mit deiner Liebe entgegen, schreibe mir wieder von deinem Schreibtische und gedenke göttlich des Vergangnen nicht, wenn du dich auch dessen erinnerst. Ich habe in der Welt nichts zu suchen als das Gefundne; nur daß ichs genießen lerne, das ist alles, warum ich mich hier noch mehr hämmern und bearbeiten lasse.

Mit meinem Tagebuch, wenn es ankommt, mache, was du willst, ebenso mit den Stellen meiner Briefe an dich. Gib davon zu genießen, wem und wie du willst.

Seit gestern hab ich einen kolossalen Junokopf in dem Zimmer oder vielmehr nur den Vorderteil, die Maske davon. Es war dieser meine erste Liebschaft in Rom, und nun besitz ich diesen Wunsch. Stünd ich nur schon mit dir davor. Ich werde ihn gewiß nach Deutschland schaffen, und wie wollen wir uns einer solchen Gegenwart erfreuen.

Keine Worte geben eine Ahndung davon, er ist wie ein Gesang Homers.

Des Herzogs Fall hat mich sehr erschüttert, ich fürchte, er endigt noch so. Wollte Gott, er könnte sich auch einmal von diesen unglücklichen Ideen rein baden und waschen, und sich und den Seinigen wiedergegeben werden.

Schreibe mir doch ja von seinem Befinden! Danke ihm für seinen Brief und grüße ihn aufs beste.

Heute hab ich, als am Dreikönigsfeste, die Messe nach griechischem Ritus lesen und agieren sehn und hören. Die Zeremonien sind, oder scheinen mir vielmehr, theatralischer, pedantischer, nachdenklicher und doch populärer als die lateinischen. Durch eine besondere Gunst kam ich ins Sanktuarium zu stehn und sah das Spiel von innen.

Auch da hab ich wieder gesehn, daß ich für alles zu alt bin, nur fürs Wahre nicht. Ihre Zeremonien und Opern, Umgänge und Ballette, es fließt wie Wasser an einem Wachstuch ab. Eine Wirkung der Natur, ein Werk der Kunst, wie die vielverehrte Juno, machen allein tiefen und bleibenden Eindruck.

Zur Verdeutlichung und als eine Art Resümee der Ansichten, die sich beim häufigen Anblick religiöser Zeremonien in Goethe gebildet hatten, sei hier eine spätere Briefstelle aus dem Juni desselben Jahres, nach der Rückkehr aus Neapel, eingeschaltet.

Gestern war Fronleichnam. Ich bin nun ein für allemal für diese kirchlichen Zeremonien verdorben, alle diese Bemühungen, eine Lüge gelten zu machen, kommen mir schal vor, und die Mummereien, die für Kinder und sinnliche Menschen etwas Imposantes haben, erscheinen mir auch, sogar wenn ich die Sache als Künstler und Dichter ansehe, abgeschmackt und klein. Es ist nichts groß als das Wahre und das kleinste Wahre ist groß. Ich kam neulich auf einen Gedanken, der mich sagen ließ: Auch eine schädliche Wahrheit ist nützlich, weil sie nur Augenblicke schädlich sein kann und alsdann zu andern Wahrheiten führt, die immer nützlich und sehr nützlich werden müssen, und umgekehrt ist ein nützlicher Irrtum schädlich, weil er es nur augenblicklich sein kann und in andre Irrtümer verleitet, die immer schädlicher werden. Es versteht sich dieses im großen Ganzen der Menschheit betrachtet. Das Beste, ja das Einzige des ganzen Festes sind die Teppiche nach Raphaels Zeichnungen, deren Fürtrefflichkeit auszudrücken keine Worte hinreichen.

Ende Dezember endlich gelangten die ersten vier Stücke des Reisetagebuchs, das Goethe seit dem September für Charlotte von Stein geführt hatte, in deren Hände, und Charlotte, die dem in unbekannter Fremde abwesenden Freund so lange gegrollt hatte, bestätigte ihm den Empfang.
Goethe antwortet am 17. Januar 1787:

Heute kommt mir dein Brief, der mir die Ankunft des Tagebuchs meldet; wie erquickt er mein Gemüt. Seit dem Tode meiner Schwester hat mich nichts so betrübt als die Schmerzen, die ich dir durch mein Scheiden und Schweigen verursacht. Du siehst, wie nah mein Herz bei dir war. Warum schickt ich dir nicht das Tagebuch von jeder Station! Ich kann nur sagen und wiederholen: verzeih und laß uns von neuem und freudiger zusammenleben. Mein kürzeres Tagbuch von Venedig auf Rom hast du nun auch. In Rom konnt ich nicht mehr schreiben. Es dringt zu eine große Masse Existenz auf einen zu, man muß eine Umwandlung sein selbst geschehen lassen, man kann an seinen

vorigen Ideen nicht mehr kleben bleiben und doch nicht einzeln sagen, worin die Aufklärung besteht.
Ich habe Hoffnung, Egmont, Tasso, Faust zu endigen, und neue Gedanken genug zum Wilhelm Meister. Zugleich les ich den Livius – und ich würde dich verwirren, wenn ich dir sagen wollte, was sonst alles auf mich zudringt.

den 20., abends
Dein Brief vom 1. Januar ist mir gekommen und hat mir Freude und Schmerzen gebracht. Dazu kann ich nichts weiter sagen als: ich habe nur *eine* Existenz, diese hab ich diesmal *ganz* gespielt und spiele sie noch. Komm ich leiblich und geistlich davon, überwältigt meine Natur, mein Geist, mein Glück diese Krise, so ersetz ich dir tausendfältig, was zu ersetzen ist. – Komm ich um, so komm ich um, ich war ohnedies zu nichts mehr nütze.
Moritz wird mir wie ein Spiegel vorgehalten. Denke dir meine Lage, als er mir mitten unter Schmerzen erzählte und bekannte, daß er eine Geliebte verlassen, ein nicht gemeines Verhältnis des Geistes, herzlichen Anteils etcetera zerrissen, ohne Abschied fortgegangen, sein bürgerlich Verhältnis aufgehoben! Er gab mir einen Brief von ihr, den ersten, zu eröffnen, den er zu lesen sich in dem fieberhaften Zustande nicht getraute. Ich mußte ihr schreiben, ihr die Nachricht seines Unfalls geben. Denke, mit welchem Herzen.
Jetzt geht er wieder aus und schleicht zu mir. Was ist das Leben! was sind die Menschen! Du siehst aus meinen vorigen Briefen, daß ich gern und willig wiederkehre, daß mein Gemüt nur zu euch zurückhängt. Möge es mir werden.
Lebe wohl. Mein bester Wunsch für dieses Jahr ist, dich wiederzusehn.

Rom, den 25. Januar 1787
Es naht der Sonnabend und ich muß meiner Geliebten ein Blatt bereiten. Vom Herzog habe ich einen Brief von Mainz, so mild, wohltätig, schonend, aufmunternd und herzlich, daß mir auch von dieser Seite meine Lage die glücklichste scheinen müßte. Und sie wird es sein, sobald ich an mich *allein* denke, wenn ich das, was ich so lang für meine Pflicht gehalten, aus meinem Gemüte verbanne und mich recht überzeuge: daß der Mensch das Gute, das ihm widerfährt, wie einen glücklichen Raub dahin-

nehmen und sich weder um Rechts noch Links, viel weniger um
das Glück und Unglück eines *Ganzen* bekümmern soll. Wenn
man zu dieser Gemütsart geleitet werden kann, so ist es gewiß
in Italien, besonders in Rom. Hier, wo in einem zusammensinkenden Staate jeder für den Augenblick leben, jeder sich bereichern, jeder aus Trümmern sich wieder ein Häuschen bauen will
und muß.
Bei der großen Menge von Ideen wird es mir sauer zu schreiben,
denn es sind keine einzelne Bemerkungen und Begriffe, sie sind
zusammenhängend, haben mancherlei Beziehungen unter sich
und bewegen sich, wenn ich so sagen darf, jeden Tag weiter.
Glücklich wäre ich, wenn ich jemand Liebes bei mir hätte, mit
dem ich wachsen, dem ich meine wachsenden Kenntnisse unterwegs mitteilen könnte, denn zuletzt verschlingt das Resultat die
Annehmlichkeiten des Werdens, wie die Herberge abends die
Mühe und die Freude des Wegs verschlingt.
Meine Existenz hat nun einen Ballast bekommen, der ihr die
gehörige Schwere gibt; ich fürchte mich nun vor denen Gespenster nicht mehr, die so oft mit mir gespielt haben. Sei auch guten
Muts; so wirst du mich oben halten und mich zu dir zurückbringen.

Seinen persönlichen, ganz auf das vertrauliche Du gestellten
Briefen an Frau von Stein pflegte Goethe gelegentlich ein
»ostensibles Blatt« beizulegen – etwas Vorzeigbares mit Mitteilungen oder Betrachtungen für die übrigen Weimarer Freunde.
So am 25. Januar 1787 folgendes:

Nun wird es immer schwerer, von meinem Aufenthalte in Rom
Rechenschaft zu geben. Denn wie man die See immer tiefer findet, je weiter man hineingeht, so geht es auch mir in Betrachtung dieser Stadt.
Man kann das Gegenwärtige nicht ohne das Vergangne erkennen und die Vergleichung von beiden erfordert mehr Zeit und
Ruhe.
Schon die Lage dieser Hauptstadt der Welt führt uns auf ihre Erbauung zurück. Wir sehen bald, hier hat sich kein wanderndes,
großes, wohlgeführtes Volk niedergelassen und den Mittelpunkt
eines Reichs weislich festgesetzt, hier hat kein mächtiger Fürst

einen schicklichen Ort zum Wohnsitz einer neuen Kolonie bestimmt. Nein, Hirten und Gesindel haben sich hier zuerst eine Stätte bereitet, ein paar rüstige Jünglinge haben auf *dem* Hügel den Grund zu Palästen der Herrn der Welt gelegt, an dessen Fuß sie die Willkür des Ausrichters zwischen Morast und Schilf einst hinlegte. So sind die sieben Hügel Roms nicht Erhöhungen gegen das Land, das hinter ihnen liegt, sie sind es gegen die Tiber und gegen das uralte Bette der Tiber, was Campus Martius ward. Erlaubt mir das Frühjahr weitere Exkursionen, so will ich die unglückliche Lage ausführlicher schildern. Schon jetzt nehm ich den herzlichsten Anteil an dem Jammergeschrei und den Schmerzen der Weiber von Alba, die ihre Stadt zerstören sehn und den schönen, von einem klugen Anführer gewählten Platz verlassen mußten, um an den Nebeln der Tiber teilzunehmen, den elenden Hügel Coelius zu bewohnen und von da nach ihrem verlaßnen Paradiese zurückzusehn. Ich kenne noch wenig von der Gegend, aber ich bin überzeugt, kein Ort der älteren Völker lag so schlecht als Rom, und da die Römer endlich alles verschlungen hatten, mußten sie wieder mit ihren Landhäusern hinaus und an die Plätze der zerstörten Städte rücken, um zu leben und des Lebens zu genießen.

Hundert Gedanken, die sich hier zudrängen, weis' ich zurück, denn ich könnte ihnen auf dem Papier weder Ausdehnung noch Vollständigkeit genug geben.

Goethes nächster Brief ist an den Herzog Carl August gerichtet, der sich in politischer Mission nach Mainz begeben hatte. Bei der in diesem Brief erwähnten Angelika handelt es sich um die in Rom ansässige Malerin Angelika Kauffmann, in deren Haus Goethe viel und gerne verkehrte.
Die »französischen Einflüsse«, von denen kurz darauf die Rede ist, sind, damaligem Sprachgebrauch nach, eine unverhüllte Anspielung auf die Ansteckungsgefahr durch Geschlechtskrankheiten.
Goethe an Carl August:

Rom, den 3. Februar 1787
Ihr lustiges Brieflein von Gotha, Ihr gütiger teilnehmender Brief von Mainz sind mir, fast zu gleicher Zeit, zur guten Stunde ge-

worden und haben meiner Lauf- und Reise-Bahn neues Licht und Freude gebracht. Ohne Teilnahme derer, an die mich das Schicksal so festgeknüpft hat, ohne Ihre Zufriedenheit mag und kann ich nichts genießen; alle Ideen von Abgeschiedenheit sind nur Phantome des Selbstbetrugs, die mit dem Fieber verschwinden.

Rom fängt nun an, sich über mir zu erleichtern, die entsetzliche Masse von Gegenständen sich zu ordnen und Licht in die Tiefen zu scheinen. Entsetzlich war zuletzt meine Begierde, hierher zu kommen, und nun ist meine Zufriedenheit vollkommen, daß ich diesen Ort nicht eher betreten habe.

Ich habe nun überwunden und bin nun täglich mit mehr Lust und Freude da. Jetzt suche ich nur zu komplettieren und auch die weniger interessanten Gegenstände zu sehen, die man wenigstens gesehen haben muß.

Die Kunstwerke der ersten Klasse müßte man von Zeit zu Zeit wiedersehen können, in ihnen ist ein unabsehlicher Abgrund.

Von interessanten Männern hab ich manchen, von Weibern außer Angelika nur eine kennengelernt. Mit dem schönen Geschlechte kann man sich hier, wie überall, nicht ohne Zeitverlust einlassen.

Die Mädchen oder vielmehr die jungen Frauen, die als Modelle sich bei den Malern einfinden, sind allerliebst mitunter und gefällig, sich beschauen und genießen zu lassen. Es wäre auf diese Weise eine sehr bequeme Lust, wenn die französischen Einflüsse nicht auch dieses Paradies unsicher machten. Ich bringe das Porträt von so einem Geschöpfe mit, man kann nichts Zierlichers sehn.

Vom Theater und den kirchlichen Zeremonien bin ich gleich übel erbaut, die Schauspieler geben sich viel Mühe, um Freude, die Pfaffen, um Andacht zu erregen, und beide wirken nur auf eine Klasse, zu der ich nicht gehöre; beide Künste sind in ein seelenloses Gepränge ausgeartet. Auf alle Fälle ist der Papst der beste Schauspieler, der hier seine Person produziert.

Die andern Menschen, die nicht öffentlich gaukeln, treiben meist ihr Spiel im Stillen; vielleicht komm ich auch dazu, dieses näher zu sehen. Man kann sich leicht denken, daß es mitunter sehr einfach ist.

Am 22. Februar brach Goethe in Tischbeins Begleitung nach Neapel und Sizilien auf, woher er erst Anfang Juni wieder zurückkehrte. Vor der Abreise wurde folgender Brief an Charlotte von Stein geschrieben:

Rom, den 21. Februar 1787

Ich benutze einen Augenblick Raum zwischen dem Einpacken, um dir noch einige Worte zu schreiben. Dieser Brief soll erst den dritten März hier abgehn, daß du keinen Posttag ohne Brief seist, und dann wird das neapolitanische Tagebuch schon nachkommen. Ich habe alles eingepackt, um noch mittägiger, noch weiter von dir zu gehen! Wann werd ich wieder hier sein? Wann einpacken, um dir wieder näher zu rücken? Ich hoffe, es soll alles gut gehn, mein lange mühseliges Leben soll sich gegen das Ende erheitern.

Ich mag jetzt nicht an Rom denken, mir nicht vergegenwärtigen, was ich alles hier gesehen, was mir eigen gemacht habe; es ist ein Schatz, der erst bei mir reifen muß.

An dir häng ich mit allen Fasern meines Wesens. Es ist entsetzlich, was mich oft Erinnerungen zerreißen. Ach, liebe Lotte, du weißt nicht, welche Gewalt ich mir angetan habe und antue und daß der Gedanke, dich nicht zu besitzen, mich doch im Grunde, ich mags nehmen und stellen und legen wie ich will, aufreibt und aufzehrt. Ich mag meiner Liebe zu dir Formen geben, welche ich will, immer immer – Verzeih mir, daß ich dir wieder einmal sage, was so lange stockt und verstummt. Wenn ich dir meine Gesinnungen, meine Gedanken der Tage, der einsamsten Stunden sagen könnte. Leb wohl. Ich bin heute konfus und fast schwach. Leb wohl, liebe mich; ich gehe nun weiter und du hörst bald von mir und sollst durch mich noch ein Stück Welt weiter kennenlernen.

VII

Zweiter römischer Aufenthalt
(1787/88)
Briefe an den Herzog und an Philipp Seidel

Goethes Reise nach Italien im Jahre 1786 war, wie schon mehrfach angedeutet, zugleich eine Flucht vor Charlotte von Stein, eine Ablösung von dieser Freundin, die ein Jahrzehnt hindurch der Leitstern seines Lebens war. Was sich in den fast zwei Jahren seiner Abwesenheit von Weimar vollzog, war wie das Sichwenden einer Achse: eine Welt, in der er gelebt und gewirkt hatte und mit der er sich auch weiterhin verbunden fühlte, glitt zeitweilig in den Schatten, und die Helle des Tages, der ihn umgab, überstrahlte den fernen, grauen Norden so sehr, daß man die Aufzeichnungen aus Italien auch wie einen Rechenschaftsbericht lesen kann. Als wollte Goethe der Freundin, den Freunden zu Hause sagen: »*Seht, so ergeht es mir! So krank war ich bei euch, und eine solche Genesung erlebe ich hier! Mußte ich euch nicht verlassen? Habt Verständnis!*«
Ende Februar 1787 war Goethe in Gesellschaft des Malers Tischbein von Rom aus nach Neapel und Sizilien gereist; am 6. Juni ist er wieder in Rom. Am 8. Juni schreibt er von dort an Charlotte von Stein:

Nun kann ich dir wieder aus dieser alten Hauptstadt einen Gruß bieten. Vorgestern nach Mittage bin ich wieder hier angekommen, gestern war Fronleichnam und heute früh, da ich aufgeräumt und mich eingerichtet habe, ist mein erstes, an dich zu schreiben.
Die letzten Tage in Neapel wurde ich immer mehr unter die Menschen gezogen, es reut mich nicht, denn ich habe interessante Personen kennen lernen. Auch kam Lucchesini noch an, um dessentwillen ich den 1. und 2. Juni noch in Neapel blieb. In ihm hab ich einen rechten Weltmenschen gesehen und recht gesehen, warum ich keiner sein kann. Der Vesuv, der seit meiner Rückkehr von Sizilien stark gebrannt hatte, floß endlich den 1. Juni von einer starken Lava über. So hab ich denn auch dieses Na-

turschauspiel, obgleich nur von weitem, gesehn. Es ist ein großer Anblick. Einige Abende, als ich aus dem Opernhause ging, das nah am Molo liegt, ging ich noch auf den Molo spazieren. Dort sah ich mit *einem* Blick den Mond, den Schein des Monds auf den Wolkensäumen, den Schein des Monds im Meere, und auf dem Saum der nächsten Wellen, die Lampen des Leuchtturms, das Feuer des Vesuvs, den Widerschein davon im Wasser und die Lichter auf den Schiffen. Diese Mannigfaltigkeit von Licht machte ein *einziges* Schauspiel.

Sage Herdern, daß ich dem Geheimnis der Pflanzenzeugung und -organisation ganz nah bin und daß es das Einfachste ist, was nur gedacht werden kann. Unter diesem Himmel kann man die schönsten Beobachtungen machen. Sage ihm, daß ich den Hauptpunkt, wo der Keim steckt, ganz klar und zweifellos entdeckt habe, daß ich alles übrige auch schon im Ganzen übersehe und nur noch einige Punkte bestimmter werden müssen. Die Urpflanze wird das wunderlichste Geschöpf von der Welt, über welches mich die Natur selbst beneiden soll. Mit diesem Modell, und dem Schlüssel dazu, kann man alsdann noch Pflanzen ins Unendliche erfinden, die konsequent sein müssen, das heißt: die, wenn sie auch nicht existieren, doch existieren könnten und nicht etwa malerische oder dichterische Schatten und Scheine sind, sondern eine innerliche Wahrheit und Notwendigkeit haben. Dasselbe Gesetz wird sich auf alles übrige Lebendige anwenden lassen.

Auf Herders dritten Teil der »Ideen« freu ich mich sehr, hebe mir ihn auf, bis ich sagen kann, wo er mir begegnen soll. Er wird gewiß den schönen Traumwunsch der Menschheit, daß es dereinst besser mit ihr werden möge, trefflich ausgeführt haben. Auch muß ich selbst sagen, halt ich es für wahr, daß die Humanität endlich siegen wird; nur fürcht ich, daß zu gleicher Zeit die Welt ein großes Hospital und einer des andern humaner Krankenwärter werden wird.

Lebe wohl, grüße alles. Dieser Brief sucht dich im Karlsbad. Gedenke mein. Hoffnung ist bei den Lebendigen, ohne Hoffnung sind die Toten.

Der Deine. G.

Als Goethe im Alter, anhand seiner Tagebuchaufzeichnungen und Briefe, die Schilderung seines zweiten römischen Aufenthaltes vom Juni 1787 bis April 1788 für den Druck bearbeitete, zitiert er dort eine Stelle aus einem Brief an Herder, in dem er seine Lage und Stimmung bei der Rückkehr von einem vierwöchigen Aufenthalt auf dem Lande schildert. Es heißt dort:

Ich bin in diesem Zauberkreise wieder angelangt, und befinde mich gleich wieder wie bezaubert, zufrieden, stille hinarbeitend, vergessend alles, was außer mir ist, und die Gestalten meiner Freunde besuchen mich friedlich und freundlich.
Es geht mit mir jetzt eine neue Epoche an. Mein Gemüt ist nun durch das viele Sehen und Erkennen so ausgeweitet, daß ich mich auf irgendeine Arbeit beschränken muß. Die Individualität eines Menschen ist ein wunderlich Ding, die meine hab ich jetzt recht kennen lernen, da ich einerseits dieses Jahr bloß von mir selbst abgehangen habe, und von der andern Seite mit völlig fremden Menschen umzugehen hatte.

Die Arbeit, auf die Goethe sich nun beschränkte, war die bildende Kunst. Nebenher wurde zwar noch manches dichterische Werk abgeschlossen, darunter der »Egmont«, aber sein Hauptaugenmerk galt doch der Ertüchtigung im Handwerklichen der Zeichenkunst. Da der Herzog Goethe inzwischen »auf sein Ansuchen« von der Mehrzahl seiner bisherigen Ämter und Pflichten entbunden hatte, ihm auch verlängerten Urlaub erteilte, konnte er sich diesem Hauptzweck mit einiger Konsequenz widmen. Und davon ist denn auch in den folgenden Auszügen aus Briefen an Carl August, der im Oktober an kriegerischen Unternehmungen in Holland teilnahm, des längeren die Rede.

Rom, den 6. Juli 1787

Heil, Gesundheit und alles Gute zuvor, wo Sie dieser Brief auch antrifft. Ihr Segen, Ihre Ermahnung hat gefruchtet, und ich finde mich nun, zum ersten Mal auf meiner ganzen Reise, mit dem wahren Gefühl von Sodezz [Gesetztheit] in Rom, wo die Sodezz oder der höchste Leichtsinn hingehört.
Lucchesini ist wieder hier; ich habe die Freude gehabt, mich wieder mit ihm von Ihnen zu unterhalten; er schätzt Sie ganz vor-

züglich, und ich bin überzeugt, es ist nicht, um mir bloß nach dem Sinne zu reden, daß er soviel Gutes von Ihnen sagt. Übrigens ist er ein ausgemachter Weltmann und scheint mir, was ich auch nur von weitem sehe, sein Spiel gut zu spielen.
Ich werde täglich fleißiger und treibe die Kunst, die eine so ernsthafte Sache ist, immer ernsthafter. Wenn ich nur über einige Stufen im *Machen* hinwegkönnte! Im *Begriff*, und zwar im echten, nahen Begriff, bin ich weit vorgerückt. Da ich doch einmal ein Künstler bin, so wird es viel zu meiner Glückseligkeit und zu einem künftigen fröhlichen Leben zu Hause beitragen, wenn ich mit meinem kleinen Talente nicht immer zu kriechen und zu krabbeln brauche, sondern mit freierem Gemüte, auch nur als Liebhaber, arbeiten kann.

Rom, den 11. August

Für Ihren lieben werten Brief, mit dem Sie mich erfreut haben, danke ich auf das herzlichste; Sie krönen dadurch das Glück, das ich hier genieße, und beruhigen mich auf alle Weise. Sie geben mir Raum, daß ich erst recht mein werden kann, und sondern mich von Ihrem Schicksale nicht ab; möge sich Ihnen alles zum Besten wenden. Ich erwarte Ihr Schreiben, um über meinen ferneren Aufenthalt etwas Festes zu beschließen. Nun glaube ich nicht zu fehlen, wenn ich Sie ersuche: mich noch bis Ostern in Italien zu lassen. Mein Gemüt ist fähig, in der Kunstkenntnis weit zu gehen, auch werde ich von allen Seiten aufgemuntert, mein eignes kleines Zeichentalentchen auszubilden, und so möchten diese Monate eben hinreichen, meine Einsicht und Fertigkeit vollkommner zu machen. Jetzt werden Architektur und Perspektiv, Komposition und Farbengebung der Landschaft getrieben, September und Oktober möchte ich im Freien dem Zeichnen nach der Natur widmen, November und Dezember der Ausführung zu Hause, dem Fertigmachen und Vollenden; die ersten Monate des künftigen Jahres der menschlichen Figur, dem Gesichte usw. Ich wünsche und hoffe, es nur wenigstens so weit zu bringen wie ein Musikliebhaber, der, wenn er sich vor sein Notenblatt setzt, doch Töne hervorbringt, die ihm und andern Vergnügen machen; so möchte ich fähig werden, eine Harmonie aufs Blatt zu bringen, um andre mit mir zu unterhalten und zu erfreuen. Ich weiß zu sehr, wie ängstlich es ist, wenn man

eine gewisse Fähigkeit in sich spürt und einem das Handwerk
gänzlich mangelt, sie auszulassen und auszuüben.
Ist mir erlaubt, einen Wunsch, den ich für jene Zeit habe, noch
zum Schluß beizufügen, so wäre es: Ihre Besitztümer, sogleich
nach meiner Wiederkunft, sämtlich als Fremder bereisen, mit
ganz frischen Augen und mit der Gewohnheit, Land und Welt
zu sehen, Ihre Provinzen beurteilen zu dürfen. Ich würde mir
nach meiner Art ein neues Bild machen und einen vollständigen
Begriff erlangen und mich zu jeder Art von Dienst gleichsam
aufs neue qualifizieren, zu der mich Ihre Güte, Ihr Zutrauen
bestimmen will. Sekundiert der Himmel meine Wünsche, so will
ich mich alsdann der Landes-Administration einige Zeit ausschließlich widmen, wie jetzt den Künsten; ich habe lange getappt und versucht, es ist Zeit zu ergreifen und zu wirken.

Frascati, den 28. September

Ob wir gleich so weit auseinander sind, unterhalte ich mich doch
oft mit Ihnen, erzähle Ihnen, wie wohl es mir geht, und lasse
mir vom Genius ins Ohr sagen: daß Ihnen auch wohl ist, daß
Sie da sind, leben und wirken, wo Sie sich fühlen und Ihres Daseins genießen.
Ich bin an der friedlichen Seite der Welt, Sie am kriegrischen
Ende und, alles berechnet, man könnte keine antipodischere Existenz haben. Hier wird das Pulver gar löblich nur zu Feuerwer-
ken und Freudenschüssen an Festtägen verbraucht, der Soldat
hütet sich eben so arg vorm Regen als vorm Feuer. Leben und
Leben-lassen ist das allgemeine Losungswort. Wir werden was
zu erzählen haben, wenn wir dereinst wieder zusammenkommen.
Daß ich halb unklug vom Zeichnen und aller möglichen Nachahmung der Natur bin, wird Frau von Stein sagen. Ich mag es
hier nicht wiederholen, es schwindelt mir der Kopf bei dem Gedanken. Man kann nicht einfacher und nicht mannigfaltiger leben als ich jetzt. Es ist eine ernsthafte Sache um die Kunst, wenn
man es ein wenig streng nimmt, und sogar die Kenntnis ist
schon ein Metier, welches man doch kaum glauben mag. So viel
kann ich versichern: daß wenn ich Ostern weggegangen wäre,
ich eben geradezu nicht sagen dürfte, ich sei dagewesen. Wie
sehr dank ich Ihnen, daß Sie mir diese Muße geben und gönnen.

Da doch einmal von Jugend auf mein Geist diese Richtung genommen hat, so hätte ich nie ruhig werden können, ohne dies Ziel zu erreichen. Diesen Winter hab ich noch wacker zu tun, es soll kein Tag, ja keine Stunde versäumt werden.
Noch halte ich mich immer in der Stille und sogar (ich weiß nicht, ob es lobens- oder scheltenswert ist) die Frauen haben keinen Teil an mir.

Neben der bildenden Kunst beschäftigte Goethe sich weiterhin mit dem Studium der Botanik, für das er bei seinem Freunde Knebel, doch auch bei seinem Diener Seidel, ein lebhaftes Interesse geweckt hatte. So heißt es in einem Brief an Knebel, vom 3. Oktober 1787:

Die bildende Kunst wird so ernsthaft als möglich getrieben. Man kann mit ihr, wie mit den heiligsten Sachen, spielen, wovor ich mich denn sehr in acht nehme.
Kaum war die erste Begierde des Anschauens gesättigt, kaum hatte sich mein Geist aus der Kleinheit der Vorstellungsart, die uns Ultramontanen mehr oder weniger anklebt, erhoben: so sah ich mich schnell nach den besten und sichersten Wegen um. Ich fand sie leicht und gehe nun Schritt vor Schritt darauf hin, langsam aber sicher, als wenn es mein Metier werden sollte, und so, daß ich einen festen Grund habe, auf dem ich, selbst in der Entfernung von diesen Gegenden, zwar langsam, doch gewiß, fortbauen kann. Glücklicherweise habe ich auch eine Kombination der Kunst mit meiner Vorstellungsart der Natur gefunden, und so werden mir beide doppelt lieb.
Die Botanik übe ich auf Wegen und Stegen. Es möchte wie Rodomontade klingen, wenn ich sagte, wie weit ich darin gekommen zu sein glaube. Genug, ich werde immer sicherer, daß die allgemeine Formel, die ich gefunden habe, auf alle Pflanzen anwendbar ist. Ich kann schon die eigensinnigsten Formen dadurch erklären und miteinander in Parallele setzen.
Zur völligen Ausbildung dieser Idee brauchts doch noch Zeit. Dieses Land ist schon recht zu einem solchen *Studio* gemacht. Was ich im Norden nur vermutete, finde ich hier offenbar.

Auch Philipp Seidel, Goethes Diener, hatte sich, wie gesagt, von seinem Herrn in das Studium der Botanik hineinziehen lassen. Nun teilt er dem Abwesenden seine Beobachtungen und Überlegungen mit. Goethe antwortet am 22. Dezember aus Rom:

Du tust sehr wohl, mein Lieber, dich mit Betrachtung der Natur zu beschäftigen. Wie der natürlichste Genuß der beste ist, so ist auch die natürlichste Betrachtung die beste. Deine Beobachtungen sind recht gut. Du bist auch auf einem guten Wege zu beobachten. Nur mußt du dich in acht nehmen, daß du deinen Folgerungen nicht zuviel Wert gebest. Ich will nicht sagen, daß du keine Folgerungen machen müßtest, denn das ist die Natur der Seele. Nur mußt du immer deine *Meinung* geringer halten als dein *Auge*. So nützen mir zum Beispiel deine Beobachtungen recht wohl, wenn ich dir in Meinungen und Kombinationen überlegen bin. Aber du mußt durch alle diese Wege gehen und die *Freude*, die du über eine solche Entdeckung hast, ist das wahre Kennzeichen, daß du weiter und weiter gehen wirst. Schreibe mir alles, was du auf diesem Wege triffst. Mich interessiert's sehr, und ich lerne immer. Lebe wohl.   G.
Laß mir nächstens einige hundert Taler anweisen.

Die beiden nächsten Briefe vom Ende Dezember und aus dem Januar 1788 sind wieder an den Herzog, der sich nach der Einnahme von Amsterdam nach Den Haag begeben hatte, wo er an Verhandlungen über einen Schutzbund zwischen Preußen, England und Holland teilnahm. Er hatte dort auch eine frühere Bekannte, die Engländerin Emily Gore, zu treffen gehofft, die ihrerseits jedoch gerade in Weimar zu Besuch weilte.

Rom, den 29. Dezember 1787
Von allen Seiten höre ich, daß es Ihnen wohl geht, daß Sie im Haag vergnügt sind und der Kriegshimmel sich aufgeheitert hat. Das Glück bei Frauen, das Ihnen niemals gefehlt hat, wird Sie auch in Holland nicht verlassen und Sie dafür schadlos halten, daß Sie die schöne Emilie in Ihrem Hause versäumt haben.
Mich hat der süße kleine Gott in einen bösen Weltwinkel relegiert. Die öffentlichen Mädchen der Lust sind unsicher wie überall. Die Zitellen, unverheiratete Mädchen, sind keuscher

als irgendwo, sie lassen sich nicht anrühren und fragen gleich, wenn man artig mit ihnen tut: *E che concluderemo?* Denn entweder man soll sie heiraten oder sie verheiraten, und wenn sie einen Mann haben, dann ist die Messe gesungen. Ja, man kann fast sagen, daß alle verheirateten Weiber dem zu Gebote stehn, der die Familie erhalten will. Das sind denn alles böse Bedingungen und zu naschen ist nur bei denen, die so unsicher sind als öffentliche Kreaturen. Was das *Herz* betrifft, so gehört es gar nicht in die Terminologie der hiesigen Liebeskanzlei.
Nach diesem Beitrag zur statistischen Kenntnis des Landes werden Sie urteilen, wie knapp unsre Zustände sein müssen, und werden ein sonderbar Phänomen begreifen, das ich nirgends so stark als hier gesehen habe: es ist die Liebe der Männer untereinander. Vorausgesetzt, daß sie selten bis zum höchsten Grad der Sinnlichkeit getrieben wird, sondern sich in den mittlern Regionen der Neigung und Leidenschaft verweilt, so kann ich sagen, daß ich die schönsten Erscheinungen davon, welche wir nur aus griechischen Überlieferungen haben, hier mit eignen Augen sehen und als ein aufmerksamer Naturforscher das Physische und Moralische davon beobachten konnte. Es ist eine Materie, von der sich kaum reden, geschweige schreiben läßt; sie sei also zu künftigen Unterhaltungen aufgespart.
Jetzt geht die Zeit der Zerstreuung an, für mich weniger als für andre. Kaum ist Christus geboren (welcher dieses Jahr mit einer Mondsfinsternis und einem starken Donnerwetter seine Geburtsnacht gefeiert hat), so sind auch schon die Narren wieder los, und die um wenige Tage verdrängten Saturnalien treten ein. Vier große und ein halb Dutzend kleine Theater sind aufgegangen, rezitieren, singen, tanzen um die Wette. Die große Oper in Aliberti hat mich den ersten Abend erschröcklich sekkiert. Alle Elemente waren da: Theater, Dekorationen, Lichter, Sänger, Tänzer, Kleider, Musik pp., und alles mehr durch Gewohnheit als durch einen frischen Geist belebt. Die Mittelmäßigkeit eines so zusammengesetzten, großen, brillanten Gegenstandes war unerträglich.
Vielleicht geben die andern Theater etwas. Mir ist nicht viel daran gelegen, denn ich bringe die Abende gewöhnlich unter Gesprächen über die Kunst hin, und zwar nicht über das Allgemeine, sondern über besondre Gegenstände der Nachbildung.

Jetzt bin ich am menschlichen Kopfe und würde mich sehr glücklich halten, wenn ich immer tiefer in diesen Betrachtungen gehn, immer weiter in der Ausführung kommen könnte.
Behalten Sie mir Ihre Liebe, wie mein Gemüt Ihnen unwandelbar ergeben ist. G.

Rom, den 25. Januar 88
Welche Freude und Zufriedenheit mir Ihr Brief, an einem schönen Tage, gebracht hat, kann ich Ihnen nicht ausdrücken, und hätte die Sorge für Ihre Gesundheit mich nicht wieder herabgestimmt, so könnte ich den gestrigen Tag als den fröhlichsten ansehn, den ich in Rom erlebt habe. Ich lief gleich nach erhaltnem Briefe ins Weite, denn wie Tristram Shandy die horizontale Lage für diejenige hält, in welcher man Freude und Schmerz am besten genießt und trägt, so ist es bei mir das Wandeln in freier Luft. Da dacht ich denn recht vieles durch und setze mich heute früh zu schreiben, damit Sie durch den zurückkehrenden Kurier einige Blätter erhalten.
Zuvörderst danke ich aufs schönste für das *Tableau politique*. Ich folge dem Lauf der Welt in den Zeitungen nach, und um desto angenehmer war mir diese Ausfüllung und Bestimmung meiner allgemeinern Ideen. Der Anteil, den Sie an den Geschäften des Vaterlands und der Welt nehmen, liegt mir zunächst am Herzen; ich freue mich über alles, was Ihnen gelingt; es ist mir tröstlich, daß Ihre Mühe und Aufopferung anerkannt und mit einem ehrenvollen Zutrauen gelohnt wird. Lassen Sie mich von Zeit zu Zeit wissen, wie die Sachen stehen; an Ihrem gestrigen Briefe hab ich nun eine Weile zu zehren.
Die Hauptabsicht meiner Reise war: mich von den physisch-moralischen Übeln zu heilen, die mich in Deutschland quälten und mich zuletzt unbrauchbar machten; sodann den heißen Durst nach wahrer Kunst zu stillen. Das erste ist mir ziemlich, das letzte ganz geglückt.
Da ich ganz frei war, ganz nach meinem Wunsch und Willen lebte, so konnte ich nichts auf andre, nichts auf Umstände, Zwang oder Verhältnisse schieben, alles kehrte unmittelbar auf mich zurück, und ich habe mich recht durchaus kennen lernen. Ganz unter fremden Menschen in einem fremden Lande zu leben, auch nicht einen bekannten Bedienten zu haben, an den

man sich hätte anlehnen können, hat mich aus manchen Träumen geweckt; ich habe an munterm und resolutem Leben viel gewonnen. Als ich zuerst nach Rom kam, bemerkt' ich bald, daß ich von Kunst eigentlich gar nichts verstand und daß ich bis dahin nur den allgemeinen Abglanz der Natur in den Kunstwerken bewundert und genossen hatte; hier tat sich eine andre Natur, ein weiteres Feld der Kunst vor mir auf, ja ein Abgrund der Kunst, in den ich mit desto mehr Freude hineinschaute, als ich meinen Blick an die Abgründe der Natur gewöhnt hatte. Ich überließ mich gelassen den sinnlichen Eindrücken, so sah ich Rom, Neapel, Sizilien und kam auf Corpus Domini nach Rom zurück. Die großen Szenen der Natur hatten mein Gemüt ausgeweitet und alle Falten herausgeglättet, von der Würde der Landschafts-Malerei hatte ich einen Begriff erlangt, ich sah Claude Lorrain und Poussin mit andern Augen; mit Hackert, der nach Rom kam, war ich vierzehn Tage in Tivoli; dann sperrte mich die Hitze zwei Monate in das Haus, ich machte Egmont fertig und fing an, Perspektiv zu treiben und ein wenig mit Farben zu spielen. So kam der September heran, ich ging nach Frascati, von da nach Castello und zeichnete nach der Natur und konnte nun leicht bemerken, was mir fehlte. Gegen Ende Oktobers kam ich wieder in die Stadt, und da ging eine neue Epoche an. Die Menschengestalt zog nunmehr meine Blicke auf sich, und wie ich vorher, gleichsam wie von dem Glanz der Sonne, meine Augen von ihr weggewendet, so konnte ich nun mit Entzücken sie betrachten und auf ihr verweilen.
Ich begab mich in die Schule, lernte den Kopf mit seinen Teilen zeichnen, und nun fing ich erst an, die Antiken zu verstehen. Damit brachte ich November und Dezember hin. Mit dem ersten Januar stieg ich vom Angesicht aufs Schlüsselbein, verbreitete mich auf die Brust und so weiter, alles von innen heraus, den Knochen-Bau, die Muskeln wohl studiert und überlegt, dann die antiken Formen betrachtet, mit der Natur verglichen und das Charakteristische sich wohl eingeprägt. Meine sorgfältige, ehemalige Studien der Osteologie, und der Körper überhaupt, sind mir sehr zustatten gekommen, und ich habe gestern die Hand, als den letzten Teil, der mir übrigblieb, absolviert. Die nächste Woche werden nun die vorzüglichsten Statuen und Gemälde Roms mit frisch gewaschnen Augen besehen.

Nun wäre wohl Zeit, daß ich diesmal schlösse. Ich habe lang die Freude nicht gehabt, mich ganz offen und frei gegen Sie zu erklären, und kann nun auch nicht endigen.

Meine größte Sorge, die ich zu Hause habe, ist Fritz. Er tritt in die Zeit, wo die Natur sich zu regen anfängt und so leicht sein übriges Leben verdorben werden kann. Sehen Sie doch ein wenig auf ihn.

Gehen Sie mit sich selbst so gelind als möglich um. Ihre physischen Übel lassen mich nie ohne Sorge und es muß auch Ihr Gemüt, in einem immer geschäftigen und doch meist genußlosen Leben, leiden.

Erhalten Sie mir Ihre Liebe – ein Geschenk, das mir jeden älteren Verlust ersetzte und mir jeden neueren ertragen machte, und bleiben Sie überzeugt, daß bei einer wahren Harmonie der Gemüter man einander immer wieder begegnet, wenn man noch so weit auseinander zu gehen scheint. G.

Der nächste Brief geht wieder an den Diener Seidel. Diesmal bittet Goethe ihn um seinen Beistand in einer pädagogischen Angelegenheit. Es handelt sich um Fritz von Stein, Charlottes damals fünfzehnjährigen jüngsten Sohn, an dem Goethe seit 1783 Vaterstelle vertrat und der zeitweilig ganz in seinem Hause lebte. Fritz von Stein wurde später preußischer Kriegs- und Domänenrat in Schlesien.
Goethe an Philipp Seidel:

Rom, den 9. Februar 1788

Nun habe ich wegen Fritzen etwas mit dir zu reden. Überlege doch, ob du Zeit, Muße und Lust hast, dich seiner anzunehmen und ihm einigen Unterricht zu geben. Ich wünsche es besonders, da ich noch nicht weiß, wie es mit mir auf Ostern wird. Mein Gedanke wäre: daß du ihm von dem Rechnungswesen im allgemeinen Begriffe gäbest, dann im besondern, was zu dieser und jener Art, besonders bei Kammern und Ämtern, nötig ist, ihn eben in den Begriff leitetest, von dem was bei einem Rechnungsamte vorkommt, seine Fähigkeit zum Mechanischen prüftest, um überhaupt zu sehen, wo sein Gemüt hinauswill. Du könntest ihm einen sinnlichen Begriff von den Einkünften des Fürsten geben, von der Art, wie sie zu erheben, zu verwahren, zu berechnen pp.; genug, ihn mit praktischem, lebendigem Sinne in den Vorhof kameralistischer Beschäftigungen führen. Und mir schriftlich oder mündlich deine Gedanken sagen. Du findest wohl Zeit hierzu und übernimmst wohl gerne dieses Geschäfte, das löblich ist und wodurch du mir eine Sorge abnimmst. Denke zugleich an sein physisches Wohl und mache dir eine Angelegenheit, zu sehen, wie es mit der Entwicklung seiner Kräfte geht und wird. Du begreifst meine Absicht und wirst sie gut durchdenken und ihr entgegenarbeiten. Hast du nur einen vierwöchentlichen Versuch gemacht, so läßt sich weiter und Bestimmtes über die Sache handeln.

»Die Frauen haben keinen Teil an mir«, schrieb Goethe noch am 28. September des Vorjahrs an den Herzog. Allzu wörtlich wird man das nicht nehmen dürfen. Jedenfalls blieb es nicht dabei, wie die durchsichtig verklausulierten Auslassungen in dem folgenden Brief an Carl August unmißverständlich erkennen lassen. Der Herzog selber hatte sich offensichtlich in Holland ein Kavaliersleiden zugezogen, gegen welches er sich einer schmerzhaften Behandlung unterziehen mußte.
Goethe an Carl August:

Rom, den 16. Februar 1788
Als ich Ihre liebe Hand unter einem Umschlag von Frau von Stein erblickte, dachte ich, ein Wort aus Weimar von Ihnen zu erhalten. Es war noch aus Mainz, es erfreute mich recht, da es mir Ihre Wiedergenesung versicherte. Ich war gutmütig genug, bei Lesung Ihres Briefes, den mir der Kurier brachte, an Hämorrhoiden zu denken, und sehe nun freilich, daß die Nachbarschaft gelitten hat. Wenn nur durch diese verdrießliche Inokulation alles Böse auf einmal aus dem Körper getrieben worden ist.
Sie schreiben so überzeugend, daß man ein *cervello tosto* sein müßte, um nicht in den süßen Blumengarten gelockt zu werden. Es scheint, daß Ihre guten Gedanken unterm 22. Januar unmittelbar nach Rom gewirkt haben, denn ich könnte schon von einigen anmutigen Spaziergängen erzählen. So viel ist gewiß und haben Sie, als ein *doctor longe experientissimus*, vollkommen recht, daß eine dergleichen mäßige Bewegung das Gemüt erfrischt und den Körper in ein köstliches Gleichgewicht bringt.

Wie ich solches in meinem Leben mehr als einmal erfahren, dagegen auch die Unbequemlichkeit gespürt habe, wenn ich mich von dem breiten Wege auf den engen Pfad der Enthaltsamkeit und Sicherheit einleiten wollte.

Mitte März traf ein Schreiben des Herzogs in Rom ein, in dem dieser zu Goethes Vorschlägen und Wünschen für die nähere Zukunft seine volle Zustimmung aussprach, so daß Goethe sich nun entschloß, nach Ostern 1788 endgültig heimzukehren.
In dem Dankesbrief an den Herzog, vom 17. März, heißt es:

Wie ich nun nach diesen Aspekten erst in der Hälfte Juni zu Hause anlangen könnte, so würde ich noch eine Bitte hinzufügen: daß Sie mir, nach meiner Ankunft, dem Gegenwärtigen den Urlaub gönnen wollten, den Sie dem Abwesenden schon gegeben haben. Mein Wunsch ist: bei einer sonderbaren und unbezwinglichen Gemütsart, die mich, sogar in völliger Freiheit und im Genuß des erflehtesten Glücks, manches hat leiden machen, mich an Ihrer Seite, mit den Ihrigen, in dem Ihrigen wiederzufinden, die Summe meiner Reise zu ziehen und die Masse mancher Lebenserinnerungen und Kunstüberlegungen in die drei letzten Bände meiner Schriften zu schließen.
Ich darf wohl sagen: ich habe mich in dieser anderthalbjährigen Einsamkeit selbst wiedergefunden; aber als was? — Als Künstler! Was ich sonst noch bin, werden Sie beurteilen und nutzen. Sie haben durch Ihr fortdauerndes wirkendes Leben jene fürstliche Kenntnis, wozu die Menschen zu brauchen sind, immer mehr erweitert und geschärft, wie mir jeder Ihrer Briefe deutlich sehen läßt; dieser Beurteilung unterwerfe ich mich gern. Nehmen Sie mich als Gast auf, lassen Sie mich an Ihrer Seite das ganze Maß meiner Existenz ausfüllen und des Lebens genießen; so wird meine Kraft, wie eine nun geöffnete, gesammelte, gereinigte Quelle von einer Höhe, nach Ihrem Willen leicht dahin oder dorthin zu leiten sein. Ihre Gesinnungen, die Sie mir vorläufig in Ihrem Briefe zu erkennen geben, sind so schön und für mich bis zur Beschämung ehrenvoll. Ich kann nur sagen: Herr, hie bin ich, mache aus deinem Knecht, was du willst. Jeder Platz, jedes Plätzchen, die Sie mir aufheben, sollen mir lieb sein; ich will gerne gehen und kommen, niedersitzen und aufstehn.

VIII

*Ankunft in Weimar; Reise nach Venedig
(1788/89)
Charlotte von Stein – Christiane Vulpius*

Auf eine besonders feierliche Weise sollte mein Abschied aus Rom vorbereitet werden; drei Nächte vorher stand der volle Mond am klarsten Himmel, und ein Zauber, der sich dadurch über die ungeheure Stadt verbreitet, so oft empfunden, ward nun aufs eindringlichste fühlbar. Die großen Lichtmassen, klar, wie von einem milden Tage beleuchtet, mit ihren Gegensätzen von tiefen Schatten, durch Reflexe manchmal erhellt, zur Ahnung des Einzelnen, setzen uns in einen Zustand wie von einer andern, einfachern, größern Welt.

Nach zerstreuenden, mitunter peinlich zugebrachten Tagen macht' ich den Umgang mit wenigen Freunden einmal ganz allein. Nachdem ich den langen Korso, wohl zum letztenmal, durchwandert hatte, bestieg ich das Kapitol, das wie ein Feenpalast in der Wüste dastand. Die Statue Mark Aurels rief den Kommandeur in Don Juan zur Erinnerung und gab dem Wanderer zu verstehen, daß er etwas Ungewöhnliches unternehme. Dessen ungeachtet ging ich die hintere Treppe hinab. Ganz finster, finstern Schatten werfend, stand mir der Triumphbogen des Septimius Severus entgegen; in der Einsamkeit der Via Sacra erschienen die sonst so bekannten Gegenstände fremdartig und geisterhaft. Als ich aber den erhabenen Resten des Coliseums mich näherte und in dessen verschlossenes Innere durchs Gitter hineinsah, darf ich nicht leugnen, daß mich ein Schauer überfiel und meine Rückkehr beschleunigte.

Alles Massenhafte macht einen eignen Eindruck zugleich als erhaben und faßlich, und in solchen Umgängen zog ich gleichsam ein unübersehbares *summa summarum* meines ganzen Aufenthaltes.

Dieses in aufgeregter Seele tief und groß empfunden, wie sollte mir in solchen Augenblicken Ovids Elegie nicht ins Gedächtnis zurückkehren, der, auch verbannt, in einer Mondnacht Rom verlassen sollte. *Cum repeto noctem...!* Seine Rückerinnerung.

weit hinten am Schwarzen Meere, im trauer- und jammervollen
Zustande, kam mir nicht aus dem Sinn; ich wiederholte das Gedicht, das mir teilweise genau im Gedächtnis hervorstieg:

> Cum subit illius tristissima noctis imago,
>   Quae mihi supremum tempus in Urbe fuit;
> Cum repeto noctem, qua tot mihi cara reliqui;
>   Labitur ex oculis nunc quoque gutta meis.

Wandelt von jener Nacht mir das traurige Bild vor die Seele,
  Welche die letzte für mich ward in der römischen Stadt,
Wiederhol' ich die Nacht, wo des Teuren so viel mir zurückblieb,
  Gleitet vom Auge mir noch jetzt eine Träne herab.

So Goethe in der Rückschau, als er in hohem Alter den Dritten Teil seiner Italienischen Reise nach Dokumenten und aus der Erinnerung niederschrieb.
»Um sich zur poetischen Produktivität wiederherzustellen«, war Goethe nach Italien geflohen. Und sein Aberglaube war gewesen, »daß er nicht hinkäme, wenn jemand darum wüßte«. Deshalb hatte er alles in tiefes Geheimnis gehüllt. Nun traf er, nach einer zweimonatigen Reise von Rom über Florenz, Mailand, Como, Konstanz, am 18. Juni 1788, abends gegen zehn Uhr, bei aufgehendem Vollmond, wieder in Weimar ein.
»Aus Italien, dem formreichen«, schreibt Goethe 1817, »war ich in das gestaltlose Deutschland zurückgewiesen, heiteren Himmel mit einem düsteren zu vertauschen, die Freunde, statt mich zu trösten und wieder an sich zu ziehen, brachten mich zur Verzweiflung. Mein Entzücken über entfernteste, kaum bekannte Gegenstände, mein Leiden, meine Klagen über das Verlorne schien sie zu beleidigen; ich vermißte jede Teilnahme, niemand verstand meine Sprache ...«
Vor allem das Verhältnis zu Charlotte von Stein ließ sich auf keine Weise so wiederherstellen, daß der Umgang wenigstens freundschaftlich-erquicklich gewesen wäre. Zu tief hatte Goethe sie durch seine Flucht und sein langes Ausbleiben gekränkt; zu sehr fühlte sie, wie er in Italien ein anderer geworden war. Vergeblich bittet Goethe sie, es nicht zu genau mit seinem jetzt so zerstreuten, ja fast zerrissenen Wesen zu nehmen; die Billetts,

die im August nach Gut Kochberg zu Frau von Stein gehen, lassen erkennen, wie kühl und verlegen der Umgangston zwischen den beiden geworden ist.
Unterdessen war, vier Wochen nach Goethes Rückkehr, eine jugendliche Bittstellerin, die ihm am 12. Juli im Park von Weimar entgegengetreten war, seine Geliebte geworden: die eben dreiundzwanzigjährige Christiane Vulpius, die damals in der Bertuchschen Blumenfabrik beschäftigt war. Das Verhältnis blieb anfangs verborgen, kam jedoch spätestens Anfang 1789 auch Frau von Stein zu Ohren.
In dieser Zeit entstanden die »Römischen Elegien«; die Erinnerung an römische Erlebnisse und der neue Liebesbund lieferten die Motive und förderten die Ausarbeitung dieser Erotica Romana, die erst 1795, und auch dann mit Auslassungen, in Schillers »Horen« veröffentlicht wurden. Schiller schrieb dazu an den Herzog Friedrich Christian von Augustenburg:

Nicht ohne Verlegenheit wage ich es, Eurer Herzoglichen Durchlaucht das Sechste Stück der »Horen« zu überreichen.
Die »Elegien«, welche es enthält, sind vielleicht in einem zu freien Tone geschrieben, und vielleicht hätte der Gegenstand, den sie behandeln, sie von den »Horen« ausschließen sollen. Aber die hohe poetische Schönheit, mit der sie geschrieben sind, riß mich hin, und dann gestehe ich, daß ich zwar eine konventionelle, aber nicht die wahre und natürliche Dezenz dadurch verletzt glaube. Ich werde in einem künftigen Stücke des Journals mir die Freiheit nehmen, mein Glaubensbekenntnis über das, was dem Dichter in Rücksicht auf das Anständige erlaubt und nicht erlaubt ist, ausführlich abzulegen.

Andere Leser sahen es anders. Selbst Carl August äußerte Schiller gegenüber, es wäre doch vielleicht tunlich gewesen, den Autor dahin zu bewegen, daß er »einige zu rüstige Gedanken, die er wörtlich ausgedrückt hat, bloß erraten« ließe.
Und ein Brief des betriebsamen Gymnasialdirektors Böttiger gibt wohl die umlaufenden Meinungen recht genau wieder, wenn es darin heißt:

Zu den merkwürdigsten Erscheinungen an unserm literarischen Himmel gehören Goethes »Elegien« im Sechsten Stück der »Horen«. Es brennt eine genialische Dichterglut darinnen, und sie stehn in unserer Literatur *einzig*. Aber alle ehrbaren Frauen sind empört über die bordellmäßige Nacktheit. Herder sagte sehr schön: er habe der Frechheit ein kaiserliches Insiegel aufgedrückt. Die Horen müßten nun mit dem »u« gedruckt werden.
Die meisten Elegien sind bei seiner Rückkunft im ersten Rausche mit der Dame Vulpius geschrieben. Ergo ...

Herder übrigens und seine Frau Caroline erfuhren von Goethes Verhältnis mit Christiane erst im März des folgenden Jahres durch Frau von Stein. Später gehörten beide zu den Freunden, deren Fürsorge Goethe, wenn er von Weimar abwesend war, seine kleine illegitime Familie empfahl. Doch so weit war es noch nicht.
Zuvor reiste auch Herder nach Italien; scheinbar in der Nachfolge Goethes; in Wahrheit jedoch unter sehr viel ungünstigeren Bedingungen und ohne als ein Verwandelter mit reicher Beute heimzukehren.
Ein Freiherr von Dalberg, jugendlicher Schöngeist, leicht verwachsen und katholischer Domherr von Trier, Speyer und Worms, hatte Herder aufgefordert und so gut wie eingeladen, ihn auf einer Reise nach Italien zu begleiten. Am 6. August 1788 nahm Herder Abschied von den Seinen in Weimar und traf am 24. in Augsburg mit Dalberg zusammen. Als höchst unwillkommene Überraschung erfuhr er dort, daß der Domherr nicht allein war, daß vielmehr eine verwitwete Frau von Seckendorf ihn begleitete; eine Beigabe, die Herder die Reise auf mancherlei Weise verbittern sollte, bis es ihm gelang, sich in Rom von dem wunderlichen Gespann zu lösen.
Der nun einsetzende Briefwechsel zwischen Herder in Italien und seiner Frau in Weimar, und gleichzeitig zwischen Herder und Goethe, ist eines der seltsamsten, aufschlußreichsten Dokumente über die Beteiligten; über die Art, wie das Ehepaar Herder zu Goethe stand, und wie die beiden Freunde auf das gleiche Phänomen, das zu erfahren jeder von ihnen ausgezogen war – wie verschieden sie auf Rom und die südliche Welt reagierten.

Nachgetragen sei noch, daß auch die Herzogin-Mutter Anna Amalia bald nach Goethes Rückkehr zu einer Reise nach Italien aufgebrochen war, auf der sie im Herbst 1789 mit Herder in Rom zusammentraf.
Die erste Stimme in dem folgenden, häufig diskordanten Briefterzett sei Caroline eingeräumt; sie beginnt, dann schaltet Goethe sich ein, Herder antwortet aus Rom, und Caroline berichtet ferner, wie es ihr mit Goethe ergeht.

Weimar, den 15. August

Goethe besucht mich fleißig. Im Ganzen will es mir nicht wohl mit ihm werden. Er lebt jetzt, ohne seinem Herzen Nahrung zu geben. Die Stein meint: er sei sinnlich geworden, und sie hat nicht ganz unrecht. Er will sich diesen Winter ganz an die Herzogin halten; das sei die Einzige, die ihm geblieben. Mitunter sollte ich und die Imhof zu ihm zum Tee kommen. Ich sagte: Ja, wenn die Stein mitkäme. »Ach, mit der ist nicht viel anzufangen«, sagte er; »sie ist verstimmt, und es scheint nicht, daß etwas werden will.« Ich nahm ihre Partei, so gut ich konnte; ich glaube aber nicht, daß er ihr entgegengeht.

den 18. August

Goethe besucht mich meistens all ander Tag. Er war gestern nachmittag da. Er ist beinah' wie ein Chamäleon; bald bin ich ihm gut, bald nur halb. Er will sich auch nie zeigen, und nimmt sich vor jeder Äußerung in acht, daraus man Schlüsse machen könnte; darum ändert er auch, glaube ich, so oft die Reden.

den 11. September

Es ist alles aufs höchste gegen die Seckendorf aufgebracht, und das mit Recht, aus doppelter Ursache: Euch die Reise zu verderben, und dann die weibliche Ehre so ganz zu beleidigen. In Rom kann Dalberg die Seckendorf nicht bei sich haben, das ist gegen alle Sitte, man duldet es sogar nicht. Goethe zuckt darüber die Achseln. In Neapel, sagt er, ist das alles erlaubt, nur in Rom nicht. Um alles, was ich Dich bitte, laß Dir die Existenz nicht durch ein Weib verderben. Bedenke, daß diese Zeit nicht wiederkommt. Goethe ist gestern mit dem Prinz August nach Gotha gereist; sobald er kommt, sollst Du einen Wechsel von 100 Dukaten haben. Ich werde ihm sagen, daß Du zu Deinem Equipieren noch Geld brauchst. Quäle Dich nur nicht und ärgre Dich nicht; Du hast nun einmal ein solch zweiblätterichtes Schicksal.

den 12., morgens

Goethe sagte, wenn er wieder nach Rom käme, würde er von 12 Uhr bis 2 schlafen, die Stunden vor dem Essen; viele täten es so und befänden sich wohl dabei. – Einen seidnen Gürtel, der dort morgens und abends getragen wird, unter der Weste, kaufe ja bald, und vergesse ihn besonders des Abends nicht; man trägt ihn in der Tasche mit sich, um ihn immer zu haben. O könnt' ich unsichtbar Deine Begleiterin und Pflegerin sein!

Weimar, den 10. Oktober 88

Sei mir herzlich in Rom gegrüßt und an jeder Stelle, die du betreten wirst. Keine merkwürdige wirst du betreten, in der ich nicht deiner gedacht hätte. Ihr habt Tadel verdient, daß Ihr bis Ancona so schnell, Lob, daß Ihr von daher die merkwürdigen Sachen mit Ruhe und einigem stillen Genuß angeschaut habt. Verzeihe deiner Frauen, wenn sie mir mehr, als du wolltest, vertraut hat; verzeih mir, wenn ich mich etwas heftiger gegen Dalberg erklärt habe. Sie muß nichts Wichtiges ganz in sich verschließen, wenn sie deine Abwesenheit tragen soll; und wie ich die Sachen nehme und trage, weißt du ja auch. Ich bleibe immer der wunderliche Heilige Gottes, der wunderlich geführt wird.

Das Blatt ist liegen geblieben; nun kommt dein Brief, der deinen Einzug in Strada Condotta benachrichtiget. Die Seckendorf ist eigentlich ein Racker, und spielt ihre Person in der Gesellschaft am besten. Du bist auf alle Weise zu honett; da es aber deine Natur ist, so bleibe dabei und laß sie dirs nur nicht zu grob machen. Der Dalberg ist, wie alle schwachen Menschen, freilich sehr vergnügt, wenn du ihm das Leben leicht machst, da du's ihm sauer machen solltest, indes jene, die ihm's leicht machen sollte, es ihm lästig macht. Ich lobe sie indessen, wie der Herr den ungerechten Haushalter. Es geht doch nichts über die Huren, dagegen kann kein ehrlicher Mann, keine ehrliche Frau, kein ehrlich Mädchen aufkommen. Lebe wohl, du Guter; genieße Rom, sorge, daß Ihr nach dem Karneval nach Neapel geht bis Ostern, und vergiß nie, was du bist und was dir der Sperling schuldig ist. Liebe mich. Grüße die Landsleute. G.

Rom, den 8. Oktober 1788
Sonnabend abend kam die Herzogin-Mutter gesund und äußerst vergnügt an. Sie beträgt sich, als Fürstin, sehr gut, und im Museum hatte sie eine wahre, innige, gefühlte Freude; ganz anders als unsre schöne Begleiterin, die von allem nichts weiß und versteht, alles ohne Teilnehmung siehet und die man nur mitschleppen muß.

Alle sagen mir, ich müsse ein schwarzes Kleid in die Gesellschaften haben, und das wäre mir ärgerlich, hier, im teuren Rom, mir ein schwarzes Kleid müssen machen zu lassen; ich wollte, daß ich Deinem Rat gefolgt wäre und mein schwarzes Kleid mitgenommen hätte. Bei Monsignore Borgia, der mich vorigen Freitag mit seinen roten Strümpfen in meinem Hause selbst aufsuchte, und auf den Sonntag zu Tisch bat, hatte ich das schwarzseidne Kleid an, war rund frisiert, mit einzelnen Buckeln, wie in Weimar; und er stellte mich seiner Gesellschaft als Bischof in meinem Lande vor, welches ich denn auch mit aller Bescheidenheit annahm, und annehmen konnte, weil er von allem unterrichtet ist.

Jetzt bin ich ganz zerstreuet, unruhig und außer mir, so daß ich in Rom noch keinen Genuß gehabt habe, wie ich mir ihn wünschte. Ich bin indessen mit Sehen so fleißig, als ich sein kann.

Rom, den 11. Oktober
Goethe hat Dich auf alle Art irregeführt. Er hat gut reden; alle seine Ratschläge in Ansehung Roms taugen nicht; er hat wie ein Künstlerbursche hier gelebet. Da schwätzt er und warnt mich vor dem schwarzen Rock und macht, daß ich den meinigen nicht mitnehme, und nun muß ich mir einen hier machen lassen. Und so hat er mehr geredet; ich habe mich manchmal schon über ihn geärgert, daß ein Mensch, der zwei Jahr in Rom gewesen ist, einen so ziehen läßt. Ich würde es, da ich jetzt zwei, drei Wochen in Rom bin, keinem Fremden so tun, der mich früge. Ja, wohl bin ich in Rom auf meine Lebenszeit gewesen, aber in anderm Sinn, als Goethe es meinet.

Weimar, den 13. Oktober 1789
Goethe kam den Montag zu mir. Vom Kaiser sagte er, er hätte das Haus Östreich durch diesen Krieg so heruntergebracht,

daß es sich in hundert Jahren nicht erholen werde. Ich sagte: »So wird's unserm Herzog auch gehen.« – »Ja, nicht anders«, antwortete er; »und so geht's uns allen, wenn wir unsre *Eigenheit* irgendwo oder am unrechten Orte, wie es gemeiniglich geschieht, durchsetzen. So ist mir's von Jugend auf ergangen; ich war frei und reich, konnte sie also öfters und mehr durchsetzen als ein andrer, und ich weiß am besten, wo und wie sie mir geschadet; und wenn ich mich jetzt nicht zusammennähme, so würde es noch mehr geschehen. So schadet dem Herder jetzt seine Eigenheit. Niemand wird es glauben, aber Zartheit und Nachgiebigkeit ist seine Eigenheit, und nun leidet er darunter. Hätte er gefühlt, wer er ist, er hätte von Augsburg aus sich nicht so gütig betragen. Und daher kommt's manchmal, daß er hernach am unrechten Ort gegen Menschen das Rauhe hervorkehrt.« Diese goldnen Worte waren, als wenn sie aus unser beider Seelen herausgeredet wären.

Jetzt ist es hohe Zeit, seine *Eigenheit* beiseitezusetzen, wenn wir nicht in Not und Gram kommen wollen. Der Hure Seckendorf werde ich in meinem Leben nicht gut.

Rom, den 4. November 1788

Deine Briefe vom 12. und 17. Oktober habe ich heut bekommen, und mich freut herzlich Eure Gesundheit und Euer Teilnehmen. Aber, liebes Weib, die Regeln aus Goethes Munde schmecken mir nicht. Was sollen die Tadeleien, die Korrektionen, wo uns ja das Schicksal selbst scharf genug korrigiert. Ist diese zärtliche Schonung meine Eigenheit, so kann ich nicht dafür; ich kann ohne sie nicht leben, und will lieber untertreten werden als untertreten. Du hast überhaupt gefehlt, daß Du ihm aus meinen Briefen so viel mitgeteilt hast. Ich schrieb für Dich und gewiß für keinen andern; ich bat Dich auch ausdrücklich, *niemandem* von dem allen, was hier zwischen uns vorging, zu sagen. Gutes kann daraus auf keine Weise erwachsen.

Wie Goethe hier gelebt hat, kann, mag und will ich nicht leben; verzeihe mir den Kommentar hierüber, der sich eher sagen als schreiben läßt. Goethe spricht über Rom wie ein Kind, und hat auch wie ein Kind, freilich mit aller *Eigenheit*, hier gelebet; deshalb ers denn auch so sehr preiset. Ich bin nicht Goethe, ich habe auf *meinem* Lebenswege nie nach seinen Maximen handeln kön-

nen; also kann ich's auch in Rom nicht. Ich nehme aber, soviel ich kann, meine Vernunft zusammen, um so würdig und gut zu handeln, als sich unter einer gegebenen Reihe von Umständen handeln läßt. Das alles ist bloß für Dich geschrieben, und ich bitte Dich, mein Gebot diesmal nicht zu übertreten.
Verdorben ist einmal meine Reise, und ich hätte sie nie tun sollen; doch wer weiß, wozu auch sie gut ist! Mir gibt sie einen Ruck auf mein ganzes Leben, ob sie mir gleich nie eine angenehme Erinnerung sein wird. Auch von Goethes Gesellen habe ich eigentlich wenig; es sind junge Maler, mit denen am Ende doch nicht viel zu tun ist, geschweige, daß ich mit ihnen Jahre lang leben sollte. Sie sind alle gutwillige Leute, die aber von meinem Kreise zu fern abliegend.
Gebe Gott mir ein gutes Schicksal; ich flehe sehr darum und weiß, daß Du es auch tust und tun wirst. – Nimm ja diesen Brief nicht übel! Glaube auch nicht, daß ich etwas gegen Goethe habe: alles, was er sagt, ist wahr, und ich habe ihn lieb wie meinen Bruder. Lebe wohl!

Weimar, den 7. November

Goethe scherzte letzthin, es würde Dir nicht eher wohl werden in Rom, bis Du liebtest. Gebe das gute Schicksal Dir gute Stunden für manches lange Leiden; nur sei klug und vorsichtig, lieber Engel. Über den Alpen bist Du wieder ganz mein.

den 14. November

Goethes Betragen ist gar sonderbar. Vorigen Sonnabend wurden wir endlich zur Ansicht der Zeichnungen zu ihm eingeladen, die Stein, Schardt, Imhof und ich. Es war uns allen höchst unwohl, und ein jedes ging vor 7 Uhr mit Vergnügen weg. Die Schardt erzählte mir hernach, daß er den Tag vorher auf dem tanzenden Picknick mit keiner gescheiten Frau ein Wort beinah geredet, sondern den Fräuleins nach der Reihe die Hände geküßt, ihnen schöne Sachen gesagt und viel getanzt hätte. Die Kalbin findet das nun abscheulich, daß er die jungen Mädchen auf diese Weise reizt etc. Kurz, er will durchaus nichts mehr für seine Freunde sein. Ich vermute, daß er nach Weihnachten bald zu Euch kommt, und dies wäre sehr gut. Für Weimar taugt er nicht mehr; im Gegenteil glaube ich, daß das Gelecke an den jungen

Mädchen dem Herzog, der dabei war, nicht eben die besten Eindrücke gibt.
Alles hofft und wünscht, daß die Herzogin künftiges Jahr wiederkommen wird, weil es dort sehr teuer ist. Ich denke, in einem Jahr hat man für die Menge Geld Italien satt, wenn man kein Künstler ist. Goethe gedeiht am besten in Rom. Sein ganzes Wesen ist mir noch ein Rätsel; ich weiß nicht, wie ich ihn entziffern soll. Vor mehrern Wochen sagte er mir einmal, er für seine Person hätte viel Glück, ja es strömte ihm von allen Seiten zu, aber nur für andre habe er kein Glück. Ich fühlte diese Wahrheit sehr tief.

Rom, den 27. Dezember 1788

Ich kann das alte, krumme Jahr 88 nicht beschließen, ohne daß ich Dir noch von Rom aus ein Lebenszeichen gebe, mein Lieber. Wir haben hier dummes Wetter und einen erbärmlichen Winter; das macht nun jeden unmutig und unlustig, der nicht daran gewohnt ist, die Herzogin ausgenommen, die immer gesund, vergnügt und guter Laune ist, wie es ihr denn auch in allem recht wohl gehet.

Mir ist's nun freilich nicht ganz so, und ich kann mich in dem, was ich suchte und erwartete, des guten Glückes nicht so ganz rühmen. Da aber in der Natur der Dinge nichts vergebens ist, so wird auch dies übelgeratne Impromptu meiner Reise nicht ganz vergebens sein, wenigstens dadurch, daß es mich vor jedem ähnlichen bewahre. Ich will nur dagegen kämpfen, daß ich nicht in Deine Fußtapfen trete und eine »Gleichgültigkeit gegen die Menschen« nach Hause mitbringe, die mir übler bekommen würde als Dir, weil ich keine Kunstwelt wie Du an die Stelle der erloschenen zu setzen wüßte. Fast möchte ich sagen, daß ich von der Kunst nie kühler gedacht habe als hier, da ich sie in ihrem Werden, Tun und Wirken dem ganzen Umfange nach vor mir sehe; einst war's eine schöne Blüte des menschlichen Bestrebens, jetzt aber ist's eine Blumenfabrik wie unsrer Freunde Kraus' und Bertuchs. Auch sonst läßt die römische Welt meine Seele entsetzlich leer, wozu Du Dir die Ursachen wohl ausfinden wirst.

Mit Dir war's in allem anders, weil Du ein *artifex* bist, und mich freuet's, daß Du Deinem Beruf treu bleibst und dort Dein Werk fortsetzest. Wenn ich aus Italien komme, will ich mir von Dir erzählen lassen, was Du gesehen hast und ich hätte sehend sehen sollen, und meinen Mund dazu nicht auftun. Dann wollen wir Dich in Deinen Wagen setzen und wieder nach Rom senden. Ich fürchte, ich fürchte, Du taugst nicht mehr für Deutschland; ich aber bin nach Rom gereist, um ein echter Deutscher zu werden, und wenn ich könnte, würde ich eine neue Irruption germanischer Völker in dies Land, zumal nach Rom, veranlassen.

Weimar, den 9. Januar 1789
Ich habe Dir die zwölf Lieder der Madagaskaren abgeschrieben; einige darunter sind sehr schön, es sind die sinnlichen; deren bedarfst Du jetzt nicht, da Du in dem *sinnlichen* Napel lebst. Ich wollte fast wetten, daß Du mir in dieser Nacht, vom 8. zum 9., untreu – nein, das nicht – nur daß Du genossen hast. Ich habe einen närrischen Traum diese Nacht gehabt. Goethe aber warnte mich letzthin sehr ernstlich vor meinen Träumen; das Schlimmste dabei sei, sie machen den Verstand krank.

Rom, den 2. Februar
Dank Dir tausendmal für Deine unnennbare, unerschöpfliche Güte und Liebe. Dir bringe ich nichts als mich selbst mit; aber, wie ich hoffe, neugeboren. Träume Dir nichts von solchen Fällen zwischen dem 8. und 9. Januar; Du hast falsch geträumt. Wahrscheinlich komme ich Dir so treu und ganz zurück, wie ich von Dir ging, und ich bin gewiß zehnmal ganzer. Ich lebe in der Sinnlichkeit von außen so ätherisch-unsinnlich, daß ich selbst keinen Begriff davon in Deutschland gehabt hätte. Bloße Wollust ist wider meine Natur, und vor allem Attachement hüte ich mich in Italien, wie ich mich noch nie gehütet habe. Tausend Ursachen sind hiezu da, und die vornehmste, daß man so sehr dazu gestimmt ist.

Weimar, den 20. Februar
Goethe kam den Montag, um nach Dir zu fragen. Es freute ihn sehr, als ich ihm sagte, wie Dir sei. »So war mirs auch«, sagte er; »ich ließ die Hände sinken, und tat nichts mehr.« Knebel kam

noch dazu. Goethe setzte sich nieder und zeichnete mir ein Landschäftchen. Es war ein guter Geist und ein gutes Gespräch unter uns; denn Du warst immer dabei. Ich kann nicht bergen, daß mir diese Abendstunden unter denen, die ich mitunter, zwar sparsam, in Gesellschaft zubringe, die liebsten sind. Ein verständiges Wort zu hören und den Atem eines guten Geistes zu fühlen, das ist Leben.

den 2. März

Über Goethe habe ich wirklich einen großen Aufschluß bekommen. Er lebt eben wie *der Dichter mit dem Ganzen* oder *das Ganze in ihm*, und da wollen wir als einzelne Individuen nicht mehr von ihm verlangen, als er geben kann. Er fühlt sich als ein höheres Wesen, das ist wahr, aber er ist doch der Beste und Unwandelbarste unter allen. Seitdem ich weiß, was ein Dichter und Künstler ist, seitdem verlange ich kein engeres Verhältnis, und doch, wenn er zu mir kommt, fühle ich, daß ein sehr guter Geist um und in ihm ist.

Rom, den 7. März

Was Du, gutes Herz, zu Goethes Entschuldigung sagst, reicht meinem Gefühl nicht zu. Hole der Henker den Gott, um den alles rings umher eine Fratze sein soll, die er nach seinem Gefallen brauchet; oder gelinder zu sagen, ich drücke mich weg von dem großen Künstler, dem einzigen rückstrahlenden All im All der Natur, der auch seine Freunde und was ihm vorkommt bloß als Papier ansieht, auf welches er schreibt, oder als Farbe des Paletts, mit dem er malet. Gott sei Lob und Dank, daß er mich nicht zu einem so hellstrahlenden Spiegel des Universums gemacht hat; ich mag gern eine dunkle Scherbe bleiben.

Weimar, den 8. März 1789

Ich habe nun das Geheimnis von der Stein selbst, warum sie mit Goethe nicht mehr recht gut sein will. Er hat die junge Vulpius zu seinem Klärchen, und läßt sie oft zu sich kommen etc. Sie verdenkt ihm dies sehr. Da er ein so vorzüglicher Mensch ist, auch schon vierzig Jahr alt ist, so sollte er nichts tun, wodurch er sich zu den andern so herabwürdigt. – Was meinst Du hierüber? Dies alles aber *sub rosa*!

Rom, den 28. März
Was Du von Goethens Klärchen schreibst, mißfällt mir mehr, als daß es mich wundern sollte. Ein armes Mädchen – ich könnte mir's um alles nicht erlauben. Aber die Menschen denken verschieden, und die Art, wie er hier auf gewisse Weise unter rohen, obwohl guten Menschen gelebt hat, hat nichts anders hervorbringen können. Auf mich macht Italien in allem nun einmal den ganz entgegengesetzten Eindruck; ich kehre wie ein Geist zurück, und kann Dir nicht sagen, wie mir vor dem gewöhnlichen Troß der Buhlereien etc. ekelt. Ich fühle mich zu gut dazu; das ist nicht Stolz oder Prätention, sondern Natur und Wahrheit. Daß sie dies sei, wirst Du an mir kennenlernen.

Weimar, den 29. Mai 1789
Goethe will auf einige Tage zu Dir, reitend, ins Karlsbad kommen. Er ist unser treuester Freund; und einen Freund müssen wir jetzt haben. Glaube mirs.
Goethe liebt Dich und ist's vor allen Menschen wert, von Dir geliebt zu werden. Wir wollen ihn nicht mehr verlieren, wie Du es einmal (vor sechs Jahren war's) so heilig zusagtest. Es schmerzt ihn, daß Du so stumm gegen ihn bist; ich habe Dich entschuldigt. Das Wiedersehen im Karlsbad wird alles gutmachen.

Am 5. Mai 1789 reiste Frau von Stein zur Kur nach Wiesbaden und Ems. Sie hatte Goethe einen Brief zurückgelassen, und in den beiden Antwortbriefen Goethes, mit denen die Korrespondenz für mehrere Jahre abbricht, kommt es nun von seiner Seite zu der wohl längst fälligen Erklärung, vor allem über sein Verhältnis zu Christiane, mit der er sich seit schon fast einem Jahr durch ein gleichsam eheliches Band verknüpft fühlt.
Goethe an Frau von Stein in Wiesbaden und Ems:

Ich danke dir für den Brief, den du mir zurückließest, wenn er mich gleich auf mehr als eine Weise betrübt hat. Ich zauderte darauf zu antworten, weil es in einem solchen Falle schwer ist, aufrichtig zu sein und nicht zu verletzen.
Wie sehr ich dich liebe, wie sehr ich meine Pflicht gegen dich kenne und Fritzen, hab ich durch meine Rückkunft aus Italien

bewiesen. Nach des Herzogs Willen wäre ich noch dort. Was ich in Italien verlassen habe, mag ich nicht wiederholen, du hast mein Vertrauen darüber unfreundlich genug aufgenommen. Leider warst du, als ich ankam, in einer sonderbaren Stimmung, und ich gestehe aufrichtig: daß die Art, wie du mich empfingst, wie mich andre nahmen, für mich äußerst empfindlich war. Ich sah Herdern, die Herzogin verreisen, einen mir dringend angebotnen Platz im Wagen leer, ich blieb um der Freunde willen, wie ich um ihretwillen gekommen war, und mußte mir in demselben Augenblick hartnäckig wiederholen lassen, ich hätte nur wegbleiben können, ich nähme doch keinen Teil an den Menschen usw. Und das alles, eh von einem Verhältnis die Rede sein konnte, das dich so sehr zu kränken scheint.
Und welch ein Verhältnis ist es? Wer wird dadurch verkürzt? Wer macht Anspruch an die Empfindungen, die ich dem armen Geschöpf gönne? Wer an die Stunden, die ich mit ihr zubringe? Frage Fritzen, die Herdern, jeden der mir näher ist, ob ich unteilnehmender, weniger mitteilend, untätiger für meine Freunde bin als vorher? Ob ich nicht vielmehr ihnen und der Gesellschaft erst recht angehöre.
Und es müßte durch ein Wunder geschehen, wenn ich allein zu dir das beste, innigste Verhältnis verloren haben sollte.
Wie lebhaft habe ich empfunden, daß es noch da ist, wenn ich dich einmal gestimmt fand, mit mir über interessante Gegenstände zu sprechen.
Aber das gestehe ich gern: die Art, wie du mich bisher behandelt hast, kann ich nicht erdulden. Wenn ich gesprächig war, hast du mir die Lippen verschlossen, wenn ich mitteilend war, hast du mich der Gleichgültigkeit, wenn ich für Freunde tätig war, der Kälte und Nachlässigkeit beschuldigt. Jede meiner Mienen hast du kontrolliert, meine Bewegungen, meine Art zu sein getadelt und mich immer *mal à mon aise* gesetzt. Wo sollte da Vertrauen und Offenheit gedeihen, wenn du mich mit vorsätzlicher Laune von dir stießest.
Ich möchte gern noch manches hinzufügen, wenn ich nicht befürchtete, daß es dich bei deiner Gemütsverfassung eher beleidigen als versöhnen könnte.
Unglücklicherweise hast du schon lange meinen Rat in Absicht des Kaffees verachtet und eine Diät eingeführt, die deiner Ge-

sundheit höchst schädlich ist. Es ist nicht genug, daß es schon schwer hält, manche Eindrücke moralisch zu überwinden, du verstärkst die hypochondrische quälende Kraft der traurigen Vorstellungen durch ein physisches Mittel, dessen Schädlichkeit du eine Zeitlang wohl eingesehn und das du, aus Liebe zu mir, auch eine Weile vermieden und dich wohl befunden hattest. Möge dir die Kur, die Reise recht wohl bekommen. Ich gebe die Hoffnung nicht ganz auf, daß du mich wieder erkennen werdest. Lebe wohl. Fritz ist vergnügt und besucht mich fleißig.
Belveder, den 1. Juni 1789 G.

Es ist mir nicht leicht ein Blatt saurer zu schreiben geworden, als der letzte Brief an dich, und wahrscheinlich war er dir so unangenehm zu lesen, als mir zu schreiben. Indes ist doch wenigstens die Lippe eröffnet und ich wünsche, daß wir sie nie gegeneinander wieder schließen mögen. Ich habe kein größeres Glück gekannt als das Vertrauen gegen dich, das von jeher unbegrenzt war; sobald ich es nicht mehr ausüben kann, bin ich ein andrer Mensch und muß in der Folge mich noch mehr verändern.
Ich klage nicht über meine hiesige Lage, ich habe mich gut hinein gefunden und hoffe darin auszuhalten, obgleich das Klima schon wieder mich angreift und mich früher oder später zu manchem Guten untüchtig machen wird.
Wenn man die kalte, feuchte Sommerzeit, die strengen Winter bedenkt, wenn durch des Herzogs äußeres Verhältnis und durch andre Kombinationen alles bei uns inkonsistent und folgenlos ist und wird, wenn man fast keinen Menschen nennen kann, der in seinem Zustande behaglich wäre: so gehört schon Kraft dazu, sich aufrecht, in einer gewissen Munterkeit und Tätigkeit zu erhalten, und nicht einen Plan zu machen, der einen nach und nach loslösen könnte; wenn nun aber gar ein übles Verhältnis zu den Nächsten entsteht: so weiß man nicht mehr, wohin man soll. Ich sage das so gut in deinem als *meinem* Sinne und versichre dich: daß es mich unendlich schmerzt, dich unter diesen Umständen noch so tief zu betrüben.
Zu meiner Entschuldigung will ich nichts sagen. Nur mag ich dich gern bitten: Hilf mir selbst, daß das Verhältnis, das dir zuwider ist, nicht ausarte, sondern stehen bleibe, wie es steht.

Schenke mir dein Vertrauen wieder, sieh die Sache aus einem natürlichen Gesichtspunkte an, erlaube mir, dir ein gelaßnes wahres Wort darüber zu sagen, und ich kann hoffen, es soll sich alles zwischen uns rein und gut herstellen.
Du hast meine Mutter gesehen und ihr viel Freude gemacht. Laß auch mir deine Wiederkunft freundlich sein.
Lebe wohl! Gedenke mein in Liebe. Tasso ist beinahe fertig. Bis ich ihn gedruckt sehe, glaub ich nicht, daß er fertig wird. Sonst habe ich wenig getan. Lebe wohl. Fritz grüßt.
Weimar, den 8. Juni 89 G.

Am 9. Juli trifft Herder wieder in Weimar ein. Goethe vollendet am 28. August sein vierzigstes Lebensjahr, und am 25. Dezember gebiert Christiane ihm einen Sohn, das einzig überlebende von fünf Kindern.
Im Winter wird die »Metamorphose der Pflanzen« abgeschlossen, der »Tasso« erscheint, das Fragment des »Faust« geht an den Verleger ab.
Im März 1789 kommt es an der Universität Jena zu Unruhen, die zu einem schweren Tumult führen. Goethe wird dorthin beordert, um nach dem Rechten zu sehen, und anschließend bricht er von Jena zum zweitenmal nach Italien auf, um der in Gesellschaft des Kammerherrn von Einsiedel aus Neapel zurückkehrenden Herzogin-Mutter Anna Amalia bis Venedig entgegenzufahren und sie heimzugeleiten.
Von den beiden folgenden Briefen an das Ehepaar Herder ist der erste am Tage vor der Abreise aus Jena geschrieben. Es heißt dort:

Noch bin ich in Jena, und wenn mir dieser Ort verhaßt werden könnte, so hätt' er es diese Tage werden müssen. So ein Greuel von Mißverhältnissen, als ich nur einigermaßen zu balancieren hatte, ist mit Gedanken kaum zu fassen, mit Worten nicht auszudrücken.
Habt Dank für Eure Liebe und Andenken. Ich gehe diesmal ungern von Hause, und dieser Stillstand in der Nähe macht mir die Sehnsucht rückwärts noch mehr rege. Ich will suchen, morgen fortzukommen.
Da man gegen das Ende weich und sorglich zu werden anfängt,

so fiel mir erst ein, daß nach meiner Abreise mein Mädchen und mein Kleiner ganz und gar verlassen sind, wenn ihnen irgend etwas zustieße, worin sie sich nicht zu helfen wüßte. Ich habe ihr gesagt, sich in einem solchen äußersten Falle an dich zu wenden. Verzeih!
Heute verdrießts mich, bei so schönem Wetter in der Stube bleiben und mein Geschäft endigen zu müssen. Ohne die jenaischen Händel wäre ich in Nürnberg. Lebt wohl und grüßt alles. Gedenkt mein in Liebe. G.

Nürnberg, den 15. März 1790
Das schöne Wetter hat sich in Schnee verwandelt, auf einmal ist die frohe Welt trüb und kotig. Ich muß nun sehn, wie ich durchkomme; ich fürchte nur, dieses Wetter ist sehr weit ausgebreitet, und macht mir in den Gebirgen Händel.
Keine *neuen Begriffe* habe ich bis jetzt noch nicht erobert, desto mehr eile ich weiter. Der Aufenthalt in Jena hat mich verspätet; es wäre verdrießlich, wenn ich vor Palmarum nicht Venedig erreichte. Um als ein Heide von dem Leiden des guten Mannes auch einigen Vorteil zu haben, muß ich die Sängerinnen der Konservatorien notwendig hören und den Dogen im feierlichen Zuge sehen. Ich denke, bis Augsburg nicht aus der Chaise zu steigen.
Lebet wohl. Behaltet mich lieb. Die Reise wird mir an Leib und Geist wohl tun, ob ich sie gleich eigentlich ohne rechten innerlichen Trieb fortsetze. G.

Goethes Reise nahm nur etwas mehr als vierzehn Tage in Anspruch; schon am 3. April kann er dem Herzog seine Ankunft in Venedig melden:

Am 31. März bin ich in Venedig glücklich angelangt, nach einer vergnüglichen Reise. Das Wetter war meist schön, besonders durch Tirol.
Diesseits der Alpen von Verona bis hierher habe ich immer Nordost gehabt, hellen Himmel, aber kalt. Heute, den zweiten April, hat es hier geschneit. Auf dem Lande sind die Bäume noch sehr zurück, bei Bozen blühten Mandeln und Pfirschen, um Verona war es auch sehr schön, an den Hügeln hin, das fla-

che Land sieht aber noch nicht italienisch aus. Nun bin ich unter den Amphibien und werde mich bald daran gewöhnen. Von Ihrer Frau Mutter habe ich noch keine Spur, und Einsiedel hat mir einen Gasthof angezeigt, der gar nicht in Venedig existiert. Durch einen Zufall bin ich in eine gute Wohnung gekommen. Ich erneuere mir sachte den Begriff dieser seltsamen Stadt und gehe das Merkwürdigste darin durch.
Diese Reise hat mich recht zusammengeschüttelt und wird mir an Leib und Seele wohltun.
Übrigens muß ich im Vertrauen gestehen, daß meiner Liebe für Italien durch diese Reise ein tödlicher Stoß versetzt wird. Nicht, daß mirs in irgendeinem Sinne übel gegangen wäre, wie wollt es auch? Aber die erste Blüte der Neigung und Neugierde ist abgefallen, und ich bin doch auf oder ab ein wenig heikler geworden. Dazu kommt meine Neigung zu dem zurückgelaßnen Erotikon und zu dem kleinen Geschöpf in den Windeln, die ich Ihnen beide, wie alles das Meinige, bestens empfehle. Ich fürchte, meine Elegien haben ihre höchste Summe erreicht und das Büchlein möchte geschlossen sein. Dagegen bring ich einen *Libellum Epigrammatum* mit zurück, das sich Ihres Beifalls, hoffe ich, erfreuen soll.
In manchen Augenblicken wünsch ich, Sie mit mir zu sehen, nur damit Sie sich in Deutschland besser freuten.
Das ist nun hier mitten im Wasser, und wir sind mitten im Land! Das ist das beste Element, wo man sich seiner und der Seinigen freuen kann. Leben Sie recht wohl. G.

Goethe reist diesmal als Weltmann, fast als Tourist; dementsprechend verändert sind auch Verhalten und Stimmung. Sehr deutlich lassen dies die unterwegs und in Venedig entstehenden Epigramme erkennen, die in rascher Folge niedergeschrieben werden. Dort heißt es denn im Rückblick auf die erste italienische Reise:

Das ist Italien, das ich verließ. Noch stäuben die Wege,
    Noch ist der Fremde geprellt, stell er sich, wie er auch will.
Deutsche Redlichkeit suchst du in allen Winkeln vergebens:
    Leben und Weben ist hier, aber nicht Ordnung und Zucht.
Jeder sorgt nur für sich, mißtraut dem andern, ist eitel,

Und die Meister des Staats sorgen nur wieder für sich.
Schön ist das Land! doch ach! Faustinen find ich nicht wieder!
Das ist Italien nicht mehr, das ich mit Schmerzen verließ.

»Faustinen find ich nicht wieder...« Unter der mit diesem Namen Bedachten mögen wir uns eine ehemalige römische Geliebte vorstellen; ohne Zweifel ist doch Christiane mitgemeint, auf deren Schwangerschaft sich die beiden folgenden Epigramme beziehen.

»Ach, mein Hals ist ein wenig geschwollen!« so sagte die Beste
Ängstlich. – Stille, mein Kind! still! und vernehme das Wort:
Dich hat die Hand der Venus berührt; sie deutet dir leise,
 Daß sie das Körperchen bald, ach, unaufhaltsam verstellt.
Bald verdirbt sie die schlanke Gestalt, die zierlichen Brüstchen,
 Alles schwillt nun, es paßt nirgends das neuste Gewand.
Sei nur ruhig! es deutet die fallende Blüte dem Gärtner,
 Daß die liebliche Frucht schwellend im Herbste gedeiht.
Wonniglich ists, die Geliebte verlangend im Arme zu halten,
 Wenn ihr klopfendes Herz Liebe zuerst dir gesteht.

Wonniglicher, das Pochen des Neulebendigen fühlen,
 Das in dem lieblichen Schoß immer sich nährend bewegt.
Schon versucht es die Sprünge der raschen Jugend; es klopft
 Ungeduldig schon an, sehnt sich nach himmlischem Licht.
Harre noch wenige Tage! Auf allen Pfaden des Lebens
 Führen die Horen dich streng, wie es das Schicksal gebeut.
Widerfahre dir, was dir auch will, du wachsender Liebling –
 Liebe bildete dich: werde dir Liebe zuteil!

Goethe hatte unterdessen gute Weile, sich in Venedig umzutun, bis Anna Amalia mit ihrer Begleitung dort eintraf, um zwei Wochen später nach Weimar zurückzukehren.
Von den wenigen erhaltenen und vermutlich auch wenigen geschriebenen Briefen Goethes aus Venedig ist der nächste an Charlotte von Kalb, die Freundin Schillers, gerichtet, die seit dem Herbst des vorigen Jahres in Weimar lebte.

Venedig, den 30. April 1790
Ihr freundliches Schreiben war das erste Wort, was nach meiner Abreise zu mir von Hause kam. Von Herders hab ich noch gar nichts gehört. Hier schicke ich ein Blättchen Epigramme, welche ich den Freunden mitzuteilen bitte. Es sind dieses Früchte, die in einer großen Stadt gedeihen, überall findet man Stoff, und es braucht nicht viel Zeit, sie zu machen.
Ich habe mich recht umgesehen, indessen ist es immer nur unvollkommen, wie ein Reisender sehn kann. In Gesellschaft Durchlaucht der Herzogin werde ich manches wiedersehen und mein Aufenthalt in Venedig wird mir in mehr als einem Betracht nützlich sein, da er vergnüglich genug war. Wenn ich nur auch diese vergangene sechs Wochen einen Freund oder eine Freundin bei mir gehabt hätte! Unter andern löblichen Dingen, die ich auf dieser Reise gelernt habe, ist auch das: daß ich auf keine Weise mehr allein sein, und nicht außerhalb des Vaterlandes leben kann. Erhalte uns ein gut Geschick den Frieden und gebe uns zusammen eine freundliche Wohnung.
Sagen Sie Herdern, daß ich der Tiergestalt und ihren mancherlei Umbildungen um eine ganze Formel näher gerückt bin und zwar durch den sonderbarsten Zufall. Auch habe ich durch die Betrachtung der Fische und der Seekrebse viel gewonnen.
Noch ist mir der Aufenthalt hier von einer andern Seite merkwürdig geworden: da man jetzt immer von Konstitution spricht, die wunderlichste und komplizierteste Konstitution in der Nähe mit lebendigerm Interesse zu sehen.
Ich habe, wie Sie bemerken können, meine Tätigkeit auf allerlei Gegenstände ausgedehnt und so meine Zeit mannigfaltig zu nutzen gesucht; es sind die vier Wochen gar schön herumgegangen, nur manchmal zeigten sich kleine Bewegungen der Ungeduld. Kommt nun Durchlaucht die Herzogin, so wird eine neue Lebensart angehen, neue Freuden eintreten, die uns, hoff ich, bald zurückführen sollen. Mein sehnlichster Wunsch ist, Weimar bald wiederzusehen und die schöne Jahrszeit mit meinen Freunden zuzubringen. Bleiben Sie mir gewogen. Die Herzogin wird den 6. oder 7. Mai hier ankommen. G.

Von Goethes neuer Entdeckung hinsichtlich der »Tiergestalt und ihrer mancherlei Umbildungen« ist in dem wenige Tage später geschriebenen Brief an Caroline Herder noch etwas ausführlicher die Rede. Bei dem dort erwähnten Götze handelt es sich um Goethes Diener, der ihn begleitete und von dem sich ein unter Goethes Aufsicht geschriebenes Tagebuch der Reise erhalten hat.

Venedig, den 4. Mai 1790
Ihr Brief vom 19. April, liebe Frau, ist mir gestern in die Hände gekommen; es war das Erste, was ich von Ihnen sah. Nun wird auch mein Blatt mit den Epigrammen angekommen sein, und Ihr werdet daraus gesehen haben, daß ich nicht ganz müßig war. Das Büchlein ist schon auf 100 Epigramme angewachsen; wahrscheinlich gibt mir diese Reise noch eins und das andere. Ich bedaure sehr, daß der Mann krank und unbehäglich ist; nur ein paar Zeilen von seiner Hand hätten mich sehr erfreut. Ich kann nicht leugnen, daß manchmal diesen Monat über sich die Ungeduld meiner bemächtigen wollte, ich habe aber auch *gesehen, gelesen, gedacht, gedichtet,* wie sonst nicht in einem Jahr, wenn die Nähe der Freunde und des guten Schatzes mich ganz behaglich und vergnügt macht. Seit acht Tagen ist sehr schön Wetter, nur das Grüne fehlt hier dem Frühling.
Der alte Zucchi beträgt sich sehr freundschaftlich gegen mich. Er hält mir Vorlesungen über den Adreßkalender und erklärt mir die wunderliche Konstitution dieses Staats, indes ich die venezianische Geschichte durchlaufe. An Gemälden habe ich mich fast krank gesehen, und wirklich eine Woche pausieren müssen.
Durch einen sonderbar glücklichen Zufall, daß Götze zum Scherz auf dem Judenfriedhof ein Stück Tierschädel aufhebt und ein Späßchen macht, als wenn er mir einen Judenkopf präsentierte, bin ich einen großen Schritt in der Erklärung der Tierbildung vorwärts gekommen. Nun steh' ich wieder vor einer andern Pforte, bis mir auch dazu das Glück den Schlüssel reicht. Die Meerungeheuer habe ich auch nicht versäumt zu betrachten, und habe auch an ihnen einige schöne Bemerkungen gemacht. Sobald ich nach Hause komme, fange ich an zu schreiben und hoffe, daß unterm Schreiben sich mir noch manches darbieten soll. Von anderem Fleiß und Unfleiß, von Abenteuern, Launen und dergleichen muß das epigrammatische Büchlein dereinst des mehrern zeugen.

Die Herzogin erwarte ich in einigen Tagen. Was sie interessieren kann, hat sie bald gesehen, und auf Neapel kann Venedig nicht schmecken. Vor Pfingsten, hoffe ich, kommen wir hier weg und sind in dem halben Juni zu Hause. Meine Gesinnungen sind häuslicher, als Sie denken.

Weit und schön ist die Welt, doch o! wie dank' ich dem Himmel,
    Daß ein Gärtchen beschränkt zierlich mir eigen gehört.
Bringet mich wieder nach Hause! Was hat ein Gärtner zu reisen?
    Ehre bringt's ihm und Glück, wenn er sein Gärtchen besorgt.

Daß Sie aber in Ihrem Briefe, meine Liebe, die *hohen Trümmern* der *Künste* heruntersetzen und uns dafür *Fleiß*, *Mühe* und *Not* anpreisen, soll als eine Hausfrauenlaune verziehen werden. Diese drei letzten allerliebsten Schwestern sind freilich des Menschen Gefährten, aber warum soll man nicht alles verehren, was das Gemüt erhebt und uns durchs mühselige Leben hindurchhilft! Wenn ihr das Salz wegwerft, womit soll man salzen!

                                                                        G.

Goethes Anspielung darauf, daß jetzt immer von Konstitution gesprochen werde, bezieht sich auf die Ereignisse in Frankreich, wo sich im Juni 1789 die in Versailles versammelten Etats Généraux zu einer verfassungsgebenden Nationalversammlung erklärt hatten, die bis in den September 1791 tagte.
Einige der Epigramme, die damals in Venedig entstanden, liefern knappe Kommentare zur Französischen Revolution, und auch von diesen sollen hier ein paar Proben gegeben werden.

Frankreichs traurig Geschick, die Großen mögens bedenken!
    Aber bedenken fürwahr sollen es Kleine noch mehr!
Große gingen zugrunde; doch wer beschützte die Menge
    Gegen die Menge? Da war Menge der Menge Tyrann.

Alle Freiheitsapostel, sie waren mir immer zuwider:
    Willkür suchte doch nur jeder am Ende für sich.
Willst du viele befrein, so wag es, vielen zu dienen.
    Wie gefährlich das sei, willst du es wissen? Versuchs!

Jene Menschen sind toll, so sagt ihr von heftigen Sprechern,
  Die wir in Frankreich laut hören auf Straßen und Markt.
Mir auch scheinen sie toll; doch redet ein Toller in Freiheit
  Weise Sprüche, wenn ach! Weisheit im Sklaven verstummt!

Lange haben die Großen der Franzen Sprache gesprochen,
  Halb nur geachtet den Mann, dem sie vom Munde nicht floß.
Nun lallt alles Volk entzückt die Sprache der Franken:
  Zürnet, Mächtige, nicht! Was ihr verlangtet, geschieht.

»Seid doch nicht so frech, Epigramme!« Warum nicht? Wir sind
  Überschriften: die Welt hat die Kapitel des Buchs.   [nur

Am 22. Mai bricht Anna Amalia mit ihrem Gefolge von Venedig auf, und am 28. Mai meldet Goethe von Mantua aus dem Ehepaar Herder, daß die Rückreise angetreten ist:

Nun ist die Herzogin im Begriff, aus Italien zu gehn. Wir haben bisher sehr vergnüglich gelebt. Venedig, Padua, Vicenz, Verona und Mantua sind besucht und durchsucht worden. Euern Brief Venedig poste restante habe ich erhalten. Ich danke Euch; er hat mir viel Freude gemacht. Wenn ich nur nicht hören müßte, daß dich eine böse Krankheit heimgesucht hat. Ich hoffe, Euch wohl zu finden. Für die Gesinnungen gegen meine Zurückgelaßnen danke ich Euch von Herzen; sie liegen mir sehr nahe und ich gestehe gern, daß ich das Mädchen leidenschaftlich liebe. Wie sehr ich an sie geknüpft bin, habe ich erst auf dieser Reise gefühlt.
Sehnlich verlange ich nach Hause. Ich bin ganz aus dem Kreise des italienischen Lebens gerückt. Den 1. Juni sind wir in Triento und wahrscheinlich den 15. oder 16. in Weimar.
Lebt wohl. Ich hoffe auf einen guten Sommer und frohen Herbst unter Euch.   G.

Bald nach seiner Ankunft in Weimar reist Goethe im Juli 1790 zu Carl August nach Schlesien, der dort an preußischen Manövern teilnimmt. Im September ist er in Tarnowitz, auf der Friedrichsgrube wird die erste Dampfmaschine des Kontinents besichtigt. Am 10. September trifft Goethe wieder in Breslau ein; von dort geht anderntags ein Billett an Herder nach Weimar, in dem, wie schon in den Briefen aus Venedig, das Grundmotiv dieser Lebensperiode noch einmal angeschlagen wird.

Breslau, den 11. September 1790
Ich habe lange von dir nichts gehört, lieber Bruder; bin wieder hier in Breslau, nachdem wir von einer Reise nach Tarnowitz, Krakau, Wilitzka, Czenstochowa glücklich gestern zurückgekommen sind. Ich habe in diesen acht Tagen viel Merkwürdiges gesehen. Nun sind wir wieder hier in dem lärmenden, schmutzigen, stinkenden Breslau, aus dem ich bald erlöst zu sein wünsche. Noch will nichts rücken, indessen wünscht sich alles nach Hause, weil doch kein Anschein ist, daß es zum Ernste kommen könnte.
Auch bei mir hat sich die Zentripetalkraft mehr als die Zentrifugalkraft vermehrt. Es ist all und überall Lumperei und Lauserei, und ich habe gewiß keine eigentlich vergnügte Stunde, bis ich mit Euch zu Nacht gegessen und bei meinem Mädchen geschlafen habe. Wenn Ihr mich lieb behaltet, wenige Gute mir geneigt bleiben, mein Mädchen treu ist, mein Kind lebt, mein großer Ofen gut heizt, so hab ich vorerst nichts weiter zu wünschen.

IX

Goethe und Christiane
Kampagne in Frankreich; Belagerung von Mainz
(1792/93)

Als Goethe am 18. Juni 1788, nach fast zweijährigem Aufenthalt in Italien, nach Weimar zurückkehrte, war er bald 39 Jahre alt. Am 12. Juli begegnete ihm die damals 23jährige Christiane Vulpius, zu der sich rasch ein herzliches Liebesverhältnis entwickelte. Im folgenden Jahr zieht Christiane mit ihrer Tante und Schwester in Goethes Haus, und am 25. Dezember wird ihm ein Sohn geboren, August, das einzige überlebende von fünf Kindern Christianes.
1792 siedelt Goethe endgültig in das Haus am Frauenplan über, das der Herzog Carl August ihm zwei Jahre später zum Geschenk macht. Als Hausgenosse, der auch die nötigen Bauarbeiten beaufsichtigt, gehört seit einiger Zeit der aus Zürich gebürtige Zeichenprofessor und Kunsthistoriker Johann Heinrich Meyer zu Goethes engstem Lebenskreis.
In Frankreich war 1789 die Revolution ausgebrochen, die Goethe zutiefst verstörte. Im April 1792 erklärten Österreich und Preußen den Franzosen den Krieg, an dem auch Carl August an der Spitze eines preußischen Kürassier-Regiments teilnahm. Da der Herzog wünschte, daß Goethe auf diesem Feldzug bei ihm wäre, verließ dieser am 8. August seine kleine Familie. Sein Diener Paul Götze begleitete ihn, und Heinrich Meyer, dem er die Sorge für sein Hauswesen übertragen hatte, gab ihm bis Gotha das Geleit. Von dort schreibt er am 9. August an Christiane:

Es ist gar zu nichts nütze, daß man sich von denen entfernt, die man liebt; die Zeit geht hin und man findet keinen Ersatz. Wir sind in Gotha angelangt und ich denke bald wieder wegzugehen, ich habe nirgends Ruhe. Meyer wird dir erzählen, wie ich gleich in Erfurt bin von Wanzen gequält worden und wie ich mich auch hier vor der Nacht fürchtete. Da sind die Zimmerleute besser, die doch nur morgens pochen. Ich bin aber wohl und hoffe, es soll mir noch wohler werden, wenn ich erst einmal

Eisenach im Rücken habe. Von hier schicke ich dir nichts als den schönsten Gruß und die Versicherung, daß ich dich sehr liebe. Von Frankfurt soll aber bald das zierlichste Krämchen ankommen. Lebe wohl, liebe mich, halte alles gut in Ordnung und küsse den Kleinen. G.

Krämchen, auch Judenkrämchen, nennt Goethe, nach Frankfurter Sprachgebrauch, was wir heute etwa Schneider- und Kurzwaren nennen würden: Stoffe, Spitzen, Bänder, Faden, auch sonstiges Nähgerät.

Frankfurt, den 17. August 1792

Heute hab ich deinen Brief erhalten, meine liebe Kleine, und schreibe dir nun auch, um dir wieder einmal zu sagen, daß ich dich recht lieb habe und daß du mir an allen Ecken und Enden fehlst.

Meine Mutter habe ich wohl angetroffen und vergnügt, und meine Freunde haben mich alle gar freundlich empfangen. Es gibt hier mancherlei zu sehen, und ich bin diese Tage immer auf den Beinen geblieben. Meine erste Sorge war das Judenkrämchen, das morgen eingepackt und die nächste Woche abgeschickt wird. Wenn es ankommt, wirst du einen großen Festtag feiern, denn so etwas hast du noch nicht erlebt. Hebe nur alles wohl auf, denn einen solchen Schatz findet man nicht alle Tage.

Lebe wohl. Grüße Herrn Meyer und küsse den Kleinen. Sag ihm, der Vater komme bald wieder. Gedenke mein. Bringe das Haus hübsch in Ordnung und schreibe mir von Zeit zu Zeit.

den 21. August

Heute geh ich, liebe Kleine, von Frankfurt ab und nach Mainz. Ich muß dir nur sagen, daß es mir recht wohl gegangen ist, nur daß ich zuviel habe essen und trinken müssen. Es wird mir aber noch besser schmecken, wenn mein lieber Küchenschatz die Speisen zubereiten wird. Das Judenkrämchen geht auch heute ab und wird nicht lange nach diesem Briefe eintreffen. Ich wünschte ein Mäuschen zu sein und beim Auspacken zuzusehen. Es hat mir recht viel Freude beim Einpacken gemacht. Hebe nur alles wohl auf. Adieu, mein liebes Kind. Behalte mich nur so lieb wie ich dich. Adieu, grüße Herrn Meyer, küsse den Kleinen und schreibe mir bald. G.

Trier, den 25. August 1792
Wo das Trier in der Welt liegt, kannst du weder wissen, noch dir vorstellen; das Schlimmste ist, daß es weit von Weimar liegt, und daß ich weit von dir entfernt bin. Es geht mir ganz gut. Ich habe meine Mutter, meine alten Freunde wiedergesehen, bin durch schöne Gegenden gereist, aber auch durch sehr garstige, und habe böse Wege und starke Donnerwetter ausgestanden. Ich bin hier, ungefähr noch eine Tagreise von der Armee, in einem alten Pfaffennest, das in einer angenehmen Gegend liegt. Morgen gehe ich hier ab und werde wohl übermorgen im Lager sein. Sobald es möglich ist, schreibe ich dir wieder. Du kannst um mich ganz unbesorgt sein. Ich hoffe bald meinen Rückweg anzutreten. Mein einziger Wunsch ist, dich und den Kleinen wiederzusehen; man weiß gar nicht, was man hat, wenn man zusammen ist. Ich vermisse dich sehr und liebe dich von Herzen. Das Judenkrämchen ist wohl angekommen und hat dir Freude gemacht. Wenn ich wiederkomme, bringe ich dir noch manches mit; ich wünsche, recht bald. Lebe wohl und sei mir ein rechter Hausschatz.
Adieu, lieber Engel, ich bin ganz dein. G.

Im Lager bei Longwy, den 28. August 1792
Gestern bin ich im Lager bei dem Herzoge angelangt, habe ihn recht wohl und munter gefunden und schreibe dir in seinem Zelte mitten unter dem Geräusch der Menschen, die an einer Seite Holz fällen und es an der andern verbrennen. Es ist fast anhaltender Regen, die Menschen werden weder Tag noch Nacht trocken, und ich kann sehr zufrieden sein, daß ich in des Herzogs Schlafwagen eine Stelle gefunden habe, wo ich die Nacht zubringe. Alle Lebensmittel sind rar und teuer, alles rührt und regt sich, um sich seine Existenz nur ein wenig leidlicher zu machen. Dabei sind die Menschen meist munter und ziehen bald aus diesem, bald aus jenem Vorfalle einen Spaß. Gestern kamen zwei erbeutete Fahnen, himmelblau, rosenrot und weiß, einige Pferde, zwei Kanonen und viele Flinten an, worüber man sogleich Regen und Kot vergaß.
Schreibe mir gleich, wenn du diesen Brief erhältst: wie es im Hause aussieht, was der Kleine macht und ob das Judenkrämchen dir Freude gemacht hat.

Dieses schreibe ich dir auf französischem Grund und Boden, nicht weit von Longwy, das die Preußen vor einigen Tagen eingenommen haben. Sei meinetwegen unbesorgt, ich habe dich recht lieb und komme sobald als möglich wieder. Küsse den Kleinen, an den ich oft denke. Auch an alles, was um dich ist, an unsre gepflanzten Kohlrüben und so weiter; lebe wohl, mein Liebstes.
G.

Du mußt, liebes Kind, bald wieder ein Briefchen von mir haben. Wir sind schon weiter in Frankreich, das Lager steht bei Verdun. Die Stadt wollte sich nicht ergeben und ist gestern nacht beschossen worden. Es ist ein schrecklicher Anblick, und man möchte sich nicht denken, daß man was Liebes darin hätte. Heute wird sie sich ergeben und die Armee weiter gegen Paris gehen. Es geht alles so geschwind, daß ich wahrscheinlich bald wieder bei dir bin. Es war recht gut, daß ich bald ging. Ich befinde mich recht wohl, ob mir gleich manche Bequemlichkeit und besonders mein Liebchen fehlt. Behalte mich ja recht lieb, sorge für Haus und Garten, grüße Herrn Meyer, küsse den Kleinen und iß deine Kohlrabi in Frieden. Um mich sei unbesorgt. Leb wohl, ich liebe dich herzlich. Aus Paris bringe ich dir ein Krämchen mit, das noch besser als ein Judenkrämchen sein soll. Lebe recht wohl.
Im Lager vor Verdun, den 2. September 1792 G.

Wir stehen noch bei Verdun, werden aber wohl bald vorwärtsgehen; ich befinde mich recht wohl und habe keine Zeit, hypochondrisch zu sein. Wäre es möglich, daß ich dich um mich hätte, so wollte ich mirs nicht besser wünschen. Ich denke immer an dich und den Kleinen und besuche dich im Hause und im Garten und denke mir schon, wie hübsch alles sein wird, wenn ich wiederkomme. Du mußt mich aber nur lieb behalten und nicht mit den Äugelchen zu verschwenderisch umgehen.
Ehe wir hier abreisen, wird ein Körbchen abgehen mit Liqueur und Zuckerwerk, davon genieße was mit Herrn Meyer, das Übrige hebe auf; ich schicke dir noch allerlei in die Haushaltung. Wenn dieser Brief ankommt, bist du vielleicht schon im vordern Quartier. Richte nur alles wohl ein und bereite dich, eine liebe kleine Köchin zu werden. Es ist doch nichts besser, als

wenn man sich liebt und zusammen ist. Lebe recht wohl und bleibe mein. Ich habe dich recht herzlich lieb.
Bei Verdun, den 8. September 1792 G.

Ich habe dir schon viele Briefchen geschrieben und weiß nicht, wann sie nach und nach bei dir ankommen werden. Du erfährst wieder, daß ich mich wohl befinde; du weißt, daß ich dich herzlich lieb habe. Wärst du nur jetzt bei mir! Es sind überall große breite Betten, und du solltest dich nicht beklagen, wie es manchmal zu Hause geschieht. Ach! mein Liebchen! Es ist nichts besser als beisammen zu sein. Wir wollen es uns immer sagen, wenn wir uns wieder haben. Denke nur! Wir sind so nah an Champagne und finden kein gut Glas Wein. Auf dem Frauenplan solls besser werden, wenn nur erst mein Liebchen Küche und Keller besorgt.
Sei ja ein guter Hausschatz und bereite mir eine hübsche Wohnung. Sorge für das Bübchen und behalte mich lieb.
Behalte mich ja lieb! Denn ich bin manchmal in Gedanken eifersüchtig und stelle mir vor: daß dir ein andrer besser gefallen könnte, weil ich viele Männer hübscher und angenehmer finde als mich selbst. Das mußt du aber nicht sehen, sondern du mußt mich für den besten halten, weil ich dich ganz entsetzlich lieb habe und mir außer dir nichts gefällt. Ich träume oft von dir, allerlei konfuses Zeug, doch immer daß wir uns lieb haben. Und dabei mag es bleiben.
Bei meiner Mutter hab ich zwei Unterbetten und Kissen von Federn bestellt und noch allerlei gute Sachen. Mache nur, daß unser Häuschen recht ordentlich wird, für das Andre soll schon gesorgt werden. In Paris wirds allerlei geben, in Frankfurt gibts noch ein zweites Judenkrämchen. Es soll immer was in die Haushaltung kommen. Behalte mich nur lieb und sei ein treues Kind, das Andre gibt sich. Solang ich dein Herz nicht hatte, was half mir das Übrige; jetzt da ichs habe, möcht ichs gern behalten. Dafür bin ich auch dein. Küsse das Kind, grüße Meyern und liebe mich.
Im Lager bei Verdun, den 10. September 1792 G.

Verdun, den 10. Oktober 1792

Deine Briefe hab ich nun alle, mein liebes Herz; und zwar in einem Augenblicke, wo ich große Langeweile hatte. Ich war recht vergnügt, so viel von dir zu lesen.

Du wirst nun wohl schon wissen, daß es nicht nach Paris geht, daß wir auf dem Rückzuge sind. Vielleicht bin ich, wenn du diesen Brief erhältst, schon wieder in Deutschland. Der Krieg geht nicht nach Wunsch, aber dein Wunsch wird erfüllt, mich bald wieder nahe zu wissen.

Ich habe viel ausgestanden, aber meine Gesundheit ist ganz fürtrefflich, es fehlt mir nicht das Mindeste, und an Hypochondrie ist gar nicht zu denken. Du wirst einen recht muntern Freund wieder kriegen.

Wenn ich dir etwas schrieb, das dich betrüben konnte, so mußt du mir verzeihen. Deine Liebe ist mir so kostbar, daß ich sehr unglücklich sein würde, sie zu verlieren, du mußt mir wohl ein bißchen Eifersucht und Sorge vergeben. In wenig Tagen hoffe ich dir wieder näher zu sein, und du erhältst wieder einen Brief. Nun wirst du ja auch wieder in die Komödie gehen und die Abende wenigstens eine kleine Lust haben.

Lebe wohl, küsse den Kleinen und sei vergnügt in deinem Hauswesen.

Diesen Brief schreibe ich dir aus Verdun, wo ich mich einmal wieder im Trocknen bei einem Kaminfeuer erquicke.

Gedenke mein und lebe wohl. G.

Luxemburg, den 15. Oktober

Wir mußten eilig aus Verdun, und nun sind wir seit vorgestern in Luxemburg, in wenig Tagen geh ich nach Trier und bin wahrscheinlich vor Ende dieses Monats in Frankfurt. Sobald ich dort ankomme, schreib ich dir.

Wie froh ich bin zurückzukehren, kann ich dir nicht ausdrücken, das Elend, das wir ausgestanden haben, läßt sich nicht beschreiben. Die Armee ist noch zurück, die Wege sind so ruiniert, das Wetter ist so entsetzlich, daß ich nicht weiß, wie Menschen und Wagen aus Frankreich kommen wollen.

Wir wollen es uns recht wohl sein lassen, wenn wir nur erst wieder zusammen sind. Lebe recht wohl, liebe mich und küsse den Kleinen.

Am selben Tag ging ein Brief an Goethes Amtskollegen, den Minister Voigt, in dem es unter anderem heißt: »*Wir haben in diesen sechs Wochen mehr Mühseligkeit, Not, Sorge, Elend, Gefahr ausgestanden und gesehen als in unserm ganzen Leben. Dieser Feldzug wird als eine der unglücklichsten Unternehmungen in den Jahrbüchern der Welt eine traurige Gestalt machen.*«
Auch die Heimkehr nach Weimar war so rasch und leicht nicht zu bewerkstelligen. Ende Oktober schon nahmen die nachrückenden Franzosen Mainz und Frankfurt ein, so daß Goethe sich genötigt sah, über Trier nach Pempelfort und Münster auszuweichen, wo er sich einige Wochen bei seinem Freunde Jacobi und der Fürstin Gallitzin aufhielt. Erst am 16. Dezember abends traf er wieder bei den Seinen ein.

Meine Ankunft in Weimar sollte auch nicht ohne Abenteuer bleiben; sie ereignete sich nach Mitternacht und gab Anlaß zu einer Familienszene, welche wohl in irgendeinem Roman die tiefste Finsternis erhellen und erheitern würde.
Nun fand ich das von meinem Fürsten mir bestimmte, erneuerte, wohleingerichtete Haus schon meistens wohnbar, ohne daß mir die Freude ganz versagt gewesen wär, bei dem Ausbau mit- und einzuwirken. Die Meinigen entgegneten mir munter und gesund, und als es an ein Erzählen ging, kontrastierte freilich der heitere ruhige Zustand, in welchem sie die aus Verdun gesendeten Süßigkeiten genossen, mit demjenigen, worin wir, die sie in paradiesischen Zuständen glaubten, mit aller denkbaren Not zu kämpfen hatten. *(Kampagne in Frankreich)*

Am 21. Januar 1793 bestieg in Paris Ludwig XVI. das Schafott. Um sich der Verstörung durch die Welthändel zu erwehren, hatte Goethe im Winter mit der Niederschrift des »*Reineke Fuchs*« *begonnen.*
Der Herzog stand unterdessen mit den Truppen der Verbündeten vor Mainz, das noch immer in französischer Hand war, und Goethe machte sich am 12. Mai auf, um auf Wunsch des Herzogs an der Belagerung von Mainz teilzunehmen, das sich am 26. Juli ergeben mußte.
Christiane erwartete damals ihr drittes Kind. In den Briefen, den ersten, die sich von ihr erhalten haben, finden sich gelegent-

lich Anspielungen auf ihre Schwangerschaft, wenn dort von
»Krabskrälligkeit« oder »Pfuiteufelchen« die Rede ist. Goethe,
der sich erst eine Woche bei seiner Mutter in Frankfurt aufgehalten hatte, traf am 27. Mai im Hauptquartier Marienborn
bei Mainz ein. Von dort schreibt er am 29. an Christiane:

Ich bin nun wieder, meine Beste, im Lager angelangt, und es
sieht ein gut Teil besser aus als vor dem Jahre. Man muß nur
alles Gute und Bequeme, was man zu Hause verließ, eine Zeitlang aus dem Sinne schlagen, so kann es wohl angehen. Abwechslung gibt es genug und viel zu sehen und zu hören. Der
Herzog ist recht wohl. Die Armee steht um eine große Stadt,
über ein paar Flüsse weg, und man schießt Tag und Nacht. Ich
wollte, du wärst bei mir, so möchte das andre hingehn. Ich war
in ein Dorf recht schön einquartiert, da haben mich die Wanzen
wie gewöhnlich herausgejagt. Nun schlafe ich wieder im Zelte,
angezogen, in einer Strohbucht und habe eine Decke, die uns,
hoffe ich, bald wieder zusammen zudecken soll. Ich denke viel
an dich, küsse dich und den Kleinen in Gedanken.
Du wirst nun das zweite Paket erhalten und dich gefreut haben.
In Frankfurt steht noch das Bügeleisen, die Schuhe und Pantoffeln waren noch nicht fertig.

Den 31. Mai
Heute nacht sind wir unsanft geweckt worden. Die Franzosen
attaquierten das Hauptquartier, ein Dorf ungefähr eine halbe
Stunde von uns. Das Feuer war sehr lebhaft, sie wurden endlich
zurückgetrieben.
Deiner Bitte eingedenk, bin ich erst, da es Tag war und alles
vorbei, hinuntergeritten. Da lagen die armen Verwundeten und
Toten, und die Sonne ging hinter Mainz sehr prächtig auf.
Behalte mich lieb, ich werde mich um deinetwillen schonen,
denn du bist mein Liebstes auf der Welt. Küsse den Kleinen. Ich
hoffe, wir sehen uns bald wieder.

Weimar, den 7. Juni
Lieber, ich habe das schöne Tuch und alles erhalten und mich
herzlich gefreut, aber der Gruß von der lieben Mutter ging mir
über alles, ich habe vor Freuden darüber geweint. Ich habe was
ohne Dein Wissen getan, ich habe an die liebe Mutter geschrie-

ben und mich bei ihr bedankt, mein Herz ließ mir es nicht anders zu, ich mußte schreiben, Du wirst doch nicht böse darüber? Der Brief wird nun freilich nicht recht sein, aber bitte die liebe Mutter, daß sie nicht böse auf mich wird, und sage ihr, daß ich es nicht besser kann. Itzo fehlt mir nichts als Du, mein Lieber, daß mich mit Dir freuen könnte und ich Dich an mein Herz drücken könnte und Dir sagen könnte, wie ich Dich immer herzlicher liebe und Du mein einziger Gedanke bist, denn jede Freude ist nur halb, wenn Du nicht dabei bist. Komm nur recht bald wieder. Im Hause geht alles gut, der Tapezier fängt an, mein Kämmerchen ist fertig und künftige Woche werde ich in Ordnung kommen. Die Schätzchen besuchen mich immer, die Wernern und die Burkhardtin, auch ein paar Kose-Weiber haben mich besucht, vermutlich aus Neugier wegen der Krabskrälligkeit, die itzo ziemlich augenscheinlich wird. Ich und der Kleine, mir sind gesund, nur weiter fehlt mir nichts, als daß ich mit dem einen Fuß nicht recht fort kann und er ist sehr schmerzlich und dicke, ich habe mit dem Doktor gesprochen, der hat mir aber versichert, es tue nichts, es vergehe auch wieder. Ich fahre mannichmal eine Stunde spazieren, das hat er mir erlaubt. Am Sonntag habe ich das neue Negligé angehabt und bin in der Kirche gewesen, weil Herder predigte. Nach Mittage sind wir auf den Vauxhall, da wurde das schöne Kleid bewundert und gelobt. Bald hätte ich Dir vergessen zu schreiben, daß der Kleine sich sehr freut über sein ABC-Buch und will das ABC lernen, er sagt: »Daß ich auch was kann, wenn der liebe Vater wiederkömmt.« Aber Du sollst ihm ja einen Säbel und eine Flinte mitbringen. Leb wohl und gehe nicht in Gefahr und denke an uns und behalte mich lieb, ich liebe Dich über alles. Leb wohl, Du Liebster. V.

Im Lager bei Marienborn, den 7. Juni 1793
Mit jeder Gelegenheit schreibe ich dir ein Wort. Du mußt nun schon viel Briefchen von mir haben.
Nicht wahr, das Kleid und der Shawl waren schön? Ich wünsche dir schönes Wetter, daß du es oft anziehen kannst. Meine Mutter hat mir noch ein schönes Tischzeug mit zwölf Servietten geschenkt, das kommt auch bald an, und sonst wird noch allerlei gekrabselt.

Ich bin recht wohl und wünsche mir kein besser Leben, wenn du nur in der Nähe wärst. Das Wetter ist schön.
Küsse den Kleinen und lebe recht wohl. G.

Weimar, den 14. Juni 1793

Lieber, Du mußt nun schon fünf Briefe von mir haben. Über alle die schönen Sachen habe ich eine große Freude, in den großen Shawl kann ich mich mit allem wickeln. Gesund bin ich und mache mir immer was zu schaffen. Heut bringe ich Deine Schränke und Sachen in Ordnung und will mich recht freuen, wenn Du wiederkömmst und Dir es recht ist. Der Saal wird gemacht, die Stube und alles ist in 14 Tagen fertig. Dann will ich alle Stuben im ganzen Hause sauber machen lassen, und so will ich es in der schönsten Ordnung erhalten, bis Du wiederkömmst und Dich darüber freust. Denn diesmal ist mir es immer, als kämst Du bald wieder. Denn ich weiß, weil Du mich lieb hast, wirst Du mich in den Umständen nicht bis auf die letzte allein lassen, denn man ängstigt sich doch immer. Ehe ich Deinen vorigen Brief bekam, habe ich vor Angst Tag und Nacht nicht ruhen können, denn es hieß, es wär alles gefangen. Ich danke Dir recht von Herzen, daß Du mir von Zeit zu Zeit schreibst, denn hier sind die Lügen groß. Ich freu mich, wenn ich höre, daß Du gesund bist, habe mich nur hübsch lieb und begib Dich nicht mit Gewalt in Gefahr. Ich und der Kleine lieben Dich herzlich, der Kleine redet immer von Dir und lernt sehr fleißig sein ABC, das deutsche und lateinsche. Wenn Du nur unsern Garten sehen sollst, er ist schön, daß man sich gar nicht heraus sehnet. Ach Gott, wenn die schönen Tage erst wieder kommen, wo wir zusammen drin herumgehen, alsdenn will ich mich recht freuen.
Leb wohl und denke an Dein Christelchen, das Dich recht zärtlich liebt, und mache nicht so viel Äugelchen.

Weimar, 17. Juni

Tausendmal des Tages denke ich bei dem kalten und stürmischen, nassen Wetter an Dich, mein Lieber, was Du wohl dabei leiden mußt, ich bin deswegen sehr in Sorgen, denn bei uns ist es erschröcklich kalt, man muß einheizen. Im Hause werden die Tüncher bis morgen fertig und der Saal wird sehr schön. Im Hause gibt es immer zu tun, heut und gestern sind die Öfen in

Ordnung gebracht worden. In Gärten und auf dem Lande ist alles gepflanzt und zurechte. Aber diese Woche habe ich auch eine große Betrübnis gehabt, ich hatt die Gurken so schöne gewartet und gegossen. Schicket der Hofgärtner die Pflanzen vom Spargel, und die müssen gar tief mit einem Graben gepflanzet werden, und da gingen die Gurken beinahe alle zugrunde, so daß ich habe frische legen müssen, ich weiß aber nicht, ob etwas daraus wird. Du sagtest es dem Gärtner gleich, aber der wollte es besser wissen.

Ich und der Kleine befinden uns ganz wohl, der Kleine spricht sehr viel von Dir und fragt mich immer: »Wenn kömmt denn das Väterchen wieder?« und erfährt er, daß ein Brief von Dir da ist, spricht er allemal: »Hat mir der Vater keinen Kuß geschrieben?« Das Pfuiteufelchen hat sich gemeldet, und es wird wohl seinen Besuch im Oktober machen. Da bist Du doch wohl wieder da. Ach ja, da läßt Du mich nicht allein! Habe mich nur lieb und denke an mich, ich habe Dich ja jeden Augenblick im Sinn und denke nur immer, wie ich im Haushalt alles in Ordnung bringen will, um Dir mit etwas Freude zu machen, weil Du mich so glücklich machst. Leb wohl, ich und der Kleine küssen Dich tausendmal.

Du schriebst mir in einem Briefe, es wäre Zwirn dabei, aber ich habe keinen bekommen.

Marienborn, den 3. Juli 1793

Du bist ein recht liebes Kind, daß du mir so viel schreibst, dagegen sollst du auch wieder gleich von mir einen Brief haben.

Das Wetter war 14 Tage hier ebenso schlimm, als es bei euch nur sein konnte. Erst verfror der Weinstock, und dann hatten wir Kälte, Regen, Sturm und mußten unter unseren Zelten viel erdulden. Jetzt ist es desto schöner, nicht gar zu heiß. Besonders sind die Nächte gar angenehm. Wenn wir nur nicht das traurige Schauspiel ansehen müßten, daß alle Nacht die Stadt bombardiert wird und nun so nach und nach vor unsern Augen verbrennt; die Kirchen, die Türme, die ganzen Gassen und Quartiere eins nach dem andern im Feuer aufgeht. Wenn ich dir einmal davon erzähle, wirst du kaum glauben, daß so etwas geschehen könnte. Tröste dich ja über deine Gurken und sorge recht schön für alles, du machst mir recht viel Freude dadurch.

Wir wollen ja aneinander festhalten, denn wir fänden es doch nicht besser. Behalte mich ja lieb, wie ich dich. Meine Mutter hat dir geantwortet, es wird dich gefreut haben. Sie denkt gar gut gegen dich. Wenn kein Zwirn bei den Sachen lag, so muß ich ihn vergessen haben einzupacken, vielleicht liegt er noch zu Hause bei dem Bügeleisen und andern Sachen.
Küsse den Kleinen und behalte mich recht lieb. G.

Weimar, den 25. Juli, zum Mittag um 2 Uhr
Die freudige Nachricht, daß Mainz über sei, war zwei Tage ehr in Weimar als Dein Brief, ich glaubte es aber nicht ehr, bis ich Deinen lieben Brief erhielt, weil immer so viel Unwahrheit geredt wird. Aber da es wahr ist, bin ich sehr vergnügt, weil ich nunmehro große Hoffnung habe, Dich bald wiederzusehen. Itzo muß ich in Gärten und auf dem Lande sorgen, daß immer gerecht und gehackt wird. Es scheint doch, als ob alles gut geraten wollte, aber ich muß immer selbst darnach sehen. Ich will alleweile in Garten und Kirschen lassen pflücken, es werden welche eingemacht und auch gedörrt. Ich hoffe, wenn Du wiederkömmst, sollst Du Freude an meiner Einrichtung haben. Das wird wieder eine recht schöne Zeit werden, wenn es nur noch gute Tage sind, wenn Du wiederkömmst. Nun muß ich Dir doch auch etwas vom Kleinen schreiben; der sieht ganz anders aus, viel hübscher, mir kömmt es vor, er sehe Dir sehr ähnlich. Er hat seine Freude sehr an Tieren und einem lebendigen Habicht im Garten und einem Eichhörnichen, das hat sich aber diese Nacht von der Kette losgemacht und ist fort, da hat er den ganzen Morgen geweint. Leb wohl, Du Lieber, und behalt mich ja lieb und komm bald wieder.

Frankfurt, den 9. August 1793
Deinen lieben Brief vom 25. find ich erst hier, nachdem er mich überall gesucht hat. Ich kann nun hoffen, balde bei dir zu sein und mich mit dir zu freuen. Deine Schuhe, das Bügeleisen und andre Kleinigkeiten bringe ich mit, auch ist der Säbel für den Kleinen fertig. Grüße ihn recht schön und halte ihm allerlei Tiere, da er Freude daran hat. Wie sehr verlange ich wieder nach Ruhe bei dir, denn es geht alles so konfus um mich her. Behalte mich lieb und laß mich das Hauswesen recht ordentlich

und zierlich finden. Es ist doch gar schön, wenn man seiner Geliebten wieder näher kommt. Lebe wohl. Meine Mutter grüßt.

G.

Am 22. August war Goethe dann wieder zu Hause, und am 22. November gebar Christiane ihr drittes Kind, das bereits am 4. Dezember starb. In einem anderntags geschriebenen kurzen Billett an Jacobi heißt es lakonisch: »Die trübe Jahrszeit hat mir trübe Schicksale gebracht. Wir wollen die Wiederkehr der Sonne erwarten.«

X
Urpflanze und Zwischenkieferknochen

Früh schon stößt man in Goethes Briefen auf Spuren seines Interesses für Anatomie und Knochenlehre. Im Herbst 1781, fünf Jahre vor seinem Aufbruch nach Italien, hörte er bei Justus Christian Loder in Jena anatomische Vorlesungen. Er schreibt darüber in einem Brief an den Herzog vom 4. November:

Loder ist das geschäftigste und gefälligste Wesen von der Welt. Mir hat er in diesen acht Tagen, die wir fast ganz dazu anwandten, Knochen- und Muskellehre durchdemonstriert. Zwei Unglückliche waren uns eben zum Glück gestorben, die wir denn auch ziemlich abgeschält und ihnen von dem sündigen Fleische geholfen haben.

Den Winter über hielt Goethe dann selber im Freien Zeichen-Institut Vorträge über Anatomie. In einem Brief vom 14. November an Lavater in Zürich heißt es:

Auf unserer Zeichenakademie habe ich mir diesen Winter vorgenommen, mit den Lehrern und Schülern den Knochenbau des menschlichen Körpers durchzugehen, sowohl um ihnen als mir zu nutzen, sie auf das Merkwürdige dieser einzigen Gestalt zu führen und sie dadurch auf die erste Stufe zu stellen, das Bedeutende in der Nachahmung sinnlicher Dinge zu erkennen und zu suchen. Zugleich behandle ich die Knochen als einen Text, woran sich alles Leben und alles Menschliche anhängen läßt, habe dabei den Vorteil, zweimal die Woche öffentlich zu reden und mich über Dinge, die mir wert sind, mit aufmerksamen Menschen zu unterhalten; ein Vergnügen, welchem man in unserm gewöhnlichen Welt-, Geschäfts- und Hofleben gänzlich entsagen muß. Diejenigen Teile, die abgehandelt werden, zeichnet alsdann ein jeder und macht sie sich zu eigen.

Auch in Goethes Briefen an seinen Freund Merck in Darmstadt ist von seinen Untersuchungen auf dem Gebiet der Osteologie

(Knochenlehre) gelegentlich die Rede, ohne daß man fürs erste erführe, worauf es bei dem ganzen Treiben hinausläuft. Es waren gewiß Goethes zeichnerische Bemühungen, die ihm eine gründliche Kenntnis der Anatomie unerläßlich erscheinen ließen; aber dabei konnte er, dem Drang seines Geistes nach, nicht stehenbleiben. So muß man denn auch die freudige Erregung nachfühlen – wie die des Weibes bei dem Evangelisten Lukas über den wiedergefundenen Groschen –, mit der er am 27. März 1784 von Jena aus folgende kurze Meldung an Herder in Weimar sandte:

Nach Anleitung des Evangelii muß ich dich auf das eiligste mit einem Glücke bekannt machen, das mir zugestoßen ist. Ich habe gefunden – weder Gold noch Silber, aber was mir eine unsägliche Freude macht –
  das *os intermaxillare* am Menschen!
Ich verglich mit Lodern Menschen- und Tierschädel, kam auf die Spur, und siehe, da ist es. Nur bitt' ich dich, laß dich nichts merken, denn es muß geheim behandelt werden. Es soll dich auch recht herzlich freuen, denn es ist wie der Schlußstein zum Menschen, fehlt nicht, ist auch da! Aber wie! Ich habe mirs auch in Verbindung mit deinem Ganzen gedacht, wie schön es da wird. Lebe wohl! Sonntag abend bin ich bei dir. Antworte mir nicht hierauf, der Bote findet mich nicht mehr. G.

Am selben Tag schrieb Goethe an Frau von Stein:

Es ist mir ein köstliches Vergnügen geworden, ich habe eine anatomische Entdeckung gemacht, die wichtig und schön ist. Du sollst auch dein Teil dran haben. Sage aber niemand ein Wort. Herdern kündigets auch ein Brief unter dem Siegel der Verschwiegenheit an. Ich habe eine solche Freude, daß sich mir alle Eingeweide bewegen.

Um die Tragweite und Bedeutung dieser mit solcher Freude begrüßten Entdeckung zu ermessen, bedarf es eines kurzen Kommentars. Bei dem os intermaxillare *oder Zwischenkieferknochen handelt es sich um ein an den meisten Tierschädeln durch sehr sichtbare Nähte getrenntes Knochenpaar in der vor-*

deren Abteilung der oberen Kinnlade, das die oberen Schneidezähne umfaßt. Dieser Knochen war von führenden Anatomen dem Menschen abgesprochen worden, und in seinem Fehlen glaubte man ein Unterscheidungsmerkmal zwischen dem Affen und dem Menschen zu haben, welches diesem einen besonderen Platz außerhalb der übrigen Säugetiere zuwies. Goethe hingegen war die Vorstellung höchst zuwider, der Entwicklungsgang innerhalb eines Naturreichs könne auf eine solche Weise unterbrochen sein. Das von ihm nachgewiesene Vorhandensein des menschlichen Zwischenkieferknochens lieferte ihm nun das fehlende Zwischenglied, um den derart infrage gestellten Zusammenhang des Menschen mit dem Tierreich wiederherzustellen.

Die Nachricht wird Herder deshalb zuerst mitgeteilt, weil dieser in seinen »Ideen zur Philosophie der Geschichte der Menschheit«, aus denen er Goethe vor kurzem vorgelesen hatte, eben diese Ansicht entwickelt: daß »bei aller Verschiedenheit der lebendigen Erdwesen überall eine Hauptform zu herrschen scheine, die in der reichsten Verschiedenheit wechselt«.

Goethe schrieb nun in den folgenden Monaten seine Abhandlung »Versuch aus der vergleichenden Knochenlehre, daß der Zwischenkieferknochen der obern Kinnlade dem Menschen mit den übrigen Tieren gemein sei«. Diesen Versuch sandte er am 17. November mit folgendem Begleitschreiben an seinen Freund Knebel in Ansbach:

Hier schicke ich dir endlich die Abhandlung aus dem Knochenreiche, und bitte um deine Gedanken drüber. Ich habe mich enthalten, das Resultat, worauf schon Herder in seinen Ideen deutet, schon jetzo merken zu lassen, daß man nämlich den Unterschied des Menschen vom Tier in nichts Einzelnem finden könne. Vielmehr ist der Mensch aufs nächste mit den Tieren verwandt. Die Übereinstimmung des Ganzen macht ein jedes Geschöpf zu dem, was es ist, und der Mensch ist Mensch so gut durch die Gestalt und Natur seiner obern Kinnlade, als durch Gestalt und Natur des letzten Gliedes seiner kleinen Zehe *Mensch*. Und so ist wieder jede Kreatur nur ein Ton, eine Schattierung einer großen Harmonie, die man auch im ganzen und großen studieren muß, sonst ist jedes Einzelne ein toter Buchstabe. Aus diesem Gesichtspunkte ist diese kleine Schrift geschrieben, und das ist eigentlich das Interesse, das darinne verborgen liegt.

Einen Monat später, am 19. Dezember, schickte Goethe seine osteologische Abhandlung an Merck in Darmstadt, mit der Bitte, sie, zusammen mit einigen erläuternden Zeichnungen, an die Anatomen Sömmering und Camper weiterzuleiten. Für den holländischen Anatom Pieter Camper hatte er eigens eine lateinische Übersetzung hergestellt, die, nachdem sie ein halbes Jahr verschollen war, erst im September 1785 in dessen Hände gelangte.
Johann Heinrich Merck an Pieter Camper:

Darmstadt, den 17. Januar 1785
Herr v. Goethe, der berühmte Dichter und wirkliche Geheimrat des Herzogs von Weimar, schickt mir soeben eine osteologische Abhandlung, die Ihnen, nachdem Herr Sömmering sie gelesen haben wird, zugesendet werden soll. Sie werden über den Fleiß eines Liebhabers erstaunt sein, der neben der Last eines ersten Finanzministers und der besonderen Freundschaft eines Fürsten Muße genug findet für eine Arbeit, die man Ihnen vorzulegen wagen darf. Es ist eine kleine Abhandlung über den Zwischenkieferknochen, aus der sich unter anderem ergibt, daß das Walroß vier und das Kamel bloß zwei Schneidezähne besitzt.

Darmstadt, den 28. April 1785
Vermutlich wird Ihnen Graf Callenberg oder mein Freund Job die Abhandlung des Herrn Goethe jetzt überbracht haben. Obgleich Sie über sein System lachen werden, müssen Sie doch finden, daß alles gut gezeichnet ist. Wenn er nicht in mich gedrungen hätte, es Ihnen zu senden, so würde ich es nicht gewagt haben. Immerhin scheint mir dieser Forschungstrieb bei einem Weltmanne, der in einer Menge von Geschäften lebt und, was noch schlimmer ist, ein sehr berühmter Dichter gewesen ist, merkwürdig.
Er schickt mir soeben prächtige Zeichnungen eines Elephantenkopfes aus Kassel; sie übertreffen alles, was ich in dieser Art gesehen habe.

Merck in Darmstadt war, wie man aus diesen Briefen sieht, von Goethes »Entdeckung« nicht überzeugt. Sömmering, der mit Goethes Lehrer Loder in Jena verfeindet war, schrieb einen, wie Goethe sich ausdrückt, »leichten Brief, in dem er mir's gar ausreden will«. Goethe sandte daraufhin einen Kieferknochen, der seine These verdeutlichen sollte. Es heißt diesbezüglich in einem Brief an Merck vom 8. April 1785:

Ich bin recht neugierig zu hören, was Sömmering gesagt hat, als du ihm die Knochen vorhieltest. Ich glaube noch nicht, daß er sich ergibt. Einem Gelehrten von Profession traue ich zu, daß er seine fünf Sinnen ableugnet. Es ist ihnen selten um den lebendigen Begriff der Sache zu tun, sondern um das, was man davon gesagt hat. Auf Campers Antwort verlangt mich auch höchlich.

Camper erhielt die Abhandlung, wie gesagt, mit erheblicher Verspätung. Er antwortete in zwei ausführlichen Briefen, in denen auch er Goethes These ablehnte.
So blieb denn die Abhandlung vorläufig, sowohl in ihrer deutschen wie der lateinischen Fassung, ungedruckt. Sie wurde erst 1820, in erweiterter Gestalt, im zweiten Heft des ersten Bandes der Schriften zur Morphologie gedruckt.
In einem »mannigfaltigen Nachtrag« erzählt Goethe dort, wie er zu seiner Entdeckung gelangte; auch auf seine Enttäuschung über die Ablehnung durch die zünftige Wissenschaft kommt er noch einmal zu sprechen:

Nun zeugt es freilich von einer besondern Unbekanntschaft mit der Welt, von einem jugendlichen Selbstsinn, wenn ein laienhafter Schüler den Gildemeistern zu widersprechen wagt, ja was noch törichter ist, sie zu überzeugen gedenkt. Fortgesetzte vieljährige Versuche haben mich eines andern gelehrt, mich belehrt: daß immerfort wiederholte Phrasen sich zuletzt zur Überzeugung verknöchern und die Organe des Anschauens völlig verstumpfen. Indessen ist es heilsam, daß man dergleichen nicht allzu zeitig erfährt, weil sonst jugendlicher Frei- und Wahrheitssinn durch Mißmut gelähmt würde.

Hier ist nun über Goethes »morphologische Hefte«, die in sechs Lieferungen zwischen 1817 und 1824 erschienen, ein Wort einzuschalten. Sie stellen einerseits, neben den »Schriften zur Farbenlehre«, Goethes bedeutendsten Beitrag zur Naturwissenschaft dar, und sie gehören andererseits, wie auch die beiden Briefwechsel mit Schiller und Zelter, in den weiten Rahmen seiner autobiographischen Schriften; doch scheinen sie als solche, vermutlich der hohen dort erreichten Reflexionsstufe wegen, wenig gelesen und selten berücksichtigt zu werden. Sie verdienten ein besseres Schicksal.
Wovon aber handeln sie? Sie behandeln die Lehre von der morphe, von der in allem Lebendigen in Entwicklung und Vermannigfaltigung sich ausprägenden Gestalt oder Wesensform; anders gewendet: von der Idee, dem Typus oder Schema, das selber als solches weder wahrnehmbar noch im strengen Sinne nachweisbar, nach Goethes Überzeugung in der Erscheinung, dem Phänomen sich ausdrückt – als deren Kanon, Gesetz und organisierendes Prinzip.

Die Morphologie ruht auf der Überzeugung, daß alles, was sei, sich auch andeuten und zeigen müsse. Von den ersten physischen und chemischen Elementen an, bis zur geistigsten Äußerung des Menschen, lassen wir diesen Grundsatz gelten.
Wir wenden uns gleich zu dem, was Gestalt hat. Das Unorganische, das Vegetative, das Animale, das Menschliche deutet sich alles selbst an; es erscheint als was es ist unserm äußern, unserm innern Sinn.
Die Gestalt ist ein Bewegliches, ein Werdendes, ein Vergehendes. Gestaltenlehre ist Verwandlungslehre. Die Lehre der Metamorphose ist der Schlüssel zu allen Zeichen der Natur.

Dieser »Lehre von der Gestalt, der Bildung und Umbildung der organischen Körper« gilt Goethes lebenslanges Interesse, und so tragen die morphologischen Hefte denn auch auf ihrem Umschlag jeweils den ihren Inhalt andeutenden und umschreibenden Titel: »Zur Morphologie. Erfahrung, Betrachtung, Folgerung, durch Lebensereignisse verbunden«.
Diese in zwei Bänden zusammengefaßten sechs Hefte sind nicht eigentlich ein Werk, sondern eher ein Mosaik aus älteren und

jüngeren Aufsätzen, Betrachtungen, Aphorismen, auch Gedichten, Sprüchen und gelegentlichen Zitaten. Goethe, der sich in seinen wissenschaftlichen Bestrebungen nicht immer verstanden und nach Gebühr gewürdigt fühlte, liebte es, wenn er Zustimmung fand, diese Zeugnisse Mitstrebender anzuführen und zu kommentieren. So auch 1822 als Einleitung zum vierten dieser naturwissenschaftlichen Hefte:

Soeben, als ich durch gegenwärtiges Heft zwei Bände abzuschließen im Begriff stehe, erhalte ich von werter Hand eine Schrift, deren Bestreben mir allzuförderlich ist, als daß ich derselben nicht mit Vergnügen gedenken sollte; sie führt den Titel: Wilhelm von Schütz, Zur intellektuellen und substantiellen Morphologie, 1. Heft, 1821.

Der Verfasser hat meine bisherigen Bemühungen um Naturgegenstände wohl eingesehen, er hat das Unternehmen, sie auf eigene Weise mitzuteilen, gebilligt, und entschließt sich nunmehr, was ihm von innerer und äußerer Welt aufgeschlossen worden, an Lebensereignisse geknüpft, durch sie erheitert und aufgeklärt, ebenfalls zu überliefern.

»Unableugbaren Einfluß haben Goethes Beiträge zur Morphologie und Naturwissenschaft auf die nachfolgende Reihe von Mitteilungen ausgeübt. Es fragt sich, ob sie ohne jene an das Licht zu fördern waren.

Drei Eigentümlichkeiten des Goethischen Unternehmens zogen mich lebhaft an und ließen mir einen bleibenden Eindruck:

Was Goethe in der Natur sah, gewann für ihn zugleich den Charakter des Erlebten.

Behandlung und Anordnung macht die Wahrnehmungen zu Mittelwesen, nämlich zu schönen Fragmenten eines unendlichen, sich selbst gleichen, aber auch ungleichen Ganzen, und zu abgeschlossenen einzelnen Ganzheiten.

Die Eigentümlichkeit ihres Gehalts unterscheidet sie von allen bisherigen Gaben spekulierender Philosophie und sinnender Naturbeobachtung.

Die Verbindung mit Lebensereignissen bringt historischen Geist in das Unternehmen. Die geschichtliche Richtung, eine willkommene Zeiterscheinung, faßt Goethe, wie alles, in seiner ganz besondern, nur ihm eigentümlichen Weise auf.

›Ich wünsche ganz verstanden zu werden in dem, was ich der Natur geworden, in dem, was die Natur mir geworden‹, sagt Goethe. ›Willst du mich nur erträglich verstehen, so mußt du wissen, wie die Natur mich fand, und wie ich die Natur fand, als wir uns einander begegneten; dann hast du die Geschichte und die Darstellung meiner Wahrnehmungen. Es ist glaublich, daß dies uns vereinigen werde in der Betrachtung der Phänomene, denen wir uns hingeben.‹«

Warum das biographische Moment unter Umständen so erhellend und zum Verständnis eines Sachverhalts unentbehrlich sein kann, darüber hat Wilhelm von Schütz sich später noch einmal geäußert. Und auch diese Äußerung hat Goethe in seine morphologischen Hefte aufgenommen. Schütz verweist dort darauf, daß es Gegenstände gebe, über die nicht zu allen Zeiten und Stunden, nicht unter allen Bedingungen gesprochen werden kann.

»Wer hat nicht erfahren, daß über manche Gegenstände uns nur Lichter aufgehen und sich Mittel zur Mitteilung zu Gebote stellen, wenn Zeit und Umgebung entsprechend sind. Wir müssen grade diese Natur vor uns, grade diese Freunde um uns sehen, wir müssen grade diese Gespräche vorher geführt, grade diesen Punkt erreicht haben, um glücklich anzuknüpfen, die rechten Ausdrücke finden und der Gewißheit teilhaftig sein zu können, daß sie, selbst Nuancen möglichst richtig wiedergebend, unserm Sinne im Verständnis der Andern näher wie sonst treten werden.«

Soviel über den Kairos des Lebensmoments, auch bei der Erforschung naturwissenschaftlicher Gegenstände. Eine Stufe weiter oder höher als das rein historisch Biographische führt die Wahrnehmung jener Besonderheit in den »morphologischen Heften«, die Schütz unter den Stichworten »Anordnung und Behandlung« zusammenfaßt.

»Die einzelnen Gegenstände stehen durch die Art, wie die besonderen Aufsätze sie behandeln, im vollen Lichte als Einzelheiten da. Durch die Stellung, durch das Anknüpfen an Lebensereignisse, durch die Folgerungen und durch die dichterischen Einströmungen werden sie wieder in das Element einer allen angehörigen Seele getaucht, die Ganzheiten werden gegen den Hintergrund eines gemeinschaftlichen Ganzen gestellt.«

Dies geht jedoch in Wahrheit bei Goethe noch weiter. Nicht nur wird alles »in das Element einer allen angehörigen Seele« getaucht, »werden Ganzheiten gegen den Hintergrund eines gemeinschaftlichen Ganzen gestellt« – Goethe bedient sich darüber hinaus eines Verfahrens der Andeutung, Anspielung durch Nachbarschaft und Zuordnung. Einzelne Texte werden so zusammengerückt, daß sie einander spiegeln und derart eine Fülle der Beziehungen entsteht, die ungesagt bleiben, die herzustellen und zu verfolgen der aufmerksame Leser selber aufgefordert ist. Diese Spiegelungen sind Winke, sie deuten hierhin und dorthin, nähern sich der Ahnung, dem Orakel und durchziehen auch andere Schriften Goethes wie ein feiner geistiger Duft, der Band und Hülle zugleich ist. Wer ihn nicht wahrnimmt, sein Vorhandensein nicht wenigstens vermutet, läuft Gefahr, eine wesentliche Mitteilung zu verfehlen.

Solche Spiegelungen durch Anordnung sind ein Kennzeichen von Goethes Alterswerken, des »West-östlichen Divans« etwa oder der »Wanderjahre«, in besonderem Maße aber der »morphologischen Hefte«, deren Thema ja nichts anderes ist als ein »offenbares Geheimnis« und dessen sinnende Entfaltung.

Daß man sich mit dieser Behauptung nicht auf dem Felde der Vermutung bewegt, daß Goethe dieses Verfahren vielmehr mit Bedacht angewandt und sich seiner wohl bewußt war, darüber unterrichten unmißverständlich folgende Ausführungen in einem Brief aus dem Jahr 1827, an einen jüngeren Leser.

Wegen dunkler Stellen in früheren und späteren Gedichten möchte ich folgendes zu bedenken geben: Da sich gar manches unserer Erfahrungen nicht rund aussprechen und direkt mitteilen läßt, so habe ich seit langem das Mittel gewählt, durch einander gegenübergestellte und sich gleichsam ineinander abspiegelnde Gebilde den geheimeren Sinn dem Aufmerkenden zu offenbaren. *(An Carl Jacob Ludwig Itzen, 27. September 1827)*

Wir betreten hier freilich eleusinische Bezirke, worauf auch die häufigen Sprüche in griechischer und lateinischer Sprache deuten, die fast jedes der morphologischen Hefte kommentarlos eröffnen oder beschließen. Immer geht es um das, was erscheint, das Sichtbare, und in diesem Sichtbaren um ein verborgenes Höheres. Goethe verhält sich seinen Lesern gegenüber wie die Natur, von der es in dem Auszug aus der Schrift des jüngeren Morphologen Wilhelm von Schütz abschließend heißt:

»Es läßt sich sagen, das Wirkliche, die Natur, indem sie dem Menschen die Dinge zur Betrachtung, Erforschung und intellektuellen Feststellung anbietet, gibt sie niemals ihm ganz und vollständig hin, sondern sie reserviert sich jedesmal etwas daran. Dieses, was sie sich vorbehält, ist nicht jedesmal dasselbe. Oft bietet sie enthüllend das tiefste Geheimnis dem Menschengeist dar, aber dann ist es gewiß jedesmal wieder eine andere Seite, die sie ihm verschließt und sich selbst bewahrt. Dies gewährt wieder Freude und Trost dem, welchem es um das Leben selbst zu tun ist, aber es gewährt Verlegenheit dem, der durchdringen, feststellen, anordnen und beherrschen will.«

Eleusis servat quod ostendat revisentibus.

»Eleusis hält zurück, was es erst denen zeigt, die zum andern Mal kommen und schauen.« (Seneca, Naturales quaestiones) *Hierzu stimmen auch die größeren Gedichte, die Goethe in die morphologischen Hefte aufgenommen hat. »Urworte. Orphisch«, fünf Stanzen über die Lebensmächte, eröffnen 1820 das zweite Heft, und im ersten Heft begegnet uns das schon 1798 entstandene Lehrgedicht »Die Metamorphose der Pflanzen«:*

Dich verwirret, Geliebte, die tausendfältige Mischung
    Dieses Blumengewühls über dem Garten umher;
Viele Namen hörest du an und immer verdränget,
    Mit barbarischem Klang, einer den andern im Ohr.
Alle Gestalten sind ähnlich, und keine gleichet der andern;
    Und so deutet das Chor auf ein geheimes Gesetz,
Auf ein heiliges Rätsel. O könnt' ich dir, liebliche Freundin,
    Überliefern sogleich glücklich das lösende Wort!

Werdend betrachte sie nun, wie nach und nach sich die Pflanze,
Stufenweise geführt, bildet zu Blüten und Frucht.

Die Angeredete ist Christiane, Goethes Lebensgefährtin, die emsige Gärtnerin, erntefreudig und in allen Kochkünsten wohlbewandert.

Höchst willkommen war dieses Gedicht der eigentlich Geliebten, welche das Recht hatte, die lieblichen Bilder auf sich zu beziehen; und auch ich fühlte mich sehr glücklich, als das lebendige Gleichnis unsere schöne, vollkommene Neigung steigerte und vollendete; von der übrigen liebenswürdigen Gesellschaft aber hatte ich viel zu erdulden; zu meiner Art sich auszudrücken, wollte sich niemand bequemen. Es ist die größte Qual, nicht verstanden zu werden, wenn man, nach großer Bemühung und Anstrengung, sich endlich selbst und die Sache zu verstehn glaubt; es treibt zum Wahnsinn, den Irrtum immer wiederholen zu hören, aus dem man sich mit Not gerettet hat, und peinlicher kann uns nichts begegnen, als wenn das, was uns mit unterrichteten, einsichtigen Männern verbinden sollte, Anlaß gibt einer nicht zu vermittelnden Trennung.

So wiederholten sich für Goethe mit seiner zweiten naturwissenschaftlichen Schrift die Erfahrungen, die er bereits mit der Abhandlung über den Zwischenkieferknochen gemacht hatte.
Wie das Gedicht, dessen Anfangsverse eben zitiert wurden, trägt diese zweite Schrift den Titel »Die Metamorphose der Pflanzen«.
Auch ihrer Entstehung soll nun anhand von Briefen und anderen Mitteilungen nachgegangen werden.

Sogleich bei meinem Eintritt in den edlen weimarischen Lebenskreis ward mir der unschätzbare Gewinn zuteil, Stuben- und Stadtluft mit Land-, Wald- und Gartenatmosphäre zu vertauschen. Schon der erste Winter gewährte die raschen Freuden der Jagd, von welchen ausruhend man die langen Abende nicht nur mit allerlei merkwürdigen Abenteuern der Wildbahn, sondern auch mit Unterhaltung über die nötige Holzkultur zubrachte.
Auch das Land fing in ökonomischer Hinsicht an, sich zu regen, man strebte nach Kultur der Futterkräuter, die Trift war mit ei-

niger Einschränkung bedroht; unter Gutsherrn, Verwaltern und Pächtern fanden sich erfahrne und nachdenkende Männer; alles Wollen und Bestreben war frisch, neu und hoffnungsreich.
Die Stadt Weimar selbst besaß einen Mann, der, in mehr als einer Hinsicht, Hochachtung verdiente. Doktor Buchholz, Besitzer der einzigen Apotheke, wohlhabend und lebelustig, richtete, mit ruhmwürdiger Lernbegierde, seine Tätigkeit auf Naturwissenschaften. Jede neue, vom Aus- oder Inland entdeckte chemisch-physische Merkwürdigkeit ward unter des Prinzipals Augen nachahmend hervorgebracht und Freunden der Naturwissenschaften auf das liberalste mitgeteilt. Ebenso verhielt er sich zur Pflanzenkunde, indem er, von dem beschränkten Kreise offizineller Gewächse ausgehend, sich über das ganze wissenschaftliche Reich zu verbreiten suchte, auch in seinen Gärten bedeutende, zu jener Zeit seltene Pflanzen anzubauen unternahm.
Dieses Mannes Tätigkeit lenkte der junge, schon früh Wissenschaften sich hingebende Fürst allgemeinerem Gebrauch und Belehrung zu, indem er große, sonnige Gartenflächen, in der Nachbarschaft von schattigen und feuchten Plätzen, einer botanischen Anstalt widmete, wozu denn ältere, wohlerfahrne Hofgärtner mit Eifer sogleich die Hand boten.
Unter solchen Umständen war auch ich genötigt, über botanisches Wissen immer mehr und mehr Aufklärung zu suchen. Linnés Terminologie, die Fundamenta, worauf das Kunstgebäude sich erheben sollte, begleiteten mich auf Wegen und Stegen. Linnés »Philosophie der Botanik« war mein tägliches Studium, und so rückte ich immer weiter vor in Kenntnis und Umsicht, indem ich mir das Überlieferte möglichst anzueignen suchte.
Ich will hier bekennen, daß nach Shakespeare und Spinoza auf mich die größte Wirkung von Linné ausgegangen und zwar gerade durch den Widerstreit, zu welchem er mich aufforderte. Denn indem ich sein scharfes, geistreiches Absondern, seine treffenden, zweckmäßigen, oft aber willkürlichen Gesetze in mich aufzunehmen versuchte, ging in meinem Innern ein Zwiespalt vor: das, was er mit Gewalt auseinanderzuhalten suchte, mußte, nach dem innersten Bedürfnis meines Wesens, zur Vereinigung anstreben.
Besondern Vorteil brachte mir jedoch die Nähe der Akademie

Jena, wo die Professoren durch Einrichtung botanischer Anstalten sich großes Verdienst erwarben, und nicht allein am Orte selbst, sondern auch in der Gegend verbreitete sich das frohe Naturstudium. In Ziegenhain hatte sich eine Familie Dietrich besonders hervorgetan; der Stammvater derselben, sogar von Linné bemerkt, hatte von diesem hochverehrten Manne ein eigenhändiges Schreiben aufzuweisen; durch welches Diplom er sich wie billig in den botanischen Adelstand erhoben fühlte. Nach seinem Ableben setzte der Sohn die Geschäfte fort, welche hauptsächlich darin bestanden, daß die sogenannten Lektionen, nämlich Bündel wöchentlich blühender Gewächse, Lehrenden und Lernenden von allen Seiten herangeschafft wurden. Die joviale Wirksamkeit des Mannes verbreitete sich bis Weimar, und so ward ich nach und nach mit der jenaischen reichen Flora bekannt.

Noch einen größeren Einfluß aber auf meine Belehrung hatte der Enkel Friedrich Gottlieb Dietrich. Als wohlgebauter Jüngling, von regelmäßig angenehmer Gesichtsbildung, schritt er vor, mit frischer Jugendkraft und Lust, sich der Pflanzenwelt zu bemeistern; sein glückliches Gedächtnis hielt alle die seltsamen Benennungen fest, und reichte sie ihm jeden Augenblick zum Gebrauche dar; seine Gegenwart sagte mir zu, da ein offner, freier Charakter aus Wesen und Tun hervorleuchtete, und so ward ich bewogen, auf einer Reise nach Karlsbad ihn mitzuführen.

Unterwegs ergriff er, mit Eifer und Spürkraft, alle Kräuter, Blumen und Blüten, die er jedesmal, in den Wagen an Ort und Stelle, vorwies und benannte, wodurch sich mir ein neues Leben in dieser schönen Welt hervortat. Hier drang sich nun dem unmittelbaren Anschauen gewaltig an und auf, wie jede Pflanze ihre Gelegenheit sucht, wie sie eine Lage fordert, wo sie in Fülle und Freiheit erscheinen könne.

Bergeshöhe, Talestiefe, Licht, Schatten, Trockenheit, Feuchte, und wie die Bedingungen alle heißen mögen, Geschlechte und Arten verlangen sie, um mit völliger Kraft und Menge hervorzusprießen; sie markten wohl mit der Natur, lassen sich zuletzt zur Varietät hinreißen, ohne jedoch das ursprüngliche Recht erworbener Gestalt völlig aufzugeben. Ahndungen hievon berührten mich in der freien Welt, und neue Klarheit schien mir aufzugehen über Gärten und Bücher.

In vergnüglichem Erinnern mag ich noch gerne gedenken, mit wie frohem Erstaunen wir die *Arnica montana,* nach erstiegener vogtländischer Bergeshöhe, an sanften, sonnigen Abhängen, feuchter, aber nicht sumpfiger Wiesen, herrschend ja wütend erblickten, und wie angenehm zu gleicher Zeit mannigfaltige Gentianen uns begegneten.

In Karlsbad selbst war der junge, rüstige Mann mit Sonnenaufgang im Gebirge, reichliche Lektionen brachte er mir sodann an den Brunnen, ehe ich noch meine Becherzahl geleert hatte, alle Mitgäste nahmen teil; die, welche sich dieser schönen Wissenschaft befleißigten, besonders: sie sahen ihre Kenntnisse auf das anmutigste angeregt, wenn ein schmucker Landknabe, im kurzen Westchen, daherlief, große Bündel von Kräutern und Blumen vorweisend, sie alle mit Namen, griechischen, lateinischen Ursprungs und barbarischer Verketzerung, bezeichnend; ein Phänomen das bei Männern, auch wohl bei Frauen, vielen Anteil erregte.

Der hier erwähnte erste Aufenthalt Goethes in Karlsbad fällt in den Sommer 1785. Nach seiner Rückkehr ist in den Briefen an Frau von Stein von seinen Fortschritten in der Botanik häufig die Rede; in kurzen Mitteilungen meist, die aber erkennen lassen, wie sehr Goethe von seinem Studium eingenommen ist.

Ilmenau, den 9. November 85. – Ich lese im Linné fort, denn ich muß wohl, ich habe kein ander Buch. Es ist das die beste Art, ein Buch gewiß zu lesen, die ich öfters praktizieren muß; besonders, da ich nicht leicht ein Buch auslese. Dieses ist aber vorzüglich nicht zum Lesen, sondern zum Rekapitulieren gemacht und tut mir nun treffliche Dienste, da ich über die meisten Punkte selbst gedacht habe.

Ilmenau, den 15. Juni 86. – Wie lesbar mir das Buch der Natur wird, kann ich dir nicht ausdrücken; mein langes Buchstabieren hat mir geholfen, jetzt ruckts auf einmal, und meine stille Freude ist unaussprechlich. So viel Neues ich finde, find ich doch nichts Unerwartetes; es paßt alles und schließt sich an, weil ich kein System habe und nichts will als die Wahrheit um ihrer selbst willen.

Weimar, den 9. Juli 86. – Diesmal sitz ich am Kamine, und trotze der Kälte und Nässe. Ich bin von tausend Vorstellungen getrieben, beglückt und gepeinigt. Das Pflanzenreich rast einmal wieder in meinem Gemüte, ich kann es nicht einen Augenblick loswerden; und das ists recht, wie einem eine Sache zu eigen wird, wenn sie einen derart verfolgt. Es zwingt sich mir alles auf, ich sinne nicht mehr drüber, es kommt mir alles entgegen, und das ungeheure Reich simplifiziert sich mir in der Seele, daß ich bald die schwerste Aufgabe gleich weglesen kann.
Wenn ich nur jemandem den Blick und die Freude mitteilen könnte; es ist aber nicht möglich. Und es ist kein Traum, keine Phantasie; es ist ein Gewahrwerden der wesentlichen Form, mit der die Natur gleichsam nur immer spielt und spielend das mannigfaltige Leben hervorbringt. Hätt' ich Zeit in dem kurzen Lebensraum, so getraut ich mich, es auf alle Reiche der Natur – auf ihr ganzes Reich – auszudehnen.

Im September desselben Jahres bricht Goethe nach Italien auf. Auch dort verfolgt ihn das Pflanzenwesen, wie der folgende Brief an die Weimarer Freunde erkennen läßt.

Palermo, Dienstag, den 17. April 1787
Es ist ein wahres Unglück, wenn man von so vielerlei Geistern verfolgt und versucht wird! Heute früh ging ich mit dem festen ruhigen Vorsatz, meine dichterischen Träume fortzusetzen, nach dem öffentlichen Garten, allein, eh' ich mich's versah, erhaschte mich ein anderes Gespenst, das mir schon diese Tage nachgeschlichen. Die vielen Pflanzen, die ich sonst nur in Kübeln und Töpfen, ja die größte Zeit des Jahres nur hinter Glasfenstern zu sehen gewohnt war, stehen hier froh und frisch unter freiem Himmel und, indem sie ihre Bestimmung vollkommen erfüllen, werden sie uns deutlicher. Im Angesicht so vielerlei neuen und erneuten Gebildes fiel mir die alte Grille wieder ein: ob ich nicht unter dieser Schar die Urpflanze entdecken könnte? Eine solche muß es denn doch geben! Woran würde ich sonst erkennen, daß dieses oder jenes Gebilde eine Pflanze sei, wenn sie nicht alle nach einem Muster gebildet wären?
Ich bemühte mich zu untersuchen, worin denn die vielen abweichenden Gestalten voneinander unterschieden seien. Und ich

fand sie immer mehr ähnlich als verschieden, und wollte ich meine botanische Terminologie anbringen, so ging das wohl, aber es fruchtete nicht, es machte mich unruhig, ohne daß es mir weiterhalf. Gestört war mein guter poetischer Vorsatz, der Garten des Alkinous war verschwunden, ein Weltgarten hatte sich aufgetan. Warum sind wir Neueren doch so zerstreut, warum gereizt zu Forderungen, die wir nicht erreichen noch erfüllen können!

Nach seiner Rückkehr aus Sizilien und Neapel schreibt Goethe am 8. Juni aus Rom an Frau von Stein:

Sage Herdern, daß ich dem Geheimnis der Pflanzenzeugung und -organisation ganz nah bin und daß es das Einfachste ist, was nur gedacht werden kann. Unter diesem Himmel kann man die schönsten Beobachtungen machen. Sage ihm, daß ich den Hauptpunkt, wo der Keim steckt, ganz klar und zweifellos entdeckt habe, daß ich alles Übrige auch schon im ganzen übersehe und nur noch einige Punkte bestimmter werden müssen. Die Urpflanze wird das wunderlichste Geschöpf von der Welt, über welches mich die Natur selbst beneiden soll. Mit diesem Modell und dem Schlüssel dazu kann man alsdann noch Pflanzen ins Unendliche erfinden, die konsequent sein müßten, das heißt: die, wenn sie auch nicht existieren, doch existieren könnten und nicht etwa malerische oder dichterische Schatten und Scheine sind, sondern eine innerliche Wahrheit und Notwendigkeit haben. Dasselbe Gesetz wird sich auf alles übrige Lebendige anwenden lassen.

Und abermals aus Rom, am 18. August 1787, an seinen Freund Knebel:

Wenn man als Künstler gerne in Rom ist und bleibt, so wünscht man als Liebhaber der Natur nun weiter südlich zu gehen. Nach dem, was ich bei Neapel, in Sizilien, von Pflanzen und Fischen gesehen habe, würde ich, wenn ich zehn Jahr jünger wäre, sehr versucht sein, eine Reise nach Indien zu machen; nicht, um etwas Neues zu entdecken, sondern um das Entdeckte nach meiner Art anzusehen. Wie ich es oft voraussagte, habe ich es gefunden, daß hier alles aufgeschloßner und entwickelter ist. Manches, was ich bei uns nur vermutete und mit dem Mikroskop suchte, seh ich hier mit bloßen Augen als eine zweifellose Gewißheit. Ich hoffe, du wirst auch dereinst an meiner *Harmonia Plantarum*, wodurch das Linnéische System aufs schönste erleuchtet wird, alle Streitigkeiten über die Form der Pflanzen aufgelöst werden, Freude haben.

Nach der Rückkehr aus Italien im Juni 1788 entstand nun »Die Metamorphose der Pflanzen«, die im Januar 1790 abgeschlossen vorlag und im April desselben Jahres erschien, als Goethe gerade in Venedig weilte. Um die gleiche Zeit erschienen »Tasso« und »Faust. Ein Fragment« als Abschluß der ersten von Goethe selber besorgten Ausgabe seiner Schriften.
Aus Venedig in Gesellschaft der Herzogin-Mutter wieder nach Weimar heimgekehrt, schreibt Goethe am 9. Juli an seinen Freund Knebel:

Meinen Faust und das botanische Werkchen wirst du erhalten haben. Mit jenem habe ich die fast so mühsame als genialische Arbeit der Ausgabe meiner Schriften geendigt; mit diesem fange ich eine neue Laufbahn an, in welcher ich nicht ohne manche Beschwerlichkeit wandeln werde. Mein Gemüt treibt mich mehr als jemals zur Naturwissenschaft, und mich wundert nur, daß in dem prosaischen Deutschland noch ein Wölkchen Poesie über meinem Scheitel schweben bleibt.

Und worum handelt es sich nun bei dieser »Urpflanze«, die Goethe »mit bloßen Augen als eine zweifellose Gewißheit« vor sich sah und die Schiller später im Gespräch mit ihm als eine »Idee« bezeichnete?
Auch hier geht es um den Typus, das Schema oder Modell, das für Geistesaugen auf allen Stufen der Bildung und Umbildung wahrnehmbare eine Organ, das bei der Pflanze vom Keim zu Stengel, Blatt, Blüte und Frucht sich als das immergleiche Prinzip manifestiert, und zwar in ständiger lebendiger Verwandlung, als deren Haupttendenzen Goethe in dieser Schrift Zusammenziehung und Ausdehnung bezeichnete. Im Alter hat er dies dahin abgewandelt, daß er in der Vegetation als Grundstrebun-

gen ein Vertikalsystem und eine allgemeine Spiraltendenz erblickte, aus deren Verbindung »jede Bildung der Pflanzen nach dem Gesetze der Metamorphose vollbracht wird«. So ist Goethes »Urpflanze« zugleich Trieb, Kraft, Gebild und immer schon Vielfalt in der Einheit: ein ungreifbar Geistiges, kraft dessen allein wir doch das Wesen als solches erkennen.
Über das Problematische einer solchen Naturansicht war Goethe sich durchaus im klaren; er hat jedoch zeitlebens daran festgehalten und auch andern gegenüber dieses Verhalten als legitim verfochten.

Daß uns die Betrachtung der Natur zum Denken auffordert, daß uns ihre Fülle mancherlei Methoden abnötigt, um sie nur einigermaßen handhaben zu können, darüber ist man überhaupt wohl einig; daß aber beim Anschauen der Natur Ideen geweckt werden, denen wir eine gleiche Gewißheit als ihr selbst, ja eine größere, zuschreiben, von denen wir uns dürfen leiten lassen, sowohl wenn wir suchen, als wenn wir das Gefundne ordnen, darüber scheint man nur in einem kleinern Zirkel sich zu verstehen.

Die Idee ist in der Erfahrung nicht darzustellen, kaum nachzuweisen; wer sie nicht besitzt, wird sie in den Erscheinungen nirgends gewahr; wer sie besitzt, gewöhnt sich leicht, über die Erscheinung hinweg, weit darüber hinauszusehen, und kehrt freilich, nach einer solchen Diastole, um sich nicht zu verlieren, wieder an die Wirklichkeit zurück, und verfährt wechselweise wohl so sein ganzes Leben. Wie schwer es sei, auf diesem Wege für Didaktisches oder wohl gar Dogmatisches zu sorgen, ist dem Einsichtigen nicht fremd.

Den Grundgedanken der Metamorphose von der Botanik auf das Tierreich auszudehnen, lag nahe, und Goethe tat diesen gelegentlich schon erwogenen Schritt mit Entschiedenheit auf der Reise nach Venedig und während der Wochen, die er im Herbst 1790 bei Manövern in Schlesien verbrachte. Er schreibt darüber in den »Tag- und Jahresheften«:

Kaum nach Hause gelangt, ward ich nach Schlesien gefordert. In Breslau, wo ein soldatischer Hof und zugleich der Adel einer der ersten Provinzen des Königreichs glänzte, wo man die schönsten Regimenter ununterbrochen marschieren und manövrieren sah, beschäftigte mich, so wunderlich es auch klingen mag, die vergleichende Anatomie, weshalb mitten in der bewegtesten Welt ich als Einsiedler in mir selbst abgeschlossen lebte. Dieser Teil des Naturstudiums war sonderbarlich angeregt worden. Als ich nämlich auf den Dünen des Lido, welche die Venezianischen Lagunen von dem Adriatischen Meere sondern, mich oftmals erging, fand ich einen so glücklich geborstenen Schafschädel, der mir nicht allein jene große, früher von mir erkannte Wahrheit, die sämtlichen Schädelknochen seien aus verwandelten Wirbelknochen entstanden, abermals bestätigte, sondern auch den Übergang innerlich ungeformter organischer Massen durch Aufschluß nach außen zu fortschreitender Veredelung, höchster Bildung und Entwicklung in die vorzüglichsten Sinneswerkzeuge vor Augen stellte und zugleich meinen alten, durch Erfahrung bestärkten Glauben wieder auffrischte, welcher sich fest darauf begründet, daß die Natur kein Geheimnis habe, was sie nicht irgendwo dem aufmerksamen Beobachter nackt vor die Augen stellt.

Da ich nun aber einmal mitten in der bewegtesten Lebensumgebung zum Knochenbau zurückgekehrt war, so mußte meine Vorarbeit, die ich auf den Zwischenkieferknochen vor Jahren verwendet, abermals rege werden. Da aber die dazugehörige kleine Abhandlung, deutsch und lateinisch, noch unter meinen Papieren liegt, so erwähne ich kürzlich nur so viel: Ich war völlig überzeugt, ein allgemeiner, durch Metamorphose sich erhebender Typus gehe durch die sämtlichen organischen Geschöpfe durch, lasse sich in allen seinen Teilen auf gewissen mittlern Stufen gar wohl beobachten und müsse auch noch da anerkannt werden, wenn er sich auf der höchsten Stufe der Menschheit ins Verborgene bescheiden zurückzieht.

Hierauf waren alle meine Arbeiten, auch die in Breslau, gerichtet; die Aufgabe war indessen so groß, daß sie in einem zerstreuten Leben nicht gelöst werden konnte.

Daß sie endgültig und abschließend überhaupt nicht zu lösen ist und daß gerade dies erfreulich sei, war eine Grundüberzeugung Goethes in seinem Alter. In Gestalt eines »freundlichen

Zurufs« hat er sie 1820 zum Abschluß des dritten seiner »morphologischen Hefte« ausgesprochen.

Freundlicher Zuruf

Eine mir in diesen Tagen wiederholt sich zudringende Freude kann ich am Schlusse nicht verbergen. Ich fühle mich mit nahen und fernen, ernsten, tätigen Forschern glücklich im Einklang. Sie gestehen und behaupten: man solle ein Unerforschliches voraussetzen und zugeben, alsdann aber dem Forscher selbst keine Grenzlinie ziehen.

Muß ich mich denn nicht selbst zugeben und voraussetzen, ohne jemals zu wissen, wie es eigentlich mit mir beschaffen sei; studiere ich mich nicht immerfort, ohne mich jemals zu begreifen, mich und andere, und doch kommt man fröhlich immer weiter und weiter.

So auch mit der Welt! Liege sie anfang- und endelos vor uns, unbegrenzt sei die Ferne, undurchdringlich die Nähe; es sei so; aber wie weit und wie tief der Menschengeist in seine und ihre Geheimnisse zu dringen vermöchte, werde nie bestimmt noch abgeschlossen.

XI

Kriegszeiten in Frankfurt
(1795–1797)
Briefe der Frau Aja an ihren Sohn

Siebzehn Jahre war Anna Catharina Textor, die Tochter des Frankfurter Stadtschultheißen, als sie im August 1748 den Kaiserlichen Rat Johann Caspar Goethe heiratete und in sein Haus am Großen Hirschgraben zog. Zwei von sechs Kindern aus dieser Ehe blieben am Leben; der über zwanzig Jahre ältere Mann wurde zuletzt ein mürrischer und schwieriger Hypochonder.
Nach seinem Tode verkaufte die Rätin – Frau Aja, wie ihre Vertrauten sie nach der Mutter der vier Haimonskinder nannten – das allzu stattliche Anwesen am Großen Hirschgraben und mietete im Sommer 1795 eine Wohnung im zweiten Stock des Hauses »Zum Goldenen Brunnen« am Roßmarkt: drei geräumige Stuben in einer Reihe, mit neun Fenstern und der schönsten Aussicht auf die Hauptwache, die Zeil, die gegenüberliegende Katharinenkirche. Freilich hat sie auch Einquartierung; die Kaiserlichen liegen in der Stadt, während die Truppen des französischen Direktoriums wieder einmal vor den Toren stehen.
Der Sohn in Weimar – ihr »Hätschelhans« – war, als die Frau Aja das neue Logis bezog, seit der Belagerung von Mainz nicht mehr in Frankfurt gewesen. Fast zehn Jahre schon lebte er in einer »Gewissensehe« mit Christiane Vulpius, die ihm 1789 einen Sohn, August, geboren hatte, den in den Briefen öfters erwähnten August.
Im Sommer 1795 meldet Goethe aus Weimar, daß Christiane, nach zwei frühverstorbenen, abermals ein Kind erwarte. Die Mutter antwortet am 24. September:

Lieber Sohn!
Gratuliere zum künftigen neuen Weltbürger – nur ärgert mich, daß ich mein Enkelein nicht darf ins Anzeigblättchen setzen lassen – und ein öffentlich Freudenfest anstellen. – Doch da unter diesem Mond nichts Vollkommenes anzutreffen ist, so tröste

ich mich damit, daß mein Hätschelhans vergnügt und glücklicher als in einer fatalen Ehe ist. – Küsse mir deinen Bettschatz und den kleinen Augst – und sage letzterem, daß das Christkindlein ihm schöne Sachen von der Großmutter bringen soll. Hier ist alles aufs neue in großer Unruhe – die Kaiserlichen retirieren sich – die Franzosen werden bald wieder bei uns sein. Ich bin fröhlich und gutes Muts – habe mir über den ganzen Krieg noch kein grau Haar wachsen lassen – schaue aus meinem Fenster, wie die Östreicher ihre Kranken auf Wagen fortbringen – sehe dem Getümmel zu – speise bei offenem Fenster zu Mittag – besorge meine kleine Wirtschaft – lasse mir abends im Schauspiel was dahertragieren – und singe »Freut euch des Lebens, weil noch das Lämpchen glüht«. – Arbeiten tue ich vor der Hand nicht viel – und wer jetzt einen Brief von mir erhält, kann dick tun. – Die Witterung ist zu schön – meine Aussicht zu vortrefflich. – Nur einen Augenblick wünschte ich dich jetzt her: vor Getümmel konnte ich beinahe nicht fortschreiben – der ganze Roßmarkt steht voll Bauernwagen, die Stroh und Heu zu Markt gebracht haben – die Wachtparade der Preußen soll aufziehen – es ist auf dem großen Platz kein Raum – die Bauern kriegen Prügel usw. Von dem Bockenheimer Tor herein kommen Wagen mit Betten – die Mainzer flüchten. – Genug, es ist ein Schariwari, das kurios anzuhören ist. Soeben kommt von Herrn Kappel die Antwort, daß er Burgunderwein erwartete – sobald er ankommt, will er dir Proben schicken. Lebe wohl! Grüße alles, was dir lieb ist, von

deiner treuen Mutter Goethe.

Christiane kam am 1. November mit ihrem dritten Sohn nieder, der aber schon am 18. November starb. Die Nachricht erreicht die Frau Rat in Frankfurt erst Ende Januar.

den 2. Februar 1796

Lieber Sohn!

Daß dem lieben kleinen Söhnchen seine Rolle hienieden so kurz ausgeteilt war, tut mir sehr leid. – Freilich bleiben nicht alle Blüten, um Früchte zu werden – es tut weh – aber wenn die Saat gereift ist und kommt denn ein Hagelwetter und schlägts zu Boden, was in die Scheuern eingeführt werden sollte, das tut

noch viel weher. – Wenn aber nur der Baum stehen bleibt, so ist die Hoffnung nicht verloren. Gott erhalte dich – und den lieben Augst – und deine Gefährtin – dies ist mein innigster und herzlichster Wunsch.
Jetzt noch etwas von meinem Tun und Lassen. Ich befinde mich diesen Winter, der aber auch freilich den Namen nicht verdient, sehr wohl und vergnügt. – Wir haben drei Batallion Grenadier Kaiserliche zur Einquartierung. – Es sind Niederländer, die kein Wort deutsch können. – Im Anfang wars nicht angenehm; man glaubte, die Feinde zu hören; jetzt wissen wir, woran wir sind. Herr Bernus, Frau Rittern und ich haben Mann, Frau und ein Knäblein von zehn Wochen zu unserm Anteil erhalten. Sie wollten kein Geld, sondern die Kost. Da füttert sie Herr Bernus eine Woche, und ich eine; Frau Rittern gibt die Stube und Bett, da sind sie und wir ganz vergnügt. – Heute bekommen sie bei mir Fleischbrühsuppe, Weißkraut und Rindfleisch, das ihnen sehr wohl behagen wird. Auch verdienen es die braven Kaiserlichen, daß es ihnen bei uns wohlgeht, denn nächst Gott waren sie unsere Retter. Gott! verleihe uns bald den edlen Frieden! – das ist der allgemeine Wunsch. Lebe wohl! Behalte mich in gutem Angedenken. – Grüße alles, was dir lieb ist, von
                              deiner treuen Mutter Goethe.

den 28. Februar 1796
Lieber Sohn!
Hier etwas von deinem Neffen Schlosser – und bei dieser Gelegenheit kann ich dich von meinem Wohlbefinden benachrichtigen. Das ist aber auch alles, was ich dir zu schreiben habe. Denn wie ich im übrigen diesen Winter gelebt habe, dürfte dir schwerlich so interessant sein, um die Zeit mit Lesen zu verderben. Doch zum Spaß nur etwas: Frau Bethmann ist verreist, und ihre Tochter und ich kommen die Woche etliche Male zusammen; auch sind noch einige gute Freunde dabei, wie du gleich hören sollst. Was wir da treiben? Wir lesen. – Vorige Woche lasen wir Schillers Dom Karlos! Jeder bekam eine Rolle. Sophie die Königin – Herr von Schwarzkopf, der ganz vortrefflich liest, den Dom Karlos – Posa ich – Fürstin Eboli die Jenny Bethmann – König Philipp Herr von Formey – Herzog Alba Herr Wagner. Du kannst nicht glauben, wie uns das Freude gemacht hat! –

Künftige Woche gibts was Neues. – Ach! Es gibt doch viel Freuden in unseres lieben Herrgotts seiner Welt! Nur muß man sich aufs Suchen verstehn – sie finden sich gewiß – und das Kleine ja nicht verschmähen. – Wie viele Freuden werden zertreten, weil die Menschen meist nur in die Höhe gucken, und was zu ihren Füßen liegt, nicht achten. Das war wieder einmal eine Brühe von Frau Aja ihrer Köcherei. Lebe wohl! Grüße alle Deine Lieben von

> deiner treuen Mutter Goethe.

Im Frühjahr 1796 wurde die Lage um Frankfurt bedrohlicher. Nachdem der kaiserliche General von Wartensleben beschlossen hatte, die Stadt gegen die unter Jourdan anrückenden Franzosen zu verteidigen, wurde Frankfurt in der Nacht vom 12. auf den 13. Juli beschossen. Über 140 Häuser wurden dabei zerstört, und als die Franzosen am 16. Juli einrückten, forderten sie von den Einwohnern eine Kontribution von sechs Millionen in bar und zwei Millionen in Lieferungen. Von diesen Ereignissen ist in den nächsten Briefen der Frau Rat aus dem Sommer 1796 ausführlicher die Rede.

> Geschrieben am längsten Tag 1796

Lieber Sohn!
Hier war wieder einmal alles in großen Schwulitäten – eingepackt – fortgegangen – Pferde bestellt – täglich für ein Pferd elf Gulden bezahlt, damit es parat wäre – manches Haus brauchte sechs, auch noch mehre – die Kutscher haben wieder ihren Schnitt gemacht – auch die Schreiner, Packer und dergleichen. Bei diesem Spektakel bliebe ich, wie die ganze Zeit her, ruhig – packte nicht – regte mich nicht – Essen, Trinken und Schlafen bekame mir wohl – Erfahrung brachte Hoffnung – der dreimal geholfen hat, hats nicht verlernt. – Er kann auch jetzt helfen; und Er tats durch die braven Sachsen, die haben uns wieder vor diesmal befreit. Auch trägt zu meinem Ruhigsein nicht wenig bei, daß ich unter so guten Menschen wohne – die eben so ruhig und still sich betrugen wie ich – denn wenn man unter so verzagten Hasen sich befindet, so kostets doppelte Mühe, sich aufrecht zu halten – die Furcht steckt an, wie der Schnuppen.
Im übrigen passiert hier wenig Neues, das verdiente, beschrieben

zu werden. Mit deinen alten Freunden sieht es ohngefähr so aus: Riese ist etwas hypochonder – Krespel ist ein Bauer geworden, hat in Laubach Güter gekauft – baut auf dieselbe ein Haus nach eigner Invention, hat aber in dem Kickelsort weder Mauerer noch Zimmerleute, weder Schreiner noch Glaser – das ist er nun alles selbst – es wird ein Haus werden – wie seine Hosen, die er auch selbst fabriziert – Muster, leihe mir deine Form!!
Jetzt einen gelehrten Artikel: Wann kommt denn wieder ein Wilhelm Meister zum Vorschein? Die Leipziger Messe ist doch zu Ende? In diesem ganzen Jahr habe noch keinen Merkur, noch kein Modejournal erhalten – es ist freilich von mir so etwas impertinent, immer noch das zu verlangen, was die guten Freunde mir schon so viele Jahre die Güte hatten zuzuschicken – ich frage auch deswegen nur ganz höflich an, ohne es geradezu zu prätendieren. Jetzt lebe wohl! Grüße alles aufs beste und freundlichste in deinem Hause von deiner   treuen Mutter Goethe.

den 22. Juli 1796

Lieber Sohn!
Aus den Zeitungen wirst du die jetzige Lage deiner Vaterstadt erfahren haben – da aber das Tagebuch von Frau Aja zuverlässig nicht darinnen steht und ich doch mit Zuversicht glaube, daß es dir nicht gleichgültig ist, wie ich diese Epoche überstanden habe, so werde eine kleine Relation davon abstatten. – Vor denen Franzosen und ihrem Hereinkommen hatte ich nicht die mindeste Furcht; daß sie nicht plündern würden, war ich fest überzeugt – wozu also einpacken? Ich ließ alles an Ort und Stelle und war ganz ruhig – auch glaubte kein Mensch, daß die Kaiserlichen sich hier halten wollten – es war, wie die Folge auch gezeigt hat, wahrer Unsinn. – Da sie es aber doch taten, so fing die Sache an, bedenklich zu werden. – Das Haus, wo ich wohne, ist in Zeiten der Ruhe eins der schönsten in der Stadt – aber desto fürchterlicher in solchen Tagen, wie die vergangenen waren. – Der kaiserliche Kommandant wohnte gegen mir über, nun sahe ich all den Spektakel: die Franzosen mit verbundenen Augen; unsern Burgemeister; alles in Furcht, was da werden sollte, usw. Den 12. gegen Abend fing das Bombardement an; wir setzen uns alle in die untere Stube unsers Hausherrn; wie es etwas nachließ, ging ich schlafen. – Gegen zwei Uhr früh mor-

gens fings wieder an; wir wieder aus den Betten. – Nun fing ich an auszuräumen, nicht vor den Franzosen, aber wohl vor dem Feuer. – In ein paar Stunden war alles im Keller. – Bis an diesen Period war ich noch ganz beruhigt – jetzt kamen aber so schreckliche Nachrichten, wie der, wie jener – es waren Leute, die ich kannte – der von einer Haubitze zu Tod geschlagen, dem der Arm, dem der Fuß vom Leibe weg, und dergleichen. Nun fing mir an Angst zu werden und ich beschloß fortzugehn, freilich nicht weit – nur dem Bombardement auszuweichen – da war aber kein Fuhrwerk ums Geld zu haben – endlich hörte ich, daß in meiner Nachbarschaft eine Familie nach Offenbach führe – ich ließe sie bitten, mich mitzunehmen – und es wurde mit vieler Höflichkeit bewilligt. Ich bin keine von den verzagten Seelen, aber diese schreckliche Nacht, die ich ganz ruhig in Offenbach bei Mama La Roche zubrachte, hätte mir in Frankfurt vielleicht Leben oder doch Gesundheit gekostet. – Den 12., 13. und 14. blieb ich also in meiner Freistatt – den 15. früh kam die Nachricht, daß die Kapitulation geschlossen und nichts mehr Leib und Leben betreffend zu befahren sei. – Nur müßte man machen, den Tag noch zurückzukommen, weil den 16. die Franzosen einrücken würden und alsdann die Tore geschlossen sein würden – Nun wäre ich um keinen Preis in Offenbach geblieben – einmal, weil man mich für emigriert hätte halten können – zweitens, weil meine schöne Zimmer, als ganz leer stehend, hätten weggenommen werden können. Nun war wieder Holland in Not! war wieder kein Fuhrwerk zu haben. – Da erbarmte unser alter Freund Hans Andree sich über mich, gab mir sein artiges Kütschchen, und rasch war ich wieder im Goldenen Brunne. Dankte Gott von ganzem Herzen für meine und für die Bewahrung meiner Wohnung. Es ist ganz begreiflich, daß ein größeres Unglück das kleinere verdrängt. Wie die Kanonade aufhörte, waren wir wie im Himmel – wir sahen die Franzosen als Retter unsers Hab und Beschützer unserer Häuser an – denn wenn sie gewollt hätten, so stünden kein Haus mehr – und zum Löschen spannten sie ihre Pferde vor die Spritzen, die von den Dorfschaften zum Löschen herbei eilten. Gott! schenke uns den Frieden! Amen! Lebe wohl. Grüße alles in deinem Hause, und behalte lieb deine

                 treue Mutter Goethe.

den 1. August 1796

Lieber Sohn!
Du verlangst, die näheren Umstände des Unglücks unserer Stadt zu wissen. Dazu gehört eine ordentliche Rangordnung, um klar in der Sache sehen zu können. Im engsten Vertrauen sage dir also, daß die Kaiserlichen die erste Ursach gewesen sind. – Da sie nicht imstande waren, die Franzosen zurückzuhalten, da diese vor unsern Toren stunden – da Frankfurt keine Festung ist – so war es Unsinn, die Stadt, ohne daß sie den mindsten Vorteil davon haben konnten, ins Unglück zu bringen. – Mit alledem wäre aller Wahrscheinlichkeit nach kein Haus ganz abgebrannt, wenn der fatale Gedanke, den sich niemand ausreden ließe, die Franzosen würden plündern, nicht die Oberhand behalten hätte. – Das war das Unglück von der Judengasse; denn da war alles ausgeräumt, beinahe kein lebendiges Wesen drinnen; der Unsinn ging so weit, daß sie vor die leeren Häuser große Schlösser legten. Da es nun anfing zu brennen, so konnte erstlich niemand als mit Gewalt in die zugeschlossenen Häuser; zweitens waren keine Juden zum Löschen da; drittens waren ganz natürlich in den Häusern nicht die mindesten Anstalten getroffen worden. – Wenn es die Christen ebenso horndumm angefangen hätten, so wäre die halbe Stadt abgebrannt. – In allen Häusern waren die größten Bütten mit Wasser oben auf die Böden der Häuser gebracht. Sowie eine Kugel zündete, waren nasse Tücher, Mist und dergleichen bei der Hand – so wurde Gottseidank die ganze Zeil, die große und kleine Eschenheimer Gasse, der Roßmarkt, die Tönges- und Fahrgasse gerettet – daß nicht ein Haus ganz niedergebrannt ist. – Von unseren Bekannten und Freunden hat niemand etwas gelitten – nur Kaufmann Graff hat durch die Einbildung, es würde geplündert, einen großen Verlust gehabt. – Er glaubte nämlich, wenn er sein ganzes Warenlager bei jemand hätte, der in preußischen Diensten wäre, so seie alles gerettet. – In unserm alten Haus auf der Frieburger Gasse wohnte nun ein preußischer Leutenant – also brachte der gute Mann sein Hab und Fahrt in dieses Haus in hölzerne Remisen. – Nun ist ihm alles verbrannt, und die vielen Ölfässer, der ungeheure Vorrat von Zucker (er ist ein Spezereihändler) machte, zumal das Öl, das Feuer noch schrecklicher. – Noch andre Leute folgten dem unglücklichen Beispiel, trugen aus ihren sicheren Wohnun-

gen alle ihre Sachen – Geld, Silber, Betten, Geräte, Möbel – in dieses unglückselige Haus – und verloren alles.
Daß der gute Hetzler und Schlosser als Geiseln sind mitgenommen worden, wirst du aus den Zeitungen wissen. Unsere jetzige Lage ist in allem Betracht fatal und bedenklich. Doch vor der Zeit sich grämen oder gar verzagen war nie meine Sache. – Auf Gott vertrauen – den gegenwärtigen Augenblick nutzen – den Kopf nicht verlieren – sein eignes wertes Selbst vor Krankheit (denn so was wäre jetzt sehr zur Unzeit) zu bewahren – da dieses alles mir von jeher wohlbekommen ist, so will ich dabei bleiben. Da die meisten meiner Freunde emigriert sind, kein Komödienspiel ist, kein Mensch in den Gärten wohnt, so bin ich meist zu Hause. Da spiele ich Klavier, ziehe alle Register, pauke drauf los, daß man es auf der Hauptwache hören kann – lese alles untereinander, Musenkalender, die Weltgeschichte von Voltaire – vergnüge mich an meiner schönen Aussicht – und so geht der gute und minder gute Tag doch vorbei. – Küsse deinen lieben Augst in meinem Namen. Grüße deine Liebste von deiner
treuen Mutter Goethe.

Schon zwei Monate später wendete sich das Kriegsglück wieder. Nachdem Jourdan am 3. September bei Würzburg eine Niederlage erlitten hatte, wurde Frankfurt am 9. September von den Franzosen geräumt. Die Frau Rat berichtet darüber am 17. nach Weimar:

Lieber Sohn!
Wir sind nun wieder in kaiserlichen Händen. – Gott gebe, daß wir bis zum Frieden drinnen bleiben! Denn die sieben Wochen war Odemholen unter Henkershand. – Tagtäglich lebte man in Angst vor Erwartung der Dinge, die noch kommen konnten. Der 7. September war mir ganz besonders ängstlich – auf dem großen Platz, den ich jetzt übersehen kann, bemerkte ich Verschiedenes, das mir gar nicht behagte. Ich dankte Gott, wie die Nacht herbeikam, denn da wards ruhig. – Den 8. früh um 5 Uhr stunde ich auf und sahe zu meiner unaussprechlichen Freude unsere Frankfurter Soldaten auf der Hauptwache. – Meinen Augen nicht trauend, holte ich meine Lorgnette, und sie gingen mit Stöcken (denn die Gewehre hatten die Franzosen alle mitgenom-

men) auf und nieder. – Was ich da empfand, läßt sich nicht beschreiben. Daß ich Gott dankte, versteht sich wohl von selbst. Und des Abends unsern Zapfenstreich wieder zu hören, war mir lieblicher als eine Oper von Mozart. So weit wären wir nun wieder – Gott wird ferner durchhelfen!

den 4. November 1796
Lieber Sohn!
Für deinen Wilhelm Meister danke ich herzlich. Der vierte Band ist ganz herrlich! Ich bin noch nicht mit zu Ende – denn es ist Konfekt, womit ich mich nur sonntags regaliere. Mir ist angst und bange, daß das der letzte Band sein möchte. Künftigen Sonntag werde ich es erfahren – denn ich lese es ungebunden – und kucke ums Leben nicht in den letzten Bogen. Noch einmal meinen besten Dank dafür.
Unser liebes Frankfurt kommt wieder nach und nach ins alte Gleis. Gott sei ewig Dank, daß unsere Verfassung geblieben ist – davor war mir am bängsten. – Von dem Gelde, das vom Kirchen- und Bürgersilber ist geschlagen worden, soll Augst auch einen Konvents-Taler zum Andenken in seine Sparbüchse haben. – Es sind doch 80 000 Gulden zusammengetragen worden. Von Maleberth und die alte Frau Lerse haben keinen silbernen Löffel mehr – und der Pfarrer Stark hat sein schönes Münzkabinett auch dazu hergegeben. Genug, jeder hat getan, was ihm möglich war – die ärmsten Leute haben die Patengeschenke ihrer Kinder dargebracht. Auch haben die Franzosen gesagt, so eine Einigkeit zwischen Magistrat und Bürgerschaft wäre ihnen noch in keinem Lande an keinem Ort vorgekommen.

Nun hatte man also wieder die Kaiserlichen in der Stadt; zugleich verhandelte man in Paris mit dem Direktorium, um eine Neutralitätserklärung zu erwirken, die am 2. Dezember erfolgte. Während am 18. April des nächsten Jahres in Leoben zwischen Österreich und Frankreich ein Präliminarfriede abgeschlossen wurde, kam es in Frankfurt vier Tage später noch zu einem Reitergefecht am Bockenheimer Tor, von dem die Frau Rat in einem Schreiben vom 2. Juni berichtet.

Lieber Sohn!
Die letzte (Gott gebe, daß sie es war!) Geschichte drohte unserer Stadt mehr Unglück und Schaden als alles Vorhergegangne – denn wir glichen Leuten, die in guter Ruhe und größter Sicherheit in tiefem Schlaf liegen, weil sie Feuer und Licht ausgelöscht glauben – so was glaubten wir auch – und wie man eine Hand umwendet, war Vorsicht und Mühe unnütz und wir waren im größten Unglück. Senator Mylius brachte schon am 2. Dezember voriges Jahres vom National-Konvent die Neutralität für unsere Stadt von Paris, wo er sich sechs Wochen aufgehalten hatte, mit. – Wer hätte da nun nicht ruhig sein sollen? Das waren wir auch – kein Mensch emigrierte – niemand schickte etwas weg – die meisten Meßfremden, besonders die Silberhändler von Augsburg, hatten ihre Buden offen und blieben ruhig hier – die Franzosen waren nahe an der Stadt – wir erwarteten sie in einer Stunde. Die Kaiserlichen waren zu schwach, um sich zu halten – wir sind neutral erklärt – also ist von keinem Bombardement die Rede – genug, ich kuckte zum Fenster hinaus und wollte sie ankommen sehen. – Das war mittags um 2 Uhr. – Auf einmal kommt die Fritz Metzlern mit Sturm in meine Stube, ruft schier außer Odem: »Räthin, es ist Friede! Der kaiserliche Kommandant hat einen Kurier vom Bonaparte – es ist ein Jubel – Gott befohlen! ich muß weiter, die gute Nachricht verbreiten« usw. Gleich darauf kommt der Burgemeister Schweizer und Syndikus Seger in einer Kutsche, um ins französische Lager zum Le Feber zu fahren und ihm zu gratulieren. – Wie sie an die Hauptwache kommen, werden sie von den Bürgern umringt, die Kutsche muß stillhalten – Sie versichern die gute Nachricht vom Frieden – alt und jung schwingt die Hüte, ruft Vivat; es ist ein Jubel, der unaussprechlich war. – Wem in aller Welt fällt es jetzt ein, an Unglück zu denken!! Keine sechs Minuten nach dieser unbeschreiblichen Freude kommt die kaiserliche Kavallerie zum Bockenheimer Tor hereingesprengt – so etwas muß man gesehen haben, beschreiben läßt sichs nicht – der eine ohne Hut – dort ein Pferd ohne Reiter – und so den Bauch auf der Erde gings die Zeile hinunter – auch hörte man schießen – alles geriete in Erstaunen – »Was ist das für ein Friede?«, so rief immer eins dem andern zu.
Nun zu unserer Errettung. Ein kaiserlicher Leutenant hatte (und

zwar ohne Order) die Gegenwart des Geistes, in währender Galoppade das Gatter am Tor zu- und die Zugbrücke aufzuziehen – ohngeachtet noch nicht alle Kaiserlichen in der Stadt waren. – Das war nun unser Glück; denn wären die Franzosen nachgestürmt, so wäre die Massacker in der Stadt losgegangen – und hätte ein Bürger sich nur der Sache angenommen, so war Plünderung und aller Greuel da – und am Ende hätte es geheißen, *wir* hätten die Neutralität gebrochen, die Franzosen totgeschlagen usw. Le Feber wollte durchaus nicht glauben, daß Friede wäre – er hätte noch keinen Kurier – von unserer Neutralität wüßte er kein Wort. – Endlich überredete der kaiserliche Kommandant den General Le Feber, mit in die Stadt zu kommen; versicherte auf sein Ehrenwort, daß Friede wäre und daß freilich der Kurier nicht bei allen Generals zugleich ankommen könnte. Darauf ging er mit – und alles endigte sich zu unserm Glück. Dem braven Leutenant – und dem Wirt im Weißen Lamm in Augsburg haben wir also unsere Rettung zu danken. Der erste macht das Tor, ohne Order zu haben, zu – der andre weist dem Kurier einen kürzern Weg nach Frankfurt; er kommt auf diesem Weg sechs Stunden früher. – Gott hat wohl schon durch geringre Mittel aus großen Nöten geholfen – und sollte mein Glaube an die Ewige Vorsehung wieder einmal schwach werden, so will ich mir zurufen: »*Denke an den 22. April!*«

Die Franzosen sind jetzt täglich, weil sie noch in der Nähe liegen, in unserer Stadt, besuchen fleißig das Schauspiel. – Vorgestern war auf Verlangen des neuvermählten Erbprinzen von Hessen-Kassel und seiner Gemahlin »Palmyra«. Das ist eine Oper!! Sie wird hier mit aller möglichen Pracht gegeben.

XII

Goethes Freundschaft mit Schiller
(1794–1800)

Goethes Briefwechsel mit Schiller stellt sowohl in menschlicher als auch in geistiger und künstlerischer Hinsicht ein einzigartiges Dokument dar. Selten haben zwei schöpferische Geister von hohem, von höchstem Rang einander, bei so schroffem Gegensatz der Naturen, in ähnlicher Weise ergänzt und gefördert. Derart, daß das Werk des einen ohne den Zuspruch, die Anregung und Kritik des andern nicht zu denken wäre.

Der Briefwechsel, der 1794 einsetzt, hat jedoch eine Vorgeschichte, über die uns spätere Aufzeichnungen Goethes und Schillers Briefe an seinen Freund Körner in Dresden genauer unterrichten.

Schiller war im Juli 1787 nach Weimar gezogen, zu einem Zeitpunkt, da Goethe fast schon ein Jahr lang abwesend war und sich in Rom aufhielt. Schiller war damals vor allem mit historischen Arbeiten beschäftigt, und am 29. August fand in Hamburg die erste Aufführung des im Vorjahr gedruckten »Don Carlos« statt.

Den 28. August, Goethes Geburtstag, hat Schiller in Goethes Garten am Stern an der Ilm mitfeiern helfen. Knebel, der dort in Goethes Abwesenheit zeitweilig wohnte, hatte ihn eingeladen. Dieser berichtet darüber an seine Schwester Henriette:

Goethens Geburtstag haben wir den 28. dieses ganz passabel hier zugebracht. Es war ein abwechselnder Tag, doch war der Abend ruhig und heiter. Die kleine Schardt, die Imhoff, Frau von Kalb waren bei mir, wobei noch ein paar andre Freunde waren, unter denen Schiller, der Verfasser des »Don Carlos«. Sie brachten mir einen Kranz für Goethe von wildem Heidekraut, das um Ilmenau wächst. So ging es den Abend ganz gut. Ich ließ ein kleines Feuerwerk machen und den Garten erleuchten, wo sich Goethens Monument, nämlich eine Kugel von Sandstein, auf einem steinernen großen Würfel ruhend, gar wohl ausnahm. Der Mond war feierlich, als ich die Damen nach Hause begleitete, und wölbte den Himmel weit und hoch, und die Schatten und Lichter der Bäume und Felsen im Stern waren merkwürdig.

Als Goethe im Juni des folgenden Jahres aus Italien nach Deutschland heimkehrte, fand er dort einige ältere und neuere Dichterwerke in großem Ansehen, die ihn, wie es in späteren Aufzeichnungen heißt, »äußerst anwiderten«; darunter auch Schillers »Räuber«, die ihm verhaßt waren, weil hier »ein kraftvolles, aber unreifes Talent gerade die ethischen und theatralischen Paradoxen, von denen ich mich zu reinigen gestrebt, recht im vollen hinreißenden Strome über das Vaterland ausgegossen hatte«.

So widerstrebte es Goethe, Schillers nähere Bekanntschaft zu machen, obwohl dieser damals in Weimar und dessen Nachbarschaft wohnte. Auch »die Erscheinung des ›Don Carlos‹ war nicht geeignet, mich ihm näher zu führen; alle Versuche von Personen, die ihm und mir gleich nahestanden, lehnte ich ab, und so lebten wir eine Zeitlang nebeneinander fort.«

Immerhin kam es schon Anfang September 1788 zu der von Schiller so sehnlich herbeigewünschten ersten Begegnung. Er berichtet darüber am 12. September aus Rudolstadt an Körner.

Endlich kann ich Dir von Goethe erzählen, worauf Du, wie ich weiß, sehr begierig wartetest. Ich habe vergangenen Sonntag beinahe ganz in seiner Gesellschaft zugebracht, wo er uns mit der Herder, Frau von Stein und der Frau von Schardt besuchte. Sein erster Anblick stimmte die hohe Meinung ziemlich tief herunter, die man mir von dieser anziehenden und schönen Figur beigebracht hatte. Er ist von mittlerer Größe, trägt sich steif und geht auch so; sein Gesicht ist verschlossen, aber sein Auge sehr ausdrucksvoll, lebhaft, und man hängt mit Vergnügen an seinem Blicke. Bei vielem Ernst hat seine Miene doch viel Wohlwollendes und Gutes. Er ist brünett und schien mir älter auszusehen, als er meiner Berechnung nach wirklich sein kann. Seine Stimme ist überaus angenehm, seine Erzählung fließend, geistvoll und belebt; man hört ihn mit überaus vielem Vergnügen; und wenn er bei gutem Humor ist, welches diesmal so ziemlich der Fall war, spricht er gern und mit Interesse. – Unsere Bekanntschaft war bald gemacht und ohne den mindesten Zwang;

freilich war die Gesellschaft so groß und alles auf seinen Umgang zu eifersüchtig, als daß ich viel allein mit ihm hätte sein oder etwas anders als allgemeine Dinge mit ihm sprechen können. Er spricht gern und mit leidenschaftlichen Erinnerungen von Italien; aber was er mir davon erzählt hat, gab mir die treffendste und gegenwärtigste Vorstellung von diesem Lande und diesen Menschen. Vorzüglich weiß er einem anschaulich zu machen, daß diese Nation mehr als alle andre europäische in *gegenwärtigen Genüssen* lebt, weil die Milde und Fruchtbarkeit des Himmelsstrichs die Bedürfnisse einfacher macht und ihre Erwerbung erleichtert. – Alle ihre Laster und Tugenden sind die natürlichen Folgen einer feurigen Sinnlichkeit. Er eifert sehr gegen die Behauptung, daß in Neapel so viele müßige Menschen seien. Das Kind von fünf Jahren soll dort schon anfangen zu erwerben; aber freilich ist es ihnen weder nötig noch möglich, ganze Tage, wie wir tun, der Arbeit zu widmen. In Rom ist keine Debauche mit ledigen Frauenzimmern, aber desto hergebrachter mit verheirateten. Umgekehrt ist es in Neapel. Überhaupt soll man in der Behandlung des andern Geschlechts hier die Annäherung an den Orient sehr stark wahrnehmen. Rom, meint er, müsse sich erst durch einen längeren Aufenthalt den Ausländern empfehlen. In Italien soll sich's nicht teurer und kaum so teuer leben als in der Schweiz. Die Unsauberkeit sei einem Fremden fast ganz unausstehlich.

Ich wollte Dir noch mehreres aus seiner Erzählung mitteilen, aber es wird mir erst gelegentlich einfallen. Im ganzen genommen ist meine, in der Tat große Idee von ihm nach dieser persönlichen Bekanntschaft nicht vermindert worden; aber ich zweifle, ob wir einander je sehr nahe rücken werden. Vieles, was mir jetzt noch interessant ist, was ich noch zu wünschen und zu hoffen habe, hat seine Epoche bei ihm durchlebt; er ist mir (an Jahren weniger als an Lebenserfahrungen und Selbstentwickelung) so weit voraus, daß wir unterwegs nie mehr zusammenkommen werden; und sein ganzes Wesen ist schon von Anfang her anders angelegt als das meinige, seine Welt ist nicht die meinige, unsere Vorstellungsarten scheinen wesentlich verschieden. Indessen schließt sich's aus einer solchen Zusammenkunft nicht sicher und gründlich. Die Zeit wird das Weitere lehren.

Vorläufig freilich blieb es bei Goethes Zurückhaltung im persönlichen Umgang. Im Dezember wurde Schiller ein offizielles Angebot gemacht, eine Berufung als unbesoldeter Professor der Geschichte in Jena anzunehmen. Goethe hatte diese Berufung in einem Promemoria an das Geheime Consilium nachdrücklich befürwortet, und nachdem Schiller Anfang Mai 1789 nach Jena übersiedelt war, hielt er dort am 26. unter großem Zulauf der Studenten seine berühmte Antrittsvorlesung über das Thema: »Was heißt und zu welchem Ende studiert man Universalgeschichte?«

Über Goethe und Schillers Einstellung zu ihm in jener Zeit liefern wiederum die Briefe an Körner nähere Auskünfte. Sie lassen die seltsame Mischung von Liebe und Haß, Bewunderung und Neid erkennen, die den zehn Jahre Jüngeren auf seinem schwierigen und verworrenen Lebensweg angesichts von Goethes geglückter, erfolgreicher Laufbahn und seines reifen Künstlertums erfüllte.

Weimar, den 2. Februar 1789

Öfters um Goethe zu sein, würde mich unglücklich machen: er hat auch gegen seine nächsten Freunde kein Moment der Ergießung, er ist an nichts zu fassen; ich glaube in der Tat, er ist ein Egoist in ungewöhnlichem Grade. Er besitzt das Talent, die Menschen zu fesseln, und durch kleine sowohl als große Attentionen sich verbindlich zu machen; aber sich selbst weiß er immer frei zu behalten. Er macht seine Existenz wohltätig kund, aber nur wie ein Gott, ohne sich selbst zu geben – dies scheint mir eine konsequente und planmäßige Handlungsart, die ganz auf den höchsten Genuß der Eigenliebe kalkuliert ist. Ein solches Wesen sollten die Menschen nicht um sich herum aufkommen lassen. Mir ist er dadurch verhaßt, ob ich gleich seinen Geist von ganzem Herzen liebe und groß von ihm denke. Ich betrachte ihn wie eine stolze Prüde, der man ein Kind machen muß, um sie vor der Welt zu demütigen. – Eine ganz sonderbare Mischung von Haß und Liebe ist es, die er in mir erweckt hat, eine Empfindung, die derjenigen nicht ganz unähnlich ist, die Brutus und Cassius gegen Cäsar gehabt haben müssen; ich könnte seinen Geist umbringen und ihn wieder von Herzen lieben. Goethe hat auch viel Einfluß darauf, daß ich mein Gedicht

»Die Künstler« gern recht vollendet wünsche. An seinem Urteil liegt mir überaus viel. »Die Götter Griechenlands« hat er sehr günstig beurteilt; nur zu lang hat er sie gefunden, worin er auch nicht unrecht haben mag; sein Kopf ist reif, und sein Urteil über mich wenigstens eher *gegen* mich als *für* mich parteiisch. Weil mir nun überhaupt nur daran liegt, Wahres von mir zu hören, so ist dies gerade der Mensch unter allen, die ich kenne, der mir diesen Dienst tun kann. Ich will ihn auch mit Lauschern umgeben, denn ich selbst werde ihn nie über mich befragen.

Weimar, den 25. Februar 1789
Das lyrische Fach, das Du mir anweist, sehe ich eher für ein *Exilium* als für eine *eroberte Provinz* an. Es ist das kleinlichste und undankbarste unter allen. Zuweilen ein Gedicht lasse ich mir gefallen. Mit dem Dramatischen will ich es noch auf mehrere Versuche ankommen lassen. Aber mit Goethe messe ich mich nicht, wenn er seine ganze Kraft anwenden will. Er hat weit mehr Genie als ich, und dabei weit mehr Reichtum an Kenntnissen, eine sichrere Sinnlichkeit, und zu allem diesem einen durch Kunstkenntnis aller Art geläuterten und verfeinerten Kunstsinn; was mir in einem Grade, der ganz und gar bis zur Unwissenheit geht, mangelt. Hätte ich nicht einige andere Talente, und hätte ich nicht soviel Feinheit gehabt, diese Talente und Fertigkeiten in das Gebiet des Dramas hinüberzuziehen, so würde ich in diesem Fache gar nicht neben ihm sichtbar geworden sein.

Weimar, den 9. März 1789
Ich muß lachen, wenn ich nachdenke, was ich Dir von und über Goethe geschrieben haben mag. Du wirst mich wohl recht in meiner Schwäche gesehen und im Herzen über mich gelacht haben; aber mag es immer. Ich will mich gern von Dir kennen lassen, wie ich bin. Dieser Mensch, dieser Goethe ist mir einmal im Wege, und er erinnert mich so oft, daß das Schicksal mich hart behandelt hat. Wie leicht ward *sein* Genie von seinem Schicksal getragen, und wie muß *ich* bis auf diese Minute noch kämpfen! Einholen läßt sich alles Verlorene für mich nun nicht mehr – nach dem Dreißigsten bildet man sich nicht mehr um – und ich könnte ja selbst diese Umbildung vor den nächsten drei oder vier Jahren nicht mit mir anfangen, weil ich vier Jahre we-

nigstens meinem Schicksale noch opfern muß. Aber ich habe noch guten Mut, und glaube an eine glückliche Revolution für die Zukunft.

Nachdem Schiller seine Professur in Jena angetreten und sich im Februar 1790 mit Charlotte von Lengefeld vermählt hatte, sah er Goethe auch weiterhin nur gelegentlich, wenn dieser sich in Jena aufhielt. Im Frühjahr fuhr Goethe nach Venedig, und als er nach seiner Rückkehr im September in Schlesien und Sachsen weilte, machte er in Dresden auch die Bekanntschaft von Schillers Freund Körner. Dieser schreibt darüber am 6. Oktober an Schiller:

Goethe ist acht Tage hier gewesen, und ich habe viel mit ihm gelebt; es gelang mir, ihm bald näher zu kommen, und er war mitteilender als ich erwartet hatte. Wo wir die meisten Berührungspunkte fanden, wirst Du schwerlich erraten. – Wo sonst als – im Kant! In der Kritik der teleologischen Urteilskraft hat er Nahrung für seine Philosophie gefunden. Seine Begriffe von Stil und Klassizität in der Kunst waren mir sehr interessant; in seinem Gesichtspunkte ist viel Fruchtbares, das ich bis jetzt übersehen hatte. Auch verdanke ich ihm manche treffliche Winke im Genuß der bildenden Künste.

Nach der Rückkehr aus Schlesien besuchte Goethe Schiller zum erstenmal in seiner Jenaer Wohnung; auch diesmal war von Kants Philosophie die Rede, und am 1. November berichtet Schiller über diese Begegnung nach Dresden:

Goethe hat uns viel von Dir erzählt, und rühmt gar sehr Deine persönliche Bekanntschaft. Er fing von selbst davon an, und spricht mit Wärme von seinem angenehmen Aufenthalt bei Euch und überhaupt auch in Dresden. Mir erging es mit ihm wie Dir. Er war gestern bei uns, und das Gespräch kam bald auf Kant. Interessant ist's, wie er alles in seine eigene Art und Manier kleidet und überraschend zurückgibt, was er las; aber ich möchte doch nicht über Dinge, die mich sehr nahe interessieren, mit ihm streiten. Es fehlt ihm ganz an der herzlichen Art, sich zu irgendetwas zu *bekennen*. Ihm ist die ganze Philosophie subjektivisch, und da hört denn Streit und Überzeugung zugleich auf. Seine Philosophie mag ich auch nicht ganz; sie holt zu viel aus der Sinnenwelt, wo ich aus der Seele hole. Überhaupt ist seine Vorstellungsart zu sinnlich und *betastet* mir zu viel. Aber sein Geist wirkt und forscht nach allen Direktionen, und strebt, sich ein Ganzes zu erbauen – und das macht mir ihn zum großen Mann.

Übrigens ergeht's ihm närrisch genug. Er fängt an alt zu werden, und die so oft von ihm gelästerte Weiberliebe scheint sich an ihm rächen zu wollen. Er wird, wie ich fürchte, eine Torheit begehen und das gewöhnliche Schicksal eines alten Hagestolzen haben. Sein Mädchen ist eine Mamsell Vulpius, die ein Kind von ihm hat und sich nun in seinem Hause fast so gut als etabliert hat. Es ist sehr wahrscheinlich, daß er sie in wenigen Jahren heiratet. Sein Kind soll er sehr lieb haben und er wird sich bereden, daß, wenn er das Mädchen heiratet, es dem Kinde zu Liebe geschehe und daß dieses wenigstens das Lächerliche dabei vermindern könne.

Es könnte mich doch verdrießen, wenn er mit einem solchen *Geniestreich* aufhörte; denn man würde nicht ermangeln, es dafür anzusehen.

Körner antwortet darauf am 11. November:

Auch mir ist Goethe zu *sinnlich* in der Philosophie; aber ich glaube, daß es für dich und mich gut ist, uns an ihm zu reiben, damit er uns warnt, wenn wir uns im Intellektuellen zu weit verlieren. – Seine Heirat mit der Vulpius würde mich nicht sehr befremden. Erstlich fragt sich vielleicht, ob die schlimmen Gerüchte von ihr gegründet sind, und dann wäre es wohl möglich, daß man ihn sein bisheriges Verhältnis nicht in Ruhe fortsetzen ließe. Denke Dir den Fall, daß er dem Mädchen gut ist, daß alle Welt auf sie loshackt, daß er ihr in einer kleinen Stadt keine erträgliche Existenz verschaffen kann, ohne sie zur Frau zu nehmen. In Weimar scheint man über das Konkubinat noch etwas anders zu denken als in Berlin.

Im Frühsommer 1794 faßt Schiller den Plan zu einer neuen Monatsschrift, »Die Horen«. Er wendet sich an Goethe mit der

Bitte um seine Mitarbeit. Goethe antwortet zusagend, er werde »mit Freuden und von ganzem Herzen« teilnehmen, und etwa vier Wochen später, als Goethe seiner Gewohnheit nach einer Sitzung der Naturforschenden Gesellschaft in Jena beiwohnt und dort mit Schiller zusammentrifft, ereignet sich nach der Sitzung die entscheidende Begegnung.

Wir gingen zufällig beide zugleich heraus, ein Gespräch knüpfte sich an, Schiller schien an dem Vorgetragenen teilzunehmen, bemerkte aber sehr verständig und einsichtig und mir sehr willkommen, wie eine so zerstückelte Art, die Natur zu behandeln, den Laien, der sich gern darauf einließe, keineswegs anmuten könne.

Ich erwiderte darauf: daß sie den Eingeweihten selbst vielleicht unheimlich bleibe, und daß es doch wohl noch eine andere Weise geben könne, die Natur nicht gesondert und vereinzelt vorzunehmen, sondern sie wirkend und lebendig, aus dem Ganzen in die Teile strebend, darzustellen. Er wünschte hierüber aufgeklärt zu sein, verbarg aber seine Zweifel nicht; er konnte nicht eingestehen, daß ein solches, wie ich behauptete, schon aus der Erfahrung hervorgehe.

Wir gelangten zu seinem Hause, das Gespräch lockte mich hinein; da trug ich die Metamorphose der Pflanzen lebhaft vor und ließ, mit manchen charakteristischen Federstrichen, eine symbolische Pflanze vor seinen Augen entstehen. Er vernahm und schaute das alles mit großer Teilnahme, mit entschiedener Fassungkraft; als ich aber geendet, schüttelte er den Kopf und sagte: »Das ist keine Erfahrung, das ist eine Idee.« Ich stutzte, verdrießlich einigermaßen: denn der Punkt, der uns trennte, war dadurch aufs strengste bezeichnet. Der alte Groll wollte sich regen, ich nahm mich aber zusammen und versetzte: »Das kann mir sehr lieb sein, daß ich Ideen habe, ohne es zu wissen, und sie sogar mit Augen sehe.«

Schiller, der viel mehr Lebensklugheit und Lebensart hatte als ich, und mich auch wegen der Horen, die er herauszugeben im Begriff stand, mehr anzuziehen als abzustoßen gedachte, erwiderte darauf als ein gebildeter Kantianer; und als aus meinem hartnäckigen Realismus mancher Anlaß zu lebhaftem Widerspruch entstand, so ward viel gekämpft und dann Stillstand ge-

macht: keiner von beiden konnte sich für den Sieger halten, beide hielten sich für unüberwindlich. Der erste Schritt war jedoch getan. Schillers Anziehungskraft war groß, er hielt alle fest, die sich ihm näherten; ich nahm teil an seinen Absichten und versprach, zu den Horen manches, was bei mir verborgen lag, herzugeben. Seine Gattin, die ich von ihrer Kindheit auf zu lieben und zu schätzen gewohnt war, trug das Ihrige bei zu dauerndem Verständnis; alle beiderseitigen Freunde waren froh, und so besiegelten wir, durch den größten, vielleicht nie ganz zu schlichtenden Wettkampf zwischen Objekt und Subjekt, einen Bund, der ununterbrochen gedauert und für uns und andere manches Gute gewirkt hat.
Für mich insbesondere war es ein neuer Frühling, in welchem alles froh nebeneinander keimte und aus aufgeschlossenen Samen und Zweigen hervorging. Unsere beiderseitigen Briefe geben davon das unmittelbarste, reinste und vollständigste Zeugnis.

Goethe hat diesen Briefwechsel in seinem Alter selber herausgegeben und dem König Ludwig I. von Bayern gewidmet. Schillers erstes persönliches Schreiben darin ist zugleich ein großartiger Versuch, Goethes Geistesart und Künstlertum darzustellen und als die vollkommene Ergänzung seines eigenen Wesens zu begreifen. Der Brief trägt das Datum vom 23. August 1794:

Man brachte mir gestern die angenehme Nachricht, daß Sie von Ihrer Reise wieder zurückgekommen seien. Wir haben also wieder Hoffnung, Sie vielleicht bald einmal bei uns zu sehen, welches ich an meinem Teil herzlich wünsche. Die neulichen Unterhaltungen mit Ihnen haben meine ganze Ideenmasse in Bewegung gebracht, denn sie betrafen einen Gegenstand, der mich seit etlichen Jahren lebhaft beschäftigt. Über so manches, worüber ich mit mir selbst nicht recht einig werden konnte, hat die Anschauung Ihres Geistes (denn so muß ich den Totaleindruck Ihrer Ideen auf mich nennen) ein unerwartetes Licht in mir angesteckt. Mir fehlte das Objekt, der Körper, zu mehreren spekulativischen Ideen, und Sie brachten mich auf die Spur davon. Ihr beobachtender Blick, der so still und rein auf den Dingen ruht, setzt Sie nie in Gefahr, auf den Abweg zu geraten, in den sowohl die Spekulation als die willkürliche und bloß sich selbst gehorchende Einbildungskraft sich so leicht verirrt. In Ihrer richtigen Intuition liegt alles und weit vollständiger, was die Analysis mühsam sucht, und nur weil es als ein Ganzes in Ihnen liegt, ist Ihnen Ihr eigener Reichtum verborgen; denn leider wissen wir nur das, was wir scheiden. Geister Ihrer Art wissen daher selten, wie weit sie gedrungen sind, und wie wenig Ursache sie haben, von der Philosophie zu borgen, die nur von Ihnen lernen kann. Diese kann bloß zergliedern, was ihr gegeben wird, aber das Geben selbst ist nicht die Sache des Analytikers, sondern des Genies, welches unter dem dunkeln, aber sichern Einfluß reiner Vernunft nach objektiven Gesetzen verbindet.

Lange schon habe ich, obgleich aus ziemlicher Ferne, dem Gang Ihres Geistes zugesehen, und den Weg, den Sie sich vorgezeichnet haben, mit immer erneuerter Bewunderung bemerkt. Sie suchen das Notwendige der Natur, aber Sie suchen es auf dem schweresten Wege, vor welchem jede schwächere Kraft sich wohl hüten wird. Sie nehmen die ganze Natur zusammen, um über das Einzelne Licht zu bekommen; in der Allheit ihrer Erscheinungsarten suchen Sie den Erklärungsgrund für das Individuum auf. Von der einfachen Organisation steigen Sie, Schritt vor Schritt, zu der mehr verwickelten hinauf, um endlich die verwickeltste von allen, den Menschen, genetisch aus den Materialien des ganzen Naturgebäudes zu erbauen. Dadurch, daß Sie ihn der Natur gleichsam nacherschaffen, suchen Sie in seine verborgene Technik einzudringen. Eine große und wahrhaft heldenmäßige Idee, die zur Genüge zeigt, wie sehr Ihr Geist das reiche Ganze seiner Vorstellungen in einer schönen Einheit zusammenhält. Sie können niemals gehofft haben, daß Ihr Leben zu einem solchen Ziele zureichen werde, aber einen solchen Weg auch nur einzuschlagen, ist mehr wert, als jeden andern zu endigen. Wären Sie als ein Grieche, ja nur als ein Italiener geboren worden, und hätte schon von der Wiege an eine auserlesene Natur und eine idealisierende Kunst Sie umgeben, so wäre Ihr Weg unendlich verkürzt, vielleicht ganz überflüssig gemacht worden. Schon in die erste Anschauung der Dinge hätten Sie dann die Form des Notwendigen aufgenommen, und mit Ihren ersten Erfahrungen hätte sich der große Stil in Ihnen entwickelt. Nun, da Sie ein Deutscher geboren sind, da Ihr griechischer Geist in diese nordische Schöpfung geworfen wurde, so blieb Ihnen keine andere Wahl, als entweder selbst zum nordischen Künstler zu werden, oder Ihrer Imagination das, was ihr die Wirklichkeit vorenthielt, durch Nachhilfe der Denkkraft zu ersetzen, und so gleichsam von *innen* heraus und auf einem rationalen Wege ein Griechenland zu gebären. In derjenigen Lebensepoche, wo die Seele sich aus der äußern Welt ihre innere bildet, von mangelhaften Gestalten umringt, hatten Sie schon eine wilde und nordische Natur in sich aufgenommen, als Ihr siegendes, seinem Material überlegenes Genie diesen Mangel von innen entdeckte, und von außen her durch die Bekanntschaft mit der griechischen Natur davon vergewissert wurde. Jetzt mußten Sie die alte, Ihrer Einbildungskraft schon aufgedrungene schlechtere Natur nach dem besseren Muster, das Ihr bildender Geist sich erschuf, korrigieren, und das kann nun freilich nicht anders als nach leitenden Begriffen vonstatten gehen. Aber diese logische Richtung, welche der Geist bei der Reflexion zu nehmen genötiget ist, verträgt sich nicht wohl mit der ästhetischen, durch welche allein er bildet. Sie hatten also eine Arbeit mehr: denn so wie Sie von der Anschauung zur Abstraktion übergingen, so mußten Sie nun rückwärts Begriffe wieder in Intuitionen umsetzen, und Gedanken in Gefühle verwandeln, weil nur durch diese das Genie hervorbringen kann.

So ungefähr beurteile ich den Gang Ihres Geistes, und ob ich recht habe, werden Sie selbst am besten wissen. Was Sie aber schwerlich wissen können (weil das Genie sich immer selbst das größte Geheimnis ist), ist die schöne Übereinstimmung Ihres philosophischen Instinktes mit den reinsten Resultaten der spekulierenden Vernunft.

In seinem Antwortschreiben ergreift Goethe die dargebotene Hand, und durch den fast lässig freundschaftlichen Ton, den er anschlägt, schafft er sogleich die günstigste Atmosphäre für eine Fortsetzung des lebhaften Gedankenaustauschs.

Zu meinem Geburtstage, der mir diese Woche erscheint, hätte mir kein angenehmer Geschenk werden können als Ihr Brief, in welchem Sie, mit freundschaftlicher Hand, die Summe meiner Existenz ziehen und mich, durch Ihre Teilnehme, zu einem emsigern und lebhaftern Gebrauch meiner Kräfte aufmuntern.

Reiner Genuß und wahrer Nutzen kann nur wechselseitig sein, und ich freue mich, Ihnen gelegentlich zu entwickeln: was mir Ihre Unterhaltung gewährt hat, wie ich von jenen Tagen an auch eine Epoche rechne, und wie zufrieden ich bin, ohne sonderliche Aufmunterung, auf meinem Wege fortgegangen zu sein, da es nun scheint, als wenn wir, nach einem so unvermuteten Begegnen, miteinander fortwandern müßten. Ich habe den redlichen und so seltenen Ernst, der in allem erscheint, was Sie geschrieben und getan haben, immer zu schätzen gewußt, und ich darf nunmehr Anspruch machen, durch Sie selbst mit dem Gange Ihres Geistes, besonders in den letzten Jahren, bekannt zu werden. Haben wir uns wechselseitig die Punkte klar gemacht, wohin wir gegenwärtig gelangt sind, so werden wir desto ununterbrochner gemeinschaftlich arbeiten können.
Alles, was an und in mir ist, werde ich mit Freuden mitteilen. Denn da ich sehr lebhaft fühle, daß mein Unternehmen das Maß der menschlichen Kräfte und ihrer irdischen Dauer weit übersteigt, so möchte ich manches bei Ihnen deponieren und dadurch nicht allein erhalten, sondern auch beleben.
Wie groß der Vorteil Ihrer Teilnehmung für mich sein wird, werden Sie bald selbst sehen, wenn Sie, bei näherer Bekanntschaft, eine Art Dunkelheit und Zaudern bei mir entdecken werden, über die ich nicht Herr werden kann, wenn ich mich ihrer gleich sehr deutlich bewußt bin. Doch dergleichen Phänomene finden sich mehr in unsrer Natur, von der wir uns denn doch gerne regieren lassen, wenn sie nur nicht gar zu tyrannisch ist.
Ich hoffe bald einige Zeit bei Ihnen zuzubringen, und dann wollen wir manches durchsprechen.
Leben Sie recht wohl und gedenken mein in Ihrem Kreise.
Ettersburg, den 27. August 1794. Goethe

Jena, den 31. August 1794
Bei meiner Zurückkunft aus Weißenfels, wo ich mit meinem Freunde Körner aus Dresden eine Zusammenkunft gehabt, erhielt ich Ihren Brief, dessen Inhalt mir doppelt erfreulich war. Denn ich ersehe daraus, daß ich in meiner Ansicht Ihres Wesens Ihrem eigenen Gefühl begegnete, und daß Ihnen die Aufrichtigkeit, mit der ich mein Herz darin sprechen ließ, nicht miß-

fiel. Unsre späte, aber mir manche schöne Hoffnung erweckende Bekanntschaft ist mir abermals ein Beweis, wie viel besser man oft tut, den Zufall machen zu lassen, als ihm durch zu viele Geschäftigkeit vorzugreifen. Wie lebhaft auch immer mein Verlangen war, in ein näheres Verhältnis zu Ihnen zu treten, als zwischen dem Geist des Schriftstellers und seinem aufmerksamsten Leser möglich ist, so begreife ich doch nunmehr vollkommen, daß die so sehr verschiedenen Bahnen, auf denen Sie und ich wandelten, uns nicht wohl früher, als gerade jetzt, mit Nutzen zusammenführen konnten. Nun kann ich aber hoffen, daß wir, soviel von dem Wege noch übrig sein mag, in Gemeinschaft durchwandeln werden, und mit um so größerm Gewinn, da die letzten Gefährten auf einer langen Reise sich immer am meisten zu sagen haben.

Erwarten Sie bei mir keinen großen materialen Reichtum von Ideen; dies ist es, was ich bei Ihnen finden werde. Mein Bedürfnis und Streben ist, aus Wenigem viel zu machen, und wenn Sie meine Armut an allem, was man erworbene Erkenntnis nennt, einmal näher kennen sollten, so finden Sie vielleicht, daß es mir in manchen Stücken damit mag gelungen sein. Weil mein Gedankenkreis kleiner ist, so durchlaufe ich ihn eben darum schneller und öfter, und kann eben darum meine kleine Barschaft besser nutzen, und eine Mannigfaltigkeit, die dem Inhalte fehlt, durch die Form erzeugen. Sie bestreben sich, Ihre große Ideenwelt zu simplifizieren, ich suche Varietät für meine kleinen Besitzungen. Sie haben ein Königreich zu regieren, ich nur eine etwas zahlreiche Familie von Begriffen, die ich herzlich gern zu einer kleinen Welt erweitern möchte.

Ihr Geist wirkt in einem außerordentlichen Grade intuitiv, und alle Ihre denkenden Kräfte scheinen auf die Imagination, als ihre gemeinschaftliche Repräsentantin, gleichsam kompromittiert zu haben. Im Grund ist dies das Höchste, was der Mensch aus sich machen kann, sobald es ihm gelingt, seine Anschauung zu generalisieren und seine Empfindung gesetzgebend zu machen. Darnach streben Sie, und in wie hohem Grade haben Sie es schon erreicht! *Mein* Verstand wirkt eigentlich mehr symbolisierend, und so schwebe ich, als eine Zwitterart, zwischen dem Begriff und der Anschauung, zwischen der Regel und der Empfindung, zwischen dem technischen Kopf und dem Genie. Dies ist es, was mir, besonders in frühern Jahren, sowohl auf dem Felde der Spekulation als der Dichtkunst ein ziemlich linkisches Ansehen gegeben; denn gewöhnlich übereilte mich der Poet, wo ich philosophieren sollte, und der philosophische Geist, wo ich dichten wollte. Noch jetzt begegnet es mir häufig genug, daß die Einbildungskraft meine Abstraktionen, und der kalte Verstand meine Dichtung stört. Kann ich dieser beiden Kräfte insoweit Meister werden, daß ich einer jeden durch meine Freiheit ihre Grenzen bestimmen kann, so erwartet mich noch ein schönes Los; leider aber, nachdem ich meine moralischen Kräfte recht zu kennen und zu gebrauchen angefangen, droht eine Krankheit meine physischen zu untergraben. Eine große und allgemeine Geistesrevolution werde ich schwerlich Zeit haben in mir zu vollenden, aber ich werde tun, was ich kann, und wenn endlich das Gebäude zusammenfällt, so habe ich doch vielleicht das Erhaltungswerte aus dem Brande geflüchtet.

Sie wollten, daß ich von mir selbst reden sollte, und ich machte von dieser Erlaubnis Gebrauch. Mit Vertrauen lege ich Ihnen diese Geständnisse hin, und ich darf hoffen, daß Sie sie mit Liebe aufnehmen.

Alles bei uns empfiehlt sich Ihrem freundschaftlichen Andenken, und ich bin mit der herzlichsten Verehrung

der Ihrige.
Schiller

Für seine neue Zeitschrift hatte Schiller auf Goethes Roman »Wilhelm Meister« gehofft. Dieser war aber bereits dem Berliner Buchhändler Unger versprochen, und Goethe empfing nun bei der endgültigen Redaktion des Romans die förderlichsten Anregungen von Schillers hohem Kunstverstand. Über die ersten vier Bücher schreibt Schiller am 7. Januar 1795:

Für das überschickte Exemplar des Romans empfangen Sie meinen besten Dank. Ich kann das Gefühl, das mich beim Lesen dieser Schrift, und zwar in zunehmendem Grade, je weiter ich darin komme, durchdringt und besitzt, nicht besser als durch eine süße und innige Behaglichkeit, durch ein Gefühl geistiger und leiblicher Gesundheit ausdrücken, und ich wollte dafür bürgen, daß es dasselbe bei allen Lesern im ganzen sein muß.

Ich erkläre mir dieses Wohlsein von der durchgängig darin herrschenden ruhigen Klarheit, Glätte und Durchsichtigkeit, die auch nicht das Geringste zurückläßt, was das Gemüt unbefriedigt und unruhig läßt, und die Bewegung desselben nicht weiter treibt als nötig ist, um ein fröhliches Leben in dem Menschen anzufachen und zu erhalten. Über das Einzelne sage ich Ihnen nichts, bis ich das dritte Buch gelesen habe, dem ich mit Sehnsucht entgegensehe.

Ich kann Ihnen nicht ausdrücken, wie peinlich mir das Gefühl oft ist, von einem Produkt dieser Art in das philosophische Wesen hineinzusehen. Dort ist alles so heiter, so lebendig, so harmonisch aufgelöst und so menschlich wahr, hier alles so strenge, so rigid und abstrakt, und so höchst unnatürlich, weil alle Natur nur Synthesis und alle Philosophie Antithesis ist. Zwar darf ich mir das Zeugnis geben, in meinen Spekulationen der Natur so treu geblieben zu sein, als sich mit dem Begriff der Analysis verträgt; ja vielleicht bin ich ihr treuer geblieben, als unsre Kantianer für erlaubt und für möglich hielten. Aber dennoch fühle ich nicht weniger lebhaft den unendlichen Abstand zwischen dem Leben und dem Raisonnement – und kann mich nicht enthalten, in einem solchen melancholischen Augenblick für einen Mangel in meiner Natur auszulegen, was ich in einer heitern Stunde bloß für eine natürliche Eigenschaft der Sache ansehen muß. So viel ist indes gewiß, der Dichter ist der einzige wahre *Mensch*, und der beste Philosoph ist nur eine Karikatur gegen ihn.

Im Sommer 1796 ist der Roman dann abgeschlossen, und Goethe schickt dem Freunde im Juni die letzten Seiten des Manuskriptes. Schillers Anmerkungen in den folgenden Briefen gehören zum Schönsten, was jemals einem Dichter über ein vollendetes Meisterwerk von einem Zeitgenossen gesagt worden ist.

Jena, den 28. Juni 1796
Erwarten Sie heute noch nichts Bestimmtes von mir über den Eindruck, den das achte Buch auf mich gemacht. Ich bin beunruhigt und bin befriedigt, Verlangen und Ruhe sind wunderbar vermischt.

Das Merkwürdigste an dem Totaleindruck scheint mir dieses zu sein, daß Ernst und Schmerz durchaus wie ein Schattenspiel versinken und der leichte Humor vollkommen darüber Meister wird. Zum Teil ist mir dieses aus der leisen und leichten Behandlung erklärlich; ich glaube aber noch einen andern Grund davon in der theatralischen und romantischen Herbeiführung und Stellung der Begebenheiten zu entdecken. Das Pathetische erinnert an den Roman, alles übrige an die Wahrheit des Lebens. Die schmerzhaftesten Schläge, die das Herz bekommt, verlieren sich schnell wieder, so stark sie auch gefühlt werden, weil sie durch etwas Wunderbares herbeigeführt wurden, und deswegen schneller als alles andere an die Kunst erinnern. Wie es auch sei, so viel ist gewiß, daß der Ernst in dem Roman nur Spiel, und das Spiel in demselben der wahre und eigentliche Ernst ist, daß der Schmerz der Schein, und die Ruhe die einzige Realität ist.

Der so weise aufgesparte Friedrich, der durch seine Turbulenz am Ende die reife Frucht vom Baume schüttelt und zusammenweht, was zusammengehört, erscheint bei der Katastrophe gerade so wie einer, der uns aus einem bänglichen Traum durch Lachen aufweckt. Der Traum flieht zu den andern Schatten, aber sein Bild bleibt übrig, um in die Gegenwart einen höheren Geist, in die Ruhe und Heiterkeit einen poetischen Gehalt, eine unendliche Tiefe zu legen. Diese Tiefe bei einer ruhigen Fläche, die überhaupt genommen Ihnen so eigentümlich ist, ist ein vorzüglicher Charakterzug des gegenwärtigen Romans.

Doch genug für heute. Auf den Sonnabend hoffe ich Ihnen mehr zu sagen.

Jena, den 2. Juli 1796

Ich habe nun alle acht Bücher des Romans aufs neue, obgleich nur sehr flüchtig durchlaufen, und schon allein die Masse ist so stark, daß ich in zwei Tagen kaum damit fertig worden bin. Billig sollte ich also heute noch nichts schreiben, denn die erstaunliche und unerhörte Mannigfaltigkeit, die darin, im eigentlichsten Sinne, *versteckt* ist, überwältigt mich. Ich gestehe, daß ich bis jetzt zwar die *Stetigkeit*, aber noch nicht die *Einheit* recht gefaßt habe, obwohl ich keinen Augenblick zweifle, daß ich auch über diese noch völlige Klarheit erhalten werde, wenn bei Produkten dieser Art die Stetigkeit nicht schon mehr als die halbe Einheit ist.

Da Sie, unter diesen Umständen, nicht wohl etwas ganz Genugtuendes von mir erwarten können, und doch etwas zu hören wünschen, so nehmen Sie mit einzelnen Bemerkungen vorlieb, die auch nicht ganz ohne Wert sind, da sie ein unmittelbares Gefühl aussprechen werden. Dafür verspreche ich Ihnen, daß diesen ganzen Monat über die Unterhaltung über den Roman nie versiegen soll. Eine würdige und wahrhaft ästhetische Schätzung des ganzen Kunstwerks ist eine große Unternehmung. Ich werde ihr die nächsten vier Monate ganz widmen, und mit Freuden. Ohnehin gehört es zu dem schönsten Glück meines Daseins, daß ich die Vollendung dieses Produkts erlebte, daß sie noch in die Periode meiner strebenden Kräfte fällt, daß ich aus dieser reinen Quelle noch schöpfen kann; und das schöne Verhältnis, das unter uns ist, macht es mir zu einer gewissen Religion, Ihre Sache hierin zu der meinigen zu machen, alles, was in mir Realität ist, zu dem reinsten Spiegel des Geistes auszubilden, der in dieser Hülle lebt, und so, in einem höheren Sinne des Worts, den Namen Ihres Freundes zu verdienen. Wie lebhaft habe ich bei dieser Gelegenheit erfahren, daß es dem Vortrefflichen gegenüber keine Freiheit gibt als die Liebe.

Ich kann Ihnen nicht beschreiben, wie sehr mich die Wahrheit, das schöne Leben, die einfache Fülle dieses Werks bewegte. Die Bewegung ist zwar noch unruhiger, als sie sein wird, wenn ich mich desselben ganz bemächtigt habe, und das wird dann eine wichtige Krise meines Geistes sein; sie ist aber doch der Effekt des Schönen, nur des Schönen, und die Unruhe rührt bloß davon her, weil der Verstand die Empfindung noch nicht hat einholen können. Ich verstehe Sie nun ganz, wenn Sie sagten, daß es eigentlich das Schöne, das Wahre sei, was Sie, oft bis zu Tränen, rühren könne. Ruhig und tief, klar und doch unbegreiflich wie die Natur, so wirkt es und so steht es da, und alles, auch das kleinste Nebenwerk, zeigt die schöne Gleichheit des Gemüts, aus welchem alles geflossen ist.

Unterdessen haben die beiden Freunde gemeinsam die satirischen »Xenien« verfaßt, die im Herbst 1796 in Schillers Musenalmanach erscheinen und bei den angegriffenen Gegnern gewaltigen Ärger erregen. Goethe wendet sich nun seiner Dichtung »Hermann und Dorothea« zu, deren rasche Vollendung Schiller wiederum durch seinen Zuspruch fördert.

Besonders aber erfreut mich Ihre lebhafte Neigung zu einer fortgesetzten poetischen Tätigkeit. Ein neues, schöneres Leben tut sich dadurch vor Ihnen auf, es wird sich auch mir nicht nur in dem Werke, es wird sich mir auch durch die Stimmung, in die es Sie versetzt, mitteilen und mich erquicken. Ich wünschte besonders jetzt die Chronologie Ihrer Werke zu wissen; es sollte mich wundern, wenn sich an den Entwicklungen Ihres Wesens nicht ein gewisser notwendiger Gang der Natur im Menschen überhaupt nachweisen ließe. Sie müssen eine gewisse, nicht sehr kurze, Epoche gehabt haben, die ich Ihre analytische Periode nennen möchte, wo Sie durch die Teilung und Trennung zu einem Ganzen strebten, wo Ihre Natur gleichsam mit sich selbst zerfallen war und sich durch Kunst und Wissenschaft wieder herzustellen suchte. Jetzt, deucht mir, kehren Sie, ausgebildet und reif, zu Ihrer Jugend zurück, und werden die Frucht mit der Blüte verbinden. Diese zweite Jugend ist die Jugend der Götter und unsterblich wie diese. *(17. Januar 1797)*

Goethe weilt jetzt häufig längere Zeit in Jena, und 1797 entstehen in einer Art von Wettstreit rasch hintereinander eine große Anzahl von Schillers und Goethes Balladen, die in dem nächsten Musenalmanach Aufnahme finden. Kurz vor Goethes Aufbruch zu seiner dritten Schweizer Reise im Sommer 1797 fährt Schiller für einige Tage nach Weimar, um dort mit dem Freunde zusammen zu sein. Nach seiner Rückkehr nach Jena empfängt er die folgenden Zeilen von Goethe:

Sie hätten mir zum Abschiede nichts Erfreulicheres und Heilsameres geben können als Ihren Aufenthalt der letzten acht Tage. Ich glaube mich nicht zu täuschen, wenn ich diesmal unser Zusammensein wieder für sehr fruchtbar halte; es hat sich so manches für die Gegenwart entwickelt und für die Zukunft vorbereitet, daß ich mit mehr Zufriedenheit abreise, indem ich unterwegs recht tätig zu sein hoffe und bei meiner Rückkunft Ihrer Teilnehmung wieder entgegensehe. Wenn wir so fortfahren, verschiedene Arbeiten gleichzeitig durchzuführen, und, indem wir die größeren sachte fortleiten, uns durch kleinere immer aufmuntern und unterhalten, so kann noch manches zustande kommen.

Hier ist der Polykrates zurück; ich wünsche, daß die Kraniche mir bald nachziehen mögen. Auf den Sonnabend erfahren Sie das Nähere von meiner Abreise. Leben Sie recht wohl und grüßen Ihre liebe Frau.
Weimar, den 19. Juli 1797 G.

Jena, den 21. Juli 1797
Ich kann nie von Ihnen gehen, ohne daß etwas in mir gepflanzt worden wäre, und es freut mich, wenn ich für das viele, was Sie mir geben, Sie und Ihren innern Reichtum in Bewegung setzen kann. Ein solches auf wechselseitige Perfektibilität gebautes Verhältnis muß immer frisch und lebendig bleiben, und gerade desto mehr an Mannigfaltigkeit gewinnen, je harmonischer es wird und je mehr die Entgegensetzung sich verliert, welche bei so vielen andern allein die Einförmigkeit verhindert. Ich darf hoffen, daß wir uns nach und nach in allem verstehen werden, wovon sich Rechenschaft geben läßt, und in demjenigen, was seiner Natur nach nicht begriffen werden kann, werden wir uns durch die Empfindung nahe bleiben.

Die schönste und die fruchtbarste Art, wie ich unsre wechselseitigen Mitteilungen benutze und mir zu eigen mache, ist immer diese, daß ich sie unmittelbar auf die gegenwärtige Beschäftigung anwende, und gleich produktiv gebrauche. Und wie Sie in der Einleitung zum Laokoon sagen, daß in einem einzelnen Kunstwerk die Kunst ganz liege, so, glaube ich, muß man alles Allgemeine in der Kunst wieder in den besondersten Fall verwandeln, wenn die Realität der Idee sich bewähren soll. Und so, hoffe ich, soll mein Wallenstein und was ich künftig von Bedeutung hervorbringen mag, das ganze System desjenigen, was bei unserm Commercio in meine Natur hat übergehen können, in Concreto zeigen und enthalten.

Die Nachrichten von Ihnen werden in die einfache Existenz, auf die ich jetzt eingeschränkt bin, einen fruchtbaren Wechsel bringen, und außer dem Neuen, was sie mir zuführen, auch das Alte, was unter uns verhandelt worden, wieder in mir lebendig machen.

Und so leben Sie wohl und denken meiner, so wie Sie uns immer gegenwärtig sein werden. Meine Frau sagt Ihnen ein herzliches Lebewohl. Sch.

Der »Wallenstein«, von dem in diesem Briefe die Rede ist, beschäftigt Schiller während der nächsten Jahre, und erst im März 1799 kann er Goethe den Abschluß des Werkes melden:

Hier erfolgt nun das Werk, soweit es unter den gegenwärtigen Umständen gebracht werden konnte. Es kann ihm in einzelnen Teilen noch vielleicht an bestimmter Ausführung fehlen, aber für den theatralisch-tragischen Zweck scheint es mir ausgeführt genug. Wenn Sie davon urteilen, daß es nun wirklich eine Tragödie ist, daß die Hauptforderungen der Empfindung erfüllt, die Hauptfragen des Verstandes und der Neugierde befriedigt, die Schicksale aufgelöst und die Einheit der Haupt-Empfindung erhalten sei, so will ich höchlich zufrieden sein.

Haben Sie die Güte, das Manuskript so zeitig zu expedieren, daß ich es spätestens morgen, Montag, abends um 7 Uhr, wieder in Händen habe, und lassen auf das Couvert schreiben, wann der Bote expediert worden. Alles übrige mündlich. Sch.

Weimar, den 18. März 1799

Zu dem vollendeten Werke wünsche ich von Herzen Glück; es hat mir ganz besonders genuggetan, ob ich es gleich an einem bösen zerstreuten Morgen nur gleichsam obenhin gekostet habe. Für den theatralischen Effekt ist es hinreichend ausgestattet; die neuen Motive, die ich noch nicht kannte, sind sehr schön und zweckmäßig.

Können Sie künftig den Piccolominis etwas von der Masse abnehmen, so sind beide Stücke ein unschätzbares Geschenk für die deutsche Bühne, und man muß sie durch lange Jahre aufführen. Freilich hat das letzte Stück den großen Vorzug, daß alles aufhört politisch zu sein und bloß menschlich wird; ja das Historische selbst ist nur ein leichter Schleier, wodurch das Reinmenschliche durchblickt. Die Wirkung aufs Gemüt wird nicht gehindert noch gestört.

Ich sage nichts weiter und freue mich nur auf den Zusammengenuß dieses Werks. Donnerstag hoffe ich noch abzugehen. Mittwoch abend erfahren Sie die Gewißheit, wir wollen alsdann das Stück zusammen lesen, und ich will mich in gehöriger Fassung daran erfreuen.

Leben Sie recht wohl, ruhen Sie nun aus und lassen Sie uns auf

die Feiertage beiderseits ein neues Leben beginnen. Grüßen Sie
Ihre liebe Frau und gedenken mein. G.

Jena, den 19. März 1799
Ich habe mich schon lange vor dem Augenblick gefürchtet, den
ich so sehr wünschte, meines Werks los zu sein; und in der Tat
befinde ich mich bei meiner jetzigen Freiheit schlimmer als der
bisherigen Sklaverei. Die Masse, die mich bisher anzog und festhielt, ist nun auf einmal weg, und mir dünkt, als wenn ich bestimmungslos im luftleeren Raume hinge. Zugleich ist mir, als
wenn es absolut unmöglich wäre, daß ich wieder etwas hervorbringen könnte; ich werde nicht eher ruhig sein, bis ich meine
Gedanken wieder auf einen bestimmten Stoff mit Hoffnung und
Neigung gerichtet sehe. Habe ich wieder eine Bestimmung, so
werde ich diese Unruhe los sein, die mich jetzt auch von kleineren Unternehmungen abzieht. Ich werde Ihnen, wenn Sie hier
sind, einige tragische Stoffe, von freier Erfindung, vorlegen, um
nicht in der ersten Instanz, in dem Gegenstande, einen Mißgriff
zu tun. Neigung und Bedürfnis ziehen mich zu einem frei phantasierten, nicht historischen, und zu einem bloß leidenschaftlichen und menschlichen Stoff; denn Soldaten, Helden und
Herrscher habe ich für jetzt herzlich satt.
Wie beneide ich Sie um Ihre jetzige nächste Tätigkeit. Sie stehen
auf dem reinsten und höchsten poetischen Boden, in der schönsten Welt bestimmter Gestalten, wo alles gemacht ist und alles
wieder zu machen ist. Sie wohnen gleichsam im Hause der Poesie, wo Sie von Göttern bedient werden.

Da Goethe nun immer häufiger in Jena weilt, werden die meisten Fragen mündlich verhandelt, und der Briefwechsel beschränkt sich oft auf kurze sachliche Mitteilungen oder kleinere Zettel. Doch dauert er bis zu Schillers Tode ununterbrochen und in ungetrübter Freundschaft fort.
Von Schiller besitzen wir aus dieser Zeit einen Rückblick auf die Jahre seines Umgangs mit Goethe, in dem er die Gestalt und Leistung des Freundes noch einmal umreißt und Rechenschaft darüber ablegt, was ihn in Liebe und Bewunderung an ihn bindet. Dieses Resümee findet sich in einem Brief an die Gräfin Schimmelmann, die Gattin eines dänischen Wohltäters, die den

Wunsch geäußert hatte, Schiller in dänische Dienste zu ziehen, und dabei auch ihre Bedenken gegen seine Verbindung mit Goethe vorgebracht hatte.
Schiller antwortet am 23. November 1800 und geht dabei zuletzt ausführlich auf sein Verhältnis zu Goethe ein:

Einige Äußerungen in Ihrem Briefe führen mich natürlich auf meine Bekanntschaft mit Goethe, die ich auch jetzt, nach einem Zeitraum von sechs Jahren, für das wohltätigste Ereignis meines ganzen Lebens halte.
Ich brauche Ihnen über den *Geist* dieses Mannes nichts zu sagen. Sie erkennen seine Verdienste als Dichter, wenn auch nicht in *dem* Grade an, als ich sie fühle. Nach meiner innigsten Überzeugung kommt kein anderer Dichter ihm an Tiefe der Empfindung und an Zartheit derselben, an Natur und Wahrheit und zugleich an hohem Kunstverdienste auch nur von weitem bei. Die Natur hat ihn reicher ausgestattet als irgendeinen, der nach Shakespeare aufgestanden ist. Und außer diesem, was er von der Natur *erhalten*, hat er sich durch rastloses Nachforschen und Studium mehr *gegeben* als irgendein anderer. Er hat es sich zwanzig Jahre mit der redlichsten Anstrengung sauer werden lassen, die Natur in allen ihren drei Reichen zu studieren, und ist in die Tiefen dieser Wissenschaften gedrungen. Über die Physik des Menschen hat er die wichtigsten Resultate gesammelt und ist auf seinen ruhigen einsamen Wegen den Entdeckungen vorausgeeilt, womit jetzt in diesen Wissenschaften so viel Parade gemacht wird. So ist er auch in Rücksicht auf den Geschmack in bildenden Künsten dem Zeitgeiste sehr weit voraus, und bildende Künstler könnten vieles bei ihm lernen.
Welcher von allen Dichtern kommt ihm in solchen gründlichen Kenntnissen auch nur von ferne bei! Und doch hat er einen großen Teil seines Lebens in Ministerialgeschäften aufgewendet, die darum, weil das Herzogtum klein ist, nicht klein und unbedeutend sind.
Aber diese hohen Vorzüge seines Geistes sind es nicht, die mich an ihn binden. Wenn er nicht als Mensch für mich den größten Wert von allen hätte, die ich persönlich je habe kennenlernen, so würde ich sein Genie nur in der Ferne bewundern. Ich darf wohl sagen, daß ich in den sechs Jahren, die ich mit ihm zusam-

men lebte, auch nicht einen Augenblick an seinem Charakter irre geworden bin. Er hat eine hohe Wahrheit und Biederkeit in seiner Natur, und den höchsten Ernst für das Rechte und Gute; darum haben sich Schwätzer und Heuchler und Sophisten in seiner Nähe immer übel befunden. Diese hassen ihn, weil sie ihn fürchten; und weil er das Falsche und Seichte im Leben und in der Wissenschaft herzlich verachtet und den falschen Schein verabscheut, so muß er in der jetzigen bürgerlichen und literarischen Welt notwendig es mit vielen verderben.

Sie werden nun aber fragen, wie es komme, daß er, bei dieser Sinnesart, mit solchen Leuten, wie die Schlegelschen Gebrüder sind, in Verhältnis stehen könne. Dieses Verhältnis ist durchaus nur ein literarisches und kein freundschaftliches, wie man es in der Ferne beurteilt. An der lächerlichen Verehrung, welche die beiden Schlegels Goethe erweisen, ist er selbst unschuldig, er hat sie nicht dazu aufgemuntert, er leidet vielmehr dadurch und sieht selbst recht wohl ein, daß die Quelle dieser Verehrung nicht die reinste ist; denn diese eiteln Menschen bedienen sich seines Namens nur als eines Paniers gegen ihre Feinde, und es ist ihnen im Grunde nur um sich selbst zu tun.

Insofern aber diese Menschen und ihr Anhang sich dem einreißenden Philosophenhaß und einer gewissen kraftlosen seichten Künstlerkritik tapfer entgegensetzen, ob sie gleich selbst in ein anderes Extrem verfallen, insofern kann man sie gegen die andere Partei, die noch schädlicher ist, nicht ganz sinken lassen, und die Klugheit befiehlt zum Nutzen der Wissenschaft ein gewisses Gleichgewicht zwischen den idealistischen Philosophen und den Unphilosophen zu beobachten.

Es wäre zu wünschen, daß ich Goethe ebenso gut in Rücksicht auf seine häuslichen Verhältnisse rechtfertigen könnte, als ich es in Absicht auf seine literarischen und bürgerlichen mit Zuversicht tun kann. Aber leider ist er durch einige falsche Begriffe über das häusliche Glück und durch eine unglückliche Ehescheu in ein Verhältnis geraten, welches ihn in seinem eigenen häuslichen Kreise drückt und unglücklich macht, und welches abzuschütteln er leider zu schwach und zu weichherzig ist. Dies ist seine einzige Blöße, die aber niemand verletzt als ihn selbst, und auch diese hängt mit einem sehr edlen Teil seines Charakters zusammen.

Ich bitte Sie, meine gnädige Gräfin, dieser langen Äußerung wegen um Verzeihung, sie betrifft einen verehrten Freund, den ich liebe und hochschätze und den ich ungern von Ihnen beiden verkannt sehe. Kennten Sie ihn so, wie ich ihn zu kennen und zu studieren Gelegenheit gehabt, Sie würden wenige Menschen Ihrer Achtung und Liebe würdiger finden.

Goethe sind die rund zehn Jahre gemeinsamen Wirkens mit Schiller stets als eine der bedeutendsten Epochen seines Lebens erschienen, und in seinen Unterhaltungen mit Eckermann kommt er wiederholt ausführlich auf Schiller zu sprechen. Namentlich bei einem kleinen Abendessen mit Riemer und Eckermann, am 18. Januar 1825, sind seine angeregten Äußerungen dem Andenken des großen Freundes gewidmet.

Riemer erinnerte an Schillers Persönlichkeit. »Der Bau seiner Glieder, sein Gang auf der Straße, jede seiner Bewegungen«, sagte er, »war stolz, nur die Augen waren sanft.« – »Ja«, sagte Goethe, »alles übrige an ihm war stolz und großartig, aber seine Augen waren sanft. Und wie sein Körper war sein Talent. Er griff in einen großen Gegenstand kühn hinein und betrachtete und wendete ihn hin und her, und sah ihn so an und so, und handhabe ihn so und so. Er sah seinen Gegenstand gleichsam nur von außen an, eine stille Entwicklung aus dem Innern war nicht seine Sache.
Schillers Talent war recht fürs Theater geschaffen. Mit jedem Stück schritt er vor und ward er vollendeter; doch war es wunderlich, daß ihm noch von den Räubern her ein gewisser Sinn für das Grausame anklebte, der selbst in seiner schönsten Zeit ihn nie ganz verlassen wollte. So erinnere ich mich noch recht wohl, daß er im Egmont in der Gefängnisszene, wo diesem das Urteil vorgelesen wird, den Alba in einer Maske und in einen Mantel gehüllt im Hintergrunde erscheinen ließ, um sich an dem Effekt zu weiden, den das Todesurteil auf Egmont haben würde. Hiedurch sollte sich der Alba als unersättlich in Rache und Schadenfreude darstellen. Ich protestierte jedoch, und die Figur blieb weg. Er war ein wunderlicher großer Mensch.
Alle acht Tage war er ein Anderer und ein Vollendeterer; jedesmal, wenn ich ihn wiedersah, erschien er mir vorgeschritten in

Belesenheit, Gelehrsamkeit und Urteil. Seine Briefe sind das schönste Andenken, das ich von ihm besitze, und sie gehören mit zu dem Vortrefflichsten, was er geschrieben. Seinen letzten Brief bewahre ich als ein Heiligtum unter meinen Schätzen.« Goethe stand auf und holte ihn. »Da sehen und lesen Sie«, sagte er, indem er mir ihn zureichte.

Der Brief war schön und mit kühner Hand geschrieben. Er enthielt ein Urteil über Goethes Anmerkungen zu Rameaus Neffen, welche die französische Literatur jener Zeit darstellen, und die er Schillern im Manuskript zur Ansicht mitgeteilt hatte. Ich las den Brief Riemern vor. »Sie sehen«, sagte Goethe, »wie sein Urteil treffend und beisammen ist, und wie die Handschrift durchaus keine Spur irgendeiner Schwäche verrät. Er war ein prächtiger Mensch, und bei völligen Kräften ist er von uns gegangen. Dieser Brief ist vom 24. April 1805. – Schiller starb am 9. Mai.«

XIII

Briefwechsel mit Schiller
(August 1797)
Poesie und Empirie; »bedeutende Gegenstände«

Im Sommer 1797 trug Goethe sich mit Plänen zu einer dritten Reise nach Italien, der sich dann kriegerische Ereignisse in den Weg stellten. So wurde nur eine dritte Schweizer Reise daraus, die er am 30. Juli antrat. Am 3. August in der Frühe traf er in Frankfurt ein und nahm bei der Mutter Logis. Die Frau Rat hatte inzwischen das alte Haus im Hirschgraben verkauft und wohnte seit zwei Jahren am Roßmarkt gegenüber der Hauptwache.
Während seines Aufenthalts wird Goethe dort auch von zwei jungen Dichtern besucht: Siegfried Schmid aus dem nahegelegenen Friedberg, den Schiller ihm empfohlen hatte, und Friedrich Hölderlin, der ihn 1794 schon einmal in Weimar aufgesucht hatte. Von Schmid aus Friedberg ist schon in dem ersten Brief die Rede, den Goethe aus Frankfurt an Schiller schreibt.
Zum besseren Verständnis dieses Briefes und seines Wortgebrauchs sei vorausgeschickt, daß Goethe und Schiller im Juni ein ausführliches Gespräch über das Thema der naiven und sentimentalen Dichtung miteinander geführt hatten.

Ohne den mindesten Anstoß bin ich vergnügt und gesund nach Frankfurt gelangt und überlege in einer ruhigen und heitern Wohnung nun erst, was es heiße, in meinen Jahren in die Welt zu gehen. In früherer Zeit imponieren und verwirren uns die Gegenstände mehr, weil wir sie nicht beurteilen noch zusammenfassen können, aber wir werden doch mit ihnen leichter fertig, weil wir nur aufnehmen, was in unserm Wege liegt, und rechts und links wenig achten. Später kennen wir die Dinge mehr, es interessiert uns deren eine größere Anzahl, und wir würden uns gar übel befinden, wenn uns nicht Gemütsruhe und Methode in diesen Fällen zu Hülfe käme. Ich will nun alles, was mir in diesen acht Tagen vorgekommen ist, so gut als möglich zurechtstellen, an Frankfurt selbst als einer vielumfassenden

Stadt meine Schemata probieren und mich dann zu einer weitern Reise vorbereiten.

Sehr merkwürdig ist mir aufgefallen, wie es eigentlich mit dem Publiko einer großen Stadt beschaffen ist. Es lebt in einem beständigen Taumel von Erwerben und Verzehren, und das, was wir Stimmung nennen, läßt sich weder hervorbringen noch mitteilen; alle Vergnügungen, selbst das Theater, sollen nur zerstreuen, und die große Neigung des lesenden Publikums zu Journalen und Romanen entsteht eben daher, weil jene immer und diese meist Zerstreuung in die Zerstreuung bringen.

Ich glaube sogar eine Art von Scheu gegen poetische Produktionen, oder wenigstens insofern sie poetisch sind, bemerkt zu haben, die mir aus eben diesen Ursachen ganz natürlich vorkommt. Die Poesie verlangt, ja sie gebietet Sammlung, sie isoliert den Menschen wider seinen Willen, sie drängt sich wiederholt auf und ist in der breiten Welt (um nicht zu sagen in der großen) so unbequem wie eine treue Liebhaberin.

Ich gewöhne mich nun, alles, wie mir die Gegenstände vorkommen, und was ich über sie denke, aufzuschreiben, ohne die genauste Beobachtung und das reifste Urteil von mir zu fordern, oder auch an einen künftigen Gebrauch zu denken. Wenn man den Weg einmal ganz zurückgelegt hat, so kann man mit besserer Übersicht das Vorrätige immer wieder als Stoff gebrauchen.

Das Theater habe ich einigemal besucht und zu dessen Beurteilung mir auch einen methodischen Entwurf gemacht. Indem ich ihn nun nach und nach auszufüllen suche, so ist mir erst recht aufgefallen: daß man eigentlich nur von fremden Ländern, wo man mit niemand in Verhältnis steht, eine leidliche Reisebeschreibung schreiben könnte. Über den Ort, wo man gewöhnlich sich aufhält, wird niemand wagen, etwas zu schreiben, es müßte denn von bloßer Aufzählung der vorhandenen Gegenstände die Rede sein. Ebenso geht es mit allem, was uns noch einigermaßen nah ist; man fühlt erst, daß es eine Impietät wäre, wenn man auch sein gerechtestes, mäßigstes Urteil über die Dinge öffentlich aussprechen wollte. Diese Betrachtungen führen auf artige Resultate und zeigen mir den Weg, der zu gehen ist.

Leben Sie recht wohl und halten Sie sich ja gesund und vergnügt in Ihrem Gartenhause. Grüßen Sie mir Ihre liebe Frau.

Wenn ich nur einmal wieder ins jenaische Schloß gelangen kann, soll mich so bald niemand heraustreiben. Es ist nur gut, daß ich zum Musenalmanach das Meinige schon beigetragen habe, denn auf der Reise kann ich so wenig hoffen einem Gedichte als dem Phönix zu begegnen. Nochmals das schönste Lebewohl.

Frankfurt am Main, den 9. August 1797 G.

Schmid von Friedberg ist bei mir gewesen, es war keine unangenehme, aber auch keine wohltätige Erscheinung. Im ganzen ein hübscher junger Mensch, ein kleiner Kopf auf mäßigen Schultern, treffliche Schenkel und Füße, knapp, reinlich, anständig nach hiesiger Art gekleidet. Die Gesichtszüge klein und eng beisammen, kleine, schwarze Augen, schwarze Haare, nahe am Kopf sansculottisch abgeschnitten. Aber um die Stirne schmiedete ihm ein ehernes Band der Vater der Götter. Mit dem Munde machte er wunderliche Verzerrungen, als wenn er dem, was er sagte, noch einen gewissen eigentümlichen Ausdruck geben wollte. Er ist der Sohn eines wohlhabenden Kaufmanns, der ihn zum Prediger bestimmte; dadurch ist der Mensch ganz aus seinem Wege gerückt worden. Ich glaube, daß er, zu einem beschränkten Handel und Lebenswandel angeführt, recht gut gewesen wäre, da er Energie und eine gewisse Innigkeit zu haben scheint; unter einer Nationalgarde sähe ich ihn am allerliebsten. Die Folge mag es zeigen; aber ich fürchte, es ist nicht viel Freude an ihm zu erleben. Voraus also gesetzt, daß es kein gedrückter Mensch ist, sondern einer, der, nach seiner Aussage, seiner Gestalt, seiner Kleidung, in mäßigem Wohlbehagen lebt, so ist es ein böses Zeichen, daß sich keine Spur von Streben, Liberalität, Liebe, Zutrauen an ihm offenbart. Er stellte sich mir in dem philisterhaften Egoismus eines Exstudenten dar. Dabei aber auch keine Spur von Rohheit, nichts Schiefes in seinem Betragen außer der Mundverzerrung.

Ich nahm zur Base meiner Behandlung, daß *Sie* ihn an mich schicken, und setzte also in diesem Sinne vieles voraus, aber es hat doch auch gar nichts Allgemeines noch Besonderes angeklungen, auch nichts über Reinhold und Fichte, die er doch beide gehört hat. Überhaupt konnte ich nichts Bedeutendes von ihm herauslocken, als daß er, seit einem Jahre, gewisse besondere

Ansichten der Welt gewonnen habe, wodurch er sich zur Poesie geneigt fühle (das denn ganz gut sein möchte), daß er aber auch überzeugt sei, nur in einer gewissen Verbindung der Philosophie und Poesie bestehe die wahre Bildung. Wogegen ich nichts zu sagen habe, wenn ich es nur nicht von einem jungen Menschen hören müßte. Übrigens ging er weg, wie er gekommen war, ehe doch auch nur irgendein Gespräch sich eingeleitet hatte, und war mir für diesen kurzen Moment bedeutend genug. Der zurückgezognen Art nach erinnerte er mich an Hölderlin, ob er gleich größer und besser gebildet ist; sobald ich diesen gesehen habe, werde ich mit einer nähern Parallele aufwarten. Da auf meinem Lebensgange, besonders in früheren Zeiten, mir mehrere Naturen dieser Art begegnet sind und ich erfahren habe, wo es eigentlich mit ihnen hinausgeht, so will ich noch ein allgemeines Wort hinzufügen: Menschen, die aus dem Kaufmannsstamm zur Literatur und besonders zur Poesie übergehen, haben und behalten eine eigne Tournüre. Es läßt sich an einigen ein gewisser Ernst und Innigkeit bemerken, ein gewisses Haften und Festhalten, bei andern ein lebhaftes tätiges Bemühen; allein sie scheinen mir keiner Erhebung fähig, so wenig als des Begriffs, worauf es eigentlich ankommt. Vielleicht tue ich dieser Kaste unrecht, und es sind viele aus andern Stämmen, denen es nicht besser geht. Denken Sie einmal Ihre Erfahrung durch. es finden sich wahrscheinlich auch Ausnahmen.

Schiller beantwortet diesen ersten Brief aus Frankfurt Mitte August.

Jena, den *17. August 1797*
Die Vorstellung, welche Sie mir von Frankfurt und großen Städten überhaupt geben, ist nicht tröstlich, weder für den Poeten, noch für den Philosophen, aber ihre Wahrheit leuchtet ein, und da es einmal ein festgesetzter Punkt ist, daß man nur für sich selber philosophiert und dichtet, so ist auch nichts dagegen zu sagen; im Gegenteil, es bestärkt einen auf dem eingeschlagenen guten Weg und schneidet jede Versuchung ab, die Poesie zu etwas Äußerm zu gebrauchen.
Soviel ist auch mir bei meinen wenigen Erfahrungen klar geworden, daß man den Leuten, im ganzen genommen, durch die

Poesie nicht wohl, hingegen recht übel machen kann, und mir deucht, wo das eine nicht zu erreichen ist, da muß man das andere einschlagen. Man muß sie inkommodieren, ihnen ihre Behaglichkeit verderben, sie in Unruhe und in Erstaunen setzen. Eins von beiden, entweder als ein Genius oder als ein Gespenst muß die Poesie ihnen gegenüberstehen. Dadurch allein lernen sie an die Existenz einer Poesie glauben und bekommen Respekt vor den Poeten. Ich habe auch diesen Respekt nirgends größer gefunden als bei dieser Menschenklasse, obgleich auch nirgends so unfruchtbar und ohne Neigung. Etwas ist in allen, was für den Poeten spricht, und Sie mögen ein noch so ungläubiger Realist sein, so müssen Sie mir doch zugeben, daß dieses X der Same des Idealismus ist, und daß dieser allein noch verhindert, daß das wirkliche Leben mit seiner gemeinen Empirie nicht alle Empfänglichkeit für das Poetische zerstört. Freilich ist es wahr, daß die eigentliche schöne und ästhetische Stimmung dadurch noch lange nicht befördert wird, daß sie vielmehr gar oft dadurch verhindert wird, so wie die Freiheit durch die moralischen Tendenzen; aber es ist schon viel gewonnen, daß ein Ausgang aus der Empirie geöffnet ist.

Mit meinem Protégé, Herrn Schmid, habe ich freilich wenig Ehre aufgehoben, wie ich sehe, aber ich will so lange das Beste hoffen, bis ich nicht mehr kann. Ich bin einmal in dem verzweifelten Fall, daß mir daran liegen muß, ob andere Leute etwas taugen, und ob etwas aus ihnen werden kann; daher werde ich diese Hölderlin und Schmid so spät als möglich aufgeben.

Herr Schmid, so wie er jetzt ist, ist freilich nur die entgegengesetzte Karikatur von der Frankfurter empirischen Welt, und so wie diese nicht Zeit hat, in sich hineinzugehen, so kann dieser und seinesgleichen gar nicht aus sich selbst herausgehen. Hier, möchte ich sagen, sehen wir Empfindung genug, aber keinen Gegenstand dazu, dort den nackten leeren Gegenstand ohne Empfindung. Und so sind überall nur die Materialien zum Menschen da, wie der Poet ihn braucht, aber sie sind zerstreut und haben sich nicht ergriffen.

Ich möchte wissen, ob diese Schmid, diese Jean Paul, diese Hölderlins absolut und unter allen Umständen so subjektivisch, so überspannt, so einseitig geblieben wären, ob es an etwas Primitivem liegt, oder ob nur der Mangel einer ästhetischen Nahrung und Einwirkung von außen und die Opposition der empirischen Welt, in der sie leben, gegen ihren idealischen Hang diese unglückliche Wirkung hervorgebracht hat. Ich bin sehr geneigt, das letztere zu glauben, und wenngleich ein mächtiges und glückliches Naturell über alles siegt, so deucht mir doch, daß manches brave Talent auf diese Art verloren geht.

Es ist gewiß eine sehr wahre Bemerkung, die Sie machen, daß ein gewisser Ernst und eine Innigkeit, aber keine Freiheit, Ruhe und Klarheit bei denen, die aus einem gewissen Stande zu der Poesie kommen, angetroffen wird. Ernst und Innigkeit sind die natürliche und notwendige Folge, wenn eine Neigung und Beschäftigung Widerspruch findet, wenn man isoliert und auf sich selbst reduziert ist, und der Kaufmannssohn, der Gedichte macht, muß schon einer größern Innigkeit fähig sein, wenn er überall nur auf so was verfallen soll. Aber ebenso natürlich ist es, daß er sich mehr zu der moralischen als ästhetischen Seite wendet, weil er mit leidenschaftlicher Heftigkeit fühlt, weil er in sich hineingetrieben wird, und weil ihn die Gegenstände eher zurückstoßen als festhalten, er also nie zu einer klaren und ruhigen Ansicht davon gelangen kann.

Umgekehrt finde ich, als Beleg ihrer Bemerkung, daß diejenigen, welche aus einem liberalen Stande zur Poesie kommen, eine gewisse Freiheit, Klarheit und Leichtigkeit, aber wenig Ernst und Innigkeit zeigen. Bei den ersten sticht das Charakteristische fast bis zur Karikatur und immer mit einer gewissen Einseitigkeit und Härte hervor; bei diesen ist Charakterlosigkeit, Flachheit und fast Seichtigkeit zu fürchten. Der Form nach, möchte ich sagen, sind diese dem Ästhetischen näher, jene hingegen dem Gehalte nach.

Mit meiner Gesundheit geht es seit acht Tagen wieder besser, und im Hause steht es auch gut. Meine Frau grüßt Sie herzlich. Leben Sie recht wohl, lassen Sie bald wieder von sich hören.

Schiller

In Goethes nächstem Brief aus Frankfurt, vom 13. August, antwortet er auf ein früheres Schreiben Schillers, in dem dieser einige mißmutige Bemerkungen Herders mitgeteilt hatte. Goethe berichtet noch einmal die glückliche Ankunft in der Vaterstadt und daß er anfange, dort wieder heimisch zu werden.

Frankfurt, 12. August 1797

Hier möchte ich nun mich an ein großes Stadtleben wieder gewöhnen, mich gewöhnen, nicht nur zu reisen, sondern auch auf der Reise zu leben; wenn mir nur dieses vom Schicksal nicht ganz versagt ist, denn ich fühle recht gut, daß meine Natur nur nach Sammlung und Stimmung strebt, und an allem keinen Genuß hat, was diese hindert. Hätte ich nicht an meinem Hermann und Dorothea ein Beispiel, daß die modernen Gegenstände, in einem gewissen Sinne genommen, sich zum Epischen bequemten, so möchte ich von aller dieser empirischen Breite nichts mehr wissen. Auf dem Theater, so wie ich auch wieder hier sehe, wäre in dem gegenwärtigen Augenblick manches zu tun, aber man müßte es leicht nehmen und in der Gozzischen Manier traktieren; doch es ist in keinem Sinne der Mühe wert.

Herder bedaure ich herzlich, daß er verdammt ist, durch Gott weiß welche wunderliche Gemütsart sich und andern auf eigenem Felde den Weg zu verkümmern. Da gefallen mir die Frankfurter Bankiers, Handelsleute, Agioteurs, Krämer, Juden, Spieler und Unternehmer tausendmal besser, die doch wenigstens selbst was vor sich bringen, wenn sie auch andern ein Bein stellen.

Über den eigentlichen Zustand eines aufmerksamen Reisenden habe ich eigne Erfahrungen gemacht und eingesehen, worin sehr oft der Fehler der Reisebeschreibungen liegt. Man mag sich stellen wie man will, so sieht man auf der Reise die Sache nur von *einer* Seite und übereilt sich im Urteil; dagegen sieht man aber auch die Sache von dieser Seite lebhaft, und das Urteil ist im gewissen Sinne richtig. Ich habe mir daher Akten gemacht, worin ich alle Arten von öffentlichen Papieren, die mir eben jetzt begegnen, Zeitungen, Wochenblätter, Predigtauszüge, Verordnungen, Komödienzettel, Preiscourante, einheften lasse und sodann auch sowohl das, was ich sehe und bemerke, als auch mein augenblickliches Urteil einhefte; ich spreche sodann von diesen Dingen in Gesellschaft und bringe meine Meinung vor, da ich denn bald sehe, inwiefern ich gut unterrichtet bin, und inwiefern mein Urteil mit dem Urteil wohlunterrichteter Menschen übereintrifft. Ich nehme sodann die neue Erfahrung und Belehrung auch wieder zu den Akten, und so gibt es Materialien, die mir künftig als Geschichte des Äußern und Innern interes-

sant genug bleiben müssen. Wenn ich bei meinen Vorkenntnissen und meiner Geistesgeübtheit Lust behalte, dieses Handwerk eine Weile fortzusetzen, so kann ich eine große Masse zusammenbringen.
Für einen Reisenden geziemt sich ein skeptischer Realismus, was noch idealistisch an mir ist, wird in einem Schatullchen, wohlverschlossen, mitgeführt. Denn obgleich in der Empirie fast alles einzeln unangenehm auf mich wirkt, so tut doch das Ganze sehr wohl, wenn man endlich zum Bewußtsein seiner eignen Besonnenheit kommt. Leben Sie recht wohl und interpretieren Sie sich, da Sie mich kennen, meine oft wunderlichen Worte, denn es wäre mir unmöglich, mich selbst zu rektifizieren und diese rhapsodischen Grillen in einen Zusammenhang und Bestand zu bringen.

Realismus – Idealismus – Empirie – poetische Empfindung – diese Stichwörter verraten, zwischen welchen Polen Goethe sich damals bewegte und wie sehr diese nach einem Ausgleich untereinander verlangten.
In seinen »Tag- und Jahresheften« berichtet Goethe aus dem Jahr 1789, daß er nach der Rückkehr aus Italien seine Schilderung des römischen Karnevals verfaßt und sich dabei, im bewußten Gegensatz zu dem Engländer Lawrence Sterne in dessen »Sentimentaler Reise«, von der Maxime habe leiten lassen, »sich soviel als möglich zu verleugnen und das Objekt, so rein als nur zu tun wäre, in sich aufzunehmen«.
In späteren Notizen zu einer Fortsetzung seiner Lebenserinnerungen findet sich dann folgende Charakterisierung seines Zustandes im Herbst des Jahres 1793:

Schwer zu entziffernde Komplikation innerer Geistesverhältnisse und äußerer zudringender Umstände. Auf Kunst und Natur drang ich los als auf Objekte, suchte nach Begriffen von beiden. Zerstörte alle Sentimentalität in mir und litt also Schaden am nahverwandten Sittlich-Ideellen. Neigte mich in solcher Hinsicht ganz zu einem strengen Realismus.

Auf Überwindung der Sentimentalität, auf eine immer bewußtere Korrektur aller bloßen Subjektivität war Goethes ganzes

Streben seit der italienischen Reise gerichtet gewesen; – und nun heißt es in einem Brief an Schiller aus diesem Sommer:

Frankfurt, am 16. August 1797
Ich bin auf einen Gedanken gekommen, den ich Ihnen, weil er für meine übrige Reise bedeutend werden kann, sogleich mitteilen will, um Ihre Meinung zu vernehmen, inwiefern er richtig sein möchte, und inwiefern ich wohl tue, mich seiner Leitung zu überlassen. Ich habe, indem ich meinen ruhigen und kalten Weg des Beobachtens, ja des bloßen Sehens ging, sehr bald bemerkt, daß die Rechenschaft, die ich mir von gewissen Gegenständen gab, eine Art von Sentimentalität hatte, die mir dergestalt auffiel, daß ich dem Grunde nachzudenken sogleich gereizt wurde, und ich habe folgendes gefunden: Das, was ich im allgemeinen sehe und erfahre, schließt sich recht gut an alles übrige an, was mir sonst bekannt ist, und ist mir nicht unangenehm, weil es in der ganzen Masse meiner Kenntnisse mitzählt und das Kapital vermehren hilft. Dagegen wüßte ich noch nichts, was mir auf der ganzen Reise nur irgendeine Art von *Empfindung* gegeben hätte, sondern ich bin heute so ruhig und unbewegt, als ich es jemals bei den gewöhnlichsten Umständen und Vorfällen gewesen. Woher denn also diese scheinbare Sentimentalität, die mir um so auffallender ist, weil ich seit langer Zeit in meinem Wesen gar keine Spur, außer der poetischen Stimmung, empfunden habe. Möchte nicht also hier selbst poetische Stimmung sein? bei einem Gegenstande, der nicht ganz poetisch ist, wodurch ein gewisser Mittelzustand hervorgebracht wird.
Ich habe daher die Gegenstände, die einen solchen Effekt hervorbringen, genau betrachtet und zu meiner Verwunderung bemerkt, daß sie eigentlich symbolisch sind. Das heißt, wie ich kaum zu sagen brauche, es sind eminente Fälle, die, in einer charakteristischen Mannigfaltigkeit, als Repräsentanten von vielen andern dastehen, eine gewisse Totalität in sich schließen, eine gewisse Reihe fordern, Ähnliches und Fremdes in meinem Geiste aufregen und so von außen wie von innen an eine gewisse Einheit und Allheit Anspruch machen. Sie sind also, was ein glückliches Sujet dem *Dichter* ist, glückliche Gegenstände für den *Menschen*, und weil man, indem man sie mit sich selbst rekapituliert, ihnen keine *poetische* Form geben kann, so muß

man ihnen doch eine *ideale* geben, eine *menschliche* im höhern Sinn, das man auch mit einem so sehr mißbrauchten Ausdruck sentimental nannte. Und Sie werden also wohl nicht lachen, sondern nur lächeln, wenn ich Ihnen hiermit zu meiner eignen Verwunderung darlege, daß ich, wenn ich irgend von meinen Reisen etwas für Freunde oder fürs Publikum aufzeichnen soll, wahrscheinlich noch in Gefahr komme, *empfindsame Reisen* zu schreiben. Doch ich würde, wie Sie mich wohl kennen, kein Wort, auch das verrufenste nicht, fürchten, wenn die Behandlung mich rechtfertigen, ja wenn ich so glücklich sein könnte, einem verrufenen Namen seine Würde wiederzugeben.

Ich berufe mich auf das, was Sie selbst so schön entwickelt haben, auf das, was zwischen uns Sprachgebrauch ist, und fahre fort: Wann ist eine sentimentale Erscheinung (die wir nicht verachten dürfen, wenn sie auch noch so *lästig* ist) unerträglich? Ich antworte: wenn das Ideale unmittelbar mit dem Gemeinen verbunden wird. Es kann dies nur durch eine leere, gehalt- und formlose Manier geschehen, denn beide werden dadurch vernichtet, die Idee und der Gegenstand, jene, die nur bedeutend sein und sich nur mit dem Bedeutenden beschäftigen kann, und dieser, der recht wacker, brav und gut sein kann, ohne bedeutend zu sein.

Bis jetzt habe ich nur zwei solcher Gegenstände gefunden: den Platz, auf dem ich wohne, der in Absicht seiner Lage und alles dessen, was darauf vorgeht, in einem jeden Momente symbolisch ist, und den Raum meines großväterlichen Hauses, Hofes und Gartens, der aus dem beschränktesten, patriarchalischen Zustande, in welchem ein alter Schultheiß von Frankfurt lebte, durch klug unternehmende Menschen zum nützlichsten Waren- und Marktplatz verändert wurde. Die Anstalt ging durch sonderbare Zufälle bei dem Bombardement zugrunde und ist jetzt, größtenteils als Schutthaufen, noch immer das Doppelte dessen wert, was vor elf Jahren von den gegenwärtigen Besitzern an die Meinigen bezahlt worden. Insofern sich nun denken läßt, daß das Ganze wieder von einem neuen Unternehmer gekauft und hergestellt werde, so sehn Sie leicht, daß es, in mehr als einem Sinne, als Symbol vieler tausend andern Fälle, in dieser gewerbreichen Stadt, besonders vor meinem Anschauen, dastehen muß.

Bei diesem Falle kommt denn freilich eine liebevolle Erinnerung dazu; wenn man aber, durch diese Fälle aufmerksam gemacht, künftig bei weitern Fortschritten der Reise nicht sowohl aufs *Merkwürdige*, sondern aufs *Bedeutende* seine Aufmerksamkeit richtete, so müßte man, für sich und andere, doch zuletzt eine schöne Ernte gewinnen. Ich will es erst noch hier versuchen, was ich Symbolisches bemerken kann, besonders aber an fremden Orten, die ich zum erstenmal sehe, mich üben. Gelänge das, so müßte man, ohne die Erfahrung in die Breite verfolgen zu wollen, doch, wenn man auf jedem Platz, in jedem Moment, soweit es einem vergönnt wäre, in die Tiefe ginge, noch immer genug Beute aus bekannten Ländern und Gegenden davontragen.

Sagen Sie mir Ihre Gedanken hierüber in guter Stunde, damit ich erweitert, befestigt, bestärkt und erfreut werde. Die Sache ist wichtig, denn sie hebt den Widerspruch, der zwischen meiner Natur und der unmittelbaren Erfahrung lag, den in früherer Zeit ich niemals lösen konnte, sogleich auf, und glücklich. Denn ich gestehe Ihnen, daß ich lieber gerad nach Hause zurückgekehrt wäre, um, aus meinem Innersten, Phantome jeder Art hervorzuarbeiten, als daß ich mich noch einmal, wie sonst (da mir das Aufzählen eines Einzelnen nun einmal nicht gegeben ist) mit der millionfachen Hydra der Empirie herumgeschlagen hätte; denn wer bei ihr nicht Lust oder Vorteil zu suchen hat, der mag sich beizeiten zurückziehen.

Soviel für heute. Leben Sie recht wohl, grüßen die Ihrigen und lassen von meinen Briefen, außer den Nächsten, niemand nichts wissen noch erfahren.   G.

In Goethes spiralischer Geistesentwicklung markiert dieser Brief einen entscheidenden Punkt: was lange Zeit mit guten Gründen abgelehnt und abgewehrt wurde, kehrt auf einer höheren Stufe verwandelt wieder und bleibt für die Folgezeit leitend. Was sich hier ankündigt, und was eigentlich auch schon fast ausgewickelt und erläutert vorgetragen wird, resümiert Goethe später in seinen Maximen und Reflexionen dort, wo er seinen Begriff des Symbols darlegt: »Das ist die wahre Symbolik, wo das Besondere das Allgemeine repräsentiert, nicht als Traum und Schatten, sondern als lebendig-augenblickliche Offenbarung des Unerforschlichen.« Die Augenblicke, in denen diese wahre Symbolik

erscheint, nennt Goethe gerne »bedeutend«. Das Wort taucht auch hier schon mit der ihm von Goethe verliehenen Aura und Sinnträchtigkeit auf.
Schiller antwortet auf diesen Brief, den er mit einiger Verspätung erhielt, erst am 7. September:

Ihren Brief vom 16. August erhielt ich viel später, da Böttiger, der ihn zu besorgen hatte, abwesend war. Das sentimentale Phänomen in Ihnen befremdet mich gar nicht, und mir dünkt, Sie selbst haben es sich hinlänglich erklärt. Es ist ein Bedürfnis poetischer Naturen, wenn man nicht überhaupt menschlicher Gemüter sagen will, so wenig Leeres als möglich um sich zu leiden, so viel Welt, als nur immer angeht, sich durch die Empfindung anzueignen, die Tiefe aller Erscheinungen zu suchen, und überall ein Ganzes der Menschheit zu fordern. Ist der Gegenstand als Individuum leer und mithin in poetischer Hinsicht gehaltlos, so wird sich das Ideenvermögen daran versuchen und ihn von seiner symbolischen Seite fassen, und so eine Sprache für die Menschheit daraus machen. Immer aber ist das Sentimentale (in gutem Sinn) ein Effekt des poetischen Strebens, welches, sei es aus Gründen, die in dem Gegenstand, oder solchen, die in dem Gemüt liegen, nicht ganz erfüllt wird. Eine solche poetische Forderung, ohne eine reine poetische Stimmung und ohne einen poetischen Gegenstand, scheint Ihr Fall gewesen zu sein, und was Sie mithin an sich erfuhren, ist nichts als die allgemeine Geschichte der sentimentalischen Empfindungsweise und bestätigt alles das, was wir darüber miteinander festgesetzt haben.
Nur eins muß ich dabei noch erinnern. Sie drücken sich so aus, als wenn es hier sehr auf den Gegenstand ankäme; was ich nicht zugeben kann. Freilich der Gegenstand muß etwas *bedeuten*, so wie der poetische etwas *sein* muß; aber zuletzt kommt es auf das *Gemüt* an, ob ihm ein Gegenstand etwas bedeuten soll, und so deucht mir das Leere und Gehaltreiche mehr im Subjekt als im Objekt zu liegen. Das Gemüt ist es, welches hier die Grenze steckt, und das Gemeine oder Geistreiche kann ich auch hier wie überall nur in der Behandlung, nicht in der Wahl des Stoffes finden. Was Ihnen die zwei angeführten Plätze gewesen sind, würde Ihnen unter andern Umständen, bei einer mehr aufgeschlossenen poetischen Stimmung, jede *Straße, Brücke*, jedes

Schiff, ein *Pflug* oder irgendein anderes mechanisches Werkzeug vielleicht geleistet haben.
Entfernen Sie aber ja diese sentimentalen Eindrücke nicht, und geben Sie denselben einen Ausdruck, so oft Sie können. Nichts, außer dem Poetischen, reinigt das Gemüt so sehr von dem Leeren und Gemeinen als diese Ansicht der Gegenstände; eine Welt wird dadurch in das Einzelne gelegt, und die flachen Erscheinungen gewinnen dadurch eine unendliche Tiefe. Ist es auch nicht poetisch, so ist es, wie Sie selbst es ausdrücken, menschlich; und das Menschliche ist immer der Anfang des Poetischen, das nur der Gipfel davon ist.

XIV

Madame de Staël in Weimar
(Winter 1803/04)

Seit ungefähr fünf Wochen befindet sich eine Dame in Weimar, die unter den merkwürdigsten Erscheinungen unserer Zeit eine der obersten Stellen einnimmt. Es ist die berühmte Verfasserin der Romans »Delphine«, der soviel Redens von sich gemacht hat, Madame de Staël de Holstein, Tochter des weltbekannten Neckers und Witwe eines ehemaligen schwedischen Gesandten in Paris. Es ist sehr natürlich, daß von einer an sich selbst so außerordentlichen und überdies durch Zeitumstände, Lage und Verhältnisse ehemals gewissermaßen in die französische Revolution verflochtenen Frau in und außer Frankreich sehr ungleich geurteilt wird. Auch wir, so viele unser hier sind, waren mehr oder weniger zu ihrem Nachteil gestimmt und erwarteten eine ganz andere Person, als wir fanden. Sie brauchte aber nicht mehr als eine Viertelstunde, um alle gegen sie gefaßten Vorurteile auszulöschen; sie gefiel sogleich allgemein, oder, richtiger zu reden, denen die ihr interessant genug waren, um sich mit ihnen abzugeben. Der natürliche Glanz ihres Geistes hat für uns Deutsche anfangs etwas Blendendes; aber man gewöhnt sich sehr bald an ihn, und sobald man sieht, daß es kein Blendwerk, sondern ihr eigenes, immer gleich lebhaftes, schönes und mildes Licht ist, was sie von sich strahlt, so befindet man sich unbeschreiblich wohl in ihrer Nähe. Sie ist, bei den außerordentlichen Eigenschaften und Talenten, wodurch sie unstreitig über alle berühmten Frauen unserer Zeit hervorragt, die natürlichste, unbefangenste, anspruchsloseste Person, die ich je gekannt habe. Die ungemeine Lebhaftigkeit ihres Geistes ist mit einer Klarheit, einem Scharfsinn, einer Geschmeidigkeit, einer Empfänglichkeit für alles Wahre und Schöne und mit einer Leichtigkeit, andere zu verstehen und sich ihnen verständlich zu machen, verbunden, die ich in diesem Grade kaum an irgendeinem Manne gefunden habe. Ihr Herz scheint ebenso gut und unverderbt zu sein als ihr Kopf; sie ist nicht mehr jung und, was man eine Schönheit nennt, nie gewesen; aber man kann nicht liebenswürdiger sein als sie ist. Da ich sie beinahe alle Tage sehe, so habe ich überflüssige Gelegenheit gehabt, sie kennenzulernen, und ich müßte mich gewaltig an ihr irren, oder sie ist eines der edelsten und herrlichsten Weiber, die je gewesen sind, und eine wahre Zierde ihres Geschlechts.

Diese enthusiastische Schilderung der berühmten französischen Autorin, die damals, von Napoleon aus Frankreich verbannt, auf einer Reise durch Deutschland begriffen war, findet sich in einem Brief des siebzigjährigen Wieland aus dem Januar 1804 an seine Tochter Sophie Reinhold.
Diese alles mit sich fortreißende »Kraft- und Geistesfrau«, wie Wieland sie auch zu betiteln liebte, hatte es auf die deutschen Dichtergrößen abgesehen, von denen sie schon soviel gehört und auch einiges in Übersetzungen gelesen hatte. Vor allem natürlich den »Werther«, der Epoche in ihrem Leben gemacht hatte. Und nun brannte sie darauf, dessen Verfasser von Angesicht kennen zu lernen.
Anne Louise Germaine Baronne de Staël-Holstein, die Tochter des ehemaligen Finanzministers Necker, traf am 8. Dezember 1803 in Weimar ein; zu ungelegener Stunde. Goethe weilte in Jena, wo ihm die Leitung des dortigen Naturkundlichen Museums übertragen worden war; Herder lag im Sterben.
Kaum eingetroffen, begab Madame de Staël sich sogleich an den Hof, wo ihr, in den Gemächern der Herzogin Luise, als erster Schiller begegnete, den sie, da er in Hofuniform war, anfangs für den Kommandanten der herzoglich-weimarischen Armee hielt. Gleich verwickelte sie ihn in ein Gespräch über Kant und wollte vor allem wissen, was das Wort »transzendental« bedeute. Schillers Antwort war: wer dieses Wort verstehe, der verstehe auch die kantische Lehre. In Madame de Staëls erstem Brief aus Weimar findet sich daraufhin die Bemerkung, Schiller scheine ihr »le plus kantien de tous les poètes« – der kantischste von allen Dichtern.
Von den Damen am Hofe schildert anderntags Fräulein von Knebel in einem Brief an ihren Bruder den ersten Eindruck, den die berühmte Französin auf sie gemacht hat. Sie erwähnt deren ungemeine Zungenfertigkeit und charakterisiert sie als »eine Frau von der großen Welt«, die sich »meistens nur an die Vor-

nehmsten von der Gesellschaft« wende; doch sei sie »sehr höflich, artig und freundlich gegen jeden. Ihr Auge ist schön und geistreich, aber ihr Gesicht etwas mohrenartig. Sie ist von mittlerer Größe und etwas dick, hat schwarze Augen und Haare.« Goethe weilte, wie gesagt, in Jena. Madame de Staël beschloß, ihn dort zu besuchen; die Unbilden der Witterung verhinderten dies. Und als am 18. Dezember Herder starb, faßte Goethe den Entschluß, nach Weimar zurückzukehren, um Madame de Staël bei sich zu empfangen. Die näheren Verhandlungen darüber werden mit Schillers Frau geführt.

Jena, 20. Dezember 1803

Sie sind so freundlich und gut, daß ich ein paar Worte an Sie zu diktieren wage, ob ich gleich vom bösesten Humor bin.

Mit unserer Hauptunternehmung geht es gut, schön und vortrefflich! Hätte ich bis Neujahr hier bleiben können, so wäre alles, was mir obliegt, mit einem gewissen behaglichen Geschick zu lösen gewesen. Daß ich aber sonnabends nach Weimar soll und will, macht mir eine unaussprechliche Differenz, die ich ganz allein dulden, tragen und schleppen muß, und wofür mir kein Mensch nichts in die Rechnung schreibt. Das ist das Verwünschte in diesen irdischen Dingen, daß unsere Freundin, der zu Liebe ich, zu gelegner Zeit, dreißig Meilen gern und weiter führe, gerade ankommen muß, wo ich dem Liebsten, was ich auf der Welt habe, meine Aufmerksamkeit zu entziehen genötigt bin. Gerade zu einer Zeit, die mir die verdrießlichste im Jahre ist; wo ich recht gut begreife, wie Heinrich III. den Herzog von Guise erschießen ließ, bloß weil es fatales Wetter war, und wo ich Herdern beneide, wenn ich höre, daß er begraben wird.

Demohngeachtet sollen Sie mich sonnabends nicht unfreundlich finden, und es ist schon etwas besser, da ich mir die Erlaubnis genommen habe, meinen Unwillen in einigen Worten und Redensarten herauszulassen.

Wenn Sie recht freundlich sind, so schreiben Sie mir noch einmal vor Sonnabend und schicken mir auch ein Blättchen von Schiller und von Frau von Staël. Ich habe nötiger als jemals, mich durch Freundschaft und guten Willen zu stützen und zu steifen. Schöben sich die Umstände nicht so wunderlich übereinander, so hättet Ihr mich sobald nicht wiedergesehen. Und so ein Lebewohl ohne Bitte um Verzeihung wegen meiner Unarten. Es ist heute der Zwanzigste! Nach dem Neuenjahre wird es, wills Gott, besser werden. G.

Auf diese Mitteilung aus Jena antwortet Charlotte von Schiller gleich nach deren Eintreffen, und Schiller, der damals mit der Fertigstellung des »Wilhelm Tell« beschäftigt war, legt einen Brief bei.

Weimar, den 21. Dezember 1803

Nur der Gedanke, Ihnen eine Freude zu machen, gibt mir den Mut, Ihnen zu schreiben, denn die Betrachtungen über das Leben, über die Unsicherheit des Besitzes drängen sich jetzt so gewaltsam vor, daß das Gemüt keinen Ruhepunkt findet. Man sollte nichts Befremdendes finden in der Erfahrung, daß auf das Leben nicht zu zählen sei. Aber wenn so eine Natur zugrunde geht wie Herders, wenn solche Kräfte und Fähigkeiten verloren gehen, fragt man sich doch verwundert, wohin dies alles geht? Und warum tausend Menschen unbedeutend fortleben, und das Faß der Danaiden ausschöpfen ohne Zweck und Nutzen.

Der kürzeste Tag kündigt sich freundlich an, und ich hoffe, Sie sind heute auch heiter. Schiller wird Ihnen schreiben, was er denkt über Ihren Aufenthalt hier. Ich glaube gewiß, wenn Sie die Freundin sehen und den Begriff ihrer Persönlichkeit haben, so wird es Ihnen entweder nicht drückend sein, Ihre Geschäfte hier zu vollenden, oder Sie können auch mit Ruhe bis zu Ende des Jahres in Jena bleiben.

Es ist eine seltsame Erscheinung, diese Frau, sie ist voller Geist, ich möchte sagen, es ist kein leerer Moment in ihrem Leben. Hätte sie länger oder früher in Deutschland gelebt, daß sie nicht immer die Franzosen uns als Muster aufstellen könnte, und durch die Bildung auch das entscheidende, wegwerfende Urteilen angenommen, das uns zuweilen auffallend ist, so hätte ich gar nichts auszusetzen. Aber man möchte ihr zuweilen zurufen:

> Du rufest lauter fremde Götter an,
> Die uns nicht heilig, noch verehrlich sind.

Ich habe noch niemand so sprechen hören, so schnell, so ohne Aufhören, aber dabei so gut und gewählt. Über »Wallensteins

Lager« hat sie sich sehr gefreut, und war zufrieden davon. Heut wird »Die natürliche Tochter« gegeben; ich freue mich darauf.
Leben Sie wohl; Sie sollen auch noch, ehe Sie kommen, ein Billett von der Staël erhalten, ich werde sie heut in der Komödie wohl sehen.
Seien Sie herzlich gegrüßt und lassen Ihren Geist nicht unterdrücken durch das Äußere. Wenn so ein Geist, der die Welt umfassen kann, mit seinem Vermögen sich nicht über sie erheben könnte, was könnten die, die in schwächeren Formen die Welt und die Dinge ansehen müssen? Ich freue mich sehr, Sie zu sehen, und bin nicht böse, wenn Sie sich uns wieder zeigen, damit wir uns Ihrer Freundschaft und Ihres Daseins auch in der Wirklichkeit erfreuen.
Adieu, adieu. L. Schiller

Weimar, 21. Dezember 1803
Der rasche und wirklich anstrengende Wechsel von produktiver Einsamkeit und einer ganz heterogenen Sozietäts-Zerstreuung hat mich in dieser letzten Woche so ermüdet, daß ich durchaus nicht zum Schreiben kommen konnte, und es meiner Frau überließ, Ihnen eine Anschauung von unsern Zuständen zu geben.
Frau von Staël wird Ihnen völlig so erscheinen, wie Sie sie sich *a priori* schon konstruiert haben werden; es ist alles aus einem Stück und kein fremder, falscher und pathologischer Zug in ihr. Dies macht, daß man sich trotz des immensen Abstands der Naturen und Denkweisen vollkommen wohl bei ihr befindet, daß man alles von ihr hören und ihr alles sagen mag. Die *französische* Geistesbildung stellt sie rein und in einem höchst interessanten Lichte dar. In allem, was wir Philosophie nennen, folglich in allen letzten und höchsten Instanzen, ist man mit ihr im Streit und bleibt es, trotz alles Redens. Aber ihr Naturell und Gefühl ist besser als ihre Metaphysik, und ihr schöner Verstand erhebt sich zu einem genialischen Vermögen. Sie will alles erklären, einsehen, ausmessen, sie statuiert nichts Dunkles, Unzugängliches, und wohin sie nicht mit ihrer Fackel leuchten kann, da ist nichts für sie vorhanden. Darum hat sie eine horrible Scheu vor der Idealphilosophie, welche nach ihrer Meinung zur Mystik und zum Aberglauben führt, und das ist die Stickluft, wo sie umkommt. Für das, was wir *Poesie* nennen, ist kein Sinn

in ihr; sie kann sich von solchen Werken nur das Leidenschaftliche, Rednerische und Allgemeine zueignen; aber sie wird nichts Falsches schätzen, nur das Rechte nicht immer erkennen. Sie ersehen aus diesen paar Worten, daß die Klarheit, Entschiedenheit und geistreiche Lebhaftigkeit ihrer Natur nicht anders als wohltätig wirken können; das einzige Lästige ist die ganz ungewöhnliche Fertigkeit ihrer Zunge, man muß sich ganz in ein Gehörorgan verwandeln, um ihr folgen zu können. Da sogar ich, bei meiner wenigen Fertigkeit im Französischreden, ganz leidlich mit ihr fortkomme, so werden Sie bei Ihrer größeren Übung eine sehr leichte Kommunikation mit ihr haben.
Leben Sie recht wohl. Meine Arbeit hat in dieser Woche freilich nicht viel zugenommen, aber doch auch nicht ganz gestockt. Es ist recht schade, daß uns diese interessante Erscheinung zu einer so ungeschickten Zeit kommt, wo dringende Geschäfte, die böse Jahrszeit und die traurigen Ereignisse, über die man sich nicht ganz erheben kann, zusammen auf uns drücken.   Sch.

Das erste Zusammentreffen mit Goethe, der Madame de Staël und Schillers zum Abendessen gebeten hatte, fand am 24. Dezember statt; anderntags schreibt Madame de Staël an ihren Vater in Coppet bei Genf:

Ich möchte Dir gern die drei berühmten Männer Weimars schildern. Wieland ist 70 Jahre alt, hat ein feingeschnittenes Gesicht und einen in Voltaires Schule geformten Geist. Die deutsche Betrachtungsweise in Sachen der Literatur ist ihm verhaßt, aber er fürchtet sich, es zu sagen, aus Angst, sich in seinem Alter Feinde zu schaffen.
Schiller lebt in einer ihm ganz und gar eigenen Ordnung literarischer Zusammenhänge, und nichts in der Welt kümmert ihn sonst noch. Er ist ein großer, hagerer Mann, mit blassem Teint und rötlichem Haar, dessen Gesicht aber ein durchaus charakteristisches Gepräge zeigt, was in Deutschland äußerst selten ist. Er spricht sehr schwerfällig Französisch, aber seine Gedanken – und er hat welche – sind doch immer verständlich. Er trachtet nicht, wie die Franzosen, nach höchster Steigerung des Reizempfindens, noch steht sein Sinn nach eitlem Ruhm, er lebt vielmehr ganz seiner inneren Berufung, und die Außenwelt ver-

mag nichts über ihn. – Er hat mir ein Kompliment gemacht, das mir sehr geschmeichelt hat; er sagte mir, ich sei die einzige Frau, welche die tiefe Gedankengebung eines einsamen Menschen mit der Anmut einer Dame von Welt in sich vereinige. Er hat trotz seines Selbstbewußtseins etwas Sanftes und Gütiges; nichts kränkt ihn, und es ist überhaupt etwas Geistigeres in ihm als jener Ehrgeiz, der unaufhörlich durch Schmeicheleien befriedigt sein will.

Goethe zerstört mir sehr das Ideal des Werther. Er ist ein untersetzter Mann ohne besondere Physiognomie, der sich ein wenig weltmännisch gebärden will, was ihm aber nur halb gelingt; er hat nichts Merkwürdiges an sich, weder im Blick, noch in seiner Geisteshaltung, noch auch in seinen Umgangsformen; im übrigen ist er auf literarischem und philosophischem Gebiete ein überaus hervorragender Kopf.

Man muß diese Männer auf dem ihnen eigenen Gebiete aufsuchen, und selbst Du würdest sie auf jedem anderen Gebiete recht sonderbar finden; aber ich komme ausgezeichnet mit ihnen aus, und wenn ich ihnen zuhöre, bereichere ich meinen Ideenschatz immer von neuem.

Der Herzog ist ein Mann von Geist *à la française*, besitzt eine vornehme und feine Höflichkeit, viel Witz, Güte und Herzenseinfalt; wenn er König wäre, würde man ihn sicherlich sehr preisen. Er führt ein außerordentlich väterliches Regiment, das alle wünschenswerten Vorteile in sich vereinigt, seinen Untertanen Freiheit gewährt und seiner Politik Würde, Charakter und Interesse verleiht.

Madame de Staël blieb bis Ende Februar in Weimar; dann reiste sie nach Berlin weiter, um sich auch dort bei Hofe und unter den Berühmtheiten umzutun. Goethe erkrankte am 3. Januar und mußte eine Woche das Bett hüten. So war vor allem Schiller, der seinen »Wilhelm Tell« rasch zu beenden hoffte, ihr ausgesetzt.

In einem Brief vom 4. Januar an seinen Freund Körner in Dresden heißt es:

Mein Stück, welches ich dem Berliner Theater Ende Februar versprochen, nimmt mir den ganzen Kopf ein, und nun führt mir der Dämon noch die französische Philosophin hierher, die unter allen lebendigen Wesen, die mir noch vorgekommen, das beweglichste, streitfertigste und redseligste ist. Sie ist aber auch das gebildetste und geistreichstes weibliche Wesen, und wenn sie nicht wirklich interessant wäre, so sollte sie mir auch ganz ruhig hier sitzen. Du kannst aber denken, wie eine solche ganz entgegengesetzte, auf dem Gipfel französischer Kultur stehende, aus einer ganz andern Welt zu uns hergeschleuderte Erscheinung mit unserm deutschen, und vollends mit *meinem* Wesen kontrastieren muß. Die Poesie leitet sie mir beinahe ganz ab; und ich wundere mich, wie ich jetzt nur noch etwas machen kann. Ich sehe sie oft, und da ich mich noch dazu nicht mit Leichtigkeit im Französischen ausdrücke, so habe ich wirklich harte Stunden. Man muß sie aber ihres schönen Verstandes, selbst ihrer Liberalität und vielseitigen Empfänglichkeit wegen hochschätzen und verehren.

Auch Fräulein von Knebel gedenkt der berühmten Autorin noch öfters in den Briefen an ihren Bruder, der sich geweigert hatte, sie kennenzulernen:

Madame de Staël war gestern auch auf dem Ball, recht geschmackvoll angezogen, und hat recht hübsch getanzt, wie sie denn alles mitmacht, was in die Welt gehört. Sie spielt Whist, spielt Klavier und singt sehr artig. Das Reiterlied aus dem »Wallensteins Lager« hat sie sehr gern. Sie sagt: »Es hat die ganze Fröhlichkeit und Schwermut des Soldaten.« – Ihr Freund Herr Constant ist ein feiner, ernstlicher Mensch. – Mit Wieland steht sie sehr gut, und er ist auch sehr von ihr zufrieden; nur bat er sie, daß sie weniger geschwind denken und sprechen möchte. Oft sagte sie auf seine Äußerungen: »Ah, diesen Gedanken werde ich Ihnen stehlen, und wenn Sie weiterhin so liebenswürdig sind, werde ich Ihren Namen dabei nennen.« Wieland sagt, es müßte dich reuen, so lang du lebtest, sie nicht gesehen zu haben. Wohltätig, kräftig wohltätig wird Dir ihre Seele, ihr Gespräch, ihr Umgang sein, das bin ich überzeugt. Die französische Sprache wird sich leicht finden; denn bei ihr glaubt man, daß es keine andere gäbe. Sie sagte neulich von Lavater, als der Herzog sie fragte, ob er gut französisch gesprochen hätte: »Er drückte sich wie alle klugen Leute aus, da versteht man sich schon.« Sie ist wirklich äußerst gut und liebenswürdig, und ich kann mir kein Jahrhundert denken, das noch so eine Frau hervorgebracht hätte. Schon als die einzige gefürchtete Feindin von Bonaparte muß sie Dir merkwürdig sein; von dem sie jedoch mit großem Verstand und Mäßigung spricht.

Als Goethe nach einigen Tagen das Bett verlassen durfte, empfing er eine Woche später Madame de Staël wieder in seinem Hause; er schreibt darüber am 23. Januar an Schiller:

Heute habe ich Madame de Staël bei mir gesehen; es bleibt immer dieselbe Empfindung; sie geriert sich mit aller Artigkeit noch immer grob genug als Reisende zu den Hyperboreern, deren kapitale alte Fichten und Eichen, deren Eisen und Bernstein sich noch so ganz wohl in Nutz und Putz verwenden ließen; indessen nötigt sie einen doch, die alten Teppiche als Gastgeschenk und die verrosteten Waffen zur Verteidigung hervorzuholen.

Auch Benjamin Constant, Madame de Staëls Freund und Begleiter, hat über ihren Weimarer Aufenthalt sehr genaue Aufzeichnungen gemacht. Über ein Abendessen bei Goethe am 16. Februar heißt es dort: »Souper très remarquable chez Goethe. C'est un homme plein d'esprit, de saillies, de profondeur, d'idées neuves. Mais c'est le moins bonhomme que je connaisse...«

Sehr bemerkenswertes Abendessen bei Goethe. Das ist ein Mann voller Geist, voller Einfälle, voller Tiefsinn und neuartiger Gedanken. Doch kenne ich kaum einen Menschen, der weniger gutmütig wäre. Von seinem »Werther« sagte er: »Das Gefährliche an diesem Werk liegt darin, daß es die Schwäche als eine Stärke darstellt. Aber wenn ich etwas mache, das mir genehm ist, kümmern die Folgen mich wenig. Um so bedauerlicher, daß es Narren gibt, denen die Lektüre dieses Buches zum Schlimmen ausschlägt...« Er hat uns in mehreren Sätzen ein wohlabgestimmtes System der Persönlichkeit entwickelt, wonach das Geheimnis der Moral darin besteht, mit sich selbst in Übereinstimmung zu leben. Dieses moralische System steht dem Quietismus nahe, und noch weiter zurück der Gnosis. Ein Teil des Menschen handelt, ein anderer Teil urteilt. Der urteilende Teil ist voller Nachsicht für den handelnden.

In einer anderen Tagebucheintragung kommt Constant auf Goethes »Faust« zu sprechen, den er allerdings nur als das Fragment von 1794 kannte. »C'est une dérision de l'espèce humaine... *Das ist eine Verspottung des Menschengeschlechts und aller Wissenschaften. Die Deutschen finden einen unerhörten Tiefsinn darin. Ich finde, daß er weniger taugt als Voltaires ›Candide‹; er ist ebenso unmoralisch, ebenso dürr, ebenso austrocknend, und hat dabei weniger Leichtigkeit, weniger geistreiche Scherze und sehr viel mehr Abgeschmacktheiten.«*
Constant, ein bedeutender Autor, war nicht weniger ausschließlich französisch gebildet als seine berühmte Freundin; doch besaß er gründlichere Kenntnisse der deutschen Sprache. Er hat Schillers Wallenstein-Trilogie bearbeitet und eine regelrechte klassische Tragödie in Alexandrinern daraus gemacht.
Am 29. Februar begab Madame de Staël sich nach Berlin. Obwohl sie dort von Hof und Stadt vielleicht noch mehr gefeiert wurde als in Weimar, so fand sie doch an dem dortigen Leben mancherlei auszusetzen. Sie schreibt darüber an Goethe, den mit »my dear Sir« *anzureden sie sich in Weimar angewöhnt hatte – als eine* »première nuance d'une timide amitié«.

Berlin, den 7. April 1804
Ich müßte mich bei Ihnen entschuldigen, *my dear Sir*, daß ich noch nicht geschrieben habe, wenn ich nicht wüßte, daß man Ihnen immer eine kleine geheime Freude mit der Hinauszögerung der Antwort bereitet. Sie sind meiner Freundschaft und Bewunderung, die Sie so lange gern sehen, als sie keine bestimmten Formen annimmt, so sicher, und Sie wünschen nicht, daß ich im Widerspruch zu allen Regeln der neuen Poetik Ihnen gegenüber ganz offen *sans vague et sans mystère*, das zum Ausdruck bringe, was ich fühle. – Sie haben mir freundlicherweise gesagt, daß Sie gern Berlin mit mir besuchen würden. Der jugendliche Überschwang meiner Empfänglichkeit für Eindrücke findet hier allerdings kaum Nahrung; es ist ein Land, das nicht

auf die Phantasie wirkt. Die Gesellschaft ist hier *à la prussienne* in Reih und Glied aufgestellt, und die hiesigen Frauen müßten eigentlich ganz überrascht sein, daß sie altern; denn sie sagen und tun nun bereits seit sechzig Jahren immer wieder dasselbe; die Zeit dürfte nicht fortschreiten, wenn Gedanken, Gefühle und Umwelt auf demselben Fleck stehen bleiben. Wenn ich in Deutschland lebte, würde ich mich bestimmt nicht in einer Großstadt niederlassen; die Deutschen verstehen es nicht, aus einer Großstadt Vorteile zu ziehen; der Einzelne wählt hier seine Gesellschaft nicht aus, er fügt nur seine Person einer vorhandenen Gesellschaftsmasse hinzu. Man erfährt nicht mehr ernste politische Nachrichten als anderswo, sondern höchstens tausendmal mehr Geklatsch; mehr Freiheit als in einer Kleinstadt gibt es auch nicht, sondern höchstens ein größeres Quantum an Erfahrungstatsachen, und das materielle Leben: Trinken, Essen, Tanzen, Spielen, nimmt hier tausendmal mehr Raum ein als in Weimar.

Mitten unter all diesen Dingen erkennt man in der literarischen Welt das, was Deutschland kennzeichnet: Gelehrsamkeit, Philosophie, Rechtlichkeit; aber es ist nicht der Schatten eines Vergleiches möglich zwischen dem, was wir in Frankreich »Gesellschaft« nennen, und dem, was hier so heißt. Ich war nichtsdestoweniger froh, ein neues Land kennenzulernen, wirklich glänzend aufgenommen worden zu sein und unter dieser Menge von Menschen Männer und Fürsten, Königinnen und Frauen anzutreffen, die für alles Hohe und Edle einen ausgeprägten Geschmack besitzen. Sie haben hier wie in Weimar begeisterte Verehrer, und wenn Sie hierherkämen, würden der Hof und die Stadt sicherlich ebenso in Bewegung geraten wie bei der Ankunft eines Bonaparte; das bedeutet viel, wenn Genie und Macht gleichgeordnet sind.

Leben Sie wohl! Sie haben es nicht nötig geliebt zu werden, und trotzdem liebe ich Sie; das ist ein Beweis mehr für meine häufig festgestellte Erfahrung, daß man leicht erhält, was man wenig wünscht. – Leben Sie wohl! Necker-Staël de Holstein

Madame de Staëls Besuch fällt in Goethes Leben bereits in die Zeit, über die wir von seiner Hand ein regelmäßig geführtes Tagebuch und in den »Tag- und Jahresheften« resümierende

Schilderungen besitzen. Dort wird zu Beginn der Aufzeichnungen über das Jahr 1804 Madame de Staëls und ihres Aufenthaltes in Weimar ausführlich gedacht. Goethe erwähnt dabei auch das Aufsehen erregende Werk »De l'Allemagne«, dessen zehntausend Exemplare Napoleon 1810 beschlagnahmen ließ, so daß Madame de Staël sich veranlaßt sah, das Buch drei Jahre später in London noch einmal drucken zu lassen.

Der Winter hatte sich mit aller Gewalt eingefunden, die Wege waren verschneit; ich kehrte mit einem starken Katarrh aus Jena zurück, der, ohne gefährlich zu sein, mich einige Tage im Bette und sodann wochenlang in der Stube hielt. Dadurch ward mir nun ein Teil des Aufenthalts dieser seltenen Frau historisch, indem ich, was in der Gesellschaft vorging, von Freunden berichtlich vernahm, und so mußte denn auch die Unterhaltung erst durch Billette, dann durch Zwiegespräche, später in dem kleinsten Zirkel stattfinden: vielleicht die günstigste Weise, wie ich sie kennen lernen und mich ihr, insofern dies möglich war, auch mitteilen konnte.

Mit entschiedenem Andrang verfolgte sie ihre Absicht, unsere Zustände kennen zu lernen, sie ihren Begriffen ein- und unterzuordnen, sich nach dem Einzelnen so viel als möglich zu erkundigen, als Weltfrau sich die geselligen Verhältnisse klar zu machen, in ihrer geistreichen Weiblichkeit die allgemeineren Vorstellungsarten, und was man Philosophie nennt, zu durchdringen und zu durchschauen. Ob ich nun gleich gar keine Ursache hatte, mich gegen sie zu verstellen, wiewohl ich, auch wenn ich mich gehen lasse, doch immer von den Leuten nicht recht gefaßt werde, so trat doch hier ein äußerer Umstand ein, der mich für den Augenblick scheu machte. Ich erhielt soeben ein erst herausgekommenes französisches Buch, die Korrespondenz von ein paar Frauenzimmern mit Rousseau enthaltend. Sie hatten den unzugänglichen, scheuen Mann ganz eigentlich mystifiziert, indem sie ihn erst durch kleine Angelegenheiten zu interessieren, zu einem Briefwechsel mit ihnen anzulocken gewußt, den sie, nachdem sie den Scherz genug hatten, zusammenstellen und drucken ließen.

Hierüber gab ich mein Mißfallen an Frau von Staël zu erkennen, welche die Sache leicht nahm, sogar zu billigen schien und

nicht undeutlich zu verstehen gab, sie denke ungefähr gleicherweise mit uns zu verfahren. Weiter bedurft' es nichts, um mich aufmerksam und vorsichtig zu machen, mich einigermaßen zu verschließen.
Die großen Vorzüge dieser hochdenkenden und empfindenden Schriftstellerin liegen jedermann vor Augen, und die Resultate ihrer Reise durch Deutschland zeigen genugsam, wie wohl sie ihre Zeit angewendet.
Ihre Zwecke waren vielfach: sie wollte das sittliche, gesellige, literarische Weimar kennen lernen und sich über alles genau unterrichten; dann aber wollte auch sie gekannt sein, und suchte daher ihre Ansichten ebenso geltend zu machen, als es ihr darum zu tun schien, unsre Denkweise zu erforschen. Allein dabei konnte sie es nicht lassen: auch wirken wollte sie auf die Sinne, aufs Gefühl, auf den Geist, sie wollte zu einer gewissen Tätigkeit aufregen, deren Mangel sie uns vorwarf.
Da sie keinen Begriff hatte von dem, was Pflicht heißt, und zu welcher stillen, gefaßten Lage sich derjenige, der sie übernimmt, entschließen muß, so sollte immerfort eingegriffen, augenblicklich gewirkt, sowie in der Gesellschaft immer gesprochen und verhandelt werden.
Die Weimaraner sind gewiß eines Enthusiasmus fähig, vielleicht gelegentlich auch eines falschen, aber das französische Auflodern ließ sich nicht von ihnen erwarten, am wenigsten zu einer Zeit, wo die französische Übergewalt so allseitig drohte und stillkluge Menschen das unausweichliche Unheil voraussahen, das uns im nächsten Jahre an den Rand der Vernichtung führen sollte.
Philosophieren in der Gesellschaft heißt sich über unauflösliche Probleme lebhaft unterhalten. Dies war ihre eigentliche Lust und Leidenschaft. Natürlicherweise trieb sie es in Reden und Wechselreden gewöhnlich bis zu den Angelegenheiten des Denkens und Empfindens, die eigentlich nur zwischen Gott und dem Einzelnen zur Sprache kommen sollten. Dabei hatte sie, als Frau und Französin, immer die Art, auf Hauptstellen positiv zu verharren, und eigentlich nicht genau zu hören, was der andere sagte.
Durch alles dieses war der böse Genius in mir aufgeregt, daß ich nicht anders als widersprechend dialektisch und problematisch

alles Vorkommende behandelte, und sie durch hartnäckige Gegensätze oft zur Verzweiflung brachte, wo sie aber erst recht liebenswürdig war, und ihre Gewandtheit im Denken und Erwidern auf die glänzendste Weise dartat.

Noch hatte ich mehrmals unter vier Augen folgerechte Gespräche mit ihr, wobei sie jedoch auch nach ihrer Weise lästig war, indem sie über die bedeutendsten Vorkommenheiten nicht einen Augenblick stilles Nachdenken erlaubte, sondern leidenschaftlich verlangte, man solle bei dringenden Angelegenheiten, bei den wichtigsten Gegenständen ebenso schnell bei der Hand sein, als wenn man einen Federball aufzufangen hätte.

Was man jedoch von solchen Verhältnissen hinterher denken und sagen mag, so ist immer zu bekennen, daß sie von großer Bedeutung und Einfluß auf die Folge gewesen. Jenes Werk über Deutschland, welches seinen Ursprung dergleichen geselligen Unterhaltungen verdankte, ist als ein mächtiges Rüstzeug anzusehen, das in die chinesische Mauer antiquierter Vorurteile, die uns von Frankreich trennte, sogleich eine breite Lücke durchbrach, so daß man über dem Rhein und, in Gefolg dessen, über dem Kanal endlich von uns nähere Kenntnis nahm, wodurch wir nicht anders als lebendigen Einfluß auf den fernern Westen zu gewinnen hatten. Segnen wollen wir also jenes Unbequeme und den Konflikt nationeller Eigentümlichkeiten, die uns damals ungelegen kamen und keineswegs förderlich erscheinen wollten.

XV

Die Franzosen in Weimar; Eheschließung
(Herbst 1806)

Anfang Oktober 1806 stand der weimarische Herzog Carl August als preußischer Kavalleriegeneral in der Gegend von Meiningen, um die rückwärtigen Verbindungen der allenthalben siegreich vordringenden napoleonischen Armee zu stören. In Weimar liegt unterdessen preußische Einquartierung, die Herzogin-Mutter, der Erbprinz und ihr Gefolge haben die Stadt verlassen, einzig die Herzogin Luise ist zurückgeblieben. Am 14. Oktober kommt es zu der Doppelschlacht von Jena und Auerstädt. Vom frühen Morgen an hörte man in Weimar Kanonendonner, gab sich jedoch, wie Schilderungen eines Augenzeugen (Theodor Götze) überliefern, der Illusion hin, die Stadt habe nichts zu befürchten.

Keine Gefahr ahnend, den vertraulichen Gesprächen und Versicherungen der um uns her versammelten preußischen Soldaten aller Waffengattungen zuhörend, die nur vom Siege träumten und uns die Franzosen als undisziplinierte Truppen schilderten, vertrauten wir sorglos ihren Worten, und die Zeit verflog bei immer neuen Unterhaltungsgegenständen von früh 8½ Uhr bis nachmittag drei Uhr sehr schnell. Jetzt hob sich der Nebel. Man konnte den Galgenberg bei Kapellendorf, von woher der Donner der Geschütze kam, deutlich sehen und jeden Blitz der dort aufgepflanzten Kanonen bemerken.
Plötzlich sahen wir einen Schwarm roter Reiter die Sandberge bei Süßenborn erklimmen und auf der dortigen Ebene nach Denstedt zu verschwinden. »Ha!« jubelten die Preußen, »das sin man unsere Berliner Gardehusaren vom Regiment Eben!«
Eine unübersehbare Menge preußischer Bagage-, Fourage- und Munitionswagen, sowie mehrere Wagen mit blessierten Soldaten sahen wir gleich einem reißenden Strom unaufhaltsam im strengsten Galopp auf den Äckern und der Chaussee in vierfachen Reihen vorbeijagen. Das zerreißende Jammergeschrei der Verwundeten erfüllte die Luft und übertönte das Getöse des Trosses.

Reiterei mit blankem Säbel trieb die Menschen und die höchst ermatteten Tiere zur schnellsten Flucht an. Was stürzte, blieb liegen; unerbittlich ging der folgende Troß darüber hinweg.
In der vierfachen Buchen- und Lindenallee des Webichts lagen unter den Bäumen in Gruppen aus dem Schlachtgewühl bei Vierzehnheiligen und der Umgegend ermattete und verwundete Soldaten, von denen mancher seinen vorübereilenden Kameraden um Gottes willen bat, seinem Leiden ein Ende zu machen und ihn durch einen Schuß zu töten. Hunger und Durst hatten diese Menschen ganz kraftlos und zum ferneren Streiten unfähig gemacht. Bei den Verwundeten ging der Wunsch um Erfüllung dieses menschlichen Bedürfnisses über den brennenden Schmerz ihrer empfangenen Wunden, und stumpfsinnig blieb der größte Teil liegen, die Gnade und das Erbarmen des Feindes zu erwarten. Dieselben hatten ihre vorher geführten Waffen von sich geworfen, um bei Annäherung des Feindes gänzlich desarmiert zu erscheinen.
Blessierte hohe Stabs- und andere Offiziere, von denen der größte Teil verwundet das Schlachtfeld verlassen hatte, hielten mitten unter den daliegenden Soldaten und boten für ein Glas Quellwasser einen Taler. Plötzlich änderte sich die Szene. Mitten im Gewühl machte sich ein sächsischer Kürassier mit entblößtem Säbel Platz durch die Menge, auf mit Staub und Schaum bedecktem Roß. Dieser wurde von einem der Stabsoffiziere angehalten. »Kamerad!« rief der Offizier, »wie steht es?« – »Schlecht«, war die Antwort des Sachsen, »alles verloren, völlige Retraite; rette sich, wer kann!« – mit diesen Worten eilte er, sich Platz machend, weiter der Stadt zu.
Das Drängen und Treiben der Flüchtlinge verursachte die größte Unordnung. Der größte Teil der Soldaten, ohne Waffen, aufgelöst, ohne die mindeste Disziplin, gehorchte nicht mehr den Befehlen ihrer Obern. Die Zahl der Fliehenden wurde immer größer, so daß man weit und breit nichts mehr als Bagage und flüchtiges Militär aller Waffengattungen und Regimenter sah. Wer laufen konnte, lief, vergebens war das Flehen der am Boden liegenden Verwundeten. Mitunter sah man auch französische Gefangene, größtenteils Kavalleristen, die von preußischen Kavalleristen eskortiert wurden, in der Menge mit vorbeitransportieren.

Noch immer unsere nahe Gefahr und das Erscheinen der Feinde nicht ahnend, da wir solchen noch stundenweit entfernt glaubten oder sein Erscheinen gar nicht erwarteten, blieben wir voller Erwartung, noch mehr zu erfahren, mit preußischen Soldaten, welche in Gruppen sorgenlos um uns her lagen, auf unserm Platz. Plötzlich wurden wir durch ein wütendes Geschrei und mehrere aufeinanderfolgende Gewehrschüsse vom Sandwege her, der um das Webicht führt, aus unserer Sorglosigkeit aufgeschreckt und unser Augenmerk dahin gelenkt. Mit Entsetzen und Schrecken wurden wir, keine zweihundert Schritte von uns entfernt, mitten unter den daselbst gelagerten Preußen, den Feind, die Pariser roten Husaren, gewahr, dieselben, die vor wenig Viertelstunden von den Preußen, als solche die Sandberge bei Süßenborn erklimmten, für die Berliner Gardehusaren vom Regiment Eben gehalten worden waren. Mit hochgeschwungenem Säbel, die Pistolen abfeuernd und Vernichtung unter den Preußen anrichtend, versuchten mehrere der Letzteren Gegenwehr zu leisten und sich zwecklos zu verteidigen.
Kopflos und in Verzweiflung ritt, rannte und fuhr alles wild durcheinander und entledigte sich der Waffen und des Gepäcks. Überall, wo man nur hinsah, erblickte man Gewehre, Säbel, Patronentaschen, Tornister usw., so daß man im Laufen oft genötigt war, darüber wegzuspringen. In den Chausseegräben lagen voneinander geborstene Koffer mit Offiziersequipage, Wäsche, Uniformen, reichgestickt, silberne Schärpen, Epauletts, Ringkragen und dergleichen mehr. Kein Mensch dachte daran, nur ein Stück dieser Effekten aufzuheben und an sich zu nehmen. Über die Kegel- und Sternbrücke zu kommen, war reine Unmöglichkeit, man mußte gewärtig sein, im Gedränge überritten oder überfahren zu werden. Es blieb mir daher nichts übrig, als meinen Heimweg durch den sogenannten Stern und oberhalb des Parks einzuschlagen.
Erfüllt von Sorgen für die Meinigen daheim, eilte ich durch die sogenannte »Ackerwand« dem Frauentore zu. Hier kam schon im schnellsten Trabe die Chaussee von Belvedere her französische Reiterei, so schnell, daß, ehe ich den Frauenplan erreichte, der Vortrab schon zum Tore herein war.
Gleich einem gescheuchten Wild eilte ich durch die öden, menschenleeren Straßen der Stadt, kein lebendes Wesen war zu

sehen. Alle Haustüren, Tore und Fensterläden sorgfältig geschlossen. Angekommen beim Rathause, vernahm ich in der Breitengasse mehrere hintereinanderfolgende Gewehrschüsse und verworrenes Geschrei. Die Schloßgasse herauf kamen französische Reiter im Galopp dahergesprengt. Vor der Wohnung des Hofböttchers Bürk fand Gefecht zwischen preußischen Füsilieren und französischer Kavallerie statt, von beiden Seiten lagen schon Tote auf der Straße.

Am Anfange der Kegelbrücke bei der Burgmühle hatte sich das erste Gefecht innerhalb der Stadt entsponnen, indem die letzten preußischen Truppen, die wackeren Füsiliere, sich Schritt vor Schritt verzweifelt wehrten und dem Feinde das Eindringen in die Stadt auf alle nur mögliche Weise streitig zu machen suchten. Sie mußten jedoch endlich der Übermacht weichen und ihren Mut und ihre Pflicht teils mit dem Leben, teils mit schmählicher Gefangenschaft büßen.

Auf dem Topfmarkt beim Eingang in die Vorwerksgasse fanden ebenfalls Gefechte statt, und von beiden Parteien lagen schon Tote auf der Straße.

Halb fünf Uhr erreichte ich endlich meine Wohnung.

Zu allem Unglück brach bald nach dem Einzug der Franzosen auch noch Feuer aus, von dem man vermutete, die Eindringlinge hätten es absichtlich gelegt. Über diese zusätzliche Gefährdung und die Bedrängnisse der Weimarer Bevölkerung berichtet Johanna Schopenhauer in einem Brief an ihren Sohn, den späteren Philosophen Arthur Schopenhauer:

Das Feuer wütete noch immer, kein Mensch durfte löschen. Wenige wagten, aus ihren Häusern zu gehen; die es taten, wurden von den Franzosen zurückgehalten. Die Herzogin hatte ihre Bedienten zum Feuer geschickt, man ließ sie nicht durch. Menschen wollten das arme Weimar verderben, Gott war barmherzig. Eine kleine Straße, gerade über dem herzoglichen Stallgebäude, brannte unaufhaltsam; die Flamme schlug hoch in die Lüfte; nur etwas Wind, und das Schloß wäre in Brand geraten, und mit ihm wahrscheinlich die ganze Stadt. Aber kein Lüftchen regte sich, das Feuer brannte still fort bis an ein Eckhaus, dann sank es von selbst zusammen.

Die Stadt ist förmlich der Plünderung preisgegeben; die Offiziere und die Kavallerie blieben frei von Greueln und taten, was sie konnten, um zu schützen und zu helfen. Aber was konnten sie gegen 50 000 wütende Menschen, die diese Nacht hier frei schalten und walten durften, da die ersten Anführer es, wenigstens negativ, erlaubten! Viele Häuser sind rein ausgeplündert; zuerst natürlich alle Laden; Wäsche, Silberzeug, Geld ward fortgebracht, die Möbeln, und was sich nicht transportieren ließ, verdorben; dazu der gräßliche Witz dieser Nation, ihre wilden Lieder: *Mangeons, buvons, pillons, brûlons tous les maisons!* hörte man an allen Ecken. Alle, die ihre Häuser verließen, haben fast alles verloren. Einige sind so glücklich gewesen, gleich Offiziere ins Quartier zu bekommen, die ihnen etwas Schutz, oft mit eigener Lebensgefahr, gewährten. Am besten kamen die fort, die, wie wir, Mut genug hatten, keine Angst zu zeigen, der Sprache und der französischen Sitte mächtig waren; darunter gehört Goethe.

Wieland hat, als Mitglied des National-Instituts, gleich vom General Denon eine Sauvegarde bekommen. Die Witwe des Leibarztes Herder, deren Logis ich jetzt bewohne, mußte ins Schloß flüchten; bei ihr ist alles zerstört, und, was unersetzlich ist, alle nachgelassenen Manuskripte des großen Herders, die sie mitzunehmen vergaß, sind zerrissen und zerstreut.

Goethes Freund und Mitarbeiter, Professor Meyer, wollte in seinem Hause bleiben, aber die fliehenden Preußen ließen drei Pulverwagen dicht vor seinem Hause stehen, wovon einer ganz zerbrochen war, daß das Pulver umherlag. Meyer konnte also nicht bleiben; er eilte zu seinen Schwiegereltern. Auch hierher drangen die Unholde, raubten alles, trieben zuletzt mit Gewalt die unglückliche Familie zum Hause hinaus, welche zusehen mußte, wie man ihre Habseligkeiten ordentlich auf Wagen lud und fortfuhr. Meyers Schwiegervater ist ein alter kränklicher, hypochondrischer Mann, der eine Kasse zu verwalten hat und ängstlich Ordnung liebt. Goethe sagte mir nachher, er hätte nie ein größeres Bild des Jammers gesehen, als diesen Mann im leeren Zimmer, rund um ihn alle Papiere zerrissen und zerstreut. Er selbst saß auf der Erde, kalt und wie versteinert. Goethe sagte, er sah aus wie König Lear, nur daß Lear toll war, und hier war die Welt toll. Goethe hat nichts verloren, Professor Meyer alles, auch seine Zeichnungen, nur nicht seine Schriften und seine gute Laune. Herders nachgelassene Manuskripte sind unwiederbringlich verloren.

Den weiteren Verlauf der Ereignisse schildert wieder der schon zitierte Augenzeuge in seinen Aufzeichnungen:

So waren von Dienstag nachmittag fünf Uhr bis Donnerstag früh zwei schreckensvolle Nächte und ein Tag vergangen in Jammer, Not und Elend aller Art, in denen mancher mit seiner Familie keinen Bissen Brot zu sehen bekommen hatte und ihm eine rohe Kartoffel als Leckerbissen erschien.
Es war Donnerstag früh den 16. Oktober zwischen acht und neun Uhr, als sich das Gerücht verbreitete, Napoleon wolle die Umgebungen Weimars besehen und würde deshalb mit seiner Suite ausreiten. Eine Anzahl Einwohner, worunter ich mich befand, verfügten sich an die Barrieren des Schloßhofes, um den noch nie gesehenen Kaiser Napoleon in der Nähe zu beschauen. Es dauerte auch nicht lange, als die Musik der alten Kaisergarde, wovon eine Abteilung die Wache mit der Gardeelite zu Pferde auf dem Schloßhof bezogen hatte, zu spielen anfing und die Wache unter das Gewehr trat. Der Ruf »*Vive l'Empereur!*« meldete uns die Erscheinung des Kaisers. Er war wie gewöhnlich simpel und einfach, ohne Prunk, gekleidet. Ein hellgraubrauner Oberrock, mit Zobelpelz verbrämt, war sein Anzug, und nur das kleine Hütchen mit der dreifarbigen Kokarde und das blasse, fahle Gesicht nebst der kleinen Korpulenz bezeichneten uns den Monarchen. Er ritt ein arabisches Pferd, einen Goldfuchs, mit rotsamtner und mit Goldfransen reich verzierter Schabracke. Zu seiner Rechten ritt der Marschall Ney und zur Linken der Großherzog von Berg, Joachim Murat, in seinem phantastischen Anzuge. Dicht hinter Napoleon ritt der Leibmamelucke Rustan, dann folgten noch die übrigen zur Suite des Kaisers gehörigen Großen nebst einer starken Bedeckung; alle im höchsten Glanz ihrer Uniformen. An der Spitze selbst ritt der damalige Oberforstmeister von Stein, als Führer und Wegweiser des Kaisers. Als der Kaiser an den Ausgang der Barriere kam, die mit doppelten Wachen, als der der alten Kaisergarde und der der Gardeelite zu Pferde, besetzt war, drängte sich ein Bürger mit entblößtem

Haupte durch die Menge der daselbst befindlichen Menschen, beugte ein Knie vor dem Kaiser und hielt eine Anrede an denselben. Napoleon hielt sogleich sein Pferd an und befahl dem Großherzog von Berg, der gut deutsch sprechen konnte, den Mann um sein Anliegen zu befragen.

Dieser Mann war kein anderer als der schlichte Bürger und Schuhmachermeister Petri, welcher damals Viertelsmeister beim Stadtrat war. Petri hatte von dem Ausritt des Kaisers gehört, und rasch faßte solcher den Entschluß, den Kaiser in Person mündlich um Schonung der Stadt zu bitten und darum, daß dem Plündern und Wüsten der Soldaten, die noch immer zügellos verfuhren, Einhalt getan werden möchte. Neben dem vor dem Kaiser knienden Petri hielt der Großherzog von Berg und vernahm als Dolmetscher des Kaisers das Anbringen des Erstgenannten.

Als der Kaiser die Bitte Petris vernommen hatte, winkte er solchem freundlich mit der Hand und gab ihm zu verstehen, seine Bitte sei gewährt. Hierauf sprach er mit dem Prinzen Murat, der auf der Stelle einen Flügeladjutanten des Kaisers auf den Schloßhof an die daselbst befindliche Grenadierwache sendete, worauf sofort mehrere Abteilungen derselben, jede mit einem Tambour, durch die Straßen der Stadt marschierten und überall den Willen und Befehl des Kaisers bei Trommelschlag bekanntmachten, daß jedem Soldaten bei Todesstrafe das fernere Plündern untersagt sei. Auch waren die Kommandeure der Regimenter angewiesen, alle zu ihren Regimentern gehörigen Soldaten, welche sich aus dem Lager in der Stadt befanden, aus solcher sofort ins Lager kommandieren zu lassen, auch mußten die mit Beute Beladenen ihre Effekten an die Eigentümer zurückgeben. Reitende Gendarmen mußten überall Ruhe und Ordnung wiederherstellen. Es fanden Fälle statt, wo die gemeinen Soldaten subordinationswidrig gegen die Offiziere handelten, zumal wenn die Offiziere von anderen Regimentern waren. Solche Widersetzlichkeiten wurden ohne weiteres auf der Stelle mit dem Tode bestraft.

Napoleon hatte mit seinem Gefolge im Schloß Quartier genommen. Er wurde dort von der Herzogin Luise empfangen, von der sich ebenfalls ein längerer Bericht über die Ereignisse dieser

Schreckenstage an ihren Bruder, den Prinzen Philipp von Hessen, erhalten hat.

Weimar, den 28. Oktober 1806

Der 14. hat uns in jeder Hinsicht vollkommen unglücklich gemacht. Bis dahin hatten Stadt wie Land sehr von der preußischen Armee zu leiden, die in ihrer vollen Stärke bei uns stand und uns schon ausgehungert hatte. Am 14., diesem furchtbaren Tag, hörten wir seit Tagesanbruch Kanonendonner. Bis Mittag brachte man uns die besten Nachrichten, von da ab wurden sie schlimmer und schlimmer. Wir sahen Flüchtlinge vorbeieilen, und mehrere Bauern aus der Nachbarschaft kamen mit der Nachricht von der bevorstehenden Ankunft der Franzosen zur Stadt. Sie können sich vorstellen, daß unsere Lage beunruhigend war. Die Zahl der Flüchtlinge wuchs beträchtlich, und schließlich zogen zwischen vier und fünf Uhr die Franzosen in die Stadt ein; man schlug sich hier noch, es gab sogar Kanonenschüsse; viele flüchteten ins Schloß. General Rapp kam an, der sich sehr plump benahm, und einige Augenblicke später General Murat, den ich bat, die Stadt zu schonen, und der mir antwortete: er habe sich das schon vor seinem Einzug vorgenommen. Es wurde Nacht; da begann die Plünderung, von der sehr wenige Personen verschont blieben. Man erlaubte sich die schrecklichsten Ausschreitungen. In der Stadt wie auf dem Schlosse hatte niemand etwas zu essen. Während 24 Stunden habe ich kein Brot und kaum einige Erdäpfel gehabt. Man hatte auch die Küche geplündert. Kurz, wir haben viel Widerwärtigkeiten ausgestanden.

Am folgenden Tag gegen Abend kam der Kaiser. Ich empfing ihn; er behandelte mich sehr unhöflich. Ich führte ihn zu seinem Zimmer, und dort angekommen, machte er vor mir eine Verbeugung und hieß mich setzen. Ich bat um eine Unterredung für den folgenden Morgen. Er empfing mich sehr barsch und sagte mir sehr viel Herbheiten für mich und den Herzog. Ich antwortete ihm mit Freimut und versuchte mich, so gut ich konnte, herauszuwickeln. Er drohte heftig, sprach von Fehlern, die wir gegen ihn begangen hätten, usw. Ich besänftigte ihn schließlich, und er wurde ein wenig verbindlicher. Am Abend machte er mir Besuch und blieb lange bei mir, aber unterließ nicht, mich mit

Sarkasmen gegen den Herzog zu überschütten. Ich versuchte, mich nicht aus der Fassung bringen zu lassen. Wir haben viel zu fürchten und wenig zu hoffen, ich fürchte stark für unsere zukünftige Existenz. Der Kaiser forderte, daß der Herzog sofort den preußischen Dienst verläßt. Seit diesem Augenblick forscht man nach ihm, ohne ihn noch mit seinem Korps finden zu können. Er ist vom Gros der Armee am Tag der Schlacht getrennt worden, bei dem er nicht beteiligt war, und seitdem weiß man über seinen Aufenthalt nichts Sicheres mehr. Sie können sich wohl denken, daß dies meinen Schmerz wie meine Verlegenheit mehrt.

Goethes Haus am Frauenplan, das er seit 1792 bewohnte, war wohl das ansehnlichste Gebäude Weimars nach dem Schloß. Kaum waren die Franzosen in die Stadt eingedrungen, wurde es mit sechzehn elsässischen Husaren belegt, und für die Nacht erwartete man den Marschall Ney als Einquartierung. Die erschöpften Elsässer hatten sich gleich im Bedientenzimmer auf die Streu gestreckt, zahlreiche Flüchtlinge aus der Stadt waren im Hinterhause zusammengedrängt, der getreue Riemer, Goethes langjähriger Hausgenosse, hatte alle Eingänge verriegelt und hielt im Hausflur auf- und niedergehend Wache.

Es war schon tief in der Nacht, der Lärm auf den Straßen dauerte immerfort; ich hatte bisher meinen Posten unangefochten behauptet, als plötzlich fürchterliche Kolbenstöße an die Haustür donnerten und auf mein endliches Wer-da?-Rufen Einlaß verlangt wurde. Ich schlug ihn ab, mit der Bedeutung, das Quartier sei schon für den Marschall in Beschlag genommen, dessen Ankunft man jeden Augenblick entgegensehe, und außerdem mit sechzehn Reitern belegt. Mein Einwenden wollte nichts verfangen; ich weckte daher einen der Reiter, einen Elsässer, eben den, der gleich bei seinem Eintritt ins Haus soviel Gutmütigkeit hatte blicken lassen, daß ich mit Vertrauen, er werde über diese Störung im Schlafe nicht unwillig werden, ihn bat, seine Kriegskameraden zu bedeuten, daß hier für sie keine Aufnahme zu verlangen noch zu hoffen sei. Er stand auch auf, ohne ungehalten zu sein, öffnete das Fenster, schalt sie aus und verwies sie wieder an ihr Bivouak zurück, wo sie eben herkommen mochten.

um sich eine bessere Lagerstatt auszumitteln. Es half auch für den Augenblick. Schimpfend und brummend gingen sie fort, und ich glaubte mich und das Haus schon geborgen. Es dauerte aber nicht lange, so pochte es wieder an die Tür, diesmal höflicher, und verlangte mit sanfter Bitte Einlaß. Es waren die Vorigen. Sie wollten sich nur unter Dach befinden und etwas ausruhen, und was sie sonst noch Mitleiderweckendes vorbringen mochten. Ich wies sie dennoch ab, zwar mit Bedauern, aber doch mit der geschärften Bemerkung, der Marschall sei bereits da, und es fände sich nirgends Platz für sie mehr. Nun wurden sie heftiger, drohten die Tür einzuschlagen; und da sie vollends die niedrigen Fenster nebenan gewahrten und durch diese bemerken konnten, daß ich mich in einem beinahe zimmerähnlichen Raum befände, so machten sie Anstalten, das Fenster einzuschlagen und sich mit Gewalt in das verweigerte Asyl zu setzen. Nun hielt ich es nicht für geraten, den Widerstand weiterzutreiben; ich schob daher den Riegel zurück und ließ sie ein. Es waren zwei kleine Kerls, von der damals spottweis so genannten Löffelgarde, eigentlich Tirailleurs in voller Bewaffnung. Als sie eintraten, wiederholte ich nochmals meine Vorstellung, und öffnete zum Beweis die Türe des Zimmers, wo die Reiter schliefen. Sie überzeugten sich durch Einblick und schienen gelassener, indem sie nichts weiter verlangten, als hier im Schauer zu verweilen und einiges zu genießen. Ich holte Licht aus der nahen Küche und einiges Getränk und Speise, und setzte es auf einem bereitstehenden Tisch ihnen vor. Schemel waren auch zur Hand, und so nahmen sie bald Besitz von dem allen und sprachen der Flasche weidlich zu. Der Wein schien ihnen zu munden, sie wurden heiter und gesprächig, fragten nach diesem und jenem, auch nach dem Hausherrn. Ich entschuldigte seine Abwesenheit und mochte ihnen scheinen die Wahrheit zu verhehlen. Sie wurden immer dringender, ihn zu sehen; ich mußte befürchten, sie möchten sich selber den Weg zu seinem Zimmer suchen, und es ihn dann empfindlicher entgelten lassen. Ich eilte also zu Goethe hinauf, erzählte mit kurzen Worten den Hergang, und wie ich mir nicht weiter zu helfen wüßte und ihn bäte herunterzukommen, sich den Leuten zu zeigen und sie mit mehr Gewicht abzuweisen, als ich haben könne.

Er tat es auch, ohne betroffen zu sein oder zu scheinen. In Erinnerung ähnlicher Auftritte der deutschen Krieger in der Champagne mochte er wohl denken, daß jetzt die Reihe an die Deutschen komme, und wie er sich in alles zu finden und zu fügen wußte, so auch in dieses. Obgleich schon ausgekleidet und nur im weiten Nachtrock – der sonst scherzhaft Prophetenmantel von ihm genannt wurde –, schritt er die Treppe herab auf sie zu, fragte, was sie von ihm wollten, und ob sie nicht alles erhalten, was sie billigerweise verlangen könnten, da das Haus bereits Einquartierung habe und noch einen Marschall mit Begleitung erwarte. Seine würdige, Ehrfurcht gebietende Gestalt, seine geistvolle Miene schien auch ihnen Respekt einzuflößen, sie waren auf einmal wieder die höflichen Franzosen, schenkten ein Glas ein und ersuchten ihn, mit ihnen anzustoßen. Es geschah auf eine Weise, die jeder Unbefangene den Umständen gemäß und seiner nicht unwürdig erkannt haben würde. Nach einigen gewechselten Reden entfernte er sich wieder; sie schienen zufrieden und beruhigt, und sprachen den Flaschen von neuem zu; bald aber schienen sie schläfrig sich nach einer Ruhestatt umzusehen, und da ihnen die bloßen Dielen nicht genügen mochten, verfolgten sie die nahe Treppe, auf der sie den Hausherr hatten kommen und gehen sehen. Ich eilte ihnen nach, sie nahten dem Zimmer, worin die Betten für die Begleitung des Marschalls standen, und drangen hinein. Widerrede half nichts, Widerstand war so unmöglich wie töricht, ich mußte es geschehen lassen, in der einzigen Hoffnung, daß einer der auf jeden Fall angekündigten Adjutanten wenigstens und mit erfolgreichen Mitteln, sie vertreiben werde.

Er kam auch, aber als bereits der Tag angebrochen war; mein erstes Wort bei seinem Eintritt ins Haus war die Meldung, daß sein Zimmer und Bett bereits von zwei Marodeurs eingenommen worden sei, die sich auf keine Weise davon hätten abhalten lassen. Wütend stürzte er die Treppe hinauf, und in das Zimmer dringend, fuchtelte er mit flacher Klinge die Kerls aus den Betten heraus, die nicht eilig genug Zimmer und Haus verlassen konnten. Ich sehe sie noch vorübereilen, und war damals nicht ohne Besorgnis, sie möchten noch etwas von Silbergeschirr und dergleichen haben mitgehen heißen.

Es war nun völlig Tag geworden; der Marschall, der die Nacht anderswo geblieben, kam an; augenblicklich trat Sauvegarde

vor das Haus, größere Ruhe und Ordnung stellten sich ein, und ich erfuhr in der ersten Unterredung mit den übrigen Hausgenossen: daß, während ich die beiden Marodeurs in den Betten glaubte, sie dem Hausherrn auf das Zimmer gerückt wären und sein Leben bedroht hätten. Da habe seine Frau einen der mit ins Haus Geflüchteten zu Hilfe gerufen, dieser habe Goethe von den Wütenden befreit, sie hinausgejagt, die Türen seines Zimmers und Vorgemachs verschlossen und verriegelt.
Goethe selbst ließ sich nie etwas davon merken; ich aber war nicht wenig bestürzt über die Gefahr, in welcher er ohne mein Wissen und Gedenken geschwebt hatte.
Indes bewahrte Goethe von diesem Tage an eine treue Dankbarkeit sowohl gegen seinen Retter als gegen die Frau, die überhaupt in diesen Schreckenstagen sich mit großer Standhaftigkeit und Gewandtheit, ohnerachtet sie nicht französisch sprach, zu nehmen wußte, und trotz des furchtbaren Aufwandes an Lebensmitteln, den sowohl die Soldaten als der Marschall und seine verschwenderischen Köche verursachten, ihr Hauswesen doch so beisammenhielt, daß sie noch andern Bedürftigen aushelfen und ihren Schützlingen aus der Stadt etwas zuwenden konnte.
Dieses Dankgefühl, dieses Anerkennen, daß er ihr in diesem Augenblick das Leben schuldig geworden, war das Hauptmotiv, eine Handlung zu beschleunigen, die er bereits länger im Sinne habend, nur an den zur Ausführung schicklichen Moment knüpfte, wo sie als natürlich, sich von selbst verstehend, weniger befremdend, und ohne Aufsehen zu erregen sich vornehmen ließ.

Riemers letzte, etwas gewundene Anspielung bezieht sich auf die kirchliche Einsegnung des Herzensbundes, der Goethe seit fast zwanzig Jahren mit Christiane verknüpfte. Goethe schreibt diesbezüglich am 17. Oktober an den Weimarer Hofprediger Günther:

Dieser Tage und Nächte ist ein alter Vorsatz bei mir zur Reife gekommen; ich will meine kleine Freundin, die so viel an mir getan und auch diese Stunden der Prüfung mit mir durchlebte, völlig und bürgerlich anerkennen, als die Meine.

Sagen Sie mir, würdiger geistlicher Herr und Vater, wie es anzufangen ist, daß wir sobald möglich, Sonntag oder vorher getraut werden. Was sind deshalb für Schritte zu tun? Könnten Sie die Handlung nicht selbst verrichten? Ich wünschte, daß sie in der Sakristei der Stadtkirche geschähe.
Geben Sie dem Boten, wenn er Sie trifft, gleich Antwort. Bitte!
Goethe

Goethes reguläre Verehelichung mit Christiane wurde am Sonntag, den 19. Oktober, seinem Wunsch entsprechend in aller Stille in der Sakristei der Stadtkirche vollzogen. In die Trauringe hatte er das Datum des 14. Oktober, den Tag der Besetzung Weimars, eingravieren lassen. Anderntags unternahm er den ersten Schritt, Christiane zu gesellschaftlicher Geltung zu verhelfen, indem er sie bei der in Weimar frisch zugereisten Johanna Schopenhauer als seine Gattin einführte.
Selbstverständlich blieb dieses Ereignis nicht unberedet. In dem Schreiben eines Herrn von Einbeck vom 20. Oktober nimmt der Verlauf der Dinge sich folgendermaßen aus:

Jetzt zog man auch Erkundigungen ein, wie's den Bekannten und Freunden ergangen sei, und man hörte mit Überraschung die Kunde: Geheimrat Goethe habe sich mit seiner Hausverwalterin, Demoiselle Vulpius, kirchlich trauen lassen. – Die Dame war in jeder Hinsicht ausgezeichnet praktischer Natur. Sie hatte, überzeugt, daß der Geheimrat, wie sie ihn nannte, wo's aufs Handeln ankam, gänzlich ratlos sei, sobald für Freund und Feind zu sorgen war, sich mit reichlichen Vorräten versehen und unten im Hause Tische mit Speise und Getränke aufstellen lassen, daß jeder Herzutretende gleich Befriedigung fände und der Geheimrat oben in seinen Zimmern nicht belästigt würde. Sie selbst war dabei geschäftig. Dies war für den ersten Anlauf sehr verständig berechnet, und bald erhielten Goethe und Wieland Sauvegarden, und Marschall Augereau nahm bei Goethe Quartier. Der Marschall sah die Geschäftigkeit der Demoiselle Vulpius und ihre verständigen Anordnungen, Goethe stellte ihm seinen Sohn vor. – und es war sehr natürlich, daß er die Hausfrau für Goethes Gattin hielt. – Er überredete Goethe, sie als solche anzuerkennen und dazu diesen Augenblick zu benutzen.

wo die Aufmerksamkeit des Publikums geteilt sei und nicht lästig fallen werde, und als es geschehen war, war's geschehen.

Vier Tage später schreibt Charlotte von Stein an ihren Sohn Fritz, der als Gutsbesitzer in Schlesien lebte.

Weimar, den 24. Oktober
Lieber Fritz! Den 14. bis 15. dieses sind wir vom Wohlstand, Ruhe und Glück geschieden. Das mächtige Schicksal, das die Länder verheert, hat auch dies verschlungen. Gott bewahre Dich und das schöne Schlesien; so will ich noch mein Leiden still ertragen.
Ich bin ausgeplündert, wie die meisten Einwohner von Weimar; durch besonderes Zusammentreffen von Umständen habe ich nichts retten können. All mein Silber, alles von Wert, alle meine Kleider sind geraubt, mehrere Tage habe ich nichts zu essen gehabt. Meine Türen und Fenster, alle meine Schränke sind zerschlagen. Das Schloß wurde endlich durch Ankunft des Prinzen Murat vor der Plünderung gerettet, doch dauerte in der Stadt die Plünderung noch zwei Tage fort, als sogar der Kaiser schon angekommen war. Ich ging endlich am Arme eines französischen Offiziers, den ich festhielt, und mit meinem Hausmädchen, das mir treu geblieben war, aus meiner Wohnung.
Die Schiller hat wenig verloren, Goethe gar nichts. Während der Plünderung hat er sich mit seiner Mätresse öffentlich in der Kirche trauen lassen. Dies war die letzte hiesige kirchliche Handlung, denn alle unsre Kirchen sind nun Lazarette und Magazine.
– Lebe wohl, gebe Gott, daß Du nicht auch in der allgemeinen Umwälzung verschlungen werdest! Mein Herz pocht krampfhaft, meine Hände zittern. Lebe wohl!

Auch der herzogliche Bibliothekar Karl Ludwig Fernow, in einem Brief an den von Goethe und Schiller verachteten Karl August Böttiger in Dresden, erwähnt Goethes Eheschließung – mit einem kleinen Beisatz, der, durch eine Indiskretion des Empfängers, in leicht abgewandelter Gestalt noch unliebsame Folgen nach sich ziehen sollte.

Weimar, den 26. Oktober 1806
Die regierende Herzogin ist ihrem Entschlusse, pflichtgemäß auf ihrem Posten zu bleiben und Weimar nicht zu verlassen, heldenmütig treu geblieben, und hat dadurch allgemein Liebe und Bewunderung erregt; auch können wir sie unter diesen Umständen als den Schutzengel Weimars preisen; denn sie hat das Schloß und die Stadt gerettet, welche sonst dem Untergange preisgegeben waren. Der französische Kaiser hat zwei Tage lang im Schlosse logiert, und ich habe den Gewaltigen in ziemlicher Nähe mit schaudernder Bewunderung gesehen.
Goethe hat sich in diesen bedenklichen Zeiten mit seiner alten Freundin heimlich trauen lassen, und die bisherige Demoiselle Vulpius ist jetzt Frau Geheimerätin. Sie ist also wahrscheinlich die einzige, die in dieser allgemeinen Not ihren Schnitt gemacht hat.

Unterdessen war der Herzog nirgends aufzufinden; erst am 29. Oktober legte er, Napoleons Forderung Folge leistend, das Kommando über das ihm unterstellte preußische Korps nieder und begab sich nach Berlin. In dem am 15. November unterzeichneten Friedensvertrag mußte das Land Sachsen-Weimar-Eisenach als französischer Vasallenstaat dem Rheinbund beitreten, eine Kontribution von 2 200 000 Franken leisten und Napoleon ein Truppenkontingent von 800 Mann stellen.
Während Goethe es die ganzen Jahre hindurch bei einem uneingesegneten Ehebund bewenden ließ, hatte der Herzog nach und neben vielfachen anderen Liebschaften 1797 die Schauspielerin Karoline Jagemann zu seiner Geliebten gemacht, die er später als Frau von Heygendorf in den Adelsstand erhob. Am 25. Dezember 1806 schenkte die Jagemann einem Sohn das Leben, und Goethe nimmt, als er dem Herzog noch am selben Tag davon Meldung tut, dieses Ereignis zum Anlaß, ausführlichen Bericht über die letztvergangenen Wochen abzustatten und auch einiges seinen Haus- und Besitzstand Betreffende vorzubringen.
Der Herzog hatte Goethe das Haus am Frauenplan, das dieser bis zu seinem Tode bewohnen sollte, seinerzeit zum Geschenk gemacht; das Faktum war jedoch nicht beurkundet worden, so daß die Steuern nach wie vor von der Kammerkasse getragen

wurden. Goethe bittet nunmehr, da er auch seinerseits sein Teil zur Erleichterung der Kriegslasten zu leisten bereit ist, daß er in alle Rechte als Vollbesitzer des Hauses trete und die dafür fälligen Steuern künftig selber entrichten dürfe.

Euer Durchlaucht
hätte so gern schon lange nach so manchen Übeln ein erfreuliches Wort zugerufen; aber erst heute gefällt es dem kleinen Ritter, seinen Wolfsgang ins Leben anzutreten. Er scheint gesund und wacker, brav wird er auch werden; denn so hat er sich schon verbunden mit der Mutter in jenen Schreckenszeiten gehalten.
Da man der bösen Tage sich oft erinnert, so ist es eine Erheiterung, auch der guten zu gedenken und mancherlei Epochen zu vergleichen; so fiel mir auf, daß heute vor siebzehn Jahren mein August mich mit seiner Ankunft erfreute. Er läßt sich noch immer gut an, und ich konnte mir Euer Durchlaucht Einwilligung aus der Ferne versprechen, als ich, in den unsichersten Augenblicken, durch ein gesetzliches Band, ihm Vater und Mutter gab, wie er es lange verdient hatte. Wenn alle Bande sich auflösen, wird man zu den häuslichen zurückgewiesen, und überhaupt mag man jetzt nur gerne nach innen sehen.
Blicken wir nach außen, so sehen wir uns bloß nach Ihnen um und wünschen, daß Sie bald wieder in unsrer Mitte und an unsrer Spitze sein mögen; nur von diesem Augenblick werden wir die Epoche unsrer Wiederherstellung datieren. Manches werden Sie von unsern Schicksalen vernommen haben. Durchaus werden Sie die Spuren des Übels geringer finden als die Einbildungskraft sie in der Ferne zeigt. So würde ich zum Beispiel sagen können, daß die unter meiner Aufsicht stehenden Besitzungen Eurer Durchlaucht fast unangerührt sind, wenn nicht gerade das, was Sie besonders interessiert, Ihre Kartensammlung, besonders gelitten hätte.
Doch alles läßt sich verschmerzen, wenn Sie uns bleiben und wir Ihnen; darüber kann niemand eine innigere Freude empfinden als der, der Ihnen schon so lange und auf Zeitlebens angehört.
Weimar, den 25. Dezember 1806 Goethe

Mit diesem einigermaßen abgerundeten Schreiben konnte es, nach allem Vorgefallenen, nicht sein Bewenden haben. Wieder-

holt hatte Goethe – eigenhändig, was ihm, der das Diktieren gewohnt war, schwerfiel – die Feder angesetzt, war ins Stocken geraten, hatte das schon Geschriebene unwillig vernichtet. Die fortdauernde zerrissene Stimmung wollte sich aussprechen, sollte jedoch anderseits den Freund in der Ferne nicht noch mehr beschweren. Dies alles erklärt, im Fortgang der angehängten Mitteilungen, das Abrupte, Ungepflegte, fast Unbeholfene in der Art, wie einzelne Fakten, Auskünfte, Bitten, auch jetzt noch mit Unterbrechungen, aneinandergereiht werden.

Das Eis des mitteilenden Schreibens ist einmal gebrochen und ich fahre bequemer fort, noch einiges nachzubringen, wenn ich gleich, als handschreibend, mich immer mehr paralysiert fühle.
Den neuen, lange erwarteten Ankömmling habe ich gesehen, er ist wohlgebildet und hat eine gute Farbe und verspricht zu leben. Möge er, wenn er einst die Welt erkennt, sie lustiger finden, als sie uns nun erscheint! Ich bin zu alt, ihn einzuführen; doch vielleicht kann ich ihm noch etwas werden. Auch die Zimmer der Mutter sind wieder ordentlich hergestellt, und anständig und bequem; Dank sei es der Tischler Fertigkeit, die das zerschlagne und zerstoßene Holz bald wieder in Restauration gebracht haben. Glücklich alle Handwerker! deren Arbeit ohne Verlust des Zerstörten wiederhergestellt werden kann, durch Hans und Kunz und wie sie heißen.
Erlauben Sie, daß ich so fortfahre! Es würde besser werden, wenn es sich ziemte, daß ich diktierte. Wo wir jetzt einen Anfang des Lebens erblicken, hat es einen besonderen Reiz der Hoffnung; kann sich nun die Liebe daran schließen, so ist der Glaube sogleich unfehlbar da und die Sache ist gemacht, indem wir überzeugt sind, daß alles zugrunde geht.
Wenn man übersieht, was verloren ist, so freut man sich billig doppelt des Erhaltenen. Die Bibliothek ist wundersam erhalten. Die Türe konnten sie nicht einsprengen, sie sägten die Gitter entzwei, schlugen die Türe der Kommunarchiv-Expedition auf und fanden die ihnen verwünschten Papiere und Akten; das hat den untern Stock gerettet.
Aufgebrochen haben sie die Expeditionszimmer, Kleinigkeiten entwendet; sie sind durch alle Etagen der Bibliothek durchgestiegen, haben nur einige Stücke grüne Leinwand mitgenom-

men. Nichts ist beschädigt, und wir sind für diese erste Zeit, als wenn nichts gewesen wäre.
Bald hätte ich vergessen zu sagen, daß das Münzkabinett in der Angst der letzten Tage nach Allstedt geflüchtet ward. Auch darnach war große Nachfrage. Nun kann es zurückkehren und soll hoffentlich Sie an Ort und Stelle begrüßen.
Nach Jena zu gehen, konnt ich mich nicht entschließen, so wie ich manche Briefe an Sie wie diesen schon zerrissen habe. Die Umwendung der Dinge steht einem noch zu nahe; alles, was man sagt, ist unzulänglich oder unzulässig, und so schweigt man lieber oder nimmt sich zurück, als daß man spräche.
Am Mineralogischen Kabinett ist nichts verrückt, weniges entwendet. Die Büttnerische Bibliothek in salvo, und doch war ein Lazarett im Mittelstock, ist noch dort. Darüber freuen wir uns billig jetzt; denn bisher mußte man mit neuem Tage eine neue Requisition erwarten und oft eine närrische, worunter man litt, und zwar doppelt.
Der Botanische *Garten* hat wenig gelitten, das *Haus* mehr, am meisten der gute und man darf sagen treffliche Schelver; er ward wiederholt bis aufs Hemd ausgeplündert und ging mit einem blessierten Offizier, der Vertrauen zu ihm faßte, fort, und ich weiß nicht wohin.
Vom Theater als dem bedeutendsten sollt ich auch wohl was sagen. Was läßt sich aber davon sagen, als was von der Welt zu sagen ist: Sobald die grimmige Not vorbei war, da traten alle Leidenschaften, bis zur gemeinsten, in ihre Rechte. Wir erhalten das nie wieder herzustellende Ganze, bis die herrschenden Umstände eine Dauer oder eine Auflösung gebieten.
Doch alles das muß Ihnen gering vorkommen, da Sie die größten Interesses erst Ihres Häufleins, und da das nicht mehr zu halten war, das Weitere und Größre im Auge hatten. Und doch mache ich mir Vorwürfe, daß ich nicht die früheren Blätter, die ich vollschrieb, abschickte. Freilich waren sie, noch mehr wie diese, einem aufgeregten und sorgenvollen Gemüt entquollen. Doch aber wäre es Ihnen vielleicht wenn auch schmerzlicher doch erquicklicher gewesen. Genug, das Vergangne ist vorbei, und ich muß mich nur hüten, diese Skribalien nicht wie die vorigen in den Windofen zu stecken.
Besinn ich mich aber, was ich Ihnen noch Angenehmes sagen

möchte, so ist es das, was mich, nach entsetzlichen Klagen der besten Freunde, immer noch erfreut: daß der Schaden im Park nämlich ganz null ist. Die Belvederische Chaussee unangetastet. Der Stern unverletzt und nichts abgehauen, als was Sie gegenwärtig in vierzehn Tagen, vielleicht mit anmutigern Pflanzungen, wiederherstellen würden.

Hätte ich nicht so manches an Sie geschriebene Papier vertilgt, so schickt ich sie jetzt alle, es wäre doch ein interessantes Tagebuch unsrer Leiden und Gesinnungen. Diese Blätter will ich eilig numerieren und siegeln, sonst trag ich wieder Bedenken.

Indem ich Vorstehendes, wie so manches andre Hingeworfne, dem Papier zumute, erfahre ich in meiner Abgeschiedenheit, daß wir Sie nicht, wie wir hofften, bald wiedersehen, vielmehr daß Sie sich ferner von uns wegbegeben wollen. Ich komme dadurch in eine Verlegenheit, die klein ist; aber doch immer eine Verlegenheit, weil ich Ihnen erst später, und wenn Sie in unsre gegenwärtigen Verhältnisse scharf hineingesehen hätten, meinen Wunsch eröffnet haben würde.
Verzeihen Sie also, wenn ich von unsrer Lage und von mir selbst rede. Vorwärts geht niemand und sogar, leider, jedermann zurück, und auch ich bin von allen Seiten angegriffen. Daß meiner Mutter Vermögen in Frankfurt sich verringre, folgt aus der Lage; daß ich hier übel dran bin, der Nichtgeplünderte, weil man sich mit Geschenken und Gaben doch am Ende ins Gleiche setzen muß, ist eine ebenso natürliche Folge. Darüber würde ich mich weiter nicht betrüben, wenn ich nicht neben mir geliebte Figuren hätte, an die ich zu denken genötigt werde, wenn Freund Hein zunächst an meine Türe klopft.
Sag ich es also geradezu! Um jene Wesen, die mir so angelegen sind, im Augenblicke auf irgendetwas anzuweisen, hab ich nichts als das *Haus*, das ich früher Ihrer vorsorglichen Güte verdanke und zu dessen Besitz mir im besorglichen Falle nur noch ein Letztes fehlt. Damals walteten Bedenklichkeiten ob, mir es eigentümlich zuzuschreiben; sie sind schon durch die Zeit selbst ausgelöscht. Jedermann hält mich für den Eigentümer, ich habe in glücklichen (jetzt möchte man beinahe sagen in Schlaraffen-) Zeiten mehr als billig hinein verwendet, ich habe mich Ihrer

Gabe würdig bewiesen, daß ich es nicht zum Wohlleben, sondern zu möglicher Verbreitung von Kunst und Wissenschaft einrichtete und benutzte. Nun habe die derben Kriegeslasten deshalb getragen, und es bedarf nur ein Wort an Geheimrat Voigt, um die Sache selbst im jetzigen Augenblick ganz in der Stille abzutun. Sie kam bei Gelegenheit der Kriegssteuern zur Sprache, die ich abzutragen erbötig war. Dies ist also meine Bitte: daß Sie mir das Gegebene geben, wofür ich mich doppelt und dreifach dankbar zu erweisen hoffe. Es wird ein Fest für mich und die Meinigen sein, wenn die Base des entschiedenen Eigentums sich unter unsern Füßen befestigt, nachdem es so manchen Tag über unserm Haupte geschwankt und einzustürzen gedroht hat.

Hypochondrisch möchte ich nicht gern endigen, da es genugsam Anlässe zu traurigen Stimmungen gibt.

Gern sag ich deswegen, daß Karlsbad mir sehr wohlgetan, daß ich keinen Hauptanfall diesen Winter erlitten. Aber erlitten habe ich etwas vom 14. Oktober an, auch etwas Physisches, das mir noch zu nahesteht, um es ausdrücken zu können. Geb uns allen der Himmel Jahre, um diesen Gegenstand in den Sehewinkel zu bringen.

Beim Sehen fällt mir ein und ich gedenke nicht ohne Rührung Ihrer Frage auf dem letzten Jagdgange nach meiner *Farbenlehre*. Ich lasse daran fortdrucken und zwar mit leidenschaftlichem Eifer; denn in den schrecklichsten Momenten war mir der Gedanke an den Verlust dieser und anderer Papiere das Schmerzlichste. *Confiteor,* und so die tausendfältigsten Wünsche.

Goethe

Auf dieses lange und ausführliche Handschreiben Goethes antwortet Carl August am 12. Januar 1807 aus Berlin:

Einen rechten langen Brief wollte ich dir schreiben, mein lieber alter Freund, um dir für den deinigen zu danken, der mir große Freude verursachte; aber die Gelegenheiten, durch die ich *sicher* schreiben kann, sind immer von der Art, daß ich mich nach ihnen richten muß. Du bist also wohl, heiter, tätig und voll neuen Mutes; dein Hauswesen ist berichtigt, und das sind lauter gute, erfreuliche Dinge; genieße lange diese angenehme Lage! Daß dein Haus ganz dein eigen sei, das habe ich Voigten aufgetragen zu besorgen. Ich danke dir bestens, daß du dich meiner Fruchtbarkeit angenommen hast; ich freue mich darauf, Mutter und Kind blühend zu sehen. Daß ein Junge die Welt erblickt hat, ist sehr erfreulich für die Zukunft. Ich bin nun fast gewiß versichert, daß ich zu Ende des Monats zu Hause sein werde. An Arbeit, trüben Stunden und langweiligen Tagen fehlt es hier nicht, indessen finden sich doch wieder interessante Augenblicke, und die Gegenwart Humboldts, Johannes Müllers und einiger andern helfen das Leben ertragen. Ehestens schreibe ich dir wieder. Für heute nimm noch dieses Lebewohl.

Carl August

Der bereits zitierte Brief des Bibliothekars Fernow an Böttiger in Dresden ist von diesem offensichtlich anderen mitgeteilt worden, und schon am 24. November las man in der von Cotta in Ulm verlegten »Allgemeinen Zeitung« folgende Notiz:
»Weimar, 6. Nov. Goethe ließ sich unter dem Kanonendonner der Schlacht mit seiner vieljährigen Haushälterin, Dlle. Vulpius, trauen, und so zog sie allein einen Treffer, während viele tausend Nieten fielen. Nur der Ununterrichtete kann darüber lächeln. Es war sehr brav von Goethe, der nichts auf gewöhnlichem Wege tut.«
Als bald darauf in einer weiteren Meldung der Allgemeinen Zeitung zu lesen stand, Goethes nunmehrigem Schwager, dem famösen Romanfabrikanten V..s, sei es bei der Einnahme Weimars »auch scharf ans Leben, und seiner Frau ans Notzüchtigen gegangen«; und als es in derselben Meldung ferner hieß, wenn es auch traurig sei, dergleichen zu erleben, so sei es doch »eine Wonne«, den Ehemann die Szene erzählen zu hören – da riß Goethe die Geduld, und er diktierte Riemer einen mehrere Seiten langen Brief an seinen Verleger Cotta, in welchem er mit seinem Groll nicht hinterm Berge hält.

Weimar, den 24. Dezember 1806

In Hoffnung, daß meine Sendung vom 8. Dezember bei Ihnen glücklich angekommen sein wird, schreib ich Gegenwärtiges und leider zum erstenmal an Sie mit einer unangenehmen Empfindung. Dabei mache ich mir Vorwürfe, daß ich früher über einiges Unangenehme hingegangen bin, und sage das Gegenwärtige mit dem innersten Gefühl unsers guten Verhältnisses, und gerade um dieses Verhältnisses willen, weil es selbst darunter gewiß leiden würde, wenn das Wesen so fortginge.

Ich bin nicht vornehm genug, daß meine häuslichen Verhältnisse einen Zeitungsartikel verdienten; soll aber was davon erwähnt werden, so glaube ich, daß mein Vaterland mir schuldig ist, die Schritte, die ich tue, ernsthaft zu nehmen: denn ich habe ein ernstes Leben geführt und führ' es noch. Ich habe über das Blatt geschwiegen, weil diese Dinge leicht an mir vorübergehen.

Nun finde ich in Nummer 352 einen Brief aus Weimar, wo die von einem Zeitungsredakteur niemals verantwortliche Note vorsteht: »aus einem von dem Verf. nicht zum Druck bestimmten Briefe«.

Wer ist denn also der Redakteur Ihrer Ulmer Zeitung, der immer Briefe erhält, die nicht zum Druck bestimmt sind, damit er ungefähr wisse, wie's in der Welt zugeht? Der nicht soviel Sinn, Gefühl und Geschmack hat, zu wissen, was denn eigentlich davon und wie es allenfalls zu drucken ist.

Die niederträchtige Art, wie darinne Vulpius behandelt wird, tritt zwar nicht ganz aus dem Ton der Allgemeinen Zeitung, wie sie zuletzt war; aber sie zeigt sich nun völlig in dem, was sie werden will. Ist es ein Gegenstand einer Zeitung, wie Individuen das sie betreffende Unglück aufnehmen? Das Übel ist groß und unersetzlich genug, das wir leiden, und es wäre schlimm, daß wir es durch unsre eigne Niederträchtigkeit noch verdienten. Wir wollen uns also nur zunächst an die persönlichen Folgen halten. Ich bitte Sie inständigst, mir die Zeitung vom neuen Jahr an nicht mehr zu schicken: denn es ist mir abscheulich, etwas von Ihrem guten Willen zu erhalten, was mich oder meine Umgebung verletzt und beleidigt. Zweitens folgt daraus, daß es mir und meinen Nächsten ganz unmöglich wird, an Ihrer neuen Tagesschrift auf irgendeine Weise teilzunehmen: denn es ist hier nicht von Weimar die Rede, das steht oder fällt im allgemeinen Unglück; wenn es aber so fortgehn soll wie bisher in andern dergleichen Blättern, daß der Mißwollende ein breites Feld hat, das im allgemeinen zu entstellen, was im besondern Schonung verdient, und daß man hernach den Beleidigten und Verletzten auch wieder ein Plätzchen einräumte, um eine Spalte *gratis* zu

haben, und durch die Klatscherei und Nichtigkeit endlich doch einen Jahrgang zusammenbrächte; so würde ich das, was mich ganz allein glücklich macht, aufgeben müssen, wenn ich nur wüßte, daß Ihr Morgenblatt in der Welt wäre. Wenn sich Ihr Redakteur in einer politischen Zeitung so weit vergißt, daß er Privatnachrichten einführt, die alsdann durch Zeitungen weitergegeben werden, die sich selbst viel zu viel ehren, als daß sie mit solchen Klatschereien anfangen sollten, wenn sie aber einmal gedruckt sind, eine Art von Recht haben, sie weiterzuverbreiten; so muß man sagen, daß Deutschland von einer innern Fäulnis weit schlimmer angegriffen ist als von einer äußern Gewalt, von der man doch wenigstens einsieht, was sie will und was sie kann.
Ich verlange von den Blättern, die Sie herausgeben, nicht mehr Schicklichkeit, als andre, die sich zu schätzen wissen, auch beobachten; und so mag das, was ich in ruhigern Zeiten mit ruhigerm Sinne vielleicht anders gesagt hätte, zu Ihnen gelangen und das Beste für unser gutes Verhältnis, woran mir allein gelegen ist, wirken.

Riemers Konzept dieses Briefes hat sich erhalten; er wurde jedoch nicht abgeschickt. Statt seiner schrieb Goethe anderntags folgendes Billett, das die Beschwerden kurz und bündig, doch in konzilianter Form vorbringt – ein charakteristisches Beispiel für seinen Altersstil, der oft mehr verschweigt, als die sehr allgemein gehaltenen Sätze an Persönlichem verraten.

Weimar, den 25. Dezember 1806
Gestern diktierte ich einen langen Brief an Sie, wertester Herr Cotta, den ich aber zurückhalte, weil es nicht gut ist, über unangenehme Dinge weitläufig zu sein. Nur mit Wenigem will ich Sie aufmerksam machen, wie seit einiger Zeit, in Ihrer Allgemeinen Zeitung, Weimar, seine Verhältnisse, seine fürstlichen Personen, seine Privatleute sehr unschicklich und unanständig behandelt werden. Davon mag 352 ein Zeugnis ablegen. Halten Sie das Gute, was wir zusammen noch vorhaben, für bedeutend, fühlen Sie die Schönheit unsres Verhältnisses in seinem ganzen Umfang, so machen Sie diesen unwürdigen Redereien ein Ende, die sehr bald ein wechselseitiges Vertrauen zerstören müßten. Nicht weiter! G.

Goethes nunmehr öffentlich anerkannte Ehe mit Christiane währte noch zehn Jahre. Am 6. Juni 1816 gegen Mittag verschied sie nach kurzer Krankheit unter schweren Schmerzen. »Leere und Totenstille in und außer mir«, vermerkt das Tagebuch. Von dem an Verzweiflung grenzenden Zustand, in den dieses Scheiden Goethe versetzte, spricht ein Vierzeiler, der als Überschrift Christianes Todesdatum trägt:

Den 6. Juni 1816

Du versuchst, o Sonne, vergebens,
Durch die düstren Wolken zu scheinen!
Der ganze Gewinn meines Lebens
Ist, ihren Verlust zu beweinen.

Dritter Teil

I

*Karl Immermann
Das Haus am Frauenplan*

Als die Residenzstadt Weimar am 3. September 1825 die Fünfzigjahrfeier der Regierung des nunmehrigen Großherzogs Carl August von Sachsen-Weimar-Eisenach beging, sah man Goethes Haus am Frauenplan mit acht symbolischen Gemälden geschmückt: sinnbildlichen Darstellungen der Künste und Wissenschaften, ihrer Pflege und Förderung in Kriegs- und Friedenszeiten. Goethes Haus, das der Herzog ihm vor mehr als dreißig Jahren geschenkt hatte und in dem er bis zu seinem Tode wohnen sollte, war ja, seinen eigenen Worten nach, nicht zum Wohlleben, sondern zu möglicher Verbreitung von Kunst und Wissenschaft eingerichtet worden. Es beherbergte unter anderem die Kunst- und Naturaliensammlungen, die Goethe selber zusammengetragen hatte.
Hierauf bezog sich auch die Inschrift zu den acht symbolischen Gemälden: Haec otia fecit. *Ein Zitat aus Vergils Hirtengedichten. Der gebildete Kenner ergänzte:* Deus nobis haec otia fecit – »Ein Gott hat uns diese Muße bereitet.« *Mit diesem »Gott« ist bei Vergil der römische Kaiser Augustus gemeint; hier in Weimar gelten Dank und Huldigung dem fürstlichen Freund, von dem Goethe in seinen »Venezianischen Epigrammen« bekennt, er sei ihm »August und Mäzen« gewesen.*
Nach Goethes Tod blieben seine Sammlungen und alle von ihm benutzten Räume, wie er sie verlassen hatte. Man konnte sie damals schon als eine Art Privatmuseum besuchen.
Im Herbst 1837, fünf Jahre nach Goethes Tod, unternahm der einundvierzigjährige Dichter Karl Immermann von Düsseldorf aus eine Reise nach Franken und Thüringen, von der sich ausführliche Brieftagebücher erhalten haben.
Immermann verbrachte zwei Tage in Jena und drei in Weimar. Dort besuchte er zuerst die Fürstengruft, in der auch Schiller und Goethe beigesetzt waren.

Weimar, den 1. Oktober 1837
Während die meisten heutzutage sich gegen geistige Eindrücke abgrenzen und abschließen, sich abmühen, selbständig zu sein, und es doch nicht können, ist hier in Weimar das vollste Gegenteil: alle empfänglichen Naturen suchen darin Freude und Ehre, worin sie dieselbe auch allein finden können, nämlich in grenzenloser Liebe und Verehrung für Goethes große Persönlichkeit.
Es hat oft etwas unendlich Rührendes, wie ein Ton der Wehmut, unbewußt, unabsichtlich aus mancher Redewendung, aus einem Hall und Laut der Stimme, wenn vielleicht von etwas ganz anderem gesprochen wird, bei den Leuten hervorbricht. Ihr Licht, ihr Leben ist ihnen hinweggetan. Aber sie sind nicht versteinert, und darin unterscheiden sich eben diese Weimarschen Verehrer von den Goetheschen Buchgelehrten anderer Orte, den brillentragenden jungen Privatdozenten und Literatur-Vorlesunghaltern, welche mit Goethe die deutsche Literatur abschließen, und deshalb es unter ihrer Würde erachten, von uns andern noch etwas zu lesen, daß ihnen der lebendige Umgang mit dem großen Manne den Blick für die Gegenwart frisch erhalten hat. Ich fand hier, daß alles Neueste gelesen und das Schätzenswerte geschätzt war.
Die Persönlichkeit Goethes ist es, welche den mächtigsten Eindruck in Weimar hervorgebracht hat. Von Goethes Schriften wird nicht gesprochen. Es trifft dies mit einem meiner innersten Gefühle zusammen. Ich muß bekennen, daß sehr viele seiner Schriften bei mir ihre Periode gemacht haben, und daß ich kein Verlangen mehr spüre, zu ihnen zurückzukehren. Dagegen bleibt mir sein gewaltiges, alles versammelndes Dasein immerfort ein lieber Gegenstand der erregtesten Betrachtung.
Und ist es nicht mit allen bedeutenden Dichtern und Schriftstellern so, daß der Mensch noch über den Skribenten hinausragt?
Unter solchen Gedanken, und während es vom Himmel, der sich schon ins Abendgrau hüllte, tröpfelte, hatte ich die letzten Häuser der Vorstadt hinter mir gelassen und den Kirchhof betreten. Der Hofsekretär Zwirlein begleitete mich mit dem Schlüssel zur Fürstengruft. Es war eine besondere Vergünstigung, daß mir diese aufgetan wurde; eigentlich ist der strenge Befehl gegeben, sie niemandem zu öffnen.

Hügelansteigend gelangte ich zu den Stufen eines einfachen tempelartigen Gebäudes von mäßigem Umfange mit Vordach und Säulen. Hinter diesen tat sich eine schwere Doppelpforte auf, und wir traten in einen rundgewölbten Raum ohne alle Verzierung durch Farbe oder Stukkatur, dessen Kuppel von Pfeilern getragen wurde, und zu dem das Licht von oben durch die Kuppel und durch Lünetten einfiel. In der Mitte blickte man, zu dem Gitter einer runden Öffnung tretend, durch diese in das Dunkel der Gruft hinab. Hier wurden die fürstlichen Särge hinabgelassen; die Reste der Dichter gingen eine Seitentreppe hinunter zur ewigen Ruhe ein.

Ich überließ mich an der Öffnung einige Minuten lang meinen Gedanken, die durch keine Bemerkung des Begleiters gestört wurden, dann schritten wir schweigend die breite, sachte Seitentreppe hinunter. Der Küster hatte inzwischen die an den Wänden umher verteilten Lichter angezündet; eine freundliche Helle ließ den Umfang und die Form der Gruft, sowie die Särge wohl erkennen. Links von der Treppe sah ich auf gemauerten Unterlagen reinlich erhoben, zwei glatte Sarkophage von braungebeiztem Eichenholz nebeneinander stehen. An dem ersten las ich in metallenen Buchstaben den Namen Goethe, an dem zweiten in ganz gleichen Charakteren den Namen: Schiller. Es war sonst nicht die mindeste Verzierung an diesen Särgen zu erblikken, aber ein Kranz von Lorbeer und Eppich lag auf jedem derselben.

Tiefer in die Gruft vorschreitend, gelangte ich zu einem großen verzierten Sarkophage von Erz. In diesem ruht Carl August. Gewinde von Eichenlaub umziehen ihn, auch das Blatt des Lorbeers und des Ölbaums zeigt sich und durfte sich hier zeigen. Die Embleme der Gerechtigkeit und Tapferkeit: Schwert und Waage, sind von diesen Gewinden und Zweigen eingefaßt. Die Inschriften: »Gerecht und milde«, »Weise und tapfer«, sagen die Wahrheit von diesem Fürsten, dessen Name, Lebens- und Regenten-Jahre dem Hauswappen am Sarge beigefügt worden sind.

Nach dem Besuch der Fürstengruft am ersten Tag seines Aufenthalts in Weimar gelang es Immermann anderntags, sich Zutritt zu Goethes Wohnung zu verschaffen; wozu es ebenfalls persönlicher Vermittlung bedurfte, da das Haus am Frauenplan nach wie vor Privatbesitz war. Goethes Schwiegertochter Ottilie lebte damals meist auf Reisen, und Goethes ehemaliger Sekretär Kräuter hütete das Haus als dessen Kustos, der den Besucher durch die unverändert erhaltenen Räume führte.

An einem freien Platze, den ein Brunnen lebendig macht, zeigt sich in graurötlicher Tünche, die Fenster mit schwarzen Einfassungen umgeben, ein zweistöckiges Haus, geräumig dem Ansehen nach, aber durch nichts über das Maß der Wohnung eines wohlhabenden Bürgers hinausgestellt. Wir treten über die Schwelle und befinden uns in einem Hausflur, den eine gelbliche Steinfarbe hell und heiter erscheinen läßt. Wir steigen die mit massiv-gemauerten Wangen versehene Treppe hinan, die sich mit breiten Stufen in der sachtesten Hebung emporschwingt. Ihre Größe muß uns überraschen, sie steht in keinem Verhältnis zu den übrigen Dimensionen des Gebäudes und nimmt das Unterhaus zumeist für sich weg. Interessant ist es, zu hören, wie sie entstand. Während seines römischen Aufenthalts wurde das Goethen vom Herzog geschenkte Haus aufgebaut, auch eine entsprechende Treppe war bereits fertig, da sah Goethe in Rom eine, deren Konstruktion ihn entzückte. Sofort ließ er eine Zeichnung davon machen, und schickte diese nach Deutschland mit dem Befehl, eine solche Treppe in seinem Hause anzubringen. Vergebens waren alle Remonstrationen über die Alpen hin, es mußte ihm gehorcht werden. Als er zurückkam, sah er sich das Treppenwerk, welches ihm sein Unterhaus wegnahm, nachdenklich an, stieg kopfschüttelnd aber schweigend hinauf, und hat auch nachmals nie von der Sache gesprochen.

Im obern Vestibüle blicken uns aus Mauernischen die Gestalten des Schlafs und des Todes und das kolossale Haupt der Juno entgegen. Auch römische Prospekte, die über der Treppe hangen, erinnern an jenes Land, nach dessen Verlassen er, wie er zu sagen pflegte, nie wieder recht glücklich geworden ist.

Ein längliches, gelbes Sälchen tut sich auf. Darin speiste er mit seinen Gästen. Meyersche Zeichnungen antiker oder poussinscher Gegenstände bedecken die Wände; hinter einem grünen Vorhange verwahrte er die Aquarellkopie der Aldobrandinischen Hochzeit von Meyer, die er für seinen köstlichsten Schatz hielt. Auch die Nebenräume rechts und links zeigen nur Dinge, die dieser Richtung und Periode der Kunst angehören. Da ist nun überall Vergangenheit und Erinnerung; für den mit Goethes Werken Vertrauten regen sich hier Kette und Einschlag von so manchem seiner Gewebe. Ein historisches Gefühl ergreift uns, das Gefühl, welches mich immer von Grund aus glücklich macht. Denn da ist nichts, was nicht in die Periode seiner Bildung verschlungen wäre, und allem Spätern war der Zugang streng versagt. Gerührt überblicken wir die geringen und armen Sachen, an denen der große Mann sich aufzuerbauen wußte.

Rechts von diesem Sälchen sehen wir in das sogenannte Deckenzimmer; warum Goethe dasselbe vorzugsweise so benannte, weiß man nicht, da alle Zimmer mit Stuck verzierte Decken haben. Links liegt sein blaues Empfangszimmer und dahinter das sogenannte Urbinozimmer, nach dem Bilde eines Herzogs von Urbino, welches er aus Italien mitbrachte, getauft. Auf der Schwelle des Empfangszimmers begrüßt uns sein freundliches: *Salve!* Goethe kam, wenn er Menschen empfing, nie auf dem Wege von der Treppe aus, den wir gewandert sind, in das blaue Gemach; er ging vielmehr von seinem Arbeitszimmer durch einen Kommunikationsgang in das Urbinozimmer, und aus diesem trat er dann, vorbereitet und gefaßt, den Fremden entgegen. Er liebte es nicht:

> ... daß ihn der Augenblick
> Blindwütend, finsterherrschend mit sich führe.

Diese sind nun die Räume, welche andern bei seinen Lebzeiten zugänglich waren. In sein Arbeitszimmer ließ er, mit Ausnahme der Intimsten: Coudray, Riemer, Müller, Eckermann, niemand. Als ihm der König von Bayern 1827 den bekannten Geburtstagsbesuch abstattete, ersuchte er Goethe, ihm doch auch nun den Einblick in die Werkstätte seines Geistes zu verstatten. Goethe machte ein verlegenes Gesicht und meinte, daß sein Arbeitszimmer nicht würdig genug für die Blicke der Majestät ausgestattet sei. Der König schien von seinem Verlangen abzustehen, fingierte aber nach einiger Zeit Nasenbluten, verbat, daß ihm irgend jemand folge, und sagte zu dem draußen stehenden Bedienten Goethes, er solle ihn zu einem Lavoir führen. Der Mensch brachte ihn überrascht und bestürzt in Goethes Schlafzimmer, welches hinter dem Arbeitszimmer liegt, und ließ den König auf dessen Befehl dort allein. Er blieb lange aus. Goethe ging endlich selbst ihn suchen, und fand ihn in seinem Arbeitszimmer, in die Betrachtung der dortigen Dinge vertieft.

Die Beschreibungen, welche sich in Memoiren und Reiseblättern von diesen Gemächern finden, hatten mir alle ein unrichtiges Bild von ihnen gegeben. Ich erwartete eine gewisse Pracht, wie sie wohl jetzt in den Häusern derer gefunden wird, welche, ihre Umgebungen zu schmücken, Talent und Mittel besitzen. Zu dieser Annahme hatten mich die schimmernden Worte der Besucher verleitet. Sie sahen den Zeus, und darum erweiterten sich die Wände um ihn zu Tempelhallen, welche von seinem Abglanze strahlten. Vermutlich wäre es mir auch so gegangen. Nun man aber durch die verlassenen Räume geht, verschwindet die Illusion und macht einer bescheidenen Wahrheit Platz. Es ist eine Wohnung, bequem, anständig, heiter, aber durchaus einfach, im Stile früherer Einrichtungsart, hin und wieder selbst etwas vernutzt; es ist die Wohnung eines Altvaters, dessen beste Erinnerungen sich an Meubles, Leisten und Farben knüpfen, die von langer Zeit herrühren, und die er daher um sich erhalten wissen mag, wenn sie auch unscheinbar zu werden und abzubleichen begonnen haben.

Der Tod hat den vom Meister gesetzten Bann gebrochen; frei gingen wir durch kleine Kommunikationsgemächer quer durch das Haus dem Studier- und Arbeitszimmer zu. In einem der kleinen Gemächer machten wir auf einen Augenblick halt; es ist das, in welchem er speiste, wenn er mit seinen Kindern allein war. Ein Laubdach vor diesem Zimmerchen wirft einen grünen Schein hinein, mit einem Schritte ist man im Garten, in welchem Goethe in freien Stunden jeden hellen Sonnenblick zu genießen pflegte. In der Ecke steht ein Gartenhäuschen, worin er seinen physikalischen Apparat aufbewahrte.

Im Vorzimmer des Museums sah ich in Schränken und unter Glaskasten, an den Wänden umher, Stufen, Steine, Konchylien, Petrefakten; überhaupt alles, was Gegenstand seiner naturwissenschaftlichen Betrachtungen geworden war. Alles fand ich sehr sauber gehalten und mit einer gewissen Eleganz arrangiert. Eine Tür rechts ward geöffnet, da blickte ich in die Bibliothek. Sie konnte für solche Mittel, wie hier zu Gebote gestanden hatten, klein erscheinen. Goethe sammelte absichtlich nicht viel Bücher, da ihm die Bibliotheken von Weimar und Jena zur Disposition standen, ja, um alles Anhäufen derartiger Schätze, die ihm unnötig vorkommen mochten, zu verhindern, schenkte er das meiste, was ihm von fern und nah verehrt wurde, nach der Lesung wieder weg.

Jetzt tat der Bibliotheksekretär Kräuter, der frühere Schreiber Goethes, bevor er John zum Kopisten annahm, der treue Wächter dieses Allerheiligsten, die Tür des Arbeitszimmers auf, und da wurde mir ein rührender Anblick. Ich erinnerte mich aus Ekkermanns Gesprächen der gelegentlichen Äußerungen Goethes, die mich hohe Simplizität hier erwarten ließen, aber wieder war die Wirklichkeit anders. Dieses kleine, niedrige, schmucklose grüne Zimmerchen mit den dunklen Rouleaux von Rasch, den abgeschabten Fensterbrettern, den zum Teil morsch gewordenen Rahmen war also der Ort, von dem aus sich eine solche Fülle des glänzendsten Lichtes ergossen hatte! Ich fühlte mich tief bewegt, ich mußte mich zusammennehmen, um nicht in eine Weichheit zu geraten, die mir die Kraft zur Anschauung geraubt hätte.

Nichts ist von seiner Stelle gerückt; Kräuter hält mit frommer Strenge darauf, daß jedes Blättchen, jeder Federschnitzel am Orte bleibe, wo er lag, da der Meister entschlief. Noch zeigt die Uhr die Todesstunde, halb zwölf, sie stockte damals, der Zufall schuf ein Wunder-Ähnliches. Neben ihr steht am Fenster rechts das kleine Schreibtischchen, welches der Großvater für die Enkel machen ließ, die er nach dem Tode des Vaters wieder unter seine eigne Obhut und in seine nächste Nähe nahm. Das Wölfchen war sein Liebling; Walther weniger, er nannte den schönen, durch die Frauen etwas verschniegelten Knaben nicht selten halbverdrießlich »den kleinen Tanzmeister«. Alma mußte, um still sitzen zu lernen, an dem Schreibtische neben den Brüdern Seidenläppchen zupfen. Da liegen sie noch in einem Briefkouverte.

Hier ist jeder Fleck heiliger Boden, und tausend Gegenstände, von denen das Zimmerchen erfüllt ist, reden von dem Wesen und Weben des Geistes. Rings umher an den Wänden laufen niedrige Schränke mit Schubfächern, in denen Skripturen aufbewahrt wurden, darüber befinden sich Repositorien, worin

Goethe die Sachen stellte, mit denen er sich eben beschäftigte. Das Holzwerk ist altersbraun, ein Schrank von poliertem und glänzendem Kirschbaum sticht dagegen ab; die Schwiegertochter schwatzte ihm denselben auf, Goethe mochte lange das gleißende Meuble nicht leiden, »das ihn zerstreue«. Darum ist auch kein Kunstwerk im Zimmer, wie man auch vergeblich sich nach einem Spiegel und Sofa umsieht. Letzteres bedurfte er schon deshalb nicht, weil er den ganzen Tag über ging und stand. Er las stehend, er schrieb stehend, er verzehrte selbst sein Frühstück an einem hohen Tische stehend. Ein gleiches Verhalten empfahl er jedem, für den er sich interessierte, als lebenerhaltend, angelegentlich, sowie, daß die Hände auf dem Rücken gehalten würden, wodurch, wie er sagte, die Brust vor jeder Verengung und Zusammenpressung bewahrt werde.

Sehen wir uns in dieser ehrwürdigen Werkstatt noch etwas genauer um! Da hängt an der Türe links eine Art von historischem Konduitenzettel. Goethe ließ für das eine Jahr in der ersten Kolumne die Weltcharaktere und Korporationen verzeichnen, welche nach seiner Meinung politischen Ertrag verhießen, und in den folgenden Kolumnen bemerken, ob und inwiefern sie in den Jahren darauf die erwartete Ausbeute gewährten. Von Jackson hatte er sich viel versprochen; sein Benehmen gegen die Indianer aber war in der Folge schwarz markiert worden.

Ein Triangel von Pappe, welchen er selbst verfertigt hat, und der im Repositorio zunächst steht, ist als Denkmal eines psychologischen Gedankenspiels merkwürdig. Goethe wollte sich das Verhältnis der Seelenkräfte verdeutlichen. Sinnlichkeit erschien ihm als die Grundlage alles übrigen, er wies ihr daher die Grundfläche des Dreiecks an und färbte dieselbe grün. Phantasie erhielt eine dunkelrote, Vernunft eine gelbe, Verstand eine blaue Seitenfläche eingeräumt.

Daneben liegt eine schwarzgefärbte Halbkugel aus Pappe, auf welcher Goethe mittelst einer gläsernen Kugel voll Wasser bei hellem Sonnenschein alle Regenbogenfarben zu entzünden liebte. Damit hat er sich stundenlang, besonders nach dem Tode seines Sohnes, beschäftigen können, und seine größte Freude ist gewesen, wenn der bunte Schein sich so recht energisch hervorlocken ließ.

Wie er denn überhaupt glückselig war, wenn ihm ein Naturphänomen begegnete! Dort steht die kleine Büste Napoleons aus Opalfluß, die ihm Eckermann aus der Schweiz mitbrachte, die ihm Sachen der Farbenlehre bestätigte und ihm zum wahren Entzücken gereichte! Über jene Flasche, die uns da auf dem andern Tisch gezeigt wird, jauchzte er wie ein Kind. Es war roter Wein darin gewesen, sie hatte auf der einen Seite umgelegen, und als Goethe sie zufällig gegen das Licht hielt, so sah er darin die allerschönsten Kristallisationen des Weinsteins in Blätter- und Blumenform abgesetzt. Begeistert rief er seine Nächsten zusammen, zeigte ihnen dieses Schauspiel, ließ eine brennende Kerze bringen, und drückte mit Feierlichkeit sein Wappen in Siegellack auf den Pfropfen, damit kein Zufall diese Erscheinung zerstören möge. Die Flasche ist nachmals immer in seinem Zimmer geblieben.

Reinlich war Goethe über alle Maßen. Es verdroß ihn, daß der kleine Comptoirkalender, den er zu gebrauchen pflegte, sich das Jahr hindurch nicht sauber halten wollte. Da machte er eigenhändig ein pappnes Futteral dazu.

In der Mitte des Zimmers steht ein großer runder Tisch. Daran saß der Kopist, dem Goethe diktierte, während er den Tisch unaufhörlich umwandelte. Die Arbeit begann um acht Uhr morgens und dauerte oft bis zwei Uhr nachmittags, ohne Unterbrechung.

Abends, wenn Goethe sich wieder, wie er in den letzten Jahren immer tat, in dieses stille Zimmer zurückgezogen hatte, sah ihm der Bediente nach den Augen, ob diese freundlich und aufgeweckt waren. Ließ sich darin ein Begehren nach Mitteilung und Gesellschaft verspüren, so rückte er stillschweigend den Lehnsessel zum Tisch, breitete ihm ein Polster auf denselben, setzte einen Korb zur Seite, in den Goethe sein Tuch legte, und dann nahm Goethe Platz, harrend, ob ihn ein Freund besuchen möge. Den Nächsten war unterdessen Nachricht gegeben worden, und wer wäre nicht gern, wenn er konnte, gekommen? – Dann saß er mit seinem kleinen Zirkel bis gegen elf in traulicher Unterhaltung, ließ ihnen Wein und kalte Küche geben, er selbst genoß schon seit Jahren am Abend nichts mehr.

Nun sollte ich auch noch seine letzte Lagerstatt sehen! Zwar, er ist nicht liegend gestorben, sondern, wenn auch nicht, wie dem Imperator ziemt, stehend, doch wenigstens sitzend. Links an das

Arbeitszimmer stößt das Schlafzimmer. Es ist auch ganz klein, schmucklos, noch abgenutzter als das Arbeitszimmer. Nur in seinen höhern Jahren sorgte Goethe in der Art für sich und sein Lager, daß er zwischen dem Bette und den daranstoßenden Wänden eine wollene Decke an Ringen aufziehen ließ, um die Kälte der Wand von sich abzuhalten. Außer dieser Vorrichtung und einem schmalen Carpet vor dem Bette ist auch nichts von Weichlichkeit oder bequemem Wesen hier sichtbar. Das Bette selbst ist niedrig, mit einer alten rotseidnen Decke überlegt, so schmal, daß ich nicht begreife, wie sein großer Körper darin Platz haben konnte.

Bis in diese Kleinigkeiten hin prägt sich uns das Bild eines Weisen, eines großen Mannes aus, der Schmuck und Zier an ihrem Orte gelten läßt, aber um sich her, in seiner unmittelbarsten Nähe, nur das Einfachste sehen will, weil er sich selbst die größte Zierde ist.

Ich trat noch in ein ziemlich geräumiges Zimmer, welches von dem Arbeitszimmer durch mehrere Räume getrennt lag. Darin, sowie in dem anstoßenden Gelasse, sind die Kunstsammlungen aufbewahrt. Ein breites Repositorium enthält die Mappen mit Handzeichnungen und Kupferstichen. Die Ordnung, in welcher sie zusammenliegen, soll sehr eigentümlich und aus keinem der gangbaren Anordnungsgrundsätze, sondern aus besondern Gedankenfolgen Goethes, die sich ihm bei Betrachtung der Sachen entwickelten, entsprungen sein. Dann enthalten zwei große Glasschränke die kostbaren Majolikas. In einer Menge von Schubfächern liegen die höchst bedeutenden Münzen und Medaillen. Jeder noch übrige Platz an den Wänden ist von Glasschränken eingenommen, hinter deren Scheiben sich Bronzen, Antiquitäten, Fragmente aller Art zeigen. In einem dieser Schränke stehen die Kuriositäten; darunter sah ich zwei Dinge, mit denen sich die Einbildungskraft meiner Knabenjahre lebhaft beschäftigt hatte, nämlich die dem Großvater Textor von den Nürnbergern als Meßpräsent verehrten Handschuhe, und den hölzernen Becher voll Pfefferkörner. Diese Sachen waren mir damals durch den ersten Teil von »Wahrheit und Dichtung« sehr merkwürdig geworden. Auf den Schränken steht es dicht gedrängt voll von Gipsabgüssen, Basreliefs und dergleichen. Portraits bekannter Personen in Sepia oder Aquarell fehlen auch nicht. Hofrat Schorn hat diese Sammlungen abgeschätzt und den Taxwert auf achtzehntausend Taler festgestellt.

Ich verließ dieses geweihte Haus in der frommen Stimmung, die mir von der Natur beschieden ist. Mich weht nun einmal der Atem Gottes nur in der Natur und in der Menschheit an. Es steckt allerdings etwas Pantheistisches dahinter, ich kann aber nicht dafür.

Betrüben mußte es, zu erfahren, daß bei der Majorennität der Enkel vielleicht die Gefahr bevorstehe, dieses Heiligtum zersplittert zu sehen. Doch nur einen Augenblick dauerte die Besorgnis. Die Großherzogin erklärte in meiner Gegenwart, sie werde äußerstenfalls sich ins Mittel schlagen.

Hierher soll man junge Leute führen, damit sie den Eindruck eines soliden, redlich verwandten Daseins gewinnen. Hier soll man sie drei Gelübde ablegen lassen, das des Fleißes, der Wahrhaftigkeit, der Konsequenz.

II
Goethe als Briefschreiber

Als Schiller am 9. Mai 1805 starb, war Goethe schon über ein Vierteljahrhundert in Weimar ansässig, ein weiteres Vierteljahrhundert seines immer wachsenden Ruhmes lag vor ihm. Dieser Ruhm, seine unbestrittene Weltgeltung, bewirkte einerseits, daß er sich selbst in zunehmendem Maße historisch wurde, verschärfte jedoch anderseits gewisse Züge seines öffentlichen Auftretens und Betragens, die den Umgang mit ihm von jeher erschwerten.

Förmlich – das war er immer ein wenig gewesen, seit er Geheimer Rat, Minister, Exzellenz geworden war; förmlich – aus zwei Gründen: einmal, weil er auf Form hielt, weil Formen ihm, und zwar sittlich-menschlich, etwas bedeuteten; zum andern, weil er sich genötigt sah, das innere Leben des Gemüts, den poetischen Genius, vor der Zudringlichkeit der Menschen zu schützen.

Das führte dazu, daß es, wie die überlieferten Zeugnisse erkennen lassen, oft zweierlei Goethe gab: den öffentlichen, steifen, kühlen, wohl auch kalten, ironischen, ja zynischen Goethe – und den aufgeschlossenen, gelösten, teilnehmenden, auch den ahnungsvollen, mitreißend begeisternden. Und welchem von diesen beiden man begegnete, das lag zwar oft an der Gelegenheit, doch gewiß auch, und mehr noch, an dem Partner und daran, wie dieser das Phänomen durch sein Wesen und Betragen beeinflußte.

Fast täglich sprachen Besucher aus aller Herren Länder im Haus am Frauenplan vor, die Goethe ihre Aufwartung machen wollten, aus sehr verschiedenen Motiven. Fremde empfing er gewöhnlich vormittags, in einem dunklen Überrock, gestiefelt, das Haar leicht gepudert, den ein oder anderen Orden, den ihm »die anerkennende Huld der Mäzene seiner Zeit« verliehen hatte, an der Brust. Ihn bei solchem Auftritt mit Jupiter zu vergleichen, gehörte zum unvermeidlichen Vokabular der Enthusiasten; diesen zu einem Teil verdanken wir dem Würdepopanz, mit dem wohlmeinende Deutschlehrer ein Jahrhundert lang ihre Schüler

angeödet und ihnen Goethe verleidet haben. Andere Besucher waren eher enttäuscht: für einen Dichter sei sein Betragen doch gar zu zeremoniös konventionell; und manch einer kehrte erheblich abgekühlt nach Hause zurück.
Freunde und alte Bekannte, von Freunden empfohlene Personen, auch Kinder, junge Mädchen und junge Frauen wurden nicht stehend empfangen; sie mußten sich gleich nahe zu ihm setzen und erzählen. Goethe trug dann am liebsten einen Hausrock aus weißem Flausch, an dem wohl auch ein parfümierter Zipfel hing, den er von Zeit zu Zeit an die Nase führte.
Wer sich als interessant, belehrend, unterhaltsam erwies, wurde zu Tische gebeten; und an wem Goethe Gefallen fand, der wurde nachdrücklich veranlaßt, seinen Aufenthalt in Weimar zu verlängern.
Am meisten er selbst, jedes Zwanges entledigt, scheint Goethe auf Reisen gewesen zu sein, in den böhmischen Bädern, auf der Gerbermühle, bei den Brüdern Boisserée in Heidelberg. In wie wunderlichen Abwandlungen er sich geben konnte, je nach der Art des Partners oder Zuhörers, das hat ein Freund der Boisserées in einigen höchst ergötzlichen Augenblicksbildern aus dem Herbst 1814 festgehalten.

Goethe pflegte in Heidelberg die Sonnenuntergänge von der Höhe einer Pfarrei herab zu beobachten und bei dieser Gelegenheit seinen Gefühlen im Anblick des erhabenen Naturschauspiels dem ihn begleitenden Freunde Sulpiz Boisserée gegenüber in der ergreifendsten Weise Ausdruck zu geben. Man wußte das in der Stadt. Als nun eines Abends Goethe wieder einmal mit seinem Freunde die Höhe hinanstieg, um die Sonne untergehen zu sehen, hatten ein paar Frauenzimmer, die ihn dabei zu belauschen wünschten, sich hinter das Gebüsch versteckt. Goethe bemerkte sie, tat aber nicht, als ob dies der Fall sei, und als er oben angekommen war, begann er einen so abschreckenden Sermon über das Altwerden der Sonne, die anfange, fahl und bleich auszusehen, daß es nicht lange dauerte, und die Gestalten hinter dem Busch waren verschwunden. Nie war, erzählte Sulpiz später seinen Bekannten, Goethe größer, seelenvoller in seinen Betrachtungen, als an diesem herrlichen Abende, nachdem die unberufenen Lauscherinnen sich entfernt hatten.

Wir wissen aus Goethes eignen Bekenntnissen, daß er jede Maske, auch die des liberalistischen Indifferentismus, annehmen konnte, um sich dahinter gegen Pedantismus und Dünkel zu schützen. »Es kommt nur auf mich an«, sagte er eines Tags bei den Boisserées, »mit jeder Gesellschaft, wie sie auch sei, in guter Art fertigzuwerden. Vermute ich in ihr einfältige und dumme Leute, so stelle ich mir vor, daß es lauter geistreiche seien, dann erhebe ich sie zu mir und zwinge sie, auch ihren Geist leuchten zu lassen; und umgekehrt, wenn ich zu jemandem komme, der sich einbildet, mehr zu sein und zu wissen als die andern Menschenkinder, dann denke ich mir das Gegenteil und behandle ihn auch so, indem ich ihn beschäme und nötige, seine Nase nicht mehr so hoch zu tragen.«

Einst war Goethe zu Voß eingeladen. Als sie bei Tisch saßen, wird Voß herausgerufen, und führt verabredetermaßen einen jungen Dichter, Kunz mit Namen, der für Almanachs gearbeitet hatte, herein, stellt ihn vor und setzt ihn neben Goethe. Dieser Kunz war, ich weiß nicht mehr aus welchem kleinen Staate. Goethe ergriff das Wort und sagte: »Nun, Ihr Fürst ist ein strenger Herr: es soll schwer halten, dort einen Paß zu bekommen. Könnten Sie mir wohl einen solchen zeigen?« – »O, ja wohl! Sehr gern!« Und damit holte Kunz aus der Seitentasche seines Rokkes den Paß. »Bitte, leihen Sie mir ihn bis morgen!« sprach Goethe; »es ist doch ein merkwürdiges Stück; das muß ich ein wenig sorgfältiger mir anschauen.« Wer war glücklicher als der junge Dichter! Er sah sich schon bei Goethe, eingeladen von ihm und seines Schutzes teilhaftig. »Wissen Sie«, sagte Goethe später zu einigen seiner Gäste, die sich über diese Paßliebhaberei wunderten, »warum ich mir das Papier geben ließ? Ich sah aus Kunz' anderer Rocktasche ein Paket Gedichte gucken, und lieber wollte ich den Paß lesen als die.«

Vielleicht die schönsten und wahrsten Worte darüber, wie Goethe sein konnte, die merkwürdigsten auch, hat Marianne Willemer in ihrem Alter gefunden. Es heißt da in einem Brief an ihren jugendlichen Vertrauten Hermann Grimm, aus dem Mai 1852:

Goethe! – Ja, wer ihn kannte! Wärst Du mir gegenüber, ich könnte Dir wohl von ihm erzählen, was nicht alle wissen. Wenn sich die Strahlen seines Geistes in seinem Herzen konzentrierten, das war eine Beleuchtung, die einen eigenen Blick verlangte; es war wie ein Mondlicht und Sonnenlicht, eins nach dem andern, oder auch wohl zugleich, und daraus erklärte sich auch jenes Wundervolle seines Wesens, sein Gewahrwerden, Sich-Klarmachen, und für andere zur wahren, aber verklärten Erscheinung bringen. Genug! –

Daß es bei Goethe wie Mondlicht und Sonnenlicht zugleich sein konnte – Marianne wußte, warum sie das Mondlicht als erstes nennt – dieser wechselnd gemischten, geisterhaften Beleuchtung sollte man auch bei Goethes Briefen sich immer bewußt bleiben und darauf achten, wo sie, oft an unvermuteten Orten, aufschimmert. Aber auch hier, im Verkehr in die Ferne, gab es Schwierigkeiten.
Tausende von Briefen aus Goethes langem Leben haben sich erhalten. Dennoch finden sich – seltsamerweise – in diesen Briefen zahlreiche Hinweise auf seine »bekannte Schreibscheue«, und einmal auch nennt er sich gar »unter allen Schriftstellern den unschreibseligsten«.
Damit hatte es nun vor allem die Bewandtnis, daß Goethe sich in Weimar sehr früh schon ans Diktieren gewöhnt hatte; keineswegs nur, wenn Dienstliches zu erledigen war, und noch weniger nur aus Bequemlichkeit, sondern eher aus einer Disposition, auf die er in einem Tagebuchblatt vom 21. März 1780 kurz zu sprechen kommt.

Was ich Guts finde in Überlegungen, Gedanken, ja sogar Ausdruck kommt mir meist im Gehn. Sitzend bin ich zu nichts aufgelegt. Drum das Diktieren weiterzutreiben.

Zu diesem Bedürfnis, sich in Bewegung zu halten, kommt hinzu, daß Goethe, der im Umgang mit Menschen das Gespräch für das Höchste und Beste hielt, gegen das geschriebene Wort gelegentlich Bedenken hatte; dann vor allem, wenn Dinge verhandelt werden sollten, die noch nicht ausgereift waren.

Das Unreife ist für das Gespräch und nicht für den Briefwechsel: die Rede löst so leicht jeden Irrtum auf, der durch die Schrift gleichsam erst recht konsolidiert wird.

Hinzukommt ferner, daß Goethe mit den Jahren in immer steigendem Maße die Gewohnheit angenommen hatte, sich den Abwesenden, an den er einen Brief diktierte, als gegenwärtig vorzustellen, was manchen seiner Briefe eine eigene Lebendigkeit verleiht; was in der Praxis jedoch auch wieder seine problematischen Seiten hatte. Darüber einige Äußerungen Goethes aus verschiedenen Epochen seines Alters.
An eine Dame, in einem Brief vom 14. Oktober 1808:

Fahren Sie fort, mir manches zu verzeihen, so wie auch dieses, daß ich durch eine fremde Hand schreibe. Wenn ich im Zimmer auf und abgehe, mich mit entfernten Freunden laut unterhalten kann und eine vertraute Feder meine Worte auffängt, so kann etwas in die Ferne gelangen. Mich hinzusetzen und selbst zu schreiben, hat etwas Peinliches und Ängstliches, das mir den guten Humor, ja ich möchte beinah sagen die Vertraulichkeit lähmt. Rechnen Sie also auch diese Freiheit, die ich mir nehme, zu den Rechten der Monate und Jahre, die wir uns schon kennen sollten.

An die Gräfin Josephine O'Donell, am 24. November 1812:

Nun muß ich noch mit der Entschuldigung einer andern wunderlichen Idiosynkrasie hervortreten, die Sie schon vor Augen haben: daß ich mich nämlich zu dem Gegenwärtigen einer fremden Hand bediene. Alle meine Freunde haben mich verwöhnt, so daß aus einem Mangel eine Gewohnheit, und aus der Gewohnheit eine Untugend geworden ist. Ich bin niemals zerstreuter, als wenn ich mit eigner Hand schreibe: denn weil die Feder nicht so geschwind läuft, als ich denke, so schreibe ich oft den Schlußbuchstaben des folgenden Worts, ehe das erste noch zu Ende ist, und mitten in einem Komma, fange ich den folgenden Perioden an; ein Wort schreibe ich mit dreierlei Orthographie, und was die Unarten alle sein mögen, deren ich mich recht wohl bewußt bin und gegen die ich auch nur im äußersten

Notfall zu kämpfen mich unterwinde; nicht zu gedenken, daß äußere Störung mich gleich verwirren und meine Hand wohl dreimal in *einem* Brief abwechseln kann. So ist mir's mit Vorstehendem gegangen, das ich zweimal zu schreiben anfing, absetzte und schlecht fortsetzte; jetzt entschließ ich mich zu diktieren; es ist, als wenn ich mit Ihnen spräche und die Erinnerung Ihrer Persönlichkeit, Ihrer Gestalt, Ihres freundlichen Wesens gibt mir keine Zerstreuung, weil Sie es ja sind, zu der ich mich wende, indem ich dies ausspreche.

Und fünf Tage später in dem Konzept einer Nachschrift zu einem Brief an einen befreundeten Naturforscher:

Mit beiliegendem Briefe könnte mir's gehn, wie schon mit mehreren, die ich lebhaft diktierte, weil ich meine Freunde gegenwärtig zu haben glaubte, sodann aber, wegen einiges Bedenkens, zurückhielt. So veralteten sie und wanderten zuletzt mit andern unbrauchbaren Blättern in's Feuer. Mündlich geht manches, auch das Heftigere vorüber, das auf dem Papier nicht gebilligt werden kann. Indessen da sich in Deutschland kein Mensch um meinetwillen öffentlich geniert, so sehe ich gerade nicht ein, warum ich mich in der stillen Unterhaltung mit meinen Freunden so sehr genieren sollte. Ich ersuche Sie daher, diesen Brief freundlich aufzunehmen, mit Bedacht und gutem Willen zu lesen, ihn für sich zu behalten, und allenfalls zu verbrennen.

Wie unmittelbar sinnlich Goethe während des Diktierens den oder die Angeredeten vor sich sah und sie sich zurechtrückte, macht eine Erinnerung seines Privatsekretärs Schuchardt, der ihm in den zwanziger Jahren zur Hand ging, anschaulich:

Während des Diktierens kam es nicht selten vor, daß Goethe plötzlich stehen blieb, wie man etwa tut, wenn man eine Gruppe Menschen oder einen anderen Gegenstand unvermutet vor sich sieht, welche die augenblickliche Aufmerksamkeit auf sich ziehen. Dieses schien er sofort künstlerisch zu gestalten und zu gruppieren. Mit ausgebreiteten Händen und unter Beugung des Körpers nach der einen oder anderen Seite brachte er den Gegenstand ins Gleichgewicht und in kunstgerechte Stellung. War ihm das gelungen, so rief er gewöhnlich: »So recht! ganz recht!«

Und dann wurde das bei so lebhafter Veranschaulichung dem dienstbaren Geist in die Feder Gesprochene zuletzt doch wieder getilgt, gemildert oder wunderlich verklausuliert, weil Goethe dem Wort, dem gesprochenen wie dem geschriebenen, gegenüber zeitlebens von zwiespältigen Empfindungen bewegt war. Einerseits liest man in einem Brief an die Zürcher Freundin Barbara Schultheß aus dem September 1797:

Du hast wohl recht: es kann niemand wissen, wie eigentlich dem andern zu Mute sei; wenn aber gleich, und dafür sei der bildenden Natur gedankt, kein Fensterchen unsere Brust wider unsern Willen durchsichtig macht, so sind doch die Worte dem Menschen gegeben, daß er, wenn er vertraut, zu seiner eignen Zufriedenheit und mit Genuß sich offenbaren kann.

Und anderseits heißt es, dreißig Jahre später, in einem Brief an Zelter in Berlin:

Laß uns auf unserer Weise beharren! fühlen und gewahr werden, denken und tun, alles Übrige ist vom Übel. Die neuere Welt ist den Worten hingegeben, das mag sie denn so weiter treiben und haben.

Und hier wäre nun vielleicht ein Exkurs über Goethes Schweigen einzuschalten, dem, eben anhand der Briefe, Josef Pieper einmal einen höchst lesenswerten kleinen Traktat gewidmet hat und das er dort ein hörendes, ein vernehmendes Schweigen nennt. Es ist aber auch ein bewußt zurückhaltendes, schonendes, ein Schweigen der Geduld, der Hoffnung, des Vertrauens; was alles in folgender Äußerung an seinen Verleger Cotta aus dem Herbst 1827 mitschwingt:

Nun aber lassen Sie mich bei nochmaliger Durchsicht Ihres Schreibens vom 12. April aufrichtig eine Eigenheit, einen Fehler gestehen, über welchen man sich im Laufe meines Lebens öfters beklagt hat. Ich habe nämlich, wenn zwischen Freunden, notwendig Verwandten und Verbundenen sich einige Differenz hervortat, immer lieber geschwiegen als erwidert; denn in solchen Fällen bleibt ein jeder doch einigermaßen auf seinem Sinn, und so entstehen aus gewechselten Äußerungen neue Differenzen und die Mißverstände verwickeln sich anstatt sich aufzuklären. Dagegen habe ich gefunden, die Zeit sei die eigentlichste Vermittlerin; in derselben entwickeln sich Handlungen, die einzige Sprache, die zwischen Freunden giltig ist, um das wahre Verhältnis auszudrücken.

Noch allgemeiner, grundsätzlicher kommt Goethe 1816, in einem Brief an den Staatsrat Schultz in Berlin, nicht ohne ein leises Bedauern, auf seine Vorbehalte dem Wort gegenüber zu sprechen:

Da die Sprache das Organ gewesen, wodurch ich mich während meines Lebens am meisten und liebsten den Mitlebenden mitteilte; so mußte ich darüber, besonders in spätern Zeiten, reflektieren, und hierbei hat mir's niemals an trefflichen Freunden gefehlt, die, zu Forschern in diesem Fach berufen, großen und anhaltenden Fleiß darauf verwendeten.
Wenn ich nun gleich nach meiner eingebornen Art und Unart auf Korrektheit und Reinlichkeit niemals genugsamen Fleiß zu wenden imstande war; so habe ich doch aufs deutlichste begreifen lernen, daß die Sprache nur ein Surrogat ist, wir mögen nun das, was uns innerlich beschäftigt, oder das, was uns von außen erregt, ausdrücken wollen.
Auf meinem Weg bin ich dieser Unzulänglichkeit der Sprache nur allzu oft gewahr geworden und habe mich dadurch abhalten lassen, das zu sagen, was ich hätte sagen können und sollen. Ich durfte nur der Zeit vertrauen, daß diese redlichen Ausdrücke eines Einzelnen von mehrern würden verstanden, das heißt in ihre Sprache übersetzt werden.

Wenn Goethe sich hier bezichtigt, in seiner Sprache »auf Korrektheit und Reinlichkeit niemals genugsamen Fleiß verwendet zu haben«, so hat er diesen Fehler bei allem, was seine Briefe betraf, im Alter wieder wettzumachen gesucht. Über die besondere Sorgfalt, die Goethe hier auch bei den geringsten Verrich-

*tungen beobachtete, lesen wir bei seinem Privatsekretär Friedrich
Theodor Kräuter in einem Brief aus dem Januar 1821:*

Unter die lobenswerten Eigenschaften Goethes muß ich rechnen,
daß er Eleganz, Nettigkeit und gefälliges Aussehen auch bei dem
kleinsten Geschäft anzubringen sich bemüht, und, weil seine
Umgebung trotz dem besten Willen ihm mit ihrem Beistande
nicht Genüge leistet, vieles mit eignen Händen macht, um es
nach *seiner* Art getan zu sehen. So muß ich bei Briefen, sie mögen an Vornehme oder Geringe sein, stets mich bemühen an allen Seiten einen breiten gefälligen Raum zu lassen, und ich ernte
jedesmal Lob ein, wenn es mir glückt, den Brief so einzuteilen,
daß alle Seiten gleich voll sind. Alles wird unter seinen Händen
zu einem Bilde. Den Brief zu brechen versteht nur er mit dem
Falzbein so zierlich; das Tintenfaß darf nie zu voll sein, die Feder taucht er mit Vorsicht ein, kein Tropfen darf daneben fallen; das Geschriebene abzusanden ist streng verboten, lieber
stellt er sich damit eine Weile am Ofen.
Mit gleicher Eleganz siegelt er alle Briefe, und, damit das zusammengebrochene Blatt zu dem Kouvert genau passe, muß der
Buchbinder das Papier mit großer Akkuratesse beschneiden.
Einen Vorrat quadratzollgroßer Blättchen hält er deswegen, um
in jedem Brief eins auf die Stelle zu legen wo das Siegel darauf
gedrückt wird; er will nämlich damit vermeiden, daß das Siegellack, im Fall das Kouvert etwas knapp sein sollte, nicht das
beschriebene Blatt mit anklebe. Und das alles geschieht mit soviel Gewandtheit, Ruhe und Anstand, daß ich ihn auch hierin
zu bewundern habe. Wie er nun gewohnt ist, immer für sich
einzelne Worte zu sprechen, oder zu brummen, so höre ich meist
bei solchen Gelegenheiten sein: »Nur still! – Nur ruhig!«

*Auch Kräuters Nachfolger, Johann Christian Schuchardt, hat
uns als alter Herr Berichte über Goethes Betragen beim Diktieren hinterlassen; auch er weiß einzelne Züge zu berichten, die
erkennen lassen, daß es sich bei Goethes Verlangen nach Reinlichkeit, Zierlichkeit und Lesbarkeit des Geschriebenen um mehr
als Pedanterie oder ein bloß ästhetisches Wohlgefallen handelte:*

In die Zeit, in welcher ich die Stelle eines Sekretärs bei Goethe versah, fällt die Herausgabe seiner Werke letzter Hand, und derselbe diktierte mir dafür Neues und Umgearbeitetes, unter anderem auch »Wilhelm Meisters Wanderjahre«, wobei ich Gelegenheit hatte, die Kraft, Sicherheit und Klarheit seines Geistes in so hohen Jahren zu bewundern. Er tat dies so sicher, fließend, wie es mancher nur aus einem gedruckten Buche zu tun imstande sein würde.
Wäre das ruhig und ohne äußere Störung und Unterbrechung geschehen, so würde ich kaum aufmerksam geworden sein. Dazwischen aber kam der Barbier, der Friseur (Goethe ließ sich alle zwei Tage das Haar brennen, täglich frisieren), der Bibliotheksdiener, öfter der frühere Sekretär Goethes, Rat Kräuter, der Kanzlist, welche alle die Erlaubnis hatten, unangemeldet einzutreten. Der Kammerdiener meldete einen Fremden an, mit welchem sich Goethe, falls der Annahme, längere oder kürzere Zeit unterhielt; dazwischen trat auch wohl jemand aus der Familie ein. Der Barbier und Friseur erzählten, was in der Stadt passiert sei, der Bibliotheksdiener berichtete von der Bibliothek usw. Wie beim Anklopfen das kräftige »Herein!« ertönte, beendigte ich den letzten Satz und wartete, bis der Anwesende sich wieder entfernte. Da wiederholte ich so viel, als mir für den Zusammenhang nötig schien, und das Diktieren ging bis zur nächsten Störung fort, als wäre nichts vorgefallen. Das war mir doch zu arg, und ich sah mich überall im Zimmer um, ob nicht irgendwo ein Buch, ein Konzept oder Brouillon läge, in das Goethe im Vorübergehen schaute (während des Diktierens wandelte derselbe nämlich ununterbrochen um den Tisch und den Schreibenden herum), aber niemals habe ich das geringste entdecken können.
Als ich meine Verwunderung darüber gegen Hofrat Meyer, Goethes langjährigen Freund, äußerte, mit welchem ich täglich verkehrte, nahm er das als etwas ihm ganz Bekanntes auf und erzählte mir einen anderen Fall: Auf einer langsamen Fahrt von Jena nach Weimar habe ihm Goethe den ganzen Roman »Die Wahlverwandtschaften« erzählend vorgetragen, und zwar in einer Weise fließend, als habe er ein gedrucktes Exemplar vor sich; und doch sei damals noch kein Wort davon niedergeschrieben gewesen.

Stets war er ruhig, heiter und human, ich habe ihn nie anders gesehen. Mit jedem hatte er Geduld und Nachsicht, selbst mit Kerlen, die ich am liebsten zur Türe hinausgeworfen hätte. Erst im reiferen Alter wurde es mir klar, weshalb er jeden so ruhig und widerspruchslos anhörte: es lag ihm vor allem daran, die Menschen, mit denen er, wenn auch nur vorübergehend, zu tun hatte, kennenzulernen, und er wußte wohl, daß dies am besten dadurch erreicht wird, wenn man das Individuum, anstatt es durch Widerspruch zu verwirren und zu reizen, frei seine Meinung aussprechen läßt. Auch an mir, dem damals noch jungen Mann, hatte er oft Gelegenheit, seine Geduld und Nachsicht zu bewähren. Niemals schalt er, wenn ich gegen oder ohne seinen Willen nach meinem eigenen Sinne gehandelt hatte. Er fragte mich nur in größter Ruhe: »Warum haben Sie das getan?« Und widerlegte mich dann mit wenigen überzeugenden Worten. In seinen Zurechtweisungen war er immer bündig und praktisch, und einmal legte er mir selber die Hand auf das Lineal zurecht, als ich mich beim Liniieren ungeschickt benahm. – Ein Tintenfleck auf dem Manuskript war ihm ein Greuel, aber dennoch wurde er niemals unwillig, sondern suchte mich ein für allemal durch eine kleine Anekdote zu bessern. »Ich will Ihnen einmal etwas erzählen, junger Mann«, sagte er bei dieser Gelegenheit. »Wenn es dem Herzog von Gotha beim Briefschreiben begegnete, daß die Schleife eines Buchstabens, wie beim h, g usw., in der Tinte zusammenlief, so fing er den Brief von neuem an.«

Als Goethe selber sich im Alter seiner Studentenzeit erinnerte, berichtete er in »Dichtung und Wahrheit«, daß ihm, wie er die Briefe wieder durchsah, die er von Leipzig aus nach Hause geschrieben hatte, vor allem etwas Äußeres daran auffiel:

Ich erschrak vor einer unglaublichen Vernachlässigung der Handschrift, die sich vom Oktober 1765 bis in die Hälfte des folgenden Januars erstreckte. Dann erschien aber auf einmal in der Hälfte des Märzes eine ganz gefaßte, geordnete Hand, wie ich sie sonst bei Preisbewerbungen anzuwenden pflegte. Meine Verwunderung darüber löste sich in Dank gegen den guten Gellert auf, welcher, wie ich mich nun wohl erinnerte, uns bei den Aufsätzen, die wir ihm einreichten, mit seinem herzlichen

Tone zur heiligen Pflicht machte, unsere Hand so sehr, ja mehr als unsern Stil zu üben. Dieses wiederholte er so oft, als ihm eine kritzliche nachlässige Schrift zu Gesicht kam; wobei er mehrmals äußerte, daß er sehr gern die schöne Handschrift seiner Schüler zum Hauptzweck seines Unterrichts machen möchte, um so mehr, weil er oft genug bemerkt habe, daß eine gute Hand einen guten Stil nach sich ziehe.

Man ist versucht, hierzu abschließend einige der »Ratschläge für junge Literaten« zu zitieren, die Charles Baudelaire 1846 niederschrieb, als er selber noch ein solcher war, und keineswegs ein Muster des Fleißes und der Sorgfalt. Aber er war, theoretisch wenigstens, ein Anti-Romantiker: er hielt nicht viel von der bloßen Inspiration, auf die diese sich so gern beriefen.

Die Inspiration ist offenkundig die Schwester der täglichen Arbeit. Diese beiden Gegensätze schließen einander ebenso wenig aus wie alle Gegensätze, aus denen die Natur besteht. Die Inspiration gehorcht, wie der Hunger, wie die Verdauung, wie der Schlaf. Es muß da im Geist eine Art himmlischer Mechanik am Werk sein, deren sich zu schämen kein Grund besteht, die es vielmehr aufs herrlichste zu nutzen gilt, wie die Ärzte sich die Mechanik des Körpers zunutze machen. Will man in einer unausgesetzten Betrachtung des morgigen Werkes leben, so wird die tägliche Arbeit der Inspiration dienstbar sein, – wie eine leserliche Handschrift die Klarheit des Gedankens fördert und wie eine ruhige, kräftige Geistestätigkeit uns zu einer leserlichen Handschrift verhilft; denn die Zeit der schlechten Handschriften ist vorbei.

III

Goethe im näheren Umgang
Johanna Schopenhauer an ihren Sohn Arthur
(1806/07)

Johanna Schopenhauer aus Danzig, die Mutter des künftigen Philosophen Arthur Schopenhauer, war die Gattin eines vermögenden Hamburger Exportkaufmanns. Als dieser im Frühjahr 1805 durch den Sturz von einem Speicher ums Leben gekommen war, übersiedelte sie mit ihrer Tochter Adele nach Weimar, wo sie Ende September 1806 die Wohnung des im Mai verstorbenen Hofmedikus von Herder an der Esplanade nahe dem Theater bezog. Darüber, wie es ihr in Weimar erging, wie sie sich dort einen geselligen Kreis schuf, ebenso über die politisch-kriegerischen Wechselfälle dieser Zeit besitzen wir höchst anschaulich-umständliche Berichte in den Briefen an ihren Sohn Arthur, der damals, ehe er sich aus eigenem Antrieb den Wissenschaften widmete, in Hamburg eine Handelslehre absolvierte.

Weimar, den 6. Oktober 1806

Ich bin hier mitten im Kriege, aber guten Mutes. Das Schicksal spielt wunderlich mit mir, daß ich mich gerade in diesem stürmischen Zeitpunkt hierher versetzt finde, in ein Land, welches wahrscheinlich der Schauplatz eines blutigen Krieges wird. Doch da niemand vermuten konnte, daß das geschehen würde, was jetzt geschieht, so ergebe ich mich in Geduld und mache mir auch keine Vorwürfe darüber; denn ich tat, was ich für mich und die Meinigen fürs Beste hielt. Niemand hier macht Anstalten zum Fortgehen, und wo die andern bleiben, bleibe ich auch. Der Anblick des militärischen Wesens hier ist mir höchst interessant. Gestern zog die sächsische Armee unter dem Kommando des Prinzen Hohenlohe durch, ehegestern war der König, der Herzog von Braunschweig und das ganze Hauptquartier hier. So gehts alle Tage; alle Abende kommen neue Truppen, alle Morgen ziehen sie fort und machen neu ankommenden Platz; alles dies macht den kleinen Ort sehr lebendig. Die schönen großen Soldaten in den glänzenden neuen Uniformen, die Offiziere, alle die Prinzen und Fürsten, denen man auf jedem Schritt begegnet, die Pferde, die Husaren, die kriegerische Musik – es ist ein so großes, gewaltiges Leben, daß es mich unwiderstehlich mit fortreißt. Nur wenn ich die unvermeidliche Folge des Krieges bedenke und wie viele von diesen Menschen, die jetzt voll Lust und Leben hinziehen, bald tot oder verstümmelt daliegen werden, dann engt es mir das Herz ein. Die Soldaten, besonders die gemeinen, sind voll Enthusiasmus; sie wünschen nur, daß der Augenblick erst da wäre; er wird bald kommen. Alles zieht nach Erfurt; auch Napoleon rückt mit großer Macht an, es muß bald etwas Entscheidendes geschehen.

Und zehn Tage später geschah es: Die Preußen und ihre Verbündeten erlitten bei Jena und Auerstädt eine entscheidende Niederlage, die Franzosen besetzten Weimar, dessen Einwohner fast zwei Tage lang der Plünderung und anderen Drangsalen preisgegeben waren. Noch am Morgen des 12. September hatte man Johanna Schopenhauer versichert, die Franzosen zögen nach Leipzig; alles könne gut werden, Weimar sei nicht in Gefahr.

Kurz darauf meldete man mir einen Unbekannten; ich trat ins Vorzimmer und sah einen hübschen, ernsthaften Mann in schwarzem Kleide, der sich tief mit vielem Anstande bückte und mir sagte: »Erlauben Sie mir, Ihnen den Geheime Rat Goethe vorzustellen.« Ich sah im Zimmer umher, wo der Goethe wäre, denn nach der steifen Beschreibung, die man mir von ihm gemacht hatte, konnte ich in diesem Manne ihn nicht erkennen; meine Freude und meine Bestürzung waren gleich groß, und ich glaube, ich habe mich deshalb besser genommen, als wenn ich mich darauf vorbereitet hätte. Wie ich mich wieder besann, waren meine beiden Hände in den seinigen und wir auf dem Wege nach meinem Wohnzimmer. Er sagte mir, er hätte schon gestern kommen wollen, beruhigte mich über die Zukunft und versprach wiederzukommen.

Schon eine Woche nach den Schreckenstagen geht wiederum ein Brief an den Sohn, mit neuen Nachrichten über Goethe.

Ich bin durch die Unglücksfälle hier mit einem Male einheimischer, als ich je in Hamburg war; man hat mich gleich kennengelernt, und da ich so glücklich bin, manchen kleinen Dienst andern leisten zu können, so liebt man mich und alles bestrebt sich, mir mit Liebe und Freundschaft entgegenzukommen. Fünfzig oder sechzig Bouteillen roten Wein, mehr hat mir die Sache nicht gekostet, und dann, was ich seitdem, da der Wein hier sehr rar geworden ist, an meine Freunde und arme Verwundete gegeben habe.

Goethe hat sich Sonntag mit seiner alten geliebten Vulpius, der Mutter seines Sohnes, trauen lassen; er hat gesagt, in Friedenszeiten könne man die Gesetze wohl vorbeigehen, in Zeiten wie die unsern müsse man sie ehren. Den Tag drauf schickte er Dr. Riemer, den Hofmeister seines Sohnes, zu mir, um zu hören, wie es mir ginge; denselben Abend ließ er sich bei mir melden und stellte mir seine Frau vor. Ich empfing sie, als ob ich nicht wüßte, wer sie vorher gewesen wäre; ich denke, wenn Goethe ihr seinen Namen gibt, können wir ihr wohl eine Tasse Tee geben. Ich sah deutlich, wie sehr mein Benehmen ihn freute; es waren noch einige Damen bei mir, die erst formell und steif waren und hernach meinem Beispiel folgten. Goethe blieb fast zwei Stunden, und war so gesprächig und freundlich, wie man ihn seit Jahren nicht gesehen hat. Er hat sie noch zu niemand als zu mir in Person geführt. Als Fremden und Großstädterin traut er mir zu, daß ich die Frau so nehmen werde, als sie genommen werden muß; sie war in der Tat sehr verlegen, aber ich half ihr bald durch. In meiner Lage und bei dem Ansehen und der Liebe, die ich mir hier in kurzer Zeit erworben habe, kann ich ihr das gesellschaftliche Leben sehr erleichtern. Goethe wünscht es und hat Vertrauen zu mir, und ich werde es gewiß verdienen. Morgen will ich meine Gegenvisite machen.

Auf diesen ersten Besuch im Hause Schopenhauer am 20. Oktober folgten im November weitere, und es entwickelte sich bald ein immer engerer freundschaftlicher Verkehr.

Weimar, den 14. November 1806
Die leichte Art, mit der ich die vorzüglichsten Menschen für mich interessiert habe, ist mir selbst ein Wunder. Ich habe noch keine

Visite gemacht; alles ist so ganz von selbst gekommen. Alle Sonntag und Donnerstag von fünf bis gegen neun werden sich meine Freunde bei mir versammeln; was an interessanten Fremden herkommt, wird mitgebracht. Ich habe Goethe den Plan gesagt; er billigt ihn und will ihn unterstützen. Ich gebe Tee, nichts weiter; das übrige Vergnügen muß von der Gesellschaft selbst entstehen. Kosten macht das Ganze gar nicht, und unendlich viel Freude. Es fehlt hier an einem Vereinigungspunkte, und sie sind alle froh, ihn bei mir zu finden.

den 28. November

Der Zirkel, der sich sonntags und donnerstags um mich versammelt, hat wohl in Deutschland und nirgends seinesgleichen; könnte ich dich doch nur einmal herzaubern! Goethe fühlt sich wohl bei mir und kommt recht oft. Ich habe einen eigenen Tisch mit Zeichenmaterialien für ihn in eine Ecke gestellt. Diese Idee hat mir sein Freund Meyer angegeben. Wenn er dann Lust hat, so setzt er sich hin und tuscht aus dem Kopfe kleine Landschaften, leicht hingeworfen, nur skizziert, aber lebend und wahr, wie er selbst und alles, was er macht. Welch ein Wesen ist dieser Goethe! wie groß und wie gut! Da ich nie weiß, ob er kommt, so erschrecke ich jedesmal, wenn er ins Zimmer tritt; es ist, als ob er eine höhere Natur als alle übrigen wäre; denn ich sehe deutlich, daß er denselben Eindruck auf alle übrigen macht, die ihn doch weit länger kennen und ihm zum Teil auch weit näher stehen als ich. Er selbst ist immer ein wenig stumm und auf eine Art verlegen, wenn er kommt, bis er die Gesellschaft recht angesehen hat, um zu wissen, wer da ist. Er setzt sich dann immer dicht neben mir, etwas zurück, so daß er sich auf die Lehne von meinem Stuhle stützen kann; ich fange dann zuerst ein Gespräch mit ihm an, dann wird er lebendig und unbeschreiblich liebenswürdig. Er ist das vollkommenste Wesen, das ich kenne, auch im Äußeren; eine hohe, schöne Gestalt, die sich gerade hält, sehr sorgfältig gekleidet, immer schwarz oder ganz dunkelblau, die Haare recht geschmackvoll frisiert und gepudert, wie es seinem Alter ziemt, und ein gar prächtiges Gesicht mit zwei klaren braunen Augen, die mild und durchdringend zugleich sind. Wenn er spricht, verschönert er sich unglaublich; ich kann ihn dann nicht genug ansehen. Er spricht von allem mit,

erzählt immer zwischendurch kleine Anekdoten, drückt niemand durch seine Größe. Er ist anspruchslos wie ein Kind; es ist unmöglich, nicht Zutrauen zu ihm zu fassen, wenn er mit einem spricht, und doch imponiert er allen, ohne es zu wollen. Letztens trug ich ihm seine Tasse Tee zu, wie das in Hamburg gebräuchlich ist, daß sie nicht kalt würde, und er küßte mir die Hand; in meinem Leben habe ich mich nicht so beschämt gefühlt; auch alle, die in der Nähe waren, sahen mit einer Art Erstaunen zu. Es ist wahr, er sieht so königlich aus, daß bei ihm die gemeinste Höflichkeit wie Herablassung erscheint, und er selbst scheint das gar nicht zu wissen, sondern geht so hin in seiner stillen Herrlichkeit wie die Sonne. –
Um halb sechs versammelt man sich. Wir trinken Tee, plaudern; neue Journale, Zeichnungen, Musikalien werden herbeigeschafft, besehen, belacht, gerühmt, wie es kommt. Alle, die was Neues haben, bringen es mit; die Bardua zeichnet irgendeinen als Karikatur, Goethe sitzt an seinem Tischchen, zeichnet und spricht. Die junge Welt musiziert im Nebenzimmer; wer nicht Lust hat, hört nicht hin. So wird's neune und alles geht auseinander und nimmt sich vor, nächstens wiederzukommen.

Weimar, Freitag, den 30. Januar 1807
Vor allen Dingen, lieber Freund Arthur, sollst du unsäglich gelobt werden, denn du bist ein gar vernünftiger Mensch und machst deine Sachen gut. Die Zeichnungen sind neben den Zeichenstiften angekommen und haben große Freude angerichtet. Die Kreide kam unversehrt an. Ich habe Goethen, Meyer und der Bardua jedem einen Kreidestift verehrt, und sie haben sich alle hübsch bedankt. Ich habe Goethe auch die Nachtlampe, um nach der Uhr zu sehen, gegeben, weil er letzt darüber klagte, daß er oft aufwache und dann nicht wissen könne, wieviel es an der Zeit wäre. Dafür hat er mir einen Kasten mit transparenten Mondscheinen gegeben, und er wird mir zu dem Kasten immer mehr neue Mondscheine erfinden, und ich und Meyer werden sie ausführen, er mit dem Pinsel, ich mit der Schere. Wenn es ein Senator oder Bürgermeister sähe, wie ich mit Meyer Papierschnitzel für einen Ofenschirm zusammenleime, wie Goethe und die andern dabeistehen und eifrig Rat geben, er würde ein recht christliches Mitleid mit uns armen kindischen Seelen haben;

aber das ist eben das Göttliche der Kunst, sagt dein Liebling Tieck, wenn ich nicht irre, daß ihr Beginnen, ihre Werkzeuge fast kindisch und einfältig aussehen.

Am Dienstag gab ich einmal eine Extragesellschaft, denn ich mußte einige der adligen Häuser, in denen ich gewesen war, einladen. Wie wenig kostet ein solcher Zirkel und wie hübsch ist er! Ich hatte ein kleines Konzert. Mein neues Piano ist wunderschön von Ton; Werner, mein Musikmeister, spielt es sehr schön; auch singt er einen schwachen, aber angenehmen Tenor. Die Bardua und der erste Sänger bei der Oper, Strohmeyer, sangen Duette, Arien und auch kleine Lieder, meistens von Goethen, zur Gitarre. Dann waren noch drei Musici von der Kapelle des Herzogs da. Alles dies kostete nichts als einige Gläser Punsch; diese Leute spielen nicht für Geld, sie kommen aber, wenn man sie bittet. Um neun Uhr ließ ich Punsch, Bouillon und Butterbrötchen herumgehen, und wir blieben bis gegen zwölf Uhr lustig und guter Dinge zusammen. Die Goethen kam allein und sagte mir, er wäre nicht wohl, würde aber, wenn es ihm möglich wäre, eine halbe Stunde kommen, doch sei dies nicht gewiß. Miteins sah ich ihn aber im Nebenzimmer zwischen der Bardua und der Conta ganz gemütlich sitzen. Ich lief gleich voller Freude zu ihm, die Mädchen machten mir Platz, und ich habe fast eine Stunde mit ihm geplaudert. Er war unbeschreiblich sanft und liebenswürdig gestimmt. Du meinst, es sei unmöglich, vis-à-vis ihm nicht ein wenig scheinen zu wollen. Sähest du ihn nur, du würdest fühlen, wie unmöglich es ist, ihm gegenüber sich anders als natürlich zu zeigen. Er ist ganz Natur, und seine klaren, hellen Augen benehmen alle Lust sich zu verstellen; man fühlt, daß er doch durch alle Schleier sieht, und daß diesem hohen reinen Wesen jede Verstellung verhaßt sein muß. Ich pflegte ihn nach besten Kräften, und hatte die Freude, einen Bedienten, der schon um acht Uhr gekommen war, bis elf mit der Laterne warten zu sehen.

Weimar, den 12. Februar 1807
Bei Goethen wars Dienstagabend, den 3. Februar, ganz allerliebst; er hatte einige junge Schauspieler, die er oft bei sich deklamieren läßt, um sie für ihre Kunst zu bilden, eingeladen und las mir mit ihnen eine seiner frühesten Arbeiten, ein Stück

voll Laune und Humor, »Die Mitschuldigen« betitelt, vor. Er hatte selbst die Rolle eines alten Gastwirts darin übernommen, was bloß mir zu Ehren geschah; sonst tut er das nicht. Ich habe nie was Ähnliches gehört, er ist ganz Feuer und Leben, wenn er deklamiert, niemand hat das echt Komische mehr in seiner Gewalt als er. Zwischendurch meisterte er die jungen Leute, ein paar waren ihm zu kalt. »Seid Ihr denn gar nicht verliebt?« rief er komisch erzürnt, und doch war's ihm halb ein Ernst, »seid Ihr denn gar nicht verliebt? Verdammtes junges Volk! Ich bin sechzig Jahre alt und ich kanns besser.« Wir blieben bis halb zwölf zusammen, ich saß bei ihm und die Bardua auf der andern Seite; wir beide sind seine Lieblinge.
Am Donnerstag drauf bestand mein Zirkel fast nur aus Herren, aber es waren grade die interessantesten, Frau von Goethe war die einzige Dame. »Weil wir eben in solchem kleinen vertraulichen Zirkel sind«, fing er an, »so will ich denn einen Bericht von einer Naturmerkwürdigkeit mitteilen; es ist billig, daß man unter Freunden sich dergleichen wechselseitig mitteilt, und weil wir eben so ganz unter uns sind ...« Und damit fing er aus einem Briefe die Geschichte einer Mamsell, die in die Wochen gekommen war, an zu lesen. Darüber kam die Bardua. »Gerechter Himmel, da kommt die Bardua«, rief er aus, »nun darf ich nicht weiterlesen.« – »Es tut nichts«, sagte ich, »die Bardua muß so lange draußen bleiben!« Das war Wasser auf seine Mühle. Der Bardua kündigte er gleich gravitätisch an, sie müsse draußen bleiben; den Bertuch, den Sohn, der gewaltig lang ist, stellte er an die zugemachte Türe, welche die Bardua von draußen gewaltig berennte. »Halten, halten Sie Ihren Posten wohl, Bertuch, denken Sie, Sie sind in Breslau, es soll Ihr Schaden nicht sein, ich will schon so lesen, daß Sie dort so gut hören sollen als hier.« Die Bardua machte einen erbärmlichen Spektakel, er ließ sich nicht stören und verwies sie nur von Zeit zu Zeit mit ein paar Worten zur Ruhe und Geduld; zuletzt spielte sie aus Leibeskräften auf dem Klavier. »Eine Kriegslist«, sagte er, »hilft nichts, wir lesen lauter«, und so erhob er die Stimme oder ließ sie sinken, nachdem sie akkompagnierte, wie in einem Melodram, bis ans Ende, wo sie dann feierlich hereingeholt ward. Alles dies ist nichts, aber man muß es sehen. Dieses kleine Intermezzo stimmte uns alle lustiger, es wurde viel den Abend ge-

lacht, zuletzt aber kam das Gespräch auf die Alemannischen Gedichte von Hebel. Meyer als Schweizer und Legationsrat Weyland als Elsässer sind der Sprache mächtig und lasen manches daraus sehr hübsch vor; Goethen ist die Sprache fremde, er las aber doch sein Lieblingsstück, das Gespenst von der Kanderer Straße, und er las es, wie nur er lesen kann. Mache doch, daß du die Alemannischen Gedichte zu lesen bekommst; ich weiß, sie gefallen dir, wenn du dich nur erst mit der Art bekannt gemacht hast.

Weimar, den 23. März 1807

Goethe verläßt mich nicht, er hat jeden Abend Calderons »Standhaften Prinzen« standhaft vorgelesen, bis gestern, wo er ihn zu Ende brachte. Es ist ein wunderbares Wesen drum, und es sind wahrlich Stellen darin, die gerade ins Herz dringen, und wo es mir anfängt möglich zu erscheinen, daß man Calderon neben Shakespeare nennt. Aber wie viel Wust, Haupt- und Staatsaktionen sind mit hineingewebt, und dann das ganze südliche Wesen, das Farbenspiel, das Spiel mit Bildern und Tönen, die unsere nördlichen Naturen gar nicht ansprechen. Indessen ists doch ein hoher Genuß, von Goethen dies lesen zu hören; mit seiner unbeschreiblichen Kraft, seinem Feuer, seiner plastischen Darstellung reißt er uns alle mit fort. Obgleich er eigentlich nicht kunstmäßig gut liest; er ist viel zu lebhaft, er deklamiert, und wenn etwa ein Streit oder gar eine Bataille vorkommt, macht er einen Lärm, wie in Drurylane, wenns dort eine Schlacht gab, auch spielt er jede Rolle, die er liest, wenn sie ihm eben gefällt, so gut es sich im Sitzen tun läßt; jede schöne Stelle macht auf sein Gemüt den lebhaftesten Eindruck, er erklärt sie, liest sie zwei-, dreimal, sagt tausend Dinge dabei, die noch schöner sind; kurz, es ist ein eigenes Wesen, und wehe dem, der es ihm nachtun wollte; aber es ist unmöglich, ihm nicht mit innigem Anteil, mit Bewunderung zuzuhören, noch mehr ihm zuzusehen, denn wie schön alles dieses seinem Gesichte, seinem ganzen Wesen läßt, mit wie einer eignen hohen Grazie er alles dies treibt, davon kann niemand einen Begriff sich machen. Er hat etwas so rein Einfaches, so Kindliches. Alles, was ihm gefällt, sieht er leibhaftig vor sich; bei jeder Szene denkt er sich gleich die Dekoration, und wie das Ganze aussehen muß. Kurz, ich wünschte, du hörtest das einmal.

An Anbetern fehlt es mir auch nicht, aber laß dir nicht bange werden, ein, wie ich glaube, reicher Frankfurter Kaufmann, der sich einer Erbschaft wegen einige Wochen hier aufhielt, hat sehr ernstlich um meine Hand geworben, ich habe ihn aber ebenso ernstlich nach Hause geschickt. Dann ist hier auch ein Kammerherr der Großfürstin, der mich gern in den Adelstand erheben möchte, ein herzlich alberner Tölpel, der aber eine geistreiche Frau gehabt hat und gerne wieder eine hätte, der mich unverhohlen veneriert, alle Welt weiß es, aber abweisen kann ich ihn noch nicht, weil er aller Welt, nur mir nicht, seine Absichten erklärt. Dieser macht uns allen großen Spaß mit seiner prächtigen Uniform, seinem hohen Federbusch und seinem goldenen Schlüssel. Am Freitag hatte er mich und meinen ganzen Zirkel zu sich gebeten; die Bardua, seine Vertraute, mußte ihm eine Liste davon machen. Wir kamen auch alle, selbst Goethe. Ich machte den Tee, und er spielte die Harmonika dazu. Was das gottlose Volk für eine Lust dabei hatte, kannst du dir denken; indessen er war seelenvergnügt und ließ sich nichts anfechten. Solche kleine Coteriespäße gibt es denn auch, und sie beleben das Ganze.

An den Geselligkeiten bei Johanna Schopenhauer nahm auch der seit 1804 in Weimar ansässige damals 35jährige Schriftsteller Johann Stephan Schütze häufig teil. Seine Aufzeichnungen über Goethes Auftreten und Betragen in jenen Jahren mögen hier ergänzend den Beschluß bilden.

Ein Hauptgegenstand der Betrachtung blieb in diesem Kreise immer Goethe. Das Merkwürdigste war, ihn fast jedesmal in einer anderen Stimmung zu sehen, so daß, wer ihn mit einem Male zu fassen glaubte, sich das nächstemal gewiß gestehen mußte, daß er ihm wieder entschlüpft sei. Man hatte bald einen sanftruhigen, bald einen verdrießlich-abschreckenden (auch Kummer drückte sich bei ihm gewöhnlich durch Verdrießlichkeit aus), bald einen sich absondernden, schweigsamen, bald einen beredten, ja redseligen, bald einen episch-ruhigen, bald – wiewohl seltener – einen feurig-aufgeregten, begeisterten, bald einen ironisch-scherzenden, schalkhaft-neckenden, bald einen zornig-scheltenden, bald sogar einen übermütigen Goethe vor sich. Diese große Verschiedenheit oder Menge von Stimmungen war bei Goethe etwas ganz Natürliches. Goethe übte gewiß eine Herrschaft über sich, wie leicht niemand; dennoch drang ein Nachhall der letzten Stunde oder die Laune des Augenblicks oftmals durch die feste Haltung hindurch, und als Gast, ohne besondere Verpflichtung, ließ er sich hier weit freier gehen als zu Hause, wenn er selbst Gäste empfing. – Es konnte einem ganz ängstlich zu Mute werden, wenn er verstimmt in die Gesellschaft trat und aus einem Winkel in den andern ging. Wenn er schwieg, wußte man nicht, wer nun reden sollte, wenn nicht etwa Bertuch mit einer Erzählung aushalf. Unter diesen Umständen und da er ohnehin sich gern gegen die Außenwelt verwahrte, muß man es der Wirtin als einen klugen Einfall nachrühmen, daß sie nicht weit von der Türe einen Tisch mit Apparat zum Zeichnen aufgestellt hatte, woran er sich nach Belieben setzen konnte, wenn er eben nicht zum Reden aufgelegt war.

Um so liebenswürdiger war er aber, wenn er gesellig-aufgelegt in einem kleinen Kreise ein leichtes Wechselgespräch unterhielt, worin einer um den andern sein Scherflein beisteuerte. Gewöhnlicherweise warf er weder mit Witz noch Ideen um sich, ja, er vermied diese sogar; sondern er gefiel sich meist im Ton einer heitern Ironie, die etwas zu loben schien, dessen Unhaltbarkeit sich so von selbst ergeben mußte. So wurde der Tadel zu einem anmutigen Ergötzen, und das Unvollkommene wieder zum Genuß. Schnelle Kreuz- und Quersprünge konnte er in der Unterhaltung nicht leiden. Ich lief öfters damit an, von Einfällen des Augenblicks verleitet, und ich hatte dann immer zu bemerken, daß er sich mit der Hand über das Gesicht fuhr. –

Noch mehr liebte er, etwas ruhig durchzusprechen, wobei Andere oft nur beipflichtend und fragend beförderlich waren, während er eigentlich das Gespräch führte und fortsetzte. Höher noch stieg seine Liebenswürdigkeit, wenn er ganz und gar einer epischen Stimmung sich hingab, wenn er z. B. ein römisches Karneval beschrieb oder sonst etwas von Italien erzählte. Hier konnte man stundenlang ihm zuhören und die ganze übrige Gesellschaft darüber vergessen. Die Ruhe, die Klarheit, die Lebendigkeit, der ans Komische hinstreifende halb feierliche Ton, womit er schilderte und alles deutlich vor Augen stellte, flößte mit dem Reize der Unterhaltung zugleich ein großes Behagen, ein heiteres Wohlgefallen am Leben ein, wodurch der Blick sich erweiterte und das Herz von einer schönern Welt Besitz nahm. Nicht am Großen allein, an jeder neuen Erscheinung von nur einiger Bedeutung nahm er den wärmsten Anteil. Er haßte die Kritiker, die an den Fehlern haften und in der Negation sich herumdrehen. Er hielt sich an das Schöne eines Kunstwerkes und sagte dann wohl bei einer Eigenheit: »Das muß man nun dem Künstler zugeben, er will seine Freiheit, will auch seinen Spaß haben.« Wenn nur etwas Freude machte, ging seine Nachsicht sehr weit. Sprach man z. B. von ergötzlichen Scherzen in Claurenschen Lustspielen, so ließ er seine Weise und das aus dem Leben Dargestellte gern gelten: »Es käme wohl nur darauf an«, sagte er, »es mehr zu heben.« Dies war ein Lieblingsausdruck von ihm, womit er zugleich seine eigene Art des Idealisierens bezeichnete. Recht tolles Treiben in den Weimarischen Volksstücken ergötzte ihn vorzugsweise, und der Ausspruch: »Es ist etwas Verruchtes!« war für diesen Fall in seinem Munde für ein Lob zu achten. Er fügte dann auch wohl hinzu, um zu einer solchen Komik zu gelangen, müsse man von etwas Absurdem ausgehen. –

Goethe liebte bei aller Natürlichkeit doch das Förmliche und Feierliche ein wenig. Zum Teil rührte dies vielleicht auch von der strengern Sitte der alten Zeit her. Wenn er eintrat, schritt er, ohne rechts oder links zu schauen, mit steifer Haltung durch alle Personen hindurch, geradewegs auf die Wirtin zu, machte ihr sein ernstes Kompliment und verneigte sich dann mit einer sanften Verbeugung gegen die übrigen im Kreise herum. Mit kurzen, schnell wechselnden Reden über etwas leicht hinzugleiten, war ihm nicht eigen; eher tat er etwas mit der Milde eines halb gesprochenen Wortes ab. Sonst sprach er in der Regel etwas langsam, nach den tiefen Tönen zu, mit einer bequemen Würde, die den Gegenstand von sich entfernt hält und auch gegen persönliche Annäherung sich verwahrt. Dies Entfernthalten drückte sich auch praktisch häufig in den Worten aus: »Das ist nun so!« – oder: »Das wird sich machen lassen!«

Mit Vergnügen sah man ihn in größerer Bewegung, wenn eben etwas Neues, wie z. B. zur Zeit die erste Sammlung von Volksliedern oder das Nibelungenlied oder die Alemannischen Gedichte, seine Phantasie ergriffen hatte, und, geschah es dann, daß er in der ersten Aufregung im Lobe etwas übertrieb, wer hätte ihm das übel deuten sollen! Er kam auch bald wieder in sein voriges Gleichgewicht zurück. Ein Übel entsprang indes gar oft daraus für einseitige Verehrer und Bewunderer des Schönen. Sie beriefen sich nun alle auf Goethe, als ob er sich gerade für dieses oder jenes, wie wenn es das Einzige oder Höchste wäre, erklärt hätte; jede Partei zählte ihn zu den Ihrigen und machte ihn zu ihrem Anwalt oder gar zum Oberhaupt. Goethe aber blieb an keiner Sache haften; mit allseitiger Empfänglichkeit wanderte er durch eine große Mannichfaltigkeit von bedeutenden Erscheinungen, und mit Recht konnte er daher von sich sagen: »Wenn die Leute glauben, ich wäre noch in Weimar, dann bin ich schon in Erfurt.«

Außerdem lag die weite Natur und das ganze Leben zur Betrachtung vor ihm. Zu welchem unbemerkten Punkt in der Erscheinung man sich auch im Gespräch verirren mochte, man traf ihn dort. Ich erwähnte einmal das Belauschen der Stille bei dem allmählichen Verhallen des Tages. Da hatte er schon längst an einem schwülen Sommerabende draußen auf dem Hügel gesessen und auf die Töne hingehorcht, die mit leisem Atem bis zur schweigsamen Mitternacht in der Luft sich begegnen. – Ein andermal fragte er mich, ob mir auch das Glück zu Teil geworden, zuweilen im Traume zu fliegen, und wie das geschehe; er möchte gern in der Art und Weise auf etwas Allgemeineres kommen. Er fliege im Zimmer oder in einem Saale immer oben im Kreise herum. Ich erwiderte: mein Fliegen sei unstet, bald niedriger, bald höher, wohl bis auf das Dach.

IV

Zur Kur in Böhmen (1808–1812)
Silvie von Ziegesar;
Maria Ludovica von Österreich

Goethe ist siebzehnmal nach Böhmen gereist, um in den dortigen Bädern die Kur zu gebrauchen. Seit 1806 weilt er vor allem seiner Nierensteinkoliken wegen häufig dort, meist in Begleitung seines Hausgenossen Riemer und eines Sekretärs. Christiane, die er im Oktober dieses Jahres, nach der Schlacht von Jena und Auerstädt, endlich geheiratet hatte, blieb meist in Weimar oder besuchte ihrerseits das nahgelegene Bad Lauchstädt.
Rechnet man die Tage, die Goethe in Böhmen verbracht hat, zusammen, so kommt man auf fast drei Jahre. Es hatte aber mit diesen Badeaufenthalten noch die Bewandtnis, daß sie ihm andere Reisen, nach Wien oder Paris etwa, vollauf ersetzten, und wer von hohen und höchsten Herrschaften, von Zelebritäten der Kunst und Wissenschaft nicht zu ihm nach Weimar kam, den lernte er in Karlsbad, Franzensbad, Marienbad oder Teplitz kennen, wo sich damals fast halb Europa sommers ein Stelldichein gab. Diese Orte boten darüberhinaus den Vorteil eines sehr viel zwangloseren Umgangs, als er dort die Regel war, wo Konvention und Etikette herrschten, die hier zwar nicht aufgehoben, aber doch erheblich gemildert waren.
Goethe gebrauchte in den böhmischen Bädern nicht nur die Kur, er unternahm auch mannigfache botanische und geologische Exkursionen und förderte vor allem seine erzählenden Werke. Auch an erotischen Abenteuern leichterer oder ernsterer Art fehlte es nicht. Überhaupt kann man sich sein Dasein dort, bei aller Stetigkeit, nicht bewegt und abwechslungsreich genug vorstellen.
Die folgenden Briefe aus den Jahren 1808 bis 1812 sollen davon eine Vorstellung vermitteln, die freilich unzulänglich bleiben muß, weil die ganze Buntheit und Vielfalt dieser gesundheitsfördernden Lustbarkeiten vor dem düster bewegten politischen Hintergrund der napoleonischen Zeit sich nicht in kurzem einfangen läßt.

Zu Beginn ein Brief Goethes an seinen Sohn August, der damals in Heidelberg studierte:

Karlsbad, den 3. Juni 1808

Deinen Brief vom 23. Mai überreichte mir der Post-Sekretär heute früh, als ich nach dem Brunnen ging. Er war mir um so angenehmer, als ich wirklich seit einigen Tagen briefdurstig bin: denn außer einem lakonischen Blatt von der Mutter und einem Leipziger Brief von Cotta habe ich die ganze Zeit meines Hierseins von Freunden nichts weiter vernommen. Seit dem 15. vorigen Monats sind wir hier. Ich befinde mich sehr wohl, besser als seit langer Zeit, und besteige die Berge wie ehedem.

Du kannst dir denken, daß der Frühling in Karlsbad besondre Reize haben muß, vorzüglich der diesjährige bei so gar schönem Wetter. Die blühenden Bäume und das junge Gelbgrün zwischen und vor den alten grauen Felsen, den finstern Fichtenwäldern, machten sich sehr gut. Nun aber ist alles abgeblüht und alles macht schon eine ernsthaftere Sommermiene.

Mehrere Gäste kommen nach und nach an. Die Gesellschaft verspricht sehr zahlreich zu werden; auch sind schon einige Reitpferde hier, die dir Lust machen würden.

Der Sprudel jedoch nimmt sich gegen die herbeieilenden Gäste nicht zum höflichsten und macht im Gegenteil denen zu diesem Amte bestellten Bauherrn viele Händel; nicht allein, daß er an der Stelle, wo du den Ausbruch vorm Jahre sahst, aus dem Flusse selbst noch stark hervorquillt, so hat er sich auch unter der Sprudelbrücke nach dem Gäßchen zu, das auf den Markt führt, unter den freilich durch die Länge der Zeit verfaulten Brettern und Balken, gewaltsam hervorgewühlt, und man ist mit Sandsäcken, Moos, Balken, Keilen, Steinen, Klammern und sonst beschäftigt, ihn wieder zum Schweigen zu bringen. An seiner eigenen Stelle sprudelt er gegenwärtig nicht hoch, doch gibt er immer noch Wasser genug.

Wir leben nach unserer alten Weise still und fleißig, in allem etwas mäßiger als vorm Jahre, besonders auch, was den Wein betrifft; wobei mir denn lieb ist, aus deinem Briefe zu sehen, daß du dich auch vor diesem so sehr zur Gewohnheit gewordenen Getränk in acht nimmst, das mehr, als man glaubt, einem besonnenen, heitern und tätigen Leben entgegenwirkt.

Ebenso lobe ich, daß du nur wenige Stunden besuchst. Es kommt beim Studieren alles darauf an, daß man über das, was man sich zueignen will, Schritt vor Schritt Herr bleibe. Sobald einem das Überlieferte über den Kopf wächst, so wird man entweder dumpf oder verdrießlich, und kommt gar zu leicht in Versuchung, alles abzuschütteln.

Daß auch deine Studien einen historischen Gang nehmen, ist mir sehr angenehm. Zu erfahren, wie die Zustände nach und nach auf eine irdisch menschliche Weise herangekommen, was verloren gegangen, was geblieben, was fortwirkt, ist so belehrend als erfreulich, und die Jugend, die das Glück hat, das Vergangene auf diese Weise zu ergreifen, antizipiert das Alter und bereitet sich ein heiteres Leben. Das Allgemeine gibt sich auf diesem Wege von selbst: denn in dem irdischen Kreise ist denn doch alles wiederkehrend.

Daß du deiner eignen Natur nach auf diesem Wege bleiben wirst, ist mir sehr erfreulich, da ich nicht zu befürchten habe, daß du dich auf die philosophischen und religiosen Fratzen einlassen möchtest, welche jetzt in Deutschland sogar manchen guten Kopf verwirren und doch zuletzt auf nichts als auf einen abstrusen Selbstdünkel hinausführen. Lebe besonnen und vergnügt auf dem Segmente der Erdkugel, wo dich dein gutes Geschick hinführt. An Spiralen und noch wunderlichern Linien ist ohnehin kein Mangel.

Auch ohne mein Ermahnen wirst du fortfahren, in der Gegend Entdeckungswanderungen zu machen. Die guten akademischen Jahre auch in einer herrlichen Gegend und merkwürdiger Nachbarschaft zuzubringen, ist ein Glück, das ich nicht genossen habe, da ich drei Jahre in dem steinernen, auf der Fläche, wo nicht im Sumpf, doch am Sumpfe liegenden Leipzig zubrachte. Wenn die Früchte nun hintereinander reif werden; so wirst du auch dieser Segensfülle mit Dank genießen . . .

Nun weißt du so viel von uns, als wenn du unmittelbar neben uns lebtest. Laß uns auch bald wieder von dir etwas vernehmen.   G.

In den unter dem Titel »Tag- und Jahreshefte« überlieferten Annalen vermerkt Goethe über seinen damaligen Aufenthalt in Böhmen:

Die geselligen Persönlichkeiten in Karlsbad hatten diesen Sommer für mich ein ganz ander Wesen: die Herzogin von Kurland, immer selbst anmutig, mit anmutiger Umgebung, Frau von der Recke, begleitet von Tiedge, und was sich daran anschloß, bildeten höchst erfreulich eine herkömmliche Mitte der dortigen Zustände. Man hatte sich so oft gesehen, an derselben Stelle, in denselben Verbindungen, man hatte sich in seiner Art und Weise immer als dieselbigen gefunden; es war, als hätte man viele Jahre miteinander gelebt, man vertraute einander, ohne sich eigentlich zu kennen.

Für mich machte die Familie Ziegesar einen andern, mehr entschiedenen, notwendigern Kreis. Ich kannte Eltern und Nachkommen bis in alle Verzweigungen, für den Vater hatte ich immer Hochachtung, ich darf wohl sagen Verehrung empfunden. Die unverwüstbar behagliche Tätigkeit der Mutter ließ in ihrer Umgebung niemand unbefriedigt; einiger und zusammenstimmender wäre kein Zirkel zu finden. Alles suchte zu gefallen, und jedes gefiel sich mit dem andern, weil die Gesellschaft sich paarweise bildete und Scheelsucht und Mißgunst zugleich ausschloß. Diese ungesuchten Verhältnisse brachten eine Lebensweise hervor, die bei bedeutendern Interessen eine Novelle nicht übel gekleidet hätten.

Bei einem in der Fremde mietweise geführten Haushalt erscheinen solche Zustände ganz natürlich, und bei gesellschaftlichen Wanderungen sind sie ganz unvermeidlich. Das Leben zwischen Karlsbad und Franzenbrunnen, im ganzen nach gemessener Vorschrift, im einzelnen immer zufällig veranlaßt, von der Klugheit der Älteren zuerst angeordnet, von Leidenschaftlichkeit der Jüngern am Ende doch geformt, machte auch die aus solchem Konflikt hervorgehenden Unbilden immer noch ergötzlich sowie in der Erinnerung höchst angenehm, weil doch zuletzt alles ausgeglichen und überwunden war.

Unter dem, was sich hier paarweise bildete, verschweigen Goethes Annalen den wichtigsten Namen, den der lieblichen, schlanken Silvie von Ziegesar, zu deren 23. Geburtstag am 21. Juni Goethe ein längeres Scherzgedicht verfaßte, in dessen Schlußzeile er Silvie »Tochter, Freundin, Liebchen« nennt. Zuletzt entschließt er sich gar, am 9. Juli von Karlsbad nach Franzensbad

überzusiedeln, wo er im gleichen Gasthof wie die Ziegesars Quartier nimmt. Tagtäglich sieht man ihn nun in Silviens Begleitung auf allerlei Spaziergängen und Exkursionen.
Die Arbeit an dem Festspiel »Pandora« und dem Roman »Die Wahlverwandtschaften« wird weitergeführt. Dort liest man unter den Eintragungen in Ottiliens Tagebuch:
»Einem bejahrten Manne verdachte man, daß er sich noch um junge Frauenzimmer bemühe. ›Es ist das einzige Mittel‹, versetzte er, ›sich zu verjüngen, und das will doch jedermann.‹«

Am 21. Juli abends bricht Goethe von Franzensbad auf, um nach Karlsbad zurückzukehren. Silvie schenkt ihm zum Abschied eine Locke ihres Haars. Und am andern Morgen schon bringt der von Karlsbad um sechs Uhr früh aufgebrochene Postillion folgendes Billett nach Franzensbad zurück:

Karlsbad, den 22. Juli 1808, früh sechse

Wie ich herübergekommen, weiß ich selbst nicht. Die Nacht war herrlich, der Weg so gut er sein kann, die Pferde rüstig, der Kutscher brav. Ich war in Gedanken bei Ihnen geblieben und merkte nicht, daß es fortging; endlich schlief ich abwechselnd und das liebe längliche Gesichtchen war mit aller seiner Freundlichkeit und Anmut gegenwärtig. Nun besorg ich in Eile einiges für Sie. Die Federn schneidet Riemer, und ein armseliges Büschelchen lege ich bei gegen die schöne, reiche, geringelte Gabe. Sie sollen mir's aber gewiß nicht in allem so zuvortun.

Was ich von leiblicher Speise senden wollte, wird mir verkümmert. Die Zunge ist vermufft, Krebse, die schön da sind, rät man mir ab zu schicken, weil sie in der Hitze abstehn würden. Daher muß ich an Geistiges denken, das, wie Sie wissen, besonders in die Ferne wirkt. Hierbei folgt also: ein Sonett von Riemer, der sich angelegentlichst empfiehlt, ein Fläschchen Köllner Wasser, ein Schächtelchen Franz Meyrischer Pfefferminze, item eine Prise Tee, ferner andre getrocknete Pflanzen, doch nicht zum Aufguß bestimmt.

Der Kutscher will abgefertigt sein, sonst könnte ich noch lange fortfahren. Empfehlen Sie mich aufs allerschönste Ihren verehrten Eltern und Ihrer ganzen Umgebung. Tausendmal adieu! Liebe, liebe Silvie.   G.

Silviens »schlanke weiße Gestalt« scheint nicht die einzige gewesen zu sein, die Goethe diesen Sommer über im Sinne lag. Doch wird man den Umgang mit älteren Bekanntschaften, einigen leichtlebigeren jüdischen Damen aus Wien, nicht allzu hoch veranschlagen dürfen. Sie gehörten mehr zu den zerstreuenden Elementen eines solchen Badeaufenthalts, während zwischen Silvie und dem nunmehr fast Sechzigjährigen tiefer belebende, auch wohl bedrohlichere Kräfte mit im Spiel waren. Darüber haben wir zwei sehr aufschlußreiche Berichte von zwei Freundinnen Silviens aus den Jahren 1809 und 1810.
Die Malerin Louise Seidler in Jena an Pauline Gotter in Gotha, am 4. Juni 1809:

Silviens Entrevue mit Goethe bei Kaysers in Jena war ihr ganz unerwartet und, wie es schien, sehr überraschend. Sie hatte mir ein Billett geschrieben, um sie dort zu sehen; als ich aber hinkam, war sie ausgegangen, und Goethe war unter der Zeit gekommen. Es war mir auch sehr überraschend, ihn bei Kaysers zu treffen, und eine unausstehliche Verlegenheit überfiel mich, als ich in der engen Stube die ängstlichen Kaysers und die beiden Geheimräte traf. Wie gerne hätte ich Dich an meinen Platz gewünscht, liebste Pauline! Du würdest ihn gleich umgeschaffen und Dir einen Himmel bereitet haben. Bald kam Silvie. Wir gingen ihr auf der Treppe entgegen, und als ihr Kaysers sagten, daß Goethe da sei, flog sie in die Stube und an seinen Hals, daß ich glaubte, die beiden Arme könnten ihn erdrosseln. Ich konnte nicht hinsehen; alles war in peinlicher Verlegenheit. Doch ermannte sie sich bald, verbiß ihre Tränen, kam gleichwohl eine Viertelstunde lang zu mir und näherte sich dann erst nach mehreren Versuchen Goethe, der indessen tief in die Politik mit Ziegesar wieder verwickelt war. Ich empfahl mich bald, um meine Sachen zu packen, und als ich nach zwei Stunden wieder hinkam, fand ich sie alle um einen Tisch sitzend, Silvien neben Goethe, aber in gleichgültigen Gesprächen, doch noch rot und glühend wie die schönste Rose. Sie tat mir recht leid: Goethe war noch immer Geheimrat; meine Anrede wurde höflich kurz erwidert, und ich war froh, als wir im Wagen saßen, weil ich mich peinlich geniert fühlte.

Pauline Gotter an Friedrich Wilhelm Schelling in München:

Drakendorf, den 12. Mai 1810
Schon seit Anfang März bin ich hier in Drakendorf bei Ziegesars. Ich lebe hier unter Blumen und Blüten, Vögelgesang und Balsamduft, immer im Genuß der schönen Natur, fern von allem Zwang gesellschaftlicher Verbindung, und die reine Landluft, das friedliche Tal, die ruhigen Umgebungen wirken wohltätig auf Seele und Leib, und bringen mir Gesundheit und einen stillen Frieden ins Herz.

Von Goethe wird es Sie freuen zu hören, daß er recht heiter und gesund ist; den ganzen Winter war zwar sein Befinden ziemlich abwechselnd, und er hat Theater und Gesellschaft wenig besucht; die Aussicht, nach Karlsbad zu kommen, scheint aber schon jetzt im Vorgefühl genesend auf ihn zu wirken. In Weimar sah ich ihn zuerst wieder und habe ihn ganz gegen mich gefunden, wie ich ihn verlassen hatte, liebevoll und herzlich. Seit dem März hält er sich in Jena auf und hat die Optik beendigt, die nun diese Messe in zwei Teilen erscheint, wie Sie wissen, und nun eilt er sobald wie möglich nach Karlsbad. Auf die nächsten Tage hatte er sich bei uns angemeldet, um mit Silvie und mir recht spazieren zu gehn; ich werde mich freuen, wenn er Wort hält; seine Gegenwart ist das einzige, was mich wahrhaft aufregt und erfreut. Schon einigemale war er hier: das erste Mal ganz unter uns von der ausgelassensten Laune, die Gewalt seines Feuers und seiner Lebhaftigkeit habe ich wohl in einzelnen Momenten, aber nie so anhaltend, wie damals, gesehn; er vergaß sich ganz, ließ seine ganze Stimme ertönen und schlug immer mit den Händen auf den Tisch, daß die Lichter umherfuhren; es war eine wahre, unbedingte Lustigkeit. Seine Begeisterung machte den wunderlichsten Kontrast mit Hendrichs Prosa und Riemers Phlegma, die ihn begleitet hatten.

Im Sommer 1809 kam Goethe nicht nach Karlsbad; die kriegerischen Zeitläufte verhinderten dies.
Im April erhält man am Frauenplan französische Einquartierung; »Die Wahlverwandtschaften« werden abgeschlossen, Goethe entwirft das Schema zu einer künftigen Autobiographie, deren beide ersten Teile in den nächsten Jahren ausgearbeitet werden.

Im folgenden Jahr bricht Goethe am 16. Mai auf, abermals in Riemers Begleitung; er bleibt diesmal bis Anfang August in Karlsbad. Bald nach seinem Eintreffen dort gehen die ersten Berichte an Christiane nach Weimar.

Karlsbad, Sonntag, den 27. Mai 1810
Wir sind nunmehr acht Tage hier und haben also schon etwas zu erzählen. Wir haben uns vor allen Dingen überall umgesehen und die alten und neuentstandenen Wege meistens schon durchspaziert. Der Ausbruch des Sprudels, der sich vorm Jahre im September ereignete, und die Bemühungen, die man sich gibt, die Quelle wiederherzustellen, hat auch meine Aufmerksamkeit sehr beschäftigt. Auch bin ich so ziemlich fleißig im Zeichnen gewesen. Dabei ist manches diktiert worden, wenigstens zur Vorbereitung für künftige Arbeiten.

Das schöne Wetter, das wir auf der Reise gehabt, hielt auch hier die ersten Tage noch an, zu unserm größten Vergnügen, indem wir uns bei so guter Zeit und fröhlichem Sonnenschein, überall umsehen konnten. Nun aber ist seit drei bis vier Tagen Regenwetter eingetreten, welches mich weniger geniert als andre, weil ich den Brunnen aussetzen kann. Ich befinde mich übrigens recht wohl, wie ich lange nicht gewesen: denn ich will nun gern gestehn, daß mirs auf die letzte Zeit in Jena sehr übel zumute war.

Das Papiergeld steht sehr niedrig. Allein diesmal kommt es uns nicht zugute, indem die Viktualien und Waren in gleicher Maße gestiegen sind, ja die Leute wissen gar nicht mehr, was sie fordern sollen, um sich sicherzustellen.

Die Portionen Essen sind gleichfalls kleiner als jemals. Man muß ihrer drei nehmen statt zwei. Der Kaffee wird in den nächsten Monaten so gut wie völlig verboten und wird wenigstens teuer genug zu bezahlen sein. Dem allen ungeachtet wird mein hiesiger Aufenthalt nicht teurer als in Jena zu stehen kommen.

Kurgäste sind noch nicht viel hier. Die Prinzeß Marianne von Sachsen ist sehr freundlich und gesprächig am Brunnen und unterhält sich mit jedermann; so auch auf der Promenade. Sie sieht aber niemand bei sich, wodurch man denn aller Aufwartung und aller *gêne* überhoben ist. Sodann fehlt es nicht an schönen und interessanten Personen, und täglich kommen neue

Gesichter. Die Kaiserin von Österreich kommt den 6. und wohnt schräg gegen uns über. Sie ist aber sehr krank und wird keine große Differenz im öffentlichen Leben machen. Soviel für diesmal. Grüße Carolinchen und August, und lebe recht wohl!

Karlsbad, den 3. Juni 1810

Dein lieber Brief vom 24. Mai ist acht Tage gelaufen. Einen von deinem Bruder habe ich in fünfen erhalten. Man muß also nur schreiben, am Ende kommen die Blätter doch an.
Einen Shawl habe ich dir gekauft bei einem Händler, der unmittelbar von Wien kam. Er gefällt mir besser als alle die, welche die Damen jetzt hier umhaben, davon die meisten noch mit den langen garstigen geschwänzten Blumen sind. Diese ist man nun endlich einmal los, und die neuen Bordüren sind sehr viel schöner. Die Shawls sind jetzt viereckt, und ich hoffe, dieser soll dir gefallen. Ich habe mich entschlossen, dir ihn wohl eingepackt auf der fahrenden Post zu schicken. Er soll Donnerstag, den 7., hier abgehen. Wenn er ankommt, schreibe mir das Datum der Ankunft und auch, was das Porto macht, damit man sich in andern Fällen darnach richten kann. Es ist freilich hier eine böse Sache mit den Posten und der Versendung durch dieselben. Von Nadeln und andern Dingen soll nächstens die Rede sein.
Das schöne Wetter hat uns verlassen. Nun hat es geregnet und ist sehr kalt geworden. Wir hoffen indessen auf bessere Tage, und wie die Sonne scheint, ist es auch gleich wieder hübsch. Täglich kommen neue Gäste, und im Juli wird es übermäßig voll werden.

Zur Begrüßung der schon erwähnten Kaiserin von Österreich – der damals zweiundzwanzigjährigen Maria Ludovica d'Este, einer Enkelin Maria Theresias und der dritten Gemahlin Franz I. – verfaßte Goethe im Namen der Karlsbader Bürgerschaft ein Gedicht, das der Ankommenden gedruckt überreicht wurde. Schon am Abend des 6. Juni wird er ihr vorgestellt und an den folgenden Tagen morgens beim Brunnen oder abends im Sächsischen Saal von ihr ins Gespräch gezogen. Von den Begrüßungsfeierlichkeiten und von dem Umgang mit der Kaiserin erstattet Goethe am 10. Juni ausführlicheren Bericht an den Herzog in Weimar:

Die ganze Stadt war, wie man sich leicht vorstellen kann, in Bewegung, sowie sich auch viele Landleute herzudrängten. Eine Kompagnie des in Eger liegenden Regiments zog mit klingendem Spiel ein, und belebte noch mehr das sonst stille Karlsbad. Eine Hauptwache wurde dem Weißen Löwen, der Wohnung der Kaiserin, gegenüber eingerichtet. Gegen zwei Uhr fuhr sie unter Läutung der Glocken und Abfeuerung von Böllern in Karlsbad ein. Das Gedränge von der Brücke bis auf den Markt war sehr groß. Die Schützen-Kompagnie umgab den Wagen, und die Obrigkeiten standen zu ihrem Empfang bereit. Vierundzwanzig weißgekleidete, mit Kränzen gezierte Mädchen machten Spalier im Hause und auf der Treppe, und überreichten ein Gedicht.

Die von den sächsischen Herrschaften eingeführte Lebensweise wurde fortgesetzt. Ins Innere wurde niemand zugelassen. Gegen Abend begab sich die Kaiserin zu Fuß in den Sächsischen Saal, wo sie sich die sämtlichen Anwesenden präsentieren ließ und durchaus sehr freundlich und gnädig war, auch zurückblieb, als die sächsischen Herrschaften früher, zu ihrer gewöhnlichen Stunde, sich entfernten. Nachts war Illumination, die man zwar nicht unter die brillantesten zählen konnte, die aber doch bei gutem Wetter jedermann Vergnügen machte.

Den 7. erschien die Kaiserin abermals im Saal und unterhielt sich mit mehrern Personen sehr lebhaft, nachdem sie vorher das Theater besucht hatte. Den 8. war gleichfalls Präsentation und Unterhaltung im Saale. Den 9. früh fuhr die Kaiserin in die Kirche, und machte nachmittags in einem zweirädrigen kleinen Wägelchen die Tour den Schloßberg hinauf. Ihr Aussehen ist zart, aber nicht eben kränklich, sowie denn wegen ihrer Gesundheitsumstände das Publikum wie die Ärzte geteilter Meinung ist. Sie trinkt Eselsmilch, weil man ihre Brust für angegriffen hält, und scherzt oft über ihre Milchgeschwister.

Überhaupt ist sie höchst angenehm, heiter und freundlich. Stirn und Nase erinnern an die Familienbildung. Ihre Augen sind lebhaft, ihr Mund klein und ihre Rede schnell, aber deutlich. In ihren Äußerungen hat sie etwas Originelles. Sie spricht über die mannigfaltigsten Gegenstände, über menschliche Verhältnisse, Länder, Städte, Gegenden, Bücher und Sonstiges, und drückt durchaus ein eigenes Verhältnis dieser Gegenstände zu ihr aus. Es sind eigene Ansichten, jedoch keineswegs sonderbar, sondern wohl zusammenhängend und ihrem Standpunkt vollkommen gemäß. Daß sie übrigens geübt ist, einem jeden etwas Angenehmes aus dem Stegreife zu sagen, oder zu erwidern, läßt sich denken. Ihr eigenes Betragen und das der Ihrigen nicht allein, sondern auch ausdrückliche Äußerungen fordern einen jeden auf, frei und ungezwungen zu sein.

Zwei Tage später wird wieder ein Brief an Christiane geschrieben, den, der rascheren Beförderung zuliebe, Prinz Bernhard, ein Sohn des Herzogs, mitnimmt.

Karlsbad, den 12. Juni 1810

Deinen lieben Brief vom 6. Juni empfange ich eben, als ich im Begriff war, den gegenwärtigen zu schreiben. Prinz Bernhard, der auf einige Tage hier war, um der Kaiserin aufzuwarten, geht unmittelbar nach Weimar und nimmt diesen Brief mit, begleitet von einem Korbe mit Trüffeln und getrockneten Schwämmen und einem Paketchen für August.
Es ist sehr freundlich, daß ihr so umständlich schreibt. Setze es ja alle acht Tage fort: ich will auch nicht verfehlen, es zu tun. Ich wünsche, daß deine neue Pflanzung gut gedeihen möge und bedaure, daß dein Garten soviel gelitten hat.
Die Kaiserin und die sächsischen Herrschaften fahren fort, die hiesige Gesellschaft zu beleben und aufzumuntern. Sie sehen niemanden bei sich, aber auf Spaziergängen sowohl als in den Sälen nähert man sich ihnen, und sie unterhalten sich sehr freundlich mit jedermann. Es ist ausdrücklich verlangt worden, daß niemand sich in Kleidung und sonst genieren solle. Die Hofleute selbst gehen beständig in Stiefeln, um gutes Beispiel zu geben. In dem Saal, wo die Kaiserin sich befindet, stehen mehrere Spieltische für die Herren, und die jungen Frauenzimmer sind aufgemuntert worden, in dem äußern Saale kleine Spiele zu spielen.
Da ich gleich von Anfang mich zur Gesellschaft gehalten habe, so habe ich schon viel Bekanntschaft gemacht, und esse auch manchmal auswärts, welches mir ganz leidlich bekommt, doch nicht so gut, als wenn ich zu Hause ein frugaleres Mahl einnehme. Jeder gute Augenblick wird zum Spazierengehen benutzt. Gezeichnet habe ich auch schon manches, und die übrigen Arbeiten gedeihen auch nach und nach.

Diesmal will ich nichts weiter hinzufügen, als den Wunsch, daß euch dieses Blatt möge im Gartenhaus heiter und lustig antreffen. Zu der Lauchstädter Reise werdet ihr euch nun wohl vorbereiten. Vorher wünsche ich vergnügliches Vogelschießen und fröhliche Hochzeitsfeste. G.

Ich lege auch noch ein paar Hundert Nadeln bei, welche sie hier Stopfnadeln nennen und noch einmal so teuer verkaufen als die andern. Schreibt mir, wie es damit ist, und wiefern ihr sie brauchen könnt; es gibt noch eine größere und mehrere kleinere Sorten, alle von gleichem Preis.

Inzwischen war der angekündigte Shawl in Weimar eingetroffen, und Christiane beeilte sich, dies nach Karlsbad zu melden.
Der Sohn August war unterdes von der Universität nach Hause in Ferien gekommen. Bei der bereits erwähnten Caroline handelt es sich um Caroline Ulrich, Christianes Gesellschafterin, die später Riemers Frau werden sollte.

Weimar, den 19. Juni 1810
Lieber, bester Geheimrat,
Dein lieber eigenhändiger Brief nebst dem schönen Shawl hat mich ganz glücklich gemacht, denn so einen liebenswürdigen, schönen Shawl habe ich, so lange ich lebe, nicht gehabt; auch das kleine Tüchelchen ist ganz vortrefflich. Ich und Caroline haben beim Auspacken unsere Freude so laut werden lassen, daß August um Ruhe bitten mußte, damit er ins Postbuch quittieren konnte; er kam den 18. an und kostet ohngefähr 19 Groschen Porto. Das Gedicht ist außerordentlich schön, Prinz Bernhard hat allerwegen erzählt, daß die Kaiserin zu ihm gesagt hätte, er sollte Dir sagen: daß Du doch recht oft mit ihr sprechen möchtest, weil sie sich so gern mit Dir unterhielt.
Nun auch etwas von uns. Unsere Tanzstunden setzen wir recht ordentlich fort, und aus der letzten Tanzstunde bei uns wurde ein kleiner Ball, wo von den Personen hier ein Zettelchen folgt, sowohl Zuschauer als Tanzende; und ich wurde genötigt, ihnen etwas Kaltes aufschneiden zu lassen, worüber sich denn die Kinder ungemein freuten, und wir waren von vier Uhr bis halb elf zusammen.

Jetzt sind wir beschäftigt, sowohl unsern Putz zum Vogelschießen, welches heute seinen Anfang nimmt, zu ordnen, als auch zu den Festlichkeiten, die nun kommen sollen. Doch gestehe ich Dir ganz aufrichtig, daß ich sehr zufrieden bin, nicht unter die Damen zu gehören, welche immer an Hof gehen müssen, denn die Ausgaben von Kleinigkeiten könnten leicht meine Kasse ruinieren; denn da ist bald der Fächer aus der Mode, und die Krause kann man nicht an Hof tragen, und jenen Kragen nicht, so daß man ganz konfus wird. Doch für einmal will ich alles mitmachen, und wir geben uns alle mögliche Mühe, nicht proper, aber doch sauber und modern zu erscheinen.
Den 20. Juni. Gestern haben wir mit August und meinem Bruder im Schießhaus gespeist; nach Tische kam der ganze Hof. Es wurde im Schießhaus getanzt, August und alle junge Leute wurden vom Hofmarschall aufgefordert mitzutanzen. Die beiden Prinzen kamen gleich, sobald sie nur in den Saal getreten waren, zu mir und begrüßten mich recht herzlich und freundlich, so auch Carolinen; sie lassen Dich beide grüßen und wünschen, daß die Kur für Dich recht heilsam sei. Durchlauchte Prinzeß war auch sehr genädig gegen mich, auch schickte die Herzogin die Gräfin Beust zu mir und ließ mir für die Gedichte danken; überhaupt haben sich alle Hof- und andere Damen gegen uns beide so benommen, daß wir ganz glücklich und zufrieden nach Hause kamen. Wir haben jedes etwa sechs bis acht Tänze getanzt, und um halb elf Uhr, als sich der Hof zu Tische setzte, gingen wir zu Hause; August hat alles abgewartet, aber jetzt schläft er noch, und wir können von weiter nicht Nachricht geben.

In Karlsbad blieb es übrigens nicht bei dem Begrüßungscarmen für die Kaiserin. Auch zu einem Becher, der ihr überreicht wurde, für einen ihrem Andenken gewidmeten Platz und zu ihrem Abschied am 22. Juni schrieb Goethe je ein Gedicht, die ihm eines immer herzlicher als das andere gerieten.
Anfang Juli reiste auch Carl August nach Böhmen und wurde unterwegs, auf Schloß Pillnitz bei Dresden, der jungen Kaiserin vorgestellt. In Teplitz schloß er nähere Bekanntschaft mit dem Fürsten Lichnowsky, dem Vorleser der Kaiserin, und mit Louis Bonaparte, dem König von Holland, der soeben die Regierung

*niedergelegt hatte und inkognito im gleichen Gasthof wie Carl August wohnte.
Über die Kaiserin heißt es in einem Briefe Goethes an den Herzog in Teplitz:*

Daß Euer Durchlaucht viel Freude haben würden, der Kaiserin Majestät zu kennen, hatte ich mir zum voraus versprochen. Der Eindruck, den ihre Person und ihr Betragen macht, ist höchst wohltätig, man erinnert sich ihrer so gern. Ich finde mich glücklich, ihr nicht ganz unbekannt geblieben zu sein, und mich in dem Falle befunden zu haben, etwas, so wenig es auch sein mag, für sie tun zu können. Wenn Wünsche etwas bei den Göttern vermögen, so muß sie gewiß erhalten werden.

Im Frühjahr 1811 hält Goethe sich nur die Monate Mai und Juni in Böhmen auf, wo die Kur in Karlsbad so gut anschlägt, daß eine Nachkur in Teplitz sich erübrigt. Ende Mai kommt auch Christiane, mit Caroline Ulrich, im eigenen neuen Wagen, den Goethe im Vorjahr in Karlsbad wohlfeil erstanden hatte, nachgereist. Die beiden Damen waren durchaus gesonnen, sich zu amüsieren, und taten das auch: sie sprachen dem Wein zu, gingen in lustige Gesellschaft und tanzten so ausgelassen, daß Carolinchen einmal sogar Schuh und Strümpfe durchtanzte. Goethe, der seine Eheliebste kannte, hatte jedoch seine Vorkehrungen getroffen, über die Charlotte von Schiller in einem Brief an die nach Mecklenburg vermählte Prinzessin Caroline Luise, eine Tochter Carl Augusts, am 25. August Bericht erstattet:

Ich muß Ihnen doch auch berichten, wie klug der Meister ist. Da er einmal seine dicke Hälfte im Bad mit hatte, so empfahl er sie der Obhut der Frau von der Recke, der berühmten nämlich. Diese und ihre Nichte, die Fürstin Hohenzollern, haben sie protegiert und an alle öffentlichen Plätze eingeführt. Unter dieser Ägide ist ihr Ansehen und ihr Ruf trefflich geblieben, und der Meister weiß seine Freunde zu brauchen. Jetzt hat sie hier keine brillante Bekanntschaft und ging neulich mit einem russischen Kurier und Sekretär, der überhaupt der Cicisbeo ist, während der Mann bei der Gesellschaft war, auf den Schießplatz. Seinetwegen würden wir sie gut aufnehmen, versteht sich; wenn sie sich aber selbst ihren Platz in der Gesellschaft sucht, wer kann das hindern? Wenn er nur nicht gekränkt wird. Das ist alles, was wir wünschen können.

Die damals bereits in den Fünfzigern stehende Elisa von der Recke durfte als berühmt gelten, weil sie seinerzeit den okkultistischen Betrüger Cagliostro, unter dessen Einfluß sie geraten war, in einem Aufsehen erregenden Buch entlarvt hatte. Sie hat sich in Karlsbad Christianes sehr liebevoll angenommen und ihr 1816, nach Christianes Tod, in einem Brief an Johanna Schopenhauer einen kleinen Nachruf gewidmet, in dem es unter anderem heißt:

Der furchtbare Tod der noch im Grabe verfolgten Goethe hat mich schmerzhaft erschüttert! – Sie haben Recht, teure Frau! Die im Leben auf einer Seite so glückliche – im Sterben aber höchst unglückliche Goethe hatte doch viele guten Seiten! Warum richten die Menschen denn immer ihre Blicke nur auf die Fehler der andern, statt diese nur stille für sich als Warnungen zu betrachten, die uns vor Fehlern schützen? – Wodurch die Verstorbene sich mir empfohlen hat, ist, daß ich sie nie von andern Böses sprechen hörte; auch war ihre Unterhaltung, soweit ich sie kannte, immer so, daß ich mir es wohl erklären konnte, daß ihr anspruchsloser, heller, ganz natürlicher Verstand Interesse für unsern Goethe haben konnte, der mir seine Frau mit diesen Worten vorstellte: »Ich empfehle Ihnen meine Frau mit dem Zeugnisse, daß, seit sie ihren ersten Schritt in mein Haus tat, ich ihr nur Freuden zu danken habe.« – Die Frau, welche von ihrem Gatten ein solches Zeugnis erhält, über deren Fehler werden alle diejenigen, welche den Gatten schätzen, einen Schleier zu werfen suchen. Wir, liebe Teure! wir wollen immer der guten Seiten der Verstorbenen gedenken, und ihre Schwächen in Vergessenheit zu bringen uns bemühen!

Als Goethe im Frühjahr 1812 wieder in Karlsbad zur Kur war, erwartete man dort Anfang Juni den Kaiser von Österreich mit seiner Gemahlin und seiner Tochter Maria Luise, der Kaiserin von Frankreich. Zur Begrüßung der Majestäten wurde abermals Goethe mit Gedichten beauftragt, die den hohen Herrschaften überreicht werden sollten. Es kam aber nicht dazu. Maria Ludovica ging, ohne den Gemahl und die Stieftochter, diesmal nach Teplitz, wo sie am 2. Juli eintraf. Am 7. Juli traf auch Carl August dort ein, der sogleich folgendes Billett an Goethe expedierte:

Seit gestern nachmittag bin ich hier; die Kaiserin seit sechs Tagen. Sie wohnt im Herrnhause. Niemand wie Graf und Gräfin Althann und Gräfin O'Donell begleiten sie. Lichnowsky ist gestern angelangt und ist wieder zum Vorleser bestimmt. Sonsten ist niemand, der zur Gesellschaft dienen könnte, hier. Das Bad ist sehr leer; ich wohne in den Zimmern des Königs von Holland im »Goldnen Schiff« und bin ganz allein. Die Kaiserin scheint sehr zu wünschen, daß du herkommst; wenn du ihr vorliesest, würdest du ihr viele Freude machen. Lichnowsky und Althann schreien beide nach dir. Komm doch balde. Leb wohl.

C. A.

Hierauf begab Goethe sich am 14. Juli nach Teplitz, wo er bis Mitte August blieb, häufig von der Kaiserin zur Tafel gezogen wurde und ihr wiederholt aus seinen Werken vorlas. Der Umgang im kleinen Kreise war vertraulich, man lernte sich gegenseitig schätzen, und das liebenswürdige Wiener Temperament der Gräfin O'Donell, der ersten Hofdame und Vertrauten der Kaiserin, trug das Seine dazu bei, allen Förmlichkeiten das Gewicht zu nehmen. Durch den Fürsten Lichnowsky lernte Goethe auch Beethoven persönlich kennen, der ihm vorspielte. Über alles dieses berichtet er am 19. Juli nach Karlsbad an Christiane, die ihm Mitte Juni dorthin nachgereist war.

Bei gutem Wetter und leidlichem Wege war ich Dienstag Mittage hier und wurde aufs beste und freundlichste empfangen. Es würde sehr anmaßlich aussehen, wenn ich schriftlich erzählen wollte, mit wieviel Gnade und Auszeichnung man mich hier beglückt; das soll also aufs Mündliche verspart sein. Durchlaucht der Herzog ist wohl und munter, Fürst Lichnowsky immer der alte. Prinzeß Marianne von Sachsen hat nach dir gefragt und einen Gruß an dich mir aufgetragen. Die Abschrift der Gedichte ist, durch unglaubliche Saumseligkeit der Post, erst gestern, den

18., angekommen, und ist also 14 Tage unterwegs gewesen. Der Herzog schickte sie gleich Ihrer Majestät, und nach Tafel befahl die Kaiserin auf die anmutigste Weise, daß ich sie vorlesen sollte, welches wohl das sicherste Zeichen der Zufriedenheit war. Fast alle Morgen habe ich das Glück gehabt, der Kaiserin vorzulesen. Sie spricht meistens dazwischen und äußert sich über die bedeutendsten Gegenstände mit außerordentlichem Geist und Originalität. Man kann sich kaum einen Begriff von ihren Vorzügen machen. Ihr werdet über gewisse Dinge, die ich zu erzählen habe, erstaunen, beinahe erschrecken.

Schon dreimal war ich zur Tafel geladen. Da ist sie denn, wo möglich, noch heitrer und anmutiger als sonst; sie neckt diesen oder jenen von den Gästen und reizt ihn zum Widerspruch, und weiß der Sache zuletzt immer eine angenehme Wendung zu geben.

Und so müßt ich noch immer forterzählen, ob ich mir gleich vornahm, alles auf meine Rückkunft zu versparen.

Ich wohne im Goldnen Schiff, in der alten Ecke, der Herzog in den Zimmern des Königs von Holland. Die Aussicht ist sehr schön, ich wünschte wohl, euch einen Mittag bewirten und einen Abend mit euch ausfahren zu können. Die Pferde kommen mir sehr zugute, besonders da ich nach dem Bade fahren muß, welches eine kleine Viertelstunde entfernt liegt.

Empfehlet mich allen Gönnern und Freunden. Sage Prinz Friederich Durchlaucht, daß ich nicht mit Beethoven sein kann, ohne zu wünschen, daß es im Goldnen Strauß geschehen möge. Zusammengefaßter, energischer, inniger habe ich noch keinen Künstler gesehen. Ich begreife recht gut, wie er gegen die Welt wunderlich stehn muß.

Ende Juli hätte es im Kreise der Kaiserin zu einer privaten Liebhaberaufführung kommen sollen, bei der Goethe, von dem auch der endgültige Text des improvisierten Stückes stammte, eine Rolle zugedacht war. Davon hat Christiane, nach ihrer Rückkehr nach Weimar, Mitte August, einiges verlauten lassen, und Charlotte von Schiller berichtet auch darüber an die Prinzeß in Mecklenburg.

Weimar, den 30. August 1812

Gnädigste Fürstin! Ich will Ihnen gleich Bericht erstatten von dem Stück, das der Meister durch sein Spiel verherrlichen sollte; es ist wohl wahr; und nach der Aussage der Frau Geheimrätin, die es meiner Schwester anvertraut hat, hat ein Gespräch die Veranlassung gegeben: über die Materie, welches der beiden Geschlechter das Recht hätte, zuerst die Liebe zu gestehen. Man ist so weit gekommen, es auszumalen, und der Meister hat eine Geschichte darüber erzählt. Die Kaiserin hat gemeint, man könnte sie dramatisch behandeln, und hat sich eine ganze Nacht hingesetzt und das Stück verfertigt, worin der Meister die Rolle eines alten Onkels machen sollte. Er hatte schon eine große Allongen-Perücke bestellt, als er krank wurde, und es unterblieb. So weit geht meine Kunde. Der Meister hat an seine Frau geschrieben, wenn er alles sagen wollte, was ihm Schmeichelhaftes und Erfreuliches geschehen wäre, so würde man es für Anmaßung halten können, und es wäre beinahe unglaublich. Es freut mich, daß er Ehre erfährt, und ich möchte ihm auch gern alle Kronen aufs Haupt setzen: die Dichter-, Bürger- und Heldenkrone.

Ganz kann man sich des Verdachts nicht erwehren, daß neben Goethes Unpäßlichkeit noch anderes – die Angst vor »bösen Zungen« – die Aufführung des kleinen Spiels verhindert hat. Schon in einem Brief vom 5. August an Christiane hatte es von dem Stück, das Goethe, wie er schreibt, »ein wenig zurechtgerückt« hatte, geheißen:

In dem Stücke der Kaiserin habe ich zuletzt noch die Hauptrolle übernehmen müssen, wenn es zustande kommen sollte. Nun kannst du wohl denken, daß es Zeit ist, zu enden. Da es Ihr aber den größten Spaß macht, und Sie über alle Begriffe gut, klug und teilnehmend ist, so tut jedermann das Letzte.

Goethes Kränklichkeit dauerte noch an, als die Kaiserin am 10. August nach Prag aufbrach und ihm schon am gleichen Tage durch die Gräfin O'Donell schreiben ließ, wie leid es ihr sei, daß sie von ihm nicht Abschied nehmen konnte.
Goethe kehrte nun nach Karlsbad zurück und traf dort auch wie-

der mit Beethoven zusammen; über ihn schreibt er am 2. September an Zelter in Berlin:

Beethoven habe ich in Teplitz kennengelernt. Sein Talent hat mich in Erstaunen gesetzt; allein er ist leider eine ganz ungebändigte Persönlichkeit, die zwar gar nicht Unrecht hat, wenn sie die Welt detestabel findet, aber sie freilich dadurch weder für sich noch für andere genußreicher macht. Sehr zu entschuldigen ist er hingegen und sehr zu bedauern, da ihn sein Gehör verläßt, das vielleicht dem musikalischen Teil seines Wesens weniger als dem geselligen schadet. Er, der ohnehin lakonischer Natur ist, wird es nun doppelt durch diesen Mangel.

Zelter antwortet darauf am 14. September:

Was Sie von Beethoven sagen, ist ganz natürlich. Auch ich bewundere ihn mit Schrecken. Seine eigenen Werke scheinen ihm heimliches Grauen zu verursachen: eine Empfindung, die in der neuen Kultur viel zu leichtsinnig beseitigt wird. Mir erscheinen seine Werke wie Kinder, deren Vater ein Weib oder deren Mutter ein Mann wäre. Das letzte mir bekannt gewordne Werk (»Christus am Ölberge«) kommt mir vor wie eine Unkeuschheit, deren Grund und Ziel ein ewiger Tod ist. Die musikalischen Kritiker, welche sich auf alles besser zu verstehn scheinen als auf Naturell und Eigentümlichkeit, haben sich auf die seltsamste Weise in Lob und Tadel über diesen Komponisten ergossen. Ich kenne musikalische Personen, die sich sonst bei Anhörung seiner Werke alarmiert, ja indigniert fanden und nun von einer Leidenschaft dafür ergriffen sind wie die Anhänger der griechischen Liebe. Wie wohl man sich dabei befinden kann, läßt sich begreifen, und was daraus entstehn kann, haben Sie in den Wahlverwandtschaften deutlich genug gezeigt.

Mit der Kaiserin Maria Ludovica blieb Goethe bis zu ihrem frühen Tode, am 7. April 1816, über die Gräfin O'Donell in Verbindung. Die Begegnung mit ihr war ihm unvergeßlich, Erinnerungsstücke an sie verwahrte er wie kostbare Reliquien. Schon gleich nach ihrem Scheiden hatte er am 13. August an seinen Freund Reinhard geschrieben:

Der Begriff, den ich mir von dieser außerordentlichen Dame in dem Zeitraume von vier Wochen vollständig bilden konnte, ist ein reicher Gewinn fürs ganze Leben. Ich darf nicht anfangen, von ihr zu reden, weil man sonst nicht aufhört; auch sagt man in solchen Fällen eigentlich gar nichts, wenn man nicht alles sagt, und es ist nichts schwerer als ein Individuum zu schildern, welches Verdienste in sich hegt, die dem Allgemeinen angehören. Eine solche Erscheinung gegen das Ende seiner Tage zu erleben, gibt die angenehme Empfindung, als wenn man bei Sonnenaufgang stürbe, und sich noch recht mit inneren und äußeren Sinnen überzeugte, daß die Natur ewig produktiv, bis ins Innerste göttlich, lebendig, ihren Typen getreu und keinem Alter unterworfen ist.

Nicht weniger überschwenglich äußert Goethe sich in dem ersten ausführlicheren Brief, der im November von Weimar nach Wien an die Gräfin O'Donell abging.

Hier bin ich nun, verehrte Freundin, wo Sie mich wissen wollten; in dem Kreise, dem ich mich seit so vielen Jahren gewidmet habe. Ich wäre sehr undankbar, wenn ich nicht zufrieden sein, und sehr unruhig, wenn ich mich wo anders hinsehnen wollte; doch erlaube ich mir oft, in Gedanken zwischen dem Goldenen Schiffe und dem Herrnhause hin und her zu wandeln; so wie zwischen Töplitz, Kulm und manchen andern schönen Gebirgsgegenden. – Ich befinde mich so wohl, als ich's verlangen kann, habe seit jener Zeit an keinem entschiedenen Übel gelitten und schicke mich, wie billig, in das, was die Jahre nicht mehr bringen sondern nehmen. Ich sage das, um Ihre freundliche Teilnahme zu erwidern, und wünsche nun auch zu vernehmen, daß Sie sich wohl befinden; möchten Sie bald Lust und Freiheit haben, mir es zu sagen und mir dabei zugleich versichern, daß unsere allverehrteste Frau und *Herrin* sich im vollkommensten Wohlsein befinde: denn, ich will gern gestehn, ich kann's immer noch nicht verwinden, daß ich Sie zuletzt leidend gesehen habe. Die Empfänglichkeit für sinnliche Eindrücke, der ich so viel Gutes verdanke, zieht mir dieses Übel zu, das ich mit einem schmerzlichen Vergnügen ertrage, weil ich mich ebenso deutlich erinnere, wie herrlich Sie in diesen Augenblicken erschien.

Da Sie nun aber allerlei Wunderliches von mir gewohnt sind, so muß ich Ihnen erzählen und vertrauen, daß ich mir seit einiger Zeit, obgleich ungern und mit Mühe, von unserer Angebeteten zu sprechen abgewöhnt habe: denn die bravsten und sonst fürs Vortreffliche empfänglichen Menschen enthielten sich nicht, mir zu versichern, ich rede enthusiastisch, wenn ich nichts als die reine Prosa zu sprechen glaubte. Es kann zwar sein, daß, wie jener Prosa machte ohne es zu wissen, ich unbewußt poetisch rede. Wäre ich aber auch ein anerkannter Nachtwandler, so will ich doch nicht aufgeweckt sein, und halte mich daher fern von den Menschen, welche nur das Wahre zu sehen glauben, wenn sie das Gemeine sehen.

Goethes Karlsbader Brief an Reinhard war abschriftlich nach Wien und dort auch zur Kenntnis der Kaiserin gelangt. Goethe war darüber höchst ungehalten, und der Vorfall trug ihm Anfang Januar des nächsten Jahres von der Gräfin O'Donell ein Schreiben ein, in dem es unter anderem heißt:

In mehreren Gesprächen, welche auf den Töplitzer *séjour* zurückführen, gaben mir unsere gnädigste Gebieterin *sehr deutlich* zu erkennen, daß sie zwar an Ihrer Bescheidenheit keinen Augenblick zweifle, vielmehr vollkommen überzeugt sei, Sie würden von allem, was Sie dort gehört und gelesen, keinen Gebrauch machen; doch wünscht sie die Gewißheit zu haben, auch in keinem Ihrer Werke, unter welchem Vorwand es immer sein möge, genannt oder erraten zu werden; und obschon mir nicht bekannt, ob Sie ein Vornehmen dieser Art wirklich im Sinne führen, so scheint mir nicht überflüssig, Ihnen diese *hohe* und *bestimmte* Willensmeinung mitzuteilen, da es nicht allein möglich, sondern selbst natürlich wäre, den bewundernswürdigen Geistes- und Herzens-Eigenschaften einer Frau (welche Sie so glücklich waren, öfter und näher zu sehen) huldigen zu wollen. Doch sie ist ebenso bescheiden als liebenswürdig, und deshalb noch schätzbarer; auch Sie werden mir beistimmen, und echte Weiblichkeit hat gewiß in Ihren Augen viel Wert. Die Frauen sind wie die Religion; je weniger man von ihnen spricht, je mehr gewinnen sie.

Goethes Antwortschreiben, vom 22. Januar 1813, ist in seiner Art ein kleines Meisterwerk: mit einem deutlichen Anklang an kanzleihafte Förmlichkeit, mythologisch-gemeinplätzig ausgeziert, schalkhaft-betulich und zugleich, durch alles Schnörkelwerk hindurch, die wahre Herzensmeinung erraten lassend; alles jedoch so verklausuliert, daß der scharfäugigste Zensor zu erraten Mühe gehabt hätte, wovon und von wem denn hier die Rede sein könnte.
Goethe an die Gräfin O'Donell:

Da sich die liebe Exzellenz abermals als ernsthafte Dame Ihrem demütigen Freunde nähert und denselben, wo nicht mit bedenklichen, doch mit bedeutenden Worten anredet; so erfordert die Schuldigkeit, daß derselbe sich ungesäumt mit gebührender Erwiderung einfinde, welches denn auch hiermit geziemend, und zwar vorerst eigenhändig, geschieht.

Es ist nicht zu leugnen, daß wir andern Poeten einigermaßen verwandt sind mit dem Kammerdiener des Königes Midas; nur unterscheiden wir uns von diesem Herrn Vetter darin gar merklich, daß, wenn derselbe die Mängel seines Prinzipals ohnmöglich verschweigen konnte, wir dagegen es sehr peinlich finden, von den Vollkommenheiten unserer Herrinnen zu schweigen.

Sie haben daher, meine scharfsichtige Freundin, mich irgend eines Vorhabens in gegründetem Verdacht; nur muß ich zu meiner Rettung und Rechtfertigung versichern, daß ich dergleichen Anmaßungen niemals aus eigener, uns vom Urvater Helios verliehenen Macht und Gewalt würde gewagt haben. Vielmehr sollte ein gewisser stiller Wunsch im Laufe dieses Jahrs gegen die Freundin verlauten und in Form einer gnädig weiter zu befördernden Bitte vor derselben erscheinen.

Da aber Ihr letztes vertrauliches Schreiben, ahndungsvoll, schon eine abschlägige Antwort auf ein noch nicht angebrachtes Gesuch enthält, so ergebe ich mich um so mehr darein und verschließe, auf diesen himmlischen Fingerzeig, meine Gesinnungen und Vorhaben in einem stillen treuergebenen Herzen, wo sie auf jede Art zu wuchern nicht ermangeln werden. Bekennend und schweigend

immer derselbe
Goethe.

»Bekennend und schweigend« – noch genauer müßte es wohl heißen: auch schweigend bekennend, oder, lieber noch und als eigenstes Geschäft des Dichters: wortreich bekennend, daß man zu schweigen gesonnen sei. Der Herzog wußte wohl, wie er seinen Freund in diesem Punkte zu nehmen hatte, und so versäumt er nicht, die Gräfin – und ihre Gebieterin – ein Jahr später in einem scherzhaften Schreiben ein wenig zu erschrecken:

Goethe ist auch stumm, diktiert aber an zwei Schreiber, die er sich hier von der Polizei geliehen hat, seine Lebens- und Liebesgeschichte, und ist eben jetzt an der Epoche, wo er Euer Exzellenz – sah! Er frägt mich dabei öfters um Rat, ob er auch nicht zuviel dem Papiere anvertraue. Da predige ich ihm dann stets Vorsicht, Mäßigung und etwas Verschwiegenheit. Sein Krankwerden vor dem Jahre hat er gar artig einzuwickeln gewußt; jeder Leser fühlt die Ursache.

Im Herbst 1813 gerät man in Weimar wieder einmal in äußerste Bedrängnis; man hat französische Einquartierung und Goethe ist mit gepackten Koffern zur Flucht bereit. Die Völkerschlacht bei Leipzig am 17./18. Oktober setzt der Herrschaft Napoleons in Deutschland ein Ende, und wenige Tage später vertreiben russische Kosaken die französische Besatzung.
Im kommenden Jahr nimmt der Herzog am Wiener Kongreß teil und berichtet von dort Mitte Januar 1815, die Kaiserin habe ihm aufgetragen, Goethe »viel Schönes von ihr zu sagen«. Goethe, der inzwischen tief in die Lektüre orientalischer Dichtung geraten und mit der Abfassung seines »West-östlichen Divans« beschäftigt ist, antwortet am 29. Januar:

Im Orient, wo ich mich jetzt gewöhnlich aufhalte, wird es schon für das höchste Glück geachtet, wenn von irgendeinem demütigen Knechte vor dem Angesichte der Herrin gesprochen wird und Sie es auch nur geschehen läßt. Zu wie vielen Kniebeugungen würde derjenige hingerissen werden, dessen Sie selbst erwähnte! Möchte ich doch allerhöchsten Ortes nur manchmal namenweise erscheinen dürfen!

Dieses Motiv des namenweise Erscheinens vor der Herrin findet sich um die gleiche Zeit in einem Gedicht (»Geheimstes«) des zukünftigen, noch ungedruckten »Divans« und wandert von dort, als Zitat gekennzeichnet, in den »Maskenzug« hinüber, der in Weimar am 18. Dezember 1818 zu Ehren der Kaiserin-Mutter Maria Feodorowna stattfand:

>»Wenn vor deines Kaisers Throne
>Oder vor der Vielgeliebten
>Je dein Name wird gesprochen,
>Sei es dir zum höchsten Lohne.
>
>Solchen Augenblick verehre,
>Wenn dein Glück dir solches gönnte!«
>Also klingt vom Oriente
>Her des Dichters weise Lehre.

V

Zwischen Neptunisten und Vulkanisten
Der Kammerbühl bei Eger
(1808–1822)

Dem nachfolgenden Diskurs in Briefen über ein Grundproblem in Goethes Naturanschauung sei ein Zitat aus einem Brief an den Staatsrat Schultz in Berlin aus dem Januar 1819 vorausgestellt:

Ganz eigen ist es, daß ich wirklich, nach Art des Enceladus, die Urgebirge berührend, ein neuer Mensch werde und immer wieder frisch gewahre, in wie schönem und doch wie seltsamen Verhältnis wir zur Natur stehen. Jeder spricht sich nur selbst aus, indem er von der Natur spricht, und doch darf niemand die Anmaßung aufgeben, wirklich von der Welt zu sprechen.

Die Urgebirge, das Urgestein, namentlich der Granit, die Geologie und Mineralogie hatten es Goethe früh angetan. Der Anstoß erfolgte aus der Praxis, als er in Weimar genötigt wurde, sich mit dem Ilmenauer Bergbau zu beschäftigen. Die Anschauung aber geht bald auf eigene Weise ins Große. So heißt es in einem Brief des Dreißigjährigen vom 27. Dezember 1780 an den Herzog Ernst II. von Sachsen-Gotha mit Mutmaßungen über den unterirdischen Zusammenhang des Harzes mit dem Thüringerwald:

Verzeihen mir Euer Durchlaucht diesen vielleicht etwas zu kühnen und schnellen Flug. Aber wie der Hirsch und der Vogel sich an kein Territorium kehrt, sondern sich da äst und dahin fliegt, wo es ihn gelüstet, so, halt' ich davon, muß der Beobachter auch sein. Kein Berg sei ihm zu hoch, kein Meer zu tief. Da er die ganze Erde umschweben will, so sei er frei gesinnt wie die Luft, die alles umgibt. Weder Fabel noch Geschichte, weder Lehre noch Meinung halte ihn ab zu schauen. Er sondere sorgfältig das, was er gesehen hat, von dem, was er vermutet oder schließt. Jede richtig aufgezeichnete Bemerkung ist unschätzbar für den Nach-

folger, indem sie ihm von entfernten Dingen anschauende Begriffe gibt, die Summe seiner eigenen Erfahrungen vermehrt und aus mehreren Menschen endlich gleichsam ein Ganzes macht.
Beifügen muß ich freilich, daß bei dieser Sache, wie bei tausend ähnlichen, der anschauende Begriff dem wissenschaftlichen unendlich vorzuziehen ist. Wenn ich auf, vor oder in einem Berge stehe, die Gestalt, die Art, die Mächtigkeit seiner Schichten und Gänge betrachte und mir Bestandteile und Form in ihrer natürlichen Gestalt und Lage gleichsam noch lebendig entgegenrufe, und man mit dem lebhaften Anschauen »so ist's« einen dunklen Wink in der Seele fühlt: »so ist's entstanden!« – wie wenig kann ich freilich davon mit den abgebrochenen Musterstückchen und den wieder auf der andren Seite zu generalisierten Durchschnitten überschicken.

Über die Entstehung der Erdoberfläche – und damit zugleich über die Beschaffenheit des Erdinneren – lagen damals zwei Ansichten im Streit miteinander, deren Anhänger man vereinfachend als Vulkanisten und Neptunisten bezeichnete.
Die Vulkanisten nahmen ein glutflüssiges Erdinneres an, mit dem die Vulkane unmittelbar in Verbindung standen und das auch die mächtigen Faltengebirge verursacht hatte. Für die Neptunisten, die in dem Freiberger Mineralogen Abraham Gottlob Werner ihren Anführer verehrten, hatte die Erde einen festen Kern; sie war ursprünglich ganz von Wasser bedeckt gewesen; aus diesem Urozean hatten die Gesteine und Formationen sich durch Ausscheidung und Ablagerung gebildet.
Goethes anschauendes Begreifen und sein Sinn für geschichtliche Konsequenz zogen ihn schon sehr früh auf die Seite der Neptunisten; der Vulkanismus mit seiner »Polterkammer«, seinen jähen Ausbrüchen und Gewaltakten war ihm von Grund auf zuwider.
In der Phantasmagorie der »Klassischen Walpurgisnacht«, im Zweiten Teil seines Faust, läßt Goethe den antiken Philosophen Thales als seinen Gewährsmann sprechen, während dessen Gegner Anaxagoras diesen auf ein sichtbarlich vor ihren Augen heraufgetürmtes Gebirg verweist.

ANAXAGORAS:
  Durch Feuerdunst ist dieser Fels zu Handen.
THALES:
  Im Feuchten ist Lebendiges entstanden.
ANAXAGORAS:
  Hast du, o Thales, je in *einer* Nacht
  Solch einen Berg aus Schlamm hervorgebracht?
THALES:
  Nie war Natur und ihr lebendiges Fließen
  Auf Tag und Nacht und Stunden angewiesen.
  Sie bildet regelnd jegliche Gestalt,
  Und selbst im Großen ist es nicht Gewalt.
ANAXAGORAS:
  Hier aber war's! Plutonisch grimmig Feuer,
  Äolischer Dünste Knallkraft, ungeheuer,
  Durchbrach des flachen Bodens alte Kruste,
  Daß neu ein Berg sogleich entstehen mußte.
THALES:
  Was wird dadurch nun weiter fortgesetzt?
  Er ist auch da, und das ist gut zuletzt.
  Mit solchem Streit verliert man Zeit und Weile
  Und führt doch nur geduldig Volk am Seile.

Diese Verse sind der späte Niederschlag einer Kontroverse, die sich durch Jahrzehnte hinzog und in welcher Goethes Verhalten zu verfolgen ebenso unterhaltsam wie lehrreich ist.
Während seines Karlsbader Aufenthalts im Sommer 1807 hatte Goethe einen Aufsatz über die dortige geognostische Sammlung verfaßt, der schon im Herbst in Carl Caesar von Leonhards »Taschenbuch für die gesamte Mineralogie« erschien. Goethe dankt dafür am 25. November in einem Schreiben an den Herausgeber des Taschenbuchs und benutzt diese Gelegenheit, um sich über seine Naturansicht etwas näher zu erklären. Es heißt dort eingangs:

Unter Ihrer Anleitung tritt jene kleine Schrift nunmehr vor ein anderes Publikum, vor das wissenschaftliche, da sie früher nur bestimmt war, ein allgemeines Interesse zu erregen und gewisse Gegenstände vor den Augen der Kenner und Nichtkenner in einer bequemern Ordnung aufzuführen, als sie bisher, mehr oder weniger bekannt, betrachtet wurden. Vielleicht könnte man, da ich mich in einem neuen Fach mit dem Publikum zu unterhalten anfange, nach meiner Legitimation fragen; doch gibt vieljährige Neigung und Beobachtung wohl einiges Recht, in einer Sphäre mitzuwirken, wo ein jeder auch mit dem geringsten Beitrag willkommen ist.

Um manches Mißverständnis zu vermeiden, sollte ich freilich vor allen Dingen erklären, daß meine Art, die Gegenstände der Natur anzusehen und zu behandeln, von dem Ganzen zu dem Einzelnen, vom Total-Eindruck zur Beobachtung der Teile fortschreitet, und daß ich mir dabei recht wohl bewußt bin, wie diese Art der Naturforschung, so gut als die entgegengesetzte, gewissen Eigenheiten, ja wohl gar gewissen Vorurteilen unterworfen sei.

So gestehe ich gern, daß ich da noch oft simultane Wirkungen erblicke, wo andere schon eine sukzessive sehen; daß ich in manchem Gestein, das andere für ein Konglomerat, für ein aus Trümmern Zusammengeführtes und Zusammengebackenes halten, ein auf Porphyrweise aus einer heterogenen Masse in sich selbst Geschiedenes und Getrenntes und sodann durch Konsolidation Festgehaltenes zu schauen glaube. Hieraus folgt, daß meine Erklärungsart sich mehr zur chemischen als zur mechanischen hinneigt.

Gewiß würde man, nach meiner Überzeugung, über Gegenstände des Wissens, ihre Ableitung und Erklärung viel weniger streiten, wenn jeder vor allen Dingen sich selbst kennte und wüßte, zu welcher Partei er gehöre, was für eine Denkweise seiner Natur am angemessensten sei. Wir würden alsdann die Maximen, die uns beherrschen, ganz unbewunden aussprechen und unsere Erfahrungen und Urteile diesem gemäß ruhig mitteilen, ohne uns in irgendeinen Streit einzulassen: denn bei allen Streitigkeiten kommt am Ende doch nichts weiter heraus, als daß sich zwei entgegengesetzte, nicht zu vereinigende Vorstellungsarten recht deutlich aussprechen, und jeder auf der seinigen nur desto fester und strenger beharrt. Sollte man also mit meinen geologischen Äußerungen sich durchaus nicht vereinigen können, so wird man den Punkt in Betracht ziehen, von dem ich ausgehe und zu dem ich wieder zurückkehre.

Auf die hier zutage tretende Bedingtheit des Menschen durch seine Vorstellungsart ist Goethe häufiger zurückgekommen; so im August 1815 in einem Gespräch mit Sulpiz Boisserée, das dieser getreulich aufgezeichnet hat.

Wunderliche Bedingtheit des Menschen auf seine Vorstellungsart; wie Kant sehr richtig mit Antinomie der Vorstellungsart ausdrückt; so muß es mir mit Gewalt abgenötigt werden, wenn ich etwas für vulkanisch halten soll, ich kann nicht aus meinem Neptunismus heraus. Das ist mir am auffallendsten gewesen am Laacher See und zu Niedermendig; sehen Sie, das hat mich so ruhig gelassen, daß ich, wie Abt Spangenberg, hätte sagen mögen: Wir wünschen der lieben Gemeinde unsere Ruhe und unsern Frieden! Da ist mir nun alles so allmählich erschienen, das Loch mit seinen gelinden Hügeln und Buchenhainen; und warum sollte denn das Wasser nicht auch löcherige Steine machen können wie die Bimssteine und die Mendiger Steine? Daß das Gewässer, ehe es sich gesetzt, zuletzt noch einmal große Bewegung gemacht, wie im ersten Anfang, warum das nicht? Es möchte dem Vulkanismus schwerer fallen, die Mendiger Steine als Lava durchzuführen und vollständig zu erklären, wie sie geflossen und dahin gekommen. Ja, wenn von Vulkanen die Rede, wie bei Nemi in Italien, da bin ich genötigt, überzeugt und überwältigt, da glaube ich, und wenn ich einmal einen Vulkan anerkenne und verteidige, dann will es auch was heißen. Diese Antinomie der Vorstellungsart ist es nun, warum wir Menschen nie aufs reine kommen können mit einem gewissen Maß von Wissen, sondern immer alte Wahrheiten und Irrtümer auf eine neue Weise aussprechen; darum wir über viele Dinge uns nie ganz verständlich machen können, und ich daher oft zu mir sagen muß: darüber und darüber kann ich nur mit Gott reden, wie das in der Natur ist, und das: was geht es nun weiter die Welt an. Sie faßt entweder meine Vorstellungsart, oder nicht, und im letztern Falle hilft mir alle Menschheit nichts. Darum, über viele Dinge kann ich nur mit Gott reden.

Als Goethe im Sommer 1808 sich wieder in Karlsbad aufhält, heißt es in einem Brief an seinen Sohn August vom 17. August: »Auch das Steinreich hat mich in einzelnen Teilen angezogen,

besonders ist mir der vulkanische oder pseudovulkanische Hügel bei Eger, der Kammerbühel genannt, sehr merkwürdig erschienen.«
Von dem gleichen Hügel oder Berg bei Eger ist dann auch in den Annalen der »Tag- und Jahreshefte« die Rede:

Ein längerer Aufenthalt in Franzenbrunnen läßt mich den problematischen Kammerberg bei Eger öfters besuchen. Ich sammle dessen Produkte, betrachte ihn genau, beschreibe und zeichne ihn. Ich finde mich veranlaßt, von der Reußischen Meinung, die ihn als pseudovulkanisch anspricht, abzugehen und ihn für vulkanisch zu erklären. In diesem Sinne schreib' ich einen Aufsatz, welcher für sich selber sprechen mag; vollkommen möchte die Aufgabe dadurch wohl nicht gelöst und eine Rückkehr zu der Reußischen Ansicht gar wohl rätlich sein.

»Pseudovulkanisch« nannte Goethe, mit seinem Lehrer Werner, jene Erscheinungen, die dessen Ansicht nach durch die Aufschmelzung ursprünglichen Gesteins, durch Erdbrand in Kohlenflözen, ohne eigentlich vulkanische, mit Explosionen verbundene Vorgänge zustande gekommen waren.
Dem übersandten Manuskript ließ Goethe jedoch bereits am 18. November eine Nachschrift folgen:

Nachdem ich die kurze Beschreibung des Kammerbergs bei Eger an Sie schon abgesendet, habe ich den von Bornischen Aufsatz darüber gelesen und gefunden, daß ich in der Darstellung mit ihm meistens übereinstimme; und wie könnte es auch in diesem Falle wohl anders sein! In der Auslegung und Erklärung weiche ich wohl einigermaßen von ihm ab, doch würde ich mich bei genauerer Untersuchung ihm wohl näher finden als manchem Neuern. Worin ich aber völlig von ihm dissentiere, ist der Punkt, daß er die Liebensteiner Basalte, welche durch eine Entfernung von einigen Stunden und durch verschiedene Urgebirgsarten von der Kammerberger Gegend getrennt sind, gleichfalls heranzieht und sie dadurch dem Vulkanismus aneignen möchte. Doch dies war die Art jener Zeit, daß man von der Feuerseite zu weit ging, wie man in der neuern vielleicht dem Wasser zu weite Ausdehnung gegeben hat. Doch ist ja gerade Parteilichkeit für diese oder jene Überzeugung das, was den Menschen am tätigsten macht. Und hat man denn nicht schon eine Vermittlung gesucht und eine gemeinschaftliche und wechselseitige Wirkung des Wassers und Feuers vorausgesetzt! Ist doch auch der Fall, den ich beobachtet, nur im Konflikt beider Elemente denkbar.

So spiegelt der Widerstreit der Meinungen schließlich einen Konflikt der Elemente selber. Parteinahme für eines von diesen entspringt daher nicht nur rechthaberischem Starrsinn, sondern einer Art von Zugehörigkeit durch die Artung des eigenen Temperaments; was einen selbstverständlich nicht davon entbindet, sich den Standpunkt der anderen Seite zu verdeutlichen und in seiner, ebenfalls beschränkten, Geltung anzuerkennen.
Über den Kammerberg liest man nun zwölf Jahre später, abermals in den »Tag- und Jahresheften«, anläßlich eines nochmaligen Besuchs im Mai 1820:

Als ich den durch den Wegebau immer weiter aufgeschlossenen Kammerberg bei Eger bestieg, sorgfältig abermals betrachtete und die regelmäßigen Schichten desselben genau ansah, so mußte ich freilich zu der Überzeugung des Bergrats Reuß wieder zurückkehren und dieses problematische Phänomen für pseudovulkanisch ansprechen. Hier ward ein mit Kohlen geschichteter Glimmerschiefer durchglüht, geschmolzen und dadurch mehr oder weniger verändert.
Diese Überzeugung, einem frischen Anschauen gemäß, kostete mich nichts, selbst gegen ein eignes gedrucktes Heft anzunehmen; denn wo ein bedeutendes Problem vorliegt, ist es kein Wunder, wenn ein redlicher Forscher in seiner Meinung wechselt.

Mit dieser Rückkehr Goethes zu seiner ersten Ansicht hätte es nun sein Bewenden haben können, zumal der pseudovulkanische Kammerbühl ihm entschieden sympathischer war als ein vulkanischer.
Zwei Jahre später jedoch, im Juli 1822, wurde der Berg abermals bestiegen, diesmal in Gesellschaft des Grafen Sternberg und des schwedischen Chemikers Berzelius, zweier bedeutender Naturforscher, deren Bekanntschaft Goethe soeben gemacht hatte. Ein dritter Begleiter auf dieser Exkursion berichtet, Goethe habe über diesen ihm so merkwürdigen Berg bei jeder Gelegenheit

die Meinung anderer Naturforscher hören wollen, weil er über ihn mit sich nicht einig werden konnte. Nachdem Berzelius die große Öffnung auf dem Kammerbühl besichtigt hatte, äußerte er: »Dieser Vulkan gleicht ganz genau jenen in der Auvergne.« Goethe, den zusätzliche Lavafunde im Gestein des Kammerbühls wankend gemacht hatten, neigte nun wieder einer vulkanischen Vorstellung vom Ursprung dieses Berges zu, die er allerdings mit seinen neptunistischen Neigungen dadurch in Übereinstimmung zu bringen suchte, daß er die Eruptionen in frühester Erdzeit unter dem Wasser stattfinden ließ.
Über diesen letzten Besuch des Kammerbühls hat Goethe in seinen Heften »Zur Naturwissenschaft« berichtet und dem Bericht unter der Überschrift »Wunderbares Ereignis« folgende Betrachtung beigefügt:

Da die Überzeugung so trefflicher Männer, mit denen ich den Kammerbühl abermals besuchte, gleichfalls eine vulkanische Erscheinung hier zuzugeben geneigt schien, so mußte mirs um desto mehr auffallen, als ein junger munterer Badegast, der Naturforschung auch auf seine Weise ergeben, von meinem untermeerischen Vulkane und dessen sukzessiven Explosionen, woraus ich zugleich Schmelzung und Stratifikation zu erklären gedachte, nicht sonderlich erbaut schien.

Mit bescheidener Höflichkeit trug er mir seine Meinung vor, die dahinaus ging: hier sei auch wie in dem übrigen Böhmen ein Pseudovulkan zu schauen. Man müsse sich, meinte er, beim ersten Anblick der Stratifikation überzeugen, daß diese Gleichheit der Lagen nicht einer Folge von Eruptionen zugeschrieben werden könne, sondern in solchem Falle alles viel tumultuarischer und wilder aussehen würde.

Ich zeigte ihm die Schwierigkeiten, die bei seiner Erklärungsart noch übrigblieben, und trug ihm meine Hypothese als befriedigend vor, wogegen er mir neue Schwierigkeiten nachzuweisen wußte. Und so standen wir gegeneinander durch ein doppeltes Problem geschieden, durch Klüfte, die keiner zu überschreiten sich getraute, um zu dem andern zu gelangen; ich aber, nachdenklich, glaubte freilich einzusehen, daß es mehr Impuls als Nötigung sei, die uns bestimmt, auf eine oder die andere Seite hinzutreten.

Hiedurch mußte bei mir eine milde, gewissermaßen versatile Stimmung entstehen, welche das angenehme Gefühl gibt, uns zwischen zwei entgegengesetzten Meinungen hin und her zu wiegen und vielleicht bei keiner zu verharren. Dadurch verdoppeln wir unsere Persönlichkeit.

Dennoch blieb Goethe, bei aller proteusartigen Versatilität, bis zuletzt ein eingefleischter Neptunist, ein unabwendbarer Parteigänger des »sanften Gesetzes«, der sich nicht damit befreunden konnte, daß die Euganeischen Hügel bei Padua mit ihren heißen Quellen vulkanischen Ursprungs und das asiatische Altai-Gebirge in später Erdzeit heraufgefaltet sein sollten. Es klingt wie eine Art Glaubensbekenntnis, wenn der Achtzigjährige im November 1829 an Zelter schreibt:

In allem demjenigen, was man Naturforschung heißt, bleib ich ernst und aufmerksam, Schritt vor Schritt auf meinem Wege. Leider sind die Mitlebenden gar zu wunderlich. Zeigen mir doch die Mailänder ganz erstaunt neuerlich an, Herr von Buch wolle ihnen augenfällig sehen lassen, das Euganeische Gebirg, welches sie bisher als eine natürliche Vorlage der Alpen angesehen, sei plötzlich irgendeinmal aus dem Erdboden aufgestiegen; sie lassen sich das gefallen, wie ohngefähr die Wilden den Vortrag eines Missionars.

Nun meldet neuerlichst auch Herr von Humboldt aus dem hohen Norden: der Altai sei auch einmal gelegentlich aus dem Tiefgrund heraufgequetscht worden. Und ihr könnt Gott danken, daß es dem Erdbauche nicht irgendeinmal einfällt, sich zwischen Berlin und Potsdam auf gleiche Weise seiner Gärungen zu entledigen. Die Pariser Akademie sanktioniert die Vorstellung: der Montblanc sei ganz zuletzt, nach völlig gebildeter Erdrinde, aus dem Abgrund hervorgestiegen. So steigert sich nach und nach der Unsinn und wird ein allgemeiner Volks- und Gelehrtenglaube, gerade wie im dunkelsten Zeitalter man Hexen, Teufel und ihre Werke so sicher glaubte, daß man sogar mit den gräßlichsten Peinen gegen sie vorschritt.

Hier hab ich immer den großen König Matthias von Ungarn bewundert, welcher, bei hoher Strafe, verbot, von Hexen zu reden, *weil es keine gäbe.* Ohne König zu sein, verhalt' ich mich im

stillen ebenso gegen jene Strudler, Sprudler und Quetscher, indem ich der Natur in ihrem großen Tun einfachere und grandiosere Mittel zutraue.
Verzeih mir, wenn ich fortfahre, von Dingen zu reden, die Dich direkt nicht interessieren; irgendeinen Anklang in Deinen Zuständen wirst Du doch wohl finden; mich bringt nichts von meinem alten erprobten Wege: die Probleme sachte sachte wie Zwiebelhäute zu enthüllen und Respekt zu behalten vor allen wahrhaft still-lebendigen Knospen. Je älter ich werde, je mehr vertrau' ich auf das Gesetz, wornach die Ros' und Lilie blüht.

Man darf jedoch vermuten, daß es Goethe bei diesem freimütigen Ausfall später Laune selber nicht ganz wohl war – dieser diktierte Entwurf eines Briefschlusses wurde, wie so manches andere, nicht abgesandt und auf die allgemeine Bemerkung reduziert, die modernen Naturbetrachter seien nun einmal nicht imstande, sich von mechanischen und atomistischen Vorstellungen freizumachen.
Gegen diese hatte Goethe schon 1812 in einem unveröffentlichten Entwurf nachdrückliche Bedenken geäußert:

Die Hauptschwierigkeit der Geologie beruht auf der Ansicht: darauf nämlich, daß man das Atomistische und Mechanische, welches in gewissen Momenten freilich sich wirksam erweist, solange als möglich zurückdrängt, dem Dynamischen dagegen, einem gesetzmäßig-bedingten Entstehen, einem Entwickeln und Umgestalten sein Recht gibt.
Wenn man, durch die atomistische Betrachtung, ein bereits Gewordenes hin und her treiben, ablagern und erstarren sieht, so führt die dynamische dagegen in den Moment des Entstehens das lebendige Spiel der Elemente und ihrer Anziehungen ein. In ihr kann sehr vieles noch aus ruhiger Vollstreckung innerer Gesetze hergeleitet werden, was bei jener nur durch einen Aufwand vieler Fluten und äußerer Gewalten begreiflich zu machen ist.

Hieraus erklärt sich denn auch Goethes Aversion gegen den in seinem Brief an Zelter erwähnten Geologen Christian Leopold von Buch, einen der »Ultra-Vulkanisten«, deren »wild-gräßliches Gepolter neuester Gebirgsaufwiegelungen« ihm so verhaßt

war. Nicht das Plötzliche interessierte ihn, sondern das stetig nach inneren Gesetzen sich Entwickelnde und bei diesem wiederum nicht so sehr das entschieden Auseinandertretende als vornehmlich die Zwischenstufen und Übergänge, »die kleinsten Abweichungen und Schattierungen, die eine Gesteinsart der andern näherbringen und die das Kreuz der Systematiker sind.«
Als spätes und spätestes Zeugnis seiner Gesinnung in der Erforschung der Natur seien abschließend zwei Briefe Goethes aus seinen letzten Lebensjahren auszugsweise zitiert.
Der erste ist an seinen Patensohn August Herder, Oberberghauptmann in Freiberg, gerichtet.

Weimar, den 7. Juni 1831
Sie, mein Bester, wissen vor vielen, mit welcher redlichen folgerechten Sorgfalt ich mich der Naturforschung gewidmet. Im Organischen ist mir's geglückt, Teilnehmende und Fortschreitende zu gewinnen. Was meine Farbenlehre im Praktischen sein wird, bleibt der Folge anheimgegeben. Die Mineralogie hat uns mit den mannigfaltigsten Körpern und ihrer Gestaltung nach und nach auf die anmutigste Weise bekannt gemacht; in der Geognosie mäßig fortzufahren, bleibt dem stillen Betrachter unbenommen, der sich denn aber freilich, was geologische Betrachtungen betrifft, aus dem immer wachsenden, tumultuarischen, keineswegs naturgemäßen Getümmel zu retten hat. Von meinen Prämissen, von meinen Urteilen kann ich wohl mündlich einem Freunde, der mir ruhig zuhören möchte, Rechenschaft geben; auch hier habe ich, wie in allem, das Nächste gesucht und in dem Unleugbaren Fuß zu fassen getrachtet; auch hier ist mir, wenigstens zu meiner eigenen Beruhigung, manches gelungen.
Könnte ich mit einem Manne, dem so unendliche Einzelheiten bekannt sind, und welcher auch über die Erscheinungen überhaupt zu denken alle Ursache hatte, mich zu meiner Belehrung, Berichtigung, Bestätigung, wie ich nun hoffen darf, folgerecht unterhalten, so hoffte ich den Beifall desselben, wenigstens für meine Bescheidenheit, zu gewinnen, welche sich an den Problemen, wie es den Menschen geziemt, eigentlich nur übt, um sich selbst kennenzulernen und zugleich seine Beschränktheit mit der großen Breite, die ihm zu umschauen gegeben ist, kennenzulernen und sich am Ende selbst ehrenhaft zu bescheiden.

Goethe an den Grafen von Sternberg, am 15. März 1832, eine Woche vor seinem Tode:

Bei dieser lange gesparten Relation darf ich nicht umgehen: daß ich in der vielleicht niemals ganz aufzuklärenden Geschichte der Gebirgsgänge von Freiberg aus auf das freundlichste bin gefördert worden. Eine reiche Sammlung von ausgesuchten Exemplaren bedeutender Gangarten, die vor mir liegt, beschäftigt mich nun fast ein Jahr. Eine Dämmerung von Einsicht, der ich schon lange gefolgt bin, wie man in dunkler Nacht auf einen fernen Lichtschein zureitet, in Hoffnung, es werde kein Irrlicht sein, scheint mich auch hier weiterzuführen. Das Wunderbarste ist dabei, daß das Beste unsrer Überzeugungen nicht in Worte zu fassen ist. Die Sprache ist nicht auf alles eingerichtet, und wir wissen oft nicht recht, ob wir endlich sehen, schauen, denken, erinnern, phantasieren oder glauben.

VI

Exzellenz Helios und Werner, der Wanderer
(1806–1814)

Am 11. Juni 1806 berichtet Goethes Freund Zelter in Berlin von der Aufführung eines »neuen Ritterschauspiels«, das einiges Aufsehen gemacht habe. Der Verfasser ist der damals 38jährige, dreimal geschiedene und derzeit im preußischen Staatsdienst beschäftigte Zacharias Werner aus Königsberg. Das Thema des Stückes ist die Reformation, sein Titel lautet: »Luther oder Die Weihe der Kraft«.

Die Urteile über Werners Stück werden wohl sehr verschieden ausfallen, indem ein Teil des Publikums etwas Großes erwartet, unterdessen ein anderer dagegen eingenommen, weil die Reformation dadurch zu einem Gegenstande belustigender Unterhaltung wird. Mir kommt es vor wie eine Sonate eines jungen Komponisten: es ist alles drinne, wie im Kasten Noah. Der Verfasser hat, wie es scheint, ganz hohe Intentionen mit seinem Sujet verbinden wollen, und da ist ihm der Bündel etwas schwerer worden; wie er denn im fünften Akte, nach der Zerstörung des Bilderglaubens und Kunstsinnes, mitten auf der Landstraße liegen bleibt. Gesungen und gebetet wird – nach Noten, und der Eindruck des Ganzen ist mir – widrig religiös gewesen. Es ist kein Schauspiel mehr, es ist die Parodie einer ernsthaften heiligen Kirchenangelegenheit, die sich begreiflich machen will, indem sie sich profaniert. Für die Meditation bleibt nichts übrig, was der Rede wert wäre. Luther steht allein in allem Vorteil, und das Papsttum ihm gegenüber, ein gemeines Teufelswerk, ohne Reiz für den Pöbel, ohne Begier, List und Autorität, nimmt sich albern aus, ja dumm. Der Unglaube (Kaiser und Reich) steht in der Mitte, ohne etwas zu wollen und zu wirken. Daß sich unsere *soi-disant* Geistlichen daran sehr ärgern müssen, wenn ihre Gemeinden lieber im Komödienhause predigen, singen und beten hören als in der Kirche, läßt sich denken.

Am 2. Dezember des nächsten Jahres vermerkt Goethe, der sich damals in Jena aufhielt, daß der Kammersekretär Werner ihn aufgesucht, daß er sich beim Mittagessen mit ihm über Berliner Theaterverhältnisse unterhalten habe und abends bei Knebel wieder mit ihm zusammen gewesen sei. In Goethes Tagebuch heißt es dann weiter:

Den 3. Dezember. Lange im Bette mit allerlei Betrachtungen beschäftigt. Um 11 Uhr Werner. Las drei Akte von Wanda. Mittags bei Major von Hendrich. Gegen 5 Uhr Werner und Knebel. Mit beiden zu Frommanns, wo Werner verschiedene kleine Gedichte, Sonette usw. vorlas.
Den 4. lange im Bette. Verschiedenes gelesen und nachgeholt. Um 11 Uhr Werner, der an seinem Stück weiterlas. Fehlte der Schluß. Mittags bei Herrn von Hendrich. Abends zu Frommanns.

Bei den erwähnten Frommanns handelt es sich um die Familie eines in Jena ansässigen Druckers und Verlegers, in dessen Haus man sich abends zu literarischen Zusammenkünften traf. 1803 hat Goethe dort die frühverwaiste Minna Herzlieb kennengelernt, die Frommanns als Ziehtochter zu sich genommen hatten. Eine leidenschaftliche Neigung zu der inzwischen Achtzehnjährigen wirkte auf das Festspiel »Pandorens Wiederkunft« und auf den Roman »Die Wahlverwandtschaften« ein, die damals entstanden. Werners Sonette, die er bei Frommanns vorlas, regten Goethe an, seinerseits in dieser von den Romantikern frisch in Mode gebrachten Gattung mit ihm zu wetteifern und seine heimlichsten Gefühle in einem scheinbar unverbindlichen poetischen Gesellschaftsspiel durchblicken zu lassen. Das Tagebuch vermerkt um diese Zeit öfters: »Das Sonetten-Wesen«, »Einiges Sonettisches«, »Sonette vorgelesen«.
Werners historisches Schauspiel »Wanda, Königin der Sarmaten«, von dem am 4. Dezember noch der Schluß fehlte, liegt einige Tage später abgeschlossen vor, und Goethe entschließt sich, es am Weimarer Theater aufzuführen, zum Geburtstag der Herzogin, am 30. Januar 1808.

Am Tage der Darstellung des Wernerschen Stückes waren der Dichter und einige nähere Freunde, unter diesen Johanna Schopenhauer, bei Goethe zum Essen. Auf die Frage, wo man sich nach dem Theater versammeln würde, suchte der Vorsichtige, der allzu großen Andrang fürchtete, die Last von sich ab und sie, wie er es oft in ähnlichen Fällen tat, der armen Schopenhauer zuzuwenden, die, gastfrei und gefällig, dergleichen Schicksale über sich ergehen lassen mußte.

Als nun nach höchst zweifelhaftem, aber doch scheinbarem Erfolge die Gäste eintrafen, nahmen die Frauen an der improvisierten Tafel Platz, die Herren standen mit ihren Tellern umher. Für Goethe und Werner waren zwei Stühle in der Mitte bestimmt; zwischen ihnen auf dem Tische stand ein wilder Schweinskopf, von welchem die Wirtin schon des Tages zuvor gegessen; in ihrer Angst hatte die Haushälterin durch einen großen Kranz von Lorbeerblättern die Anschnittwunde zu verdecken gesucht. Goethe erhob, diesen Schmuck erblickend, mächtig seine Stimme und rief dem bekanntlich sehr zynischen und nicht immer sauber gewaschenen Werner zu: »*Zwei* gekrönte Häupter an einer Tafel? Das geht nicht!« Und er nahm dem wilden Schweinskopf seinen Kranz und setzte ihn dem Dichter der Wanda auf den Kopf.

Diese von dem Schauspieler und Stückeschreiber Karl von Holtei überlieferte Anekdote wirft einiges Licht auf das Verhältnis, in dem Goethe zu Werner stand, obwohl dieser eine Geistes- und Kunstrichtung vertrat, der er sonst nicht wohlgesinnt war. Es scheint, als ob es ihm, wie manchmal schon, die »problematische Natur« des Dichters angetan hatte. Er schreibt darüber am 7. März 1808 an seinen ihm ebenfalls »problematischen« Freund Jacobi in München:

Werner ist nun fast drei Monate bei uns. Wir haben alles getan, um seine Wanda geltend zu machen. Es ist ein vorzügliches Talent. Daß er dem modernen Christenwesen anhängt, ist seinem Geburtsorte, seinem Bildungskreise und seiner Zeit gemäß. Daß die deutsche Dichtkunst diese Richtung nahm, war unaufhaltsam; und wenn etwas daran zu tadeln ist, so tragen die Philosophen auch ein Teil der Schuld. Die gemeinen Stoffe, die das Ta-

lent gewöhnlich ergreift, um sie zu behandeln, waren erschöpft, und verächtlich gemacht. Schiller hatte sich noch an das Edle gehalten; um ihn zu überbieten mußte man nach dem Heiligen greifen, das in der ideellen Philosophie gleich bei der Hand lag.
Bei den Alten, in ihrer besten Zeit, entsprang das Heilige aus dem sinnlich faßlichen Schönen. Zeus wurde erst durch das olympische Bild vollendet. Das Moderne ruht auf dem sittlich Schönen, dem, wenn man will, das sinnliche entgegensteht; und ich verarge Dir's gar nicht, wenn Du das Verkoppeln und Verkuppeln des Heiligen mit dem Schönen oder vielmehr Angenehmen und Reizenden nicht vertragen magst: denn es entsteht daraus, wie uns selbst die Wernerschen Sachen den Beweis geben, eine lüsterne Redouten- und Halb-Bordellwirtschaft, die nach und nach noch schlimmer werden wird.
Eben so folgerecht als das Vorhergehende ist auch die Sucht, daß ein Mann von Talent nicht allein sein Werk bewundert, sondern auch seine Person geliebt, verehrt haben will, und sich deshalb zu einer Art von Lehrer und Propheten aufwirft. Doch kann ich ihnen auch das keineswegs verargen. Der Schauspieler, Musikus, Maler, Dichter, ja der Gelehrte selbst erscheinen mit ihrem wunderlichen, halb ideellen, halb sinnlichen Wesen jener ganzen Masse der aus dem Reellen entsprungenen und an das Reelle gebundenen Weltmenschen wie eine Art von Narren, wo nicht gar wie Halbverbrecher. Sollen denn also unter dieser desavantagierten Kaste nicht auch gescheute Leute entstehen, die begreifen, daß gar kein Weg ist, um aus dieser Verlegenheit zu kommen, als sich zum Brahminen, wo nicht gar zum Brahma aufzuwerfen?
So ist »Die Weihe der Kraft« eine der tollsten Performances, die man je gesehen. Kann man aber Ifflanden verdenken, daß er, der so viele Schelmen und Narren spielen und sich bei dem Publikum, das ewig nur den Stoff sieht, herabsetzen mußte, nun auch endlich in Versuchung gerät, als protestantischer Heiliger aufzutreten, und von seinen Fastnachtsbrettern »Eine feste Burg ist unser Gott« herunter zu intonieren?
Ebenso macht mir Werner Spaß, wenn ich sehe, wie er die Weiblein mit leidlich ausgedachten und artig aufgestutzten Theorien von Liebe, Vereinigung zweier prädestinierten Hälften, Meister-

schaft, Jüngerschaft, verastralisierten Mignons zu berücken weiß; die Männer mit ineinander geschachtelten Mönchs- und Rittergraden, mit nächtlichen Kirchen und Kapellen, Särgen, Falltüren, Geheimnisse mehr versprechenden als verbergenden Vorhängen, so künstlich als listig anzuregen, ihre Neugierde zu hetzen, ihr eignes dunkles Geheimnisreiches noch mehr zu trüben und zu verwirren, und sie dadurch sämtlich für sich zu interessieren versteht. Dem ich denn allem bestens Vorschub tue, um einen so vorzüglichen Mann zu fördern und die Menschen dabei glücklich zu machen. Was haben sie sich nicht von mir abgewendet und mich gescholten, als ich ihnen die platten Resultate, worauf das Kophtische Wesen zuletzt doch führen muß, in einer lustigen Komödie vor Augen stellte. Wie hätten sie mich dagegen nicht angefreundet und geliebt, wenn ich mir hätte die Mühe geben wollen, ein Schelm oder Halbschelm zu sein und sie zum besten zu haben.

Vielleicht bring ich noch etwas von Wernern auf die Bühne, und hoffe überhaupt, daß sein Aufenthalt bei uns ihm dazu dienen werde, daß er sein sehr schönes Talent mehr, es sei nun zu epischen oder dramatischen Zwecken, konzentriere. Seine Tendenz möchte ich, wenn ich auch könnte, nicht ändern. Er ist ein Sohn der Zeit und muß mit ihr leben und untergehen; und was von ihm übrigbleibt, ist allenfalls auch nicht schlecht.

Mit der Bemerkung über Werners »kophtisches Wesen« spielt Goethe auf sein 1791 entstandenes Schauspiel »Der Großkophta« an, in dem er das okkultistische Unwesen eines Cagliostro dargestellt und wenig Gefallen damit beim Publikum gefunden hatte.

Der »wunderliche bedeutende Mann«, wie Werner einige Wochen später in einem Brief an Minna Herzliebs Ziehmutter genannt wird, hielt sich noch einige Zeit in Weimar auf und Goethe lud ihn mittags häufig zu Tische, wobei, wie das Tagebuch vermerkt, des öfteren von »Heidentum und Christentum, Liebe und dergleichen« die Rede war.

Wie dieser »wunderliche Mensch« im übrigen aussah und auftrat, darüber besitzen wir eine knappe Schilderung in den Lebenserinnerungen von Henrik Steffens, der ihn etwas später, ebenfalls in Jena, kennenlernte:

Ich lernte Werner in Jena kennen. Ich muß gestehen, daß seine Werke mich nie angezogen haben. Sie schienen mir einem seichten Wasser ähnlich, welches durch eine künstliche Wellenbewegung eine erlogene Tiefe vorzuspiegeln bemüht war. Seine Gestalt hatte etwas unangenehm Auffallendes. Lang, dürr, etwas schlotterig in seinem Gange, ungelenk in allen seinen Bewegungen, erschien sein mageres Gesicht und seine gewaltige Nase fast zurückschreckend. Werner erzählte etwas langsam, aber nicht schlecht. Nun aber griff er in die Tasche, hob eine Masse schmutziger, zerknitterter Oktavblättchen hervor, welche eine Anzahl Sonette enthielten, die er verfertigt hatte, und die er auf eine höchst ungeschickte und falsche Weise vordeklamierte. Ich muß mir die Antipathie gegen ihn als einseitig vorwerfen. Er hatte in der Tat ein eigenes Talent, welches man anerkennen muß; was ihn verdarb, war, wie ich glaube, der fanatische Traum, der ihn wähnen ließ, er sei eigentlich ein Prophet, zur Verkündigung überschwenglicher Dinge berufen. Unglücklicherweise war er auch durchaus von dem gegenwärtigen Moment abhängig und buhlte fortdauernd nach dem Beifall der Umgebung.

Am 28. März 1808 nahm Werner Abschied und ging nach Berlin, um sich von dort, nach der Entlassung aus dem Staatsdienst, auf weitere Wanderschaft zu begeben. Den 15. April schreibt er an Goethe aus Lindenberg bei Berlin:

Hochwohlgeborner Herr,

Höchstverehrter Herr Geheimer Rat!

Euer Exzellenz und dem durchlauchtigsten Herzoge die Gefühle des Danks, der Verehrung, der Liebe zu schildern, die ich für Sie beide empfinde, bin ich schlechterdings nicht imstande; ich habe die Feder zerkaut und mehr als eine, um wenigstens ein Sonett über diesen Gegenstand zu machen, aber – vergebens! Selbst zum kleinsten Gedicht ist die ruhige Anschauung des Gegenstandes nötig, und die Erinnerung an Weimar und an das, was ich dort geschaut und was und wie man es mir erwiesen, wogt und gärt noch in mir wie ein Meer schmerzlich süßer Gefühle! Wenn ich wenigstens nur ein Maler wäre, und Euer Ex-

zellenz mir malen könnte und den kurzen Abschied an der Treppe und wie Helios mit dem Strahlenblicke mich beim Schopfe ergriff und sagte: »Bald hätte ich das Nötigste vergessen!« Und dann forteilte und meinem Danke entfloh! – Nicht das, was er mir in die Hand steckte – (wiewohl es weit, weit über mein Verdienst und Würdigkeit) – war der Segen, aber dies Anfassen bei dem Haupte war es – ein heidnischer Segen, eine Kunstweihe des Jüngers durch den ersten Meister, die auch nicht ohne Erfolg bleiben soll und wird! Halten Euer Exzellenz mir mein Geschwätz zu Gnaden; ich möchte gern mein ganzes Gefühl ausströmen gegen Den, dem ich keinen Namen geben kann, als die biblischen »Kraft, Rat, Ewigvater, Friedensfürst«, gegen Helios-Apollon, dessen Gedächtnisse das letzte Sonett, unter den anliegend abgeschriebenen, geweiht ist. Dem Herzoge bitte ich meinen glühendsten Dank für die mehr als fürstliche Belohnung zu schildern und ihm namens meiner zu versichern, daß ich den nächsten Winter ohnausbleiblich nach Weimar kommen würde, nicht um neue Gaben zu empfangen, aber um das Erhaltene einigermaßen abzuverdienen. – Ihrer trefflichen Gattin küsse ich die Hände mit tiefer Rührung; was sie ist, habe ich erst in der letzten Abschiedsminute erfahren. Dem wackern guten und klaren Heiden Riemer Gruß und Handschlag und Ihrem tüchtigen braven August! Gott, wenn ich bedenke, was Euer Exzellenz und Ihre ganze Hausgenossenschaft mit meiner Narrheit für überschwengliche Geduld gehabt haben! Gott erhalte doch nur Ihr der Welt unschätzbares Leben, damit ich gutmachen, damit ich etwas von meiner Schuld abtragen kann, denn ich fühle meine Schuldenlast so sehr, daß ich schon oft im Begriffe war, aus Liebe für Helios ein – Heide zu werden! – Den durchlauchtigen Damen, dem Erbprinzen, dem ganzen schönen Geschlecht, der lieben Herzlieb, Knebels, Frommanns, allen Herren werden Euer Exzellenz mich gnädigst empfehlen! –
Jetzt bin ich bei meinen ländlichen Freunden in Lindenberg, acht Meilen von Berlin, wo ich das Fest zuzubringen, dann nach Berlin und nach dem Verkauf meiner Meubles weiterzugehn gedenke. Ob ich nach Schlesien, oder Heidelberg, oder vielleicht gar nach Paris gehe, werde ich erst in Berlin entscheiden können. Auf jeden Fall werde ich nicht ermangeln, Euer Exzellenz, Dero Befehle gemäß, von meinen Demarchen zu benachrichtigen, von

denen immer das Hauptziel das bleibt: mich auf den Winter wieder in Helios Strahlen zu sonnen! –
Mit grenzenloser tiefster Verehrung und Innigkeit verharre ich
Euer Exzellenz
tiefgehorsamster Diener
Werner.

In einer Nachschrift zu diesem Brief hat Werner Goethe ermächtigt, von den überschickten Sonetten das eine oder andere nach seinem Gutdünken an die in Wien erscheinende Zeitschrift »Prometheus« oder ein anderes Journal zu verkaufen. Dieser »Prometheus«, in dessen beiden ersten Heften Goethes »Pandora« erschienen war, brachte denn auch sehr bald unter Werners Namen sechs »Sonette eines Reisenden«.
Eines dieser Sonette feiert, wie schon der eben zitierte Brief, Goethe als Helios den Sonnengott, dessen kolossales Standbild auf Rhodos im Altertum als eines der sieben Weltwunder galt: also auch Goethe, der Sonnengleiche, in seinen Tagen.

Der Sonnenkoloß und der Wanderer

Am Morgen kommt vom Meer ein Mensch gegangen
Nach Rhodus, um die Spiele zu begehen;
Da sieht er fernher den Kolossus stehen,
Er naht ihm nicht, der Riese macht ihm bangen!

Und als gerungen er, wie wen'ge rangen,
Und nun der Kampf und auch das Mahl geschehen,
Da drangs den satten Müden heimzugehen;
Der Wunde ging, von Mittagsglut umfangen.

Hell strahlte der Koloß: ein göttlich Zeichen
Der Sonne, die gebäret, wärmt, verkläret,
Gedehnt durch Erd' und Luft die Riesenglieder!

Da ward – denn Helios sah lächelnd nieder –
Dem müden Pilger neue Kraft gewähret,
Das Meer, wenn auch noch blutend, zu erreichen.

Anfang Mai 1808 verließ Werner Berlin, nachdem er zuvor noch sein neues Schauspiel »Attila, König der Hunnen« in Druck gegeben hatte, und reiste über Dessau, Leipzig, Göttingen nach Heidelberg, wo Goethes Sohn August damals studierte. In einem längeren ausführlichen Schreiben, das am 12. Juli von Heidelberg nach Weimar abgeht, heißt es unter anderem:

In Leipzig verbrachte ich die letzte Meßwoche und las »Pandoras Wiederkunft« und die mir von Cotta geschenkte neue Duodez-Ausgabe des Faust. Vergebens suche ich Worte, das schmerzlich-selige Gefühl zu bezeichnen, das mich von der herzzerreißenden elegischen Vorrede an bis zu dem über der Grausnacht des Todes und der Hölle triumphierenden Empyreum der Schlußszene durchströmte. Soviel ist gewiß: ein armer dramatischer Dichterteufel wie ich müßte aus Verzweiflung über die Harmonie, die unerreichbare, dieses göttlichen Weltenalls, Faust genannt, des Teufels werden, wenn er nicht, wie ich, das Glück hätte, den Herrn der Heerscharen, (der sich hier selbst portraitiert hat) und dessen Milde und Gnade zu kennen. Nein! Welchem von Helios' Riesenwerken auch die Unsterblichkeit den ersten Preis einräumen möge, in Seiner glanzvollsten Eigentümlichkeit strahlt Er im Faust, und wenn aus einer allgemeinen literarischen Sündflut auch nur die Szene mit dem Pudel, nur der Ritt Faustens und seines Begleiters am Hochgericht vorbei, übrig bliebe, sie wären hinreichend, die Nachwelt das Gestirn erkennen zu lassen, dessen Lichterguß selbst den Orion Shakespeare überstrahlt! –

Was meine dramatische Wirksamkeit betrifft, so ist sie seit dem Mai ganz suspendiert. Trostlos und vergebens suche ich nach einem Stoffe herum, und mir ist, Gott verzeih mirs, sogar der Rattenfänger aus Hameln als Stoff zu einer Posse mit Gesang eingefallen. So tief kann Gottes schlechtes Ebenbild, ein mystisch poetischer Pilger, sinken! Euer Exzellenz würden mir eine wahre und große Barmherzigkeit erweisen, wenn Sie die Güte hätten, mir aus Ihrem Reichtum einen speziellen Stoff vorzuschlagen oder lieber anzubefehlen, auch mir zu äußern, ob ich vielleicht einen aus den Nibelungen wählen solle und könne, die ich mir angeschafft und mitgenommen habe.

Werner reist nun von Heidelberg weiter in die Schweiz, von dort, größtenteils zu Fuß, nach Oberitalien, Mailand und Genua und trifft Mitte September wieder in Zürich ein, wo er einen schon älteren Brief von Goethe aus Karlsbad vorfindet. In dem Dankschreiben, das eine buntscheckig hingetupfte Schilderung seiner Reise enthält, versäumt Werner auch diesmal nicht, gleich anfangs, auf die bei ihm übliche grotesk-überschwengliche Weise, seinen brünstigen Anbetungstribut zu entrichten:

Bei der ewigen Liebe schwöre ich, daß ich keinen Tag meiner Abwesenheit von Ihrem Weimar vom Heimweh nach demselben frei gewesen bin, bei allen Schweizer Quellen an Karlsbad gedacht und bei Lesung Ihres Briefes den Franzbrunnen gesegnet habe, der der ewigen Welt des Schönen ihren Obermeister und mir meinen Helios erhält. Mein Gott, was ist es doch mit aller Sprache und Schrift für ein jämmerlich Ding, daß man da nicht was aufs Papier setzen kann, was einem ins Auge sieht wie ein seelenvoller Blick, wie der, den Euer Exzellenz mir beim Abschiede zuwarfen, als Sie mich bei dem Haartoupet packten. Verstände ich eine solche Blickschrift, wie die Stelle ist, wo die heilige Mignon den Wilhelm Meister wie das zusammenklammernde Ressort eines Federmessers umklammert, Euer Exzellenz sollten die Glut meiner dankvollen Anbetung erkennen! Und doch – (wenn ich es noch einmal wagen dürfte, zum letztenmal!) – eine grundchristliche Mignon, über welche die Schar der echten Kirchenväter entzückt und freudig erstaunt sein würde, schreiben und dennoch der zwar auch göttlichen Pallas von Velletri den Rang über eine gewisse *Amme!* einräumen zu können! – Genug! – Haben Euer Exzellenz doch nur die Gnade zu verzeihen; es ist gewiß zum letzten Male geschehen! –

Werner reist dann im Herbst nach Paris. Von dort meldet er sich Ende November wieder und schildert unter anderem den Eindruck, den die von Napoleon aus Rom geraubten Antiken auf ihn gemacht haben.
Wenige Tage vor Weihnachten war Werner wieder in Weimar und speiste am 21. Dezember mittags bei Goethe. Am 25. traf auch Wilhelm von Humboldt, aus Rom kommend, ein, der als ein alter Freund im Haus am Frauenplan logierte. An Silvester kam

es, in Humboldts Abwesenheit, nach Tisch zu einem Auftritt, bei dem Goethes offensichtlich lang verhaltener Groll gegen Werner und sein »mystisches Wesen« sich nun dennoch Luft machte.
Wilhelm von Humboldt berichtete darüber anderntags an seine Frau Caroline nach Rom. Auch was es mit der sonderbaren Anspielung auf eine gewisse »Amme« in Werners Brief aus Zürich für eine Bewandtnis hatte, wird nun aus Humboldts Darstellung begreiflich.

Weimar, den 1. Januar 1809

Hier habe ich Werner, den Verfasser der Wanda, kennengelernt, auch sein letztes Stück »Attila« gelesen. Es hat wohl einzelne schöne Stellen, verdient aber nicht einmal, Dir nach Rom geschickt zu werden. Alles ist locker, ohne Motive, nicht reelle Personen, sondern bloß Burattini. Zuletzt wieder die Sakramente und das mystische Wesen. Gegen das letzte hat Goethe einen Haß, von dem man sich keinen Begriff machen kann, und der arme Werner hat gestern sehr dafür leiden müssen. Er aß bei Goethe, wie er mir erzählt hat, und wollte etwas vorlesen. Obgleich Goethes Frau ihm gesagt hatte, daß das Mystische Goethen unerträglich sei, so ließ er sich beigehn, ein Sonett auf Genua, wo er kürzlich gewesen, vorzubringen, in welchem die Scheibe des Vollmonds zur Hostie gemacht wird. Wie dies Goethe gehört hat, ist er, wie er selbst sagt, *saugrob* geworden. Werner hat sich zurückziehen müssen, und obgleich er die Versöhnung durch die Frau versucht hat, mit der er gestern abend auf dem Ball gewalzt hat, so kommt sie so leicht gewiß nicht zustande. Goethe ist seitdem so wild geworden, daß er mir noch heute im Eifer versicherte, auch jede gemalte Madonna sei nur eine Amme, der man die Milch verderben möchte (höchsteigene Worte) und die Raphaelschen stäken im gleichen Unglück. Er treibt jetzt den Haß so weit, daß er nicht einmal mehr leiden will, daß eine irdische Frau ihr Kind selbst im Arm haben soll. Ist das nicht komisch? Aber es ist auch wirklich wahr, daß der Mystizismus so schrecklich getrieben wird, daß man auf solche Übertreibungen fast in halbem Ernst kommen kann. Werner behauptet, jede Tragödie müsse eine religiöse Handlung sein; doch ist er sonst interessant und ein guter Mensch, und Goethes Ausfall tut mir wirklich leid.

Dieses unliebsame, wie die überlieferten Zeugnisse erkennen lassen, vielkommentierte Vorkommnis in Goethes Haus bewirkte offensichtlich eine gewisse Abkühlung. Doch ließ sich Goethe schon im Februar versöhnen, zumal er die Hoffnung nicht aufgegeben hatte, von Werner etwas Brauchbares für die Weimarer Bühne zu erhalten. Was dabei und wie es zustande kam, darüber berichtet ein Zeitgenosse in seinen Aufzeichnungen.

Nach der Aufführung der Wanda hatte Werner bei Goethe die Aufführung noch anderer seiner Dramen beantragt, war aber damit abgewiesen worden. Dabei hatte jedoch Goethe die Aufforderung an ihn gerichtet, Theaterstücke von kleinerem Umfang, etwa einaktige, zu dichten, zu deren Aufführung er sich im voraus bereit erklärte.
Bald nachher fand er Gelegenheit, dem Romantiker seinen Rat noch dringender und mit Erfolg zu empfehlen. In einer Gesellschaft in Goethes Haus wurde aus den Zeitungen eine schauerliche Kriminalgeschichte vorgelesen, welche mit einem besonderen, merkwürdigen Zusammentreffen der Jahrestage verbunden war. Diese Geschichte empfahl nun Goethe dem auch gegenwärtigen Werner als einen geeigneten und fruchtbaren Stoff zu einem kleinen einaktigen Trauerspiel, wie er es von ihm wünschte. Mit Eifer ergriff Werner die hingeworfene Andeutung zur Bearbeitung dieses Stoffes, und schon nach einer Woche brachte er dem Meister das bekannte einaktige Trauerspiel: »Der vierundzwanzigste Februar«. Goethe wollte oder konnte die zugesagte Aufführung, besonders da er die Arbeit selbst veranlaßt hatte, nicht zurücknehmen, und so kam diese düstere Dichtung auf die weimarische Hofbühne, welche bisher nur von heiterer und rein poetischer Theaterkunst belebt gewesen war. Daß Goethe selbst über die Paßlichkeit dieses Schauerstückes für sein Kunsttheater und überhaupt über die Schicklichkeit, dasselbe dem Publikum darzubieten, seine Zweifel hegte, geht daraus hervor, daß anfangs die Rede davon war, das neue Wernersche Theaterstück sollte nicht vor das große Publikum gebracht, sondern vor einer ausgewählten Gesellschaft und bei verschlossenen Türen des Hauses gegeben werden. Doch erfolgte die öffentliche Aufführung, der ich, als es zum erstenmal gegeben wurde, wegen Abwesenheit von Weimar nicht beiwohnen konn-

te. Es wurde mir aber sofort erzählt, daß bei derselben viele Personen vor Entsetzen den Atem verloren hätten, und wurde dabei an die Wirkung der Äschyleischen Eumeniden in Athen erinnert. Der alte Wieland konnte sich nicht enthalten, Goethen über die Zulassung dieser Aufführung Vorwürfe zu machen und soll von ihm die Antwort erhalten haben: »Du hast wohl recht, aber man trinkt ja nicht immer Wein, man trinkt auch einmal Branntwein.«

Daß Goethe selber dem von ihm veranlaßten Stück gegenüber Bedenken hatte, läßt ein Billett erkennen, das er am 28. April durch Boten in Weimar überbringen ließ. Der gelassene Ton dieses Billetts ist allerdings insofern bemerkenswert, als es die Antwort auf einen langen flehentlichen Brief vom 25. April darstellt, in dem Werner sich von unbedachten Äußerungen, von denen er fürchtet, sie könnten Goethe hinterbracht worden sein, reinzuwaschen sucht:

So zerreißend es schon lange für mein Inneres war, mich von dem Manne, den ich verdienterweise über alles setze, unverdienterweise allem nachgesetzt zu sehen, so hätte ich doch noch, im gerechten Bewußtsein meiner Schuldlosigkeit, geschwiegen, öffnete nicht eine mir erst vorgestern auf der Redoute mitgeteilte Nachricht mir gewaltsamerweise den Mund! Man hat mir nämlich versichert: Euer Exzellenz hätten mein neues Trauerspiel »Der vierundzwanzigste Februar« bereits ausschreiben lassen, hätten hierauf aber in Erfahrung gebracht, daß ich irgendwo gesagt habe: »dieses Stück sei mein schlechtestes, Euer Exzellenz ließen es aber dennoch spielen«, und hierauf, in gerechter Indignation über die Niederträchtigkeit dieser Äußerung, die bereits festgesetzte Aufführung des Stücks untersagt.
Vorausgesetzt, ich sei einer solchen Niederträchtigkeit gegen meinen erhabenen Wohltäter fähig – was man nach meinem in Weimar überhaupt und gegen Euer Exzellenz insbesondere beobachteten notorischen Betragen billigerweise bezweifeln könnte – so gebe ich nur Euer Exzellenz höherem Ermessen anheim: ob ich, dem Sie selbst nicht alle Lebensklugheit absprechen, der Dummheit fähig bin, von dem einzigen meiner Schauspiele, welches Euer Exzellenz der hiesigen, auf mein Wohl und Weh be-

deutend wirkenden Aufführung für würdig erachten, kurz vor derselben, im Ernste, auf dem Weimarschen mir bekannten glatten Pflaster, laut zu behaupten: mein Stück sei schlecht, und also, wider mein besser Wissen und Gewissen, in meinen eigenen Beutel zu lügen! Das hieße sich wohl umsonst dem Teufel ergeben!

So schwer es mir hienach auch wird, mich über jene Beschuldigungen noch zu verteidigen, so könnte doch, da mir die Sache einmal bekannt geworden, mein Schweigen als sträflicher Trotz, oder gar als Eingeständnis der Schuld, gedeutet werden. Ich sehe mich also genötigt, Euer Exzellenz ganz gehorsamst zu bitten:

1) Daß Euer Exzellenz geruhen, plumpen, Ihnen hinter meinem Rücken erzählten, in die Kategorie meiner Heirat mit einer ohne mein Zutun geschiedenen Wäscherin gehörigen Lügen keinen Glauben beizumessen.

2) Daß Euer Exzellenz, wenn Sie weder ein Stück von mir aufführen, noch mir persönlichen Zutritt verstatten, noch mich eines Worts würdigen wollen, mir wenigstens, ehe Sie mich ganz aus der Reihe der für Sie existierenden Wesen ausstreichen, noch einen der belebenden Blicke zu schenken geruhen mögen, für den ich ins Feuer gehen möchte, und der allein imstande sein würde, mein über Ihre durch nichts verschuldete Ungnade bis ins Tiefste zerrüttetes Innere zu heilen! – Ihrer Frau Gemahlin küsse ich ehrerbietigst die Hände; möge sie meine edle Fürsprecherin bei Ihrem großen Herzen sein!

Sie erhalten, lieber Werner, hiebei das Original vom »24. Februar«; eine Kopie sowie die ausgeschriebenen Rollen bleiben in meinen Händen. Wir dürfen uns nicht leugnen, daß die Aufführung des Stücks einige Gefahr hat. Deswegen lassen Sie mich damit so lange zaudern, bis ich mit Mut und Überzeugung darangehen kann, und glauben Sie, daß ich auch hierbei Ihr Bestes im Sinne habe.

Weimar, den 28. April 1809

Goethe

Dabei blieb es denn fürs erste. Anfang Juni verließ Werner Weimar und begab sich über Köln, Frankfurt, Mannheim, Heidelberg nach Tübingen, und von dort im Herbst wiederum in die

Schweiz, diesmal nach Coppet, wo Madame de Staël sich mit ihrem kleinen privaten Hofstaat aufhielt, zu dem unter anderem August Wilhelm Schlegel zählte.
Zacharias Werner an Goethe:

Tübingen, den 22. August 1809

Höchstverehrter Herr Geheimer Rat!
Euer Exzellenz erteilten mir an dem letzten herrlichen Abende, wo ich das Glück hatte, Sie in Jena zu sehn, die gnädige Erlaubnis, einmal wieder an Sie schreiben zu dürfen. Dies benutzend, erstatte ich Ihnen jetzt, was seit jenem Abende – (er war, nach manchen trüben Tagen, wieder ein heller Punkt meines Lebens!) – von innen und außen mit mir vorgegangen ist! –
Aber zuvor will ich noch einmal in Gedanken Euer Exzellenz teure Hände küssen für jenen mir geschenkten göttlichen Jenaischen Abend; er reihte sich an jene hellen Dezembertage, wo mir Helios belebend und erwärmend aufging in Jena, wie ein würdiges Alter an eine freudige Jugend! Nie habe ich die Allmacht und Huld der göttlichen Natur des geborenen Meisters aller, die zu ihm heraufschauen, lebhafter, entzückender empfunden als an eben diesem Jenaischen Abschiedsabende, wo die Strahlen, die kürzlich nur noch als Blitze in mein dürres Halmenfeld geschlagen hatten, mir tröstend aufgingen als ein Regenbogen, das Zeichen des alten ewigen Bundes! Ausgelassen vor Freude spielte ich noch denselben Abend, sobald Frommanns sich zurückgezogen hatten, das Lied: »Die Trommel gerühret, das Pfeiflein gespielt!« Mein Liebster, der den Haufen befiehlt,« war ja freundlich mit mir gewesen, und ich durfte den Mann lieben, der die goldene Kette auf seiner Brust trägt! Begreifen kann ich es nicht; aber mein Gefühl für Euer Exzellenz, es ist, Gott weiß, buchstäblich das nämliche wie Klärchens für Egmont, die auch nicht ihn besitzen wollte, sondern nur angehören dem Herrlichen!
Am Morgen nach dem mythologischen Abende durchflog ich, auf meiner Reise von Jena nach Rudolstadt, das herrliche Saaltal. Alles tanzte um mich herum, ich war noch einmal Jüngling! Hätte ich an dem Morgen ein Schauspiel aufs Papier hauchen können, es hätte seinen Verfasser überlebt!
Ich ging dann über Frankfurt nach Mannheim und traf dort ganz unvermuteter Weise meine alte Bekannte und Quasi-

Landsmännin, die Deklamatorin und mimische Darstellerin Madame Hendel, und blieb ihretwegen, und bloß und ausschließlich in ihrer Gesellschaft, acht volle Tage in Mannheim, ohne auch nur eine Minute Langeweile gehabt zu haben! Ich hatte sie (die Hendel) schon vor vier Jahren, aber immer nur auf Augenblicke, oder auf dem Theater in Berlin, gesehen; jetzt war sie so gut, sich mir ganz (moralischerweise, versteht sich) aufzuschließen und die acht Tage meines Mannheimer Lebens vorzugsweise mir zu widmen. Nein, Euer Exzellenz müßten diesen weiblichen Proteus, Teufel und Harlekin kennen, um einzugestehen, daß es nichts Amüsanteres und Amüsableres gibt! Ich hatte noch nichts von ihren mimischen Darstellungen gesehn; sie war daher gefällig genug, mir solche in dem Hause der Mannheimer Sängerin Beck in einem Duodez-Zyklus vorzumachen. Es waren folgende: Isis, Sphinx, Galathea, wie Pygmalion sie belebt, den Zyklus der Lebensgeschichte Mariens vom Englischen Gruße bis zur Himmelfahrt, einmal nach Raphael, dann nach Dürer, sodann die sterbende Kleopatra, Virginiens Tod und Kassandra, Trojens Fall weissagend. Ich kann nicht leugnen, die Wirkung, die sie durch diese Darstellungen – (ohne alle Hülfsmittel theatralischer Illusion, bloß mit Hilfe eines Tritts, auf dem sie respektive stand, saß oder lag, und eines Shawls, den sie gewandt, wie Faust seinen Mantel, handhabte) – hervorbrachte, ist unbeschreiblich. Ich bin gewiß überzeugt, daß, wenn dieses Weib fähig wäre, ihr ungeheures mimisches Talent, was sie mit vielem Eifer und Studium der bildenden Künste vereinigt, gehörig zu ordnen und auf ein bestimmteres Ziel zu lenken, sie unübersehbare, von ihr gewiß selbst noch nicht geahndete Resultate herbeiführen würde! Mich hat sie wenigstens zu einem Gedichte im Morgenblatte begeistert! Übrigens ist sie, wiewohl schon tief in den Dreißigern, doch äußerst frisch noch und zur Lust gebaut, Brust und Hüften *comme il faut,* ihre Arme wunderschön! Was aber einzig ist, ist ihr Nachahmungstalent! Sie deklamiert ganze Tiraden aus holländischen und französischen Trauerspielen *in originali,* und wenn sie vollends den Berliner, Leipziger, Wiener oder jüdischen Jargon kopiert, so muß man Tränen vergießen vor Lachen.
Übrigens haben die Herren Heidelberger Studenten der Hendel und mir, den letzten Tag meiner Anwesenheit in Mannheim (wo

ich der Hendel, die eben den Tag die Medea meisterhaft gespielt hatte, ein kleines Souper in meinem Hotel gab), ein Vivat gebracht. Euer Exzellenz Herr Sohn war jedoch nicht dabei, was mir um so lieber war, als es bei der Gelegenheit etwas tumultuarisch zuging. Dagegen habe ich mit Ihrem trefflichen August, den ich wie meine Seele liebe und der mir auch ein bißchen gut ist, ein paar treffliche Stunden auf dem Heidelberger Schlosse gelebt und in Gedanken auf Helios' Hausaltare ein dankvolles Opfer gebracht.

Euer Exzellenz gütigen Frau Gemahlin küsse ich ehrerbietig die Hände, auch meinem erlauchten Wohltäter dem Herzog und der Herzogin Durchlaucht. Ich denke morgen, auf einige Wochen nur, nach Coppet zu gehn. Dürfte ich auf den Winter wieder ein wenig nach Weimar? – Ja oder nein? –

Ewig mit unbegrenzter Ehrfurcht Euer Exzellenz treuster gehorsamster Werner.

Jena, den 1. Oktober 1809

Sie sollen, mein lieber Werner, für Ihren langen und interessanten Brief den schönsten Dank und eine kurze Gegenantwort haben. Ich befinde mich noch in Jena auf dem Platze, wo Sie mich verlassen.

Es war mir selbst höchst angenehm, daß wir in Frieden und Freude an derselben Stätte wieder geschieden sind, wo wir zuerst mit gutem Mut und Willen uns zusammengefunden hatten. Es kommt nur auf Sie an, daß es immer so bleibe. Sie kennen mich genug, um zu wissen, daß wir immer einmal wieder eine Strecke Wegs mit Lust zusammen fortwandern können, wo wir uns auch treffen mögen; nur enthalten Sie sich ja, mir Fußangeln aus der Dornenkrone vor meine Schritte hinzustreuen. Lassen Sie mich den Pfad, den ich mir selbst gebahnt und gekehrt, ruhig hin und wieder spazieren und begleiten mich, insofern es die Gelegenheit gibt.

Sollte Sie dieser Brief bei Frau von Staël treffen, so empfehlen Sie mich ihr und auch Herrn Schlegel, an dessen Vorlesungen ich sehr viel Freude gehabt habe.

In einigen Tagen gehe ich nach Weimar, wo ein gewisses Stück: »Der 24. Februar«, sogleich bei verschlossenen Türen aufgeführt werden wird. Der Schauspieler Haide hat das Ganze auswendig gelernt und wird also im einzelnen schwerlich aus dem Ton fallen. Er setzt sich vor, Wunder zu tun, woran ich keinen Zweifel habe. Finde ich bei der Vorstellung das Stück, wie ich mir's denke, lobenswürdig und gut: so soll mir niemand nichts dagegen sagen, ohne sich Händel auf den Hals zu ziehen, und wenn es der Verfasser selbst wäre.

Coppet, den 20. Oktober 1809
Verehrungswürdigster Herr Geheimer Rat!
Euer Exzellenz werden gnädigst verzeihn, wenn ich es wage, aufs neue an Sie zu schreiben, um Ihnen, Dero gnädigen Erlaubnis zufolge, zwei intressante Nachrichten über mich mitzuteilen.
Die erste ist die: daß mein neuestes Trauerspiel, das einzige, worauf ich, durch Euer Exzellenz gütiges Urteil aufgemuntert, einigen Wert setze, nämlich »Der 24. Februar«, am 13. Oktober hier in Coppet, wo ich mich seit Anfang Septembers befinde, auf dem Privattheater der Frau von Staël gespielt worden ist. Die Zuschauer bestanden bloß aus Personen, welche Deutsch verstehn, und der Effekt des Stücks übertraf alle meine Erwartung. Ich hatte gefürchtet, daß man teils in dem Stück *Longueurs,* teils es zu grausenhaft finden würde; beides war jedoch nicht der Fall, man gestand vielmehr ein, daß der Zuschauer in fortwährender Spannung erhalten, das Schauderhafte durch die sanften *Morçeaus* in die Grenzen des tragischen Pathos beschränkt und das Gehässige der Katastrophe durch die Gemütsverwirrung des Vaters sehr gemildert würde.
Wenn Euer Exzellenz mich recht glücklich machen wollen, so haben Sie die Gnade, meine innigste Bitte zu erfüllen, und den vierundzwanzigsten Februar, als mein gelungenstes Stück, mit allen Ihnen nur irgend gefälligen Einschränkungen, recht bald in Weimar aufführen zu lassen. Ich werde der Vorstellung nicht beiwohnen, denn – und das ist der zweite Hauptpunkt meines Briefes, ich gehe, so Gott will, den 1. November von hier nach Rom und von da nach Neapel. Es zieht mich eine unüberwindliche Sehnsucht nach dem hochgelobten Lande Italia; vielleicht ist es mein Schicksal, das mir winkt, vielleicht will es mich heilen oder mit mir enden? Ich will, ich muß diese Sehnsucht stillen, wäre es auch nur um, von ihr selbst geheilt, nachdem ich das

schönste Land der Erde gesehn, entweder dort Hütten zu bauen oder beruhigt zurückzukehren, meinen Wanderstab zu zerbrechen und in irgendeinem Flecke Deutschlands dann still fortzuleben. Das verspreche ich Euer Exzellenz jedoch hoch und teuer, daß ich, solange ich lebe, der Kunst getreu und Ihre mir ewig teuren, auf das Wesen der menschlich reinen Natur begründeten Kunstregeln zu befolgen, beflissen sein werde. Ich gehe stark mit der Idee um, in Rom oder Neapel ein neues, in jenen Gegenden spielendes, ganz aufführbares und unmystisches Trauerspiel zu machen. Was sagen Euer Exzellenz zu Konradin von Schwaben, aus dem Hause Hohenstaufen, das scheint (er wurde doch in Neapel enthauptet!) ein schöner tragischer Stoff? Ebenso reizt mich das Verhältnis Mariens Stuarts mit dem Sänger Rizio, die Geschichte, wie Mohamed II. seine Geliebte Irene, nach der Einnahme Konstantinopels, auf Verlangen seines Heers tötet, dann Rosamunde, Agnes Bernauerin, was weiß ich alles!
Ich denke, wills Gott, Ende Novembers in Rom anzulangen. Wollten Euer Exzellenz mich mit einem Briefe beglücken, so haben Sie die Güte, ihn an Frau von Humboldt in Rom zu adressieren. Ich denke, nach einem Aufenthalte von sechs bis acht Monaten in Italien, nach Deutschland und Weimar zurückzukehren. Sterbe ich unterdessen, so sein Euer Exzellenz versichert, daß Sie keinen treueren Freund und Verehrer, keinen Sie mit innigerer Seele liebenderen ja anbetendern Menschen gehabt haben, als Ihren,

        Ihnen bis in den Tod getreuen   Werner.

Endlich war es soweit: Zacharias Werners Schicksalsdrama »Der vierundzwanzigste Februar, oder Die Wirkung des Fluches«, in dem ein Elternpaar unwissend den eigenen Sohn ermordet, ging am 24. Februar 1810 über die Weimarer Bretter, als »das Grausenerregendste und Schauderhafteste, was es geben muß«, wie Schellings Freundin Pauline Gotter dem Philosophen nach München berichtete. Doch auch als »das Beste, nach Goethes Meinung, was Werner in seinem Leben gemacht hätte, oder machen würde. Goethe hat ihm die Aufgabe gegeben und streng eingeschärft, all sein verruchtes Zeug diesmal wegzulassen, sein ganzes Talent aufzubieten und etwas Ordentliches zustande zu bringen; das ganze Stück dürfe nur aus drei Personen

*bestehen. Werner hat gebeten und gefleht, wenigstens ein Kind,
eine Katze, einen Hund aufs Theater zu bringen, aber durchaus
nicht, endlich hat er doch ohne sein Wissen eine Dohle angebracht.«
Goethe hatte das Stück sehr sorgfältig einstudiert und vermerkt
dazu in seinen »Tag- und Jahresheften«:*

»Der vierundzwanzigste Februar« von Werner, an seinem Tage
aufgeführt, war ein Triumph vollkommener Darstellung. Das
Schreckliche des Stoffs verschwand vor der Reinheit und Sicherheit der Ausführung; dem aufmerksamsten Kenner blieb nichts
zu wünschen übrig.

*Ob nun wegen dieser hohen Vollendung oder ob nicht doch we-
gen des wirkungsvollen Kriminalfalls – jedenfalls war das Stück
ein durchschlagender Erfolg; es behauptete sich lange auf den
deutschen Bühnen, und Werner fand bald Nachfolger und Ne-
benbuhler.
Im Oktober des Vorjahres war inzwischen Goethes Roman »Die
Wahlverwandtschaften« erschienen, und Werner war ein Exemplar nach Rom zugesandt worden, wohin er sich unterdessen begeben hatte. In einem verlorengegangenen Schreiben berichtete
Goethe ihm dorthin den Erfolg seines Stückes, nicht ahnend, daß
der ungebärdig Rastlose im Begriff stand, jenen Schritt zu vollziehen, der ihn endlich einen Hafen der Ruhe finden ließ: Werner, ein geborener Protestant, konvertierte im April 1811 in Rom
zum Katholizismus. Wovon an Helios Meldung zu tun und sich
über diesen Schritt zu rechtfertigen, er sich alsbald angelegen
sein ließ.*

Rom, den 23. April 1811

Hochverehrter, innigst und ewiggeliebter Herr Geheimer Rat!
Mit Zittern ergreife ich die Feder, um Euer Exzellenz eine mich
zehn Monate hindurch schwer drückende Schuld, die Antwort
auf Ihre teuren, mir unterm 5. Mai vorigen Jahres gesandten
und von mir Ende Juni erhaltenen Zeilen abzutragen. Diese lange Unterlassung ist ein so schweres Vergehen und ein so durch
nichts hinlänglich zu entschuldigendes, daß ich schon einmal in
einer schwachen Minute Lust hatte, mich darüber bei Euer Ex-

zellenz durch irgendeine Lüge zu rechtfertigen. Aber nein! Unter allen möglichen Verbrechen, die meine Seele belasten, ist sie wenigstens von dem der Unwahrheit stets befreit geblieben; ich will also damit jetzt nicht den Anfang machen, zumal bei Euer Exzellenz, der Sie, als das vollkommenste menschliche Ebenbild Gottes des Vaters, zugleich auch der huldvollste und wahrhafteste Mensch und als solcher ein Freund alles Menschlichen und Ganzen und Positiven und nur Feind der sich mit dem Über- oder Untermenschlichen nichtigerweise brüstenden Halbheit sind. Also Wahrheit ohne Verstellung, Verschönerung, Verheimlichung oder künstliche Vorbereitung, wie sie aus meinem von Gott nicht verstoßenen Gemüte mir in die Feder fließt. –
Als ich Euer Exzellenz so huldvolles Schreiben erhielt und daraus nicht nur die Erfüllung meines sehnlichsten Wunsches, die Aufführung des 24. Februars, sondern, was mir mehr ist als alle Schauspiele und Stücke dieser Welt, die Gewißheit erfuhr: daß Derjenige, für den mein Herz, auf eine mir unerforschliche Weise brennt, Derjenige, durch den ich Gott und mich (was in gewissem Sinne Synonyma sind) wiedergefunden habe, daß Sie an Den ich nie ohne dankbare Freudentränen denken kann, mit denen ich jetzt dieses schreibe, Sie, von Dem ich mich schon verstoßen glaubte, daß Sie noch immer mir nicht abhold sind (oder wenigstens, o Gott! es damals noch nicht waren); – da wollte ich gleich auf der Stelle Ihnen im Gefühl des vollsten Dankes antworten. Euer Exzellenz hatten aber *in fine* Ihres Briefes geschrieben: »Lassen Sie mich entweder durch sich selbst oder *per tertium* wieder von sich hören.« Und ich, der ich jeden Ihrer Ausdrücke mit Recht *au pied de lettre* zu nehmen gewohnt bin, übersetzte mir diese Stelle so: »Lassen Sie mich vor der Hand mit Ihrer Schreiberei in Ruhe!« Aber Euer Exzellenz werden mich gar nicht mehr sehn, nicht mehr sprechen, nicht mehr vorlassen wollen. Sie werden von mir gar nichts mehr hören noch wissen wollen! Warum, das wissen Sie schon jetzt, indem ich dies schreibe:

>»Keimt ein Glaube neu
>Wird oft Lieb und Treu
>Wie ein altes Unkraut ausgerauft!«

so heißt es in dem Gedicht, welches, nächst Gott und Euer Exzellenz, niemand so gut versteht als ich! Nicht in mir wird Lieb und Treue gegen Sie ausgerauft werden, kein Glaube kann und wird meine Liebe, meine Treue, meine Dankbarkeit gegen Sie ausraufen, am wenigsten der christliche, den ich, nachdem ich ihm lange heimlich auf den schändlichsten Irrwegen nachgerannt bin, endlich gefunden und öffentlich bekannt habe. Beides verdanke ich – o zürnen Sie nicht, Huldvollster! – Ihren Wahlverwandtschaften. »Nur unter der Bedingung einer völligen Entsagung«, heißt es darin, »hatte Ottilie sich verziehen, und diese Bedingung war für ihre ganze Lebenszeit unerläßlich«. Diese von Gottes Geist Ihnen in die Feder diktierten und als ich sie zuerst, vor ihrer Herrlichkeit erstarrend, las, von Gottes Blitz auf der nämlichen Stelle, an der ich jetzt dieses schreibe, illuminierten ewigen Worte, sie sind es und – was auch der deutsche Pöbel über mich lügen mag – sie, diese Worte (und nicht der Sinnentand, die Phantasterei, die Gaukelei, womit man alles Heilige und auch die Kirche, die ewige, heilige, überkleistert hat) sind es, die mich katholisch gemacht haben und mich zwingen, es, mag auch über mich ergehen, mag auch dabei von mir zugrundegehen, was da wolle, es lebenslang und ewiglich zu bleiben. Daß ich für entsetzlich vieles, fast Unverzeihliches Verzeihung nötig habe, wissen Euer Exzellenz aus meinen aufrichtigen Bekenntnissen, oder vielmehr, im vollen Wortsinne, aus der Generalbeichte, die ich Ihnen einst nach dem Mittagessen an Ihrem Tische (wo nur Gott noch zwischen uns beiden war) abgestattet habe. Diese Verzeihung, daß ich sie nicht erhielt, von niemandem als von Gott (den ich in gemeinen Lastern schwelgend floh) erhalten konnte, war das Gift, was an meinem Mark zehrte, und als Gegengift brauchte ich – was? Eine alberne Mystik, ein verrücktes, aus platonisch-scholastischen (nicht diesem würdigen Namen, nur mir gilt mein Hohn!) Fetzen zusammengeflicktes Lumpensystem, das ich, auf nichts als leere Träume begründet, mit dem Namen eines Systems der Liebe! (von der ich eigentlich so wenig verstand) taufte, welches die viel zu gutmütigen Deutschen viel zu nachsichtig aufnahmen und welches aufs bitterste selbst zu verhöhnen ich jetzt der erste sein würde, wenn ich es nicht viel bitterer noch beweinen müßte. Nicht genug ein halber Teufel zu sein, war ich einer der elendigsten Gattung, ein alberner, ein heuchelnder, ein dummer! »Nichts Jämmerlichers« heißt es im Faust »kenn ich auf der Welt als

einen Teufel, der verzweifelt!« Wahr und recht! Aber es steht auch geschrieben:
>> Trocknet nicht, trocknet nicht,
Tränen der ewigen Liebe!«
und ich müßte den Sänger dieser ewigen Verse schlecht kennen, um nicht überzeugt zu sein, daß die nämliche Zähre, die im gegenwärtigen Moment aus meinem Auge auf dieses Blatt fällt, wenn Er es liest, in Seinen himmlischen Augen herrlicher glänzen wird als jene Träne, wodurch er mich, als ich Ihm mein Innerstes aufschloß, auf ewig zu Seinem Jünger weihte! Dieses unsers beiderseitigen chemischen Tränenzusammenhanges bin ich, was auch Euer Exzellenz unbestechliches Urteil künftig über mich und unser Verhältnis beschließen mag, gewiß! Ihre mir in Weimar gesprochenen Worte tönen noch immer in meinen Ohren: »Wer«, sprachen Sie, »mit mir nicht gehn kann, oder will, von dem scheide ich!« Diese Worte, damals für mich soviel als: Gehet hin, ihr Verdammten, in das ewige Feuer! sie sind mir noch immer schrecklich! Unter allen Opfern des Christentums, die ich nämlich ihm bringe, ist, Gott ist mein Zeuge, das schwerste: die Möglichkeit, Euer Exzellenz huldvolles Wohlwollen zu verlieren. Aber ich werde dieses schwerste aller Opfer mit blutendem, zerrissenem Herzen – bringen, wenn es sein muß! Und Gott, der alles herrlich wiedergibt, was man ihm schmerzhaft und rein opfert, wird mir Ihr Herz wiedergeben! –
Ich schließe mit der Bitte: Glauben Sie keinem Worte, was der deutsche Pöbel – (mit dem Rom reichlicher als jede andre Stadt gemaledeit ist) – über mich sagt und schreibt. Man erzählt in Deutschland, ich werde nach Jerusalem wallfahrten. Eine alberne Lüge, Gott ist überall. Man wird auch erzählen und drucken lassen, ich täte den ganzen Tag nichts als Beten. Freilich tue ich nichts halb, und werde auch, da ich mich ausschließlich dem unmystischen reinkatholischen Christentum widmen will, nicht auf halbem Wege stehn bleiben. Aber die Pinsel begriffen auch Euer Exzellenz in Jena nicht, wie Sie illuminierte Farbenkreisel erfanden. Es wurde gesagt: Sie spielten, und Sie schrieben die unsterbliche Optik. Auch ich werde der Poesie nie entsagen, sondern kräftiger zu ihr zurückkehren.

Ewig Euer Exzellenz treuster verehrendster Diener

Werner

Euer Exzellenz teurer Gemahlin küsse ich innigst die Hände, und bereue innigst, wie ich ihr manchmal innerlich unrecht getan habe; ihr schönes Gemüt wußte zu gut, daß ich schlecht war, und verachtete mich schuldigst; ich werde mich aber künftig ihrer Achtung würdig zu machen bestreben. Dem guten Herrn Rat August, den Gott segnen möge, sagen Euer Exzellenz doch gütigst, daß ich dick und fett werde und, wiewohl ich fast den ganzen Tag studiere, doch niemals gottlob zufriedner und glücklicher gewesen bin als jetzt.

Die Wirkung dieses Briefes auf Goethe läßt sich denken. Eine unmittelbare Äußerung oder gar eine Antwort darauf ist nicht überliefert. Doch blieb er auch weiterhin nicht ohne Nachrichten von dem Abtrünnigen, und Anfang Februar 1814 entstand folgendes, in Knittelversen abgefaßte Schelt- und Spottgedicht:

> Herr Werner, ein abstruser Dichter,
> Dazu vom sinnlichsten Gelichter,
> Verleugnete sein schändlich Lieben,
> Die Unzucht, die er stets getrieben;
> Nun sucht er neue Lasterspur:
> Ihn treibt die sündige Natur
> Nach Rom zur babylon'schen Hur;
> Da laicht er denn mit Mönch' und Nonnen
> Und glaubt, er habe viel gewonnen,
> Daß, was er fleischlich sonst vollführt,
> Den Leichnam er geistlich nun branliert.
> Nun will der Kerl sich mit den treuen,
> Keusch-siegesfrommen Deutschen freuen,
> Da doch der Papst, der Antichrist,
> Ärger als Türk' und Franzosen ist.

Dieses derbe Sprüchlein des Unmuts blieb selbstverständlich in dem, was Goethe seinen »Walpurgissack« nannte, sekretiert und wurde erst aus dem Nachlaß veröffentlicht.
Leider ist Werners Brief an Goethe, vom 18. Januar 1814, der im Jahr nach der Völkerschlacht von Leipzig dieses Scheltgedicht veranlaßte, nicht erhalten. Auf uns gekommen sind jedoch

die fünf Sonette, die ihm beilagen, Abschiedssonette »An Helios«, deren erstes hier zitiert sei.

Das schwerste Scheiden

Warum ich, Helios, nicht zu dir eile,
So wie des Opfers Glut zur Sonnenscheibe?
Du weißt es, und daß dein ich bin und bleibe,
Ob ich auch, unstet, fern von dir verweile! –

Daß sich ein wundes Herz durch Opfer heile,
Du schriebst es selbst, an den ich dieses schreibe;
Du, Ganzer, gehst der Halbheit nur zu Leibe,
Drum zwischen Gott und dir ich nicht mich teile!

So bleib' ich fern, was wär' mein neu Erscheinen
Zu Rhodus anders als ein Ansichschlingen
An deinen Blick, mit ganz sprachlosen Leiden!

O dürft ich noch an deinem Strahl mich weiden! –
Ich bleibe fern! – Doch der mir es gelingen,
Dies schwerste Scheiden, hilft, wird uns vereinen! –

Goethe hat auf diese Sendung nicht mehr geantwortet. »Was Wernern betrifft«, hieß es bereits in einem Brief vom 26. September 1813 an Christian Heinrich Schlosser in Rom, der dort häufig mit Werner zusammen war . . .

Was Wernern betrifft, so könnte ich nicht sagen: *dies ist auch ein Sohn, an dem ich Wohlgefallen habe;* ein böser Genius hat sein herrliches Talent über die Grenzen hinausgeführt, innerhalb deren das Echte und Wahre ruht; er irret in dem Schattenreiche, aus dem keine Rückkehr zu hoffen ist.

Dieses Urteil scheint Werner zu Ohren gekommen zu sein und die Zusendung der erwähnten Sonette veranlaßt zu haben. Eine Antwort unterblieb, wie gesagt. Doch entstand im Sommer 1814 abermals ein kleiner Vers, als Goethe von Werners Priesterweihe erfuhr, die am 14. Juni 1814 erfolgte.

Niemand soll ins Kloster gehn,
Als er sei denn wohl versehn
Mit gehörigem Sünden-Vorrat;
Damit es ihm so früh als spat
Nicht mög' am Vergnügen fehlen,
Sich mit Reue durchzuquälen.

Werner wurde später Hofprediger in Wien, wo er am 17. Januar 1823 gestorben ist. Goethes letzte, aus später Ferne rückblickende Äußerung über ihn findet sich 1828 in seiner Hauszeitschrift »Kunst und Altertum«, in einem Aufsatz über englische literarische Zeitschriften und deren Beiträge zur deutschen Literatur:

Werners Leben und Schriften scheinen die englischen Kunstrichter mit dem billigsten Ernst behandelt zu haben, aber wir gestehen gern, daß uns der Mut fehlte, jenen Komplex von Vorzügen, Verirrungen, Torheiten, Talenten, Mißgriffen und Extravaganzen, Frömmlichkeiten und Verwegenheiten, an denen wir mehrere Jahre bei redlich menschlicher Teilnahme bitterlich gelitten, nochmals historisch-kritisch gelassenen Schrittes zu verfolgen.

VII

Goethe und Bettina
(1807–1830)

Goethe und Bettina – oder besser, genauer: Bettina und Goethe – das ist die Geschichte eines gelebten, gedichteten Mythos, mit all seinem Glanz, in all seiner Fragwürdigkeit. Die das zuwege brachte, mit ihrem Kopf und ihrem Herzen, war, als sie ihm das erstemal entgegentrat, ein eben 22jähriges Mädchen: Bettina Brentano aus Frankfurt, die Tochter der Maximiliane von La Roche, der Goethe in seiner Jugendzeit einmal nahegestanden hatte.
Bettina war nach dem Tod der Eltern im Kloster zu Fritzlar erzogen worden, war dann in Frankfurt und Offenbach bei der Großmutter, in Marburg bei ihrem Schwager Savigny aufgewachsen. Nach dem Tod ihrer Freundin, der Dichterin Caroline von Günderode, die sich im Sommer 1806 auf dem Familiengut der Brentanos in Winkel am Rhein das Leben nahm, war Goethes Mutter im Haus am Roßmarkt ihr nächster und liebster Umgang. In ihrem letzten Brief an die Günderode vor deren unseligem Ende schreibt Bettina im Juni 1806 der Freundin, die man von ihr getrennt hatte:

Ich habe mir statt Deiner die Rätin Goethe zur Freundin gewählt. Es ist freilich was ganz anders, aber es liegt was im Hintergrunde dabei, was mich selig macht: die Jugendgeschichte ihres Sohns fließt wie kühlender Tau von ihren mütterlichen Lippen in mein brennend Herz, und hierdurch lern' ich die Jugend anschauen, und hierdurch lern' ich, daß seine Jugend allein mich erfüllen sollte.

Was Bettinas eigenem Geständnis nach, früher schon als Goethes Jugend in den Erzählungen der Mutter, sie veranlaßt hatte, sich ihm zuzuwenden, das hat sie im Alter, in einem Brief vom Juli 1849 an den König Friedrich Wilhelm IV. von Preußen, einmal folgendermaßen dargestellt:

Meine Lieb zum Goethe war nicht, weil ich mir ihn als großen Mann dachte; sie entsprang daher, weil er vor mir verleumdet ward, und sonderbar genug – bestand diese Verleumdung darin, daß man ihm nachsagte, er glaube nicht an den Teufel – und weiter sagte man, er sei ganz schlecht und solle doch nicht verlangen, daß man ihn für einen Christen halte, und er verdiene gar kein christlich Begräbnis. Ich hörte dies alles sagen in einem Kreis, wo es für mich nicht schicklich war, mitzusprechen! Ich war damals dreizehn Jahr alt. – Was hätte ich auch sagen sollen! – Ich hörte da zum ersten Mal ihn nennen; ich wußte nicht, daß er Dichter war – ich wußte gar nichts von ihm! – Ich war eben aus dem Kloster gekommen, wo man auch nichts von ihm wußte. Als man aber weiter sich erzählte, er habe ein böses Herz, er sei ganz häßlich geworden und habe ein gemeines Ansehn, der Adel seiner Gestalt sei verloren gegangen, da sagte ich zu mir selber: Es ist nicht wahr, was die dort sagen! – Von der Zeit an war er der Gegenstand meiner heimlichen Betrachtungen! Mein Charakter entwickelte sich durch dies Phänomen, einem Mann so herzlich zugetan zu sein, bloß weil ihm war Unrecht getan worden in meiner Gegenwart. Seitdem fragte ich mich bei allem, was ich unternahm, ob es ihm auch gefallen würde!

Nun aber, im Herbst 1806, als Bettina täglich zwei Stunden und länger bei der Rätin sitzt, ihr zu Füßen auf einem Schemelchen, und »sich Anekdoten von dem geliebten Sohn erzählen läßt«, nun hält es sie nicht länger: sie muß ihn aufsuchen und persönlich kennenlernen. Dazu werden bald allerlei Pläne geschmiedet, die sich aber, der Jahreszeit halber und der unsicheren Landstraßen wegen, nicht so rasch verwirklichen lassen.
Erst im April 1807 ging Bettinas sehnlichster Wunsch in Erfüllung. Ihr Schwager Joris in Kassel, Bankier des Königs Jerôme von Westfalen, unternahm eine Geschäftsreise nach Berlin; seine Frau begleitete ihn, und Bettina setzte es durch, daß auch sie dabei sein durfte. Auf der Rückreise machte man in Weimar Station, Bettina eilte zu Wieland, dem Jugendfreund ihrer Großmutter Sophie La Roche, und bat ihn um ein paar einführende Zeilen, die sogleich abgefaßt wurden.

Bettina Brentano, Maximilianens Tochter, Sophien La Roches
Enkelin, wünscht dich zu sehen, lieber Bruder, und gibt vor, sie
fürchte sich vor dir, und ein Zettelchen, das ich ihr mitgäbe, würde ein Talisman sein, der ihr Mut gäbe. Wiewohl ich ziemlich
gewiß bin, daß sie nur ihren Spaß mit mir treibt, so muß ich
doch tun, was sie haben will – und es soll mich wundern, wenn
dirs nicht ebenso wie mir geht.
Weimar, den 23. April 1807

*Am gleichen Tage verzeichnet Goethes Tagebuch Bettinas Be-
such, unter dem Stichwort »Mamsell Brentano«.
Drei bis vier Stunden etwa hat Bettina sich im Haus am Frauenplan aufgehalten; Goethe schenkte ihr als Andenken einen Ring
mit einem antiken Stein. Dann ging es nach Kassel zurück, und
dort schrieb Bettina an ihren Bruder Clemens Brentano in Frankfurt den ersten Bericht über ihren Besuch bei Goethe:*

Jetzt war ich in Weimar, in Wielands mir ganz lächerlichem Re-
vier, ein Gemach voll Nachtlampen und Nachtmützen, und er
selbst im Schlafrock, ruft aus, als er mich sieht: »O wunderbare
Erscheinung!« – »Sie haben sich darauf eingerichtet«, sagte ich
ihm, »mit dem Schlafornat.« Ich scherzte und lachte noch ein bißchen, begehrte von ihm ein klein Zettelchen für Goethe, und
wandelte meines Pfads. In der Tat, lange könnte ich es nie bei
ihm aushalten, und wär es auch nur wegen der alten Luft, die
bei ihm herrscht.
Aber jetzt kommen wir zu Goethe. Ei, preise mich glücklich, guter Clemens; nur erst einmal auf die Treppe, die zwei freundlichen Marmorbilder, die dir entgegenwinken; und so still und
würdig ist das Haus. – Ich wartete in einem Zimmer, das voll
kleiner Holzschnitte und Zeichnungen hängt; ich blieb bei einer
Madonna in Holzschnitt stehen, und dachte so in meinem Sinn,
was Goethe wohl gedacht haben mochte, daß er es so schön ein-
gerahmt hatte; indem trat er herein, grüßt mich, führt mich auf
sein Zimmer; nachdem ich saß, rückt er sich einen Stuhl herbei. »Nun da sind wir ja; jetzt wollen wir schwätzen, bis Nacht
ist.« Er sprach mir viel von Arnim, den hat er wirklich lieb; auch
über Dich sagte er mir mancherlei Gutes und Schönes, was mir
sehr lieb ist. Er ist doch sehr gerecht und mild, und auch nach-

sichtig; er hat eigentlich den wahren Respekt vor der menschlichen Natur; wer vor ihm steht ohne Prätention, mit aufrichtiger Liebe, dem muß es wohlgehen bei ihm. Ich plauderte alles, was mir auf die Zunge kam, und er war damit zufrieden; ich sagte ihm, daß ich seine Lebensgeschichte schreiben wollte; dies freut ihn, er eiferte mich ordentlich dazu an. Er war so ehrend in allem, was er sprach; ich konnte nicht begreifen, wie ihm alles so ernst war, was wir gegenseitig sprachen. Ich fragte ihn darum. »Es ist einmal nicht anders und kann nicht anders sein«, sagte er, »nicht alle Menschen haben ein Recht auf mein Herz.« –
Lieber Clemens, wer ihn einmal gesehen hat wie ich, und ihn nicht liebt wie ich, der ist seinen Anblick nicht wert, und wenn die ganze Welt ihn nicht erkennt, so will die Bettine Jubel rufen über seine Herrlichkeit. Als ich wegging, steckte er mir einen Ring an den Finger, und erinnerte mich nochmals an seine Biographie. Sein Leben will ich nicht schreiben, das kann ich nicht, aber den Duft seines Lebens will ich erschwingen und auffassen, und zum ewigen Andenken seiner bewahren. Ach lieber Clemens, was mir so wohl gefiel – ich war so ruhig bei ihm; er war mit mir wie mit einem Jugendgespielen.

Ein zweiter, mündlicher Bericht über diesen Besuch in Weimar und das »wunderbare Gespräch«, das Bettina dort mit Goethe geführt hat, wurde im Juli 1807 der Frau Rat abgestattet, als Bettina wieder nach Frankfurt kam. Dem Gedächtnis der Nachwelt jedoch hat sie die näheren Umstände dieser Begegnung in einer Schilderung übermacht, die sich erst in dem Buche findet, das Bettina 1835, nach Goethes Tod, unter dem Titel »Goethes Briefwechsel mit einem Kinde« herausbrachte. Diese Schilderung ist dort einem Briefe an die Frau Rat angehängt, in dem Bettina zuerst die winterliche Fahrt nach Weimar beschreibt, dann ihren Besuch bei Wieland und wie sie diesem das Billett an Goethe abschmeichelt.

Mit diesem Billett ging ich hin, das Haus liegt dem Brunnen gegenüber; wie rauschte mir das Wasser so betäubend – ich kam die einfache Treppe hinauf, in der Mauer stehen Statuen von Gips, sie gebieten Stille. Zum wenigsten ich könnte nicht laut werden auf diesem heiligen Hausflur. Alles ist freundlich und doch feierlich. In den Zimmern ist die höchste Einfachheit zu Hause, ach so einladend! »Fürchte dich nicht«, sagten mir die bescheidnen Wände, »er wird kommen und wird sein, und nicht *mehr* sein wollen wie du.« – Und da ging die Tür auf, und da stand er feierlich ernst und sah mich unverwandten Blickes an; ich streckte die Hände nach ihm, glaub ich – bald wußt ich nichts mehr, Goethe fing mich rasch auf an sein Herz. *»Armes Kind, hab ich Sie erschreckt«*, das waren die ersten Worte, mit denen seine Stimme mir ins Herz drang; er führte mich in sein Zimmer und setzte mich auf dem Sofa gegen sich über. Da waren wir beide stumm; endlich unterbrach er das Schweigen: »Sie haben wohl in der Zeitung gelesen, daß wir einen großen Verlust vor wenig Tagen erlitten haben durch den Tod der Herzogin Amalie.« – »Ach!« sagt ich, »ich lese die Zeitung nicht.« – »So! – Ich habe geglaubt, alles interessiere Sie, was in Weimar vorgehe.« – »Nein, nichts interessiert mich als nur Sie, und da bin ich viel zu ungeduldig, in der Zeitung zu blättern.« – »Sie sind ein freundliches Kind.« – Lange Pause – ich auf das fatale Sofa gebannt, so ängstlich. Sie weiß, daß es mir unmöglich ist, so wohlerzogen dazusitzen. – Ach Mutter! Kann man sich selbst so überspringen? – Ich sagte plötzlich: »Hier auf dem Sofa kann ich nicht bleiben«, und sprang auf. – »Nun!« sagte er, »machen Sie sich's bequem«; nun flog ich ihm an den Hals, er zog mich aufs Knie und schloß mich ans Herz. Still, ganz still war's, alles verging. Ich hatte so lange nicht geschlafen; Jahre waren vergangen in Sehnsucht nach ihm – ich schlief an seiner Brust ein; und da ich aufgewacht war, begann ein neues Leben.

So also war's – war es nicht – oder vielleicht doch. Genaues, Zuverlässiges über die äußeren Vorkommnisse werden wir von Bettina nie erfahren, weil alles immer, im Erleben schon, und wieviel mehr noch aus der fortdichtenden Rückschau, mit Innerem durchsetzt, durchfärbt ist, sobald der verwandelnde Zustand der Entrückung über sie kommt.
Wie sich das in Bettinas Erscheinung und im Umgang mit ihr äußerte, darüber berichtet im März 1809 Caroline Schelling aus München an ihre Freundin Pauline Gotter in Gotha, – die zu dem engsten Kreis der jugendlichen Verehrerinnen Goethes gehörte:

Wir haben hier eine Nebenbuhlerin von Dir, mit der ich Dich schon ein wenig ärgern muß, wie sie mit Dir. Bettina Brentano. Hast Du noch nicht von ihr gehört? Es ist ein wunderliches kleines Wesen, ein Ausbund an körperlicher Schmieg- und Biegsamkeit, innerlich verständig, aber äußerlich ganz töricht, anständig und doch über allen Anstand hinaus; aber alles, was sie tut, ist nicht rein natürlich, und doch ist es ihr unmöglich, anders zu sein. Sie leidet an dem Brentanoschen Familienübel: einer zur Natur gewordenen Verschrobenheit; ist mir indessen lieber wie die andern. Unter dem Tisch ist sie öfter zu finden wie drauf, auf einem Stuhl niemals. Du wirst neugierig sein, zu wissen, ob sie dabei hübsch und jung ist; und da ist es wieder drollicht, daß sie weder jung noch alt, weder hübsch noch häßlich, weder wie ein Männlein noch wie ein Fräulein aussieht.

So also sah man Bettina. Doch hören wir sie selber in einem Brief aus dem Juni 1809 an ihren Bruder Clemens, nachdem sie im November 1807 ein zweites Mal in Weimar gewesen war und inzwischen auch, von der Frau Rat dazu ermutigt, einen eifrigst betriebenen Briefwechsel mit Goethe angezettelt hatte.
Bettina in München an Clemens Brentano in Frankfurt:

Du irrst Dich, wenn Du meinst, mein Wille sei, nicht nach Weimar zu gehen. Wahrhaftig, es quält mich, sowie ich einen freien Augenblick habe, und sollte Goethe sterben, so bin ich verloren. Nur möchte ich nichts verletzen, dann auch möchte ich nicht lange da sein, zwei Monate oder drei, doch jetzt ist nicht daran zu denken. Vielleicht klärt sich der Himmel bis in sechs Wochen auf, und dann, ohne viele Bagage, allein mit festem Willen trete ich die Reise an. Wenn dann Deine Person mich gegen die Welt schützen würde, so würde ich dankbar sein. Ich will nur nicht, daß Du einen größeren Glauben an mich habest als ich verdiene. Ganze lange Perioden meines Lebens gehen so einseitig durch, daß ich an allen Gaben eines gütigen Genius verzweifeln müßte. Diesen entgegen setzen sich momentane Berührungen einer ungeheuren Welt in meiner Brust. Es ist dann, wo auch die nachsichtigsten Menschen mich für ungezogen, für bizarr *scheinen wollend*, für verwirrt, ja zuweilen für sittenlos erklären. Der Verstand (dessen ich wenig besitze), der einzige niederträchtige,

der nicht vom allgemeinen Enthusiasmus ergriffen wird, dieser wirft mir in einzelnen Augenblicken vor: daß ich an den Wahnsinn grenze, daß ich gegen den Strom schwimme und noch dazu alle Schleusen aufreiße. Die Einbildung gründet ins tiefe Meer und türmt mir Felsen aufeinander, und auf diese hohe Leuchttürme einzelner prächtiger Bruchstücke kühner Lebensgedanken. Diese leuchten und wollen die ganze Ladung meiner Pläne und auch einzelne Schwimmer in der Nacht des Sturmes retten. Mit ungeheurer Gewalt, Geschwindigkeit steigen die Wellen (das Element aller Vernichtung und Erschaffung) an den Felsen und Mauern hinauf, eine Kraft, der nichts widersteht, immer höher, als ob sie den Himmel erstürmen wollen, und doch ihr höchstes Ziel ist die Turmspitze, von da an wieder nieder und reißen alles zusammen, was dem Trost, der Hoffnung, der Stärkung, der Rettung erbaut war. Nun noch schickt der Himmel die neue Morgenröte, beruhigt das Meer, vertreibt die Wolken, die bösen Geister. Aber hin ist hin, der Aufruhr, die Macht, das Leben müssen verschlafen werden; siehst Du, so geht Dir's *à peu près*, mir aber im allereigentlichsten Sinn. Wenn einmal eine Glut vom Himmel fällt, die die Ketten schmilzt, aber den Sklaven nicht verletzt, dann könnte es kommen, daß ich – ich alle einzelnen Blätter eines zurückgehaltnen Frühlings mit bedächtiger Sorgfalt entwickle, daß kein Tautropfen verloren geht; – bis dahin werde ich unverständlich bleiben, (mir selber), nicht geachtet, wie ich es verdiene, wirklich bizarr, verloren und zerrissen.
                                                                                      Bettine

Vielleicht begreift man hiernach, was Goethe Bettina bedeutete und inwiefern sie in dem späten Bericht über ihre erste Begegnung mit ihm eine jede äußere Wirklichkeit übertreffende Wahrheit ihres Herzens ausspricht, die zu entfalten sie in vielen echten und erdichteten Briefen sich zeitlebens nicht ersättigen konnte.
Bettina in Kassel an Goethe in Jena, Anfang Dezember 1807:

Warum muß ich denn wieder schreiben? Einzig um wieder mit Dir allein zu sein, so wie ich gern kam in Weimar, um mit Dir allein zu sein; zu sagen hab ich nichts, damals hatte ich auch nichts zu sagen, aber ich hatte Dich anzusehen und innig froh

zu sein, und war Bewegung in meiner ganzen Seele. – Und wenn ein Dritter meine Briefe sähe, er würde sagen: Hier ist einzig von Liebe die Rede, es ist ein Herz voll Liebe, das hier geschrieben hat, es ist ihm nicht mehr zu helfen. –
Ist dem zu helfen, der die Augen einmal ins Leben aufgeschlagen hat? – Er ist geboren, und muß die Welt anschauen mit Schlechtem und Rechtem, bis in den Tod. – Selig, wer beim ersten Blick gleich das Herrlichste erblickt und es so fest anblickt, daß kein Lärm und fremder Schein ihn abzuwenden vermag. Bin ich zu tadeln, Herr meiner Seele; soll von Liebe nicht die Rede sein? so muß ich wahrlich verstummen, denn ich weiß nichts anders.
So wie der Freund Anker löst nach langer Zögerung und endlich scheiden muß; ihm wird die letzte Umarmung, was ihm hundert Küsse und Worte waren, ja mehr noch, ihm werden die Ufer, die er in der Entfernung ansieht, was ihm der letzte Anblick war; und wenn nun endlich auch das blaue Gebirg verschwindet, so wird ihm seine Einsamkeit, seine Erinnerung alles: so ist das treue Gemüt beschaffen, das Dich lieb hat. Das bin ich! Die Dir von Gott gegeben ist, als ein Damm, über welchen Dein Herz nicht mit dem Strom der Zeit schwimmen soll, sondern ewig jung in Dir bleibt und ewig geübt in der Liebe.
Und wenn Du stehst als ein Gott auf dem Altar und wenn sie alle rufen: Du bist herrlich! herrlich! wir opfern Dir; und wenn Dein Sinn wäre von Stein wie Dein Bildnis, so müßte ich doch rufen: Umarme mich, weißer Cararischer Stein! Bettine

Die Ausleger haben in diesem Brief Bettinas die Keime zu mindestens vier Sonetten Goethes entdeckt, die damals im Wettstreit mit Zacharias Werner in rascher Folge entstanden. Zwei dieser Sonette sandte Goethe Ende Dezember 1807 nach Kassel. Eines sei hier zitiert, um zu zeigen, wie Goethe dabei vorgeht, und weil Bettina sich in ihrem Dankschreiben darauf bezieht.

War unersättlich nach viel tausend Küssen
Und mußt' mit *einem* Kuß am Ende scheiden.
Bei solcher Trennung herbempfundnem Leiden
War mir das Ufer, dem ich mich entrissen,

Mit Wohnungen, mit Bergen, Hügeln, Flüssen,
Solang ich's deutlich sah, ein Schatz der Freuden;
Zuletzt im Blauen blieb ein Augenweiden
An fern entwichnen lichten Finsternissen.

Und endlich, als das Meer den Blick umgrenzte,
Fiel mir's zurück ins Herz, mein heiß Verlangen;
Ich suchte mein Verlornes gar verdrossen.

Da war es gleich, als ob der Himmel glänzte;
Mir schien, als wäre nichts mir, nichts entgangen,
Als hätt' ich alles, was ich je genossen.

Bettina in Kassel an Goethe in Weimar, Anfang Januar 1808:

Wer auf der ganzen Welt weiß es, wie ich Dich achte und liebe und ehre, als ich allein? Ich bin glücklicher jetzt im Andenken der Vergangenheit, als ich damals in der Gegenwart war.
Ich sag es noch einmal, wer weiß es auf der weiten Erde, wer kann es begreifen? wie ich Dich innig verehre und liebe, und wie ich so ruhig in Dir bin, als ich ganz allein? Ich könnte wie die Berge Nächte und Tage in die Vergangenheit tragen, ohne nur zu zucken, in Deinem Andenken. Wenn aber der Wind zuweilen von der ganzen blühenden Welt den Duft und Samen zusammenträgt, und ihn auf der Berge Wipfel hängt, so werden sie auch berauscht, so wie ich gestern, da hab ich die Welt geliebt, da war ich selig, wie eine aufsprudelnde Quelle, in die die Sonne zum erstenmal scheint. Leb wohl, du guter großer herrlicher Freund, ich steh auf einem Fels in meiner Liebe, auf den ich mit Lebensgefahr gekommen bin; ans Herunterklettern ist gar nicht zu denken, da bräche ich auf allen Fall den Hals.

Bettine

Und so weit hatte ich gestern geschrieben, saß heute morgen auf dem Sessel und las still und andächtig in Karls des Großen Jugendjahren, ohne nur mich zu bewegen, denn ich wurde dabei gemalt, so wie Du mich bald sehen sollst; da brachte man mir das blaue Couvert, und ich brach auf, und fand mich darin in Göttlichem Glanz wiedergeboren, und zum erstenmal glaubte

ich an meine Seligkeit. – Was will ich denn? Ich begreife mich oft nicht, jeder Lärm ist mir zuwider; ich wollt, es wär still in der Welt, es gäb nichts mehr außer mir. (Dem Arnim machte ich ein Bett von Rosen und ließ ihn im Mondschein schlafen, und ließ ihm alle Ruhe angedeihen.) Dich wollte ich oft und warm ansehen, wollte Dich begleiten in Dein stilles Haus, und wollte Dich ausfragen über Dein ehmaliges und jetziges Leben, so wie ich Dein Angesicht ausgefragt hab über seine vorige und jetzige Schönheit, auf der Bibliothek, da konnte ich nicht umhin, mich zu Deiner jungen Büste aufzuschwingen, um meinen Schnabel gleichsam wie eine junge Nachtigall daran zu wetzen; Du breiter voller Strom, wie Du damals durch die üppigen Gegenden der Jugend durchbraustest, und jetzt eben ganz still durch Deine Wiesen zogst. Ach, und ich stürzte Dir Felssteine vor, und wie Du wieder Dich auftürmtest, wahrlich, es war nicht zu verwundern, denn ich hatte mich tief eingewühlt.
Siehst Du! Ich spreche heute ernster mit Dir als je, und weil Du jung bist und herrlich, und herrlicher wie alle, so wirst Du mich auch verstehen. Ich bin ganz sanft geworden durch Dich; am Tag treib ich mich mit Menschen, mit Musik und Büchern herum, abends sehe ich den Arnim, und unter unsern Gesprächen rauscht die Flut meiner Liebe gewaltsam in mein Herz; ich hab ihn gelehrt, wie man Dich lieben soll, und war am Ende erstaunt, wie er geübt war, ja wie er es beinah besser kann, als ich es ihm sagen konnte.
Wie kommt Dir dies alles vor? Gelt, närrisch, gelt, Du meinst – aber ich hab Dich einzig *lieb – in der Art*. Den Tag, als ich Abschied nahm von Dir mit dem einen Kuß, *mit dem ich nicht schied von Dir*, da war ich morgens beinah eine ganze Stunde allein im Zimmer, wo das Klavier steht. Da saß ich auf der Erd im Eck und dachte: es geht nicht anders, Du mußt auch einmal weinen; und Du warst ganz nah und wußtest es nicht, und ich weinte mit lachendem Munde, denn mir schaute das feste grüne Land durch den trübsinnigen Nebel durch; Du kamst, und ich sagte Dir recht kurz (und ich schränkte mich recht ein dabei, im Streicheln und Küssen), wie Du mir wert seist.
Ich frag Dich: Bist Du nicht wieder ganz jung bei mir? Oder soll ich mehr als wahr sein? Soll ich täuschend wahr sein? –

                                                      Bettine

Morgen reis ich nach Frankfurt; da will ich der Frau Mutter alle
mögliche Sorgfalt angedeihen lassen und will sie verehren, denn
»Selig ist der Leib, der Dich getragen hat«.

*Im Sommer 1808 verbrachte Bettina mehrere Wochen auf dem
Familiengut der Brentanos in Winkel am Rhein. Im Juli ist sie
in Schlangenbad, und von dort geht Ende des Monats ein langer
Brief an Goethe in Karlsbad, der auszugsweise zitiert sei:*

Nun, das sei mir gegönnt; – und ach, es wird mir nicht leicht,
es auszusprechen, was ich will, wenn mich manchmal der Atem
drückt und ich gern laut schreien möchte; es überfliegt mich zuweilen
in engbegrenzten Gegenden, wo die Berge übereinander
klettern und den Nebel tragen, und in den tiefen kühlen Tälern
die Einsamkeit gefangen halten: eine Art Jauchzen, das wie der
Blitz durch mich fährt. Nun ja – das sei mir gegönnt: daß ich
dann mich an den Freund schließe, er sei noch so fern, daß er
mir freundlich die Hand aufs klopfende Herz lege und sich seiner
Jugend erinnere. – O wohl mir, daß ich Dich gesehen hab;
jetzt weiß ich doch, wem ich angehöre, wenn ich suche und kein
Platz mir genügt zum Ausruhen.
Etwas weißt Du noch nicht, was mir eine liebe Erinnerung ist,
obschon sie seltsam scheint: als ich Dich noch nie gesehen hatte,
und mich die Sehnsucht zu Deiner Mutter trieb, mancherlei von
Dir zu erforschen – Gott, wie oft hab ich auf meinem Schemel
hinter ihr auf die Brust geschlagen, um meine Ungeduld zu
dämpfen – nun ja, wenn ich da nach Hause kam, so sank ich oft
mitten im Spielen von Scherz und Witz zusammen, sah mein
Bild vor dem Deinen stehen, sich Dir nähern auf verschiedne
Weise, ließ Dich so gütig sein, bis mir die Augen vor freudigem
Schmerz überflossen. So hab ich Dich durchgefühlt, daß mich
Dein Andenken mit dem stillen Bewußtsein einer innerlichen
Glückseligkeit vielleicht manche stürmische Zeit meines Gemüts
über den Wellen erhalten hat.
Aber da ich nun endlich bei Dir war – Traum? jetzt noch –
wunderbarer Traum! – da kam mein Kopf auf Deine Schulter zu
ruhen – schlief ich ein paar Minuten nach vier bis fünf schlaflosen
Nächten, zum ersten Mal. Siehst Du! Siehst Du! Da soll
ich mich hüten, vor Liebe, und hat mir nie sonst Ruhe geglückt.

An andre, an die ich mich angeklammert hatte und die ich glaubte zu lieben, das wars nicht.

Wenn man bei der Nacht im Freien geht, und hat die Abendseite vor sich: am äußersten Ende des dunklen Himmels sieht man noch das letzte helle Gewand eines glänzenden Tages sich langsam abwärtsbewegen, so geht mirs bei der Erinnerung an Dich, wenn die Zeit noch so dunkel und traurig; weiß ich doch, wo mein Tag untergegangen ist.

Warum Dir schreiben? Warum nicht lieber vor Dir stehen und Dich küssen? Wäre besser; – wär doch nicht so unbescheiden, Dir die Augen anzustrengen; gefiel Dir gewiß auch besser; wie?
Kann ich doch nicht aufhören, hab immer noch was zu erzählen. Den letzten Tag, den ich am Rhein zubrachte, ging ich am Abend spät noch, mit Begleitung der Hausleute, in ein nahegelegnes Dorf, um da noch etwas für die Abreise zu bestellen. Als ich am Rhein hinschlenderte, sah ich von ferne etwas Flammendes herunterschwimmen; ich entdeckte bald, daß es ein großes Schiff war, mit Fackeln erleuchtet; sie erleuchteten bald hier bald da ein Stück Ufer; oft verschwand die Flamme auch ganz, und ward alles dunkel; es gab dem Rhein eine magische Ansicht, die sich mir tief einprägte. Es war Mitternacht; der Mond stieg trüb hinter einer kleinen Anhöhe hervor, trug mit seinen zwei Hörnern eine Wolke, die sich nach und nach über ihn ergoß. Dies erschien ein paar Augenblicke sehr wunderbar: das Schiff, dessen Schatten in dem erleuchteten Rhein wie ein Ungeheuer mitsegelte, warf ein grelles Feuer auf eine waldige Insel, der es nah steuerte, hinter welcher sich der Mond so mild bescheiden hervortrug und allmählich sich in die dünne Nebelwolke wie in einen Schleier wickelte. Man sieht so selten der Natur ruhig und bedächtig zu; erschreckt einem dann Mark und Bein; und nun sagt man, daß es keine Zeichen gibt, und keine sichtbare Wirkung der Herrlichkeit Gottes! Wie hätte er meinem Sinn sich inniger zuwenden können, wie mich mehr von dem Unbedeutenden, was mich drückt, lösen können als durch die höchst einfache, scheinbar zufällige, aber kräftige Wirkung seiner Natur? Auch hab ich gebetet in diesem Augenblick, und soll ich mich

nicht schämen, Dir zu sagen, daß Dein Bild dabei heftig in meiner Seele brennte, daß mir dabei war, als streckte ich nur für Dich die Hände nach Segen aus, ach Lieber, Lieber! – Wie soll ich Dich denn nennen? Aber wahr ists, Du strahlst in mich wie die Sonne in den Kristall und kochst mich wie diese immer reiner und klarer aus.

Ich hörte nun die Leute auf dem Schiff schon deutlich sprechen und zur Arbeit anrufen; sie ankerten an der Insel, löschten die Fackeln und wurde alles still, bis auf den Hund, der bellte, und die Flaggen, die sich in der frischen Nachtluft drehten. Und war auch ich besänftigt, und wenn Du es erlaubst, so legte ich mich in Deinen Schoß, um auszuruhen; streicheltest mich, hast mich recht gelockt, wenn Du's nicht übelnehmen willst, hasts recht gut gemeint, wenns nicht Falschheit war; wer wollte nicht an Erscheinungen glauben? Hab ich doch noch am andern Tag mit innigem Genuß an diese Erscheinung gedacht. Nun wehr Dich nur immer; schreib mir gar kein Liebeswörtchen. Du siehst, Du siehst. –

O ihr Engel des Himmels! O ihr Geister aller Elemente! Haltet ihn! haltet mir ihn fest im Leben, daß ich ihn wiederseh; daß ich ihn nach meinem eignen strengen Willen lieben kann.

Ich hab Dich lieber wie der Sohn die Mutter, wie den Freund in dem Augenblick, als er Dir das Leben rettet. Nun wie lieb hab ich Dich denn? Leb auch wohl! Bettine Brentano

Am 13. September 1808 starb Goethes Mutter in Frankfurt.

Ich war den Tag vor ihrem Tod bei ihr, küßte ihre Hand, empfing ihr freundliches Lebewohl, in Deinem Namen.
Sie ist nun tot, vor welcher ich die köstlichsten Schätze meines Lebens ausbreitete; sie wußte warum, wie, und wie unendlich ich Dich lieb habe; sie wunderte sich nicht drüber; sie allein war mir vertraulich; wenn andre Menschen klug sein wollten, so ließ sie mich gewähren und gab dem Wesen keinen Namen. Noch enger hätte ich damals Deine Kniee umschließen mögen, noch fester, tiefer Dich in die Augen fassen, alle andre Welt vergessen, und doch hielt dies mich ab, Dir zu schreiben.
Jetzt ist es ein Jahr vorbei, daß ich Dich gesehen habe. Du sollst schöner geworden sein, Karlsbad soll Dich erfrischt haben. Du

lieber Gott! Wie geht es mir doch so übel, muß ich die Zeit so kalt und tot vor mir wegstreichen lassen, kann nicht einen Funken erhaschen, an dem ich mir eine Flamme anblasen könnte. Doch soll es kein halb Jahr mehr währen, bis ich Dich wiederseh; dann will ich nur einmal Dich immer und ewig in meinen Armen festhalten.

Im Dezember 1808 kommt Bettinas Freund und späterer Gatte Achim von Arnim durch Weimar und wird von Goethe empfangen; ebenso Clemens Brentano im August 1809. Zu einem zweiten Wiedersehen zwischen Bettina und Goethe kam es jedoch erst im August 1810 in Teplitz.
Goethe in Teplitz an Christiane in Weimar:

Teplitz, den 11. August 1810
Vor allen Dingen muß ich Dir ein Abenteuer erzählen. Ich war eben in ein neues Quartier gezogen und saß ganz ruhig auf meinem Zimmer. Da geht die Türe auf, und ein Frauenzimmer kommt herein. Ich denke, es hat sich jemand von unsern Mitbewohnern verirrt; aber siehe, es ist Bettine, die auf mich zugesprungen kommt und noch völlig ist, wie wir sie gekannt haben. Sie geht mit Savignys nach Berlin und kommt mit diesen auf dem Wege von Prag her hier durch. Morgen gehen sie wieder weg. Sie hat mir Unendliches erzählt von alten und neuen Abenteuern. Am Ende geht es denn doch wohl auf eine Heirat mit Arnim aus.

Teplitz, den 13. August
Bettine ist gestern fort. Sie war wirklich hübscher und liebenswürdiger wie sonst. Aber gegen andre Menschen sehr unartig. Mit Arnim ists wohl gewiß.

Vier Tage später geht ein Billett an Bettina in Berlin ab, aus dessen wunderlicher Aufmachung man so etwas wie einen scherzhaften Wink auf den Verlust herauslesen darf, als den Goethe Bettinas bevorstehende Verlobung mit Arnim empfinden würde.

Deine Briefe, allerliebste Bettine, sind von der Art, daß man jederzeit glaubt, der letzte sei der interessanteste. So ging mir's mit den Blättern, die Du mitgebracht hattest, und die ich am Morgen Deiner Abreise fleißig las und wieder las. Nun aber kam Dein letztes, das alle die andern übertrifft. Kannst Du so fortfahren, Dich selbst zu überbieten, so tu es. Du hast soviel mit Dir fortgenommen, daß es wohl billig ist, etwas aus der Ferne zu senden. Gehe Dir's wohl!

Soweit der Inhalt der ersten Seite; der dritten Seite steckte mit einer Nadel ein kleines Blättchen an, auf dessen Vorderseite zu lesen stand:

Deinen nächsten Brief muß ich mir unter gegenüberstehender Adresse erbitten.
Wie ominos! O weh! Was wird er enthalten?

– Und auf der Rückseite:

Durch Herrn Hauptmann
              von Verlohren
                        in Dresden.

Am 16. September brach Goethe dann von Teplitz auf und kehrte über Dresden nach Weimar zurück, wo am 25. Oktober die folgenden Zeilen an Bettina nach Berlin abgingen:

Nun bin ich, liebe Bettine, wieder in Weimar ansässig und hätte Dir schon lange für Deine lieben Blätter danken sollen, die mir alle nach und nach zugekommen sind.
Anstatt nun also Dir zu sagen, wie es mir geht, wovon nicht viel zu sagen ist, so bringe ich eine freundliche Bitte an Dich. Da Du doch nicht aufhören wirst, mir gern zu schreiben, und ich nicht aufhören werde, Dich gern zu lesen, so könntest Du mir noch nebenher einen großen Gefallen tun. Ich will Dir nämlich bekennen, daß ich im Begriff bin, meine Bekenntnisse zu schreiben; daraus mag nun ein Roman oder eine Geschichte werden, das läßt sich nicht voraussehen; aber in jedem Fall bedarf ich Deiner Beihülfe. Meine gute Mutter ist abgeschieden und so manche andre, die mir das Vergangne wieder hervorrufen könnten, das ich meistens vergessen habe. Nun hast Du eine schöne

Zeit mit der teuren Mutter gelebt, hast ihre Märchen und Anekdoten wiederholt vernommen und trägst und hegst alles im frischen belebenden Gedächtnis. Setze Dich also nur gleich hin und schreibe nieder, was sich auf mich und die Meinigen bezieht, und Du wirst mich dadurch sehr erfreuen und verbinden. Schicke von Zeit zu Zeit etwas und sprich mir dabei von Dir und Deiner Umgebung. Liebe mich bis zum Wiedersehn.   G.

So wurde Bettina, wie sie es schon immer vorgehabt, zur Chronistin, die Goethe nach den Gesprächen mit der Mutter allerlei Material für seine Autobiographie zutrug; eine Beisteuer, die zum Teil in dem ersten Buch von »Dichtung und Wahrheit« Verwendung fand; andere Aufzeichnungen der »jungen Familienfreundin« stellte Goethe zu einem Text über die Mutter zusammen, der zu seinen Lebzeiten unveröffentlicht blieb.
Aus Bettinas biographischen Aufzeichnungen über Goethes Kindheit und Jugend:

Das Wochenbett Deiner Mutter, worin sie Dich zur Welt brachte, hatte blaugewürfelte Vorhänge; sie war damals 18 Jahre alt und ein Jahr verheiratet. Drei Tage bedachtest Du Dich, ehe Du ans Weltlicht kamst, und machtest der Mutter schwere Stunden; aus Zorn, daß Dich die Not aus dem eingebornen Wohnort trieb, und durch die Mißhandlung der Amme kamst du ganz schwarz und ohne Lebenszeichen. Sie legten Dich in einen sogenannten Fleischarden mit Wein und bäheten Dir die Herzgrube, ganz an Deinem Leben verzweifelnd. Deine Großmutter stand hinter dem Bett; als Du zuerst die Augen aufschlugst, rief sie hervor: »*Rätin! Er lebt!*« – »*Da erwachte mein mütterliches Herz und lebte seitdem in fortwährender Begeistrung bis zu dieser Stunde*«, sagte die Mutter mir in ihrem 75sten Jahr.
Schön wie ein Engel warst Du, bist Du, und bleibst Du. So waren auch in Deiner frühesten Jugend aller Augen auf Dich gerichtet. Einmal stand jemand am Fenster bei Deiner Mutter, da Du eben über die Straße herkamst mit mehreren andern Knaben; sie bemerkten, daß Du sehr gravitätisch einherschrittest, und hielten Dir vor, daß Du Dich mit Deinem Gradehalten sehr sonderbar von den andern Knaben auszeichnetest. – »*Mit diesem mache ich den Anfang*«, sagtest Du, »*und später werd ich*

mich mit noch allerlei auszeichnen.« – »Und das ist auch wahr geworden«, sagte die Mutter.

»Einmal zur Herbstlese, wo denn in Frankfurt am Abend in allen Gärten Feuerwerke abbrennen und von allen Seiten Raketen aufsteigen, bemerkte man in den entferntesten Feldern, wo sich die Festlichkeit nicht hin erstreckt hatte, viele Irrlichter, die hin und her hüpften, bald auseinander, bald wieder eng zusammen; endlich fingen sie gar an, figurierte Tänze aufzuführen. Wenn man nun näher drauf los kam, verlosch ein Irrlicht nach dem andern; manche taten noch große Sätze und verschwanden, andere blieben mitten in der Luft und verloschen dann plötzlich, andere setzten sich auf Hecken und Bäume, weg waren sie. Die Leute fanden nichts, gingen wieder zurück: gleich fing der Tanz von vorne an; ein Lichtlein nach dem andern stellte sich wieder ein und tanzte um die halbe Stadt herum. Was wars? – Goethe, der mit vielen Kameraden, die sich Lichter auf die Hüte gesteckt hatten, da draußen herumtanzte.«

Das war Deiner Mutter eine der liebsten Anekdoten; sie konnte noch manches dazu erzählen: wie Du nach solchen Streichen immer lustig nach Hause kamst und hundert Abenteuer gehabt pp. – Deiner Mutter war gut zuhören!

Die folgende Geschichte hat mir den lebhaftesten Eindruck gemacht: ich seh Dich vor mir, in vollem Glanz Deiner Jugend. An einem hellen Wintertag, an dem Deine Mutter Gäste hatte, machtest Du ihr den Vorschlag, mit den Fremden an den Main zu fahren. »Mutter, Sie hat mich ja doch noch nicht Schlittschuhe laufen sehen und das Wetter ist heut so schön« pp. – »Ich«, erzählte die Mutter, »zog meinen karmesinroten Pelz an, der einen langen Schlepp hatte und vorn herunter mit goldnen Spangen zugemacht war, und so fahren wir denn hinaus; da schleift mein Sohn herum wie ein Pfeil zwischen den andern durch; die Luft hatte ihm die Backen rot gemacht und der Puder war aus seinen braunen Haaren geflogen. Wie er nun den karmesinroten Pelz sieht, kommt er herbei an die Kutsch; und lacht mich ganz freundlich an. – Nun, was willst Du? sag ich. – Ei, Mutter, Sie hat ja doch nicht kalt im Wagen, geb' Sie mir Ihren Sammetrock. – Du wirst ihn doch nit gar anziehen wollen! – Freilich will ich ihn anziehen. – Ich zieh halt meinen prächtig warmen Rock aus, er zieht ihn an, schlägt die Schleppe über den

Arm, und da fährt er hin wie ein Göttersohn auf dem Eis. – Bettine, wenn Du ihn gesehen hättest! So was Schönes gibts nicht mehr. Ich klatschte in die Hände vor Lust! Mein Lebtag seh ich noch, wie er dem einen Brückenbogen hinaus und dem andern wieder hereinlief, und wie daß der Wind ihm den Schlepp lang hinten nach trug.«

Am vierten Dezember 1810 hielt Bettina in Berlin Verlobung mit Achim von Arnim, »unter freiem Himmel«, wie sie an Goethe schreibt, »um halb neun Uhr abends in einem Hof, wo hohe Bäume stunden, von denen der Wind den Regen auf uns herabschüttelte; es kam von ungefähr.« Im März wurden die beiden in aller Heimlichkeit getraut: »Kein Freund, kein Verwandter wußte etwas davon; erst nach mehreren Tagen machten wirs bekannt, da wollte es denn niemand glauben.«
Ende August traf das junge Ehepaar zu einem längeren Besuch in Weimar ein, wurde bei Hofe empfangen und war wiederholt bei Goethe zu Gast. Am 9. September kam es auf einer von Goethes Mitarbeiter Hofrat Meyer veranstalteten Kunstausstellung zu einem heftigen Streit und Handgemenge zwischen Bettina und Goethes Frau; die aufgebrachte Christiane riß Bettina die Brille von der Nase und zertrümmerte sie auf dem Boden. Alle Klatschmäuler Weimars taten sich an dem Vorfall gütlich, und Bettina erzählte jedem, der es hören wollte: »Es wäre eine Blutwurst toll geworden und hätte sie gebissen.« Der Gatte dieser Blutwurst verbat Bettina daraufhin sein Haus, und Arnims schieden in Unfrieden mit dem Meister aus Weimar.
Erst nach Christianes Tod kam es wieder zu einer Annäherung. Als jedoch ein langer leidenschaftlicher Brief aus dem November 1821, mit einer Nachschrift aus dem Juni 1822, ohne Antwort geblieben war, faßte Bettina sich in der Silvesternacht 1823 ein Herz, um Goethe aufs neue zu sagen, wie in Gedanken sie immer zu seinen Füßen läge, seine Kniee umfassend.
Es ist ein wunderlich glühender und andrängender Brief der tiefsten Rührung, in dem Bettina nicht davor zurückscheut, Goethe mit Christus und sich selbst mit der Sünderin zu dessen Füßen zu vergleichen. Dem Brief lag eine Zeichnung Bettinas bei: der Entwurf zu einem Goethe-Denkmal, das ihm schon zu Lebzeiten in seiner Vaterstadt Frankfurt gesetzt werden sollte und zu wel-

chem der Berliner Bildhauer Christian Rauch bereits ein Modell geliefert hatte. Bettinas Entwurf zeigte Goethe in michelangelesk athletischer Gestalt in halber Nische auf einem Thron sitzend ...

... sein Haupt über die Nische erhaben, wie der Mond sich über den Bergesrand heraufhebt. Mit nackter Brust und Armen. Den Mantel, der am Hals zugeknöpft ist, über die Schultern zurück-, unter den Armen wieder hervor im Schoß zusammengeworfen; die linke Hand hebt sich, über der Leier ruhend, die auf dem linken Knie steht; die rechte Hand hält nachlässig, *seines Ruhms vergessend,* den vollen Lorbeerkranz gesenkt; sein Blick ist nach den Wolken gerichtet. Die junge Psyche steht vor ihm, sie hebt sich auf ihren Fußspitzen, um in die Saiten der Leier zu greifen, und er läßt's geschehen, in Begeistrung versunken. – Als Inschrift des Monuments hatte ich die Worte erwählt: *Dieses Fleisch ist Geist geworden.*

Über diese Zeichnung heißt es in einem Brief Goethes vom 3. Juli 1824 an den Staatsrat Schultz in Berlin:

Die Skizze der Frau von Arnim ist das wunderlichste Ding von der Welt; man kann ihr eine Art von Beifall nicht versagen, ein gewisses Lächeln nicht unterlassen, und wenn man das kleine nette Schoßkind des alten impassiblen Götzen aus seinem Naturzustande mit einigen Läppchen in den schicklichen befördern wollte und die starre, trockne Figur vielleicht mit einiger Anmut des zierlichen Geschöpfs sich erfreuen ließe, so könnte der Einfall zu einem kleinen hübschen Modell recht neckischen Anlaß geben. Doch mag es bleiben, wie es ist; auch so gibt es zu denken.

Zu einer Ausführung dieses Denkmals kam es vorläufig nicht; doch blieb diese »Chimäre« bis zu Bettinas Tod eine beherrschende Idee. Die beiden Figuren, der sitzende Jupiter-Goethe und die nackt sich an ihn schmiegende Psyche-Bettina wurden schließlich überlebensgroß von dem Bildhauer Steinhäuser in Marmor ausgeführt und noch zu Bettinas Lebzeiten von dem Erbgroßherzog Karl Friedrich von Weimar erworben.

Im Oktober 1824 kam es dann zu einer Wiederbegegnung zwischen Goethe und Bettina, der im Sommer 1826 eine weitere folgte. Unter dem 13. September 1826 findet sich in Goethes Tagebuch der Vermerk: »An Serenissimum wegen gewisser Zudringlichkeiten.« Der Großherzog Carl August hatte Goethe offensichtlich ein ihm mißfälliges Schreiben Bettinas an ihn zugestellt; Goethes Antwort darauf hat sich im Konzept erhalten.

Diese leidige Bremse ist mir als ein Erbstück von meiner guten Mutter schon viele Jahre sehr unbequem. Sie wiederholt dasselbe Spiel, das ihr in der Jugend allenfalls kleidete, wieder, spricht von Nachtigallen und zwitschert wie ein Zeisig. Befehlen Euer Hoheit, so verbiet ich ihr in allem Ernst onkelhaft jede weitere Behelligung.

Und als Bettina im August 1830 abermals in Weimar weilte und bei Goethe vorsprechen wollte, wurde sie nicht empfangen. Das Tagebuch vermerkt lakonisch: »Frau von Arnims Zudringlichkeit abgewiesen.«

So sang- und klanglos endete von Goethes Seite, was vor über zwanzig Jahren von Bettinas Seite so feurig begonnen hatte. Doch eben von ihrer Seite endete es nicht. Immerfort behielt und bewegte sie das ihr Widerfahrene in ihrem Herzen, es steigernd, umgestaltend, umrankend und ausspinnend.
Als wohl allerseltsamstes und großartigstes hat sich unter den Dokumenten dieses Fortdichtens ein stilistisch stark überhöhter, im Kern jedoch zweifelsohne wahrer und wahrhaftiger Bericht über das dritte Zusammensein mit Goethe in Teplitz, im Sommer 1810, erhalten. Diese Aufzeichnung Bettinas ist erst 1964 aus ihren nachgelassenen Papieren veröffentlicht worden. Sie ist in Form eines Briefes abgefaßt; welchem Empfänger sie zugedacht war, wissen wir nicht.

Es war in der Abenddämmerung im heißen Augustmonat, in Teplitz; er saß am offnen Fenster, ich stand vor ihm und hielt ihn umhalst, und mein Blick wie ein Pfeil scharf ihm ins Aug gedrückt blieb drin haften, bohrte sich tiefer und tiefer ein. Vielleicht weil ers nicht länger ertragen mochte, frug er, ob mir nicht heiß sei, und ob ich nicht wolle, daß mich die Kühlung anwehe; ich nickte, so sagt' er: »Mache doch den Busen frei, daß ihm die Abendluft zu gut komme.« Und da er sah, daß ich nichts dagegen sagte, obschon ich rot ward, so öffnete er meine Kleidung; er sah mich an und sagte: »Das Abendrot hat sich auf deine Wangen eingebrennt«; und dann küßte er mich auf die Brust und senkte die Stirne darauf. – »Kein Wunder«, sagte ich, »meine Sonne geht mir ja im eignen Busen unter.« Er sah mich an, lang, und waren beide still. – Er fragt: »Hat dir noch nie jemand den Busen berührt?« – »Nein«, sagt ich, »mir selbst ist es so fremd, daß du mich anrührst.« – Da drückte er viele viele und heftige Küsse mir auf den Hals; mir war bang, er solle mich loslassen, und er war doch so gewaltig schön, ich mußte lächlen in der Angst und war doch ganz freudig, daß mirs galt, diese zuckende Lippen und dies heimliche Atemsuchen, und wie der Blitz wars, der mich erschütterte, und meine Haare, die von Natur sich krausen, hingen herunter; er wollte Ruhe wieder, ich sah es recht in seinem Gesicht, wie er sich faßte, und sammelte mein zerstreutes Haar in der Hand, und war immer wieder still, wie wenn er hätte sprechen wollen und hatte nicht Atem. Dann sagt er so leise erst: »Du bist wie das Gewitter, deine Haare regnen, deine Lippen wetterleuchten und deine Augen donnern.« – Da fand ich auch meine Stimme: »Und du bist wie Zeus, du winkest mit den Brauen und der Olympus erzittert.« – »Wenn du künftig abends dich auskleidest und die Sterne leuchten dir in den Busen wie jetzt, willst du da meiner Küsse gedenken?« – »Ja!« – »Und willst denken, daß ich ohne Zahl wie die Sterne tausendfach das Siegel meiner Liebe dir in den Busen drücken möcht?« – »Ja!« – »Und willst denken, daß es Unvergeßliches ist, Unsterbliches, was ich in dir erlebe, willst du das glauben?« – »Ja!« sagt ich, »ich wills glauben!« – Er ... ja wie wars doch? – er seufzte so tief, und lehnte den Kopf an mich, und: »Verzeih mirs«, sagte er, »daß ich so ganz stark nicht bin«, und sah zu mir hinauf und drückte mir den Busen fest. – Ich reichte über ihm weg nach dem Weinlaub am Fenster, ich riß eine Weinranke ab und schlug ihm auf die Hände. »Wenn künftig die Reben Laub gewinnen und du stehst bei sinkender Nacht bei sternhellem Himmel am Fenster, einsam, willst du da meiner gedenken?« fragt ich. – Er sagte auch: »Ja!« –

»Und willst du denken meiner Wehr gegen dich, kühner Mann, und daß ich keine Macht hab, dir zu widerstehen, mit so feurigem Blick und mächtigen Worten und so großer Schönheit, die ich nie noch geahnt habe, daß sie das Antlitz durchleuchten könne, und willst dich der Schläge erinnern, die ich dir hier gebe für dein unritterlich Betragen, dem unbewaffneten Knappen solche Schmach anzutun?« – Er lachte laut auf, ließ mich los und rief: »So bändigend, und solche Unschuld – solche Gelassenheit und solche Leidenschaft! – süßes süßes Weib!« – Nun muß ich dir sagen, dem ich dies erzähle, wie er diese Worte ausrief, das machte mich taumeln, es schrie in meiner Brust vor Wehtum der Wonne, und meine Seufzer wurden zu Lauten, ich umklammerte ihn fest. – Er war bewegt, wie wenn er die Tränen verhalte, und sagte: »Komm, ich will dir den Busen wieder zudecken«; er liebkoste sie aber wieder und fragte: »Warum meinst du, daß es Strafe verdient? – Soll man nicht das Schöne umfassen? Ist es nicht die Aufgabe meines Lebens? – Bin ich darum nicht der Dichter?« – Ich war wieder ruhig, ich war wieder gelassen. Du, der es liest, könntest wohl falsch von mir urteilen, ich sei kokett gewesen. Nein, ich war voll heiliger Scheu.

Wie hat der Eindruck dieser Stunde mich durchs Leben begleitet, daß ich allem abgewendet auf nichts mehr lauschte als auf den innern Widerhall seiner Worte, und alles störte mich, alles schien mir Eingriff in den Nimbus, der mich umgab, den die Liebe von mir ausströmte; ich scheute mich vor dem Zusammensein mit andern, ja selbst gekochte Speisen waren mir zuwider, ich mochte nur Früchte essen, und den roten Wein im Glas, in den vertiefte ich den Blick, und mir war, als lausche da der Kuß von ihm, ja so wars, als lausche eine heimliche Macht voll Feuer, ja im roten Blut der Traube da badeten sich die Sinne, die wurden Geist und schwärmten mit dem Gott im Wein, und war so fromm doch grad wie mit ihm, ich nippte nur die Perlen, und dann sah ich wieder tief ins feurige Rot, und das tröstete mich, daß ich nicht bei ihm war.

VIII

Goethe und Zelter
(1812/13)

Goethes Freund Karl Friedrich Zelter, Maurermeister in Berlin, Liederkomponist, Leiter der »Sing-Akademie« und hochverdienter Reorganisator des preußischen Kirchen- und Schulmusikwesens, war zweimal verheiratet und hatte nach dem Tode seiner zweiten Frau im Jahre 1806 für rund ein Dutzend Kinder zu sorgen. Die drei Ältesten freilich, zwei Töchter und ein Sohn, aus der ersten Ehe seiner ersten Frau Sophia Eleonora Flöricke, waren bereits erwachsen, und der Stiefsohn Karl Ludwig Flöricke war Zelters Mitarbeiter in allen sein Bauunternehmen betreffenden Angelegenheiten.
Dieser von ihm sehr geliebte Stiefsohn hatte ihm früh schon Sorgen gemacht und als er 1803 nach abgelegter Gesellenprüfung auf der Wanderschaft nach Paris über Weimar ging, hatte Zelter brieflich gebeten, Goethe möge ihn empfangen und vielleicht seinen Einfluß geltend machen. Schon damals rügte Zelter an dem Sohn, er brauche zuviel Geld und wisse keine Rechenschaft von dessen Verwendung abzulegen. Nach der Rückkehr aus Frankreich kamen Liebesverhältnisse hinzu, die nicht nach des Vaters Sinn waren und zu keiner Verbindung führten.
Anfang November 1812 schickte Goethe den zweiten Teil seines »wieder aufgefrischten oder aufgewärmten Lebens« nach Berlin: »Dichtung und Wahrheit«, Sechstes bis Zehntes Buch, die Schilderung seiner Leipziger und Straßburger Studentenzeit. Zehn Tage später meldet Zelter den Empfang des Buches.

Sonnabend, den 14. November 1812
So wie manche sonst wohlgesinnte Menschen mir übel tun, wenn sie es auch nicht wollen, so mögen Sie, mein teurer Freund, es anstellen, wie Sie wollen, es muß mir Gutes herauskommen. Soeben kommt Ihr zweiter Teil an, den ich freilich schon gelesen habe; ich blättre hier und dort und finde hier und dort, was mich an Sie, an mich erinnert, und Ihr kleines Briefchen ist ein rechtes Labsal in so trüben Tagen.

Mein ältester Sohn, den Sie kennen sollten, da Sie ihm in Weimar Gutes erzeigt haben, hat sich diese Nacht erschossen. Warum weiß ich noch nicht eigentlich, denn seine Schulden sind zu decken und sein Rechnungswesen in Ordnung. Er hatte eben angefangen, mir hülfreich zu werden, wie er denn, im Verhältnis zu den Seinigen, konnte ein geschickter Mensch genannt werden. Und nun verläßt er mich, eben da ich ihn recht heranzuziehen wünschte.
Sonntag, den 15. Zwei Briefe hat er am Tage vor seinem Tode geschrieben: einen an seinen Bruder, in dessen Gegenwart er sich den Tod gegeben hat. Darin empfiehlt er dem Bruder seine natürliche Tochter, ein Kind von drittehalb Jahren, und eine geliebte Witwe, der er die Ehe versprochen und die schon zwei Männer tot hat. An diese Witwe ist der zweite Brief gerichtet. Er stellt darinne einen Ring zurück, beklagt, daß er ihren liebevollen Ermahnungen keine Folge geleistet, und sagt Lebewohl. Auf seinem Schreibpulte lag der »Don Carlos« aufgeschlagen. Auf dem Blatte stand: »So ist denn keine Rettung? auch durch ein Verbrechen nicht? – Keine!«
Einigemal ist mir das unangenehme Gefühl gekommen: ob ich durch strengen Ernst etwas bei ihm versehn. Seine vielen leidenschaftlichen, sinnlichen Verhältnisse waren nicht zu billigen. Obwohl er ganz von und mit mir lebte, war er vollkommen frei, hatte sein gutes Einkommen und eigene Ökonomie. In dem Briefe an seinen Bruder sagt er: er habe öfter versucht, an mich zu schreiben, aber umsonst.
Sein väterliches Vermögen, das in meinen Händen war (denn er ist mein Stiefsohn), habe ich ihm in der drückendsten Zeit, da er majorenn geworden, ausgezahlt; in seiner Kasse hat sich nichts gefunden.
Auf seinem Bette sitzend, neben seinem schlafenden Bruder, hat er sich getötet. In diesem Akte sitzt er noch jetzt, da ich den Leichnam vor der Obduktion nicht anrühren darf, aber so schön und edel, wie ein erfahrner Schauspieler zufriedenen Kennern sich zeigen möchte. Die Witwe sagt mir: sie habe ihn einst freigeben wollen, da sie eben Gelegenheit habe, sich anständig zu verheiraten; darauf habe er das Pistol an seine Brust gedrückt und gesagt: dann solle dies seine Geliebte werden.
Er hat sich in den Mund geschossen und wenig Blut verloren,

wo die Kugel durchgegangen ist. Der Mund ist rein und nur vom Pulverdampfe beschlagen. Sein Gesicht ist freundlich. Das andere Pistol ist auch geladen und die Pfanne mit Pulver versehn. Die Briefe sind einen Tag vorher, aber unleserlich geschrieben und mit großen Tränentropfen benetzt. Auch eine Art von Testament hat er über seinen Verlaß gemacht. Gegen seine Bekannten ist er seit Wochen still und in sich gewesen, ich habe ihn in acht Tagen nicht gesehn. Meine Bücher, die er geführt hat, sind in der größten Ordnung.
Nun muß ich mich ganz neu wieder auf mich selber einzurichten suchen. Er war mir unentbehrlich worden. Seinetwegen hatte ich alles Geschäftswesen, von dem er den halben Nutzen gewann, beibehalten. Vorgestern hatte er seine Aufgaben zum Meisterstücke bekommen, die er vor vielen andern mit Ehren würde bestanden haben. So verläßt er mich, indem er sich befreit. Ich hätte nicht geglaubt, daß ich des bittern Neides fähig wäre, womit ich seine schöne Leiche gleich nach seinem Verscheiden ansah, und hätte ich in diesem Augenblick an das andere Gewehr gedacht, was im Pulte zur Reserve lag – nein, es ist hart, grausam! Hätte er gewußt, wie ich ihn liebe, er könnte nicht selig sein!
Sagen Sie mir ein heilendes Wort. Ich muß mich aufrichten, doch bin ich nicht mehr, was ich vor Jahren war. Ich habe Kraft, aber zu andern Sachen; hier will ich gehalten sein. Seit neun Monaten habe ich meine einzige, höchst geliebte Schwester, deren Sohn (der zugleich mein Tochtermann war) und nun diesen geliebten Frevler verloren.
Ich habe mir das Kind bringen lassen; es ist von stillem und gedrängtem Wesen und hat Augen, die den Ihrigen ähnlich sind. Ihr Bild, welches in meiner Stube hängt, sieht sie unablässig an; ich werde es wohl zu mir nehmen, damit ich wieder zu verlieren habe.
Abends. Um meinen Gedanken eine Richtung nach vorn zu verschaffen, habe ich Ihr Buch angefangen und lese es nun mit doppeltem Nutzen. Ihre Erziehung, insoweit sie von Ihrem Vater ausging, flößt mir nach Haltung und Methode Ehrfurcht ein. Ihr Vater scheint mir zum Vater geboren gewesen zu sein, ja zum Vater eines solchen Sohnes. Was man daran Wunderlichkeit nennen wollte, kann es bei andern sein, nur bei einem *Vater*

nicht; und so verhält sich's auch mit gewissen Kleinheiten, die es im Hausstande nicht sind. Ihr Vater baut sein Haus nach seinem Willen und Bequemen, als wenn er niemals hinausgehn wollte. So wie sein Haus für sich und die Seinigen recht sein soll, so müssen dann auch die Kinder und Zubehör für das Haus recht sein. Aus diesem Hause geht der Sohn auf die hohe Schule und findet, daß die weit und breit gepriesenen Lehren gepriesener Lehrer, so würdig sie sein mögen, schon zwischen den elterlichen Wänden an seinem Ohre vorübergegangen sind. Das könnte für junge wissenschaftliche Köpfe diensam sein, Kopf, Mittel und Fuß alles Wissens sobald als möglich vor die Anschauung zu bringen, da selbst verehrte Männer kaum wissen, was sie treiben und sich wie ein Mühlrad bewegen. Wie herrlich und ruhig Sie das alles zutage gelegt haben, ohne zu loben, dafür sei Ihnen ein langer Dank, den wenige noch zu geben wissen.

Montag früh. Die Art, wie die Entwickelung Ihres poetischen Berufs aufgeführt wird, hat mir ausnehmend wohl gefallen: einem Quell darf um Wasser nicht bange sein, das so leicht keiner brauchen und verbrauchen wird, als wozu er kann. Der Erhitzte, der Durstige, der Ermattete, der Heilige, der Starke, der Gewaltige, alle diese suchen ihn, weil sie die Notwendigkeit seines Daseins fühlen, und für solche fließt er heilbringend; da ist Polarität, Grund, Mittel, Zweck.

Abends. Endlich heut, am dritten Tage nach dem Tode, ist die gerichtliche Obduktion erfolgt. Das Pistol war nicht mit einer Kugel, sondern mit acht kleinern Körnern geladen, die man hier Posten nennt und womit er sich recht sicher durch den Mund ins Gehirn getroffen hat. Ein drittes Pistol, das er von mir mit sich genommen, ist auch noch geladen. Der Körper fand sich innerlich und äußerlich rein und gesund, bis auf die Eingeweide, welche Zeichen der Hypochondrie hatten. Der Magen war leer. Morgen früh wird er bestattet.

Dienstag früh. Jetzt bringen sie ihn zur Ruhe. Ich bin in der Qual und muß denken: ich hätte es hindern können. Höchst wahrscheinlich hat sein Versprechen, die Witwe zu heiraten, den unseligen Entschluß herbeigeführt, indem ich ihm schon vor mancher Zeit sagte, daß, wenn er frei sei, ich wenigstens eine ganz vorteilhafte Partie für ihn wüßte, worauf er mir die Antwort schuldig blieb. Die Witwe ist arm, hat einen Sohn, und er hatte sein Vermögen, das freilich nur in ein paar tausend Talern bestand, vertan.

Nun, mein liebster Freund, Lebewohl! Lassen Sie von sich hören.

Zelter

Dein Brief, mein geliebter Freund, der mir das große Unheil meldet, welches Deinem Hause widerfahren, hat mich sehr gedrückt, ja gebeugt, denn er traf mich in sehr ernsten Betrachtungen über das Leben, und ich habe mich nur an Dir selbst wieder aufgerichtet. Du hast Dich auf dem schwarzen Probiersteine des Todes als ein echtes, geläutertes Gold aufgestrichen. Wie herrlich ist ein Charakter, wenn er so von Geist und Seele durchdrungen ist, und wie schön muß ein Talent sein, das auf einem solchen Grunde ruht!

Über die Tat oder Untat selbst weiß ich nichts zu sagen. Wenn das *taedium vitae* den Menschen ergreift, so ist er nur zu bedauern, nicht zu schelten. Daß alle Symptome dieser wunderlichen, so natürlichen als unnatürlichen Krankheit auch einmal mein Innerstes durchrast haben, daran läßt Werther wohl niemand zweifeln. Ich weiß recht gut, was es mich für Entschlüsse und Anstrengungen kostete, damals den Wellen des Todes zu entkommen, so wie ich mich aus manchem spätern Schiffbruch auch mühsam rettete und mühselig erholte. Und so sind nun alle die Schiffer- und Fischergeschichten. Man gewinnt nach dem nächtlichen Sturm das Ufer wieder, der Durchnetzte trocknet sich, und den andern Morgen, wenn die herrliche Sonne auf den glänzenden Wogen abermals hervortritt, hat das Meer schon wieder Appetit zu Feigen.

Wenn man sieht, wie die Welt überhaupt, und besonders die junge, nicht allein ihren Lüsten und Leidenschaften hingegeben ist, sondern wie zugleich das Höhere und Bessere an ihnen durch die ernsten Torheiten der Zeit verschoben und verfratzt wird, so daß ihnen alles, was zur Seligkeit führen sollte, zur Verdammnis wird, unsäglichen äußern Drang nicht gerechnet, so wundert man sich nicht über Untaten, durch welche der Mensch gegen sich selbst und andere wütet. Ich getraute mir, einen neuen Werther zu schreiben, über den dem Volke die Haare noch mehr zu Berge stehn sollten als über den ersten. Laß mich noch eine Bemerkung hinzufügen. Die meisten jungen Leute, die ein Verdienst in sich fühlen, fordern mehr von sich als billig. Dazu werden sie aber durch die gigantische Umgebung gedrängt und genötigt. Ich kenne deren ein halb Dutzend, die gewiß auch zugrunde gehn und denen nicht zu helfen wäre, selbst wenn man sie über ihren wahren Vorteil aufklären könnte. Niemand bedenkt leicht, daß uns Vernunft und ein tapferes Wollen gegeben sind, damit wir uns nicht allein vom Bösen, sondern auch vom Übermaß des Guten zurückhalten.

Laß uns nun übergehn zu den andern Wohltaten Deiner Briefe, und ich danke Dir zuvörderst für die Betrachtungen über meine biographischen Blätter. Ich hatte darüber schon manches Gute und Freundliche im allgemeinen erfahren; Du bist der erste und einzige, der in die Sache selbst eingeht. Ich freue mich, daß die Schilderung meines Vaters eine gute Wirkung auf Dich hervorgebracht. In den folgenden zwei Bänden bildet sich die Gestalt des Vaters noch völlig aus; und wäre sowohl von seiner Seite als von der Seite des Sohns ein Gran von Bewußtsein in dies schätzbare Familienverhältnis getreten, so wäre beiden vieles erspart worden. Das sollte nun aber nicht sein und scheint überhaupt nicht für diese Welt zu gehören. Der beste Reiseplan wird durch einen albernen Zufall gestört und man geht nie weiter, als wenn man nicht weiß, wohin man geht.

Habe ja die Güte, Deine Betrachtungen fortzusetzen: denn da ich, den Forderungen der Darstellung gemäß, langsam gehe und gar manches in petto behalte, (worüber denn schon manche Leser ungeduldig werden, welchen es wohl ganz recht wäre, wenn man ihnen die Mahlzeit von Anfang bis Ende, wohl gesotten und gebraten, in *einer* Session vortrüge, damit sie solche auch geschwind auf den Nachtstuhl trügen und sich morgen in einer andern Restaurationsbude oder Garküche, besser oder schlechter, wie es das Glück träfe, bewirten ließen) – da ich also, wie gesagt, hinter dem Berge halte, um mit meinen Landsknechten und Reutern zur rechten Zeit hervorzurücken, so ist es mir doch höchst interessant, zu vernehmen, was Du, als ein erfahrner Feldzeugmeister, dem Vortrabe schon abmerkst.

Und nun das herzlichste Lebewohl! Wie sehr wünschte ich mich statt dieses Blatts in Deine Nähe!

Weimar, den 3. Dezember 1812 G.

*». . . wenn die herrliche Sonne auf den glänzenden Wogen abermals hervortritt, hat das Meer schon wieder Appetit zu Feigen.«
Diese so suggestive wie dunkle Stelle verlangt nach einer Erläuterung. Goethe spielt hier auf eine griechische Redensart an, die ihrerseits in eine aus dem zweiten Jahrhundert vor Christus überlieferte Anekdote gehört:
»Man erzählt, ein Kaufmann aus Sizilien habe mit einem Frachtschiff voller Feigen Schiffbruch erlitten; darauf habe er, auf einem Felsen sitzend und die Meeresstille betrachtend, gesagt: Ich weiß, was es will; Feigen will es.«
». . . wenn die herrliche Sonne auf den glänzenden Wogen abermals hervortritt, hat das Meer schon wieder Appetit zu Feigen.« Im Prachtgewand eines großen Bildes ein grimmiges Trostwort!
Zelter aber nimmt alles gleichermaßen beglückt an sein Herz, was hier mit dem Geschenk der unerwarteten und kommentarlosen Freundesanrede des »Du« zu ihm kommt. Keinem anderen Briefpartner in Goethes Spätzeit ist sie nach ihm noch zuteil geworden.*

Berlin, den 10. Dezember 1812

Einer der angenehmsten Eindrücke meiner frühen Jünglingsjahre trat frisch und jugendlich vor meine Erinnerung, als ich gestern Ihren lieben, herzlich treuen Brief erhielt und die ersten Worte las.

So hat mein tiefes Leid, das mich scheuselig von aller Welt abbog, mir Ihr Vertrauen verdoppelt, indem Sie mir ein Bruderherz offen zeigen; so habe ich gewonnen, indem ich verlor und den Verlust kaum zu verwinden glaubte; so regt sich das Leben gewaltsam menschlich in mir wieder auf und, ich will's gern gestehen: ich habe mich wieder gefreut!

Einstweilen habe ich mich auf's neue wieder eingerichtet, da ich denn genug zu schaffen habe, um erst andere zu beruhigen. Zeit und Willen werden weiter helfen, und was ich nicht kann, mag sich selber machen, da ich vor allem dahin zu sehen habe, wo ich selber bleibe.

Erst im Januar geht auch Zelter, der sich hier noch zurückhält, wie selbstverständlich zum Du über. Unterdes aber ist man schon wieder zum unbekümmerten Austausch der Nachrichten und Ansichten zurückgekehrt, der diese Korrespondenz zu einer solchen Fundgrube der anschaulichsten Auskünfte macht.

Weimar, den 12. Dezember 1812
Ich verfehle nicht, mein teurer Freund, Dir zu vermelden, daß die Rübchen glücklich angekommen sind. Der eingefallene Frost hat ihnen nichts geschadet; sie schmecken vortrefflich und sollen uns in dem zu erwartenden strengen Winter wohltätig sein.
Mit der fahrenden Post erhältst Du ein wunderliches Werk, das Dir gewiß zu einiger Unterhaltung dienen wird. Es ist von einem merkwürdigen, aber freilich etwas seltsamen Manne und enthält eine neue Symbolik der Musikschrift. Statt der bisherigen Linien, Intervalle, Notenköpfchen und Schwänzchen setzt er Zahlzeichen und behauptet, daß man auf diese Weise viel leichter wegkomme. Ich kann darüber nicht urteilen: denn erstlich bin ich die alte Notenschrift von Jugend auf gewohnt und zweitens kann niemand zahlenscheuer sein als ich, und ich habe von jeher alle Zahlensymbolik, von der Pythagoräischen an bis auf die letzten Mathematico-Mystiker, als etwas Gestaltloses und Untröstliches gemieden und geflohn.
Der Verfasser, der sich Dr. Werneburg nennt, ist gewiß ein geborner mathematischer Kopf, der aber die eigne Art hat, daß er die Dinge, indem er sie sich erleichtert, andern schwer macht; deshalb hat er mit nichts durchdringen können und wird schwerlich jemals, sowohl in den bürgerlichen als den wissenschaftlichen Verhältnissen, glücklich und zufrieden werden. Sage mir ein Wort über dieses Büchlein: denn Du wirst leicht übersehen, was ihm zugunsten und zuungunsten spricht.
Wenn es mir immer leid tut, daß ich Deine akademischen Abende nicht mitfeiern kann, so tut es mir auch weh, daß Du manche schöne Vorstellung unserer Schauspieler nicht mit ansiehst. Neulich haben sie Romeo und Julie wieder ganz vortrefflich und zu jedermanns Zufriedenheit gegeben. In Berlin müssen sie mit diesem Stücke sehr täppisch umgegangen sein.
Ifflanden erwarten wir noch vor dem neuen Jahr. Ich freue mich sehr, ihn nach so langer Zeit einmal wieder zu sehen und die große konsequente Ausführung zu bewundern, durch die er jede Rolle zu adeln weiß. Es ist wohl eine der seltensten Erschei-

nungen, und ich glaube, daß sie noch bei keiner andern Nation stattgefunden, daß der größte Schauspieler sich meistens Rollen aussucht, die ihrem Gehalt nach seiner unwürdig sind und denen er durch sein Spiel den höchsten augenblicklichen Wert zu verschaffen weiß. Genau betrachtet hat ein solches Verfahren auf den Geschmack des Volks einen höchst ungünstigen Einfluß: denn indem man genötigt wird, unter einer gegebenen Bedingung dasjenige zu schätzen, was man sonst nicht achtet, so kommt ein Zwiespalt in unser Gefühl, der sich bei der Menge gewöhnlich zugunsten des Geringen und Verwerflichen schlichtet, das sich unter dem Schutze des Vortrefflichen eingeschlichen hat, und sich nunmehr als vortrefflich behauptet.

Wir wollen aber diese Betrachtungen für uns behalten; sie nützen der Welt nicht, die immer in ihrem Wuste hingehn mag.

Indessen ich nunmehr am dritten Teile meiner Biographie schreibe, gelange ich zu den ersten Wirkungen Shakespeares in Deutschland. Ob sich wohl hierüber noch etwas Neues sagen läßt? – Ich hoffe es. Ob ich jedermann nach dem Sinne sprechen werde? Daran zweifle ich sehr. Und da die Deutschen von jeher die Art haben, daß sie es besser wissen wollen als der, dessen Handwerk es ist, daß sie es besser verstehn, als der, der sein Leben damit zugebracht, so werden sie auch diesmal einige Gesichter schneiden, welches ihnen jedoch, in Betracht ihrer übrigen Untugenden, verziehen werden soll.

Verzeihe mir nun aber auch, lieber Freund, wenn ich in meinen Briefen manchmal auch sauer sehe. Alte Kirchen, dunkle Gläser, sagt das deutsche Sprüchwort, und die kurzen Tage machen auch nicht heller. Meine Heiterkeit bewahre ich mir hauptsächlich für die biographischen Stunden, damit sich in die Reflexionen, die doch einmal angestellt werden sollen, nichts Trübes und Unreines mische.

Und somit Gott befohlen! Laß mich bald etwas vernehmen und lernen. G.

Einen Monat später, nachdem Iffland, aus Berlin kommend, in Weimar ein Gastspiel gegeben hatte, spinnt Goethe seine Betrachtungen über Form und Gehalt, über das Wie und Was des Kunstwerks weiter aus:

Ifflands Gegenwart hat mir sehr große Freude gegeben. Ich habe mich ganz rein an seinem Talent ergetzt, alles aufzufassen gesucht, *wie* er es gab, und mich ums *Was* gar nicht bekümmert. Nimm folgende Bemerkung geduldig auf: Wenn man es mit der Kunst von innen heraus redlich meint, so muß man wünschen, daß sie würdige und bedeutende Gegenstände behandle: denn nach der letzten künstlerischen Vollendung tritt uns, sittlich genommen, der Gehalt immer als höchste Einheit wieder entgegen, deswegen wir Weimarer Kunstfreunde auch in den »Propyläen«, da wir noch in dem Wahn stunden, es sei auf die Menschen genetisch zu wirken, uns über die *Gegenstände* so treulich äußerten und unsere Preisaufgaben dahin richteten; dies ist aber alles vergebens gewesen, da gerade seit der Zeit das Legenden- und Heiligenfieber um sich gegriffen und alles wahre Lebenslustige aus der bildenden Kunst verdrängt hat. Doch hierüber klage ich nur im Vorbeigehn: denn in Gefolg meiner ersten Rede wollte ich nur sagen, daß die Kunst, wie sie sich im höchsten Künstler darstellt, eine so gewaltsam lebendige Form erschafft, daß sie jeden Stoff veredelt und verwandelt.

Ja es ist daher dem vortrefflichen Künstler ein würdiges Substrat gewissermaßen im Wege, weil es ihm die Hände bindet und ihm die Freiheit verkümmert, in der er sich als Bildner und als Individuum zu ergehen Lust hat. Man hat den Musikern wiederholt vorgeworfen, daß sie schlechte Texte lieben: man erzählt zum Scherz, daß einer sich offeriert, den Torzettel zu komponieren, und wäre der Gesang nicht von dem Texte unabhängig, wie hätte denn die Karfreitagsmusik in der Sixtinischen Kapelle auf *Vitulos* endigen können? und was dergleichen mehr ist. Mancher Komödienzettel gäbe eine bessere Oper als das Büchelchen selbst, wenn man es recht darauf anlegte; und so hab ich die Belebung toter Stücke, ja die Schöpfung aus nichts an Ifflanden höchlich bewundern müssen. Die Menge jedoch, welche immer stoffartig gesinnt ist, betrübte sich über den großen, nach ihrer Meinung verschwendeten Aufwand.

Merkwürdig war mir, daß Iffland, der in seinen geschriebenen Stücken die ausführlichste Breite sucht, in seinem Spiel das Konzise, Knappe der extemporierten Stücke wieder heranfordert. Wie anders sähe unser Theater aus, wenn er nicht diesen Umweg hätte machen müssen, wie anders sähe es mit uns allen aus,

wenn die direkten Wege zum Heil nicht jedem Menschen ein Geheimnis blieben!
Und nun das herzlichste Lebewohl! G.

Zelter unterdessen hat sich eine neue Lektüre vorgenommen: den eben frisch erschienenen »Phantasus« des romantischen Dichters Ludwig Tieck, gegen den er einiges auf dem Herzen hat.
In Berlin liegt damals immer noch französische Besatzung, doch drängen nach dem verlorenen russischen Feldzug die Truppen des Siegers schon nach, und Ende Februar gerät man wieder einmal in Angst und Bedrängnis.

Berlin, den 12. Februar 1813
Die Sensation Deiner Biographie ist allgemein, obwohl von verschiedener Wirkung. Man liest sie nicht bloß, man liest auch die Bücher, welche darinne genannt sind.
Dann gibt es unter den Lesern der Dichtung und Wahrheit (ich meine die von der Profession) solche, die immer noch beim Titel halten, den sie wie eine mathematische Äquation nach Worten, Silben und Buchstaben drehen und deuten, wo nicht gar eine Schelmerei darinne suchen. Da diese ihren Homer griechisch lesen, so können sie nicht dahinterkommen, wie hier und überall im Leben Dichtung und Wahrheit zusammenkommen. Das gibt denn manchen Spaß, weil ihnen niemals was begegnet ist, das des Aufschreibens oder gar des Lesens würdig wäre. Und wenn sie auch alle Zeitungen und Zeitblätter lesen, so verhalten sie sich dennoch zu ihrer Zeit wie ein Stein im fließenden Wasser.
Eben habe ich auch den ersten Teil des Phantasus gelesen. Nun ja, Herr! ich glaube, Ihr seid ein Poet! doch mit Gunst – von der horizontalen Linie! Ich sage das nur (denn das Buch ist mir interessant genug gewesen), weil ich mich dabei erinnerte, daß der Kohl grün war, ehe er gekocht wurde. Wenn es eine Kunst ist, solche Geschichten aufzusieden und genießbar zu machen, um sich nach Jahrhunderten noch den Tod daran zu lesen, so ist es wenigstens eine sehr kleine Kunst, worüber die Sozietät der Irrlichter wohl lachen muß, sie mag wollen oder nicht.
Sonntag den 21. Februar. Gestern ist es etwas ernsthaft in unserer Residenz hergegangen. Von einer Anzahl Kosaken, die ge-

gen 300 angegeben werden, hatten sich gegen 150 auf den Anhöhen vor der Stadt zusammengefunden, sprengten in die Tore herein und hieben und schossen eine Anzahl Franzosen nieder, welche sie auf den Straßen fanden. Dies geschah gegen Mittag. Ich befand mich auf der Akademie. Als ich gegen 2 Uhr zu Hause wandeln wollte, waren die Brücken bereits von den Franzosen gesperrt und mit Kanonen besetzt; ich mußte deshalb einen sehr weiten Umweg nehmen, bis ich endlich mein Haus nach 3 Uhr erreichte. In meiner Straße war es lebhaft hergegangen. Die mir gegenüberstehenden Häuser waren von Kugeln durchlöchert. Mehrere Bürger sind getötet und mein Nachbar, ein Kaufmann, auf den Tod verwundet. Gegen 5 Uhr hatten die Kosacken den Weg zum Tore hinaus wieder gefunden. Wären diese kühnen Leute still, in Masse, ins Haus des Französischen Gouverneurs, Herzogs von Castiglione, gedrungen, anstatt sich in den Straßen mit dem Niederhauen einzelner Franzosen zu beschäftigen und die ganze Stadt zu alarmieren, so hätte der Coup gelingen können; und hätten gegenteils die Franzosen, welche überrumpelt schienen, sogleich die Tore sperren lassen, so wäre kein Russe gesund wieder hinausgekommen.

Ich bin mit meinem Hause noch unbeschädigt. Mein ältester Sohn ist als reitender Jäger zum Könige nach Breslau abgegangen.

Diesen Augenblick (abends 10 Uhr) heißt es: die Franzosen würden nach Mitternacht die Stadt verlassen. Ich glaube es nicht, denn sie haben Verstärkung von 2000 Mann Infanterie erhalten.

Den 22. Morgens 7 Uhr. Die Franzosen sind nicht abgezogen. Die ganze Besatzung hat die Nacht über in den Straßen bivouakiert. Es herrscht eine ahndungsvolle Stille, niemand weiß, was er vornehmen soll; unterdessen redigiere ich frühere Kompositionen.

Den 24. Alles ist ruhig; die Kosaken schwärmen vor den Toren herum. Der Vizekönig und der General Saint-Cyr sind mit Kavallerie angekommen, und die Stadt nun mit etwa 12 000 Mann besetzt. Der Zustand ist ängstlich, doch habe ich seit Sonnabend besser geschlafen als lange vorher. Es ist so ruhig, daß man des Abends die Hunde laufen hört.

Den 27. Februar. Vorgestern habe ich Beethovens Ouvertüre

zum Egmont recht gut ausführen hören. Von rechtswegen müßte jedes bedeutende deutsche Theaterstück seine eigene Musik haben. Es läßt sich kaum berechnen, wieviel Gutes daraus entstehen könnte für Dichter, Komponisten und Publikum. Der Dichter hat den Komponisten auf eigenem Felde, kann ihn leiten, verstehn lehren, ja ihn verstehn lernen; der Komponist arbeitet nach einer Totalidee und kann bestimmt wissen, was er nicht machen muß, ohne beschränkt zu sein, und es muß eine Glückseligkeit sein, wenn beide sich nebeneinander erkennen und durcheinander erklären.

Diesmal ward die Ouvertüre ohne das Stück gehört, wie der selige Gleim immer den Hut Friedrichs des Großen vorzeigte. Die Ouvertüre aus f-moll kündigt in einer Folge finstrer Akkorde eine Tragödie an, geht in ein republikanisches Wesen über, dem das Kriegrische nicht fehlt, wird wohl- und wehmütig, träumerisch, tumultuarisch und endet siegreich. Ein Verdienst mehr an dieser Musik ist – das Zeitgemäße: Sie ist gerade so lang, als ich sie wünschte, und die erste Szene schließt sich recht gut an das Ende der Ouvertüre an.

Nun möchte ich ihn bereden, auch die Entr'actes in Musik zu setzen, die alle aus der Ouvertüre hervorgehn müßten. Denn außer dieser Zutat paßt jede tragische Ouvertüre mehr oder weniger ebenso gut, da die Freude an einem Ganzen aus der Entwicklung der Teile besteht.

Den 11. März. Daß die Franzosen Berlin verlassen haben, wirst Du aus den Zeitungen sehn. Meine russische Einquartierung besteht in dem Major von Juny, der jetzt Stadtkommandant ist, nebst seinen Leuten und Pferden. Der junge Mann spricht ganz gut Deutsch und ist ein geborner Moskauer.

Nun habe ich auch den zweiten Teil des Phantasus gelesen, worin mir besonders »Die verkehrte Welt« vielen Spaß gemacht hat. Diese verkehrte Welt aber ist *alle Welt*, und es ist mir hier erst eingefallen, daß die Welt so sein muß, wenn man Freude soll daran und darin haben können. Schön bedanken würde ich mich – vor einer unverkehrten Welt, worin für uns beide kein Platz wäre.

Da Herr Sibbern diesen Brief mitnehmen will, so muß ich wohl schließen. Zugleich gebe ich ihm den vierten Teil meiner Lieder mit, welchen ich einen guten Vortrag wünsche, wenn sie vor

Dein Ohr treten sollen. Die »Rastlose Liebe« ist eine Komposition des vorigen Sommers: ob man im 54sten Jahre wohl noch eine rastlose Liebe abmalen kann? – Gott befohlen. Z.

IX

Karl Friedrich Reinhard; Sulpiz Boisserée
(1807–1811)

Als Goethe sich im Sommer 1807 zur Kur in Karlsbad aufhielt, machte er dort die Bekanntschaft Karl Friedrich Reinhards, eines gebürtigen Württembergers, der sehr jung schon nach Frankreich gegangen und dort als Anhänger der Girondisten in den französischen Staatsdienst getreten war. Zuerst Legationssekretär in London und Neapel, dann Gesandter in Hamburg, schließlich 1799 Minister der Auswärtigen Angelegenheiten, dann wieder Gesandter in der Schweiz und in Hamburg, wurde er 1806 als Generalkonsul und Resident in den Donauprovinzen nach Jassy entsendet, dort im Winter von den Russen vertrieben, mit Kosaken bis an den Dnjepr nahe bei Poltawa geschleppt und erst, als der Kaiser Alexander dies erfuhr, wieder auf freien Fuß gesetzt. Kurze Zeit darauf weilte er zur Wiederherstellung seiner Gesundheit mit seiner Frau und zwei Kindern in Karlsbad, wo Goethe am 28. Mai eintraf und gleich andern tags in seinem Tagebuch den »Besuch vom Residenten Reinhard« vermerkt. Man fand rasch Gefallen aneinander, und Goethe kam fast jeden Abend zu den Reinhards, wo man über Politik, die Wissenschaften, über Goethes Farbenlehre sprach und Goethe gelegentlich auch eine seiner eben entstandenen Novellen vorlas.

Von diesem freundschaftlichen Umgang heißt es in Goethes »Tag- und Jahresheften«:

Beide Gatten, wahrhaft aufrichtig und deutsch gesinnt, nach allen Seiten gebildet, Sohn und Tochter anmutig und liebenswürdig, hatten mich bald in ihren Kreis gezogen. Der treffliche Mann schloß sich um so mehr an mich, als er, Repräsentant einer Nation, die im Augenblick so vielen Menschen wehe tat, von der übrigen geselligen Welt nicht wohlwollend angesehen werden konnte.

Ein Mann vom Geschäftsfache, gewohnt, sich die fremdesten Angelegenheiten vortragen zu lassen, um solche alsbald zurechtgelegt in klarer Ordnung zu erkennen, leiht einem jeden sein Ohr, und so gönnte mir auch dieser neue Freund anhaltende Aufmerksamkeit, als ich ihm meine Farbenlehre vorzutragen nicht unterlassen konnte. Er ward sehr bald damit vertraut, übernahm die Übersetzung einiger Stellen, ja wir machten den Versuch einer sonderbaren wechselseitigen Mitteilung, indem ich ihm Geschichte und Schicksale der Farbenlehre von den ältesten Zeiten bis auf die neusten und auch meine Bemühungen eines Morgens aus dem Stegreif vortrug und er dagegen seine Lebensgeschichte am anderen Tage gleichfalls summarisch erzählte. So wurden wir denn, ich mit dem, was ihm begegnet, er mit dem, was mich auf das lebhafteste beschäftigte, zugleich bekannt und ein innigeres Eingreifen in die wechselseitigen Interessen erleichtert.

Schon am 15. Juli verließ Reinhard Karlsbad, um in Dresden mit Napoleon und Talleyrand zusammenzutreffen. Im Herbst war er wieder in Paris, um seine Entlassung aus dem Staatsdienst zu erreichen, während seine Frau in der Umgegend von Köln den Kauf eines Hauses betrieb. Bald nach seiner Ankunft dort geht ein Brief nach Weimar.

Köln, den 24. Dezember 1807

Wenige Tage vor meiner Abreise aus Paris erhielt ich, mein hochverehrter Freund, Ihren Brief vom 16. November. Den 10. bin ich hier angekommen. Ich habe meine Frau in erträglichem, meine Kinder im besten Wohlsein getroffen. Ich habe Falkenlust in Augenschein genommen, und selbst in dieser winterlichen Jahreszeit bin ich von dem Reiz seiner herrlichen Lage hingerissen worden. Es ist ein ehemaliges Jagdschloß des Kurfürsten von Köln, vor etwa sechzig Jahren erbaut, am Ausgang eines dazugehörigen Busches, eine Viertelstunde vom Park des Brühler Schlosses gelegen, mit der Aussicht links auf Köln, rechts auf eine sehr malerische Hügelkette, gerade vorwärts auf den Rhein, auf Bonn und das Siebengebirge, dem jene Hügel entgegenlaufen. Noch von einem andern Fleck, dessen Lage als einzig gerühmt wird, bin ich Miteigentümer geworden. Es ist der Apollinarisberg zwischen Bonn und Koblenz, vormals ein Wallfahrtsort mit einer Kirche, deren Erhaltung mein schlauer Geschäftsführer den umliegenden Ortschaften, um ihre Konkurrenz zu vermeiden, so förmlich zusagte, daß ich, gern oder ungern, werde Wort halten müssen. Der Heilige Apollinaris nämlich war im Gefolge der Gebeine der Heiligen Drei Könige von Mailand hergekommen, und wie er in seiner Barke den Rhein herabschwamm, sei's weil er Sinn für schöne Aussichten hatte oder weil er sich vor den 11 000 Jungfraun scheute, denen er in der heiligen Stadt Köln sollte beigesellt werden, kurz, die Barke machte Halt am Fuße des Berges, und da sie nicht mehr aus der Stelle gebracht werden konnte, erriet man die Absicht des Heiligen und begrub seine Gebeine auf dem Berge, der von ihm seinen Namen erhielt. Eine Kapelle wurde drübergebaut, ein *Prieuré* daneben, und sechzig oder siebzig Morgen Landes lieferten Rheinwein für den Dienst des Heiligen und der Mönche. Von diesem allem ist nun die Hälfte mein. Es wird von mir abhangen, ein Gnadenbild aufzustellen und der Stifter einer neuen frommen Andacht zu werden. Meine Frau schlägt unsern Freund Friedrich Schlegel zum Kaplan vor, dem sie, ich weiß noch nicht, ob mit Verleumdung oder mit Wahrheit, nachsagt, daß er an die Echtheit der Reliquien der Drei Könige aus Mohrenland glaube; und von dem ich, um nicht aus dem Zusammenhang zu kommen, Sie sogleich unterhalten will. Er ist in den letzten drei Monaten beinahe der einzige Gesellschafter meiner Frau gewesen und hat sie mit seinen Kenntnissen, Meinungen und Prätentionen zuweilen harmonisch, zuweilen unsanft angeregt. Übersetzungen aus dem Sanskrit sind seit einiger Zeit seine Hauptbeschäftigung gewesen; für eine Verbesserung seiner sehr beschränkten Glücksumstände ist noch keine nahe Aussicht. Ich teile mit meiner Frau den Wunsch einer sorgenfreieren Existenz für diesen Mann, die, wie mir scheint, allein fähig sein wird, das Schwankende seines Charakters und seiner Ansichten festzustellen.

Falkenlust, den 4. Mai 1808
Einen Brief, im März angefangen und erst im April geendigt, hab ich Herrn Schlegel für Sie übergeben, der nach Dresden reist, um mit seinem Bruder August Wilhelm dort zusammenzutreffen. Sein Weg führt ihn durch Weimar, aber er schien mir unentschlossen, ob er sich dort aufhalten würde. Es ist mir wichtig, Ihnen davon Nachricht zu geben und zu erfahren, ob der

Brief wirklich in Ihre Hände gekommen sei. Denn kaum war Herr Schlegel abgereist, so erzählte die französische Zeitung von Köln, er wäre an Ostern feierlich zur katholischen Religion übergetreten. Große Unruhe seiner Freunde, große Verlegenheit seiner Frau; die Sache sei nicht wahr; denn Herr Schlegel sei seit lange katholisch und habe nur in den letzten Feiertagen eine unerläßliche Pflicht seiner Religion erfüllt; diese Publizität einer bloß persönlichen Sache sei höchst unangenehm, usw.
Da ich den weiten Umfang kannte, den Herr Schlegel sonst dem Wort Religion gab, so war mir, trotz aller Anzeichen, nicht in den Sinn gekommen, daß er es für sich auf den Katholizismus einengen würde, und ich begriff nicht, wie dieses feiste Dr. Luthers-Gesicht irgendeine innre rechtliche Veranlassung zu einem solchen Schritt haben könnte. Ich werde vielleicht durch irgendeinen seiner Schüler, deren er in Köln eine ziemliche Menge hat, hierüber belehrt werden. Die zweideutige Rolle, die er unter solchen Umständen zu spielen hatte, besonders gegen meine im Deismus erzogne Frau, hat er übrigens mit wahrer Feinheit durchgeführt, und ich kann nicht sagen, daß er sich verstellt, kaum daß er verheimlicht habe; denn es lag nur an uns, aus allen seinen Äußerungen die Konsequenz zu ziehn. Daß der paradoxale, zum Ungemeinen mit erbitterter Eigenliebe strebende Mensch die katholische Religion vorziehn könnte, schien uns sehr begreiflich; aber daß er zu ihr übertreten würde, daran dachten wir nicht.
Genug von dieser auch persönlich mir unangenehmen Geschichte. Recht ungeduldig bin ich zu wissen, ob Sie Ihren Vorsatz, schon im Mai nach Karlsbad zu gehn, ausgeführt haben? Seit drei Tagen erscheint hier der Frühling mit Sommerwärme und weckt in uns allen die Bilder unsers letzten Aufenthalts in der nämlichen Jahrszeit.

Friedrich Schlegel, der bedeutendste kritische Kopf aus dem Kreise der Jenaer Romantiker, war Goethe kein Unbekannter. Im Mai 1802 hatte dieser in Weimar sogar Schlegels höchstproblematisches Trauerspiel »Alarcos« aufgeführt, das an einer bestimmten Stelle bei dem Publikum ein tobendes Gelächter auslöste, welches Goethe aus seiner Loge mit dem Drohruf »Man lache nicht!« zum Verstummen brachte.

Nun hatte Schlegel im April 1808 in den »Heidelberger Jahrbüchern der Literatur« eine längere Rezension der ersten vier Bände einer neuen Gesamtausgabe von Goethes Werken veröffentlicht, auf die Goethe in seinem Antwortschreiben an Reinhard zu sprechen kommt.

Karlsbad, den 22. Juni 1808
Nachdem wir gestern den längsten Tag gefeiert haben, so will ich auf der andern Seite des Jahres nicht hinabsteigen, ohne Ihnen, verehrter Freund, für zwei Briefe zu danken, deren ersten ich noch in Weimar, den zweiten aber hier erhielt. Jenen hatte Herr Schlegel in Frankfurt auf die Post gegeben und begrüßte mich nachher auf seiner Durchreise in Weimar persönlich.
Die Rezension meiner vier ersten Bände hatte ich kurz vorher gelesen, das erste, was mir seit langer Zeit von ihm zu Gesicht gekommen war. Sie hatte mir viel Vergnügen gemacht: denn ob ich gleich selbst am besten wissen muß, wo in meinem Stall die Zäume hängen, so ist es doch immer sehr interessant, sich mit einem verständigen und einsichtsvollen Manne über sich selbst zu unterhalten, und ein scharfsichtiger Fremder, der in ein Haus tritt, bemerkt oft gleich, was der Hausherr aus Nachsicht, Gewohnheit oder Gutmütigkeit übersieht oder ignoriert.
Allein, da ich nachher Schlegeln selbst gesprochen und sein Büchlein über Sprache und Geist der Indier näher angesehen, so ist meine Zufriedenheit einigermaßen gemindert worden, weil doch aus allem gar zu deutlich hervorgeht, daß die sämtlichen Gegenstände, die er behandelt, eigentlich nur als Vehikel gebraucht werden, um gewisse Gesinnungen nach und nach ins Publikum zu bringen und sich mit einem gewissen ehrenvollen Schein als Apostel einer veralteten Lehre darzustellen. Ich begriff nun erst die Rezension meiner Arbeiten und sah wohl ein, warum manches so übermäßig ins Licht gehoben, anderes in den Schatten zurückgedrängt war; die Absichtlichkeit von jeder Zeile wurde klar, meine Einsicht aber ward vollkommen, als ich Seite 97 des indischen Büchleins den leidigen Teufel und seine Großmutter mit allem ewigen Gestanksgefolge auf eine sehr geschickte Weise wieder in den Kreis der guten Gesellschaft hereingeschwärzt sah. Ich werde nun eine Zeit lang, was ich von ihm habhaft werden kann, mit Aufmerksamkeit lesen, um zu sehen, wie ein

Mann dieser Art nach und nach immer derber auftritt, ja was sag ich nach und nach! – er hat alles schon so vorbereitet, daß er nächstens in seinem Apostolat vor der Welt, die ohnehin niemals weiß, was sie sieht und was sie will, ganz ungescheut auftreten darf. Man schreibt mir von Wien, daß er dahin kommen werde. Ich wünsche, daß er dort einigen zeitlichen Vorteil finden möge. Übrigens ist in den österreichischen Staaten jetzt ein Proselyt wenig geachtet. Die Verstandesgärung, welche Joseph der Zweite hervorgebracht, wirkt noch immer im stillen fort. Sich dem Protestantismus zu nähern, ist die Tendenz aller derer, die sich vom Pöbel unterscheiden wollen; ja ich habe bemerkt, daß, wenn man sich auf die protestantisch poetische Weise über die katholische Religion und Mythologie ausdrücken will, man sich lächerlich, ja in gewissem Sinne verhaßt machen kann. Und so gibt es denn, wie bei großen Festen, ein Gedräng an der Kirchtüre, wo die einen hinein und die andern hinaus wollen.

Durchaus ist aber diese Schlegelsche Konversion sehr der Mühe wert, daß man ihr Schritt vor Schritt folge, sowohl weil sie ein Zeichen der Zeit ist, als auch weil vielleicht in keiner Zeit ein so merkwürdiger Fall eintrat, daß im höchsten Lichte der Vernunft, des Verstandes, der Weltübersicht ein vorzügliches und höchstausgebildetes Talent verleitet wird, sich zu verhüllen, den Popanz zu spielen, oder wenn Sie ein ander Gleichnis wollen, soviel wie möglich durch Läden und Vorhänge das Licht aus dem Gemeindehause auszuschließen, einen recht dunklen Raum hervorzubringen, um nachher durch das *foramen minimum* soviel Licht, als zum *hocus pocus* nötig ist, hereinzulassen.

Da man über seine Absichten und seine Schleichwege nun schon deutlicher ist, so bin ich wirklich neugierig, wie er sich gebärdet, wenn er meine folgenden acht Bände rezensieren sollte, und inwiefern er abermals Gelegenheit nehmen wird, die ästhetische Kultur, den Polytheismus und Pantheismus verdächtig zu machen.

Da Ihnen der Wiener Prometheus in die Hände kommt, so darf ich Ihnen wohl meine Pandora nicht empfehlen. Sie ist mir eine liebe Tochter, die ich wunderlich auszustatten gedrungen bin.

Bei dem schönen Wetter, das uns nach einer langen Pause hier wieder zu besuchen scheint, gedenke ich der schönen Gegend, in der Sie sich jetzt befinden, und freue mich Ihrer Zufriedenheit, deren Sie in Ihrem ländlichen Aufenthalte genießen. Wenn Sie eine neue Aufforderung zur Tätigkeit ablehnen konnten, so wird Ihnen die Abgeschiedenheit von der Welt gewiß auch ganz gemäß sein. Wenn Sie dann im stillen die letzten zwanzig Jahre der deutschen Literatur nachholen, so werden Sie den merkwürdigen Gang, den diese große Masse genommen hat, klarer einsehn als diejenigen, die selbst mitwirkten. Lassen Sie mich ja von Zeit zu Zeit Ihre Gedanken erfahren: denn man hat immer mehr Ursache, sich mit und an denen zu befestigen, die aus einer Bildung und Sinnesepoche mit uns übriggeblieben sind.

Daß die Stanzen der Zueignung meines Faust vorläufig gut gewirkt, ist mir sehr angenehm zu hören; doch muß ich zur Steuer der Wahrheit und zu Ehren meines, wenn ich nicht irre, ziemlich verkannten Inneren versichern, daß diese Strophen schon sehr alt sind und ihre Entstehung keineswegs den Tribulationen der Zeit verdanken, mit denen ich mich auf eine lustigere Weise abzufinden pflege. Soviel habe ich überhaupt bei meinem Lebensgange bemerken können, daß das Publikum nicht immer weiß, wie es mit den Gedichten, sehr selten aber, wie es mit dem Dichter dran ist. Ja ich leugne nicht, daß, weil ich dieses sehr früh gewahr wurde, es mir von jeher Spaß gemacht hat, Versteckens zu spielen.

Inzwischen waren von Goethes Werken bei Cotta vier weitere Bände herausgekommen, die Goethe unverzüglich an Reinhard schicken ließ. Dieser dankt am 3. September:

Ich habe, mein hochverehrter Freund, wenige Tage nach Ausgang meines letzten Briefs an Sie, die Fortsetzung Ihrer Werke erhalten, ein in jedem Sinn so kostbares Geschenk. Das ganze unermeßliche Feld Ihres Seins und Ihres Wirkens liegt nun vor mir; ich übersehe, wie von einem hohen Standpunkt herab, gleichsam in einer schönen Mannigfaltigkeit von Ebnen, Hügeln und Felsenspitzen, alle Harmonien und Kontraste Ihrer großen, reichen Natur. Die neuen und mir noch unbekannten Partien hab ich zuerst durchstreift; auch die schon bekannten haben einen neuen Reiz erhalten durch Zusammenstellung und Anordnung. Welch eine herrliche Übersicht für Sie selbst, so aus der

ganzen Vergangenheit sich selbst gegenwärtig zu sein, so fortzuleben im Andenken der Menschen nach Ihrer vom Geist aller Jahrhunderte beseelten Individualität, anklingend an alle Saiten künftiger Gedanken und Empfindungen. Hier liegt der Keim alles Guten und Schönen, das unsre in ihrer eignen Üppigkeit erstorbne Literatur wieder befruchten wird. Ihre Werke stehn, ein unvergängliches Denkmal, über unsern literarischen und politischen Trümmern; und sollten die neusten Schöpfungsversuche in ihr Nichts versinken, sollten die Fluten des Westens und des Ostens über Deutschland zusammenschlagen, so würde doch Ihr Name bezeugen, daß wir gewesen sind.
Auch daß ich in Ihnen nicht nur den Dichter und den Schriftsteller, sondern den Menschen gekannt habe, ist für mich ein unschätzbarer Gewinn. Durch diesen ist mir jener nicht nur um so lieber, sondern es ist mir auch um so leichter geworden, ihn völlig zu begreifen. Diese mit allem Menschlichen und Göttlichen sich befreundende Aneignungsfähigkeit, dieses allseitige Eindringen in Wissenschaft und Kunst, diese Gelehrsamkeit bei diesem Schöpferblick, diese Toleranz bei dieser Entschiedenheit, dieser Mutwillen bei diesem hohen Gefühl fürs Würdige und Edle, diese Jugendlichkeit bei dieser Reife – ich scheine Sie zu loben, und ich spreche nur aus, was ich erkannt habe; und gewiß nicht alles hab ich erkannt. Es fehlt mir heute die Zeit, Ihnen alle die Eindrücke wiederzugeben, die ich von diesen vor mir ausgebreiteten Schätzen schon empfangen habe. Der hohe Genuß, den Sie meiner Einsamkeit bereitet haben, wird sich nicht auf einzelne Wochen beschränken; hier liegt reicher Vorrat für unsre Herbst- und Winterabende. So werden wir mit Ihnen leben, auch wenn wir Sie nicht wiedersehn, und wir werden uns mit einer Gegenwart umgeben, worin der schwere Druck der Zeiten elastischer und leichter wird. Mit herzlicher Verehrung der Ihrige. Reinhard

Am 9. Juli 1809 entschuldigt Goethe sich gegen Reinhard seines längeren Schweigens wegen. Es heißt dort unter anderem:

Da ich nicht allein gegen Sie, sondern gegen mehrere Freunde seit geraumer Zeit ein briefliches Stillschweigen beobachte, das ich mir selbst nicht verzeihen würde, wenn man jetzt nicht oft abgehalten wäre, sich mündlich zu äußern, und man schriftlich gar nicht weiß, was man von einem Posttag zum andern sagen soll: so habe ich mir ein andres Organ in die Ferne ausgedacht, nämlich einen Roman zu schreiben, der sich zwar nur um einen besonderen Gegenstand herumdreht, doch aber auf manches allgemein menschliche Interesse hinzielt. Ich hoffe ihn noch dieses Jahr in Ihren Händen zu sehen und mich wenigstens auf diese Weise an Ihre Seite zu setzen, an Ihren Familienkreis anzuschließen.

Der ominöse Roman erscheint dann im Oktober des gleichen Jahres. Reinhard erhält sofort ein Exemplar. In den folgenden Briefen wiederholt Goethe seine Versicherung, das Buch sei eigentlich nur für seine Freunde geschrieben.

Weimar, den 31. Dezember 1809
Die Wahlverwandtschaften schickte ich eigentlich als ein Zirkular an meine Freunde, damit sie meiner wieder einmal an manchen Orten und Enden gedächten. Wenn die Menge dieses Werkchen nebenher auch liest, so kann es mir ganz recht sein. Ich weiß, zu wem ich eigentlich gesprochen habe, und wo ich nicht mißverstanden werde. Mit dieser Überzeugung war auch Ihnen das Büchlein adressiert, und Sie sind sehr liebenswürdig, mich ausdrücklich zu versichern, daß ich mich nicht geirrt habe.
Das Publikum, besonders das deutsche, ist eine närrische Karikatur des *demos*; es bildet sich wirklich ein, eine Art von Instanz, von Senat auszumachen, und im Leben und Lesen dieses oder jenes wegvotieren zu können, was ihm nicht gefällt. Dagegen ist kein Mittel als ein stilles Ausharren. Wie ich mich denn auf die Wirkung freue, welche dieser Roman in ein paar Jahren auf manchen beim Wiederlesen machen wird. Wenn ungeachtet alles Tadelns und Geschreis das, was das Büchlein enthält, als ein unveränderliches Faktum vor der Einbildungskraft steht, wenn man sieht, daß man mit allem Willen und Widerwillen daran doch nichts ändert, so läßt man sich in der Fabel zuletzt auch so ein apprehensives Wunderkind gefallen, wie man sich in der Geschichte nach einigen Jahren die Hinrichtung eines alten Königs und die Krönung eines neuen Kaisers gefallen läßt. Das Gedichtete behauptet sein Recht, wie das Geschehene.

Reinhard an Goethe:

Was Sie vom Wiederlesen der Wahlverwandtschaften voraussagen, ist bei mir bereits eingetroffen. Ich habe sie wiedergelesen, und ich bin leicht dahin gelangt, mir von Ottiliens Eigentümlichkeit (denn um diese Hauptfigur scheinen mir alle andre sich zu gruppieren) eine deutliche Rechenschaft abzulegen. Dieses liebliche Wesen steht unter einer Art von Naturnotwendigkeit, die von ihr auf alle ihre Umgebungen ausgeht, durch Anziehn und durch Zurückstoßen. Sie existiert sozusagen in einem beständigen Zustand der Magnetisation. Weder in ihrem Wirken noch in ihrem Leiden ist volles, helles Bewußtsein; sie handelt und empfindet, sie lebt und stirbt so und nicht anders, weil sie nicht anders kann. Dieser Roman hat mir manche Ihrer Äußerungen in Karlsbad wieder ins Angedenken gebracht, und ich glaubte darin die Befugnis zu finden, Sie besser zu verstehn als mancher andre. Was Eduard betrifft, so versieht er sich freilich darin, daß er sich etwas nachsieht; aber wer sieht sich nicht etwas nach, und wer hätte darum das Recht, ihn einen ärmlichen Charakter zu schelten? Aber unser verfeinertes Lesepublikum hat sich, wie das französische fürs Theater, für Moralität und Dezenz gewisse konventionelle Regeln geschaffen, nach denen die Charaktere wie Puppen am Drahte sich bewegen sollen, und in diesem Sinn haben Sie vollkommen recht, daß das Gedichtete sein Recht behaupte wie das Geschehne, um so mehr, wenn das Gedichtete so tief aus der Natur gegriffen ist, daß es sogleich lebendig in die Reihe des Geschehnen eintritt. Spiritualistisch freilich sind Ihre Charaktere und Ereignisse nicht, und für Jacobi werden sie ein Ärgernis sein, so wie für Schelling eine himmlische Erscheinung. Indessen wenn wir jemals zu einer tiefern Kenntnis der Geheimnisse unsrer Natur gelangen, so daß wir im Stande sind, uns davon Rechenschaft abzulegen, so ist es möglich, daß Ihr Buch alsdann als eine wunderbare Antizipation von Wahrheiten dastehe, von denen wir jetzt nur eine dunkle Ahndung haben.

Bei dem »schlauen Geschäftsführer« in Reinhards erstem Brief aus dem Dezember 1807 handelt es sich um den jungen Sulpiz Boisserée, der mit seinem jüngeren Bruder Melchior und dem um sieben Jahre älteren Johann Baptist Bertram nach der Säku-

larisation des rheinischen Kirchen-Besitzes eine große Anzahl der »vaterländischen Kunstaltertümer« vor dem Untergang rettete und so jene berühmte Sammlung altdeutscher und flämischer Meister zusammenbrachte, die 1827 von Ludwig I. für seine Pinakothek in München erworben wurde. Sulpiz Boisserée hatte außerdem die Pläne des unvollendet gebliebenen Kölner Doms ausfindig gemacht, für dessen Ausbau er sich später so beharrlich einsetzen sollte. Er hatte diese Pläne – Grundriß, Längenaufriß und Türme – nachzeichnen lassen, und nachdem er im März 1810 mit dem Bruder, dem Freund und ihrer Sammlung nach Heidelberg übersiedelt war, bat er nun Reinhard, sich als Vermittler für ihn bei Goethe zu verwenden, stieß aber bei diesem fürs erste nur auf eine aus Zustimmung und Vorbehalten gemischte Geneigtheit, die in Goethes Antwortschreiben an Reinhard umständlich dargelegt wird.

Kassel, den 16. April 1810

Ich schreibe Ihnen heute, mein verehrter Freund, in der Angelegenheit eines meiner Freunde in Köln, Herrn Sulpiz Boisserée. Dieser junge Mann, Miterbe des sehr angesehenen dortigen Handlungshauses Nicolas de Tongres, hat, statt der Ziffern, sich unter das Panier eines freien Studiums der freien Künste begeben, ist durch eine in Paris gestiftete Bekanntschaft halb Mäzen, halb Schüler und Jünger von Friedrich Schlegel geworden und lebt seit einigen Monaten in Heidelberg. Er ist Besitzer einer sehr merkwürdigen Sammlung altdeutscher Gemälde, die er vom Untergang gerettet hat. So, durch verschiedne Impulsionen, ist er zu einer Unternehmung geführt worden, die ihm Ehre macht und für die Sie gewiß sich interessieren werden. Er gedenkt nämlich, eine Beschreibung der Domkirche zu Köln und ihrer Altertümer nebst der Geschichte ihres Baus herauszugeben. Die Zeichnungen, von der Hand eines geschickten Künstlers, Quaglio aus München, liegen bereits fertig und haben, wie Herr Boisserée mir schreibt, in Frankfurt und Heidelberg allgemeinen Beifall gefunden.

Es war schon lange Herrn Boisserées Wunsch, diese Zeichnungen Ihnen vorlegen zu dürfen, und er hatte mir schon einige Male in dieser Hinsicht geschrieben.

Was den jungen Mann persönlich betrifft, so kann ich ihn als

einen sehr wohlgesitteten, rechtlichen und gutmütigen Menschen Ihnen durchaus empfehlen, nur daß er mit den Flügeln, die Friedrich Schlegel ihm angeheftet hat, nicht gut zu fliegen weiß. Indessen würd' er gerade von dieser Seite vielleicht Ihnen interessant werden, und Sie würden sehn, wie ein sehr schlichter Mensch sich Schlegelsche Bruchstücke angeeignet hat. Persönlich würde jeder Beweis von Güte, den Sie ihm geben würden, mich zur Dankbarkeit verpflichten; ich achte und liebe den jungen Mann, und ich stehe in Verbindung mit seinem Haus und mit seiner Familie. Seine Unternehmung verdient in jeder Rücksicht aufgemuntert zu werden; an Fleiß und Genauigkeit hat er es gewiß nicht fehlen lassen, und ich vermute, der Anblick der Zeichnungen werde Sie ganz für die Sache gewinnen.
Mit herzlicher Verehrung der Ihrige. Reinhard

Jena, den 14. Mai
Das Portefeuille des Herrn Boisserée ist mir durch Herrn Zimmer in Jena zugestellt worden und hat mir sehr viel Vergnügen gemacht. In Eile nur weniges von dem, was darüber zu sagen wäre.
Man kann niemandem vorschreiben, wohin er seine Liebhaberei wenden und wozu er die ihm einwohnenden Gaben ausbilden soll. Ferner ist alles dasjenige höchst schätzbar, was uns den Sinn einer vergangenen Zeit wieder vergegenwärtigt, besonders wenn es in einem wahrhaft treuen historischen und kritischen Sinne geschieht.
Nach diesem sind die Bemühungen des jungen Mannes, durch welchen die vorliegenden Zeichnungen zustande gekommen, höchlich zu loben. Er ist dabei gründlich zu Werke gegangen, wie ich denn gern bekenne, daß der Grundriß des Doms zu Köln, wie er hier vorliegt, eins der interessantesten Dinge ist, die mir seit langer Zeit in architektonischer Hinsicht vorgekommen. Der perspektivische Aufriß gibt uns den Begriff der Unausführbarkeit eines so ungeheuren Unternehmens, und man sieht, mit Erstaunen und stiller Betrachtung, das Märchen vom Turm zu Babel an den Ufern des Rheins verwirklichet.
Desto erfreulicher, obgleich ebenso erstaunenswürdig, ist die Restauration oder vielmehr der auf dem Papier unternommene Ausbau, welcher mit sehr viel Sorgfalt aus dem Vorhandenen,

aus manchen Überlieferungen und aus dem sonst Bekannten dieser Kunstzeit und Bauart, das Wahrscheinliche so harmonisch, als man es wünschen mag, zusammenstellt. Und man müßte sehr viel bewanderter in diesen Dingen als ich sein, wenn man sich vermessen wollte, irgendetwas daran auszusetzen.
Vorstehendes wäre das aufrichtige und unbewundene Lob, das man den Kölner Kunstfreunden erteilen muß. Freilich gehört eine solche leidenschaftliche Beschränkung dazu, um etwas der Art hervorzubringen. Ich habe mich früher auch für diese Dinge interessiert und eben so eine Art von Abgötterei mit dem Straßburger Münster getrieben, dessen Fassade ich auch jetzt noch, wie früher, für größer gedacht halte als die des Doms zu Köln.
Herr Boisserée hat mir einen sehr hübschen verständigen Brief geschrieben, der so wie die Zeichnungen mich für ihn einnimmt. Ich lege für ihn ein flüchtiges Blättchen bei, worin ich ihn auf Michael einlade.
Ich füge die zwar unnötige, aber doch wohlgemeinte Bitte hinzu: daß Sie dem vorzüglichen jungen Mann nichts von meinen Äußerungen mitteilen, was ihn betrüben könnte. Das beste Lebewohl im Augenblick der Abreise!
Jena, den 14. Mai 1810 G.

Aus dem für den Herbst vorgesehenen Buch wurde nichts, und erst im Frühjahr 1811 reist Sulpiz Boisserée nach Weimar.
Am 3. Mai vermerkt Goethes Tagebuch, daß er am Vormittag spazierengegangen sei, »um den blühenden Park zu sehen«; nachher: »Herr von Boisserée von Köln, Herr von Oliva von Wien«. Über diesen ersten Empfang und was sich daraus entwickelte, berichtet Sulpiz Boisserée ausführlich an den Bruder und den Freund in Heidelberg.
Bei dem zweiten Besucher handelt es sich um den Bankbeamten und Klavierspieler Franz Oliva, dem Beethoven ein Empfehlungsschreiben an Goethe mitgegeben hatte.
Sulpiz Boisserée an seinen Bruder Melchior:

Weimar, Freitag, den 3. Mai 1811
Ich komme eben von Goethe. der mich recht steif und kalt empfing. Der alte Herr ließ mich eine Weile warten, dann kam er mit gepudertem Kopf, seine Ordensbänder am Rock; die Anre-

de war so steif vornehm als möglich. Ich brachte ihm eine Menge Grüße. »Recht schön«, sagte er. Wir kamen gleich auf die Zeichnungen, das Kupferstichwesen, die Schwierigkeiten, den Verlag mit Cotta und alle die äußern Dinge. »Ja, ja, schön, hem, hem.« Darauf kamen wir an das Werk selbst, an das Schicksal der alten Kunst und ihre Geschichte. Ich hatte mir einmal vorgenommen, der Vornehmigkeit ebenso vornehm zu begegnen, sprach von der hohen Schönheit und Vortrefflichkeit der Kunst im Dom so kurz als möglich, verwies ihn darauf, daß er sich durch die Zeichnungen ja selbst davon überzeugt haben würde, – er machte bei allem ein Gesicht, als wenn er mich fressen wollte. Erst als wir von der alten Malerei sprachen, taute er etwas auf; er fragte nach Eyck, bekannte, daß er noch nichts von ihm gesehen hatte, fragte nach den Malern zwischen ihm und Dürer und nach Dürers Zeitgenossen in den Niederlanden; daß wir gerade so schöne Bilder hätten, weil überhaupt die Kunst in Niederland viel edler und gefälliger als im übrigen Deutschland gewesen, leuchtete ihm ein; ich war in allen Stücken so billig, wie Du mich kennst, aber auch so bestimmt und frei wie möglich und ließ mich gar nicht irremachen durch seine Stummheit oder sein »Ja, ja, schön, merkwürdig«. Ich gab großmütig meine Gedanken über den Gang der Malerei durch die Einwirkung von Eyck zum Besten, jedoch mit aller Vorsicht, zugleich aber ließ ich nicht undeutlich merken, daß man eben bei der noch ganz frischen Entdeckung, die wir das Glück gehabt zu machen, seine Gedanken noch nicht gerne ausspreche; ich gab sie auch nur in allgemeinen Zügen, das ließ er sich alles sehr wohl und behaglich einlaufen. Endlich war von Reinhard die Rede, das Gespräch führte zu unserm gemeinschaftlichen Besitz vom Apollinarisberg, von seinen Verhältnissen zur Regierung, zu seiner Frau, so daß ziemlich das Wesentlichste berührt wurde; das machte den alten Herrn freundlicher, das Lächeln wurde häufiger, er lud mich auf morgen zu Tisch.
Ich kündigte ihm Cornelius' Zeichnungen an, das gefiel ihm, ich schickte sie ihm nach Tisch; ich wollte ihm nur mit ein paar Worten sagen, daß sie in altdeutschem Stil seien, aber er wurde abgerufen; es kam ein anderer Besuch, er gab mir einen oder zwei Finger, recht weiß ich es nicht mehr, aber ich denke, wir werden es bald zur ganzen Hand bringen.

Als ich durchs Vorzimmer ging, sah ich ein kleines, dünnes, schwarzgekleidetes Herrchen in seidenen Strümpfen, mit ganz gebücktem Rücken zu ihm hinein wandeln, da wird er wohl seine Vornehmigkeit haben brauchen können! Ist es ein Wunder, wenn ein Mensch, der sein ganzes Leben hindurch von Schmeichlern und Bewunderern umringt, und von Klein und Groß wie ein Stern erster Größe angestaunt und gepriesen wird, am Ende auf solche hoffärtige Sprünge kommt, die aber auch gleich aufhören, sobald ihm jemand gegenübersteht, der zwar das eminente Verdienst hochachtet, seinem eigenen Wert aber nicht alles vergibt.

Den 6. Mai 1811

Mit dem alten Herrn geht mirs vortrefflich, bekam ich auch den ersten Tag nur einen Finger, den andern hatte ich schon den ganzen Arm. Vorgestern, als ich eintrat, hatte er die Zeichnungen von Cornelius vor sich. »Da sehen Sie einmal, Meyer«, sagte er zu diesem, der auch hereinkam, »die alten Zeiten stehen leibhaftig wieder auf!« Der alte kritliche Fuchs murmelte (ganz wie Tieck ihn nachmacht, ohne die geringste Übertreibung), er mußte der Arbeit Beifall geben, konnte aber den Tadel über das auch angenommene Fehlerhafte in der altdeutschen Zeichnung nicht verbeißen. Goethe gab das zu, ließ es aber als ganz unbedeutend liegen, und lobte mehr, als ich erwartet hatte. Sogar der Blocksberg gefiel ihm; die Bewegung des Arms, wo Faust ihn der Gretchen bietet, und die Szene in Auerbachs Keller nannte er besonders gute Einfälle.

Bei Tisch kam die Rede auf allerlei, auch auf Reinhard. Je weiter wir ins Essen und Trinken kamen, desto mehr taute er auf. Nach Tisch wurde auf dem Flügel gespielt, ein Baron Oliva von Wien, Kapellmeister, wenn ich recht gehört, trug einiges vor; es war das kleine, höfliche Männchen von Tags zuvor. In dem Musiksaal hingen Runges Arabesken oder symbolisch-allegorische Darstellungen von Morgen, Mittag, Abend und Nacht. Goethe merkte, daß ich sie aufmerksam betrachtete, griff mich in den Arm und sagte: »Was, kennen Sie das noch nicht? Da sehen Sie einmal, was das für Zeug ist, zum Rasendwerden, schön und toll zugleich.« Ich antwortete: »Ja, ganz wie die Beethovensche Musik, die der da spielt, wie unsere ganze Zeit.« – »Freilich«, sagte er, »das will alles umfassen und verliert sich darüber immer ins Elementarische, doch noch mit unendlichen Schönheiten im Einzelnen; da sehen Sie nur, was für Teufelszeug, und hier wieder, was da der Kerl für Anmut und Herrlichkeit hervorgebracht; aber der arme Teufel hat's auch nicht ausgehalten, er ist schon hin, es ist nicht anders möglich, was so auf der Kippe steht, muß sterben oder verrückt werden, da ist keine Gnade.« Ich schreibe Dir dieses Gespräch nur, um Dir die Vertraulichkeit und den schönen Eifer des alten Herrn zu schildern. Du kannst denken, daß es viel mannigfaltiger war und sehr vieles dabei wechselseitig zur Rede kam. Von diesen Blättern selbst kannst Du Dir unmöglich eine Vorstellung machen, sie sind, einmal die Absicht und Art zugegeben, so wunderwürdig schön, wie in unsern Tagen nichts gemacht worden, ich will sie zu kaufen suchen und nach Köln mitbringen. Nachher kamen wir auf die Philosophie, auf Deutschland, auf unsere Aussichten auf deutsche Bildung zu sprechen. Er sagte: »Sie glauben nicht, für uns Alte ist es zum Tollwerden, wenn wir da so um uns herum die Welt müssen vermodern und in die Elemente zurückkehren sehen, daß, weiß Gott wann, ein Neues daraus erstehe!« – »Und doch«, sagte ich, »ist es noch der einzige Trost, daß wir Jungen, als Leichenträger, gleichsam das Bessere, was in der Pest noch übrig bleibt, die alten Schätze der Bildung zu retten suchen, und mit der Zeit, vielleicht erst in unsern Enkeln, die Schulmeister und so auch die Herren der jungen Völker werden, die uns einst beherrschen sollen; alle anderen Hoffnungen und Bestrebungen sind leer.« – »Was Sie da aussprechen – das ist das Rechte«, sagte er, »aber die Dinge so anzusehen, dazu gehört Charakter, denn zur Resignation gehört Charakter.« – Es ist natürlich nicht möglich, solche Gespräche in ihrer ganzen Folge wiederzugeben, zumal nicht in der Eile, in der ich schreiben muß, denn gleich geht die Post ab, ich zeichnete Dir nur einiges von den allgemeinsten Zügen, wie es mir gerade einfiel. Gestern war er auf dem Lande; heute war ich von elf Uhr an wieder bei ihm, bis spät nachmittags. Wir sprachen sehr viel und ausschließend über das alte Bauwesen, Meyer und Riemer waren recht fleißig dabei, nach ihrer Art. Das Bauwesen, besonders die Grundrisse von den kölnischen Türmen, hatten die ganze Aufmerksamkeit von Goethe auf sich gezogen, und als ich fortgehen wollte, sagte er mir (was

ich eben selbst fordern wollte): »Hören Sie, wir müssen die Sache einmal recht mit Ernst betreiben, ich will morgen um elf Uhr zu Ihnen kommen, daß wir einmal allein sprechen können; wir müssen die Zeit nutzen, solange wir beisammen sind, mündlich und die Zeichnungen zur Hand versteht man sich erst recht.« Du kannst Dir denken, daß ich nun ganz offenherzig und ehrlich mit Freuden- und Ehrenbezeugungen herausrückte, die ihm sehr angenehm sein mußten; indessen lehnte ich es ab, daß er zu mir käme; ich schicke mein großes Portefeuille morgen zu ihm, wir wohnen nur ein paar Schritte von einander und da werden wir wohl eine gute Nuß zusammen knacken.
Goethe reist Ende der Woche ab. Frau von Stein habe ich nicht zu Hause gefunden.

Grüß Euch Gott
Euer S.

Aus den nächsten Tagen seines Aufenthalts in Weimar ist von Sulpiz Boisserée ein Tagebuchblatt überliefert, das ein Gespräch vom 8. Mai festhält. Bei den dort erwähnten Randzeichnungen Dürers handelt es sich um die Federzeichnungen, mit denen Dürer ein Gebetbuch Kaiser Maximilians versehen hat.

Am Mittwoch fand ich ihn morgens im Garten, wir sprachen über Cornelius, daß er ihm geschrieben und Dürers Randzeichnungen empfohlen. Ich hatte ihm schon tags vorher, nachmittags im Garten, gesagt, welche Freude allgemein sich geäußert über sein freies (Sünden-)Bekenntnis und Genugtuung gegen Dürer bei Gelegenheit dieser Randzeichnungen, und wie schön ihm diese frische jugendliche Beweglichkeit, die er in das Alter gerettet, anstehe usw. Ja, es sei gut, daß man alt würde, habe er bei diesen Randzeichnungen bemerkt, sonst hätte er Dürer nicht eigentlich kennengelernt, und sei es ihm auch wieder lieb, daß er alt geworden, sonst hätte er das altdeutsche Bauwesen nie recht kennengelernt, erwiderte er. – Nachmittags nach Tisch saßen wir allein; er lobte recht mit aller Wärme und allem Gewicht meine Arbeit. Ich hatte das erhebende Gefühl des Siegs einer großen, schönen Sache über die Vorurteile eines der geistreichsten Menschen, mit dem ich in diesen Tagen recht eigentlich einen Kampf hatte bestehen müssen; ich hätte ihn gewiß nicht

errungen, wäre ich nicht durch so genaue Bekanntschaft mit meinem Gegner, mit dessen Gesinnungen ich besonders durch Reinhard sehr vertraut war, gar trefflich vorbereitet gewesen. Ich gewann hauptsächlich dadurch – was auch meiner eigenen innersten Neigung und Überzeugung am gemäßesten ist –, daß ich rein die Sache wirken ließ und immer nur auf die Gelegenheit bedacht war, wo und wie ich sie am besten wirken lassen konnte; er äußert sich auch ganz demgemäß über das Werk. »Ja, was Teufel, man weiß da, woran man sich zu halten hat«; die Gründlichkeit und Beharrlichkeit, womit die Sache bei uns verfolgt ist, zeigt, daß es lediglich um die reine Wahrheit und nicht darum zu tuen, zu wirken und Aufsehen zu erregen. Ich fühlte die uns im Leben nur selten beschiedene edle Freude, einen der ersten Geister von einem Irrtum zurückkehren zu sehen, wodurch er an sich selber untreu geworden war; es konnte keinen wohltätigeren, wahreren Beifall für mich geben; ich sagte ihm, wie ich es erkenne, wie hoch ich seinen Beifall schätze, der diese Kunst gewissermaßen ein für allemal abgefertigt gehabt, wie sehr mich ein so ernster wahrhafter Beifall und Erkenntnis meines Strebens in der Sache entschädige, für den oft fast schmerzhaften, nie aber das Herz erfreuenden, leider unentbehrlichen Beifall der großen Welt, zumeist der Fürsten, die gewöhnlich jedem Hanswurst und Schauspieler denselben schenken.
Ich sprach, wie eben meine Stimmung mir es eingab, ich weiß nicht, wie ich die Worte setzte, sie mußten meine Bewegung kundgeben, denn der Alte wurde ganz gerührt davon, drückte mir die Hand und fiel mir um den Hals, das Wasser stand ihm in den Augen.

Anderntags wird an den gemeinsamen Freund Reinhard in Kassel ein Brief expediert, in dem Goethe seine Rührung vom Vortag durch kühlere, ins Allgemeine gehende Betrachtungen abdämpft, ohne doch sein Wohlgefallen an dem jungen Besucher zu verschweigen.

Weimar, den 8. Mai 1811
Gegenwärtig ist ein interessanter junger Mann bei uns, dessen Bekanntschaft ich Ihnen verdanke, Sulpiz Boisserée, der mir sehr wohlgefällt und mit dem ich ganz gut zurecht komme.

Denn ein bedeutendes Individuum weiß uns immer für sich einzunehmen, und wenn wir seine Vorzüge anerkennen, so lassen wir das, was wir an ihm problematisch finden, auf sich beruhen; ja was uns an Gesinnungen und Meinungen desselben nicht ganz gemäß ist, ist uns wenigstens nicht zuwider: denn jeder Einzelne muß ja in seiner Eigentümlichkeit betrachtet werden, und man hat neben seinem Naturell auch noch seine frühern Umgebungen, seine Bildungsgelegenheiten und die Stufen, auf denen er gegenwärtig steht, in Anschlag zu bringen. So geht es mir mit diesem, und ich denke, wir wollen in Frieden scheiden.

Überhaupt, wenn man mit der Welt nicht ganz fremd werden will, so muß man die jungen Leute gelten lassen für das, was sie sind, und muß es wenigstens mit einigen halten, damit man erfahre, was die übrigen treiben. Boisserée hat mir ein halb Dutzend Federzeichnungen von einem jungen Mann namens Cornelius, der sonst in Düsseldorf lebte und sich jetzt in Frankfurt aufhält, und mit dem ich früher durch unsere Ausstellungen bekannt geworden, mitgebracht, die wirklich verwundersam sind. Es sind Szenen nach meinem Faust gebildet. Nun hat sich dieser junge Mann ganz in die altdeutsche Art und Weise vertieft, die denn zu den Faustischen Zuständen ganz gut paßt, und hat sehr geistreiche, gutgedachte, ja oft unübertrefflich glückliche Einfälle zu Tage gefördert, und es ist sehr wahrscheinlich, daß er es noch weiter bringen wird, wenn er nur erst die Stufen gewahr werden kann, die noch über ihm liegen.

Ich bin mit den Zurüstungen zu meiner Reise nach Karlsbad begriffen, und ich gedenke in etwa acht Tagen von hier abzugehen. Dort habe ich mir vorgenommen, allerlei wunderliche Dinge zu arbeiten, von denen ich im voraus nichts erwähnen darf: denn gewöhnlich, was ich ausspreche, das tue ich nicht, und was ich verspreche, das halte ich nicht. G.

Gleich darauf trifft in Weimar ein Brief vom 1. Mai ein, in welchem Bertram sich ausmalt, wie Sulpiz vor dem alten Herrn seine Herrlichkeiten auskrame und demonstrierend und konstruierend ihn unter seinen Bogengängen und Knospentürmchen herumführe, »erwartend, daß der starre Heidensinn vor dieser christlich deutschen Künstlergröße, wenn nicht bekehrt, doch staunend und bewundernd sich niederbeuge«.

Boisserée antwortet dem Freund am 10. Mai 1811:

Lieber Bertram!
Dein ganzer Brief ist unter dem liebreichen Einfluß des ersten Maitags geschrieben, er freut mich sehr; ich muß dazu wohl sagen wie der alte Herr: »ja, ja! schön – brav!« und wann ich erst die Ausführung sehe, werde ich ebenso wie er meinen alten Verdruß und Kummer vergessen und bis zum Küssen mit Dir zufrieden sein.

Ich deute Dir hier mit den wenigen Worten, die ich Dir auf Deinen Brief antworte, schon genug an, wie weit ich seit Montag mit dem alten Herrn gekommen bin: doch muß man über solchen augenblicklichen Anwandlungen jugendlicher Begeisterung nicht vergessen, daß es ein alter Herr ist, von dem eine so recht tätige Teilnahme nie zu erwarten steht.

Alle Einwendungen des Alten gegen die eigene vaterländische Erfindung der gotischen Baukunst verstummen, und alles, was er wegen dem Straßburger Münster zu sagen hatte, ließ er bald fallen. Er brummte am Dienstag, als ich bei ihm mit den Zeichnungen allein war, wirklich zuweilen wie ein angeschossener Bär, man sah, wie er in sich kämpfte und mit sich zu Gericht ging, so Großes je verkannt zu haben.

Gestern aß ich wieder bei ihm, denn ich esse nun alle Tage mit ihm, und ich brachte die Rede auf die Schlegel. Er hatte sich in den ersten Tagen freundlich nach Friedrich bei mir erkundigt, über unsere Verhältnisse mit ihm, und hatte sich recht gut aber kurz über ihn geäußert; jetzt wollte ich einmal näher wissen, wie er dachte. Da kam nun leider eine schwache Seite zum Vorschein, gemischter Neid und Stolz des furchtsamen Alters.

Alle kleinen Kränkungen wurden angerechnet, und jedes, worin sie die Anerkennung seines Werts an den Tag gelegt, als Absicht ausgelegt; sie hätten ihn mehr aus Klugheit als aus Achtung – den einzigen von den Alten – noch bestehen lassen: alles sei Absicht. Er sagte, wenn er ganz in meine Ansicht eingige, die sich bei Friedrich mit allem Schein von Unredlichkeit ganz gut vertrüge, sei das einzige, was er da sagen könne, doch immer: wer zuviel unternimmt, muß am Ende ein Schelm werden, mag er sonst so redlich sein als er will; und damit ließ ich es eben gut sein. In dem ganzen Gespräch setzte er mein Treiben

mit dem Dom, als ein redliches, jenem entgegen, und ich verstand erst noch mehr, was er am Tag vorher gemeint hatte.
Heute vor Tisch haben wir die Zeichnungen wieder bei der Hand gehabt, Quaglios Blätter waren gestern angekommen, und die Straßburger Originalrisse wurden zuerst aufgemacht. Die Augen öffnen sich dem Alten immer mehr und mehr, wir sprachen wieder recht viel; und bei Tisch äußerte er, es sei ihm leid, daß er die Abreise nicht aufschieben könne, er sehe wohl, die Sache wolle ergründet sein, und werde immer wichtiger, je mehr man hineinkomme.

Unterdessen sind Sulpiz Boiserées erste Berichte aus Weimar in Heidelberg eingetroffen, und der ältere Freund rekapituliert antwortend die gemeinsamen Bestrebungen, denen nun durch Goethe eine so ehrenvolle Anerkennung zuteil geworden ist.
Johann Baptist Bertram an Sulpiz Boisserée:

Heidelberg, den 11. Mai 1811
Dein Glück bei Goethe, so preislich Du es auch in den brillantesten Zügen herausstreichst, kommt mir nicht unerwartet. Du weißt, wie ich in Hinsicht der äußern Verträglichkeit über den alten Herrn denke; doch gefalle Dir nur nicht zu sehr in der vornehm gelehrten Rolle, die Du angenommen hast, und bedenke, wie in allen menschlichen Dingen, das Ende. Wenn Du nur Schwarz auf Weiß Dir herausreden kannst, erst dann will ich Dich nach allen Kräften rühmen und preisen. Indessen ist es denn doch kein kleiner Triumph für den Ernst und die Redlichkeit Deines Strebens, mit einem so hochberühmten und mit Recht verehrten Manne, um dessen Beifall gewichtigere Männer wie Du vergebens in Kunst und Wissenschaft sich bemüht haben, auf diesem Punkte geistiger Vertraulichkeit und Gemeinschaft zu stehen. Auch möchte ich Dich heimlich beschauen, Du warst gewiß *innerlich so gepudert*, mit Stern und Ordensband geziert und schimmerst so sehr in fremdem und eigenem Lichte, daß Du in der Dunkelheit Deines Wirtsstübchens ganz transparent erscheinen mußt. Wenn uns einmal etwas in der Welt gelingen sollte, liebes Kind, ohne Mühe und Anstrengung, in Lust und Freude haben wir es nicht errungen; unter drückenden bürgerlichen und häuslichen Verhältnissen, im Widerstreit ge-

gen langjähriges Vorurteil, gegen Apathie und Unempfänglichkeit für das Höhere, von Leiden und Trübsalen aller Art bedrängt, haben wir unsern Weg im Stillen fortgesetzt, ohne andere Aufmunterung und Unterstützung als die des innern besseren Bewußtseins, und des treuen beharrlichen Sinnes, der durch den Nebel der Zeiten wohl getrübt, aber nicht erstickt und vernichtet werden kann. Wie denk' ich mit freudiger Erhebung zurück an die ersten Zeiten unserer Bekanntschaft, die stillen, bescheidenen Anfänge Deiner Studien; wie oft habe ich in zweifelndem Gemüte mit Ernst und Fleiß erwogen, ob mir Pflicht und Liebe es geböten, Dich dem Wirkungskreise zu entreißen, in dem Dich Deine ganze Umgebung zurückzuhalten strebte; und was konnte ich Dir bieten zum Ersatz für die Aufopferungen aller Art, zu denen Du Dich entschließen mußtest? Ein fernes dunkles Ziel, das nur nach langen mühseligen Anstrengungen und Kämpfen zu erringen ist, während Du für die Gegenwart allem entsagen solltest, was in der Jugend Blüte und Kraft als des Lebens höchster Reiz gepriesen wird.

Wenn nun der hochberühmte Mann der Zeit Deinem Unternehmen freundlich Beifall zunickte, wenn die Menge Deine Arbeiten bewundernd angafft, und der Ruf Deinen Namen dem Vaterlande von der Fremde ehrenvoll zurückträgt, so denke an jene einsamen Spaziergänge auf Sankt Severins und Sankt Gereons Wall, wo, Ehrfurcht gebietend in den Resten alter Herrlichkeit, die Vaterstadt so still und schweigend vor uns lag, in deren öden Mauern ein in langjähriger Erschlaffung entartetes und nun durch den Druck der Zeiten vollends niedergebeugtes Geschlecht uns auch nicht ein Wesen darbot, das an dem Zwecke unseres Strebens mit Liebe teilgenommen hätte. Darum freue Dich des Gelingens Deiner Pläne und gehe dem Ziele, das Du Dir vorgesteckt, mit freiem Mut entgegen.

Am 12. Mai morgens brach Goethe zur Kur nach Karlsbad auf. In Jena wurde Station gemacht, andertags kam Boisserée nachgereist; man speiste gemeinsam zu Mittag und war abends noch bei Goethes altem Freund Knebel zusammen. Dann reiste Goethe nach Karlsbad weiter und Boisserée begab sich nach Leipzig.
Anfang Juni heißt es in einem Briefe Goethes an Reinhard:

Mit Herrn Sulpiz habe ich mich sehr wohl vertragen. Mit tüchtigen Menschen fährt man immer besser gegenwärtig als abwesend: denn sie kehren entfernt meistenteils die Seite hervor, die uns entgegensteht; in der Nähe jedoch findet sich bald, inwiefern man sich vereinigen kann. Ich habe ihn in allen Dingen, die ihn interessieren, sehr gut begründet gefunden, und ich glaube ihn, was die Geschichte der Architektur und Malerei betrifft, auf dem rechten Wege; und so wie man niemandem, der für seine Stadt oder sein Vaterland wirken will, einen ausschließenden Patriotismus für diese verargen darf, so wenig konnte es mir zuwider sein, einen jungen tätigen Mann vor allen andern Dingen sich mit der vaterländischen Kunst beschäftigen zu sehen. Ich gestehe gern, daß in seinem Umgang sich eine für mich schon verblichne Seite der Vergangenheit wieder aufgefrischt, daß ich manches durch ihn erfahren, und daß ich seine Behandlungsart gar wohl zu billigen Ursach habe. Überhaupt hat er auch bei uns, sowohl bei Hofe als in der Stadt, durch seine Zeichnungen und durch seine Persönlichkeit sehr guten Eindruck gemacht. Daß er mir als ein natürlicher, gebildeter und einsichtiger Mensch sehr wohl getan, brauch ich kaum zu sagen; aber das will ich noch hinzufügen, daß er als Katholik mir sehr wohl gefallen hat; ja ich hätte gewünscht, noch genauer einzusehen, wie gewisse Dinge bei ihm zusammenhangen. Haben Sie also Dank, daß Sie mir einen so hübschen Mann zugewiesen. Ich kann vermuten, daß er Ihnen auch seinerseits von dem Aufenthalte in Weimar sprechen wird, und Sie werden alsdann gar leicht übersehen, inwiefern die beiden Hälften aneinander passen.

X

Bei den Brüdern Boisserée in Heidelberg
(1814/15)

Sulpiz Boisserée aus Köln, der mit seinem Bruder Melchior und dem älteren Freunde Johann Baptist Bertram die berühmte Sammlung altdeutscher und niederländischer Maler zusammengebracht hatte, die später von Ludwig I. für die Münchner Pinakothek erworben wurde, war im Frühjahr 1811 in Weimar gewesen, um Goethe für seine Bestrebungen, zu denen auch die Vollendung des Kölner Doms gehörte, zu gewinnen. Goethe hatte Gefallen an Sulpiz gefunden und war von diesem über den Fortgang seiner Pläne unterrichtet worden.
Im Februar 1814 antwortet Goethe, der über ein halbes Jahr geschwiegen hatte, auf einen Brief Boisserées von Mitte Januar:

Weimar, den 14. Februar 1814

Auf Ihren freundlichen, umständlichen Brief will ich sogleich, mich kurz fassend, einiges erwidern. Von der Schlacht bei Lützen an bis zum Ablauf des Stillstandes befand ich mich in Töplitz, sodann habe ich in Weimar die bedeutenden Tage hindurch Sorge, Furcht, Angst, Schrecken und Leiden mit so vielen andern geteilt, nicht ohne eine gewisse innere Tätigkeit, denn es ist mir inzwischen manche Produktion gelungen. Nunmehr, seit dem Anfange des neuen Jahres, befinden wir uns wieder, im Rücken der großen Ereignisse, wie im völligen Frieden und werden nur durch einige kriegerische Symbole, durch einen Trupp Baschkiren und von Zeit zu Zeit durch einen Kanonenschuß von der Zitadelle von Erfurt an das kurz Vergangene erinnert.
Ihre Sammlung, sowie Ihr Unternehmen, sind mir nicht aus dem Sinn gekommen; beide sind zu ernstlich, als daß ich nicht wünschte, Ihnen förderlich zu sein. Auch habe ich mich nicht enthalten, in dem dritten Bande meines biographischen Versuches, wo vom Kölner Dom die Rede ist, auf Ihre Bemühungen hinzudeuten. Sie werden diese apostolische Generosität, da ich gern gebe, was ich habe, zum besten aufnehmen.
Zu den glücklichen Akquisitionen gratuliere ich allerschönstens.

Sie machen sich ein großes Verdienst, jene ersten herrlichen Anfänge wieder zur Anschauung zu bringen, denn man begreift nun erst, wie die späten trefflichen Meister, die wir gewöhnlich kennen und bewundern, sich auf dem hohen Grad hervortun konnten, da sie den schweren Reichtum ihrer Vorfahren nur mit Talent und gutem Humor zu vergeuden brauchten.

Unter meine liebsten Wünsche gehört es, dieses Jahr die Bäder am Rhein, die Freunde und Ihre Sammlung zu besuchen, und ob ich gleich an der Gewährung zweifle, so will ich mich doch einstweilen in der Hoffnung ergötzen.

Leben Sie recht wohl und fahren Sie immer so treu als gründlich fort. Es müßte nicht mit rechten Dingen zugehen, wenn ein so redliches Bemühen nicht belohnt werden sollte.

So wie allem Aufrichtigen, Rechten, so auch Ihnen treu ergeben.

G.

Die in diesem Brief geäußerte Absicht, die Bäder am Rhein zu besuchen, wurde im Sommer in die Tat umgesetzt. Goethe kam am 29. Juli nach Wiesbaden zur Kur, wo er mit seinem Freund Zelter zusammentraf. Seine ersten östlichen Gedichte, die durch die Lektüre des persischen Dichters Hafis angeregt worden waren, hatte er mitgebracht; ohne zu ahnen, daß sie, durch die Leidenschaft für Marianne Jung, bald einen ungeahnten Zuwachs erfahren sollten.

Mitte September geht Goethe nach Frankfurt. Am 24. reist er zu den Boisserées nach Heidelberg, wo er zwei Wochen bleibt. Über diesen Aufenthalt und Goethes Begegnung mit den Bildern der mittelalterlichen Maler hat sich ein ausführlicher Bericht von Johann Baptist Bertram erhalten.

Wie Goethe sich in die farbenprächtige und wahrheitsvolle Idealwelt dieser altdeutschen Bilder, in die überraschende Ursprünglichkeit ihrer Gedanken hineinlebte und über die empfangenen Eindrücke sich äußerte, ist für den alten Herrn im hohen Grade charakteristisch. Er betrachtete die Bilder nicht, wie sie eins neben dem andern an der Wand hingen; er ließ sich immer nur eins, abgesondert von den andern, auf die Staffelei stellen und studierte es, indem er es behaglich genoß und seine Schönheiten, unverkümmert durch fremdartige Eindrücke von

außen, sei es der Bilder oder Menschenwelt, in sich aufnahm. Er verhielt sich dabei still, bis er des Gesehenen, seines Inhalts und seiner tieferen Beziehung Herr zu sein glaubte, und fand er dann Anlaß, Personen, die er liebte und schätzte, gegenüber seinen Empfindungen Ausdruck zu geben, so geschah es in einer Weise, die alle Hörer zwang. – »Da hat man nun«, äußerte er einmal, »auf seine alten Tage sich mühsam von der Jugend, welche das Alter zu stürzen kommt, seines eigenen Bestehens wegen abgesperrt, und hat sich, um sich gleichmäßig zu erhalten, vor allen Eindrücken neuer und störender Art zu hüten gesucht, und nun tritt da mit einem Male vor mich hin eine ganz neue und bisher mir ganz unbekannte Welt von Farben und Gestalten, die mich aus dem alten Gleise meiner Anschauungen und Empfindungen herauszwingt – eine neue, ewige Jugend; und wollte ich auch hier etwas sagen, es würde diese oder jene Hand aus dem Bilde herausgreifen, um mir einen Schlag ins Gesicht zu versetzen, und der wäre mir wohl gebührend.«
In jenen geweihten Augenblicken, wo er vor den Bildern saß, ließ Goethe sich nur ungern durch Besuche stören und suchte sich ihrer auf irgendeine zulässige Art zu entledigen. Wenige Tage nach seiner ersten Ankunft ließ Frau von Humboldt sich bei den Boisserées melden, als eben Goethe in der Sammlung vor dem Bilde des heiligen Lukas, der die Madonna mit dem Kinde malt, saß. »Es steht Ihnen eine Überraschung bevor«, sagte Bertram, als er zu Goethe ins Zimmer trat. »Eine Überraschung? Herr! Sie wissen, wie sehr ich die Überraschungen liebe. Wer ist es?«
»Frau von Humboldt!«
»F-r-a-u v-o-n H-u-m-b-o-l-d-t? Sie möge kommen!« Und dabei veränderte sich Goethes Gesicht von oben bis unten, indem es die langweiligste Grimasse annahm; Frau von Humboldt öffnete die Türe, und die Arme ausbreitend rief sie: »Goethe!« Dieser erhob sich ruhig von seinem Sessel, bat sie, sich neben ihn zu setzen. »Wissen Sie, wie man Salmen fängt?« fragte er. »Nein!« erwiderte ganz verwundert über solchen Empfang Frau von Humboldt. »Mit einem Wehr fängt man sie«, fuhr er fort. »Sehen Sie! solch ein Wehr haben diese Herren (auf Boisserée zeigend) mir gestellt, und sie haben mich gefangen. Ich bitte Sie: machen Sie sich schnell auf und davon, daß es Ihnen nicht

geht wie mir. Ich bin nun einmal gefangen und muß hier sitzen bleiben und anschauen; aber das wäre nichts für Sie. Machen Sie also, machen Sie, daß Sie fortkommen.« – Frau von Humboldt, die nicht gekommen war, Bilder anzuschauen, sondern in dem großen Mann einen alten Bekannten zu begrüßen und mit ihm zu plaudern, sah sich wider ihren Willen gleichsam zur Tür hinausgeschoben und entfernte sich, worauf Goethe zu seinen Freunden sagte: »Nun, kommen Sie! Jetzt soll uns nichts mehr stören.« Doch verschmähte es Goethe nicht, die Huldigung der geistreichen Frau bei gelegenerer Zeit anzunehmen, als er in den nächstfolgenden Tagen zweimal bei ihr in Abendgesellschaft erschien.

Marianne Jung war unterdessen die Gattin ihres bisherigen Ziehvaters, des Geheimrats Willemer in Frankfurt, geworden. Dorthin zurückgekehrt, ist Goethe häufig ihr Gast.
Am 20. Oktober tritt er die Rückreise nach Weimar an. Dort entstehen während der nächsten Monate weitere Gedichte seines »West-östlichen Divans«, der sich Anfang Juni, als Goethe sich bereits wieder in Wiesbaden befindet, schon auf über hundert Stücke beläuft. Über diesen zweiten und letzten Aufenthalt des alten Goethe in der heimatlichen Rhein- und Maingegend besitzen wir vom 2. August bis 9. Oktober ein bei aller Gedrängtheit reiches und ausführliches Tagebuch Sulpiz Boisserées, aus dem Auszüge zitiert zu werden verdienen, weil sie am meisten geeignet sind, Goethes durch die Liebe zu Marianne gesteigerte und gelöste Gemütsverfassung wie im Zeitraffer zu vergegenwärtigen.
Goethe war am 24. Mai von Weimar aufgebrochen und am 27. in Wiesbaden eingetroffen. Vierzehn Tage später wurde bei Waterloo der endgültige Sieg über den im März aus Elba zurückgekehrten Napoleon erfochten. Am 2. August besuchte Boisserée Goethe in Wiesbaden.

Mittags bei Goethe; fröhlicher, herzlicher Empfang. Der Freiherr vom Stein hat ihn ersucht, an den preußischen Minister Hardenberg ein Mémoire zu schreiben über die Kunst und die antiquarischen Angelegenheiten; darüber will er mich beraten. Er geht gleich darauf ein; meint, er könne ja das Mémoire zugleich an Metternich schicken, er sei ihm ohnehin noch den Dank für den Orden schuldig. Hauptgrundsatz soll darin sein, daß die Kunstwerke und Altertümer viel verbreitet, jede Stadt die ihrigen behalte und bekomme, nur daß dabei ein Mittelpunkt gegeben würde, wovon aus über das Ganze gewacht würde: »Laßt Düsseldorf wieder etwas haben, wie es in seinen Sälen aufgestellt war; wozu alles in München? Laßt Köln, Bonn, ja Andernach etwas haben! Das ist schön und ein großes Beispiel, daß die Preußen Rubens' Kreuzigung Petri nach Köln zurückgegeben.«

den 3. August

Spaziergang von ein halb elf Uhr bis Mittag, mit Goethe, vor dem Kursaal, Essen im Kursaal. Nach Tisch spazieren wir am Teich, hinter dem Kursaal, lustige Leute segeln auf einem Boote.
Goethe will seine Werke neu herausgeben, in zwanzig Bänden. Zwei Bände Gedichte, statt einem. Neue Arbeit: der »Divan«. Aneignung des Orientalismus; Napoleon, unsere Zeit bieten reichen Stoff dazu. Timur, Dschingis-Khan, Naturkräften ähnlich, in einem Menschen erscheinend. Freiheit der Form, abgerissen, einzeln – und doch bringt er von den Alten mehr Bildung und Bildlichkeit mit. Das ist gerade das Einzige, was den Orientalen abgeht, die Bilder. Insoweit sei er so eitel und übertrieben, zu sagen, daß er darüberstehe, und das Alte und Neue verbinde. Er liest mir eine sinnreiche Introduktion – eine Exposition des ganzen Orientalismus und seines eigenen Verhaltens dazu.
Es war dann die Rede von den vielen Irrtümern in der Welt – und wieder von den glücklichen Blicken in der Wissenschaft. – Er sei überzeugt, es lasse sich alles auf feste Prinzipien bringen, wie die Mathematik!
»Alles ist Metamorphose im Leben, bei den Pflanzen und bei den Tieren, bis zum Menschen und bei diesem auch. Je vollkommener, je weniger Fähigkeit, aus einer Form in die andere überzugehen.« – »Ach Gott! es ist alles so einfach und immer dasselbe, es ist wahrhaftig keine Kunst, unser Herrgott zu sein, es gehört nur ein einziger Gedanke dazu, wenn die Schöpfung da ist. Was vorher war, geht mich nichts an. Aber so einfach und so leicht der Gedanke ist, so schwer lassen es sich die Menschen werden, alles zu zerstückeln.«

Wiesbaden, den 4. August 1815
Nach Tisch wurde die Fortsetzung des »Divan« verhandelt – das Rosenöl; – Spiel in den Locken; – Hans Adams Geburt; – Freude der Freigebigkeit, Versprechungen des Liebhabers: alle Pracht des Orients hat doch am Ende nichts Höheres wie die liebenden Herzen. – Stolz der Armut des Liebenden, und viele andere prächtige, herrliche und anmutige Dinge. Ich sage ihm, daß es mich an »Faust« erinnert, wegen der Großartigkeit und Kühnheit, und doch wieder der Natürlichkeit und Einfachheit in der Sache und in der Form und Sprache; was ihm dann ganz recht und lieb.

den 5. August
Abends war ich mit Goethe und Oberbergrat Cramer auf dem Geisberg, es wurde oben gezecht in der Schenke. Der Wirt heißt Hastings; schöner, freundlicher, blonder Aufwärter. Ein Schwager von Cramer von Hanau kam nach; das Töchterchen des alten Oberbergrats, etwa sechzehn Jahre alt, führte ihn zu uns, ein ganz einfaches, frisches Kind. Goethe neckte sie mit ihrer großen Pestalozzischen Rechenkunst und ließ dem Mädchen keine Ruhe; bis sie sich selbst eine algebraische Aufgabe gab und die Auflösung machte. Es war eine verwickelte Aufgabe – drei unbekannte Zahlen, von denen nur die Verhältnisse unter sich angegeben waren. Mir wurde ganz schwindelig bei der Auflösung; vorerst war es einmal nicht möglich, zu folgen; dann aber die Bestimmtheit, die Förmlichkeit, womit das Kind die trockenen Dinge aussprach, die man sonst nur in den mathematischen Hörsälen zu hören kriegt – und wie sich dies arme Köpfchen was darauf zugut tat, mit den hohlen Zahlen und Verhältnissen herumzuwirtschaften; wie es gar selbst mit über diese Kunst sprach und vernünftelte. Das alles, mit der festen, schulmeisterlichen Haltung, setzte mich wahrhaft in Schrecken.
Gewitter am Himmel. Auf dem Rückweg orientalische Poesie. Hafis ein anderer Voltaire. Er sagt: »Ich kehr mich an Euren Himmel nicht, kann ich mir ein paar Huris hineinstellen.«
Als wir im Dunkel gegen 10 Uhr nach Hause kamen, klagte Goethe seinen Jammer über dies Pestalozzische Wesen. Wie das ganz vortrefflich nach seinem ersten Zweck und Bestimmung, wo Pestalozzi aber die geringe Volksklasse im Sinne gehabt, die ar-

men Menschen, die in einzelnen Hütten in der Schweiz wohnen und die Kinder nicht in Schulen schicken können. Aber wie es das Verderblichste von der Welt werde, sobald es aus den ersten Elementen hinausgehe, auf Sprache, Kunst und alles Wissen und Können angewandt werde, welches notwendig ein Überliefertes voraussetze, und wo man nicht mit unbekannten Größen, leeren Zahlen und Formen zu Werk gehen könne. Und nun gar dazu der *Dünkel*, den dieses verfluchte Erziehungswesen errege; da soll ich nur einmal die Dreistigkeit der kleinen Buben hier in der Schule sehen, die vor keinem Fremden erschrecken, sondern ihn in Schrecken setzen! Da falle aller Respekt, alles, was die Menschen untereinander zu Menschen macht, weg.« »Was wäre denn aus mir geworden«, sagte er, »wenn ich nicht immer genötigt gewesen wäre, Respekt vor andern zu haben. Und diese Menschen mit ihrer Verrücktheit und Wut, alles auf das einzelne Individuum zu reduzieren und lauter Götter der Selbstständigkeit zu sein; diese wollen ein Volk bilden und den wilden Scharen widerstehen, wenn diese einmal sich der elementarischen Handhaben des Verstandes bemächtigt haben, welches nun gerade durch Pestalozzi unendlich erleichtert ist. Wo sind da religiöse, wo moralische und philosophische Maximen, die allein schützen könnten!« Er fühlte recht eigentlich einen Drang, mir über alles dies sein Herz auszuschütten, und ich selbst war von all diesem voll; es sprach mich gleich an, wie eine Meldung des Jüngsten Tags, und die Furcht vor den Russen war mir in ihrer ganzen Macht aufgestiegen.

den 8. August

Dienstag abends liest Goethe wieder Stücke aus dem »Divan«. Konfession, daß ihm die Gedichte auf einmal und ganz in den Sinn kämen, wenn sie recht wären; dann müßte er sie aber gleich aufschreiben, sonst finde er sie nie wieder; darum hüte er sich, auf den Spaziergängen etwas auszudenken. Es sei ein Unglück, wenn er es nicht ganz im Gedächtnis behalte; sobald er sich besinnen müßte, würde es nicht wieder gut. Auch ändere er selten etwas. Ebenso ein Unglück, wenn er Gedichte träume, das sei meist ein verlorenes. Der italienische Poet Petrarca habe sich aus diesem Grund ein ledernes Wams machen lassen, worauf er im Bett habe schreiben können.

Am 11. August fuhren Goethe und Sulpiz Boisserée gemeinsam nach Frankfurt. Goethe logierte dort teils in Willemers Stadthaus »Zum roten Männchen«, teils als Gast auf der Gerbermühle am Main, wo auch am 28. August sein Geburtstag im kleinen Kreise, doch mit einer Wassermusik auf dem Main, gefeiert wurde.
Am 18. September reist Goethe mit Sulpiz Boisserée nach Heidelberg, wohnt dort wieder bei den Brüdern, und am 26. findet auf dem Heidelberger Schloß die letzte Zusammenkunft zwischen ihm und Marianne statt.
Am 3. Oktober begleitet Boisserée Goethe nach Karlsruhe, wo der Jugendfreund Jung-Stilling besucht wird. Am 5. kehrt man von dort nach Heidelberg zurück.
Sulpiz Boisserée in seinem Tagebuch:

den 5. Oktober

Jungs lassen noch zum Abend einladen, als wir eben fort wollen. Wir freuen uns, im Wagen zu sein, rekapitulieren. Dann wachen bei Goethe alte Erinnerungen wieder auf; vor vierzig Jahren gerade ließ ihn der Herzog von Heidelberg durch Stafette nach Frankfurt holen; wenn er jetzt gerade von Minister Stein zurück in Frankfurt wäre, er wäre imstand, es zu wiederholen, da er ohnehin verlangt, Goethe soll nach Frankfurt kommen.

Vom Herzog lasse er sich gern bestimmen, denn der bestimme ihn immer zu etwas Gutem und Glücklichem, aber einige Personen seien, die einen ganz unheilbringenden Einfluß auf ihn hätten. Lange habe er es nicht gemerkt; immer, wenn sie ihm erschienen, sei ihm, auch ganz unabhängig von ihnen, irgend etwas Unangenehmes, Trauriges oder Unglückliches begegnet. Alle determinierten Naturen seien ihm glückbringend, so auch Napoleon. – Ich drang näher in ihn, ob dergleichen Unglücksboten etwa in der Nähe wären? »Nein«, sagte er, aber wenn es einmal der Fall sein würde, versprach er mirs zu sagen. Ich sprach vom Aberglauben – wie man sich bei aller Anerkennung des Geheimnisvollen im Leben davor zu hüten habe. – Und er war einig, daß man nur so viel darauf geben müsse, um Ehrfurcht vor der uns umgebenden geheimnisvollen Macht in allem zu haben und zu behalten – welches eine Hauptgrundlage wahrer Weisheit.

Unterwegs kamen wir dann auf »Die Wahlverwandtschaften« zu sprechen. Er legte Gewicht darauf, wie rasch und unaufhaltsam er die Katastrophe herbeigeführt. – Die Sterne waren aufgegangen – er sprach von seinem Verhältnis zu Ottilie, wie er sie lieb gehabt, und wie sie ihn unglücklich gemacht; wurde zuletzt fast rätselhaft ahndungsvoll in seinen Reden.
Dazwischen sagte er dann wohl einen heitern Vers. So kamen wir müde, gereizt, halb ahndungsvoll, halb schläferig, im schönsten Sternenlicht, bei scharfer Kälte nach Heidelberg.

Freitag, den 6., morgens. Goethe will plötzlich fort; sagte mir: »Ich mache mein Testament.« Wir bereden ihn mit großer Mühe, noch einen Tag auszuruhen und übermorgen zu reisen. Er fürchtet den Herzog. Er ist sehr angegriffen, hat nicht gut geschlafen. Muß flüchten.

den 7. Oktober
Morgens ganz früh Goethe unruhig – fürchtet eine Krankheit, will schon zu Mittag fort. Ich biete mich zum Begleiter an, und bereite mich vor, ihm nach Weimar zu folgen. Trauriger, schwerer Abschied.
Im Wagen erholt sich der Alte allmählich. Die Sicherheit, nicht mehr vom Herzog erreicht zu werden, beruhigt ihn sichtbarlich. – Gespräch darüber. Deutsche politische Verhältnisse; Forderungen des Adels und der Bürger nicht gefährlich; keine Umwälzung zu fürchten, wenn nur die Fürsten halbweg ihren Vorteil kennen und einigermaßen den gerechten Wünschen entgegenkommen wollten. – Die heftigen Volksmänner nichts weniger wie beliebt. Aristokratismus im eigentlichen Sinne das Einzige und Rechte.
Goethe hat immer eine Scheu vor allen politischen Dingen gehabt, war auch einmal in einer Art Verschwörung durch seinen Herrn, damals, als man die Übermacht Friedrichs des Großen fürchtete. Nachher wurde dies die Veranlassung zum Fürstenbund, obwohl es anfangs gegen Preußen.
Abends in Neckarelz. Kaltes Zimmer. Goethe ist munter, vergißt die Kälte, indem er mir von seinen orientalischen Liebesgedichten vorliest. Wir schliefen in einer Stube.

den 8. Oktober
Sonntag morgens von Neckarelz die Höhe hinauf. Kalkgebirg. Goethe erkennt die fränkische Mainregion daran. Der Bediente findet Versteinerungen, Ammonshörner. – In Hardtheim Mittagessen. Junges, frisches Mädchen, nicht schön, aber verliebte Augen. Der Alte kuckt sie immer an. Kuß. – Abends im Dunkel nach Würzburg.

Montag, den 9. Oktober
Der Alte wollte mich in Neckarelz noch nicht entlassen. Gestern befand er sich viel besser, und da ich beide Nächte bei ihm im Zimmer geschlafen und mich davon überzeugt hatte, konnte ich ihn ohne Sorge bei klarem, kalten Herbstwetter nach Weimar abreisen sehen. Unter meinen frömmsten Wünschen. – Ich gehe in den Dom. Gebet.

Goethe blieb Sulpiz Boisserée und seinen Bestrebungen zeitlebens herzlich zugeneigt. Der Briefwechsel zwischen beiden währte bis zu seinem Tode, und an manchen Gelegenheiten zu gegenseitiger Förderung fehlte es auch später nicht.
Dem mittelalterlichen Kunstwesen widmete Goethe seit 1816 unter dem Titel »Kunst und Altertum in den Rhein- und Maingegenden« eine zeitschriftenähnliche Folge, die es bis 1832 auf insgesamt sechs Bände brachte. Ende Mai 1817 expedierte Goethe das zweite Heft dieser Folge nach Heidelberg. Es enthielt unter anderem einen von ihm selber inspirierten längeren Aufsatz seines Freundes und Mitarbeiters Meyer über die »Neudeutsche religios-patriotische Kunst«.

Jena, den 27. Mai 1817
In meiner Jenaischen Einsamkeit, in der ich mich schon seit Ostern mit Redaktion älterer Papiere und am Abdruck derselben treulich beschäftige, habe ich Zeit genug, meiner werten, abwesenden Freunde zu gedenken, und da versetze ich mich denn gar oft in die Mitte der Heidelberger lieben Dreibrüderlichkeit. Der Zustand, den Ihr letzter Brief mir meldet, liegt mir am Herzen, Ihr ruhiges, konsequentes und sicheres Betragen sowie die Würde Ihres Besitzes verbürgt mir eine glückliche Folge. Hier denn auch das zweite Heft »Rhein und Main«. Möge es

Ihren Gesinnungen und Absichten zusagen. Man ist in Deutschland niemals von dem Eindruck sicher, den eine Druckschrift in dem Augenblick ihrer Erscheinung machen kann, gegenwärtig am wenigsten, und was jede wünschenswerte Wirkung betrifft, so habe ich sie zeitlebens immer erst in der Folge gefunden, wo sie mir aber – der moralischen Weltordnung sei Dank – niemals gefehlt hat.

In diesem Zeitraum zwischen Ostern und Pfingsten, den ich hier zubringe, ward ich von allen Seiten wissenschaftlich angeregt und habe mit Heiterkeit meine alten Papiere wieder vorgenommen, welche zu benutzen, einige Schwierigkeit jetzt wie sonst finde. Man fühlt wohl das frühere Bestreben, ernst und tüchtig zu sein, man lernt Vorzüge an sich selbst kennen, die man jetzt vermißt, dann aber sind doch reifere Resultate in uns aufgegangen, jene Mittelglieder können uns kein rechtes Interesse abgewinnen. Dazu kommt noch, daß das Jahrhundert auf rechten und falschen Wegen nach allen Seiten in die Breite geht, so daß eine unschuldig Schritt vor Schritt sich bewegende Naivität wie die meinige vor mir selbst eine wundersame Rolle spielt. Wie ich mich bei diesen Bemühungen verhalte, sehen Sie am besten aus der Beilage, wenn Sie dem *Verfolg* dessen, was Sie schon kennen, einige Aufmerksamkeit schenken mögen.

In Kunst wie in Wissenschaft sind die kurrenten Maximen nicht erfreulich. Der Grundsatz, daß man den Künstlern nur Unterhalt gebe und sie übrigens solle gewähren lassen, was sie können und wollen, entspringt aus der Anarchie, die einen schwankenden Empirismus jeder geprüften anerkannten Gesetzlichkeit vorzieht, sich mit Originalität schmeichelt, und hofft, aus fortgesetztem Spielen und Pfuschen sollte zuletzt ein Kunstresultat hervorgehen. Und das sind mitunter fromme Leute, die nicht merken, hier sei purer Atheismus. Eine Welt soll sich zufällig aus schwirrenden Elementen zusammensetzen. Ginge nur nicht so vieles Gute, Tüchtige und Verständige darüber zugrunde, so hätte es nichts zu sagen.

Nicht mehr für diesmal, damit das schon einige Zeit fertige Paketchen nicht länger liegen bleibe. Tausend Grüße.

Goethe

XI

*Auf der Gerbermühle
(1814/15)
Marianne und der »West-östliche Divan«*

Im Herbst 1837 erschien Clemens Brentanos Märchen »Gockel, Hinkel und Gackeleia«. Die »Herzliche Zueignung«, die dem Buch voransteht, gilt Marianne Willemer in Frankfurt. Brentano erzählt dort, wie die Frau Rat Goethe ihn als jungen Menschen, um ihn über einen Verdruß zu trösten, ins Theater eingeladen habe:

»Ich ging mit und ich sah etwas Allerliebstes, nämlich, ein kleiner Harlekin kroch aus einem Ei und machte die zierlichsten Sprünge.«

Ob es wirklich die Frau Rat war, die den damals neunzehnjährigen Clemens im Spätherbst 1799 mit ins Theater nahm, ist nicht ganz sicher; aber der Harlekin, der dort in einer Ballettpantomime aus dem Ei schlüpfte, war niemand anders als die fünfzehnjährige Demoiselle Jung, die als Schauspielerin, Tänzerin und Sängerin seit einem Jahr in Frankfurt auftrat.

Marianne Jung wurde vermutlich im November 1784 in Linz geboren; ihre Mutter war Schauspielerin. Mit dieser kam sie im Herbst 1798 von Wien nach Frankfurt. Im Frühjahr 1800 veranlaßte der Frankfurter Bankier Johann Jakob Willemer die Mutter, Marianne von der Bühne zu nehmen und ihm als Pflegekind zu überlassen; wofür er eine Abfindung von 2000 Gulden zahlte und der Mutter eine Rente aussetzte. Der damals vierzigjährige und bereits zweimal verwitwete Willemer nahm das junge Mädchen in sein Haus auf, wo es zusammen mit seinen beiden jüngsten Töchtern Meline und Maxe erzogen wurde.

Am 11. Mai 1803 schrieb Brentano seinem Freunde Achim von Arnim nach Marburg und fügte dem Brief ein frischentstandenes Lied bei.

Ich schreibe dir geschwind hier ein Lied her, das ich gestern abend nach dem Theater gemacht habe, und will dir erst die Veranlassung erzählen. Hier auf dem Theater war vor ein paar

Jahren Marianne Jung, ein unschuldig treu Kind, Tänzerin, ich liebte sie still weg, der Bankier Willemer nahm sie von der Bühne und machte sie zu seinem Pflegekind (Maitresse); ich ging zu Willemer, er vertraute sich mir an, wollte mich zum Mittel gebrauchen, die Jung fester zu binden; ich war ehrlich, die Jung liebte mich, sie weinte oft in meiner Nähe, ich sprach davon mit Willemer, seine Eifersucht vertrieb mich; wir haben uns noch lieb soso. Da ich abreise morgen, so ließ ich der Jung durch Bettine sagen, ich würde nah an ihrer Loge stehn, sie soll' mich doch freundlich ansehn, ich ginge weg, es werde mir sehr wohl tun; nun sah mich auch das liebe Kind gar freundlich an, und da schrieb ich zu Haus dies Lied für sie, auf die Melodie »Da droben auf jenem Berge«, die ich sie selbst singen lehrte.

> Es stehet im Abendglanze
> Ein freies heiliges Haus,
> Da sehen mit schimmernden Augen
> Viel Knaben und Jungfraun heraus;
> Dort hab ich mein Liebchen gesehen,
> Ein freundliches zierliches Kind,
> Sie konnte wohl schweben und drehen,
> Wie fallende Blüten im Wind.
>
> Und die in dem Hause wohnen,
> Sind heilig und wissen es nicht,
> Sie leben mit Kränzen und Kronen
> Alltäglich ein neues Gedicht,
> Sie sind gleich den Göttern und handlen
> Wohl täglich in andrer Gestalt;
> Mein Liebchen wird auch sich verwandlen,
> Das tut meinem Herzen Gewalt.
>
> O Liebchen, wo bist du geblieben,
> Ich steh vor dem schimmernden Haus,
> Und will dich bescheiden nur lieben;
> O Liebchen, o sehe heraus!
> Ich will dein pflegen und warten
> Im Herzen, so treu als ich kann –
> Da seh ich dich sitzen im Garten
> Wohl bei einem reichen Mann.

Willemer ließ seiner Pflegetochter eine sehr sorgfältige musikalische Erziehung zuteil werden, als Sängerin und auf der Gitarre; Marianne ist öffentlich als Virtuosin aufgetreten; auch mit Gelegenheitsgedichten im engeren Kreise tat sie sich hervor.

Zwischen Willemer und Goethes Familie bestanden seit längerem nahe Beziehungen; Christiane und Goethes Sohn August waren, wenn sie sich in Frankfurt aufhielten, häufig bei Willemer zu Gast, sei es in seinem Stadthaus zum Roten Männchen oder auf der Gerbermühle am Main. Von Marianne hatte Goethe demnach öfters erzählen hören, sie jedoch selber nie zu Gesicht bekommen.

Nun reist er Ende Juli 1814 nach Wiesbaden zur Kur, und am 4. August tritt ihm Marianne dort in Willemers Begleitung zum erstenmal entgegen: klein, zierlich, braungelockt, von süddeutscher Anmut und Beweglichkeit, wie geschaffen, als lebendige Erscheinung in einen Rahmen einzutreten, den kunstreich zu verfertigen Goethe seit einiger Zeit beschäftigt war. Zwei Monate vorher war Goethe mit der ersten vollständigen Übersetzung des mittelalterlichen persischen Dichters Hafis bekannt geworden, die der österreichische Orientalist Joseph von Hammer im Vorjahr bei Goethes Verleger Cotta in zwei Bänden veröffentlicht hatte. Die Lektüre dieses Dichters und die Begegnung mit seiner Welt erregte Goethe zu einem derart leidenschaftlich produktiven Wettstreit mit dieser »mächtigen Erscheinung«, daß, als er in Wiesbaden eintraf, schon rund dreißig Stücke jenes jugendlichen Alterswunderwerks vorlagen, das wir heute als den »West-östlichen Divan« besitzen.

Goethe vollendete in diesen Tagen sein fünfundsechzigstes, Marianne stand im dreißigsten Lebensjahr. Goethe ist verheiratet, Marianne wird am 27. September in aller Stille Willemers Frau; wohl auf Drängen der Familie, die ein schon seit langem bestehendes und allgemein respektiertes Verhältnis geregelt sehen wollte.

Kurz zuvor, am 15. und 16. September, weilte Goethe, nachdem er von Wiesbaden zu seinem Neffen Schlosser nach Frankfurt gezogen war, als Willemers Gast auf der Gerbermühle.

Am 24. September begab er sich nach Heidelberg, um dort die berühmte Sammlung altdeutscher und niederländischer Gemälde zu sehen, welche die Brüder Boisserée nach der Aufhebung der

Klöster im Rheinland zusammengebracht hatten. Am Mittwoch, den 12. Oktober, war er wieder in Frankfurt und an den folgenden Tagen bis zur Abfahrt, am 20., fast täglich bei Willemers, in deren Weinberghäuschen auf dem Sachsenhäuser Berg am 18. »die zum Jahrestag der Völkerschlacht bei Leipzig durch tausend und abertausend Feuer erleuchtete Gebirgsreihe und sonstige ferne und nahe Gegend« *beschaut wurde.*
Nur wenige Mitteilungen gehen in den folgenden Monaten hin und her. Willemer schreibt am 12. Dezember, kündigt eine Weinsendung an, ein Dutzend Flaschen des so hochgeschätzten Kometen-Weins von 1811.

Das Kistel geht franco durch Fuhrmann in wenig Tagen von hier ab. Der eigentliche Geber hierbei ist der Empfänger. Nehmen Sie, trefflicher Herr, aus Freundeshand mit großer Güte die kleine Gabe.
Meine Frau, die sich, so wie ich, Ihrer Gemahlin und dem klugen August empfiehlt, will, seitdem sie von Ihnen die Kleine genannt worden, durchaus nicht mehr wachsen, es wäre denn in Ihrem Herzen.

Marianne fügt ein herzlich-freundschaftliches Scherzgedicht bei und bittet um etwas Schriftliches ins Stammbuch.

> Zu den Kleinsten zählt man mich,
> Liebe Kleine nennst Du mich.
> Willst Du immer so mich heißen,
> Werd ich stets mich glücklich preisen.
>
> Als den Größten kennt man Dich,
> Als den Besten ehrt man Dich,
> Sieht man Dich, muß man Dich lieben;
> Wärst Du nur bei uns geblieben.
>
> Ins Gedächtnis präg ich Dich,
> In dem Herzen trag ich Dich,
> Nun möcht ich der Gnade Gaben
> Auch noch gern im Stammbuch haben.

Ende April erst sendet Goethe das Erbetene auf einem Zierblatt mit bunt- und goldgemalten Arabesken als Einfassung. Und dabei blieb es denn nach außen; insgeheim aber geschieht Hochsonderbares. Während Goethe sich im Dezember weiteren historischen und literarischen Studien des Orients zuwendet, entsteht der Plan zu einem »Deutschen Divan« und am Silvesterabend das Gedicht »Einladung«, das in diesem Divan später das »Buch Suleika« eröffnen sollte.

> Mußt nicht vor dem Tage fliehen:
> Denn der Tag, den du ereilest
> Ist nicht besser als der heut'ge;
> Aber wenn du froh verweilest,
> Wo ich mir die Welt beseit'ge,
> Um die Welt an mich zu ziehen,
> Bist du gleich mit mir geborgen.
> Heut ist heute, morgen morgen,
> Und was folgt und was vergangen
> Reißt nicht hin und bleibt nicht hangen.
> Bleibe du, mein Allerliebstes,
> Denn du bringst es und du gibst es.

In den nächsten Monaten entstehen weitere Gedichte des »Buches Suleika« und im März auch das Gedicht über die Beinamen der Allgeliebten, das heute den Beschluß des Buches bildet.

> In tausend Formen magst du dich verstecken,
> Doch, Allerliebste, gleich erkenn' ich dich;
> Du magst mit Zauberschleiern dich bedecken,
> Allgegenwärtige, gleich erkenn' ich dich.
>
> Aus der Zypresse reinstem, jungen Streben,
> Allschöngewachsne, gleich erkenn' ich dich,
> In des Kanales reinem Wellenleben,
> Allschmeichelhafte, wohl erkenn' ich dich.
>
> Wenn steigend sich der Wasserstrahl entfaltet,
> Allspielende, wie froh erkenn' ich dich.
> Wenn Wolke sich gestaltend umgestaltet,
> Allmannigfaltige, dort erkenn' ich dich.

An des geblümten Schleiers Wiesenteppich,
Allbuntbesternte, schön erkenn' ich dich.
Und greift umher ein tausendarmger Eppich,
O! Allumklammernde, da kenn' ich dich.

Wenn am Gebirg der Morgen sich entzündet,
Gleich, Allerheiternde, begrüß' ich dich,
Dann über mir der Himmel rein sich ründet,
Allherzerweiternde, dann atm' ich dich.

Was ich mit äußerm Sinn, mit innerm kenne,
Du Allbelehrende, kenn' ich durch dich,
Und wenn ich Allahs Namenhundert nenne,
Mit jedem klingt ein Name nach für dich.

Am 17. Mai 1815 schreibt Goethe an Zelter in Berlin, von seinem deutschen Divan sei das erste Hundert Gedichte bald voll, und ein zweites Hundert könne leicht hinzukommen. Die Gedichte an Marianne blieben jedoch, wie gesagt, vorerst geheim. Die im Gemüt des Dichters derart Gefeierte und Verherrlichte erfuhr davon wohl erst bei dem nächsten Zusammensein, als Goethe, der 1815 wiederum nach Wiesbaden zur Kur gefahren war, vom 12. August bis 17. September Willemers Gast im Roten Männchen und auf der Gerbermühle war. Dort wurde auch am 28. August auf halb biedermeierliche, halb orientalische Manier sein Geburtstag, gefeiert, der, wie Sulpiz Boisserée berichtet, mit einer Blasmusik auf dem Wasser begann.

Es war so eingerichtet, daß sie anfingen, als Goethe aus dem Bett aufstand. »Ei, ei«, sagte er etwas ängstlich und bedenklich, »da kommen ja gar Musikanten.« Doch fand er sich bald zurecht, weil die Musik sehr gut war.
Die Frauen hatten einen Turban von dem feinsten indischen Muslin, mit einer Lorbeerkrone umkränzt, auf zwei Körbe voll der schönsten Früchte – Ananas, Melone, Pfirsich, Feigen und Trauben – dann einen voll der schönsten Blumen gelegt. Dazu hatte Willemers älteste Tochter Rosine Städel die Aussicht aus Goethes Fenster auf die Stadt Frankfurt artig gezeichnet, und die Willemer ein schönes Kränzchen von feinen Feldblümchen auf-

geklebt; zu beidem waren passende Verse aus dem Hafis geschrieben.
Abends will er nicht, daß ich weggehe; ich blieb draußen; er liest von seinen orientalischen Gedichten. – Heitere, freundliche Stimmung des kleinen Kreises.

Über Goethes gewöhnlichen Tageslauf auf der Gerbermühle berichtet Marianne im Alter aus der Erinnerung:

Den Morgen brachte er allein zu; den Mittag erschien er, auch wenn kein Besuch da war, im Frack. Nachmittags liebte er gemeinsame Spaziergänge, besonders in den Wald, wo er voll Lust und Leben und sehr mitteilend war. Er führte immer ein großes Taschenmesser bei sich, womit er Zweige abschnitt oder aus dem Boden ausstach, was ihm auffiel. Auf Anziehendes im Tier- und Pflanzenreiche machte er gern aufmerksam, besonders auch auf Licht- und Farbenerscheinungen, den Lichtschein um Bäume, die blauen Schatten, die Farben beim Sonnenuntergang. Abends war er am liebenswürdigsten, besonders wenn er in seinem weißflanellenen Rock erschien und vorlas, meist aus seinem immer mehr heranwachsenden Divan. Von seinen ältern Sachen trug er weniger gern etwas vor. »Was wollt ihr mit dem alten Zeug!« rief er. Sehr schön las er, wie er auch schön sprach. Aus seinem Munde glaubte man manches erst recht zu verstehen; leicht ward er selbst beim Lesen zu Tränen gerührt. Vor Tische ließ er sich gern Lieder von mir singen. Im Essen und Trinken war er sehr einfach, hatte aber besondere Neigungen und Gewohnheiten. Salat und Artischocken liebte er vorzüglich. Er führte einen starken Wein mit sich, von dem er um 10 Uhr zum zweiten Frühstück aus einem mitgebrachten silbernen Becher trank.

In diese Zeit nun fallen die ersten Wechselrede-Gedichte des Divans, in denen Goethe sich selber Hatem, die Geliebte Suleika nennt; Marianne beteiligt sich an diesen Gedichten, manches darin stammt nachweislich von ihr.
Am 18. September bricht Goethe in Boisserées Begleitung nach Heidelberg auf. Über den letzten Abend auf der Gerbermühle sind von diesem knappe Tagebuchaufzeichnungen erhalten.

Sonntag, den 17. September

Abends Gesang: »Kennst du das Land« – »Der Gott und die Bajadere« – Goethe wollte dies anfangs nicht – es bezog sich dies auf ein Gespräch, das ich kurz vorher mit ihm geführt – daß es fast ihre eigene *Geschichte* – so daß er gesagt, sie soll es nimmer singen. – »Schlafe, was willst du mehr« – »Wann du zu meim Schatzel kommst«. – Dann das Duett aus »Don Juan«: »Gib mir die Hand, mein Leben«, als Arie gesungen. Goethe nennt sie einen kleinen Don Juan; wirklich war ihr Gesang so verführerisch gewesen, daß wir alle in lautes Lachen ausbrachen und sie den Kopf in die Noten versteckte und sich nicht erholen konnte.

Die lustige Stimmung setzte sich auch am Tisch fort. Endlich las Goethe noch Gedichte. Man bat ihn darum, und die kleine Frau schmückte sich mit ihrem Turban, einem orientalisch farbigen Shawl, den Goethe ihr geschenkt.

Es wurde viel gelesen, auch viel Liebesgedichte an Suleika. Willemer schlief ein, wird darum gefoppt. Wir blieben desto länger zusammen, bis ein Uhr. Mondschein-Nacht. Der Alte will mich in seinem Zimmer noch bei sich behalten. Wir schwatzen; ihm fällt ein, mir den Versuch mit farbigen Schatten zu zeigen; wir treten mit einem Wachslicht auf den Balkon und werden am Fenster von der kleinen Frau belauscht.

Den von Hammer übersetzten Diwan des Hafis führte Goethe damals immer bei sich und er trug Sorge, daß auch seine Freunde ihn besaßen. Während dieses zweiten Frankfurter Aufenthalts nun entwickelte sich zwischen ihm und Marianne, wenn er zeitweilig in der Stadt, sie auf der Gerbermühle sich aufhielt, der Gebrauch, durch Chiffernbriefe miteinander zu korrespondieren. Was es mit solchen für eine Bewandtnis hatte, hat Goethe später in den »Noten und Abhandlungen« zu seinem Divan erläutert.

Wir erinnern an eine wohlbekannte, aber doch immer geheimnisvolle Weise, sich in Chiffern mitzuteilen: wenn nämlich zwei Personen, die ein Buch verabreden und, indem sie Seiten- und Zeilenzahl zu einem Briefe verbinden, gewiß sind, daß der Empfänger mit geringem Bemühen den Sinn zusammenfinden werde.

Das Lied, welches wir in unserem Divan mit der Rubrik »Chiffer« bezeichnet, will auf eine solche Verabredung hindeuten. Liebende werden einig, Hafisens Gedichte zum Werkzeug ihres Gefühlswechsels zu legen; sie bezeichnen Seite und Zeile, die ihren gegenwärtigen Zustand ausdrückt, und so entstehen zusammengeschriebene Lieder vom schönsten Ausdruck; herrliche zerstreute Stellen des unschätzbaren Dichters werden durch Leidenschaft und Gefühl verbunden, Neigung und Wahl verleihen dem Ganzen ein inneres Leben, und die Entfernten finden ein tröstliches Ergeben, indem sie ihre Trauer mit Perlen seiner Worte schmücken.

Das Spiel der Chiffernbriefe wird von Marianne eingeleitet; das auf diesen Gebrauch anspielende Gedicht »Geheimschrift«, das am 21. September in Heidelberg entstand, rühmt sie als dessen Erfinderin:

> Laßt euch, o Diplomaten!
> Recht angelegen sein,
> Und eure Potentaten
> Beratet rein und fein.
> Geheimer Chiffern Sendung
> Beschäftige die Welt,
> Bis endlich jede Wendung
> Sich selbst ins Gleiche stellt.

> Mir von der Herrin süße
> Die Chiffer ist zur Hand,
> Woran ich schon genieße,
> Weil sie die Kunst erfand.
> Es ist die Liebesfülle
> Im lieblichsten Revier,
> Der holde, treue Wille
> Wie zwischen mir und ihr.

> Von abertausend Blüten
> Ist es ein bunter Strauß,
> Von englischen Gemüten
> Ein vollbewohntes Haus;

Von buntesten Gefiedern
Der Himmel übersät,
Ein klingend Meer von Liedern
Geruchvoll überweht.

Ist unbedingten Strebens
Geheime Doppelschrift,
Die in das Mark des Lebens
Wie Pfeil um Pfeile trifft.
Was ich euch offenbaret,
War längst ein frommer Brauch,
Und wenn ihr es gewahret,
So schweigt und nutzt es auch.

Am 23. September treffen Willemers bei Goethe und den Boisserées in Heidelberg ein. Auf den nächsten Tag hat Goethe sein Gedicht »Wiederfinden« datiert, in dem die Lieder des Buches »Suleika« sich übergipfeln. Am Montag, den 25. September, sind Goethe und Marianne auf der Terrasse des Heidelberger Schlosses zum letztenmal zusammen, ehe Willemers am Dienstag nach Frankfurt zurückkehren.
Auf der Hinfahrt vermutlich hatte Marianne eines ihrer Suleika-Lieder geschrieben, das auf den Ostwind, das Goethe dann etwa Anfang Oktober durch Rosine Städel zugeschickt wurde und das er, leicht verändert, ohne die Verfasserin zu nennen, später in seinen Divan aufnahm. In Mariannes ursprünglicher Fassung lautete das Gedicht:

Was bedeutet die Bewegung?
Bringt der Ostwind frohe Kunde?
Seiner Schwingen frische Regung
Kühlt des Herzens tiefe Wunde.

Kosend spielt er mit dem Staube,
Jagt ihn auf in leichten Wölkchen,
Treibt zur sichern Rebenlaube
Der Insekten frohes Völkchen.

Lindert sanft der Sonne Glühen,
Kühlt auch mir die heißen Wangen,
Küßt die Reben noch im Fliehen,
Die auf Feld und Hügel prangen.

Und mich soll sein leises Flüstern
Von dem Freunde lieblich grüßen,
Eh noch diese Hügel düstern,
Sitz ich still zu seinen Füßen.

Und du magst nun weiterziehen,
Diene Frohen und Betrübten,
Dort wo hohe Mauern glühen,
Finde ich den Vielgeliebten.

Ach, die wahre Herzenskunde,
Liebeshauch, erfrischtes Leben
Wird mir nur aus seinem Munde,
Kann mir nur sein Atem geben.

Kaum waren Willemers am 26. September nach der Gerbermühle zurückgefahren, da geschieht, was auch früher schon geschah: Goethe fühlt sich unpäßlich, »*die bisher nur drohenden Übel*«, *wie er an Rosine Städel schreibt,* »*fingen an, förmlich auszubrechen, es entstand ein Brustweh, das sich fast in Herzweh verwandelt hätte, – natürliche Folge der Heidelberger Zugluft und veränderlichen Schloßtemperatur, worüber mir unberufen und ungefragt Herr Dr. Nägeli die genaueste Auskunft gab*«. *Goethe fährt noch mit Boisserée nach Karlsruhe; man drängt ihn, zum Herzog nach Mannheim zu kommen. Da unversehens entschließt er sich zur Heimreise; und wieder ist es, wie auch früher schon, eine Flucht. Den Entschluß meldet ein Brief an Willemer nach Frankfurt.*

Daß ich, teurer, verehrter Freund, immer um Sie und Ihre glücklichen Umgebungen beschäftigt bin, ja Ihre selbstgepflanzten Haine, das flüchtig gebaute und doch dauerhafte Haus lebhafter als in der Gegenwart sehe und mir alles Gute, Liebe, Vergügliche, Nachsichtige wiederholt wiederhole, werden Sie an sich

fühlen, da ich gewiß aus jenen Schatten nicht vertrieben werden kann und Ihnen oft begegne. Hundert Einbildungen hab ich gehabt: wann? wie? und wo? ich Sie zum erstenmal wiedersehen würde; da ich noch bis gestern Beruf hatte, mit meinem Fürsten am Rhein und Main schöne Tage zu verleben. Nun kommts aber! Und ich eile über Würzburg nach Hause, ganz allein dadurch beruhigt, daß ich, ohne Willkür und Widerstreben, den vorgezeichneten Weg wandle und um desto reiner meine Sehnsucht nach denen richten kann, die ich verlasse.
Doch das ist schon zuviel für meine Lage, in der sich ein Zwiespalt nicht verleugnet, den ich auch nicht aufrege, sondern lieber schließe.
Herzlichen Dank für alles Gute und Liebe. Doch dieser Dank wäre nicht der rechte, wenn er nicht eine Schmerzensform annähme. Das werden Sie, Herzenskündiger, zu vermitteln wissen. Wie denn billig diese Worte an die Zwei gerichtet sind, die man beneidenswert glücklich verbunden sieht.
Heidelberg, den 6. Oktober 1815 G.

Am 9. Oktober ist Goethe schon in Meiningen; anderntags geht ein Brief an das Ehepaar Willemer und an Rosine Städel ab, in dem er den bisherigen Verlauf seiner Reise berichtet.

Meiningen, den 10. Oktober 1815
Schon bin ich auf die Höhe gelangt, wo die Wasser nicht mehr nach dem Main fließen, ich muß also meine Gedanken der Post anvertrauen, und so sollen die Freundinnen hören: daß ich im Geiste immer so hartnäckig bei ihnen geblieben, als mich ungern persönlich entfernt habe.
Am 7. reisten wir von Heidelberg ab. Boisserée, der sich überzeugt hatte, daß mir einige Pflege nötig sei, begleitete mich. Wir übernachteten in Neckar-Elz, in einer Eisgrube.
Am 8. ging es weiter, begünstigt vom schönsten Wetter, und so gelangten wir unter tausend Rückerinnerungen nach Würzburg.
Am 9., früh, gings an ein Scheiden, wo ich denn ganz eigentlich die Trennung fühlte, denn bisher war es noch immer eine Fortsetzung des glücklichsten Zustands. Auch, wie es zu geschehen pflegt, waren die letzten Stunden die interessantesten. Eine ge-

wisse Scheu verliert sich, wenn man das Unvermeidliche vor sich sieht, und man sucht im offensten Vertrauen einen Ersatz für den drohenden Verlust. Nicht ohne Rührung war der Abschied, und, wie man eine Hand umwendet, wäre Sulpiz mit nach Weimar gegangen.

Nun war ich denn allein, auf den weiten fruchtbaren Räumen zwischen Main und Main. Zu Werneck nahm ich nochmals von den geliebten Wassern Abschied, nachdem vorher die Weltgeschichte mich ereilt hatte. Auf den weiten Stoppelflächen hetzten Donische Kosaken verschüchterte Hasen. Eine meilenlange Kolonne des russischen Trains retardierte meinen Eilweg, und doch traf ich, gegen acht, bei hellem Mondschein, auf ein schlimmeres Hindernis, indem der Wagen sich umlegte. Da ich aber in den besten Gedanken war, ließ ich mich nicht stören, sondern ging zu Fuße nach der Stadt, einen Weg ohngefähr so lang als von der Mühle nach der Sandgasse, oder umgekehrt, und glaubte so von einer Freundin zu der andern zu gehen. Möchten sie mich beide nicht aus ihrer Mitte lassen!

Nun, indessen der Wagen hergestellt wird, halte ich es für ein glückliches Ereignis, das mir Zeit gibt, von hier aus meine kleinen äußeren Schicksale zu melden. Überlassend, sich, in feinen Gemütern, nach Analogie eigner Gefühle, die inneren Zustände auszubilden.

Auch Ihnen, liebe Rosette, wünsche den herrlichen Tag, wie er über diesen Gebirgen waltet. Reiner Himmel, glänzende Sonne, dabei aber eine Winterkälte. Deshalb auch meine Schrift zu entschuldigen bitte, die in einer nicht zu erheizenden Stube mehr eilt als billig. Schon ist der Wagen wieder hergestellt und Carl abermals mit Aufpacken beschäftigt. Möchte ich doch zu Hause ein Wort von Ihnen vorfinden! – Und wieviele Optative möchte ich nicht noch hinzufügen. Tausend Lebewohl.   G.

Zehn Tage etwa nach Goethes Rückkunft traf von Marianne ein Chiffernbrief vom 18. Oktober mit der Unterschrift in arabischen Buchstaben: »Sulaicha«, in Weimar ein; schlägt man in Hammers Hafis nach, so beginnt das Schreiben:

> Dir mein Herz zu eröffnen verlangt mich,
> Und von deinem zu hören verlangt mich.

Traurig ist mein Herz über die Welt und was darin ist,
Denn in meinem Herzen wohnet mein Freund und
                                  sonsten keiner.

Es endet mit folgender Strophe und einem Einzelvers:

O Trennungsglut,
So viel hab ich von dir schon vernommen,
Daß Kerzen gleich
Mir nichts, als selbst zu vergehen, erübrigt.

Immer sehnt sich mein Herz nach deinen Lippen.

So läßt sich mit trockenen Ziffern, die auf die Worte eines anderen verweisen, die innerste Herzensmeinung rückhaltloser aussprechen, als eigene Worte es vermöchten; freimütiger, als die Umstände es sonst erlaubten.
Kurze Zeit nach dem Empfang dieses Briefes schreibt Goethe ein Gedicht, in dem der letzte Hafis-Vers nachklingt. Es ist ein Sommernacht-Gedicht, mit dem Vollmond am klaren Himmel, Leuchtkäfern im Gebüsch. Es ist ein Rollengedicht: die da redet, ist eine Dienerin; sie erinnert ihre Herrin an das Versprechen, das die Liebenden sich gegeben haben, beim Anblick des Vollmonds einander zu gedenken; die Herrin antwortet nicht, spricht nur den einen, dreimal wiederkehrenden, reimlosen Refrain vor sich hin.

Herrin! sag, was heißt das Flüstern?
Was bewegt dir leis die Lippen?
Lispelst immer vor dich hin,
Lieblicher als Weines Nippen!
Denkst du deinen Mundgeschwistern
Noch ein Pärchen herzuziehn?

Ich will küssen! Küssen! sagt' ich.

Schau! Im zweifelhaften Dunkel
Glühen blühend alle Zweige,
Nieder spielet Stern auf Stern,

Und, smaragden, durchs Gesträuche
Tausendfältiger Karfunkel; –
Doch dein Geist ist allem fern.

Ich will küssen! Küssen! sagt' ich.

Dein Geliebter, fern, erprobet
Gleicherweis im Sauersüßen,
Fühlt ein unglückselges Glück.
Euch im Vollmond zu begrüßen
Habt ihr heilig angelobet,
Dieses ist der Augenblick.

Ich will küssen! Küssen! sag' ich.

In den nächsten Monaten gehen noch häufig Briefe, Chiffern, Gedichte, kleine Geschenke, Buch- und Weinsendungen hin und her. Am 6. Juni stirbt nach kurzer, heftiger Krankheit Goethes Frau. Sein Sohn August verschickt eine wohl von Goethe selber aufgesetzte »Trauer-Notification«, die auch Willemers zugeht.

Wenn ich Ihnen, verehrte Freunde, das Absterben meiner lieben Mutter vermelde, so ist es schon hinreichend, Ihnen den Zustand zu vergegenwärtigen, in welchem wir uns befinden. Mein Vater sucht durch fortgesetzte Tätigkeit sich aufrecht zu erhalten, und mich belebt der Gedanke, in häuslichen und geselligen Verhältnissen ihm nützlich und angenehm zu sein. Schenken Sie uns fortgesetzt Ihre Teilnahme, welche wohltätiger sein wird als je.

Ende Juli entschließt Goethe sich, die den Freunden versprochene und seit langem vorbereitete dritte Reise in die Rheingegend anzutreten. Er kam jedoch nicht weit, und begab sich daraufhin, statt nach Wiesbaden in das nahgelegene Bad Tennstädt, wo er bis in den September blieb. An Willemers, die zur Kur in Soden weilen, geht ein lakonisches Billett.

Am 20. Juli früh 7 Uhr fuhr ich mit Hofrat Meyer von Weimar ab, um 9 Uhr warf der Fuhrknecht höchst ungeschickt den Wa-

gen um, die Achse brach, mein Begleiter wurde an der Stirn verletzt, ich blieb unversehrt.
Hiebei blieb nichts übrig, als nach Weimar zurückzukehren, wo wir denn auch gegen 1 Uhr wieder anlangten. Die Störung des Vorhabens und die Verwundung des Freundes machen es ungewiß, ja unwahrscheinlich, daß ich die Reise von neuem antreten werde.
Nur soviel hab ich Ihnen eiligst melden wollen. Wie höchst verdrießlich mir dieser Vorfall sei, bedarf keiner Beteuerung. Das Beste wünschend.
Weimar, den 23. Juli 1816 G.

Goethe nahm diesen Unfall als einen Wink des Schicksals. Vergeblich hoffte man in Frankfurt Jahr für Jahr auf eine nochmalige Herkunft des Freundes: Goethe hat Marianne nicht wiedergesehen. Ab 1818 fährt er sommers wieder regelmäßig in die böhmischen Bäder. Briefe gehen weiter hin und her, Weinsendungen, kleine Gaben; Marianne bestickt ein Paar Pantoffel, die Goethe 1816 als Weihnachtsgeschenk übersandt werden; er antwortet, dankt, doch werden die Briefe von seiner Seite immer seltener. Willemer gesteht, daß er alt zu werden beginne; Marianne kränkelt und der Schmerz des Entbehrens nimmt zuletzt so bedrohliche Gestalten an, daß Willemer sich zu folgendem Brief an Goethe veranlaßt sieht:

Ihrem Scharfblick, teurer Freund, wird es nicht entgehen, daß *unsere* gute Marianne kränkelt, daß sie leidet, und es nicht mehr ist wie es war! Die frischen Blüten unbefangener Jugend sind entflohen und haben ein verwundetes Herz zurückgelassen! Das alles kann sich wieder geben, und wird sich geben (denn ich besitze ihr volles Vertrauen), wenn nur fortgehendes Wechseln, zwischen Freud und Leid, die Reizbarkeit der Nerven nicht auf einen Grad gesteigert hätte, der *furchtbar* ist. – Warum mußten wir so lang getrennt sein, es wär außerdem so weit nicht gekommen. Doch ich weiß nicht, ob den Meister das alles noch interessiert. Die Götter in ihrem Grimm werden am End der Sterblichen, mit ihrem Leid und ihrer Freud, überdrüssig. Zwischen uns soll es verhoffentlich nicht dahin kommen – und so send ich Ihnen Mariannens Brief wie er ist; ich füge hinzu, daß dieser

Winter sich besser anläßt wie der vorige *war*.
Und somit Gott befohlen, ich ehre Sie, lieben Sie mich.
Frankfurt, den 20. Februar 1818 Willemer

Der in diesem Brief erwähnte Brief Mariannes ist nicht erhalten. Im Juli des gleichen Jahres meldet Willemer nach Weimar, daß sein ältester Sohn Brami einer Bagatellsache wegen in einem Duell den Tod fand, und als auch dann noch kein Lebenszeichen von Goethe kommt, schreibt Willemer am 30. Oktober:

Teuerster Freund,
welch ein feindlicher Genius (ob ein Dämon der Gleichgültigkeit oder der Abneigung) ist Ursach, daß von Ihnen kein freundliches Wort mehr zu uns gelangt! ja daß auch August mir auf meine Trauernachricht keine Antwort gab?
Und doch bedarf das Haus, das Sie kannten, und liebten, eines freundlichen Zuspruchs – Marianne kränkelt, mußte schon vor acht Wochen in die Stadt ziehen – hat keine Stimme – ich litt drei Wochen an schrecklichen Gichtschmerzen und leide noch – der Sohn liegt im Grab... so verspielt der Mensch sein Dasein an ein trübes Geschick... aber eben darum, daß so viele Fäden reißen, sucht man die alten zu erhalten, und will sich nicht gestehen, daß sie vielleicht schon durchschnitten sind.
Lassen Sie mich und Marianne des Gegenteils gewiß werden. Ich verlang keinen Brief, wenn Sie beschäftigt sind, nur drei Zeilen, daß Sie das Leben ertragen, und uns noch wohlwollen.
Willemer

Der Unglaube, der bei unserm langen Schweigen, verehrter Freund, in Ihrem Gemüt aufstieg, ist sehr verzeihlich; vernehmen Sie aber, daß mein Sohn, schmerzlich getroffen von Ihrem Verlust, zu antworten nicht getraute, mir vielmehr bei meiner Rückkunft aus Karlsbad den Brief einhändigte und mir diese traurige Pflicht überließ, die ich nicht eher erfüllen wollte, bis ich etwas vollständig mitschicken könnte, was Ihnen und unserer geliebten Marianne zur Freude gereichen möchte.
Hierbei also ein Fragment, an dem Sie gewiß abnehmen, daß ich, schon seit geraumer Zeit, um die Mühle und um das Rote Männchen her beschäftigt bin. Mögen diese Blätter Ihnen, wenn auch

nur für Augenblicke, jene schönen Tage zurückrufen, die mir
unvergeßlich bleiben; möge die Freundin, den vorüberfließenden ewigen Fluß betrachtend, auch der beharrlichen Bächlein
gedenken, die schweigsam, ohne Rauschen sich immer um sie her
schlängeln. Diese beiden Bogen bitte niemand mitzuteilen, denn
es dauert leider noch eine Weile, bis ich das Ganze senden
kann.
Ferner wäre mein Schweigen zu entschuldigen durch den unendlichen Zudrang der ersten Wochen meines Hierseins, wo gar
manches Versäumte nachzuholen war. Gegenwärtig aber setzt
die Erwartung so hoher Fremden alles in Bewegung, was nur
von neuen Kräften sich entwickelt und von alten übrig ist, um
mancherlei Feste zu verherrlichen.
Herr und Frau von Savigny waren diese Tage hier und nötigten
mich in die Rhein-, Main- und Neckargegenden; überhaupt vergeht keine Woche, daß nicht Fremde von dorther vorübergehen,
die das Verlangen stets beleben, auch wieder einmal persönlich,
an Ort und Stelle, den Freunden tröstlich sein zu können.
In diesen Tagen hatte ich die Freude, meinen alten trefflichen
Freund Zelter bei mir zu sehen. Da denn seine Kompositionen,
die Ihnen nicht unbekannt sind, viel Unterhaltung gaben; zugleich aber den Wunsch erregten, den Vortrag derselben durch
gewisse liebenswürdige Stimmen zu vernehmen. Und hiemit sei
geschlossen. Wenn Freunde und Freundinnen mir von Zeit zu
Zeit ein Wort sagen, so wird es mir eine erfreuliche Winterlust
sein, auch manchmal ein Lebenszeichen von hier aus merken zu
lassen.
Und so fort und für ewig   Goethe
Weimar, den 4. November 1818

*Bei dem diesem Briefe beigelegten »Fragment« handelte es sich
um Aushängebogen des »West-östlichen Divans«, der inzwischen in Druck gegangen war.*
*Die »hohen Fremden« waren die russische Kaiserin-Mutter
Maria Feodorowna, die Schwiegermutter des Erbherzogs, und
ihr Gefolge, zu deren Ehren Goethe seinen letzten und wohl bedeutendsten »Maskenzug« verfaßte, der am 18. Dezember bei
Hofe aufgeführt wurde.*
Marianne antwortet und dankt Mitte Dezember:

Ihr freundlicher Brief und die ihn begleitenden Blätter haben mich wieder ganz in jene Zeit versetzt, in der ich so glücklich, ja ich darf wohl sagen, jugendlich-heiter war. Wenn ich mir jetzt jenen Zustand vergegenwärtige, so möchte ich wohl nicht mit Unrecht mich einem Baum vergleichen, dem ein schöner Herbst neue Blüten entlockt; die alles belebende Sonne schmückte mich noch einmal mit dem Kranze der Jugend; es war mein letztes Glück! – Der Ernst tritt in mein Leben wie ein kalter Winter, und die Blüte fällt.

Jener Froh- und Leichtsinn, den Sie so liebreich an mir entschuldigten, ja sogar notwendig fanden, kommt gewaltig ins Gedränge, und die wünschenswerte Ruhe, von der man so viele Lobeserhebungen macht, und die ich sehr begierig wäre kennenzulernen, will sich noch immer nicht einfinden. Doch wem die Erinnerung so viel Herrliches bietet, darf mit der Gegenwart nicht rechten.

Wie gerne hätte ich Ihnen gleich nach der gehaltreichen Sendung meine Freude und meinen Dank bezeugt, aber Willemer bemerkte, daß erst die *hohen* Häupter abtreten müßten, ehe ein *niedriges* Gehör finden könne, und so bescheidete ich mich gerne, den Norden erst abziehen zu lassen, ehe ich für den Osten danken konnte. Wieviel Schönes wird uns daher erklingen, wieviel Erquickliches für mich; veredelt durch Ihren Geist, tritt jedes noch so kleine Ereignis, jedes unwillkürlich ausgesprochene Wort in ein höheres Leben; ich staune über das Bekannte und freue mich doch innig, daß es mir angehörte, ja daß ich es in einem gewissen Sinne mir zueignen darf.

Gedenken Sie unsrer im Kreise Ihrer liebenswürdigen Kinder. Sämtliche Bewohner des Roten Männchens und alle Angehörigen grüßen demutsvoll, respektvoll und liebevoll, wie es sich gerade für jedes schickt. Alle drei Grüße eignet sich an

Ihre Marianne.

Im März 1819 reiste Willemer nach Berlin, um vom preußischen König Verzeihung für den zu zwanzigjähriger Festungshaft verurteilten Gegner seines Sohnes zu erbitten. Am 25. März verzeichnet Goethes Tagebuch: »Geheimrat von Willemer zu Tische, blieb bis Abends.« Andertags sogleich gehen folgende Zeilen an Marianne ab:

Den schönsten Augenblick der Täuschung erlebt ich. Der verehrte Freund tritt ins Zimmer, die geliebte Freundin hofft ich im Hinterhalte. Da fühlt ich recht, daß ich ihr noch immer angehöre. Sagen Sie mir bald ein Wort. Hierbei wieder Fragmente; das Ganze folgt bald als Zeugnis fortwährender Unterhaltung mit der Entfernten.

Und so fort und für ewig
G.

Statt auf der Rückreise wieder in Weimar vorzusprechen, kehrte Willemer, der in Magdeburg den in Haft befindlichen Duellgegner seines Sohnes aufgesucht hatte, gleich nach Frankfurt und auf die Gerbermühle zurück. Erst am 24. Juni entschloß er sich zu einem Schreiben an Goethe:

Das Leben hemmende und verkrüpplende (traurige) Ereignisse mancherlei Art, unter denen das traurigste die Schwermut der guten Marianne – sind Ursache ihres und meines so langen Stillschweigens. Ich glaube immer, sie würde schreiben, und deshalb schrieb ich nicht; aber alles verstummt in ihrer Seele, ein geheimer Kummer nagt an ihrem Herzen, und zernagt es, wenn nicht bald Hülfe erscheint. Ich bin auf alles gefaßt, und weiß alles, und bin zu allem bereit, und spiele mit meinem Schmerz, ohne ihm zu erliegen: so etwas versteht sich übrigens in meinen Jahren von selbst.

Wäre es aber möglich, so bringen Sie den 28. August wie vor drei Jahren hier bei uns zu – Ihre unerwartete, mir allein bewußte Erscheinung – könnte vieles helfen, vieles *ordnen* – anders gestalten – und Sie lebten dabei auf der Mühle oder in der Stadt unbehelligt, sich ganz selbst überlassen.

Wir altern beide, und rücken dem Krisepunkt näher, wo sichs ausweisen muß, wem wir angehörten, ob dem Weltraum, einem unbegreiflichen Geist außer demselben, oder uns selbst – Indes, was geht uns das an? Wo die Vorausgegangenen blieben, bleiben auch wir.

Wenn es Ihnen *angenehm* ist und bequem, und der innere Trieb macht es Ihnen wünschenswert, so kommen Sie nach Karlsbad zu uns; es findet sich Treffliches zu reden über vieles, und wenn die Welt toll ist (wie sie es ist), so wollen wir es auch sein, aber nicht durch mühselige Verstandes-Weisheit, sondern durch Ergebung, durch Selbsterhebung und guten Wein.

Lieben Sie Ihren alten Landsmann

Willemer

Dieser in manchem Betracht erstaunliche Brief Willemers ist – wenn man ihn wieder und wieder liest, seinen Worten nachhorcht – unverkennbar mehr als nur eine Einladung, er enthält fast so etwas wie ein Angebot; und Goethe hat, in Erinnerung an manches mit dem Freund vertraulich Verhandelte, ein solches Angebot des liebenden Verzichts aus diesen Zeilen wohl herausgelesen, – wie seine behutsam abwehrende, ins Allgemeine ausweichende Antwort zu vermuten gibt.

Jena, den 9. Juli 1819

Nichts hätte ich mehr gewünscht, verehrter Freund, als daß Sie, da meine Kinder nach Berlin gegangen waren, im stillen Zeuge gewesen wären, wie das tägliche Tischgespräch zwischen Ulriken und mir sich um eine unruhige Verwunderung bewegte, wie Sie konnten so lange außenbleiben und schweigen. Zuletzt freilich erwarteten wir Sie nicht mehr, und ich schrieb an Schlossern: ob Sie denn wirklich zu Hause seien? Welches er bejahete, da ich denn zugleich Ihren lieben Brief erhielt.

Ich blieb um so ungewisser über Ihre Zustände, als ich Mariannen gleich nach Ihrer Abreise geschrieben und einiges gesendet hatte, worauf ich einige Erwiderung hoffte. In einer Lage wie die meinige, ich darf sagen, wie die unsrige, haben wir treuen Sinn zu bewahren für diejenigen, auf die unser Lebenswohl, unsere Lebensfreuden sich gründeten und stützten; dies war mir von je eine natürliche, notwendig eingeborne Pflicht, ich konnte sie im beweglichsten Leben einigermaßen erfüllen, und ich nähre und erbaue mich daran in der Einsamkeit. Wie schön uns dafür eine Gegenwart, sie mag uns zufällig gegönnt sein oder vorsätzlich erreicht werden, belebt und belohnt, empfand ich bei Ihrer Erscheinung, mein Teuerster, bei dem Besuche Zelters und anderer früheren Tat- und Leidensgenossen; selbst bei der Rückkehr meiner nur zwei Monat entfernten Kinder.

Welche Seligkeit würde es daher für mich sein, an dem freundlichen heiteren Mainstrom die teuren, wahrhaft geliebten Freun-

de wiederzufinden und aufs neue das übrige Leben zu verpfänden. Wie ich dieses Jahr dazu gelangen sollte, seh ich nicht ab, da außer den allgemeinen Schwierigkeiten noch besondere eintreten, worüber Sie aufzuklären mir nächstens zur Pflicht mache. Schreiben Sie mir öfter, ersuchen Sie Mariannen, daß sie von sich hören lasse. Wie nah ich meinen südwestlichen Freunden bin, können Sie denken, da ich mich gegenwärtig in Jena befinde, um den Abdruck des Divans zu beschleunigen, den man mir bis jetzt unverantwortlich verzögert hat.
Nur den Wunsch noch, bald wieder von den Lieben zu hören!
G.

Dieser Brief Goethes wird Marianne nach Baden-Baden nachgeschickt, wohin sie am 5. Juli abgegangen war. Und so bricht auch sie nun ihr langes Schweigen, aus dem selbst Goethes Zeilen vom März sie nicht herausgelockt hatten.

Baden, den 19. Juli 1819
Daß ich so lange gezögert, für Ihre herzlichen Worte zu danken, ist kaum zu entschuldigen, denn ich fürchte, meine Schuld zu vergrößern, wenn ich mich auf ein Gefühl berufe, was mich im Augenblicke unfähig machte, so viele Güte zu erwidern; einmal aufgeschoben, findet man den rechten Zeitpunkt nicht, und man erscheint als undankbar, wenn man sich auch hierüber keine Vorwürfe zu machen hat.
Ich war überrascht, gerührt, ich weinte bei den Erinnerungen einer glücklichen Vergangenheit; es kam mir fast alles wie ein Traum vor, den ich mir in der Gegenwart wiederholte, um ihn nicht zu vergessen. Daß Willemer Sie gesehen, gesprochen hatte, vermehrte das Unbegreifliche meines Zustandes, ja selbst was er mir von Ihnen schrieb und Ihr eigener Brief vollendete meine Verwirrung; ich konnte oder ich wußte nicht zu antworten; können Sie mir verzeihen, was sich nicht entschuldigen läßt? – –
Lassen Sie mir immer die angenehme Täuschung, daß Sie mir nicht aus Großmut nur verzeihen.
Die herrliche Gegend, die ich seit kurzem bewohne, die überaus reine Luft, das heilsame Bad, alles vereinigt sich, meiner Gesundheit, die in den letzten Jahren merklich gelitten, wieder aufzuhelfen. Sollte denn die Nähe Straßburgs, jene bedeutende

Aufforderung, den Rhein und Main zu besuchen, verbunden mit obigen, Ihnen gewiß bekannten vortrefflichen Eigenschaften Badens nicht den Vorzug vor Karlsbad verdienen; wie glücklich würde ich sein, Sie hier zu wissen, selbst wenn ich nicht mehr anwesend sein sollte, es bliebe immer die schöne Hoffnung, Sie bei uns auf der Mühle zu sehen. – Ich falle schon wieder in meinen alten Fehler; so bescheiden auch meine Wünsche im Ganzen sein mögen, wenn ich mir sie erfüllt denke, erscheinen sie mir verwegen.

Lassen Sie einiges von dem Gesagten in der Stille in Ihrem Herzen wirken, legen Sie einige richtige Gründe für die Sache in die Waagschale, und wer weiß, ob es nicht die Schwierigkeiten dagegen aufwiegt.

Von ganzem Herzen grüßt Sie
Marianne

Auch dieser Brief verschweigt mehr als er sagt, oder besser: indem er andeutend alles bekennt, rückt er unmerklich die Dinge ins Rechte, mit so geisterhafter Innigkeit, so sanftmütiger Gefaßtheit, daß Goethe diesmal – und hier in dem ganzen Briefwechsel zum einzigen Mal – die Anrede wechselt und sich in seiner Antwort allein des herzlichen Du bedient.

Nein, allerliebste Marianne, ein Wort von mir sollst du in Baden nicht vermissen, da du deine lieben Lippen wieder walten lässest und ein unerfreuliches Stillschweigen brechen magst. Soll ich wiederholen, daß ich dich von der Gegenwart des Freundes unzertrennlich hielt, und daß bei seinem treuen Anblick alles in mir rege ward, was er uns so gern und edel gönnt. Ob du gleich schwiegst, hatte ich allerlei zurechtgelegt, der Rückkehrende vermied uns, und es blieb liegen.

Nun da du sagst, und so lieblich, daß du mein gedenkst und gern gedenken magst: so höre doppelt und dreifach die Versicherung, daß ich jedes deiner Gefühle herzlich und unablässig erwidre. Möge dich dies zur guten Stunde treffen, und dich zu einem recht langen Kommentar über diesen kurzen Text veranlassen. Zum Schluß den frommen liebevollen Wunsch:

Eja! wären wir da!

Weimar, den 26. Juli 1819   G.

»Eja! wären wir da!« Dieser »liebevolle Wunsch« entstammt dem alten Weihnachtslied »In dulci jubilo« und drückt das Verlangen nach den Freuden des Himmelreichs aus: »Ubi sunt gaudia? Nirgend mehr denn da, Da die Engel singen Nova cantica, Und die Schellen klingen In regis curia. Eya, wärn wir da, Eya, wärn wir da!«
Ende August 1819 dankt Marianne von der Gerbermühle aus für diese »herzlichen Worte«; sie sendet ein Geburtstagsgeschenk und gesteht, daß sie es kaum erwarten könne, »das Buch der Bücher« bald in vollendeter Gestalt zu erhalten. Ein Exemplar des Divans war unterdes schon an sie abgegangen, und im Oktober gelangen folgende Zeilen nach Weimar:

Es bleibt immer eine schwere Aufgabe, aus der Ferne und in die Ferne Gedanken und Worte zu senden, die nur in der nächsten Nähe gedeihen; das innige Gefühl spricht sich nur in vollendeter Form oder gar nicht aus, und wenn es heißt: »Es sagt dir ein beredtes Schweigen oft mehr als ein beredter Mund«, so setzt es allerdings eine erfreuliche Nähe voraus. Wenn ich diese allgemeinen Bemerkungen auf meine Lage anwende, so geht daraus hervor, daß ich eigentlich schweigen müßte, und durch die Entfernung gezwungen zu reden, will ich versuchen, ob sich schreibend beides vereinigen läßt.

Ich habe den Divan wieder und immer wieder gelesen; ich kann das Gefühl weder beschreiben noch auch mir selbst erklären, das mich bei jedem verwandten Ton ergriff; wenn Ihnen mein Wesen und mein Inneres so klar geworden ist, als ich hoffe und wünsche, ja sogar gewiß sein darf, denn mein Herz lag offen vor Ihren Blicken, so bedarf es keiner weitern ohnehin höchst mangelhaften Beschreibung. Sie fühlen und wissen genau, was in mir vorging, ich war mir selbst ein Rätsel; zugleich demütig und stolz, beschämt und entzückt, schien mir alles wie ein beseligender Traum, in dem man sein Bild verschönert, ja veredelt wiedererkennt, und sich alles gerne gefallen läßt, was man in diesem erhöhten Zustande Liebens- und Lobenswertes spricht und tut; ja sogar die unverkennbare Mitwirkung eines mächtigen höheren Wesens, insofern sie uns Vorzüge beilegt, die wir vielleicht gar nicht besitzen, und andere entdeckt, die wir nicht zu besitzen glaubten, ist in ihrer Ursache so beglückend, daß

man nichts tun kann, als es für eine Gabe des Himmels anzunehmen, wenn das Leben solche Silberblicke hat.
Haben Sie Nachsicht mit mir und meinen verworrenen Begriffen; das größte Glück ist immer am unbegreiflichsten. Sie verzeihen mir wohl, daß mein Dank für alles Übersendete später kommt als die Freude über den Besitz.
Diese schönen Tage haben wir fast immer auf der Mühle zugebracht, obschon wir in der Stadt wohnen; der Hain, die Terrassen färben sich wie damals, und die Erinnerung belebt die Schatten, und es wandeln Gestalten unter den Bäumen, die dem Ganzen eine wundersame Bedeutung geben. Tausend Grüße von mir und Willemer an Sohn und Tochter.   Ganz die Ihre
Marianne

Am 14. Juni 1828 starb Goethes Freund, der Großherzog Carl August, der ihn vor einem halben Jahrhundert, im Herbst 1775, nach Weimar eingeladen hatte. Goethe bat seinen Nachfolger um die Gunst, die Sommermonate auf Schloß Dornburg in ländlicher Abgeschiedenheit verbringen zu dürfen. Dort entstand, im Gedenken an das alte Gelöbnis, drei Tage vor seinem 79. Geburtstag bei »schönem Aufgang und Fortschritt des Vollmondes« ein Gedicht, das zwei Monate später mit einem Billett nach Frankfurt ging. Das Ehepaar Willemer hatte im August eine Reise nach den oberitalienischen Seen unternommen und war über die Schweiz, Freiburg im Breisgau und Heidelberg nach Hause zurückgekehrt.

Mit dem freundlichsten Willkomm die heitere Anfrage: wo die lieben Reisenden am 25. August sich befunden? und ob sie vielleicht, den klaren Vollmond beachtend, des Entfernten gedacht haben?
Beikommendes gibt, von seiner Seite, das unwidersprechlichste Zeugnis. Vernehm ich hierauf das Nähere, vielleicht auch erhalt ich einen Auszug aus dem umständlicheren Tagebuch, so erwidre noch manches, besonders vielfachen Dank für die so reichlich gespendeten Stachelfrüchte.
Begleitet von allen dornfreien Gefühlen die besten Wünsche!
treu angehörig
Weimar, den 23. Oktober 1828   Goethe

Dem aufgehenden Vollmonde!
Dornburg, den 25. August 1828

Willst du mich sogleich verlassen!
Warst im Augenblick so nah.
Dich umfinstern Wolkenmassen,
Und nun bist du gar nicht da.

Doch du fühlst wie ich betrübt bin,
Blickt dein Rand herauf als Stern,
Zeugest mir daß ich geliebt bin,
Sei das Liebchen noch so fern.

So hinan denn! Hell und heller,
Reiner Bahn, in voller Pracht!
Schlägt mein Herz auch schneller, schneller,
Überselig ist die Nacht.

Frankfurt, 2. November 1828
Der Inhalt Ihres liebevollen Briefes gereichte mir zu großer Erquickung, und wenn dies auch jedesmal der Fall ist, so verfehlte er seine heilbringende Kraft um so weniger, als ich gerade zu Bette lag, wie mir diese Herzstärkung gereicht wurde; eine Halsentzündung, die ich mir durch arge Erkältung zugezogen hatte, von heftigen Kopfschmerzen begleitet, ist nun glücklich überstanden, und obschon mein Kopf noch an Schwäche leidet, fühle ich mich im Herzen stark genug, für den neuen Beweis von Liebe und Anhänglichkeit auf das innigste zu danken. Aber Sie sind gewiß überzeugt, daß Sie Ihre Neigung an keine Undankbare verschwenden: auf der ganzen Reise waren Sie unser steter Begleiter.
Was nun jenen 25. August anlangt, so kann ich ausführliches und übereinstimmendes Zeugnis von ihm geben. Morgens früh von Schaffhausen abgereist, kamen wir zeitig durch das überaus schöne Höllental nach Freiburg, wo wir sogleich den Münster sahen und bis zur vollkommnen Dämmerung in der Kirche blieben. In dem Gasthof, wo wir abgestiegen waren, hatte unser Zimmer einen Balkon auf eine breite freundliche Straße, die ungemein belebt war; halb Freiburg ging spazieren, und als nun

der Mond, den ich leider nicht aufgehen sah, über die Giebel der Häuser trat, war es so reizend und glänzend in dem behaglichen Städtchen, daß wir uns noch unter die Wandelnden mischten und den Weg nach dem Münster einschlugen, den wir im Silberlicht des Mondes unbeschreiblich schön sahen. Nach Hause gegangen, blieb ich noch lange Zeit auf dem Balkon und ließ jenes unvergleichliche Mondlied dem Gefühl und den Worten nach in meiner Seele anklingen; ich erinnerte mich jener Zeit, wo ich es Ihnen so oft gesungen, und fühlte jeden Nachklang froher und trüber Zeit. Hätte ich ahnen können, wie in diesem Augenblicke wirklich des Freundes Auge mild über meinem Geschick weilte, ich würde gerne mit ihm gerufen haben: »Überselig ist die Nacht!«

Auf dem Schlosse in Heidelberg habe ich wieder guter Zeiten gedacht, und ich muß es mit zu den Ereignissen meines Lebens zählen, daß ich so oft und immer wieder dahin komme, wo ich zu so verschiedener Zeit und Gemütsstimmung war.

Im Februar 1832, sechs Wochen vor Goethes Tod, geht ein letztes Schreiben an Marianne, dem die darin angekündigte versiegelte Sendung – Mariannes Briefe an Goethe – am Letzten des Monats folgte.

Indem ich die mir gegönnte Zeit ernstlich anwende, die grenzenlosen Papiere, die sich um mich versammelt haben, zu sichten und darüber zu bestimmen: so leuchten mir besonders gewisse Blätter entgegen, die auf die schönsten Tage meines Lebens hindeuten; dergleichen sind manche von jeher abgesondert, nunmehr aber eingepackt und versiegelt.

Ein solches Paket liegt nun mit Ihrer Adresse vor mir, und ich möcht es Ihnen gleich jetzt, allen Zufälligkeiten vorzubeugen, zusenden; nur würde mir das einzige Versprechen ausbitten, daß Sie es uneröffnet bei sich, bis zu unbestimmter Stunde, liegen lassen. Dergleichen Blätter geben uns das frohe Gefühl, daß wir gelebt haben; dies sind die schönsten Dokumente, auf denen man ruhen darf.

Da Sie es übrigens halten wie ich: den Tag zu sichern und zu schmücken wie möglich und dem Dulden sogleich eine Tätigkeit entgegenzusetzen, so bleiben Sie auch wie ich unwandelbar in

freundlicher Neigung. Schreiben Sie öfter. Eine Korrespondenz, die dauern soll, muß nicht Zug für Zug gehen; man schicke doch ja ein Blatt nach, um irgendein Stockendes flottzumachen.
und so fortan!

Weimar, den 10. Februar 1832   J W v Goethe

Tausend Dank für die beiden liebenswürdigen Briefe! Die Beweise Ihres unveränderten Wohlwollens machen mich sehr glücklich! Ihr Anerbieten, mir jenes inhaltsreiche Paket zu senden, rührt mich ganz unbeschreiblich, ich sage nichts weiter; senden Sie es nur, ich will es treu und gewissenhaft bewahren, wo Ihre Briefe liegen, die ich alle geordnet habe, und die ich oft und immer wieder lese. Gedenken Sie meiner immer mit Wohlwollen.

                                       Unverändert
                                             Ihre Marianne

Am 29. Februar geht dann das längst vorbereitete Paket mit den schon am 3. März des Vorjahrs entstandenen Begleitversen an Marianne ab.

        Vor die Augen meiner Lieben,
        Zu den Fingern die's geschrieben, –
        Einst, mit heißestem Verlangen
        So erwartet, wie empfangen –
        Zu der Brust, der sie entquollen,
        Diese Blätter wandern sollen;
        Immer liebevoll bereit,
        Zeugen allerschönster Zeit.

XII
Rahel Varnhagen
(1815–1821)

Unter allen Leserinnen und Verehrerinnen Goethes war wohl von Jugend auf die glühendste und zeitlebens dankbarste jenes Mädchen und jene Frau, die ihre Freunde nur »die Rahel« nannten: Rahel Levin, die 1771 geborene Tochter eines jüdischen Bankiers in Berlin, die spätere Gattin des Diplomaten und Publizisten August Varnhagen von Ense; neben Bettina die einzig Geniale unter seinen Adorantinnen, doch anders als diese die persönliche Nähe zu ihm mehr scheuend als suchend. Dafür kann sie sich nicht ersättigen an hohen Lobesnamen: ihren Herrn, ihren größten Liebling nennt sie Goethe in ihren Briefen; »diesen begabten Weisen, agitierten echten Herzensmenschen«, den sie liebt, verehrt, bewundert, anbetet, vergöttert; »diesen König der Deutschen, der Blinden, Unglücklichen, die ein Jahrhundert nach seinem Tod erwachen werden.« Und sehr früh schon, im Sommer 1808, bekennt sie ihrem Verlobten August Varnhagen, was Goethe ihr bedeutet:

Ein *Fest* war immer ein neuer Band Goethe bei mir; ein lieblicher, herrlicher, geliebter, geehrter Gast, der mir neue Lebenspforten zu neuem, unbekannten, hellen Leben gewiß erschloß. Durch all mein Leben begleitete der Dichter mich unfehlbar, und kräftig und gesund brachte der mir zusammen, was ich, Unglück und Glück, zersplitterte, und ich nicht sichtlich zusammenzuhalten vermochte. Mit seinem Reichtum machte ich Kompagnie, er war ewig mein einzigster, gewissester Freund; mein Bürge, daß ich mich nicht nur unter weichenden Gespenstern ängstige; mein superiorer Meister, mein rührendster Freund, von dem ich wußte, welche Höllen er kannte! – kurz, mit ihm bin ich erwachsen, und nach tausend Trennungen fand ich ihn immer wieder, er war mir unfehlbar; und ich, da ich kein Dichter bin, werde es nie aussprechen, was er mir war!

Die Rahel ist Goethe in ihrem ganzen Leben nur dreimal begegnet. Das erste Mal 1795 in Karlsbad, und Goethe fand damals höchst anerkennende Worte über ihr Wesen:

... ein liebevolles Mädchen; stark in jeder ihrer Empfindungen, und doch leicht in jeder Äußerung; jenes gibt ihr eine hohe Bedeutung, dies macht sie angenehm; jenes macht, daß wir an ihr die große Orginalität bewundern, und dies, daß diese Orginalität liebenswürdig wird, daß sie uns gefällt. Sie ist, soweit ich sie kenne, in jedem Augenblicke sich gleich, immer in einer eigenen Art bewegt, und doch ruhig; man fühlt sich, je näher man sie kennt, desto mehr angezogen und lieblich gehalten. Ihre große Liebe zu mir als Dichter ist mir doppelt lieb, denn es ist bei ihr keine allgemeine Idee; sie hat sich jedes Einzelne deutlich gemacht. Eine allgemeine Idee beweist größtenteils, daß wir unsere Würdigung des Dichters aus der Meinung anderer nehmen; haben wir uns aber jedes Einzelne deutlich gemacht, so zeigt das natürlich, daß wir *selbst* rein empfunden und deutlich gedacht haben.

Das zweite Zusammentreffen zwischen Goethe und der nunmehr verehelichten Rahel Varnhagen fand in Frankfurt statt, im September 1815, als nach der Schlacht von Waterloo Varnhagen von Wien nach Paris gereist war und Rahel sich in Frankfurt aufhielt.
Da sie erfahren hatte, daß Goethe damals in seiner Vaterstadt weilte, hatte sie versucht, Verbindung zu ihm aufzunehmen und zu diesem Zweck durch ein Billett bei ihm angefragt, ob er ein gewisses, über Leipzig an ihn expediertes Paket, mit einer Varnhagenschen Schrift und Manuskripten, erhalten habe. Drei Tage später, als sie, sonst eine Frühaufsteherin, leicht entzündeter Augen wegen, im Bett gefrühstückt hatte, endlich gegen neun aufgestanden und gerade beim Zähneputzen war, kommt ihr Wirt und meldet, ein Herr wolle sie sprechen.

Ich denke: ein Bote von Goethe. Ich lasse fragen, wer es ist; man bringt mir Goethens Karte; mit dem Bescheid, er wolle ein wenig warten. Ich lasse ihn eintreten und nur *so* lange warten, als man Zeit braucht, einen Überrock überzuknöpfen; es war ein schwarzer Wattenrock; und so trete ich vor ihn. *Mich* opfernd, um ihn nicht einen Moment warten zu lassen. Dies nur blieb mir von Besinnung. Auch entschuldigte ich mich nicht, sondern dankte ihm! »Ich dank' Ihnen!« sagte ich; und meinte, er müsse wissen, wofür! Daß er kam. Entschuldige mich nicht; denn ich meine, er muß wissen, daß ich *ganz* schwinde, und nur er berücksichtigt wird. Er sagte mir, mit einer etwas sächsischen, sehr aiséen Sprache, er bedaure, nicht gewußt zu haben, daß ich bei ihm war. »Wir wollten *nur* wissen, ob Sie das Paket erhalten hätten. Wir hatten es einem Wiener Kaufmann gegeben, der es mit bis nach Leipzig nahm.« – »Ich danke Ihrem Herrn Gemahl sehr, grüßen Sie ihn von mir; ich habe auch gleich antworten wollen, und legte es deshalb zurück, aber mit den interessantesten Sachen geht's einem am meisten so, man kommt nicht dazu. Ich danke Ihnen sehr!« – »O! das glaub' ich wohl, es geht *mir* ja sogar so. Ich wollte auch nur wissen, ob es in Ihren Händen sei.« Er ließ Dich wieder grüßen, wohl dreimal, fragte, wo Du bist. Ich sagte ihm, wie der Kongreß auf mich gewirkt habe: dessen war er, *ganz weise,* und abgetan und zweihundert Jahr alt, einverstanden; und meinte auch, es sei nicht zum Nacherzählen, *weil* es keine Gestalt habe; ich sagte ihm, ich hätte erfahren, daß der Krieg umbringe, aber nicht zerstöre, und gestand *ihm* zu, daß man dies an Frankfurt sähe, dessen Umgebungen wir um die Wette lobten, und er meinte, es würde ja dort bald aus sein, und wir auch noch etwas Gutes davon erfahren. So glimpf! so hoffnungsreich auf die Natur; so gelassen, freundlich, und unsicher, so vague, und fest. Daß es *mir* eine Lust war! Er lobte Heidelberg, und daß man noch sähe, daß es eine Residenz war. Und als ich von Lokal und seinem unbesiegbaren Einfluß sprach, bejahte er's: »Darin müssen wir ja einmal leben, das tut sehr viel.« Er fragte mich, wo wir immer wohnen. Im ganzen war er wie der vornehmste Fürst: aber wie ein äußerst guter Mann; voller *aisance*; aber Persönlichkeiten ablehnend: *auch* vornehm. Auf *Dich,* ziemlich gespitzt; und äußerst verbindlich. Er ging sehr bald. Ich fühle, daß ich mich im ganzen so betragen habe, wie *damals* in Karlsbad. Mit der hastigen Tätigkeit: lange mein schönes, stilles, bescheidenes Herz nicht gezeigt. Aber wenn man einen nur einen Moment, nach so *langjähriger* Liebe, und Leben, und Beten, und Weben, und

Beschäftigung, zu sehen bekommt, dann ist es so. Und mein Negligé, mein Gefühl von Ungrazie brachte mich ganz darnieder; und sein schnelles Weggehen. Im ganzen ist es rasend viel, daß er kam. Er sieht keinen Menschen. Wollte Prinzessin Solms, des Königs Schwägerin, mit dem neuen englischen Gemahl durchaus nicht sehen. Kurz, ich fühle mich über die Maßen in meiner Erniedrigung geehrt. Nur *ich* weiß, wie elend ich war. Goethe hat mir für ewig den Ritterschlag gegeben. Beim Himmel! Er *weiß* es, der Himmel! Kein Olympier könnte *mich* mehr ehren, mir von *meiner* Ehre mehr bringen. Nun höre *ganz*, wie lächerlich ich bin. Als er weg war, zog ich mich sehr schön an. Als wollt' ich's nachholen, redressieren! – Ein *schönes* weißes Kleid mit hohem schönen Kragen: eine Spitzenhaube, einen Kantenschleier, den Moskauer Schal; schrieb Frau von Busch, ob sie mich sehen will, und wollte doch einem anderen würdig erscheinen!!! – Sie wollte mich; und ich fand eine *liebe* Freundin der Brede, die mich mit offnen Armen und Herzen empfing, eine *liebe* Nachbarin, eine reizende Frau, die Dir gewiß gefallen wird, und worauf ich mich freue. – Als mir die Frau von Busch sagen ließ, sie erwarte mich, sagte Dore: »Nun! *heute* gelingt *alles*.« Gleich betete ich laut: Gott soll Dich kommen lassen, und Preußen beschützen. So ist der Mensch. Man liebt sein Land! Ich mußte selbst drüber weinen. Adieu! Deine stolze, beschämte, ärgerliche, treue, kluge bei der Dummheit!

Rahel

In die gleiche Zeit, da Rahel in Frankfurt dieses beseligende Mißgeschick traf, daß Goethe ihr einen Besuch machte, fällt der erstaunliche Brief eines jungen Franzosen, des Marquis Astolphe de Custine, mit dem Rahel befreundet war. Sie hatte Custine 1814 in Wien kennengelernt, wohin er im diplomatischen Gefolge Talleyrands gekommen war.
Astolphe war der Enkel des berühmten Grafen Custine, der 1793 die Übergabe von Mainz mit dem Kopf büßen mußte. Sein Vater, Armand, war als junger Mann ebenfalls guillotiniert worden; seine Mutter Delphine stand Chateaubriand nahe.
Als Goethe am 22. August 1815 bei seinem Neffen Christian Heinrich Schlosser in Frankfurt weilte, lernte er dort auch den

Marquis de Custine kennen. Da die Rahel in diesen Tagen von Frankfurt abwesend war, und da Custine wohl wußte, welchen Wert sie darauf legte, von ihren Freunden zu erfahren, welchen Eindruck diese von Goethe empfangen hatten, so ergriff er die Feder zu einer ausführlichen Schilderung:

Endlich habe ich Ihren Goethe gesehen! und zum ersten Male in meinem Leben habe ich erfahren, daß man vor einem Menschen wie vor einem Standbilde stillstehen kann, ohne ihn anzusprechen. Ich muß ihm wohl lächerlich vorgekommen sein: denn ich betrachtete ihn wie eine Naturerscheinung. Das liegt an Ihnen; warum haben Sie mit mir so viel von ihm geredet? Im ersten Augenblicke seines Erscheinens fühlte ich mehr das Bedürfnis, nachzusinnen, als das, zu sprechen. Er machte mich nicht verlegen, er ist zu groß, um einzuschüchtern; ich glaube nicht, daß je ein Mensch im Angesichte des Vatikanischen Jupiter mit seiner eigenen Person beschäftigt gewesen ist, und mit dem Eindruck, den sie machen könne; so konnte auch ich Goethe gegenüber nicht an mich selbst denken. Dieser Mensch, dessen Wesen sich durchaus von dem aller anderen Menschen unterscheidet, denen ich begegnet bin, machte auf mich den Eindruck einer Wüste; ich war von Ehrfurcht ergriffen; ich empfand Wohlbehagen und Angst, ohne zu wissen warum; es war mir, als blickte ich über den Rand eines Abgrundes, aus dem die Stimme eines Orakels herauftönte. – Wenn Goethes Züge nicht belebt sind, so drücken sie eine edle Trauer aus: man glaubt, einen Helden der Antike zu sehn, der unter der Wucht unseres Elends erliegt. Dieses Jahrhundert, in dem das Burleske vorherrscht, lastet auf ihm; auf seiner Stirn und in seinem Blick liegt etwas Tieftragisches. Wenn er lebhaft wird, so sprüht er von Geist; und wenn er ein Lächeln aufkommen läßt, ist er voll Anmut. Was mir an seinen Zügen besonders auffällt, ist die Harmonie des Ganzen: nirgend habe ich noch so viel Einklang im Verein mit solcher Mannigfaltigkeit erlebt; alle menschlichen Empfindungen und alle menschlichen Gedanken sind auf seinem Gesichte ausgeprägt; seine Physiognomie, voll von Leben, ist der Spiegel der Welt, und zugleich der Ausdruck eines Charakters: vom Werther zum Faust, und selbst den ›Beiträgen zur Optik‹, alles kann man dort lesen. Es ist ein universeller Geist; man könnte

glauben, daß auf ihn das Wort gemünzt sei: Der Mensch ist der Inbegriff des Alls.
Sein Benehmen ist kalt; und doch fühlt man sich zu ihm wie zu einem übernatürlichen Wesen hingezogen; aber sofort fühlt man auch, daß man nicht seinesgleichen ist. Wenn er die Augen aufhebt, so ist es, als weine er über die Menschheit; wenn er sie auf jemand heftet, scheint sein Blick zu durchbohren. Aber dies Durchdringende des Blicks tut einem wohl. Was einen Menschen gewöhnlichen Schlages langweilig macht, ist, daß er einen anderen Menschen nie völlig verstehen kann. Goethe versteht die Natur; wie sollte er nicht ein armes menschliches Atom begreifen? Ich hätte zu ihm hingehen und ihm sagen mögen: Lehre mich, was ich bin. Verkünde mir, Orakel, was über mein Leben entscheiden soll, was aus mir hervorgehen soll.
Obgleich seine beständige Würde ein wenig steif erscheinen mag, ist etwas Schlichtes an ihm, und man könnte ihn für kindlich halten: er ist gleichwohl unendlich weit von aller Naivität entfernt; alles an ihm ist Wille, und Bewußtsein seines Willens. Wenn man zu Goethe sagen würde: »Warum sind Sie, wie Sie sind?«, so würde er nicht antworten: »Weil ich ich bin«, sondern: »Weil ich ich sein *will*.« Durch diese Antwort wird eine unüberschreitbare Kluft zwischen ihm und der Naivität aufgetan; aber sein Geist verleiht ihm den Zauber naiver Menschen. Nur dem Vergnügen, das man im Gespräch mit ihm empfindet, darf man nicht trauen. Man täusche sich nicht, er ist mehr als ein Mensch. Nichts Anmutigeres als seine Art, sich mit Personen zu unterhalten, die ihm vorgestellt wurden: für Augenblicke hat er dann eine so feine und so schonende Ironie, daß sie unmöglich verletzen kann; er verfügt im höchsten Maße über das Talent, oder besser die Gabe, für das, was er sagt, zu interessieren; seine Persönlichkeit, seine bloße Gegenwart, ja sein Schweigen, fordern zum Nachdenken auf, und erregen den Wunsch, ihn sprechen zu hören; er vereint Wärme mit Ruhe, er mäßigt sich, wie wenn er wenig Leben in sich hätte, und bleibt doch nicht unempfänglich, wenn andre leidenschaftlich werden; es ist ein Mensch, erhaben über das Gemeine und über sich selbst. Er ist Herr seiner selbst; er ist gefaßt, die Widerwärtigkeiten seines Schicksals zu ertragen; es ist der erste große Mensch, den ich entschlossen gefunden habe, ohne Klagen alles Unglück des Genies auf sich zu

nehmen; er ist unglücklich, weil er allein ist; aber er will allein sein, weil er erkannt hat, daß er es sein muß.
Ich habe gesagt, daß man alles in seiner Physiognomie fand, und doch fehlt eines, etwas Unentbehrliches: die Liebe. Ich glaube nicht, daß ihm gegeben ist, in einem anderen zu leben; er hat alles in sich, nur das nicht, was uns allem entsagen läßt. Der Reichtum seiner Natur täuscht ihn, er bestärkt ihn in seiner Selbstheit; er steht allein in dieser Welt, und vielleicht bereitet er sich schon darauf vor, auch in der anderen allein zu bleiben: wer einmal dahin gekommen ist, für den ist die Selbstsucht die einzige Zuflucht.
Es ist gewiß eine ungewöhnliche Erscheinung, daß ein Mensch, der zu solcher Weite, solcher Erhabenheit des Denkens gediehen ist, sich nicht zum Christentum bekennt.
Zum Unglück für Goethe ist die christliche Religion eine göttliche Offenbarung. Vielleicht würde er sie erfunden haben; aber da er sie vor sich in die Welt gekommen fand, und mit ihr allerhand Zutaten, die er nicht hinzugefügt hätte, wenn er sie geschaffen hätte, da er in ihren Priestern sieht, was er nicht sehn möchte, und an ihr nicht das, was er sehn möchte, darum verwirft er sie. So drückt nun die Leere, die sie in seinem Innern läßt, ihn nieder; die Sorge verzehrt ihn, er verhaftet sich den geringsten Einzelheiten des Lebens, er legt sich das Studium des Kleinen auf und sucht ihm Geschmack abzugewinnen, schließlich schleppt er sich in der Nacht dieser Welt hin, als wenn er nicht selbst eine ihrer Leuchten wäre; und man muß gestehn, daß dieser ungeheure Geist ebenso erstaunlich ist durch das, was ihm abgeht, wie durch das, was ihm eigen ist. Deshalb vergleicht auch mein Freund Zacharias Werner das Haupt Goethes mit einer riesenhaften Kuppel ohne Haube, so daß das Licht nur von unten eindringen kann.

Die Rahel hat diesen Brief dem Schreiber zurückgegeben, weil sie eine solche »Schmähschrift gegen den großen Mann« nicht in ihrem Besitz haben wollte. Der Brief bleibt jedoch deshalb ein Dokument ersten Ranges, weil er zeigt, bis zu welchem Grade selbst ein dem Phänomen Goethe eher abgeneigter Geist die Stilisierung ins Übermenschliche zu treiben geneigt war. Außerdem begegnen uns hier schon gewisse Vorbehalte und Vorwürfe,

die bei den späteren Goethegegnern aller Lager, nur meist vergröbert, wiederkehren.
Die Rahel hat Goethe in späteren Jahren noch einmal wiedergesehen, am 8. Juli 1825, als sie mit Varnhagen nach Baden-Baden reiste. Man war zum Abendessen eingeladen, und Goethe schenkte Rahel eine Feder, mit der er noch am Morgen des gleichen Tages geschrieben hatte.
Die entscheidende Begegnung aber, nicht von Angesicht zu Angesicht zwar, doch von Geist zu Geist, ja von Herz zu Herz, fällt in die Jahre 1821/22, als die erste Fassung des ersten Teils des Romans »Wilhelm Meisters Wanderjahre« erschienen war. Rahel schreibt darüber im Juni 1821 an ihren Bruder Ludwig Robert in Mannheim.

Obgleich ich Dir erst Sonnabend geschrieben habe, und den größten Konversations-Brief – so beginne ich doch wieder einen neuen heute, und das bloß wegen Goethes »Wanderjahren«! Dies ist eine große Begebenheit. »Man wird reicher, man gewinnt einen großen Besitz!« sagte, unter Strömen Gesprächs und Mitteilung, gestern abend D. bei uns, den ich nie so belebt, so natürlich, so ergriffen, verjüngt und in seinen Urkräften hergestellt gesehen habe als durch dies Buch. Das muß wohl so wirken! Je mehr einer durch Gaben, Leben und Denken bereitet ist, je mehr hat er an diesem Werke; es ist ein Zusammengefaßtes aller Goetheschen Werke, die selbst nichts anderes sind als ebenso viele geistige Gesichtspunkte des ganzen irdischen Daseins, die Betrachtung über des Menschen Geist mitinbegriffen. Alle seine Werke, die kleinsten an Maß nicht versäumt, muß man inne haben, wenn man jedes einzelne besser und tiefer und vielfältiger verstehen soll; eines beleuchtet das andere, und läßt es besser durchdringen; und es ist mit ihnen wie mit der Welt selbst: sie besteht aus unzählbaren Schöpfungsweisen, je mehr wir aber davon erkennen, je reicher und vollkommener wird das Konzert, und als Neuganzes immer wieder einfach. Ein kunstbegabter Geist ist Nachschöpfer des Urschöpfers. Ein großer Dichter nimmt die Welt selbst mit ihren Begebenheiten als Stoff zu seinen Werken. Ich sehe in Goethe nur einen gewaltigen Historiker; es muß geschehen, was er schildert, denn er schildert nur, was geschieht: »Seltsam ist Propheten-Lied, doppelt seltsam, was geschieht.«

Wer erfaßt, was geschieht, der kann ein Prophet sein. Alle seine Werke ruft mir dies Buch herbei: die Welt, wie sie langsam und schnell – wie alles organische Wachstum – sich seit den ältesten Nachrichten von ihr entwickelt – ich sehe auf das von ihr Aufgezeichnete überhaupt hin, oder ich sehe es in dem Kunstspiegel Goethes, der uns all ihre Gebilde, nicht wirklich, aber wahrhaft, vor Geist und Auge bringt. Er führt uns, von den Patriarchen an, in seinen Werken hindurch, bis auf den Punkt, wo wir wirklich stehen. – Nach allem Menschen-Verkehr hat Goethe hingeschaut mit seinen Augen, allen verstand er, und versteht, ihn uns verständlich zu machen. Als ich diesen Winter seinen »Divan« las, wurde mir klar, wie er ewig aufs neue so groß, lebendig und belebend ist: alle Zeiten, Religionen, Ansichten, Ekstasen und Zustände begreifend und darstellend und erklärend. – Ich liebe die Menschen, die fortlieben, was ihnen einmal gefallen konnte; dann waren es die Augen, dann war es das Herz, denen es gefiel; die Leute aber, deren Neigungen dem Beifall anderer folgten und ihrem Gegenstande fremde Gründe annahmen, müssen von Grund aus in ihrer Seele wechseln, berühren ihr eigen Gemüt nicht unmittelbar, und wissen sich damit noch etwas, und meinen, mit dem Alter hätten sie Wichtigeres ergriffen, welches doch nur darin liegt, daß ihre innere Geschichte nicht aus einem Stücke besteht und eigentlich keine Person bildet; solche Leute lieb' ich nicht. Den großen Wahrheitsfreund, den griffgeübten Meister finden wir aber auf jedem Punkte seiner Gesamtwerke immer wieder, bald minder-, bald mehrtönig, immer zustimmig zum einmal Gesagten; vom leisesten kleinsten Ton bis zum kühnsten neuesten Ausspruch; in ewig junger Liebe zu allem Naturgemäßen, was in Menschen und Welt sich regt; mit Haß und rechtlicher Verfolgung alles Falschen, aller Lüge, aller verzärtelten und noch so gepriesenen Unwahrhaftigkeit, sie mag so hoch oder so tief herrschen, wie sie will! Diese ehrwürdige Stimmung und Gesinnung find' ich immer unverändert wieder, wenn auch noch so gehalten und mit richterlicher Alters-Weisheit und dem größten Maße geschmückt und fast versteckt. Welche persönliche Schmeichelei ist mir aber bei Lesung dieses neuesten Werkes widerfahren! Gleichsam – wie Glück es mit sich bringt – eine Belohnung des Glücks, welches ich in des größten Meisters Bewunderung empfinde! Vorlängst sah ich in »Wilhelm Meister« gleichsam zwei Texte zu dem Buche im Buche selbst ausgesprochen, und sagte dies auch. Der eine ist die Stelle, wo Meister gegen Aurelien in die Betrachtung ausbricht: »O, wie sonderbar ist es, daß dem Menschen nicht allein so manches Unmögliche, sondern auch so manches Mögliche versagt ist!« Und der andere, wo die Bemerkung gemacht wird, daß der kleinste Raum unseres Weltteils schon in Besitz genommen, das Land, die Flüsse, die Wege und jeder Besitz befestigt sei. Unser Geist ist in der ersten Himmels-Sentenz gefangen, und die Einsicht darin seine weiteste Regung; sie begreift auch das Schicksal unseres Herzens; wir halten für möglich, daß ein Herz für uns gestimmt sei, in welchem eine uns verborgene Unmöglichkeit obwaltet: Unglück der Liebe! Wir wollen in irdisch realen Verhältnissen herrschen und wirken, und finden die Erde besetzt! Die Edlen, Begabten kommen und müssen kommen auf Spiel und Kunst; die andern arbeiten, schaffen, gewinnen weltliche Güter, so gut sie können. Die ganze Welt in mannigfaltigster, lieblichster, weisester, künstlerischester, zerreißendster und beruhigendster Weise zeigt und lehrt uns dieser große Roman; und aus dem Einzelleben der geliebtesten Personen und Persönlichkeit nun in den »Wanderjahren« herausgespielt, dringt dies Buch fortschreitend auf den Gedanken der Gesamteinrichtungen für Menschen zurück und vorwärts, wie die Welt selbst. Mit der beflügeltsten, wie schon in Erfüllung gegangenen Hoffnung, und doch auf ganz Neues gefaßt, erwarte ich den zweiten Teil. Welche Freude!

August Varnhagen hatte den Roman unterdessen in der Berliner Zeitschrift »Der Gesellschafter« besprochen, und im August brachte die gleiche Zeitschrift, von ihm zusammengestellt, insgesamt vierzehn briefliche Äußerungen der Rahel und ihres Freundeskreises, die dieses Buch zum Gegenstand hatten. Rahels hier auszugsweise zitierter Brief an ihren Bruder eröffnete die Folge. Diese unter Decknamen abgedruckten Äußerungen – und zwei weitere Veröffentlichungen, die sich mit dem Roman befaßten – bewegten Goethe zu einem Dankeswort, das 1822 zuerst in Cottas »Morgenblatt«, dann in seiner Hauszeitschrift »Kunst und Altertum« erschien.

Geneigte Teilnahme an den Wanderjahren

Da nun einmal für mich die Zeit freier Geständnisse herangekommen, so sei auch Folgendes gegenwärtig ausgesprochen.
In späteren Jahren übergab ich lieber etwas dem Druck als in den mittleren, denn in diesen war die Nation irregemacht durch Menschen, mit denen ich nicht rechten will. Sie stellten sich der Masse gleich, um sie zu beherrschen; sie begünstigten das Gemeine als ihnen selbst gemäß, und alles Höhere ward als anmaßend verrufen. Man warnte vor tyrannischem Beginnen anderer im Literarkreise, indessen man selbst eine ausschließende Tyrannei unter dem Scheine von Liberalität auszuüben suchte.
Nun darf ich mich aber zuletzt gar mannigfach besonders auch des Wohlwollens gegen die Wanderjahre dankbarlichst erfreuen, welches mir zu Gesicht gekommen. Ein tiefsinnender und fühlender Mann, Varnhagen von Ense, der, meinen Lebensgang schon längst aufmerksam beobachtend, mich über mich selbst seit Jahren belehrte, hat im »Gesellschafter« die Form gewählt, mehrere Meinungen im Briefwechsel gegeneinander arbeiten zu lassen; in solchem Falle sehr glücklich, weil man den Bezug eines Werks zu verschiedenen Menschen und Sinnesweisen hierdurch am besten zur Sprache bringen und sein eignes Empfinden mannigfach und anmutig an den Tag geben kann.
Diesen werten Freunden kann ich für den Augenblick nur soviel erwidern: daß es mich tiefrührend ergreifen muß, das Problem meines Lebens, an dem ich selbst wohl noch irre werden könnte, vor der Nation so klar und rein aufgelöst zu sehen; wobei ich mich denn auch über manches Zweifelhafte belehrt, über manches Beunruhigende beschwichtigt fühle. Ein solcher Fall möchte sich in irgendeiner Literatur wohl selten zugetragen haben, und es wird sich gar wohl ziemen, auf diese Betrachtungen gelegentlich zurückkehrend, meine Bewunderung auszudrücken über den durchdringenden Blick ernster Männer und Freunde, die ihre Aufmerksamkeit einem Einzelnen in dem Grade geschenkt, daß sie seine Eigenheiten besser kennen als er selbst, und indem sie einem Individuum alles Liebe und Gute erweisen, es doch in seiner Beschränktheit stehen lassen, das Unvereinbare von ihm nicht fordernd.

Als diese Dankesworte Goethes im Februar des folgenden Jahres Rahel vor Augen kamen, da kannte ihre Freude keine Grenzen, und ihr Bruder Ludwig Robert empfing einen ihrer allerschönsten, weil allergelöstesten Briefe; auch dieser, wie viele Briefe der Rahel, mit einer kleinen Wetternotiz beginnend.

Sonnabend, den 9. Februar 1822, vormittag 12 Uhr.
Duschig, nach dem göttlichsten Frühling, den ich genoß.
Heute nur ein Wort! und das ist: »Nun hab' ich mein Sach nicht mehr auf nichts gestellt!« (Lies das neueste Heft »Kunst und Altertum«: »Geneigte Teilnahme an den Wanderjahren.«) Ich habe Friedrichs des Zweiten schwarzen Adlerorden: er bedeckt mein belohntes Herz. Er ist gemacht: aus allen Tränen, die ich weinte und verschluckte, aus allem, was ich litt; liebte; lebte; genoß im Bösen und Guten. Mein Leben ist an seine Adresse gelangt. Daß *dieser* Mann *erlebe* von seinen Zeitgenossen, daß er vergöttert, anerkannt, studiert, begriffen, mit dem einsichtigsten Herzen geliebt würde, war der Gipfel all meiner Erdenwünsche und Kommission! Dieser vollständigste *Mensch*; dieser Repräsentant, der alle andern in sich trägt; und so mächtig ist, sie uns zu zeigen. Dieser Priester, dieser wahrhafte Gesandte! dieser sagt nun befriedigt selbst, er sei verstanden; *das heißt*: geliebt; geliebt mit einer Liebe, die Er nur erschaffen konnte. *Dies* hab' *ich* ihm verschafft. Ich Ball in den Händen der Vorsehung, und auf dies Glück, *als* Ball, bin ich stolz; nämlich freudig: und das freut den lieben Gott. Und der Triumph geht von Berlin aus: und das freut mich noch besonders, weil Er von Berlin häßlich berührt wurde, weil ich ewig Friedrich dem Zweiten dankbar bleibe; und weil es die beste deutsche Stadt ist. (So wird sie auch mit Recht am besten gehaßt.) Also wir drei, Du, Rike und ich, umarmen uns hier. Im Brief . . .

XIII

Über die Farbenlehre
Schopenhauer und Hegel

Goethes intensive Beschäftigung mit den Farben setzte nach seiner Rückkehr aus Italien ein. Als erstes Ergebnis seiner Untersuchungen und Überlegungen erscheinen 1791/92 die »Beiträge zur Optik«, 1810 folgen der »Entwurf einer Farbenlehre« und, als deren zweiter Teil, die »Materialien zu einer Geschichte der Farbenlehre«.

Diese vor allem wegen ihrer polemischen Ablehnung Newtons seit je umstrittene, wohl auch in Bausch und Bogen verworfene Farbenlehre näher zu charakterisieren und kritisch zu würdigen, ist hier weder möglich noch tunlich. Die einschlägigen Schriften und Aufzeichnungen Goethes umfassen mehr als zweitausend Seiten, und seine Darlegungen bedürfen, zum Verständnis, dringend der Verdeutlichung durch das Experiment.

Bei aller Mißachtung durch die Fachwelt blieben Goethes Bestrebungen auf diesem Gebiet dennoch nicht ohne Zustimmung mitstrebender Zeitgenossen, von denen als frühester der Maler Philipp Otto Runge genannt werden muß, dem Goethe ein Denkmal des Dankes gesetzt hat, indem er den didaktischen Teil der Farbenlehre mit einem Brief von Runge als Zugabe abschloß.

Noch energischer war der Anteil, den der junge Arthur Schopenhauer an Goethes Farbenlehre nahm. Zeitlebens blieb er von dem »himmelschreienden Unrecht« überzeugt, das Goethe hinsichtlich dieser zu erleiden hatte. »Er war dämonisch getrieben«, heißt es in einem Briefe Schopenhauers aus dem Herbst 1849, »als er, in meinem 25. Jahre, mich persönlich zu seinem Schüler darin machte und sich keine Mühe verdrießen ließ, mich zu überzeugen.« Das war im Winter 1813/14, als der eben promovierte Doktor Schopenhauer einige Monate bei seiner Mutter in Weimar wohnte. Das Ergebnis dieses Umgangs und der Beschäftigung mit Goethes Farbenlehre war eine »neue Theorie der Farbe«, die Goethe im Manuskript mitgeteilt wurde, als er sich im Juli 1815 zur Kur in Wiesbaden aufhielt.

Da die erbetene »Anzeige des Empfangs« auf sich warten ließ und dieses Schweigen Schopenhauer bedrückte, schickte er seiner ersten Sendung zwei Monate später einen längeren Brief nach.

Dresden, den 3. September 1815

Euer Exzellenz
werden mein vor acht Wochen an Sie abgesandtes Manuskript über das Sehn und die Farben gewiß erhalten haben. Sie haben indessen mich bisher keiner Antwort darauf gewürdigt, welches ich mir hauptsächlich daraus erkläre, daß die mannigfaltigen Umgebungen Ihres öfter veränderten Aufenthalts, dabei der Umgang mit regierenden, diplomatischen und militärischen Personen, Sie zu sehr beschäftigt und Ihre Aufmerksamkeit einnimmt, als daß meine Schrift anders als sehr unbedeutend dagegen erscheinen, oder zu einem Briefe über dieselbe Zeit übrig bleiben könnte. Es würde töricht und vermessen sein, wenn ich mir deshalb die leiseste Andeutung eines Vorwurfs gegen Euer Exzellenz erlauben wollte. Andrerseits jedoch hat mir die Gesinnung, aus der ich meine Schrift Euer Exzellenz übersandte, keineswegs die Verpflichtung aufgelegt, mich jeder Bedingung zu unterwerfen, unter der allein Sie diese Schrift zu lesen und zu berücksichtigen geneigt sein möchten. Ich weiß von Ihnen selbst, daß Ihnen das literarische Treiben stets Nebensache, das wirkliche Leben Hauptsache gewesen ist. Bei mir aber ist es umgekehrt: was ich denke, was ich schreibe, das hat für mich Wert und ist mir wichtig; was ich persönlich erfahre und was sich mit mir zuträgt, ist mir Nebensache, ja ist mein Spott. Dieserhalb ist es mir peinlich und beunruhigend, eine Handschrift von mir seit acht Wochen aus meinen Händen zu wissen und noch nicht einmal völlige Gewißheit zu haben, daß sie dahin gelangt ist, wohin allein ich sie geben mochte, und wenn auch dies gleich höchst wahrscheinlich ist, wenigstens nicht zu wissen, ob sie gelesen, ob gut aufgenommen ist, kurz, wie es ihr geht. Mir ist diese Ungewißheit über etwas, das zu dem gehört, was mir allein wichtig ist, unangenehm und quälend, ja in manchen Augenblicken kann meine Hypochondrie hier Stoff zu den widrigsten und unerhörtesten Grillen finden. Um allem diesem und der Plage einer täglich getäuschten Erwartung ein Ende zu machen und die Sache mir wenigstens aus dem Sinn schlagen und

vors erste vergessen zu können, bitte ich Euer Exzellenz, mir meine Schrift nunmehr zurückzuschicken, mit oder ohne Bescheid, wie Sie für gut finden. Sollten Sie indessen wünschen, sie noch länger zu behalten, so haben Sie die Güte, mir die Gründe dazu anzuzeigen und mir überhaupt durch einigen Bescheid Beruhigung darüber zu verschaffen.
Ich hoffe, daß Euer Exzellenz mein Anliegen nicht übeldeuten und nie zweifeln werden an der unveränderlichen und innigen Verehrung, mit der ich für mein ganzes Leben verharre
Euer Exzellenz
ergebenster Diener
Arthur Schopenhauer Dr.

Ihre freundliche Sendung, mein Wertester, hat mich zu guter Stunde in Wiesbaden getroffen, so daß ich lesen, überdenken und mich an Ihrer Arbeit erfreuen konnte. Hätte ich ein schreibendes Wesen neben mir gehabt, so hätten Sie viel vernommen. Nun müßte ich aber, mit unwilliger Hand, eine ganze Litanei von Unfällen, Ortsveränderungen, lehrreichen und erfreulichen Erfahrungen und Zerstreuungen aufzeichnen, wenn ich mein Schweigen entschuldigen wollte. Soeben schon wieder den Fuß im Stegreife, bitte ich nur, sich kurze Zeit zu gedulden und mir das Werk, bis ich nach Weimar komme, zum Geleit zu lassen. Alsdann erfolgt es zurück mit Bemerkungen, wie sie der Tag bringt und erlaubt. Bleiben Sie nur meines Danks und Andenkens versichert.
Bei Frankfurt am Main, den 7. Sept. 1815   Goethe

In seinem Dankschreiben für diese »vorläufige Beruhigung« kann Schopenhauer es sich nicht versagen, Goethe noch einen »Experimentalbeweis der Herstellung des Weißen aus jeglichem Farbenpaar« mitzuteilen und damit einen heiklen Punkt zu berühren, da Goethe eben diese »Sophisterei« nachdrücklich verworfen hatte. Seine Antwort vom 23. Oktober klingt dementsprechend wohlwollend reserviert:

Den ersten ruhigen Augenblick nach meiner Zurückkunft ergreife, um Ihren Aufsatz sowie den ersten und letzten Brief nochmals zu durchgehen, und ich kann nicht verbergen, daß es

mit großem Vergnügen geschieht. Ich versetze mich in Ihren Standpunkt, und da muß ich denn loben und bewundern, wie ein selbstdenkendes Individuum sich so treu und redlich mit jenen Fragen befaßt, und das, was gegenständlich daran ist, rein im Auge behält, indem es sie aus seinem Innern, ja aus dem Innern der Menschheit zu beantworten sucht.
Abstrahiere ich nun von Ihrer Persönlichkeit und suche das, was Ihnen gehört, mir anzueignen, so finde ich sehr vieles, was ich aus meinem bestimmten Gesichtspunkte gar gern gleichmäßig ausdrücke. Komm ich aber an das, wo Sie von mir differieren, so fühle ich nur allzusehr, daß ich jenen Gegenständen dergestalt entfremdet bin und daß es mir schwer, ja unmöglich fällt, einen Widerspruch in mich aufzunehmen, denselben zu lösen, oder mich ihm zu bequemen. Ich darf daher an diese strittigen Punkte nicht rühren.

Euer Exzellenz
haben mir durch Ihr gütiges Schreiben eine große Freude gemacht, weil alles, was von Ihnen kommt, für mich von unschätzbarem Wert, ja mir ein Heiligtum ist. Überdies enthält Ihr Brief das Lob meiner Arbeit, und Ihr Beifall überwiegt in meiner Schätzung jeden andern. Besonders erfreulich aber ist es mir, daß Sie in diesem Lobe selbst, mit der Ihnen eignen Divination, grade wieder den rechten Punkt getroffen haben, indem Sie nämlich die Treue und Redlichkeit rühmen, mit der ich gearbeitet habe. Nicht nur was ich in diesem beschränkten Felde getan habe, sondern alles, was ich in Zukunft zu leisten zuversichtlich hoffe, wird einzig und allein dieser Treue und Redlichkeit zu danken sein. Denn diese Eigenschaften, die ursprünglich nur das Praktische betreffen, sind bei mir in das Theoretische und Intellektuale übergegangen: ich kann nicht rasten, kann mich nicht zufriedengeben, solange irgendein Teil eines von mir betrachteten Gegenstandes noch nicht reine, deutliche Kontur zeigt. Jedes Werk hat seinen Ursprung in einem einzigen glücklichen Einfall, und dieser gibt die Wollust der Konzeption: die Geburt aber, die Ausführung, ist, wenigstens bei mir, nicht ohne Pein: denn alsdann stehe ich vor meinem eignen Geist: wie ein unerbittlicher Richter vor einem Gefangenen, der auf der Folter liegt, und lasse ihn antworten, bis nichts mehr zu fragen übrig

ist. Einzig aus dem Mangel an jener Redlichkeit scheinen mir fast alle Irrtümer und unsäglichen Verkehrtheiten entsprungen zu sein, davon die Theorien und Philosophien so voll sind. Man fand die Wahrheit nicht, bloß darum, daß man sie nicht suchte, sondern statt ihrer immer nur irgendeine vorgefaßte Meinung wiederzufinden beabsichtigte, oder wenigstens irgendeine Lieblingsidee durchaus nicht verletzen wollte, zu diesem Zweck aber Winkelzüge gegen andere und sich selbst anwenden mußte. Der Mut, keine Frage auf dem Herzen zu behalten, ist es, der den Philosophen macht.

Wie Odin am Höllentor die alte Seherin in ihrem Grabe immer weiter ausfrägt, ihres Sträubens und Weigerns und Bittens um Ruhe ohngeachtet, so muß der Philisoph unerbittlich sich selbst ausfragen. Dieser philosophische Mut aber, der eins ist mit der Treue und Redlichkeit des Forschens, die Sie mir zuerkennen, entspringt nicht aus der Reflexion, läßt sich nicht durch Vorsätze erzwingen, sondern ist angeborne Richtung des Geistes.

Notwendig liegt der Irrtum in meinem Werk, oder in Ihrem. Ist ersteres, warum sollten Euer Exzellenz sich die Befriedigung und mir die Belehrung versagen, durch wenige Worte die Linie zu ziehn, die in meiner Schrift das Wahre vom Falschen sonderte? – Aber ich gestehe unverhohlen, daß ich nicht glaube, daß eine solche Linie sich ziehen ließe. Meine Theorie ist die Entfaltung eines einzigen unteilbaren Gedankens, der ganz falsch oder ganz wahr sein muß: sie gleicht daher einem Gewölbe, aus welchem man keinen Stein nehmen kann, ohne daß das Ganze einstürzte. Ihr Werk dagegen ist die systematische Zusammenstellung vieler und mannigfaltiger Tatsachen: dabei konnte sehr leicht ein kleiner Irrtum mit unterlaufen und kann ebenso leicht, dem Ganzen unbeschadet, gehoben werden. Ist aber wirklich so etwas der Fall gewesen, wird es vor Welt und Nachwelt Ihnen zur Ehre gereichen und die Anerkennung Ihres Werkes fördern, wenn solche kleine Irrtümer, beiläufig, mit gerechter Schonung und Nachweisung ihrer Anlässe, in der Schrift eines Ihrer ersten Proselyten, die Sie selbst herausgeben, berichtigt werden, als wenn es den Feinden überlassen bleibt, sie mit Gehässigkeit ans Licht zu stellen und herauszuheben. Muß man nicht oft, um Leib und Leben zu retten, ein Glied des Leibes dem Messer des Wundarztes preisgeben? und ist man nicht verloren, wenn

man statt dessen dem Wundarzte entgegenruft: »Tue, was du willst, nur diese Stelle rühre nicht an!«
Ich weiß mit vollkommner Gewißheit, daß ich die erste wahre Theorie der Farbe geliefert habe, die erste, soweit die Geschichte der Wissenschaften reicht: ich weiß auch, daß diese Theorie einst allgemein gelten und den Kindern in den Schulen geläufig sein wird; sei es, daß meinen Namen die Ehre der Erfindung begleitet oder den eines andern, der entweder dasselbe entdeckte oder mich beraubte. Aber ich weiß auch ebenso gewiß, daß ich jenes nimmermehr geleistet haben würde, ohne Euer Exzellenz früheres und größeres Verdienst. Auch glaube ich, daß diese Anerkennung durchweg aus dem Ton des Ganzen, ja fast aus jeder Zeile spricht: immer bin ich nur Ihr Verfechter. Meine Theorie verhält sich zu Ihrem Werke völlig wie die Frucht zum Baum.

Auf diesen langen und für den jungen Schopenhauer höchst aufschlußreichen Brief vom 11. November 1815, der hier nur auszugsweise zitiert wird, erfolgte, gleich nach seinem Eintreffen in Weimar, eine abermals ebenso wohlwollende wie ausweichende Antwort, und als Schopenhauer im Januar 1816 Goethe nochmals bedrängt, ihm doch seine eigentliche Meinung über die von ihm entwickelte Theorie der Farbe mitzuteilen, erhält er, wiederum postwendend, folgende Antwort:

Wie oft hab ich Sie, mein Wertester, in diesen Winterabenden hergewünscht, da in dem vorliegenden Falle schriftlich keine Auskunft zu hoffen ist. Ich setzte die Farbenlehre zwischen uns in die Mitte als Gegenstand der Unterhaltung, und die braucht ja nicht immer einstimmig zu sein. Doch um Sie nicht ganz, bei so schönem redlichen Bemühen, ohne ausgesprochene Teilnahme zu lassen, beschäftigte ich mich zwei Tage in Jena, um, so viel als möglich wäre, nachzusehen, was denn seit den letzten acht Jahren im In- und Auslande über die Farben zu Sprache gekommen. Ich wollte darauf meine fernere Unterhaltung mit Ihnen gründen. Dieser löbliche Vorsatz aber brachte die entgegengesetzte Wirkung hervor; denn ich sah nur allzu deutlich, wie die Menschen zwar über die Gegenstände und ihre Erscheinung vollkommen einig sein können, daß sie aber über Ansicht, Ableitung, Erklärung niemals übereinkommen werden, selbst diejenigen nicht, welche in Prinzipien einig sind, denn die Anwendung entzweit sie sogleich wieder. Und so sah ich denn auch nur allzu deutlich, daß es ein vergebnes Bemühen wäre, uns wechselseitig verständigen zu wollen. Idee und Erfahrung werden in der Mitte nie zusammentreffen; zu vereinigen sind sie nur durch Kunst und Tat.

Lassen Sie mich von Zeit zu Zeit wissen, womit Sie sich beschäftigen, und Sie werden mich immer teilnehmend finden, denn ob ich gleich zu alt bin, mir die Ansichten anderer anzueignen, so mag ich doch sehr gern, insofern es nur immer möglich ist, mich geschichtlich unterrichten, wie sie gedacht haben und wie sie denken.

Mit den aufrichtigsten Wünschen   Goethe
Weimar, den 28. Jänner 1816

Euer Exzellenz
haben es gesagt, in Ihrer Biographie: »So ist doch immer das Finale, daß der Mensch auf sich zurückgewiesen wird.« Auch ich muß jetzt schmerzlich ausseufzen: »Ich trete die Kelter allein!« Ich kann es nicht verhehlen, daß es mich sehr geschmerzt hat, so gar keine ernstliche Teilnahme, Rückwirkung, Erwiderung von Ihnen erhalten zu haben. Die Erfüllung meiner ersten Bitte um Ihren Beistand hoffte ich viel zuversichtlicher, als ich mir merken lassen mochte: ich war der lebhaftesten Teilnahme gewiß. Diese sanguinischen Hoffnungen erblaßten allmählich: aber nach so langer Zeit, so vielem Schreiben, auch nicht einmal Ihre Meinung, Ihr Urteil zu erfahren, nichts, gar nichts als ein zögerndes Lob und ein leises Versagen des Beifalls, ohne Angabe von Gegengründen: das war mehr, als ich fürchten, weniger, als ich je hoffen konnte. Indessen bleibe es ferne von mir, gegen Sie mir auch nur in Gedanken einen Vorwurf zu erlauben. Denn Sie haben der gesamten Menschheit, der lebenden und kommenden, so Vieles und Großes geleistet, daß alle und jeder, in dieser allgemeinen Schuld der Menschheit an Sie, mit als Schuldner begriffen sind, daher kein Einzelner in irgendeiner Art je einen Anspruch an Sie zu machen hat. Aber wahrlich, um mich bei solcher Gelegenheit in solcher Gesinnung zu finden, mußte man Goethe oder Kant sein: kein andrer von denen, die mit mir zugleich die Sonne sahen.

Sonderbar nun scheint es mir selbst, daß die verfehlte Teilnahme bei Ihnen, statt meine gute Meinung von meiner Arbeit zu schwächen und meinen Mut niederzuschlagen, beide fast erhöht zu haben scheint. Ich bin fest überzeugt, daß meine Theorie vollkommen wahr, neu und, soweit der Gegenstand es zuläßt, wichtig ist. Ich bin eifriger als je, die Entdeckung meinem Namen zu vindizieren, und habe mich kurz entschlossen, die Schrift noch nächste Messe herauszugeben. Fast ist es, als ob ich von Ihrer Aufnahme appellieren müßte, nicht an die des absurden Haufens, sondern an das Urteil der einzelnen Denkenden und Urteilsfähigen unter jenen Millionen, die hin und wieder und in weiten Zwischenräumen der Zeit und des Orts zerstreut erscheinen und die es eigentlich sind, was man Nachwelt nennt: denn das Ganze der Nachwelt ist so verkehrt als die Mitwelt. Ich weiß, wie das Pack, welches Katheder und Literaturzeitungen innehat, gegen mich bellen wird: aber seit ich Ihnen meine Schrift schickte, habe ich in der Menschenverachtung neue und so starke Progresse gemacht, daß ich bereit bin, im Tun und im Denken die Meinung des ganzen Menschenhaufens nötigenfalls für nichts zu achten.

Schopenhauers Abhandlung »Über das Sehn und die Farben« kam zur Ostermesse des gleichen Jahres heraus. Für das ihm übersandte Exemplar dankt Goethe Mitte Juni, wenige Tage nach dem Tod seiner Frau. Ende 1818 erschien Schopenhauers Hauptwerk »Die Welt als Wille und Vorstellung«, und im Januar 1819, während er selber in Italien weilte, überreichte seine Schwester Adele Goethe ein Exemplar des Buches, von dem bezweifelt werden darf, daß er es, trotz einiger anerkennender Worte, jemals ganz gelesen hat.
Goethes Einstellung zur Philosophie blieb zeitlebens problematisch. In seinen frühen Mannesjahren schätzte er Spinoza, den wohl Herder ihm nahegebracht hatte; durch Schiller ließ er sich zu einer gründlicheren Lektüre Kants verleiten, mit dem jungen Schelling war er befreundet, und zwischen ihm und dem von Schopenhauer ingrimmig verachteten Hegel bestand durch viele Jahre ein lockerer brieflicher und persönlicher Verkehr. Im Grunde aber war er, wie er im Alter einmal äußerte, der Überzeugung: so viel Philosophie, als er bis zu seinem seligen Ende

brauche, habe er noch allenfalls im Vorrat; eigentlich brauche er gar keine.
Immerhin wußte er es zu schätzen, daß auch Hegel 1817 in seiner »Enzyklopädie der philosophischen Wissenschaften« die von ihm vertretene Farbenlehre gegen die Newtonsche Theorie als klar und gründlich anerkannt hatte. Dies nun veranlaßte Goethe, im Herbst 1820 das dritte Heft des ersten Bandes seiner Schriftenreihe »Zur Naturwissenschaft« an Hegel nach Berlin zu senden. Das Heft enthält unter anderen einen Aufsatz über das Phänomen der entoptischen Farben, für deren nähere Erforschung Thomas Johann Seebeck 1816 von dem Institut de France in Paris ein Preis zuerkannt worden war. Bei den entoptischen Farben handelt es sich um solche, die in mehrfacher Spiegelung und Strahlenbrechung innerhalb gewisser durchsichtiger Körper auftreten. Seebeck hatte darüber seinerzeit in Nürnberg Untersuchungen angestellt, an denen Hegel, der dort damals als Schulleiter amtierte, lebhaften Anteil genommen hatte.
Was übrigens eine gewisse Förmlichkeit des Tones und des Sprachgebrauchs zwischen Goethe und Hegel betrifft, so brauchen wir uns dadurch nicht irremachen zu lassen. Überlegene Geister bedienen sich der Konvenienzen als des bequemsten Mittels, Distanz zu wahren und sie nach Erfordernis aufzuheben, ohne zudringlich zu werden.

Jena, den 7. Oktober 1820
Euer Wohlgeboren
möge beikommendes Heft zur guten Stunde treffen! und besonders der entoptische Aufsatz einigermaßen genug tun. Sie haben in Nürnberg dem Hervortreten dieser schönen Entdeckung beigewohnt, Gevatterstelle übernommen und auch nachher geistreich anerkannt, was ich getan, um die Erscheinung auf ihre ersten Elemente zurückzuführen. Beikommender Aufsatz liefert nun, in möglichster Kürze, was ich von Anfang an, besonders aber seit den letzten Jahren bemerkt, versucht, verschiedentlich wiederholt, gedacht und geschlossen; wie ich mich teils in dem Kreise gehalten, teils denselben ausgebreitet, auch Analogien von manchen Seiten herangezogen und alles zuletzt in eine gewisse Ordnung aufgestellt, welche mir die geläufigste war und die anschaulichste schien, wenn man die Erfahrungen selbst vor

Augen legen und die Versuche, der Reihe nach, mitteilen wollte.
Möge das alles einigermaßen Ihre Billigung verdienen, da es freilich schwer ist, mit Worten auszudrücken, was dem Auge sollte dargebracht werden. Fahren Sie fort, an meiner Art, die Naturgegenstände zu behandeln, kräftigen Teil zu nehmen, wie Sie bisher getan. Es ist hier die Rede nicht von einer durchzusetzenden Meinung, sondern von einer mitzuteilenden Methode, deren sich ein jeder, als eines Werkzeugs, nach seiner Art, bedienen möge.

Hegel hatte für Goethes Zusendung während der Weihnachtsferien in Muße danken wollen; widrige Umstände verhinderten dies, und so traf erst Ende Februar ein ausführliches Antwortschreiben in Weimar ein, das Goethe so großes Vergnügen bereitete, daß er wenige Tage später einen umfangreichen Auszug daraus an seinen Freund Reinhard in Frankfurt sandte.
Um Hegels Wortgebrauch und vor allem den Schluß seines Schreibens zu verstehen, muß hier erwähnt werden, daß Goethe in seiner Abhandlung über die entoptischen Farben gegen Ende gar einen »paradoxen Seitenblick auf die Astrologie« wirft und anschließend, bei Behandlung der mechanischen Wirkungen des Phänomens, auf die Damastweberei zu sprechen kommt.

Sollten wir nun vielleicht den Vorwurf hören, daß wir mit Verwandtschaften, Verhältnissen, mit Bezügen, Analogien, Deutungen und Gleichnissen zu weit umhergegriffen, so erwidern wir, daß der Geist sich nicht beweglich genug erhalten könne, weil er immer fürchten muß, an diesem oder jenem Phänomen zu erstarren; doch wollen wir uns sogleich zur nächsten Umgebung zurückwenden und die Fälle zeigen, wo wir jene allgemeinen kosmischen Phänomene mit eigner Hand technisch hervorbringen und also ihre Natur und Eigenschaft näher einzusehen glauben dürfen. Aber im Grunde sind wir doch nicht, wie wir wünschen, durchaus gefördert, denn selbst, was wir mechanisch leisten, müssen wir nach allgemeinen Naturgesetzen bewirken, und die letzten Handgriffe haben immer etwas Geistiges, wodurch alles körperlich Greifbare eigentlich belebt und zum Unbegreiflichen erhoben wird.

Wo wir diese Erscheinung mit Händen greifen können, indem wir sie selbst technisch hervorbringen, ist bei dem Damastweben. Man nehme eine gefaltete Serviette, von schön gearbeitetem, wohl gewaschenen und geglätteten Tafelzeuge, und halte sie, flach, vor sich gegen das Licht; man wird Figuren und Grund deutlich unterscheiden. In einem Fall sieht man den Grund dunkel und die Figuren hell; kehre man die Serviette im rechten Winkel nunmehr gegen das Licht, so wird der Grund hell, die Figuren aber dunkel erscheinen; wendet man die Spitze gegen das Licht, daß die Fläche diagonal erleuchtet wird, so erblickt man weder Figuren noch Grund, sondern das Ganze ist von einem gleichgültigen Schimmer erleuchtet.

Auf dieses Phänomen der doppelten Strahlenbrechung durch die im Damast übers Kreuz gerichteten Fäden spielt Hegel in seinem Antwortschreiben am Schluß an und weiß ihm eine Maxime zu entlocken, die Goethe höchst willkommen gewesen sein muß: »Das Lebendige im Schönen ist zugleich die Fruchtbarkeit, die es besitzt.«

Berlin, den 20. Februar 1821
Unter dem so reichen Inhalte des Heftes habe ich vor allem Euer Exzellenz für das Verständnis zu danken, welches Sie uns über die entoptischen Farben haben aufschließen wollen; der Gang und die Abrundung dieser Traktation wie der Inhalt haben meine höchste Befriedigung und Anerkennung erwecken müssen. Denn bisher hatten wir, der so vielfachen Apparate, Machinationen und Versuche über diesen Gegenstand unerachtet, oder vielmehr wohl gar um derselben willen selbst, von diesen Erscheinungen *nichts verstanden*; bei mir wenigstens aber geht das Verstehen über alles, und das Interesse des trocknen Phänomens ist für mich weiter nichts als eine erweckte Begierde, es zu verstehen.

Nun aber wend ich mich zu solchen, die, was sie haben und wissen, ganz allein von Euer Exzellenz profitiert haben und nun tun, als ob sie aus eignen Schachten es geholt, und wenn sie etwa auf ein weiteres Detail stoßen, hier sogleich, wie wenig sie das Empfangene auch nur sich zu eigen gemacht, dadurch beweisen, daß sie solches etwaige Weitere nicht zum Verständnis aus jenen Grundlagen zu bringen vermögen, und es Euer Exzellenz lediglich anheimstellen müssen, den Klumpen zur Gestalt herauszulocken, ihm erst einen geistigen Atem in die Nase zu blasen. Dieser geistige Atem – und von ihm ist es, daß ich eigentlich sprechen wollte, und der eigentlich allein des Besprechens wert ist –, ist es, der mich in der Darstellung Euer Exzellenz von den Phänomenen der entoptischen Farben höchlich hat erfreuen müssen. Das Einfache und Abstrakte, was Sie sehr treffend das Urphänomen nennen, stellen Sie an die Spitze, zeigen dann die konkretern Erscheinungen auf als entstehend durch das Hinzukommen weiterer Einwirkungsweisen und Umstände und regieren den ganzen Verlauf so, daß die Reihenfolge von den einfachen Bedingungen zu den zusammengesetztern fortschreitet und, so rangiert, das Verwickelte nun durch diese Dekomposition in seiner Klarheit erscheint. Das Urphänomen auszuspüren, es von den andern ihm selbst zufälligen Umgebungen zu befreien, es abstrakt, wie wir dies heißen, aufzufassen, dies halte ich für eine Sache des großen geistigen Natursinns, so wie jenen Gang überhaupt für das wahrhaft Wissenschaftliche der Erkenntnis in diesem Felde.

Darf ich Euer Exzellenz aber nun auch noch von dem besondern Interesse sprechen, welches ein so herausgehobenes Urphänomen für uns Philosophen hat, daß wir nämlich ein solches Präparat mit Euer Exzellenz Erlaubnis geradezu in den philosophischen Nutzen verwenden können! Haben wir nämlich endlich unser zunächst austernhaftes, graues oder ganz schwarzes, wie Sie wollen, Absolutes doch gegen Luft und Licht hingearbeitet, daß es desselben begehrlich geworden, so brauchen wir Fensterstellen, um es vollends an das Licht des Tages herauszuführen; unsere Schemen würden zu Dunst verschweben, wenn wir sie so geradezu in die bunte, verworrene Gesellschaft der widerhältigen Welt versetzen wollten. Hier kommen uns nun Euer Exzellenz Urphänomene vortrefflich zustatten; in diesem Zwielichte, geistig und begreiflich durch seine Einfachheit, sichtlich oder greiflich durch seine Sinnlichkeit, begrüßen sich die beiden Welten – unser Abstruses und das erscheinende Dasein – einander.

Wenn ich nun wohl auch finde, daß Euer Exzellenz das Gebiet eines Unerforschlichen und Unbegreiflichen ungefähr eben da-

hin verlegen, wo wir hausen, eben dahin, von wo heraus wir Ihre Ansichten und Urphänomene rechtfertigen, begreifen, ja, wie man es heißt, beweisen, deduzieren, konstruieren usf. wollen, so weiß ich zugleich, daß Euer Exzellenz, wenn Sie uns eben keinen Dank dafür wissen können, uns doch toleranterweise mit dem Ihrigen so nach unserer unschuldigen Art gebaren lassen.
Ich muß noch auf eine der Belehrungen Euer Exzellenz zurückkommen, indem ich mich nicht enthalten kann, Ihnen noch meine herzliche Freude und Anerkennung über die Ansicht zu bezeugen, die Sie über die Natur der doppelt refrangierenden Körper gegeben haben; dieses Gegenbild von derselben Sache, einmal als durch äußerliche mechanische Mittel dargestellt, das andre Mal eine innere Damastweberei der Natur, ist meiner Meinung nach gewiß einer der schönsten Griffe, die getan werden konnten.
Diese Damastweberei vor der Hand von Hellung und Dunkelung muß noch weiter führen. Das Lebendige im Schönen ist zugleich die Fruchtbarkeit, die es besitzt. Weil es aber bei allen Dingen etwas zu bedauern gibt, so hätte ich allerdings dies zu beklagen, daß ich die belehrende Reihe der Phänomene nicht mit leiblichen Augen, am liebsten freilich unter der Leitung Euer Exzellenz, habe durchlaufen können. Doch dürfte ich mir vielleicht in Jahr und Tagen noch diese Vergünstigung versprechen, und diese Hoffnung selbst vertilgt jenes Bedauern, und um die Geduld Euer Exzellenz nicht noch durch längeres Plaudern in Anspruch zu nehmen, erlaube ich mir nur noch, meinen vergnüglichen Dank für Derselben gütiges Andenken und für die erlangten reichhaltigen Belehrungen zu wiederholen.

Hegel

XIV

In Marienbad (1821–1823)
Ulrike von Levetzow

Goethes letzte Leidenschaft, die, wenn es nach ihm gegangen wäre, zu einer Heirat hätte führen sollen, währte drei böhmische Sommer lang. Sie galt einem, als er sie kennenlernte, siebzehnjährigen Mädchen, das uns als unvermählt gebliebene alte Dame folgenden Bericht über den Umgang des ersten Jahres in Marienbad hinterlassen hat:

Ich lernte Goethe im Jahre 1821 in Marienbad kennen; Mutter hatte mich aus meiner Pension in Straßburg herausgenommen, um mit mir einige Monate bei meinen Großeltern in Marienbad zuzubringen. Marienbad war damals noch ein kleiner, erst fast entstehender Ort und unser Haus »Stadt Weimar« fast das größte und schönste. Goethe hatte dort seine Wohnung genommen, und ich kann mich noch des ersten Kennenlernens sehr deutlich erinnern. Großmutter ließ mich zu sich rufen, und das Mädchen sagte mir, es sei ein alter Herr bei ihr, welcher mich sehen wollte, was mir gar nicht angenehm, da es mich in einer eben begonnenen Handarbeit störte. Als ich ins Zimmer trat, wo meine Mutter auch war, sagte diese: »Das ist meine älteste Tochter Ulrike.« Goethe nahm mich bei der Hand und sah mich freundlich an und frug mich, wie mir Marienbad gefalle. Da ich die letzten Jahre in Straßburg in einer französischen Pension zugebracht, auch erst siebzehn Jahre alt war, wußte ich gar nichts von Goethe, welch berühmter Mann und großer Dichter er sei, war daher auch ohne alle Verlegenheit einem so freundlichen alten Herrn gegenüber, ohne alle Schüchternheit, welche mich sonst meist bei neuen Bekanntschaften ergriff. Goethe forderte mich gleich den andern Morgen auf, mit ihm einen Spaziergang zu machen, wo ich ihm viel von Straßburg und der Erziehungsanstalt erzählen mußte; ich besonders klagte, wie ich mich ohne meine Schwestern, von welchen ich zum erstenmal getrennt sei, einsam fühle, und ich bin überzeugt, daß gerade diese kindliche Unbefangenheit ihn interessierte; denn von da an beschäftigte er sich sehr viel mit mir; fast jeden Morgen nahm er mich mit, wenn er spazieren ging, und ging ich nicht mit, brachte er mir Blumen mit, da er wohl sehr bald merkte, daß ich an den Steinen, welche er oft betrachtete, kein Interesse hatte, doch sonst mich gern unterrichten ließ; auch gegen Abend saß er oft stundenlang auf einer Bank vor der Türe, wo er mir von sehr verschiedenen Gegenständen erzählte. Als ich da wohl hörte, welch großer Gelehrter er sei, war ich schon viel zu bekannt und vertraut mit ihm, daß es mich hätte einschüchtern oder verlegen machen können; es fiel auch später niemandem und auch meiner Mutter nicht ein, in dem vielen Zusammensein etwas anderes als ein Wohlgefallen eines alten Mannes, welcher mein Großvater hätte sein können, nach den Jahren, zu einem Kind, welches ich ja noch war, zu finden. Goethe war ein so freundlicher, liebenswürdiger alter Herr, an welchen sich ein junges Wesen wohl anschließen konnte, besonders wenn sie ein reges Interesse an allem nahm, was er in so angenehmer Form ihr lebhaft beschrieb: Blumen, Steine, Sterne und Literatur.

Noch in diesem Sommer schenkte mir Goethe »Wilhelm Meisters Wanderjahre«. Als er mir das Buch gegeben und ich darin zu lesen begann, fand ich, daß schon früher etwas sein mußte, da sich manches noch mir Unbekanntes begab, und als ich es Goethe sagte und ihn bat, mir doch das frühere Buch auch zu geben, meinte er, es sei nicht recht für mich, er wolle mir lieber daraus erzählen, damit ich die »Wanderjahre« recht verstehe.

Bei solchem onkelhaften oder großväterlichen Umgang hatte es für diesmal sein Bewenden. Im nächsten Sommer aber finden wir Goethe bereits am 19. Juni, anderthalb Monate früher als im Vorjahr, in Marienbad. Sein Logis ist abermals in dem fast palaisartigen Hause des Grafen Klebelsberg, in dem auch Frau von Levetzow mit ihren drei Töchtern sich wieder aufhält. Anfang August schreibt Goethe an seinen Freund Zelter in Berlin:

Am 19. Juni gelangte ich nach Marienbad, bei sehr schönem Wetter. Herrlich Quartier, freundliche Wirte, gute Gesellschaft, hübsche Mädchen, musikalische Liebhaber, angenehme Abendunterhaltung, köstliches Essen, neue bedeutende Bekanntschaften, alte wiedergefundne, leichte Atmosphäre zweitausend Pa-

riser Fuß über der Meeresfläche, Stiftsgelage pp., alles trug bei, das drei Wochen daurende schöne Wetter vollkommen zu benutzen, zu genießen und das folgende, unfreundlich-wechselnde zu übertragen. Nach der ausdauernden Trocknis des Mais und Junis gönnte man dem Landmann erquicklichen Regen.
Erfahren hab ich manches und notiert, anderes Mitgebrachte redigiert und gereinigt, so daß bei meiner Rückkunft der Druck wieder angehen kann, wodurch ich denn abermals den leidigen Winter zu betrügen denke.

Dem Tagebuch über diesen Kuraufenthalt läßt sich entnehmen, daß Goethe nicht nur fleißig trank und badete, sondern sich auch so wohl aufgelegt fühlte, daß er die Abende häufig »bei der Gesellschaft« verbrachte, wo denn auch musikalische Unterhaltungen oder Tanzvergnügungen stattfanden. Außerdem erteilte er den Mädchen im Hause regelmäßige Lektionen in der Mineralogie, und Ulrike erhielt diesmal ein Exemplar der soeben erschienenen »Kampagne in Frankreich« zum Geschenk. In ihren Erinnerungen heißt es von diesem zweiten Zusammensein:

Auch in diesem Sommer war Goethe sehr freundlich mit mir und zeichnete mich bei jeder Gelegenheit aus; oft sagte er zu meiner Großmutter, wie sehr er wünschte, noch einen Sohn zu haben, denn er müßte dann mein Mann werden; mich würde er ganz nach seinem Sinn ausbilden, er habe eine große und väterliche Liebe für mich.
Den Sommer 1822 waren sehr viele Menschen in Marienbad, und fast alle bemühten sich, Goethen kennenzulernen, und da er oft nicht aufgelegt war, neue Bekanntschaft zu machen, geschah es öfter, daß ich gebeten wurde, es zu vermitteln, auch schlug er mir es nie ab. Er pflegte in solchen Fällen zu sagen: »Macht Sie das glücklich, Töchterchen?«
Goethe schenkte mir wieder ein Buch, welches ihm geschickt wurde: »Aus meinem Leben, 2. Abteilung 5. Teil. Auch ich in der Champagne.« Er hatte darin geschrieben:

> Wie schlimm es einem Freund ergangen,
> Davon ist dieses Buch Bericht.
> Nun ist sein tröstendes Verlangen:
> Zur guten Zeit vergiß ihn nicht.

Marienbad, den 24. Juli 1822

Beim Abschied Goethes von Marienbad, am 24. Juli, entstand ein Gedicht, das er zwei Wochen später dem tschechischen Komponisten Tomaschek aus Prag ins Stammbuch schrieb: »Liebschmerzlicher Zwiegesang unmittelbar nach dem Scheiden« – ein Doppelmonolog zweier voneinander entfernter Liebender, dessen Wehmut sich zuletzt im Gleichnis des Regenbogens, der Himmelsbotin Iris, beschwichtigt. Wohl das früheste der Ulrike-Gedichte, in dem, wie in fast allen späteren, meteorologische Phänomene und Betrachtungen wichtige Bildmotive liefern.

> Er: Zur Trauer bin ich nicht gestimmt,
> Und Freude kann ich auch nicht haben:
> Was sollen mir die reifen Gaben,
> Die man von jedem Baume nimmt!
> Der Tag ist mir zum Überdruß,
> Langweilig ist's, wenn Nächte sich befeuern;
> Mir bleibt der einzige Genuß,
> Dein holdes Bild mir ewig zu erneuern,
> Und fühltest du den Wunsch nach diesem Segen,
> Du kämest mir auf halbem Weg entgegen.
>
> Sie: Du trauerst, daß ich nicht erscheine,
> Vielleicht entfernt so treu nicht meine,
> Sonst wär mein Geist im Bilde da.
> Schmückt Iris wohl des Himmels Bläue?
> Laß regnen, gleich erscheint die Neue.
> Du weinst! Schon bin ich wieder da.
>
> Er: Ja! Du bist wohl an Iris zu vergleichen!
> Ein liebenswürdig Wunderzeichen.
> So schmiegsam herrlich, bunt in Harmonie
> Und immer neu und immer gleich wie sie.

Das gleiche Gedicht wird Mitte Dezember einem Brief an Zelter in Berlin beigelegt. Auf einen Neujahrsgruß Ulrikes antwortet Goethe am 9. Januar 1823.

Ihr holder Brief, meine Teure, hat mir das größte Vergnügen gewährt, und zwar doppelt wegen eines besonderen Umstands.

Denn wenn auch der liebende Papa seiner treuen schönen Tochter immer gedenkt, so war doch seit einiger Zeit Ihre willkommne Gestalt lebendiger und klarer vor dem innern Sinne als je. Nun aber entwickelt sich's! Es sind gerade die Tage und Stunden, da Sie mein auch in einem höheren Grade gedachten und Neigung fühlten, es auch aus der Ferne auszusprechen.
Dreifachen Dank also, meine Liebe, zugleich die besten Wünsche und Grüße der guten Mutter. Und so bleiben Sie überzeugt, daß meine schönste Hoffnung fürs ganze Jahr sei, in den heitern Familienkreis wieder hineinzutreten und alle Glieder so wohlwollend-freundlich gesinnt zu finden als da ich Abschied nahm. Möge mir an Ihrer Seite jenes Gebirgstal mit seinen Quellen so heilbringend werden und bleiben, als ich wünsche, Sie froh und glücklich wiederzufinden.

treu anhänglich
J. W. v. Goethe

Mitte Februar erkrankte Goethe an einer Herzbeutelentzündung, die seine Angehörigen und Freunde um sein Leben fürchten ließ. Sein Sohn, dessen Frau Ottilie und deren Schwester Ulrike pflegten ihn; der Kanzler von Müller, der täglich zu Besuch kam, hat uns über den Verlauf der Krankheit den genauesten Bericht hinterlassen.

Donnerstags, 20. Februar, bis Sonnabends abends wechselten Besserung und Verschlimmerung immerfort ab. Er war öfters betäubt, phantasierte halb und halb, doch immer dazwischen ganz teilnehmend und verständig sprechend.
Zu seinem Diener Stadelmann sprach er einmal leise: »Du glaubst nicht, wie elend ich bin, wie *sehr* krank.« Den Ärzten gab er öfters auf, sich ernstlich über seinen Zustand zu bedenken, indem er einigen Unglauben an ihre Kunst merken ließ. »Treibt nur eure Künste, das ist alles recht gut, aber ihr werdet mich doch wohl nicht retten.« Mehrmalen verlangte er ein warmes Bad, das man jedoch für zu gewagt hielt.
Einmal, als die Ärzte sich leise miteinander beredet hatten, sagte er: »Da gehen die Jesuiten hin, *beraten* können sie sich wohl, aber nicht raten und retten.«
Sobald er sich momentan erleichtert fühlte, wollte er alsobald,

daß seine Schwiegertochter ihrer gewohnten geselligen Weise nachgehen, den Hof oder das Theater besuchen sollte. Jede Dienstleistung erwiderte er durch ein dankbares, artiges Wort, oder einen verbindlichen Gestus.
Sonnabends mittag ließ man ihn ein Glas Champagner trinken ohne sichtliche Wirkung. Mit großem Behagen aß er eine Bergamotten-Birn und etwas Ananas-Gelée. Einmal sprach er halblaut zu sich selbst: »Mich soll nur wundern, ob diese so zerrissene, so gemarterte Einheit wieder als neue Einheit wird auftreten und sich gestalten können.«
Sonntags, 23. Februar, war er am schlechtesten. Früh schon sagte er zu seinem Sohne: »Der Tod steht in allen Ecken um mich herum.« Einmal soll er auch geäußert haben: »O du christlicher Gott, wie viele Leiden häufst du auf deine armen Menschen und doch sollen wir dich in deinen Tempeln dafür loben und preisen!«
Rehbein sagte ihm: »Das *Inspirieren* geht leichter als das Expirieren.« – »Freilich«, antwortete er, »ich fühle es am besten, Ihr Hundsfötter!« Sonntag abends wurde er zu Jena schon totgesagt.
Montag. 24. Februar. Die Nacht war schlecht gewesen, der Puls intermittierte oftmals, man fürchtete einen Herzensschlag.
Nachmittags wurde er sehr heftig gegen die Ärzte, befahl mit Ungestüm, ihm böhmischen Kreuzbrunnen zu geben, und sagte: »Wenn ich denn doch sterben soll, so will ich auf meine eigne Weise sterben.« Er trank auch wirklich ein Fläschchen Kreuzbrunnen. mit sichtbar gutem Erfolg.
Von 4½ bis 9 Uhr war ich im Nebenzimmer. Seine Stimme klang ziemlich sonor und kräftig. Ich hörte ihn nach allen Umständen seiner Krankheit fragen, Rechenschaft fordern, wie von einer fremden abgeschlossenen Sache.
Mit Wohlgefallen hörte er, daß man ihm Arnica geben wolle, und hielt ganz behaglich eine kleine botanische Vorlesung über diese Blume, die er häufig und sehr schön in Böhmen getroffen.
»Die Phantasien sind nur Plünderungen des Verstandes und Geistes«, sagte er. »Es lasten solche Massen von Krankheitsstoff auf mir, seit dreitausend Jahren; man gewahrt deutlich, wie sich das Konventionelle, das Einbildische dazwischenschiebt.«
Er wurde sichtbar besser, trieb die Seinigen zur Ruhe. Die Hoff-

nung kehrte ihm selbst wieder, er meinte: »Morgen werde ich ordentlich den Kreuzbrunnen wieder trinken und dann bald wieder ein ordentlicher Mensch *mit Folge* werden.«
Wir wagten kaum, uns der Hoffnung, die sein Zustand unverkennbar gab, hinzugeben, fürchtend, es sei die letzte Aufloderung des Lebensprinzips und vielleicht schon innerer Brand vorhanden. Besonders die kalten Extremitäten wußte man sich nicht zu erklären. Doch gegen 8 Uhr nahm diese Kälte ab, er fing an ruhiger zu schlummern. Um 11 Uhr ging ich nochmals hin und vernahm die besten Nachrichten.

Von Goethes Freund Reinhard in Frankfurt, den er 1807 in Böhmen kennengelernt hatte, traf Mitte März ein Gedicht in Distichen »Auf Goethes Genesung« ein:

Wahrlich! Er kommt von den Schatten zurück! Schon schwebten
                                                       dem Auge
  Diese, die Wasser des Styx rauschten vorüber dem Ohr.
Sträubend nahte der Fuß bereits dem Nachen, da blickte
  Charon, der schiffende Greis, scheu und verwundernd ihn an.
»Wer ists«, rief er, »der hier, unähnlich den bleichen Gestalten,
  Noch nicht der Oberwelt fremd, diese Gestade betritt?«
Plötzlich ermannt sich im Kranken der Geist, vor dem kräftigen
                                                     Willen
  Schwindet das wirre Gesicht, wallet besänftigt das Blut.
»Reicht mir«, ruft er, »vom heilenden Trank aus Böhmens Gefilden«;
  Atmet dann tiefer und trinkt und – die Genesung ist da!

Goethe dankt am 10. April mit einem Brief, dem er seinerseits ein kurz vor dem Ausbruch seiner Krankheit entstandenes Gedicht beilegt; ebenfalls auf den von Reinhard beschworenen Charon, den Totenführer im Tartarus, den Goethe deshalb scherzhaft den Tartaren nennt. Übrigens handelt es sich bei diesen reimlosen Versen um die Nachbildung eines neugriechischen Originals.

Höchst erquicklich war mir Ihr liebes Gedicht; möge mir in dem erneuten Leben Ihre freundschaftliche Neigung für und für erhalten sein.

Und nunmehr im Vertrauen das Bedeutendste, dessen ich nur in stiller Bescheidenheit zu erwähnen mich getraue.

Sogleich am zehnten Tage, als mein körperliches Dasein den Ärzten gerettet schien, dacht ich an den Erzbischof von Toledo, der wenige Tage zuvor gestorben war, und tat im stillen die Frage: ob mich wohl das große allwaltende Wesen, in gleichem Falle, vor gleichem Schicksal bewahrt haben möchte?

Wohl überzeugt, daß niemand außer mir selbst die Antwort hierauf erteilen könne, fing ich an, obgleich ohne Scheu und Sorge, mein geistiges Wesen, wie es konnte und wollte, für sich walten zu lassen. Sie gestehen mir gewiß, daß es eine schwierige Sache ist, solche psychische Beobachtungen gegen sich selbst auszuüben, indessen scheint es wohl zu gelingen; ich arbeitete zuerst das nächste aufgeschwollene Gleichgültigere weg; in verschiedenen Fächern unterstützten die Freunde mich tätig, und so habe ich mich mit jedem Tage freier und heiterer befunden, ja viel glücklicher und entschiedener als vor dem Eintritt der Krankheit, von der ich denn doch einige Vorahndung hatte, ohne zu wissen, wie ich ihr entgehen oder ihr vorbeugen sollte.

Nehmen Sie dieses Bekenntnis, mein Teuerster, so freundlich auf, als es mir wichtig scheinen muß: denn in dieser letzten Zeit war doch nur eine geistige Unterhaltung nach allen Seiten mein einziger Genuß, ja das Element meines Daseins, worauf zu verzichten schwer gefallen wäre. Wir wollen indessen in Demut und Bescheidenheit dem Fernern entgegengehen, was uns die Unerforschlichen zubereitet haben mögen.

Beiliegendes Gedicht gibt zu erkennen, daß es eines bedeutenden Seitensprungs bedurfte, um dem Tartaren aus dem Wege zu kommen und ihm noch eine Weile hintennachzusehen.

Charon

> Die Bergeshöhn warum so schwarz?
> Woher die Wolkenwoge?
> Ist es der Sturm, der droben kämpft,
> Der Regen, Gipfel peitschend?
> Nicht ists der Sturm, der droben kämpft,

Nicht Regen, Gipfel peitschend;
Nein, Charon ists, er saust einher,
Entführet die Verblichnen;
Die Jungen treibt er vor sich hin,
Schleppt hinter sich die Alten;
Die Jüngsten aber, Säuglinge,
In Reih gehenkt am Sattel.
Da riefen ihm die Greise zu,
Die Jünglinge, sie knieten:
»O Charon, halt! halt am Geheg,
Halt an beim kühlen Brunnen!
Die Alten da erquicken sich,
Die Jugend schleudert Steine,
Die Knaben zart zerstreuen sich
Und pflücken bunte Blümchen.«

Nicht am Gehege halt ich still,
Ich halte nicht am Brunnen;
Zu schöpfen kommen Weiber an,
Erkennen ihre Kinder,
Die Männer auch erkennen sie.
Das Trennen wird unmöglich.

Zu Beginn des Sommers fühlte Goethe sich so völlig wiederhergestellt, daß er, nachdem am 10. Juni der junge Eckermann ihm seinen ersten Besuch abgestattet hatte, am 26. morgens seine diesjährige Badereise antrat. Über sein Eintreffen und den Aufenthalt in Marienbad geht am 8. Juli ein geraffter Bericht an den Staatsrat Schultz in Berlin.

Donnerstag, den 26. Juni, fuhr ich von Weimar ab und nach einer sorgfältig-bequemen Reise gelangte ich Sonntag, den 29., nach Eger und, nachdem ich meine Equipage vorausgeschickt, Mittwoch, den 2. Juli, nach Marienbad. Ich sage dies so umständlich um auszudrücken, daß ich die ganze Fahrt als eine mannigfaltig-gemütliche Spazierreise zu behandeln trachtete. Kurz vor mir langte der Großherzog an; wir wohnen in verschiedenen Häusern auf einer Terrasse, wie ich's nennen will, die meist den ganzen wunderbaren Ort von oben herunter beschaut.

Das Ganze, das aus großen und ansehnlichen Häusern besteht, hat etwas Wohnlich-Freundliches, ich möchte woanders nicht lieber wohnen.

In allem sind gegen vierhundert Menschen hier, welche sämtliche bedeutende Wohnungen einnehmen. Lassen Sie das Dritteil davon zur höhern Gesellschaft gehören, so sehen Sie, daß die gebildete Welt einen mäßig-angenehmen Zirkel macht.

Einer von meinen Begleitenden schreibt Wind, Wolken und Wetter sorgfältig auf: denn leider hat mich auch dieses Luftgetümmelwesen gewaltig ergriffen, und da muß man denn der lieben Erfahrung aufpassen und sehen, ob sie so höflich ist zu handeln, wie man wollte.

Ein anderer regsamer, leidenschaftlicher Bergfreund hat schon die Felsen rings umher zusammengepocht. Wir ließen vorm Jahr eine vollständige Sammlung hier, machen nun Duplikate und Triplikate, finden wenig Neues, doch gibt es zu guten Gedanken Anlaß, die in der Geognosie und Geologie nötiger sind als irgendwo, weil sich mancher hier mitzureden vermißt, dem die Natur weder Anschauungs-, noch Fassungs-, noch Ordnungsgabe verliehen hat.

Die Chronik meines Lebens, Zurechtstellung der Tagebücher und sonstiger Notizen hab ich auch schon um ein paar Jahre von hinten hervor gefördert, und so denke wird das frischere Gedächtnis die Einzelheiten früherer Jahre wieder nach und nach beleben und mit sich aufrollen.

Wie lang mein hiesiger Aufenthalt dauern mag, seh ich nicht voraus; meine Absicht wäre, bis Anfangs Augusts hier zu verbleiben, alsdann von Eger aus Gebirg und Land und mancherlei menschliche Zustände unmittelbar zu schauen. Denn mir scheint nichts nötiger als äußere sinnliche Anregung, damit ich mich nicht ins Abstrakte oder wohl gar Absolute verliere.

In der Hälfte September kehr ich alsdann wieder zu Hause; doch vernehmen Sie von Zeit zu Zeit den Verlauf meines Lebens; möge der Ihrige zu gedachter Epoche sich nähern und wir uns wieder unmittelbar berühren. Es gibt jetzo gar zu vieles, was man weder schreiben kann noch mag, was man wohl könnte und versteht, aber auch gern die Bestätigung von einem Freunde vernehmen möchte; und beseh ich es von vielen Seiten, so ist es unerläßlich, daß man sich spreche.

Man brachte mir die lateinische Übersetzung von Hermann und Dorothea, es ward mir ganz sonderbar dabei; ich hatte dieses Lieblingsgedicht viele Jahre nicht gesehen, und nun erblickt ich es wie im Spiegel, der, wie wir aus Erfahrung wissen, eine eigene magische Kraft auszuüben die Fähigkeit hat. Hier sah ich nun mein Sinnen und Dichten, in einer viel gebildeteren Sprache, identisch und verändert, wobei mir vorzüglich auffiel, daß die römische nach dem Begriff strebt und, was oft im Deutschen sich unschuldig verschleiert, zu einer Art von Sentenz wird, die, wenn sie sich auch vom Gefühl entfernt, dem Geiste doch wohltut. Ich möchte übrigens nicht weiter darüber nachdenken, denn eine solche Vergleichung führt zu tief in den Text.
Verzeihung! Sie sehen aus diesem Blatt, daß ich mir Sie schon als gegenwärtig vorstelle, wo man es nicht gar zu genau nimmt.
Tausend Lebewohl!
G.

Goethe wohnte wieder bei dem Grafen Klebelsberg: Bei anhaltend gutem Wetter spielte ein großer Teil des geselligen Lebens sich auf der bereits erwähnten Terrasse ab; man brauchte die Kur, der Herzog ging auf die Entenjagd, schönes Gestein wurde zusammengebracht, ein Barometer angeschafft. Am 11. meldet Goethes Tagebuch die Ankunft der Frau von Levetzow und ihrer Töchter. Am 17. war, wie das Tagebuch vermerkt, »Ball bei Serenissimo im Klebelsbergischen Hotel. Man blieb bis 12 Uhr«.

Den 18. Abends zur Gesellschaft, der Großherzog kam von der Entenjagd zurück und verweilte. Frau von Levetzow erzählte die Abenteuer vor und nach der Leipziger Schlacht.
Den 20. Gegen 7 Uhr zum Ball. Nach Hause gegen 10 Uhr.
Den 24. Der Graf von Saint Leu – Louis Bonaparte – besuchte mich, und was wahre Verhältnisse Schönes haben, es war immer das Alte, als wenn man sich gestern gesehen hätte. Abends zum Ball aus dem Stegreife. Kleines Abendessen bis Mitternacht. Einige Herren sangen zur Guitarre muntere Lieder mit Chorus.
Den 26. Abends auf der Terrasse. Sodann zum Tee, Frau Gräfin Nostitz mit beiden Töchtern war gegenwärtig. Die Frauenzimmer tanzten nach dem Flügel, den Graf Klebelsberg schlug.

»Abends im Freien«, »Abends auf der Terrasse«, »Abends auf dem Ball«, »Abends kleine Spiele und Tanz« vermerkt das Tagebuch auch für die folgenden Tage; gelegentlich freilich mit dem Zusatz: »Bekam mir nicht. Schlimme Nacht.«
Am 3. August nahm man den Geburtstag König Friedrich Wilhelms III. von Preußen zum Anlaß, ihn gleich dreifach zu feiern, und zwar deshalb, weil seine Verehrer, wie Goethe anderntags an seine Schwiegertochter Ottilie schreibt, über die Art und Weise sich nicht vereinigen konnten.

Das Schönste kam aber doch hier oben bei uns zustande, wo ein Tanztee von Herren und Damen zahlreich besucht ward. Es ist wahr, man trank Tee und tanzte; allein später ward ein kaltes Abendessen an kleinen Tischen aufgestellt, köstlich bereitet und mit gutem Wein geschmückt, da denn zuletzt der König, unter dem Schall der Champagnerpfröpfe, dreimal hoch lebte, wozu die lärmenden Trompeten den Ausschlag gaben.
Ich gelangte erst um Mitternacht zu Hause, woraus Du erraten wirst, daß außer Tanz, Tee, Abendessen und Champagner, wovon ich nichts mitgenoß, sich noch ein Fünftes müsse eingemischt haben, welches auf mich seine Wirkung nicht verfehlte. Der Tanz war anmutig und wohlbelebt; prächtige, zierliche, niedliche Tänzerinnen mehrerer Nationen taten sich hervor. Dich hätte ich wohl zu einer sehr artigen Polin gesellen mögen.
Überhaupt trifft diesmal so vieles zusammen, daß Du Dich auch ganz wohl gefunden hättest. Des Großherzogs Anwesenheit gibt unserer Terrasse entschiedene Bedeutung; hier oben wohnen meist nur Freunde des Hauses, und so ist man immer in guter und ansehnlicher Gesellschaft. Für den Fürsten fand sich einiges Anziehende, der Herzog von Leuchtenberg nahm keinen Anstand, sich auch etwas Hübsches auszusuchen; und wenn der Graf St. Leu besser auf den Füßen wäre, so, dächt ich, könnte auch ihn das allgemeine Schicksal der Bezauberung hinreißen, welche sogar unsern Nachbar v. Helldorf ergriffen.
Zum völligen Schluß dürfte noch eine Verlobung stattfinden; die Braut wäre hübsch und reich genug, der Bräutigam nicht von den Schlimmsten; dem ich das doppelte Glück gern gönnen wollte.
Hiermit bin ich also am Ende meiner Komödie, die sich wenig-

stens auf eine befriedigende Weise nach altem Herkommen abzuschließen trachtet. Lebe wohl, schreibe mir bald mit ähnlicher Konfidenz. Ich habe nicht Lust, zunächst von hier wegzugehen; schöne Wohnung, die beste Nachbarschaft und seit einiger Zeit das herrlichste Wetter. Von meinem Befinden will ich nichts sagen; aus Vorstehendem erhellt, daß meine Gebrechen mich wenigstens nicht hindern, vergnügt, ja beinahe glücklich zu sein. Grüße Ulriken, deren Name als vorzüglichstes Ingredienz dieser Zustände sich täglich beweist. Küsse die Kinder und wiederhole die Zusage von vielen Pfeffernüssen. Der Gemahl wird sich reisefertig halten, denn wie ich nach Hause komme, mag er sich denn auch einmal auf seine Weise in der lieben Welt umsehn. Alles Gute mit euch.
Marienbad, den 4. August 1823 Der treue Apapa

Für Ulrike von Levetzow entstanden in diesem Sommer sechs kleine Gedichte, denen Goethe in seiner Ausgabe letzter Hand den gemeinsamen Titel »Liebschaft« gab und als Erläuterung dort dazu bemerkt, sie seien »als Aufblicke von Galanterie, Neigung, Anhänglichkeit und Leidenschaft im Konflikt mit Weltleben und täglicher Beschäftigung zu betrachten; wie denn der Liebende auch als Wetterbeobachter auftritt«. Drei der Gedichte, die Ulrike vermutlich nach seiner Art auf kleinen Zetteln zugestellt wurden, schickte Goethe Mitte August auch als Beilage eines Briefes an seine Schwiegertochter Ottilie.
»Einige Fallsterne, wie sie in schöner klarer Nacht vorüberstreifen«, nennt er sie dort, diesmal die im August so häufigen Sternschnuppen zum Gleichnis nehmend.
Sich selbst bezeichnet er in einem dieser Gedichte als einen »Schüler Howards«, des englischen Forschers, dessen Wolkenlehre und für die Wolkengestalten entwickelte Terminologie es ihm angetan hatten. Drei dieser Wolkengestalten – Cumulus, Stratus, Nimbus – werden in der zweiten Strophe dieses Gedichtes mit ihren unverkennbaren Merkmalen geschildert.

> Du Schüler Howards, wunderlich
> Siehst morgens um und über dich,
> Ob Nebel fallen, ob sie steigen,
> Und was sich für Gewölke zeigen.

> Auf Berges Ferne ballt sich auf
> Ein Alpenheer, beeist zu Hauf,
> Und oben drüber flüchtig schweifen
> Gefiedert weiße luftige Streifen;
> Doch unten senkt sich grau und grauer
> Aus Wolkenschicht ein Regenschauer.
>
> Und wenn bei stillem Dämmerlicht
> Ein allerliebstes Treugesicht
> Auf holder Schwelle dir begegnet,
> Weißt du, ob's heitert? ob es regnet?

Ein anderes Gedicht bedient sich des Barometers und seiner Quecksilbersäule zu einem Bild des eigenen Zustandes:

> Wenn sich lebendig Silber neigt,
> So gibt es Schnee und Regen,
> Und wenn es wieder aufwärts steigt,
> Ist blaues Zelt zugegen.
> Auch sinke viel, es steige kaum
> Der Freude Wink, des Schmerzens,
> Man fühlt ihn gleich im engen Raum
> Des lieb-lebend'gen Herzens.

Das waren also die vorzeigbaren Galanterien. Unvorgezeigt und ungedruckt blieben zwei Kurzgedichte in einer anderen Tonart, die vermutlich schon im Sommer des Vorjahrs entstanden waren. Da klingt es denn wie zur Lili-Zeit vor fünfzig Jahren:

> Ach, wer doch wieder gesundete!
> Welch unerträgliche Schmerzen!
> Wie die Schlange, die verwundete,
> Krümmt sich's im eignen Herzen.

Im August lernte Goethe in Marienbad auch die polnische Pianistin Maria Szymanowska kennen, deren Spiel, ebenso wie der Gesang der Anna Milder-Hauptmann aus Berlin, ihn bei seiner damaligen – wie er selber an Zelter schreibt – »krankhaften Reizbarkeit« erschütterte und zugleich wohltätig beruhigte:

Nun aber doch das eigentlich Wunderbarste! Die ungeheure Gewalt der Musik auf mich in diesen Tagen! Die Stimme der Milder, das Klangreiche der Szymanowska, ja sogar die öffentlichen musikalischen Exhibitionen des hiesigen Jägerkorps falten mich auseinander, wie man eine geballte Faust freundlich flach läßt. Zu einiger Erklärung sag ich mir: Du hast seit zwei Jahren und länger gar keine Musik gehört, und so hat sich dieses Organ, insofern es in dir ist, zugeschlossen und abgesondert; nun fällt die Himmlische auf einmal über dich her, durch Vermittlung großer Talente, und übt ihre ganze Gewalt über dich aus, tritt in alle ihre Rechte und weckt die Gesamtheit eingeschlummerter Erinnerungen. Ich bin völlig überzeugt, daß ich im ersten Takte Deiner Singakademie den Saal verlassen müßte. Und wenn ich jetzt bedenke, alle Woche nur einmal eine Oper zu hören, wie wir sie geben, einen »Don Juan«, »Die heimliche Heirat« in sich zu erneuern und diese Stimmung in die übrigen eines tätigen Lebens aufzunehmen, so begreift man erst, was das heiße, einen solchen Genuß zu entbehren, der wie alle höhren Genüsse den Menschen aus und über sich selbst, zugleich auch aus der Welt und über sie hinaus hebt.

Am 11. August gelangt über Weimar ein Brief des englischen Dichters Lord Byron aus Livorno in Goethes Hände, worin dieser ihm mitteilt, daß er im Begriff stehe, sich nach Griechenland einzuschiffen, um dort an dem griechischen Freiheitskampf gegen die Türken teilzunehmen. Dieser Brief, den Charles Sterling, ein gemeinsamer junger Freund, nach Weimar mitgebracht hatte, enthielt zugleich Byrons Dank für ein ihm gewidmetes Gedicht Goethes, das ihn eben vor seiner Abreise in Livorno erreicht hatte. Das Eintreffen dieses Briefes während der Marienbader Wochen berührte Goethe als das »wunderbarste Zusammentreffen«, auf welches er in dem folgenden Brief an seine Schwiegertochter näher eingeht.

Dein Schreiben, allerliebste Tochter, kam wie aus einer andern Welt in dieses extemporierte Tags-Interesse, wo im Wirbel der verschiedensten Elemente sich ein gewisses Irrsal bewegt, das die Übel vermehrt, von welchen man sich befreien möchte. Denke nun zwischendurch vieles Würdige, das man erst erkennt, wenn

es vorüber ist; so begreifst Du das Bittersüße des Kelchs, den ich bis auf die Neige getrunken und ausgeschlürft habe.
Wie ernst und groß Lord Byrons Abschied in solchen Augenblicken mir erschienen, fühlst Du mit; es war, als wenn man auf einer Maskerade das Wichtigste, was nur aufs Leben einwirken möchte, unvermutet erführe.
Daß mein Gedicht an ihn, mit reinem Gemüt und Sinn geschrieben und abgesendet, wohl empfangen sein werde, war ungezweifelt; daß aber, durch die wunderbarste Verwicklung der Wert dieser Zeilen erhöht und die Erwiderung so bedeutend sein sollte, das konnte nur eine dämonische Jugend bewirken, die etwas Frohes und Freundliches bezweckt und, selbst mehr als sie will und weiß, am Ende zu ihrem eigenen Erstaunen zu vollbringen berufen ist.
Ich freute mich schon, als August mir von seinem guten Willen gegen Sterling schrieb; vom ersten Augenblicke an war ich ihm geneigt, und daß er sich so in uns alle hereinfügt, ist mir eine wahre Lust. Verzeihung! – aber das Zusammensein so guter, verständiger und geistreicher Menschen, als wir sind, war mitunter so stockend als möglich, zu meiner Verzweiflung; es fehlte ein Drittes oder Viertes, um den Kreis abzuschließen.
Marienbad, den 18. August 1823

Und so sag ich nunmehr, meine Liebe, die letzten Worte in Marienbad. Wenn dieses Blatt mit etwas tristen Betrachtungen anfing, so kann ich nun dagegen mit recht heitern Empfindungen schließen. Alles ist mir über Wissen und Wollen gut gelungen, befriedigend für Herz, Geist und Sinn, wie man sonst zu reden pflegt.
Madame Milder hab ich singen hören, im engen Kreise, kleine Lieder, die sie groß zu machen verstand; es ist auch gut, daß man dergleichen Musterstücke nur unerwartet vernimmt. Madame Szymanowska hat mir diese letzten Tage höchst erfreulich gemacht; hinter der polnischen Liebenswürdigkeit stand das größte Talent gleichsam nur als Folie oder, wenn du willst, umgekehrt. Das Talent würde einen erdrücken, wenn es ihre Anmut nicht verzeihlich machte.
So geh ich nun von Marienbad weg, das ich eigentlich ganz leer lasse; nur diese zierliche Tonallmächtige und den Grafen St. Leu

noch hier wissend. Alles andere, was mich leben machte, ist geschieden, die Hoffnung eines nahen Wiedersehens zweifelhaft. Mittwoch den 20. geh ich von hier ab, Rat Grüner kommt mich wegzunehmen und zu dem toten und doch als *pis-aller* so interessanten Gestein zurückzuführen.

Auch in diesem alten Irdischen, so wie im neusten Himmlischen, hab ich köstliche Erfahrungen gemacht; schöne Zusammenstellungen sind mir geworden, woran mir ganz alleine leid tut, daß ich Dir davon nichts mitteilen kann. Hast du aber Geduld, so wird bei stiller Winternacht eine gewisse Vertraulichkeit nicht ausbleiben, die doch immer den Vorteil hat, daß der Vertrauende in einen Bezug zu der Vertrauten kommt, der ich weiß nicht was für Eigenheiten mit sich bringt. Möge das alles werden, wie ich's denke und wünsche.

Von Eger hört ihr das Mehrere. – Hierbei noch einige Gedichte.

Im schönsten Sinne
Dein liebender Vater

Marienbad, den 19. August 1823   G.

Dieser Brief an Ottilie verschweigt mehr als er mitteilt, und läßt doch das Verschwiegene überall durchschimmern. Zu Hause in Weimar wird man sich seinen Vers darauf zu machen gewußt haben, denn allerlei Gerüchte, daß es sich diesmal um mehr als eine Badeliebschaft handelte, daß Goethe sich vielmehr mit ernsten Heiratsabsichten trug, waren auch nach Weimar gedrungen. In der Tat hatte Goethe brieflich bei Frau von Levetzow um die Hand ihrer Tochter angehalten, und der Großherzog hatte den Antrag seines vierundsiebzigjährigen Freundes nachdrücklichst durch allerlei Avancen unterstützt. Zu einer mündlichen Erklärung Goethes indessen kam es nicht; der Antrag wurde hinhaltend-bedauernd abgelehnt; was nicht hinderte, daß man nach dem Abschied in Marienbad wenige Tage später in Karlsbad wieder zusammenkam, wieder im gleichen Hause wohnte und auch Goethes Geburtstag, am 28. August, gemeinsam feierte.

Goethe nannte mich nicht allein sein Töchterchen, sein Kind, er betrachtete mich auch so.

Als mir Goethe einmal sagte, er hätte auch etwas aufgeschrieben, was von seinen Beziehungen zu mir handelte, und ob ich

es nicht lesen wollte, sagte ich: »Nein, lesen will ich es nicht, ich höre Sie lieber erzählen.« – »Daran erkenn ich mein Töchterchen«, sagte Goethe. Es war keine Liebschaft, sondern Goethe fand Gefallen an mir und suchte mich zu belehren, und ich hatte für ihn eine tiefe Verehrung. Goethe hatte die Gewohnheit, wenn er erzählte, im Zimmer hin und her zu gehen und dabei die Hände auf dem Rücken zu halten.
Goethe erfreute sich, mit mir und unserm Kreise junger Mädchen zu verkehren. Er lehrte uns Gesellschaftsspiele. Eines Tages saßen wir wieder beisammen, und Goethe schlug folgendes Spiel vor: Ein Mitglied der Gesellschaft muß ein Thema anschlagen und darüber reden. Der Nachbar fährt fort; aber ein andrer hat das Recht, ein Wort einzuwerfen, das in die Erzählung verwoben werden muß, und so geht das Spiel weiter. Ich begann nun von einer schönen Gegend zu reden und spann das Thema aus. Das Spiel ging im Kreise herum, und als ich wieder darankam, warf Goethe das Wort Strumpfband ein. Ich wurde rot und wußte nicht, was ich sagen sollte. Da lachte Goethe und half mir aus der Verlegenheit, indem er selbst die Erzählung fortsetzte, und zwar ging er sogleich auf den Strumpfbandorden über.
Amelie fragte den Dichter einmal, wie ihm ihr Kleid gefiele. Es ist sehr hübsch, antwortete Goethe, aber Ulrikens ist hübscher. Darauf die Schwester: Da hätte ich ja gar nicht zu fragen brauchen, an Ulriken ist ja alles hübscher.
Es war eine schöne Zeit, welche wir mit dem so liebenswürdigen Manne verlebt haben.
Sehr viel hat Goethe zu meiner und meiner Schwestern Belehrung und Bildung beigetragen, da er über so viele Gegenstände mit uns gesprochen und auch meiner Mutter manchen Wink und Rat gegeben.
Ich könnte wohl noch viel von der Zeit erzählen, doch ich denke, das genügt, um all das Fabelhafte, was darüber gedruckt, zu widerlegen – denn: keine Liebschaft war es nicht.

So das alte Fräulein von Levetzow nach über fünfzig Jahren; der alte Herr damals muß es anders empfunden haben. Gleich nach dem – wie es im Tagebuch heißt: »etwas tumultuarischen« – Abschied von Karlsbad am 5. September, entstand in Eger und auf der Heimfahrt nach Weimar jene große Elegie, die Goethe später mit zwei anderen Gedichten der gleichen Zeit unter dem Titel »Trilogie der Leidenschaft« vereinigte und der er ein leicht abgewandeltes Zitat aus seinem »Tasso« voranstellte: »Und wenn der Mensch in seiner Qual verstummt, Gab mir ein Gott zu sagen, was ich leide.«

Noch in Eger wurde indes ein längerer Brief an Frau von Levetzow geschrieben, der, großväterlich-freundschaftlich gehalten, doch durchblicken läßt, daß man sich nicht gewöhnen könne, allzu schmeichelhafte Hoffnungen gänzlich aufzugeben. Hält man diesen Brief gegen die gleichzeitig entstehende Marienbader Elegie, so erfährt man, eine wie verschiedene Sprache Neigung und Leidenschaft, Konvention und Phantasie sprechen, ohne daß doch die eine die andere Lügen strafte.

Indem ich von Eger abzugehen mich bereite, lege ich ein Blatt vor mich hin, greife nach der Feder und finde sogleich, wie viel zu sagen, wie wenig auszusprechen ist. Denken Sie sich, liebe, teure Freundin, die vergangnen mehreren Wochen, besonders aber die letzteren, so werden Sie jeden Tag von meiner Dankbarkeit durchwoben finden, die ich jetzt einzeln weder ausdrößeln möchte noch könnte; ich schiebe daher alles Ihrem lieben Gemüte zu, das wird an meiner Stelle das Beste tun.

Und wenn ich mich nun zu der Tochter wende, so geht es mir ebenso; doch da sie selbst mit Worten nicht freigebig sein mag, so verzeiht sie mir wohl, wenn ich diesmal auch zurückhalte. Doch wenn mein Liebling (wofür zu gelten sie nun einmal nicht ablehnen kann) sich manchmal wiederholen will, was sie auswendig weiß, das heißt das Innerste meiner Gesinnung, so wird sie sich alles besser sagen, als ich in meinem jetzigen Zustand vermöchte. Dabei hoff ich, wird sie nicht ableugnen, daß es eine hübsche Sache sei, geliebt zu werden, wenn auch der Freund manchmal unbequem fallen möchte.

Alle Leute berufen mich über meine gesunde Heiterkeit, ich danke jedermann zum allerschönsten; denn ich hör es gern, da es mich an alle die Heilmittel erinnert, durch die sie mir geworden ist. Sollte sie sich aufrechterhalten, so bringe ich sie zur Quelle zurück; sollte sie sich verlieren, so weiß ich, wo ich sie wieder finden könnte.

Amelien sagen Sie das Freundlichste für den letzten Abend; ich habe nie gezweifelt, daß sie sei, wie sie sich da gezeigt hat. Sagen Sie ihr ferner: daß wenn sie (ohne im mindesten sich zu genieren) nur das Übermaß vermeiden mag, alsdann nicht leicht ein junges Frauenzimmer sich selbst, den Ihrigen, den Freunden, sowie der Gesellschaft erwünschter und angenehmer sein könnte.

Bertha, der holde Herankömmling, hat so schöne tiefe Töne in ihrem Organ; möge sie beim Vorlesen an mich denken und den Perioden, wo es sich schickt, tief anfangen, um hernach den Ausdruck in die Höhe steigern zu können.

Verzeihung! daß ich aus der Ferne den Schulmeister mache; wie gern geschäh es in der Nähe! Denn wenn ich natürliche Vorzüge, glücklich eingeleitete Bildung bemerke, so kann ich mich nicht enthalten, mit wenigen Worten auf die nächsten Hindernisse hinzudeuten, von denen man sich oft länger als billig aufhalten läßt.

Und so wär ich denn doch wieder in dem lieben Kreise, aus dem ich mich herauszuwinden trachtete, wieder am runden Tisch, zwischen Mutter und Tochter, den Schwestern gegenüber, in häuslicher Vertraulichkeit.

Nun aber mahnt mich der Raum abzuschließen. Ein neues Blatt darf ich nicht nehmen, sonst ging es ins Unendliche fort. Danken aber muß ich noch bündig und herzlich für die Blicke, die Sie mich in Ihr früheres Leben tun ließen, ich fühle mich dadurch näher verwandt und verbunden. Auch der Tochter möcht ich noch sagen: daß ich sie immer lieber gewonnen, je mehr ich sie kennen gelernt; daß ich sie aber kenne und weiß, was ihr gefällt und mißfällt, wünscht ich ihr persönlich zu beweisen, in Hoffnung glücklichen Gelingens. So am Ende wie am Anfang
treu anhänglich

Eger, den 9. September 1823 G.

Gleich anderntags fügte Goethe diesem Brief an die Mutter ein Halbdutzend umrandeter kleiner Blättchen mit Goldschnitt bei, jedes unter dem Datum des 10. Septembers mit einigen kurzen Zeilen beschriftet; eines davon mit einem Vierzeiler für den Liebling Ulrike:

Aus der Ferne

Am heißen Quell verbringst Du Deine Tage,
Das regt mich auf zu innerm Zwist;
Denn wie ich Dich so ganz im Herzen trage,
Begreif ich nicht, wie Du woanders bist.

Ein Albumvers für das liebe Töchterchen. Ungleich gewaltiger, inniger spricht die Elegie Anspruch und Macht des liebenden Herzens aus.

Wie leicht und zierlich, klar und zart gewoben
Schwebt, seraphgleich, aus ernster Wolken Chor,
Als glich es ihr, am blauen Äther droben,
Ein schlank Gebild aus lichtem Duft empor;
So sahst du sie in frohem Tanze walten,
Die lieblichste der lieblichen Gestalten.

Doch nur Momente darfst dich unterwinden,
Ein Luftgebild statt ihrer festzuhalten;
Ins Herz zurück, dort wirst du's besser finden,
Dort regt sie sich in wechselnden Gestalten;
Zu vielen bildet Eine sich hinüber,
So tausendfach und immer, immer lieber.

Wie zum Empfang sie an den Pforten weilte
Und mich von dannauf stufenweis beglückte;
Selbst nach dem letzten Kuß mich noch ereilte,
Den letztesten mir auf die Lippen drückte:
So klar beweglich bleibt das Bild der Lieben
Mit Flammenschrift ins treue Herz geschrieben.

Ins Herz, das fest wie zinnenhohe Mauer
Sich ihr bewahrt und sie in sich bewahret,
Für sie sich freut an seiner eignen Dauer,
Nur weiß von sich, wenn sie sich offenbaret,
Sich freier fühlt in so geliebten Schranken
Und nur noch schlägt, für alles ihr zu danken.

Von der auf der Rückfahrt entstandenen Elegie legte Goethe, zu Hause angekommen, auf besonders gutem Papier eigenhändig eine sorgfältig geschriebene Reinschrift an, die er in einer Mappe von rotem Maroquinpapier aufhob und die nur wenigen Vertrauten gezeigt wurde.
Als erster bekam Eckermann die Elegie eines Abends zu lesen, dann las Goethe das Gedicht selber seiner Schwiegertochter und dem jungen Sterling vor, zu dem Ottilie eine heftige leidenschaftliche Neigung gefaßt hatte. Am 12. November kam Wilhelm von Humboldt nach Weimar zu Besuch, wo er Goethe an einem quälenden trockenen Husten erkrankt vorfand.
Am 19. November schreibt Humboldt in einem Brief an seine Frau Caroline in Tegel:

Heute früh habe ich eine himmlische Stunde bei ihm zugebracht, die ein reicher Lohn für die ganze Reise ist. Er gab mir ein eigen gebundenes Gedicht, eine Elegie. Ich sah schon, daß sie sehr zierlich und sorgfältig äußerlich in Band und Papier behandelt war. Sie war ganz von seiner Hand geschrieben. Er sagte mir, es sei die einzige Abschrift, die davon existiere, er habe sie noch niemandem, ohne Ausnahme, gezeigt und werde sie noch lange nicht, vielleicht nie drucken lassen. Er habe sich aber auf meine Ankunft gefreut, weil er vorherwisse, ich werde mit ihm fühlen. Er sagte das alles in einem bewegteren und sich mehr erschließenden Ton, als ihm sonst eigen war.
So fing ich an zu lesen, und ich kann mit Wahrheit sagen, daß ich nicht bloß von dieser Dichtung entzückt, sondern so erstaunt war, daß ich es kaum beschreiben kann. Es erreicht nicht bloß dies Gedicht das Schönste, was er je gemacht hat, sondern übertrifft es vielleicht, weil es die Frische der Phantasie, wie er sie nur je hatte, mit der künstlerischen Vollendung verbindet, die doch nur langer Erfahrung eigen ist.
Nach zweimaligem Lesen fragte ich ihn, wann er es gemacht habe. Und als er mir sagte: »Vor nicht gar langer Zeit«, war es mir klar, daß es die Frucht seines Marienbader Umganges war. Die Elegie behandelt nichts als die alltäglichen und tausendmal besungenen Gefühle der Nähe der Geliebten und des Schmerzes des Scheidens, aber in einer so auf Goethe passenden Eigentümlichkeit, in einer so hohen, so zarten, so wahrhaft ätherischen

und wieder so leidenschaftlich rührenden Weise, daß man schwer dafür Worte findet. Die selige Nähe der Geliebten ist in ihrer ganzen faltenlosen Einfachheit des Glücks geschildert, mit dem Frieden Gottes, mit dem Gefühl frommer Seelen verglichen. Von dem, was eigentlich fromm sein heißt, ist in wenigen Zeilen eine namenlos schöne Beschreibung. Dann ist die Betrachtung der Natur, die Anschauung des Weltalls, also das, was Goethes innerste Beschäftigung ausmacht, der Geliebten gleichsam entgegengesetzt, indem der Dichter sich fragt, warum ihm das alles denn nicht mehr genüge? Und dieser Kontrast hebt das Gefühl der Liebe auf eine wundervolle Weise. Die Geliebte ist nur in einer einzigen Stanze (das Gedicht besteht aus sechszeiligen Stanzen) mehr angedeutet als geschildert. Wie er nämlich davon spricht, daß ihn Fels und Feld und Wiese nicht mehr ansprechen, sagt er: »Auch nicht der Wolken zart Gebilde«, und wie er dies Gebilde beschrieben, heißt es, womit sie am ähnlichsten zu vergleichen ist, sie »die lieblichste der lieblichen Gestalten«. An dieser Stelle geht er gleich auf sie wieder über, aber gleich wieder vom Sinnlichen ab, indem er sagt: »Allein warum suche ich sie da und nicht im inneren Gemüt, wo ihr Bild so tausendfältig herrscht, daß es als Eins sich zu vielen hinüberneigt?« Zuletzt, da nun die Scheidung gewiß ist, wo gesagt ist, daß sie noch ihm nachgeeilt ist, noch nach dem letzten Kuß ihm einen letztesten gegeben, bricht er in die volle Rührung aus: »So fließt denn, meine Tränen, unaufhaltsam«...

> So quellt denn fort und fließet unaufhaltsam!
> Doch nie geläng's, die innre Glut zu dämpfen!
> Schon rast's und reißt in meiner Brust gewaltsam,
> Wo Tod und Leben grausend sich bekämpfen.
> Wohl Kräuter gäb's, des Körpers Qual zu stillen;
> Allein dem Geist fehlt's am Entschluß und Willen,
>
> Fehlt's am Begriff: wie sollt' er sie vermissen?
> Er wiederholt ihr Bild zu tausendmalen.
> Das zaudert bald, bald wird es weggerissen,
> Undeutlich jetzt und jetzt im reinsten Strahlen;
> Wie könnte dies geringstem Troste frommen,
> Die Ebb' und Flut, das Gehen wie das Kommen?

In keiner Silbe des Gedichtes ist des Alters erwähnt, aber es schimmert leise durch, teils darin, daß alles darin so ins völlig Hohe und Reine gezogen ist, teils in der umfassenden Fülle der Naturbetrachtung, auf die hingedeutet ist und die Reife der Jahre fordert.

Goethe wurde über das Gedicht, von dem er selbst sehr naiv sagte: »Ich habe nicht aufhören können, es so lange zu lesen, bis ich es nun auswendig weiß; ich habe mir auch darin nachgesehn, warum soll man sich solche Genüsse versagen?« – er wurde, wollte ich sagen, über das Gedicht und meine Freude daran so gehoben, daß er, sein Übel vergessend, mit ganz ungewöhnlicher Heiterkeit sprach und sicher so lange fortgesprochen hätte, wenn nicht der Großherzog plötzlich hereingetreten wäre.

Es ist mir sehr klar geworden, daß Goethe noch sehr mit den Marienbader Bildern beschäftigt ist; allein mehr, wie ich ihn kenne, mit der Stimmung, die dadurch in ihm aufgegangen ist, und mit der Poesie, mit der er sie umsponnen hat, als mit dem Gegenstand selbst. Was man also vom Heiraten und selbst von Verliebtheit sagt, ist teils ganz falsch, teils auf die rechte Weise zu verstehen. Nur glaube ich doch, daß die Einförmigkeit, vielleicht sogar die geringe Erfreulichkeit des Familienkreises ihm, nach der lebendigeren Regung in Böhmen, nicht wohltut und daß ihm dies Gefühl mehr lastet, weil seine Krankheit ihm den gewohnten Trost beständiger Beschäftigung raubt.

Goethes Freund Zelter, der sich ebenfalls für den November angesagt hatte, war schon Anfang Oktober von Berlin aus zu einer Reise nach Westfalen und Holland aufgebrochen. Wie immer sandte er Goethe, der seine Reiseschilderungen besonders schätzte, auch von dieser einen ausführlichen Bericht. Auch ihm war über Goethes Marienbader Begebnisse hie und da einiges zu Ohren gekommen, und so liest man in einem Brief aus Hildesheim vom 7. Oktober:
»*Da Dich alles verheiraten will und sie mir darüber die Haut abfragen, so habe ich gesagt, daß ich zur Hochzeit reise, und die Leute glauben nichts lieber als was sie gewiß wissen, daß es nicht wahr ist.*«
Wilhelm von Humboldt blieb bis zum 23. November; gleich

anderntags traf Zelter ein. Goethe war immer noch leidend, Nierenschmerzen und Engbrüstigkeit hatten sich eingestellt, und er brachte die Nächte, da er liegend keinen Schlaf fand, meist im Sessel zu. Auch Zelter bekam nun die Reinschrift der Elegie zu sehen und mußte sie mehrmals vorlesen. Auf diese Vorlesungen kommt Goethe, nach Zelters Abreise, in seinem ersten Brief vom Anfang Januar zurück, in welchem er eingangs der »Prüfung der bedenklichen Wochen«, die sie zusammen zugebracht, und in Rückblick dankbar ihrer langen Freundschaft gedenkt:

Freud und Leid haben wir in diesen zwanzig Jahren einzeln und zusammen genugsam erlebt und erfahren, und so war mir denn auch Deine liebe Gegenwart in meinem peinlichen Zustand abermals höchst erquickend; ich fühlte und weiß es, und es freut mich, daß die andern es auch anerkennen, die niemals recht begreifen, was ein Mensch dem andern sein kann und ist.
Daß Du mir die Mitteilung des Gedichtes durch innige Teilnahme so treulich wiedergabst, war eigentlich nur eine Wiederholung dessen, was Du durch Deine Kompositionen mir so lange her verleihest; aber es war doch eigen, daß Du lesen und wieder lesen mochtest, mich durch Dein sanftes gefühlvolles Organ vernehmen ließest, was mir in einem Grade lieb ist, den ich mir selbst nicht gestehen mag, und was mir denn doch jetzt noch mehr angehört, da ich fühle, daß Du Dir's eigen gemacht hast. Ich darf es nicht aus Händen geben; aber lebten wir zusammen, so müßtest Du mir's so lange vorlesen und vorsingen, bis Du's auswendig könntest.

Dieser Brief an Zelter endet mit der Schlußstrophe des im Vorjahr nach der Abreise aus Marienbad entstandenen »Liebschmerzlichen Zwiegesangs«, den Goethe dem Freunde damals schon als Beilage mitgeteilt hatte.

Kennst Du nachstehende Reimzeilen? Sie sind mir ans Herz gewachsen, Du solltest Sie wohl durch schmeichelnde Töne wieder ablösen:

> Ja! du bist wohl der Iris zu vergleichen!
> Ein liebenswürdig Wunderzeichen:
> So schmiegsam-herrlich, bunt in Harmonie,
> Und immer gleich und immer neu wie sie.

Allen guten Geistern empfohlen!   G.
Weimar, den 9. Januar 1824

XV
Felix Mendelssohn in Weimar
(1821–1830)

Goethes Freund Carl Friedrich Zelter hat sich mehrmals längere oder kürzere Zeit in Weimar aufgehalten. Der briefliche Verkehr war durch Schiller eingeleitet worden, und die erste persönliche Bekanntschaft fand 1802 statt.
Als Zelter im Herbst 1821 vierzehn Tage in Goethes Haus zu Gast war, hatte er diesmal einen Begleiter mitgebracht: den damals zwölfjährigen Felix Mendelssohn-Bartholdy, dem die Eltern diese erste Reise in Begleitung seines Lehrers gestattet hatten. Felix, der bereits einige Kompositionen geschrieben hatte, war vor allem ein Virtuose auf dem Klavier. Kurz vor seiner Abreise hatte er auch angefangen, sich im Phantasieren zu üben, wodurch er in Weimar nicht nur das Entzücken des alten Herrn, sondern ebenso der dortigen Künstler und des Hofes erregte. Auch im Briefeschreiben besaß der frühreife Knabe bereits eine mehr als gewöhnliche Gewandtheit und Anmut.
Felix Mendelssohn an die Eltern in Berlin:

Weimar, den 6. November 1821

Jetzt hört alle, alle zu. Heute ist Dienstag. Sonntag kam die Sonne von Weimar, Goethe, an. Am Morgen gingen wir in die Kirche, wo der 100. Psalm von Händel halb gegeben wurde. Nachher ging ich nach dem Elefanten, wo ich Lukas Cranachs Haus zeichnete. Nach zwei Stunden kam Professor Zelter: »Goethe ist da, der alte Herr ist da!« – Gleich waren wir die Treppe herunter in Goethes Haus. Er war im Garten und kam eben um eine Hecke herum. Er ist sehr freundlich, doch alle Bildnisse von ihm finde ich nicht ähnlich. Er sah sich dann seine interessante Sammlung von Versteinerungen an, welche der Sohn geordnet hat, und sagte immer: »Hm, hm, ich bin recht zufrieden«; nachher ging ich noch eine halbe Stunde im Garten mit ihm und Professor Zelter. Dann zu Tisch. Man hält ihn nicht für einen Dreiundsiebenziger, sondern für einen Fünfziger. Nach Tische bat sich Fräulein Ulrike, die Schwester der Frau von Goethe, einen Kuß aus, und ich machte es ebenso. Jeden Morgen erhalte ich vom Autor des Faust und des Werther einen Kuß, und jeden Nachmittag vom Vater und Freund Goethe zwei Küsse. Bedenkt!! Nachmittag spielte ich Goethe über zwei Stunden vor, teils Fugen von Bach, teils phantasierte ich.

Weimar, den 10. November
Ich spiele hier viel mehr als zu Hause, unter vier Stunden selten, zuweilen sechs, ja wohl gar acht Stunden. Alle Nachmittage macht Goethe das Streichersche Instrument mit den Worten auf: »Ich habe dich heute noch gar nicht gehört, mache mir ein wenig Lärm vor«, und dann pflegt er sich neben mich zu setzen, und wenn ich fertig bin (ich phantasiere gewöhnlich), so bitte ich mir einen Kuß aus, oder nehme mir einen. Von seiner Güte und Freundlichkeit macht Ihr Euch gar keinen Begriff, ebensowenig als von dem Reichtum, den der Polarstern der Poeten an Mineralien, Büsten, Kupferstichen, kleinen Statuen, großen Handzeichnungen usw. usw. hat. Daß seine Figur imposant ist, kann ich nicht finden, er ist eben nicht viel größer als Vater. Doch seine Haltung, seine Sprache, sein Name, die sind imposant. Einen ungeheuren Klang der Stimme hat er, und schreien kann er wie 10 000 Streiter. Sein Haar ist noch nicht weiß, sein Gang ist fest, seine Rede sanft.
Dienstag wollte Professor Zelter mit uns nach Jena, und von da aus gleich nach Leipzig. Bei Schopenhauers sind wir oft. Sonnabend abend war Adele Schopenhauer, die Tochter, bei uns, und wider Gewohnheit Goethe auch den ganzen Abend. Die Rede kam auf unsere Abreise und Adele beschloß, daß wir alle hingehen und uns Professor Zelter zu Füßen werfen sollten und um ein paar Tage Zugabe flehen. Er wurde in die Stube geschleppt, und nun brach Goethe mit seiner Donnerstimme los, schalt Professor Zelter, daß er uns mit nach *dem alten Nest* nehmen wollte, *befahl ihm, stillzuschweigen, ohne Widerrede zu gehorchen*, uns hierzulassen, allein nach Jena zu gehen und wiederzukommen, und schloß ihn so von allen Seiten ein, daß er alles nach Goethes Willen tun wird; nun wurde Goethe von allen Seiten bestürmt, man küßte ihm Mund und Hand, und wer da nicht ankommen konnte, der streichelte ihn und küßte ihm die Schultern, und wäre er nicht zu Hause gewesen, ich glaube,

wir hätten ihn zu Hause begleitet, wie das römische Volk den Cicero nach der ersten Catilinarischen Rede. Übrigens war auch Fräulein Ulrike ihm um den Hals gefallen, und da er ihr die Cour macht (sie ist sehr hübsch), so tat alles dies zusammen die gute Wirkung.

Über das Auftreten Felix Mendelssohns in Weimar hat sich auch der Bericht eines Violinisten der Weimarischen Hofkapelle, Johann Christian Lobe, erhalten, der im November 1821 eines Abends, auf Goethes Bestellung, mit zwei seiner Kollegen in das Musikzimmer des Hauses am Frauenplan geführt wurde.

Drei Pulte standen an der Seite des geöffneten Flügels für uns bereit. Auf demselben lag ein Konvolut geschriebener Notenhefte. Neugierig, wie ich in Sachen der Musik immer war und noch bin, blätterte ich darin und las: Studien im doppelten Kontrapunkt; ein anderes Heft war überschrieben: Fugen; ein drittes: Kanons. Dann kam: Quartett für Klavier mit Begleitung von Violine, Viola und Cello. Auf allen Heften stand der Name Felix Mendelssohn-Bartholdy. Die Noten waren mit fester zierlicher Hand geschrieben, und, soviel ich bei schnellem Überblick bemerken konnte, zeigte die Mache einen tüchtig ausgebildeten Künstler. Der Name Mendelssohn als Musiker war uns unbekannt.
Während wir unsere Instrumente in die Hand nahmen und vorläufig in Stimmung mit dem Klavier setzten, trat ein langer Mann herein: es war der Professor Zelter, der bekannte Direktor der Berliner Singakademie. Er begrüßte uns freundlich und mich als alten Bekannten. – »Ich bin vorausgegangen, meine Herren«, begann er dann, »um vorläufig eine Bitte an Sie zu richten. Sie werden einen zwölfjährigen Knaben kennen lernen, meinen Schüler, Felix Mendelssohn-Bartholdy. Seine Fertigkeit als Klavierspieler, mehr wohl noch sein Kompositionstalent werden Sie wahrscheinlich in einigen Enthusiasmus versetzen. Nun ist aber der Junge eine eigene Natur: alles Dilettantengejauchze um ihn herum berührt ihn nicht, auf das Urteil der Musiker aber lauscht er begierig, und nimmt jedes für blanke echte Münze; denn der junge Kiekindiewelt ist natürlich noch zu unerfahren, um wohlwollende Aufmunterung von verdienter Anerken-

nung immer gehörig unterscheiden zu können. Darum, meine Herren, wenn Sie zu einem Lobgesang angeregt werden sollten, was ich immer zugleich wünsche und fürchte, so führen Sie ihn in mäßigem Tempo, nicht zu geräuschvoll instrumentiert und in C-Dur, der ungefärbtesten Tonart, auf. Bisher habe ich ihn vor Eitelkeit und Selbstüberschätzung bewahrt, diesen vermaledeiten Feinden alles künstlerischen Fortschreitens.«

Ehe wir noch etwas auf diese einigermaßen sonderbare Anrede erwidern konnten, kam er hereingesprungen, der Felix. Mit ihm war auch Goethe eingetreten, der unsre ehrfurchtsvolle Verbeugung freundlich grüßend erwiderte. »Mein Freund«, sagte er auf Zelter deutend, »hat da einen kleinen Berliner mitgebracht, der uns dieser Tage große Überraschung als Virtuose bereitete; nun sollen wir ihn auch noch als Komponisten kennenlernen, wozu ich Ihre Beihilfe erbitte. So laß uns denn hören, mein Kind, was dein junger Kopf produziert hat.« Bei diesen Worten strich Goethe dem Knaben über die langen Locken. Alsobald lief dieser zu den Noten, legte die Stimmen für uns auf die Pulte, die Prinzipalstimme auf den Flügel und nahm eilig Platz auf dem Sessel. Zelter stellte sich hinter Felix zum Umwenden, Goethe einige Schritte seitwärts, die Hand auf dem Rücken. Der kleine Komponist warf einen feurigen Blick auf uns, wir legten die Bogen an, eine Bewegung von ihm und das Spiel begann.

Goethe hörte alle Sätze mit der gespanntesten Aufmerksamkeit an, ohne besondere Bemerkungen zu machen, als etwa nach dem einen Satz ein »Gut!«, nach dem andern ein »Brav!«, welches er mit einem freundlich beifälligen Nicken begleitete. Zelters Ermahnung eingedenk, zeigten auch wir dem Knaben, dessen Antlitz im Verfolg des Vortrags sich immer höher rötete, unsern Beifall nur durch erfreute Mienen. Als der letzte Satz zu Ende, sprang Felix von seinem Sitz auf und blickte alle der Reihe nach mit fragendem Blick an; er mochte nun etwas über sein Werk hören wollen. Goethe aber nahm, wahrscheinlich von Zelter gestimmt, das Wort und sagte zu Felix: »Recht brav, mein Sohn! Die Mienen dieser Herren« – auf uns deutend – »sprechen deutlich genug aus, daß ihnen dein Produkt recht gut gefallen hat. Nun geh hinunter in den Garten – man erwartet dich – und erhole und kühle dich ab; denn du brennst ja lichterloh.« Ohne weiteres sprang der Knabe zur Türe hinaus.

Acht Jahre später, am 11. März 1829, kam es in Berlin, in der von Zelter geleiteten »Sing-Akademie«, zu jener denkwürdigen Aufführung der Matthäus-Passion von Johann Sebastian Bach, der ersten seit Bachs Tod im Juli 1750, durch welche das verschollene Werk in seinem einzigartigen Rang erkannt und für die Folgezeit befestigt wurde. Die treibenden Kräfte waren der nun zwanzigjährige Felix Mendelssohn und sein Freund, der Schauspieler Ludwig Devrient, gewesen. Felix hatte die Einstudierung übernommen und dirigierte auch die beiden ersten Aufführungen. Der Zudrang war gewaltig, und da Felix Mendelssohn Anfang April nach England reiste, übernahm Zelter die Leitung der zweiten Wiederholung am Karfreitag, den 17. April. Über all dieses und anderes berichtete Zelter in mehreren Briefen ausführlich nach Weimar.
Bei dem in Zelters zweitem Brief erwähnten Karl handelt es sich um seinen Stiefsohn Karl Flöricke, der sich 1812 das Leben genommen hatte.

Berlin, den 12. März 1829

Unsere Bach'sche Musik ist gestern glücklich vonstatten gegangen, und Felix hat einen straffen ruhigen Direktor gemacht. Der König und der ganze Hof sah ein komplett volles Haus vor sich; ich hatte mich mit einer Partitur neben dem Orchester in ein Winkelchen gesetzt, von wo aus ich mein Völkchen beobachten konnte und das Publikum zugleich. Hätte doch der alte Bach unsere Ausführung hören können! Das war mein Gefühl bei jeder gut gelungnen Stelle, und hier kann ich nicht unterlassen, meinen sämtlichen Jüngern der Singakademie wie den Solosängern und dem Doppelorchester das größte Lob zu spenden. Man könnte sagen, das Ganze wäre ein Organon, worin jede Pfeife mit Vernunft, Kraft und Willen begabt sei, ohne Zwang, ohne Manier. Da ist kein Duett, keine Fuge, kein Anfang, kein Ende, und doch alles wie eins, und jedes am Orte, was es allein und zusammen ist. Eine wunderbar dramatische Wahrheit ergibt sich: man hört, wie die falschen Zeugen, das ist: man sieht sie, auftreten. Die Hohenpriester: »Es taugt nicht« etc., »es ist Blutgeld.« Und die *turba*: »Ja nicht auf das Fest«, etc. und die Jünger: wahre ehrliche Jungens; Lumpen: »Wozu dienet dieser Unrat?«; es scheinen ganz eigene Töne zu sein, die man noch nicht kannte,

aber erkennen muß. Dann dazwischen das herzliche Leid um den edeln Menschensohn, den Freund, den Ratgeber, den Helfer, den Bescheider und so weiter.
Daß das nun alles neu und doch natürlich ist, bemerkt sich daran, daß es nicht sowohl gern vernommen und danach gegriffen wird, als daß man es gleich noch einmal und wieder und wieder vernehmen und zuletzt begreifen möchte und *ein* Guß ist, wie zerstreut auch die Handlung sich im Textbuche gestaltet.
»Nun, ihr Musen, genug!« Lebe wohl und: »*Erkenne mich, mein Hirte!*«
Z.

Nun haben wir auf vieles Begehren die Passionsmusik bei vollem Hause abermalen wiederholt. Die alten sind wieder- und neue Hörer dazugekommen. Die Urteile sind billig verschieden, und von vielen soll nur einer genannt sein, der das Recht hat zu urteilen wie jeder andere und vor andern. Philosophen, welche das Reale von dem Idealen trennen und den Baum wegwerfen, um die Frucht zu erkennen, sind mit uns Musikern etwa so daran wie wir mit ihrer Philosophie, von der wir nichts weiter verstehen, als daß wir ihnen den gefundenen Schatz vor die Tür bringen. So Hegel. Er hält eben mit seinem Kollegium bei der Musik. Was ihm Felix recht gut nachschreibt und wie ein loser Vogel höchst naiv mit allen persönlichen Eigenheiten zu reproduzieren versteht. Dieser Hegel nun sagt, das sei *keine* rechte Musik; man sei jetzt weitergekommen, wiewohl noch lange nicht aufs Rechte. Das wissen wir nun so gut oder nicht wie er, wenn er uns nur musikalisch erklären könnte, ob *er* schon auf dem Rechten sei. Und so wollen wir immer unterdessen *piano* und *sano* gehen, wie uns der Gott es eingibt, dem wir alle dienen. Denn wir wissen ja alle nicht, *was* wir beten sollen, und tun immer dazu, und so mögen die andern auch tun.
Die Biographie Mozarts, welche ich soeben lese, macht mir die größte Freude, wegen der Originalien, die sie enthält. Die Briefe sind unschätzbar, indem sie mir jedes Urteil über den wunderbaren Menschen bestätigen und mit meiner Kunstansicht im ganzen vollkommen übereinstimmen. Sieht man die Masse des jetzigen Künstlergeschmeißes dagegen an, so weiß man kaum, ob man die Jungens auslachen oder vor Jerusalem weinen soll. Mozarts Liebe gegen seine Eltern und zu seiner Schwester ist

höchst respektabel. Der Vater war ein tüchtiger Musikus; seine Violinschule ist ein Werk, das sich brauchen läßt, solange die Violine eine Violine bleibt; es ist sogar gut geschrieben. Wie sich diese Familie herumschleppen müssen – ich beneide ihren Jammer und denke: mir hätte nichts Angenehmeres widerfahren können als solche Gelegenheit, die weite Welt zu saufen. Heu- und Strohfressen sollte mich nicht abgehalten haben, wenn ich aus Gehorsam gegen meinen Vater und Mutter hier das Beste mit Ekel genoß. Meinem Karl schrieb ich nach der Grenze von Italien, wohin er nicht Lust zu haben schien, daß ich einen Wagen nach Italien und Frankreich ziehn wollte, wenn ich's *noch* haben könnte wie er. Ich hatte ihm durch den Minister Humboldt die schönsten Gelegenheiten vorbereitet, er konnte gehn, wohin er wollte. Und doch habe ich zu danken und danke auch. Verzeih meine Tränen und
                        lebe wohl!

                                  Dein Z.

Karfreitag, den 17. April 1829

Heute führe ich statt der gewöhnlichen Graun'schen Passionsmusik die Bach'sche auf Begehren wieder auf, und biete Trotz meinen alten krummen Fingern; denn mein Helfer Felix schwimmt eben bei Helgoland auf der See auf England zu, von da er eingeladen ist.

Gestern kommt ein strackgewachsner junger Mann mit stattlichem Schnauzbarte (ich hielt ihn für einen Studenten) und erbat sich ein Freibillett zur Passion. Da ich dergleichen nicht wenige zu geben habe, mußte ich ihm bemerken: ich könne nicht wissen, ob ich deren übrig behielte, und nicht vorher verschenken, was ich verkaufen wolle. – Er sei, sagte er, Rezensent am Courier und habe gehofft, ich würde ihm seine Bitte nicht versagen, denn die Redaktion habe keine Billette. – »Bedenken Sie, werter Herr«, sagte ich, »daß Ihre Rezension für mich einen Wert allenfalls hätte, wenn ich sie vorher haben könnte, um davon zu lernen; nun soll ich sie Ihnen aber heute schon mit einem Taler bezahlen, wenn nachher die ganze Welt sie für einen Groschen haben kann, und Sie gewinnen doppelt, denn meine Musik ist gut, und das wissen alle, die mir was dafür geben.« – Der junge Mann schien konsterniert, er jammerte mich, und ich war schon im Begriff, ihm ein Billett geben zu lassen, als er still davonging; er wird mir's aber wohl anstreichen.

Sonnabend, den 18. April. – Mein Saal war gestern voll. Der König, der Prinz und die Prinzessin Wilhelm, Herzogin von Cumberland und mehrere vom Hofe waren da. Die andern beschwerten sich über große Hitze, und Du kannst denken, wie lieb mir's ist, wenn sie alle recht durch und durch schwitzen, wie mir's denn auch ergangen ist. Ich will recht gern schwitzen, das kühle Grab wird mir's wohl wieder zugute bringen, da kann man sich Zeit nehmen, hat man doch die ganze liebe Ewigkeit vor sich.

Paganini macht hier mit seinen vermaledeiten Violinkonzerten Männer und Weiber toll und wird wohl wieder 10 000 Taler mit aus Berlin nehmen, wenn er sie nicht vorher im Pharao wieder verliert. Ich habe kein Geld, ihm für seine Künste jedesmal zwei Taler zu bringen, und nichts von ihm gehört als sein Portrait gesehn, das einem Hexensohne ähnlich ist. Das eigentliche Unglück, das er über uns bringt, besteht aber darinne, daß er uns die jungen Violinisten im Orchester von Grund aus ruiniert. *Vale.*

Dein Z.

Von Paganini und seinem erstaunlichen Spiel ist in Zelters Briefen an Goethe noch wiederholt die Rede.

Am vorigen Dienstage, den 28. April, hat mich Paganini in der Akademie besucht und unsere Produktionen vernommen, und tags darauf habe ich endlich auch ihn gehört. Es ist außerordentlich, was der Mann leistet, und dabei bemerkt werden muß: daß die Wirkung seines Spiels ganz allgemein erwünscht und andern Virtuosen auf seinem Instrumente ganz unbegreiflich ist. Sein Wesen ist also mehr als Musik, ohne höhere Musik zu sein, und bei solcher Meinung dürfte ich bleiben, wenn ich ihn öfter hörte. Ich war so placiert, daß ich alle Bewegungen seiner Hand und seines Armes sehn konnte, die bei einer ziemlich kleinen Figur von besonderer Biegsamkeit, Stärke und Elastizität sein müssen, weil er gar nicht ermüdet, das Fatiganteste in seiner Steigerung wie ein Uhrwerk hervorzubringen, das eine Seele hätte. Die hundert Künste seines Bogens und seiner Finger, welche sämtlich einzeln ausgedacht und eingeübt sind, erscheinen in einer geschmackvollen Folgereihe und zeichnen ihn auch als Komponisten aus. In jedem Falle aber ist er ein vollkommener Meister seines Instrumentes in *höchster* Potenz, insofern was ihm auch nach bestem Willen *nicht* gelingt, wie eine kecke Variation herauskommt.

Von seiner Reise nach England und Schottland kehrte Felix Mendelssohn erst im Dezember zurück. Im Mai des folgenden Jahres begab er sich auf eine Reise nach Italien, die ihn über Weimar und München führte. In Weimar angekommen, beginnt er unverzüglich, den Eltern und der Schwester Fanny in Berlin ausführlichen Bericht zu erstatten:

Weimar, den 21. Mai 1830

Eines so heitern frischen Reisetags wie des gestrigen weiß ich mich gar nicht zu entsinnen seit meiner Reisepraxis. Früh morgens war der Himmel grau und bedeckt, die Sonne kam erst später durch; dazu kühle Luft und Himmelfahrtstag; die Leute waren geputzt und ich sah sie in einem Dorfe in die Kirche gehen, in einem anderen wieder herauskommen, wieder in einem andern Kegel schieben; bunte Tulpen gab's überall in den Gärten, und ich fuhr schnell und sah mir alles an. In Weißenfels gaben sie mir einen kleinen Korbwagen, und in Naumburg gar eine offene Droschke; die Sachen wurden hintenauf gepackt, samt dem Hut und Mantel; ich kaufte mir ein paar Maiblumensträuße, und so ging's durch das Land, wie auf einer Spazierfahrt. Die Gegend sah so frühlingsmäßig und geputzt, bunt, heiter aus, und dann ging die Sonne so ernsthaft hinter den Hügeln unter, und dann fuhr der russische Gesandte in zwei großen vierspännigen Wagen so mürrisch und geschäftsmäßig, und ich fuhr in meiner Droschke als Hasenfuß so bald bei ihm vorbei, und abends bekam ich noch stätische Pferde, damit ein kleiner Verdruß auch nicht fehlte, (er gehört nach meiner Theorie zum Plaisir) und ich komponierte den ganzen Tag so sehr gar nichts, sondern genoß faul. – Die Sache war herrlich, das ist wahr, und wird nicht vergessen werden. Ich schließe diese Beschreibung mit der Anmerkung, daß die Kinder in Eckartsberge ganz ebenso Ringe-Rosenkranz spielten wie bei uns, und daß sie sich durch den fremden Herrn nicht stören ließen, obwohl er vornehm zusah; ich hätte lieber mitgespielt!

Den 24sten. Das schrieb ich, ehe ich zu Goethe ging, morgens früh nach einem Spaziergange im Park; nun bin ich noch hier, und konnte wahrlich nicht zur Fortsetzung des Briefes kommen. Ich werde auch vielleicht noch zwei Tage hier bleiben, und es ist nicht schade darum; denn so heiter und liebenswürdig, wie diesmal, und so gesprächig und mitteilend habe ich den alten Herrn noch nie gefunden.

Ich muß aber ordentlich und folgerecht erzählen, damit Ihr alles erfahrt. Des Morgens ging ich zu Goethes Schwiegertochter Ottilie, die ich zwar noch kränklich und zuweilen klagend, aber doch heiterer als früher und gegen mich so freundlich und liebenswürdig wie immer fand. Wir sind seitdem fast immer zusammen gewesen, und ich habe mich sehr gefreut, sie näher kennenzulernen. Ulrike ist jetzt so angenehm und lieblich wie nie zuvor; der Ernst, den sie bekommen, hat sich mit ihrem ganzen Wesen vereinigt, und sie hat eine Sicherheit und Tiefe der Empfindung, die sie zu einer der liebenswürdigsten Erscheinungen machen, die ich kenne. Die beiden Knaben, Walther und Wolf, sind lebendig, fleißig und zutulich, und wenn sie von Großpapas Faust sprechen, so klingt das gar zu nett. Zur Erzählung wieder zu kommen, schickte ich den Brief von Zelter sogleich hinein zu Goethe; der ließ mich zu Tische bitten; da fand ich ihn denn im Äußeren unverändert, anfangs aber etwas still, und wenig teilnehmend; ich glaube, er wollte mal zusehen, wie ich mich wohl nehmen möchte; mir war es verdrießlich, und ich dachte, er wäre jetzt immer so. Da kam zum Glück die Rede auf die Frauenvereine in Weimar, und auf das »Chaos«, eine tolle Zeitung, die die Damen unter sich herausgeben und zu deren Mitarbeiter ich mich aufgeschwungen habe. Auf einmal fing der Alte an lustig zu werden, und die beiden Damen zu necken mit der Wohltätigkeit, und dem Geistreichtum, und den Subskriptionen, und der Krankenpflege, die er ganz besonders zu hassen scheint; forderte mich auf, auch mit loszuziehen, und da ich mir das nicht zweimal sagen ließ, so wurde er erst wieder ganz wie sonst, und dann noch freundlicher und vertraulicher, als ich ihn bis jetzt kannte. Da ging's denn über alles her; von der »Räuberbraut« von Ries meinte er, die enthielte alles, was ein Künstler jetzt brauche, um glücklich zu leben: einen Räuber und eine Braut; dann schimpfte er auf die allgemeine Sehnsucht der jungen Leute, die so melancholisch wären; dann erzählte er Geschichten von einer jungen Dame, der er einmal die Cour gemacht hätte, und die auch einiges Interesse an ihm genommen habe; – dann kamen die Ausstellungen, und der Verkauf von Handarbeiten für Verunglückte, wo die Weimarerinnen die Verkäuferinnen machen, und wo er behauptete, daß man gar nichts bekommen könnte, weil die jungen Leute alles unter sich schon vorher bestimmten, und dann versteckten, bis die rechten Käufer kämen, usw. – Nach Tische fing er denn auf einmal an: »Gute Kinder – hübsche Kinder – muß immer lustig sein – tolles Volk« und dazu machte er Augen, wie der alte Löwe, wenn er einschlafen will. Dann mußte ich ihm vorspielen, und er meinte, wie das so sonderbar sei, daß er so lange keine Musik gehört habe; nun hätten wir die Sache immer weiter geführt, und er wisse nichts davon; ich müsse ihm darüber viel erzählen: »denn wir wollen doch auch einmal vernünftig miteinander sprechen.« Dann sagte er zu Ottilie: »Du hast nun schon gewiß Deine weisen Einrichtungen getroffen; das hilft aber nichts gegen meine Befehle, und die sind, daß du heut hier deinen Tee machst, damit wir wieder zusammen sind.« Als die nun frug, ob es nicht zu spät werden würde, da Riemer zu ihm käme, und mit ihm arbeiten wolle, so meinte er: »Da du deinen Kindern heut früh ihr Latein geschenkt hast, damit sie den Felix spielen hörten, so könntest du mir doch auch einmal *meine* Arbeit erlassen.« Dann lud er mich auf den heutigen Tag wieder zu Tisch ein, und ich spielte ihm abends viel vor. Da ich Goethe gebeten hatte, mich Du zu nennen, ließ er mir den folgenden Tag durch Ottilie sagen, dann müsse ich aber länger bleiben als zwei Tage, wie ich gewollt hätte, sonst könne er sich nicht wieder daran gewöhnen. Wie er mir das nun noch selbst sagte, und meinte, ich würde wohl nichts versäumen, wenn ich etwas länger bliebe, und mich einlud, jeden Tag zum Essen zu kommen, wenn ich nicht anderswo sein wollte; wie ich denn nun bis jetzt auch jeden Tag da war, und ihm gestern von Schottland, Spontini und Hegels Ästhetik erzählen mußte; wie er mich dann nach Tiefurth mit den Damen schickte, mir aber verbot nach Berka zu fahren, weil da ein schönes Mädchen wohne, und er mich nicht ins Unglück stürzen wolle, und wie ich dann so

dachte, das sei nun der Goethe, von dem die Leute einst behaupten würden, er sei gar nicht *eine* Person, sondern er bestehe aus mehreren kleinen Goethiden – da wär' ich wohl recht toll gewesen, wenn mich die Zeit gereut hätte. Heute soll ich ihm Sachen von Bach, Haydn und Mozart vorspielen, und ihn dann so weiterführen bis jetzt, wie er sagte. Übrigens war ich auch ein ordentlicher Reisender, und habe die Bibliothek, und Iphigenie in Aulis gesehen.
Felix

Weimar, den 25. Mai 1830

Eben bekomme ich Euren lieben Brief vom Himmelfahrtstag, und kann mir nicht helfen, muß noch einmal von hier aus darauf antworten. Gestern abend war ich in einer Gesellschaft bei Goethe, und spielte den ganzen Abend allein: Konzertstück, Aufforderung, Polonaise in C von Weber, drei Wälsche Stücke, Schottische Sonate. Um zehn war es aus; ich blieb aber natürlich unter dummem Zeug, Tanzen, Singen und so weiter bis zwölf, lebe überhaupt ein Heidenleben. – Der Alte geht immer um neun Uhr auf sein Zimmer, und sowie er fort ist, tanzen wir auf den Bänken, und sind noch nie vor Mitternacht auseinander gegangen.

Morgen wird mein Portrait fertig; es wird eine große, schwarze, sehr ähnliche Kreidezeichnung; aber ich sehe sehr brummig aus. Goethe ist so freundlich und liebevoll mit mir, daß ich's gar nicht zu danken und zu verdienen weiß. Vormittags muß ich ihm ein Stündchen Klavier vorspielen, von allen verschiedenen großen Komponisten, nach der Zeitfolge, und muß ihm erzählen, wie sie die Sache weitergebracht hätten; und dazu sitzt er in einer dunklen Ecke, wie ein *Jupiter tonans*, und blitzt mit den alten Augen. An den Beethoven wollte er gar nicht heran. – Ich sagte ihm aber, ich könne ihm nicht helfen, und spielte ihm nun das erste Stück der c-Moll-Symphonie vor. Das berührte ihn ganz seltsam. – Er sagte erst: »Das bewegt aber gar nichts; das macht nur Staunen; das ist grandios«, und dann brummte er so weiter, und fing nach langer Zeit wieder an: »Das ist sehr groß, ganz toll, man möchte sich fürchten, das Haus fiele ein; und wenn das nun alle die Menschen zusammenspielen!« Und bei Tische, mitten in einem anderen Gespräch, fing er wieder damit an.

Daß ich nun alle Tage bei ihm esse, wißt Ihr schon; da frägt er
mich dann sehr genau aus, und wird nach Tische immer so munter und mitteilend, daß wir meistens noch über eine Stunde
allein im Zimmer sitzenbleiben, wo er ganz ununterbrochen
spricht. Das ist eine einzige Freude, wie er einmal mir Kupfer-
stiche holt und erklärt, oder über Lamartines Elegien urteilt,
oder über Theater, oder über hübsche Mädchen. Abends hat er
schon mehreremal Leute gebeten, was jetzt bei ihm die höchste
Seltenheit ist, so daß die meisten Gäste ihn seit langem nicht
gesehen hatten. Dann muß ich viel spielen, und er macht mir
vor den Leuten Komplimente, wobei »ganz stupend« sein Lieb-
lingswort ist. Heute hat er mir eine Menge Schönheiten von Weimar zusammengebeten, weil ich doch auch mit den jungen Leuten leben müsse. Komm ich dann in solcher Gesellschaft an ihn
heran, so sagt er: »Meine Seele, Du mußt zu den Frauen hingehen, und da recht schöntun.« Ich habe übrigens viel Lebensart, und ließ gestern fragen, ob ich nicht doch vielleicht zu oft
käme. Da brummte er aber Ottilie an, die es bestellte, und sagte:
er müsse erst ordentlich anfangen, mit mir zu sprechen, denn ich
sei über meine Sache so klar, und da müsse er ja *vieles von mir
lernen*. – Ich wurde noch einmal so lang, als Ottilie mir das
wiedersagte, und da er mir's gestern gar selbst wiederholte, und
meinte, es sei ihm noch vieles auf dem Herzen, über das ich ihn
aufklären müsse, so *sagte* ich »O ja« und *dachte* »Es soll mir eine
unvergeßliche Ehre sein.« Öfter geht es umgekehrt!

Felix

*Ursprünglich hatte Felix Mendelssohn schon Ende Mai über Jena
nach München weiterfahren wollen. Nun aber ereignet sich
Ähnliches wie damals, als er mit Zelter das erste Mal nach
Weimar gekommen war. Goethe bietet alle nur erdenklichen
Gründe auf, um ihn festzuhalten, Ottilie und Ulrike machen ihm
begreiflich, »wie der alte Herr niemals die Leute zum Bleiben
und nur desto öfter zum Gehen nötige, und wie keinem die Zahl
der frohen Tage so bestimmt vorgeschrieben sei, daß er ein paar
sicher frohe wegwerfen dürfe« – so daß Felix auch nicht ein fester Mann sein wollte, und blieb.*

Selten in meinem Leben habe ich einen Entschluß so wenig bereut wie diesen; denn der folgende Tag war der allerschönste, den ich je dort im Hause erlebt habe. Nach einer Spazierfahrt des Morgens fand ich den alten Goethe sehr heiter; er kam ins Erzählen hinein, geriet von der »Stummen von Portici« auf Walter Scott, von dem auf die hübschen Mädchen in Weimar, von den Mädchen auf die Studenten, auf »Die Räuber« und so auf Schiller, und nun sprach er wohl über eine Stunde ununterbrochen heiter fort: über Schillers Leben, über seine Schriften und seine Stellung in Weimar. So geriet er auf den seligen Großherzog zu sprechen und auf das Jahr 1775, das er einen geistigen Frühling in Deutschland nannte und von dem er meinte: es würde es kein Mensch so schön beschreiben können wie er; dazu sei auch der fünfte Band seines Lebens bestimmt, aber man käme ja nicht dazu vor Botanik und Wetterkunde und all dem anderen dummen Zeug, das einem kein Mensch danken will; erzählte dann Geschichten aus der Zeit seiner Theaterdirektion; und als ich ihm danken wollte, meinte er: »Ist ja nur zufällig; das kommt alles so beiläufig zum Vorschein, hervorgerufen durch Ihre liebe Gegenwart.« Die Worte klangen mir wundersüß. Kurz, es war eins von den Gesprächen, die man in seinem Leben nicht vergessen kann.

Den anderen Tag schenkte er mir einen Bogen seines Manuskriptes von »Faust« und hatte darunter geschrieben: Dem lieben jungen Freunde F. M. B., kräftig zartem Beherrscher des Pianos, zur freundlichen Erinnerung froher Maitage 1830. J. W. von Goethe.

Nur noch den Abschied vom alten Herrn! Ganz im Anfang meines Aufenthalts in Weimar hatte ich von einer betenden Bauernfamilie von Adrian von Ostade gesprochen, die vor neun Jahren großen Eindruck auf mich gemacht habe. – Als ich nun morgens hineinkomme, um mich ihm zu empfehlen, sitzt er vor einer großen Mappe und meint: »Ja, ja! da geht man nun fort! Wollen sehen, daß wir uns aufrecht erhalten bis zur Rückkunft; aber ohne Frömmigkeit wollen wir hier nicht auseinandergehen, und da müssen wir uns denn das Gebet noch einige Male zusammen ansehen.« Dann sagte er mir, ich solle ihm zuweilen schreiben, und dann küßte er mich, und da fuhren wir weg.

Felix Mendelssohn verließ Weimar am 3. Juni; und gleich nach seiner Abfahrt gibt Goethe dem Freund in Berlin gedrängte Nachricht von dem ihm so hochwillkommenen Besuch.

Soeben, früh halb 10 Uhr, fährt, beim klarsten Himmel, im schönsten Sonnenschein, der treffliche Felix mit Ottilien, Ulriken und den Kindern, nachdem er vierzehn Tage bei uns vergnüglich zugebracht und alles mit seiner vollendeten liebenswürdigen Kunst erbaut, nach Jena, um auch dort die wohlwollenden Freunde zu ergötzen und in unsrer Gegend ein Andenken zurückzulassen, welches fortwährend hoch zu feiern ist.

Mir war seine Gegenwart besonders wohltätig, da ich fand, mein Verhältnis zur Musik sei noch immer dasselbe: ich höre sie mit Vergnügen, Anteil und Nachdenken, liebe mir das Geschichtliche; denn wer versteht irgendeine Erscheinung, wenn er sich von dem Gang des Herankommens nicht penetriert? Dazu war denn die Hauptsache, daß Felix auch diesen Stufengang recht löblich einsieht und glücklicherweise sein gutes Gedächtnis ihm Musterstücke aller Art nach Belieben vorführt. Von der Bachischen Epoche heran hat er mir wieder Haydn, Mozart und Gluck zum Leben gebracht; von den großen neuern Technikern hinreichende Begriffe gegeben und endlich mich seine eigenen Produktionen fühlen und über sie nachdenken machen; ist daher auch mit meinen besten Segnungen geschieden.

Dies hab ich Dir alles frisch und eilig überschreiben und Dich zu neuen Mitteilungen aufrufen wollen. Sage den werten Eltern des außerordentlichen jungen Künstlers das Allerbeste, in bedeutenden Worten, und gedenke meiner als eines, zwar nicht immer behäglich, aber doch immerfort ernst, ja leidenschaftlich strebenden und wirkenden Freundes, der sich an Deinen Beispielen gern erbaut.

Und so fortan!

G.

XVI

Goethe in Dornburg (Juli/September 1828)

Am 14. Juni 1828 starb Goethes Freund, der Großherzog Carl August, der Ende Mai nach Berlin aufgebrochen war, auf der Rückreise in Graditz bei Torgau. Die Großherzogin Luise hielt sich damals in Wilhelmstal bei Eisenach auf; Carl Augusts Nachfolger und dessen Gemahlin, die russische Prinzessin Maria Pawlowna, befanden sich auf einer Reise nach Petersburg. So wurde die Leiche von Hofbeamten nach Weimar übergeführt, wo erst am 9. Juli die feierliche Beisetzung in der Fürstengruft erfolgte.

Um sich nach diesem Verlust zu sammeln und wiederherzustellen, begab Goethe sich zwei Tage vorher nach dem zwischen Jena und Camburg oberhalb der Saale gelegenen Schloß Dornburg. Auch in früheren Jahren hatte er sich hier wiederholt aufgehalten; diesmal wohnt er in der sogenannten Bergstube des ehemaligen Freiguts; kommen vornehme Besucher, empfängt er sie in dem Saal des mittleren Schlosses.

Drei Tage nach seinem Eintreffen geht folgender Brief nach Berlin, an seinen Freund Zelter:

Dornburg, den 10. Juli 1828

Bei dem schmerzlichsten Zustand des Innern mußte ich wenigstens meine äußeren Sinne schonen und ich begab mich nach Dornburg, um jenen düstern Funktionen zu entgehen, wodurch man, wie billig und schicklich, der Menge symbolisch darstellt, was sie im Augenblick verloren hat und was sie diesmal gewiß auch in jedem Sinne mitempfindet.

Ich weiß nicht, ob Dornburg Dir bekannt ist; es ist ein Städtchen auf der Höhe im Saaltale unter Jena, vor welchem eine Reihe von Schlössern und Schlößchen gerade am Absturz des Kalkflözgebirges zu den verschiedensten Zeiten erbaut ist; anmutige Gärten ziehen sich an Lusthäusern her; ich bewohne das alte neuaufgeputzte Schlößchen am südlichsten Ende. Die Aussicht ist herrlich und fröhlich, die Blumen blühen in den wohlunterhaltenen Gärten, die Traubengeländer sind reichlich behangen,

und unter meinem Fenster seh ich einen wohlgediehenen Weinberg, den der Verblichene auf dem ödesten Abhang noch vor drei Jahren anlegen ließ und an dessen Ergrünung er sich die letzten Pfingsttage noch zu erfreuen die Lust hatte. Von den andern Seiten sind die Rosenlauben bis zum Feenhaften geschmückt und die Malven und was nicht alles blühend und bunt, und mir erscheint das alles in erhöhteren Farben wie der Regenbogen auf schwarzgrauem Grunde.
Seit fünfzig Jahren hab ich an dieser Stätte mich mehrmals mit ihm des Lebens gefreut und ich könnte diesmal an keinem Orte verweilen, wo seine Tätigkeit auffallender anmutig vor die Sinne tritt. Das Ältere erhalten und aufgeschmückt, das Neuerworbene (eben das Schlößchen, das ich bewohne, ehemals ein Privat-Eigentum) mäßig und schicklich eingerichtet, durch anmutige Berggänge und Terrassen mit den frühern Schloßgärten verbunden, für eine zahlreiche Hofhaltung, wenn sie keine übertriebene Forderungen macht, geräumig und genügend, und was der Gärtner ohne Pedanterie und Ängstlichkeit zu leisten verpflichtet ist, alles vollkommen, Anlage wie Flor.
Und wie es ist, wird es bestehen, da die jüngere Herrschaft das Gefühl des Guten und Schicklichen dieser Zustände gleichfalls in sich trägt und es mehrere Jahre bei längerem und kürzerem Aufenthalt bewährt hat. Dies ist denn doch auch ein angenehmes Gefühl, daß ein Scheidender den Hinterbliebenen irgendeinen Faden in die Hand gibt, woran ferner fortzuschreiten wär.
Und so will ich denn an diesem mir verliehenen Symbol halten und verweilen.
Damit Du aber wissest, wie Dein Freund auf einem luftigen Schloß, von wo er ein hübsches Tal mit flachen Wiesen, steigenden Äckern und einer bis an die unzugänglichen steilen Waldränder sich erstreckenden Vegetation übersieht, wie er daselbst diese langen Tage von Sonnenaufgang bis Sonnenuntergang zubringt, will ich Dir vertrauen: daß ich schon seit einiger Zeit vom Auslande her die Naturwissenschaften wiederaufzunehmen angeregt bin. Das liebe Deutschland hat etwas ganz eigentlich Wunderliches in seiner Art; ich habe redlich aufgepaßt, ob bei denen nun seit drei Jahren eingeleiteten und durchgeführten naturwissenschaftlichen Zusammenkünften mich auch nur etwas berühre, anrühre, anrege, mich, der ich seit fünfzig Jahren lei-

denschaftlich den Naturbetrachtungen ergeben bin; es ist mir
aber, außer gewissen Einzelheiten, nichts zuteil geworden, keine
neue Forderung ist an mich gelangt, keine neue Gabe ward mir
angeboten; ich mußte daher die Interessen zum Kapital schlagen und will nun sehen, wie das Summa Summarum im Auslande fruchtet. Verschweige das löblich, denn ich erinnere mich
soeben, daß bei euch die Wissenschaft sich abermals in großer
Breite versammelt.

    Allem Guten befohlen!   G.

*Anfang Juli erreichte Goethe in Dornburg ein Schreiben des
weimarischen Kammerherrn von Beulwitz, der das erbgroßherzogliche Paar nach Petersburg begleitete:*

         Pawlowsk, den 28. Juni 1828

Euer Exzellenz habe ich von Seiten unsrer Höchsten Herrschaften den Befehl Höchst Deren Empfehlungen mit dem Zusatz zu
hinterbringen, daß mitten in dem eignen Schmerz der Gedanke
an den Euer Exzellenz Höchst Denenselben vorgeschwebt hat, und
daß nur der Drang des Augenblicks und der durch diesen bedingten Geschäfte Sie hat abhalten können, statt sich meiner
Feder zu bedienen, Eigenhändig zu schreiben, um Euer Exzellenz
Ihre Teilnahme an dem, was bei der allgemeinen Trauer Sie,
mein Herr Geheimde Rat und Staats-Minister, noch persönlich
betrifft, auszudrücken und nach Ihrem Befinden sich mit der
Hoffnung zu erkundigen, daß das höchstschmerzliche Ereignis
keinen nachteiligen Einfluß darauf gehabt habe.

*Goethe äußert sich dazu in einem Brief an den Prinzenerzieher
Soret, der sich bei der Großherzogin in Wilhelmstal aufhielt:*

Ich will suchen, es möglich zu machen, daß eine schuldige Erwiderung unserm vortrefflichen Fürsten auf der Herreise begegne.
Ich glaubte sonst immer, daß mir Worte zur rechten Zeit nicht
fehlen könnten; diesmal aber find ich, daß gerade das tiefste
Gefühl solcher äußern Hülfsmittel ermangelt.

*Vier Tage später geht an Herrn von Beulwitz ein für den neuen
Großherzog bestimmtes Schreiben ab, das Goethe selber in einer*

Nachschrift als den »Monolog des wunderlich nachsinnenden Einsiedlers« bezeichnet hat: ein ebenso distanziert-förmliches wie großartiges Zeugnis seines Zustandes, vom zeremoniösen Kanzleistil sich erhebend zu weitestem objektiven Umblick über das geschichtliche Wesen des Menschen.

Schloß Dornburg, den 18. Juli 1828

Gaudeat ingrediens, laetetur et aede recedens,
His qui praeter eunt det bona cunta Deus. 1608.
Freudig trete herein und froh entferne dich wieder!
Ziehst du als Wandrer vorbei, segne die Pfade dir Gott.

Da gewiß höchsten Ortes sowie von Euer Hochwohlgeboren gnädig und geneigt aufgenommen wird, wenn ich den Zustand, in dem ich mich befinde, rein und treu auszusprechen wage, dasjenige, was sich von selbst versteht, bescheiden ablehne und die Betrachtungen, zu denen ich aufgeregt werde, zutraulich mitteile, so eröffne mit obigen zwei lateinischen Zeilen meinen gegenwärtigen Brief. Ich fand sie als Überschrift der Hauptpforte des Dornburger neu akquirierten Schlößchens, wo mir durch höchste Nachsicht in den traurigsten Tagen eine Zuflucht zu finden vergönnt worden.

Die Einfassung gedachter Türe selbst ist nach Weise jener Zeit architektonisch-plastisch überreich verziert und gibt, zusammen mit der Inschrift, die Überzeugung, daß vor länger als zweihundert Jahren gebildete Menschen hier gewirkt, daß ein allgemeines Wohlwollen hier zu Hause gewesen, wogegen auch diese Wohnung durch so viele Kriegs- und Schreckenszeiten hindurch aufrecht bestehend erhalten worden.

Bei meiner gegenwärtigen Gemütsstimmung rief ein solcher Anblick die Erinnerung in mir hervor: gerade ein so einladendsegnendes Motto sei durch eine Reihe von mehr als fünfzig Jahren der Wahlspruch meines verewigten Herrn gewesen, welcher, auf ein großbedeutendes Dasein gegründet, nach seiner erhabenen Sinnesart jederzeit mehr für die Kommenden, Scheidenden und Vorüberwandelnden besorgt war als für sich selbst, der wie der Anordner jener Inschrift weniger seiner Wohnung, seines Daches gedachte als derjenigen, welche da zu herbergen, mit Gunst zu verabschieden oder vorbeigehend zu begrüßen wären. Hier schien es also, daß ich abermals bei ihm einkehre als dem wohlwollenden Eigentümer dieses uralten Hauses, als dem Nachfolger und Repräsentanten aller vorigen gastfreien und also auch selbst behaglichen Besitzer.

Die allgemeine traurige Stimmung dieser Stunden ließ mich den Wert solcher Betrachtungen doppelt fühlen und regte mich an, denselben gleichfalls nachzugehen, als ich nach Verlauf von einigen Tagen und Nächten mich ins Freie zu wagen und die Anmut eines wahrhaften Lustortes still in mich aufzunehmen begann.

Da sah ich vor mir auf schroffer Felskante eine Reihe einzelner Schlösser hingestellt, in den verschiedensten Zeiten erbaut, zu den verschiedensten Zwecken errichtet. Hier, am nördlichen Ende, ein hohes, altes, unregelmäßig-weitläufiges Schloß, große Säle zu kaiserlichen Pfalztagen umschließend, nicht weniger genugsame Räume zu ritterlicher Wohnung; es ruht auf starken Mauern zu Schutz und Trutz. Dann folgen später hinzugesellte Gebäude, haushältischer Benutzung des umherliegenden Feldbesitzes gewidmet.

Die Augen an sich ziehend aber steht weiter südlich, auf dem solidesten Unterbau, ein heiteres Lustschloß neuerer Zeit, zu anständigster Hofhaltung und Genuß in günstiger Jahreszeit. Zurückkehrend hierauf an das südlichste Ende des steilen Abhanges, finde ich zuletzt das alte, nun auch mit dem Ganzen vereinigte Freigut wieder, dasselbe welches mich so gastfreundlich einlud.

Auf diesem Wege nun hatte ich zu bewundern, wie die bedeutenden Zwischenräume, einer steil abgestuften Lage gemäß, durch Terrassengänge zu einer Art von auf- und absteigendem Labyrinthe architektonisch auf das schicklichste verschränkt worden, indessen ich zugleich die sämtlichen übereinander zurückweichenden Lokalitäten auf das vollkommenste grünen und blühen sah. Weithingestreckte, der belebenden Sonne zugewendete, hinabwärtsgepflanzte, tiefgründende Weinhügel. Aufwärts an Mauergeländern üppige Reben, reich an reifenden, Genuß zusagenden Traubenbüscheln; hoch an Spalieren sodann eine sorgsam gepflegte, sonst ausländische Pflanzenart, das Auge nächstens mit hochfarbigen, an leichtem Gezweige herabspielenden Glocken zu ergötzen versprechend. Ferner vollkommen geschlossen-gewölbte Laubwege, einige in dem lebhaftesten Flor durchaus blühender Rosen höchlich reizend geschmückt; Blumenbeete zwischen Gesträuch aller Art.

Konnte mir aber ein erwünschteres Symbol geboten werden? deutlicher anzeigend wie Vorfahr und Nachfolger, einen edlen Besitz gemeinschaftlich festhaltend, pflegend und genießend, sich von Geschlecht zu Geschlecht ein anständig-bequemes Wohlbefinden emsig vorbereitend, eine für alle Zeiten ruhige Folge bestätigten Daseins und genießenden Behagens einleiten und sichern?

Dieses mußte mir also zu einer eigenen Tröstung gereichen, welche nicht aus Belehrung und Gründen hervorging; hier sprach vielmehr der Gegenstand selbst das alles aus, was ein bekümmertes Gemüt so gern vernehmen mag: die vernünftige Welt sei von Geschlecht zu Geschlecht auf ein folgereiches Tun entschieden angewiesen. Wo nun der menschliche Geist diesen hohen ewigen Grundsatz in der Anwendung gewahr wird, so fühlt er sich auf seine Bestimmung zurückgeführt und ermutigt, wenn er auch zugleich gestehen wird: daß er eben in der Gliederung dieser Folge, selbst an- und abtretend, so Freude als Schmerz wie in dem Wechsel der Jahreszeiten so in dem Menschenleben, an andern wie an sich selbst zu erwarten habe.

Hier aber komme ich in den Fall, nochmals mir eine fortgesetzte Geduld zu erbitten, da der Schilderung meines gegenwärtigen Zustandes noch einiges Unentbehrliche hinzuzufügen wäre.

Von diesen würdigen landesherrlichen Höhen seh ich ferner in einem anmutigen Tal so vieles, was, dem Bedürfnis des Menschen entsprechend, weit und breit in allen Landen sich wiederholt. Ich sehe zu Dörfern versammelte ländliche Wohnsitze, durch Gartenbeete und Baumgruppen gesondert, einen Fluß, der sich vielfach durch Wiesen zieht, wo eben eine reichliche Heuernte die Emsigen beschäftigt; Wehr, Mühle, Brücke folgen aufeinander, die Wege verbinden sich auf- und absteigend. Gegenüber erstrecken sich Felder an wohlbebauten Hügeln bis an die steilen Waldungen hinan, bunt anzuschauen nach Verschiedenheit der Aussaat und des Reifegrades. Büsche, hie und da zerstreut, dort zu schattigen Räumen zusammengezogen. Reihenweis auch den heitersten Anblick gewährend seh ich große Anlagen von Fruchtbäumen; sodann aber, damit der Einbil-

dungskraft ja nichts Wünschenswertes abgehe, mehr oder weniger aufsteigende, alljährlich neu angelegte Weinberge.
Das alles zeigt sich mir wie vor fünfzig Jahren und zwar in gesteigertem Wohlsein, wenn schon diese Gegend von dem größten Unheil mannigfach und wiederholt heimgesucht worden. Keine Spur von Verderben ist zu sehen, schritt auch die Weltgeschichte hart auftretend gewaltsam über die Täler. Dagegen deutet alles auf eine emsig folgerechte, klüglich vermehrte Kultur eines sanft und gelassen regierten, sich durchaus mäßig verhaltenden Volkes.
Ein so geregeltes sinniges Regiment waltet von Fürsten zu Fürsten. Feststehend sind die Einrichtungen, zeitgemäß die Verbesserungen; so war es vor, so wird es nach sein, damit das hohe Wort eines Weisen erfüllt werde, welcher sagt: »Die vernünftige Welt ist als ein großes unsterbliches Individuum zu betrachten, welches unaufhaltsam das Notwendige bewirkt und dadurch sich sogar über das Zufällige zum Herrn erhebt.«
Nun aber sei vergönnt, mich von jenen äußern und allgemeinern Dingen zu meinem Eigensten und Innersten zu wenden, wo ich denn aufrichtigst bekennen kann: daß eine gleichmäßige Folge der Gesinnungen daselbst lebendig sei, daß ich meine unwandelbare Anhänglichkeit an den hohen Abgeschiedenen nicht besser zu betätigen wüßte, als wenn ich, selbigerweise dem verehrten Eintretenden gewidmet, alles was noch an mir ist diesem wie seinem hohen Hause und seinen Landen von frischem anzueignen mich ausdrücklich verpflichte.

Eine Woche später geht wieder ein Brief an Zelter in Berlin ab.

Schloß Dornburg, den 26. Juli 1828
Hier bin ich nun schon in der dritten Woche unter dem Einfluß eines wahrhaften Lusthauses. Die ganze Anlage, durch Jahrhunderte her, erst aus Not, dann aus Verstand, zu sinnlicher Lust mit Kunst und Geschmack angelegt und in den letzten Jahren durch die Akquisition eines nachbarlich am Ende der Felsreihe gelegenen Freigutes, wo ich jetzt wohne, erweitert. Hier fragt sich's gar nicht, ob man lustig ist oder sein will, das Ganze ist heiter, munter, verständig, schön, weitläufig und doch übersehbar. Die Terrassen sind, als herrschaftlicher Garten, sei-

nen Gebieter jeden Augenblick erwartend, sorgfältig rein und gepflegt, alle Sommerblumen blühen aufs munterste, und die Traubengeländer hängen so voll, daß man darüber zu erstaunen hat.

Daß ich in diesen zwanzig Tagen aus Unruhe, Neigung, Trieb und Langerweile gar manches geleistet habe, wirst Du wohl glauben; leider ist es sehr vielerlei, dergestalt daß es nicht leicht zur Erscheinung kommen wird. Meine nahe Hoffnung, euch zu Michael die Fortsetzung von Faust zu geben, wird mir denn auch durch diese Ereignisse vereitelt. Wenn dies Ding nicht fortgesetzt auf einen übermütigen Zustand hindeutet, wenn es den Leser nicht auch nötigt, sich über sich selber hinauszumuten, so ist es nichts wert. Bis jetzt, denk ich, hat ein guter Kopf und Sinn schon zu tun, wenn er sich will zum Herrn machen von allem dem, was da hineingeheimnisset ist. Dazu bist Du denn gerade der rechte Mann, und es wird Dir auch deshalb die Zeit bis auf die erscheinende Folge nicht zu lange werden.

Von der allgemeinen Gesinnung kann ich Dir soviel sagen: daß jeder Treugesinnte vorerst nur darauf denkt, in den Wegen fortzuwandeln, die der Abgeschiedene bezeichnet und eingeleitet hat; dadurch wird denn auch wohl das allenfalls sich Abändernde erträglich sein und in einigen Punkten vielleicht Beifall verdienen. Allen Ankündigungen gemäß sollte der neuantretende Fürst heut in Wilhelmstal eintreffen; nächstens seine Gemahlin. Daß sich unsre bisher so bewährte Fürstin auch immerfort gleichmäßig erweist, wirst Du Dir ohne meine Beteuerung selbst genugsam versichern.

Doch will ich hier, obgleich zu Ende eilend, nicht schließen ohne zu bemerken, daß mein Aufenthalt auch dadurch angenehm ist, daß ich zwar vor jedem An- und Überlauf sicher bin, die jenaischen Freunde aber bei sehr gutem Weg nur ein Stündchen hierher haben, da sie sich denn mit einer leichten Erfrischung begnügend nach angenehmer Unterhaltung wieder zurückbegeben. Auch von Weimar aus sind sie schon früh ausgefahren, haben den Mittag froh bei mir zugebracht und abends wieder zurückgekehrt; man braucht immer vier Stunden zur Fahrt.

Damit Dir nun nichts Notwendiges und Nützliches zuletzt verborgen bleibe, so muß ich Dir sagen, daß mein Tisch gut versorgt ist, durch einen sonderbaren Zufall, daß der Kastellan,

mein gegenwärtiger Wirt, ehmals ein Hofküchenverwandter gewesen ist und seinem frühern Beruf noch immer Ehre zu machen weiß.
– Das klingt ja ganz bequem und behaglich! wirst Du sagen, und das wär es auch, erschiene nicht sogleich im Hintergrunde der düstere Katafalk, der alle jene Betrachtungen aufregt, die der Mensch in heiterer Stunde mit Recht beseitigt. Das Menschen- und Weltwesen dreht sich um einen herum, daß man schwindlig werden möchte.
Und so halte Dich denn auf Deinen Füßen, so gut es gehen will, ich muß das Gleiche versuchen.
Allen wohlwollenden Dämonen bestens empfohlen G.

Über Goethes Aufenthalt und seine Haushaltung in Dornburg liegen mehrere Berichte vor. Vor allem versäumte er nicht, sogleich nach dem Eintreffen bei Johann Götze, seinem ehemaligen Diener und jetzigen Wegebaukommissär in Jena, auf schwarz umrandetem Papier die Bitte vorzubringen, er möge ihn doch für die Dauer seines Aufenthalts mit Wein versorgen.

Dornburg, den 10. Juli 1828
Da in dem übrigens ganz anmutigen Schlößchen kein wohlversorgter Keller vorhanden ist, ich auch keinen in der Nähe weiß als den Deinigen, so ersuche ich Dich, mich während meines hiesigen Aufenthalts mit Wein zu versorgen und mir vorerst durch Überbringer sechs Flaschen zu übersenden, auch von Zeit zu Zeit damit fortzufahren. Ich wünsche einen leichten reinen Würzburger und werde solchen nach abgeschlossener Wallfahrt auf irgendeine Weise dankbar ersetzen. Willst Du eine Flasche echten Steinwein hinzufügen, so soll auch der willkommen sein.
Machst Du einmal einen Ritt herüber und wirst Dich mit einem Glase Wein und einer Semmel begnügen, so bist Du willkommen. Schmalhans ist Küchenmeister und von ihm nichts zu erwarten, deshalb denn auch eine echte jenaische Cervelatwurst, wenn Du solche dem Überbringer mitgäbest, sehr angenehm sein würde.
Weiter weiß ich für diesmal nichts zu sagen; innerlich gestimmt, wie der Rand des Briefes aussieht, äußerlich den Zuständen mich fügend und zugleich die schönen hohen Zwecke unseres

Verewigten, solang ich lebe, wie jeder Getreue vor Augen behaltend.
    Der Alte Bekannte   J. W. v. Goethe.

Der in dem zweiten Brief an Zelter lobend erwähnte Kastellan hat uns dankenswerterweise einen trocken detaillierenden Bericht über Goethes normalen Tageslauf auf Schloß Dornburg hinterlassen. Es heißt dort:

In der Regel verließ Goethe um 6 Uhr das Bett und genoß sofort Kaffee. Schon um 7 Uhr beschied er seinen Sekretär zu sich und diktierte diesem bis um 8, auch halb 9 Uhr. Darauf ging er auf den Terrassen oder im Garten bis halb 10 Uhr spazieren, nahm nun das Frühstück ein und diktierte darauf von neuem oder begab sich wieder in den Garten, wenn er nicht schon zeitig durch Fremdenbesuch behindert wurde. Um 11 Uhr stellte sich dann in der Regel jeden Tag Besuch ein, welcher bei ihm speiste. Die Tafel begann gewöhnlich um halb 2 Uhr und dauerte bis 4 Uhr. Dann reisten die Fremden sofort ab und Goethe begab sich wieder in den Garten, blieb dort bis halb 6 Uhr, aß darauf stets eine Franzsemmel und trank ein Viertel Wein. Von da blieb er auf seinem Zimmer oder ging bei schöner Witterung wiederholt einige Male im Garten auf und ab. Sitzend habe ich ihn dort nie angetroffen. Abends beschäftigte er sich mit dem Lesen eingegangener oder mit dem Unterschreiben von ihm diktierter Briefe. An Zeitungslektüre schien er wenig Gefallen zu finden. Um 9 oder halb 10 Uhr ging er zu Bett.

Da mir gestattet war, zu jeder Zeit sein Zimmer zu betreten ohne angemeldet zu sein, so ist mir vergönnt gewesen, ihn auch hier beobachten zu können. Er legte sich auf den Rücken, die Hände außerhalb der Bettdecke auf der Brust, wie zum Gebet gefaltet, den Blick nach oben gerichtet. Früh waren die Hände noch in ihrer ursprünglichen Situation, sein erster Blick war nach oben gerichtet. Sein Schlaf mußte tief und süß sein, denn das Lager zeigte keine Spuren von Unruhe.

Er lebte sehr mäßig und nach einer bestimmt vorgezeichneten Ordnung; daher kam es wohl auch, daß er sich während seines Aufenthaltes in Dornburg nie unwohl fühlte. Im Genusse des Weins war er sehr mäßig, denn bei der Mittagstafel wurden, außer einem guten Tischwein, selbst bei acht bis vierzehn Gästen höchstens zwei Flaschen Champagner getrunken. Vorzugsweise liebte er unter den Speisen Compots aus Birnen, Kirschen und Himbeeren. Außer dem von ihm selbst bereiteten Salate aus Artischocken, die er nebst feinem Provence-Öl aus Frankfurt am Main hatte kommen lassen, genoß er keine Salate; auch Milchspeisen waren nicht nach seinem Geschmacke.

»Auf der Terrasse spazieren«, lautet eine häufige Eintragung in Goethes Tagebüchern aus den Sommermonaten 1828, die außerdem ausführlichere meteorologische Bemerkungen enthalten. So am 12. Juli, kurz nach seiner Ankunft:

Gegen 5 Uhr nachmittags allgemeiner dichter, hoch in die Atmosphäre sich verbreitender Nebel. Erst gegen 7 Uhr ward die untere Straße, der Fluß und die nächsten Wiesen, sodann, als der Nebel weiter sank, die gegenüber sich hinziehenden Bergrücken sichtbar. Nach und nach hatte er sich ganz niedergesenkt, doch schwebte noch ein merklicher Duft ausgebreitet über dem Tale. Der Himmel war ganz heiter geworden, schön blau, besonders an der Abendseite. Ich diktierte fortfahrend an dem Aufsatze zur Morphologie, und las in der Voigtschen Botanik.

Und wieder, einige Wochen später, am 18. August, nach »unbändigen Stürmen und gewaltigem Regen« um Mariä Himmelfahrt,

Vor Sonnenaufgang aufgestanden. Vollkommene Klarheit des Tales. Der Ausdruck des Dichters: »heilige Frühe« ward empfunden. Nun fing das Nebelspiel im Tale seine Bewegung an, welches mit Südwestwind wohl eine Stunde dauerte, und sich außer wenigen leichten Streifwolken in völlige Klarheit auflöste. Begab mich an verschiedene Betrachtungen und Geschäfte.

Auf dem Dornburger Schloß entstanden damals, eben in Verbindung mit diesen meteorologischen Beobachtungen, auch einige Gedichte; am 25. August die Strophen auf den aufgehenden Vollmond, die an Marianne Willemer gesandt wurden, und Anfang September Goethes letztes Landschafts- und Naturgedicht.

Früh, wenn Tal, Gebirg und Garten
Nebelschleiern sich enthüllen,
Und dem sehnlichsten Erwarten
Blumenkelche bunt sich füllen,

Wenn der Äther, Wolken tragend,
Mit dem klaren Tage streitet,
Und ein Ostwind, sie verjagend,
Blaue Sonnenbahn bereitet,

Dankst du dann, am Blick dich weidend,
Reiner Brust der Großen, Holden,
Wird die Sonne, rötlich scheidend,
Rings den Horizont vergolden.

Am 8. September wurden die ersten Anstalten zur Abreise gemacht, und am 10. kehrte Goethe nach Weimar zurück. Zum Abschied schrieb er in Abwandlung der eingangs zitierten Inschrift über dem Tor des Dornburger Schlößchens folgendes Epigramm:

Schmerzlich trat ich hinein, getrost entfern ich mich wieder:
Gönne dem Herren der Burg alles Erfreuliche Gott!

XVII

Die Altersjahre (1825–1830)

August 1825. Goethe ist 76 Jahre alt. Sein Hausstand besteht aus dem damals 37jährigen Sohn, dem Kammerrat August von Goethe, dessen Frau Ottilie, geb. von Pogwitsch, und beider Kinder, dem siebenjährigen Walther und dem fünfjährigen Wolfgang. Außerdem lebt Ottiliens Schwester, Ulrike von Pogwitsch, im Haus. Sekretäre, Diener und übriges Gesinde besorgen die amtlichen, literarischen und häuslichen Geschäfte. Professor Riemer und Dr. Eckermann kommen fast täglich und sind seit fast schon drei Jahren vor allem damit beschäftigt, eine neue Ausgabe von Goethes sämtlichen Werken, die sogenannte »Ausgabe letzter Hand«, zu betreuen. Diese Arbeit ging aus mehreren Gründen sehr langsam vonstatten. Zum ersten, weil Goethe, gegenüber der zwanzigbändigen Gesamtausgabe von 1815 bis 1819, die Zahl der Bände durch alte und neue Schriften bedeutend vermehren wollte; zum andern, weil er sich von sämtlichen dem Deutschen Bund angehörigen Regierungen ein Privileg erbeten hatte, das seine Schriften gegen den allgemein üblichen Nachdruck schützte.

Nachdem dieses Privileg gewährt worden und der Wert von Goethes Werken dadurch um ein Vielfaches gestiegen war, begannen ebenso langwierige wie unerquickliche Verhandlungen mit Goethes bisherigem Verleger Cotta in Stuttgart. Trotz Cottas hohem Angebot glaubten Goethes Sohn und dessen Ratgeber, die unterdes auch Anträge von anderer Seite erhalten hatten, die vorgesehenen vierzig Bände auf zwölf Jahre »auf wenigstens 100 000 Taler sächsisch schätzen zu dürfen«.

In einem dem Sohn in die Feder diktierten Schreiben vom 13. August erörterte Goethe diese Angelegenheit mit seinem Freund Sulpiz Boisserée in Stuttgart, der sich erboten hatte, die Rolle des Vermittlers zu übernehmen.

In meinen hohen Jahren allen aus dem fraglichen Geschäft entspringenden Vorteil meiner Familie überlassend, finde ich billig, daß sie auch Sorge und Bemühung übernehme, die damit not-

wendig verknüpft sind. Diese vorliegende Masse literarischer Produktionen verehrte ich meinem Sohn als Kapital; kein Wunder, daß er das Resultat meines Lebens höher schätzt, als ich von jeher auf meine Produktionen gehalten habe.
Die Teilnahme der Nation, die des Auslandes daran ist auffallend und bei dem vorwärts bewegten Gang der Kultur so leicht kein Rückschritt denkbar.
Meine Pflicht und tägliches Bestreben ist daher, meinen Austritt aus diesen Zeitlichkeiten meinen Angehörigen und Freunden so wenig als möglich fühlbar werden zu lassen; weshalb ich nur tun möchte, was niemand tun kann, alles übrige den jüngeren Tätigen, naturgemäß länger Dauernden sorgfältig zu übergeben, das Innere zu besorgen und in alles Äußere dieselben sorgfältig einzuweihen.
Jede Annäherung des Herrn von Cotta zu meinem Sohn, jede abschließende Verbindung mit demselben würde mir von höchstem Werte sein, wenn ich noch selbst Amen dazu sagen könnte.
Lassen Sie sich dieses mein Vorvalet gefallen! Warum sollte man sich das Unvermeidliche verleugnen. Gelinge Ihnen alles nach Wunsch.

treulichst
Goethe.

Das leidige Geschäft zog sich jedoch zu Goethes Verdruß noch bis in den Winter hin, ehe man sich auf 60 000 Taler Honorar, mit der Aussicht auf weitere 60 000 bei einer zusätzlichen Subskriptionsausgabe, einigte. Zu diesen von Boisserée mit freundschaftlicher Diplomatie nach beiden Seiten ausgehandelten Bedingungen gab Goethe am 30. Januar auf einem kleinen Zettel eigenhändig seine Zustimmung: »Euer Wort sei ja! ja! Also ja! und Amen! Das Nähere nächstens.« Und vier Tage später erfolgte, wiederum eigenhändig, die Danksagung für Boisserées unermüdliche Hilfe in dieser vertrackten Angelegenheit.

Was wollt ich nicht geloben, mein Allerteuerster, wenn ich Sie eine Stunde sprechen könnte! Denn wie sollte mir Blatt und Feder genügen! Ich muß mich nur sogleich eines mythologischen Gleichnisses bedienen: Sie erscheinen mir wie Herkules, der dem Atlas, dem Prometheus zu Hülfe kommt. Wüßten Sie, was ich dieses Jahr gelitten habe, Sie würden solche Bildlichkeiten nicht übertrieben finden.

Sie haben sich, lassen Sie es mich geradezu sagen, so klug als tüchtig, so edel als grandios gezeigt, und ich fange nur an, mich zu prüfen, ob ich meinen Dank bis an Ihre Leistungen steigern kann.

So viel für heute. Dem Urquell alles Schönen und Guten zum frömmsten und allertreuesten empfehlend

Weimar, den 3. Februar 1826 angehörig
J. W. v. Goethe.

Im Mai des gleichen Jahres begab sich Boisserée, zu dem einzigen Zweck, Goethe nach über zehn Jahren einmal wiederzusehen, für zwei Wochen nach Weimar, seine Tagebuchaufzeichnungen berichten darüber unter dem Datum des 17. Mai.

Morgens halb 3 Uhr in Weimar. Nachdem ich im Gasthof zum Elephanten bis um 9 Uhr geschlafen habe, schreibe ich ein Briefchen an Goethe; er läßt mich sogleich kommen.

Elf Uhr, ich finde ihn hinten in seinem Arbeitszimmer, er empfängt mich mit Tränen in den Augen recht herzlich. Gutes Aussehen, etwas matt im Gespräch, sein Gehör etwas schwach; dann und wann auch fehlt wohl einmal das Gedächtnis für die kurz vergangenen Dinge. Sein Sohn derb natürlich, ein bißchen gemein; er behandelt mich mit aufrichtiger Freundschaftlichkeit. Als er mir für meine Vermittlung in der Verlagsangelegenheit dankte, verschwieg ich nicht, daß er mir viel Not gemacht. Indessen hat er sich durch die teuersten Versicherungen entschuldigt.

Wir essen zusammen in dem großen Vorzimmer; es ist seit vierzehn Tagen das erste Mal, daß der Alte wieder vorne speist. Vor vierzehn Tagen ist die Schwiegertochter vom Pferde gestürzt, hat sich das ganze Gesicht zerschellt, das Knie verletzt, und Muskeln verrenkt; sie muß noch das Bette hüten. Der Alte hat sie seit dieser Zeit noch nicht gesehen. Das macht denn keine kleine Störung für ihn, indem die junge Frau ihm Haus hält, und für seine geselligen Erheiterungen sorgt. Unter diesen Umständen bin ich um so willkommener; die kleinen Schwierigkeiten waren

bald überwunden, und wir leben schon auf demselben Fuß wie vor elf Jahren. Bei Tisch war die Schwester von Frau von Goethe, Fräulein Ulrike von Pogwisch.
Wolf, der jüngste Enkel, ein allerliebstes, freies, natürliches Kind, holte gleich beim Großvater von den Frankfurter Pfeffernüssen, die ich ihm von der Willemer mitgebracht. Nachmittag bei Tisch Kanzler Müller. Ich hatte bemerkt, daß Goethe den Hals steif und etwas schief hielt; und nun höre ich, daß er sich im März in den schönen Tagen zu lange draußen in seinem Garten aufgehalten, dadurch sich eine Drüsengeschwulst zugezogen. Spaziergang mit August im Park und in Goethes Garten. Ungeheuere Rosen bedecken das ganze Gartenhaus; an der Nordseite sind sie am allerüppigsten.
Einige Tage später beim Mittagessen war ich mit August und Fräulein Ulrike allein. Aus dem Gespräch beider, wie man es machen müsse, um etwas von dem Alten zu erhalten, sah ich wohl ein, daß der Alte ganz im Netz der Jungen ist.
Nachher machte ich meinen ersten Besuch bei der Schwiegertochter. Das Licht fiel durch ein grünes Rouleau ins Zimmer, dadurch hatte sie ein bleiches, fast totenfarbenes Ansehen; Stirn, Nase und Oberlippe waren mit schmalen weißen Pflastern bedeckt, wie eine mit Papier verklebte Fensterscheibe. Ein alter und ein junger Engländer und einige Damen waren zur Gesellschaft um die Kranke, die mitten im Zimmer saß mit ihrem vom Sturz gelähmten Knie. Frau von Goethe ist ein geistreiches, lebhaftes Wesen.

Zu seinem Geburtstag, am 28. August 1826, verfaßte Goethe ein Gedicht, das er drucken ließ und als Dankeszeichen an seine Freunde verschickte. Es hat die Eigentümlichkeit, daß die dritte Strophe der ersten durch die gleichen Reime antwortet und korrespondiert.

Den Freunden am 28. August 1826

Des Menschen Tage sind verflochten,
Die schönsten Güter angefochten,
Es trübt sich auch der freiste Blick;
Du wandelst einsam und verdrossen.

Der Tag verschwindet ungenossen
In abgesondertem Geschick.

Wenn Freundes Antlitz dir begegnet,
So bist du gleich befreit, gesegnet,
Gemeinsam freust du dich der Tat.
Ein Zweiter kommt, sich anzuschließen,
Mitwirken will er, mitgenießen,
Verdreifacht so sich Kraft und Rat.

Von äußerm Drang unangefochten,
Bleibt, Freunde, so in eins verflochten,
Dem Tage gönnet heitern Blick!
Das Beste schaffet unverdrossen;
Wohlwollen unsrer Zeitgenossen
Das bleibt zuletzt erprobtes Glück.

Auf dem anderntags an Frau von Stein beförderten Blatt mit diesem Gedicht schrieb Goethe eigenhändig die folgenden Zeilen, seine letzten erhaltenen an Charlotte, die am 6. Januar des nächsten Jahres starb.

Beiliegendes Gedicht, meine Teuerste, sollte eigentlich schließen:
»Neigung aber und Liebe unmittelbar nachbarlich-angeschlossen Lebender durch so viele Zeiten sich erhalten zu sehen, ist das Allerhöchste, was dem Menschen gewährt sein kann.«
     Und so für und für!
Weimar, den 29. August 1826   Goethe

Mit Boisserée wurden das ganze Jahr über noch weitere Briefe über die Cotta'sche Angelegenheit gewechselt, bei der doch noch eine größere Anzahl von Einzelfragen zu klären blieb. Wiederholt ist in Goethes Briefen aus dieser Zeit auch von dem Helena-Zwischenspiel im noch unvollendeten zweiten Teil des Faust die Rede, das, als Fragment um 1800 geschrieben, 1827 im vierten Bande der »Ausgabe letzter Hand« veröffentlicht wurde.

Weimar, 22. Oktober 1826

Verzeihen Sie, mein Bester, wenn ich Ihnen exaltiert scheine; aber da mich Gott und seine Natur so viele Jahre mir selbst gelassen haben, so weiß ich nichts Besseres zu tun, als meine dankbare Anerkennung durch jugendliche Tätigkeit auszudrücken. Ich will des mir gegönnten Glücks, solange es mir auch gewährt sein mag, mich würdig erzeigen und ich verwende Tag und Nacht auf Denken und Tun, wie und damit es möglich sei.

Tag und Nacht ist keine Phrase, denn gar manche nächtliche Stunden, die dem Schicksale meines Alters gemäß ich schlaflos zubringe, widme ich nicht vagen und allgemeinen Gedanken, sondern ich betrachte genau, was den nächsten Tag zu tun. Das ich denn auch redlich am Morgen beginne und so weit es möglich durchführe. Und so tu ich vielleicht mehr und vollende sinnig in zugemessenen Tagen, was man zu einer Zeit versäumt, wo man das Recht hatte, zu glauben oder zu wähnen, es gebe noch Wiedermorgen und Immermorgen.

Die Helena ist eine meiner ältesten Konzeptionen, gleichzeitig mit Faust, immer nach *einem* Sinne, aber immer um und um gebildet. Was zu Anfang des Jahrhunderts fertig war, ließ ich Schillern sehen, der, wie unsere Korrespondenz ausweist, mich treulich aufmunterte, fortzuarbeiten. Das geschah auch; aber abgerundet konnte das Stück nicht werden als in der Fülle der Zeiten, da es denn jetzt seine volle dreitausend Jahre spielt, vom Untergange Trojas bis auf die Zerstörung Missolunghis; phantasmagorisch freilich, aber mit reinster Einheit des Orts und der Handlung.

Und so mag es genug sein! Ist dies aber nicht schlimmer, als wenn ich gar nichts gesagt hätte? Welchen Wert man endlich auch dem Stücke zuschreiben mag, dergleichen habe ich noch nicht gemacht, und so darf es gar wohl als das Neueste gelten.

Da ich nun wieder lese, was hier auf dem Papier steht, so frage ich mich, ob ich es denn auch fortschicken soll? Denn eigentlich soll man nicht reden von dem, was man tun will, nicht von dem, was man tut, noch was man getan hat. Alles Dreies ist gewissen Inkonvenienzen unterworfen, die nicht zu vermeiden sind. Warum wohnen wir nicht näher aneinander! daß man sich noch einige Zeit freier und vollständiger mitteilen könnte.

Am 11. März 1827 berichtet Zelter aus Berlin, daß sein Sohn Georg zu Wobesde bei Stolpe im 38. Jahre an einer Gallenruhr gestorben sei. Es ist das zweite Mal, daß er Goethe einen so schmerzlichen Todesfall meldet. Der erste – damals hatte sein Stiefsohn Karl sich erschossen – hatte vor fünfzehn Jahren die Freundschaft zwischen ihm und Goethe unauflöslich befestigt. Auf seinen Brief antwortet Goethe am 19. März:

Was soll der Freund dem Freunde in solchem Falle erwidern! Ein gleiches Unheil schloß uns aufs engste zusammen, so daß der Verein nicht inniger sein kann. Gegenwärtiges Unglück läßt uns wie wir sind, und das ist schon viel.

Das alte Märchen der tausendmal tausend und immer noch einmal einbrechenden Nacht erzählen sich die Parzen unermüdet. Lange leben heißt viele überleben, so klingt das leidige Ritornell unseres vaudevilleartig hinschludernden Lebensganges; es kommt immer wieder an die Reihe, ärgert uns und treibt uns doch wieder zu neuem ernstlichen Streben.

Mir erscheint der zunächst mich berührende Personenkreis wie ein Konvolut sibyllinischer Blätter, deren eins nach dem andern, von Lebensflammen aufgezehrt, in der Luft zerstiebt und dabei den Überbleibenden von Augenblick zu Augenblick höhern Wert verleiht. Wirken wir fort bis wir, vor- oder nacheinander, vom Weltgeist berufen in den Äther zurückkehren! Möge dann der ewig Lebendige uns neue Tätigkeiten, denen analog in welchen wir uns schon erprobt, nicht versagen! Fügt er sodann Erinnerung und Nachgefühl des Rechten und Guten, was wir hier schon gewollt und geleistet, väterlich hinzu, so würden wir gewiß nur desto rascher in die Kämme des Weltgetriebes eingreifen.

Die entelechische Monade muß sich nur in rastloser Tätigkeit erhalten; wird ihr diese zur andern Natur, so kann es ihr in Ewigkeit nicht an Beschäftigung fehlen. Verzeih diese abstrusen Ausdrücke! Man hat sich aber von jeher in solche Regionen verloren, in solchen Sprecharten sich mitzuteilen versucht, da wo die Vernunft nicht hinreichte und wo man doch die Unvernunft nicht wollte walten lassen.

Zwei Monate später, am 24. Mai, befindet Goethe sich einmal wieder in seinem Gartenhaus an den Ufern der Ilm. Von dort geht folgendes freudige und Freudiges verkündende Blatt nach Berlin:

Kund und zu wissen sei hiermit dem teuersten Freunde, daß ich Sonnabend, den 12. Mai, ganz unschuldigerweise in meinen untern Garten fuhr, ohne auch nur irgendeinen Gedanken als daselbst eine freundliche Stunde zu verweilen. Nun gefiel es mir aber daselbst so wohl, die Frühlingsumgebung war so unvergleichlich, daß ich blieb ohne bleiben zu wollen und heute am Himmelfahrtsfeste mich noch hier befinde, diese Tage her immer tätig und ich hoffe andern wie mir erfreulich. Der zweite Teil der Wanderjahre ist abgeschlossen; nur weniger Binsen bedarf es, um den Straußkranz völlig zusammenzuheften, und das täte am Ende auch jeder gute Geist, das Einzelne auf- und anfassend, und vielleicht besser.
Nun aber soll das Bekenntnis im stillen zu Dir gelangen, daß ich, durch guter Geister fördernde Teilnahme, mich wieder an Faust begeben habe, und zwar gerade dahin, wo er, aus der antiken Wolke sich niederlassend, wieder seinem bösen Genius begegnet. Sage das niemandem; dies aber vertrau ich Dir, daß ich von diesem Punkt an weiter fortzuschreiten und die Lücke auszufüllen gedenke zwischen dem völligen Schluß, der schon längst fertig ist. Dies alles sei Dir aufbewahrt und vor allem in Manuskript aus Deinem Munde meinem Ohr gegönnt.

In Goethes Gartenhaus entstand damals auch der kleine Zyklus »Chinesisch-deutsche Jahres- und Tageszeiten«, auf seine Art in bescheidensten Ausmaßen ein spätes Gegenstück zu dem persisch-deutschen »Divan.«

>Sag, was könnt uns Mandarinen,
>Satt zu herrschen, müd zu dienen,
>Sag, was könnt uns übrigbleiben,
>Als in solchen Frühlingstagen
>Uns des Nordens zu entschlagen
>Und am Wasser und im Grünen
>Fröhlich trinken, geistig schreiben,
>Schal auf Schale, Zug in Zügen?

»Hingesunken alten Träumen,
Buhlst mit Rosen, sprichst mit Bäumen
Statt der Mädchen, statt der Weisen;
Können das nicht löblich preisen.
Kommen deshalb die Gesellen,
Sich zur Seite dir zu stellen,
Finden, dir und uns zu dienen,
Pinsel, Farbe, Wein im Grünen.«

Die stille Freude wollt ihr stören?
Laßt mich bei meinem Becher Wein!
Mit andern kann man sich belehren.
Begeistert wird man nur allein.

»Nun denn! Eh wir von hinnen eilen,
Hast noch was Kluges mitzuteilen?«
Sehnsucht ins Ferne, Künftige zu beschwichtigen,
Beschäftige dich hier und heut im Tüchtigen.

Im August kam König Ludwig I. von Bayern zu Besuch und am 12. Oktober auch Zelter wieder, der wie früher am Frauenplan logierte. Dort schrieb er, in Goethes Haus, am 16. Oktober, folgendes Billett an Goethe:

Du bist im Mutterleibe der Natur so hübsch zu Hause, und ich höre Dich so gerne reden von Urkräften, die, von Geschlechtern der Menschen ungesehn, durch das Universum wirken, daß ich ein Gleiches ahne, ja Dich im Tiefsten zu verstehn meine und doch zu alt und viel zu weit zurücke bin, um ein Studium der Natur anzufangen.
Komm' ich nun auf einsamen Reisen über Höhen, Bergspitzen, durch Schluchten und Täler, so werden mir Deine Worte zu Gedanken, die ich mein nennen möchte. Aber es fehlt an allen Orten, und nur mein eignes kleines Talent kann mich retten, daß ich nicht versinke.
Da wir doch nun einmal zusammen sind, wie wir sind, so dächte ich, Du ließest Dich herab, da ich Dich so gern verstehe, mir einen Grundstein zu legen, um mein innerstes Sehnen zu fe-

sten: wie Kunst und Natur, Geist und Körper überall zusammenhangen, ihre Trennung aber – Tod ist.
So habe auch diesmal wieder, indem ich wie ein Zwirnfaden das thüring'sche Gebirge von Koburg bis hierher durchzogen bin, schmerzhaft an den »Werther« gedacht: daß ich nicht überall mit Fingern der Gedanken, was unter und neben mir ist, befühlen, beschauen kann, was mir aber so natürlich vorkommt, als Körper und Seele *ein* Wesen sind.
Freilich hat es unserer vieljährigen Korrespondenz nicht an Materie gefehlt; Du hast so redlich teilgenommen an meinem Stückwissen in musikalischen Dingen, wo wir andere freilich noch immer umherschwanken – wer hätte es uns denn sagen sollen?
Aber ich möchte doch auch nicht gar zu bettelhaft gegen andere vor Dir erscheinen. Nenne es Stolz – dieser Stolz wäre meine Lust. Von Jugend an habe mich hingezogen, hingezwungen gefühlt zu denen, die mehr, die das Beste wissen, und mutig, ja lustig mich bekämpft und ertragen, was mir an ihnen mißfiel – ich wußte wohl, was ich wollte, wenn ich auch nicht weiß, was ich erfuhr. Du warst der Einzige, der mich trug und trägt; ich könnte von mir selber lassen, nur nicht von Dir.
Sage mir, zu welcher Stunde ich zu Dir komme; ich erwarte vorher unsern Doktor, weiß aber nicht, wann er kommen kann.

Z.

Zelter war noch anwesend, als zwei Tage später auch Hegel in Weimar eintraf. Davon erzählt Eckermann unter dem Datum des 18. Oktober:

Hegel ist hier, den Goethe persönlich sehr hoch schätzt, wenn auch einige seiner Philosophie entsprossene Früchte ihm nicht sonderlich munden wollen. Goethe gab ihm zu Ehren diesen Abend einen Tee, wobei auch Zelter gegenwärtig, der aber diese Nacht wieder abzureisen im Sinne hatte.
Das Gespräch wandte sich auf das Wesen der Dialektik. – »Es ist im Grunde nichts weiter«, sagte Hegel, »als der geregelte, methodisch ausgebildete Widerspruchsgeist, der jedem Menschen innewohnt, und welche Gabe sich groß erweise in Unterscheidung des Wahren vom Falschen.«

»Wenn nur«, fiel Goethe ein, »solche geistigen Künste und Gewandtheiten nicht häufig gemißbraucht und dazu verwendet würden, um das Falsche wahr und das Wahre falsch zu machen!«
»Dergleichen geschieht wohl«, erwiderte Hegel; »aber nur von Leuten, die geistig krank sind.«
»Da lobe ich mir«, sagte Goethe, »das Studium der Natur, das eine solche Krankheit nicht aufkommen läßt. Denn hier haben wir es mit dem unendlich und ewig Wahren zu tun, das jeden, der nicht durchaus rein und ehrlich bei Beobachtung und Behandlung seines Gegenstandes verfährt, sogleich als unzulänglich verwirft. Auch bin ich gewiß, daß mancher dialektisch Kranke im Studium der Natur eine wohltätige Heilung finden könnte.«
Wir waren noch im besten Gespräch und in der heitersten Unterhaltung, als Zelter aufstand, und, ohne ein Wort zu sagen, hinausging. Wir wußten, es tat ihm leid, von Goethen Abschied zu nehmen, und daß er diesen zarten Ausweg wählte, um über einen schmerzlichen Moment hinwegzukommen.

Bei Goethes Schwiegertochter Ottilie erfreuten sich von allen Gästen Goethes vor allem die zahlreichen Engländer, die Weimar damals gerne besuchten, einer besonderen Beliebtheit. Es heißt diesbezüglich in einem Brief Goethes an Boisserée aus dem Oktober 1827:

Sodann kamen unzählige Engländer und Engländerinnen, die bei meiner Schwiegertochter gute Aufnahme fanden, und die ich denn auch mehr oder weniger sah und sprach. Weiß man solche Besuche zu nutzen, so geben sie denn doch zuletzt einen Begriff von der Nation, ja sozusagen von drei Nationen. Jüngere Männer aus den drei Königreichen leben hier in Pensionen, und so kommt man gar nicht aus der Gewohnheit, über sie nachzudenken. Eigentlich finden die Irländer in meinem Hause am meisten Beifall.

Zu den Irländern, die im Hause am meisten Beifall fanden, gehörte auch der im Mai 1826 zweiundzwanzigjährige Charles Sterling, ein Freund Byrons, zu dem Ottilie drei Jahre zuvor eine leidenschaftliche Neigung gefaßt hatte und mit dem einen näheren brieflichen Verkehr zu unterhalten August ihr streng untersagt hatte. Wie es schon damals um Ottilies Ehe bestellt war, lassen einige Zeilen in einem Brief aus dem August 1826 an ihre Schwester Ulrike erkennen:

Von mir ist wenig Gutes zu hören; ich bleibe auf ewig entstellt, und bin daher in meinem Innern in einer Art von Verzweiflung, die kaum ein fremdes Auge ermessen kann. Bei den vielen Fremden, die der Vater sieht, erneut sich mir täglich die Qual des Kampfes! Was für ein Gefühl, einem jeden Unbekannten mit dem Bewußtsein entgegenzutreten, daß ich Widerwillen erregen muß; nie kann ich mehr Weimar verlassen, denn ich würde ein Gegenstand neugieriger Fragen sein. Das Einzige, was mir Frieden geben könnte, wäre, daß August sich von mir scheiden ließe und ich in einen ruhigen Winkel zöge; dies will er nicht, und doch ist das Leben so nicht zu ertragen; ich bewundere, daß er diesen Trübsinn, diese ewige Unzufriedenheit mit meinem Zustand so geduldig erträgt; doch so kann es nicht bleiben.

Und es blieb auch nicht. Schon im Oktober entflammte Ottilie für einen jungen Schotten, den Legationssekretär Charles Des Voeux, mit dem zusammen sie Goethes »Tasso« ins Englische übersetzte. Als sie sich im Frühjahr 1827 zum dritten Mal Mutter fühlte und Des Voeux sich augenscheinlich mehr in der Gesellschaft ihrer Freundin Jenny von Pappenheim gefiel, floh sie zu Verwandten nach Dessau.

Ich gehe, mein Freund! – Freiwillig verbanne ich mich aus Ihrer Nähe. Sonst wußte ich nur, daß Ihnen mein ganzer Tag gehörte; Gesellschaft und Theater war nur für mich in der Welt, wenn Sie zu wünschen schienen, daß ich hingehen sollte; doch da Sie gewöhnlich vorzogen, mit mir zu bleiben, wußte ich kaum, daß es stattfand. Jetzt zeigen Sie mir, daß Ihnen meine Gesellschaft nicht genügt. Sie wählen einen neuen Kreis Freunde und geben diesen gerade die einzigen Abende, die ich gewohnt war als mein Eigentum zu betrachten.

Ich darf Ihnen nicht erlauben, mich mit Fräulein von Pappen-

heim in Ihrer Freundschaft gleichzustellen, weil ich dadurch nicht nur gegen mich selbst, sondern mehr noch, weil ich gegen Sie fehlen würde. Dies dem Anschein nach doppelte Verhältnis wirft stets ein unvorteilhaftes Licht auf den Charakter eines Mannes.
Als ich vor Monaten Weimar verlassen wollte, war es, weil ich fürchtete – doch genug! Leben Sie wohl, mein lieber, ewig teurer Freund. Ich besaß nur noch ein Glück: das, Sie zu sehen, – auch dieses bringe ich Ihnen dar, ich gehe! Nun, Charles, habe ich nichts mehr, was ich opfern könnte.

Ihre Ottilie

Ottiliens drittes Kind, die Tochter Alma, kam am 26. Oktober 1827 zur Welt; unter den Freunden des Hauses, die als Paten zu der Taufzeremonie am Frauenplan geladen waren, befand sich auch Des Voeux, – der freilich Charles Sterling nicht aus ihrem Herzen verdrängt hatte; was auch zwei weiteren Engländern nicht gelang: weder dem Marquis von Duero, Wellingtons Sohn, noch, drei Jahre später, Samuel Naylor, einem einundzwanzigjährigen Studenten in Göttingen.
Im Sommer 1829 trafen zur Abwechslung einmal Polen in Weimar ein, von der Pianistin Maria Szymanowska an Goethe empfohlen: die beiden Dichter Adam Mickiewicz und Anton Odyniec, der über diesen Besuch an einen Freund in Polen berichtet hat.

Gestern, den 19. August, genau zu Mittag, hielt ein eleganter Wagen der Frau Ottilie vor unserem Hotel »Zum Elephanten«, und eine Viertelstunde später stiegen wir aus demselben bei der Gartenpforte des Landhauses Goethes aus, wo uns schon ein alter Diener Goethes erwartete, der uns durch den Garten führte, die Türe des Salons öffnete, uns einließ und fortging. Wir warteten, halblaut sprechend, beinahe eine Viertelstunde. Adam fragte, ob mir das Herz poche. In der Tat war das eine Erwartung, wie die irgendeiner übernatürlichen Erscheinung. Da hörten wir oben Schritte. Adam zitierte mit Nachdruck den Vers aus Zgierskis Ciszka: »Man hört ein Gehen und ein hohes Schreiten«, und kaum, daß wir uns zu diesem im Augenblicke passendsten Zitate erkühnten, öffnete sich die Türe und herein trat – Jupiter! Mir wurde heiß. Und ohne Übertreibung, es ist etwas Jupiterhaftes in ihm. Der Wuchs hoch, die Gestalt kolossal, das Antlitz würdig, imponierend, und die Stirne! – gerade dort ist die Jupiterhaftigkeit. Ohne Diadem strahlt sie von Majestät. Das Haar, noch wenig weiß, ist nur über der Stirne etwas grauer. Die Augen braun, klar, lebhaft, zeichnen sich noch durch eine Eigentümlichkeit aus, nämlich durch eine lichtgraue, wie emaillierte Linie, welche die Iris beider Augen am äußeren Rande rings umfaßt. Adam verglich sie dem Saturnusringe. Wir sahen bisher bei niemand etwas Ähnliches. Er trug einen dunkelbraunen, von oben bis herab zugeknöpften Überrock. Auf dem Halse ein weißes Tuch, das durch eine goldene Nadel kreuzweise zusammengehalten wurde, keinen Kragen. Wie ein Sonnenstrahl aus Gewölke verklärte ein wunderbar liebliches, wohlwollendes Lächeln die Strenge dieser Physiognomie, als er schon beim Eintritte uns mit Verbeugung und Händedruck begrüßte und dazu sprach: »*Pardon, Messieurs, que je vous ai fait attendre. Il m'est très agréable de voir les amis de Mme. Szymanowska qui m'honore aussi de son amitié.*« Du mußt nämlich wissen, daß Goethe ein großer Verehrer der Frau Szymanowska war und über sie sprechend äußerte: »*Elle est charmante comme elle est belle; et gracieuse comme elle est charmante.*« Sodann, als wir uns gesetzt hatten, wandte er sich zu Adam und versicherte ihm, er wisse, daß er an der Spitze der neuen Richtung stehe, welcher sich die Literatur bei uns wie in ganz Europa zukehre. »Ich weiß es aus eigener Erfahrung«, fügte er hinzu, »was das für eine schwere Sache ist, gegen den Strom zu schwimmen.« – »Auch wir wissen es«, antwortete Adam, »nach den Erfahrungen Ew. Exzellenz, wie große Genien beim Übergange durch sie die Strömung sich nach umlenken.« Goethe nickte ein wenig dazu, wie zum Zeichen, daß er das Kompliment fühle, und weitersprechend beklagte er, daß er nur wenig von der polnischen Literatur kenne und keine slawische Sprache verstehe. »*Mais l'homme a tant à faire dans cette vie.*« Er fügte aber hinzu, daß er Adam schon aus den Journalen kenne, sowie auch Fragmente aus seiner neuen Dichtung. Als ihm dann Adam auf sein Verlangen den ganzen Gang der polnischen Literatur wunderbar konzis und klar vorführte, und zwar von der ältesten bis zu der neuesten Zeit, wobei er denselben mit den historischen Epochen zusammenhielt und verglich, war in den auf ihn unverwandt gerichteten Augen Goethes nicht bloß eine tiefe Würdigung, sondern auch ein lebhaftes Interesse an dem Erzählten zu gewahren.

den 31. August

Abends bei Frau Ottilie kam Papa Goethe nach 8 Uhr und verweilte beinahe zwei Stunden. Während der ganzen Zeit sprach er meist mit Adam; doch bekam ich auch mein Teil und zwar immer in demselben sehr wohlwollenden, halb scherzhaften Tone wie gewöhnlich. Durch seinen liebevollen Blick ermutigt, wagte ich, ihm dieselbe Bitte vorzutragen, welche früher Adam durch die Vermittelung von Frau Ottilie vorgebracht hatte, ihn nämlich um eine eigenhändige Namensunterschrift und um zwei gebrauchte Federn anzugehen. Er lächelte und neigte das Haupt, und der danebenstehende Adam fügte hinzu, es werde das teuerste Andenken für unser Leben sein. Lächeln und zustimmendes Kopfnicken, darauf sprach er von anderem. Als er mir dann zum letzten Abschiede die Hand reichte, ergriff ich sie mit lauterer Rührung, und indem ich sie unterhalb des Ellbogens küßte, bat ich ihn um seinen Segen. Es mußte ihn nicht beleidigt haben, denn er faßte mich darauf an den Achseln und küßte mich auf die Stirne, und nahm auf dieselbe Art von Adam Abschied, der ihn auf die Achseln geküßt hatte. Frau Ottilie sagte, es sei dies eine ganz besondere Gunstbezeugung, und sie erinnere sich derselben bei keinem Fremden. Im Fortgehen nahm er die Kerze vom Tisch und, an der Türe stehen bleibend, wandte er sich nochmals um und neigte die Hand wie vom Munde zu uns. Die Tür schloß sich, und wir werden ihn gewiß nie wiedersehen.

Nach etwa zehn Minuten brachte uns der ältere Enkel zwei goldgeränderte, wie für ein Stammbuch bestimmte Blättchen, auf deren jedem sichtlich früher geschriebene Verse in deutschen Buchstaben standen mit der Unterschrift Goethe, der noch das heutige Datum frisch zugefügt worden war, dann zwei ihrer Fahnen beraubte Federn, welche sorgfältig nach Art einer Nadel mit dem dünneren Ende durch die auseinandergerissene Mitte derselben gesteckt waren. Die vier Verse auf meinem Blättchen lauten:

> Diese Richtung ist gewiß,
> Immer schreite, schreite!
> Finsternis und Hindernis
> Bleiben dir beiseite –

was ich mir dann schnell ins Polnische zu übersetzen trachtete.

Goethes nunmehr vierzigjähriger Sohn August, das wissen wir aus manchen Zeugnissen, hatte es nicht leicht mit sich. Am genauesten vielleicht lernen wir ihn aus den Schilderungen seines Freundes Holtei kennen:

August Goethe war kein gewöhnlicher Mensch. Auch in seinen Ausschweifungen lag etwas Energisches; wenn er sich ihnen hingab, schien es weniger aus Schwäche als vielmehr aus Trotz gegen die ihn umgebenden Formen zu geschehen. Stirn, Auge, Nase waren schön und bedeutend, machten seinen Kopf dem des Vaters ähnlich. Der Mund mit seinen sinnlich aufgeworfenen Lippen hatte dagegen etwas Gemeines und soll an die Abstammung von weiblicher Seite erinnert haben. Er hielt sich, ging, stand, saß, gebärdete sich wie ein feiner Hofmann. Seine graziöse Haltung blieb stets unverändert, und auch, wenn er berauscht war, wenn er tobte, fiel er nie aus dem Maße äußerer Schicklichkeit.

Als wir Vertraute wurden, verhehlt' er mir nicht, daß er oft absichtlich, vorzüglich vor Fremden, darauf ausgehe, als roher Gegner jedes poetischen Treibens zu erscheinen, weil ihm der Gedanke zu fürchterlich sei, für einen Erben zu gelten, der sich bestrebe, Firma und Geschäft des Vaters fortzuführen. »Lieber«, sprach er, »sollen sie sagen, Goethes Sohn ist ein dummer Kerl, oder was sie sonst sagen mögen, als daß es von mir heiße: er will den *jungen Goethe* spielen.«

Die ehelichen Verhältnisse zwischen August und Ottilie blieben unerquicklich, trotz manchem guten Willen zur gegenseitigen Duldung und der gemeinsamen Liebe zum »Vater«.
Als August im Winter 1830 erkrankte – er litt unter starker Engbrüstigkeit, die ihn bisweilen in wutähnliche Zustände versetzte –, entschloß er sich zu einer Reise nach Italien. Die Stimmung

des, wie einst der Vater, aus einem ihn bedrückenden Lebenskreis Fortstrebenden spricht am deutlichsten aus den unbeholfenen Strophen, die er damals niederschrieb:

      Fort von hier!

  Ich will nicht mehr am Gängelbande
  Wie sonst geleitet sein
  Und lieber an des Abgrunds Rande
  Von jeder Fessel mich befrein.

  Zerrissnes Herz ist nimmer herzustellen,
  Sein Untergang ist sichres Los;
  Es gleicht vom Sturm gepeitschten Wellen
  Und sinkt zuletzt in Thetis' Schoß.

  Drum stürme fort in deinem Schlagen,
  Bis auch der letzte Schlag verschwand!
  Ich geh entgegen bessern Tagen –
  Gelöst ist hier nun jedes Band!

Am 22. April 1830 bricht August von Goethe zusammen mit Eckermann nach Italien auf. Mitte Mai erhält Ottilie die erste Nachricht von ihm.

           Mailand, den 13. Mai 1830
Liebe Ottilie!
Ich bin nun 150 Meilen weit von Dir entfernt und will Dir doch auch ein vertrauliches Wort zukommen lassen, welches Dir meinen Zustand klarmachen soll. Ich ging wirklich so krank aus Weimar, daß ich nicht glaubte, Frankfurt lebendig zu erreichen; durch die Anstrengung in den letzten acht Tagen hatten sich alle Übel so gesteigert, daß ich in einem verzweiflungsvollen Zustand den Postwagen bestieg; wie es aber Gott immer mit den Menschen gut meint, so schickte er auch mir hier einen Trost: es war ein gewisser Doktor Wapritz, welcher nach Paris reiste, ein sehr gebildeter und zugleich lustiger Mann. Ich dachte: wenn Dir also etwas zustößt, so hast Du doch ärztliche Hülfe; und das gab mir neuen Mut.
Ich bin dann von Frankfurt, die Nächte ausgenommen, ohne

Rasttag jeden Morgen von 5 Uhr bis abends 7 Uhr gefahren und habe also vierzehn Tage ununterbrochen in Bewegung und frischer Luft zugebracht. Es wurde mir sehr sauer, nur eine Treppe zu steigen, der Katarrh quälte mich Tag und Nacht und raubte mir oft die wenigen Stunden der Ruhe; doch ließ ich nicht ab, und es ist mir gelungen. Seit ungefähr acht Tagen bessert es sich von Tag zu Tag, alle Systeme kommen ins Gleichgewicht, und ich habe die beste Hoffnung, *ohne Arznei* ganz hergestellt zu werden, wenn es so fortgeht; wozu Gott ja seinen Segen geben wird.

Wie ich von Weimar abging, kannte ich meinen Zustand genau, und es war die Wahl zwischen einer Partie durch das Frauentor zum Gottesacker hinaus oder in die weite Welt. Da bin ich nun – und sehe mit Freude, daß mein Gefühl richtig war. Nicht Üppigkeit oder Neugier konnten mich aus meiner Familie reißen – die äußerste Not trieb mich, um den letzten Versuch zu meiner Erhaltung zu machen. Manche, die mich in Weimar zuletzt gesehen, mögen das nicht begreifen, aber mein damaliges Benehmen war eine verzweifelte Maske. Ich wollte, Du könntest mich jetzt beobachten! Welche Ruhe im Gemüt ist eingetreten, wie stark fühle ich mich wieder, mit welcher Leichtigkeit steige ich die fünf Stiegen zu meinem Zimmer! – Dir danke ich alles dieses, denn Du hast doch den Entschluß befördert und das Ganze gemacht; ich will es in der Zukunft zu vergelten suchen; könnte ich nur mein früheres Unrecht gegen Dich auch austilgen! – Mein Tagebuch wird Dir zeigen, daß wir uns rasch bewegen und hier beinahe in vierundzwanzig Stunden vierzehn im Freien zubringen. Es ist eigen, mit welcher Ruhe ich alles dieses mir doch ganz Fremde betrachte und wie alles sich an mir vorbeibewegt; vieles hat mich erfreut, vieles erhoben – erstaunt bin ich aber noch nicht.

Lebe wohl, küsse die Kinder, grüße den Vater, auch Ulriken, und denke zuweilen wohlwollend an

Deinen August.

Das ist, in Anbetracht der kargeren, schwunglosen Natur Augusts, ein erschütternder Brief; aber so war es schon immer zwischen diesen Eheleuten gewesen: getrennt voneinander, schienen sie sich wieder näher zu kommen. Bei Ottilie allerdings, die

ihren Quälgeist auf eine Zeit los war, verschlug das diesmal nichts. In einem gegen Ende Mai geschriebenen Brief an ihre Freundin Adele Schopenhauer berichtet sie über den Besuch Felix Mendelssohns, sein Spiel, seine Kompositionen und gibt auch ein Bulletin über den neuesten Zustand ihrer Herzensangelegenheiten: Des Voeux war auf dritthalbe Tage in Weimar gewesen, nur ihretwegen, und um Abschied von Deutschland zu nehmen.

Er war herzlich und freundlich, und mit meinem Benehmen sehr zufrieden. Ich Arme hatte ja die Einsamkeit eines langen Winters, mich für diesen Augenblick des Wiedersehens zu erziehen; ich habe es redlich getan. Doch so treu ich auch an ihn für immer gekettet bin, so unbedingt ich, wäre ich frei, würde nach Konstantinopel gegangen sein, wenn es ihm angenehm war, so ist doch eine Veränderung in Bezug auf ihn in meinem Innern vorgegangen. Trotzdem daß er in dem kurzen Raum seines Hierseins so viel getan, was mich erfreut und in der Erinnerung beglückt, so habe ich doch grausenvolle Momente verlebt, und mich durch ihn Schmerzen preisgegeben gesehen, von denen noch kein Roman mich unterrichtet, daß sie existieren. Solange ich lebe, muß es im tiefsten Innern verschlossen bleiben, und würdet Ihr es je erfahren (was unmöglich ist), Ihr würdet nie es glauben. Dennoch glaube ich, ich bin viel ruhiger geworden: Augusts Abwesenheit und Des Voeux' Wunsch, zu verwischen, was mich monatelang wie ein Gespenst verfolgte, hat mich ruhiger gemacht; und der Gedanke, gar nichts mehr hoffnungsvoll zu erwarten, läßt mich stiller vorwärts gehen. Nur Augusts Rückkehr droht mir wie eine unheilbringende Wolke, und der freundliche Brief, den er mir aus Mailand schrieb, wo er ausspricht, wie unrecht er gegen mich gehandelt, und hofft, künftig anders zu sein, hat mich eher beunruhigt als getröstet. Alles, was die Kette zerrissen hätte, würde mir willkommen sein – sobald er ruhig und freundlich, habe ich kein Recht, mein Los zu ändern, – und doch ist dies das Einzige, was mich beglücken könnte. Wenn ich mir denke, daß ich August nicht wiedersehen könnte, so empfinde ich auch nicht die leiseste Bewegung. – Er war in einem beklagenswerten Zustand, als er ging, und ich fragte mich oft, ob dieser wutähnliche Zustand durch den Tod oder Wahnsinn enden werde.

Ende Juni brach Ottilie das über sie verhängte Schweigen und nahm die briefliche Verbindung zu Charles Sterling wieder auf. Im Oktober trat dann der bereits erwähnte Samuel Naylor in ihr Leben und zu ihm entwickelte sich sehr rasch ein Verhältnis, in dem, zur Abwechslung, einmal der jüngere Mann der Werbende war. An ihn, dessen Aussehen und Stimme sie an Sterling erinnerten, schrieb Ottilie am 16. Oktober einen langen Brief, der, ihren Zustand in diesen Monaten zu verdeutlichen, hier auszugsweise zitiert sei.

Nein, ich will nicht Ihren Brief erwarten, ehe ich Ihnen schreibe, denn Sie sollen meine Stimme hören frei von jedem Einfluß. Ihre Zeilen könnten mich bewegen, könnten den Kampf erneuen, und niemals spräche mein Innres zu Ihnen, frei von jeder Einwirkung. Jetzt, wo nicht mehr Ihre Gestalt jeden Schmerz der Vergangenheit ins Leben ruft, und mir jede Klarheit raubt, jetzt, wo ich nicht mehr in Ihrem Auge ein fremdes suche, jetzt, wo ich nicht mehr Ihrer Stimme lauschen kann und begierig jeden Ton wie ein Echo erfasse einer Stimme, die mir einst zum Herzen drang, – jetzt lassen Sie mich prüfen, was wir sind, und welch wunderbarer Traum uns ergriffen, – lassen Sie mich wieder ich selbst sein, mit warmem Herzen, leicht beweglicher Phantasie und doch einem kaltzergliedernden Verstand. – Es gibt Augenblicke, wo ich Sie anklagen möchte, daß Sie mir Ihr Innres gezeigt, denn dies zwingt mich einzusehen, daß wir uns nicht aneinander ketten sollen, während ich vielleicht manche Hand ergriffen habe und ergreifen würde, die es weniger wert war wie die Ihre; doch Sie selbst sagen, es ist keine Freundschaft, dazu kannten wir uns zu wenig, – es ist aber auch keine Liebe, fügen Sie hinzu; – was ist es denn? Was sind die Ansprüche, die Sie machen, was verlangen Sie von mir, damit dies Verhältnis Sie beglücken könnte? Wenn Sie undeutlich sind, was diese Empfindung ist, wie ist es möglich, daß Sie deutlich werden können, was ihre Folgen sein können? Unbefriedigt, zwischen Momenten der kältesten Reflexion und Reue für jedes Aufflammen des Gefühls, würden wir leidenschaftlich von Tag zu Tag schwanken und Augenblicke des Glücks mit langer, langer Qual bezahlen. Unser Verhältnis würde dem von Des Voeux und Sterling ähnlich sein, und zu allem käme dann noch

der marternde Gedanke des Unrechtes gegen diese beiden, das Mißtrauen in meine eigene Treue und die ewige Sorge, den Augenblick immer näherkommen zu sehen, wo auch Sie dies Band lästig oder doch gleichgültig fänden.
Sie werden mich fragen, ob ich denn so reich bin an Liebe, daß ich so leicht ein Herz zurückweisen könne. – Ach mein Freund, ich bin der Bettler, der es nicht mehr wagt, die letzte Habe, die ihm blieb, auf eine Hazard-Karte zu setzen! Müde vom Leben, habe ich endlich nach manchen sehr bitteren Erfahrungen es aufgegeben, noch das Glück zu suchen; auf der Erde werde ich es nimmer finden, und im Himmel verdiene ich es nicht. Doch glaube ich, daß ich einen großen Teil der Schuld in dem Moment büßte, wo der Gedanke, Sie könnten mit Ihrem edlen reinen Sinn mich Ihrer Neigung wert halten, mir das Geständnis erpreßte, daß ich keinen Anspruch mehr darauf zu machen habe. Mein ganzes Unrecht ist aus dem Wunsche entstanden, ein Wesen zu finden, dem ich mein Dasein ganz weihen könne, – das mich als sein Eigentum betrachte wie jede Fähigkeit in mir, und dem bis zum letzten Hauch jeder Gedanke angehöre. Von Klippe zu Klippe bin ich diesem Traumbild nachgejagt bis hinunter in den tiefsten Abgrund – ich habe geopfert und geduldet.
– Nein, überlassen Sie mich meinem trüben Geschick! Ich fing an gleichgültiger zu werden, und die kurze Frist, wo Sterlings Briefen gestattet ist, wie Blätter des Friedens zu mir zu dringen, hatte mir so unbeschreiblich wohlgetan, daß dadurch vielleicht eine Art von Heiterkeit zurückgekehrt ist, die bald verschwinden wird, – und was kann Ihnen ein gebrochenes Herz sein, wie das meinige ist, – und was hätte ich überhaupt Ihnen zum Glück zu bieten? Wenn ich Ihre Neigung zurückgäbe, welche Stelle soll ich Ihnen einräumen, in meinem Innern, die Sie befriedigen würde und meinen Lebenspfad nicht noch verwickelter machte? Sie selbst riefen mir manchmal zu: »Ich verlange nichts, aber erinnern Sie sich, daß ich nicht den dritten Platz will.« Wo verlangen Sie denn, daß mein Herz eine Stelle für Sie finden soll? Kann ich die Vergangenheit ungeschehen machen? Kann ich Sterling und Des Voeux vergessen? Und wäre mir dies wirklich sogar möglich, könnten Sie wohl noch die geringste Neigung zu mir fassen, wenn ich imstande wäre, ein jahrelang geehrtes Band zu zerreißen für jemand, den ich acht Tage gesehen? Sie

glauben, daß Sie viel zu meinem Glück beitragen würden, und ich bin weit davon entfernt, es zu bezweifeln. Ja, wenn Übereinstimmung in den zartesten Schattierungen des Fühlens, wenn der Glaube an den Wert eines Wesens das Glück schafft, so sage ich: Sie würden mich wahrhaft beglücken, denn ich glaube in Ihnen an beides; ich halte es sogar für möglich, daß ich in Ihnen die Verwirklichung von dem gefunden, was ich so rastlos gesucht; doch ist es der Fall, so beweist es mir nur, daß ich mit Recht wähne, daß das Wort, was wie ein dunkler Faden sich durch das Gewebe meines Lebens schlingt, »zu spät« heißt.

Ich gebe Ihnen zu: ich bin von Sterling getrennt für immer; jedes Zusammenwirken ist uns versagt, und in kurzem muß aufs neue der Lichtstrahl der Mitteilung aufhören und wir in die alte Öde zurückkehren, die kein Laut unterbricht; – ich gebe Ihnen zu: Des Voeux verliert nichts (obgleich sich, wenn ich mich von ihm wende, das treuste, liebendste Herz, was er je finden konnte, von ihm losreißt) – er verliert nichts, doch mir fehlt dann das Einzige, was mich rechtfertigen kann vor mir selbst, die Bahn, die Pflicht und Sitte gezogen hat, rasch überschritten zu haben! Wenn das Gefühl für diese beiden Menschen nicht wie ein flammender Ratschluß des Himmels in meinem Innern unauslöschlich stand, was könnte mich wohl entschuldigen? Doch dies alles will ich nicht erwähnen, nicht den gerechten Tadel der Welt, nicht den Schmerz meiner Freunde; nur wie es auf Sie wirken würde, lassen Sie mich betrachten. Glauben Sie wirklich, daß Sie auf die Länge es geduldig ertragen könnten, wenn Sie mich stets noch mit den Erinnerungen an Des Voeux und Sterling beschäftigt sähen? Wenn namentlich die Erinnerungen an den letzten mir stets aus Ihrem Äußeren und Innern lebendig entgegenträten? Könnten Sie es wirklich ertragen, wenn Sie meine Hand faßten und in mein Auge blickten, ich vielleicht nur den Druck erwiderte, weil ich glauben würde, es sei die seine?

In diesem heftig-gesteigerten, leidenschaftlich-schwankenden Ton sind fast alle Briefe Ottiliens aus dieser Zeit gehalten, auch die fast gleichzeitigen an Des Voeux und an Sterling, den verhängnisvollsten der britischen Liebhaber, mit dem Ottilie nach Goethes Tod wieder zusammentreffen sollte und dem sie 1834 in Wien eine uneheliche Tochter gebar.

In Italien hatte Eckermann sich am 24. Juli 1830 von August Goethe getrennt, um nach Deutschland zurückzukehren. Dieser hatte drei Tage später auf einer nächtlichen Wagenfahrt zwischen Genua und Spezia einen Unfall erlitten, bei dem er sich ein Schlüsselbein brach, und niemand anders als Charles Sterling war sogleich aus Genua herbeigeeilt, um ihn zu pflegen und ihm Gesellschaft zu leisten.
Wiederhergestellt, gelangte Goethes Sohn über Florenz und Neapel, wo er sich jeweils längere Zeit aufhielt, am 16. Oktober nach Rom. Wenige Tage später erkrankte er an den Blattern und starb am 27. Oktober an einem Gehirnschlag. Er wurde auf dem protestantischen Ausländerfriedhof bei der Pyramide des Cestius beigesetzt. Goethe hatte unterdessen nach fünfjähriger Pause die Arbeit an »Dichtung und Wahrheit« wieder aufgenommen, als der Kanzler von Müller ihm am 10. November »mit möglichster Schonung« die Schreckensnachricht überbrachte.
Auf ein Freundestrostwort Zelters aus Berlin vom 13. November antwortete Goethe am 21. Der Brief beginnt mit einem lateinischen Zitat, den Worten des griechischen Weisen Solon an den König Krösus, daß niemand vor seinem Tode glücklich zu schätzen sei.

Nemo ante obitum beatus, ist ein Wort, das in der Weltgeschichte figuriert, aber eigentlich nichts sagen will. Sollte es mit einiger Gründlichkeit ausgesprochen werden, so müßte es heißen: »Prüfungen erwarte bis zuletzt.«
Dir hat es, mein Guter, nicht daran gefehlt, mir auch nicht, und es scheinet, als wenn das Schicksal die Überzeugung habe, man seie nicht aus Nerven, Venen, Arterien und andern daher abgeleiteten Organen, sondern aus Draht zusammengeflochten.
Das eigentliche Wunderliche und Bedeutende dieser Prüfung ist, daß ich alle Lasten, die ich zunächst, ja mit dem neuen Jahre abzustreifen und einem jünger Lebigen zu übertragen glaubte, nunmehr selbst fortzuschleppen und sogar schwieriger weiter zu tragen habe.
Hier nun allein kann der große Begriff der Pflicht uns aufrecht erhalten. Ich habe keine Sorge, als mich physisch im Gleichgewicht zu bewegen; alles andere gibt sich von selbst. Der Körper muß, der Geist will, und wer seinem Wollen die notwendigste

Bahn vorgeschrieben sieht, der braucht sich nicht viel zu besinnen.
Weiter will ich nicht gehen, behalte mir aber doch vor, von diesem Punkte gelegentlich fortzuschreiten. Meine herzlichsten dankbaren Grüße an alle so treulich Teilnehmende.
treu angehörig
J. W. v. Goethe

Wenige Tage später erlitt Goethe, zweimal hintereinander, einen nächtlichen Blutsturz, von dem er sich jedoch rasch erholte. Schon am 1. Dezember ergeht darüber handschriftliche Meldung an Zelter, mit dem im Laufe des Dezember eine Art testamentarischer Vertrag über die künftige Veröffentlichung des gemeinsamen Briefwechsels abgeschlossen wird.

Noch ist das Individuum beisammen und bei Sinnen. Glückauf! Mit der leidigen Krankheitsgeschichte verschon ich Dich. Hier! was mein trefflicher Arzt von der löblichen Genesung sagt:
»Man kann behaupten, daß jetzt alle Funktionen in Ordnung sind. Der Schlaf ist gut, der Appetit nicht unbedeutend, die Verdauung regelmäßig. Die Kräfte sind bei weitem nicht so geringe, als man bei solchen Vorgängen befürchten mußte. Die vortreffliche Konstitution des verehrten Kranken läßt eine baldige völlige Wiederherstellung mit gutem Grunde hoffen.«
Weimar den 29. November 1830 Dr. Vogel

Und so steht es noch heute, den 1. Dezember. Also, bis auf weitere Ordre.
Treulichst so fortan!
Goethe

Weimar, den 6. Dezember
Es wird sich wohl einleiten lassen, daß unsre Mitteilungen nicht unterbrochen werden. Alles kommt darauf an, daß die Kräfte, die mir geblieben sind und die sich allmählich vermehren, wohl genutzt werden; denn es bedarf derer. Die mir auferlegten Lasten vermindern sich nicht, doch verteil' ich sie auf Wohlgesinnte, die sich an diesem Falle doppelt erproben. Nach und nach hörst Du das Weitere. Schon seit einiger Zeit trau' ich dem

Landfrieden nicht und befleißige mich, das Haus zu bestellen; das geht nun fort, rein und stetig, zu meiner großen Beruhigung.
Soviel für diesmal.
    Schritt vor Schritt!
        Wie immer
          G.

Und am 10. Dezember, abermals an Zelter:

Du hast vollkommen recht, mein Bester! Wenn ich das Uhrwerk meiner Lebensbetriebe nicht gehörig in Ordnung hielte, so könnt ich in einem dergleichen leidigen Falle kaum weiter existieren. Diesmal aber hat der Zeiger nur einige Stunden retardiert, und nun ist alles wieder im alten mäßigen Gange.
Jedoch hab ich Dir vom Verlauf des Novembers noch einiges zu bekennen. Das Außenbleiben meines Sohns drückte mich, auf mehr als eine Weise, sehr heftig und widerwärtig; ich griff daher zu einer Arbeit, die mich ganz absorbieren sollte. Der vierte Band meines Lebens lag, über zehn Jahre, in Schematen und teilweiser Ausführung, ruhig aufbewahrt, ohne daß ich gewagt hätte, die Arbeit wieder vorzunehmen. Nun griff ich sie mit Gewalt an, und es gelang so weit, daß der Band, wie er liegt, gedruckt werden könnte, wenn ich nicht Hoffnung hätte, den Inhalt noch reicher und bedeutender, die Behandlung aber noch vollendeter darzustellen.
So weit nun bracht ich's in vierzehn Tagen, und es möchte wohl kein Zweifel sein, daß der unterdrückte Schmerz und eine so gewaltsame Geistesanstrengung jene Explosion, wozu sich der Körper disponiert finden mochte, dürften verursacht haben. Plötzlich, nachdem keine entschiedene Andeutung, noch irgendein drohendes Symptom vorausging, riß ein Gefäß in der Lunge und der Blutauswurf war so stark: daß, wäre nicht gleich und kunstgemäße Hülfe zu erhalten gewesen, hier wohl die *ultima linea rerum* sich würde hingezogen haben.

Dieser Brief an Zelter blieb, wie es häufig geschah, einige Tage liegen, und am 14. fügte Goethe folgende Nachschrift hinzu:

Schon manchmal hab ich bedacht, wie wir beiden gleichsam an die entgegengesetzten Enden der sozialen Welt angewiesen sind; Du, in die kreiselnde Bewegung einer volkreichen Königstadt verschlungen, hast alles persönlich zu bestehen, unterrichtest und lehrst, gibst und genießest, arbeitest und vollbringst, versammelst und dirigierst, gebietest und herrschest und was nicht alles; hiezu noch der Familienzirkel und fremde Gelage gerechnet, da gibt es denn schon etwas auszuhalten. Indessen ich einsam, wie Merlin vom leuchtenden Grabe her, mein eignes Echo ruhig und gelegentlich in der Nähe, wohl auch in die Ferne vernehmen lasse.

Der getreue Eckart ist mir von großer Beihülfe. Reinen und redlichen Gesinnungen treu, wächst er täglich an Kenntnis, Ein- und Übersicht und bleibt, wegen fördernder Teilnahme, ganz unschätzbar; so wie Riemer, von seiner Seite, durch gesellige Berichtigung, Reinigung, Revision und Abschluß der Manuskripte, sowie der Druckbogen mir Arbeit und Leben erleichtert. Möge uns beiden so viel Kraft und Behagen verliehen sein, um bis ans Ende wirksam auszudauern.

Deshalb denn, manchmal zurückschauend, in diesem Gänsespiel getrost *vorwärts!*

J. W. v. Goethe

XVIII

*Das letzte Jahr; die Vollendung des Faust;
Goethes Tod (1831/32)*

*Anfang November 1830 hatte Goethe die Nachricht erreicht, daß sein Sohn August im Alter von vierzig Jahren in Rom gestorben war. Vierzehn Tage später erlitt er einen heftigen Blutsturz, von dem er sich jedoch rasch erholte. Schon am 2. Dezember wird die Arbeit am Zweiten Teil des Faust wieder aufgenommen. Am 6. Januar schließt Goethe sein Testament ab.
Am 22. März heißt es in einem Brief an den Freund Sulpiz Boisserée in München:*

Von mir selbst kann ich nur sagen, daß ich die geneigte Manifestation der moralischen Weltordnung nicht genug verehren kann, die mir erlaubte, mich körperlich und geistig auf eine Weise wieder herzustellen, die dem Augenblick allenfalls genug tut. Denn daß die großen Unbilden, die mich in Umgebung und Persönlichkeit zu Ende des vorigen Jahrs überfielen, meine Bezüge gegen die Außenwelt gar sehr verändern mußten, werden Sie denken. Wenn ich auch innerlich mir gleich blieb, so war es doch eine schwere Aufgabe, in Bezügen zu wirken, die ich längst andern übertragen hatte. Aus der Stellung des Großvaters zum Hausvater, aus dem Herrn zum Verwalter überzugehen, war eine bedeutende Forderung. Sie ist gelöst, und wenn ich sage, daß Tochter und Enkel sich so betragen, daß man sich über ihre Fügsamkeit, Zucht und Anmut, über alles unabsichtliche Zuvorkommen und harmonisches Übereinsein nicht genug erfreuen kann, so ist noch nicht alles gesagt. Wollte man dieses Behaben und Behagen nach der Wirklichkeit schildern, so würde es zwischen die Idylle und das Märchen hineinfallen.
... Die letzte Seite bin ich nun veranlaßt in Ernst und Scherz mit etwas Wunderlichem zu schließen.
Des religiosen Gefühls wird sich kein Mensch erwehren, dabei aber ist es ihm unmöglich, solches in sich allein zu verarbeiten, deswegen sucht er oder macht sich Proselyten.
Das letztere ist meine Art nicht, das erstere aber hab' ich treulich

durchgeführt und, von Erschaffung der Welt an, keine Konfession gefunden, zu der ich mich völlig hätte bekennen mögen. Nun erfahr' ich aber in meinen alten Tagen von einer Sekte der *Hypsistarier*, welche, zwischen Heiden, Juden und Christen geklemmt, sich erklärten, das Beste, Vollkommenste, was zu ihrer Kenntnis käme, zu schätzen, zu bewundern, zu verehren und, insofern es also mit der Gottheit im nahen Verhältnis stehen müsse, anzubeten. Da ward mir auf einmal aus einem dunklen Zeitalter her ein frohes Licht, denn ich fühlte, daß ich zeitlebens getrachtet hatte, mich zum Hypsistarier zu qualifizieren; das ist aber keine kleine Bemühung: denn wie kommt man in der Beschränkung seiner Individualität wohl dahin, das Vortrefflichste gewahr zu werden?
In der Freundschaft wenigstens wollen wir uns nicht übertreffen lassen.
Weimar, den 22. März 1831 J. W. v. Goethe

Die gleiche Beharrlichkeit des stillen Fortarbeitens und der bei aller Zurückgezogenheit doch immer regen Teilnahme an der Zeit spricht aus dem folgenden Brief an Zelter in Berlin:

Weimar, den 18. Juni 1831
Seit drei Wochen von katarrhalischen Unbilden und dem widerwärtigsten Wetter niederhalten, hab ich mich denn doch immer, wie Dir auch angenehm zu hören sein wird, dergestalt zu fassen und zu wehren gesucht, daß ich Tag vor Tag nicht nachgab, sondern fort und fort das Nächste zu fördern trachtete, so daß ich durch diese Hindernisse nicht zurückgehalten ward, sondern vorwärts gegangen bin und zwar in bedeutenden Angelegenheiten, wo man, wenn auch nicht große, nur sichre Schritte zu machen hat. Darunter ist denn auch einiges, das, wenn es Dir seinerzeit vor die Seele gebracht wird, Dich nicht ohne Anregung lassen kann.
Wie es die Welt jetzt treibt, muß man sich immer und immerfort sagen und wiederholen: daß es tüchtige Menschen gegeben hat und geben wird, und solchen muß man ein schriftlich gutes Wort gönnen, aussprechen und auf dem Papier hinterlassen. Das ist die Gemeinschaft der Heiligen, zu der wir uns bekennen. Mit den Lippen mag ich nur selten ein wahres, grund-gemeintes

Wort aussprechen; gewöhnlich hören die Menschen etwas anderes, als was ich sage, und das mag denn auch gut sein.
Dagegen bin ich denn auch für Geduld und Beharrlichkeit belohnt worden durch eine Zeichnung von Sachtleben, einem Künstler des 17. Jahrhunderts, Schüler und Meister der dort lebendigen Kunstepoche. Das Blättchen ist quer Groß-Oktav, wenig angefärbt. Er hatte sich in die Rheingegenden verliebt, seine besten Bilder stellen dergleichen dar, und dies ist auch eine.
Das Merkwürdige dieses Blättchens ist, daß wir die Natur und den Künstler im Gleichgewicht miteinander gehen und bestehen sehen, sie sind ruhig befreundet; er ist's, der ihre Vorzüge sieht, anerkennt und sich aufs billigste mit ihnen abzufinden sucht. Hier ist schon Nachdenken und Überlegung, entschiedenes Bewußtsein, was die Kunst soll und vermag, und doch sehen wir die Unschuld der ewig gleichen Natur vollkommen gegenwärtig unangetastet.
Dieser Anblick erhielt mich aufrecht, ja es ging so weit, daß, wenn ich mich augenblicklich schlecht befand und davor trat, fühlt ich mich wirklich unwürdig, es anzusehn. Der tüchtige, mutige Geselle, der solches vor hundert Jahren in heiterster Gegenwart niedergeschrieben hatte, konnte den kümmerlich Beschauenden inmitten der tristen thüringischen Hügelberge kaum erdulden. Wischt ich mir aber die Augen aus und richtete mich auf, so war es denn freilich heiterer Tag wie vorher.
Nun aber bin ich veranlaßt, Dich in die entgegengesetzten Regionen zu führen, indem ich kürzlich referieren möchte: daß ich, durch das Strudeltagsgelese, in die grenzenlosen Schrecknisse der neusten französischen Romanliteratur bin hineingeschleppt worden. Ich will mich kurz fassen: *es ist eine Literatur der Verzweiflung*, woraus nach und nach alles Wahre, Ästhetische sich von selbst verbannt. »Notre Dame de Paris« von Victor Hugo besticht durch das Verdienst fleißiger, wohlgenutzter Studien der alten Lokalitäten, Sitten und Ereignisse; aber in den handelnden Figuren ist durchaus keine Spur von Naturlebendigkeit. Es sind Lebens unteilhafte Gliedermänner und -weiber, nach ganz geschickten Proportionen aufgebaut, aber außer dem hölzernen und stählernen Knochengerüste durchaus nur ausgestopfte Puppen, mit welchen der Verfasser auf das unbarmherzigste umgeht, sie in die seltsamsten Posituren renkt und verrenkt, sie fol-

tert und durchpeitscht, geistig und leiblich zerfleischt, freilich
ein Nichtfleisch ohne Barmherzigkeit zerfetzt und in Lappen
zerreißt; doch das alles geschieht mit dem entschiedenen histo-
risch-rhetorischen Talent, dem man eine lebhafte Einbildungskraft nicht absprechen kann, ohne die er solche Abominationen
gar nicht hervorbringen könnte.

*Am gleichen Tage schreibt Goethe an Ulrike von Pogwitsch, die
jüngere Schwester seiner Schwiegertochter Ottilie, und schildert
ihr sein Großvater-Idyll mit den Enkelkindern, dem dreizehn-
jährigen Walther, dem zehnjährigen Wolfgang und der kleinen
Alma, die eben dreieinhalb war.*

Wenn ich Dir, meine liebe Ulrike, viel anderes zu sagen hätte,
als was Du schon weißt, daß wir uns nämlich von Herzen längst
angehören, so hätt ich Dir wohl schon geschrieben und Dir für
Dein liebes Brieflein gedankt.
Was allenfalls begegnet, weißt Du; ich will aber zunächst von
den Kindern reden, die gegenwärtig um mich her, in den vordern Zimmern, tumultuieren und ihre Existenz doppelt und
dreifach fühlbar machen.
Walther, dem man ein musikalisches Talent zugestehen muß,
scheint mir einen Sonnenstich von der ersten Leipziger Sängerin
erlitten zu haben; er komponiert Arien, die er, von ihr gesungen,
allenfalls hören möchte. Wer weiß, wohin das führen kann. In
der Hauptsache aber haben die Bemühungen Deiner Frau Mutter seinem Flügelspielen entschiedenen, gründlichen Vorteil gebracht; das übrige muß man wirken und werden lassen.
Wölfchen hält sich wie immer ganz nah an dem Großvater, wir
frühstücken zusammen, und von da an zieht sich's durch den
ganzen Tag durch. Das Theater reißt im Grunde diese guten
Kreaturen mit sich fort, er schreibt Trauer- und Lustspiele, sammelt die Komödienzettel, liest grenzenlos. Mir kommt immer
vor, daß unsre Kinder sich wirklich als mit Purzelbäumen bilden.
Wer will dazu weiter etwas sagen.
Wolf ist klug, wie alle Kinder und alle Menschen, die unmittelbare Zwecke haben. Wenn ich sehe, wo er hinaus will, so mach
ich mir einen Spaß, seine Wünsche bald zu hindern, bald zu fördern, wodurch er sich aber in seinem Gange keineswegs irren
läßt.

Das Mädchen ist allerliebst und, als ein echt gebornes Frauenzimmerchen, schon jetzt inkalkulabel. Mit dem Großvater im besten und liebevollen Vernehmen, aber doch, als wenn es nichts wäre, ihre Herkömmlichkeiten verfolgend. Anmutig, indem sie, bei entschiedenem Willen, sich ablenken und beschwichtigen läßt. Übrigens keinen Augenblick ruhig, lärmig, aber leidlich, und mit einigem Scherz gar bald in Ordnung und Zucht gebracht.

Wolf, halb eifersüchtig, bemerkte schon, daß sie in einigen Jahren seine Rolle übernehmen und dem Großvater manches ablocken könnte.

Hier hast Du also, meine Gute, einen wahren großväterlichen Brief. Alles übrige, als wenn es nicht wäre, unerwähnt lassend, bitte mein im alten treuen Sinn und Gefühl auch fernerhin zu gedenken.

and so for ever

Weimar, den 18. Juni 1831. J. W. v. Goethe

Goethes Geburtstag, der zweiundachtzigste, fiel 1831 auf einen Sonntag. In Berlin wurde, wie dies schon Sitte geworden war, am Vorabend um Mitternacht bei Hegel, dessen Geburtstag auf den 27. August fiel, ein Toast ausgebracht. Am Montag gab es, trotz der grassierenden Cholera, in Zelters Singakademie eine Feier, mit Bachs Motette »Singet dem Herrn ein neues Lied«, und anschließend noch ein Festessen bei der »Gesellschaft der Dichterfreunde«, mit Rezitationen aus Goethes Werken.
Zelter berichtet darüber nach Weimar:

Man ging an die Tafel, wo man mir den Platz unter Deiner Büste angewiesen hat. Was hätt' ich sagen sollen? und bescheiden tun? Wenn *Du* nur weißt, wer ich bin, haben wir genug. Zwischen den Gängen der Speisen wurden Gedichte gelesen, deren Bestes die Kürze und die gute Meinung war.

Nachher hab ich von der allerschönsten jungen Frau einen Kuß für Dich in Empfang genommen. Als bei Tische Dein Toast ausgerufen wurde, kam sie, die weitab ihren Platz hatte, mit mir anzustoßen. Ich wollte ihr den weißen, weichen Arm küssen, sie reichte mir den Mund und küßte mich herzhaft. Nach Mitternacht, als wir, auseinander zu gehn, aufgestanden waren, trat

ich zu ihr und brachte ihr Deinen Kuß, und ich denk' es recht gemacht zu haben, denn die andern machten Kalbsaugen.
Nun sage mir, mein Geliebter: ist der »Faust« zur Ruhe gebracht? Ich sage nicht zuviel, wenn ich bekenne, daß er beinahe meine letzte Sorge auf dieser Erde gewesen ist. Denn eigentlich hab' ich keinen reinen Wohlgefallen mehr an der Welt, wie schön sie ist. Ich arbeite mit aller Kraft, mich vor hypochondrischen Anfällen zu bewahren, da man dergleichen infiziertes Volk in Scharen an sich vorüberschattieren sieht. Ist aber dieser Stein von meinem Herzen, so bin ich wieder mein und denke schon wieder auf Weiteres.

In Weimar hatte Goethe sich allen Ehrungen entzogen und war mit den beiden Enkeln für ein paar Tage nach Ilmenau gefahren. Das Tagebuch verzeichnet dort für den 28. August:

Heiterer Sonnenschein, doch wolkig. Früh nach fünf aufgestiegen. Mit Wölfchen gefrühstückt. Der gute Walther setzt sein Morgenschläfchen fort. Der Stadtmusikus brachte ein Ständchen. Fünfzehn Frauenzimmerchen in weißen Kleidern ein Gedicht und Kranz auf einem Kissen bringend. Gegen 8 Uhr fuhren alle in zwei Chaisen nach Elgersburg. Auf dem unbequemen, aber sehr interessanten Wege über Roda. Die Kinder sahen die Porzellanfabrik. Wir fuhren auf die Massenmühle, welche zwischen Felsen ein allerliebstes Bildchen macht. Auch wurde auf dem Weg dahin der Widerschein des Schlosses im Teiche nicht versäumt.

Mittags kamen Gäste, die Kinder fuhren zum Vogelschießen; abends ein kurzes Gewitter; die Bergleute brachten noch ein Ständchen. An Zelter schreibt Goethe am 4. September aus Weimar:

Sechs Tage, und zwar die heitersten des ganzen Sommers, war ich von Weimar abwesend und hatte meinen Weg nach Ilmenau genommen, wo ich in frühern Jahren viel gewirkt und eine lange Pause des Wiedersehens gemacht hatte. Auf einem einsamen Bretterhäuschen des höchsten Gipfels der Tannenwälder rekognoszierte ich die Inschrift vom 7. September 1780 des Liedes, das Du auf den Fittigen der Musik so lieblich beruhigend in alle Welt getragen hast:

»Über allen Gipfeln ist Ruh«...

Nach so vielen Jahren war denn zu übersehen: das Dauernde, das Verschwundene. Das Gelungene trat vor und erheiterte, das Mißlungene war vergessen und verschmerzt. Die Menschen lebten alle vor wie nach ihrer Art gemäß, vom Köhler bis zum Porzellanfabrikanten. Eisen ward geschmolzen, Braunstein aus den Klüften gefördert, wenn auch in dem Augenblicke nicht so lebhaft gesucht wie sonst. Pech ward gesotten, der Ruß aufgefangen, die Rußbüttchen künstlichst und kümmerlichst verfertigt. Steinkohlen mit unglaublicher Mühseligkeit zu Tage gebracht, kolossale Urstämme, in der Grube unter dem Arbeiten entdeckt; und so ging's denn weiter, vom alten Granit, durch die angrenzenden Epochen, wobei immer neue Probleme sich entwickeln, welche die neusten Weltschöpfer mit der größten Bequemlichkeit aus der Erde aufsteigen lassen.

Im Ganzen herrscht ein wundernswürdiges Benutzen der mannigfaltigsten Erd- und Bergoberflächen und -tiefen.

Wenn ich mich von da zu Dir versetzte, wünscht ich nichts mehr, als Dich den großen Kontrast zwischen Deinen äußern Zuständen und diesem empfinden zu sehn.

Wenn Du nun aber nach dem Faust fragst, so kann ich Dir erwidern: daß der zweite Teil nun auch in sich abgeschlossen ist. Ich habe seit so vielen Jahren recht gewußt, was ich wollte, habe aber nur die einzelnen Stellen ausgeführt, die mich im Augenblick interessierten. Dadurch wurden Lücken offenbar, welche ausgefüllt werden mußten. Dieses alles nun zurechtzustellen, faßt ich den festen Vorsatz, es müsse vor meinem Geburtstag geschehen. Und so ward es auch; das Ganze liegt vor mir und ich habe nur noch Kleinigkeiten zu berichten, so siegle ich's ein, und dann mag es das spezifische Gewicht meiner folgenden Bände, wie es auch damit werden mag, vermehren.

Nun aber, da diese Forderungen befriedigt sind, drängen sich neue sogleich hinten nach, wie an einem Bäckerladen *à la queue*. Was gefordert wird, weiß ich wohl, was getan werden kann, muß die Folge zeigen. Ich habe gar zu vielerlei Bauwerk angelegt, welches zu vollführen doch am Ende Vermögen und Kraft ermangeln.

Im Winter 1831 entlieh Goethe aus der Weimarer Bibliothek nach und nach die neun Teile einer Übersetzung der »Vergleichenden Lebensbeschreibungen« des Plutarch, die er sich an den langen Abenden von Ottilie vorlesen ließ. Davon und von dem Abschluß seines Faust ist in einem ausführlichen Brief an Wilhelm von Humboldt vom 1. Dezember unter anderem die Rede.

Darf ich mich, mein Verehrtester, in altem Zutrauen ausdrükken, so gesteh ich gern, daß in meinen hohen Jahren mir alles mehr und mehr historisch wird: ob etwas in der vergangenen Zeit, in fernen Reichen, oder mir ganz nah räumlich im Augenblicke vorgeht, ist ganz eins, ja ich erscheine mir selbst immer mehr und mehr geschichtlich; und da mir meine gute Tochter abends den Plutarch vorliest, so komm ich mir oft lächerlich vor, wenn ich meine Biographie in dieser Art und Sinn erzählen sollte. Verzeihen Sie mir dergleichen Äußerungen! Im Alter wird man redselig, und da ich diktiere, kann mich diese Naturbestimmung gar wohl auch überraschen.

Von meinem Faust ist viel und wenig zu sagen; gerade zu einer günstigen Zeit fiel mir das Diktum ein:
      Gebt ihr euch einmal für Poeten.
      So kommandiert die Poesie;
und durch eine geheime psychologische Wendung, welche vielleicht näher studiert zu werden verdiente, glaube ich mich zu einer Art von Produktion erhoben zu haben, welche, bei völligem Bewußtsein, dasjenige hervorbrachte, was ich jetzt noch selbst billige, ohne vielleicht jemals in diesem Flusse wieder schwimmen zu können; ja was Aristoteles und andere Prosaisten einer Art von Wahnsinn zuschreiben würden.

Die Schwierigkeit des Gelingens bestand darin, daß der zweite Teil des Faust, dessen gedruckten Partien Sie vielleicht einige Aufmerksamkeit geschenkt haben, seit fünfzig Jahren in seinen Zwecken und Motiven durchgedacht und fragmentarisch, wie mir eine oder die andere Situation gefiel, durchgearbeitet war, das Ganze aber lückenhaft blieb.

Nun hat der Verstand an dem zweiten Teile mehr Forderung als an dem ersten, und in diesem Sinne mußte dem vernünftigen Leser mehr entgegengearbeitet werden, wenn ihm auch noch an Übergängen zu supplieren genug übrigblieb.

Das Ausfüllen gewisser Lücken war sowohl für historische als ästhetische Stetigkeit nötig, welches ich so lange fortsetzte, bis ich endlich für rätlich hielt auszurufen:
> Schließet den Wässerungs-Kanal,
> Genugsam tranken die Wiesen.

Und nun mußte ich mir ein Herz nehmen, das geheftete Exemplar, worin Gedrucktes und Ungedrucktes ineinander geschoben sind, zu versiegeln, damit ich nicht etwa hie und da weiter auszuführen in Versuchung käme; wobei ich freilich bedaure, daß ich es – was der Dichter doch so gern tut – meinen wertesten Freunden nicht mitteilen kann.

Wilhelm von Humboldt in Tegel bei Berlin antwortet am 6. Januar 1832 und bittet Goethe um nähere Auskünfte über die bewußt-absichtliche Ergänzung der Lücken im Zweiten Teil des Faust.

Die Stelle Ihres Briefes über den Faust hat mich aufs höchste interessiert. Versuchen Sie doch einmal, ob Sie (da dies in der Stelle mir dunkel bleibt) aus Ihrer Erinnerung entnehmen können, ob Ihnen jene Art der Produktion mit völligem Bewußtsein wohl immer beigewohnt hat, oder ob Sie dieselbe als erst in einer gewissen Epoche eingetreten betrachten? Ich möchte, wenn auch natürlich im Grade Verschiedenheiten gewesen sein mögen, an das erstere glauben. Der Aristotelische Ausdruck wenigstens, wenn man ihn auch noch so sehr als ein bloßes Extrem ansieht, hat gewiß niemals auf Sie gepaßt und paßt auf keines Ihrer Werke, auch nicht auf den Werther und den Götz. Ihre Dichtung stammte von jeher aus Ihrer ganzen Natur- und Weltansicht. Daß diese in Ihnen nur eine dichterische sein konnte, und daß Ihre Dichtung durch den ganzen Natur- und Weltzusammenhang bedingt sein mußte, darin liegt Ihre Individualität. Ich möchte daher Ihre Dichtung eine solche nennen, die sich verhältnismäßig nur langsam aus dem mächtigen Stoffe entwickeln konnte, und die Sie in keiner Periode Ihres Lebens unterlassen konnten, sich möglicherweise verständlich zu machen. Denn es hat mir in jener glücklichen Zeit, wo ich mit Ihnen und Schiller zusammenlebte, immer geschienen, daß Sie um kein Haar weniger (wenn Sie mir den Ausdruck erlauben) eine philosophierende und grübelnde Natur waren, als er. Nur war er zugleich mehr eine dialektische, da es gerade in der Ihrigen liegt, nichts durch die Dialektik für abgemacht zu halten. Wenn also sich in ihm Meinung, Maxime, Grundsatz, Theorie überhaupt schnell gestaltete und in Wort überging, auch wieder in anderer Zeit umgestaltete, so fanden Sie bei dem gleichen Bestreben sich mehr gehemmt, weil Sie allerdings etwas Anderes und schwerer zu Erreichendes, ja eigentlich wohl nicht anders als in ewiger Annäherung zu Erreichendes forderten.

Was Ihre Werke an Fortsetzungen des Faust enthalten, habe ich natürlich oft und mit dem größesten Genusse gelesen, auch oft versucht, mir es als ein Ganzes vorzustellen. Es bleiben aber da natürlich noch viele Lücken und man gerät auch wohl auf irrige Ausfüllungen. Schon das steigert das Verlangen, den Knoten von Ihnen selbst gelöst zu sehen, und es ist schon darum Ihre Maßregel des Versiegelns ein wahrhaft grausames Beginnen. Ich weiß auch nicht einmal, ob es dem Zwecke entspricht, den Sie dabei zu haben scheinen, nicht mehr in die Versuchung zu geraten, weiter daran zu arbeiten. Solch ein versiegeltes Manuskript gleicht einem Testamente, das man immer zurücknehmen kann, dagegen stellt nichts ein eigenes Produkt dem Verfasser so außer sich und reißt es von ihm los, als der Druck. Wenn ich Sie recht verstehe, daß Sie es wirklich nicht erleben wollen, den Faust zusammengedruckt zu sehen, so beschwöre ich Sie wirklich, diesen Vorsatz wieder aufzugeben. Berauben Sie sich selbst nicht des Genusses, denn ein solcher ist es doch, eine Dichtung hinzustellen, die schon so tief empfunden worden ist, und nun in einem noch höhern Sinne aufgenommen werden muß; berauben Sie aber vorzüglich die nicht der Freude, das Ganze zu kennen, die den Gedanken nicht ertragen mögen, Sie zu überleben.

Auf diesen Brief und die in ihm angerührten Fragen antwortet Goethe erst am 17. März, fünf Tage vor seinem Tode. Es ist Goethes letzter Brief überhaupt: in Haltung und Ton Worte eines Abschiednehmenden.

Nach einer langen unwillkürlichen Pause beginne folgendermaßen und doch nur aus dem Stegreife. Die Tiere werden durch ihre Organe belehrt, sagten die Alten, ich setze hinzu: die Menschen gleichfalls, sie haben jedoch den Vorzug, ihre Organe dagegen wieder zu belehren.

Zu jedem Tun, daher zu jedem Talent, wird ein Angebornes gefordert, das von selbst wirkt und die nötigen Anlagen unbewußt mit sich führt, deswegen auch so geradehin fortwirkt, daß, ob es gleich die Regel in sich hat, es doch zuletzt ziel- und zwecklos ablaufen kann.

Je früher der Mensch gewahr wird, daß es ein Handwerk, daß es eine Kunst gibt, die ihm zur geregelten Steigerung seiner natürlichen Anlagen verhelfen, desto glücklicher ist er; was er auch von außen empfange, schadet seiner eingebornen Individualität nichts. Das beste Genie ist das, welches alles in sich aufnimmt, sich alles zuzueignen weiß, ohne daß es der eigentlichen Grundbestimmung, demjenigen was man Charakter nennt, im mindesten Eintrag tue, vielmehr solches noch erst recht erhebe und durchaus nach Möglichkeit befähige.

Hier treten nun die mannigfaltigen Bezüge ein zwischen dem Bewußten und Unbewußten; denke man sich ein musikalisches Talent, das eine bedeutende Partitur aufstellen soll, Bewußtsein und Bewußtlosigkeit werden sich verhalten wie Zettel und Einschlag; ein Gleichnis, das ich so gerne brauche.

Die Organe des Menschen durch Übung, Lehre, Nachdenken, Gelingen, Mißlingen, Fördernis und Widerstand und immer wieder Nachdenken, verknüpfen ohne Bewußtsein in einer freien Tätigkeit das Erworbene mit dem Angebornen, so daß es eine Einheit hervorbringt, welche die Welt in Erstaunen setzt.

Es sind über sechzig Jahre, daß die Konzeption des Faust bei mir jugendlich von vorneherein klar, die ganze Reihenfolge hin weniger ausführlich vorlag. Nun hab ich die Absicht immer sachte neben mir hergehen lassen, und nur die mir gerade interessantesten Stellen einzeln durchgearbeitet, so daß im zweiten Teil Lücken blieben, durch ein gleichmäßiges Interesse mit dem übrigen zu verbinden. Hier trat nun freilich die große Schwierigkeit ein, dasjenige durch Vorsatz und Charakter zu erreichen, was eigentlich der freiwilligen, tätigen Natur allein zukommen sollte. Es wäre aber nicht gut, wenn es nicht auch nach einem so lange tätig nachdenkenden Leben möglich geworden wäre, und ich lasse mich keine Furcht angehen, man werde das Ältere vom Neueren, das Spätere vom Früheren unterscheiden können, welches wir denn den künftigen Lesern zu geneigter Einsicht übergeben wollen.

Ganz ohne Frage würd es mir unendliche Freude machen, meinen werten, durchaus dankbar anerkannten, weitverteilten Freunden auch bei Lebzeiten diese sehr ernsten Scherze zu widmen, mitzuteilen und ihre Erwiderung zu vernehmen. Der Tag aber ist wirklich so absurd und konfus, daß ich mich überzeuge, meine redlichen, lange verfolgten Bemühungen um dieses seltsame Gebäu würden schlecht belohnt und an den Strand getrieben, wie ein Wrack in Trümmern daliegen und von dem Dünenschutt der Stunden zunächst überschüttet werden. Verwirrende Lehre zu verwirrendem Handel waltet über die Welt, und ich habe nichts angelegentlicher zu tun als dasjenige, was an mir ist und geblieben ist, womöglich zu steigern und meine Eigentümlichkeiten zu kohobieren, wie Sie es, würdiger Freund, auf Ihrer Burg ja auch bewerkstelligen.

Verzeihung diesem verspäteten Blatte! Ohngeachtet meiner Abgeschlossenheit findet sich selten eine Stunde, wo man sich diese Geheimnisse des Lebens vergegenwärtigen mag.

Weimar, den 17. März 1832

treu angehörig
J. W. v. Goethe

Schon den 16. März hatte Goethe, seiner letzten Tagebucheintragung nach, »wegen Unwohlseins im Bette zugebracht«. In der Nacht vom 19. zum 20. März steigerten sich die Krankheitsbeschwerden zu solcher Heftigkeit, daß den in der Frühe herbeigerufenen Dr. Vogel ein jammervoller Anblick erwartete:

Fürchterlichste Angst und Unruhe trieben den, seit lange nur in gemessenster Haltung sich zu bewegen gewohnten, hochbejahrten Greis mit jagender Hast bald ins Bett, wo er durch jeden Augenblick veränderte Lage Linderung zu erlangen vergeblich suchte, bald auf den neben dem Bette stehenden Lehnstuhl. Der Schmerz, welcher sich mehr und mehr auf der Brust festsetzte, preßte dem Gefolterten bald Stöhnen, bald lautes Geschrei aus. Die Gesichtszüge waren verzerrt, das Antlitz aschgrau, die Augen tief in ihre livide Höhlen gesunken, matt, trübe; der Blick drückte die gräßlichste Todesangst aus. Der ganze eiskalte

Körper triefte von Schweiß, den ungemein häufigen, schnellen und härtlichen Puls konnte man kaum fühlen; der Unterleib war sehr aufgetrieben; der Durst qualvoll. Mühsam einzeln ausgestoßene Worte gaben die Besorgnis zu erkennen, es möchte wieder ein Lungenblutsturz auf dem Wege sein.
Hier galt es schnelles und kräftiges Einschreiten.
Gegen Abend war kein besonders lästiger Zufall mehr vorhanden.

Zwei Tage später, mittags halb zwölf, starb Goethe.

... selbstbewußt, heiter, ohne Todesahnung bis zum letzten Hauch, ganz schmerzlos. Es war ein allmählich sanftes Sinken und Verlöschen der Lebensflamme ohne Kampf. Licht war seine letzte Forderung; eine halbe Stunde vor dem Ende befahl er: »Die Fensterladen auf, damit mehr Licht eindringe!« (*Kanzler von Müller an Bettina von Arnim*)

Er ist im Lehnstuhl in Ottiliens Armen gestorben, und zwar hat der Atem so sanft und ruhig aufgehört, daß sie den Moment des Todes nicht genau weiß, und noch in dem Glauben gewesen ist, daß er ruhe, als er schon gestorben war.
Er mag sehr heiter noch gewesen sein; so hat er vor seiner letzten Stunde zu ihr gesagt: »Nun, Frauenzimmerchen, gib mir dein gutes Pfötchen!« Und hat sie so auch immer festgehalten, bis sie endlich die Leiche hat loslassen müssen. (*Pauline Hase*)

In Weimar wird der hohe Verblichene mit allen ihm zustehenden Ehren in der Fürstengruft, an der Seite Schillers und des Großherzogs beigesetzt; an öffentlichen Nachrufen fehlt es nicht. Den Moment des Abschieds von dem Toten hat auf dem letzten Blatt seiner Gespräche Johann Peter Eckermann unvergeßlich groß und würdig festgehalten.

Am andern Morgen nach Goethes Tod ergriff mich eine tiefe Sehnsucht, seine irdische Hülle noch einmal zu sehen. Sein treuer Diener Friedrich schloß mir das Zimmer auf, wo man ihn hingelegt hatte. Auf dem Rücken ausgestreckt, ruhte er wie ein Schlafender; tiefer Friede und Festigkeit waltete auf den Zügen seines erhaben-edlen Gesichts. Die mächtige Stirn schien noch Gedanken zu hegen. Ich hatte das Verlangen nach einer Locke von seinen Haaren, doch die Ehrfurcht verhinderte mich, sie ihm abzuschneiden. Der Körper lag nackend in ein weißes Bettuch gehüllt, große Eisstücke hatte man in einiger Nähe umhergestellt, um ihn frisch zu erhalten so lange als möglich. Friedrich schlug das Tuch auseinander, und ich erstaunte über die göttliche Pracht dieser Glieder. Die Brust überaus mächtig, breit und gewölbt; Arme und Schenkel voll und sanft muskulös; die Füße zierlich und von der reinsten Form; und nirgends am ganzen Körper eine Spur von Fettigkeit, oder Abmagerung und Verfall. Ein vollkommener Mensch lag in großer Schönheit vor mir, und das Entzücken, das ich darüber empfand, ließ mich auf Augenblicke vergessen, daß der unsterbliche Geist eine solche Hülle verlassen. Ich legte meine Hand auf sein Herz, – es war überall eine tiefe Stille, – und ich wendete mich abwärts, um meinen verhaltenen Tränen freien Lauf zu lassen.

Vielleicht den schönsten Nachruf auf Goethe schreibt im Sommer 1832 Rahel Varnhagen in Berlin mit wenigen flüchtigen Worten in ihr Tagebuch:

Milder als Mairegen sind Kinderküsse. Rosenduft, Nachtigallton, Lerchenwirbel, – Goethe hört's nicht mehr. Ein großer Zeuge fehlt. –

IXX

Goethes Nachleben in Zeugnissen von Regis, Bettina, Daumer, Börne und Eckermann

Als Goethe am 22. März 1832 im Alter von über 82 Jahren die Augen schloß, hat es an Beileidsbezeugungen aus der Nähe und Ferne nicht gefehlt; auch die Presse versäumte nicht, dem hohen Verblichenen durch Nachrufe und Würdigungen den schuldigen Tribut zu entrichten. Das ist verrauscht und vergessen. Bedeutender und auch heute noch bewegend sprechen die Stimmen derjenigen zu uns, denen, auch wenn sie Goethe niemals leibhaftig begegnet waren, bei der Nachricht von seinem Tod ein Riß durch die Seele ging.
Für viele andere soll hier einer zu Wort kommen: Johann Gottlob Regis, der geniale Übersetzer Rabelais', Bojardos, Shakespeares und Michelangelos.
Der 1832 knapp über vierzig Jahre alte Regis lebte damals als fast mittelloser Privatgelehrter in Breslau; einer seiner nächsten Freunde war der Arzt und Naturphilosoph Carl Gustav Carus in Dresden, mit dem er einen regen Briefwechsel unterhielt. Drei Stellen aus Regis' Briefen seien hier zitiert.

den 24. Oktober 1828
Ich nehme mir jetzt methodisch vor, an jedem Tage daran zu denken, daß mir die Nachricht von Goethes Ableben gebracht werden kann, zu meiner Erleichterung für den Fall; damit es dann nicht so vulkanisch klingt, wenn es nun heißen wird: Goethe ist tot.

den 25. August 1829
Wär ich ein Kerl, der etwas unternähme, so erschien ich in Dresden zu Goethes 8ostem Ehrentage!
Lassen Sie uns wenigstens einander bewußt sein: daß wir an diesem Abende ein Glas des Dankes gegen den erhaltenden Kosmos freudig leeren! Und warum sollt Er nicht 100 alt werden, wenn Fontenelle es so weit gebracht hat? Goethe schlage, wünsche ich ihm, mit meinen Gebeinen noch Birnen herunter.

den 30. März 1832

So haben wir denn also auch dies erlebt – und ich habe bei diesem Verlust zunächst an Sie gedacht. Ihr letzter Wunsch: ›Möge dieser seine Reise noch aufschieben‹, sollte nicht erfüllt werden. – Man mag sich noch so lange auf so einen Moment vorbereitet haben, und alles wissen, was hier eigentlich den leiblichen Tod ganz null macht! – dennoch bleibt eine Faser, die zuckt und blutet. Immer eine störende Wehmut, die sich in alles mischt, was man treiben will, wenn auch nicht das Beklemmende wie bei dem Tode eines Leibesverwandten; denn so kam mir hier zum Beispiel eine Träne, die ich für meinen Vater nicht aufbrachte, und ich konnte nachmittags, wenn auch anfangs mit Überwindung, ein Kapitel im Don Quichotte heiter lesen.

Fortsetzung am 2. April:
Ja, mein guter Gustav! dieser Schmerz wird nicht sterben denn mit uns – die wir das halbe, das beste Leben mit Ihm gelebt haben, der unsers Lebens Sonne war in dunkler Schlacht – durch dessen Licht-focus wir eigentlich unser bestes Teil der Bildung und das, was wir sind und haben, haben. – Wenn einem nun so spät erst diese Nabelschnur abgeschnitten wird, das muß wohl weh tun. Sie werden sich erinnern, wie manchmal ich mir gewünscht habe, dies nicht zu erleben; was Ihnen vielleicht zu krankhaft schien; aber natürlich war mir die Empfindung, und bestätigt sich jetzt. – Aber für das Glück, *seine* Zeitgenossen gewesen zu sein, müssen wir dankbar auch diesen Schmerz hinnehmen. Wir haben doch am Ende mehr gehabt (selbst ich, der ich ihm nie vor Augen kam) als alle Nachwelt, die sich historisch unbefangen an Ihm freuen wird. Die erste Nachricht traf mich bei meinem Mittagessen nach 3 Uhr am 28. in den Zeitungen, und der Eindruck war wie:

> Wenn ganz was Unerwartetes begegnet,
> Wenn unser Blick was Ungeheures sieht,
> Steht unser Geist auf einmal still,
> Wir haben nichts womit wir das vergleichen.

Und überhaupt sind wir, die überall, und gerade jetzt am meisten, von tausend nachtönenden und gegenwärtigen Worten dieses Menschen uns angeredet fühlen, *wir* sind die Verwundbarsten. Wenn Er doch nur ein einziges Mal gewußt hätte, wie lieb ich Ihn gehabt habe! Meine schönsten, echtmenschlichsten Gedanken, kann ich wohl sagen, haben sich mit Ihn beschäftigt. Lassen Sie uns versuchen, wie wir von nun an Ihn überleben werden. Das jetzige Geschlecht hat kein Herz mehr für Ihn, wohl aber *wir*! Und in diesem Herzen lassen Sie uns verbunden bleiben, so lang es noch in uns schlägt.

Gleich nach Goethes Tod erschien der erste Versuch, ihn »nicht mittelbar aus seinen Werken, sondern unmittelbar aus seinem Leben selbst zu schildern«: ausgewählte Tagebuchaufzeichnungen des Weimarer Sozialpädagogen Johannes Falk, die unter dem Titel »Goethe aus näherm persönlichen Umgange dargestellt« aus Falks Nachlaß veröffentlicht wurden. Zwei andere Bücher verwandten Charakters jedoch, die wenige Jahre später herauskamen, haben für alle Folgezeit das Bild und die Beurteilung Goethes entscheidend mitbestimmt.
Das erste dieser Bücher schrieb Bettina von Arnim, die seit 1831 verwitwete Schwester des Dichters Clemens Brentano. Es enthält, in stark veränderter und beträchtlich erweiterter Gestalt, Bettinas Korrespondenz mit Goethe, samt einem nach seinem Tode hinzugedichteten Tagebuch. Das Ganze trägt den Titel »Goethes Briefwechsel mit einem Kinde«; dazu die Unterschrift: »Seinem Denkmal«.
Gemeint ist damit ein Doppeltes: durch die Veröffentlichung dieses Briefwechsels sollte Goethe ein Denkmal gesetzt werden; zugleich aber sollte der Erlös aus dem Verkauf des Buches dazu dienen, ihm in seiner Vaterstadt Frankfurt ein schon seit langem projektiertes Monument nach Bettinas eigenhändigem Entwurf, der dem zweiten Band des Werks als Titelbild beigegeben war, endlich zu errichten.
Bettinas Vorrede beginnt mit dem Satz: »Dies Buch ist für die Guten und nicht für die Bösen.« Eine Beteuerung, die so überflüssig, wie man meinen sollte, wohl nicht gewesen ist. Das Manuskript des Buches, das Bettina aus Dankbarkeit den Ursulinen in Fritzlar schenkte, bei denen sie erzogen war, ist von diesen als eine »gottlose Schrift« verbrannt worden.
Im Frühjahr 1834 sandte Bettina die ersten vier Bogen des Buches, das bei Dümmler in Berlin gedruckt wurde, an ihren Sohn Friedmund, der damals bei Görres in München zu Gast war, und

Friedmund gab diese Bogen auch an seinen Onkel Clemens weiter.
Der damals 55jährige Brentano lebte seit seiner Rückkehr zum Katholizismus in München, durch manche Jahre hindurch mit der Ausarbeitung seines vor kurzem anonym erschienenen Buches, »Das bittere Leiden unsers Herrn Jesu Christi«, nach den Gesichten der stigmatisierten Anna Katharina Emmerich, beschäftigt; selber jedoch, unbeschadet dieses erbaulichen Unternehmens, keineswegs so unangefochten, wie seine erste briefliche Äußerung an Bettina vermuten lassen könnte. In eben dieser Zeit, Anfang der dreißiger Jahre, entstanden seine Gedichte an die Schweizer Malerin Emilie Linder – Verse von einer in der deutschen Poesie seltenen lüsternen Verwegenheit.
Clemens Brentano an seine Schwester Bettina:

München, 17. Juni 1834
Liebe Bettine!
Ich habe die ersten vier Bogen Deines Buchs über Goethe mit großer Freude und einiger *Sorge* gelesen, welche auch Görres und Ringseis (erster aber ganz besonders) teilen. *Freude* brachte mir die Erinnerung der eigenen Jugend in diesen Briefen, ich fühlte etwas drin, was in gewissem Maße auch mich bewegt hatte, zwar anfangs in Unschuld, später doch in so vieles Leidenskraut und Krautleiden geschossen, daß es mir davor graut. Es kam mir da ein bunter Traum, wohl unter dem Hollunderbaum, und als ich wieder munter kaum, lag ich auf aller Wunder Saum, es war die Welt ein runder Raum und drin ein kunterbunter Schaum, vor dem ich roch den Zunder kaum, usw. – Also diese bunten Schwalben aus einer Jugendinsel machten mir viele Freude und erregten mir bei öfterer Wiederholung einen gewissen frischen Mut. Ich verstand Dich wohl und hatte Dich lieb und fühlte von meinem Fleisch und Bein in Dir. *Sorge* brachte mir, daß Ärgernis ohne alle Not gegeben. Pagina 11: wird dem Ganzen dadurch irgendein Nutzen gebracht, daß alle Menschen in Europa wissen, daß Du nicht wohl erzogen auf dem Sofa sitzen kannst und Dich übel erzogen auf eines Mannes Schoß setzest, und daß dieser, die Würde eines armen närrischen Mädchens nicht achtend, es duldet, usw. – Dann ist die ganze Szene so seltsam skizziert und abgerissen, daß jeder Leser sie

mit Unwill zu ergänzen gedrungen ist. – Ich glaube, weder Arnim noch Goethe würden eine solche Veröffentlichung gebilligt haben, und wie Savigny als Vormund der Kinder es konnte, weiß ich auch nicht. Es wird mancherlei Hohn und Spott daraus hervorgehen. Es gibt nur das Mittel, das Blatt 11 aus allen Bogen auszuschneiden und unärgerlich umgedruckt einzulegen, das ausgeschnittene aber sorgsam zu vernichten, oder den ganzen Bogen zurückzunehmen und neu zu drucken; der Vorteil wiegt die Unkosten überflüssig auf. Ich weiß nicht, wessen Rat Du bei diesem Unternehmen gefolgt bist, ich weiß nicht, ob Du andere Freunde hast als solche, die sich an Dir unterhalten, ob eine wirklich geist- und herzvolle Freundin von sittlichem Wert, weiß ich gar nicht. Mir tut es leid für Dich und die Kinder und die anmutige Sache, daß alles durch so leicht Abweisliches verletzt wird, und was nur Freude hätte hervorbringen sollen, zum Skandal werden wird, gar nicht davon zu reden, daß Goethe ein verehelichter Mann gewesen. Ist es Dir möglich, so tu noch dazu, der größeren Verletzung vorzubeugen und vertilge das höchst Anzügliche! Es ist zu schade für das Ganze, wenn es durch Unbesonnenheit dem Beschmutzen ausgesetzt wird.

Bettinas Antwort lautet:

Lieber Clemente! soeben erhalte ich Dein Schreiben vom 17. Juni 1854 (seit 20 Jahren und länger haben wir einander nicht geschrieben), mir fällt gleich ein Exempel von saurer Milch ein, mit welchem ich auf Deine Besorgnis antworten kann: Wenn die Milch unversehens anfängt sauer zu werden, so ist sie ungenießbar, und jeder der davon trinken wollte, läßt sie mit Bedauern stehen, wenn sie aber erst recht sauer ist, dann sammelt sich ein köstlicher Schmand oder Rahm (ich weiß nicht, wie man in München sagt) oben auf der Milch, der zum Genuß einladet; besonders in der Hitze ist dies eine kühlende Speise, man vermischt sie mit Zucker und Zimt und speist sie, statt sie zu trinken. So ist es mit meinem Buch auch; jetzt hat es erst einen kleinen Stich, wann es erst recht sauer ist und die Sahne ausgetreten ist, da wird man es fressen vor Lust; aber just was Du tadelst, das ist das wahre Fundament alles Heiligen und Himmlischen in diesem wunderschönen Buch; hier braucht die unschuldige

Seele sich nicht zu verbergen, sie kann unbefangen aussprechen, was ihre höchste Seligkeit ist, und braucht dem ganzen Publikum nicht weis zu machen, das, was wahr ist, sei unwahr. Ich 18jähriges Kind (denn daß ich ein Kind war wie heute, weißt Du wohl) hab auf Goethes Schoß gesessen und bin gleich an seinem Herzen eingeschlafen vor seliger Ruh und habs in trunkener Freude an Goethes Mutter geschrieben, und dabei bleibts; was wäre dabei zu verleugnen? – Ich will Dir nur sagen, daß dies die Wurzel des ganzen Stammes ist voll herrlicher Blüten, der sich in den drei Bänden verduften wird; ohne Wurzel ist kein Leben, ohne dies Ereignis würde mein Geist nicht geblüht haben durch diese Liebe. Es ist meine höchste Lust und ich bin überzeugt, dieser Moment ist die Versetzung meiner Seele aus dem groben irdischen Reich unverständiger, lügenhafter Menschen, die einen närrischen Handel mit Tugend treiben, in jenes überirdische Reich, wozu sie keinen Witz haben, es zu begreifen. – Außerdem bin ich auch noch allen unschuldigen Kindern, die ähnliche heilige Begeisterungen der Liebe erfahren haben, schuldig, daß ich sie vertrete, und durch dies alles beweise, wie rein die Flamme ist, die die Wahrheit in einer jungen Brust entzündet; es ist hier nichts zu verbergen, und wie ich Dir sage, die Milch ist noch nicht sauer; wenn Du erst den ersten Band verzehrt hast, dann wird Dir die Sache anders einleuchten oder Du wirst glauben, mein Paradies, von dem lieben Gott mit dem Tau seiner Gnade getränkt, sei der wahre Eingang zur Hölle. Ich bitte Dich aber, Clemente, ergreif die Flasche und tu einen rechten Zug draus und schmecke, wie der erste Johannisberger schmeckt voll duftendem Feuer, und lasse Dir kein grau Haar drüber wachsen; gehe, guter Bruder, und jubiliere aus dem Fundament Deiner Seele, über alle die lustige Leidenschaft, und über das Kind, das unbefangen in *ihr* sich zur Gottheit erhebt und im Paradies nichts anderes erwartet als daß es nach der ermüdenden sorgenvollen Erdenreise, nach langem langem Sehnen endlich in die umfangenden Arme sinkt dieses Herzens voll Weisheit und Güte, und da seinen ersten erquickenden paradiesischen Schlaf tut.

Du frägst, ob ich keine sittliche Frau zur Freundin habe. Ich bin eine vollkommen sittliche Frau und habe tiefen Ernst und Mut und großen Entscheidungsgeist über das, was recht ist; und wenn ich nun auch eine sittliche Freundin hätte und sie wär so dumm, ein besseres Urteil sich zuzutrauen wie ich, die dies geschrieben und die sehr wohl weiß, daß es der Geist der Unschuld ist, der in mir lebte, wie er heut noch in mir lebt, – was sollte ich mir eine solche Sünde aufbürden, denn Dummheit ist Sünde oder wenn Du willst: der Mist, auf dem die Sünde wächst. Ich hab also keine sittliche Freundin zu Rat gezogen und keinen Menschen, weil es nicht nötig ist, und ich in dieser unschuldigen einfachen Sache sehr gut selbst Bescheid weiß, denn alles Schwere und Bedrängnisvolle meiner Lage hab ich immer ohne den Rat anderer allein getragen und eingerichtet; und habe also gar nicht notwendig, bei einer so geringen, ganz unverworrenen, unschuldvollen und geheiligten Sache mich nach dem Rat solcher umzusehen, die sich für klüger ansehen und mich für dumm und unberaten, was doch gar nicht wahr ist. – Indessen kann ich Dir doch erzählen, daß ich vielen Menschen aus diesen Briefen vorgelesen habe, daß alle mir mit Rührung und Freude zugehört haben, daß Schleiermacher, mein einziger Freund, tief bewegt davon war, daß er mich bat, ihm die Korrektur zu übergeben, weil er es recht kennenlernen wollte. Alle Menschen wissen mehr wie ich, das ist auch ganz natürlich, aber klüger wie ich war nur Schleiermacher, und von ihm lernte ich unendlich viel und alles, was er sagte, das mußte ich erkennen als das Beste; und er sagte: Lasse dies Buch ja ganz drucken, wie es ist, und ändere nichts daran. Was nun das Schicksal meiner Kinder betrifft, was Du durch dieses Buch gefährdet glaubst, so bin ich über dasselbe ganz ruhig. Meine Mädchen werden, wenn sie älter sein werden, einsehen, daß sie eine *gute Mutter* gehabt haben, und daß es viel sagen will, einer solchen Mutter nachzukommen in den Jugendjahren, wie viel mehr aber in der Zeit der Dornen und Nesseln eines strengen Schicksals. Damals hatte ich keinen Ratgeber, keinen, der Anteil nahm, man ließ mich allein mit mir selbst, und ich hab niemand mit mir behelligt und bin bis zum Ziel gelangt; diese Herausgabe meiner Briefe ist nun der Schlußstein eines wohlberechneten Ganzen, es soll keiner kommen, der noch keine Kelle voll Mörtel zum Grundstein gelegt hat, und soll mich tadeln wollen, wie ich mein Leben vollenden will; und da mögen Kinder und Kindeskinder sagen, was sie wollen, so werden doch vielleicht die Urenkel gescheut.

Hätte ich in dieser Korrespondenz aus Furcht vor Skandal etwas geändert oder ausgelassen, so hätte ich ein bös Gewissen, ich habe aber ein freudiges Gewissen.
Lieber Clemente. Gestern hatte ich so weit geschrieben, und ich hätte die ganze Nacht fortschreiben können, hätte ich Dir alles sagen wollen, was mir dabei einfiel; aber ich darf Dir nicht alles sagen, denn Du würdest gewiß bös werden, wenn ich sagte, daß du eine alte Schlafmütze bist mit Deinem verehelichten Goethe und mit Deinem wohlerzogenen Frauenzimmer auf dem Sopha; ja Du bist wirklich nicht recht gescheut, aber das wollte ich Dir ja nicht schreiben; nehms für ungelesen. Der alte Schleiermacher, der herrliche Mensch voll Güte, der sagte oft zu mir: Bettine, Dich hat Gott bei guter Laune recht *con amore* geschaffen, verleugne Dich nicht, damit Du allenfalls sein Werk nicht verpfuschest. – Nein, ich fühle auch, daß in mir nichts zu verleugnen ist; ich kann alles aussprechen und tun, denn alles hat einen schönen Grund, den Gott in mich gelegt hat. Ich werde aufrichtig erscheinen bis in die tiefste Seele in diesem Buch; und da mag denn der gleisnerische Geist sich dies auslegen, wie er will. Ich muß sagen, es ist eine teuflische Kunst, die die Frommen unter sich zünftig gemacht haben, alles Echte ins Gleisnerische zu übersetzen. Bei hellem Mairegen, der die Blumen erschließt und die Triften fruchtbar macht, da jammern sie über den Schwefelregen von Sodoma und Gomorrha.

»Goethes Briefwechsel mit einem Kinde« erschien dann, in drei Bänden, im Frühjahr 1835 und erregte, wie ein Berliner Kritiker schreibt, »in allen Zirkeln den lebhaftesten Enthusiasmus, enthusiastischen Haß auf der einen, enthusiastische Liebe und Bewunderung auf der anderen Seite. Seit langem war Berlin in keine so große Parteispaltung, in kein so leidenschaftliches Pro und Contra geraten als in diesen Tagen durch den genialen, romantischen, mystischen, prophetischen, wundersam herumirrlichtelierenden Kobold Bettina, die Sibylle der romantischen Literaturperiode und doch das von herzinniger Liebe gequälte Kind Goethes, des legitimen olympischen Vaters der deutschen Poesie!«
Unter den anerkennenden Kritiken sind vor allem die Rezensionen von Jakob Grimm, Willibald Alexis und Joseph Görres

zu erwähnen, der mit Entschiedenheit die Meinung vertrat, Bettina habe, trotz mancher Freiheiten, die sie sich herausgenommen, dennoch »keine höhere Schicklichkeit angetastet«, sie habe »bei aller Sorglosigkeit, Kühnheit und Ungebundenheit aufs sorgsamste jede gute Zucht zu bewahren gewußt. Nichts in ihrem Buch kriecht staubfressend und im Schlamme sich mästend; alles strebt im Fluge nach oben, in vollen Atemzügen die Lüfte trinkend.«
Bettinas Bruder Clemens war nicht ganz der Ansicht seines Freundes Görres; zu getreulich sah er, was ihn selber damals peinigte, in dem Buch der geistes- und gemütsverwandten Schwester abgespiegelt.

Meine liebe, arme Schwester!
Als Dein Buch nur in vier Bogen hier war, schrieb ich Dir, und Du hast mir gütig nach zwanzig Jahren gleich geantwortet, und wenn ich nicht das Herz kennte, dessen Art auch in meiner Brust wirtschaftet, hätte ich sagen können: Die Frau Phönix da, auf dem Scheiterhaufen aller Gewürze sich dem zeitlichen Seelenbräutigam verweihräuchernd, tut recht mitleidig herablassend mit ihrem armen, kranken Bruder, dem ruppichten Hahn Petri. Ich habe aber nicht so gesagt, noch gefühlt – ich habe gefühlt: die arme Bettine antwortet mir gleich und recht liebreich; sie muß wohl eigentlich übel dran, einsam und verlassen sein oder alles das bald werden, sonst hätte sie mehr zu tun als dir zu antworten.
Als Görres von Frankfurt kehrte, hörte ich manches besonnene, würdigende Wort über die Preisaufgabe Deines Lebens, welche zur Preisgabe geworden ist. Er versteht und richtet schonend, wie wenige Menschen auf Erden, aber einiges konnte er doch nicht ohne Schmerz ausgesprochen lesen. Ich weiß nicht was, denn Du hast mir, dem ganz einsamen Bruder, der keine Härte in seinem Herzen hat, der alle dies himmlische Zeug und dieses irdische Licht kennt wie ein gebranntes Kind, Du hast mir das preisgegebene Geheimnis Deines Lebens vorenthalten; es schleppten sich schon alle Fremdlinge mit, ich wußte nichts davon, der es doch besser verstand als vielleicht alle Menschen.
Sieh! Liebe Bettine, ich möchte kein Wort sagen, was Dich verletzte; Du mußt mir glauben, wenn ich Dir sage, daß ich nichts

Schöneres, Wahrscheinlicheres im zeitlichen Leben kenne, als was Du alles für den Geliebten geschrieben und gefühlt, und gedacht, gedichtet, geträumt hast, und auch für ihn gestohlen, Gott und Dir und vielen lieben Seelen. Du hast ihm eine gewaltig schöne Herde geschlachtet. Wahrhaftig, Du hast ihm ein Monument mit Dir selbst aufgemauert; was braucht es eines von Marmor? Du selbst läufst ja als solches in aller Welt herum. Du hast alles, was Dir Gott an Natur und Gnade gegeben, mit Phantasie und Leidenschaft vermischt, zu einer Art Hexenbrühe verkochen und über alle bereits abgestandenen Zauber Goethes gießen müssen, um sie neu lebendig zu machen.

Ich habe nun am 22. April das Buch durch den Buchhandel und es in einem Sitz gelesen. Es gibt Dinge, welche entwaffnen und unterwerfen. Man kann von ganzem Herzen auf Tod und Leben ein Sklave des Zaubers werden und dennoch die Wahrheit mahnend vor Augen sehen und sie anerkennen müssen. So bin ich dem Zauber des Buches verfallen, aber sehe doch die Wahrheit; nur so ist es erlaubt, darüber zu urteilen, und zwar dankbar in großer Liebe! – Niemand, liebe Bettine, hat vielleicht von allen Deinen Lesern Dein Buch so durch und durch gefühlt und verstanden und entschuldigt als ich. – Ich kenne ganz dieses Leiden, sich einen Götzen schaffen zu müssen und mit allen Kräften der Seele und der Natur liebend ihn zu beleben und anzubeten, trotz selbst der innersten Mahnung, es sei ein Wahnsinn! – Goethe ist mir durch seine Behandlung dieses Verhältnisses eben nicht mehr geworden. – Sein Genie erscheint mir arm gegen das Deiner Liebe, Du hast die ganze Musik und auch die bildende Kunst vor ihm voraus; wieviel Du Herz mehr hast, weiß Gott. Ich meine aber, Du hast ohne Weisheit Dich dem Naturell und Genie hingegeben; Deine Freunde, trunken von Deinem Wein, haben der Hausfrau zugejubelt, sie waren alle in Dir berauscht, und so ist es geschehen, daß Dein innerstes Leben auf den Markt geführt worden ist. – So geht es allem Schönen und Wahren auf der Erde, das sich ganz gibt – wir sind nicht mehr so, daß wir uns allen ganz geben können – außer Einem, der sich ganz gegeben für uns! – Dein Buch ist mir lieber als alle Goethische Poesie samt und sonders – das soll sie jedoch nicht herabsetzen; wo sie ursprünglich und unmittelbar ist, ist auch sie vom Herrlichsten; aber das ist sie nicht lange. Das Größte, was man von

ihm sagen kann, ist: So konnte man ihn lieben. Aber wer ist wirklich der Liebe unter den Sterblichen wert?
Die Leidenschaft für Goethe ist in Deutschland sehr erkaltet, ein großer Teil davon war nie ganz wahr; sein Erdenlohn ist ihm daher apart serviert worden in Deiner Liebe, deren Trousseau Du nach seinem Tode ausgestellt hast. – Cotta setzte von Schiller 130 000, von Goethe kaum 40 000 Exemplare ab. – Wenn ich Dein Buch lese, kommt es mir vor, als ob seine Poesie, sobald sie Dich kennengelernt, ihn verlassen und in Dich hineingefahren, und Deine Liebe ist wie die Musik, welche sich in die Violinform eines leeren Geigenkastens hineinschmiegt, und der Kasten sagt immer: Mehr! mehr! – Musik liegt krumm, der Kasten bleibt stumm, und ich schwätze dumm. –
Adieu, arme, dumme, gottlose Bettine; vergib dem, der Dich in das Unglück hineingerannt hat, ich bitte ganz untertänig und wills nicht mehr tun. Dein treuer Bruder

Clemens

Meine liebe, fromme, engelgute, einfache Hausfrau, die Frau des Professors Maler Schlotthauer, eine Frau wie eine arme fromme Magd, liest Dein Buch mit der größten unschuldigsten Kinderfreude; sie sagt mir eben: »O wie pläsierlich, ich bin überall mit dabei, die Frau Rat ist auch mit bei Tisch, und soeben hat die Frau Schwester dem Engländer das Bein an den Tisch gebunden!« – Du mußt teilweise seit Deinem Buche viel im Echo und Ohrenklingen gelebt haben – das Lob ist auch fatal; ich denke immer, die Tiroler werden Dir nächstens eine Jodelgesandtschaft schicken und ein Paar Handschuh, welche Du hinwerfen magst, wem Du willst. – Gute Nacht!

Daß die Bewunderer Bettinas an Goethe, dem Gegenstand ihrer Liebe, manches auszusetzen fanden, diese Bedenklichkeiten der Frommen und der Fortschrittlichen fanden in Ludwig Börne einen rücksichtslosen Streiter, der dem Buch alle ihm erwünschten Kontrastfarben entlehnte, um Goethe als einen Ausbund an Kälte und Lieblosigkeit zu malen. Börne vertritt das politisch freiheitlich engagierte »Junge Deutschland«, dem der mit kultischer Devotion verehrte »Olympier« als ein verabscheuungswürdiger Repräsentant servil-reaktionärer Gesinnung galt. Seine

Rezension ist, soweit sie Goethe betrifft, bewußt Zerrbild, Polemik und Pamphlet. In Bettina aber begrüßt Börne die wiederauferstandene Mignon.

Goethe schlug Mignon tot mit seiner Leier und begrub sie tief, und verherrlichte ihr Angedenken mit den schönsten Liedern. Die Tote versprach er sich zu lieben, behaglich, nach Bequemlichkeit, nach Zeit und Umständen, und so oft ihn die Optik, Karlsbad und seine gnädigste Herrschaft nicht in Anspruch nähmen.
Aber Mignon war keine Sterbliche. Noch einmal weinte sie, dann ließ sie ihre Hülle sinken und entschwebte. Oben aus einer Gewitterwolke rief sie herab: »Wehe dem Undankbaren, der die Gunst der Götter verschmäht! Du hast mich nicht geliebt als Jüngling, so sollst du mich lieben als Greis; du hast mich nicht umarmt in den Tagen deiner Kraft, so sollst du mich umarmen in den Jahren deiner Ohnmacht; du hast mich von dir gestoßen, da ich deine Lust wollte sein, du sollst mich an deine Brust drücken, wenn ich deine Qual werde sein. Lebe nur fort in Hochmut und Todesfurcht, einst erscheine ich dir wieder.«
Und wie gedroht, vollstreckte sie. Nach vierzig Jahren kam sie wieder und nannte sich Bettine.
Kein erhabener Mensch, kein großer Fürst, kein Gott hat je eine seelenvollere, glühendere, herzinnigere Anbetung gefunden, als sie Goethe von Bettinen empfing. Ihre Briefe sind Gebete des Geschöpfes an seinen Schöpfer, jedes Wort zu seiner Verherrlichung. Ein Gott selbst hätte solche Lobpreisungen nur mit Rührung und Demut aufgenommen und gesagt: Ich will werden, was ich scheine. Wie aber nahm Goethe sie auf? Bettinens Gefühle fand er oft zu natürlich, ihre Gedanken zu roh, und dann schickte er sie ihr gekocht zurück. Die Prosa ihrer Briefe putzte er in Poesie, machte Sonette daraus und besang und verherrlichte sich selbst mit der erstaunenswürdigsten Sachdenklichkeit.
Goethe hatte weder Sinn noch Geist für edle Liebe, er verstand ihre Sprache nicht, noch ihr stummes Leiden. Die Liebe, die er begriff, die ihn ergriff, das war die gemeine, jenes Herzklopfen, das aus dem Unterleib kommt; und selbst in dieser galt ihm nur Geliebt*werden*, Lieben galt ihm nichts.
Goethe fürchtete sich vor der Liebe, denn alles, was er nicht mit

Händen greifen konnte, war ihm Gespenst. Er schlug sie tot auf seine gewohnte Weise. Er stellte die Liebe in gut verstöpselten Gläsern in sein Laboratorium, und da war ihm wohl.

Goethe war nur der Dichter der Glücklichen, er war nicht der Dichter der Menge. Keiner weint an seinem Grabe, denn nur die Unglücklichen haben Tränen.

Goethe hat nur immer der Selbstsucht, der Lieblosigkeit geschmeichelt; darum lieben ihn die Lieblosen. Er hat die gebildeten Leute gelehrt, wie man gebildet sein könne, freisinnig und ohne Vorurteile und doch ein Selbstling; wie man alle Laster haben könne ohne ihre Roheit, alle Schwächen ohne ihre Lächerlichkeit; wie man den Geist rein erhalte von dem Schmutze des Herzens, mit Anstand sündige und den Stoff jeder Nichtswürdigkeit durch eine schöne Kunstform veredle. Und weil er sie das gelehrt, verehren ihn die gebildeten Leute.

Goethe hat sich mit wenigen Worten treffender und wahrer geschildert, als irgend ein anderer vermöchte. Er sagt in seinem Leben: »Es liegt nun einmal in meiner Natur, ich will lieber eine Ungerechtigkeit begehen, als eine Unordnung ertragen.« So war Goethe immer und überall, so hat er sich gezeigt in allen seinen Worten und Handlungen. Wenn edle Menschen sich gegen ihre böse, tyrannische Natur empören, sich von ihr freizumachen suchen, war es Goethes Weisheit, sich ihr zu unterwerfen mit Lakaiendemut. Die Liebe, die alle Trennung aufhebt, die kunsttötende, galt ihm für Unordnung. Für Unordnung galt ihm, wenn die Macht wechselte, wie alles wechselt, und von dem Starken zu dem Schwachen, von den Unterdrückern zu den Unterdrückten überging. Goethe war ein Stabilitätsnarr, und die Bequemlichkeit war seine Religion. Er hätte gern die Zeit an den Raum festgenagelt. Das gelang ihm nicht, aber es gelang ihm, sein Volk aufzuhalten, da er lebte und nach seinem Tode; denn über seine Leiche muß es schreiten, will es zu seinem Ruhme und seinem Glücke kommen.

Blind ist jede Liebe, aber blinder hat sie sich noch nie gezeigt als bei Bettine. Ihr Buch, bekanntgemacht zur Verherrlichung Goethes, hat seine Blöße gezeigt, hat seine geheimsten Gebrechen aufgedeckt. Die arme Bettine rieb sich die Hände wund, ihren Gott zu reinigen; es gelang ihr nicht; sie hat ihm manchmal den Kopf gewaschen, aber das Herz konnte sie ihm nicht waschen.

Hätte Bettine die schöne Musik ihres Herzens vor rohen Ohren hören lassen, vor einem Philister ihrer Vaterstadt, vor einem Sachsenhäuser, der aus dem Apfelwein seine Begeisterung schöpft – es hätte uns gewundert, aber nicht verdrossen. Wir hätten gedacht: sie ist ein Sonntagskind, die einen edlen Geist da erkennt, wo wir Wochenmenschen nur die rohe Hülle sehen. Aber daß sie sich Goethen zuwendet – das betrübt uns.
Goethe hat nur verstanden, was tot war, und darum tötete er jedes Leben, um es zu verstehen. Nicht die Natur, nicht den Menschen faßte er. Er zerstückelte das Leben in seine Glieder, in seine einzelnen Organe und zeichnete sie sehr richtig, wie in den besten anatomischen Kupfertafeln. Ihr findet freilich Sterne und Götter in seinen Dichtungen, aber gerissen aus ihrer Liebesbahn: ihr macht nie einen Himmel daraus.
Bettine ist ein reichbegabtes, gottgesegnetes Kind, das wir lieben und verehren müssen. Sie ist glückliche Gespielin der Blumen, Vertraute der Nachtigall; sie verstand die *Sprache der Stille*, der Goethe taub war, und wußte das Mienenspiel der stummen Natur zu deuten. Ihr Buch ist ein Gedicht und ihr Leben ein holdes Märchen. Goethes Nachwelt ist auch die ihre, sie richtet beide. Wird Goethe verurteilt, ist Bettine freigesprochen; wird Goethe freigesprochen, ist Bettine schuldig. Goethe nannte sie eine Närrin, und er mußte wohl, denn Bettine selbst sagt es: »Narrheit ist die rechte Scheidewand zwischen dem ewig Unsterblichen und dem zeitlich Vergänglichen.«

»Wird Goethe verurteilt, ist Bettine freigesprochen.« Auch nach Börne hat es jemanden gegeben, der so empfand, und der sich in diesem Prozeß einer säkularisierten Heiligsprechung nachdrücklich auf Bettinas Seite schlug: Rainer Maria Rilke, im zweiten Teil seiner 1910 erschienenen »Aufzeichnungen des Malte Laurids Brigge«.
Für Rilke ist die »wunderliche Bettine« wie aufgelöst in die Welt, die sie so oft in Brand gesteckt hat mit ihrer Liebe ...

... und hast sie lodern sehen und aufbrennen und hast sie heimlich durch eine andere ersetzt, wenn alle schliefen. Du fühltest dich so recht im Einklang mit Gott, wenn du jeden Morgen eine neue Erde von ihm verlangtest, damit doch alle drankämen, die er gemacht hatte. Es kam dir armselig vor, sie zu schonen und auszubessern, du verbrauchtest sie und hieltest die Hände hin um immer noch Welt. Denn deine Liebe war allem gewachsen. Wie ist es möglich, daß nicht noch alle erzählen von deiner Liebe? Was ist denn seither geschehen, was merkwürdiger war? Was beschäftigt sie denn? Du selber wußtest um deiner Liebe Wert, du sagtest sie laut deinem größten Dichter vor, daß er sie menschlich mache; denn sie war noch Element. Er aber hat sie den Leuten ausgeredet, da er dir schrieb. Alle haben diese Antworten gelesen und glauben ihnen mehr, weil der Dichter ihnen deutlicher ist als die Natur. Aber vielleicht wird es sich einmal zeigen, daß hier die Grenze seiner Größe war. Diese Liebende ward ihm auferlegt, und er hat sie nicht bestanden. Was heißt es, daß er nicht hat erwidern können? Solche Liebe bedarf keiner Erwiderung, sie hat Lockruf und Antwort in sich; sie erhört sich selbst. Aber demütigen hätte er sich müssen vor ihr in seinem ganzen Staat und schreiben, was sie diktiert, mit beiden Händen, wie Johannes auf Patmos, knieend. Es gab keine Wahl dieser Stimme gegenüber, die »das Amt der Engel verrichtete«; die gekommen war, ihn einzuhüllen und zu entziehen ins Ewige hinein. Da war der Wagen seiner feurigen Himmelfahrt. Da war seinem Tod der dunkle Mythos bereitet, den er leer ließ.

Bettina verstand und gebärdete sich als Pythia oder Sibylle, und was sie verkündete, hätte, wenn es nach ihr gegangen wäre, durchaus als göttliche Eingebung und Offenbarung aufgenommen werden sollen. Börne nahm das hin; vor allem aber bediente er sich ihrer genialischen Naturwüchsigkeit, um sie gegen den verhaßten Weimarer »Kunstgreis« auszuspielen.
Anders der spekulative Philosoph und naturmystische Dichtersonderling Georg Friedrich Daumer, dem es Bettinas Buch so angetan hatte, daß er sich veranlaßt fühlte, ihre Prosa nicht ohne Geschick in regelrechte Verse zu fassen und das Ergebnis bereits 1837 unter dem Titel »Bettina, Gedichte aus Goethe's Briefwechsel mit einem Kinde« dem Druck zu übergeben. Seinem Verfahren haftet freilich etwas Problematisches an, da Daumer durch seine gebundene Form gerade das unerhört Neue tilgt, wodurch Bettinas Prosa alle weibliche Liebesdichtung ihrer

Tage an poetischer Beweglichkeit, poetischem Glanz übertrifft. Mehr noch freilich als auf seine metrischen Umsetzungen scheint es Daumer bei diesem Unternehmen darauf angekommen zu sein, in der Einleitung und in den Anmerkungen zu den Gedichten Goethe, Bettina – und vielleicht noch Rahel Varnhagen – als die Heilsbringer einer neuen Religion, der wahren Menschheitsreligion der Zukunft, zu verkünden.

Die Welt scheint noch weit davon entfernt zu sein, die ganze Größe, Tiefe und welthistorische Bedeutsamkeit dieser einzigen Erscheinung einzusehen, ja nur zu ahnen. Ich glaube, daß Goethe und Bettina wirklich wesentlich zusammengehören, und daß sie das Herrlichste, Größte und Gewaltigste sind, was der schaffende Geist der Natur im Ringen nach der Geburt einer neuen Zeit, Welt und Menschheit hervorgebracht, und zwar in der Art, daß da, wo Goethes Grenze eintritt, wo er in seiner Aufgabe, seinem göttlichen Berufe stehen bleibt, ja zurückschreitet, der noch lebenvollere Genius des Kindes den Fortschritt macht und mit überflügelnder Gewalt die Schranke durchbricht. Hier sprudeln neue Quellen lebendiger göttlicher Offenbarung, deren die Zeit so unendlich-schmerzlich bedarf; hier sind neue Theophanieen und Inkarnationen, neu auf Erden wandelnde, wirkende und weissagende Götter und Dämonen zu schauen; hier eröffnen sich längst verschlossene und verschollene Abgründe göttlicher Mysterien wieder; ungeahnte Geister des Lebens und des Lichtes steigen aus dem dunklen Schoße der alten, guten Mutter Erde herauf; zum ersten Male wieder nach langer Nacht der Taubheit und Verblendung, der Dumpfheit und des Wahnsinns, werden die mahnenden, rufenden, zurechtbringenden und zurückführenden Stimmen aus der heiligen Tiefe der Natur in ihrer ganzen unvermischten und unverfälschten Reinheit und Ursprünglichkeit gehört, und die in den Menschen sich aufs neue eingebärende Natur erkennt und vernimmt sich selber wieder; hier ist ein neuer Tempel der Gottheit im Geiste und in der Wahrheit erbaut, und das Prinzip des neuen Weltalters und kommenden *wahren* Reiches Gottes auf Erden erscheint mit einer Lauterkeit, einem Reize und einer Holdseligkeit geoffenbart, vor welcher alle finstern Götzen der Erde in den Staub sinken werden.

Dieses Verhältnis ist durchaus als mystisch religiöser Natur seiend zu betrachten und zu beurteilen; der Trieb des Menschen überhaupt, Gott *im Menschen* und *einen präsenten, menschgewordenen* Gott zu erblicken und anzubeten, die Quelle mannigfaltig schwärmerischer Verehrung großer Menschen, tut sich hier auf eine beispiellos gewaltige und geistherrliche Weise in der Seele des tiefsinnigen, wunderbaren Kindes hervor, und Bettina schaut an, verehrt, liebt in Goethe nur wieder dieselbe göttliche Macht, die sie in der Natur und in sich selbst erkannt, mit der sie bereits dort und hier in ein tiefinnerliches, geistiges, bewußtes Verhältnis getreten; sie betet in Goethe die Menschwerdung des Gottes an, zu dessen Priesterin sie sich geweiht, wie sie dies selbst auch mit Bestimmtheit ausspricht: »Und wieder muß ich *vor dieser Menschwerdung* knieen und muß dich lieben und begehren, wie *alle Natur.*«

Es wäre zu bedenken, ob es nicht gut und welthistorisch angemessen wäre, wenn sich im Namen Goethes und Bettinas ein förmlicher Geisterbund gestaltete, der das von diesen Genien offenbarte Geistnatur- und Kulturprinzip zu hegen, zu pflegen und zu entwickeln, zu seiner Aufgabe machte. Denn was uns etwa an Goethe mit Recht mißbehagen und ungenügend erscheinen mag – setzet zu seinem Namen den Namen Bettina, so habt ihr – im Prinzip und Keim wenigstens – alles ohne Einschränkung, was die Menschheit in der Zukunft Positives zu entwickeln, von Gott, Natur und Genius der Menschheit und Weltgeschichte die Aufgabe zu haben scheint. Und wolltet ihr etwa eine heilige Trias haben und den Namen Rahel hinzusetzen, so wären wir keineswegs gesonnen, Einspruch zu tun.

Das zweite Buch, das mit Goethes Persönlichkeit, seinem Leben und Werk unabtrennbar verknüpft bleibt, erschien zur Ostermesse 1836: »Gespräche mit Goethe in den letzten Jahren seines Lebens«, von Johann Peter Eckermann; zwei Bände, denen zwölf Jahre später noch ein dritter Teil folgte. Nietzsche hat Goethes Unterhaltungen mit Eckermann das »beste deutsche Buch, das es gibt«, genannt, und wer sie einmal gelesen hat, wird immer wieder darin lesen. Andere Gesprächspartner, der Kanzler Müller oder Frédéric Soret, zeigen uns einen anderen, vielleicht menschlicheren Goethe, – Eckermanns Werk übertrifft

sie alle durch das Vermögen, Goethes geistige Gestalt aus liebender Einfühlung meisterhaft durchgebildet uns vor Augen treten zu lassen. An ihm zu mäkeln ist leicht; seine Leistung bleibt unvergleichlich: nur der dienend Unscheinbare konnte soviel Glanz rein auffassen und widerstrahlen.
Goethe nahm in Eckermanns Leben einen solchen Platz ein, daß er auch nach seinem Tode nicht daraus verschwand. Öfters ist Eckermann dem Unvergeßlichen im Traum begegnet und hat sich mit ihm unterhalten. Einer dieser Träume soll hier als Epilog stehen. Eckermann träumte diesen Traum ein halbes Jahr nach dem Erscheinen seines Buches.

Montag, den 14. November 1836

Es ist eine alte Wahrheit, daß dasjenige, womit wir uns den Tag über lebhaft beschäftigen, uns auch nachts im Traume häufig zu schaffen macht, und so war es denn nicht zu verwundern, daß in den ersten Jahren nach Goethes Tode, wo jeder Tag sein Andenken lebhaft in mir zurückrief, ich auch nachts in meinen Träumen häufig mit ihm zu tun hatte. Und zwar sah ich ihn gewöhnlich als einen Lebendigen; ich hielt mit ihm allerlei Gespräche und verließ ihn stets mit der frohen Überzeugung, daß er nicht tot sei.

Auch in der vorigen Nacht führte mich der Traum abermals in Goethes Haus, und ich sah ihn, diesmal mit seinem Sohne, im hohen Grade heiter und lebensfrisch mir entgegenkommen. Wir begrüßten uns wechselweise als solche, die sich lange nicht gesprochen, wobei ich in meinem Innern eine Art von Beschämung fühlte, daß ich ihn in vier Jahren nicht besucht und daß ich, trotz meiner wiederholten Träume von ihm, dem allgemeinen Gerücht Glauben geschenkt, daß er tot sei.

Goethe wie sein Sohn waren beide in Hüten und braunen Oberröcken und in ihren Bewegungen besonders rasch und rüstig. Sie machten mir den Eindruck von Männern, die nach langer Abwesenheit ihr Haus wieder betreten und die das Wiedersehen einer liebgewordenen Umgebung in eine heitere Aufregung versetzt hatte. Dabei war die Farbe ihrer Gesichter derart, als seien sie lange der freien Luft und dem Wind und Wetter ausgesetzt gewesen, durchaus frisch und vom kräftigsten Ausdruck.

Nachdem wir uns also auf das herzlichste begrüßt hatten und

es mir nach der ersten Überraschung des Wiedersehens ein wenig bequem geworden, konnte ich nicht umhin, das allgemeine Gerücht von seinem Hinscheiden gegen Goethe in Erwähnung zu bringen. »Die Leute meinen«, rief ich ihm lachend zu, indem ich seine Hand faßte, »Sie wären tot; ich habe aber immer gesagt, daß es nicht so sei, und sehe nun zu meiner großen Freude, daß ich recht hatte. Nicht wahr, Sie sind nicht tot?« – »Die närrischen Leute«, erwiderte Goethe, indem er mich sehr schelmisch ansah. »Tot? – Was sollte ich tot sein?! – Auf Reisen bin ich gewesen! Ich habe derweil viele Länder und Menschen gesehen; im letzten Jahre war ich in Schweden.« – »Dieses zu hören«, erwiderte ich, »ist mir unendlich lieb. Aber vor allen Dingen, ehe wir weiterreden, was sagen Sie zu meinen ›Gesprächen‹? Sie haben ohne Zweifel das Buch gelesen, und es liegt mir, wie Sie denken können, sehr viel daran, von Ihnen selbst zu hören, was Sie davon halten.«

»Ich habe das Buch gelesen«, erwiderte Goethe. »Ihr habt Eure Streiche nicht schlecht gemacht, und ich muß Euch loben. Auch unterwegs habe ich überall viel Gutes davon gehört; ja ein sehr gescheuter Mann äußerte sogar, daß meine Persönlichkeit darin vorteilhafter erscheine als in meinen eigenen Schriften. Er wollte von mir das Rätsel gelöset hören, worauf ich ihm erwiderte, es komme von der südlichen Beleuchtung.«

Ich war, wie man denken mag, durch diese Äußerung Goethes im hohen Grade beglücket; wiewohl mir der Ausdruck: südliche Beleuchtung ein wenig seltsam vorkommen wollte, so daß ich nicht recht wußte, was ich davon zu halten und was ich mir dabei zu denken hatte.

Goethe ging in sein Arbeitszimmer, um einige Geschäfte abzumachen, und ließ mich mit seinem Sohne alleine, mit dem ich allerlei heitere Gespräche über unsere italienische Reise führte. Ich öffnete darauf ein längliches braunes Kästchen mit verschiedenen Manuskripten, die ich nach und nach herausnahm, um sie dem jungen Goethe zu zeigen. Ich hatte ihm grade ein Heft von etwa vier geschriebenen Foliobogen in die Hände gegeben, als Goethe wieder herein und zu uns herantrat. Es waren Skizzen zu ferneren Gesprächen mit seinem Vater, worin sehr viel korrigiert war und die ich mir zu guter Zeit auszuführen vorgenommen. Goethe warf, seinem Sohn über die Schulter sehend,

einen Blick in das Manuskript und nahm es ihm sodann aus den
Händen, indem er daran weiterlas und blätterte. »Hm!«, sagte
er, »das scheint interessant zu sein, das will ich mir doch ein
wenig näher ansehen.« Und so ging er mit dem Hefte in sein
Arbeitszimmer zurück und ließ uns beide abermals allein.
Ich unterhielt mich mit dem jungen Goethe auf das angenehmste fort, wobei ich zu meiner Freude bemerkte, daß sein inneres
Wesen bei weitem geläuterter erschien, daß seine Ansichten von
einer höheren Stufe geistiger Bildung herabkamen und daß zwischen ihm und seinem Vater überall ein noch innigeres Verhältnis stattfand als früher im Leben. Letzterer trat bald wieder
herein und gesellte sich zu uns, indem er mir das Manuskript
zurückgab und mir empfahl, die angedeuteten Gegenstände
ausführlicher zu behandeln, damit sowohl das Überzeugende
hineinkomme als auch einige Anmut. »Ein abgerissenes Faktum, eine nackte Äußerung«, sagte er, »will nicht viel heißen;
führen Sie aber den Leser in das Detail der Situation, in die
näheren Umstände hinein, so ziehen Sie ihn in das Interesse des
Gegenstandes, und er erfährt die Täuschung, als sei das geläu-
terte Wahre ein Wirkliches, das er in solcher Spiegelung zum
zweiten Male mitzuerleben glaubt. In dem Gedruckten ist Ihnen
manches dieser Art gelungen; sehen Sie zu, daß diese Andeu-
tungen des Manuskripts jenem einigermaßen gleichkommen.«
Es war mir sehr lieb, durch so gute Worte Goethes mich zu ferneren Versuchen derart angetrieben und dadurch das früher
Geleistete gewissermaßen sanktioniert zu sehen.
Wir lebten darauf die Nacht weiter miteinander fort, wobei es
mir merkwürdig war, daß außer Goethe und seinem Sohn niemand weiter erschien, so wenig irgend jemand seiner eigenen
Familie als irgend jemand seiner übrigen Freunde und Angehö-
rigen; selbst nicht ein Diener ließ sich sehen.
Mit Anbruch des Tages war die Szene verändert. Wir hatten eine
Stadt im Rücken und befanden uns an einem sehr breiten
Strom, an einer Fährstelle, die zugleich als Auslageplatz diente,
wie an verschiedenen Kaufmannsgütern und aufgeschichteten
tannenen Brettern zu sehen war. Einige Boote lagen auf dem
Strande, als in der Ausbesserung begriffen oder ihrer bedürftig.
Der breite Strom glänzte in dem Schein der anbrechenden Mor-
genröte, während hoch über uns in frischer Himmelsbläue die

Halbscheibe des Mondes zu erbleichen begann. Die Luft war frisch und im hohen Grade erquicklich. Den Strom rechts hinab sah man in der Ferne auf dem Wasser und der weitausgedehnten Weidefläche einige Nebelstreifen, welche anfingen zu ziehen und sich leise zu erheben. Man sah ein kleines Boot mit drei bis vier Männern den Strom herabkommen und in einiger Ferne in einem Weidengebüsch anlegen, woraus ich schloß, daß es Schmuggler sein möchten, die ihre Waren in dem Gesträuch und Schilf bis zu gelegener Stunde versteckten.

Ich führte einiges kleines Gespräch mit dem jungen Goethe über das, was uns vor Augen war, während der Alte keine Lippe öffnete, vielmehr sich mit der erwachenden morgendlichen Natur in stummer Betrachtung zu unterhalten schien.

Indes ward es am Strande immer lebendiger. Von der linken Seite her, aus der hinter uns liegenden Stadt, sah man abwechselnd verschiedene Leute kommen, einige ihrem Ansehen nach gleichfalls Reisende, andere Arbeiter, die am jenseitigen Ufer zu tun hatten und mit übergesetzt sein wollten. Sie traten in eine große Fähre, die zu diesem Zweck nicht weit von uns bereit lag und die sich nach und nach anfüllte.

Die Morgenröte fing bereits an, der Helle zu weichen, die dem baldigen Erscheinen der Sonne vorangeht. Ein schöner Storch flog nahe an uns vorbei über den Strom hin nach den feuchten Niederungen des jenseitigen Ufers. Goethe sowohl wie sein Sohn bemerkten ihn. »Der Storch fliegt schon nach Fröschen für seine Jungen«, sagte der junge Goethe. »Es ist Zeit, lieber Vater. Der Vogel fliegt rechts, es ist ein gutes Zeichen. Nun Doktor, gehabt Euch wohl! Es scheint, Ihr wollt nicht mit; gelt? Ihr habt noch Geschäfte.« – »Ja«, sagte ich, sein geheimnisvolles Lächeln erwidernd, »ich habe diesseits noch einiges zu tun.« Und somit gab ich ihm die Hand und wünschte beiden, wohl zu reisen. Goethe schritt nach der Fähre zu voran; er öffnete keine Lippe, es schien, als sei ihm das Reden verboten. Auch reichte er mir keine Hand. Ein sehr flüchtiger freundlicher Blick und ein geringes Zunicken während des Einsteigens war das einzige Zeichen des Abschiedes.

Ich ging den sanft abschüssigen Strand wieder hinauf in die Nähe des ersten Hauses, wo ich stehen blieb, um von dieser geringen Höhe ihrer Fahrt über den Strom weiter nachzusehen.

Hiebei bemerkte ich in meinen Gedanken als etwas Auffallendes, daß die übrigen Passagiere allerlei Bündel und Reisegepäck mit sich führten, während meine genannten edlen Freunde ohne alles Gepäck waren und überhaupt den Eindruck machten, als hätten sie keine leiblichen Bedürfnisse. Ich blickte ihnen nach, so lange ich konnte. Es tat mir nicht leid, daß sie gingen, so wie ich auch an ihnen beim Abschiede keine Spur einer herzlichen Regung wahrgenommen hatte; es war alles, als ob es so sein müßte. Sie nahmen ihre Richtung nach Südosten, wo sich ein flaches Wiesen- und Weideland mit einigem sehr einladenden Gebüsch und Gehölz unabsehbar ausdehnte. Von Gebäuden in der Nähe und Turmspitzen in der Ferne war jedoch keine Spur, und ich machte daraus den Schluß, daß dies ein Land sei, das nicht von Menschen bewohnt werde.

Anhang

Nachbemerkung

Goethe – seine Stimme schlägt uns frischer in die Ohren, als die von ... oder ..., die sich ganz und gar lebendig dünken. Er hat eben auf unsrem Stuhle gesessen, gefragt und geantwortet, ist fort durch die Tür rechts von unsrem Tische; niemand, der ihn kennt, an ihn so denkt, als hätte er ihn schon ein Jahr nicht mehr gesprochen und müßte noch ein Jahr warten bis er ihn wieder spricht, glaubt im Grunde recht daran, daß er tot ist.

Rudolf Borchardt

Briefe schreiben ist eine Kunst; Briefe lesen nicht minder. Das gilt freilich nicht von solchen, deren Schreiber zu unseren Freunden, Verwandten oder Bekannten zählt, so daß wir mit seinen näheren Lebensumständen einigermaßen vertraut sind. Bei Briefen jedoch aus vergangenen Zeiten, die, in ein Buch versammelt, uns im Druck vorliegen, bedarf es mancher nicht immer bequemen Zurüstungen, um die ganze Tragweite ihres Wortlauts, ihre Winke und Anspielungen zu erfassen. Einführungen, Anmerkungen, Kommentare sind da hilfreich, doch tun sie bisweilen auch des Guten zuviel, indem sie uns mit allerlei Beiläufigkeiten behelligen, die nur noch ein historisches Interesse beanspruchen können.

Mit dieser Lästigkeit, die zwar das Verständnis zu erleichtern bestrebt ist, darüber jedoch oft den Genuß verkümmert, auf eine sowohl redliche als auch produktive Manier fertig zu werden, war ein redaktionelles Hauptproblem bei dem durch drei Winter am Bayerischen Rundfunk unternommenen Versuch, Goethes Leben und Welt über das Mikrophon anschaulich werden zu lassen. Es schien mir dabei angesichts des besonderen Mediums einerseits und anderseits der mutmaßlicherweise vielschichtigen Hörerschaft nicht nur erlaubt, sondern geboten, die ausgewählten Briefe oder Auszüge aus solchen wie einzelne Schaustücke zu behandeln, die, ein wenig zurechtgestutzt, ins gehörige Licht gesetzt, mit anderen Zeugnissen konfrontiert, bald Farbe,

Leuchtkraft und frischen Ton gewinnen und so aufs neue zu sprechen beginnen müßten.
Nun, da die Sendemanuskripte, nach zweckdienlicher Überprüfung und Einrichtung, als ein Buch erscheinen, fühlt der Veranstalter dieses Unternehmens sich zu einigen Nachgedanken veranlaßt, die sowohl den Gegenstand betreffen als die Erfahrungen der gemeinsamen Arbeit daran.
Es ging, wie überall, wo Literatur am Rundfunk zu Wort kommen soll, um eine angemessene Verlautbarung und damit Verleiblichung des Geschriebenen, Gedruckten; um Vermittlung, näherhin um die Vergegenwärtigung einer geistigen Gestalt, ihres Wachstums und ihres unvergleichlich sich entfaltenden, immer dichter sich verknüpfenden Weltbezugs. Die Form der Darstellung bot sich von selbst an, sie konnte an dem Material und einem von Goethe selber oft beliebten Verfahren abgelesen werden: Reihung, Gegenüberstellung, »wiederholte Spiegelung« der Zeugnisse und Lebensäußerungen, die durch die Anordnung selber »sprachen« und eines ausdeutenden Kommentars nur selten bedurften.
Das Ziel war durchaus didaktisch: Förderung durch Unterhaltung, Unterhaltung durch Unterrichtung. Aber der Hörer sollte doch vor allem zur Selbsttätigkeit angeregt werden; dazu, sich an dem hier gedrängt Gebündelten nicht genügen und zu Erkundungsgängen auf eigene Faust verlocken zu lassen. Auch deshalb beschränkten die Zwischenbemerkungen sich darauf, die zum Verständnis unentbehrlichen Auskünfte zu liefern, darüber hinaus jedoch, bei aller Sparsamkeit und Zurückhaltung, jenes Minimum an persönlicher Anteilnahme und Stellungnahme beizusteuern, dessen jedes vergangene Menschliche bedarf, um sich den Nachgeborenen aufzuschließen.
Der Veranstalter dieser meist bündig verkürzenden, gelegentlich auch weiter ausgreifenden Montagen hat für sich selber nur den Ehrgeiz, ein aufmerksamer Leser gewesen zu sein; kein selbstgenügsamer, sondern einer, dem es, seit je, ein Bedürfnis war, auch andern seine Leselust zu inokulieren. Dabei ist es ihm, seit je, als ein verhängnisvoller Selbstbetrug erschienen, daß der Lesende durch den stummen Druck sich zu dem Glauben verleiten ließ, sein Tun könne der menschlichen Stimme als eines unerläßlichen Sinnvermittlers ungestraft entraten. Literatur war

und ist nicht ein Bestand von »Texten«, deren Aussagen sich in ihrer Schriftlichkeit erschöpfen, gar nur innerhalb dieser auf sich selbst verweisen. Literatur ist, dem Namen zuwider, Überlieferung von Sprache, Rede, Wort, die immer wieder des einzelnen Menschen, seiner Stimme, des äußeren lauten oder nur innerlich artikulierten Sprechens bedürfen, um ihren Sinn in dem sinnlichen Medium und durch dieses zu entfalten. Andernfalls schrumpfen und verblassen die Meinung, die Bedeutung, das Zeugnis eines Buches, eines Briefes zu abstrakter Information, Auskunft, Datum. Entscheidend aber, beim Lesen wie bei jedem anderen geistigen Akt, bleibt doch, daß es zur Vermittlung, Erfahrung, Anverwandlung, zum Nachvollzug und zur Reproduktion kommt; daß einmal Gedachtes, Empfundenes, Gesagtes sich fort und fort umsetzt, weiterwirkt, als ein unabgeschlossen Künftiges sich hilfreich erweist. Wozu sonst bedürfte es dieser Schatzhäuser der Bibliotheken, wenn sie weiter nichts wären als gehortetes Wissen?

Nun genügen gewiß schon ein verweilender Blick, ein nachsprechendes Aufhorchen, um bei diesem oder jenem Brieffragment Goethes der eigentümlichen Führung, der Spannung, des hochdifferenzierten Tones, der unverkennbaren Sprachhaftigkeit seiner Sätze gewahr zu werden. Eben dieses unmittelbar Sprachhafte unterscheidet ihn ja sogleich von der überwiegenden Mehrzahl der Mitgeborenen, die schreibend jeder mehr oder minder Haltung, Form, Stil als ein Muster im Sinn hatten, während diese bei Goethe sich aus dem Impuls des Sprechens selber konstituieren. Das hängt gewiß auch damit zusammen, daß Goethe in der Regel nicht sitzend selber die Feder übers Papier führte, sondern gehend diktierte; wovon seine Briefe keine Ausnahme machen. Diese Lust und dies Vermögen, Sprache immer wieder Ursprung sein zu lassen, die Quellgewässer zwar zu leiten und zu verteilen, nie aber sie heraufzupumpen, nie sie zu forcieren, verleihen seiner Diktion noch im Bequemen, Läßlichen das unnachahmlich großartig Ansprechende – wenn man nur, was sich da jeweils ereignet, auch mit bereitem, empfänglichem Ohre liest.

Und hier nun widerfuhr dem veranstaltenden Leser und Redaktor selber, als er begann, die einzelnen Folgen mit den Sprechern für die Sendung zu erarbeiten und aufzunehmen, jene

Überraschung eines Überschusses, wodurch das glückhaft Verwirklichte auch die gewisseste Erwartung übertrifft. Auf ein Vergnügen, eine Freude, auf eine Erfrischung und Erquickung war es abgesehen, die, indem wir sie uns zubereiteten, ausstrahlen sollten. Daß dies in einem so seltenen Grade gelang, war das Resultat eines Zusammenwirkens, das seinen Gewinn in sich selbst fand. Hinzu kam, daß Percy Adlon, der Sprecher der Goethe-Briefe, jeder Versuchung widerstand, sich eine Rolle anzumaßen, Goethe zu spielen – das hätte alles verdorben; daß er um nichts anderes bemüht blieb, als Goethe, ihm nachsprechend, von seiner Sprache her zu erfahren. Das wurde bei den Proben und Aufnahmen rasch zum beflügelnden Wetteifer, alle Deutung, alle Bedeutung nicht anders zu erlangen und dem Hörer vorzuschlagen als durch ein horchend nachgehendes Sprechen. Dem Redaktor und Mitsprecher ging dabei erst auf, was auch ein wohlbekannter Text hergibt, wenn er im Fluß der Stimme Fülle, Dichte und Transparenz zugleich gewinnt, wenn der Atem dem Geist zur Wirksamkeit verhilft. Darüber hinaus war solche Verlebendigung bis ins kleinste eine Probe auf die Resistenz, die Elastizität dieser Sprache; auf ihre Lebendigkeit; ihre Wahrheit.

Ob und wie sehr dieser Zuwachs an Einsicht dem planenden Redaktor im Verlauf der drei Jahre, während derer er die Manuskripte zusammenstellte, zugute gekommen ist, davon müßte nun das Buch heute auch ein Zeugnis ablegen. Ihm selber jedenfalls kam es so vor, als würden die Texte, und schließlich nicht nur die Goethes, nein, alle insgesamt, immer sprechender; als läse er, auswählend und vorbedenkend schon, nicht Sätze, Texte, sondern unmittelbar Stimmen, und jede dieser Stimmen sogleich, akustisch physiognomisch, als Gesicht und Gestalt. Was ihm Schwierigkeiten bereitete, lag nun, je mehr es ins Breite ging, nicht mehr im Finden und Aufspüren, sondern im Abwehren des so vielstimmig Andrängenden; darin, die einzelnen Sendungen, und jetzt Kapitel, durch Akzentverteilung und Aussparung zu gliedern, statt sich zur Häufung des Interessanten und Bedeutenden verführen zu lassen. Wie leicht hätten sich, angesichts der Überfülle der brieflichen Zeugnisse aus Goethes zweiter Lebenshälfte, etwa seit der italienischen Reise, Sendung an Sendung, Kapitel an Kapitel ins Unabsehbare reihen lassen!

Warum es jedoch bei den vorgelegten drei Teilen und ihren fünfzig Kapiteln sein Bewenden haben darf, wird der Leser selber gewahr werden, wenn er dem Buch so etwas wie eine Komposition abzumerken oder zuzugestehen bereit ist. Ging es dabei einerseits um die biographische Kontinuität, so sollten doch anderseits nach Möglichkeit einzelne Komplexe ausgegrenzt werden und jeder sich für sich behaupten. Vielfalt und Farbigkeit sollten nicht zu kurz kommen, mehr noch aber sollte in allen Begegnungen das stufenhaft Wachsende spürbar werden und sich im Fortschreiten der Sendungen wie der Lektüre als eigentlich Spannung mitteilen.

Daß Goethes Werk hier gegen Goethes Leben und Welt zurücktritt, ergab sich aus dem Vorhaben wie aus dem Material. So schieben sich, unvermeidlicherweise, der Mensch und der »Geschäftsmann« vor den Dichter, ohne doch letzten Endes die Sicht auf ihn zu verstellen, der ja vom ersten Wort an ihr Betragen und Verhalten tingiert. Dennoch werden Gedichte oder Auszüge aus einzelnen Schriften hier nicht nur als Lebensdokumente herangezogen; sie dienen vielmehr der Verdeutlichung, wie sehr dieses überbeispielhafte Leben darauf angelegt war, immer in Blüten auszubrechen, Früchte abzuwerfen; wie sehr für Goethe den Dichter Hervorbringen weniger ein Leisten als ein Sich-Entlasten, ein Verschwenden war.

Überbeispielhaft und im strengsten Sinne unvergleichlich war diese Erscheinung – das beweisen die hier vereinigten Dokumente, und darauf soll, zum Abschluß, bestanden werden. Weil eben dies uns, jeden Einzelnen, des Wettstreits und des Neides so gänzlich enthebt, daß nur Staunen, Dankbarkeit und Liebe bleiben. Unter allen geschichtlichen Erscheinungen von verwandter Mächtigkeit scheint Goethe und seiner Existenz etwas bis zuletzt unverblichen Naturhaftes einzuwohnen, das ihn uns entrückt und doch in der Entrückung zugleich vertraulich näherbringt. Daß dieses »Natürliche« ein eminent Geistiges ist, kein rein Gegebenes, sondern ein Ausgebildetes, Heraufgeläutertes, mehr Äther zuletzt als Element, verleiht seinem Wort ein Aroma fast unverderblicher Frische. Eine solche »Natur« der höchsten künstlerisch-sittlichen, dichterisch-menschlichen Vollkommenheit kennen wir allein durch ihn.

München, Januar 1978   Friedhelm Kemp

Lebenstafel

1749 28. August: Johann Wolfgang Goethe geboren in Frankfurt am Main, im Hause »Zu den drei Leiern« am Großen Hirschgraben; Eltern: Johann Caspar Goethe, Dr. jur., Kaiserlicher Rat ohne Amt; Catharina Elisabeth geb. Textor.

1750 7. Dezember: Goethes Schwester Cornelia Friderike Christiana geboren.

1765 30. September: Goethe reist nach Leipzig, wo er am 3. Oktober zur Meßzeit eintrifft; Wohnung im Haus zur »Großen Feuerkugel«. – 19. Oktober: Immatrikulation bei der »Bayerischen Nation«; besucht juristische, philosophische, philologische und medizinische Vorlesungen. – Ab Dezember Zeichenunterricht bei Adam Friedrich Oeser.

1766 Frühjahr: Johann Georg Schlosser führt Goethe bei dem Zinngießer und Gastwirt Christian Gottlieb Schönkopf ein; Liebe Goethes zu Anna Catharina (Käthchen) Schönkopf; Freundschaft mit dem Hofmeister Ernst Wolfgang Behrisch.

1767 13. Oktober: Behrisch verläßt Leipzig, geht als Prinzenerzieher nach Dessau. – Ende Oktober: Goethe stürzt vom Pferde.

1768 Anfang März: Lösung des Verhältnisses zu Käthchen Schönkopf. – Ende Juli: physische und seelische Krise, Blutsturz und Lungenaffektion. – 28. August: Abreise aus Leipzig, ohne Abschied von Käthchen.
1. September: Ankunft in Frankfurt; dort Umgang mit Susanna Catharina von Klettenberg und deren pietistischem Kreis.
Werke 1765/68: Annette-Lieder; das Schäferspiel »Die Laune des Verliebten«.

1769 Langsame Rekonvaleszenz; Beschäftigung mit Chemie, Alchemie, »Magia naturalis«. – Im Oktober erscheinen in Leipzig »Neue Lieder« von Theodor Breitkopf mit 20 Gedichten von Goethe (erste Vertonung und erstes anonym erschienenes Buch).

1770 Anfang April: Ankunft in Straßburg; besucht vor allem

medizinische, chirurgische, historische und staatswissenschaftliche Vorlesungen; Tischgenossenschaft mit dem Aktuar Johann Daniel Salzmann, dem Dichter Leopold Wagner, mit Johann Heinrich Jung, genannt Stilling. – 22. Juni–4. Juli: Reise zu Pferd nach Zabern, Saarbrücken und in das untere Elsaß. – September: Bekanntschaft mit Johann Gottfried Herder, der Goethe auf Homer, Pindar, Shakespeare, Ossian, Hamann und die Volkspoesie hinweist. – 25./27. September: besteht das juristische Vorexamen. – Anfang Oktober: erster Besuch in Sesenheim; Beginn der Neigung zu der dortigen Pfarrerstochter Friederike Brion.

1771 April: Abreise Herders. – 18. Mai–22. Juni: Goethe in Sesenheim. – Juni: Bekanntschaft mit dem Dichter Jakob Michael Reinhold Lenz. – Goethes Dissertation »De Legislatoribus« wird als akademische Leistung anerkannt, ihr Druck jedoch nicht gestattet. – 6. August: Promotion zum »Licentiatus Juris«. – 7. August: Abschied von Friederike. – 14. August: Abreise von Straßburg.

Ende August: Zulassung zur Advokatur in Frankfurt. – Ende Dezember: Bekanntschaft mit Johann Heinrich Merck.

Werke: »Von deutscher Baukunst«; erste Fassung des »Götz«; Pläne zu »Faust«.

1772 Ab Februar häufige Besuche in Darmstadt. – Ab Mai Mitarbeit an den von Merck geleiteten »Frankfurter Gelehrten Anzeigen«.

25. Mai: Eintragung in die Matrikel des Reichskammergerichts in Wetzlar. – 9. Juni: Ball in Volpertshausen, Bekanntschaft mit Charlotte Buff. – 11. September: Abschied von Wetzlar; zu Fuß durch das Lahntal nach Ems; Kahnfahrt nach Ehrenbreitstein zu Sophie La Roche: am 19. September in Frankfurt.

September: Bekanntschaft mit Johanna Fahlmer (»Täntchen«), die nach dem Tode seiner Schwester Cornelia am 27. September 1778 die zweite Frau Johann Georg Schlossers wurde. – 30. Oktober: Selbstmord Jerusalems in Wetzlar.

1773 Anfang Januar: Beginn der Umarbeitung des »Götz«. –

4. April: Charlotte Buff heiratet in Wetzlar Johann Christian Kestner. – 1. November: Schlosser heiratet Cornelia Goethe.
Werke: »Zwei wichtige bisher unerörterte biblische Fragen«; »Jahrmarktsfest zu Plundersweilern«, »Ein Fastnachtsspiel vom Pater Brey«, »Götz von Berlichingen«, »Satyros«, »Götter, Helden und Wieland«.

1774 9. Januar: Hochzeit der Maximiliane La Roche mit dem Frankfurter Kaufmann Peter Anton Brentano. – 1. Februar: Beginn der Niederschrift des »Werther«. – 14. April: Erstaufführung des »Götz« in Berlin. – Mai: Niederschrift des »Clavigo« in acht Tagen (erscheint im August, als erstes unter Goethes Namen veröffentlichtes Werk).
Von Juni bis August Reisen auf Lahn und Rhein, nach Düsseldorf; trifft dort die Brüder Jacobi und den Dichter Wilhelm Heinse; Kuraufenthalt in Ems.
Anfang Oktober: Bekanntschaft mit Klopstock. – Im Herbst erste Beiträge zu Lavaters »Physiognomischen Fragmenten«. – 11. Dezember: Besuch des Weimarer Kammerherrn Karl Ludwig von Knebel; Goethe wird den weimarischen Prinzen Carl August und Constantin vorgestellt.
Werke: »Prometheus« (Fragment), »Der ewige Jude« (Fragment); »Clavigo«, »Die Leiden des jungen Werthers«.

1775 Januar: Beginn der Neigung zu der Frankfurter Bankierstochter Anna Elisabeth (Lili) Schönemann; erster Brief an Auguste Luise Gräfin zu Stolberg. – Um die Ostermesse Verlobung mit Lili.
Mai bis Juli: Reise in die Schweiz mit den Brüdern Stolberg und dem Grafen Haugwitz; in Karlsruhe Empfang am Hofe des Markgrafen von Baden, Begegnung mit Carl August von Sachsen-Weimar und dessen Braut Luise von Hessen-Darmstadt; in Zürich wohnt Goethe bei Lavater; auf der Rückreise in Straßburg Bekanntschaft mit Johann Georg Zimmermann, der Goethe eine Silhouette der Frau von Stein zeigt; in Darmstadt Zusammentreffen mit Merck und Herder.
3. September: Carl August übernimmt achtzehnjährig

die Regierung des Herzogtums Sachsen-Weimar-Eisenach. – 22. September: Carl August in Frankfurt, auf der Durchreise nach Karlsruhe zu seiner Vermählung; lädt Goethe nach Weimar ein. – Oktober: Lösung des Verlöbnisses mit Lilli; Carl August auf der Rückreise nach Weimar wieder in Frankfurt; Wiederholung der Einladung. – 30. Oktober: Da der aus Weimar zur Abholung erwartete Kammerjunker von Kalb ausbleibt, entschließt Goethe sich zu einer Reise nach Italien; Aufbruch nach Heidelberg, wo ihn Kalbs verspätete Stafette erreicht. Abreise nach Weimar.

7. November: Ankunft in Weimar. – Etwa 11. November: erste Begegnung mit Charlotte von Stein. – November/Dezember: Besuch der Brüder Stolberg; Freundschaft mit Christoph Martin Wieland; Einrichtung eines Liebhabertheaters; erste Besuche in Jena, Gotha und Erfurt.

Werke: »Erwin und Elmire«; »Stella«, »Claudine von Villa Bella«, »Hanswursts Hochzeit«; »Urfaust«.

1776 14. Februar: Herder nimmt die auf Goethes Anregung erfolgte Berufung zum Generalsuperintendenten in Weimar an. – 22. April: Carl August macht Goethe das Gartenhaus am Stern zum Geschenk. – 26. April: Goethe erhält das Weimarer Bürgerrecht. – 11. Juni: Ernennung zum Geheimen Legationsrat mit Sitz und Stimme im Geheimen Conseil, der obersten Landesbehörde; 12 000 Taler Jahresgehalt. – Mai, Juli, September: wiederholter Aufenthalt in Ilmenau, zu vorbereitenden Arbeiten zur Wiederaufnahme des Bergbaus; Anregung zu geologischen und mineralogischen Studien. – 14. September: Übertragung sämtlicher Bergwerksangelegenheiten an Goethe und den Kammerpräsidenten von Kalb.

1777 16. Februar: Beginn der Niederschrift des Romans »Wilhelm Meisters theatralische Sendung«. – 8. Juni: Tod von Goethes Schwester Cornelia. – 12. August: Goethes Mündel, Peter im Baumgarten, trifft in Weimar ein. – 4. September–9. Oktober: in Eisenach und Wilhelmsthal, Besuche in Gotha und Erfurt, Wanderungen im Thüringer Wald, Aufenthalt auf der Wartburg. – 29. November–19. Dezember: Harzreise allein zu Pferd; besucht den jungen Theologen Friedrich Plessing; Besteigung des Brockens.

1778 Frühjahr: erste Arbeiten an der Neuanlage des Weimarer Parks. – 10. Mai–1. Juni: Goethe reist mit Carl August und dem Fürsten Leopold von Anhalt-Dessau nach Berlin und Potsdam. – November: Pläne und Skizzen zum Bau eines Theaters. – Dezember: Arbeit an »Egmont«.
Werk: »Wilhelm Meisters theatralische Sendung«, 1. Buch.

1779 Januar: Goethe übernimmt die Leitung der Kriegskommission und das Straßenbauwesen. – 14. Februar: Anfang der »Iphigenie« (erste Prosafassung) diktiert. – 28. Februar–12. März: Dienstreise nach Jena, Dornburg, Apolda zur Inspektion des Wegebaus und zur Rekrutenaushebung. – 28. März: Abschluß der »Iphigenie«: erste Aufführung am 6. April, mit Corona Schröter in der Titelrolle, Goethe als Orest. – Mai/Juni: Arbeit an »Egmont«. – Anfang August: Goethe parodiert Jacobis Roman »Woldemar« im Kreise der Hofgesellschaft in Ettersburg.
12. September–13. Januar 1780: zweite Schweizer Reise mit dem Oberforstmeister von Wedel in Begleitung des Herzogs; über Kassel, Frankfurt, Sesenheim, Straßburg, Emmendingen, Thun, Lauterbrunn, Grindelwald, Lausanne, Genf, das Wallis, den Sankt Gotthard, Zürich, Stuttgart, Mannheim (dort Aufführung des »Clavigo«, mit Iffland als Carlos), Frankfurt, Darmstadt, Homburg.
Werk: »Iphigenie auf Tauris« (erste Prosafassung).

1780 7. Januar: Eröffnung des neuen Theaters. (»Redouten- und Comödienhaus«) in Weimar. – Frühjahr: Neufassung der »Iphigenie« in freien Rhythmen. – Juni/Juli: Literatursatire »Die Vögel« (nach Aristophanes); Aufführung am 18. August in Ettersberg. – September/Oktober: Reisen durch Thüringen. – 14. Oktober: Beginn der Ausarbeitung des »Tasso«.

1781 September/Oktober: Reisen nach Erfurt, Leipzig, Dessau, Gotha. – Ende Oktober: anatomische Vorlesungen bei Loder in Jena. – November/Januar 1782: Vorträge Goethes über Anatomie in der »Freien Zeichen-Akade-

mie« in Weimar. – 14. November: Goethe mietet das Haus am Frauenplan. – Dezember: Reise nach Gotha, Eisenach, Wilhelmsthal, Erfurt.
Werk: »Iphigenie auf Tauris« (zweite Prosafassung).

1782 März: Aufenthalt in Jena und Dornburg; Arbeit an »Egmont«, vorläufiger Abschluß. – April: in diplomatischer Mission an den Thüringischen Höfen. – 10. April: Joseph II. erhebt Goethe in den Adelsstand. – Mai: zweite Reise in politischem Auftrag durch die thüringischen Herzogtümer. – 25. Mai: Tod des Vaters in Frankfurt. – 2. Juni: Einzug in das Haus am Frauenplan. – 11. Juni: Goethe übernimmt die Leitung der Kammer (Finanzverwaltung).
Werk: »Wilhelm Meisters theatralische Sendung«, 2. und 3. Buch.

1783 25. Mai: Goethe nimmt Fritz von Stein zur Erziehung in sein Haus. – September/Oktober: zweite Harzreise, mit Fritz von Stein. – November: 4. Buch des »Wilhelm Meister« abgeschlossen.

1784 24. Februar: Wiedereröffnung des Ilmenauer Bergbaus mit einer Rede Goethes. – 27. März: Entdeckung des Zwischenkieferknochens am menschlichen Schädel. – August: mit Carl August nach Braunschweig; Goethe als Geheimsekretär bei Verhandlungen über den Fürstenbund. – September: dritte Harzreise.
Werke: Aufsatz über den Zwischenkieferknochen; »Wilhelm Meister«, 5. Buch; »Über den Granit«.

1785 Juni/Juli: mit Knebel im Fichtelgebirge; naturwissenschaftliche Studien. – Juli/August: erster Aufenthalt in Karlsbad. – November: intensives Studium von Linnés »Philosophia botanica«. – 11. November: 6. Buch des »Wilhelm Meister« abgeschlossen.
Werke: »Die Geheimnisse. Ein Fragment«; »Wilhelm Meisters theatralische Sendung« (vorläufiger Abschluß des Romans).

1786 Ende Juni: Abschluß eines Vertrags über die erste rechtmäßige Sammelausgabe von Goethes Schriften, mit Göschen in Leipzig. – 24. Juli: Abreise nach Karlsbad; dort im August die Überarbeitung des »Werther« vollendet.

3. September: heimliche Abreise von Karlsbad; über Regensburg, München, Bozen, Trient, Malcesine, Verona, Vicenza, Padua, Venedig nach Rom, wo Goethe am 29. Oktober abends eintrifft und bei dem Maler Tischbein Wohnung nimmt. – Dezember: Tischbein beginnt Goethes Porträt; dieser leistet dem kranken Karl Philipp Moritz Gesellschaft.

1787 Januar: Abschluß der in Verse umgearbeiteten »Iphigenie«. – Februar / Anfang Juni: Goethe mit Tischbein in Neapel und auf Sizilien. – Juni/April 1788: zweiter römischer Aufenthalt; wiederholt längere Zeit in der Umgebung Roms; Vorarbeiten zur »Metamorphose der Pflanzen«, Zeichnen und Modellieren des menschlichen Körpers.

1788 23. April: Abreise von Rom; über Florenz, Mailand, Como, die Schweiz nach Weimar, wo Goethe am 18. Juni wieder eintrifft. Entlastung von allen Regierungsgeschäften, unter Beibehaltung der Ilmenauer Kommissionen. – 12. Juli: Begegnung mit Christiane Vulpius; Goethe betrachtet die rasch sich entwickelnde Liebes- und Lebensgemeinschaft als eine Ehe; Lösung des Verhältnisses zu Charlotte von Stein. – 9. September: erstes Zusammentreffen mit Schiller, dessen Berufung als Professor für Geschichte an die Universität Jena im Dezember Goethe vermittelt.

1789 14. Juli: Ausbruch der Französischen Revolution. – 2. August: in Eisenach Vollendung des »Tasso«. – 25. Dezember: Goethes Sohn August geboren, das einzig Überlebende von fünf Kindern.

1790 Januar: Abschluß der »Metamorphose der Pflanzen«; »Faust. Ein Fragment« an den Verleger Göschen abgeschickt.

10. März: über Jena, Nürnberg, Augsburg, Verona nach Venedig, um dort die Herzogin Anna Amalia abzuholen. – April: Entdeckung der Wirbeltheorie des Schädels; »Venezianische Epigramme«.

18. Juni: wieder in Weimar. – 26. Juli–6. Oktober: in Schlesien, wo Carl August an preußischen Manövern teilnimmt. – 21. Oktober: Goethe übernimmt die Wasser-

baukommission. − Gründliche naturwissenschaftliche Studien (Optik, Botanik, Anatomie).

1791 17. Januar: Goethe mit der Leitung des neu errichteten Hoftheaters beauftragt; Eröffnung am 7. Mai. − 9. September: erste Sitzung der von Goethe gegründeten »Freitagsgesellschaft«, einer gelehrten Vereinigung; wöchentliche, später monatliche Sitzungen; Goethe hält dort Vorträge über seine naturwissenschaftlichen Forschungen. − 4. November: Heinrich Meyer wird auf Goethes Veranlassung Lehrer an dem »Freien Zeicheninstitut«; Goethes Hausgenosse bis 1802. − 17. Dezember: Aufführung des im Sommer in wenigen Wochen entstandenen Lustspiels »Der Großkophta«.

1792 August / Mitte Dezember: Teilnahme am Feldzug in Frankreich: Vormarsch bis Valmy; nach der Niederlage der Reichstruppen auf der Rückreise Aufenthalt in Düsseldorf bei Jacobi, in Münster bei der Fürstin Gallitzin.

1793 Ende Januar / Mitte April: Entstehung des »Reineke Fuchs«, Arbeit an der »Farbenlehre«. − Ende April: Goethe schreibt in wenigen Tagen das Lustspiel »Der Bürgergeneral«; Aufführung am 2. Mai in Weimar.
12. Mai−22. August: Teilnahme an der Belagerung des von französischen Truppen besetzten Mainz.

1794 April: Beginn der Umarbeitung des »Wilhelm Meister«. − 17. Juni: Carl August schenkt Goethe das Haus am Frauenplan. − 21./23. Juni: Goethe in Jena; Gespräch über die Urpflanze mit Schiller; Beginn der freundschaftlichen Zusammenarbeit. − 14. September: Schiller kommt auf zwei Wochen als Goethes Gast nach Weimar; Goethe von jetzt an häufig, oft monatelang, in Jena; Beginn auch des näheren Umgangs mit Wilhelm von Humboldt. − 6. Dezember: 1. Buch des umgearbeiteten »Wilhelm Meister« an Schiller geschickt.

1795 25. Januar: Schillers Zeitschrift »Die Horen« beginnt zu erscheinen; darin künftig regelmäßig Beiträge von Goethe. − Anfang Mai: in Jena, Bekanntschaft mit Alexander von Humboldt. − 1. Mai: Goethes Mutter verkauft das Vaterhaus in Frankfurt. − Juli/September: zur Kur in Karlsbad. − Ende Dezember: Goethe regt in einem

Brief an Schiller eine Sammlung von Xenien nach Martials Vorbild an.

1796 Januar/Juni: gemeinsame Arbeit an den »Xenien«. – Goethe übersetzt die Lebensgeschichte Benvenuto Cellinis. – Juni: Aufenthalt Jean Pauls in Weimar; Abschluß von »Wilhelm Meisters Lehrjahren«. – September: »Hermann und Dorothea«, die ersten 6 Gesänge. – Oktober: Die »Xenien« erscheinen in Schillers »Musen-Almanach für das Jahr 1797«. – 22./23. Oktober: Stollenbruch im Ilmenauer Bergwerk, das bis auf weiteres stillgelegt wird.

1797 Januar/März: Arbeit an der »Farbenlehre«; Beschäftigung mit der Metamorphose der Insekten. – März: Entstehung der letzten 3 Gesänge von »Hermann und Dorothea«. – 30. Juli–20. November: dritte Schweizer Reise, über Fulda, Frankfurt, Stuttgart, Tübingen, Zürich; von dort weiter mit Heinrich Meyer; nach Stäfa, Einsiedeln, Sankt Gotthard; zurück über Stuttgart, Nürnberg, Erlangen. – Oktober: Schillers »Musen-Almanach für das Jahr 1798« (mit Goethes Balladen); »Hermann und Dorothea« erscheint als »Taschenbuch für 1798«. – Anfang Dezember: Goethe übernimmt, gemeinsam mit dem Minister Christian Gottlob von Voigt, die Oberaufsicht der Bibliothek und des Münzkabinetts in Weimar.

1798 9. April: Wiederaufnahme der Arbeit an »Faust«. – Mai: »Achilleis«. – Oktober: Inszenierung von Schillers »Wallensteins Lager« zur Eröffnung des umgebauten Theaters; Goethes Kunstzeitschrift »Propyläen« beginnt zu erscheinen (bis 1800).

1799 Februar/April: in Jena; »Achilleis«, »Farbenlehre«, »Propyläen«. – 20. April: Uraufführung von »Wallensteins Tod«. – 26. August: erster Brief an Karl Friedrich Zelter. – 3. Dezember: Schiller siedelt nach Weimar über.

1800 Januar: Aufführung von Voltaires »Mahomet« in Goethes Übersetzung. – 14. Juni: Uraufführung von Schillers »Maria Stuart«. – Ende Juni: Goethe beginnt Voltaires Trauerspiel »Tankred« zu übersetzen (Erstaufführung: 30. Januar 1801). – 27. September: in Jena, Besuche des Physikers Johann Wilhelm Ritter.

1801 3.–17. Januar: Erkrankung an Gesichtsrose. – Ende Februar: Besuche Ritters; galvanische und optische Versuche. – 5. Juni–30. August: Reise mit seinem Sohn August nach Göttingen, Pyrmont und Kassel; intensive Beschäftigung mit der Farbenlehre. – 21. September: erster Besuch des späteren Kanzlers Friedrich von Müller. – 21. Oktober: Besuch Hegels. – Oktober: Arbeit an der »Natürlichen Tochter« (beendet März 1803).

1802 Ende Februar: erster Besuch Zelters in Weimar. – 15. Mai: erste öffentliche Aufführung von Goethes »Iphigenie« in Schillers Bearbeitung am Hoftheater. – Mai und Juni: Goethe in Lauchstädt; Eröffnung des neuen Theaters dort mit Goethes Vorspiel »Was wir bringen« und Mozarts »Titus« am 26. Juni.

1803 2. April: Uraufführung der »Natürlichen Tochter«. – Juli: Goethe übernimmt die persönliche Ausbildung des Schauspielernachwuchses für das Hoftheater. – September: Friedrich Wilhelm Riemer wird Hauslehrer Augusts und wohnt bis 1812 in Goethes Haus. – Goethe und Voigt wird die Leitung des »Jenaer Museums« übertragen. – 18. Dezember: Tod Herders. – 24. Dezember: Goethe empfängt die französische Schriftstellerin Germaine de Staël-Holstein und ihren Begleiter Benjamin Constant.

1804 17. März: Uraufführung des »Wilhelm Tell«. – 3. August: Vermählung des Erbprinzen Carl Friedrich mit der Großfürstin Maria Pawlowna in Petersburg.

1805 Januar/Mai: mehrmalige schwere Erkrankung (Nierenkolik mit Krämpfen); auch Schiller erkrankt Ende Januar. – 1. Mai: letzter Besuch Goethes bei Schiller. – 9. Mai: Schillers Tod. – August: Goethe reist nach Halle, hört dort Vorträge Franz Joseph Galls über Schädellehre; weiter nach Magdeburg, Helmstedt, Bodetal. – 2. Oktober: Beginn von Goethes Mittwochs-Vorlesungen über allgemeine Naturlehre vor Damen des Hofes. – Ausbau der Autographen-Sammlung; Druckbeginn der »Farbenlehre« (bis 1810).

1806 7. Februar: Goethe erhält Einquartierung. – 9. Mai: Beginn des Briefwechsels mit Philipp Otto Runge über die »Farbenlehre«. – Juli/Anfang August: zur Kur in Karlsbad; mineralogische und geologische Studien. – 6. Au-

gust: Ende des Heiligen Römischen Reiches Deutscher Nation. – 28. September: Eintreffen Johanna Schopenhauers in Weimar. – 14. Oktober: Schlacht bei Jena und Auerstädt; Plünderung Weimars, Goethe in Lebensgefahr; Marschall Lannes, dann Marschall Angereau bei Goethe einquartiert. – 19. Oktober: Trauung mit Christiane in der Sakristei der Hofkirche.
Werk: »Faust« (Abschluß des Ersten Teils).

1807 16. Februar: erste Aufführung des »Tasso« in Weimar. – 10. April: Tod der Herzogin-Mutter Anna Amalia. – 23. April: erster Besuch Bettina Brentanos. – 25. Mai bis 11. September: Goethe reist in Begleitung Riemers nach Karlsbad; dort Bekanntschaft mit dem französischen Diplomaten Karl Friedrich von Reinhard; geognostische Studien; Arbeit an der »Pandora«, an den Novellen in den »Wanderjahren«. – Anfang November: zweiter Besuch Bettinas. – Dezember: Entstehung der Sonette auf Minna Herzlieb, im Wettstreit mit Zacharias Werner und Riemer; Werner folgt Goethe nach Weimar, bleibt dort bis Ende März 1808. – Goethe richtet eine Hausmusik ein, die an Sonntagmorgen in seiner Wohnung, gelegentlich auch im Theater, ausgeführt wird.

1808 2. März: Kleists Lustspiel »Der zerbrochene Krug« wird in Weimar unter Goethes Regie aufgeführt und fällt durch. – 12. Mai–17. September: zur Kur in Karlsbad und Franzensbad, Fortsetzung der geologisch-mineralogischen Studien; geselliger Umgang, Neigung zu Silvie von Ziegesar. – Juni/Juli: Arbeit an dem Roman »Die Wahlverwandtschaften«. – 13. September: Tod von Goethes Mutter. – 29. September: zur Fürstenversammlung nach Erfurt. – 2. Oktober: Unterredung mit Napoleon. – 6./10. Oktober: abermalige Unterredungen Goethes mit Napoleon in Weimar.

1809 Mai/Juni: in Jena, Druck der »Farbenlehre«, Arbeit an den »Wahlverwandtschaften«. – August/September: wiederum in Jena, Druck der »Wahlverwandtschaften«. – Dezember: Die Anstalten für Wissenschaft und Kunst werden Goethes und Voigts Oberaufsicht unterstellt.

1810 2. Februar: Goethes Maskenzug »Die romantische Poesie«

aufgeführt. – 24. Februar: Aufführung von Zacharias Werners Drama »Der 24. Februar«. – 14. Mai: erster Brief an Sulpiz Boisserée. – 16. Mai–2. Oktober: Reise nach Karlsbad, Teplitz und Dresden; Bekanntschaft und Umgang mit der Kaiserin Maria Ludovica von Österreich; Arbeit an »Wilhelm Meisters Wanderjahren«.

1811 Januar/November: Arbeit an der Niederschrift von »Dichtung und Wahrheit«. – Anfang Mai: erster Besuch Sulpiz Boisserées mit Zeichnungen von Cornelius, den Rissen des Kölner Doms und des Straßburger Münsters. – 12. Mai bis 28. Juni: Goethe mit Riemer nach Karlsbad; Christiane kommt nachgereist. – August/September: Bettina mit ihrem Gatten Achim von Arnim in Weimar; Streit Bettinas mit Christiane, Goethe verbietet ihr sein Haus.

1812 April: Übertragung der Oberaufsicht über die Sternwarte an Goethe und Voigt. – 30. April–15. September: Reise nach Karlsbad und Teplitz; Christiane kommt nachgereist; nähere Bekanntschaft mit Beethoven; Verkehr im Kreise der Kaiserin Maria Ludivica; auf ihre Veranlassung entsteht das Lustspiel »Die Wette«. – 15.–20. September: Brand von Moskau. – 14./17. November: Zelters Brief über den Selbstmord seines Stiefsohnes.

1813 20. Januar: Tod Wielands. – 17. April–19. August: Reise nach Dresden und Teplitz; Arbeit an »Dichtung und Wahrheit«. – 17./18. Oktober: Völkerschlacht bei Leipzig. – Dezember: erste Arbeit an der »Italienischen Reise«.

1814 Mai: Friedensfestspiel »Des Epimenides Erwachen«. – 13. Mai–28. Juni: zur Kur in Berka. – 7. Juni: Lektüre des »Diwan« des persischen Dichters Hafis in der Übersetzung von Joseph von Hammer; anschließend entstehen die ersten Gedichte des »West-östlichen Divans«.

25. Juli–27. Oktober: Reise an den Rhein, Main und Neckar; den August über mit Zelter in Wiesbaden; erste Begegnung mit Marianne Jung, spätere Marianne Willemer (4. August); in Frankfurt, auf der Gerbermühle bei Willemers; in Heidelberg, Besuch der Brüder Boisserée und ihrer Sammlung mittelalterlicher Kunst; Rückreise über Hanau, Fulda, Eisenach.

November/Dezember: weitere Hafis-Lektüre, eingehende Studien über Dichtung, Kultur, Geschichte des Orients.
1815 Januar/März: Entstehung weiterer Divan-Gedichte. – April/Juni: Arbeit an der »Italienischen Reise«. – 24. Mai–11. Oktober: zweite Reise an den Rhein, Main und Neckar; Reise durch das Lahntal, Besuch bei dem Freiherrn vom Stein, Rheinfahrt nach Köln, Besichtigung des Doms; Aufenthalt bei Willemers, in Darmstadt und Heidelberg; Höhepunkt der Divan-Produktion. – Anfang Dezember: Beginn der Beschäftigung mit Luke Howards »Wolkenlehre«.
1816 6. Juni: Tod Christianes. – Goethes neue Zeitschrift »Über Kunst und Altertum in den Rhein- und Maingegenden« beginnt zu erscheinen. – 24. Juli–10. September: Aufenthalt in Bad Tennstedt. – September/Oktober: Fortsetzung des 2. Teils der »Italienischen Reise«. – Dezember: Arbeit am 4. Teil von »Dichtung und Wahrheit«.
1817 In lockerer Folge erscheinen bis 1824 in 2 Bänden mit 6 Heften morphologische Studien unter dem Titel »Zur Naturwissenschaft überhaupt«. – Fortsetzung der Studien über den Orient. – Januar: Fortsetzung der »Italienischen Reise« (der 1. und 2. Teil erscheinen im Oktober). – Januar/September: Beschäftigung mit den entoptischen Farben. – 13. April: Goethe legt die Leitung des Hoftheaters nieder. – 17. Juni: Hochzeit August von Goethes mit Ottilie von Pogwitsch. – Juni/Oktober: Beschäftigung mit Byrons Dichtungen.
1818 Anhaltende Arbeit am »West-östlichen Divan«, Ausarbeitung der »Noten und Abhandlungen«, Beginn des Drucks. – Februar: Beginn regelmäßiger meteorologischer Aufzeichnungen. – 9. April: Geburt von Goethes Enkel Walther Wolfgang. – 23. Juli–17. September: Reise nach Karlsbad, Verkehr mit Fürst Metternich und Diplomaten seiner Umgebung; mineralogische Studien. – 18. Dezember: Maskenzug bei Anwesenheit der Kaiserin-Mutter Maria Feodorowna.
1819 Abschließende Arbeiten zum »West-östlichen Divan«, der im Herbst erscheint. – 26. August–28. September: Reise nach Karlsbad.

1820 Januar/März: Arbeit an der »Kampagne in Frankreich«, der »Belagerung von Mainz«. – 23. April–31. Mai: Reise nach Karlsbad; meteorologische Aufzeichnungen; geologische Aufsätze und Zeichnungen. – 18. September: Geburt des zweiten Enkels Wolfgang Maximilian. – Oktober/Dezember: Wiederaufnahme des Romans »Wilhelm Meisters Wanderjahre«.

1821 Januar/Mai: Fortsetzung der »Wanderjahre«, deren 1. Teil Ende Mai erscheint. – 26. Mai: Goethes Prolog zur Eröffnung des neuen, von Schinkel erbauten Schauspielhauses in Berlin. – 26. Juni–15. September: Reise nach Marienbad; Umgang mit Amalie von Levetzow und ihren Töchtern; nach Eger, nach Franzensbrunn; anschließend bis 4. November in Jena. – November: Besuch Zelters mit seinem zwölfjährigen Schüler Felix Mendelssohn-Bartholdy.

1822 16. Juni–29. August: Reise nach Marienbad und Eger; geselliger Verkehr mit der Familie Levetzow; geologische Studien. – September: Frédéric Soret kommt als Prinzenerzieher nach Weimar. – 7. Oktober: Felix Mendelssohn spielt wieder in Goethes Haus.

1823 12. Februar–Anfang März: Goethe an Herzbeutelentzündung erkrankt. – 10. Juni: erster Besuch Johann Peter Eckermanns, der auf Goethes Wunsch in Weimar bleibt. – 26. Juni–17. September: Reise nach Marienbad und Karlsbad; leidenschaftliche Neigung zu Ulrike von Levetzow: auf der Heimfahrt entsteht die Marienbader »Elegie«. – November: Goethe erkrankt schwer an Krampfhusten; Besuch Zelters.

1824 Juni: Christian Daniel Rauch in Weimar, mit dem 3. Entwurf für ein Goethe-Denkmal in Frankfurt beschäftigt. – 19. September: Besuch William Emersons aus Boston. – 2. Oktober: Besuch Heinrich Heines.

1825 März und Mai: Besuche Felix Mendelssohns. – 21./22. März: Brand des Weimarer Theaters. – 3. September: 50jähriges Regierungsjubiläum Carl Augusts. – 7. November: Goethes 50jähriges Ankunftsjubiläum.

1826 Januar: Übereinkunft mit dem Verleger Cotta über die auf 40 Bände veranschlagte »Ausgabe letzter Hand«;

Goethes Honorar 60 000 Taler. – 17. Mai–2. Juni: Besuch Sulpiz Boisserées. – 25./26. September: Terzinen auf Schillers Schädel. – Ende September: Besuch Franz Grillparzers. – Oktober: Goethe schreibt die »Novelle«; Umarbeitung der »Wanderjahre«. – Dezember: Besuche Alexander und Wilhelm von Humboldts.

1827 6. Januar: Tod Charlotte von Steins. – Ende März: Die ersten zehn Bände der »Ausgabe letzter Hand« erscheinen. – Mai/Juli: »Chinesisch-deutsche Jahres- und Tageszeiten«. – 24. Mai: 2. Teil der »Wanderjahre« abgeschlossen. – 28./29. August: Besuch König Ludwigs I. von Bayern. – 29. Oktober: Geburt von Goethes Enkelin Alma. – 16. Dezember: Schillers Gebeine werden, mit dem Schädel vereint, in der Weimarer Fürstengruft beigesetzt.

1828 Januar/Februar, September/Dezember: Arbeit an »Faust II«. – 22. März: Goethe erhält die französische Faust-Ausgabe von Stapfer mit den Lithographien von Eugène Delacroix. – 14. Juni: Tod des Großherzogs Carl August auf der Rückreise von Berlin in Graditz bei Torgau. – 7. Juli–11. September: Goethe in Dornburg. – Dezember: Goethes Briefwechsel mit Schiller erscheint im Druck.

1829 19. Januar: erste Aufführung des »Faust«, in Braunschweig. – Januar: Vollendung von »Wilhelm Meisters Wanderjahren« (2. Fassung). – 19.–31. August: Besuch des polnischen Dichters Adam Mickiewicz. – 29. August: erste »Faust«-Aufführung in Weimar. – Dezember: Goethe erhält die französische »Faust«-Übersetzung von Gérard de Nerval.

1830 Wie im Vorjahr weitere Arbeit an »Faust II«. – 14. Februar: Tod der Großherzogin Luise. – 22. April: August von Goethe reist mit Eckermann nach Italien. – Ende Mai: letzter Besuch Felix Mendelssohns. – 26. Oktober: Tod August von Goethes in Rom. – 9. November: den 4. Teil von »Dichtung und Wahrheit« begonnen; anderntags Nachricht vom Tod des Sohnes. – 25./26. November: Goethe erleidet einen Blutsturz. – 28. Dezember: Vertrag mit Zelter über die Veröffentlichung des gemeinsamen Briefwechsels.

1831 Januar/Oktober: Fortsetzung und Vollendung des 4. Teils von »Dichtung und Wahrheit«. – 6. Januar: Goethe schließt sein Testament ab. – Ab 14. Januar: Arbeit an einem Aufsatz über die Spiraltendenz der Pflanzen. – Februar/Juli: Fortsetzung und Vollendung des »Faust II« (4. und 5. Akt.). – 17. März: Goethe erhält die beiden Schlußbände der »Ausgabe letzter Hand«. – Ende Juli: letzter Besuch Zelters. – Mitte August: Das Manuskript von »Faust II« wird eingesiegelt. – Oktober: 4. Teil von »Dichtung und Wahrheit« beendet.

1832 8.–27. Januar: Goethe liest Ottilie, zeitweilig auch Eckermann, aus der wieder entsiegelten Handschrift von »Faust II« vor. – 20. Februar: Goethe zum letztenmal im Gartenhaus am Stern. – 23. Februar: Goethe schickt Marianne von Willemer ihre an ihn gerichteten Briefe zurück. – 14. März: letzte Spazierfahrt. – 16. März: Goethe erkrankt. – 17. März: letzter Brief, an Wilhelm von Humboldt, über den »Faust«. – 22. März: Goethe stirbt, mittags gegen halb zwölf Uhr. – 26. März: Beisetzung in der Fürstengruft.

Quellennachweis

Das Unternehmen, als dessen Folge dieses Lesebuch erscheint, wäre nicht durchführbar gewesen ohne die zahlreichen Editionen einzelner Briefwechsel, ohne Biedermanns »Gespräche«, Bodes Sammlungen »vertraulicher Briefe« und Amelungs »Berichte und Briefe«; vor allem nicht ohne die sechs von Karl Robert Mandelkow und Bodo Morawe bewundernswürdig edierten und kommentierten umfangreichen Auswahlbände der Briefe von und an Goethe in der »Hamburger Ausgabe«. Auf diese wird denn auch, außer bei den einzelnen Briefwechseln, nach Möglichkeit verwiesen. Die beigegebene Lebenstafel, die nicht mehr als ein Gerüst sein will, fußt auf Bernhard Gajeks und Franz Göttings »Goethes Leben und Werk in Daten und Bildern« (Frankfurt 1966) und auf der Zeittafel im 14. Bande der »Hamburger Ausgabe« der Werke, der anschließend auf über sechzig Seiten eine vorzügliche Goethe-Bibliographie enthält.

Da Auslassungen, Raffungen, gelegentliche dem Verständnis oder der Verknüpfung zuliebe vorgenommene leichte Eingriffe in Wortlaut, Wortform oder Satzbau in diesem anthologischen Lesebuch, um der Lesbarkeit willen, grundsätzlich niemals vermerkt wurden, sei der Leser gebeten, sich, falls er den einen oder anderen Text zitieren möchte, jeweils an die nachstehend aufgeführten Quellen oder kritischen Editionen zu wenden.

Bei den einzelnen Nachweisen werden folgende Kürzel verwendet (die nicht wiederholt werden, wenn die folgende Seitenzahl auf dieselbe Veröffentlichung verweist).

Literaturverzeichnis

Baud: Charles Baudelaire, Sämtliche Werke/Briefe, hrsg. von F. Kemp, Cl. Pichois, W. Drost, Bd. I, München 1977
BBett: Bettinas Briefwechsel mit Goethe, hrsg. von Reinhold Steig, Leipzig 1922
BCA: Briefwechsel des Herzogs-Großherzogs Carl August mit Goethe, hrsg. von Hans Wahl, 3 Bde., Berlin 1915—1918
BChri: Goethes Briefwechsel mit seiner Frau, hrsg. von Hans Gerhard Gräf, 2 Bde., Frankfurt 1916
BHA: J. W. von Goethe, Briefe. Hamburger Ausgabe, hrsg. von Karl Robert Mandelkow und Bodo Morawe, 4 Bde., Wegner, Hamburg; jetzt Beck, München
BHAan: Briefe an Goethe, Hamburger Ausgabe, hrsg. von Karl Robert Mandelkow, 2 Bde., Wegner, Hamburg; jetzt Beck, München
BHumb: Goethes Briefwechsel mit Wilhelm und Alexander von Humboldt, hrsg. von Ludwig Geiger, Berlin 1909
BMar: Marianne und Johann Jakob Willemer, Briefwechsel mit Goethe, hrsg. von Hans-J. Weitz, Frankfurt 1965
BReinh: Goethe und Reinhard, Briefwechsel in den Jahren 1807 bis 1832, Wiesbaden 1957
BS: Goethes Werke, hrsg. im Auftrage der Großherzogin Sophie von Sachsen, IV. Abt., Briefe, 50 Bde., Böhlau, Weimar 1887—1912
BSchil: Briefwechsel zwischen Schiller und Goethe, 2 Bde., Stuttgart ^{4}1881
BStein: Goethes Briefe an Charlotte von Stein, hrsg. von Jonas Fränkel, umgearb. Neuausgabe, 2 Bde., Berlin 1960
BStol: J. W. Goethe, Briefe an Auguste Gräfin zu Stolberg, hrsg. von H. Jürgen Behrens, Homburg/Berlin/Zürich 1968
BZelt: Der Briefwechsel zwischen Goethe und Zelter, hrsg. von Max Hecker, 3 Bde., Leipzig 1913—18
Bett/WB: Bettina von Arnim, Werke und Briefe, hrsg. von Gustav Konrad, 5 Bde., Frechen/Köln 1959
Bied: Goethes Gespräche, Gesamtausgabe, neu hrsg. von Flodoard von Biedermann, 5 Bde., Leipzig 1909—1911
Bode/CA: Wilhelm Bode, Karl August von Weimar, Jugendjahre, Berlin 1913
Bode/Sohn: Wilhelm Bode, Goethes Sohn, Berlin 1918
Bode/vertr: Wilhelm Bode, Goethe in vertraulichen Briefen seiner Zeitgenossen, 3 Bde., Berlin 1917—1923
Börne: Ludwig Börne, Sämtliche Schriften, hrsg. von Inge und Peter Rippmann, Bd. II, Düsseldorf 1964

Boiss: Sulpiz Boisserée (Schriften und Briefe), 2 Bde., Stuttgart 1862
Brent: Clemens Brentano, Werke, 1. Band, München 1968
BrentB: Clemens Brentano, Briefe, hrsg. von Friedrich Seebaß, 2 Bde., Nürnberg 1951
Const: Benjamin Constant, Journaux intimes, éd. intégrale, Paris 1952
CharSchil: Charlotte von Schiller und ihre Freunde, Auswahl aus ihrer Korrespondenz, hrsg. von Ludwig Geiger, Berlin o. J.
Daumer: G. Fr. Daumer, Bettina, Gedichte aus Goethe's Briefwechsel mit einem Kinde, Nürnberg 1837
Divan: Goethe, West-östlicher Divan, Krit. Ausgabe der Gedichte mit textgeschichtlichem Kommentar von Hans Albert Maier, Text, Tübingen 1965
Divan/Stud: Studien zum West-östlichen Divan Goethes, hrsg. von Edgar Lohner, Darmstadt 1971
Eckerm: Johann Peter Eckermann, Gespräche mit Goethe in den letzten Jahren seines Lebens, 12. Originalaufl., hrsg. von H. H. Houben, Leipzig 1911
Eckerm/Nachl: Aus Goethes Lebenskreise. Johann Peter Eckermanns Nachlaß, hrsg. von F. R. Tewes, Bd. I, Berlin 1905
Eltern: Johann Caspar Goethe, Cornelia Goethe, Catharina Elisabeth Goethe, Briefe aus dem Elternhaus, Zürich 1960
FRBB: Eduard Firmenich-Richartz, Die Brüder Boisserée, Bd. I, Jena 1916
GJB: Goethe-Jahrbuch
G/Kest: Goethe, Kestner und Lotte, hrsg. von Eduard Berend, München 1914
G/Lav: Goethe und Lavater, Briefe und Tagebücher, hrsg. von Heinrich Funck, SchrGG 16, Weimar 1901
G/Öster: Goethe und Österreich, Briefe und Erläuterungen, hrsg. von August Sauer, 2 Bde., SchrGG 17/18, Weimar 1902/04
G/Pers: Goethe als Persönlichkeit, Berichte und Briefe von Zeitgenossen, gesammelt von Heinz Amelung. 3 Bde., München 1914, München/Berlin 1914/25 (Erg.-Bände der Propyläen-Ausgabe)
G/Rom: Goethe und die Romantik, Briefe mit Erläuterungen, hrsg. von Carl Schüddekopf und Oskar Walzel, 2 Bde., SchrGG 13/14, Weimar 1898/99
GW: J. W. von Goethe, Gesamtausgabe der Werke und Schriften, 22 Bde., Cotta, Stuttgart
HA: J. W. von Goethe, Werke, Hamburger Ausgabe, hrsg. von Erich Trunz, 14 Bde., Wegner, Hamburg; jetzt Beck, München
Heinse: Wilhelm Heinse, Sämtliche Werke, 3. Band, 2. Abt., Leipzig 1906
Herd: Herders Reise nach Italien. Herders Briefwechsel mit seiner

Gattin, vom August 1788 bis Juli 1789. Hrsg. von H. Düntzer und F. G. von Herder, Gießen 1859
Humb/B: Wilhelm von Humboldt, Briefe, Auswahl von Wilhelm Rößle, München 1952
Humb/SchG: Wilhelm von Humboldt über Schiller und Goethe. Aus den Briefen und Werken ges. und erl. von Eberhard Haufe, Weimar 1963
HvH: Hugo von Hofmannsthal, Prosa II, hrsg. von Herbert Steiner, Frankfurt 1951
Im/Mem: Karl Immermann, Memorabilien, III. Teil, (Schriften, Bd. XIV), Hamburg 1843
JbGG: Jahrbuch der Goethe-Gesellschaft
JdFDH: Jahrbuch des Freien deutschen Hochstifts
jG: Der junge Goethe. Goethes Gedichte in ihrer geschichtlichen Entwicklung. Hrsg. und erl. von Eugen Wolff, Oldenburg/Leipzig (1907)
JSchop: Damals in Weimar, Erinnerungen und Briefe von und an Johanna Schopenhauer, ges. und hrsg. von H. H. Houben, Berlin, ²1929
Knebel: Aus Karl Ludwig von Knebels Briefwechsel mit seiner Schwester Henriette, hrsg. von Heinrich Düntzer, Jena 1858
LA: Goethe, Die Schriften zur Naturwissenschaft, hrsg. im Auftrage der Deutschen Akademie der Naturforscher Leopoldina, I. Abt., Texte, 9 Bde., Weimar 1947−1964
Max: Goethe, Maximen und Reflexionen, hrsg. von Max Hecker, SchrGG 21, Weimar 1907
Mend: Die Familie Mendelssohn 1729−1847, Nach Briefen und Tagebüchern von S. Hensel, 2 Bde., Berlin ¹⁵1908
Mend/Reise: Reisebriefe von Felix Mendelssohn-Bartholdy, aus den Jahren 1830 bis 1832. Hrsg. von Paul Mendelssohn-Bartholdy, 2 Bde., Leipzig ²1862
Merck: Johann Heinrich Merck, Briefe, hrsg. von Herbert Kraft, Frankfurt 1968
Müller: Kanzler von Müller, Unterhaltungen mit Goethe, Krit. Ausg. von Ernst Grumach, Weimar 1956
Ott: Aus Ottilie von Goethes Nachlaß, Briefe und Tagebücher von ihr und an sie bis 1832, hrsg. von Wolfgang von Oettingen, SchrGG 28, Weimar 1913
Riemer: Friedrich Wilhelm Riemer, Mittheilungen über Goethe, 2 Bde., Berlin 1841
Rah/Freunde: Rahel Varnhagen im Umgang mit ihren Freunden (Briefe 1793−1833), hrsg. von Friedhelm Kemp, München 1967
Rah/Varn: Rahel Varnhagen, Briefwechsel mit August Varnhagen von Ense, hrsg. von Friedhelm Kemp, München 1967

Rah/Zeit: Rahel Varnhagen und ihre Zeit (Briefe 1800—1833), hrsg. von Friedhelm Kemp, München 1968
Rilke: Rainer Maria Rilke, Sämtliche Werke, Bd. VI, Frankfurt 1966
Schel/Fr: Schellings Frauen Caroline und Pauline, dargestellt von Carmen Kahn-Wallerstein, Bern 1959
Schil/Körn: Schillers Briefwechsel mit Körner, hrsg. von Karl Goedecke, 2 Bde., Leipzig ²1878
Schop: Arthur Schopenhauers Briefwechsel und andere Dokumente, Ausg. und hrsg. von Max Brahn, Leipzig 1911
SchrGG: Schriften der Goethe-Gesellschaft
Schulze: Weimarische Berichte und Briefe aus den Freiheitskriegen 1806—1815, hrsg. von Friedrich Schulze, Leipzig 1913
Sckell: KACh. Sckell, Goethe in Dornburg, Jena 1864
Staël: Ein fremder Gast. Frau von Staël in Deutschland 1803/04, Nach Briefen und Dokumenten von Alfred Götze, Jena 1928
Steff: Henrik Steffens, Lebenserinnerungen aus dem Kreis der Romantik, In Auswahl hrsg. von Friedrich Gundelfinger, Jena 1908
Sylvie: Goethe und Sylvie, hrsg. von Paul Raabe, Stuttgart 1961
VjsGG: Vierteljahresschrift der Goethe-Gesellschaft
WernB: Briefe des Dichters Friedrich Ludwig Zacharias Werner, hrsg. von Oswald Floeck, 2. Band, München 1914
WernPW: Zacharias Werner's Poetische Werke, 3 Bde., Grimma 1840 (Reprint Bern 1970)

Abgekürzte Literaturangaben

Erster Teil

I

8: G/Lav 330. — *10:* BS IV, 320. — *11:* Max 65 f., 7. — *12:* HvH 114 ff.

II

16: BHA I, 13 ff. — *17:* I, 17 ff. — *19:* G/Pers 19 f. — *20:* 20 f. — *21:* BHA I, 32. — *22:* I, 39 f.; 40 ff. — *24:* I, 54 ff.

III

26: BS I, 112; GW VIII, 352 f. — *27:* BHA I, 57 ff. — *32:* I, 64 f. — *34:* I, 65 f.; BS I, 160.

IV

35: BHA I, 68 ff. — *37:* I, 77 ff. — *38:* I, 85 ff. — *42:* I, 99 ff. — *43:* I, 101 f.

V

45: BHA I, 105. — *46:* I, 109 f. — *47:* I, 117 ff. — *49:* HA I, 27 f. — *50:* BHA I, 122 f. — *51:* BStein I, 150 f. — *52:* BHA I, 127 f. — *53:* I, 128 f. — *54:* I, 131 ff.

VI

56: G/Kest 106 ff. — *58:* 100 ff. — *59:* GW VI, 63 ff. — *61:* BHA I, 134 f. — *62:* G/Kest 102 f.; BHA I, 135. — *63:* I, 136. — *64:* I, 137. — *65:* I, 138 ff. — *66:* I, 140 f. — *67:* I, 145. — *68:* I, 145 f. — *69:* I, 149. — *70:* BS II, 149 f., 151. — *71:* BHA I, 159 f., 170. — *72:* BHAan I, 36; BHA I, 170 f. — *73:* I, 173 f. — *75:* BZelt I, 340, 459 f. — *76:* GW I, 488 f.

VII

78: G/Lav 330. — *79:* 374 f. — *80:* Merck 116 ff. — *81:* 125 ff. — *84:* 128 ff. — *86:* jG 188 f. — *87:* Merck 141 ff.

VIII

90: BStol 9 f. — *91:* 11 f. — *93:* 13 ff. — *94:* HA I, 103; BStol 22 ff. — *96:* 27 ff. — *98:* 39 ff. — *100:* 47, 51 ff. — *103:* 56 f. — *104* HA I, 105. — *105:* GW VIII, 616 f. — *106:* HA I, 386. — *107:* Müller 90.

IX

108: G/Pers I, 85. — *109:* BHA I, 169 f.; BHAan I, 38 ff. — *112:* Heinse 388. — *113:* BHAan I, 63 ff. — *115:* Bied I, 98 f. — *116:* Bode/vertr I, 256 ff. — *118:* BHA I, 406 f. — *119:* BHAan I, 81 f.; BHA I, 414 f. — *120:* Bied I, 48. *121:* BS XXII, 254 f.; BHA III, 180 f. — *122:* III, 220 f. — *123:* GW VIII, 1415 f. —

X

125: GW VIII, 911 f. — *127:* BHA I, 199 f.; BS III, 14 f. — *129:* III, 21. — *130:* III, 4, 12, 13, 17. — *131:* BHA I, 205 f.; BS III, 79 ff. — *132:* BHA I, 221. — *133:* I, 225, 207 f. — *134:* I, 209 f.; G/Lav 65. — *135:* Bode/CA 324 f.; Bode/vertr I, 199 f., 214. — *136:* I, 226, 229 f.; BHAan I, 58 f. — *137:* BHA I, 215; BHAan I, 59. — *138:* Bode/vertr I, 196 f. — *139:* Bode/Ca 305 f. — *140:* Bode/vertr I, 205 f. — *141:* G/Pers I, 162 f. — *143:* BHA I, 220. — *144:* BStein I, 38 f., 40 f. — *145:* I, 41. — *146:* G/Lav 69 f. — *147:* BHA I, 230. — *148:* BS III, 121 f.; G/Lav 73; GW XI, 38 f. — *149:* Merck 160, 157 f. — *150:* BStein I, 251.

XI

151: GStein I, 3, 5 ff. — *152:* I, 7 f. — *153:* I, 9. — *154:* I, 13, 14, 15. — *155:* I, 15, 16. — *156:* I, 19, 20. — *157:* I, 500 f. — *159:* BHA I, 212; BStein I, 25 f. — *161:* I, 503 f.

XII

162: GW XI, 80, 87. — *163:* XV, 529 ff. — *164:* BStein I, 88 f. — *165:* I, 89 f. — *166:* I, 90 ff. — *169:* I, 95. — *170:* I, 109 f. — *172:* I, 111.

XIII

173: BHA I, 267 f. — *174:* BStein I, 148 ff. — *176:* I, 164 ff. — *178:* G/Lav 78 f. — *179:* BStein I, 152 ff. — *181:* I, 163 f. — *183:* GW X, 11 ff. — *194:* BStein I, 181 f. — *195:* BHA I, 285 f. — *196:* Bode/vertr I, 263 f.

XIV

198: GW VIII, 589 f. — *199:* G/Lav 77 f. — *200:* GW VIII, 991; BHA I, 254 f. — *201:* BS III, 255 ff. — *202:* BHA I, 255 f.; I, 256 f. — *204:* BS IV, 24 ff. — *205:* BHA I, 266. — *206:* I, 269 f. — *207:* I, 341 f. — *208:* GW XI, 131.

XV

209: G/Lav 181 ff. — *211:* BStein I, 375 ff. — *212:* G/Lav 201 ff. — *215:* 205 ff. — *216:* 211 ff. — *218:* BStein II, 166 f.

XVI

219: GW XI, 112 f. — *220:* BStein I, 217 ff. — *221:* I, 220 f. — *222:* I, 230 f. — *223:* I, 233 f.; G/Lav 136 f. — *224:* BStein I, 251. — *225:* BHA I, 368 ff. — *227:* BStein I, 371 ff. — *229:* I, 378 f., 381 f. — *230:* BHA I, 376, 400 f. — *231:* I, 415 f.

Zweiter Teil

I
235: Müller 281. — *236:* Bode/vertr I, 265. — *237:* I, 269 f. — *238:* I, 273 f. — *239:* I, 296 f. — *240:* Bied I, 112 f. — *241:* Eckerm 55 f. — *242:* Bode/vertr I, 303 f. — *243:* I, 312; G/Lav 136 f. — *244:* Bode/vertr I, 329. — *245:* Schil/Körn I, 88 f.

II
246: GW I, 703; XI, 101. — *247:* BStein I, 130 ff. — *249:* I, 237. — *250:* I, 239 ff. — *253:* GW XI, 130; Eckerm 555 ff. — *255:* GW I, 363 ff. — *257:* Eckerm 557.

III
258: BStein II, 56. — *259:* II, 171. — *260:* II, 208, 175 ff. — *269:* II, 209 f. — *270:* II, 216 ff. — *271:* II, 221 f. — *273:* II, 224 ff. — *277:* II, 241 f. — *278:* II, 274 f.

IV
280: BStein II, 243 ff. — *288:* 288 ff. — *290:* 271 f. — *291:* 280 ff.

V
292: GW I, 174, 175. — *293:* BStein II, 301 ff. — *295:* II, 305 f. — *297:* BCA I, 75 ff. — *298:* Eltern 555 f. — *299:* BStein II, 306 f. — *300:* BHA II, 20 f. — *301:* II, 22 f. — *303:* BStein II, 314 f. — *304:* II, 317 ff. — *306:* II, 316 f.; Bode/vertr I, 340 f. — *308:* BCA I, 77 f. — *309:* BHA II, 25 ff. — *310:* BStein II, 319. — *311:* II, 320 ff. — *312:* II, 322 ff. — *314:* II, 324 ff.

VI
317: BHA II, 37 ff. — *319:* BStein II, 327 ff. — *321:* II, 364 f., 334. — *322:* II, 337 ff. — *323:* II, 341 f. — *325:* BCA I, 82 ff. — *326:* BStein II, 352 f.

VII
327: BStein II, 363 ff. — *329:* GW IX, 673; BCA I, 91 f. — *330:* I, 92 ff. — *331:* I, 95 f. — *332:* BHA II, 66 f. — *333:* II, 74; BCA I, 107 ff. — *335:* I, 109 ff. — *337:* BHA II, 83 f. — *338:* BCA I, 117. — *339:* I, 120 f.

VIII
340: GW IX, 830 ff. — *341:* LA IX, 62. — *342:* Bode/vertr I, 520. — *343:* I, 528 f. — *344:* Herd 26, 28, 70 ff. — *345:* 76 f.; BHA II, 102 f. — *346:* Herd 114 ff., 118 ff. — *347:* 127 f., 154 f. — *348:* 160 f., 164, 165, 170. — *349:* 154 ff. — *350:* 218, 236 f., 252 f. — *351:* 268 f., 273 f., 278. — *352:* 301, 384 f.; BStein II, 383 f. — *354:* II, 385 f. — *355:* BHA II, 122. — *356:* II, 123; BCA I, 154 f. — *357:* GW 222. — *358:* I, 238 f. — *359:*

BHA II, 124 f. — *360:* II, 125 ff. — *361:* GW I, 231. — *362:* I, 232; BHA II, 127 f. — *363:* II, 129 f.

IX

364: BChri I, 1. — *365:* I, 1 f, 2. — *366:* I, 3 f. — *367:* I, 5 f. — *368:* I, 6 f. — *369:* I, 8 ff. — *370:* BHA II, 158 f.; GW X, 451. — *371:* BChri I, 19 f., 21. — *372:* I, 23. — *373:* I, 24 f., 26 f. — *374:* I, 29 f. — *375:* I, 35 f., 38. — *376:* I, 40.

X

377: BCA I, 31; G/Lav 195 f. — *378:* BHA I, 435 f.; BStein II, 16. — *379:* BHA I, 459. — *380:* Bode/vertr I, 327, 330. — *381:* BHA I, 475; LA IX, 172. — *382:* GW XVIII, 870. — *383:* LA IX, 227 f. — *384:* IX, 279, 230 f. — *385:* BHA IV, 250. — *386:* LA IX, 280, 67. — *387:* IX, 69 f., 15 ff. — *390:* BStein II, 123, 158. — *391:* II, 162 ff.; GW IX, 493 f. — *392:* BStein II, 365 f.; BHA II, 64. — *393:* II, 128. — *394:* II, 419; GW XIX, 279; VIII, 974 f. — *396:* LA IX, 222.

XI

397: Eltern 689 f. — *398:* 696 f. — *399:* 697 f. — *400:* 702 f. — *401:* 703 ff. — *403:* 705 ff. — *404:* 709 f. — *405:* 713 f. — *406:* 720 ff.

XII

408: Knebel 63. — *409:* Schil/Körn I, 218 f. — *411:* I, 270 f. — *412:* I, 280, 288. — *413:* I, 381, 384. — *414:* I: 386. — *415:* GW VIII, 1402 ff. — *416:* BSchil I, 4 ff. — *418:* I, 7 f. — *419:* I, 9 ff. — *421:* I, 34. — *422:* I, 130 f. — *423:* I, 133 f. — *425:* I, 218 f., 274. — *426:* I, 274 f. — *427:* II, 153 f. — *428:* II, 154. — *429:* Bode/vertr I, 678 ff. — *431:* Eckerm 113 ff.

XIII

433: BSchil I, 281 ff. — *436:* I, 289 ff. — *439:* I, 284 ff. — *440:* GW VIII, 934. — *441:* BSchil I, 286 ff. — *443:* GW II, 693. — *444:* BSchil I, 301 f.

XIV

446: Staël 75 f. — *447:* Knebel 189. — *448:* BHA II, 462 f. — *449:* BIIAan I, 400 f. — *450:* BSchil II, 352. — *451:* Staël 44. — *452:* Schil/Körn II, 456 f. — *453:* Knebel 194 f. — *454:* BSchil II, 360; Const 60. — *455:* 59; Staël 147 ff. — *457:* GW VIII, 1089 ff.

XV

460: Schulze 43 ff. — *463:* JSchop 20 ff. — *465:* Schulze 52 ff. — *467:* 57 ff. — *468:* Riemer I, 365 ff. — *471:* BHA III, 28. — *472:* Bied II, 19. — *473:* Schulze 56 f. — *474:* JbGG V, 232 ff. — *475:* BCA I, 347 ff. — *479:* II, 1. — *480:* GJB XVI, 19 f. — *482:* BHA III, 39. — *483:* GW I, 742.

Dritter Teil

I

488: Im/Mem 146 ff. — *490:* 151 ff.

II

499: Bied II, 279 ff. — *501:* Divan/Stud 307; GW XI, 128. — *502:* BHA IV, 496; III, 89; IV, 501. — *503:* IV, 502; Bied III, 518 f. — *504:* BHA II, 307; BZelt II, 380; BHA IV, 512. — *505:* III, 345 f. — *506:* IV, 506 f.; Bied III, 517 ff. — *508:* GW VIII, 407 f. — *509:* Baud 121.

III

510: JSchop 13 f. — *511:* 17. — *512:* 39 f., 50 f. — *513:* 52 ff. — *514:* 72 ff. — *515:* 79 f. — *517:* 88 ff. — *518:* 55 ff.

IV

523: BHA III, 71 ff. — *524:* GW VIII, 1188 f. — *526:* VI, 471; BHA III, 82 f. — *527:* Sylvie 67. — *528:* 99. — *529:* BChri II, 131 f. — *530:* II, 134 f. — *531:* BCA II, 52 ff. — *532:* BChri II, 141 ff. — *533:* II, 147 f. — *535:* BCA II, 59; CharSchil 283. — *536:* JSchop 209. — *537:* BCA II, 88; BChri II, 231 ff. — *539:* CharSchil 300; BChri II, 237 f. — *540:* BZelt I, 328, 331 f. — *541:* BReinh 182 f.; G/Öster I, 37 f. — *542:* I, 44 f. — *543:* I, 46 ff. — *544:* I, XLIII f.; BCA II, 117. — *545:* GW III, 1333.

V

546: GW XX, 267; BHA I, 336 f. — *548:* GW V, 436 f.; GW XX, 244 f. — *550:* Boiss I, 251 f., FRBB 393 f.; BHA III, 86. — *551:* GW VIII, 1191 f.; XX, 442. — *552:* VIII, 1282 f. — *553:* LA VIII, 353 f. — *554:* BHA IV, 350 f. — *555:* GW XX, 337. — *556:* BHA IV, 427 f. — *557:* GW XX, 750.

VI

558: BZelt I, 146 f. — *559:* GW XI, 791. — *560:* Bied I, 518; BHA III, 66 ff. — *563:* Steff 297 f.; WernB 124 ff. — *565:* WernPW I, 149. — *566:* WernB 133 ff. — *567:* 139 f. — *568:* Hum/SchG 200 f. — *569:* Bied II, 111 f. — *570:* WernB 192 ff. — *571:* G/Rom II, 38. — *572:* WernB 201 ff. — *574:* BHA III, 111 f. — *575:* WernB 201 ff. — *576:* Bied II, 75. — *577:* GW VIII, 1038 f.; WernB 220 f. — *581:* GW I, 1157. — *582:* WernPW II, 97 f.; BHA III, 243. — *583:* GW I, 1123; XV, 1067.

VII

584: GBett 8. — *585:* Bett/WB V, 366 f. — *586:* GBett 10 f.; Bett/WB 175 f. — *587:* II, 21. — *589:* Schel/Fr 163.; Bett/WB V, 178 f. — *590:* GBett 27 f. — *591:* 30 f. — *592:* 31 ff. — *594:* 81 ff. — *596:* 92 f. — *597:*

GChri II, 189 f. — *598:* GBett 180, 181. — *599:* 187 f., 203 ff. — *602:* Bett/WB II, 404 ff.; GBett 259. — *603:* 277, 284; JdFDH 1964, 350 ff.

VIII

606: BZelt I, 333 ff. — *610:* I, 339 ff. — *612:* I, 346 f. — *613:* I, 344 ff. — *615:* I, 351 ff. — *606:* I, 356 ff.

IX

620: GW VIII, 1176. — *621:* GReinh 49 ff. — *622:* 60 ff. — *624:* 63 ff. — *626:* 72 ff. — *627:* 95. — *628:* 107 f. — *629:* 110 f. — *630:* 119 ff. — *631:* 126 ff. — *632:* Boiss I, 111 ff. — *634:* I, 113 ff. — *636:* FRBB 386 f. — *637:* GReinh 154 f. — *639:* Boiss I, 116 ff. — *640:* I, 125 ff. — *642:* BReinh 159 f.

X

643: Boiss II, 33 f. — *644:* Bied II, 275 ff. — *646:* FRBB 391 ff. — *647:* 394, 396. — *648:* 397, 398 f. — *649:* 402 f. — *650:* 424 f. — *651:* 425 f. — *652:* 426, Boiss I, 291; II, 172 f.

XI

654: BMar 750 f. — *655:* Brent 157 f. — *657:* BMar 12, 11. — *658:* Divan 129, 176 f. — *659:* BMar 310. — *660:* 315 f. — *661:* 321 f.; GW II, 263. — *662:* Divan 171 f. — *663:* BMar 335 f. — *664:* 26, 28 f. — *665:* 29 ff. — *666:* 346 f. — *667:* Divan 170. — *668:* BMar 363, 40. — *669:* 73. — *670:* 74 f., 75 ff. — *672:* 77 f. — *673:* 78 f., 79 f. — *674:* 80 f. — *675:* 83 f. — *676:* 84 f. — *677:* 91 ff. — *678:* 198 f. — *679:* 199 ff. — *680:* 270 f. — *681:* 274 f., 275.

XII

682: Rah/Varn 17. — *683:* Rah/Freunde 71 f.; Rah/Varn 334 ff. — *686:* Rah/Zeit 435 ff. — *689:* 232 ff. — *692:* GW XV, 537 f. — *693:* Rah/Zeit 244 f.

XIII

695: Schop 24 ff. — *696:* 26 f., 29. — *697:* 31 ff. — *699:* 47 f. — *700:* 48 ff. — *702:* BHA III, 492 f. — *705:* LA VIII, 127 f. — *704:* BReinh 263 ff.

XIV

707: Bied II, 533 ff. — *708:* BZelt II, 181 f. — *709:* Bied II, 576. — *710:* GW I, 495 f. — *711:* BHA IV, 57 f.; Müller 63 ff. — *713:* BReinh 504. — *714:* 292 ff. — *715:* BHA IV, 72 f. — *717:* GW XII, 1058 ff. — *718:* BHA IV, 76 f. — *719:* GW I, 723. — *720:* I, 723, 1114. — *721:* BZelt II, 219; BHA IV, 79 f. — *723:* Bied II, 641, 663. — *725:* BHA IV, 87 ff. — *727:* IV, 89; HA I, 382 f. — *728:* Humb/B 417 f. — *729:* HA I, 385. — *730:* Humb/B 419 f.; BZelt II, 224. — *731:* II, 253 ff.

XV

735: Mend I, 126. — *734:* I, 128 ff. — *735:* Bied II, 563 ff. — *737:* BZelt III, 130 f. — *738:* III, 131 f. — *739:* III, 142 f. — *740:* III, 146. — *741:* Mend/Reise I, 1 ff. — *744:* I, 7 ff. — *746:* I, 11 f. — *747:* BZelt III, 295 f.

XVI

748: BZelt III, 47 ff. — *750:* BS XLIV, 196. — *751:* BHA IV, 287 ff. — *754:* BZelt III, 52 ff. — *756:* BHA IV, 286 f. — *757:* Sckell 45 ff. — *758:* GW XIII, 538, 552. — *759:* I, 867, 878.

XVII

760: Boiss II, 388 f. — *761:* II, 413. — *762:* I, 471 f., FRBB 427 f. — *763:* Boiss I, 475, FRBB 431; BHA IV, 199. — *764:* IV, 199 f. — *765:* Boiss II, 445 f. — *766:* BZelt II, 501 f. — *767:* II, 521; HA I, 387. — *768:* I, 390; BZelt II, 587 f. — *769:* Eckerm 531 f. — *770:* Boiss II, 487. — *771:* Ott 148, 165 ff. — *772:* Bied IV, 144 f. — *774:* IV, 161 f. — *775:* Bode/ Sohn 353 f. — *776:* 368; Ott 246 ff. — *778:* 251 f. — *779:* 265 ff. — *782:* BZelt III, 339 f. — *783:* III, 343, 348. — *784:* III, 352 f.

XVIII

786: Boiss II, 558 ff. — *787:* BZelt III, 430 f., 436. — *789:* BHA IV, 432 f. — *790:* BZelt III, 464 f. — *791:* GW XIII, 967; BZelt III, 469 ff. — *793:* BHA IV, 463 f. — *794:* BHAan II, 607 ff. — *795:* BHA IV, 480 f. — *797:* Bied IV, 450. — *798:* Bied IV, 456; Eckerm 405 f. — *799:* Rah/ Zeit 362.

XIX

800: GJB 29, 44 ff. — *803:* BrentB II, 330 f. — *804:* Bett/WB V, 179 ff. — *808:* BrentB II, 336 ff. — *811:* Börne 856, 862, 868 f., 866 f. — *813:* Rilke 857 f. — *815:* Daumer VII ff., 302 f., 354. — *817:* Eckerm/Nachl 330 ff.

Personenregister

In dem nachstehenden Register werden als erste sämtliche Empfänger von Briefen Goethes oder anderer Personen aufgeführt; es folgen die Schreiber von Briefen an Goethe oder andere Personen sowie die Verfasser von Tagebuchaufzeichnungen, Erinnerungen und verwandten Texten.

Briefempfänger

Arnim, Bettina von *siehe* Brentano
Augustenburg, Friedrich Christian Herzog 342

Behrisch, Ernst Wolfgang 24 f., 27 ff.
Bertram, Johann Baptist 639 f.
Böttiger, Karl August 474
Boie, Ernestine 135
Boisserée, Melchior 632 ff.
Boisserée, Sulpiz 640 f., 643 f., 652 f., 760 ff., 765, 770, 786 f.
Brentano, Bettina 598 f., 798, 803 f., 808 ff.
Brentano, Clemens 586 f., 589 f., 804 ff.
Brion, Friederike 47 ff.
Buff, Charlotte 61 f., 62 f., 70 ff.

Camper, Pieter 380
Carus, Carl Gustav 800 ff.
Cotta, Johann Friedrich 480 ff., 504 f.

Des Voeux, Charles 771 f.

Fabricius, Anna Catharina 46 f.
Fahlmer, Johanna 116 f., 127 f., 133 f.

Goethe, August von 523 f.
Goethe, Catharina Elisabeth 147, 173 f., 225 f., 587 f.
Goethe, Christiane *siehe* Vulpius
Goethe, Cornelia 17 ff., 22 f.
Goethe, Ottilie von 718 f., 721 ff., 727
Götze, Johann 756 f.
Günderode, Caroline von 584
Günther, Wilhelm Christoph 471 f.
Gotter, Pauline 527, 589

Hamann, Johann Georg 239
Hegel, Georg Wilhelm Friedrich 702 f.
Herder, August 556 f.
Herder, Caroline 346 ff., 360 f.
Herder, Johann Gottlieb 52, 54 f., 130 ff., 138 f., 300 f., 309 f., 329, 344 ff., 355 f., 362 f., 378
Hessen, Philipp Markgraf von 467 f.
Heyne, Christian Gottlob 242 f.
Humboldt, Caroline von 568, 728 ff.
Humboldt, Wilhelm von 793 f., 795 ff.

Iselin, Isaak 237 f.
Itzen, Carl Jacob Ludwig 385
Jacobi, Friedrich Heinrich 109, 115, 118, 122 f., 560 ff.

Kalb, Charlotte von 359
Kestner, Johann Christian 61,
　63 f., 65 ff., 71, 72 ff., 143
Klopstock, Friedrich Gottlieb 137
Knebel, Henriette von 408 f.
Knebel, Karl Ludwig von 121 f.,
　135, 195 f., 230 ff., 244 f.,
　301 f., 332 f., 379 f., 392 f.,
　453 f.
Körner, Gottfried 245, 409 ff.,
　413 f., 452 f.
Krafft, Johann Friedrich 200 ff.

La Roche, Sophie 64
Lavater, Johann Caspar 78,
　81 ff., 136, 148, 151, 178 f.,
　199, 209 f., 212 ff., 216 ff.,
　223 f., 238, 243 f., 306 f., 377
Leonhard, Carl Caesar von
　548 f., 551 f.
Lerse, Franz Christian 236 f.
Levetzow, Amalie von 725 f.
Levetzow, Ulrike von 711

Mecklenburg, Caroline Luise
　Herzogin von 535 f., 539
Merck, Johann Heinrich 129,
　148, 196 f., 240, 381
Mendelssohn, Abraham und Lea
　733 f., 741 ff.
Moors, Carl Ludwig 19 ff., 21

Naylor, Samuel 779 ff.
Necker, Jacques 451 f.
Nicolai, Christoph Friedrich
　80 f., 87 ff., 149 f.

O'Donell, Josephine Gräfin
　502 f., 541 f., 543, 544
Oeser, Adam Friedrich 37 f.
Oeser, Friederike 38 ff.

Pogwitsch, Ulrike von 771, 789 f.
Preußen, Friedrich Wilhelm IV.
　585

Reinhard, Karl Friedrich 541,
　624 ff., 627 ff., 631 f., 637 f.,
　642, 714
Reinhold, Sophie 446 f.
Riese, Johann Jakob 16 f.
Robert, Ludwig 689 ff., 695

Sachsen-Gotha, Ernst II,
　Herzog von 546 f.
Sachsen-Weimar-Eisenach, Carl
　August Herzog 297 f., 308,
　325 f., 329 ff., 333 ff., 338 f.,
　356 f., 377, 475 ff., 531 f., 535,
　544, 603
Sachsen-Weimar-Eisenach, Carl
　Friedrich Großherzog 751 ff.
Salzmann, Johann Daniel 50 f.,
　53
Schelling, Friedrich Wilhelm
　528
Schiller, Charlotte von 448 f.
Schiller, Friedrich 413 f., 418 f.,
　425 f., 427 f., 433 ff., 439 ff.,
　450 f., 454
Schimmelmann, Gräfin 429 ff.
Schinz 136
Schlichtegroll, Adolph Heinrich
　Friedrich 131
Schlosser, Christian Heinrich
　582
Schlosser, Johanna *siehe*
　Fahlmer
Schönkopf, Anna Catharina
　35 f., 42 ff.
Schopenhauer, Adele 778
Schopenhauer, Arthur 463 ff.,
　510 ff., 696 f., 699 f.
Schopenhauer, Johanna 536
Schultheß, Barbara 504
Schultz, Christoph Friedrich
　Ludwig 505, 546, 602, 715 ff.
Seidel, Philipp 337 f.
Soret, Frédéric 750

Städel, Rosine 665 f.
Stein, Charlotte von 51 f., 144 ff., 150, 151 ff., 154 ff., 159 f., 164 ff., 174 ff., 179 ff., 211 f., 218, 220 ff., 224, 227 ff., 247 ff., 258 ff., 280 ff., 293 ff., 299 f., 306, 310 ff., 319 ff., 326, 327 f., 352 ff., 378, 390 ff., 473, 764
Stein, Fritz von 317 f.
Sternberg, Kaspar Maria Graf 557
Stolberg, Auguste Luise Gräfin zu 90 ff., 103 f.

Varnhagen von Ense, Karl August 682, 683 ff.
Varnhagen von Ense, Rahel 686 ff.
Vulpius, Christiane 364 ff., 372 f., 374 f., 375 f., 529 f., 532 f., 537 f., 539, 597

Werner, Zacharias 571, 574 f.
Wieland, Christoph Martin 108 f., 159
Willemer, Johann Jakob 664 f., 668 f., 670 f., 674 f., 678
Willemer, Marianne 666 f., 672, 676, 678 f., 680 f.

Zelter, Karl Friedrich 75 f., 504, 540, 554 f., 558, 610 f., 613 ff., 708 f., 721, 731 f., 747, 748 ff., 754 ff., 766, 767, 782 ff., 787 ff., 791 f.
Ziegesar, Silvie 526
Zimmermann, Johann Georg 157 f., 161

Briefschreiber

Arnim, Bettina von *siehe* Brentano

Baudelaire, Charles 509
Bertram, Johann Baptist 499 f., 640 f., 644 ff.
Beulwitz, Freiherr von 750
Blumenbach, Johann Friedrich 242 f.
Bodmer, Johann Jakob 136
Börne, Ludwig 811 ff.
Böttiger, Karl August 135, 343
Boiserée, Sulpiz 550, 632 ff., 636 f., 639 f., 646 ff., 659 f., 661, 762 f.
Brentano, Bettina 584, 585, 586 f., 587 f., 589 f., 590 ff., 599 ff., 602, 603 ff., 804 ff.
Brentano, Clemens 654 f., 803 f., 808 ff.
Byern, von 135

Constant, Benjamin 454 f.
Custine, Astolphe de 686 ff.

Daumer, Georg Friedrich 815 f.

Eckermann, Johann Peter 241 f., 253 ff., 431 f., 769 f., 798 f., 817 ff.
Einbeck, Herr von 472 f.

Fahlmer, Johanna 115
Fernow, Karl Ludwig 474

Göchhausen, Luise von 240
Goethe, August von 668, 776 f.
Goethe, Catharina Elisabeth 298 f., 397 ff.
Goethe, Chritiane *siehe* Vulpius
Goethe, Ottilie von 771 f., 778, 779 ff.
Götze, Theodor 460 ff., 465 f.
Gotter, Pauline 528

Hase, Pauline 798
Hegel, Georg Wilhelm Friedrich 704 ff.
Heinse, Wilhelm 112
Herder, Caroline 344 ff.
Herder, Johann Gottlieb 239, 346 ff.
Hofmannsthal, Hugo von 12 ff.
Holtei, Karl von 560, 775
Horn, Johann Adam 19 ff.
Humboldt, Wilhelm von 568, 728 ff., 794 f.

Immermann, Karl 488 ff.
Jacobi, Friedrich Heinrich 108 f., 109 f., 113 f., 116 f., 119 f.

Kestner, Johann Christian 56 f., 58, 62, 72
Klopstock, Friedrich Gottlieb 136 f.
Knebel, Henriette von 447, 453 f.
Knebel, Karl Ludwig von 238, 408 f.
Körner, Gottfried 413 f.
Kräuter, Friedrich Theodor 506

Lavater, Johann Caspar 79, 215 f.
Levetzow, Ulrike von 707 f., 709, 723 f.
Lobe, Johann Christian 735 ff.

Mendelssohn-Bartholdy, Felix 733 f., 741 ff.
Merck, Johann Heinrich 80 f., 81 ff., 87 ff., 149 f., 380
Müller, Friedrich von 107, 235, 713 ff., 798

O'Donell, Josephine Gräfin 542
Odyniec, Anton 772 ff.

Pestalozzi, Johann Heinrich 237 f.
Putbus, Graf 140

Recke, Elisa von der 536
Regis, Johann Gottlob 800 ff.
Reinhard, Karl Friedrich 621 ff., 626 f., 629, 630 f., 713
Riemer, Friedrich Wilhelm 468 ff.
Rilke, Rainer Maria 815 f.

Sachsen-Weimar-Eisenach, Carl August Herzog 141 f., 144 f., 479 f., 537, 544
Sachsen-Weimar-Eisenach, Luise Herzogin 467 f.
Schelling, Caroline 589
Schiller, Charlotte von 449 f., 535 f., 539
Schiller, Friedrich 245, 342, 409 ff., 413 f., 416 ff., 419 ff., 426 f., 428, 429 ff., 436 ff., 444 f., 452 f.
Schlosser, Johann Georg 78
Schlosser, Johanna *siehe* Fahlmer
Schopenhauer, Arthur 695 f., 697 ff., 700 f.
Schopenhauer, Johanna 463 ff., 510 ff.
Schuchardt, Johann Christian 503 f., 507 f.
Schütz, Wilhelm von 383 ff., 386
Schütze, Johann Stephan 518 ff.
Sckell, Karl August 757 f.
Seckendorff, Karl Siegmund von 139 f.
Seidler, Luise 527
Staël-Holstein, Anne Louise Germaine de 451 f., 455 f.
Steffens, Henrick 562 f.
Stein, Charlotte von 157 f., 161, 244 f., 473

Stilling, Heinrich (Jung-Stilling) 236 f.
Stolberg, Auguste Luise Gräfin zu 100 ff.

Tischbein, Johann Heinrich Wilhelm 306 f.

Varnhagen von Ense, Rahel 682, 683 ff., 689 ff., 695, 799
Vogel, Karl 783, 797 f.
Voß, Heinrich 135
Vulpius, Christiane 371 f., 373 f., 375, 533 f.

Werner, Zacharias 563 ff., 570 f., 572 ff., 575 f., 577 f., 582
Wieland, Christian Martin 196 f., 243, 446 f., 586
Willemer, Johann Jakob 657, 669 f., 673 f.
Willemer, Marianne 500 f., 657, 660, 672, 675 f., 677 f., 679 f., 681

Zelter, Karl Friedrich 540, 606 ff., 612, 616 ff., 737 ff., 768 f., 790 f.
Zimmermann, Johann Georg 136, 138 f., 151 ff.

Inhalt

Erster Teil

I. Einleitung 7
II. Als Student in Leipzig (1765–1767) 15
III. Goethe und Annette
in Briefen an Ernst Wolfgang Behrisch (1767/68) 26
IV. Briefe aus Frankfurt
an die Freunde in Leipzig (1768/69) 35
V. Goethe in Straßburg (1770/71)
Briefe an Friederike Brion, Herder und Salzmann 45
VI. Goethe und Lotte
Die Entstehung des »Werther« (1772–1774) 56
VII. »Physiognomische Fragmente«
Briefe Johann Heinrich Mercks an Lavater (1773–1776) 78
VIII. Goethe und Lili
in den Briefen an Auguste zu Stolberg (1775–1777) 90
IX. Woldemars »Kreuzerhöhung« in Ettersburg
Goethe und Friedrich Heinrich Jacobi (1774–1813) 108
X. Ankunft in Weimar (1775/76) 125
XI. Goethe und Charlotte von Stein (1775/76) 151
XII. An Charlotte von Stein
Harzreise im Winter; Reise nach Berlin (1777/78) 162
XIII. An Charlotte von Stein
Briefe aus der Schweiz (1779) 173
XIV. Zwei Schützlinge Goethes
Johann Friedrich Krafft und Peter im Baumgarten
(1777–1781) 198
XV. Goethe und Lavater (1781/82)
Zwei Glaubensbekenntnisse 209
XVI. »Tätiges Selbstvertrauen«
Goethes vielfältige Amtsgeschäfte (1779–1782) 219

Zweiter Teil

I. Das zweite Jahrfünft in Weimar (1781–1786)
Goethe im Urteil der Freunde und Zeitgenossen 235
II. Das zweite Jahrfünft in Weimar
Amtsgeschäfte und Phantasie; der junge Herzog 246

III. Italienische Reise
  Von Karlsbad nach Verona, Padua und Vicenza
  (September 1786)   *258*
IV. Italienische Reise
  In Venedig (Herbst 1786)   *280*
 V. Ankunft in Rom (November/Dezember 1786)
  Briefe an Charlotte von Stein und die Freunde
  in Weimar   *292*
VI. Italienische Reise; Winter in Rom (1787)   *317*
VII. Zweiter römischer Aufenthalt (1787/88)
  Briefe an den Herzog und an Philipp Seidel   *327*
VIII. Ankunft in Weimar; Reise nach Venedig (1788/89)
  Charlotte von Stein – Christiane Vulpius   *340*
 IX. Goethe und Christiane
  Kampagne in Frankreich; Belagerung von Mainz
  (1792/93)   *364*
  X. Urpflanze und Zwischenkieferknochen   *377*
 XI. Kriegszeiten in Frankfurt (1795–1797)
  Briefe der Frau Aja an ihren Sohn   *397*
XII. Goethes Freundschaft mit Schiller (1794–1800)   *408*
XIII. Briefwechsel mit Schiller (August 1797)
  Poesie und Empirie; »bedeutende Gegenstände«   *433*
XIV. Madame de Staël in Weimar (Winter 1803/04)   *446*
XV. Die Franzosen in Weimar; Eheschließung
  (Herbst 1806)   *460*

Dritter Teil

 I. Karl Immermann: Das Haus am Frauenplan   *487*
II. Goethe als Briefschreiber   *498*
III. Goethe im näheren Umgang
  Johanna Schopenhauer an ihren Sohn Arthur
  (1806/07)   *510*
IV. Zur Kur in Böhmen (1808–1812)
  Silvie von Ziegesar; Maria Ludovica
  von Österreich   *522*
 V. Zwischen Neptunisten und Vulkanisten
  Der Kammerbühl bei Eger (1808–1822)   *546*
VI. Exzellenz Helios und Werner, der Wanderer
  1806–1814)   *558*

VII. Goethe und Bettina (1807–1830) *584*
VIII. Goethe und Zelter (1812/13) *606*
 IX. Karl Friedrich Reinhard;
     Sulpiz Boisserée (1807–1811) *620*
  X. Bei den Brüdern Boisserée in Heidelberg (1814/15) *643*
 XI. Auf der Gerbermühle (1814/15)
     Marianne und der »West-östliche Divan« *654*
XII. Rahel Varnhagen (1815/1821) *682*
XIII. Über die Farbenlehre
     Schopenhauer und Hegel *694*
XIV. In Marienbad (1821–1823)
     Ulrike von Levetzow *707*
XV. Felix Mendelssohn in Weimar (1821/1830) *733*
XVI. Goethe in Dornburg (Juli/September 1828) *748*
XVII. Die Altersjahre (1825–1830) *760*
XVIII. Das letzte Jahr; die Vollendung des Faust;
     Goethes Tod (1831/32) *786*
XIX. Goethes Nachleben in Zeugnissen von Regis, Bettina,
     Daumer, Börne und Eckermann *800*

Anhang

Nachbemerkung des Herausgebers *824*
Lebenstafel *829*
Quellennachweis *845*
Literaturverzeichnis *846*
Personenregister *857*